（京）新登字041号
图书在版编目（CIP）数据

山东统计年鉴.2005/山东省统计局编.—北京：中国统计出版社，2005.6
ISBN 7-5037-4633-5
Ⅰ.山…
Ⅱ.山…
Ⅲ.统计资料－山东省—2005—年鉴
Ⅳ.C832.52—54
中国版本图书馆CIP数据核字（2005）第050140号

山东统计年鉴—2005

作　　者/山东省统计局
责任编辑/蔡启新　张定新
E-mail/ yearbook@ stats.gov.cn
封面设计/路长伦　王海云
出版发行/中国统计出版社
通信地址/北京市西城区三里河月坛南街75号　中国统计出版社
电　　话/(010)63262295
印　　刷/山东省统计局印务中心　山东省新华印刷厂
经　　销/新华书店
开　　本/880×1230毫米　1/16
字　　数/120万字
印　　张/33
印　　数/1-3000册
版　　别/2005年8月第1版
版　　次/2005年8月第1次印刷
书　　号/ISBN 7-5037-4633-5/F·2030
定　　价/280.00元
鲁临广登字〔2005〕36号

编辑说明

一、《山东统计年鉴》是一部全面反映山东省国民经济和社会发展情况的资料性年刊，是认识和研究山东省情、制定政策、指导国民经济发展的重要资料和历史性的工具书。

二、《2005山东统计年鉴》收录了2004年度山东省国民经济和社会发展方面的统计数据，分二十个部分：行政区划和自然资源、综合、人口、从业人员和劳动报酬、固定资产投资和建筑业、能源、财政金融保险、价格指数、居民生活、城市建设、农林牧渔业、工业、交通运输和邮电通讯业、批发零售贸易业和餐饮业、对外经济贸易旅游和开发区情况、教育科技文化、卫生体育民政司法测绘标准计量、环境保护、企业景气调查基本情况、县（市、区）主要经济指标。并附有各省市区主要经济指标、部分国际统计资料、山东省统计局工作大事记、主要统计指标解释等。

三、本《年鉴》所列各项指标，《政府工作报告》和《统计公报》使用的数字为快报数或初步统计数，其他各部分除正式年报数字外，均在简要说明或表末加以注释，凡与本《年鉴》数字不符的一律以本《年鉴》为准。

四、本《年鉴》在编辑中，根据现行国家统计制度，对统计指标概念、口径、范围、计算方法、计算价格等，均作了统一调整，并分别在各部分的主要指标解释或表末加以注释。各表中价值量指标，凡未加说明的，均按当年价格计算。

五、本年鉴各部分插页中，对于各部分的编辑单位、编委、编辑、校对人员及联系电话均作了说明，凡未加说明的部分均由综合处整理提供。

六、在编印过程中，由于时间紧和编者水平限制，难免存在不足之处，恳请广大读者提出宝贵意见，以便改进、提高。

山东省广播电视局

2004年12月26日上午，山东广电中心奠基仪式隆重举行。省委书记张高丽，省委副书记、省长韩寓群多次就广电中心建设作出指示，要求立足长远，着眼发展，高起点、高标准、高水平地把广电中心设计好、建设好。

2004年5月31日，山东广电网络整合建设现场会暨东营分公司成立大会在东营召开，这标志着我省广电网络进入加快整合与开发建设的新阶段。省委副书记王修智对东营分公司的成立作了重要批示，省委常委、宣传部长朱正昌为公司成立揭牌。

SHANDONGSHENGGUANGBODIANSHIJU

2004 年 12 月 21 日，山东广播音乐频道正式开播。至此我局拥有 7 个广播频道和 8 个电视频道，进一步扩大了广播电视资源和媒体阵地。

2004 年 10 月 15 日，第十八届全国文艺“星光奖”颁奖晚会在山东大厦成功举行。山东电视台《齐鲁交响》荣获综艺节目一等奖，山东电视台连续四年获综艺节目一等奖。

2004 年 4 月 10 日，由山东影视中心拍摄的反映抗“非典”主题的 20 集电视连续剧《21 天》在中央电视台一套黄金时间播出，掀起新的收视热潮，在全国受到广泛关注与好评。

由山东影视中心摄制、山东电影制片厂出品的儿童故事片《上学路上》荣获第 24 届中国电影“金鸡奖”最佳儿童片奖、最佳编剧奖和导演处女作奖等 3 项大奖。省委书记张高丽对电影《上学路上》作出重要批示，肯定了我局影视精品创作取得的成绩并提出了殷切希望。

党组书记、局长 戴子钧

山东省国家税务局

今年以来，全省国税系统在省委、省政府和国家税务总局的正确领导下，以邓小平理论和"三个代表"重要思想为指导，树立和落实科学发展观，认真学习贯彻党的十六大和十六届三中全会、四中全会精神，坚持聚财为国、执法为民，立足基层，狠抓基础，深化改革，强化管理，努力推进税收管理精细化、信息应用一体化、行政执法透明化、基层建设标准化，圆满完成了全年各项任务。

一是大力组织税收收入，为社会发展提供财力保障。坚持依法征税，应收尽收，坚决不收过头税，坚决防止和制止越权减免税的组织收入原则，加强税收收入分析和分片督导，努力建立收入增长的长效工作机制，不断提高收入规模和质量，实现了税收与经济的协调增长。全年全省国税系统共组织税收收入1130.58亿元，比上年增长29.26%，增收255.93亿元。扣除海关代征进口税收，国内税收收入完成855.88亿元，同比增长23.1%，增收160.58亿元。国税收入首次超过1100亿元，实现了历史性突破。

副省长孙守璞代表省政府对山东国税工作表示感谢

张群同志被评为"人民满意的公务员"

二是全面落实各项税收优惠政策，增强全省经济发展后劲。认真落实出口退税机制改革各项措施，加快退税进度，实现了“老账要还，新账不欠”的目标。2003年之前全省65.3亿元的欠退税清理工作圆满完成。2004年全省（不含青岛）累计办理新发生出口货物退（免）税94亿元，其中，办理退税52亿元，免抵调库42亿元，退税进度居全国第一位。在全省范围内统一将个体工商户增值税起征点调至最高，促进了下岗人员再就业，支持了个体私营经济发展。2004年，全省国税系统共办理各项税收优惠398.4亿元，比上年增长100.7%，增加199.9亿元，支持了我省高新技术产业、民营经济和外经外贸“三大亮点”的发展，促进了山东半岛制造业基地和半岛城市群建设。

省委书记张高丽视察山东省国税局

二是大力整顿和规范税收秩序，营造良好的税收环境。开展增值税缴纳情况以及房地产业、医药企业、汽车市场、大型超市、保险行业等税收专项检查，严厉打击虚开伪造增值税抵扣凭证、制售假发票等违法犯罪行为，并加大案件曝光力度，维护了正常的市场经济秩序。2004年，全省共检查纳税人28200户，查补收入15.8亿元，比上年增长16.28%。

四是不断优化纳税服务，切实维护纳税人合法权益。认真开展第13个全国税收宣传月活动，加强税法宣传和咨询辅导。进一步完善12366纳税服务热线功能。落实文明办税“八公开”，推行“一站式”服务，简化办税程序，提高办税效率，切实方便纳税人。

五是切实加强干部队伍建设，树立国税部门良好的社会形象。坚持以人为本，加大领导干部选拔任用力度，加强教育培训，实行能级管理和专业人才分类管理，加强税收执法权和行政管理权的监督制约，深入开展文明创建活动，不断提高干部的综合素质和业务水平，激励广大干部干事创业，涌现出一大批先进个人和先进单位。2004年，国税部门被省政府确定为行风评议免评单位，13个市局被评为全省部门和行业作风建设示范窗口单位。截至目前，全省国税系统共有国家级文明单位12个、省级文明单位155个。省局机关在获得省直“文明机关”七连冠的基础上，获得“省级文明机关”称号。滨州市博兴县国税局张群同志被评为全国“人民满意的公务员”，是国家税务总局推荐的唯一获此殊荣的税务干部。

完善“12366”纳税服务热线功能，切实优化纳税服务

开展税收专项检查，规范税收秩序，营造良好税收环境

山东省旅游局

Shandong Provincial Tourism Administration

2004年是山东旅游业取得突破性大发展的一年。全省提前两个多月实现年接待国内游客1亿人次、海外游客100万人次的“双突破”目标。据统计，2004年全省旅游总收入814亿元，同比增长42.1%，约占全国的1/7。全省接待国内游客1.18亿人次，接待入境游客119.3万人次，同比分别增长31.8%和53.9%，各项主要指标均创历史新高，充分体现了新兴朝阳产业的巨大活力和发展潜力。

一、资源整合取得新进展。邀请世界旅游组织专家编制《山东海滨度假旅游开发规划》，遵照省委实施山东半岛城市群战略的要求，编制完成《半岛城市群旅游发展规划》。目前全省在建旅游项目70个，投资规模达300多亿元。青岛雨林谷、野生动物世界、海底世界相继建成开业。投资2亿美元的青岛极地海洋世界已动工兴建。蓬莱民营投资4.6亿元的蓬莱海洋大世界建成开放。烟台格林欢乐世界，吸引外资2.5亿美元。浙江横店集团投资5亿元开发建设东营生态旅游开发项目。我省各地创建农业旅游示范点25个，工业旅游示范点6个，总量居全国之首。

二、市场开拓成效显著。2004年初举办第七届海峡两岸旅游同业联谊会，两岸业者1100余人与会，规模空前。会后组织台湾旅行商、记者考察踩线，在台湾市场掀起了“山东热”。“亚足杯”前夕，联合省体育局、省外宣办、济南、青岛等市，组织省内主要旅行社，赴韩国开展“看足球、游山东”专项促销活动，吸引韩

亚足杯

▲山东旅游细微服务年启动仪式

第七届海峡两岸旅行业联谊会

山东旅游『双突破』

国游客8000多人。通过组织“科学发展看旅游”大型采访、中央及重点客源省市媒体采风、齐长城徒步考察采访等宣传活动，以及“新山东、新旅游、新感受—我爱山东游”、鲁豫旅游同业联谊会等活动，进一步提高了“山东品牌”在省内、外的知名度和美誉度。“五一”、“十一”黄金周，接待游客均突破1000万人次大关，旅游收入55亿元以上。“十一”黄金周接待人数占全国的1/10，旅游收入占全国的1/7，创历次黄金周新高。国内百强之首的上海春秋旅行社向山东运送高消费游客的旅游包机，开了大型旅行社大规模向山东送团的先河。

三、改革取得新突破。省政府召开全省国有旅游饭店改革工作会议，威海等6市改制任务完成过半，饭店改革取得阶段性明显成效。国内旅行社完成改制80%，国际社完成60%。

四、行业管理水平大步提升。“中国优秀旅游城市”创建工作迅速推进，全省“中国优秀旅游城市”达18个，居全国首位。年初启动的“旅游细微服务年活动”取得积极成效，细微服务标准成为行业规范，旅游服务整体水平明显提高。积极探索旅游投诉工作新办法，出台《暗访工作制度》，派“眼线”跟踪检查，结合正面教育管理取得显著成效。联合全国15个省在山东召开旅游质监部门会议，成立旅游质监协作体，作为全国第一个跨省区的旅游质监联合体，为解决跨省（区）旅游纠纷创造了有效途径。

2005年，全省旅游行业将按照省委、省政府的指示，解放思想，加大措施，全力推进旅游业实现突飞猛进的发展，争取旅游总收入突破1000亿元大关，为我省经济社会发展做出新的、更大的贡献。

蓬勃发展的山东省

目前，山东省内共有益（青州）羊（羊口）、坪（上）岚（山）、桃（村）威（海）、青（州）临（朐）、大（家洼）莱（州）龙（口）5条地方铁路，正线里程482.3公里。另外，已立项铁路2条：黄（骅）大（家洼）铁路和龙（口）烟（台）铁路。筹划建设铁路3条：枣（庄）临（沂）铁路、东（都）平（邑）铁路、临朐—沂水铁路。

2004年，在省委、省政府的正确领导下，山东省地方铁路局坚持以“三个代表”思想为指导，全面贯彻落实十六届三中、四中全会精神，抢抓机遇，乘势而上，保持了经济效益的快速增长，圆满完成了各项目标任务，开创了山东地方铁路事业发展的新局面。

▲全省地方铁路共完成运量1227.8万吨，换算周转量81333.6万吨公里，分别同比增长25%、30.7%。

▲铁路建设取得新进展。大莱龙铁路实现了大家洼至莱州112公里试运营；龙烟、黄大铁路开工前的各项准备工作基本就绪；枣临、东平、临朐—沂水等铁路的前期筹备工作积极向前推进。

▲运输生产设备更新改造步伐加快。完成了铁牛庙站站坪落坡、1050延长、增设股道的扩建工程；坪岚铁路成为全国地方铁路开行5000吨重载列车的第一家；完成了岚山港煤专线、黄海粮专线股道延长竣工验收和日钢专用线的设计文件审查；完成了益羊铁路8项大中修计划；桃威铁路扩建工程取得了新的进展；青临铁路再建两条专用线。

▲党建和企业文化建设取得新成绩。地方铁路局作为省国资委确定的省属企业唯一一家开展保持共产党员先进性教育试点单位，8—12月份在全体党员中广泛开展了学习教育活动，取得了学习教育与经济工作“互促双丰”的良好效果。“企业依靠职工发展，职工依靠企业生存”的“双依靠”已成为企业精神，深入人心，企业凝聚力和向心力进一步增强。

2005年，机遇和挑战并存，我们将进一步提高认识，增强信心，抓住机遇，迎接挑战，不断增强发展的紧迫感和责任感，按照提高党的执政能力的要求，积极把握自己的定位，千方百计推进各项事业的发展，争取地方铁路发展再上新台阶。

地方铁路局

保持共产党员先进性教育
试点工作取得圆满成功

2004年10月，大莱龙
铁路实现了大家洼至
莱州段通车运营

一年一度的职工书画展

广泛开展群众性健身活动

中国冶金地质勘察

局长　袁荣华

中国冶金地质勘查工程总局山东局是国务院国有资产监督管理委员会直属正厅级的地质勘查事业单位，有着辉煌的找矿历史和显著的找矿业绩，先后对山东地区铁矿、金矿、铜矿、锌矿、多金属矿、铝土矿、粘土矿、石墨矿、溶剂石灰石矿、白云石矿等二十多种矿产开展了地质、物化探普查、勘查工作。经过十多年的改革和发展，现已基本构建成集地质找矿、岩土工程勘察、设计与施工、地理信息、机械制造维修、电子电讯、商贸服务于一体的经济实体，现主要承担国家基础性及战略性地质矿产勘查和相应的地质科学研究工作，同时承揽公益性、商业性地质勘查及研究工作。

基本情况

全局现有职工 5097 人，资产总额 56758 万元，净资产12431万元，年对外经营营业额5亿元以上。山东正元建设工程有限责任公司、山东正元地理信息工程有限责任公司、山东正元地质资源勘查有限责任公司、烟台金岭上海大众汽车销售服务有限公司、潍坊冶达科技发展有限公司为我局五大支柱企业，市场覆盖全国十余个省及蒙古、香港等地区。基本形成了立足山东、服务全国的格局。

局成立以来取得的地质成果

建局以来，经过几十年的艰苦工作，先后勘探和发现矿种23余种，提交各类地质、水文地质和物

正元建设

正元地堪

工程总局山东局

正元建设

正元建设

化探报告630余份。探明矿山建设资源基地60处。建成投产的矿山45处，如：招远金矿、金岭铁矿等。提交探明铁矿储量6.09亿吨，其中富铁矿5.6亿吨，占山东省探明富铁矿储量的59%；提交铝土矿储量6222万吨，几乎占全省探明铝土矿储量的100%；提交耐火材料粘土矿储量15452万吨，占全省探明储量的85%；提交探明黄金详查储量277吨，普查储量180吨，占山东省探明总储量的29%。

未来发展态势

始终坚持以改革促发展，以信誉求生存的管理理念，以科学发展观统领全局，探索资本运营之路，落实资产授权经营责任制，建立科学有效的国有资产监管体系；合理优化资源配置，努力加大技术创新力度，培育企业核心竞争力，打造市场竞争主体。根据国办发[1999]37号和[2001]2号文件精神“经过五年左右的努力，逐步向企业化、集团化迈进”，我局将充分利用国家给予的优惠政策和已掌握的地质资料，抓住机遇，做强做大主业。山东局有着辉煌的历史，也有着奋发向上的今天，同样也会有更大发展的未来。我们将为山东地质经济发展乃至全国的经济发展做出新的贡献，相信我们能够在激烈的市场竞争中更好的生存，并求得更大的发展。

正元地理信息公司

正元地理信息公司

抓住机遇　强化措施

山东省林业局

党组书记、局长　孙庆传

一、2004年全省林业建设取得显著成效

2004年是山东林业建设发生重要转变的一年。一年来，全省深入贯彻落实《中共中央 国务院关于加快林业发展的决定》和省委、省政府《关于加快林业发展 建设绿色山东的决定》精神，抓住机遇，完善政策，加大措施，真抓实干，造林绿化快速推进，林业产业全面发展，资源保护得到加强，各项改革继续深化，林业建设继续保持了超常规、快速度、跨越式发展的良好态势。主要有五个方面的明显变化：

一是造林绿化的速度明显加快。据统计，全省造林合格面积394万亩，完成全年计划的131%；新建农田林网355万亩，四旁植树18684亿株，完成全年计划的125%；本年新育苗面积55.2万亩，完成全年计划的149%；新建完善绿色通道3000公里，全面超额完成年度计划。

二是林业产业化水平明显提高。充分利用国家项目贷款等优惠政策，重点扶持40家林业龙头企业，组织举办和参加了首届中国（菏泽）林产品交易会、中美（泰安）苗木新品种新技术研讨会暨首届泰山苗木交易会、中国（上海）林产品博览会等重大林事活动，较好地发挥了引导、辐射、带动作用。全省木材加工、经济林生产、森林旅游、林木种苗、花卉等林业产业快速发展，林业产业总产值538亿元，较上年增长18%。

三是森林资源管理工作明显加强。全省开展了保护森林资源的专项行动，依法审核批准使用林地126件，使用林地7400亩，查处乱占滥用林地案件250起，控制了林地逆转。全面落实森林防火和森林病虫害防治目标责任制，森林火灾受害率和病虫害成灾率分别控制在0.016‰和2.6‰。

四是林业对外开放步伐明显加快。加强了与日、韩、北美、西欧以及港澳台等国家和地区在新技术、新品种、林业管理、人才培训、产品生产、资源开发等方面的交流与合作，拓宽了林业对外开放领域，增强了现代林业经营管理理念。

五是全社会的绿化意识、生态意识明显增强。省委书记张高丽、省长韩寓群同志多次对林业工作作出重要批示和指示。各地积极开展创建绿色城市、森林城市、生态城市、林业强市活动，林业工作的力度、发展的速度、社会参与的程度都是空前的。

二、2005年全省林业工作的总体思路

根据林业发展新阶段、面临的新形势，2005年全省林业工作的总体要求是，深入贯彻落实省委、省政府《关于加快林业发展 建设绿色山东的决定》精神，以绿色山东和生态省建设为总目标，以工程造林为突破口，加大植树造林力度，调整产业结构，实施科技兴林，坚持依法治林，深化林业改革，推进林业生态和林业产业两大体系全面协调发展，实现资源增长、林业增效、农民增收。总体工作思路是围绕一个中心，抓好两件大事，深化三项改革，突出四个重点，完善五项措施：

围绕一个中心：即以培育扩大森林资源，提高林业综合效益为中心。计划完成造林260万亩，封山育（护）林300万亩，新建完善农田林网300万亩，全省森林覆盖率达到24%，林业产业总产值550亿元。

保持林业持续快速协调健康发展

蒙山国家森林公园

沂山国家森林公园

抓好两件大事：**一是科技兴林，提高林业建设的科技含量**。主要是围绕林业发展的关键技术，加强科学研究，增加科技储备；完善林业行业标准，加快成果转化；成立林业专家咨询委员会，定期向社会发布种苗生产和林产品市场信息。筹备召开好全省林业科技人才工作会议。**二是依法治林，为林业发展提供法制保障**。认真组织开展各种专项整治行动，维护林业生产的正常秩序。林业案件的查处率达到95%以上，森林病虫害成灾率控制在3‰以下，森林火灾受害率控制在0.5‰以下。

深化三项改革：**一是深化林权制度改革，放手发展民营林业**。认真落实对民营林业的鼓励、扶持和保护政策，落实森林、林木和林地的所有权和使用权，依法核发林权证，保护林权所有者依法享有的各项权益。规范各类公司造林行为，探索造林资质审查制度。**二是深化分类经营改革，初步建立生态公益林效益补偿制度**。在继续搞好国家级重点公益林生态效益补偿的同时，认真组织开展省级生态公益林开展生态效益补助试点，积极推动市、县两级政府尽快建立生态公益林补助制度，使经营生态公益林的单位和个人依法享受森林生态效益补助。**三是深化国有场圃改革，完善经营机制**。落实中央和省里关于扶持国有林场苗圃发展的各项优惠政策，鼓励国有场圃利用合资、合作、股份制等多种形式，吸引社会资金、技术、人才等生产要素，联合经营森林资源，增强发展活力。

原山国家森林公园

突出四个重点：**一是荒山（滩）绿化**。利用封山（滩）育林、工程造林、大户承包、专业队植树、建立领导绿化点和部门绿化责任区等多种形式，力争完成荒山（滩）造林合格面积100万亩。**二是村镇绿化**。积极协调有关部门，制定生态文明村建设绿化标准，以建设生态文明村为载体，搞好乡村的绿化美化，改善农村人居环境。**三是平原农田林网建设**。在全省平原地区，积极建设以农田林网为主体的高标准农田防护林体系，努力实现大地林网化。**四是绿色通道建设**。主要是搞好规划，加快沿路、沿河、沿海绿化美化，力争3年完成绿化任务，实现绿色通道与荒山绿化和农田林网相衔接，形成整体的景观效果和生态效益。

药乡国家森林公园

完善五项措施：**一是抓好学习宣传和教育培训，增强全民的绿化意识**。把2005年作为林业法律法规和林业政策的学习年、宣传年、落实年，进一步完善林业建设的检查验收、考核通报、以奖代补等激励机制。三月份继续开展"林业宣传月"活动，营造林业发展的良好舆论氛围。**二是加大结构调整力度，大力发展林业产业**。大力发展名特优新经济林、速生丰产林、林产品精深加工业，抓好森林旅游、林木种苗花卉、野生动植物养殖种植等产业，发展壮大林业产业。**三是进一步扩大对外开放**。积极组织参加首届中国绿化博览会、第二届中国（菏泽）林产品交易会和第六届中国花卉博览会，加大与省内外、国内外在资源、资金、技术、人才等方面的交流与合作，提高林业建设水平。**四是加强林业基础建设，提高服务能力**。进一步完善森林防火体系、森林病虫害防治体系、林业执法体系和科技信息服务体系建设。搞好森林资源监测试点，逐步建立森林资源动态监测体系。**五是坚持依法行政，加强林业部门自身建设**。切实加强林业部门的思想、组织、作风、纪律建设，提高干部职工的创新能力和工作水平。求真务实，充分发挥参谋、指导、协调作用，提高服务能力和服务水平。

五莲山国家森林公园

昆嵛山国家森林公园

山东省科技厅

厅长　姜代晓

姜代晓给全厅党员干部上党课

2004年，全省科技工作以邓小平理论和“三个代表”重要思想为指导，全面落实科学发展观，深入实施科教兴鲁、人才强省和可持续发展三大战略，科技事业取得了新的进展。

科技综合实力显著增强。围绕电子信息、新材料、生物技术等领域重点支持了具有自主知识产权、产学研结合、能够实现产业化的18个重大高新技术研发专项。承担了国家“粮食丰产科技工程”重大科技专项，选育出亩产1146.74公斤的夏玉米新品种。全省取得重要科技成果3028项，获得国家科技奖励21项，获奖成果总数继续位居全国各省市前列，龙口丛林集团铝材万吨液压机获得国家科技进步一等奖。加强了知识产权的研究开发和保护工作，出台了《山东省保护知识产权专项行动方案》。全年申请国内专18388件，授权9733件，其中发明专利申请3230件，授权788件，均居全国前列。

高新技术产业再创新高。强化对重点城市、重点行业、重点企业、重点产品的分类指导、重点支持和及时调度，着力培育特色高新技术创新和产业化基地；启动实施了制造业信息化公共技术服务平台建设，开展了制造业信息化示范县区试点工作；加强了对高新区的宏观指导和协调，制定了《山东半岛城市群高新区建设发展规划》。全省高新技术产业实现产值4672.25亿元，较2002年翻了一番，占规模以上工业总产值的比重比年初增长2.34个百分点，连续三年超额完成年增2个百分点的任务目标。

科技创新体系建设扎实推进。加强科学研究创新体系建设。制定了《关于加强山东省重点实验室建设的意见》，筛选了山东农业大学的作物实验室、省医科院眼科实验室等12个重点支持的实验室。制定了《山东省大型科研仪器协作共用网平台建设方案》，建立了大型科研仪器设备的共用网络。加强技术创新体系建设。累计培育认定省级工程技术研究中心195家，高新技术企业2574家。我省继海洋生物药物、玉米国家级工程技术研究中心后，国家花生工程技术研究中心已通过行业专家论证和国家工程中心评委会的综合评审。海尔、海信成为国家创新体系企业研发中心试点。加强创新中介服务体系建设。建设国家级生产力促进中心9家、国家级高新技术创业中心12家，数量均居全国第一位。技术交易活跃，全省技术交易额超过60亿元，在全国位次从第9位上升到第5位。

国内外科技交流与合作取得新成效。改革省政府与中国工程院全面合作运行机制，成立“省院合作中心”，烟台果蔬会、淄博陶博会、济南信博会、济宁专利博览会取得良好效果。突出了与日本、韩国、印度等国家的科技合作，成功举办了威海亚洲科学园第八届年会、中印（潍坊）信息技术贸易洽谈会山东大学欧盟第六框架计划宣讲会等。与独联体科技合作在山东科技大学建立了“山东省－俄罗斯科技合作中心”，双方合作有6个项目列入国家“863”等计划。继续加强了与欧洲、美国、加拿大的科技合作，把山东大学与丁肇中先生的合作项目列入重大科技专项。

科技服务县域经济发展取得新突破。大力推行良种良法，全省农作物良种覆盖率达96%以上，林果良种覆盖率达80%以上，家禽、水产良种覆盖率达90%以上。实施“山东省经济强县参与国家重大科技计划行动”，加强农业科技攻关。80%的强县已申报或承担国家“863计划”、科技攻关等计划项目。20个县参与承担了国家粮食丰产重大科技专项，研究开发了一批农作物新品种。实施“山东省欠发达县科技特派员示范工程”，不断探索创新市场化、社会化的农业科技服务体系，24个试点单位已下派科技人员1016名，培训农民52万人，推广新技术802项。积极扶持龙头企业，一业一品、多业多品，开始形成规模。

全省中长期科技发展规划编制工作顺利启动。制定了《山东省中长期科学和技术发展规划编制工作方案》，并以省科教领导小组文件印发。召开了规划制定工作启动会，组织省直40多个部门、300多人，围绕科技发展14个专题，进行战略研究和规划编制。去年年底已完成了规划的战略研究。

重大计划招标大会

山东省交通厅

山东省交通工作始终坚持以科学发展观为指导，牢固树立以人为本的理念，从维护人民群众的根本利益出发，注意调动发挥各级各方面的积极性，努力推进交通全面协调可持续发展。全年共完成交通固定资产投资237.6亿元，其中公路建设完成投资198.4亿元。滨州黄河公路大桥、烟台养马岛跨海大桥、济南机场陆侧交通项目建成投入使用，滨州至大高、菏泽至关庄、齐河至夏津等高速公路和东营黄河公路大桥均完成了计划进度，全省公路通车总里程达77768公里，其中高速公路3033公里。

港航建设完成投资27.9亿元，沿海港口新建扩建泊位5个，场站建设完成投资8.1亿元，建成公路运输主枢纽和集疏运中心项目11个，集疏运能力进一步增强。到去年年底，全省营业性机动车达98万辆，其中营业性汽车55万辆，增长9.8%，营业性船舶达到576万净载重吨，增长15.6%。沿海港口吞吐量突破3亿吨，达到3.05亿吨，增长19.4%，居全国第四位。道路运输客货运量突破“双十亿”，客运量达到11.4亿人次，超过10.9亿人次的全国铁路客运总量；货运量达到10.7亿吨，相当于全国铁路货运总量23亿吨的45%，居全国第一。

全年农村公路改造完成投资86.4亿元，其中省厅补助资金22.1亿元，新改造农村公路33915公里，占全国新增13万公里的四分之一，安排农村公路桥梁改造计划833座。新增通油路行政村14780个，直接受益人1198.9万人，累计通油路行政村73874个，占全省行政村总数的84.3%。

高速公路信息管理系统联网里程达2320公里。交通科研成果丰硕，有16项科研成果达到国际领先或先进水平，29项达到国内领先或先进水平，21项获省部级科技进步奖。全省道路客运安全运营监控系统GPS平台建成并通过专家验收。交通技术基础管理工作得到加强，取得575项QC成果，150家企业通过国际标准质量体系认证。去年厅属学校招生6074人，在校生规模达1.4万人。以高层次人才队伍建设为重点，大力实施人才战略，省厅出台了《山东省交通系统有突出贡献的中青年专家选拔管理暂行办法》，首批选出了20名专家，另有2人被选为省有突出贡献的中青年专家，3人享受政府特殊津贴，青岛港许振超荣获第七届中华技能大奖，省交通技术学院鲁明被劳动和社会保障部授予“全国技术能手”称号。

交通各级各单位按照创建“平安交通”的目标要求，坚持以人为本，以车船管理为中心，制定措施，落实责任，深入开展水上客运、道路客运、公路安全保障和厅直单位消防等专项整治活动。截至目前，全省水运企业已实现1185天无人员伤亡事故，内陆水域连续30个月无伤亡事故。专业道路运输企业责任事故起数、死亡人数、受伤人数、直接经济损失分别下降20%、13.5%、13%和25%，各项指标均低于部控制标准。

全面推行施工、廉政“双合同制”，凡50万元以上的项目全部签订廉政合同。继续与检察机关联合开展交通基础设施建设领域预防职务犯罪工作，反腐败斗争不断向纵深推进。省厅关自1998年以来连续7年未发生违法违纪问题，清正廉洁已成为山东交通的一个品牌。

文明创建工作成果丰硕，行业文明程度不断提高。继续深入开展省级文明交通行业、子行业创建活动，道路运输系统和港航系统建成省级文明交通子行业，济南、枣庄、泰安、临沂、莱芜、菏泽6市交通行业建成省级市文明交通行业，新建成12个县（市、区）文明交通行业和7个市文明交通子行业。加大高速公路文明大通道、青年文明号、文明站船创建力度，成效明显。厅直机关团委被团中央等22部委授予“十年青年文明号创建活动优秀组织奖”。培养树立了新时期产业工人的杰出代表许振超这一先进典型，在国内外产生了广泛影响，振超精神极大地激发了广大干部职工奋勇当先、为实现“两个率先”目标拼搏奉献的热情。

山东省残疾人联合会

SHAN DONG SHENG CAN JI REN LIAN HE HUI

山东省有350万残疾人，2004年在省委、省政府的正确领导和中国残联的指导下，面对市场经济条件下，贫困残疾人是全省贫困人口的一半，残疾人平均生活收入不足健全人平均生活收入的一半的社会现实，以扶贫为突破口，全省残联励精图治，勤奋工作，以带领残疾人奔康致富为目标，全面提高执政为民的能力，使我省残疾人事业取得了较大发展，广大残疾人的生活状况得到明显改善，多项工作创全国先进经验。

扶贫工作成绩斐然。按照"城市抓就业，农村抓扶贫"的工作思路，以残疾人扶贫工作为突破口，把残疾人扶贫工作纳入了全省扶贫工作的大盘子，争取中国残联下拨康复扶贫贷款3200万元，筛选扶贫项目100余个，使全省上万名贫困残疾人受益。制定了《山东省农村贫困残疾人危房改造实施方案》，争取中央和省匹配资金600余万元，市县匹配资金700多万元，在全省23个县(市、区)展开了"残疾人安居工程"，帮助1000多户农村贫困残疾人进行了房屋新建和改建。青岛市的残疾人安居工程经验被中国残联总结推广。潍坊诸城市残疾人李常玉被国务院授予"中国消除贫困奖"。建立了康复扶贫和农村残疾人危房改造项目数据库残疾人扶贫工作进一步规范化、制度化。

残疾人就业工作开创新局面。召开了全省地税代收残疾人就业保障金工作会议。建立了一系列配套法规和协调制度，加强了检查督导。有力地推动了按比例安排残疾人就业工作的开展，全省共安置残疾人就业6万余名，收取就业保障金9590.8752 万元。

基金会工作机制搞活。省残疾人福利基金会以换届为契机，理顺关系，独立办公，与全省300多家企业协商，调整落实了104名理事。积极开展各类募捐活动，与浙江商会协商计划连续5年捐赠1000万元，共同实施"扶残助学春雨行动"，在全省开展了"爱心在指间传递"短信语音助残活动等募集活动。

残疾人体育实现奥运金牌零的突破。2004年在第十二届残奥会上，我省5名参赛运动员经过奋力拼搏，获得2金、2银、2铜六枚奖牌，实现了我省残疾人运动员在残奥会上金牌零的突破。全年先后组队参加了10个项目的全国残疾人体育锦标赛，共取得金牌20枚、银牌22枚、铜牌18枚的好成绩。

康复工作全面开展。2004年全省共实施白内障复明手术43000例，为1200名低视力患者配戴了助视器；语训聋儿1450名；实施麻风矫治手术216例，免费发放辅助用具5700件；为700名肢残者装配了普及型小腿假肢；为2530名患者安装了矫形器；训练肢残人2300名、脑瘫儿童600名、0—14岁智残儿童2000名；全省52个县对26.4万名精神病人实行了"社会化、综合性、开放式"防治康复工作。全省113个县(市、区)开展了残疾人康复训练与服务，莱州市的康复经验受到中国残联领导的充分肯定。

残疾人教育培训硕果累累。与省教育厅联合制定了《山东省实施中国残联专项彩票公益金助学项目方案》，全省资助贫困失学残疾少年儿童500名接受义务教育；426名残疾考生全部被大中专院校录取。省特教中专学校的办学规模和教学质量不断提高，被评定为"国家级重点中等专业学校"和"山东省职业教育骨干示范学校"。举办了全省盲人中高级保健按摩师资培训班，42名盲人分别获得中高级按摩师资格证书，成立了"山东大三元食品技术职业培训中心"，免费培训了6期602名残疾人学会了蛋糕制作技术。

残疾人合法权益得到维护。全省各市、县(市、区)和1800多个乡镇制定了扶助残疾人的规定。各级政府为残疾人减免农业税、农业税附加和村"一事一议"等负担近5000余万元。为残疾人提供法律援助和服务的律师事务所已达500多家，办理各类残疾人法律服务和援助达6400人次。全省各级残联接待残疾人来访8956人次，受理残疾人来信822件，处结率98%。有效地维护了残疾人的合法权益。

组织建设不断加强。17市残联全部完成了换届任务。已建残疾人专门协会564个。提出了乡镇残联规范化建设标准，推广了济南经验，加大社区残疾人工作力度，社区普遍建立了残疾人协会，配备了残疾人专职委员，建立了残疾人活动场所。

宣传文化活动空前活跃。助残日前后，全省各级领导走访慰问残疾人集中的学校、福利企业等单位170家、贫困残疾人家庭1万余户，发放慰问品、慰问金折合人民币550.21 万元，为肢残人捐赠轮椅3500余辆。举办了第六届全省各地人民广播电台残疾人节目展播评选活动，在全国评选中，获一等奖1件，二等奖2件。在"第四届全国盲、聋、培智学校学生艺术汇演"评比活动中，我省总分列全国第六。

韩寓群省长到山东省特教学校看望师生

省委常委、宣传部长朱正昌（中）、副省长谢玉堂（左一）亲切接见凯旋归来的吴春苗等5名运动员。

省残联理事长陈希悦在枣庄市地税服务大厅视察工作

济南市肢体残疾人协会在泉城广场展示自己的剪纸艺术

无障碍环境不断改善。通过开展争创全省无障碍建设示范城活动，涌现出了东营、济南、邹城等一批无障碍建设的典型，东营市被推荐为全国无障碍建设示范城。据统计，全省已建盲道1120多公里，坡道5980处，过街音响、触摸式人行横道感应灯及盲人过路指示器等交通信号765处。全省有9个地级市和1个县级市的电视台开播了电视手语节。

加快综合服务设施建设。全省有15个市94个县(市、区)已完成综合服务设施建设任务。东营市县级残联综合服务设施建成率100%，提前完成了"十五"计划任务。

扩大对外交流，学习借鉴经验。2004年全省共有12批45人次出国考察残疾人事业。省残联单独组团到美国、日本、韩国、台湾等国家和地区进行了考察，接待了韩国庆尚南道医疗卫生访问团的来访。通过对外交流，开阔了视野，交流了经验，增进了友谊，扩大了影响。

残联特色的产业得到初步发展。全省各级残联自觉发展残疾人事业链，使残疾人工作逐步走上了不单依靠"输血"，在很大程度上也具有"造血"功能的轨道，壮大了残联实力，增强了为残疾人服务的能力。全省各地残联的综合服务设施建设、残疾人用品用具供应站、残疾人扶贫基地、残疾人艺术团、捐助便民店等已初具事业链规模。全省已建残疾人用品用具供应站146个，销售用品用具35000件；共建扶贫基地700多处，扶持贫困残疾人12万人；全省还广泛开展了残疾人职业培训工作，全年共培训残疾人2万余人。

山东省人民政府外事办公室

2004年，山东省外办认真学习邓小平理论和“三个代表”重要思想，积极贯彻党的十六届四中全会、中央第十次驻外使节会议和省委外事工作领导小组第一次会议精神，坚持用科学发展观指导外事工作，解放思想，与时俱进，干事创业，各方面工作取得了积极的进展。

省委书记张高丽会见委内瑞拉总统查韦斯

●高层交往蓬勃开展，扩大了山东的国际影响。全年邀请、接待了349批、3965人次的外国重要来访团组，其中副部级以上团组73批；组织了54批、591人次的高层和大型出访团组

●招商引资全面丰收，促成了一大批国际合作项目。通过大型国际活动、友城交往、吸引500强投资等措施促成招商引资项目25个，涉及金额50多亿美元

●对外宣传硕果累累，创造了良好的国际舆论环境。审理接待外国记者207批590人次，多次到国外举办“孔子故乡—中国山东”图片展，全年发放各类外宣品2万多份

省长韩寓群接见德国副总理兼外长

●积极建设服务型政府，出国管理水平不断提高。审批因公出访团组3418批、13410人次，颁发因公出国护照10788本，通行证1633本

●领事管理日趋规范，维护了良好的对外开放秩序。办理对外邀请4726件、6322人次，发放外国专家证1485件，领事认证2001件，参与处理重要涉外案件214起

●友好关系健康发展，民间交往态势喜人。新缔结各类友好关系24对，全省友城总数已达121对，各种友好关系总数达到了696对。省友协先后举办了“2004山东中日文化节”、“中日友好文艺演出”等活动，全年新建民间友好关系6对

山东省对外文化交流协会会长朱正昌与巴伊亚洲副州长尔瓦尔多为孔子塑像揭幕

在机场接待赞比亚总统一行

中国农村信用社

RURAL CREDIT COOPERATIVE OF CHINA

宽敞明亮的营业大厅

2004年，全省农村信用社在省委、省政府的正确领导下，按照省联社提出的"稳健经营、稳步发展"经营理念和"争创一流金融机构"的奋斗目标，坚持以深化改革为动力，以业务发展为主线，强化管理，改善服务，不断加大支农工作力度，在促进全省农业结构调整和增加农民收入的基础上，各项业务取得了历史性突破，存、贷款当年增加额和利润增长幅度均居全省各金融机构第一位

各项存款大幅增长，信贷实力不断增强。一年来，全省农村信用社积极更新观念，牢固树立存款立社的思想，在加快网点改造、优化网点布局的基础上，不断创新业务品种，增加服务功能，大力推行规范化服务，有力地促进了存款工作的开展。截至2004年12月末，全省农村信用社各项存款余额达2460.83亿元，比年初增加389.67亿元，增长幅度达18.81%。各项存款余额和当年增加额居全省各金融机构第一位，进一步增强了农村信用社的信贷资金实力。

贷款投放大量增加，信贷支农重点突出。全省农村信用社根据省委、省政府确定的农村经济发展战略和工作部署，进一步确立为"三农"服务的经营方向，始终以支持粮食生产、支持农业和农村经济发展、支持农民增加收入，作为业务经营的首要任务，努力增加支农贷款投入。一方面合理安排资金使用顺序，突出信贷支农重点，继续把农户作为支持的重点，不断扩大小额农户贷款的限额和发放范围，确保农户种植粮、棉、油等生产资金的需要。另一方面在全省范围内推行了农户贷款证、联户联保、信贷专柜等便民贷款措施，促进了贷款业务的大幅度增长。到12月末，全省农村信用社累计发放各项贷款3405亿元，比上年多发放865.05亿元。其中发放农业贷款2093.65亿元，比上年多投放491.11亿元，增长30.65%，农业贷款余额占比达到65.72%，农户贷款面达到34.40%。全省农村信用社投放农业贷款占全省各金融机构农业贷款投放总额的90%以上，充分发挥了农村金融主力军的作用。

服务功能显著增强，经营效益大幅提高。全省农村信用社以科技为先导，在全国同行业率先建成省级计算机网络，实现全省储蓄存款通存通兑的基础上，开办了代理保险、代缴税款、代缴电话费、银证通等中间业务，发行了信通卡，并加入全国银联，不仅满足了城乡居民异地存取款的需求，而且为农民跨地区经营提供了结算上的方便。农村信用社存、贷款规模的有效扩大、服务功能的增强和信贷资产质量的逐步改善，使整体盈利水平显著提高，实现了经营状况根本好转。2004年，全省农村信用社实现各项收入159.91亿元，比上年多增加41.57亿元；在消化历史包袱43.23亿元的基础上，全年实现利润12.90亿元，向国家上缴营业税和企业所得税5.34亿元。

2004年6月6日，山东省农村信用社联合社挂牌成立

山东银监局局长王进诚为省联社颁发《金融许可证》

省联社理事长宋文瑄在省联社成立大会上讲话

山东省农业厅

厅长　战树毅

2004年,全省农业系统认真贯彻中央和省委两个一号文件精神，全面落实国家发展粮食生产、促进农民增收的一系列政策措施，农业农村经济呈现出多年未有的好形势。多数指标均已接近或提前完成"十五"计划。其中农业增加值完成计划的105%，农民人均纯收入完成100%，棉花、油料、蔬菜、水果、肉类、奶类总产分别完成计划的210%、97%、109%、117%、98%、109%，农产品出口产值占农业总产值的比重预计达到20%，完成计划110%，非农劳动力所占比重也将超过40%的"十五"目标。

——主要农产品产量稳定增加。全省粮食生产实现面积、单产、总产和效益"四增"。粮食总产3516.7万吨，居全国第二位。其中优质专用小麦面积达到2800万亩，居全国第一位。棉花总产109.8万吨，产量居全国第三位。油料总产369.7万吨，居全国第一位。我省油料以花生为主，生产条件得天独厚，花生质量享誉世界，其面积、产量和出口分别占全国的四分之一、三分之一和二分之一以上。瓜菜总产10206.6万吨，居全国第一位，因其量大质优堪称全国"大菜园"。目前全省蔬菜有100多个种类，3000多个品种，70%以上销往省外，出口量占全国的三分之一。水果产量1155.6万吨，居全国第一。我省是北方果树最适栽培区域之一，被誉为"北方落叶果树的王国"，生产20多种水果，品种达数百个。全省水果产量的70%以上销往外省和出口，多个名特产品在国内外市场享有盛名。畜牧业克服"禽流感"影响，继续保持较快发展。全年肉类总产696.5万吨，比上年增长5.2%；禽蛋433万吨，增长1.9%；奶类188.7万吨，增长27.2%。

——农村经济结构继续优化。全省农业与林牧渔服务业产值之比已调整到55：45，其中牧业产值占农业总产值的比重达29.3%。农产品质量不断提高，全省已建标准化基地2800多万亩，其中无公害农产品、绿色食品、有机食品基地近1000多万亩。

——农产品出口创汇取得新突破。我省农产品出口克服"禽流感"等重大困难，出现快速增长的势头。有望突破80亿美元，分别占全省出口总额和全国农产品出口总额的四分之一。

——农业总产值稳定增长、农民收入创近几年最高增幅。全省农林牧渔业总产值达到3453.2亿元，可比价增长3.7%；全年农业增加值达1811.2亿元，比上年增长6.9%；农民人均纯收入可达3507.43元以上，比上年增长11.3%，创1997年以来最高增幅。

（注：文中所列数字均为初步预计数。）

兖矿集团

兖矿集团总经理　王信

兖矿集团有限公司的前身是兖州矿务局。20世纪60年代开发建设，1976年7月建局；1987年与原兖州煤炭基本建设公司合并；1996年3月，作为全国100户现代企业制度试点单位，整体改制为国有独资公司，更名为"兖州矿业（集团）有限责任公司"；1999年5月，进入全国120家大型企业集团试点，公司名称变更为"兖矿集团有限公司"。1998年，兖州矿业（集团）有限责任公司作为独家发起人，以煤炭优良资产组建兖州煤业股份有限公司，在纽约、香港、上海三地上市。2002年，集团公司进行组织结构调整，将下属单位重组整合为煤业、实业、物业、煤化、电铝五个专业公司及投资公司、财务公司筹备处、国际经贸公司、技术中心等直属机构。为发挥比较优势，做强煤炭主业，拓展生存空间，走出去开发煤炭资源，成立了贵州、山西2个区域能化公司，基本形成了跨区域开发的发展格局。

经过多年发展建设，兖矿集团已成为一个以煤炭、煤化工、电解铝为主业、多元化经营的大型企业集团，经营领域涉及采矿、煤化工、电解铝、电力、建筑、矿井建设、机械制修等行业。其中在煤炭产业方面，兖矿本部拥有兖州和济宁东部两块煤田，煤田总面积440.4平方公里，2003年末煤炭可采储量为18.7亿吨。煤质为低灰、低硫、低磷、高发热量的气煤，是优质动

兖矿美丽的环境

力用煤和炼焦配煤。矿区设计矿井 8 对，2003 年核定生产能力 4100 万吨 / 年。

截止到2004年底，兖矿集团有限公司资产总额为332.73 亿元，负债 197.41 亿元，所有者权益 135.32 亿元，在册职工 99147人。2004年全年实现销售收入231.9亿元，税前利润26.03 亿元，完成煤炭产量4111 万吨，出口煤炭1020万吨。

在省委、省政府及上级主管部门的正确领导和大力支持下，兖矿集团取得了辉煌的成就，先后获得国家科技进步特等奖、一等奖，全国优秀企业"金马奖"，中国质量效益型先进企业特别奖，"五一"劳动奖状，全国首批转机建制先进企业、全国企业形象建设十佳单位、中国十大企业文化品牌等荣誉称号，并被大公国际评估公司评估为"AAA"级信用企业。

省委书记张高丽视察兖矿集团

四通八达的自营铁路网络

国家科技进步特等奖、一等奖

荣获全国质量管理奖

世界一流水平的综采放顶煤工作面

濟南鋼鐵集團總公司

JINANGANGTIEJITUANZONGGONGSI

2004年6月29日，“济南钢铁”A股在上海证券交易所成功上市，山东省委常委、常务副省长林廷生、济钢集团总经理李长顺共同为上市鸣锣

燃气一蒸气发电——济钢大力发展循环经济，不断加大技术创新力度，实现经济效益、社会效益、环境效益三统一，在更高层次上利用余热、余能发电

山东省委书记、省人大常委会主任张高丽，省委副书记、济南市委书记姜大明，省委常委、秘书长杨传升等省市领导来济钢视察

出席“加强钢铁产业政策引导，发展循环经济现场会”的国家发改委主任马凯在省委副书记、省长韩寓群，副省长谢玉堂等陪同下来济钢参观考察

济钢焦化厂干熄焦系统——干熄焦技术是济钢发展循环经济技术的一项标志性工程，在节能、环保和自动化控制等均达到国内一流

高炉夜景

目　　录

特　　载

政府工作报告 …… 1
统计公报 …… 10
统计工作综述 …… 17

统 计 表

第一篇　行政区划和自然资源

1-1　行政区划一览表(2004年) …… 3
1-2　人口和自然资源(2004年) …… 4
1-3　主要湖泊、河流基本情况(2004年) …… 5
1-4　主要山脉高度(2004年) …… 5
1-5　主要城市平均气温(2004年) …… 6
1-6　主要城市降水量(2004年) …… 7
1-7　主要城市日照时间(2004年) …… 8

第二篇　综　　合

2-1　平均每天社会经济活动 …… 11
2-2　国民经济主要比例关系 …… 12
2-3　国民经济和社会发展主要指标占全国的比重 …… 13
2-4　国民经济和社会发展主要指标 …… 15
2-5　国民经济和社会发展主要指标速度 …… 21
2-6　1952-2004年地区生产总值 …… 27
2-7　1952-2004年地区生产总值指数 …… 28
2-8　1952-2004年地区生产总值构成 …… 30
2-9　地区生产总值 …… 31
2-10　1978-2004年支出法计算的地区生产总值 …… 32
2-11　各市生产总值 …… 33
2-12　各市生产总值构成 …… 34
2-13　1978-2004年居民消费水平及指数 …… 35
2-14　各市居民消费水平及指数 …… 36
2-15　三次产业对经济增长的贡献率及拉动百分点 …… 36

第三篇　人　　口

3-1　历年总人口 …… 39

3－2　历年人口出生率、死亡率、自然增长率 …… 40
3－3　第一、二、三、四、五次人口普查主要数据 …… 41
3－4　各市人口自然变动情况(2004年) …… 42
3－5　各市人口数和总户数(2004年) …… 42

第四篇　从业人员和劳动报酬

4－1　就业基本情况 …… 45
4－2　按三次产业分的年底就业人员数 …… 46
4－3　按城乡划分的年底就业人员数 …… 47
4－4　分行业年底就业人员(2004年) …… 49
4－5　各市分行业年底在岗职工人数(2004年) …… 50
4－6　分登记注册类型和细行业年底在岗职工人数(2004年) …… 51
4－7　各市国有单位分行业年底在岗职工人数(2004年) …… 54
4－8　各市城镇集体单位分行业年底在岗职工人数(2004年) …… 55
4－9　其他单位分行业年底从业人员数和劳动报酬 …… 56
4－10　分登记注册类型和细行业女性年底就业人数(2004年) …… 58
4－11　各市分行业专业技术人员年末人数(2004年) …… 61
4－12　各市私营企业年底就业人员数(2004年) …… 62
4－13　各市个体年底就业人员数(2004年) …… 62
4－14　职工工资总额和指数 …… 63
4－15　职工平均工资及指数 …… 64
4－16　各市分行业在岗职工工资总额(2004年) …… 66
4－17　各市分行业在岗职工平均工资(2004年) …… 67
4－18　分行业在岗职工平均工资(2004年) …… 68
4－19　各市国有单位分行业在岗职工平均工资(2004年) …… 71
4－20　各市城镇集体单位分行业在岗职工平均工资(2004年) …… 72
4－21　各市其他单位分登记注册类型在岗职工平均工资(2004年) …… 73
4－22　各市国有及国有控股企业年底从业人员数和劳动报酬(2004年) …… 73
4－23　城镇劳动力供给和配置情况 …… 74
4－24　2000—2004年各市城镇登记失业人员及失业率 …… 74
4－25　职业介绍工作情况 …… 75
4－26　1988—2004年离休、退休、退职人员年末人数 …… 75
4－27　离休、退休、退职人员数(2004年) …… 76
4－28　各市离休、退休、退职人员人数(2004年) …… 76
4－29　1995—2004年离休、退休、退职人员保险福利费用 …… 77
4－30　离休、退休、退职人员保险福利费用(2004年) …… 77
4－31　各市离休、退休、退职人员保险福利费用(2004年) …… 78
4－32　各市社会保险参保人数(2004年) …… 79
4－33　1997－2004年社会保险参保人数 …… 80
4－34　1995－2004年城镇养老保险基本情况 …… 80

第五篇　固定资产投资和建筑业

5－1　1978－2004年全社会固定资产投资总额 …… 83

5－2　1978－2004年全社会固定资产投资构成 …… 84
5－3　1978－2004年按性质分的全社会固定资产投资及构成 …… 85
5－4　历年国有单位固定资产投资总额 …… 86
5－5　1997－2004年新增固定资产 …… 87
5－6　固定资产投资额(2004年) …… 88
5－7　国有单位固定资产投资额(2004年) …… 90
5－8　基本建设投资效益情况 …… 91
5－9　更新改造投资效益情况 …… 91
5－10　施工和竣工项目个数(2004年) …… 92
5－11　新增固定资产(2004年) …… 94
5－12　房地产开发投资和土地开发投资(2004年) …… 96
5－13　房屋建筑面积和价值(2004年) …… 96
5－14　固定资产投资财务拨款情况(2004年) …… 97
5－15　各市固定资产投资额(2004年) …… 98
5－16　各市施工、竣工项目个数和新增固定资产(2004年) …… 98
5－17　各市房屋建筑面积和价值(2004年) …… 99
5－18　各市国有单位施工竣工项目个数和新增固定资产(2004年) …… 101
5－19　新增生产能力(2004年) …… 102
5－20　主要年份建筑总产值 …… 105
5－21　主要年份建筑业企业从业人数 …… 106
5－22　建筑业企业生产情况 …… 107

第六篇　能　　源

6－1　历年一次能源生产总量 …… 111
6－2　1979－2004年能源生产、能源消费弹性系数 …… 112
6－3　一次能源生产量及构成 …… 113
6－4　能源消费量及构成 …… 113
6－5　平均每天各种能源消费量 …… 114
6－6　平均每人年生活用能源 …… 114
6－7　分品种生活能源年消费总量 …… 114
6－8　能源平衡表(标准量,2004年) …… 115
6－9　电力平衡表 …… 118

第七篇　财政、金融、保险

7－1　1950－2004年地方财政一般预算收入 …… 121
7－2　1950－2004年地方财政支出 …… 122
7－3　地方财政一般预算收入 …… 123
7－4　地方财政支出 …… 124
7－5　各市地方财政一般预算收入(2004年) …… 125
7－6　各市地方财政支出(2004年) …… 126
7－7　1979－2004年财政支出中用于文、教、科、卫的支出 …… 128
7－8　1952－2004年金融机构存款余额 …… 129
7－9　1952－2004年金融机构贷款余额 …… 130

7－10　金融机构信贷收支情况 …… 131
7－11　各市金融机构存贷款余额(2004 年) …… 132
7－12　国家银行信贷收支情况 …… 133
7－13　金融机构现金收支情况 …… 134
7－14　主要年份保险费收入和赔款及给付 …… 135
7－15　各市保险业务情况(2004 年) …… 135
7－16　人身保险主要指标(2004 年) …… 136
7－17　财产保险主要指标(2004 年) …… 137
7－18　保险公司分支机构(2004 年) …… 138

第八篇　价　　格

8－1　居民消费和商品零售价格总指数(2004 年) …… 141
8－2　历年居民消费价格总指数 …… 142
8－3　历年城市居民消费价格总指数 …… 143
8－4　历年商品零售价格总指数 …… 144
8－5　历年农村工业品零售价格总指数 …… 145
8－6　历年全省农业生产资料价格总指数 …… 146
8－7　居民消费价格分类指数 …… 147
8－8　商品零售价格分类指数 …… 150
8－9　工业品出厂价格总指数(2004 年) …… 153
8－10　1989—2004 年全省工业品出厂价格指数 …… 158
8－11　各市工业品出厂价格指数(2004 年) …… 160
8－12　原材料、燃料、动力购进价格总指数(2004 年) …… 162
8－13　固定资产投资价格指数(2004 年) …… 162
8－14　1991—2004 年固定资产投资价格指数 …… 163
8－15　房地产价格指数(2004 年) …… 164
8－16　2001—2004 年房地产价格指数 …… 165
8－17　各市房地产价格指数(2004 年) …… 166
8－18　农产品生产价格指数(2004 年) …… 168

第九篇　居 民 生 活

9－1　主要年份城镇居民家庭基本情况 …… 171
9－2　城镇居民年人均主要指标 …… 173
9－3　城镇居民家庭年人均现金收支(2004 年) …… 174
9－4　城镇居民家庭年人均食品类消费支出(2004 年) …… 176
9－5　城镇居民家庭人均非食品类消费支出(2004 年) …… 178
9－6　城镇居民家庭人均食品类消费数量(2004 年) …… 182
9－7　城镇居民非食品类消费数量 …… 183
9－8　城镇居民家庭年人均非现金收入 …… 184
9－9　城镇居民家庭年末耐用品百户拥有量(2004 年) …… 186
9－10　各调查市县城镇居民年人均主要指标(2004 年) …… 187
9－11　主要年份农民家庭主要指标变动情况 …… 190
9－12　农村住户家庭基本情况 …… 193

9-13 农村住户居住情况 …… 194
9-14 农村住户农业生产结构及生产技术应用情况 …… 195
9-15 农村住户当年生产经营情况 …… 196
9-16 农村住户总收入和总支出 …… 197
9-17 农村住户现金收支情况 …… 203
9-18 农村居民出售产品情况 …… 209
9-19 农村居民购买商品情况 …… 210
9-20 农村住户食品消费情况 …… 212
9-21 农村住户粮食收支平衡表 …… 213
9-22 农村住户人口与就业情况 …… 214
9-23 各市农村居民主要指标(2004年) …… 215

第十篇 城市建设

10-1 城市基础设施 …… 221
10-2 城市设施水平 …… 222
10-3 城市供水 …… 224
10-4 城市公共交通 …… 225
10-5 城市市政设施 …… 226
10-6 城市园林绿化 …… 228
10-7 城市燃气供热情况 …… 229
10-8 城市建设用地 …… 230

第十一篇 农林牧渔业

11-1 历年农林牧渔业总产值 …… 233
11-2 历年农林牧渔业总产值指数 …… 234
11-3 农林牧渔业总产值 …… 235
11-4 历年粮、棉、油产量 …… 236
11-5 1978-2004年畜牧业生产情况 …… 237
11-6 1978-2004年渔业生产情况 …… 239
11-7 农作物播种面积和产量 …… 241
11-8 主要农业机械年末拥有量 …… 242
11-9 各市农林牧渔业总产值(2004年) …… 243
11-10 各市农业产值(2004年) …… 243
11-11 各市林业产值(2004年) …… 244
11-12 各市牧业产值(2004年) …… 245
11-13 各市渔业产值(2004年) …… 246
11-14 各市农林牧渔业中间消耗及增加值(2004年) …… 247
11-15 各市农村基层情况和农业生产条件(2004年) …… 249
11-16 各市耕地面积(2004年) …… 250
11-17 各市粮食作物播种面积和产量 …… 251
11-18 各市棉花播种面积和产量 …… 252
11-19 各市油料作物播种面积和产量 …… 252
11-20 各市农业主要产品生产情况(2004年) …… 253

11－21　各市茶叶、水果生产情况(2004年) …… 258
11－22　各市林业生产情况(2004年) …… 260
11－23　各市畜牧业生产情况(2004年) …… 261
11－24　各市水产品产量和养殖面积(2004年) …… 263
11－25　各市主要农业机械年末拥有量(2004年) …… 264
11－26　各市农村电气化和农业化学化情况(2004年) …… 265
11－27　各市灌溉面积(2004年) …… 266

第十二篇　工　　业

12－1　历年工业总产值 …… 269
12－2　历年工业总产值指数 …… 270
12－3　规模以上工业企业主要经济指标 …… 271
12－4　规模以上国有控股工业企业主要经济指标 …… 279
12－5　规模以上集体工业企业主要经济指标 …… 287
12－6　规模以上外商投资和港澳台投资工业企业主要经济指标 …… 295
12－7　规模以上大中型工业企业主要经济指标 …… 303
12－8　国有工业企业主要经济指标 …… 311
12－9　规模以上高新技术产业主要经济指标(2004年) …… 319
12－10　规模以上非公有工业主要经济指标(2004年) …… 323
12－11　规模以上工业企业主要财务分析指标 …… 331
12－12　国有控股工业企业主要财务分析指标 …… 333
12－13　国有工业企业主要财务分析指标 …… 335
12－14　各市规模以上工业企业主要经济指标(2004年) …… 337
12－15　各市国有控股工业企业主要经济指标(2004年) …… 340
12－16　各市规模以上外商投资和港澳台投资工业主要经济指标(2004年) …… 342
12－17　各市规模以上高新技术产业主要经济指标(2004年) …… 344
12－18　各市规模以上非公有工业主要经济指标(2004年) …… 346
12－19　各市规模以上工业主要财务分析指标(2004年) …… 348
12－20　各市国有控股工业企业主要财务分析指标(2004年) …… 348
12－21　主要工业产品产量(2004年) …… 349

第十三篇　交通运输邮电通讯业

13－1　历年运输线路长度 …… 355
13－2　历年旅客运量及周转量 …… 356
13－3　历年货物运量及周转量 …… 357
13－4　沿海主要港口货物吞吐量 …… 358
13－5　交通运输企业主要技术经济指标 …… 359
13－6　邮电业务基本情况 …… 360
13－7　1978－2004年邮政基本情况 …… 360
13－8　1978－2004年电信业务总量 …… 361
13－9　各市公路情况(2004年) …… 361
13－10　各市地方交通旅客运输量(2004年) …… 362
13－11　各市地方交通公路货物运输量(2004年) …… 362

13－12　各市营业性运输车辆(2004年) …… 363
13－13　各市邮电业务基本情况(2004年) …… 363
13－14　各市民用车辆拥有量(2004年) …… 364

第十四篇　批发零售贸易和餐饮业

14－1　主要年份社会消费品零售总额 …… 367
14－2　批发和零售业商品销售总额和分类销售额 …… 369
14－3　2000－2004年亿元以上商品交易市场分类成交情况 …… 370
14－4　亿元以上商品交易市场分市场类型情况(2004年) …… 371
14－5　2000－2004年亿元以上商品交易市场情况 …… 372
14－6　限额以上连锁零售业和餐饮业经营情况 …… 372
14－7　限额以上连锁零售业和餐饮业门店配送中心分布情况 …… 373
14－8　各市社会消费品零售总额(2004年) …… 373
14－9　各市亿元以上商品交易市场情况 …… 374

第十五篇　对外经济贸易旅游和经济开发区

15－1　1984－2004年海关进出口情况 …… 377
15－2　1998－2004年进出口主要分类情况 …… 378
15－3　海关进出口商品总值(按国别地区分) …… 379
15－4　海关进出口商品分类金额 …… 380
15－5　出口商品结构 …… 383
15－6　1979－2004年利用外资情况 …… 384
15－7　利用外资基本情况 …… 385
15－8　外商直接投资 …… 385
15－9　分行业合同利用外商直接投资(2004年) …… 386
15－10　分行业外商实际直接投资(2004年) …… 387
15－11　1982－2004年对外承包工程和劳务合作情况 …… 388
15－12　对外承包工程劳务合作和设计咨询情况 …… 388
15－13　1978－2004年人民币对主要外币年平均汇价(中间价) …… 389
15－14　旅游业情况 …… 390
15－15　国内旅游情况 …… 390
15－16　接待外国旅游人数 …… 391
15－17　接待国际游客人员构成 …… 392
15－18　国际旅游外汇收入及构成 …… 392
15－19　境外投资情况 …… 393
15－20　世界500强企业在鲁投资情况 …… 393
15－21　省级及省级以上开发区主要经济指标 …… 394
15－22　各市海关进口总值 …… 394
15－23　各市海关出口总值 …… 395
15－24　各市外商投资企业进口总值 …… 395
15－25　各市外商投资企业出口总值 …… 396
15－26　各市合同利用外资情况 …… 396
15－27　各市实际利用外资情况 …… 397

15－28　各市接待国际游客人数 …… 397
15－29　各市接待外国旅游人数(按国别分 2004 年) …… 398
15－30　各市国际旅游(外汇)收入 …… 399
15－31　各市涉外饭店个数(按规模分 2004 年) …… 399
15－32　各市涉外饭店个数(按经济类型分 2004 年) …… 400
15－33　世界 500 强企业在各市投资情况(2004 年) …… 400
15－34　各市境外投资情况 …… 402
15－35　境外投资情况(按国别地区分,2004 年) …… 402
15－36　出口前 100 强企业(2004 年) …… 403
15－37　各经济开发区主要经济指标(2004 年) …… 404
15－38　各高新技术开发区主要经济指标(2004 年) …… 410

第十六篇　教育、科技、文化

16－1　各级各类学校基本情况(2004 年) …… 415
16－2　历年普通高等教育基本情况 …… 416
16－3　历年中等专业教育基本情况 …… 417
16－4　历年普通中学基本情况 …… 418
16－5　历年技工学校基本情况 …… 419
16－6　历年小学基本情况 …… 420
16－7　1985－2004 年成人高等教育基本情况 …… 421
16－8　研究生教育基本情况 …… 421
16－9　高等学校基本情况(2004 年) …… 422
16－10　1978－2004 年重要科技成果数量 …… 425
16－11　科技成果数量 …… 425
16－12　1985－2004 年专利情况 …… 426
16－13　规模以上工业企业科技活动人员情况(2004 年) …… 427
16－14　规模以上工业企业科技活动经费筹集情况(2004 年) …… 429
16－15　规模以上工业企业科技活动经费支出情况(2004 年) …… 431
16－16　非工业企业及事业单位科技活动人员情况(2004 年) …… 433
16－17　非工业企业及事业单位科技活动经费筹集情况(2004 年) …… 435
16－18　非工业企业及事业单位科技活动经费支出情况(2004 年) …… 437
16－19　高技术产业科技活动人员情况(2004 年) …… 439
16－20　高技术产业科技活动经费筹集情况(2004 年) …… 439
16－21　高技术产业科技活动经费支出情况(2004 年) …… 439
16－22　主要年份文化文物事业基本情况 …… 440
16－23　广播电视基本情况 …… 442
16－24　文化文物机构人员情况(2004 年) …… 442
16－25　档案馆基本情况(2004 年) …… 443
16－26　报纸杂志出版情况(2004 年) …… 444
16－27　图书出版情况(2004 年) …… 445
16－28　各市中等职业学校基本情况(2004 年) …… 445
16－29　各市普通中学情况(2004 年) …… 446
16－30　各市小学基本情况(2004 年) …… 446
16－31　各市中小学教职工情况(2004 年) …… 447

16-32　各市普通中学专任教师学历情况(2004年) …… 447
16-33　各市中小学升学辍学和幼儿园情况(2004年) …… 448
16-34　各市文化文物事业基本情况(2004年) …… 448

第十七篇　卫生、体育、民政、司法、测绘、标准计量

17-1　县及县以上医院工作情况 …… 451
17-2　各市卫生事业基本情况(2004年) …… 452
17-3　等级运动员、教练员、裁判员发展人数 …… 453
17-4　各市举办运动会及达标情况(2004年) …… 454
17-5　民政事业基本情况 …… 454
17-6　婚姻登记情况 …… 455
17-7　律师、公证工作基本情况 …… 456
17-8　分系统测绘持证单位个数和人员情况(2004年) …… 457
17-9　各市测绘持证单位个数和人员(2004年) …… 458
17-10　测绘系统生产产值(2004年) …… 459
17-11　各市测绘生产产值 …… 460
17-12　测绘系统持证单位生产情况 …… 461
17-13　各市测绘持证单位 …… 462
17-14　标准化工作情况(2004年) …… 463
17-15　产品质量监督情况(2004年) …… 464

第十八篇　环境保护

18-1　各市环境统计主要污染物指标(2004年) …… 467
18-2　各市工业污染治理项目建设情况(2004年) …… 468
18-3　各市工业废水污染物排放处理情况(2004年) …… 468
18-4　各市工业废气污染物排放处理情况(2004年) …… 469
18-5　各市工业固体废物排放及处理利用情况(2004年) …… 469
18-6　工业废水污染物排放及处理情况(2004年) …… 470
18-7　工业废气污染物排放及处理情况(2004年) …… 471
18-8　工业固体废物排放及处理利用情况(2004年) …… 472

第十九篇　企业景气调查基本情况

19-1　企业景气调查主要景气指数 …… 475
19-2　工业企业景气调查主要景气指数 …… 476
19-3　建筑业企业景气调查主要景气指数 …… 476
19-4　交通运输、仓储和邮政业企业景气调查主要景气指数 …… 477
19-5　批发和零售业企业景气调查主要景气指数 …… 477
19-6　房地产业企业景气调查主要景气指数 …… 478
19-7　社会服务业企业景气调查主要景气指数 …… 478
19-8　信息传输、计算机服务和软件业企业景气调查主要景气指数 …… 479
19-9　住宿和餐饮业企业景气调查主要景气指数 …… 479
19-10　企业家信心指数 …… 480

19 - 11　企业景气指数 …… 481
19 - 12　工业企业生产总量景气指数 …… 482
19 - 13　工业企业盈利（亏损）变化景气指数 …… 482
19 - 14　工业企业流动资金景气指数 …… 483
19 - 15　工业企业货款拖欠景气指数 …… 483
19 - 16　工业企业劳动力需求景气指数 …… 484
19 - 17　工业企业固定资产投资景气指数 …… 484
19 - 18　工业企业产品订货景气指数 …… 485
19 - 19　工业企业科技创新景气指数 …… 485
19 - 20　建筑业企业建筑工程量景气指数 …… 486
19 - 21　建筑业企业盈利（亏损）变化景气指数 …… 486
19 - 22　建筑业企业流动资金景气指数 …… 487
19 - 23　建筑业企业货款拖欠景气指数 …… 487
19 - 24　建筑业企业劳动力需求景气指数 …… 488
19 - 25　建筑业企业固定资产投资景气指数 …… 488
19 - 26　交通运输、仓储及邮政业企业业务需求量景气指数 …… 489
19 - 27　交通运输、仓储及邮政业企业盈利（亏损）变化景气指数 …… 489
19 - 28　交通运输、仓储及邮政业企业流动资金景气指数 …… 490
19 - 29　交通运输、仓储及邮政业企业货款拖欠景气指数 …… 490
19 - 30　交通运输、仓储及邮政业企业劳动力需求景气指数 …… 491
19 - 31　交通运输、仓储及邮政业企业固定资产投资景气指数 …… 491
19 - 32　批发和零售业企业商品销售景气指数 …… 492
19 - 33　批发和零售业企业盈利（亏损）变化景气指数 …… 492
19 - 34　批发和零售业企业流动资金景气指数 …… 493
19 - 35　批发和零售业企业货款拖欠景气指数 …… 493
19 - 36　批发和零售业企业劳动力需求景气指数 …… 494
19 - 37　批发和零售业企业固定资产投资景气指数 …… 494
19 - 38　房地产业企业完成投资景气指数 …… 495
19 - 39　房地产业企业盈利（亏损）变化景气指数 …… 495
19 - 40　房地产业企业流动资金景气指数 …… 496
19 - 41　房地产业企业货款拖欠景气指数 …… 496
19 - 42　房地产业企业劳动力需求景气指数 …… 497
19 - 43　房地产业企业固定资产投资景气指数 …… 497
19 - 44　社会服务业企业业务需求量景气指数 …… 498
19 - 45　社会服务业企业盈利（亏损）变化景气指数 …… 498
19 - 46　社会服务业企业流动资金景气指数 …… 499
19 - 47　社会服务业企业货款拖欠景气指数 …… 499
19 - 48　社会服务业企业劳动力需求景气指数 …… 500
19 - 49　社会服务业企业固定资产投资景气指数 …… 500
19 - 50　信息传输、计算机服务和软件业企业产品销售（提供服务）景气指数 …… 501
19 - 51　信息传输、计算机服务和软件业企业盈利（亏损）变化景气指数 …… 501
19 - 52　信息传输、计算机服务和软件业企业流动资金景气指数 …… 502
19 - 53　信息传输、计算机服务和软件业企业货款拖欠景气指数 …… 502
19 - 54　信息传输、计算机服务和软件业企业劳动力需求景气指数 …… 503
19 - 55　信息传输、计算机服务和软件业企业固定资产投资景气指数 …… 503

19－56　住宿和餐饮业企业产品销售(提供服务)景气指数 …… 504
19－57　住宿和餐饮业企业盈利(亏损)变化景气指数 …… 504
19－58　住宿和餐饮业企业流动资金景气指数 …… 505
19－59　住宿和餐饮业企业货款拖欠景气指数 …… 505
19－60　住宿和餐饮业企业劳动力需求景气指数 …… 506
19－61　住宿和餐饮业企业固定资产投资景气指数 …… 506

第二十篇　县、市、区主要经济指标

20－1　各县(市、区)主要经济指标 …… 509

附录一、全国各省市主要经济指标 …… 521
附录二、国际统计资料 …… 565
附录三、2004 年山东省统计局工作大事记 …… 597
附录四、主要统计指标解释 …… 603

CONTENTS

ESPECIALLY PRINTED HERE ARE

GOVERNMENT WORK REPORT ······ 1
STATISTICAL COMMUNIQUE ······ 10
SUMMARY OF SHANDONG STATISTICAL UNDERTAKING OF 2004 ······ 17

STATISTICAL TABLE

CHAPTER 1 ADMINISTRATIVE DIVISION AND NATURAL RESOURCES

1 – 1 Table of Administrative Division ······ 3
1 – 2 Population and Natural Resources ······ 4
1 – 3 Basic Statistics on Major Lakes and Rivers ······ 5
1 – 4 Height of Major Mountains ······ 5
1 – 5 Monthly Average Temperature in Major Cities ······ 6
1 – 6 Monthly Precipitation in Major Cities ······ 7
1 – 7 Monthly Hours of Sunshine in Major Cities ······ 8

CHAPTER 2 GENERAL SURVEY

2 – 1 Average Level of Every Day's Social Economic Activities ······ 11
2 – 2 Principal Relations of Major Economic Indicators ······ 12
2 – 3 Proportion of Major Economic and Social Development Indicators of Shandong Province to the Whole Country ······ 13
2 – 4 Main Indicators of National Economy ······ 15
2 – 5 Growth of the Main Indicators of National Economy ······ 21
2 – 6 Annual GDP in 1952 – 2004 ······ 27
2 – 7 Annual Index of GDP in 1952 – 2004 ······ 28
2 – 8 Composition of Annual GDP in 1952 – 2004 ······ 30
2 – 9 Gross Domestic Products ······ 31
2 – 10 Annual Gross Domestic Expenditures in 1978 – 2004 ······ 32
2 – 11 Gross Domestic Products by Prefecture ······ 33
2 – 12 Composition of GDP by Prefecture ······ 34
2 – 13 Household Consumer Level and Index in 1978 – 2004 ······ 35
2 – 14 Household Consumer Level and Index by Prefecture ······ 36
2 – 15 Contribution Rate and Precentage Point of Pulling to the Economic Growth of Type of Industry ······ 36

CHAPTER 3 POPULATION

3 – 1 Annual Total Population ······ 39
3 – 2 Rate of Birth, Death and Natural Growth in Annual Population ······ 40
3 – 3 Major Statistics of The First, The Second, The Third , The Fourth and Fifth Time National Population Censuses ······ 41
3 – 4 Natural Variation of Population by Prefecture in 2004 ······ 42
3 – 5 Population Household by Prefecture in 2004 ······ 42

CHAPTER 4 EMPLOYMENT AND PAYMENT FOR LABOUR

4－1 Employment …… 45
4－2 Number of Employed Persons at the Year－end by Type of Idustry …… 46
4－3 Number of Employed Persons at the Year－end by Residence in Urban and Rural Areas …… 47
4－4 Number of Employed Persons at the Year－end by Sector in 2004 …… 49
4－5 Number of Staff and Workers on Jobs at the Year－end by City and by Sector in 2004 …… 50
4－6 Number of Staff and Workers on Jobs at the Year－end by Registration Status and Sector in Detail in 2004 …… 51
4－7 Number of Staff and Workers on Jobs in State－owned Units by Sector at the Year－end by City in 2004 …… 54
4－8 Number of Staff and Workers on Jobs in Urban Collective－owned Units by Sector at the Year－end by City in 2004 …… 55
4－9 Employed Persons and Earnings in Other Ownership Units by Sectorat the Year－end in 2004 …… 56
4－10 Number of Femal Employed by Registration Status and Sector in Detail at the Year－end in 2004 …… 58
4－11 Number of Scientific and Technical Personnel by Sector and City at the Year－end in 2004 …… 61
4－12 Number of Employed Persons in Private Enterprises by City at the Yean－end in 2004 …… 62
4－13 Number of Self－ employed Individuals at the Year－end by City …… 62
4－14 Total Wages of Staff and Workers and Related Index …… 63
4－15 Average Wage of Staff and Workers and Related Index …… 64
4－16 Total Wages of Staff and Workers on Jobs by Sector and City in 2004 …… 66
4－17 Average Wage of Staff and Workers on Jobs by Sector and City in 2004 …… 67
4－18 Average Wage of Staff and Workers on Jobs by Sector in Detail in 2004 …… 68
4－19 Average Wage of Staff and Workers on Jobs in State－owned Units by Sector and City in 2004 …… 71
4－20 Average Wage of Staff and Workers on Jobs in Urban Collective－owned Units by Sector and by City in 2004 …… 72
4－21 Average Wage of Staff and Workers on Jobs in Other Ounership Units by Sector and by City in 2004 …… 73
4－22 Employed Persons and Earnings in State－owned and State－controlling Enterprises at the Year－end by City in 2004 …… 73
4－23 Situations of Laber Workerforce Supply and Disposition …… 74
4－24 Urban Registered Unemployment and Unemployment Rate by City in 2000－2004 …… 74
4－25 Situations of Careers Service …… 75
4－26 Number of Retired and Resigned Persons at the Year－end in 1988－2004 …… 75
4－27 Number of Retired and Resigned Persons in 2004 …… 76
4－28 Number of Retired and Resigned Persons by City in 2004 …… 76
4－29 The Insurance and Welfare of the Retired and Resigned Persons in 1995－2004 …… 77
4－30 The Insurance and Welfare of the Retired and Resigned Persons in 2004 …… 77
4－31 The Insurance and Welfare of the Retired and Resigned Persons by City in 2004 …… 78
4－32 Number of Persons Participating in Social Insurance by City in 2004 …… 79
4－33 Number of the Persons Participating in Social Insurance in 1997－2004 …… 80
4－34 Urban Basic Retirement Security in 1995－2004 …… 80

CHAPTER 5 FIXED ASSETS INVESTMENT AND CONSTRUCTION

5－1 Total Social Investment in Fixed Assets in 2002－2004 …… 83
5－2 Composition of Total Social Investment in Fixed Assets in 1978－2004 …… 84
5－3 Total Social Investment and Composition by Property in 1978－2004 …… 85

5－4 Investment in Fixed Assets of State－owned Units …… 86
5－5 Newly Increased Fixed Assets in 1997－2004 …… 87
5－6 Investment in Fixed Assets in 2004 …… 88
5－7 Investment in Fixed Assets of State－owned Units in 2004 …… 90
5－8 Benificial Result of Investment in Capital Construction …… 91
5－9 Benificial Result of Technical Updates and Transformation Investment …… 91
5－10 Number of Projects under Construction and Put into Use(2004) …… 92
5－11 Newly Increased Fixed Assets in 2004 …… 94
5－12 Investment of Real Estate Development and Land Reclamation and Development in 2004 …… 96
5－13 Floor Space and Value of Building Under Construction in 2004 …… 96
5－14 Financial Allocatefunds of Investment in Fixed Assets …… 97
5－15 Investment in Fixed Assets by Prefecture …… 98
5－16 Number of Investment Projects in Fixed Assets Under construction and Put into use and Newly Increased Fixed Assets by Prefecture …… 98
5－17 Floor Space and Value of Building by Prefecture in 2004 …… 99
5－18 Number of Investment Projects in Fixed Assets Under construction and Put into use and Newly Increased Fixed Assets of State－owned Unites by Prefecture …… 101
5－19 Newly Increased Production Capacity in 2004 …… 102
5－20 Output Value of Construction in Major Years …… 105
5－21 Person Engaged of Construction Enterprises …… 106
5－22 Major Productive Indicators of Construction Enterprises …… 107

CHAPTER 6 ENERGY

6－1 Annual Total Production of Energy …… 111
6－2 Elasticity Ratio of Annual Production and Consumption of Energy in 1979－2004 …… 112
6－3 Primary Energy Output and Composition …… 113
6－4 Consumption of Energy and Its Composition …… 113
6－5 Average Daily energy Consumption By Variety …… 114
6－6 Annual Average Per Capita Energy energy Consumption For Non－Production Purpose …… 114
6－7 Average Annual Energy energy Consumption For Non－Production Purpose By Variety …… 114
6－8 Energy Supply and Consumption Sheet in 2004 …… 115
6－9 Electricity Balance Sheet …… 118

CHAPTER 7 GOVERNMENT FINANCE, BANKING AND INSURANCE

7－1 The Local Financial Budgettary Revenue in 1950－2004 …… 121
7－2 The Local Financial Expenditure in 1950－2004 …… 122
7－3 The Local Financial Budgettary Revenue …… 123
7－4 The Local Financial Expenditure …… 124
7－5 The Local Financial Budgettary Revenue by City in 2004 …… 125
7－6 The Local Financial Expenditure by City in 2004 …… 126
7－7 Expenditure for Culture, Education, Scientific Research and Health Care in 1979－2004 …… 128
7－8 Deposits Balance of Financial Institution in 1952－2004 …… 129
7－9 Loans Balance of Financial Institution in 1952－2004 …… 130
7－10 Credit Fands Balance Sheet of Financial Institutions …… 131
7－11 Deposits and Loans of Financial Institutions by City …… 132
7－12 Credit Fands Balance Sheet of State Bank …… 133
7－13 Cash Income and Expenditures of Financial Institutions …… 134

7－14 Premiums Incom, Indemnity Expenditure and Payment in Main Year ······ 135
7－15 Basic Statistics Insurance Business by City in 2004 ······ 135
7－16 Major Indicators of the Life Insurance in 2004 ······ 136
7－17 Major Indicators of the Property Insurance in 2004 ······ 137
7－18 Basic Statistics on Institution of Insurance Corporations in 2004 ······ 138

CHAPTER 8 PRICE

8－1 Resident Consumer Price Indices and Retail Price Indices of Commodities ······ 141
8－2 Annual General Consumer Price Indices ······ 142
8－3 Annual Urban General Consumer Price Indices ······ 143
8－4 Annual Overall Retail Price Indeces of the Society ······ 144
8－5 Annual Overall Retail Price Indices of Rural Industrial Products ······ 145
8－6 Annual Overall Farm and Sideline Products Purchasing Price Indexes ······ 146
8－7 Consumer Price Indices by Category ······ 147
8－8 Retail Price Indices by Category ······ 150
8－9 Ex－Factory Price Indices of Industrial Products in 2004 ······ 153
8－10 Ex－Factory Price Indices of Industrial Products of the Whole Province in 1989－2004 ······ 158
8－11 Ex－Factory Price Indices of Industrial Products by City in 2004 ······ 160
8－12 Raw Material ,Fuel, Power Purchasing Price Indices in 2004 ······ 162
8－13 Price Indices of Investment in Fixed Assets in 2004 ······ 162
8－14 Price Indices of Investment in Fixed Assets in 1991－2004 ······ 163
8－15 Price Indices of Real Estate in 2004 ······ 164
8－16 Price Indices of Real Estate in 2001－2004 ······ 165
8－17 Price Indices of Real Estate by City in 2004 ······ 166
8－18 Price Indices of Production in Agricultural Products in 2004 ······ 168

CHAPTER 9 RESIDENTS' LIVELIHOOD

9－1 Basic Statistics on Major Year's Urban Household Income and Expenditure ······ 171
9－2 Basic Statistics on Urban Household ······ 173
9－3 Average Monthly Cash Income and Expenditure of Urban Household Per Capita ······ 174
9－4 Average Monthly Food Expenditure of Urban Household Per Capita in 2004 ······ 176
9－5 Average Monthly Non－Food Expenditure of Urban Household Per Capita in 2004 ······ 178
9－6 Average Monthly Food Expenditure Amount of Urban Household Per Capita in 2004 ······ 182
9－7 Non－Food Expenditure Amount of Urban Household in 2004 ······ 183
9－8 Average Monthly Non－Cash Income of Urban Household Per Capita in 2004 ······ 184
9－9 Possession of Durable Goods Per 100 Urban Households in 2004 ······ 186
9－10 Major Annual Per Capita of the Urban Household By the Surveyed Conutry in 2004 ······ 187
9－11 Change Situation of Major Statistics on Rural Households in Main year ······ 190
9－12 Basic Statistics on Rural Households ······ 193
9－13 Living Conditions of Rural Households ······ 194
9－14 The Structure of the Production and Technical Application of Rural Households ······ 195
9－15 Production and Management of those Years of Rural Households ······ 196
9－16 Total Income and Expenditure of Rural Households Per Capita ······ 197
9－17 Average Cash Income and Expenditure of Rural Households Per Capita ······ 203
9－18 Annual Sells of Major Productions of Rural Households ······ 209
9－19 Annual Purchases of Major Productions of Rural Households ······ 210
9－20 Good Consumption of Rural Households ······ 212
9－21 Balance of the Provision of Rural Households ······ 213

9 – 22 Population and Employment of Rural Households ………… 214
9 – 23 Basic Indicators of Rural Household by City in 2004 ………… 215

CHAPTER 10 CITY CONSTRUCTION

10 – 1 Basic Statistics on Public Facilities in Cities ………… 221
10 – 2 Level of City Housing and Public Services ………… 222
10 – 3 City Water Supply ………… 224
10 – 4 City Public Traffic ………… 225
10 – 5 City Municipal and Facilities Engineering ………… 226
10 – 6 City Parks, Gardens and Green Areas ………… 228
10 – 7 Basic Statistics on Supply of Gas and Heating in Cities ………… 229
10 – 8 The Land Used by City Construction ………… 230

CHAPTER 11 FARMING, FORESTRY, ANIMAL HUSBANDRY AND FISHERY

11 – 1 Annual Gross Output Value of Farming, Forestry, Animal Husbandry and Fishery ………… 233
11 – 2 Annual Indexes of Gross Output Value of Farming, Forestry, Animal Husbandry and Fishery ………… 234
11 – 3 Gross Output Value of Farming, Forestry, Animal Husbandry and Fishery ………… 235
11 – 4 Annual Quantity of Food, Cotton and Oil Manufacture ………… 236
11 – 5 Production of Animal Husbandry in 1978 – 2004 ………… 237
11 – 6 Production of Fishery Manufacture in 1978 – 2004 ………… 239
11 – 7 Sown Area and Quantity of Crops in The Province ………… 241
11 – 8 Year – end Possession of Major Agricultural Machinery ………… 242
11 – 9 Gross Output Value of Farming, Forestry, Animal Husbandry and Fishery By Prefecture in 2004 ………… 243
11 – 10 Gross Output Value of Farming By Prefecture in 2004 ………… 243
11 – 11 Gross Output Value of Forestry By Prefecture in 2004 ………… 244
11 – 12 Gross Output Value of Animal Husbandry By Prefecture in 2004 ………… 245
11 – 13 Gross Output Value of Fishing By Prefecture in 2004 ………… 246
11 – 14 Intermediate Expenditure and Value – added of of Farming, Forestry, Animal Husbandry and Fishery By Prefecture in 2004 ………… 247
11 – 15 Rural Basic Organizations and Production Conditions by Prefecture ………… 249
11 – 16 Cultivated Area by Prefecture ………… 250
11 – 17 Sown Area and Quantity Cereals Harvest by Prefecture ………… 251
11 – 18 Sown Area and Harvest Quantity of Cotton by Prefecture ………… 252
11 – 19 Sown Area and Harvest Quantity of Oil by Prefecture ………… 252
11 – 20 Major Products Manufacture of Agriculture by Prefecture ………… 253
11 – 21 Quantity of Tea, Fruits and Silkworm Cocoon Manufacture by Prefecture ………… 258
11 – 22 Forestry Manufacture by Prefecture ………… 260
11 – 23 Animal Husbandry Manufacture by Prefecture ………… 261
11 – 24 Output of Aquetic Products and Cultured Area by City ………… 263
11 – 25 Year – end Possession of Major Agricultural Machinery by Prefecture ………… 264
11 – 26 Rural Electrication and Agricultural Chemistry by Prefecture ………… 265
11 – 27 Irrigated Area by Prefecture ………… 266

CHAPTER 12 INDUSTRY

12 – 1 Annual Total Output Value and Composition of Industry ………… 269

12 – 2 Indices of Annual Total Industrial Output Value ······ 270
12 – 3 Main Economic Indicators of All State – owned Enterprises (SOE) and Other Forms of Enterprises with the Annual Sales over 5 Million Yuan ······ 271
12 – 4 Main Indicators of State – holding Industrial Enterprises ······ 279
12 – 5 Main Economic Indicators of State – controled Industrial Enterprises Above Designed Level ······ 287
12 – 6 Main Economic Indicators of Collective – owned Industrial Enterprises with the Annual Sales over 5 Million Yuan ······ 295
12 – 7 Main Economic Indicators of Enterprises Funded by Foreign Country and Hongkong, Macao and Taiwan with the Annual Sales over 5 Million Yuan ······ 303
12 – 8 Main Economic Indicators of Large and Medium – sized Industrial Enterprises ······ 311
12 – 9 Main Economic Indicators of All State – owned Enterprises ······ 319
12 – 10 Main Economic Indicators of Highand new Technology Industrial Enterprises ······ 323
12 – 11 Main Economic Indicators of Non – Public – owned Industrial Enterprises Above Design Level ······ 331
12 – 12 Major Financial Analyses Indicators of Industry Above Designed Level ······ 333
12 – 13 Major Financial Analyses Indicators of Stated – owned Industry ······ 335
12 – 14 Major Financial Analyses Indicators of Nationalised Industry ······ 337
12 – 15 Main Economic Indicators of Industry Enterprises Above Designed Level by Prefecture ······ 340
12 – 16 Main Economic Indicators of State – owned Industrial Enterprises by Prefecture ······ 342
12 – 17 Main Economic Indicators of Enterprises Funded by Foreign Country and Hongkong, Macao and Taiwan by Prefecture ······ 344
12 – 18 Main Economic Indicators of High and new Technology Industrial Enterprises By Prefecture ······ 346
12 – 19 Main Economic Indicators of Non – Public – owned Industrial Enterprises Above Design Level by Prefecture ······ 348
12 – 20 Major Financial Analyses Indicators of Industry Above Designed Level by Prefecture ······ 348
12 – 21 Major Financial Analyses Indicators of Stated – owned Industry by Prefecture ······ 349

CHAPTER 13 TRANSPORTATION, POSTAL AND TELECOMMUNI CATION SERVICES

13 – 1 Annual Length of Transportation Routes ······ 355
13 – 2 Annual Passenger Traffic and Its Volume ······ 356
13 – 3 Annual Freight Traffic and Its Volume ······ 357
13 – 4 Volume of Freight Handled in Major Coastal Ports ······ 358
13 – 5 Main Economic and Technical Indicators of Transportation Enterprises ······ 359
13 – 6 Basic Condition of Post and Telecomunications ······ 360
13 – 7 Basic Conditions of Post in 1978 – 2004 ······ 360
13 – 8 Basic Conditions of Telecomunication in 1978 – 2004 ······ 361
13 – 9 Basic Statistics on Highway Transportation by Prefecture ······ 361
13 – 10 Local Passenger Traffic by Prefecture ······ 362
13 – 11 Local Highway Freight Traffic by Prefecture ······ 362
13 – 12 Operating Transport Vehicle by Prefecture ······ 363
13 – 13 Gross Volume of Postal and Telecommunication Services by Prefecture ······ 363
13 – 14 Operating Vehicle of Highway Transportation Departments by Prefecture ······ 364

CHAPTER 14 WHOLESALE, RETAIL SALES AND CATERING SERVICE

14 – 1 Total Retail Sales of Consumer Goods in Major Years ······ 367

14 – 2 Total Sales and Total Sales by Category in Wholesale and Retail Trade ······ 369
14 – 3 Classification of Commodity Exchange Markets of Turnover above \ = 100 Million Yuan in 2000 – 2004 ······ 370
14 – 4 Different Types on Commodity Exchange Markets of Turnover above 100 Million Yuan ······ 371
14 – 5 Basic Statistics on Commodity Exchange Markets of Turnover above 100 Million Yuan in 2000 – 2004 ······ 372
14 – 6 Basic Condition in above Designated Size in Chain Store and Catering Services ······ 372
14 – 7 Shopps and Supplying Centers on above Designated Size in Chain Store and Catering Services ······ 373
14 – 8 Total Retail Sales of Consumer Goods by City ······ 373
14 – 9 Basic Statistics on Commodity Exchange Markets of Turnover above 100 Million Yuan by City ······ 374

CHAPTER 15 FOREIGN TRADE, TOURISM AND THE SPECIAL ECONOMIC ZONE

15 – 1 Imports and Exports by Customs in 1984 – 2004 ······ 377
15 – 2 Imports and Exports by Category in 1998 – 2004 ······ 378
15 – 3 Imports and Exports by Country and Territory ······ 379
15 – 4 Imports and Exports by Category of Commodities ······ 380
15 – 5 Composition of the Foreign Trade Commodities ······ 383
15 – 6 Utilization of Foreign Capital in 1979 – 2004 ······ 384
15 – 7 Basic Statistics on Utilization of Foreign Capital ······ 385
15 – 8 Basic Statistics on Direct Foreign Investment ······ 385
15 – 9 Basic Statistics on Contracted Direct Foreign Investment by the Sectors ······ 386
15 – 10 Basic Statistics on Foreign Acfoaly Investment By Sectors ······ 387
15 – 11 Contracted Projects and Labor Service Cooperation With Foreign Body in 1982 – 2004 ······ 388
15 – 12 Contracted Projects and Labor Service Cooperation and Design, Consultation with Foreign Countries and Regions ······ 388
15 – 13 Annual Average Exchange Rate of Major Foreign Currencies for RMB Yuan in 1978 – 2004 ······ 389
15 – 14 Annual Development of Foreign Tourism ······ 390
15 – 15 Basic Statistics on Domestic Tourists ······ 390
15 – 16 Nnmber of the Foreign Tourists ······ 391
15 – 17 Number of the Foreign Tourysts by Country ······ 392
15 – 18 Income and Composition of the Foreign Tourists ······ 392
15 – 19 Basic Statistics of Externa Investment ······ 393
15 – 20 Basic Statistics of Investmeit is Shandong of the World 500 Top Enterprises ······ 393
15 – 21 Statistics on the Major Indicators of the Special – Economic – Zone of Grade the above in the Provincial and Province ······ 394
15 – 22 Import Value of Foreign Trade by City ······ 394
15 – 23 Export Value of Foreign Trade by City ······ 395
15 – 24 Import Valae of Foreign – funded Enterprises by City ······ 395
15 – 25 Export Value of Foreign – funded Enterprises by City ······ 396
15 – 26 Basic Statistics on Contracted Utilization of Foreign Capital by Prefecture ······ 396
15 – 27 Basic Statistics on Actualy Utilization of Foreign Capital by Prefecture ······ 397
15 – 28 Foreign Tourists by Country by Prefecture ······ 397
15 – 29 Number of Foreign Tourists by Prefecture ······ 398
15 – 30 Income of the Foreign Tourists By Drefecture ······ 399
15 – 31 Basic Statistics About the Foreign Tourists Hotel (By Scale) ······ 399
15 – 32 Basic Statistics About the Foreign Tourists Hotel (By Ownership) ······ 400
15 – 33 Basic Statistics of Investment of the World 500 top Enterprises in Shandong by City ······ 400

15 – 34 Basic Statistics of External Investment by City in 2004 ······ 402
15 – 35 Basic Statistics of External Investment (by Country and Region) ······ 402
15 – 36 The First 100 Enterprises With Its Import Value in 2004 ······ 403
15 – 37 The Major Indicators of Special – Economic – Zone in 2004 ······ 404
15 – 38 Basic Statistics About Every High and New Technology Development Zone In 2004 ······ 410

CHAPTER 16 EDUCATION, SCIENCE, CULTURE

16 – 1 Basic Statistics on Schools by Level and Type ······ 415
16 – 2 Annual Basic Statistics on Higher Education ······ 416
16 – 3 Annual Basic Statistics on Specialized Education ······ 417
16 – 4 Annual Basic Statistics on General Middle Schools ······ 418
16 – 5 Annual Basic Statistics on Skilled Worker Schools ······ 419

16 – 6 Annual Basic Statistics on Primary Schools ······ 420
16 – 7 Adult Higher Education in 1985 – 2004 ······ 421
16 – 8 Basic Statistics on Postgraduated Education ······ 421
16 – 9 Basic Statistics on Colleges and Universities in 2004 ······ 422
16 – 10 Annual Important Scientific Achievements in 1978 – 2004 ······ 425
16 – 11 Number of Scientific Achievements ······ 425
16 – 12 Annual Basic Statistics on Demestic Patent Applications in 1985 – 2004 ······ 426
16 – 13 The Personnel of The Scientific Activity Above Designed Industrial Enterprises ······ 427
16 – 14 The Raised Outlay On Scientific Actirity Above Designed Industrial Enterprises ······ 429
16 – 15 The Expenditure of The Scientific Activity Fund Above Designed Industrial Enterprises ······ 431
16 – 16 The Personnel of The Scientific Activity of Non – Industrial and Institution Enterprises ······ 433
16 – 17 The Raised Outlay On Scientific Actirity of Non – Industrial and Institution Enterprises ······ 435
16 – 18 The Expenditure of The Scientific Activity Fund of Non – Industrial and Institution Industrial Enterprises ······ 437
16 – 19 The Personnel of The Scientific Activity of High – tech Industry ······ 439
16 – 20 The Raised Outlay On Scientific Actirity of High – tech Industry ······ 439
16 – 21 The Expenditure of The Scientific Activity Fund of High – tech Industry ······ 439
16 – 22 Main Year's Indicators of Culture ······ 440
16 – 23 Basic Statistics on Broadcasting Station and Television ······ 442
16 – 24 Number of Cultural Institutions ······ 442
16 – 25 Basic Statistics About Muniment Room in 2004 ······ 443
16 – 26 Publication of the newspaper and Magazine ······ 444
16 – 27 Publication of the Book ······ 445
16 – 28 Basic Statistics on Middle Schools by Prefecture ······ 445
16 – 29 Annual Basic Statistics on General Middle Schools by Prefecture ······ 446
16 – 30 Basic Statistics on Primary Schools by Prefecture ······ 446
16 – 31 Teachers and Staff of Middle Schools and Primary Schools by Prefecture ······ 447
16 – 32 Basic Statistics on Educational Background of Full – time Teachers by Prefecture ······ 467
16 – 33 Statistics on Entering Higher Schools, Discontinuing Studies in Middle and Primary Schools ······ 468
16 – 34 Basic Conditions on Culture by Prefecture ······ 468

CHAPTER 17 HEALTH CARE, SPORTS, CIVIL ADMINISTRATION AND JUDICATURE MAPPING, STANDARD MEASUREMENT

17 – 1 Statistics on Working of Country and Above Hospitals ······ 451
17 – 2 Statistics on Health Care by Prefecture in 2004 ······ 452
17 – 3 Number of Athletes, Referees and Trainers With Certified Grades ······ 453
17 – 4 Sports Meeting Held and Achievement of Grades by Prefecture in 2004 ······ 454
17 – 5 Basic Statistics on Civil Administratio ······ 454
17 – 6 Number of Marriages ······ 455
17 – 7 Basic Statistics on Lawyers and Notarization ······ 456
17 – 8 The Number and Staff Worker of Surveying and Mapping Units With Certification in 2004 ······ 457
17 – 9 The Number and Staff Worker of Surveying and Mapping Units With Certification by Prefecture ······ 458
17 – 10 The Income of Surveying and Mapping ······ 459
17 – 11 The Income of Surveying and Mapping by Prefecture ······ 460
17 – 12 Basic Statistics of Surveying and Mapping Units With Certification ······ 461
17 – 13 Basic Statistics of Surveying and Mapping Units With Certification by Prefecture ······ 462
17 – 14 Basic Statistics of Standardization ······ 463
17 – 15 Supervision of Product QuaCity ······ 464

CHAPTER 18 ENVIRONMENTAL PROTECTION

18 – 1 Basic Statistics on Environmental Protection ······ 467
18 – 2 The Constructing of the Item Dealing With The Industrial Pollution by Prefecture ······ 468
18 – 3 Discharge and Treatment of Industrial Waste Water by Prefecture ······ 468
18 – 4 Discharge and Treatment of Industrial Waste Gas by Prefecture ······ 469
18 – 5 Discharging Disposal and Comprehensive Use of Industrial Solid Wastes by Prefecture ······ 469
18 – 6 Discharge and Treatment of Industrial Waste Water ······ 470
18 – 7 Discharge and Treatment of Industrial Waste gas ······ 471
18 – 8 Discharge and Treatment of Industrial Solid Waste ······ 472

CHAPTER 19 BASIC STATISTICS OF BUSINESS CONDITION SURVEY

19 – 1 The Main Business Condition Survey index ······ 475
19 – 2 The Main Business Condition Survey index of Industrial Enterprises ······ 476
19 – 3 The Main Business Condition Survey index of Construction Enterprises ······ 476
19 – 4 The Main Business Condition Survey index of Transport, Storage, Post and Telecommunication Enterprises ······ 477
19 – 5 The Main Business Condition Survey index of of Wholsesale and Retail Trade Enterprises ······ 477
19 – 6 The Main Business Condition Survey index of Real Estate Enterprises ······ 478
19 – 7 The Main Business Condition Survey index of Social Service Enterprises ······ 478
19 – 8 The Main Business Condition Survey index of Information Transport and Commputer Service & Software Enterprises ······ 479
19 – 9 The Main Business Condition Survey index of Hotel and Restaurants Enterprises ······ 479
19 – 10 The Business Confidence index of The Enterpriser ······ 480
19 – 11 The Business Condition Survey index ······ 481
19 – 12 The Business Condition Survey index of Industrial Output ······ 482
19 – 13 The Business Condition Survey index of Industrial Profit(or Loss) Fluctuate ······ 482
19 – 14 The Business Condition Survey index of Industrial Flow – Fund ······ 483

19 – 15 The Business Condition Survey index of Industrial Enterprises Loan Default ······ 483
19 – 16 The Business Condition Survey index of Labour Demand of Industrial Enterprises ······ 484
19 – 17 The Business Condition Survey index of Fix Assets Invetment of Industrial Enterprises ······ 484
19 – 18 The Business Condition Survey index of Industrial Production In dent ······ 485
19 – 19 The Business Condition Survey index of Industrial Enterprises' Sci – Tec Innovation ······ 485
19 – 20 The Business Condition Survey index of The Project Scale of Construction Enterprises ······ 486
19 – 21 The Business Condition Survey index of Construction Enterprises Profit(or Loss) Fluctuate ······ 486
19 – 22 The Business Condition Survey index of Construction Enterprises Flow – fund ······ 487
19 – 23 The Business Condition Survey index of Loan Default of Construction Enterprises ······ 487
19 – 24 The Business Condition Survey index of Labour Demand of Construction Enterprises ······ 488
19 – 25 The Business Condition Survey index of Fix Asset Investment of Construction Enterprises ······ 488
19 – 26 The Business Condition Survey index of Operation Demand ofTransport, Storage, Post and Telecommunication Enterprises ······ 489
19 – 27 The Business Condition Survey index of Profit(or Loss) Fluctuate of Transport, Storage, Post and Telecommunication Enterprises ······ 489
19 – 28 The Business Condition Survey index of Transport, Storage, Post and Telecommunication Enterprises Flow Fund ······ 490
19 – 29 The Business Condition Survey index of Loan Default of Transport, Storage, Post and Telecommunication Enterprises ······ 490
19 – 30 The Business Condition Survey index of Labour Demand of of Transport, Storage, Post and Telecommunication Enterprises ······ 491
19 – 31 The Business Condition Survey index of Fix Asset Investment of Transport, Storage, Post and Telecommunication Enterprises ······ 491
19 – 32 The Business Condition Survey index of Commodity Sell of Wholsesale and Retail Trade Enterprises ······ 492
19 – 33 The Business Condition Survey index of Profit(or Loss) Fluctuate of Wholsesale and Retail Trade Enterprises ······ 492
19 – 34 The Business Condition Survey index of Wholsesale and Retail Trade Enterprises Flow Fund ······ 493
19 – 35 The Business Condition Survey index of Loan Default of Wholsesale and Retail Trade Enterprises ······ 493
19 – 36 The Business Condition Survey index of Labour Demand of Wholsesale and Retail Trade Enterprises ······ 494
19 – 37 The Business Condition Survey index of Fix Asset Investment of Wholsesale and Retail Trade Enterprises ······ 494
19 – 38 The Business Condition Survey index of Complete Investment of Real Estate Enterprises ······ 495
19 – 39 The Business Condition Survey index of Profit(or Loss) Fluctuate of Real Estate Enterprises ······ 495
19 – 40 The Business Condition Survey index of Real Estate Enterprises Flow Fund ······ 496
19 – 41 The Business Condition Survey index of Loan Default of Real Estate Enterprises ······ 496
19 – 42 The Business Condition Survey index of Labour Demand of Real Estate Enterprises ······ 497
19 – 43 The Business Condition Survey index of Fix Asset Investment of Real Estate Enterprises ······ 497
19 – 44 The Business Condition Survey index of Operation Demand of Social Service Enterprises ······ 498

19 – 45 The Business Condition Survey index of Profit(or Loss) Fluctuate of Social Service Enterprises ······ 498
19 – 46 The Business Condition Survey index of Social Service Enterprises Flow fund ······ 499
19 – 47 The Business Condition Survey index of Loan Default of Social Service Enterprises ······ 499
19 – 48 The Business Condition Survey index of Labour Demand of Social Service Enterprises ······ 500
19 – 49 The Business Condition Survey index of Fix Asset Investment of Social Service Enterprises ······ 500
19 – 50 The Business Condition Survey index of Commodity Sell(or Service Demand) of Information Transport and Commputer Service & Software Enterprises ······ 501
19 – 51 The Business Condition Survey index of Profit(or Loss) Fluctaute of Information Transport and Commputer Service & Software Enterprises ······ 501
19 – 52 The Business Condition Survey index of Flow fund of Information Transport and Commputer Service & Software Enterprises ······ 502
19 – 53 The Business Condition Survey index of Loan Default of Information Transport and Commputer Service & Software Enterprises ······ 502
19 – 54 The Business Condition Survey index of Labour Demand of Information Transport and Commputer Service & Software Enterprises ······ 503
19 – 55 The Business Condition Survey index of Fix Asset Investment of Information Transport and Commputer Service & Software Enterprises ······ 5035
19 – 56 The Business Condition Survey index of Commodity Sell(or Service Demand) of Hotel and Restaurants Enterprises ······ 504
19 – 57 The Business Condition Survey index of Profit(or Loss) Fluctuate of Hotel and Restaurants Enterprises ······ 504
19 – 58 The Business Condition Survey index of Hotel and Restaurants Enterprises Flow Fund ······ 505
19 – 59 The Business Condition Survey index of Loan Default of Hotel and Restaurants Enterprises ······ 505
19 – 60 The Business Condition Survey index of Labour Demand of Hotel and Restaurants Enterprises ······ 506
20 – 61 The Business Condition Survey index of Fix Asset Investment of Hotel and Restaurants Enterprises ······ 506

CHAPTER 20 MAJOR STATISTICS OF COUNTIES (CITIES AND DISTRICTS AT COUNTY LEVEL)

20 – 1 Major Statistics of Counties(Cities and Districts at County Level) ······ 509

APPENDICES:

A1 Main Economic Indicators of the Whole Country by Region (Included Hong Kong, Macao and TaiWan) ······ 521
A2 International Statistics Data ······ 565
A3 Chronicle of Events of Shandong Statistical Undertaking ······ 597
A4 Explanation of Summary Statistics Indicators ······ 603

政府工作报告

——2005年1月17日在山东省第十届
人民代表大会第三次会议上

山东省省长　韩寓群

各位代表：

现在，我代表省人民政府，向大会作政府工作报告，请予审议，并请省政协各位委员和其他列席会议的同志提出意见。

一、2004年工作回顾

过去的一年，是我省改革开放和现代化建设取得显著成就的一年。在中共山东省委正确领导下，在历届省领导班子打下的良好基础上，全省各级政府同各族人民一道，高举邓小平理论和“三个代表”重要思想伟大旗帜，以党的十六大和十六届三中、四中全会精神为指导，深入贯彻中央加强和改善宏观调控等一系列方针政策，认真落实省委“一二三四五六”的发展目标和工作思路，坚持以科学发展观统领全局，聚精会神搞建设，一心一意谋发展，建设“大而强、富而美”社会主义新山东的宏伟事业继续阔步前进。

经济发展速度进一步加快。初步核算，全省生产总值达到15490.7亿元，按可比口径计算，比上年增长15.3%，其中一二三产业分别增长6.9%、19.2%和12.3%。人均生产总值按现行汇率计算达到2045美元。

经济运行质量效益明显改善。全省规模以上工业销售收入达到21055.1亿元、利税2292.1亿元、利润1383.6亿元，分别增长40.7%、42.2%和48.7%；综合经济效益指数达到185.8，提高22个百分点。全年社会消费品零售额4483.4亿元，增长13.9%。全省境内财政总收入达到2675.6亿元，增加522.1亿元，其中地方财政收入828.4亿元，按可比口径增长28.9%。财政总收入占生产总值的比重达到17.3%，提高0.3个百分点。

外经外贸跨上新台阶。全年进出口总值607.8亿美元，增长36.1%，其中出口358.7亿美元，增长35%；外贸顺差为109.6亿美元，增长29.1%。实际使用外商投资98.2亿美元，增长32.4%。世界500强企业中已有113家先后在我省投资兴办企业262家。

经济发展后劲不断增强。全省规模以上固定资产投资7589.3亿元，增长37.7%。建成投产过亿元项目411个，其中过10亿元项目58个；在建过亿元项目2513个，其中过10亿元项目256个。国家统计局公布的全国大型工业企业我省有263家，占13.5%，增加81家。科技开发投入达到118亿元，增长13.6%。

基础设施支撑能力继续加强。全年新增电力装机容量150万千瓦，原油生产能力260万吨，沿海港口吞吐能力500万吨，二级以上公路通车里程1009公里；投产重点煤炭矿井5对；南水北调东线山东段济平干渠工程已完成总投资的75%，韩庄运河段工程已正式开工，黄河标准化堤防建设、巨野煤田开发、胶济铁路电气化改造、烟大铁路轮渡、济南国际机场航站区扩建等重大项目进展顺利。全年原煤产量、发电量、货物周转量分别增长0.2%、22.4%和37%；港口吞吐量突破3亿吨，集装箱吞吐量突破500万标准箱，分别增长19.3%和21.4%。

城乡面貌发生新的变化。全年城市基础设施和村镇建设投资均突破400亿元。新增城市道路面积780万平方米、园林绿地面积3000公顷、日处理污水能力40万吨、日处理垃圾能力2000吨，城市主干道、出入口、旅游景点和住宅小区、背街小巷面貌明显改观。生态省建设开局良好。全省17市城区空气质量良好率达89.6%，提高3.7个百分点。威海和青岛、烟台3市分别获得联合国人居奖、中国人居环境奖。

人民生活水平显著提高。全年城镇新增就业103万人，下岗再就业44万人，城镇登记失业率为3.4%。城镇居民人均可支配收入9437.8元，增长12.4%。农民人均纯收入3507.4元，增长11.3%，为1997年以来最高增幅。城乡居民本外币储蓄余额7929.9亿元，比年初增加910.4亿元。

社会主义政治文明、精神文明建设全面推进。“平安山东”建设成效显著，全省和谐稳定，群众安全感普遍增强。各项社会事业都有较大发展。

经过全省人民的不懈努力，省十届人大二次会议确定的各项任务顺利完成，“十五”计划确定的主要目标提前一年胜利实现。这是我省社会主义现代化建设取得的又一重大成就！

我省经济社会发展的好形势来之不易。按照省委的工

作思路和决策部署,一年来我们主要抓了以下几个方面的工作:

(一)认真贯彻落实中央加强宏观调控政策,国民经济保持持续快速协调健康发展。正确处理加强宏观调控与加快发展的关系,把加强宏观调控作为又一次重大机遇,切实保护好、引导好、发挥好各方面加快发展的积极性。将经济发展的着力点放在结构调整、深化改革、转变增长方式上,着力加强经济社会发展的薄弱环节,加大对农业、水利、能源、基础设施和社会事业的投入,支持"三个亮点"和制造业加快发展;制止盲目投资和重复建设,严格控制钢铁、电解铝、水泥等领域的投资。稳妥化解经济运行中不健康、不稳定因素,认真规范土地市场秩序,清理整顿开发区,加强煤电油运协调调度,宏观调控取得阶段性成果。

(二)集中力量抓好"重中之重",解决"三农"问题取得显著成效。认真落实中央和省委两个一号文件,实行最严格的耕地保护制度,强化农田水利基础设施建设,落实粮食直补政策,加快农业和农村经济结构战略性调整,农村经济呈现良好发展态势。全年粮食总产量3516.7万吨,增长2.4%,棉花、油料、蔬菜、林果和畜牧、水产业全面增长,林牧渔业占农业总产值比重达到43.3%,农副产品出口增长26.1%。各种农村经济协会和专业合作经济组织不断发展。加大农村经济社会发展投入力度,全省用于"三农"的投入增长48.5%;农业贷款增加235亿元,增长20.3%;直补粮农资金7.36亿元;减免农业税和农业特产税38亿元。全年转移农村劳动力130万人。

(三)加大"三个亮点"、"三个一批"培植力度,结构调整取得积极成效。加快实施经济国际化战略,外经外贸跨上两个新台阶,累计实际利用外资超过500亿美元,当年进出口总值超过600亿美元。成功承办了亚洲合作对话第三次外长会议、东北亚经济合作论坛等重要涉外活动。高新技术产业发展加快,运用高新技术改造传统产业成效显著,全省高新技术产业产值占规模以上工业产值比重达到21.9%,提高2.3个百分点。民营经济蓬勃发展。全年非公有制经济增长27%,占生产总值比重提高到45%,出口增长68.4%;个体私营经济提供税收增长31.4%。支柱产业发展迅速,大企业集团快速成长,全省销售收入过10亿元的工业企业达到235个,增加73个,其中过100亿元的13个。有61个产品获得中国名牌产品称号,海尔进入世界知名品牌行列。胶东半岛制造业基地招商成效显著,承接日韩产业转移步伐加快。旅游业实现突破性发展,接待国内游客1.17亿人次、入境游客119.3万人次,旅游总收入814.6亿元,分别增长31.8%、53.9%和42.1%。去年,我省又有2个城市获得"中国优秀旅游城市"称号,全省累计已有18个城市获此称号。

(四)实施促强扶弱战略和发挥龙头带动作用,统筹区域发展迈出新步伐。坚持分类指导,实施"三个突破":东部突破烟台、中部突破济南、西部突破菏泽。在五年大变样的基础上,济南市高起点完成了新一轮城市建设规划,一年来城市面貌和经济发展发生了显著变化。烟台市开放力度加大,发展步伐加快,在14个沿海开放城市中经济增长速度由第七位上升到第一位。对菏泽实行重点帮扶,组织实施了"百个项目进菏泽"、"西输东接"等工程,落实了一批"东西联动项目",去年菏泽经济增长速度1990年以来首次超过全省平均水平。进一步落实青岛计划单列城市经济管理权限,发挥龙头带动作用,一批骨干企业、知名品牌越来越强,一批投资规模大、技术水平高、辐射带动力强的大项目落户青岛。山东半岛城市群规划体系编制已经完成,区域内部合作全面启动,"8+2"无障碍旅游区、胶东半岛3市人才开发一体化工作机制开始建立。制定完善加快县域经济发展的政策措施,建立了对30个强县和30个欠发达县的激励帮扶机制,加大对口扶持和干部交流力度,县域经济发展活力明显增强。加大了对欠发达地区转移支付力度,全年省对下一般性转移支付比上年增长24.8%。

(五)加快体制机制创新,各项改革不断深化。扎实推进农村税费改革,农业税税率降低3个百分点,取消了除烟叶以外的全部农业特产税。全面放开了粮食购销市场。建立了省市国有资产监督管理机构,新的国有资产监管体系初步形成。国有企业改革向纵深发展,省属企业改革改制步伐加快。省以下国土资源管理体制改革基本完成。金融改革步伐加快,农村信用社改革进展顺利。行政审批制度和投资体制、财政体制、价格体制、户籍制度等项改革稳步推进。集中开展食品、药品、农资市场等专项整治活动,依法严厉打击制售假冒伪劣商品、走私贩私、非法促销等违法犯罪活动,市场经济秩序进一步改善。

(六)坚持为群众办实事,人民生活不断改善。认真落实就业再就业政策,加强就业培训,开发就业岗位,不断完善就业服务网络。进一步完善社会保障体系,离退休人员养老金和失业人员保险金基本做到了按时足额发放,城市"低保"基本实现应保尽保。社会救助体系初步形成。灾民生活得到妥善安置。失地农民基本生活保障试点全面展开。农村"五保"四级保障体系开始建立,全省22万"五保"对象的生活有了保障。清欠历年拖欠建筑业农民工工资30.7亿元、企业职工工资6.6亿元、被征地农民补偿费9.5亿元。安康居住工程开始启动,经济适用房施工面积达380万平方米。社区基础设施、组织制度、服务网络不断完善。

各位代表！省十届人大一次会议确定，为改善农民的生产生活条件，抓好“路水电医学”五项工作，两年来进展顺利。到去年底，共投资130多亿元，改造农村公路6.1万公里，使2.8万个行政村新通了油路，受益人口达到2300万人，全省80%以上的行政村实现了通油路。两年解困缺水人口124.6万人，其中历史性缺水人口62万人、新增资源性和水质性缺水人口62.6万人，解决历史性缺水人口饮水困难的目标基本实现。在全面完成乡以下电网改造的基础上，投资38亿元，基本完成了县城电网改造一期工程。新型农村合作医疗试点扩大，参合农民达到1371万人。两年投资10.9亿元，完成农村中小学危房改造205万平方米；向贫困地区中小学提供助学金、免费发放教材、减免学杂费，共资助贫困生10多万人。

（七）统筹兼顾协调推进，各项社会事业蓬勃发展。广泛开展“双学三创”活动，精神文明建设取得新成就。全省创建全国文明城市、城区6个，创建文明村镇工作先进单位60个，创建文明行业工作先进单位47个。科技创新步伐加快，全年取得重要科技成果3028项，其中获得国家科技奖励21项；专利授权9733件，均居全国前列。以县为主的义务教育管理体制基本确立，全面实施了义务教育“一费制”，“普九”成果得到巩固。职业教育和成人教育发展加快。普通高校本专科在校生达到94.6万人，增长24.4%。加强了公共卫生“两个体系”建设，应对突发公共卫生事件能力增强。文化事业繁荣发展，一批新闻、出版、影视、文艺作品获全国性奖项。群众性体育健身活动更加普及，成功承办了2004年亚洲杯足球赛济南赛区的比赛，我省体育健儿在第28届奥运会上获4枚金牌、3枚银牌、创5项世界纪录，取得历史性突破。人口和计划生育工作在巩固中提高，人口自然增长率控制在6.01‰。加强城市环境综合整治，强化污染综合治理，开展循环经济试点，生态环境进一步改善。民兵预备役建设、国防动员和人民防空工作富有成效，“双拥”共建活动迈出新步伐，军政军民团结更加巩固。依法加强对民族、宗教事务的管理。慈善事业起步发展。老龄、妇女、儿童和残疾人事业得到加强，防灾减灾和档案、史志等工作取得新的成绩。

（八）大力推进“平安山东”建设，保持了社会稳定。坚持重心下移，抓基层，抓基础，抓队伍，“平安山东”建设取得显著成效。加强新形势下的对敌斗争，切实维护社会政治稳定。深入开展严打整治，全面推进社会治安综合治理，大力加强治安防范，有效地预防和减少了违法犯罪。积极预防化解社会矛盾，建立健全社会矛盾纠纷调处网络，认真做好信访工作，妥善处置群体性事件，全省信访总量下降6.8%。广泛开展“安全生产落实年”，加强安全生产专项整治，安全事故起数和死亡人数分别下降17.6%和12.8%。

（九）进一步加快职能转变，政府自身建设不断加强。按照为民、务实、清廉的要求，以建设法治政府为目标，大力推进阳光政府、责任政府、服务政府建设，完善决策目标、执行责任、考核监督“三个体系”。自觉接受省人大及其常委会的监督，加强同人民政协的联系，认真办理人大代表建议和政协提案。省市两级政府建立了定期学法制度，认真学习《行政许可法》和国务院《全面推进依法行政实施纲要》，各级政府机关有30多万人参加了学习培训；对现有行政许可事项、许可主体及许可收费进行了全面清理，确定了70个省级行政许可主体；26个省直部门、15个市、近百个县（市区），实行了行政许可集中、联合、统一办理制度，“一个窗口”对外办公，提高了行政效率，降低了行政成本，方便了人民群众。进一步加强廉政建设，严肃查处各类违法违纪案件，纠正部门和行业不正之风，注重从源头上预防和治理腐败。

各位代表！面对新的形势和日趋激烈的国内外竞争，全省上下坚持省委“一二三四五六”发展目标和工作思路不动摇，高扬解放思想、干事创业、加快发展的主旋律，呈现出人心思上、人心思稳、人心思干的可喜局面，思想观念不断更新，经济社会不断发展，城乡面貌不断变化，发展环境不断改善。这是全省各级坚决落实中央各项政策部署、实践科学发展观的结果，是中共山东省委科学决策、正确领导，省人大有效监督、大力支持，省政协积极参政议政、民主监督的结果，是全省人民团结奋斗、辛勤劳动、顽强拼搏的结果。在此，我代表省人民政府，向全省工人、农民、知识分子和各级干部，向中国人民解放军驻鲁部队、武警部队官兵、政法干警和中央驻鲁单位，表示衷心的感谢！向关心和支持政府工作的各民主党派、工商联、无党派人士和社会团体，表示衷心的感谢！向关心和支持山东现代化建设的香港、澳门特别行政区同胞和台湾同胞、海外侨胞，向在我省创业的境内外投资者、合作者，表示衷心的感谢！

回顾过去的一年，我们清醒地看到，我省经济社会发展中还存在一些困难和问题，主要是：对科学发展观的认识需要进一步深化，工作措施有待进一步加大；经济结构调整的任务很重，高新技术产业不强，企业自主创新能力较弱，特别是服务业发展远不适应整个经济社会发展的需要；体制性、机制性障碍没有完全消除，市场主体活力不够强；农业的基础地位有待进一步加强，促进粮食增产、农民增收的长效机制尚未建立；区域经济发展不平衡，部分县乡财政比较困难；对外开放总体水平不够高，面对加入世贸组织进入后过渡期和针对我国的国际贸易摩擦增多，政府工作在许多方面还不适应；社会保障能力不强，就业再就业任务很重；经济社会发展中一些长期性、深层次矛盾和经济运行中的不稳定、不健康因素仍然存在，土地、资金、能源和重要原材料的制约日趋严重。政府工作中还存在一些缺点和不足，有些政府工作人员依法行政的观念不强，履行社会管理、公共服务的意识淡薄，作风不扎实，工作效率不高；一些地方和单位存在形式主义、官僚主义、腐败现象，侵害群众民主权利和合法利益的行为时有发生。我们一定要正视这些问题，下决心认真加以解决。

各位代表，新的一年面临的形势复杂多变，对我们驾驭市场经济的能力是一场严峻考验，对我们履行经济调节、市场监管、社会管理、公共服务职能是一场严峻考验。我们必须保持清醒的头脑，对经济社会发展中可能遇到的困难和风险进行深入分析，做好预防和化解的充分准备，增强紧迫感、责任感和使命感，居安思危，未雨绸缪，知难而进，开拓创新，推动各项事业不断发展。

二、2005年工作的总体要求

2005年是巩固宏观调控成果、全面完成"十五"计划并为实施"十一五"计划奠定基础的重要一年。根据中央部署和省委要求，今年政府工作的总体要求是，以邓小平理论和"三个代表"重要思想为指导，认真贯彻党的十六大、十六届三中、四中全会和中央经济工作会议精神，全面落实科学发展观，牢牢把握发展这个第一要务，紧紧抓住重要战略机遇期，积极全面正确地落实中央宏观调控政策，坚定不移地实施省委"一二三四五六"的发展目标和工作思路，努力实现"一个目标"、把握"三个关键"、落实"三个加大"、做到"三个增加"、抓好"五个突出"，促进经济持续快速协调健康发展和社会全面进步。

今年全省经济社会发展的主要预期目标是，生产总值增长10%；地方财政收入增长13%；外贸进出口增长18%，其中出口增长15%，实际利用外资增长20%；新增城镇就业100万人，城镇登记失业率控制在4%；居民消费价格总体水平涨幅控制在4%左右；人口自然增长率控制在6.5‰左右；城镇居民人均可支配收入和农民人均纯收入分别增长8%和5%。实际工作中要力争发展得更快更好。

做好今年的工作，最根本的是要以科学发展观统领全局，坚持"五个统筹"，把落实中央宏观调控政策与抓住机遇、加快发展紧密结合起来，把改革、发展、稳定紧密结合起来，进一步增强机遇意识、危机意识和创新意识，创造性地开展工作。

一要更加注重抓住重要战略机遇期，努力促进经济加快发展。发展是第一要务，是解决一切问题的基础。要更好地抓住战略机遇期，牢固树立和落实科学发展观，确保经济持续快速协调健康发展。要坚决贯彻执行国家加强和改善宏观调控的各项政策措施，进一步解决影响经济健康发展的薄弱环节和突出矛盾，夯实发展基础，增强综合实力和发展后劲。要从实际出发，做好结合的文章，保护好、引导好、发挥好各方面干事创业的积极性。

二要更加注重调整经济结构和转变增长方式，提高经济发展的质量和效益。坚持以结构调整为主线，着力加强农业基础、提升加工制造业素质、加快服务业发展；着力增强国有经济控制力、影响力，发展以股份制为主要形式的混合所有制经济，毫不动摇地发展非公有制经济；着力加快科技进步，发挥各类人才作用；着力抓好财源建设和国民收入的分配再分配。坚持走新型工业化道路，把发展建立在资源环境承载能力的基础上，推进经济增长方式从粗放型向集约型转变，发展循环经济，节约能源和资源，保护生态环境，加快建设资源节约型社会。

三要更加注重发挥市场配置资源的基础性作用，加快体制机制创新。坚持社会主义市场经济的改革方向，进一步建立健全市场配置资源最优化的机制，建立健全在能源、原材料、水、土地等资源约束条件下实现效益最大化的管理体制，更多地用市场经济和法律的手段解决影响全局的突出问题，为经济社会发展提供健全有力的制度和机制保障。把建立市场机制和实施宏观调控有机结合起来，综合配套，统筹协调，相互促进，使经济社会发展充满活力和富有效率。

四要更加注重参与国际经济合作与竞争，增强国际竞争力。坚持以开放促改革、促发展、促调整，紧盯经济全球化和区域经济一体化发展趋势，努力掌握对外开放的主动权。从全球化视野和融入世界经济潮流出发，发挥比较优势，充分利用两种资源、两个市场，在更大范围、更广领域、更高层次上"引进来""走出去"，不断拓宽发展空间，全方位高水平扩大对外开放。

五要更加注重经济社会协调发展，促进人的全面发展。更好地履行政府的公共管理、社会服务职能，加快实施科教兴鲁、人才强省和可持续发展战略，全面落实计划生育、保护耕地和保护环境的基本国策，大力实施积极的就业政策，进一步加快科技、教育、文化、卫生、体育等各项社会事业的发展，不断提高人民的物质文化生活水平，创造有利于创业发展和安居乐业的良好环境。

六要更加注重以人为本，构建社会主义和谐社会。把坚持党的领导、人民当家作主和依法治国有机统一起来，努力营造风正气顺心齐、团结和谐稳定、改革发展创新的环境氛围，调动方方面面的积极性。依靠法律和制度，保护全体社会成员的合法权益，努力维护社会公平公正，始终把维护好、实现好、发展好人民群众的根本利益作为一切工作的出发点和落脚点。建立和完善保持社会长治久安的有效机制，巩固发展民主团结、生动活泼、安定和谐的政治局面。

三、2005 年经济社会发展的工作重点

（一）千方百计促进粮食增产农民增收

农业是安天下、稳民心的基础产业。要坚持统筹城乡发展，实施“工业反哺农业、城市支持农村”的方针，保持农业和农村经济发展的好势头。一是努力提高农业综合生产能力。依法实行最严格的土地管理和基本农田保护制度，继续搞好粮食直补和优良品种补贴，确保粮食生产“三条底线”，放开放活粮食市场。启动实施“沃土工程”，加强抗旱防汛和农田水利基本建设。二是全面提升农产品竞争力。继续安排专项资金，扶持龙头企业，加快农业产业化、标准化、外向化进程。进一步完善农业、农产品质量安全监测、动植物疫病防治和农业科技推广体系。三是加快农村经济结构调整。大力发展农村二三产业，大力发展林牧渔业，大力发展特色农业，加快建设优质高效农业产业带。制定实施新的海洋资源开发利用规划，积极发展海洋经济。建立健全农村公共服务体系和商品流通网络。四是加大对农业的扶持力度。深化农村税费改革，今年农业税税率再降低 2 个百分点。认真落实好中央一号文件制定的各项惠农政策，切实防止农民负担反弹。省市财政预算安排支农支出都要有较大增长。五是加快农村小城镇建设。搞好规划，集中布局。以搞好“路水电医学”建设为基础，综合整治农村环境。加快农村劳动力向二三产业转移，力争今年新转移 100 万人以上。大力发展农村循环经济，搞好生态农业。加强农业面源污染治理。六是深化农村各项改革。稳定和完善土地承包制度。推进农村基础设施产权制度多元化。大力推进乡镇配套改革。大力发展农村各类协会和合作经济组织。积极培育农村金融市场。探索农业规模化、集约化经营的新模式和新途径，进一步解放和发展农村生产力，培育农民自我发展和进入市场的能力。

（二）加快经济结构调整步伐

调整优化经济结构、转变经济增长方式，是一项长期性、战略性、全局性的重要工作，是参与国际竞争、增强综合实力的迫切需要。要围绕建立现代产业体系，加大力度，重点突破。

积极推进制造业强省建设。以七大产业链和胶东半岛制造业基地建设为重点，发挥产业基础和区位优势，承接国际资本和产业转移，拉长产业链条，培植具有国际竞争力的产业集群，尽快形成一批支柱产业、一批大型企业集团、一批知名品牌，提高企业的自主创新能力和核心竞争力。打破行政区域界限，强化协作与分工，加大区域产业资源的协同整合。大力推进园区招商和建设，提高园区的投资强度和产出水平。集中精力推进半岛制造业基地建设，加快现代化基础设施建设和配套，提高产品配套能力和水平，建设高素质企业家队伍和高技能员工队伍，更好地适应企业对各类人才的需求。

大力繁荣发展服务业。进一步更新观念，清除阻碍服务业发展的体制和政策障碍，以旅游业、金融业和现代物流业为重点，提升服务业层次和水平。整合开发旅游资源，挖掘齐鲁文化资源，抓好重点景区配套设施建设，丰富完善“山水圣人”和“黄金海岸”两大旅游体系，打造红色旅游、绿色旅游、工农业旅游和会展旅游等新品牌，做大做强旅游产业。统筹推进旅游、文化、城建、商贸、餐饮业的建设与发展。完善金融体系，搞活金融市场，发展金融产业。支持地方金融机构重组整合，吸引国内外商业银行来我省设立分支机构。拓宽金融服务领域，不断增强服务能力。切实防范和化解金融风险。加快发展大型物流基地和物流产业群，培植一批物流名牌企业。大力发展新兴服务业，改造提升传统服务业。

实现民营经济发展新突破。按照政府引导、市场运作的原则，建立民营经济融资担保、信用评价、人才培训、技术信息、法律服务和行业协会六个服务体系，管好用好中小企业发展专项资金，重点支持融资担保、人才培训体系建设、创业资助和市场开拓。全面落实加快民营经济发展的各项政策措施，鼓励、引导民间资本投向主导产业，支持优势民营企业搞好资本运营和上市融资，做大做强，加快建立现代企业制度。创造良好的环境，积极吸引外地民营资本来我省投资兴业。加强民营企业家队伍建设，教育引导民营企业依法经营、严格自律。

加快发展高新技术产业。坚持以信息化带动工业化，围绕电子信息、生物工程和制药、新材料等高新技术产业，按照“项目、基地、人才”一体化模式，实施一批高新技术重大科技专项。加快利用高新技术和先进适用技术改造传统产业，促进产业升级。加大技术创新投入，健全以企业为主体的技术创新体系和成果转换机制。完善风险投资机制，逐步建立起以政府投入为引导、企业投入为主体、金融和风险投资为支撑的多元化高新技术产业投融资体系。

（三）进一步深化经济体制改革

深化国有资产管理体制和国有企业改革。完善省市两级国有资产监督管理体系，抓紧建立健全国有资本经营预算制度、企业经营业绩考核制度、分配制度和激励约束机制，落实国有资产经营责任制，维护出资人和职工的合法权益。以产权制度改革为重点，加快国有企业股份制改造，鼓励外资和民间资本参与国有企业资产重组。按照建立现代企业制度的要求，健全公司法人治理结构。继续推进国有大中型企业主辅分离、辅业改制。稳妥推进资源枯竭矿山企业、资不抵债企业的破产，关闭能源、原材料消耗高、污染重的企业，加快国有资本从一般竞争性中小企业中退出。

推进投资体制改革。逐步建立起市场引导、企业自主决策、银行独立审贷、融资方式多样、中介服务规范、遵守宏观调控的新型投资体制。非政府投资项目，不再实行审批制，区别不同情况实行必要的核准制或备案制。改进和规范政府投资管理方式，实施省预算内投资建设项目代建制和委托投资咨询评估管理办法。完善政府投资后评估制度，建立严格的投资决策责任追究制度。放宽投资准入，鼓励社会资本参与经营性公益事业和基础设施项目建设。

推进财税体制改革。以强化规范财政管理为重点，深化预算编制改革，全面推进国库集中收付、政府采购和收支两条线制度，对政府组成部门全部实行集中支付。积极探索和建立国有非经营性资产监管制度。坚持依法征税，完善征管体制，强化税基控管，加强税务信息化建设，建立相关部门协税工作责任制。扶持发展有利于增加地方财政收入的优势产业和项目，培植县乡财源，逐步解决县乡财政困难。

推进事业单位改革。按照统筹规划、分类改革的基本思路，逐步建立政事职责分开、法人地位明确、单位自主运营、政府依法管理的新型管理体制和运行机制；建立单位自主用人、人员自主择业的用人制度；建立重实绩、重贡献和生产要素参与分配的分配激励机制。进一步加快行政机关后勤改革。

推进综合配套改革。严格控制划拨用地供应范围，逐步对经营性项目用地全面实行招标、拍卖、挂牌出让制度。继续搞好电力和城市供水、供热、燃气、公交等市政公用行业的改革。

（四）全方位高水平推进对外开放

大力提高利用外资质量。把利用外资与调整经济结构、建设半岛制造业基地和城市群结合起来，与推进企业技术创新、制度创新结合起来，与促进加工贸易转型升级结合起来。重点引进一批高新技术和大型基础性、装备性项目，积极稳妥扩大服务业和基础设施、城市公用设施利用外资，引导外资向中西部地区发展。加强大企业与世界500强合资合作。搞好引进技术的消化吸收和创新提高。鼓励外资通过并购等方式参与国有企业的改组改造。大力承接国际制造业转移和服务外包项目，发展现代加工贸易。积极吸引跨国公司把技术含量高、增值大的加工环节和研发、采购机构转移到我省，支持龙头企业和配套协作企业联动发展。加快建立政府指导下以企业为主体、中介组织和专业队伍为依托的招商新机制，建立和完善利用外资大项目推进机制。进一步优化外商投资软环境，提高“大通关”服务水平，增强环境吸引力和竞争力。

加快转变外贸增长方式。深入实施科技兴贸和以质取胜战略，鼓励企业获得国际通行的产品质量、环境管理和安全标准等体系认证。建立激励机制，支持机电产品、高新技术产品和拥有自主知识产权的产品出口，培植一批知名出口品牌。搞好出口加工区建设，扎实推进青岛区港联动试点。加快出口市场多元化和外贸主体多元化，鼓励民营企业和中小企业加快国际化步伐。落实好出口退税政策。改善进口商品结构，扩大重要物资、原材料和先进技术、关键设备进口。完善外经贸预警机制，做好反倾销、保障措施和技术贸易壁垒的应对工作，提高处理国际贸易争端的能力。

推动企业“走出去”投资兴业。支持和组织有实力的企业加大对外投资，联合、联片开发国外、省外战略资源。继续搞好对外工程承包和劳务合作，鼓励企业积极承揽境外大型工程项目。切实保护在外人员的安全和利益。

（五）积极推动区域经济协调发展

强化中心城市的带动作用。充分发挥青岛在全省经济发展中的龙头作用，进一步落实国家有关政策规定，促进青岛临港经济、海洋经济、旅游经济加快发展，人流、物流、资金流、信息流快速聚集，产业层次和国际化水平大幅提升，加快成为区域性国际贸易、金融、信息、高新技术产业中心和北方航运中心。落实半岛城市群发展规划，推进基础设施、资源开发、产业配置、市场体系一体化进程，统筹解决交通、能源、供水等问题，完善协调联动机制。坚持高起点规划、高水平建设、高效能管理，促进大中小城市合理布局、协调发展，加快城市化进程。

大力推进“三个突破”，促进东中西联动发展。济南要充分发挥省会优势，发展省会经济，高水平搞好城市建设和管理，大力培植主导产业和骨干企业，着力构建区域性金融、科技、物流和人才中心，不断增强综合经济实力和辐射带动力，加快建设具有深厚历史文化底蕴、充满现代化气息、代表山东形象的省会城市和重要的区域中心城市。烟台市要进一步加强基础设施建设，加快经济结构调整步伐，切实抓好汽车、电子信息等重要项目建设，增强配套能力，创造更加良好的投资环境，努力提高对外开放水平。全面落实扶持菏泽发展的各项政策措施，继续实施“三进两出”帮扶措施，加快推进“百个项目进菏泽”和“西输东接”工程，加强对口支援，引导更多的项目和企业向菏泽转移，促进菏泽加快发展。抓紧研究制定促进东中西联动发展的协调机制和具体政策。在财政实力不断增强的基础上，进一步加大对中西部地区转移支付力度。继续抓好黄河三角洲加工制造业基地的规划工作，加快开发建设步伐。

加快培育壮大县域经济。全面落实支持30个经济强县和帮扶30个欠发达县发展的各项政策，落实兑现奖励措施。制定县域经济综合评价及考核办法，推动各县市区发挥各自优势，发展特色经济，加大改革开放力度，不断加快发展步伐。

（六）加紧实施科教兴鲁和人才强省战略

切实把教育放在优先发展的地位。进一步完善以县为主的农村义务教育管理体制，严格实行义务教育“一费制”，巩固提高“普九”水平。加快发展高中阶段教育，全面推进素质教育。加大研究生培养工作力度，努力扩大高校招生规模。加快高等教育结构调整，优化专业设置，引进培养知名教授，培植知名专业，提高高等教育质量和水平。大力发展职业技术教育，以就业为导向，推广“双元制”办学模式，加强校企合作。

强化科技创新对经济社会发展的支撑带动。抓紧制定中长期科学技术发展规划。以高等院校和重点科研机构为主体，重点支持12个省级以上高水平的重点实验室建设。以企业为主体，重点扶持20个省级和国家级企业技术中心、工程技术研究中心，提高研发能力。推进以技术创新为核心的“二次创业”，提升经济园区自主创新能力。构建以行业技术中心、生产力促进中心、高新技术创业服务中心为主体的创新创业服务平台，健全科技服务体系，增强自主知识产权创新能力，加强知识产权保护。

认真实施人才强省战略。抓住培养、吸引、使用三个环节，加强人才资源能力建设。以“泰山学者”和省级学科带头人建设工程为重点，加快高层次人才的培养，积极引进海内外高级人才。加强高技能人才队伍建设。深化人事制度改革，建立鼓励优秀人才脱颖而出、人尽其才的有效机制和良好环境。

（七）保持投资和消费稳定增长

进一步优化投资结构。坚定不移地贯彻落实中央宏观调控政策，按照区别对待、有保有压的原则，优化投资结构，保持投资适度快速增长。突出搞好重大基础设施项目建设，完成胶济铁路电气化改造，确保济南机场扩建工程投入运营，搞好青岛、日照等港口扩建，加快济青南线等高速公路建设，加快南水北调、胶东调水工程建设，开工建设东调南下工程和一批煤炭、电力等能源项目。重点支持科技含量高、带动作用大的产业、企业和项目建设。以城市道路、污水和垃圾处理、园林绿化为重点，加快城市基础设施建设。政府投资和国债项目要向农业、生态保护、服务业和社会事业等领域倾斜，启动一批增加居民收入、扩大就业的建设项目。坚决制止新上消耗高、污染重、技术落后的项目。努力拓宽筹资渠道，健全担保体系。积极扩大企业直接融资规模。尽快制定充分利用两个市场、两种资源的发展战略和具体实施意见。

积极扩大消费需求。健全与经济发展水平相适应的收入增长机制，努力增加城乡居民收入。规范行政事业性收费管理。制定和完善繁荣城乡贸易、拓宽农村市场、促进农村消费的政策，制定和完善发展文化、娱乐、健身、餐饮等健康文明消费的政策。规范整顿市场秩序，开展交通、食品、药品、烟草、房地产等专项治理，严厉打击走私贩私和假冒伪劣、价格欺诈、强制消费等侵害消费者权益的不法行为。积极推广信用消费，促进消费方式转变。加强物价监督检查和执法，努力保持价格总水平的基本稳定。

（八）大力推进生态省建设

全面落实生态省建设《规划纲要》。加强重点流域、区域污染综合治理和黄河三角洲、南四湖湿地生态保护，启动实施“两湖一河”碧水行动计划。严格执行重点行业污染物排放标准，建立严格规范的排污总量控制体系，突出抓好燃煤电厂脱硫和水泥粉尘治理。以“三荒、三沿、围城”为重点，大力开展植树造林。以小流域综合治理为重点，抓好水土保持工作。强化海洋综合管理和生态保护，实施近岸海洋综合调查与评价，科学合理开发利用海洋资源。加强土地利用总体规划和建设用地审批管理，盘活存量建设用地，制定土地集约利用考核指标体系，提高土地集约利用水平。

大力发展循环经济，加快建设资源节约型社会。系统推进循环经济试点，扩大循环经济示范企业、示范园区、示范城市建设。按照减量利用、循环使用、合理开发的原则，突出抓好节能、节水、节地、节约原材料、节约矿产资源工作。加强资源开发监督管理，适度控制矿权审批总量和开发总量，严格资源勘查开发准入，实行矿山地质环境治理保证金制度，遏制资源开发对生态环境的破坏。加强对工业废物和农作物秸秆综合利用，推广沼气工程，加快城市生活污水再生利用，建立城市生活垃圾和废旧物资回收、加工、利用体系，发展再生资源产业。

（九）加快构建社会主义和谐社会

加强社会主义民主政治建设。各级政府要自觉接受人大及其常委会的监督，认真落实人大及其常委会的决议、决定，及时向人大及其常委会报告工作。积极支持人民政协履行政治协商、民主监督、参政议政职能，主动听取各民主党派、工商联、无党派人士及各人民团体的意见建议。认真办好人大代表议案、建议和政协委员提案。积极推进政务公开、厂务公开和村务公开，拓宽反映社情民意的渠道。加强农村基层政权建设和城市社区建设。进一步增加公共支出，逐步解决地区之间和部分社会成员之间收入差距过大的问题，努力维护社会公平。深入推进"平安山东"建设。继续坚持工作重心下移，抓基层、抓基础、抓队伍，全面落实社会治安综合治理各项措施，重点打击各种严重暴力犯罪、带黑社会性质的犯罪和各种形式的恐怖犯罪活动，进一步提高维护国家安全、驾驭社会治安局势和处置突发事件的水平。努力提高新形势下正确处理人民内部矛盾的能力，重视和加强人民来信来访工作，完善化解人民内部矛盾的工作机制，及时排查调处社会矛盾纠纷，把问题解决在基层和萌芽状态。强化安全生产工作，落实责任制，消除各种隐患，预防和减少重大事故的发生。

全面加强社会主义精神文明建设。加强爱国主义教育，扎实推进文明城市、文明村镇、文明行业创建活动，不断提高公民文明素质和社会文明程度。充分发挥学校、家庭、社区的作用和共青团、妇联、工会等组织的优势，加强和改进未成年人思想道德建设。加快建立包括政府、企业、中介组织、个人在内的社会信用体系，推进诚信社会建设。深化文化体制改革，规范文化市场，积极发展文化产业。大力发展文学艺术、新闻出版事业。优化整合资源，加快广播电视事业发展。深入开展科技、文化、卫生三下乡活动。做好文物保护工作。繁荣发展哲学和社会科学事业。高度重视人口和计划生育工作，积极应对第四次人口出生高峰，提倡晚婚晚育、优生优育，鼓励育龄妇女避开生育高峰期，抓好农村计划生育家庭奖励扶助制度试点，稳定低生育水平。深入开展全民健身活动，全力做好十运会的备战参赛和十一届全运会申办工作。进一步做好妇女儿童、残疾人、老龄和档案、史志、气象、测绘、防震减灾等项工作。做好民族、宗教、对台和侨务工作。切实搞好国防教育、国防动员、人民防空工作和民兵预备役建设，做好转业军人和退役士兵转退安置，更加扎实地开展双拥共建活动。

(十)努力提高人民生活水平和质量

坚持不懈地为群众做好事、办实事、解难事，是各级政府的重要职责。省十届人大二次会议上省政府承诺的做好关系群众利益的八件事，经过各级和广大人民群众的共同努力，已取得明显成效，今年要再接再厉，继续抓好，取得更大进展。各级政府要把增加社会就业、提高社会保障能力和水平作为重要任务来抓。今年力争实现新增就业103万人，进一步提高城市低保水平，扩大农村低保试点。要更加重视和关心社会弱势群体，切实帮助他们解决实际困难。要进一步强化措施，抓好农村"路水电医学"建设。今年再投资60亿元，改造农村公路2万公里、建设大中型桥梁1500座，确保年底基本实现村村通柏油路的目标；启动村村通自来水工程，力争用三年左右时间，让全省80%以上的村庄用上安全卫生的自来水；投资38亿元，改造农村电网设施；继续扩大农村新型合作医疗试点范围，加强中心乡镇卫生院建设；加大农村中小学危房改造力度，继续安排农村中小学助学金和免费发放教科书专项资金，建立学籍管理制度，把辍学率严格控制在2%以内。

在抓好以上工作的同时，今年起还要集中力量再办以下几件事：一是搞好城市环境综合整治。突出抓好旧住宅小区、背街小巷、城中村的整治及绿化美化，开工建设600万平方米经济适用房，全面提升城市管理水平，尽力为人民群众提供洁净的饮水、清新的空气、安全的食品和舒适的生活环境。二是加强村庄规划建设。这是涉及农村发展的长远大计。要在搞好规划的基础上，引导鼓励有条件的村庄适度集中进行旧村改造，促进土地集约利用。三是加快发展卫生事业。抓紧完善公共卫生"两个体系"，深化医疗卫生体制和药品生产流通体制改革，控制医药价格和医疗服务收费。加大对重点传染病的防治力度，发展社区卫生服务，推进中医药现代化进程。四是加强文化体育基础设施建设。开工建设山东广电中心、山东书城，加快青岛奥帆赛场馆建设，做好省会体育公园、展览馆和档案馆等重要设施的规划设计和选址工作，适时开工建设。

各位代表！编制"十一五"规划和2020年远景目标，是今年的一项重要工作。各级政府务必高度重视，认真调查研究，深入分析论证，广泛征求意见，充分集中民智，力求使新一轮规划具有较高的预见性、科学性和指导性。

四、加强政府行政能力建设

2005年，各级政府面临着日趋激烈的竞争形势，肩负着重大而艰巨的社会责任，必须认真贯彻落实党的十六届四中全会精神，善于把党和国家的方针政策与各自实际紧密结合，创造性地开展工作，抓住和用好发展的机遇；必须正确分析判断形势，全面把握社情民意，善于运用市场经济和法律手段，管理经济社会事务，调整各种社会关系和利益关系，维护社会稳定，促进经济社会发展；必须按照为民、务实、清廉的要求，进一步加强自身建设，全面提高行政能力。

坚持科学民主决策。进一步完善决策目标、执行责任、考核监督“三个体系”，健全群众参与、专家咨询和政府决策相结合的决策机制，努力提高决策的科学化、民主化水平。对涉及经济社会发展全局的决策事项，要深入调查研究，广泛征求意见；对专业性、技术性较强的决策事项，要认真组织专家论证和决策评估；对涉及面广、事关人民群众切身利益的决策事项，要积极推行公示、听证等制度，虚心听取群众意见，主动接受群众监督。要严格责任追究制度，谁决策、谁负责，对超越权限或违反法定程序造成重大损失的决策行为，严肃追究决策者的责任。要强化考核监督，做到奖罚分明。

全面推进依法行政。建立法治社会首先是要建立法治政府。只有先治好官、治好权，才能切实维护社会公正，维护人民的合法权益。要全面落实《行政许可法》和《全面推进依法行政实施纲要》，大力推进法治政府建设。各级政府要牢固树立依法行政的观念，严格按照法定权限和程序行使权力、履行职责，切实保障人民群众的合法权益，做到有权必有责、用权受监督、侵权须赔偿、违法要追究。建立健全行政许可配套实施制度，严格规范行政行为。认真执行《行政复议法》，对符合法律规定的行政复议申请，必须依法受理。严格行政执法责任制和错案责任追究制，对因违法行政给群众造成的损害，必须依法予以赔偿；对因政策调整给群众带来的损失，必须依法予以补偿。加强和改进行政执法，切实做到严格执法、公正执法、文明执法。加快行政执法体制改革，相对集中行政许可权和行政处罚权，推进综合执法。

加快转变政府职能。按照“政企分开、政资分开、政事分开”的要求，深化行政管理体制改革，切实把政府职能转到经济调节、市场监管、社会管理和公共服务上来。更加注重履行社会管理和公共服务职能，全面实施《山东省突发公共事件总体应急预案》，提高应对公共危机的能力。改进管理经济的方式方法，不断提高按市场经济规律管理经济的意识和能力，提高按国际通行规则办事的意识和能力，提高主要运用经济、法律手段调节经济运行的意识和能力。要按照建设阳光政府的要求，进一步推行政务公开，搞好政府网站建设，建立政府新闻发言人制度，充分发挥其公开信息、宣传政策、引导舆论、维护稳定的作用。要按照建设服务政府的要求，进一步推行行政许可统一、联合、集中办理，方便人民群众，提高办事效率。

切实加强政风建设。牢固树立以人为本、执政为民的理念，始终保持同人民群众的血肉联系，常修为政之德，常思贪欲之害，常怀律己之心，努力做到一切工作都从人民群众的根本利益出发，一切工作都围绕满足人民群众的利益去落实，一切工作的成果都体现在让人民群众享受到实实在在的利益上。坚持量力而行，勤俭办事，坚决反对和制止铺张浪费，切实降低行政成本。牢记“两个务必”，大力弘扬求真务实的优良作风，说实话、办实事、求实效。坚决防止和克服官僚主义、形式主义，反对弄虚作假、虚报浮夸，决不搞脱离实际、劳民伤财的“政绩工程”、“形象工程”。严格执行《统计法》、《审计法》，推进统计改革和建设，加强对经济工作的审计监督。

大力加强廉政建设。各级政府及其工作人员要牢固树立法制观念和纪律观念，严格在宪法和法律规定的范围内行事，认真遵守党的纪律，自觉接受纪律监察、行政监察，自觉接受人大监督、社会监督。坚决贯彻执行中央和省委有关条例规定，按照标本兼治、综合治理，惩防并举、注重预防的要求，健全廉政制度，落实廉政建设责任制，履行廉政承诺。以群众反映强烈的问题为重点，坚决纠正损害群众利益的不正之风，继续解决好征收征用土地、城镇房屋拆迁、企业违法排污、企业重组改制和破产中损害群众利益，以及拖欠农民工工资等突出问题。按照省委统一部署，在政府机关深入开展保持共产党员先进性教育活动，教育引导各级公务员树立正确的理想信念和高尚的道德情操，增强为民服务的意识，提高拒腐防变的能力。

各位代表！我省现代化建设正处在关键时期。我们肩负的使命神圣而光荣，责任重大而艰巨。让我们紧密团结在以胡锦涛同志为总书记的党中央周围，高举邓小平理论和“三个代表”重要思想伟大旗帜，在中共山东省委的坚强领导下，坚定信心，抓住机遇，同心同德，务实苦干，奋力开创各项工作新局面，在建设“大而强、富而美”社会主义新山东的征程上不断取得新的更大胜利！

2004年山东省
国民经济和社会发展统计公报

山 东 省 统 计 局

2005年2月26日

2004年，是我省改革开放和现代化建设取得显著成就的一年。在省委、省政府的正确领导下，全省深入贯彻党的十六大和十六届三中、四中全会精神，以科学发展观统领全局，认真落实中央加强和改善宏观调控的一系列方针政策，全面执行省委"一二三四五六"发展目标和工作思路，国民经济持续快速协调健康发展，结构调整取得积极进展，经济活力明显增强，社会事业全面进步，城乡居民生活水平继续提高。

一、综　合

国民经济快速发展。初步核算，全省实现生产总值(GDP)15490.7亿元，按可比价格计算，比上年增长15.3%。其中第一产业增加值1778.3亿元，增长6.9%；第二产业增加值8724.5亿元，增长19.2%，其中工业增加值7799.3亿元，增长21.1%，对GDP增长的贡献率为64.5%，是拉动经济快速增长的主要动力；第三产业增加值4987.9亿元，增长12.3%。人均生产总值16925元(按现价汇率折算为2045美元)，按可比价格计算增长14.7%。

就业再就业成效显著。全省就业人员5728.1万人，其中城镇就业人员2140.4万人。城镇新增就业103万人，下岗失业人员再就业44万人，其中"4050"人员再就业6.6万人。全省安排5.0亿元资金支持就业再就业工作。63万下岗失业人员享受到税费减免政策，累计减免各种税费3.9亿元。城镇登记失业率3.4%，比上年下降0.3个百分点。农村劳动力转移实现新突破，全年转移农村劳动力120.3万人。

价格总水平温和上涨。在消费领域，居民消费价格比上年上涨3.6%，其中，城市上涨2.8%，农村上涨4.6%；居民消费价格中，食品类价格上涨9.1%，对居民消费价格上涨影响近80%；商品零售价格上涨2.8%。在生产领域，工业品出厂价格上涨6.4%；原材料燃料动力购进价格上涨13.4%。农产品生产价格上涨12.3%，其中，种植业产品上涨11.4%，林业产品上涨10.2%，畜牧业产品上涨15.1%，渔业产品上涨10.0%；农业生产资料价格上涨10.2%。固定资产投资价格上涨7.4%。房屋销售价格上涨11.5%，其中商品房销售价格上涨12.5%。

区域经济协调发展取得新进展。制定了山东半岛城市群发展规划和基础设施建设专项规划。半岛城市群带动作用明显，生产总量占全省的64.0%，对全省经济增长的贡献率为64.8%，拉动经济增长10.9个百分点；8市各项主要经济指标位居全省前列，规模以上工业增加值、利税、固定资产投资依次占全省的69.1%、67.8%和67.6%；进出口总额、实际利用外资占全省的85.9%和84.2%。中西部地区工业销售收入、利税、进出口大幅增长，增速依次较半岛城市群高8.1、6.4和14.5个百分点。"双30"工程取得积极成果。30个经济强县发展势头强劲，工业利税、固定资产投资、实际利用外资、财政收入等主要经济指标增幅均超过全省平均水平。30个经济欠发达县紧紧抓住扶持经济发展的战略机遇加速发展，除地方财政收入外，各项主要经济指标增速均超过经济强县。全省有10个市进入全国百强市行列，有16个县进入全国百强县。

"海上山东"建设成就斐然。主要海洋产业实现产值2130.4亿元，比上年增长18.2%。以海洋渔业、海洋运输、船舶制造等为主的传统产业结构得到明显优化，发展潜力进一步显现，实现产值分别增长10.0%、22.4%和29.9%；以海洋石油、滨海旅游、海洋生物制药为主的海洋新兴产业产值达到42.4亿元、464.1亿元、13.4亿元，增幅分别为30.9%、41.2%和30.1%。

各项改革不断深化。建立了省市国有资产监督管理机构，国有企业改革向纵深发展，省属企业改革改制步伐加快。农村税费改革深入推进，全省农民减负40多亿元。积极推进粮食流通体制改革，全面放开了粮食收购市场，对种粮农民进行直接补贴，兑现资金7.4亿元。积极推进价格改革，对电解铝等6个高耗能行业试行了差别电价，提高了污水处理费征收标准，制定了义务教育阶段学校"一费制"收费办法。积极推进部门预算编制改革，国库集中支付改革取得新进展，省级试点范围扩大到17个部门51个预算单位。积极推进和规范政府采购工作，政府采购规模达到107亿元，资金节约率为15.0%。

经济社会发展中存在的主要困难和问题：农民增收的长效机制还没有建立起来；经济发展的结构性矛盾仍然比较突出，第三产业发展不快；就业再就业和社会保障压力比较大等。

二、农林牧渔业

农业基础地位得到加强。积极落实扶持"三农"的各项政策，全省用于"三农"的各项财政性投入达222.7亿元，增长48.5%；兑现农作物良种推广和农机购置补贴6548万元。安排农业综合开发和土地治理专项资金3.8亿元，改造中低产田、复垦土地和建设高标准农田174万亩。编制了面向"三农"发展新兴服务业的专项规划，启动15个重点项目建设。

农林牧渔各业生产全面增长。农林牧渔业总产值达到3453.2亿元，比上年增长5.7%。其中农业1902.5亿元，增长6.5%；林业60.5亿元，增长2.4%；畜牧业1010.8亿元，增长4.9%；渔业423.7亿元，增长3.8%；农林牧渔服务业产值55.8亿元，增长12.0%。各业产值中，林牧渔业产值所占比重达到43.3%。

农牧业产品产量继续增加。粮食产量在上年增长4.3%的基础上又增长2.4%，棉花产量比上年增长25.2%。其他主要农牧业产品产量均保持稳定发展。

主要农牧业产品产量

指　　标	单位	绝对值	比上年增长%
粮　食	万吨	3516.7	2.4
夏　粮	万吨	1585.0	1.3
秋　粮	万吨	1931.7	3.3
棉　花	万吨	109.8	25.2
油　料	万吨	369.7	2.2
蔬　菜	万吨	8883.7	1.8
园林水果	万吨	1155.6	9.0
生猪年末存栏	万头	3058.2	2.8
牛年末存栏	万头	998.8	-4.0
羊年末存栏	万只	3286.8	4.9
肉　类	万吨	696.5	5.2
猪牛羊肉	万吨	461.0	3.5
禽　肉	万吨	223.5	9.8
禽　蛋	万吨	432.9	1.9
奶　类	万吨	188.7	27.2

林业生产面积调整。由于保护耕地等措施的落实，当年造林有所减缓。人工造林266.8千公顷，比上年下降22.5%，其中，用材林135.5千公顷，经济林55.8千公顷，防护林75.0千公顷。全年板栗产量20.2万吨，核桃产量1.4万吨。

渔业产品结构进一步优化。水产品总产量718.2万吨，比上年增长1.7%。其中，海水产品产量612.1万吨，增长1.3%；淡水产品产量106.1万吨，增长3.9%。以远洋渔业、优势水产品养殖、水产品精深加工为突破口的产品结构调整成效显著。远洋渔业产量达到22.3万吨，增长39.5%；水产品精深加工比例达到61.3%，提高5.2个百分点。水产品出口创汇21.9亿美元，增长19.8%。对虾、海参、大鲮鲆、鲍鱼等优质水产品产量分别达到6.3万吨、4.0万吨、1.8万吨和0.5万吨，分别增长3.3%、34.8%、133.3%和25.0%。

农村生产、生活条件继续改善。实现农机作业服务产值324.1亿元，比上年增长4.9%。年末全省农机总值达到456.0亿元，增长8.0%。农机总动力8751.9万千瓦，增长5.0%。拖拉机197.2万台，增长7.7%。其中，大中型拖拉机达21.2万台，增长12.8%。全年完成机耕作业面积7118.33千公顷，机播4826.2千公顷，机收3526.1千公顷。全省新增玉米联合收获机1486台，保有量达到3468台，增长75.0%。农村节水灌溉面积1830.6千公顷，增长2.4%。在村村通电的基础上，通汽车村数占总数比重上升到98.7%，通电话的村数比重上升到99.9%，自来水受益村数比重上升到59.7%。

三、工业和建筑业

工业生产快速增长。全省新增规模以上工业企业（全部国有和年产品销售收入500万元以上的非国有工业企业）4127个，年末达到20304个，实现增加值6498.3亿元，比上年增长26.5%，占GDP比重达41.9%。其中，国有控股工业增加值2290.8亿元，增长15.9%；集体工业增加值751.0亿元，增长17.8%；股份制和外商及港澳台商投资工业分别增长27.5%和29.0%。轻工业增加值2343.4亿元，增长27.0%；重工业增加值4154.9亿元，增长26.3%，轻重工业之比由上年的37:63变化为36:64。

制造业拉动作用强劲。制造业实现增加值5380.9亿元，占全省规模以上工业的82.8%，比上年增长30.4%，拉动工业增长25.2个百分点。以青岛、烟台、威海三市为主体的胶东半岛制造业基地，实现制造业增加值对全省的贡献率达39.1%。

非公有制工业占据半壁江山。规模以上非公有制工业实现增加值3312.7亿元，增长37.5%，占规模以上工业的51.0%；实现产品销售收入10759.7亿元，增长50.3%。其中，私营工业实现增加值1059.7亿元，增长48.4%，高于规模以上工业增幅21.9个百分点。

工业高新技术产业比重提高。高新技术产业产值占规模以上工业总产值比重达到21.9%，比年初提高2.3个百分点。实现增加值1251.1亿元，增长29.3%。实现利润占规模以上工业制造业的比重达26.3%。

工业产销衔接良好。规模以上工业产销率为98.1%，比上年提高0.3个百分点。

主要工业品产量大幅增长。120种主要工业产品中，产量比上年增长的有100种，占83.3%；其中，增幅超过30%的有49种。

主要工业产品产量

产　　品	单位	绝对值	比上年增长%
原煤	万吨	14646.2	0.2
天然原油	万吨	2674.3	0.3
发电量	亿千瓦时	1693.7	22.4
水泥	万吨	12363.8	27.5
平板玻璃	万重量箱	3536	86.4
粗钢	万吨	1855.4	30.3
钢材	万吨	2011.7	39.2
纱	万吨	264.1	41.5
布	亿米	66.2	42.9
机制纸	万吨	664	34.6
塑料制品	万吨	127.3	28.1
合成氨	万吨	561.9	13.8
啤酒	万千升	374.7	19.5
汽车	万辆	21	49.4
摩托车	万辆	94.6	10.9
家用电冰箱	万台	617.7	22.9
房间空调器	万台	644.3	38.4
微型电子计算机	万部	56.2	16.2
彩色电视机	万部	764.1	32.6

工业经济效益大幅度提高。规模以上工业实现产品销售收入21055.1亿元，比上年增长40.7%；实现利润1383.6亿元，实现利税2292.1亿元，分别增长48.7%和42.2%。应收帐款净额和产成品存货两项资金占流动资产平均余额的比重由上年的33.0%下降到31.5%，流动资产的周转速度加快0.3次。反映工业经济效益整体水平的综合指数为185.8，提高22点。

建筑业生产增长较快，经济效益明显好转。三级及以上（新资质）建筑企业5261家，新增889家，完成建筑业总产值1902.1亿元，比上年增长28.4%；实现利税119.5亿元，增长18.7%。其中，国有及国有控股企业完成建筑业总产值702.0亿元，增长31.4%；实现利税29.7亿元，增长22.0%。

四、固定资产投资

固定资产投资增速较快，工业投资规模继续加大。全社会固定资产投资完成7589.3亿元，比上年增长37.7%。其中，第一产业投资249.7亿元，增长48.2%；第二产业投资4577.1亿元，增长42.0%；第三产业投资2762.5亿元，增长30.3%。工业投资完成4349.6亿元，增长42.9%，占全部投资的比重为57.3%。其中制造业投资完成3642.1亿元，增长48.8%。城镇规模以上投资完成5400.5亿元，增长30.8%。

投资结构优化，效益提高。石油加工及炼焦、铁路运输、公共设施管理、航空运输、电器机械及器材制造业等加强行业的投资分别增长2.1倍、1.5倍、1.4倍、1.2倍和1.1倍；高新技术产业投资完成463.7亿元，增长51.4%，提高3.6个百分点；全年新开工项目3.8万个，其中1亿元以上的大项目1366个。每百元固定资产投资新增加的GDP由上年的35.4元上升到40.3元。

房地产开发投资健康发展。严格执行国土资源部出台的《招标拍卖挂牌出让国有土地使用权规定》，进一步规范了房地产开发等各类经营用地交易程序。全年房地产开发投资完成764.8亿元，比上年增长32.0%，增速回落16.4个百分点。土地购置面积和土地开发面积分别完成3503.8和1569.1万平方米，分别下降2.5%和22.5%；竣工房屋面积2396.9万平方米，下降2.5%，其中住宅下降6.0%，办公楼下降19.5%；销售商品房2525.2万平方米，增长12.0%，其中销售住宅占87.4%，销售商业用房占9.9%。

五、国内贸易

消费品市场持续走高。实现社会消费品零售总额4483.4亿元，比上年增长13.9%。城乡消费基本同步增长，农村市场转旺。县以上城镇实现零售额3349.2亿元，增长14.6%，市场份额为74.7%；县以下农村实现零售额1134.3亿元，增长11.8%，市场份额为25.3%。个体私营经济实现社会消费品零售额2729.4亿元，增长13.7%，市场份额达到60.9%。

批零贸易业、餐饮业市场活跃。批零贸易业持续快速发展，实现零售额3695.2亿元，增幅为13.6%，拉动零售总额增长11.3个百分点，市场份额为82.4%。餐饮市场增幅居各行业首位，实现零售额587.0亿元，增幅达18.1%，拉动零售总额增长2.3个百分点，市场份额为13.1%。

大型商品交易市场交易活跃。年成交额一亿元以上的商品交易市场达316个，比上年增加8个；已出租摊位数20.3万个，摊位出租率为89.8%，提高1.9个百分点；营业面积为1416.9万平方米，实现成交额2243.7亿元，分别增长7.9%和9.5%。平均每个亿元市场实现成交额7.1亿元，增长6.0%。

连锁经营实现规模效益同步增长。规模以上零售、餐饮业连锁总店达72个，其中零售业60个，餐饮业12个。共拥有连锁门店2722个，比上年增长9.8%。共实现销售额381.9亿元，增长38.1%，其中零售额285.5亿元，增长33.1%，实现利润总额5.0亿元，增长30.2%。

推动居民生活消费升级的商品销售额增速加快。建筑及装潢材料、家具、汽车、电子出版物及音像制品等住、行、娱乐类商品零售额攀升，增幅分别达到34.4%、38.5%、31.0%、55.9%；衣、食等基本生活消费，分别增长16.5%、26.0%。

六、对外经济

大力推进对外经济工作。在我省投资的世界500强公司新增17家，累计已有113家世界500强在我省兴办企业262家。城建环保世界银行贷款项目获得国家批准，有24个外国政府贷款项目列入国家备选项目计划。

对外贸易再上新台阶。全年实现进出口总额607.8亿美元，比上年增长36.1%；其中出口358.7亿美元，增长35.0%；进口249.1亿美元，增长37.7%，实现贸易顺差109.6亿美元，增加24.7亿美元。出口产品结构进一步优化，机电产品出口增长50.9%，所占比重达到27.1%，首次超过传统的纺织服装产品，跃居首位。省级拨付出口扶持及奖励资金7000万元，完成出口退税291.4亿元，保障了企业利益，支持了外贸出口。

外商投资实现新突破。新批合同外商投资214.5亿美元，比上年增长53.7%。实际外商投资98.2亿美元，增长32.4%。其中，实际外商直接投资87.0亿美元，增长22.7%；实际外商其他投资11.2亿美元，增长82.2%。新签外商直接投资项目5891个，增长11.1%。外资项目的平均规模由上年的253万美元扩大到344万美元，增长36.0%。

对外经济技术合作势头良好。坚持实行“走出去”战略，新批境外企业（机构）127家，协议投资总额3.0亿美元；其中，中方协议投资额2.7亿美元。对外承包劳务完成营业额15.2亿美元，增长52.8%；新签合同额14.7亿美元，增长18.0%；外派各类人员3.2万人次，增长38.1%；年末在外人员6.3万人，增长20.4%。全省已有1200家企业在102个国家和地区开展了境外加工贸易、资源开发和承包工程。

七、交通、邮电和旅游

交通、运输生产稳步增长。年末全省高速公路通车里程3033.0公里。大－莱－龙铁路已有112公里通车。全社会完成旅客运输量、周转量8.9亿人次和748.0亿人公里，分别比上年增长18.4%和21.1%；完成公路旅客运输量、周转量8.4亿人次和475.4亿人公里，分别比上年增长18.6%和21.2%；铁路旅客发送量3857.2万人次，周转量267.0亿人公里，分别增长16.0%和21.2%；水路旅客运输量、周转量达到1241.0万人次和5.6亿人公里，分别增长11.3%和6.8%。全社会完成货物运输量、周转量13.2亿吨和4783.1亿吨公里，分别比上年增长10.2%和38.8%；完成公路货物运输量10.7亿吨、周转量596.1亿吨公里，分别增长9.1%和13.0%；铁路货物发送1.8亿吨，周转量1111.1亿吨公里，分别增长4.1%和3.7%，其中，省地方铁路发送货物1227.8万吨，周转量6.97亿吨公里，分别增长25.0%和30.5%；水路货物运输量7287.0万吨、周转量3075.9亿吨公里，分别增长56.9%和66.5%。沿海港口货物吞吐量3.1亿吨，增长19.3%。

民用汽车拥有量大幅增加。年末民用汽车拥有量211.4万辆，比上年增长20.3%；其中私人轿车41.9万辆，增长38.3%。私人轿车占轿车拥有总量的61.6%。

航空业快速发展。全年航空货邮量达到17.0万吨，比上年增长36.9%；客运量839.9万人次，增长38.1%。

邮电通信业持续快速增长。完成邮电业务总量524.0亿元，比上年增长41.5%。其中，电信业务总量为484.6亿元，增长45.0%；邮政业务总量39.4亿元，增长9.6%。年末长途电话电路51万路，长途自动交换机容量45.5万路端。年末固定电话用户达到2512万户，移动电话用户1983.9万户，电话普及率达到49部/百人。年末互联网用户848万户。

旅游业实现大幅增长。全年旅游总收入814.7亿元，比上年增长42.1%。接待国内游客11749.0万人次，增长31.7%，实现国内旅游收入767.7亿元，增长41.4%。接待入境游客119.3万人次，增长53.9%；入境旅游外汇收入5.7亿美元，增长54.5%。入境旅游前五位客源地为韩国、日本、香港、台湾、美国，分别占接待人数的37.9%、20.8%、9.7%、8.9%、3.4%。

八、财政、金融、证券和保险

财政实力提高幅度较大。全省境内财政总收入2675.6亿元，同口径比上年增长26.1%，增幅比上年高9.2个百分点。其中地方财政一般预算收入828.4亿元，增长28.9%；国税系统组织各项收入1130.6亿元，其中地方收入204.5亿元；地税系统组织各项收入507.5亿元，其中地方收入405.1亿元；各级财政部门组织各项收入257.6亿元。全省地方财政收入过5亿元的县（市、区）达到32个，比上年增加11个，其中有3个县级市的地方财政收入超过10亿元。财政支出1188.6亿元，增长17.6%。拨付环境治理专项资金17.9亿元，用于加快环境治理和“生态省”建设。

金融存贷款适度增长，信贷结构不断优化。全省金融机构人民币各项存款余额14514.3亿元，比年初增加2071.2亿元。其中，企业存款增加475.6亿元，比上年少增186.9亿元；储蓄存款增加951.1亿元，少增9.0亿元。金融机构人民币各项贷款余额11782.8亿元，增加1473.1亿元。农业信贷投入不断增加，全年增加235.0亿元，占全部贷款增加额的16.0%。中长期贷款增加789.3亿元，增长27.7%。消费信贷比上年增加242.9亿元，增长29.8%，增速居各类贷款首位。个人住房消费贷款比年初增加224.9亿元，多增3.8亿元，占全部消费贷款增量的92.6%。金融机构盈利91.6亿元，比上年增盈101.2亿元。

证券市场稳步发育，上市工作取得较大进展。全省共有境内外上市公司90家，股票101只。其中境内上市公司75家，股票86只；境外上市公司18家。证券公司3家，证券营业部139家，证券服务部38家。全年新增14家境外上市公司，融资127.7亿元，是上年的2.6倍。期货市场运行平稳。有期货经纪公司10家，期货营业部10家。全年期货交易额6786.5亿元，增长12.1%。

保险业务平稳健康发展。全省设立分支机构的保险公司共18家。全年保费收入317.2亿元，比上年增长11.8%；其中，财产险保费收入74.4亿元，增长25.9%，人身险保费收入242.8亿元，增长8.0%。共支付各项赔款和给付65.7亿元，增长15.5%。其中，财产险业务赔款42.6亿元，增长22.5%，人身险业务支付赔款和给付23.1亿元，增长4.4%。

九、科技和社会

科技事业蓬勃发展，科技成果显著。共取得各类重要科技成果3028项，其中具有国际领先水平的有485项，具有国内领先水平的有2392项；获国家级科技奖励成果21项，省科学技术奖496项。全省共组织实施省级以上星火计划项目215项，项目总投资51.5亿元，比上年增长6.5%，年增利税39.6亿元，增长26.8%。全年专利申请量18388件，获授权专利9733件，分别增长16.4%和7.4%。年末各类技术贸易机构达到1.7万个，从业人员21.0万人；签订技术合同2.6万项，比上年增长7.3%；合同金额75.1亿元，增长42.8%。

科技队伍建设进一步加强。认真实施人才强省战略，加强高技能人才队伍培养。年末共有两院院士32人，国家有突出贡献的中青年专家228人，省专业技术拔尖人才970人。全省新增高级技工5.2万人，新增技师1.1万人，高级工以上人员占企业一线职工的比重达到8.0%左右。职业技能鉴定工作实现新发展，鉴定人数达到55万人，其中40万人获得职业资格证书。

质量技术监督工作取得新突破。《山东省计量条例》正式实施，全省累计建立社会公用计量标准3056项。批准发布地方标准171项，累计办理采标标志128项，采标证书217项。名牌战略工作取得突破。全年有25家企业的33个产品获得中国名牌产品称号，累计达到了61个；有34家企业的42个产品获得国家免检产品称号，累计达到112个；获得国家原产地域保护产品达到6个。建立企业质量电子档案工作取得了阶段性成果，建档企业总数达到43511家。

气象服务现代化水平提高。新建海岛(岸)加密观测自动气象站11个，已有110个自动站正式开展工作，初步形成了覆盖全省的自动气象站监测网络。人工影响天气作业取得了良好效果。为了有效增加地面降水、减轻雹灾，共组织地面人工增雨防雹作业582次，累计影响面积14.5万平方公里，增加降水9.4亿立方米，防雹减少损失6.2亿元。

地震应急救援体系建设加强。地震应急指挥中心及其技术平台建成正式投入使用，成立了山东省地震灾害紧急救援队，完成了22个省直单位、17个市、132个县(市、区)的地震应急预案汇编，完善了市、县、乡1880个点位，3312人组成的三级灾情速报网络。

教育事业取得新成就。普通高等院校招生、在校生规模继续扩大。31个培养研究生单位共招收研究生1.1万人，比上年增长15.0%；在校研究生2.8万人，增长27.1%。普通高等教育共招生32.7万人，增加5.4万人。其中，本科招生11.9万人，增加0.3万人；专科招生20.9万人，增加5.1万人。普通高等教育在校生94.6万人，增加18.5万人。其中，本科在校生47.2万人，增加8.8万人；专科在校生47.4万人，增加9.6万人。普通高中招生和在校生人数明显增加。普通高中招生68.1万人，在校学生达189.1万人，分别增加4.2万人和20.0万人。普通初中招生124.3万人，在校学生439.2万人，分别减少4.9万人和46.0万人。小学在校学生627.8万人，减少15.0万人。小学招生110.2万人，增加2.3万人。小学学龄儿童入学率99.9%，小学毕业生升学率99.7%。139所特殊教育学校在校生1.6万人。各类中等职业学校798所，共招生39.1万人，在校学生104.8万人。

文化出版广电事业继续发展。拥有各种艺术表演团体120个，艺术表演场所104个，公共图书馆140个，群众艺术馆、文化馆157个。拥有国家综合档案馆158个，馆藏档案665.9万卷。共出版各类图书6510种、报纸133种、杂志264种。全省共有市级以上广播电台18座、电视台18座，县级广播电视台95座。广播、电视人口覆盖率分别达94.5%和93.1%。

卫生保健服务网络不断完善。共拥有卫生机构1.7万所，其中，医院、卫生院2915所，卫生防疫防治机构323所，妇幼保健机构150所。各类卫生机构拥有床位22.2万张，卫生技术人员32.1万人，其中执业医师及执业助理医师14.2万人、注册护士9.3万人。全省共有1370.6万农民参加了新型农村合作医疗，各级试点共筹集资金3.2亿元，已经为458万农民报销医药费1.4亿元。加强了公共卫生“两个体系”建设，应对突发公共卫生事件能力增强。建立公共卫生综合监测点7822个，省、市、县三级疾控机构普遍联网。

体育事业蓬勃发展。竞技体育取得历史性突破，在第28届奥运会上，我省共获得4枚金牌、3枚银牌，有2人创5项世界纪录，1人创1项奥运会纪录。在亚洲锦标赛女子举重项目中获得11枚金牌、9枚银牌、1枚铜牌的好成绩。群体性体育活动深入开展。全民体育健身工程累计投资9000多万元，建成600多条健身路径，覆盖到了全省每一个县，新增群众体育健身活动场地43万平方米。

十、城 乡 建 设

城镇化进程加快。人口城镇化率达到43.5%，比上年提高1.7个百分点。高起点修编城市群规划，跨区域的城市群规划编制顺利完成。各地编制完成城市综合交通、绿地系统等专项规划120项，97.0%的小城镇编制了建设规划，232个省级中心镇全部修编了总体规划。

城市建设取得显著成效。全省设市城市和县城完成城建投资407.5亿元，增长27.4%，新增道路面积780万平方米、供水能力40万吨/日、污水处理能力44万吨/日、垃圾无害化处理能力2000吨/日、供热面积1100万平方米、用气人口60万人、园林绿地3000公顷。城市主干道改扩建成效明显，有效缓解了交通拥堵，改善了城市形象。

以中心镇为重点的村镇建设稳步推进。全省完成村镇建设投资440亿元，其中小城镇建设完成投资226亿元，分别增长19.9%、16.5%，村镇自来水人口受益率、道路硬化率分别达到65.0%、32.5%。新增9个省级中心镇，全省中心镇数量已达247个。

建筑节能、节地取得新进展。新型墙材、禁用实心粘土砖推广工作明显加快，43个设市城市基本达到“禁实”目标，全省新型墙材生产和应用比例分别达到43.0%、58.0%，节地2.6万亩，节能96万吨标准煤，利废1560万吨。9个设区城市开展了建筑节能检测工作，建成节能建筑1150万平方米，占新建居住建筑的35.0%，实现建筑采暖节能9.1万吨标准煤。

十一、资源、环境保护

土地结构基本稳定。全省土地总面积15.7万平方公里。农用地11.6万平方公里，占土地总面积的73.9%；其中，耕地面积7.5万平方公里，人均耕地1.23亩；建设用地2.4万平方公里，占土地总面积的15.2%；水利设施0.3万平方公里。未利用地1.7万平方公里，占土地总面积的10.9%。

生态省建设开局良好。全省森林覆盖率23.0%。已建成各类自然保护区67处，面积1033.2千公顷。各级生态示范区建设试点56个，面积8766.4千公顷。建成生态功能保护区14个，面积679.3千公顷。举办了山东生态省建设高层论坛暨第一届绿色产业国际博览会，达成合作协议或意向1136项，协议额171亿元。循环经济系统试点启动，开展了具有山东特色的“点、线、面”循环经济综合试点。187家企业和7个开发区（旅游区）通过了ISO14001环境管理体系认证，265家企业进行了清洁生产审核。

城市环境质量得到进一步改善。各地继续大力治理脏乱差，城市环境综合整治效果显著。17个市政府驻地中，9个城市环境空气质量符合国家二级标准，7个城市符合国家三级标准。城市道路交通噪声等效声级平均值67.7分贝，区域环境噪声昼间平均值53.0分贝。省控地表水中，28.5%的断面符合国家Ⅳ类水质标准，水环境功能区达标率为23.3%。

环境污染防治取得新进展。全年完成限期治理项目1258个，投资额11.1亿元。环境保护“十五”计划重点工程项目竣工验收120个，共投资134亿元。全省在48个城市累计建成烟尘控制区237个，面积2725.4平方公里，累计建成环境噪声达标区303个，面积1998.3平方公里。

环境监测网络继续完善。全省累计建成21个重点流域水质自动监测站和91个城市空气自动监测站。深入开展了环境空气、城市降水、河流湖库、近岸海域、城市环境噪声和污染源监测，定期发布了全省环境状况公报和全省环境质量通报、重点流域排污总量控制监测公报，获取省控以上有效监测数据150万个以上。

十二、人口、居民生活、社会保障

人口继续保持低速增长，人口素质不断提高。据全省人口变动抽样调查推算，年末全省总人口9180.0万人，人口出生率为12.50‰，死亡率6.49‰，自然增长率6.01‰。

城镇居民生活质量稳步提高。据抽样调查，城镇居民人均可支配收入9437.8元，比上年增长12.4%，提高2.1个百分点。城镇居民人均消费性支出为6673.8元，增长10.0%；其中，食品支出2310.7元，增长12.6%。城镇居民恩格尔系数为34.6%，提高0.8个百分点。全省城镇居民人均现住房使用面积达20.2平方米。城镇在岗职工年平均工资14272元，增长13.6%。

城市每百户居民家庭主要耐用消费品拥有量

产品名称	单位	绝对量
饮水机	台	60.9
微波炉	台	35.6
电冰箱	台	91.2
排油烟机	台	85.5
淋浴热水器	台	69.0
洗衣机	台	92.9
彩色电视机	台	119.6
影碟机	台	59.8
家用电脑	台	37.7
组合音响	套	22.8
照相机	架	56.8
空调器	台	61.7
普通电话	部	97.1
移动电话	部	121.4
健身器材	套	5.2
助力车	辆	12.5
摩托车	辆	47.2
家用汽车	辆	2.5

农村每百户居民家庭主要耐用消费品拥有量

产品名称	单位	绝对量
微波炉	台	1.6
电冰箱	台	24.4
抽油烟机	台	5.0
热水器	台	10.6
洗衣机	台	31.9
黑白电视机	台	34.7
彩色电视机	台	80.4
影碟机	台	33.6
家用计算机	台	1.8
组合音响	台	10.7
照相机	架	6.0
空调机	台	3.3
电话机	部	80.0
移动电话	部	32.1
摩托车	台	55.3
汽车(生活用)	台	1.4

农村居民生活水平进一步改善。据抽样调查，农民人均纯收入 3507.4 元，比上年增长 11.3%，提高 4.6 个百分点。人均生活消费支出 2389.3 元，增长 12.0 %。其中，食品支出 1000.1 元，增长 12.2 %。农村居民恩格尔系数为 41.9%，提高 0.1 个百分点。农村居民人均住房面积达 26.9 平方米。

社会保险覆盖面进一步扩大。全省养老、失业、医疗、工伤、生育保险参保人数分别达到 986 万人、748 万人、760 万人、470 万人和 390 万人，分别比上年底增加 70 万人、28 万人、70 万人、188 万人和 55 万人。全省社会保险基金总收入 363.3 亿元，增长 12.0%；总支出 299.1 亿元，增长 12.9%。农村养老保险稳步发展，参保农民达 1000 多万人，基金结余 55 亿元，有 51 万农民领取了养老金。

社会保障制度建设取得新进展。企业年金制度初步建立，全省参加企业年金试点的企业 29 家，涉及职工 8 万人。退休人员社会化管理服务工作全面推开，社会化管理企业退休人员达 167.6 万人，社会化率达 96.6%，省制定了《失地农民基本养老保障操作办法》，有 10 个市出台了失地农民基本生活保障制度实施意见。全省有 3.5 万失地农民参加了农村养老保险，收缴保险费 1.5 亿元。

城乡低保和社会福利工作得到加强。全省最低生活保障救助 111.6 万人。其中，城镇 65.5 万人，农村低保和定期救济 46.1 万人。收养性社会福利单位 1896 个，床位 10.3 万张，收养 7.9 万人。社会福利企业 2012 个，安置残疾人员 4.6 万人。

注：1. 本公报所列各项数字均为初步统计核算数字。

2. 全省生产总值、各产业增加值绝对数按当年价格计算，增长速度按可比价格计算。

山东省统计局2004年度统计工作综述

2004年,在山东省委、省政府和国家统计局的正确领导下,全体统计工作者以"三个代表"重要思想为指导,认真贯彻落实科学发展观,大力推进统计改革和建设,努力践行"诚信鲁统"统计文化理念,不断解放思想,更新观念,开拓进取,求实创新,各项工作都取得了很大进展。

一、圆满完成了经济普查的各项准备工作。经济普查是2004年全省统计工作的重中之重。按照国家的统一部署,以认真负责的态度,扎扎实实地推进各项准备工作。认真抓了机构、人员、经费、办公条件"四落实"。通过印刷宣传画、悬挂过街横幅、张贴宣传标语、出动普查宣传车、举办大型广场宣传活动、开展文艺活动等形式,认真宣传,为普查工作营造了良好社会氛围。在济南和青岛进行了省级普查综合试点工作。制定了科学的经济普查方案及基本单位清查摸底、数据质量控制等多项经济普查实施细则。采取"零距离、无缝隙、全覆盖"的清查方式,进行了清查摸底工作;制定了严格的普查数据质量控制措施,一级抓一级,一级对一级负责。山东的经济普查工作得到了国务院督查组的充分肯定。国务院赴山东督查组组长、中编办副主任王澜明同志,在国务院经济普查领导小组第三次会议上向曾培炎副总理汇报时,对山东的经济普查工作给予了高度评价。

二、较好地完成了各项统计调查任务。在认真完成国家各项年报、定报的同时,按照全国和全省的统一部署,认真做好各项常规性调查工作。充分发挥三支调查队的"轻骑兵"作用,积极开展各项快速专项调查,及时监测经济社会运行情况,及时反映领导和社会各界关注的问题。先后开展了义务教育乱收费情况调查、大城市非法劳务市场及黑中介情况调查、宣传思想工作社情民意调查、棉花价格调查、车辆超限超载治理情况调查、未成年人思想道德建设调查、农民存粮状况调查、中小城市网吧调查、城镇居民家庭信息化水平调查等等。我局根据专项调查上报的信息,得到国务院总理温家宝等中央领导的批示。

三、统计制度方法改革取得较大进展。按照调研一批、试点一批、实施一批的原则,制定了《2004年全省统计制度方法改革项目实施计划》,并将改革项目逐项分解,物化到相关统计制度之中。启动统计快速反应机制,开展对"禽流感"影响情况的调查等。进一步完善了固定资产投资统计制度,将固定资产投资统计范围拓展到农村,统计起点定为50万元以上。开展了信息化发展水平统计监测,完善了评价指标体系。分步开展了文化产业统计,为建立政府综合统计和部门统计相协调的文化产业统计制度奠定了基础。在全国率先建立了环境综合统计年报制度。初步建立了资源环境统计和资料发布制度。加强了城乡划分问题的调研,组织开展了城乡划分工作,得到了国家统计局的充分认可。深化工业企业"一套表"制度改革,在崂山成功开展了新一轮"一套表"试点工作,并据此提出了用联网直报形式实现企业"一套表"改革的总体设想。等等。

四、统计服务取得丰硕成果。适应形势需要,按照国家宏观调控政策的要求,围绕省委、省政府的中心工作,进一步加强对宏观经济运行情况的监测预警工作,及时发布进度统计信息和预警监测报告,为领导提供了大量决策参考依据。继续把统计分析作为统计服务工作的重头戏,作为统计服务的亮点工程,积极采取措施,着力打造统计分析精品。全年共撰写统计分析171篇,请阅件48篇,其中领导批示77篇(仅张高丽书记就批示15篇次),取得历史性突破。充分发挥信息主渠道作用,积极向省委、省政府提供社会经济信息,全年共向省委、省政府报送信息1363条,采用743条次,高居省直部门第一名。建立健全了新闻发言人制度,并纳入省政府新闻发言人制度体系,满足了社会公众对统计信息的需求,发挥了统计信息的调控引导作用。

五、统计数据质量进一步提高。始终把提高数据质量作为统计工作的重中之重。在认真实施统计数据质量下管一级制度的基础上,建立统计巡查制度,计划用三年时间对全省17个市的统计工作巡查一遍。组织3个巡查组,严格按照既定内容和程序,周密计划,精心组织,对6个市进行了以数据质量为核心的巡查。通过巡查,加强了省统计局与各市统计局的联系与沟通,理顺了统计工作关系,强化了省统计局对市级统计工作的监督检查,有效地保障了全省主要统计数据的质量,提高了统计数据的准确性、科学性、及时性和统计工作的权威性。

六、统计法制工作开展得有声有色。按照国务院和省政府的要求，对省局建国以来形成的规范性文件进行了审查清理，并向社会公布。充分利用新闻媒介、标语、网络、培训班等形式，广泛宣传统计法律法规，进一步提高全社会的统计法律意识。配合省人大开展贯彻实施《统计法》情况进行了检查，得到了省人大的充分肯定。2004年全省共检查11000多个单位，对2500多起统计违法行为进行了立案处理，有力地震慑了统计违法者，打击了在统计上弄虚作假的行为。制定下发了《山东省部门统计工作规范化管理办法》，召开了部门统计工作规范化建设会议，全面布置部门统计规范化建设工作，推进了部门统计工作规范化管理。制定实施了《省级部门统计数据报告制度》，加强了部门统计调查项目的审批、备案工作，进一步协调了政府综合统计与部门统计的关系。

七、信息化建设又有新突破。配置了一台中型机，使省局的设备配置在全国处于领先地位。积极实施了网络提速工程，省局域网与互联网的连接带宽由2M提高到100M，省局到各市的统计信息网连接由128K提高到2M。安装了闭路电视监控系统。积极组建全省统计系统固定电话智能网，组建了手机虚拟网。宏观数据库一期工程顺利通过了鉴定验收，并被省信息化工作领导小组评为“山东省信息化建设示范工程”第一名。自主研发了基本单位名录库系统，并获全国软件评比二等奖（一等奖空缺）。首次在全省范围内实现了基本单位名录库的动态维护，为第一次经济普查的清查摸底奠定了基础。完成了县以下行政区划代码库的维护更新工作。

八、干部队伍建设成效显著。继续做好市、县局队长培训工作，举办了工勤人员统计知识培训班，干部队伍整体素质进一步提高。会同三队对全省107位农村、城市、企业调查队队长、副队长进行了工作考核。加强统计继续教育工作，全省报名参加统计继续教育的人员达到了1.7万人，是自1998年开展统计继续教育工作以来人数最多的一年，位居全国第一。

九、机关建设进一步加强。确定了“诚信鲁统”统计文化品牌名称，明确统计文化品牌标识，统计文化基本理念及诠释等；制定了统计文化建设推介方案，印发了《统计文化宣传手册》；制作完成了统计文化建设网页；召开了全省统计文化建设经验交流会。进一步加强机关作风建设，被省直机关工委评为“省直文明机关”，被省委、省政府授予“省直机关机关作风建设年活动先进单位”荣誉称号。召开全省统计系统机关建设经验交流会，全面部署文明系统创建工作。

另外，省统计局档案、保密工作取得令人鼓舞的成绩。被国家档案局、中央档案馆联合授予“全国档案工作优秀集体”。年初全国统计系统档案工作现场会在山东召开，年末顺利晋升为“特级档案室”。保密工作被省保密委员会评为先进集体和先进个人。

2004年，省统计局在统计科研、统计宣传、政务财务、党建监察等方面都取得了很大成绩。

第1篇

行政区划和自然资源

ADMINISTRATIVE DIVISION AND NATURAL RESOURCES

科学、准确、及时
是统计数据的生命
诚信鲁统之质量理念

满足社会需求 争创一流业绩
诚信鲁统之目标理念

知法守法 依法办事
诚信鲁统之法治理念

相互支撑
相互关爱
诚信鲁统之团队理念

1-1 行政区划一览表

（2004年）

地区	区市县数	区市县名称	街道办事处（个）	乡（个）	镇（个）
济南市	6区1市3县	历下区 市中区 槐荫区 天桥区 历城区 长清区 章丘市 平阴县 济阳县 商河县	58	27	61
青岛市	7区5市	市南区 市北区 四方区 李沧区 黄岛区 崂山区 城阳区 胶州市 即墨市 平度市 胶南市 莱西市	94		84
淄博市	5区3县	张店区 淄川区 博山区 临淄区 周村区 桓台县 高青县 沂源县	23	8	76
枣庄市	5区1市	市中区 薛城区 峄城区 台儿庄区 山亭区 滕州市	16	3	44
东营市	2区3县	东营区 河口区 垦利县 利津县 广饶县	7	13	23
烟台市	4区7市1县	芝罘区 福山区 莱山区 牟平区 龙口市 莱阳市 莱州市 蓬莱市 招远市 栖霞市 海阳市 长岛县	48	6	94
潍坊市	4区6市2县	潍城区 寒亭区 坊子区 奎文区 青州市 诸城市 寿光市 安丘市 高密市 昌邑市 临朐县 昌乐县	41	9	142
济宁市	2区3市7县	市中区 任城区 曲阜市 兖州市 邹城市 微山县 鱼台县 金乡县 嘉祥县 汶上县 泗水县 梁山县	22	39	94
泰安市	2区2市2县	泰山区 岱岳区 新泰市 肥城市 宁阳县 东平县	10	15	61
威海市	1区3市	环翠区 文登市 荣成市 乳山市	14		52
日照市	2区2县	东港区 岚山区 五莲县 莒县	7	8	39
莱芜市	2区	莱城区 钢城区	5	1	14
临沂市	3区9县	兰山区 罗庄区 河东区 郯城县 苍山县 莒南县 沂水县 蒙阴县 平邑县 费县 沂南县 临沭县	19	32	129
德州市	1区2市8县	德城区 乐陵市 禹城市 陵县 平原县 夏津县 武城县 齐河县 临邑县 宁津县 庆云县	12	34	80
聊城市	1区1市6县	东昌府区 临清市 阳谷县 莘县 茌平县 东阿县 冠县 高唐县	28	40	66
滨州市	1区6县	滨城区 惠民县 阳信县 无棣县 沾化县 博兴县 邹平县	9	19	57
菏泽市	1区8县	牡丹区 曹县 定陶县 成武县 单县 巨野县 郓城县 鄄城县 东明县	10	41	107

注：全省共17个地级市，31个县级市，49个市辖区，60个县，423个街道办事处，295个乡，1223个镇。

1-2 人口和自然资源

(2004年)

类　　别	2004年
一、人　口	
年底人口总数	9180万人
人口密度	586人/平方公里
二、土　地	
全省土地面积	1570.54万公顷(15.71万平方公里)
全省土地面积中各类土地所占比重	
1.中山	0.84%
2.低山	14.67%
3.丘陵	13.19%
4.山间谷地	5.64%
5.山前倾斜地	12.94%
6.山前平原	9.16%
7.湖沼平原	4.35%
8.滨海低地	2.82%
9.滩涂	2.52%
10.河滩高地	4.56%
11.决口扇形地	2.99%
12.冲积平原	19.01%
13.洼地	4.07%
14.现代黄河三角洲	3.24%
三、矿　产	
已发现矿产种类	150种
已探明储量的矿产种类	81种
能源矿产	7种
金属矿产	24种
非金属矿产	47种
水气矿产	3种
四、森林	
森林覆盖率	23%
五、水文、水利	
1.多年平均水资源总量	308亿立方米
#地表水资源量	228亿立方米
2.多年平均地下水资源量	157亿立方米
3.水面养殖面积	66.71万公顷
淡水养殖面积	27.75万公顷
海水养殖面积	38.96万公顷
4.大陆海岸线长度	3024公里

注：本表中人口指标系抽样调查数。

1－3 主要湖泊、河流基本情况

（2004年）

湖泊名	面积（平方公里）	蓄水量（亿立方米）	河流名	面积（平方公里）	河长（公里）
小计	**1494.6**	**23.53**	徒骇河	13136.6	446.5
微山湖	531.7	7.78	沂河	10909.9	287.5
昭阳湖	337.1	4.29	马颊河	10638.4	448.0
独山湖	144.6	1.84	小清河	10498.8	233.0
南阳湖	211.0	3.39	大汶河	9069.0	211.0
东平湖	167.0	3.14	潍河	6493.2	233.0
麻大湖	110.0	0.97	沭河	6161.4	263.0
白云湖	16.2	0.28	大沽河	4161.9	179.9
青沙湖	11.1	0.16	弥河	3847.5	206.0

1－4 主要山脉高度

（2004年）

山名	标高（米）	山名	标高（米）
泰山	1532	马耳山	707
蒙山	1156	龙须崮	707
崂山	1133	凤凰山	648
鲁山	1108	四海山	625
沂山	1032	鏊子崮	616
徂徕山	1028	黑山	612
昆嵛山	923	珂楼埠山	577
九顶山	834	大山	560
艾山	814	伟德山	554
牙山	806	招虎山	550
大泽山	737	孟良崮	536
摩天岭	735	布山	447

1-5 主要城市平均气温

（2004年）　　　　单位:摄氏度(℃)

城市名	一月	二月	三月	四月	五月	六月
济南	-0.2	5.8	10.2	17.5	20.7	24.3
青岛	0.2	3.6	6.5	11.9	17.1	21.2
淄博	-0.2	5.8	10.4	17.5	20.8	25.3
枣庄	0.3	5.8	9.9	16.8	20.7	25.0
东营	1.6	3.0	8.3	15.7	19.8	24.5
烟台	-0.3	3.8	7.0	14.0	17.9	23.1
潍坊	-2.7	2.7	7.3	14.2	18.6	23.7
济宁	-0.2	5.5	10.0	16.8	20.6	24.8
泰安	-1.3	4.5	9.0	16.2	20.2	23.8
威海	-0.6	3.3	6.3	13.4	17.2	22.5
日照		4.2	7.8	13.3	18.2	22.1
莱芜	-1.4	4.1	8.7	15.9	20.0	23.7
临沂	-0.4	4.8	9.0	15.3	19.6	24.1
德州	-0.4	5.3	9.6	16.9	21.0	24.8
聊城	-1.1	4.6	9.4	16.1	19.7	23.4
滨州	-2.1	3.4	8.3	15.6	19.6	24.2
菏泽	0.4	6.3	10.1	16.9	20.5	25.0

城市名	七月	八月	九月	十月	十一月	十二月	全年
济南	26.2	24.4	21.9	15.2	8.8	1.6	14.7
青岛	24.6	24.7	22.4	16.8	10.3	3.8	13.6
淄博	27.2	25.2	22.9	15.7	9.0	1.9	15.1
枣庄	27.4	25.6	22.3	16.1	9.8	3.3	15.3
东营	26.5	25.0	22.5	15.3	8.4	1.5	14.1
烟台	25.3	24.5	22.4	16.6	10.2	3.3	14.0
潍坊	25.9	24.1	20.8	13.9	7.4	0.9	13.1
济宁	26.8	25.0	21.5	14.3	8.0	2.5	14.6
泰安	26.0	24.3	20.9	13.7	7.7	1.9	13.9
威海	24.9	24.4	21.9	16.2	10.1	3.1	13.6
日照	25.9	25.1	22.4	16.4	10.1	3.9	14.1
莱芜	25.9	23.9	20.8	14.1	7.8	1.4	13.7
临沂	27.0	25.0	21.7	15.2	9.1	2.6	14.4
德州	26.7	25.2	22.3	15.4	7.7	0.8	14.6
聊城	26.2	24.5	21.1	13.3	6.7	0.6	13.7
滨州	26.2	24.7	21.6	14.0	7.3	0.6	13.6
菏泽	26.8	24.7	21.8	14.8	8.2	1.8	14.8

1-6 主 要 城 市 降 水 量

（2004年）　　单位：毫米

城市名	一月	二月	三月	四月	五月	六月
济　　南	1.9	17.7	0.1	34.8	147.4	198.6
青　　岛	1.2	24.6	4.3	49.0	71.0	62.6
淄　　博	3.2	15.1	4.0	43.1	72.7	119.5
枣　　庄	3.2	9.5	7.3	9.5	83.2	55.1
东　　营	3.1	9.7	5.6	30.6	57.8	197.0
烟　　台	21.1	11.7	15.7	36.1	78.8	33.1
潍　　坊	4.4	8.2	8.0	22.1	56.2	67.9
济　　宁	3.6	18.5	9.0	16.7	76.5	157.5
泰　　安	1.3	24.3	1.5	14.7	48.4	131.7
威　　海	15.1	10.7	12.2	53.4	53.7	25.3
日　　照	1.5	29.5	2.7	35.4	93.7	33.6
莱　　芜	1.5	14.6	2.4	35.0	53.5	118.3
临　　沂	1.7	26.0	6.9	19.5	86.7	71.2
德　　州	1.7	6.2		17.5	47.9	159.0
聊　　城	1.6	9.3		17.4	89.4	172.0
滨　　州	3.2	10.9	1.7	30.9	57.7	130.3
菏　　泽	1.8	5.6	5.5	15.6	67.1	71.2

城市名	七月	八月	九月	十月	十一月	十二月	全年
济　　南	386.6	182.4	71.6	9.7	30.9	8.3	1090.0
青　　岛	109.4	177.6	17.9	12.6	82.1	13.9	626.2
淄　　博	315.9	142.0	101.3	7.6	26.1	11.8	862.3
枣　　庄	409.1	172.3	150.8	15.0	29.8	9.3	954.1
东　　营	252.7	103.3	63.8	6.5	19.4	6.7	756.2
烟　　台	135.3	104.2	38.5	8.8	24.1	16.0	523.4
潍　　坊	215.7	195.7	108.7	10.2	29.9	6.0	733.0
济　　宁	324.7	168.6	69.9	6.8	32.2	7.7	891.7
泰　　安	419.4	212.8	98.0	6.1	24.9	4.0	987.1
威　　海	140.1	328.0	49.3	14.1	50.3	14.5	766.7
日　　照	202.7	131.7	58.6	7.2	25.8	1.3	623.7
莱　　芜	232.6	327.4	125.0	8.0	13.2	4.7	936.2
临　　沂	461.4	129.5	119.2	19.5	21.0	7.0	969.6
德　　州	127.3	32.4	32.7	13.2	9.3	6.9	454.1
聊　　城	104.0	151.1	35.1	5.2	26.0	7.9	619.0
滨　　州	269.6	105.5	104.6	9.2	15.7	5.2	744.5
菏　　泽	396.8	177.1	63.6	3.8	20.0	13.1	841.2

1－7 主要城市日照时间

（2004年）　　　　单位：小时

城市名	一月	二月	三月	四月	五月	六月
济南	183.6	227.9	196.0	219.7	246.3	164.4
青岛	176.8	214.3	223.9	230.0	211.7	155.1
淄博	173.3	229.4	203.6	234.5	253.9	200.8
枣庄	158.4	194.0	198.8	226.0	194.0	154.6
东营	206.5	234.4	233.6	264.8	267.6	212.3
烟台	166.0	211.4	224.8	243.8	205.0	213.6
潍坊	168.3	210.3	215.4	247.5	236.0	204.3
济宁	191.1	237.1	225.3	273.6	273.2	195.8
泰安	204.1	247.2	204.5	268.1	272.4	181.6
威海	157.2	210.0	243.7	271.6	231.5	201.9
日照	191.9	215.8	244.7	226.7	234.8	171.0
莱芜	175.5	217.1	199.3	245.9	272.4	197.7
临沂	174.7	202.2	205.0	226.1	217.6	176.3
德州	181.2	233.8	219.0	266.2	279.6	217.7
聊城	145.4	213.9	177.0	207.6	250.1	168.7
滨州	190.9	223.8	191.8	263.0	251.6	194.2
菏泽	170.3	209.9	201.2	245.4	266.4	214.6

城市名	七月	八月	九月	十月	十一月	十二月	全年
济南	151.2	126.7	176.4	192.6	184.0	110.9	2179.7
青岛	158.4	137.5	214.4	216.0	165.9	118.9	2222.9
淄博	188.2	177.2	196.8	202.7	172.3	117.2	2349.9
枣庄	152.7	111.1	179.6	191.7	171.9	104.7	2037.5
东营	198.0	214.2	222.7	217.7	182.3	143.1	2597.2
烟台	178.2	160.0	200.6	229.5	173.9	117.9	2324.7
潍坊	196.2	176.7	229.0	226.2	197.9	148.7	2456.5
济宁	173.7	141.2	204.0	188.4	175.6	109.9	2388.9
泰安	187.4	197.3	225.4	216.2	196.0	151.2	2551.4
威海	166.1	162.3	222.1	224.9	167.3	131.1	2389.7
日照	187.6	164.8	245.7	218.0	198.0	161.5	2460.5
莱芜	177.2	175.7	226.4	224.6	210.7	164.7	2487.2
临沂	186.2	158.4	196.5	198.9	181.0	132.6	2255.5
德州	215.3	189.5	207.7	229.3	177.0	126.7	2543.0
聊城	168.1	161.0	183.1	177.0	161.2	103.5	2116.6
滨州	178.1	188.6	205.0	187.9	161.8	111.3	2348.0
菏泽	204.6	162.0	222.1	184.6	168.4	94.8	2344.3

第2篇 综合

GENERAL SURVEY

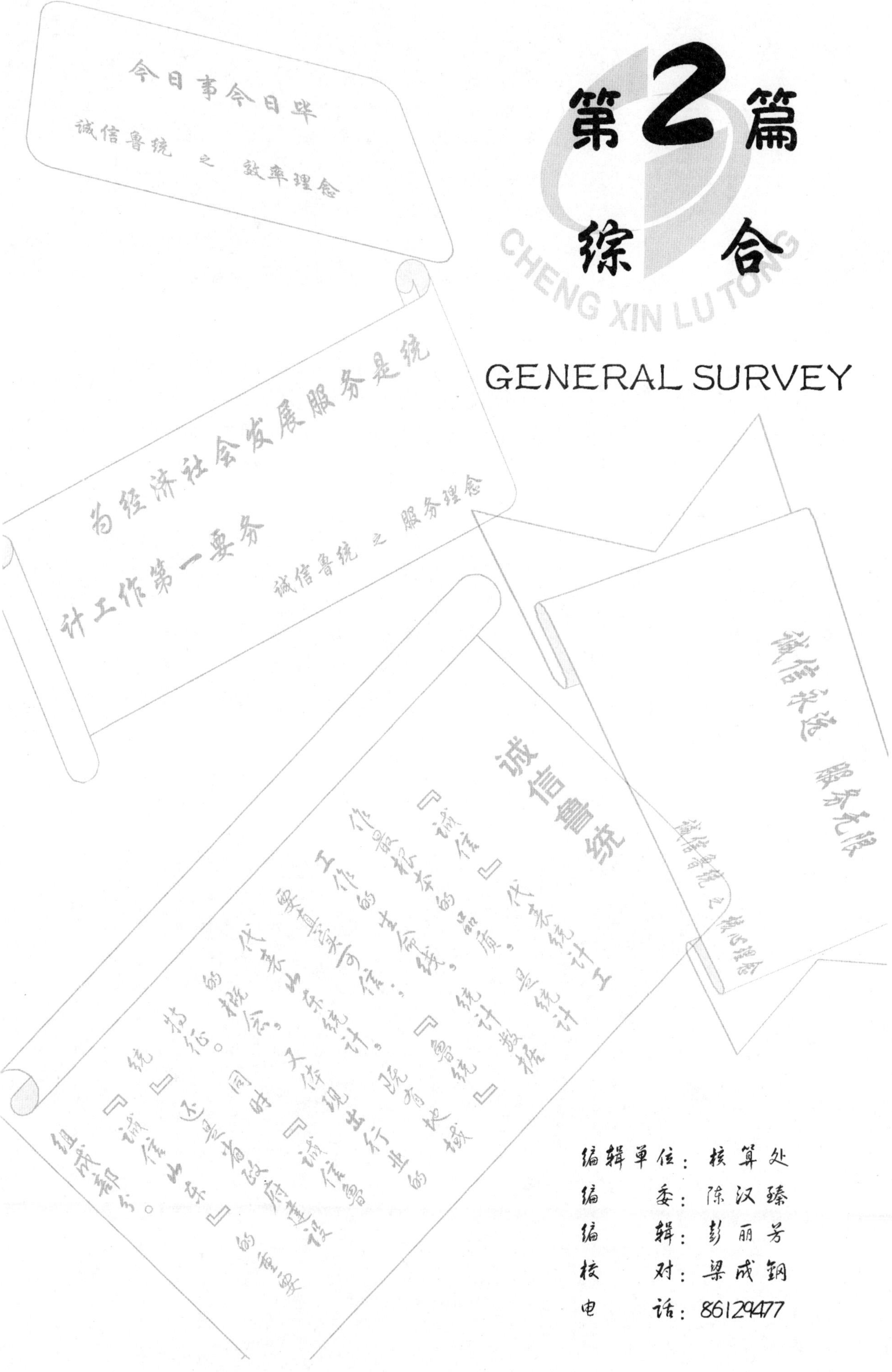

编辑单位：核算处
编　　委：陈汉臻
编　　辑：彭丽芳
校　　对：梁成钢
电　　话：86129477

2-1 平均每天社会经济活动

指标名称	单位	1996年	1997年	1998年	1999年	2000年	2001年	2002年	2003年	2004年
一、全省每天创造的财富										
国内生产总值	万元	163299	182192	196224	209921	234039	258584	289097	340710	424404
工业总产值	万元	250044	273538	289840	306725	342727	363764	427083	544974	720418
农林牧渔业总产值	万元	53757	56392	59576	60355	62859	67232	69207	79519	94628
地方财政收入	万元	6621	8340	9655	11082	12704	15704	16718	19556	22694
布	万米	782	802	612	629	756	886	1083	1260	1814
原煤	万吨	24.6	24.9	24.6	24.6	22.0	29.3	35.8	40.2	40.1
发电量	万千瓦时	21727	23396	22570	24946	27542	29289	34248	38273	46402
原油	万吨	8.0	7.7	7.5	7.3	7.3	7.3	7.3	7.3	7.3
钢	吨	12262	14332	15871	17076	17408	19797	27415	38778	50833
二、全省每天消费量										
城乡居民消费总量	万元	54636	65328	69990	77312	84925	92675	98117	109376	124531
社会消费品零售额	万元	46347	52444	58279	63289	69751	77669	87175	100552	122834
三、其他经济活动										
各种运输工具客运人数	万人	107.4	118.4	139.5	162.6	181.2	193.1	204.5	206.8	204.9
住宅竣工面积	平方米	37007	39005	54381	67794	60659	63311	74420	92566	82832
四、全省人口变动和婚姻										
出生人口	人	2532	2708	2795	2690	2644	2740	2767	2904	3123
死亡人口	人	1615	1596	1477	1522	1547	1534	1644	1671	1616
结婚对数	对	1977	2019	1973	2035	1853	1859	1813	2193	2081
离婚对数	对	147	157	159	159	167	170	160	186	245

2-2 国民经济主要比例关系

单位:%

指标名称	1996年	1997年	1998年	1999年	2000年	2001年	2002年	2003年	2004年
一、国内生产总值比例									
第一产业	20.1	18.0	17.0	15.9	14.8	14.4	13.2	11.9	11.5
第二产业	47.2	47.9	48.3	48.4	49.7	49.3	50.3	53.5	56.3
第三产业	32.7	34.1	34.7	35.7	35.5	36.3	36.5	34.6	32.2
二、国内支出总额比例									
#最终消费	50.9	49.7	49.3	49.7	48.0	48.6	47.6	46.5	44.0
资本形成	46.9	48.3	48.4	47.7	49.2	47.8	46.8	46.5	49.2
三、人口比例									
按性别分									
男	50.9	50.9	50.9	50.9	50.8	50.8	50.8	50.8	50.8
女	49.1	49.1	49.1	49.1	49.2	49.2	49.2	49.2	49.2
按农业非农业分									
农业人口	74.1	73.8	74.1	74.0	73.2	72.1	71.0	68.9	67.8
非农业人口	25.9	26.2	25.9	26.0	26.8	27.9	29.0	31.1	32.2
四、社会从业人员比例									
第一产业	53.3	53.5	53.7	52.9	53.1	52.3	50.1	46.9	44.4
第二产业	24.6	25.0	23.6	23.4	23.6	23.9	24.9	26.2	27.6
第三产业	22.1	21.5	22.7	23.7	23.3	23.8	25.0	26.8	28.0
五、农林牧渔业总产值比例									
农　业	50.0	50.0	50.0	57.0	56.7	57.1	56.2	55.1	54.8
林　业	2.3	2.2	2.3	2.0	2.1	1.9	1.9	1.9	1.7
牧　业	33.5	33.4	33.3	26.0	26.1	26.7	27.6	28.6	29.6
渔　业	14.2	14.4	14.4	15.0	15.1	14.3	14.2	12.7	12.3
农林牧渔服务业								1.7	1.6
六、工业总产值中轻重工业比例									
轻工业	49.7	49.3	48.3	48.0	47.7	48.5	48.9	45.5	43.3
重工业	50.3	50.7	51.7	52.0	52.3	51.5	51.1	54.5	56.7
七、国有固定资产投资比例									
基本建设	55.2	54.9	58.9	59.8	56.4	55.7	61.2	65.5	67.2
更新改造	29.1	27.5	24.1	22.9	24.4	30.0	25.5	23.3	21.9
其他投资	8.7	10.6	9.9	8.8	11.6	5.6	6.4	5.3	5.3
房地产开发	7.0	7.0	7.1	8.6	7.6	8.7	6.9	5.9	5.6
八、地方财政收入占国内生产总值的比重	**4.1**	**4.6**	**4.9**	**5.3**	**5.4**	**6.1**	**5.8**	**5.7**	**5.3**
九、财政支出比例									
#基建支出	6.9	5.7	6.5	5.9	4.8	5.4	5.1	6.3	5.0
文教卫生科学事业费	28.8	27.9	27.2	26.4	27.4	25.7	26.6	25.3	26.0
十、金融机构存款余额比例									
#企业存款	26.4	27.2	26.1	26.3	27.8	27.1	26.7	27.3	26.7
储蓄存款	65.6	63.5	64.9	62.6	59.8	59.6	56.7	54.4	53.2
财政存款	0.6	0.5	0.8	0.8	1.0	1.3	1.3	1.2	1.6

2－3 国民经济和社会发展主要指标占全国的比重

指标名称	单位	2002年			2003年			2004年		
		山 东	全 国	山东占全国比重（%）	山 东	全 国	山东占全国比重（%）	山 东	全 国	山东占全国比重（%）
一、人口与就业										
年底总人口	万人	9082	128453	7.1	9125	129227	7.1	9180	129988	7.1
从业人员	万人	5527.0	73740	7.5	5620.6	74432	7.6	5728.1	75200	7.6
二、土地面积	万平方公里	**15.67**	**960**	**1.6**	**15.67**	**960**	**1.6**	**15.67**	**960**	**1.6**
三、工农业总产值										
规模以上工业总产值	亿元	11497.5	110776.5	10.4	15379.5	142271.2	10.8	21338.2	187220.7	11.4
农林牧渔业总产值	亿元	2526.1	27390.8	9.2	2902.45	29691.8	9.8	3453.91	36239.0	9.5
四、国内生产总值	亿元	**10552.1**	**105172.3**	**10.0**	**12435.9**	**117390.2**	**10.6**	**15490.7**	**136875.9**	**11.3**
第一产业	亿元	1390.0	16117.3	8.6	1480.7	16928.1	8.7	1778.3	20768.1	8.6
第二产业	亿元	5309.5	52980.2	10.0	6656.9	61274.1	10.9	8724.5	72387.2	12.1
第三产业	亿元	3852.5	36074.8	10.7	4298.4	39188.0	11.0	4987.9	43720.6	11.4
五、人均国内生产总值	元	**11645**	**8214**		**13661**	**9111**		**16925**	**10561**	
六、主要工农业产品产量										
粮 食	万吨	3292.7	45705.8	8.4	3435.5	43069.5	10.0	3516.7	46947	10.6
棉 花	万吨	72.2	491.6	14.7	87.7	486.0	18.0	109.8	632.4	17.4
油 料	万吨	340.4	2897.2	11.7	361.8	2811.0	12.9	369.7	3065.9	12.1
肉 类	万吨	627.0	6586.5	9.5	662.1	6932.9	9.6	696.5	7244.8	9.6
水产品	万吨	695.0	4564.5	15.2	706.2	4704.5	15.0	718.2	4901.8	14.7
烤 烟	万吨	8.3	213.5	3.9	9.4	201.5	4.7	8.0	216.3	3.7
原 油	万吨	2671.5	16700.0	16.0	2665.5	16960.5	15.7	2674.3	17500	15.3
原 煤	万吨	13066.0	138000.0	9.5	14667.3	166700.0	8.8	14646.2	195600	7.5
发电量	亿千瓦时	1250.0	16540.0	7.6	1397.0	19106.0	7.3	1693.7	21870	7.7
水 泥	万吨	8238.0	72500.0	11.4	9777.0	86208.0	11.3	12363.8	97000	12.7
布	亿米	39.5	322.4	12.3	46.0	374.6	12.3	66.2	420	15.8
家用电冰箱	万台	420.6	1598.9	26.3	499.0	2242.6	22.3	617.7	3033	20.4
家用洗衣机	万台	358.6	1595.8	22.5	400.9	1964.5	20.4	425.7	2349	18.1
彩色电视机	万台	450.1	5155.0	8.7	553.3	6541.4	8.5	764.1	7329	10.4
原 盐	万吨	727.7	3602.0	20.2	833.9	3438.0	24.3	1056.1	3710	28.5
化 肥	万吨	456.1	3791.0	12.0	456.5	3881.3	11.8	668.4	4470	15.0
钢	万吨	1000.7	18237.0	5.5	1415.4	22233.6	6.4	1855.4	27280	6.8
平板玻璃	万重量箱	1924.4	23446.0	8.2	2177.0	27703.0	7.9	3536.0	30058	11.8
房间空调器	万台	358.7	3135.1	11.4	460.3	4820.9	9.5	644.3	6646	9.7
化学纤维	万吨	52.1	991.2	5.3	70.1	1181.1	5.9	74.8	1425	5.2

2－3续表

指标名称	单位	2002年			2003年			2004年		
		山　东	全　国	山东占全国比重（%）	山　东	全　国	山东占全国比重（%）	山　东	全　国	山东占全国比重（%）
七、固定资产投资										
全社会固定资产投资额	亿元	3509.3	43499.9	8.1	5328.4	55566.6	9.6	7629.0	70072.7	10.9
八、运输、邮电										
货物周转量	亿吨公里	3040.8	50867	6.0	3429.1	53859.0	6.4	4783.1	69442	6.9
旅客周转量	亿人公里	642.9	14126	4.6	617.7	13811.0	4.5	748.0	16309	4.6
沿海主要港口货物吞吐量	万吨	22036	166628	13.2	25589.0	201126.0	12.7	30548.0	246074	12.4
邮电业务总量	亿元	307.6	5546	5.5	368.6	7019.8	5.3	524.0	9791.2	5.4
九、财政金融										
地方财政收入	亿元	610.2	8515.0	7.2	713.8	9850.0	7.2	828.3	11693.4	7.1
地方财政支出	亿元	860.65	15281.5	5.6	1010.6	17229.9	5.9	1189.4	20592.8	5.8
城乡居民储蓄存款余额	亿元	5805.72	86910.7	6.7	6768.4	103617.3	6.5	7721.5	119555.4	6.5
十、国内贸易										
社会消费品零售额	亿元	3181.9	42027	7.6	3936.5	45842.0	8.6	4403.4	53950	8.3
十一、外贸外经旅游										
进出口总额	亿美元	339.4	6207.7	5.5	446.6	8509.9	5.2	607.8	11547.9	5.3
进口总额	亿美元	128.3	2952.0	4.3	180.9	4127.6	4.4	249.1	5614.2	4.4
出口总额	亿美元	211.2	3255.7	6.5	265.7	4382.3	6.1	358.7	5933.7	6.0
实际利用外资	亿美元	65.2	550.1	11.9	112.6	561.4	20.1	98.2	640.7	15.3
旅游外汇收入	亿美元	4.7	203.9	2.3	3.7	174.1	2.1	5.7	257.4	2.2
十二、价格指数										
商品零售物价指数	%	98.8	98.7		100.2	99.9		102.8	102.8	
居民消费价格指数	%	99.3	99.2		101.1	101.2		103.6	103.9	
十三、人民生活										
在岗职工工资总额	亿元	868	13161	6.6	955	14744	6.5	1108	16900	6.6
在岗职工平均工资	元	11374	12422		12567	14040		14332	16024	
城镇居民人均可支配收入	元	7615	7703		8399.9	8472.2		9437.8	9422	
农民人均纯收入	元	2954	2476		3150.5	2622.2		3507.43	2936	
十四、教育、卫生										
高等学校在校生数	万人	58.4	903.4	6.5	76.1	1108.6	6.9	94.6	1333.5	7.1
中等专业学校在校生	万人	31.4	456.4	6.9	25.7	502.4	5.1	26.0	554.5	4.7
医院、卫生院床位数	万张	21.9	290.7	7.5	21.7	295.5	7.4	23.2	304.7	7.6
专业卫生技术人员数	万人	31.2	427.0	7.3	29.5	430.6	6.9	32.3	439.0	7.4
医生数	万人	13.5	184.4	7.3	12.4	186.8	6.6	13.9	190.5	7.3

2－4 国民经济和社会发展主要指标

类　　别	单位	1995 年	2000 年	2001 年	2002 年	2003 年	2004 年
一、人　口							
年底总人口	万人	8705	8997	9041	9082	9125	9180
按性别分							
男	万人	4429	4562	4584	4607	4625	4652
女	万人	4272	4413	4440	4463	4484	4511
按农业非农业分							
农业人口	万人	6531	6566	6507	6435	6275	6212
非农业人口	万人	2170	2409	2517	2634	2833	2951
人口密度	人/平方公里	556	574	577	580	582	586
二、从业人员和劳动工资							
年末从业人员	万人	5208.2	5442.3	5475.3	5527.0	5620.6	5728.1
第一产业	万人	2516.7	2343.1	2328.6	2286.2	2638.3	2542.1
第二产业	万人	1170.8	1223.9	1236.2	1279.4	1474.3	1581.0
第三产业	万人	1520.7	1875.1	1910.6	1961.4	1508.0	1605.0
农村从业人员	万人	3587.3	3617.1	3589.9	3578.3	3590.8	3587.7
城镇从业人员	万人	1620.9	1825.2	1885.4	1948.6	2029.7	2140.4
#城镇私营	万人	28.6	105.3	117.8	152.2	203.0	228.9
城镇个体	万人	75.9	110.0	110.8	122.5	150.8	164.5
职工年末人数	万人	917.4	790.1	770.5	764.8	762.3	776.1
#国有单位	万人	650.1	542.1	519.5	493.5	487.5	483.6
工资总额	亿元	464.1	695.1	773.9	868.4	954.8	1107.5
#国有单位	亿元	357.8	524.4	577.7	630.5	679.1	772.6
平均工资	元	5145	8772	10007	11374	12567	14332
#国有单位	元	5585	9656	11067	12777	13975	16030
三、国民经济核算							
国内生产总值	亿元	5002.34	8542.44	9438.31	10552.06	12435.93	15490.73
第一产业	亿元	1010.13	1268.57	1359.49	1390.00	1480.67	1778.30
第二产业	亿元	2372.67	4244.40	4654.51	5309.54	6656.85	8724.52
工　业	亿元	2113.34	3737.38	4092.24	4629.54	5860.63	7799.31
建筑业	亿元	259.33	507.02	562.27	680.00	796.22	925.21
第三产业	亿元	1619.54	3029.47	3424.31	3852.52	4298.41	4987.91
#交通运输仓储邮电通信业	亿元	297.71	553.17	668.49	667.75	724.62	990.65
批发零售贸易餐饮业	亿元	439.79	785.68	891.34	1047.83	1161.55	1283.28
人均国内生产总值	元	5758	9555	10465	11645	13661	16925
支出法计算的国内生产总值	亿元	4895.26	8542.44	9438.31	10552.06	12435.93	15490.73
#最终消费	亿元	2479.05	4099.74	4582.61	5021.15	5787.76	6810.20
居民消费	亿元	1688.25	3099.76	3382.64	3581.27	3992.22	4545.39
政府消费	亿元	790.80	999.98	1199.97	3581.27	1795.54	2264.81
资本形成总额	亿元	2247.58	4200.61	4513.32	4940.67	5788.53	7625.31
#固定资产形成总额	亿元	1481.10	3200.77	3570.59	4261.94	5275.17	7033.20
居民消费水平	元	1943	3467	3751	3952	4385	4966
农村居民	元	1342	2352	2555	2681	2943	3318
城镇居民	元	3788	6572	6923	7145	7740	8526

2－4续表1

类　　别	单位	1995年	2000年	2001年	2002年	2003年	2004年
四、固定资产投资							
全社会固定资产投资额	亿元	1320.97	2542.65	2807.79	3509.29	5328.44	7629.04
#国有经济	亿元	611.92	1153.65	1157.44	1237.16	1615.57	1762.29
个体经济	亿元	140.54	353.93	384.06	487.31	733.64	772.28
#基本建设	亿元	382.06	773.78	857.52	1101.52	1815.02	2437.02
更新改造	亿元	211.04	398.60	521.61	649.51	910.52	1113.70
房地产开发	亿元	121.10	223.29	297.35	391.16	581.87	764.79
五、能　源							
能源生产总量	万吨标煤	10762.35	9657.36	11560.58	13258.26	14383.37	14394.13
原　煤	万吨标煤	6305.32	5741.96	7634.32	9333.02	10476.85	10461.78
原　油	万吨标煤	4294.76	3822.49	3811.52	3816.52	3808.65	3820.50
天燃气	万吨标煤	156.04	83.54	103.34	91.07	98.36	111.84
水　电	万吨标煤	1.55	0.76	1.08	1.14	0.01	0.01
六、财　政							
地方财政一般预算收入	万元	1790025	4636788	5731793	6102242	7137877	8283306
#增值税	万元	416401	896895	1002918	1112319	1260824	1160390
营业税	万元	405456	876638	926921	1176414	1447077	1764502
个人所得税	万元	55930	247492	369925	310934	260262	319637
企业所得税	万元	256396	818659	1491110	783934	664382	860624
地方财政支出	万元	2758656	6130774	7537781	8606484	10106395	11893716
#基本建设	万元	179597	295068	409608	440415	636760	600330
城市维护费	万元	163339	388802	485770	547982	685165	885953
支援农业支出	万元	224793	411914	478933	557939	618116	731073
文教科学卫生事业费	万元	832336	1677928	1936046	2290732	2553316	3091148
七、金　融							
金融机构存款余额	万元	34243843	74711987	85017294	102477704	124382360	145142781
#企业存款	万元	8776853	20771967	23079030	27371337	33965555	38730410
财政存款	万元	263884	764478	1140353	1318673	1486500	2258323
农业存款	万元	656439	1351492	1613431	2050450	2438209	2715491
储蓄存款	万元	21971982	44667153	50637936	58057165	67683453	77214610
金融机构贷款余额	万元	31289040	62090468	70176588	85365991	104671108	117828279
#工业贷款	万元	6487091	9938023	11472037	13466479	16329927	19255716
农业贷款	万元	1516858	5281785	7071209	9073641	11565081	13401333
商业贷款	万元	8850079	11249154	12227300	12561986	12566663	11660566
基建贷款	万元	1808678	7315876	8373434	11343636	13992866	16834244
技改贷款	万元	2013439	2678175	2854302	1111118	1537491	1946567
八、价格指数							
居民消费价格总指数	上年＝100	117.6	100.2	101.8	99.3	101.1	103.6
商品零售物价总指数	上年＝100	114.2	98.6	100.0	98.8	100.2	102.8
农村工业品零售价格总指数	上年＝100	117.6	98.4	100.8	99.9	100.0	102.8
九、居民生活							
农民生活							
人均年末生活用房面积	平方米	21.56	23.61	24.60	25.59	26.53	26.92
人均总收入	元	2627.0	3881.0	4162.0	4330.4	4482.2	5037.5
人均纯收入	元	1715.1	2659.2	2804.5	2954.0	3150.5	3507.4

2－4续表2

类　　别	单位	1995年	2000年	2001年	2002年	2003年	2004年
人均总支出	元	2301.3	3036.2	3326.8	3438.8	3521.4	3999.2
#购置生产性固定资产	元	56.7	107.9	101.7	92.4	83.8	107.7
生活消费支出	元	1338.5	1770.8	1905.0	1997.8	2133.2	2389.3
城镇居民生活							
人均全年可支配收入	元	4264.1	6490.0	7101.1	7614.5	8399.9	9437.8
人均全年消费性支出	元	3285.5	5022.0	5252.4	5596.4	6063.4	6673.8
人均全年非消费支出	元	566.4	1037.0	1132.9	1904.8	2220.6	2351.9
人均净存入银行款	元	263.2	147.8	436.0	592.5	584.2	1094.3
人均年末手存现金	元	283.3	535.5	574.1	585.7	526.4	482.7
年末人均住宅使用面积	平方米	12.35	13.75	14.17	18.78	19.62	20.16
十、农林牧渔业							
农林牧渔业总产值	**亿元**	**1678.16**	**2294.35**	**2453.96**	**2526.05**	**2902.45**	**3453.91**
农　业	亿元	931.89	1300.44	1401.34	1420.88	1599.32	1891.73
林　业	亿元	41.81	47.62	47.22	48.25	53.70	59.49
牧　业	亿元	433.62	599.17	654.71	698.44	831.34	1022.84
渔　业	亿元	270.84	347.12	350.69	358.48	370.04	426.09
农林牧渔服务业	亿元					48.05	53.76
主要农产品产量							
粮　食	万吨	4245.00	3837.70	3720.60	3292.70	3435.50	3516.70
棉　花	万吨	47.10	59.00	78.10	72.20	87.70	109.80
油　料	万吨	315.00	356.90	377.30	340.40	361.80	369.70
肉　类	万吨	394.42	560.15	595.44	626.99	662.11	696.53
禽　蛋	万吨	247.15	366.22	379.04	399.40	424.69	432.87
奶　类	万吨	36.98	70.47	90.43	116.75	148.38	188.68
水产品	吨	5234832	6982259	6860957	6950136	7062244	7181520
十一、工　业							
工业总产值	亿元	8906.60	12509.53	13277.37	15588.53	19891.54	26295.24
#国有经济	亿元	2600.54	2474.49	1223.49	1377.03	1484.04	2087.28
集体经济	亿元	1840.75	2393.99	2078.33	2348.82	2526.39	2819.30
按轻重工业分							
轻工业	亿元	4403.84	5964.70	6437.42	7630.45	9049.49	11382.95
重工业	亿元	4502.76	6544.83	6839.96	7958.08	10842.05	14912.29
十二、交通运输邮电							
铁路通车里程	公里	2048	2672	2709	2709	3236.4	3348.0
公路通车里程	公里	54243	70686	71128	74029	76266	77768
#晴雨通车	公里	52702	70038	70701	73665	75948	77483
客运量	万人	36425	66128	70497	74626	75492	89388
铁　路	万人	3414	3840	3723	3566	3324	3857
公　路	万人	32317	61466	65787	69948	71053	84290
水　路	万人	694	822	987	1112	1115	1241
客运周转量	百万人公里	35097	54873	59432	64294	61769	74799
铁　路	百万人公里	17418	22180	23373	24644	22024	26696
公　路	百万人公里	17449	32358	35573	39173	39223	47545
水　路	百万人公里	230	335	486	477	522	558
货运量	万吨	66546	92483	99464	107454	117712	132036

2-4续表3

类　　别	单位	1995年	2000年	2001年	2002年	2003年	2004年
铁　路	万吨	9256	11253	12426	13624	17167	17862
公　路	万吨	55669	76778	81574	89714	95900	106887
水　路	万吨	1621	4452	5464	4116	4645	7287
货运周转量	百万吨公里	112655	403315	467545	304075	342906	478309
铁　路	百万吨公里	69857	79964	84815	92525	107157	111109
公　路	百万吨公里	26397	40575	41143	46009	50987	59606
水　路	百万吨公里	16401	282776	341587	165541	184762	307594
邮路总长度	万公里	10.47	16.95	15.93	16.47	15.7	16.2
函　件	万件	38789	32878	31400	51496	58220	50087
报刊期发数	万份	1180	1701	1324	972	1152	716
电信业务总量	万元	537135	1865000	2300200	2759820	3325632	4846250
长话电路	路	40634	222500	108000	146470	268530	510000
长途电话	万次	55755	96010	101682	99470	149245	121275
市内电话	万户	165.8	547	661	790	1008	1314
农村电话	万户	46.1	559	827	950	1085	1198
十三、国内贸易							
社会消费品零售总额	亿元	1442.67	2545.90	2834.92	3181.90	3936.52	4483.44
市	亿元	839.30	1573.03	1758.40	2011.49	2525.62	2903.72
县	亿元	161.80	243.59	273.67	295.25	396.35	445.47
县以下	亿元	441.58	729.28	802.84	875.16	1014.55	1134.25
按行业分							
批零贸易业	亿元	933.17	1618.70	1824.98	2100.10	3251.68	3695.22
餐饮业	亿元	118.08	265.40	312.80	372.61	497.22	586.95
制造业	亿元	177.58	280.26	283.74	280.94		
农业生产者	亿元	143.81	259.54	277.66	283.89		
其他行业	亿元	70.04	122.00	135.73	144.36	187.62	201.27
十四、对外贸易和旅游							
对外贸易							
进出口总值	万美元	1395007	2498998	2896313	3394175	4465752	6078136
出口总值	万美元	816101	1552905	1812899	2111511	2657285	3587286
一般贸易	万美元	460278	746563	913253	1089063	1400709	1799792
来料加工装配贸易	万美元	77503	293008	310013	341530	392861	483369
进料加工贸易	万美元	270177	507050	579125	669958	845249	1252126
其他贸易	万美元	2945	5477	10417	10760	18466	51999
进口总值	万美元	578906	946093	1083414	1282664	1808467	2490850
利用外资							
合同项目个数	个	5035	2733	3058	4072	5305	5890
#外商直接投资	个	2709	2728	3047	4065	5305	5890
合同外资金额	万美元	532980	561066	715880	1186072	1989296	2144647
#外商直接投资	万美元	462521	507435	672040	1130680	1341413	2028958
实际利用外资金额	万美元	326698	381243	424886	652124	1125985	982105
#外商直接投资	万美元	260719	297119	362093	558603	709371	870064
对外承包工程和劳务合作							
合同个数	个	672	1250	1580	1380	1322	1879
合同金额	万美元	38604	61601	104622	134098	124243	146590

2－4续表4

类　　别	单位	1995年	2000年	2001年	2002年	2003年	2004年
营业额	万美元	18274	45229	55913	83133	99213	151568
年末在外人数	人	16217	35028	36489	43554	52077	62705
旅　游							
接待海外旅游人数	人次	450944	723145	828664	976841	776725	1193101
#外国人	人次	304280	480090	592413	741366	615457	961697
港澳台胞	人次	140144	243055	236251	235475	161268	231404
旅游外汇收入	万美元	15400	31513	38240.7	47248.5	37013.4	56655.0
人民币对主要外币年平均汇价(中间价)							
100美元	人民币元	835.07	827.72	827.70	827.70	827.70	827.68
100日元	人民币元	8.92	7.39	6.81	6.62	7.15	7.66
100港元	人民币元	107.96	106.08	106.08	106.07	106.24	106.23
十五、教　育							
普通高等学校							
学校数	所	49	58	65	75	85	97
招生数	人	55611	124817	183553	218719	273894	327452
毕业生数	人	52083	49687	69583	94697	117253	166959
在校学生数	人	160398	303826	449360	583601	761417	946124
教职工数	人	50829	54910	64362	72408	84391	93653
#专任教师	人	19932	24764	30902	37412	45457	53847
中等专业学校							
学校数	所	244	243	200	165	154	145
招生数	人	95442	93493	92215	115941	94625	87889
毕业生数	人	58680	103629	110827	111333	64046	65953
在校学生数	人	258801	333184	310508	314135	256655	260276
教职工数	人	36084	37241	28002	27005	23630	21621
#专任教师	人	18211	20409	15607	15369	13761	12771
普通中学							
学校数	所	5073	4575	4684	4648	4606	4569
招生数	万人	167.06	234.18	220.94	201.65	192.94	192.32
毕业生数	万人	118.14	167.96	188.59	205.62	222.82	213.80
在校学生数	万人	470.46	678.60	702.18	689.17	654.34	628.34
教职工数	人	358301	430754	451014	461898	468627	473687
#专任教师	人	279301	350353	359665	369664	374811	379100
技工学校							
学校数	所	312	279	278	249	244	249
招生数	人	70251	48008	53283	83186	105896	121444
毕业生数	人	65457	66546	55769	49634	46247	58834
在校学生数	人	169023	137718	132122	165386	212811	274432
教职工数	人	38891	24484	23152	22190	20684	21370
#专任教师	人	13948	14066	16060	13072	13371	14607
小　学							
学校数	所	47068	26017	21342	19590	18303	16943
招生数	万人	205.33	104.48	101.36	107.26	107.86	110.17
毕业生数	万人	154.07	195.12	176.17	144.10	128.24	124.69
在校学生数	万人	940.36	774.88	699.19	662.59	642.78	627.80

类　　别	单位	1995年	2000年	2001年	2002年	2003年	2004年
教职工数	人	456568	440161	422905	414600	410968	410264
#专任教师	人	422989	408200	390374	383816	380066	378793
成人高等学校							
学校数	所	53	40	34	29	27	24
招生数	人	61032	82423	103165	111023	128242	132313
毕业生数	人	55764	70810	57373	69723	79518	107645
在校学生数	人	198934	219977	255775	316605	373086	268112
教职工数	人	13159	14090	13911	11797	9877	11056
#专任教师	人	6037	7084	6841	6182	5300	6247
十六、科　技							
重要科技成果							
成果数量	项	3251	3728	3112	3018	2896	3028
#农　业	项	702	575	494	452	433	454
工　业	项	1524	1289	1138	1117	1071	1120
医　卫	项	529	1112	1034	1026	986	1030
国际领先先进水平	项	466	599	506	486	466	485
国内领先先进水平	项	2272	2861	2439	2371	2276	2392
省内领先先进水平	项	513	182	167	161	154	151
专利情况							
申请量	件	4624	10019	11168	12855	15794	18388
授权量	件	2861	6962	6724	7294	9067	9733
十七、卫生、文化事业							
卫生机构床位数	张	200241	214809	218108	218857	217172	231574
卫生技术人员数	人	270558	314685	318080	312326	294982	323101
#医生数	人	119353	144907	148713	134815	123836	139177
文化(艺术)馆							
机构数	个	158	159	159	156	157	159
人　数	人	3265	3055	2975	2935	2968	3136
文化站							
机构数	个	2363	2422	1912	1866	1792	1783
人　数	人	3117	3304	2943	3019	3022	3190
艺术表演团体							
机构数	个	118	118	121	121	120	118
人　数	人	6170	5943	5990	6030	5988	5995
剧场(院)							
机构数	个	115	105	105	104	104	95
人　数	人	2783	2473	2444	2434	2353	2088
图书馆							
机构数	个	130	133	136	140	140	142
人　数	人	2318	2506	2503	2559	2573	2633
博物馆							
机构数	个	56	59	66	70	73	72
人　数	人	1462	1633	1611	1566	1634	1684

2-5 国民经济和社会发展主要指标增长速度

类　　别	1995年	2000年	2001年	2002年	2003年	2004年
一、人　口						
年底总人口	0.39	1.28	0.49	0.45	0.47	0.60
按性别分						
男	0.50	0.55	0.48	0.50	0.38	0.59
女	0.61	0.64	0.61	0.52	0.47	0.61
按农业非农业分						
农业人口	-0.65	-0.52	-0.90	-1.11	-2.48	-1.01
非农业人口	4.38	3.75	4.48	4.65	7.57	4.15
人口密度	0.54	1.23	0.52	0.52	0.34	0.69
二、从业人员和劳动工资						
年末从业人员	18.85	2.41	0.61	0.94	1.69	1.91
第一产业	-0.98	-0.66	-0.62	-1.82	15.40	-3.64
第二产业	6.63	1.74	1.00	3.49	15.23	7.24
第三产业	104.81	6.99	1.89	2.66	-23.12	6.43
农村从业人员	0.79	-0.75	-0.75	-0.32	0.35	-0.09
城镇从业人员	97.00	9.31	3.30	3.35	4.16	5.45
城镇私营	57.14	20.21	11.87	29.20	33.38	12.76
城镇个体	23.41	-33.66	0.73	10.56	23.10	9.08
职工年末人数	5.16	-2.35	-2.48	-0.74	-0.33	1.81
#国有单位	5.01	-4.34	-4.17	-5.00	-1.22	-0.80
工资总额	24.52	12.09	11.34	12.21	9.95	15.99
#国有单位	23.21	10.19	10.16	9.14	7.71	13.77
平均工资	18.60	14.58	14.08	13.66	10.49	14.04
#国有单位	17.50	15.10	14.61	15.45	9.38	14.70
三、国民经济核算						
国内生产总值	14.15	10.50	10.05	11.55	13.70	15.30
第一产业	8.94	3.80	4.20	2.45	5.60	6.90
第二产业	15.11	12.39	11.34	14.75	17.00	19.20
工　业	15.08	12.64	11.63	14.15	17.50	21.10
建筑业	15.40	9.94	9.26	19.25	13.30	5.30
第三产业	15.86	10.34	10.69	10.63	12.00	12.30
#交通运输仓储邮电通信业	18.55	11.24	20.02	0.39	11.80	33.40
批发零售贸易餐饮业	16.94	10.81	12.88	13.49	11.10	7.50
人均国内生产总值	13.80	9.19	9.09	11.00	13.30	14.70
居民消费水平	12.64	7.66	7.73	6.75	9.10	9.30
农村居民	9.95	7.02	7.74	5.37	7.50	8.20
城镇居民	11.47	7.17	5.34	5.36	6.70	6.80
四、固定资产投资						
全社会固定资产投资额	19.22	14.42	10.43	24.98	51.84	43.18
#国有经济	13.83	10.60	0.33	6.89	30.59	9.08
个体经济	18.65	13.94	8.51	26.88	50.55	5.27
#基本建设	16.47	7.80	10.82	28.45	64.77	34.27
更新改造	23.38	28.71	30.86	24.52	40.19	22.31

2-5续表1

类　　别	1995年	2000年	2001年	2002年	2003年	2004年
房地产开发	18.05	28.62	33.17	31.55	48.75	31.44
五、能　源						
能源生产总量	1.29	-6.52	19.71	14.69	8.49	8.49
原　煤	13.39	-10.63	32.96	22.25	12.26	12.26
原　油	-12.12	0.39	-0.29	0.13	-0.21	-0.21
天然气	-10.21	-6.15	23.70	-11.87	8.00	8.00
水　电	-46.37	4.11	42.11	5.56	-99.12	持平
六、财　政						
地方财政一般预算收入	32.93	14.63	23.62	25.30	21.30	28.87
#增值税	14.59	14.67	11.82	10.91	13.35	22.85
营业税	30.22	11.01	5.74	26.92	23.01	21.94
个人所得税	143.35	31.94	49.47	-15.95	-16.30	22.81
企业所得税	56.39	29.60	82.14	-47.43	-15.25	29.54
地方财政支出	26.10	11.47	22.95	14.18	17.43	17.69
#基本建设	77.99	-9.24	38.82	7.52	44.58	-5.72
城市维护费	34.26	10.65	24.94	12.81	25.03	29.31
支援农业支出	27.52	2.30	16.27	16.50	10.79	18.27
文教科学卫生事业费	15.31	15.46	15.38	18.32	11.46	21.06
七、金　融						
金融机构存款余额	35.75	13.84	13.79	20.54	21.38	16.69
#企业存款	41.70	20.41	11.11	18.60	24.09	14.03
财政存款	2.33	50.60	49.17	15.64	12.73	51.92
农业存款	25.90	24.61	19.38	27.09	18.91	11.37
储蓄存款	37.29	8.68	13.37	14.65	16.58	14.08
金融机构贷款余额	24.14	9.32	13.02	21.64	22.61	12.57
#工业贷款	19.36	-4.36	15.44	17.39	21.26	17.92
农业贷款	35.59	19.07	33.88	28.32	27.46	15.88
商业贷款	19.78	-11.13	8.70	2.74	0.04	-7.21
基建贷款	22.44	31.49	14.46	35.47	23.35	20.31
技改贷款	17.20	6.19	6.58	-61.07	38.37	26.61
八、居民生活						
农民生活						
人均年末生活用房面积	1.94	-5.82	4.19	4.02	3.67	1.47
人均总收入	33.00	6.45	7.24	4.05	3.50	12.39
人均纯收入	29.96	4.30	5.46	5.33	6.65	11.33
人均总支出	37.69	6.69	9.57	3.37	2.40	13.57
#购置生产性固定资产	88.94	10.77	-5.70	-9.14	-9.33	28.60
生活消费支出	34.42	5.42	7.58	4.88	6.78	12.00
城镇居民生活						
人均全年可支配收入	23.80	11.72	9.42	14.50	10.31	12.36
人均全年消费性支出	24.68	11.23	4.59	6.55	8.34	10.07
人均全年非消费支出	29.10	-4.16	9.24	68.14	16.58	5.91
人均净存入银行款	16.03	377.33	195.03	35.90	-1.40	87.29

2－5续表2

类　　别	1995年	2000年	2001年	2002年	2003年	2004年
人均年末手存现金	23.56	13.50	7.21	2.03	－10.13	－8.31
年末人均住宅使用面积	3.96	4.96	3.05	32.53	4.47	2.75
九、农林牧渔业						
农林牧渔业总产值	8.89	3.90	4.00	1.10	5.51	5.70
农　业	7.49	4.00	4.10	－2.49	6.50	5.90
林　业	3.90	6.20	－6.20	－4.50	7.60	0.80
牧　业	13.00	5.40	7.40	6.80	5.70	6.10
渔　业	7.80	0.50	－1.40	2.30	1.70	4.40
农林牧渔服务业					11.50	12.50
主要农产品产量						
粮　食	3.76	－10.10	－3.05	－11.50	4.34	2.36
棉　花	－15.74	50.51	32.37	－7.55	21.47	25.20
油　料	－6.89	11.36	5.72	－9.78	6.29	2.18
肉　类	16.43	6.80	6.30	5.30	5.60	5.20
禽　蛋	2.66	4.92	3.50	5.37	6.33	1.93
奶　类	13.96	14.98	28.32	29.11	27.09	27.16
水产品	9.68	0.46	－1.74	1.30	1.61	1.69
十、工　业						
工业总产值	23.10	17.92	10.58	13.93	21.56	30.25
#国有经济	15.26	6.16	－45.63	14.39	1.28	14.61
集体经济	9.00	17.65	－14.21	7.21	5.80	19.70
按轻重工业分						
轻工业总产值	26.96	19.96	11.94	15.89	14.35	30.30
重工业总产值	22.10	15.91	8.88	22.20	29.78	30.23
十一、交通运输邮电						
铁路通车里程	持平	持平	1.38	持平	19.47	3.45
公路通车里程	8.00	4.18	0.63	4.08	3.02	1.97
#晴雨通车	8.92	4.45	0.95	4.19	3.10	2.02
客运量	5.30	11.42	6.61	5.86	1.16	18.41
铁　路	－4.82	4.63	－3.05	－4.22	－6.79	16.03
公　路	6.82	12.13	7.03	6.32	1.58	18.63
水　路	10.69	－4.75	20.07	12.66	0.27	11.30
客运周转量	－1.49	5.88	8.31	8.18	－3.93	21.09
铁　路	－4.68	7.84	5.38	5.44	－10.63	21.21
公　路	1.89	12.17	9.94	10.12	0.13	21.22
水　路	3.60	－19.08	45.07	－1.85	9.43	6.90
货运量	16.37	15.30	7.55	8.03	9.55	12.17
铁　路	－0.03	6.63	10.42	9.64	26.01	4.05
公　路	19.76	13.42	6.25	9.98	6.90	11.46
水　路	12.34	127.61	22.73	－24.67	12.85	56.88
货运周转量	11.06	216.81	15.93	－34.96	12.77	39.49
铁　路	4.66	8.66	6.07	9.09	15.81	3.69
公　路	14.43	14.78	1.40	11.83	10.82	16.90

2－5续表3

类　　别	1995年	2000年	2001年	2002年	2003年	2004年
水　路	41.08	1442.70	20.80	－51.54	11.61	66.48
邮路总长度	7.83	－8.53	－6.02	3.39	－4.68	3.18
函　件	7.99	－6.43	－4.50	64.00	13.06	－13.97
报刊期发数	20.16	8.48	－22.16	－26.59	18.52	－37.85
电信业务总量	32.95	32.10	23.34	19.98	20.50	45.72
长话电路	－14.61	36.18	－51.46	35.62	83.33	89.92
长途电话	5.76	－0.56	5.91	－2.18	50.04	－18.74
市内电话	95.52	32.19	20.84	19.52	27.59	30.36
农村电话	140.10	96.97	47.94	14.87	14.21	10.41
十二、国内贸易						
社会消费品零售总额	26.87	10.21	11.35	12.24	13.89	13.89
市	33.18	10.91	11.78	14.39	14.94	14.97
县	0.09	9.81	12.35	7.89	13.29	12.39
县以下	27.88	8.85	10.09	9.01	11.61	11.80
按行业分						
批零贸易业	22.20	11.47	12.74	15.08	14.11	13.64
餐饮业	43.54	17.09	17.86	19.12	11.92	18.05
制造业	32.04	1.16	1.24	－0.99	－	－
农业生产者	34.45	6.39	6.98	2.24	－	－
其他行业	40.61	10.64	11.25	6.36	15.37	7.28
十三、对外贸易和旅游						
对外贸易						
进出口总值	44.87	36.77	15.90	17.19	31.57	36.11
出口总值	39.03	34.11	16.74	16.47	25.85	35.00
一般贸易	24.06	37.89	22.33	19.25	28.62	28.49
来料加工装配贸易	90.71	34.02	5.80	10.17	15.03	23.04
进料加工贸易	60.37	28.41	14.21	15.68	26.16	48.14
其他贸易	60.23	99.74	90.20	3.29	71.62	181.59
进口总值	54.00	41.38	14.51	18.39	40.99	37.73
利用外资						
合同项目个数	6.07	56.62	11.89	33.16	30.50	11.10
#外商直接投资	－25.78	58.88	11.69	33.41	30.50	11.10
合同外资金额	－14.66	33.16	27.59	65.68	72.10	53.70
#外商直接投资	－12.10	63.12	32.44	68.25	86.70	51.30
实际利用外资金额	－3.95	1.81	11.45	53.48	73.20	32.40
#外商直接投资	2.82	20.35	21.87	54.27	48.90	22.70
对外承包工程和劳务合作						
合同个数	63.50	12.01	26.40	－12.66	－4.20	42.13
合同金额	21.08	－9.05	69.84	28.17	－7.35	17.99
营业额	49.52	－28.90	23.62	48.68	19.34	52.77
年末在外人数	57.63	13.07	4.17	19.36	19.57	20.41
旅　游						
接待海外旅游人数	39.98	16.26	14.59	17.88	－20.49	53.61

2-5续表4

类别	1995年	2000年	2001年	2002年	2003年	2004年
#外国人	53.72	14.88	23.40	25.14	-16.98	56.26
港澳台胞	18.68	23.45	-2.80	-0.33	-31.51	43.49
旅游外汇收入	43.93	18.82	21.35	23.56	-21.66	53.07
人民币对主要外币年平均汇价(中间价)						
100美元	-3.11	-0.03	持平	持平	持平	持平
100日元	5.75	-8.48	-7.85	-2.70	7.89	7.12
100港元	-3.20	-0.42	持平	-0.01	0.16	-0.01
十四、教育						
普通高等学校						
学校数	持平	11.54	12.07	15.38	13.33	14.12
招生数	1.04	51.46	47.06	19.16	25.23	19.55
毕业生数	3.22	0.15	40.04	36.09	23.82	42.39
在校学生数	2.40	42.19	47.90	29.87	30.47	24.26
教职工数	2.61	10.65	17.21	12.50	16.55	10.98
#专任教师	2.43	16.53	24.79	21.07	21.50	18.46
中等专业学校						
学校数	0.41	-3.19	-17.70	-17.50	-6.67	-5.84
招生数	6.47	-23.57	-1.37	25.73	-18.39	-7.12
毕业生数	15.51	-2.91	6.95	0.46	-42.47	2.98
在校学生数	16.29	-3.16	-6.81	1.17	-18.30	1.41
教职工数	2.90	-5.18	-24.81	-3.56	-12.50	-8.50
#专任教师	3.91	-4.23	-23.53	-1.52	-10.46	-7.19
普通中学						
学校数	-6.56	-0.24	2.38	-0.77	-0.90	-0.80
招生数	8.01	5.39	-5.65	-8.73	-4.32	-0.32
毕业生数	1.13	1.87	12.28	9.03	8.36	-4.05
在校学生数	10.14	9.38	3.47	-1.85	-5.05	-3.97
教职工数	3.66	3.91	4.70	2.41	1.46	1.08
#专任教师	4.02	4.93	2.66	2.78	1.39	1.14
技工学校						
学校数	1.96	-7.62	-0.36	-10.43	-2.01	2.05
招生数	3.60	-5.67	10.99	56.12	27.30	14.68
毕业生数	44.31	-6.88	-16.19	-11.00	-6.82	27.22
在校学生数	1.83	-14.74	-4.06	25.18	28.68	28.96
教职工数	-1.17	-15.20	-5.44	-4.16	-6.79	3.32
#专任教师	3.90	-3.20	14.18	-18.61	2.29	9.24
小　学						
学校数	-7.39	-11.67	-17.97	-8.21	-6.57	-7.43
招生数	-0.40	-9.96	-2.99	5.82	0.56	2.14
毕业生数	0.68	1.94	-9.71	-18.20	-11.01	-2.77
在校学生数	5.00	-11.01	-9.77	-5.23	-2.99	-2.33
教职工数	1.78	-2.42	-3.92	-1.96	-0.88	-0.17
#专任教师	1.95	-2.54	-4.37	-1.68	-0.98	-0.33

2-5续表5

类　　别	1995年	2000年	2001年	2002年	2003年	2004年
成人高等学校						
学校数	持平	持平	-15.00	-14.71	-6.90	-11.11
招生数	-25.00	-5.39	25.17	7.62	15.51	3.17
毕业生数	81.13	14.93	-18.98	21.53	14.05	35.37
在校学生数	1.30	-0.54	16.27	23.78	17.04	-28.11
教职工数	0.85	-1.71	-1.27	-15.20	-16.28	11.94
#专任教师	2.81	-0.66	-3.43	-9.63	-14.27	17.87
十五、科　技						
重要科技成果						
成果数量	4.43	1.08	-16.52	-3.02	-4.04	4.56
#农　业	0.86	3.23	-14.09	-8.50	-4.20	4.85
工　业	2.49	1.50	-11.71	-1.85	-4.12	4.58
医　卫	5.59	-2.46	-7.01	-0.77	-3.90	4.46
国际领先先进水平	12.02	-19.49	-15.53	-3.95	-4.12	4.08
国内领先先进水平	6.62	4.53	-14.75	-2.79	-4.01	5.10
省内领先先进水平	9.36	12.08	-8.24	-3.39	-4.35	-1.95
专利情况						
申请量	-9.19	16.65	11.47	15.11	22.86	16.42
授权量	8.08	6.52	-3.42	8.48	24.31	7.35
十六、卫生、文化事业基本情况						
卫生机构床位数	0.75	0.72	1.54	0.34	-0.77	6.63
卫生技术人员数	2.60	2.26	1.08	-1.81	-5.55	9.53
#医生数	4.14	4.32	2.63	-9.35	-8.14	12.39
文化(艺术)馆						
机构数	0.64	0.63	持平	-1.89	0.64	1.27
人　数	2.13	-4.35	-2.62	-1.34	1.12	5.66
文化站						
机构数	-1.01	-2.85	-21.06	-2.41	-3.97	-0.50
人　数	8.15	0.33	-10.93	2.58	0.10	5.56
艺术表演团体						
机构数	持平	0.85	2.54	持平	-0.83	-1.67
人　数	-4.31	-2.21	0.79	0.67	-0.70	0.12
剧场(院)						
机构数	-2.54	-1.87	持平	-0.95	持平	-8.65
人　数	-3.30	-2.79	-1.17	-0.41	-3.33	-11.26
图书馆						
机构数	3.17	持平	2.26	2.94	持平	1.43
人　数	2.75	-1.92	-0.12	2.24	0.55	2.33
博物馆						
机构数	3.70	3.51	11.86	6.06	4.29	-1.37
人　数	3.10	-1.80	-1.35	-2.79	4.34	3.06

2-6 1952-2004年地区生产总值

单位:亿元

年份	地区生产总值	第一产业	第二产业	工业	建筑业	第三产业	#交通运输仓储邮电通信业	#批发零售贸易餐饮业	人均地区生产总值(元)
1952	43.41	28.55	7.87	7.38	0.49	6.99	1.01	2.72	91
1953	45.79	28.23	9.30	8.74	0.56	8.26	1.20	3.22	94
1954	52.98	32.48	10.98	10.38	0.60	9.52	1.31	3.92	106
1955	57.78	35.52	11.42	10.81	0.61	10.84	1.40	4.62	113
1956	63.13	35.67	16.34	14.98	1.36	11.12	1.44	4.53	121
1957	61.39	31.95	17.59	16.62	0.97	11.85	1.61	4.38	116
1958	72.97	33.94	23.73	21.29	2.44	15.30	3.28	4.88	135
1959	75.96	28.73	27.86	25.16	2.70	19.37	4.55	5.56	141
1960	71.37	20.61	31.07	28.11	2.96	19.69	5.38	4.68	135
1961	63.40	26.44	20.19	19.04	1.15	16.77	4.02	3.64	121
1962	64.38	30.42	16.91	15.90	1.01	17.05	3.89	3.93	120
1963	67.61	33.47	19.09	17.65	1.44	15.05	2.84	3.16	123
1964	71.66	33.05	23.43	21.74	1.69	15.18	3.25	2.64	128
1965	86.25	42.24	28.96	25.99	2.97	15.05	3.67	2.00	152
1966	97.58	46.99	34.44	31.34	3.10	16.15	3.98	2.67	169
1967	99.44	46.71	35.43	32.78	2.65	17.30	3.92	3.66	168
1968	99.34	44.46	37.43	34.72	2.71	17.45	3.77	3.77	165
1969	108.17	50.16	39.56	36.22	3.34	18.45	3.99	4.15	175
1970	126.31	52.23	53.71	50.16	3.55	20.37	4.84	4.69	199
1971	139.69	56.33	61.50	57.65	3.85	21.86	5.45	4.49	215
1972	146.52	59.11	63.22	58.57	4.65	24.19	6.07	4.51	221
1973	154.33	61.92	65.99	60.67	5.32	26.42	6.15	6.31	229
1974	130.81	59.19	47.44	42.70	4.74	24.18	5.15	4.60	191
1975	166.19	65.54	75.31	69.76	5.55	25.34	5.63	4.77	240
1976	179.58	68.88	84.70	78.23	6.47	26.00	6.27	4.40	242
1977	207.07	79.01	95.34	88.05	7.29	32.72	7.81	3.92	293
1978	225.45	75.06	119.35	108.53	10.82	31.04	8.27	3.29	316
1979	251.60	91.12	127.68	114.67	13.01	32.80	9.50	4.18	350
1980	292.13	106.43	146.11	130.55	15.56	39.59	10.07	6.39	402
1981	346.57	132.21	155.41	138.09	17.32	58.95	13.18	16.56	472
1982	395.38	154.07	166.05	147.10	18.95	75.26	14.10	22.39	531
1983	459.83	185.57	178.75	159.15	19.60	95.51	17.12	32.07	611
1984	581.56	222.13	239.27	214.20	25.07	120.16	22.25	37.97	765
1985	680.46	235.96	293.07	259.42	33.65	151.43	28.22	46.14	887
1986	742.05	252.73	313.21	274.80	38.41	176.11	34.03	49.85	956
1987	892.29	287.31	384.57	341.31	43.26	220.41	47.45	60.58	1131
1988	1117.66	331.94	497.10	435.51	61.59	288.62	55.50	86.71	1395
1989	1293.94	359.14	579.65	513.97	65.68	355.15	66.55	108.51	1595
1990	1511.19	425.29	635.98	568.25	67.73	449.92	81.87	132.83	1815
1991	1810.54	521.85	745.90	663.90	82.00	542.79	98.97	161.00	2122
1992	2196.53	534.62	999.11	889.59	109.52	662.80	120.18	200.93	2556
1993	2779.49	596.63	1358.94	1204.58	154.36	823.92	141.35	234.84	3222
1994	3872.18	775.03	1900.46	1700.31	200.15	1196.69	214.36	325.90	4473
1995	5002.34	1010.13	2372.67	2113.34	259.33	1619.54	297.71	439.79	5758
1996	5960.42	1200.17	2810.72	2500.07	310.65	1949.53	364.71	528.40	6834
1997	6650.02	1195.00	3185.05	2830.05	355.00	2269.97	424.36	599.06	7590
1998	7162.20	1215.81	3457.03	3052.44	404.59	2489.36	442.20	665.33	8128
1999	7662.10	1221.00	3705.44	3251.77	453.67	2735.66	490.90	720.56	8673
2000	8542.44	1268.57	4244.40	3737.38	507.02	3029.47	553.17	785.68	9555
2001	9438.31	1359.49	4654.51	4092.24	562.27	3424.31	668.49	891.34	10465
2002	10552.06	1390.00	5309.54	4629.54	680.00	3852.52	667.75	1047.83	11645
2003	12435.93	1480.67	6656.85	5860.63	796.22	4298.41	724.62	1161.55	13661
2004	15490.73	1778.30	8724.52	7799.31	925.21	4987.91	990.65	1283.28	16925

注:本表按当年价格计算。

2－7 1952－2004 地区生产总值指数

（以 1952 年为 100）

年份	地区生产总值	第一产业	第二产业	工业	建筑业	第三产业	#交通运输仓储邮电通信业	#批发零售贸易餐饮业
1953	102.1	92.7	127.8	128.5	117.7	113.7	114.2	113.8
1954	116.4	104.7	148.5	150.0	124.3	131.0	120.4	139.5
1955	127.5	115.6	155.3	157.1	126.5	147.0	122.1	162.8
1956	142.5	116.1	236.5	234.4	279.7	151.7	131.7	159.5
1957	137.5	101.6	262.0	264.6	226.6	154.6	147.4	146.4
1958	163.2	107.7	349.5	334.7	572.4	199.4	300.3	162.9
1959	169.6	90.4	410.3	396.3	626.2	249.4	412.6	183.3
1960	149.2	63.6	394.7	375.3	682.6	251.4	483.6	153.1
1961	116.5	65.3	269.2	264.2	325.6	170.4	355.0	79.8
1962	113.5	69.7	214.8	213.2	236.4	184.4	349.0	97.3
1963	126.0	82.0	245.3	240.1	322.9	180.9	264.5	92.5
1964	140.4	84.7	311.5	307.1	379.1	193.0	306.6	83.0
1965	171.3	107.2	405.0	386.0	693.0	197.8	370.1	61.7
1966	199.2	122.4	499.8	485.2	725.6	213.4	403.4	83.8
1967	203.8	121.7	538.8	537.1	587.0	207.9	334.8	112.3
1968	201.8	112.3	565.2	563.4	608.1	209.6	321.7	115.7
1969	217.5	124.9	597.4	588.8	746.1	222.2	341.0	128.0
1970	251.6	129.3	753.3	748.4	833.4	260.9	454.9	150.8
1971	290.8	135.6	1004.9	1014.8	913.4	266.6	514.5	144.6
1972	315.2	139.7	1125.5	1132.5	1106.1	295.9	575.2	145.8
1973	332.5	146.1	1180.6	1180.1	1268.7	323.4	583.8	204.0
1974	280.0	139.8	854.8	840.2	1132.9	296.6	490.4	148.9
1975	361.8	154.6	1366.0	1374.6	1325.5	310.5	535.5	154.4
1976	380.6	162.0	1452.1	1450.2	1544.2	318.3	596.0	142.2
1977	423.6	185.7	1553.7	1544.5	1738.8	376.5	742.6	126.8
1978	466.4	174.6	1948.3	1907.5	2580.4	379.5	784.9	106.3
1979	497.2	188.9	2071.0	2004.8	3060.4	395.1	888.5	133.0
1980	557.9	207.4	2319.5	2233.3	3586.8	469.8	928.5	200.4
1981	590.3	220.9	2393.7	2329.3	3382.4	524.8	910.9	389.2
1982	657.0	244.8	2527.7	2443.4	3774.8	667.5	971.0	524.6
1983	748.3	284.0	2719.8	2648.6	3823.9	825.7	1149.7	732.3
1984	878.5	336.0	3201.2	3090.9	4810.5	952.0	1368.1	794.5
1985	978.6	343.4	3793.4	3619.4	6200.7	1093.8	1582.9	880.3
1986	1040.3	341.3	4199.3	4035.6	6504.5	1189.0	1783.9	889.1
1987	1183.9	366.6	4917.4	4794.3	6764.7	1391.1	2326.2	1010.0
1988	1331.9	365.9	6033.6	5858.6	8537.1	1524.6	2277.3	1210.0
1989	1385.2	363.7	6462.0	6356.6	8101.7	1567.3	2279.6	1264.5
1990	1458.6	383.3	6927.3	6865.1	8028.8	1578.3	2227.2	1230.4
1991	1671.6	437.7	7897.1	7894.9	8478.4	1830.8	2588.0	1434.6
1992	1954.1	438.6	10155.7	10216.0	10225.0	2129.2	2994.3	1705.7
1993	2382.0	465.4	13263.3	13352.3	13261.8	2580.6	3434.5	1944.5
1994	2770.3	499.4	15584.4	15702.3	15396.9	3112.2	4135.1	2267.3
1995	3163.7	543.8	17937.6	18073.3	17768.0	3607.0	4904.2	2650.5
1996	3549.7	579.7	20466.8	20603.6	20344.4	4065.1	5625.1	3013.6
1997	3947.3	582.6	23127.5	23282.1	23009.5	4650.5	6362.0	3465.6
1998	4373.6	615.8	25902.8	26076.0	25770.6	5190.0	6979.1	3791.4
1999	4815.3	644.7	29062.9	29283.3	28708.4	5672.7	7774.7	4227.4
2000	5320.9	669.2	32666.7	32973.0	31550.5	6257.0	8645.5	4684.0
2001	5858.3	697.3	36358.0	36797.9	34484.7	6926.5	10374.6	5288.2
2002	6537.9	714.7	41739.0	42023.2	41140.2	7660.7	10416.1	6002.1
2003	7433.6	754.7	48834.6	49377.3	46611.8	8580.0	11645.2	6668.3
2004	8570.9	806.8	58210.8	59795.9	49082.2	9635.3	15534.7	7168.4

注：本表按可比价格计算。

2-7续表　　(以上年为100)

年份	地区生产总值	第一产业	第二产业	工业	建筑业	第三产业	#交通运输仓储邮电通信业	#批发零售贸易餐饮业
1953	102.1	92.7	127.8	128.5	117.7	113.7	114.2	113.8
1954	114.0	112.9	116.2	116.7	105.6	115.2	105.4	122.6
1955	109.5	110.4	104.6	104.7	101.8	112.2	101.4	116.7
1956	111.8	100.4	152.3	149.2	221.1	103.2	107.9	98.0
1957	96.5	87.5	110.8	112.9	81.0	101.9	111.9	91.8
1958	118.7	106.0	133.4	126.5	252.6	129.0	203.7	111.3
1959	103.9	83.9	117.4	118.4	109.4	125.1	137.4	112.5
1960	88.0	70.4	96.2	94.7	109.0	100.8	117.2	83.5
1961	78.1	102.6	68.2	70.4	47.7	67.8	73.4	52.1
1962	97.4	106.8	79.8	80.7	72.6	108.2	98.3	121.9
1963	111.0	117.6	114.2	112.6	136.6	98.1	75.8	95.1
1964	111.4	103.3	127.0	127.9	117.4	106.7	115.9	89.7
1965	122.0	126.6	130.0	125.7	182.8	102.5	120.7	74.3
1966	116.3	114.2	123.4	125.7	104.7	107.9	109.0	135.8
1967	102.3	99.4	107.8	110.7	80.9	97.4	83.0	134.0
1968	99.0	92.3	104.9	104.9	103.6	100.8	96.1	103.0
1969	107.8	111.2	105.7	104.5	122.7	106.0	106.0	110.6
1970	115.7	103.5	126.1	127.1	111.7	117.4	133.4	117.8
1971	115.6	104.9	133.4	135.6	109.6	102.2	113.1	95.9
1972	108.4	103.0	112.0	111.6	121.1	111.0	111.8	100.8
1973	105.5	104.6	104.9	104.2	114.7	109.3	101.5	139.9
1974	84.2	95.7	72.4	71.2	89.3	91.7	84.0	73.0
1975	129.2	110.6	159.8	163.6	117.0	104.7	109.2	103.7
1976	105.2	104.8	106.3	105.5	116.5	102.5	111.3	92.1
1977	111.3	114.6	107.0	106.5	112.6	118.3	124.6	89.2
1978	110.1	94.0	125.4	123.5	148.4	100.8	105.7	83.8
1979	106.6	108.2	106.3	105.1	118.6	104.1	113.2	125.1
1980	112.2	109.8	112.0	111.4	117.2	118.9	104.5	150.7
1981	105.8	106.5	103.2	104.3	94.3	111.7	98.1	194.2
1982	111.3	110.8	105.6	104.9	111.6	127.2	106.6	134.8
1983	113.9	116.0	107.6	108.4	101.3	123.7	118.4	139.6
1984	117.4	118.3	117.7	116.7	125.8	115.3	119.0	108.5
1985	111.4	102.2	118.5	117.1	128.9	114.9	115.7	110.8
1986	106.3	99.4	110.7	111.5	104.9	108.7	112.7	101.0
1987	113.8	107.4	117.1	118.8	104.0	117.0	130.4	113.6
1988	112.5	99.8	122.7	122.2	126.2	109.6	97.9	119.8
1989	104.0	99.4	107.1	108.5	94.9	102.8	100.1	104.5
1990	105.3	105.4	107.2	108.0	99.1	100.7	97.7	97.3
1991	114.6	114.2	114.0	115.0	105.6	116.0	116.2	116.6
1992	116.9	100.2	128.6	129.4	120.6	116.3	115.7	118.9
1993	121.9	106.1	130.6	130.7	129.7	121.2	114.7	114.0
1994	116.3	107.3	117.5	117.6	116.1	120.6	120.4	116.6
1995	114.2	108.9	115.1	115.1	115.4	115.9	118.6	116.9
1996	112.2	106.6	114.1	114.0	114.5	112.7	114.7	113.7
1997	111.2	100.5	113.0	113.0	113.1	114.4	113.1	115.0
1998	110.8	105.7	112.0	112.0	112.0	111.6	109.7	109.4
1999	110.1	104.7	112.2	112.3	111.4	109.3	111.4	111.5
2000	110.5	103.8	112.4	112.6	109.9	110.3	111.2	110.8
2001	110.1	104.2	111.3	111.6	109.3	110.7	120.0	112.9
2002	111.6	102.5	114.8	114.2	119.3	110.6	100.4	113.5
2003	113.7	105.6	117.0	117.5	113.3	112.0	111.8	111.1
2004	115.3	106.9	119.2	121.1	105.3	112.3	133.4	107.5

注:本表按可比价格计算。

2-8 1952-2004年地区生产总值构成

单位:%

年份	地区生产总值	第一产业	第二产业	工业	建筑业	第三产业	#交通运输仓储邮电通信业	#批发零售贸易餐饮业
1952	100	65.8	18.1	17.0	1.1	16.1	2.3	6.3
1953	100	61.7	20.3	19.1	1.2	18.0	2.6	7.0
1954	100	61.3	20.7	19.6	1.1	18.0	2.5	7.4
1955	100	61.5	19.7	18.7	1.0	18.8	2.4	8.0
1956	100	56.5	25.9	23.7	2.2	17.6	2.3	7.2
1957	100	52.0	28.7	27.1	1.6	19.3	2.6	7.1
1958	100	46.5	32.5	29.2	3.3	21.0	4.5	6.7
1959	100	37.8	36.7	33.1	3.6	25.5	6.0	7.3
1960	100	28.9	43.5	39.4	4.1	27.6	7.5	6.6
1961	100	41.7	31.8	30.0	1.8	26.5	6.3	5.7
1962	100	47.2	26.3	24.7	1.6	26.5	6.0	6.1
1963	100	49.5	28.2	26.1	2.1	22.3	4.2	4.7
1964	100	46.1	32.7	30.3	2.4	21.2	4.5	3.7
1965	100	49.0	33.5	30.1	3.4	17.5	4.3	2.3
1966	100	48.1	35.3	32.1	3.2	16.6	4.1	2.7
1967	100	47.0	35.6	32.9	2.7	17.4	3.9	3.7
1968	100	44.7	37.7	35.0	2.7	17.6	3.8	3.8
1969	100	46.4	36.6	33.5	3.1	17.0	3.7	3.8
1970	100	41.4	42.5	39.7	2.8	16.1	3.8	3.7
1971	100	40.3	44.0	41.3	2.7	15.7	3.9	3.2
1972	100	40.3	43.2	40.0	3.2	16.5	4.1	3.1
1973	100	40.1	42.8	39.3	3.5	17.1	4.0	4.1
1974	100	45.2	36.3	32.7	3.6	18.5	3.9	3.5
1975	100	39.4	45.3	42.0	3.3	15.3	3.4	2.9
1976	100	38.3	47.2	43.6	3.6	14.5	3.5	2.5
1977	100	38.2	46.0	42.5	3.5	15.8	3.8	1.9
1978	100	33.3	52.9	48.1	4.8	13.8	3.7	1.5
1979	100	36.2	50.8	45.6	5.2	13.0	3.8	1.7
1980	100	36.4	50.0	44.7	5.3	13.6	3.5	2.2
1981	100	38.2	44.8	39.8	5.0	17.0	3.8	4.8
1982	100	39.0	42.0	37.2	4.8	19.0	3.6	5.7
1983	100	40.3	38.9	34.6	4.3	20.8	3.7	7.0
1984	100	38.2	41.1	36.8	4.3	20.7	3.8	6.5
1985	100	34.7	43.0	38.1	4.9	22.3	4.2	6.8
1986	100	34.1	42.2	37.0	5.2	23.7	4.6	6.7
1987	100	32.2	43.1	38.3	4.8	24.7	5.3	6.8
1988	100	29.7	44.5	39.0	5.5	25.8	5.0	7.8
1989	100	27.8	44.8	39.7	5.1	27.4	5.1	8.4
1990	100	28.1	42.1	37.6	4.5	29.8	5.4	8.8
1991	100	28.8	41.2	36.7	4.5	30.0	5.5	8.9
1992	100	24.3	45.5	40.5	5.0	30.2	5.5	9.2
1993	100	21.5	48.9	43.3	5.6	29.6	5.1	8.5
1994	100	20.0	49.1	43.9	5.2	30.9	5.5	8.4
1995	100	20.2	47.4	42.2	5.2	32.4	6.0	8.8
1996	100	20.1	47.2	42.0	5.2	32.7	6.1	8.9
1997	100	18.0	47.9	42.6	5.3	34.1	6.4	9.0
1998	100	17.0	48.3	42.6	5.7	34.7	6.2	9.3
1999	100	15.9	48.4	42.5	5.9	35.7	6.4	9.4
2000	100	14.9	49.6	43.7	5.9	35.5	6.5	9.2
2001	100	14.4	49.3	43.4	5.9	36.3	7.1	9.4
2002	100	13.2	50.3	43.9	6.4	36.5	6.3	9.9
2003	100	11.9	53.5	47.1	6.4	34.6	5.8	9.3
2004	100	11.5	56.3	50.3	6.0	32.2	6.4	8.3

注:本表按当年价格计算。

2-9 地 区 生 产 总 值

单位:亿元

分　　组	2003年	2004年	2004年为2003年%
地区生产总值	**12435.93**	**15490.73**	**115.3**
第一产业	1480.67	1778.30	106.9
第二产业	6656.85	8724.52	119.2
工　业	5860.63	7799.31	121.1
建筑业	796.22	925.21	105.3
第三产业	4298.41	4987.91	112.3
交通运输、仓储及邮电通信业	724.62	990.65	133.4
批发和零售贸易、餐饮业	1161.55	1283.28	107.5
金保险业	514.54	557.95	102.9
房地产业	490.88	563.65	106.9
其他服务业	1406.82	1592.38	110.1
支出法计算的地区生产总值中			
一、最终消费	5787.76	6810.20	113.5
居民消费	3992.22	4545.39	109.9
农村居民	1873.07	2075.17	106.3
城镇居民	2119.15	2470.22	113.0
二、资本形成总额	5788.53	7625.31	118.5
三、货物和服务净出口	859.64	1055.22	104.3

注:1.本表中绝对数按当年价格计算,指数按可比价格计算。
2.2004年生产法GDP为季报数据。

2－10 1978－2004年支出法计算的地区生产总值

单位:亿元

年份	地区生产总值(支出法)	#最终消费	居民消费	政府消费	#资本形成总额	#固定资产形成总额
1978	225.45	143.67	120.59	23.08	77.08	62.32
1979	251.60	155.83	133.42	22.41	81.05	65.45
1980	292.13	188.26	161.67	26.59	95.27	71.31
1981	346.57	212.91	181.79	31.12	100.41	81.95
1982	395.38	257.12	221.77	35.35	126.52	102.30
1983	459.83	285.15	242.31	42.84	142.59	121.09
1984	581.56	318.40	264.67	53.73	192.49	153.86
1985	680.46	365.69	297.92	67.77	253.68	195.39
1986	742.05	410.40	330.87	79.53	279.80	230.54
1987	892.29	481.01	377.18	103.83	371.44	293.40
1988	1117.66	592.91	471.31	121.60	458.97	335.12
1989	1293.94	700.93	522.40	178.53	537.52	333.27
1990	1511.19	807.32	588.46	218.86	638.78	412.59
1991	1810.54	914.36	667.63	246.73	815.00	555.76
1992	2196.53	1078.95	780.50	298.45	1045.40	758.28
1993	2735.68	1263.34	907.58	355.76	1374.89	1024.84
1994	3810.03	1889.34	1321.60	567.74	1784.62	1229.55
1995	4895.26	2479.05	1688.25	790.80	2247.58	1481.10
1996	5894.82	2997.89	1994.23	1003.66	2761.80	1777.05
1997	6625.08	3293.88	2384.46	909.42	3202.30	2044.45
1998	7162.20	3533.34	2554.64	978.70	3463.15	2347.02
1999	7662.10	3809.13	2821.87	987.26	3652.95	2662.95
2000	8542.44	4099.74	3099.76	999.98	4200.61	3200.77
2001	9438.31	4582.61	3382.64	1199.97	4513.32	3570.59
2002	10552.06	5021.15	3581.27	1439.88	4940.67	4261.94
2003	12435.93	5787.76	3992.22	1795.54	5788.53	5275.17
2004	15490.73	6810.20	4545.39	2264.81	7625.31	7033.20

注:本表按当年价格计算。

2-11 各市生产总值

单位:亿元

地区	地区生产总值			第一产业增加值			第二产业增加值		
	2003年	2004年	2004年为2003年%	2003年	2004年	2004年为2003年%	2003年	2004年	2004年为2003年%
济南市	1365.33	1618.87	115.6	103.30	118.70	107.8	599.67	742.40	119.8
青岛市	1780.42	2163.80	116.8	147.51	161.80	102.7	937.21	1171.40	120.9
淄博市	1003.38	1230.96	117.0	49.30	54.06	107.9	611.92	796.90	120.9
枣庄市	383.24	503.31	117.2	46.74	54.49	106.0	216.11	308.82	122.9
东营市	696.08	891.85	117.2	35.63	40.74	108.5	553.18	720.21	117.8
烟台市	1316.00	1630.89	117.5	141.87	171.23	107.2	704.93	924.71	122.9
潍坊市	1030.00	1246.41	116.9	160.00	180.40	108.6	520.00	683.49	125.7
济宁市	882.61	1102.16	117.2	127.07	152.57	108.0	432.64	568.85	121.9
泰安市	604.07	732.11	116.4	80.87	93.85	107.1	304.50	386.14	120.9
威海市	836.02	1008.81	117.1	92.49	98.91	104.1	492.03	616.33	121.1
日照市	311.67	387.78	117.2	57.74	62.58	107.2	139.00	191.12	124.0
莱芜市	170.05	223.88	117.2	15.12	16.93	105.5	95.99	141.42	124.4
临沂市	834.61	1012.00	117.0	121.86	147.04	107.9	412.30	531.40	119.6
德州市	556.68	686.90	117.1	102.60	118.24	107.6	279.89	360.74	118.1
聊城市	454.19	572.69	117.0	100.50	116.32	105.9	228.55	314.56	124.3
滨州市	406.50	519.45	117.2	72.07	80.71	107.3	211.93	300.04	124.1
菏泽市	290.10	365.04	117.1	116.16	136.00	106.9	103.56	148.35	131.8

注:1. 本表绝对额按当年价格计算,速度按可比价格计算。
2. 本表基期为2003年年报数据,报告期为2004年季报数据。

2-11 续表

单位:亿元

地区	#工业增加值			第三产业增加值			人均地区生产总值(元)	
	2003年	2004年	2004年为2003年%	2003年	2004年	2004年为2003年%	2003年	2004年
济南市	494.54	617.00	122.0	662.36	757.77	113.0	23590	27610
青岛市	825.52	1024.08	121.0	695.70	830.60	114.2	23398	29808
淄博市	538.66	707.90	121.1	342.16	380.00	111.6	24319	29729
枣庄市	190.64	271.62	122.8	120.39	140.00	112.0	10558	13811
东营市	493.92	645.21	117.5	107.27	130.90	117.1	39528	50155
烟台市	639.19	839.71	123.5	469.20	534.95	112.2	20221	25059
潍坊市	470.00	618.49	127.1	350.00	382.52	107.3	12152	14678
济宁市	369.29	495.30	124.6	322.90	380.74	114.7	11063	13767
泰安市	253.40	322.50	120.9	218.70	252.12	113.7	11043	13341
威海市	455.53	568.51	121.1	251.50	293.57	114.4	33762	40677
日照市	113.65	158.12	125.2	114.93	134.08	113.6	11211	13875
莱芜市	84.11	127.42	127.0	58.94	65.53	109.3	13727	18042
临沂市	344.00	437.40	118.4	300.45	333.56	117.3	8266	9990
德州市	241.29	322.04	121.3	174.19	207.92	112.1	10218	12542
聊城市	195.43	266.94	123.4	125.14	141.81	114.2	8074	10134
滨州市	178.43	258.06	125.5	122.50	138.70	110.5	11123	14134
菏泽市	85.91	123.56	130.5	70.38	80.69	112.5	3337	4160

2-12 各市生产总值构成

单位:%

地区	地区生产总值		第一产业		第二产业		第三产业	
	2003年	2004年	2003年	2004年	2003年	2004年	2003年	2004年
济南市	100	100	7.6	7.3	43.9	45.9	48.5	46.8
青岛市	100	100	8.3	7.5	52.6	54.1	39.1	38.4
淄博市	100	100	4.9	4.4	61.0	64.7	34.1	30.9
枣庄市	100	100	12.2	10.8	56.4	61.4	31.4	27.8
东营市	100	100	5.1	4.6	79.5	80.7	15.4	14.7
烟台市	100	100	10.8	10.5	53.6	56.7	35.6	32.8
潍坊市	100	100	15.5	14.5	50.5	54.8	34.0	30.7
济宁市	100	100	14.4	13.8	49.0	51.6	36.6	34.6
泰安市	100	100	13.4	12.8	50.4	52.7	36.2	34.5
威海市	100	100	11.1	9.8	58.8	61.1	30.1	29.1
日照市	100	100	18.5	16.1	44.6	49.3	36.9	34.6
莱芜市	100	100	8.9	7.6	56.4	63.2	34.7	29.2
临沂市	100	100	14.6	14.5	49.4	52.5	36.0	33.0
德州市	100	100	18.4	17.2	50.3	52.5	31.3	30.3
聊城市	100	100	22.1	20.3	50.3	54.9	27.6	24.8
滨州市	100	100	17.7	15.5	52.2	57.8	30.1	26.7
菏泽市	100	100	40.0	37.3	35.7	40.6	24.3	22.1

注:1. 本表按当年价格计算。

2. 本表基期为2003年年报数据,报告期为2004年季报数据。

2－13 1978－2004年居民消费水平及指数

年　份	绝对额(元)			指数(上年＝100)			指数(1978年＝100)		
	全省居民	农村居民	城镇居民	全省居民	农村居民	城镇居民	全省居民	农村居民	城镇居民
1978	169	136	529	110.0	113.9	97.5	100.0	100.0	100.0
1979	185	150	544	106.1	106.7	101.7	106.1	106.7	101.7
1980	223	181	632	107.6	106.3	110.8	114.2	113.4	112.7
1981	247	203	662	109.7	109.7	105.7	125.3	124.4	119.1
1982	298	259	642	111.3	116.2	96.2	139.5	144.6	114.6
1983	322	285	633	108.7	111.8	96.3	151.6	161.7	110.4
1984	348	310	642	106.7	107.2	99.8	161.8	173.3	110.2
1985	388	338	737	104.7	102.8	105.5	169.4	178.2	116.3
1986	426	373	795	106.3	107.2	102.7	180.1	191.0	119.4
1987	478	415	933	102.3	101.3	107.7	184.2	193.5	128.6
1988	588	494	1160	105.0	101.9	105.6	193.4	197.2	135.8
1989	644	514	1277	72.3	92.0	101.9	139.8	181.4	138.4
1990	698	563	1310	137.3	104.0	92.2	191.9	188.7	127.6
1991	780	617	1501	105.5	104.2	107.1	202.5	196.6	136.7
1992	909	667	1893	108.5	102.5	115.3	219.7	201.5	157.6
1993	1052	760	2150	110.1	108.2	106.3	241.9	218.0	167.5
1994	1527	1058	3079	115.3	113.2	112.5	278.9	246.8	188.4
1995	1943	1342	3788	112.6	109.9	111.5	314.0	271.2	210.1
1996	2287	1558	4376	108.6	107.3	106.4	341.0	291.0	223.5
1997	2722	1868	5124	111.5	111.9	110.2	380.2	325.6	246.3
1998	2899	1998	5450	109.1	108.6	109.8	414.8	353.6	270.4
1999	3194	2188	6060	110.2	110.3	110.4	457.1	390.0	298.5
2000	3467	2352	6572	107.7	107.0	107.2	492.3	417.3	320.0
2001	3751	2555	6923	107.7	107.7	105.3	530.2	449.4	337.0
2002	3952	2681	7145	106.7	105.4	105.4	565.7	473.7	355.2
2003	4385	2943	7740	109.1	107.5	106.7	617.2	509.2	379.0
2004	4966	3318	8526	109.3	108.2	106.8	674.6	551.0	404.8

注：本表绝对额按当年价格计算，指数按可比价格计算。

2－14 各市居民消费水平及指数

地　　区	绝　　对　　额(元)						2004年为2003年%		
	全体居民		农村居民		城镇居民		全体居民	农村居民	城镇居民
	2003年	2004年	2003年	2004年	2003年	2004年			
济南市	7665	8045	2859	3114	12307	12633	103.5	105.2	101.7
青岛市	5787	6282	3433	3589	9564	10463	106.7	102.1	107.9
淄博市	4341	5447	3113	3861	6567	8284	112.2	111.0	112.6
枣庄市	4082	4705	3059	3212	6276	7817	104.5	101.5	106.4
东营市	5608	6726	2842	3488	9064	10545	116.2	118.9	112.7
烟台市	5120	5609	3116	3656	9156	10279	108.6	103.9	110.0
潍坊市	3938	4729	2616	3468	7565	7898	117.7	130.0	102.3
济宁市	3409	4010	2272	2874	6591	7094	111.7	116.8	105.2
泰安市	4047	4469	2317	2642	7877	8369	108.1	106.9	107.1
威海市	6405	7492	3980	4699	9441	10801	114.0	113.9	112.2
日照市	3829	4307	2815	3021	6763	7774	108.0	105.1	107.9
莱芜市	4308	4595	2789	2911	7268	7806	103.9	100.7	105.3
临沂市	3308	3942	2175	2429	7378	8650	115.1	109.9	111.5
德州市	2262	2711	1591	1921	3372	3992	108.7	105.1	110.6
聊城市	2570	3030	1683	2010	5698	6372	113.8	115.3	108.0
滨州市	3987	4586	3252	3772	7992	8737	107.8	107.6	105.0
菏泽市	1970	2207	1472	1666	4658	4962	107.0	105.9	105.2

注:1.本表绝对数按当年价格计算,指数按可比价格计算。
2.本表为支出法GDP年报数据。

2－15 三次产业对经济增长的贡献率及拉动百分点

单位:%

年　　份	地区生产总值	贡　献　率			地区生产总值	拉动百分点		
		第一产业	第二产业	第三产业		第一产业	第二产业	第三产业
1980	100	25.6	53.4	21.0	12.2	3.1	6.5	2.6
1981	100	42.0	25.2	32.8	5.8	2.4	1.5	1.9
1982	100	36.2	22.4	41.4	11.3	4.1	2.5	4.7
1983	100	43.3	23.3	33.4	13.9	6.0	3.2	4.7
1984	100	40.3	41.0	18.7	17.4	7.0	7.1	3.3
1985	100	7.3	65.4	27.3	11.4	0.8	7.5	3.1
1986	100	-3.7	73.7	30.0	6.3	-0.2	4.6	1.9
1987	100	17.6	55.3	27.1	13.8	2.4	7.6	3.8
1988	100	-0.6	83.2	17.4	12.5	-0.1	10.4	2.2
1989	100	-4.6	89.3	15.3	4.0	-0.2	3.6	0.6
1990	100	27.0	70.3	2.7	5.3	1.4	3.7	0.2
1991	100	27.2	40.2	32.6	14.6	4.0	5.9	4.7
1992	100	0.3	70.7	29.0	16.9	0.0	12.0	4.9
1993	100	6.7	64.3	29.0	21.9	1.5	14.1	6.3
1994	100	9.4	52.9	37.7	16.3	1.6	8.6	6.1
1995	100	12.2	53.2	34.6	14.2	1.7	7.6	4.9
1996	100	9.9	57.7	32.4	12.2	1.2	7.0	4.0
1997	100	0.8	58.9	40.3	11.2	0.1	6.6	4.5
1998	100	8.2	57.3	34.5	10.8	0.9	6.2	3.7
1999	100	7.0	63.0	30.0	10.1	0.7	6.4	3.0
2000	100	5.2	62.9	31.9	10.5	0.5	6.6	3.4
2001	100	6.2	56.1	37.7	10.1	0.6	5.7	3.8
2002	100	3.0	64.2	32.8	11.6	0.4	7.4	3.8
2003	100	5.2	64.0	30.8	13.7	0.7	8.8	4.2
2004	100	5.4	66.6	28.0	15.3	0.8	10.2	4.3

诚信永远 服务无限

诚信鲁统 之 核心理念

第3篇 人口

POPULATION

为经济社会发展服务是统计工作第一要务

诚信鲁统 之 服务理念

满足社会需求 争创一流业绩

诚信鲁统 之 目标理念

追求卓越 自强不息

诚信鲁统 之 精神理念

编辑单位：人口处
编　　委：马建奎
编　　辑：孙　靖
校　　对：孙　靖
电　　话：86129600

3-1 历 年 总 人 口

单位:万人

年份	总人口	按性别分		按农业非农业分		人口密度
		男	女	农业人口	非农业人口	(人/平方公里)
1949	(4549)	(2199)	(2350)	(4289)	(260)	290
1952	(4827)	(2392)	(2435)	(4538)	(289)	308
1953	(4924)	(2450)	(2474)	(4620)	(304)	314
1954	(5052)	(2520)	(2532)	(4732)	(320)	322
1955	(5174)	(2587)	(2587)	(4796)	(378)	330
1956	(5256)	(2627)	(2629)	(4871)	(385)	335
1957	(5373)	(2694)	(2679)	(4936)	(437)	343
1958	(5422)	(2719)	(2703)	(4810)	(612)	346
1959	(5373)	(2713)	(2660)	(4794)	(579)	343
1960	(5188)	(2597)	(2591)	(4642)	(546)	331
1961	(5265)	(2631)	(2634)	(4804)	(461)	336
1962	(5426)	(2718)	(2708)	(5015)	(411)	346
1963	(5585)	(2804)	(2781)	(5151)	(434)	356
1964	(5606)	(2816)	(2790)	(5161)	(445)	358
1965	(5711)	(2866)	(2845)	(5258)	(453)	364
1966	(5851)	(2940)	(2911)	(5398)	(453)	373
1967	(5968)	(2999)	(2969)	(5514)	(454)	381
1968	(6086)	(3060)	(3026)	(5631)	(455)	388
1969	(6265)	(3147)	(3118)	(5808)	(457)	400
1970	(6441)	(3241)	(3200)	(5966)	(475)	411
1971	(6568)	(3311)	(3257)	(6038)	(530)	419
1972	(6683)	(3368)	(3315)	(6157)	(526)	426
1973	(6793)	(3428)	(3365)	(6251)	(542)	434
1974	(6876)	(3471)	(3405)	(6327)	(549)	439
1975	(6971)	(3524)	(3447)	(6408)	(563)	445
1976	(7038)	(3561)	(3477)	(6455)	(583)	449
1977	(7099)	(3592)	(3507)	(6507)	(592)	453
1978	(7160)	(3624)	(3536)	(6533)	(627)	457
1979	(7232)	(3660)	(3572)	(6570)	(661)	462
1980	(7296)	(3694)	(3602)	(6605)	(691)	466
1981	(7395)	(3750)	(3645)	(6659)	(736)	472
1982	(7494)	(3806)	(3688)	(6720)	(774)	478
1983	(7564)	(3847)	(3717)	(6753)	(811)	483
1984	(7637)	(3887)	(3750)	(6701)	(936)	487
1985	7711(7695)	(3922)	(3773)	(6676)	(1017)	492
1986	7818(7776)	(3967)	(3810)	(6797)	(979)	499
1987	7958(7889)	(4029)	(3860)	(6844)	(1045)	508
1988	8061(8009)	(4092)	(3917)	(6702)	(1307)	514
1989	8160(8181)	(4181)	(4000)	(6698)	(1483)	521
1990	8493(8424)	(4299)	(4125)	(6846)	(1578)	542
1991	8570(8534)	(4352)	(4182)	(6884)	(1650)	547
1992	8610(8580)	(4373)	(4207)	(6819)	(1761)	549
1993	8642(8620)	(4392)	(4228)	(6724)	(1896)	551
1994	8671(8653)	(4407)	(4246)	(6574)	(2079)	553
1995	8705(8701)	(4429)	(4272)	(6531)	(2170)	556
1996	8738(8747)	(4452)	(4295)	(6484)	(2263)	558
1997	8785(8810)	(4483)	(4327)	(6500)	(2310)	561
1998	8838(8872)	(4513)	(4359)	(6575)	(2296)	564
1999	8883(8922)	(4537)	(4385)	(6600)	(2322)	567
2000	8997(8975)	(4562)	(4413)	(6566)	(2409)	574
2001	9041(9024)	(4584)	(4440)	(6507)	(2517)	577
2002	9082(9069)	(4607)	(4463)	(6435)	(2634)	580
2003	9125(9108)	(4624)	(4484)	(6275)	(2833)	582
2004	9180(9163)	(4652)	(4511)	(6212)	(2951)	586

注:2000年为人口普查数,其余年份均为人口抽样调查数,括号内为公安户籍人口数。

3-2 历年人口出生率、死亡率、自然增长率

年　　份	出生率 (‰)	死亡率 (‰)	自然增长率 (‰)	出生人口数 (万人)	死亡人口数 (万人)	自然增长人数 (万人)
1949	(28.10)	(12.20)	(15.90)			
1952	(31.50)	(12.20)	(19.30)			
1953	(32.60)	(12.10)	(20.50)	(160)	(59)	(101)
1954	(37.70)	(11.70)	(26.00)	(188)	(58)	(130)
1955	(37.30)	(13.70)	(23.60)	(191)	(70)	(121)
1956	(32.70)	(12.10)	(20.60)	(171)	(63)	(108)
1957	(35.80)	(12.10)	(23.70)	(190)	(64)	(126)
1958	(25.00)	(12.80)	(12.20)	(135)	(69)	(66)
1959	(20.90)	(18.20)	(2.70)	(113)	(98)	(15)
1960	(19.50)	(23.60)	(-4.10)	(103)	(125)	(-22)
1961	(21.40)	(18.40)	(3.00)	(113)	(97)	(16)
1962	(38.10)	(12.40)	(25.70)	(204)	(66)	(138)
1963	(44.20)	(11.80)	(32.40)	(244)	(65)	(179)
1964	(36.90)	(12.00)	(34.90)	(206)	(67)	(139)
1965	(35.50)	(10.20)	(25.30)	(201)	(58)	(143)
1966	(34.50)	(9.90)	(24.60)	(200)	(57)	(143)
1967	(30.00)	(9.00)	(21.00)	(177)	(53)	(124)
1968	(38.00)	(8.00)	(30.00)	(229)	(48)	(181)
1969	(30.40)	(6.60)	(23.80)	(191)	(41)	(150)
1970	(33.89)	(7.34)	(26.55)	(215)	(47)	(168)
1971	(29.01)	(7.81)	(21.20)	(189)	(51)	(138)
1972	(27.60)	(7.66)	(19.94)	(183)	(51)	(132)
1973	(23.89)	(6.94)	(16.95)	(161)	(47)	(114)
1974	(20.95)	(7.23)	(13.72)	(143)	(49)	(94)
1975	(21.56)	(7.53)	(14.03)	(149)	(52)	(97)
1976	(18.46)	(7.63)	(10.83)	(129)	(53)	(76)
1977	(16.96)	(7.24)	(9.72)	(120)	(51)	(69)
1978	(16.80)	(6.50)	(10.30)	(119)	(46)	(73)
1979	(16.94)	(6.15)	(10.79)	(122)	(44)	(78)
1980	(13.91)	(6.40)	(7.51)	(101)	(47)	(54)
1981	(16.48)	(6.41)	(10.07)	(121)	(47)	(74)
1982	(17.05)	(6.10)	(10.95)	(127)	(45)	(82)
1983	15.10(12.76)	6.73(5.87)	8.37(6.89)	114(96)	51(44)	63(52)
1984	13.80(12.99)	5.80(6.03)	8.00(6.96)	104(99)	44(46)	60(53)
1985	15.12(11.75)	6.64(5.90)	8.48(5.85)	116(90)	51(45)	65(45)
1986	19.90(14.71)	7.28(5.86)	12.62(8.85)	156(114)	57(46)	99(68)
1987	23.35(17.43)	7.07(5.64)	16.28(11.79)	184(137)	56(44)	128(93)
1988	17.54(17.95)	6.04(5.95)	11.50(12.00)	140(143)	48(47)	92(96)
1989	16.88(18.87)	5.70(5.51)	11.18(13.36)	137(153)	46(45)	91(108)
1990	18.21(26.10)	6.96(6.02)	11.25(20.08)	152(217)	58(50)	94(167)
1991	15.40(16.39)	6.54(5.73)	8.86(10.66)	131(139)	56(49)	75(90)
1992	11.43(10.95)	6.88(6.02)	4.55(4.93)	98(94)	59(52)	39(42)
1993	10.49(9.47)	6.76(5.84)	3.73(3.63)	90(81)	58(50)	32(31)
1994	9.69(9.31)	6.67(5.99)	3.02(3.32)	84(80)	58(52)	26(28)
1995	9.82(9.66)	6.47(5.83)	3.35(3.83)	85(84)	56(51)	29(33)
1996	10.60(10.33)	6.76(6.04)	3.84(4.29)	92(90)	59(53)	33(37)
1997	11.28(10.84)	6.65(5.90)	4.63(4.94)	99(95)	58(52)	41(43)
1998	11.58(11.52)	6.12(5.95)	5.46(5.57)	102(102)	54(53)	48(49)
1999	11.08(10.23)	6.27(5.72)	4.81(4.51)	98(91)	55(51)	43(40)
2000	10.75(11.38)	6.29(6.70)	4.46(4.68)	97(102)	56(60)	40(42)
2001	11.12(9.93)	6.24(5.46)	4.88(4.47)	100(89)	56(49)	44(40)
2002	11.17(10.20)	6.62(5.86)	4.55(4.34)	101(92)	60(53)	41(39)
2003	11.42(9.31)	6.64(6.07)	4.78(3.24)	104(85)	61(55)	43(30)
2004	12.50(10.59)	6.49(5.60)	6.01(4.99)	114(97)	59(51)	55(46)

注:2000年为人口普查数,其余年份均为人口抽样调查数,括号内为公安户籍人口数。

3－3 第一、二、三、四、五次人口普查主要数据

项　　目	单　位	第一次人口普查 (1953.7.1)	第二次人口普查 (1964.7.1)	第三次人口普查 (1982.7.1)	第四次人口普查 (1990.7.1)	第五次人口普查 (2000.11.1)
一、总人口	**人**	**48876548**	**55496219**	**74419054**	**84392104**	**89971789**
按性别分						
男	人	24311397	27904495	37737424	429136185	45542060
女	人	24565151	27591724	36681630	41478919	44429729
二、总户数	**户**	**11097668**	**12770814**	**17390448**	**21975648**	**27320402**
家庭户	户			17335456	21874449	26709328
平均家庭户规模	人			4.2	3.75	3.22
三、民　族						
民族个数	个	17	32	39	54	56
汉族人口	人	48624003	55200442	74011440	83886204	89339046
少数民族人口	人	252386	295464	407408	505900	632743
四、市镇人口	**人**	**3579208**	**7175677**	**14190511**	**23076729**	**34325909**
五、各种文化程度人口						
大　学	人			263176	822863	3000752
高　中	人			4387201	6033615	9946434
初　中	人			13169660	21254691	32973455
小　学	人			25108087	30611980	29469710
文盲半文盲	人			20457244	14256068	7654312
(15周岁及以上)						
六、在业人口	**人**			**40097853**	**50772124**	**54774086**
七、不在业人口	**人**			**11224180**	**11171614**	**16171024**

注：第五次人口普查数据为机器汇总数据。

3-4 各市人口自然变动情况

（2004年）

地　　区	出生率（‰）	死亡率（‰）	自然增长率（‰）	出生人口（人）	死亡人口（人）	自然增长人口（人）
全省总计	**10.59**	**5.60**	**4.99**	**967858**	**511269**	**456589**
济南市	10.35	6.51	3.84	60670	38158	22512
青岛市	10.93	6.78	4.15	79341	49230	30111
淄博市	10.36	5.91	4.45	42888	24490	18398
枣庄市	8.59	3.92	4.67	31294	14294	17000
东营市	10.97	4.15	6.82	19505	7371	12134
烟台市	7.81	6.39	1.42	50465	41323	9142
潍坊市	9.97	5.87	4.10	84695	49866	34829
济宁市	11.27	5.31	5.96	90244	42496	47748
泰安市	12.67	6.07	6.60	69509	33332	36177
威海市	6.23	7.27	-1.03	15440	18029	-2589
日照市	10.80	5.10	5.70	30180	14262	15918
莱芜市	11.21	5.68	5.53	13904	7054	6850
临沂市	10.82	5.07	5.75	109561	51352	58209
德州市	12.64	5.51	7.13	69243	30192	39051
聊城市	10.21	5.09	5.12	57691	28792	28899
滨州市	12.45	6.21	6.24	45772	22833	22939
菏泽市	11.11	4.35	6.76	97456	38195	59261

注：本表为公安户籍统计数字。

3-5 各市人口数和总户数

（2004年）

地　　区	总人口（人）	按性别分（人）		按农业非农业分（人）		年末总户数（户）
		男	女	非农业人口	农业人口	
全省总计	**91633789**	**46517763**	**45116026**	**29511761**	**62122028**	**27666942**
济南市	5900768	2972528	2928240	3079552	2821216	1732403
青岛市	7311228	3692991	3618237	3509623	3801605	2352872
淄博市	4149876	2089047	2060829	1843516	2306360	1350672
枣庄市	3650903	1893406	1757497	1202230	2448673	1068707
东营市	1788293	908984	879309	844664	943629	567754
烟台市	6468228	3255160	3213068	2361360	4106868	2249353
潍坊市	8506513	4305515	4200998	2479132	6027381	2539748
济宁市	8023035	4109099	3913936	2392391	5630644	2215921
泰安市	5499477	2791867	2707610	1772246	3727231	1642480
威海市	2483889	1254479	1229410	1136825	1347064	884767
日照市	2804807	1421580	1383227	758756	2046051	949195
莱芜市	1242930	632437	610493	430262	812668	409997
临沂市	10150411	5193221	4957190	2505301	7645110	3090220
德州市	5493008	2775476	2717532	1303297	4189711	1561921
聊城市	5664543	2863245	2801298	1399183	4265360	1607768
滨州市	3688980	1862199	1826781	937328	2751652	1081122
菏泽市	8806900	4496529	4310371	1556095	7250805	2362042

注：本表为公安户籍统计数字。

第4篇

从业人员和劳动报酬

EMPLOYMENT AND PAYMENT FOR LABOR

为经济社会发展服务是统计工作第一要务

诚信鲁统 之 服务理念

事业的需求
人生的情趣
诚信鲁统 之 学习理念

忠诚统计
乐于奉献
诚信鲁统 之 道德理念

编辑单位：人口处
编　　委：马建奎
编　　辑：倪化桥
校　　对：倪化桥
电　　话：86197793

4-1 就业基本情况

类　　别	1995年	1999年	2000年	2001年	2002年	2003年	2004年
经济活动人口(万人)	**5245.5**	**5352.8**	**5533.7**	**5569.0**	**5652.3**	**5723.5**	**5827.6**
就业人员合计(万人)	**5207.4**	**5314.7**	**5441.8**	**5475.3**	**5527.0**	**5620.6**	**5728.1**
第一产业	2832.3	2811.7	2887.7	2863.6	2769.6	2638.3	2542.1
第二产业	1305.5	1245.7	1286.0	1308.6	1375.1	1474.3	1581.0
第三产业	1069.6	1257.3	1268.1	1303.1	1382.3	1508.0	1605.0
就业人员构成(合计=100)							
第一产业	54.4	52.9	53.1	52.3	50.1	46.9	44.4
第二产业	25.1	23.4	23.6	23.9	24.9	26.2	27.6
第三产业	20.5	23.7	23.3	23.8	25.0	26.8	28.0
按城乡分就业人员(万人)							
城镇就业人员	1620.9	1669.7	1825.2	1885.4	1948.6	2029.7	2140.4
#国有单位	678.4	579.9	555.1	533.5	504.5	496.7	492.5
城镇集体单位	201.9	120.7	105.3	93.6	83.9	75.6	68.8
股份合作单位	28.7	12.1	12.2	11.9	12.2	12.1	11.5
联营单位	1.0	2.9	2.8	2.6	2.0	1.6	1.4
有限责任公司		28.8	43.6	54.9	71.0	80.0	89.8
股份有限公司		35.8	37.6	37.4	40.8	40.2	41.6
私营企业	28.6	87.6	105.3	117.8	152.2	203.0	228.9
港澳台投资单位	13.6	11.1	11.9	12.8	14.0	14.6	16.3
外商投资单位	24.7	33.9	37.7	42.3	50.1	54.4	60.7
个　　体	75.9	165.8	110.0	110.8	122.5	150.8	164.5
乡村就业人员	3586.4	3644.5	3617.1	3589.9	3578.3	3590.8	3587.7
#乡镇企业	1439.8	1280.6	1311.6	1345.4	1447.3	1599.8	1627.8
私营企业	45.1	86.7	108.8	94.4	101.1	163.5	161.2
个　　体	401.9	506.1	165.5	167.3	175.4	196.2	180.1
在岗职工人数(万人)	**917.4**	**809.1**	**790.1**	**770.5**	**764.8**	**762.3**	**776.1**
国有单位	650.1	566.7	542.1	519.5	493.5	487.5	483.6
城镇集体单位	200.1	119.1	103.9	92.0	82.0	74.1	67.2
其他单位	67.2	123.3	144.2	159.0	189.3	200.8	225.3
城镇单位女性就业人员(万人)	**363.9**	**323.7**	**316.1**	**311.9**	**311.9**	**313.0**	**318.8**
城镇登记失业人数(万人)	**33.5**	**36.5**	**37.5**	**35.4**	**39.7**	**41.3**	**42.3**
城镇登记失业率(%)	**3.1**	**3.2**	**3.2**	**3.3**	**3.6**	**3.7**	**3.4**

注:1990年及以后,经济活动人口、就业人员小计、城镇和乡村就业人员小计资料是根据第五次全国人口普查资料(山东部分)和当年人口变动情况抽样调查资料调整和推算的,分地区、分类型、分行业的资料相加不等于总计(下表同)。

4－2 按三次产业分的年底就业人员数

年份	就业人员（万人）	第一产业	第二产业	第三产业	构成(合计＝100)		
					第一产业	第二产业	第三产业
1949	1859.3						
1950	1840.8						
1951	1884.2						
1952	1897.2						
1953	1885.7						
1954	1874.7						
1955	1959.7						
1956	1824.0						
1957	2150.4						
1958	2155.3						
1959	2033.2						
1960	1958.2						
1961	1936.1						
1962	1981.2						
1963	2027.8						
1964	2099.8						
1965	2146.0						
1966	2199.0						
1967	2219.0						
1968	2254.0						
1969	2274.0						
1970	2606.0						
1971	2752.0						
1972	2744.0	2362.1	217.9	164.0	86.1	7.9	6.0
1973	2869.1	2485.6	220.2	163.3	86.6	7.7	5.7
1974	2894.0						
1975	2925.0						
1976							
1977							
1978	2969.8	2350.9	366.6	252.3	79.2	12.3	8.5
1979							
1980	3117.5	2458.1	382.5	276.9	78.9	12.3	8.9
1981	3192.4	2508.2	389.0	295.2	78.6	12.2	9.3
1982	3270.0	2520.8	442.2	307.0	77.1	13.5	9.4
1983	3795.1	2950.8	465.8	378.5	77.8	12.3	10.0
1984	3563.7	2509.1	528.8	525.8	70.4	14.8	14.8
1985	3561.1	2438.6	705.3	417.2	68.5	19.8	11.7
1986	3651.2	2431.1	776.0	444.1	66.6	21.3	12.2
1987	3765.7	2422.6	848.2	494.9	64.3	22.5	13.1
1988	3887.1	2474.5	905.1	507.5	63.7	23.3	13.1
1989	3940.3	2527.6	902.6	510.1	64.2	22.9	13.0
1990	4043.2	2585.7	922.5	535.0	64.0	22.8	13.2
1991	4219.3	2708.0	958.7	552.6	64.2	22.7	13.1
1992	4302.6	2705.1	1000.8	596.7	62.9	23.3	13.9
1993	4379.3	2689.9	1070.4	619.0	61.4	24.4	14.1
1994	4382.1	2541.6	1098.0	742.5	58.0	25.1	16.9
1995	5207.4	2832.3	1305.5	1069.6	54.4	25.1	20.5
1996	5227.4	2788.0	1286.1	1153.3	53.3	24.6	22.1
1997	5256.0	2812.5	1311.9	1131.6	53.5	25.0	21.5
1998	5287.6	2837.3	1245.8	1204.5	53.7	23.6	22.8
1999	5314.7	2811.7	1245.7	1257.3	52.9	23.4	23.7
2000	5441.8	2887.7	1286.0	1268.1	53.1	23.6	23.3
2001	5475.3	2863.6	1308.6	1303.1	52.3	23.9	23.8
2002	5527.0	2769.6	1375.1	1382.3	50.1	24.9	25.0
2003	5620.6	2638.3	1474.3	1508.0	46.9	26.2	26.8
2004	5728.1	2542.1	1581.0	1605.0	44.4	27.6	28.0

4－3 按城乡分的年底就业人员数

单位:万人

年份	总计	城镇						
		小计	#国有单位	#集体单位	#股份合作单位	#联营单位	#有限责任公司	#股份有限公司
1990	4043.2	788.9						
1991	4219.3	831.0						
1992	4302.6	871.4						
1993	4379.3	939.9	619.5	213.4		1.4		
1994	4382.1	822.8	648.7	203.6		1.2		
1995	5207.4	1620.9	678.4	201.9		1.0		
1996	5227.9	1627.0	685.4	200.4		1.4		
1997	5256.0	1636.1	690.4	193.6		1.4		
1998	5287.6	1661.4	612.1	134.8	12.5	3.1	20.3	34.5
1999	5314.7	1669.7	579.9	120.7	12.1	2.9	28.8	35.8
2000	5441.8	1825.2	555.1	105.3	12.1	2.7	43.3	37.4
2001	5475.3	1885.4	533.5	93.6	11.9	2.6	54.9	37.4
2002	5527.0	1948.6	504.5	83.9	12.2	2.0	71.0	40.8
2003	5620.6	2029.7	496.7	75.6	12.1	1.6	80.0	40.2
2004	5827.6	2140.4	492.5	68.8	11.5	1.4	89.8	41.6
济南市	294.2	102.9	47.3	7.2	0.9	0.4	12.8	4.0
青岛市	450.2	191.3	41.8	5.7	3.6	0.2	10.3	7.0
淄博市	222.5	68.9	34.3	4.0	0.7	0.3	2.6	3.8
枣庄市	204.0	47.9	25.4	4.4			0.6	0.5
东营市	99.7	46.4	23.4	2.8	0.3		3.5	1.7
烟台市	360.9	112.7	35.8	5.9	0.5	0.2	10.8	3.7
潍坊市	426.8	90.1	36.2	5.3	0.9	0.1	7.7	3.2
济宁市	419.3	76.3	44.9	4.1	0.8		4.2	2.1
泰安市	275.8	55.5	27.0	5.1	0.2		7.3	2.5
威海市	144.7	55.1	13.1	5.0	1.0	0.1	8.0	3.1
日照市	155.9	25.2	9.8	0.8	0.5		3.9	1.7
莱芜市	74.3	21.5	5.0	3.2			4.2	0.5
临沂市	580.6	82.3	35.1	3.4	1.0	0.1	3.4	3.2
德州市	287.2	65.7	25.4	3.8	0.4		2.2	1.8
聊城市	303.5	44.3	22.8	3.0	0.2	0.1	6.0	1.3
滨州市	198.1	35.2	24.8	2.1	0.2		0.7	0.5
菏泽市	424.0	46.3	27.9	2.7	0.2		1.0	1.0

4-3续表

单位:万人

年份	城镇				乡村			
	#私营企业	#港澳台商投资单位	#外商投资单位	#个体	小计	#乡镇企业	#私营企业	#个体
1990					3254.3			
1991					3388.3			
1992					3431.2			
1993	9.4	5.2	6.7	37.0	3439.4	1350.8	18.9	276.8
1994	18.3	6.9	12.5	61.5	3559.3	1481.6	31.9	352.2
1995	28.6	13.6	24.7	75.9	3587.3	1439.8	45.1	401.9
1996	39.0	12.7	25.9	87.8	3600.9	1369.6	52.2	428.7
1997	50.1	13.0	28.9	101.6	3620.0	1112.8	56.6	444.6
1998	78.5	11.0	28.0	125.9	3626.2	1198.5	63.8	514.7
1999	87.6	11.1	33.9	165.8	3644.5	1280.6	86.7	506.0
2000	105.3	11.9	38.7	110.0	3617.1	1311.6	108.8	165.5
2001	117.8	12.8	42.3	110.8	3589.9	1345.4	94.4	167.3
2002	152.2	14.0	50.1	122.5	3578.3	1447.3	101.1	175.4
2003	203.0	14.6	54.4	150.8	3590.8	1599.8	163.5	196.2
2004	228.9	16.3	60.7	164.5	3587.7	1627.8	161.2	180.1
济南市	11.8	0.8	2.8	14.3	191.31	112.0	12.7	14.0
青岛市	52.3	5.2	42.0	23.2	258.91	163.7	9.3	13.4
淄博市	14.2	0.7	1.4	6.9	153.62	105.0	11.0	5.2
枣庄市	6.6	0.5	0.4	9.3	156.12	72.9	4.1	7.4
东营市	8.1	0.2	0.1	6.3	53.28	39.8	4.2	4.4
烟台市	30.9	2.9	8.2	13.2	248.23	160.9	13.2	11.8
潍坊市	17.4	1.8	2.7	12.5	336.67	200.0	20.1	16.7
济宁市	8.5	0.5	0.7	10.5	343.02	136.0	10.0	9.9
泰安市	9.1	0.3	0.2	3.7	220.31	89.9	8.9	11.2
威海市	12.2	0.8	5.1	6.6	89.56	61.0	7.3	4.2
日照市	4.6	0.2	0.6	3.0	130.72	49.0	4.1	4.0
莱芜市	4.0		0.2	4.4	52.78	22.0	1.7	5.3
临沂市	16.0	0.9	0.4	18.7	498.33	94.9	10.6	28.7
德州市	13.7	0.3	0.2	17.8	221.51	135.0	27.8	18.8
聊城市	5.3	0.8	0.2	4.5	259.24	72.8	5.4	5.8
滨州市	3.9	0.4	0.2	2.4	162.92	214.0	4.6	5.7
菏泽市	5.9		0.3	7.1	377.66	146.8	4.4	13.4

4－4 分行业年底就业人员

（2004 年）

行　　业	总　计（万人）	城　镇就业人员	城镇单位就业人员	国有单位	城　镇集体单位	其他单位
总　　计	**5728.1**	**2140.4**	**792.1**	**492.5**	**68.8**	**230.8**
农、林、牧、渔业	2542.1	12.4	8.8	6.3	2	0.5
采矿业	71.6	61.9	60.7	50.4	3.8	6.5
制造业	1017.3	401.3	281.8	85.5	25.2	171.1
电力、燃气及水的生产和供应业	24.6	21.4	21.0	17.4	0.2	3.4
建筑业	467.4	60.3	43.7	16.3	10.5	16.9
交通运输、仓储和邮政业	204.5	41.2	30.7	23.7	1.6	5.4
信息传输、计算机服务和软件业	30.4	10.6	5.6	4.3		1.3
批发和零售业	431.9	199.1	39.0	18.1	9.5	11.4
住宿和餐饮业	129.5	34.8	8.8	5.1	0.9	2.8
金融业	29.2	25.1	25.1	13.9	5.3	5.9
房地产业	14.3	12.2	5.4	3.2	0.3	1.9
租赁和商务服务业	25.2	21.9	8.2	4.2	2.3	1.7
科学研究、技术服务和地质勘查业	8.6	7.4	7.4	6.7	0.1	0.6
水利、环境和公共设施管理业	12.6	10.8	10.8	10.1	0.3	0.4
居民服务和其他服务业	28.1	24.3	1.2	0.7	0.3	0.2
教　　育	122.6	105.7	105.7	104.7	0.8	0.2
卫生、社会保障和社会福利业	41.2	35.4	34.7	29.1	5.3	0.3
文化、体育和娱乐业	8.6	7.3	5.9	5.4	0.2	0.3
公共管理和社会组织	102.0	87.8	87.8	87.5	0.2	0.1
国际组织						
其　　他	416.4	4.7				

注：因劳动统计年报采用新行业划分标准（GB/T4754－2002），而农村经济调查队、工商行政管理局仍采用（GB/T4754－94），因此数据合并时行业分组仍保留了“其他”）。

4－4续表

（2004 年）

行　　业	私营企业	个　　体	乡　　村就业人员	私营企业	个　　体
总　　计	**228.9**	**164.5**	**3587.7**	**161.2**	**180.1**
农、林、牧、渔业	2.4	1.1	2180.1	5.4	4.5
采矿业	0.5	0.6		1.4	1.3
制造业	94.5	24.0	475.6	97.2	44.2
电力、燃气及水的生产和供应业	0.4			0.3	
建筑业	15.9	0.6	343.0	8.7	0.8
交通运输、仓储和邮政业	3.3	7.1	135.3	1.7	12.1
信息传输、计算机服务和软件业	4.0	1.0	15.6	2.5	0.3
批发和零售业	71.1	89.1	173.5	31.5	82.2
住宿和餐饮业	5.6	20.5	76.8	3.6	17.1
金融业					
房地产业	6.6	0.2		1.5	
租赁和商务服务业	12.1	1.7		3.0	0.5
科学研究、技术服务和地质勘查业					
水利、环境和公共设施管理业					
居民服务和其他服务业	6.5	16.6		4.3	14.4
教　　育					
卫生、社会保障和社会福利业	0.3	0.3			0.2
文化、体育和娱乐业	0.7	0.7		0.2	0.5
公共管理和社会组织					
国际组织					
其　　他	3.8	0.8	354.3	1.0	1.9

4－5 各市分行业年底在岗职工人数

(2004年)　　　　单位:万人

地　　区	总　计	农、林、牧、渔业	采矿业	制造业	电力、燃气及水的生产和供应业	建筑业	交通运输、仓储和邮政业	信息传输、计算机服务和软件业	批发和零售业	住宿和餐饮业
全省总计	**776.1**	**8.8**	**60.4**	**279.5**	**20.8**	**43.1**	**30.4**	**4.9**	**38.1**	**8.4**
济 南 市	75.2	0.3	0.7	24.6	1.9	11.2	2.6	0.6	3.8	1.1
青 岛 市	113.3	0.7	0.5	64.1	1.9	5.5	5.7	0.5	4.1	1.7
淄 博 市	47.2	0.5	3.6	21.3	1.3	2.9	0.9	0.5	2.1	0.4
枣 庄 市	31.6	0.5	8.1	6.1	0.9	0.8	0.7	0.2	1.7	0.1
东 营 市	31.4	0.5	15.7	4.8	0.2	1.4	0.7	0.1	0.7	0.3
烟 台 市	66.5	0.8	4.5	25.9	1.9	4.0	2.9	0.5	2.8	0.8
潍 坊 市	59.4	1.0	1.0	24.8	1.8	2.1	1.2	0.2	3.0	0.6
济 宁 市	55.8	0.6	12.1	12.0	1.9	1.4	1.4	0.3	3.3	0.5
泰 安 市	42.1	0.6	11.0	9.8	1.0	1.7	0.9	0.2	2.4	0.4
威 海 市	35.8	0.3	0.3	19.3	1.3	2.3	0.7	0.2	1.9	0.7
日 照 市	17.4	0.1	0.2	5.8	0.5	1.0	1.3	0.1	1.4	0.2
莱 芜 市	13.0		0.7	6.7	0.4	0.6	0.3	0.1	0.5	0.1
临 沂 市	46.3	1.0	1.4	11.7	1.1	2.0	1.1	0.2	2.8	0.3
德 州 市	33.4	0.4	0.1	11.0	1.5	1.8	0.7	0.3	2.1	0.3
聊 城 市	33.5	0.4		11.8	1.5	1.5	1.1	0.2	1.8	0.3
滨 州 市	28.7	0.4	0.3	15.8	0.5	0.7	0.2	0.1	1.1	0.1
菏 泽 市	32.2	0.7	0.1	3.7	1.2	0.9	1.0	0.2	2.3	0.3

注:1998年及以后为在岗职工数(以下各表同)。

4－5续表　　　　(2004年)　　　　单位:万人

地　　区	金融业	房地产业	租赁和商务服务业	科学研究、技术服务和地质勘查业	水利、环境和公共设施管理业	居民服务和其他服务业	教　育	卫生、社会保障和社会福利业	文化、体育和娱乐业	公共管理和社会组织	国际组织
全省总计	**18.7**	**5.2**	**8.0**	**7.2**	**10.4**	**1.1**	**104.3**	**33.9**	**5.7**	**87.2**	
济 南 市	2.5	0.9	0.6	1.8	1.2	0.1	8.7	3.6	1.3	7.5	
青 岛 市	2.3	1.2	1.5	1.2	1.4	0.2	9.7	3.7	0.8	6.6	
淄 博 市	1.0	0.2	0.2	0.3	0.5		5.1	1.9	0.3	4.2	
枣 庄 市	0.8	0.3	1.5	0.2	0.6		4.3	1.3	0.1	3.4	
东 营 市	0.4	0.1	0.6	0.1	0.2		2.2	0.6	0.1	2.7	
烟 台 市	1.9	0.7	0.6	0.8	0.9	0.1	8.5	2.8	0.5	5.6	
潍 坊 市	1.4	0.2	0.4	0.4	0.6	0.1	10.5	2.8	0.3	7.0	
济 宁 市	1.2	0.2	0.6	0.3	1.0	0.1	8.5	2.6	0.4	7.4	
泰 安 市	0.8	0.2	0.1	0.4	0.7	0.1	6.1	1.9	0.2	3.6	
威 海 市	0.7	0.3	0.2	0.2	0.4	0.1	2.9	1.2	0.2	2.6	
日 照 市	0.4	0.2	0.1	0.1	0.2		2.7	0.7	0.1	2.3	
莱 芜 市	0.3				0.1		1.5	0.4		1.3	
临 沂 市	1.4	0.1	0.6	0.3	0.9		10.0	3.0	0.4	8.0	
德 州 市	1.2	0.1	0.2	0.2	0.4		5.6	1.6	0.1	5.8	
聊 城 市	0.8	0.3	0.3	0.1	0.3		5.6	1.8	0.3	5.4	
滨 州 市	0.5		0.1	0.1	0.3		3.6	1.2	0.1	3.6	
菏 泽 市	1.0	0.1	0.2	0.2	0.8		8.7	2.5	0.4	7.9	

4-6 分登记注册类型和细行业年底在岗职工人数

(2004年) 单位:万人

类　　别	总　　计	国有单位	城镇集体单位	其他单位
总　　计	**776.1**	**483.6**	**67.2**	**225.4**
按企、事业和机关分				
企　业	513.4	228.8	59.8	224.8
事　业	185.5	177.9	7.0	0.6
机　关	77.3	76.9	0.4	
按国民经济行业分				
农、林、牧、渔业	**8.8**	**6.2**	**2.0**	**0.6**
农　业	0.8	0.6	0.1	0.1
林　业	0.8	0.8		
畜牧业	0.3	0.2		0.1
渔　业	0.7	0.5		0.2
农、林、牧、渔服务业	6.2	4.1	1.8	0.3
采矿业	**60.4**	**50.0**	**3.8**	**6.5**
煤炭开采和洗选业	38.0	29.8	2.9	5.3
石油和天然气开采业	15.7	15.6		0.1
黑色金属矿采选业	1.2	1.2		
有色金属矿采选业	3.6	2.7	0.5	0.3
非金属矿采选业	1.9	0.8	0.4	0.7
其他采矿业				
制造业	**279.6**	**84.9**	**24.9**	**169.7**
农副食品加工业	14.9	4.6	0.7	9.5
食品制造业	5.6	1.9	0.2	3.6
饮料制造业	8.1	2.9	0.1	5.1
烟草制品业	1.0	0.8		0.2
纺织业	48.2	21.9	3.8	22.5
纺织服装、鞋、帽制造业	18.5	0.9	2.2	15.3
皮革、毛皮、羽毛(绒)及其制品业	11.0	0.2	0.6	10.2
木材加工及木、竹、藤、棕、草制品业	1.0	0.3		0.7
家具制造业	1.6	0.1	0.3	1.3
造纸及纸制品业	8.0	2.2	0.5	5.3
印刷业和记录媒介的复制	2.6	1.1	0.4	1.1
文教体育用品制造业	5.1	0.1	0.1	4.8
石油加工、炼焦及核燃料加工业	4.1	3.1	0.1	0.9
化学原料及化学制品制造业	20.5	9.4	1.4	9.7
医药制造业	6.6	2.1	0.4	4.1
化学纤维制造业	1.8	0.6	0.2	0.9
橡胶制品业	4.8	0.7	0.6	3.5
塑料制品业	4.6	0.5	0.6	3.4
非金属矿物制品业	15.0	5.7	1.5	7.9
黑色金属冶炼及压延加工业	10.3	4.0	2.1	4.3
有色金属冶炼及压延加工业	3.1	1.9	0.4	0.8
金属制品业	6.6	0.6	1.3	4.7
通用设备制造业	18.2	5.6	1.4	11.2
专用设备制造业	15.3	4.5	1.8	9.0
交通运输设备制造业	12.9	6.4	0.7	5.7

4-6续表1

(2004年)

单位:万人

类　　别	总　计	国有单位	城镇集体单位	其他单位
电气机械及器材制造业	11.0	1.7	1.6	7.8
通信设备、计算机及其他电子设备制造业	10.4	0.5	0.2	9.7
仪器仪表及文化、办公用机械制造业	1.9	0.4	0.3	1.3
工艺品及其他制造业	6.8	0.3	1.4	5.1
废弃资源和废旧材料回收加工业				
电力、燃气及水的生产和供应业	**20.0**	**17.2**	**0.2**	**3.4**
电力、热力的生产和供应业	15.9	12.9	0.2	2.8
燃气生产和供应业	1.3	1.0		0.3
水的生产和供应业	3.6	3.3		0.3
建筑业	**43.1**	**16.3**	**10.2**	**16.6**
房屋和土木工程建筑业	36.3	13.6	9.1	13.6
建筑安装业	5.3	2.2	0.6	2.4
建筑装饰业	0.9	0.2	0.2	0.6
其他建筑业	0.6	0.3	0.2	
交通运输、仓储和邮政业	**30.4**	**23.4**	**1.6**	**5.4**
铁路运输业	6.4	6.4		
道路运输业	10.3	7.0	1.2	2.0
城市公共交通业	3.7	2.2		1.5
水上运输业	4.9	3.6	0.1	1.2
航空运输业	0.7	0.3		0.4
管道运输业	0.1	0.1		
装卸搬运和其他运输服务业	0.9	0.7	0.1	0.1
仓储业	1.2	0.9	0.1	0.2
邮政业	2.2	2.2		
信息传输、计算机服务和软件业	**4.9**	**3.8**		**1.0**
电信和其他信息传输服务业	4.7	3.7		0.9
计算机服务业	0.1	0.1		
软件业	0.1			0.1
批发和零售业	**38.1**	**17.9**	**9.2**	**11.1**
批发业	19.9	11.9	4.1	4.0
零售业	18.2	6.0	5.1	7.1
住宿和餐饮业	**8.4**	**5.0**	**0.9**	**2.6**
住宿业	5.9	3.9	0.6	1.4
餐饮业	2.5	1.1	0.3	1.2
金融业	**18.7**	**10.7**	**4.8**	**3.1**
银行业	15.6	9.3	4.7	1.6
证券业	0.2			0.2
保险业	2.4	1.1		1.3
其他金融活动	0.4	0.2	0.1	0.1
房地产业	**5.2**	**3.1**	**0.3**	**1.8**
#房地产开发经营	3.3	1.6	0.2	1.5
物业管理	1.0	0.7	0.1	0.2
房地产中介服务	0.2	0.1		
租赁和商务服务业	**8.0**	**4.0**	**2.3**	**1.7**
租赁业	0.2	0.1		0.1

4－6续表2 (2004年) 单位:万人

类别	总计	国有单位	城镇集体单位	其他单位
商务服务业	7.8	4.0	2.2	1.7
科学研究、技术服务和地质勘查业	**7.2**	**6.5**	**0.1**	**0.6**
研究与试验发展	1.9	1.8		0.1
#自然科学研究与试验发展	0.8	0.8		
工程和技术研究与试验发展	0.4	0.4		
农业科学研究与试验发展	0.3	0.3		
医学研究与试验发展	0.1	0.1		
社会人文科学研究与试验发展	0.2	0.2		
专业技术服务业	3.9	3.3	0.1	0.5
#气象服务	0.2	0.2		
地震服务	0.1	0.1		
海洋服务	0.1	0.1		
测绘服务	0.2	0.2		
技术检测	0.8	0.8		
环境监测	0.3	0.3		
工程技术与规划管理	2.1	1.6		0.5
科技交流和推广服务业	0.4	0.3		
地质勘查业	1.1	1.1		
水利、环境和公共设施管理业	**10.4**	**9.8**	**0.3**	**0.3**
水利管理业	2.9	2.9		
环境管理业	4.0	3.6	0.3	0.2
公共设施管理业	3.6	3.3	0.1	0.2
居民服务和其他服务业	1.1	0.7	0.3	0.1
居民服务业	0.6	0.5		0.1
其他服务业	0.5	0.2	0.2	0.1
教育	**104.3**	**103.3**	**0.8**	**0.2**
#初等教育	41.0	40.7	0.3	
中等教育	52.6	52.2	0.3	0.1
高等教育	7.4	7.4		
卫生、社会保障和社会福利业	**33.9**	**28.6**	**5.0**	**0.3**
卫生	32.7	27.4	5.0	0.3
社会保障业	0.7	0.7		
社会福利业	0.5	0.5		
文化、体育和娱乐业	**5.7**	**5.3**	**0.2**	**0.2**
新闻出版业	1.1	1.1		
广播、电视、电影和音像业	1.9	1.8	0.1	
文化艺术业	2.1	1.9	0.1	0.1
体育	0.4	0.4		
娱乐业	0.2	0.1		0.1
公共管理和社会组织	**87.2**	**86.9**	**0.2**	
#中国共产党机关	3.0	3.0		
国家机构	82.8	82.7	0.2	
人民政协和民主党派	0.4	0.4		
群众团体、社会团体和宗教组织	0.8	0.8		
国际组织				

4－7 国有单位分行业年底在岗职工人数

（2004年）　　单位：万人

地　区	总　计	农、林、牧、渔业	采矿业	制造业	电力、燃气及水的生产和供应业	建筑业	交通运输、仓储和邮政业	信息传输、计算机服务和软件业	批发和零售业	住宿和餐饮业
全省总计	**483.6**	**6.2**	**50.0**	**84.9**	**17.2**	**16.3**	**23.4**	**3.8**	**17.9**	**5.0**
济南市	46.5	0.3	0.2	8.5	1.7	4.3	2.1	0.5	1.7	0.6
青岛市	40.9	0.3	0.2	6.2	1.3	2.6	3.0	0.2	1.0	0.7
淄博市	34.0	0.2	3.5	11.5	1.0	2.5	0.6	0.5	1.1	0.3
枣庄市	25.0	0.4	7.4	3.5	0.8	0.3	0.6	0.2	1.2	0.1
东营市	23.1	0.3	13.6	0.5	0.2	0.1	0.2	0.1	0.2	0.1
烟台市	35.0	0.7	3.5	4.5	1.4	0.7	2.5	0.4	1.1	0.5
潍坊市	35.5	0.7	0.4	7.1	1.6	0.6	1.1	0.2	1.2	0.3
济宁市	43.8	0.4	10.8	6.0	1.4	0.5	1.2	0.2	1.9	0.4
泰安市	26.8	0.6	5.9	3.7	0.8	0.7	0.6	0.2	1.0	0.2
威海市	13.0	0.2	0.2	2.1	1.1	0.2	0.5	0.1	0.5	0.5
日照市	9.7	0.1	0.1	1.6	0.3	0.4	0.3		0.6	
莱芜市	5.0		0.5	0.3	0.2	0.1	0.2		0.2	0.1
临沂市	34.2	0.9	1.3	3.9	1.0	0.8	0.9	0.2	1.6	0.2
德州市	24.9	0.2	0.1	6.7	1.3	0.7	0.5	0.3	1.2	0.2
聊城市	22.1	0.2		3.5	1.4	0.6	1.0	0.1	1.0	0.2
滨州市	24.5	0.2	0.3	13.3	0.5	0.2	0.2	0.1	0.6	0.1
菏泽市	27.3	0.4	0.1	1.7	1.2	0.4	1.0	0.2	1.5	0.2

4－7续表　　（2004年）　　单位：万人

地　区	金融业	房地产业	租赁和商务服务业	科学研究、技术服务和地质勘查业	水利、环境和公共设施管理业	居民服务和其他服务业	教　育	卫生、社会保障和社会福利业	文化、体育和娱乐业	公共管理和社会组织	国际组织
全省总计	**10.7**	**3.1**	**4.0**	**6.5**	**9.8**	**0.7**	**103.3**	**28.6**	**5.3**	**86.9**	
济南市	1.7	0.6	0.4	1.8	1.2	0.1	8.7	3.3	1.3	7.5	
青岛市	1.6	0.6	0.7	0.9	1.2	0.1	9.6	3.2	0.7	6.6	
淄博市	0.6	0.2	0.2	0.2	0.5		4.9	1.7	0.3	4.2	
枣庄市	0.4	0.3	0.2	0.2	0.6		4.3	1.1	0.1	3.4	
东营市	0.2				0.2		2.2	0.5	0.1	2.7	
烟台市	1.0	0.3	0.3	0.6	0.7	0.1	8.4	2.2	0.4	5.5	
潍坊市	0.7	0.2	0.3	0.3	0.5	0.1	10.5	2.5	0.3	7.0	
济宁市	0.8	0.2	0.4	0.3	0.9	0.1	8.4	2.1	0.4	7.4	
泰安市	0.4	0.1	0.1	0.4	0.6		6.1	1.7	0.2	3.6	
威海市	0.4	0.1	0.1	0.1	0.4		2.9	0.9	0.2	2.6	
日照市	0.2	0.1	0.1	0.1	0.2		2.7	0.6	0.1	2.3	
莱芜市	0.2				0.1		1.5	0.3		1.3	
临沂市	0.6	0.1	0.5	0.3	0.9		10.0	2.5	0.4	8.0	
德州市	0.5	0.1	0.1	0.2	0.4		5.2	1.3	0.1	5.8	
聊城市	0.5	0.1	0.2	0.1	0.3		5.6	1.6	0.2	5.4	
滨州市	0.3		0.1	0.1	0.2		3.6	1.1	0.1	3.6	
菏泽市	0.5	0.1	0.2	0.2	0.8		8.7	1.9	0.3	7.9	

4-8 城镇集体单位分行业年底在岗职工人数

(2004年)　　单位:万人

地　　区	总　计	农、林、牧、渔业	采矿业	制造业	电力、燃气及水的生产和供应业	建筑业	交通运输、仓储和邮政业	信息传输、计算机服务和软件业	批发和零售业	住宿和餐饮业
全省总计	**67.2**	**2.0**	**3.8**	**24.9**	**0.2**	**10.2**	**1.6**		**9.2**	**0.9**
济南市	7.0		0.3	2.4		2.5	0.1		0.7	0.3
青岛市	5.6	0.1	0.1	2.3		0.8	0.2		0.5	0.1
淄博市	3.8	0.3		2.1		0.3			0.6	
枣庄市	4.3	0.1	0.5	0.9	0.1	0.4	0.1		0.4	
东营市	2.7	0.2		1.4		0.4	0.3		0.2	
烟台市	5.4		0.5	2.3		0.5	0.1		0.7	
潍坊市	5.3	0.2	0.2	2.5		0.6	0.1		0.7	0.1
济宁市	3.9	0.1		0.8		0.9	0.2		0.8	0.1
泰安市	4.9		2.0	1.0		0.5	0.1		0.7	
威海市	4.7		0.1	2.7		0.5	0.1		0.7	0.1
日照市	0.8			0.1		0.3			0.2	
莱芜市	3.2		0.1	2.5		0.2			0.1	
临沂市	3.4	0.1		0.6		0.5	0.1		0.8	
德州市	3.7	0.2		1.3		0.2	0.1		0.6	
聊城市	2.9	0.1		1.0		0.5	0.1		0.6	
滨州市	2.0	0.2		0.6		0.5			0.3	
菏泽市	2.6	0.3		0.3		0.5			0.6	

4-8续表　　(2004年)　　单位:万人

地　　区	金融业	房地产业	租赁和商务服务业	科学研究、技术服务和地质勘查业	水利、环境和公共设施管理业	居民服务和其他服务业	教　育	卫生、社会保障和社会福利业	文化、体育和娱乐业	公共管理和社会组织	国际组织
全省总计	**4.8**	**0.3**	**2.3**	**0.1**	**0.3**	**0.3**	**0.8**	**5.0**	**0.2**	**0.2**	
济南市	0.2	0.1	0.1					0.3			
青岛市	0.3	0.1	0.3		0.1	0.1	0.1	0.5			
淄博市	0.2						0.1	0.2			
枣庄市	0.2		1.3					0.3			
东营市	0.1							0.1			
烟台市	0.5		0.1				0.1	0.5		0.1	
潍坊市	0.5				0.1			0.3			
济宁市	0.4		0.1		0.1			0.4			
泰安市	0.3					0.1		0.2			
威海市	0.2							0.3			
日照市	0.1							0.1			
莱芜市	0.1							0.2			
临沂市	0.6		0.1					0.5	0.1		
德州市	0.4		0.1				0.4	0.4			
聊城市	0.3		0.1					0.2			
滨州市	0.2							0.1		0.1	
菏泽市	0.5							0.4			

4－9 其他单位分行业年底从业人员数和劳动报酬

(2004年)

类别	从业人员（万人）	#女性	#在岗职工	#专业技术人员
总计	**230.8**	**110.7**	**225.4**	**33.2**
按登记注册类型分				
内资	148.8	59.1	144.9	24.8
#股份合作单位	11.5	5.1	11.3	1.9
联营单位	1.4	0.6	1.4	0.2
有限责任公司	89.8	33.5	88.8	14.8
股份有限公司	41.6	17.3	38.8	7.2
其他	4.5	2.6	4.5	0.7
港澳台商投资	16.3	8.4	15.8	2.3
外商投资	65.7	43.2	64.7	6.1
按国民经济行业分				
农、林、牧、渔业	0.6	0.2	0.6	0.1
采矿业	6.5	1.3	6.5	1.0
制造业	171.2	89.8	169.7	20.9
电力、燃气及水的生产和供应业	3.4	1.1	3.4	0.8
建筑业	16.9	2.2	16.6	3.2
交通运输、仓储和邮政业	5.5	1.9	5.4	1.2
信息传输、计算机服务和软件业	1.3	0.5	1.0	0.5
批发和零售业	11.3	6.7	11.1	2.1
住宿和餐饮业	2.7	1.5	2.6	0.5
金融业	5.9	3.3	3.1	1.2
房地产业	1.9	0.6	1.8	0.6
租赁和商务服务业	1.8	0.7	1.7	0.5
科学研究、技术服务和地质勘查业	0.7	0.2	0.6	0.4
水利、环境和公共设施管理业	0.3	0.2	0.3	
居民服务和其他服务业	0.1	0.1	0.1	
教育	0.2	0.1	0.2	0.1
卫生、社会保障和社会福利业	0.3	0.2	0.3	0.2
文化、体育和娱乐业	0.2	0.1	0.2	
公共管理和社会组织				
国际组织				

4－9续表　　(2004年)

类　　别	从业人员劳动报酬(万元)	#在岗职工工资总额	从业人员人均劳动报酬(元)	#在岗职工平均工资
总　　计	**2807761**	**2674690**	**12325**	**12025**
按登记注册类型分				
内　　资	1740441	1699506	11777	11817
#股份合作单位	102013	100514	9045	9023
联营单位	17267	16842	12202	12194
有限责任公司	1087976	1075481	12155	12154
股份有限公司	494434	468354	11929	12096
其他	38751	38314	9361	9358
港澳台商投资	203220	193736	12558	12317
外商投资	864101	781449	13535	12429
按国民经济行业分				
农、林、牧、渔业	5562	5436	9210	9044
采矿业	99266	97557	15162	14991
制造业	1939764	1852807	11507	11087
电力、燃气及水的生产和供应业	72894	72709	21773	21850
建筑业	201037	198014	12027	12098
交通运输、仓储和邮政业	108615	107764	19805	19708
信息传输、计算机服务和软件业	31583	29062	29953	32438
批发和零售业	119195	116317	10472	10397
住宿和餐饮业	30664	27932	11184	10783
金融业	110586	83521	18789	26977
房地产业	31699	30399	16970	16967
租赁和商务服务业	26213	25617	15204	15196
科学研究、技术服务和地质勘查业	12950	11792	19941	19372
水利、环境和公共设施管理业	3091	2810	9282	8858
居民服务和其他服务业	1514	1457	10602	10502
教　育	4057	3154	19859	17143
卫生、社会保障和社会福利业	4514	4376	15332	15316
文化、体育和娱乐业	4486	3896	17427	15752
公共管理和社会组织	71	71	16181	16181
国际组织				

4－10 分登记注册类型和细行业女性年底就业人员

(2004 年)　　　　单位:万人

项　　目	总　计	国有单位	城镇集体单位	其他单位
总　　计	**318.8**	**179.1**	**29.1**	**110.7**
按企、事业和机关分				
企　业	219.0	83.4	25.3	110.3
事　业	81.3	77.3	3.7	0.3
机　关	18.5	18.4	0.1	
按国民经济行业分				
农、林、牧、渔业	**2.7**	**1.7**	**0.8**	**0.2**
农　业	0.3	0.2	0.1	
林　业	0.2	0.2		
畜牧业	0.1	0.1		
渔　业	0.1	0.1		
农、林、牧、渔服务业	2.0	1.1	0.7	0.1
采矿业	**16.4**	**13.4**	**1.8**	**1.3**
煤炭开采和洗选业	10.1	7.5	1.6	1.0
石油和天然气开采业	4.8	4.8		
黑色金属矿采选业	0.2	0.2		
有色金属矿采选业	0.8	0.6	0.1	0.1
非金属矿采选业	0.4	0.2	0.1	0.1
其他采矿业				
制造业	**140.1**	**37.8**	**12.4**	**89.8**
农副食品加工业	7.6	2.1	0.3	5.1
食品制造业	3.0	0.8	0.1	2.1
饮料制造业	3.5	1.4		2.1
烟草制品业	0.4	0.3		0.1
纺织业	33.3	15.2	2.6	15.5
纺织服装、鞋、帽制造业	14.5	0.6	1.6	12.2
皮革、毛皮、羽毛(绒)及其制品业	8.9	0.1	0.3	8.4
木材加工及木、竹、藤、棕、草制品业	0.4	0.1		0.2
家具制造业	0.6	0.0	0.1	0.5
造纸及纸制品业	3.0	0.9	0.2	2.0
印刷业和记录媒介的复制	1.3	0.5	0.2	0.6
文教体育用品制造业	3.9	0.1	0.1	3.7
石油加工、炼焦及核燃料加工业	1.4	1.0	0.1	0.3
化学原料及化学制品制造业	7.3	3.3	0.7	3.3
医药制造业	3.3	1.0	0.2	2.1
化学纤维制造业	0.8	0.3		0.5
橡胶制品业	2.0	0.3	0.3	1.4
塑料制品业	2.4	0.2	0.3	1.9
非金属矿物制品业	5.1	1.9	0.6	2.6
黑色金属冶炼及压延加工业	2.7	0.9	0.6	1.1
有色金属冶炼及压延加工业	1.0	0.6	0.1	0.2
金属制品业	2.2	0.2	0.6	1.4
通用设备制造业	5.5	1.7	0.5	3.3
专用设备制造业	4.6	1.3	0.7	2.6
交通运输设备制造业	4.2	1.8	0.3	2.1

4－10续表1　　（2004年）　　单位:万人

项　　目	总　　计	国有单位	城镇集体单位	其他单位
电气机械及器材制造业	5.0	0.5	0.6	3.8
通信设备、计算机及其他电子设备制造业	6.5	0.2	0.1	6.2
仪器仪表及文化、办公用机械制造业	0.8	0.2	0.1	0.6
工艺品及其他制造业	4.9	0.2	0.9	3.8
废弃资源和废旧材料回收加工业				
电力、燃气及水的生产和供应业	**6.5**	**5.4**	**0.1**	**1.1**
电力、热力的生产和供应业	4.5	3.6	0.1	0.9
燃气生产和供应业	0.5	0.4		0.1
水的生产和供应业	1.5	1.4		0.1
建筑业	**6.5**	**2.5**	**1.8**	**2.2**
房屋和土木工程建筑业	4.9	1.9	1.5	1.5
建筑安装业	1.3	0.5	0.2	0.6
建筑装饰业	0.2	0.1		0.1
其他建筑业	0.1	0.1	0.1	0.0
交通运输、仓储和邮政业	**8.6**	**6.1**	**0.6**	**1.9**
铁路运输业	0.9	0.9		
道路运输业	3.3	2.2	0.4	0.7
城市公共交通业	1.5	0.9		0.6
水上运输业	0.9	0.6		0.3
航空运输业	0.2	0.1		0.1
管道运输业				
装卸搬运和其他运输服务业	0.3	0.2		0.1
仓储业	0.4	0.3		0.1
邮政业	0.9	0.9		
信息传输、计算机服务和软件业	**2.1**	**1.5**		**0.5**
电信和其他信息传输服务业	2.0	1.5		0.5
计算机服务业				
软件业				
批发和零售业	**18.7**	**7.8**	**4.2**	**6.7**
批发业	8.0	4.6	1.6	1.8
零售业	10.8	3.3	2.6	4.9
住宿和餐饮业	**4.6**	**2.7**	**0.5**	**1.5**
住宿业	3.2	2.1	0.3	0.8
餐饮业	1.4	0.6	0.2	0.7
金融业	**11.7**	**6.2**	**2.2**	**3.3**
银行业	6.7	3.9	2.1	0.8
证券业	0.1			0.1
保险业	4.7	2.2		2.5
其他金融活动	0.2	0.1	0.1	0.1
房地产业	**1.9**	**1.1**	**0.1**	**0.6**
#房地产开发经营	1.2	0.6	0.1	0.5
物业管理	0.4	0.3		0.1
房地产中介服务	0.1	0.1		
租赁和商务服务业	**2.8**	**1.2**	**0.9**	**0.7**
租赁业	0.1			

4－10续表2　　(2004年)　　单位:万人

项　　目	总　计	国有单位	城镇集体单位	其他单位
商务服务业	2.8	1.2	0.9	0.7
科学研究、技术服务和地质勘查业	**2.2**	**2.0**		**0.2**
研究与试验发展	0.6	0.6		
#自然科学研究与试验发展	0.2	0.2		
工程和技术研究与试验发展	0.1	0.1		
农业科学研究与试验发展	0.1	0.1		
医学研究与试验发展	0.1	0.1		
社会人文科学研究与试验发展	0.1	0.1		
专业技术服务业	1.2	1.0		0.2
#气象服务	0.1	0.1		
地震服务				
海洋服务				
测绘服务	0.1	0.1		
技术检测	0.3	0.2		
环境监测	0.1	0.1		
工程技术与规划管理	0.6	0.5		0.1
科技交流和推广服务业	0.1	0.1		
地质勘查业	0.3	0.3		
水利、环境和公共设施管理业	**4.2**	**3.9**	**0.2**	**0.2**
水利管理业	0.7	0.7		
环境管理业	2.1	1.8	0.2	0.1
公共设施管理业	1.4	1.3		
居民服务和其他服务业	**0.4**	**0.2**	**0.1**	**0.1**
居民服务业	0.2	0.2		
其他服务业	0.2	0.1	0.1	
教　育	**45.4**	**44.8**	**0.5**	**0.1**
#初等教育	18.5	18.4	0.1	
中等教育	21.9	21.7	0.1	0.1
高等教育	3.0	3.0		
卫生、社会保障和社会福利业	**20.0**	**17.0**	**2.8**	**0.2**
卫　生	19.5	16.5	2.8	0.2
社会保障业	0.3	0.3		
社会福利业	0.2	0.2		
文化、体育和娱乐业	**2.3**	**2.1**	**0.1**	**0.1**
新闻出版业	0.4	0.4		
广播、电视、电影和音像业	0.7	0.6		
文化艺术业	0.9	0.9	0.1	
体　育	0.2	0.2		
娱乐业	0.1			0.1
公共管理和社会组织	**21.7**	**21.5**	**0.1**	**0.1**
#中国共产党机关	0.5	0.5		
国家机构	20.8	20.7		
人民政协和民主党派	0.1	0.1		
群众团体、社会团体和宗教组织	0.3	0.3		
国际组织				

4－11 各市分行业专业技术人员年末人数

(2004年)　　单位:万人

地　　区	总　计	农、林、牧、渔业	采矿业	制造业	电力、燃气及水的生产和供应业	建筑业	交通运输、仓储和邮政业	信息传输、计算机服务和软件业	批发和零售业	住宿和餐饮业
全省总计	**232.9**	**2.9**	**9.4**	**35.6**	**5.4**	**9.0**	**6.1**	**1.9**	**7.4**	**1.1**
济 南 市	23.7	0.2		4.4	0.5	2.2	0.6	0.3	0.8	0.1
青 岛 市	29.9	0.2	0.1	7.6	0.7	1.4	1.4	0.3	1.2	0.2
淄 博 市	13.5	0.1	0.6	3.4	0.3	0.7	0.2	0.1	0.4	
枣 庄 市	8.7	0.1	0.9	0.9	0.2	0.2	0.2	0.1	0.3	
东 营 市	7.5	0.1	3.0	0.7		0.1	0.1		0.1	0.1
烟 台 市	20.0	0.3	0.6	3.2	0.4	0.7	0.7	0.2	0.6	0.1
潍 坊 市	20.1	0.3	0.1	3.2	0.5	0.5	0.2	0.1	0.6	0.1
济 宁 市	18.1	0.2	1.9	1.9	0.6	0.4	0.3	0.1	0.6	
泰 安 市	13.7	0.3	1.7	1.5	0.3	0.4	0.2	0.1	0.4	0.1
威 海 市	6.5	0.1		1.6	0.2	0.4	0.2	0.1	0.2	0.1
日 照 市	5.8			0.7	0.2	0.2	0.3		0.2	
莱 芜 市	3.8		0.1	1.0	0.1	0.1			0.1	
临 沂 市	17.9	0.5	0.2	1.6	0.3	0.4	0.2	0.1	0.5	
德 州 市	9.8	0.1		1.5	0.4	0.4	0.2	0.1	0.4	
聊 城 市	10.4	0.1		1.1	0.3	0.2	0.2	0.1	0.4	
滨 州 市	7.2	0.1		0.8	0.1	0.2	0.1		0.2	
菏 泽 市	13.8	0.2		0.5	0.4	0.2	0.2		0.4	

4－11续表　　(2004年)　　单位:万人

地　　区	金融业	房地产业	租赁和商务服务业	科学研究、技术服务和地质勘查业	水利、环境和公共设施管理业	居民服务和其他服务业	教　育	卫生、社会保障和社会福利业	文化、体育和娱乐业	公共管理和社会组织	国际组织
全省总计	**10.0**	**1.8**	**1.8**	**4.4**	**2.2**	**0.2**	**89.6**	**26.4**	**3.0**	**14.6**	
济 南 市	1.2	0.3	0.2	1.2	0.3		7.3	2.6	0.8	0.9	
青 岛 市	1.6	0.5	0.5	0.8	0.3		8.7	2.9	0.4	1.1	
淄 博 市	0.7	0.1	0.1	0.2	0.1		4.1	1.6	0.2	0.6	
枣 庄 市	0.4	0.1		0.1	0.1		3.7	1.1	0.1	0.3	
东 营 市	0.2						1.8	0.5		0.6	
烟 台 市	1.1	0.2	0.2	0.5	0.2		7.4	2.2	0.3	1.0	
潍 坊 市	0.7	0.1	0.1	0.2	0.2		9.5	2.1	0.2	1.5	
济 宁 市	0.6	0.1	0.1	0.2	0.2		7.5	2.0	0.2	1.4	
泰 安 市	0.5	0.1	0.0	0.2	0.1		5.4	1.6	0.1	0.8	
威 海 市	0.4	0.1	0.1	0.1			1.8	0.9	0.1	0.3	
日 照 市	0.2			0.1	0.1		2.6	0.6	0.1	0.4	
莱 芜 市	0.1						1.4	0.3		0.3	
临 沂 市	0.6	0.1	0.1	0.2	0.2		8.9	2.2	0.2	1.5	
德 州 市	0.3		0.1	0.1	0.1		4.1	1.2	0.1	0.8	
聊 城 市	0.5	0.1	0.1	0.1	0.1		4.9	1.4	0.1	0.8	
滨 州 市	0.3			0.1	0.1		3.1	1.0	0.1	0.9	
菏 泽 市	0.5			0.2	0.1		7.7	2.0	0.2	1.1	

4－12 各市私营企业年底就业人员数

（2004年）

地区	户数（户）	就业人数（万人）	#投资者	城镇就业人数（万人）	#投资者	乡村就业人数（万人）	#投资者
全省总计	**276111**	**390.2**	**78.2**	**228.9**	**52.9**	**161.2**	**25.3**
济南市	25958	24.5	5.8	11.8	2.5	12.7	3.3
青岛市	58940	61.6	15.7	52.3	13.6	9.3	2.1
淄博市	18953	25.2	6.0	14.2	4.1	11.0	1.9
枣庄市	6193	10.7	2.2	6.6	1.6	4.1	0.6
东营市	8914	12.3	2.7	8.1	1.9	4.2	0.8
烟台市	31205	44.1	10.2	30.9	8.3	13.2	1.9
潍坊市	21892	37.5	5.9	17.4	3.2	20.1	2.7
济宁市	13075	18.5	3.6	8.5	2.4	10.0	1.2
泰安市	9408	18.0	2.8	9.1	1.8	8.9	1.0
威海市	12395	19.5	3.1	12.2	1.8	7.3	1.3
日照市	5251	8.7	1.5	4.6	1.1	4.1	0.4
莱芜市	4776	5.7	1.0	4.0	0.7	1.7	0.3
临沂市	18263	26.6	5.6	16.0	3.6	10.6	2.0
德州市	18251	41.5	4.8	13.7	1.7	27.8	3.1
聊城市	7332	10.7	1.9	5.3	1.2	5.4	0.7
滨州市	4979	8.5	1.6	3.9	0.8	4.6	0.8
菏泽市	7600	10.3	1.8	5.9	1.1	4.4	0.7

4－13 各市个体年底就业人员数

（2004年）

地区	个体户数（户）	个体就业人数（万人）	城镇就业人数（万人）	乡村就业人数（万人）
全省总计	**1659869**	**344.5**	**164.5**	**180.0**
济南市	121017	28.3	14.3	14.0
青岛市	238840	36.6	23.2	13.4
淄博市	65416	12.1	6.9	5.2
枣庄市	75248	16.7	9.3	7.4
东营市	46919	10.7	6.3	4.4
烟台市	129942	25.0	13.2	11.8
潍坊市	143651	29.2	12.5	16.7
济宁市	108324	20.4	10.5	9.9
泰安市	72381	14.9	3.7	11.2
威海市	56734	10.8	6.6	4.2
日照市	37483	7.0	3.0	4.0
莱芜市	34922	9.7	4.4	5.3
临沂市	181242	47.4	18.7	28.7
德州市	148418	36.6	17.8	18.8
聊城市	57920	10.3	4.5	5.8
滨州市	37659	8.1	2.4	5.7
菏泽市	103753	20.5	7.1	13.4

4－14 职工工资总额和指数

类　别	工资总额(亿元)				指数(上年＝100)			
	总　计	国有单位	城　镇 集体单位	其他单位	总　计	国有单位	城　镇 集体单位	其他单位
1978	26.0	20.5	5.5		162.5	128.1		
1979	30.0	23.8	6.2		115.4	116.1	112.7	
1980	37.1	29.2	7.9		123.7	122.7	127.4	
1981	39.6	31.2	8.4		106.7	106.8	106.3	
1982	42.2	33.2	9.0		106.6	106.4	107.1	
1983	44.2	35.0	9.2		104.7	105.4	102.2	
1984	57.1	42.2	14.9		129.2	120.6	162.0	
1985	66.8	50.0	16.8		117.0	118.5	112.8	
1986	82.7	62.7	19.9	0.1	123.8	125.4	118.5	
1987	94.4	72.2	22.0	0.2	114.1	115.2	110.6	200.0
1988	125.1	96.9	27.9	0.3	132.5	134.2	126.8	150.0
1989	139.6	108.8	30.3	0.5	111.6	112.3	108.6	166.7
1990	161.9	126.2	34.8	0.9	116.0	116.0	114.9	180.0
1991	179.8	139.8	38.4	1.6	111.1	110.8	110.3	177.8
1992	214.3	167.7	44.2	2.4	119.2	120.0	115.1	150.0
1993	266.2	208.7	49.4	8.1	124.2	124.4	111.8	337.5
1994	372.7	290.4	59.4	22.9	140.0	139.1	120.2	282.7
1995	464.1	357.8	72.3	34.0	124.5	123.2	121.7	148.5
1996	532.7	414.2	78.2	40.3	114.8	115.8	108.2	118.5
1997	580.4	450.0	79.7	50.7	109.0	108.6	101.9	125.8
1998	575.4	444.4	61.6	69.4	99.1	98.8	77.3	136.9
1999	620.1	475.9	60.1	84.1	107.8	107.1	97.6	121.2
2000	695.1	524.4	58.8	111.9	112.1	110.2	97.8	133.1
2001	773.9	577.7	58.0	138.2	111.3	110.2	98.6	123.5
2002	868.4	630.5	59.5	178.4	112.2	109.1	102.6	129.1
2003	954.8	679.1	63.2	212.5	109.9	107.7	106.2	119.1
2004	1107.5	772.6	67.4	267.5	116.0	113.8	106.6	125.9
济南市	133.4	96.2	7.3	29.8	113.5	113.3	104.3	116.4
青岛市	193.4	97.5	8.2	87.6	120.6	115.0	109.3	128.8
淄博市	72.4	58.9	3.4	10.0	114.2	115.7	94.4	112.4
枣庄市	41.2	36.3	3.4	1.5	125.6	125.6	121.4	136.4
东营市	75.2	61.6	5.7	7.9	114.6	111.8	114.0	143.6
烟台市	102.4	64.4	6.2	31.8	119.3	112.4	106.9	140.1
潍坊市	72.6	51.1	4.7	16.8	115.6	114.6	92.2	128.2
济宁市	75.7	64.3	3.0	8.4	113.5	115.0	111.1	103.7
泰安市	50.2	35.9	3.4	10.9	108.2	111.1	91.9	104.8
威海市	46.2	21.5	4.5	20.2	120.3	114.4	115.4	128.7
日照市	20.1	11.7	0.7	7.7	118.2	109.3	77.8	142.6
莱芜市	20.4	7.7	4.2	8.5	117.2	114.9	107.7	125.0
临沂市	51.1	40.2	2.6	8.3	111.3	110.1	108.3	118.6
德州市	30.7	23.6	2.8	4.3	113.7	112.9	107.7	122.9
聊城市	36.8	25.6	2.6	8.6	111.5	110.8	108.3	114.7
滨州市	31.8	28.1	2.0	1.6	120.0	121.6	105.3	106.7
菏泽市	28.4	24.5	1.8	2.1	108.8	107.9	112.5	116.7

注:1998年及以后工资总额为在岗职工工资总额,1998年及以后指数按可比口径计算(以下各表同)。

4－15 职工平均工资及指数

类别	平均货币工资				指数(上年＝100) 货币指数	
	总计	国有单位	城镇集体单位	其他单位	总计	国有单位
1978	566	597	472		98.1	103.5
1979	632	664	537		111.7	111.2
1980	745	774	654		117.9	116.6
1981	755	782	667		101.3	101.0
1982	769	797	679		101.9	101.9
1983	789	818	696		102.6	102.6
1984	985	1037	864		124.8	126.8
1985	1110	1170	938		112.7	112.8
1986	1313	1401	1057	1128	118.3	119.7
1987	1428	1516	1158	1465	108.8	108.2
1988	1782	1909	1449	1951	124.8	125.9
1989	1920	2067	1529	1905	107.7	108.3
1990	2150	2315	1707	2218	112.0	112.0
1991	2292	2463	1826	2394	106.6	106.4
1992	2601	2823	2002	2614	113.5	114.6
1993	3149	3410	2352	3482	121.1	120.8
1994	4338	4753	2999	4580	137.8	139.4
1995	5145	5585	3668	5299	118.6	117.5
1996	5809	6356	3980	5850	112.9	113.8
1997	6241	6817	4186	6373	107.4	107.3
1998	6854	7469	4558	6346	109.8	109.6
1999	7656	8389	4988	6882	111.7	112.3
2000	8772	9655	5585	7771	114.6	115.1
2001	10007	11067	6234	8731	114.1	114.6
2002	11374	12777	7129	9561	113.7	115.5
2003	12567	13975	8442	10680	110.5	109.4
2004	14332	16030	9864	12025	114.0	114.7
济南市	17837	20686	10587	13971	112.6	114.3
青岛市	17189	23828	13420	13389	112.1	116.2
淄博市	15192	17276	8373	10626	113.3	114.8
枣庄市	13021	14477	7907	6624	123.9	126.2
东营市	23909	26449	21058	14460	112.9	112.2
烟台市	15446	18406	10853	12417	115.0	116.3
潍坊市	12329	14405	8339	9449	114.4	115.7
济宁市	13608	14712	7921	10332	113.5	112.4
泰安市	11837	13294	6559	10655	113.8	115.9
威海市	13071	16615	9750	11348	116.5	120.6
日照市	11648	12047	8819	11413	113.9	115.2
莱芜市	15619	15569	12191	18190	117.9	122.9
临沂市	11076	11849	7860	9345	112.0	111.6
德州市	9260	9531	7482	9255	110.6	109.4
聊城市	10919	11658	8733	9797	110.9	110.5
滨州市	11680	12263	9767	7389	114.0	113.4
菏泽市	8733	8938	6652	8692	112.3	112.1

4－15续表

类　别	指数(上年＝100)					
	货币指数		实际工资			
	城镇集体单位	其他单位	总计	国有单位	城镇集体单位	其他单位
1978			97.8	103.2		
1979	113.8		110.2	109.7	112.2	
1980	121.8		114.6	113.3	118.4	
1981	102.0		99.2	98.9	99.9	
1982	101.8		101.6	101.6	101.5	
1983	102.5		103.2	103.2	103.1	
1984	124.1		123.0	124.9	122.3	
1985	108.6		103.6	103.7	99.8	
1986	112.7		112.7	114.0	107.3	
1987	109.6	129.9	99.7	99.2	100.5	119.1
1988	125.1	133.2	103.5	104.4	103.7	110.4
1989	105.5	97.6	93.1	93.6	91.2	84.4
1990	111.6	116.4	109.2	109.2	108.8	113.5
1991	107.0	107.9	100.4	100.2	100.8	101.6
1992	109.6	109.2	104.5	105.5	100.9	100.6
1993	117.5	133.2	105.7	105.4	102.5	116.2
1994	127.5	131.5	109.9	111.2	101.7	104.9
1995	122.3	115.7	101.5	100.6	104.7	99.1
1996	108.5	110.4	102.2	103.0	98.2	99.9
1997	105.2	108.9	104.1	104.0	101.9	105.5
1998	108.9	99.6	110.1	109.9	109.2	99.9
1999	109.4	108.4	111.7	112.3	109.4	108.4
2000	112.0	112.9	113.2	113.7	110.7	111.6
2001	111.6	112.4	112.9	113.4	110.4	111.2
2002	114.4	109.5	115.2	117.0	115.9	110.9
2003	118.4	111.7	109.7	108.6	117.6	110.9
2004	116.8	112.6	110.9	111.6	113.6	109.5
济南市	113.5	108.0	109.9	111.5	110.7	105.4
青岛市	117.5	111.5	109.8	113.8	115.1	109.2
淄博市	102.2	108.5	110.1	111.6	99.3	105.4
枣庄市	120.5	104.0	121.6	123.8	118.3	102.1
东营市	128.7	119.4	109.4	108.7	124.7	115.7
烟台市	117.5	117.1	112.3	113.6	114.7	114.4
潍坊市	101.8	116.9	111.4	112.7	99.1	113.8
济宁市	136.5	105.5	110.9	109.9	133.4	103.1
泰安市	105.3	107.4	110.0	112.0	101.7	103.8
威海市	119.3	114.4	114.4	118.5	117.2	112.4
日照市	109.7	111.5	109.7	111.0	105.7	107.4
莱芜市	112.1	114.1	113.7	118.5	108.1	110.0
临沂市	114.9	114.5	108.1	107.7	110.9	110.5
德州市	119.5	108.4	106.7	105.5	115.2	104.5
聊城市	121.2	108.3				
滨州市	117.3	108.9	112.1	111.5	115.3	107.1
菏泽市	109.9	116.7	108.8	108.6	106.5	113.1

4－16 各市分行业在岗职工工资总额

（2004 年）　　单位：万元

地　　区	总　计	农、林、牧、渔业	采矿业	制造业	电力、燃气及水的生产和供应业	建筑业	交通运输、仓储和邮政业	信息传输、计算机服务和软件业	批发和零售业	住宿和餐饮业
全省总计	**11075413**	**86560**	**1281311**	**3144264**	**396811**	**505226**	**570111**	**140191**	**354881**	**92255**
济 南 市	1333661	5851	9367	364365	42949	130447	56656	21737	45450	13951
青 岛 市	1933519	8488	4047	813086	46924	74491	146933	21664	75445	24735
淄 博 市	723664	5230	67472	281856	29984	35201	14508	12114	17803	3216
枣 庄 市	411865	4479	168755	46811	13724	6052	7402	3878	10822	784
东 营 市	752206	6458	478290	73326	4472	29422	13675	3526	8546	4167
烟 台 市	1023626	11949	79549	298771	41096	54326	52208	17015	31406	8101
潍 坊 市	725651	8534	12706	266919	31371	19742	15108	7636	24194	5693
济 宁 市	756859	4962	253864	100553	40177	11681	15861	8107	18440	3882
泰 安 市	502122	5827	168487	80279	18946	13821	9596	3901	13365	2867
威 海 市	462020	4483	2009	195726	20351	23937	11130	2751	18935	6372
日 照 市	200902	1030	1147	44643	8692	9373	35010	1303	11082	1192
莱 芜 市	204450	181	9328	105708	11217	9267	3172	1969	4323	854
临 沂 市	511376	8271	21093	93478	16611	17025	10095	7204	21055	2481
德 州 市	307004	2365	1545	82595	22634	15453	6948	4749	14081	1748
聊 城 市	367891	2173		107072	21413	14453	14506	3852	12261	2454
滨 州 市	317872	3191	2629	147303	9493	9935	4321	2980	7814	1196
菏 泽 市	283538	3087	1023	26344	16759	7063	11407	7175	13775	3839

4－16 续表　　（2004 年）　　单位：万元

地　　区	金融业	房地产业	租赁和商务服务业	科学研究、技术服务和地质勘查业	水利、环境和公共设施管理业	居民服务和其他服务业	教　育	卫生、社会保障和社会福利业	文化、体育和娱乐业	公共管理和社会组织	国际组织
全省总计	**436774**	**84026**	**105198**	**141811**	**133940**	**14947**	**1576805**	**572978**	**103734**	**1333591**	
济 南 市	76718	17351	12572	41430	24568	2117	186389	82165	35282	164296	
青 岛 市	79794	25675	31438	30483	22799	3912	225698	87751	19518	190639	
淄 博 市	26435	3351	2829	3907	7919	522	93359	37738	5934	74286	
枣 庄 市	13600	3113	11856	2233	5105	206	48657	17806	2152	44431	
东 营 市	10006	1744	5451	1052	3744	284	41218	12002	1210	53616	
烟 台 市	39685	11974	9384	14009	13415	1584	166347	57779	8565	106461	
潍 坊 市	20453	2886	4264	5331	6701	1312	147489	41202	5005	99107	
济 宁 市	25919	2978	5476	4456	9578	1227	112044	40837	4985	91833	
泰 安 市	12824	2649	1878	5348	6822	728	76032	27640	2467	48646	
威 海 市	14185	4386	3571	2893	5439	1042	66430	22794	2864	52723	
日 照 市	5950	1351	986	1783	2155	153	34287	10116	1680	28970	
莱 芜 市	7601	414	394	695	1169	130	20620	5647	405	21357	
临 沂 市	27678	1570	6557	4300	8195	518	119192	40924	4500	100630	
德 州 市	24032	1105	1318	2233	3897	230	48168	17445	1105	55353	
聊 城 市	21178	2466	2741	1676	3955	366	67918	25819	3627	59961	
滨 州 市	9860	448	853	1322	2855	195	48509	19172	1164	44633	
菏 泽 市	20192	489	2046	2550	5592	238	71331	21869	2927	65832	

4－17 各市分行业在岗职工平均工资

（2004年）　　　　单位：元

地　区	总　计	农、林、牧、渔业	采矿业	制造业	电力、燃气及水的生产和供应业	建筑业	交通运输、仓储和邮政业	信息传输、计算机服务和软件业	批发和零售业	住宿和餐饮业
全省总计	**14332**	**9840**	**21077**	**11376**	**19297**	**11751**	**18777**	**29349**	**9051**	**10898**
济南市	17837	16916	12758	14978	22334	11827	22299	33991	11406	11855
青岛市	17189	12494	7384	12869	25368	14301	25514	43390	16775	14517
淄博市	15192	11205	18783	13006	22698	12277	16257	31375	7682	7821
枣庄市	13021	8554	20697	7534	15623	7610	10666	24149	6502	5724
东营市	23909	13931	29913	15272	22336	21096	18432	24865	12917	14275
烟台市	15446	13934	17513	11638	21325	13550	18318	35097	10861	10227
潍坊市	12329	8846	12333	11089	18060	8565	12173	32547	7971	9034
济宁市	13608	8708	21091	8341	21408	8381	11052	28902	5526	7653
泰安市	11838	9465	15244	8052	18995	8181	10892	17531	5495	8277
威海市	13071	15100	7661	10158	16357	10953	15014	17827	10308	9848
日照市	11649	8143	6586	7742	16046	9610	27362	16123	7776	7715
莱芜市	15620	6950	12033	16301	31107	11962	12773	24894	8446	8345
临沂市	11076	8551	15294	8031	14923	8242	9153	28260	7483	7783
德州市	9260	6133	12420	7654	15144	8823	10505	13737	6893	6590
聊城市	10920	5799		8964	15304	8446	13810	22254	6825	8161
滨州市	11680	8251	9296	10327	19740	13574	18277	27537	7420	8690
菏泽市	8734	4140	8929	7114	13751	7640	11856	33561	5374	14335

4－17续表　　　　（2004年）　　　　单位：元

地　区	金融业	房地产业	租赁和商务服务业	科学研究、技术服务和地质勘查业	水利、环境和公共设施管理业	居民服务和其他服务业	教　育	卫生、社会保障和社会福利业	文化、体育和娱乐业	公共管理和社会组织	国际组织
全省总计	**23222**	**15818**	**13164**	**19724**	**12827**	**13238**	**15201**	**17043**	**18227**	**15418**	
济南市	30139	19787	21319	23307	19708	17001	21672	23081	26867	22100	
青岛市	34000	20447	19690	24924	17003	17118	23432	24206	24791	29240	
淄博市	27019	14350	12536	14919	14664	14906	18676	19602	18947	17698	
枣庄市	16023	10806	8168	14621	8769	13258	11355	13741	14591	13285	
东营市	24063	16609	10296	19662	18173	20587	19161	20235	20162	20249	
烟台市	21450	16997	14853	17864	15581	15665	19597	20902	16554	19211	
潍坊市	14693	12338	10140	14665	11217	10635	14129	14676	14466	14395	
济宁市	21565	12567	9881	15324	9975	11828	13280	16026	12483	12419	
泰安市	15213	14930	12640	14632	9265	5326	12383	14414	13654	13650	
威海市	19881	12832	14557	18715	14097	14632	22971	19499	14502	20756	
日照市	15471	8771	12236	15450	11774	13060	12648	14809	13045	12759	
莱芜市	27244	11934	15339	16735	11462	24000	13960	12973	11663	16547	
临沂市	20282	11621	10571	13170	9272	13321	11977	14352	11410	12662	
德州市	19661	11450	6871	11834	8994	10119	8673	10701	9052	9496	
聊城市	25285	9189	9303	16067	11477	10223	12120	14192	12603	11220	
滨州市	17730	5419	10005	16676	11320	10457	13625	15483	12575	12510	
菏泽市	20012	5876	8240	11962	7126	8242	8240	8742	8265	8363	

4－18 分行业在岗职工平均工资

（2004年）　　　　　　　　　　　　　　　　单位:元

类　别	总　计	国有单位	城镇集体单位	其他单位
总　计	**14332**	**16030**	**9864**	**12025**
按企、事业和机关分				
企　业	13719	16432	9719	12018
事　业	15511	15686	11145	14792
机　关	15589	15619	9438	
按国民经济行业分				
农、林、牧、渔业	**9840**	**10784**	**7118**	**9044**
农　业	11141	8253	27842	14036
林　业	10570	10650	7662	9096
畜牧业	10220	11102	5181	9032
渔　业	10085	9672	9048	11455
农、林、牧、渔服务业	9531	11340	5925	6558
采矿业	**21077**	**22817**	**8465**	**14991**
煤炭开采和洗选业	18560	20000	8223	16110
石油和天然气开采业	29967	30046		15874
黑色金属矿采选业	19068	19225		11052
有色金属矿采选业	15549	16936	8962	14706
非金属矿采选业	9175	10579	9593	7451
其他采矿业				
制造业	**11376**	**12359**	**10035**	**11087**
农副食品加工业	8697	7438	8649	9333
食品制造业	9193	6619	7521	10635
饮料制造业	8917	7775	2678	9683
烟草制品业	35011	35809		31555
纺织业	8412	8298	6854	8794
纺织服装、鞋、帽制造业	9884	7438	8144	10300
皮革、毛皮、羽毛(绒)及其制品业	9204	9821	6607	9360
木材加工及木、竹、藤、棕、草制品业	9376	7033	9089	10422
家具制造业	8334	6369	5702	8941
造纸及纸制品业	9299	8365	8201	9783
印刷业和记录媒介的复制	11095	12339	6820	11374
文教体育用品制造业	10065	7594	7882	10186
石油加工、炼焦及核燃料加工业	15609	17184	11393	10590
化学原料及化学制品制造业	12913	14674	13717	11099
医药制造业	12005	11978	8966	12308
化学纤维制造业	11346	12532	6067	11879
橡胶制品业	12043	10800	12173	12286
塑料制品业	11511	18824	8713	11002
非金属矿物制品业	9583	9225	7647	10203
黑色金属冶炼及压延加工业	21567	24585	17221	21071
有色金属冶炼及压延加工业	17529	21539	11610	11040
金属制品业	10583	10533	6459	11815
通用设备制造业	12496	14050	8024	12338
专用设备制造业	11907	11706	15253	11334
交通运输设备制造业	15846	18429	9947	13666

4－18续表1　　(2004年)　　单位:元

项　　目	总　　计	国有单位	城镇集体单位	其他单位
电气机械及器材制造业	12601	12602	15366	12029
通信设备、计算机及其他电子设备制造业	14767	16733	11395	14744
仪器仪表及文化、办公用机械制造业	12159	10464	12538	12588
工艺品及其他制造业	9518	7084	7489	10227
废弃资源和废旧材料回收加工业	7282	3829	5470	9666
电力、燃气及水的生产和供应业	**19296**	**18926**	**8501**	**21850**
电力、热力的生产和供应业	20602	20548	8156	21703
燃气生产和供应业	16330	15224		20334
水的生产和供应业	14650	13780	13240	24708
建筑业	**11751**	**12803**	**9577**	**12098**
房屋和土木工程建筑业	11122	11994	9195	11588
建筑安装业	15760	17566	13410	14708
建筑装饰业	11504	12385	7985	12351
其他建筑业	11861	9898	12999	16571
交通运输、仓储和邮政业	**18776**	**19106**	**10657**	**19708**
铁路运输业	20261	20329	8766	18886
道路运输业	13040	14057	10708	10967
城市公共交通业	14384	14507	10896	14269
水上运输业	29907	29325	7663	33795
航空运输业	36811	26363		45413
管道运输业	21824	23118		11797
装卸搬运和其他运输服务业	19596	18728	17515	27038
仓储业	12490	11483	8167	17975
邮政业	21440	21448		19787
信息传输、计算机服务和软件业	**29348**	**28694**	**22851**	**32438**
电信和其他信息传输服务业	29327	28821	23481	31999
计算机服务业	32818	19084	8200	44723
软件业	27948	21531	21781	30786
批发和零售业	**9051**	**9713**	**6208**	**10397**
批发业	10260	10928	6426	12178
零售业	7773	7466	6044	9382
住宿和餐饮业	**10897**	**11020**	**10544**	**10783**
住宿业	11442	11816	10776	10728
餐饮业	9572	8104	10025	10854
金融业	**23222**	**24873**	**17036**	**26977**
银行业	23898	25862	16872	33198
证券业	33534	23298	26953	37491
保险业	17644	18084	28750	17209
其他金融活动	25368	19049	24203	35354
房地产业	**15818**	**15359**	**13838**	**16967**
#房地产开发经营	15849	14916	14650	17052
物业管理	15804	15708	11508	17493
房地产中介服务	16830	17356	13096	13990
租赁和商务服务业	**13163**	**14639**	**9020**	**15196**
租赁业	13019	18546	8407	10446

项　　目	总　计	国有单位	城镇集体单位	其他单位
商务服务业	13166	14579	9028	15420
科学研究、技术服务和地质勘查业	**19723**	**19810**	**15295**	**19372**
研究与试验发展	21065	21189	33277	17146
#自然科学研究与试验发展	22261	22122	36413	23754
工程和技术研究与试验发展	21054	21899		12804
农业科学研究与试验发展	17226	17226		
医学研究与试验发展	22451	22752		13458
社会人文科学研究与试验发展	20464	20485	15250	
专业技术服务业	20199	20371	14507	19866
#气象服务	18350	18350		
地震服务	23617	23617		
海洋服务	21038	20987		40666
测绘服务	27929	28395	12893	9200
技术检测	19157	19431	18114	15244
环境监测	17853	17853		
工程技术与规划管理	20050	20299	10648	19748
科技交流和推广服务业	14756	14944	7113	13173
地质勘查业	17436	17436		
水利、环境和公共设施管理业	**12826**	**13079**	**9226**	**8858**
水利管理业	13869	13897	9217	
环境管理业	10456	10864	7707	5607
公共设施管理业	14581	14702	14988	11914
居民服务和其他服务业	**13238**	**15116**	**9508**	**10502**
居民服务业	14666	15393	17319	9068
其他服务业	11589	14571	8072	12576
教　育	**15200**	**15234**	**10496**	**17143**
#初等教育	12631	12660	8069	20246
中等教育	15463	15482	11244	16968
高等教育	26355	26356		18857
卫生、社会保障和社会福利业	**17043**	**18076**	**11356**	**15316**
卫　生	17011	18076	11347	15343
社会保障业	17315	17324	17882	4285
社会福利业	18637	19091	11757	
文化、体育和娱乐业	**18227**	**18644**	**11174**	**15752**
新闻出版业	24612	24612		
广播、电视、电影和音像业	17273	17481	9349	27651
文化艺术业	16341	16552	12449	18797
体　育	17811	17852		5666
娱乐业	13643	16387	8214	12539
公共管理和社会组织	**15418**	**15430**	**11116**	**16181**
#中国共产党机关	17175	17175		
国家机构	15298	15303	12416	16181
人民政协和民主党派	20179	20179		
群众团体、社会团体和宗教组织	19340	19287	24641	
国际组织				

4－19 各市国有单位分行业在岗职工平均工资

(2004年)　　单位:元

地区	总计	农、林、牧、渔业	采矿业	制造业	电力、燃气及水的生产和供应业	建筑业	交通运输、仓储和邮政业	信息传输、计算机服务和软件业	批发和零售业	住宿和餐饮业
全省总计	**16030**	**10785**	**22818**	**12359**	**18926**	**12804**	**19107**	**28695**	**9713**	**11021**
济南市	20686	16861	13359	20077	23220	13916	19620	32983	12050	12553
青岛市	23828	16108	7781	16743	26479	16735	31709	36736	19736	13658
淄博市	17276	16135	18892	15528	26255	12682	19703	31497	10385	8074
枣庄市	14477	9101	21620	8584	16447	6205	11339	20835	6633	7621
东营市	26449	10671	29992	9932	22340	10174	19282	22675	13545	15689
烟台市	18407	14214	19595	12672	20047	14641	19669	37082	13059	11071
潍坊市	14405	9932	11196	15201	17846	10197	13335	32968	11604	9454
济宁市	14712	9766	21602	9010	19694	8885	12266	29370	6414	7942
泰安市	13294	9642	17240	8519	20942	11033	12210	17155	6822	7649
威海市	16615	15347	7316	7652	15713	7230	15874	18076	8641	9896
日照市	12048	9839	6404	8617	15025	11149	19991	13019	8337	9065
莱芜市	15569	6950	14525	13001	27035	10276	14165	13906	15078	9021
临沂市	11849	8610	15964	7631	14716	8317	9297	28769	8669	7537
德州市	9531	6978	12420	7837	12262	11109	11792	12051	7752	7458
聊城市	11658	6440		7953	15348	8970	14497	17050	7652	8010
滨州市	12263	9265	8935	10986	19860	8887	20396	27765	8528	8993
菏泽市	8938	5123	8929	6069	14156	10083	12079	33561	6033	19659

4－19续表　　(2004年)　　单位:元

地区	金融业	房地产业	租赁和商务服务业	科学研究、技术服务和地质勘查业	水利、环境和公共设施管理业	居民服务和其他服务业	教育	卫生、社会保障和社会福利业	文化、体育和娱乐业	公共管理和社会组织	国际组织
全省总计	**24874**	**15360**	**14640**	**19811**	**13080**	**15117**	**15234**	**18076**	**18644**	**15431**	
济南市	26760	18748	20598	23130	19849	17972	21696	23878	26657	22135	
青岛市	35104	20342	22362	26441	17781	20736	23529	25047	25215	29240	
淄博市	30964	14257	12274	15707	14686	18277	18885	20461	18947	17702	
枣庄市	21134	10938	11399	14621	8769	14071	11355	15418	14689	13285	
东营市	25894	18636	17915	24152	18220	20587	19161	21888	20162	20249	
烟台市	23737	16588	14105	18534	15672	18610	19608	21927	16863	19378	
潍坊市	16083	13270	11207	14892	11571	10630	14122	15374	14782	14396	
济宁市	22843	13076	10070	15873	10151	11874	13273	17460	12728	12404	
泰安市	17247	15229	13284	14791	10474	17227	12384	14879	14260	13652	
威海市	21243	13421	15013	16498	14551	16978	23018	19558	14447	20763	
日照市	14147	10225	11679	15733	11774	13060	12648	14558	13183	12759	
莱芜市	28693	20340	18273	18254	11462	24000	13964	16252	11663	16547	
临沂市	21091	11753	10847	13193	9272	14006	11971	15315	11876	12662	
德州市	22319	11959	8210	11891	9474	10119	8807	12462	9342	9493	
聊城市	25588	9858	9805	16078	11458	11981	12097	14938	14064	11221	
滨州市	20345	5419	9098	16676	11532	10457	13625	16257	13008	12542	
菏泽市	22019	5923	8305	11904	7178	8242	8225	8902	8512	8372	

4－20 各市城镇集体单位分行业在岗职工平均工资

（2004年）　　　　单位:元

地　区	总　计	农、林、牧、渔业	采矿业	制造业	电力、燃气及水的生产和供应业	建筑业	交通运输、仓储和邮政业	信息传输、计算机服务和软件业	批发和零售业	住宿和餐饮业
全省总计	**9864**	**7118**	**8465**	**10035**	**8501**	**9577**	**10657**	**22852**	**6209**	**10544**
济南市	10587	18891	11816	8960		9666	6618	8200	11996	11417
青岛市	13420	5381	8174	12201	10101	12712	13501	34800	11597	16288
淄博市	8373	7461		9185	11403	8430	23334	13462	4100	5604
枣庄市	7907	5607	11045	6730	4183	8516	4959		5677	8269
东营市	21058	19511		21757		26515	23740		11356	11370
烟台市	10853	16567	8938	9675	21568	10008	9331	21402	7987	10594
潍坊市	8339	5212	12011	8394		7630	5488		5342	10165
济宁市	7921	5787		6041	12842	8138	5464		3752	5931
泰安市	6559	7330	7080	6762	5497	6106	2771		3411	5317
威海市	9750	17718	7721	8718	8250	8387	10748		8017	8265
日照市	8819	4008	7543	5854		10072	10050		4473	14842
莱芜市	12191		5943	14100		3609			3519	6710
临沂市	7860	7861		5959		5617	4913		5034	9985
德州市	7482	5592		5550	5913	7246	6189	9171	4745	4515
聊城市	8733	4682		6735		8443	6921		4720	4255
滨州市	9767	7839	12961	6598	10746	15167	7673		5467	8153
菏泽市	6652	3138		4659		3713	3162		3050	6756

4－20续表　　　　（2004年）　　　　单位:元

地　区	金融业	房地产业	租赁和商务服务业	科学研究、技术服务和地质勘查业	水利、环境和公共设施管理业	居民服务和其他服务业	教　育	卫生、社会保障和社会福利业	文化、体育和娱乐业	公共管理和社会组织	国际组织
全省总计	**17036**	**13838**	**9020**	**15295**	**9226**	**9508**	**10496**	**11356**	**11174**	**11116**	
济南市	22672	18181	13416	14400	21102	20579	15423	13659	8333	16704	
青岛市	27416	13772	12369	18511	7686	13127	15850	18539	17967		
淄博市	9369	10900	9805	9000	14486	6113	9981	12629		14228	
枣庄市	13242	6235	7744			9571		6766	12339		
东营市	12338	20195	16709	15250	9455			13467			
烟台市	14620	8727	15442	14875	18533	10597	18468	16771	17481	6730	
潍坊市	12343	6000	10880		9844	10669	18095	9523	10458	11941	
济宁市	19719	9993	8092	9857	8236	4000	16714	8806	3971	18514	
泰安市	10625		8453	8388	5294	2517		9759	8305	7400	
威海市	13886	13156	13872	9267	15132	29807	13152	19355	17844	18444	
日照市	10668	7833	13341	15667				16133			
莱芜市	20291	8824	5647				4500	8179			
临沂市	15010		8424	5727	9333		19077	9392	8226	12899	
德州市	24903	4800	4622	11000	3545		7100	5019	5165	14186	
聊城市	25223		8933		12463		11333	8985	12864	8906	
滨州市	12536		11923		7926			7875	10419	10576	
菏泽市	18175		6813	13500	4178			4908	1672	3745	

4-21 各市其他单位分登记注册类型在岗职工平均工资

(2004年) 单位:元

地区	总计	内资	股份合作单位	联营单位	有限责任公司	股份有限公司	其他	港澳台商投资	外商投资
全省总计	**12025**	**11817**	**9023**	**12194**	**12154**	**12096**	**9358**	**12317**	**12429**
济南市	13971	13618	10360	13432	13376	15874	9280	14546	16180
青岛市	13389	15083	9923	13462	15616	16825	21977	14416	12395
淄博市	10626	10449	8986	12346	8737	11738	9107	9922	11952
枣庄市	6624	7652	6375	10000	7684	8293	6073	5116	5078
东营市	14460	14368	15233		15107	12532		17880	13144
烟台市	12417	12076	10063	14942	11673	13588	12880	11910	13251
潍坊市	9449	9103	7375	11846	9360	9162	8759	9544	11251
济宁市	10332	8766	10283	4078	9488	6734	3923	27480	13889
泰安市	10655	10745	5810		11361	9373	6092	9966	6100
威海市	11348	11552	8042	11841	11867	11936	9342	10122	11059
日照市	11413	11453	7381	1923	13326	8561	7153	8943	11679
莱芜市	18190	17337	25297		18483	4128			38332
临沂市	9345	9284	8119	5855	7813	11539	6356	9944	9233
德州市	9255	9177	5637	7425	9318	9848	6128	8959	11025
聊城市	9797	9837	6544	7454	9753	11048	8750	9375	9890
滨州市	7389	6747	5636	7111	7516	6184	3000	9513	7435
菏泽市	8692	9211	6197	12445	10405	6364	15308	6482	4915

4-22 各市国有及国有控股企业年底从业人员数和劳动报酬

(2004年)

地区	从业人员(万人)	女性	在岗职工	#专业技术人员	从业人员劳动报酬(万元)	在岗职工工资总额	从业人员人均劳动报酬(元)	在岗职工平均工资
全省总计	**303.1**	**109.9**	**295.4**	**59.2**	**4793198**	**4712958**	**15814**	**15961**
济南市	30.8	10.5	30.2	7.5	566092	558928	18406	18504
青岛市	32.1	11.5	30.9	8.4	648379	630155	19952	20220
淄博市	25.6	8.6	25.5	5.1	402913	400049	15529	15547
枣庄市	15.6	4.7	15.3	2.5	240816	239012	15274	15446
东营市	18.7	6.2	18.5	3.9	516832	515458	27278	27473
烟台市	21.3	7.6	20.1	4.4	340836	329082	15938	16264
潍坊市	17.1	6.2	16.8	3.2	232502	229936	13717	13765
济宁市	27.7	10.6	26.8	5.1	414759	405955	14966	15168
泰安市	18.4	5.7	18.1	3.6	245329	243438	13243	13372
威海市	8.4	3.2	8.4	1.4	104284	103230	12387	12364
日照市	5.7	2.1	5.7	1.2	77831	77547	13573	13652
莱芜市	4.5	1.3	4.5	0.9	95094	95078	21274	21285
临沂市	15.0	5.9	14.1	2.7	155315	147683	10362	10471
德州市	13.6	5.5	13.2	2.5	131175	126842	9722	9697
聊城市	13.8	5.0	13.5	2.0	149630	146779	10760	10798
滨州市	16.7	10.5	16.4	1.3	172408	170098	11360	11346
菏泽市	7.4	2.8	7.1	1.7	82059	80097	10552	10781

4－23 城镇劳动力供给和配置情况

单位：人

类　别	1990 年	1998 年	1999 年	2000 年	2001 年	2002 年	2003 年	2004 年
一、本年城镇劳动力供给总数	**783000**	**1084500**	**1053975**	**1070201**	**1120227**	**1272026**	**1661917**	**1768480**
1.高等学校毕业生	103000	247292	226884	221234	237769	122502	177035	189236
2.复员、转业军人	24000	32375	46398	48289	41237	38526	39822	39481
3.中等职业学校毕业生	29000	74534	62182	87279	90544	172179	243800	219404
4.未能升学的初高中毕业生	126000	124777	124832	72662	83540	98878	193665	200848
5.直接从农村招收的人员	67000	72432	72128	72328	79519	146131	201570	101959
6.农转非人员中的劳动力	32000	74786	73705	83738	54437	68470	87833	79763
7.下岗人员						75444	51207	207208
8.上年末城镇登记失业人员	312000	375000	365400	365000	374938	354390	397474	412792
#就业转失业人员	68000	75300	77000	114316	152238	167373	222960	296191
9.其　他	22000	8004	5446	5355	5975	195506	269503	21598
二、本年城镇劳动力配置总数	**510000**	**696513**	**629576**	**673842**	**741318**	**801543**	**1118646**	
1.国有单位	255000	240122	224821	217770	198830	179265	152159	
2.城镇集体单位	135000	122159	108078	99910	75770	71137	78817	
3.其他单位	21000	129831	129106	181302	248173	281162	327323	
4.城镇私营企业和个体劳动者	29000	182801	150065	154100	196702	223064	456770	
5.其　他	70000	21600	17506	20760	21843	46915	103577	
三、其他原因减少的失业人员	**11000**	**22587**	**22348**	**21421**	**53260**			
四、年末城镇登记失业人员	**262000**	**365400**	**365000**	**374938**	**325649**	**406672**	**412792**	**423000**

4－24 2000－2004 年各市城镇登记失业人员及失业率

地　区	失业人员(万人)					登记失业率(%)				
	2000	2001	2002	2003	2004	2000	2001	2002	2003	2004
总　计	**37.5**	**35.4**	**39.7**	**41.3**	**42.3**	**3.2**	**3.3**	**3.6**	**3.7**	**3.4**
济南市	3.9	4.1	5.7	5.6	5.8	3.7	3.8	3.9	3.8	3.9
青岛市	4.8	6.3	6.9	7.2	6.0	3.1	3.9	3.8	3.8	3.1
淄博市	2.2	2.3	2.8	2.7	2.7	3.1	3.0	3.6	3.5	3.4
枣庄市	1.0	1.0	1.6	1.4	1.9	2.3	3.2	3.4	3.8	3.5
东营市	0.6	0.7	0.7	0.8	0.9	1.8	1.9	1.9	2.0	2.0
烟台市	2.3	2.6	3.7	4.0	4.1	2.7	3.2	3.4	3.4	3.4
潍坊市	2.3	3.1	3.5	3.3	3.6	2.7	3.4	3.4	3.0	3.1
济宁市	1.7	2.0	3.6	2.8	3.2	1.9	2.6	2.2	3.4	3.4
泰安市	1.7	1.9	2.2	2.2	2.7	2.8	3.1	3.2	3.2	3.6
威海市	0.6	0.8	0.8	0.8	0.8	1.4	1.7	1.7	1.6	1.6
日照市	0.8	0.7	0.9	0.9	1.0	2.9	3.0	3.4	3.5	3.0
莱芜市	0.6	0.6	0.7	0.7	0.7	3.0	3.1	3.0	2.9	2.9
临沂市	2.1	0.8	2.3	2.6	2.7	3.4	3.5	4.0	3.2	3.0
德州市	1.6	2.2	2.1	1.9	1.8	3.1	4.0	3.8	3.5	3.0
聊城市	1.3	1.2	1.3	1.0	1.8	3.6	3.8	3.1	3.2	3.3
滨州市	0.8	0.9	0.9	1.0	1.2	3.2	3.3	3.3	3.5	3.7
菏泽市	1.1	1.6	1.8	1.8	1.5	3.5	4.0	4.0	3.8	3.0

4－25 职业介绍工作情况

指　　标	1995 年	1998 年	1999 年	2000 年	2001 年	2002 年	2003 年	2004 年
年末职业介绍机构数(个)	**1992**	**1718**	**1430**	**1295**	**1240**	**1209**	**1616**	**207**
#劳动保障部门办	1771	1497	1047				1023	1331
其他组织办	221	90	239				240	146
公民个人办		131	144				353	599
年末职业介绍机构人数(人)			**4000**	**4000**	**4000**	**4000**	**5578**	**7451**
#劳动保障部门办			3000				3471	4957
其他组织办			1000				1019	506
公民个人办							1088	1988
本年登记招聘人数(万人)		**58.7**	**59.8**	**81.3**	**101.3**	**127.0**	**212.7**	**277.0**
本年登记求职人数(万人)	**66.3**	**72.1**	**76.7**	**103.9**	**119.0**	**141.9**	**227.7**	**278.0**
#女　性				47.4	66.0	68.9	116.9	126.0
下岗职工			12.1	10.3	11.6	8.7	13.0	14.5
失业人员			26.6	34.0	39.7	47.4	63.9	88.4
获得职业资格人员			7.9	9.2	14.8	13.8	25.5	43.0
本年职业指导人数(万人)				**38.8**	**59.6**	**68.7**	**117.0**	**155.1**
本年介绍成功人数(万人)	**56.4**	**57.7**	**48.7**	**54.1**	**67.2**	**74.4**	**132.1**	**152.5**
#女　性				26.7	35.5	37.3	63.9	70.5
下岗职工			7.2	5.2	4.6	4.2	8.8	99.0
失业人员	19.0	19.2	13.1	16.6	20.0	25.1	40.4	48.3
获得职业资格人员(万人)			5.5	7.5	8.4	10.4	14.6	25.7

4－26 1988－2004 年离休、退休、退职人员年末人数

单位:人

年　　份	总　　计	离休人员	退休人员	领取定期生活费的退职人员
1988	1104248	155487	842019	106742
1989	1123554	161620	874501	87433
1990	1175300	170717	923046	81537
1991	1264803	190162	994391	80250
1992	1338000	193000	1058000	88000
1993	1417000	189000	1148000	79000
1994	1424000	180000	1167000	76000
1995	1503000	179000	1250000	74000
1996	1564415	171479	1318084	74852
1997	1632000	164000	1385000	83000
1998	1698000	158000	1463000	77000
1999	1756000	150000	1529000	77000
2000	1803820	144063	1592549	67208
2001	1880547	141761	1684005	54781
2002	2005227	130318	1830820	44089
2003	2121128	124002	1948428	48698
2004	2244567	118302	2077937	48328

注:本表不包括民政部门支付离休、退休、退职费的人数。

4－27 离休、退休、退职人员人数

（2004年）　　单位：人

类　别	离休、退休退职人员	#女　性	离休人员	退休人员	领取定期生活费的退职人员
总　计	**2244567**	**853569**	**118302**	**2077937**	**48328**
一、企　业	**1704012**	**711491**	**58809**	**1611016**	**34187**
（一）内资企业	1680793	704270	56282	1591153	33358
#国有企业	951939	365812	36654	894657	20628
集体企业	457331	226705	10387	442371	4573
其他企业	271523	111753	9241	254125	8157
（二）港、澳、台商投资企业	8092	2245	101	7349	642
（三）外商投资企业	15127	4976	2426	12514	187
二、事　业	**378685**	**107481**	**31835**	**337618**	**9232**
三、机　关	**161870**	**34597**	**27658**	**129303**	**4909**

4－28 各市离休、退休、退职人员人数

（2004年）　　单位：人

地　区	离休、退休退职人员	#女　性	离休人员	退休人员	领取定期生活费的退职人员
全省总计	**2244567**	**853569**	**118302**	**2077937**	**48328**
济南市	281663	140048	13169	254589	13905
青岛市	439481	215800	13477	420045	5959
淄博市	143535	54250	8709	125756	9070
枣庄市	86712	32750	3354	82585	773
东营市	57523	15763	2315	54967	241
烟台市	208526	74518	13589	193734	1203
潍坊市	190514	64991	9615	178867	2032
济宁市	138256	48891	8023	127919	2314
泰安市	127965	31696	6031	119275	2659
威海市	63244	23385	4373	58737	134
日照市	33410	10543	2282	29565	1563
莱芜市	32238	8213	1593	30541	104
临沂市	100706	38971	8357	92162	187
德州市	80767	26944	5231	72434	3102
聊城市	78344	18536	5269	71589	1486
滨州市	55176	17908	4671	48681	1824
菏泽市	86477	24568	5993	79387	1097

4－29 1995－2004年离休、退休、退职人员保险福利费用

单位:万元

年　　份	总　　计	离休金	退休金	退职生活费	医疗卫生费	其　　他
1995	811556.4	103215.7	490177.0	8476.0	111450.9	62886.8
1996	975988.3	122500.1	615063.1	10457.6	121878.0	65580.7
1997	1113424.9	157265.5	711388.9	31435.4	122752.1	90583.0
1998	1247795.7	167415.0	829433.6	31489.6	142547.1	76910.4
1999	1453072.2	187619.1	1007832.7	32958.0	154196.8	70465.6
2000	1639110.0	197923.0	1118609.0	55792.0	164824.0	101179.0
2001	1865440.0	229384.0	1367579.0	21541.0	165535.0	81401.0
2002	2123827.0	250465.0	1664029.0	14429.0	124373.0	70531.0
2003	2310599.5	242670.4	1843261.6	23872.3	114055.7	86739.5
2004	2662643.8	258018.1	2063971.9	28716.0	241332.7	70605.1

4－30 离休、退休、退职人员保险福利费用

(2004年)

单位:万元

类　　别	总　　计	离休金	退休金	退职生活费	医疗卫生费	其　　他
总　　计	**2662643.8**	**258018.1**	**2063971.9**	**28716.0**	**241332.7**	**70605.1**
一、企业	**729979.8**	**118954.6**	**1387802.9**	**19197.0**	**148158.4**	**55866.9**
(一)内资企业	1715410.6	116966.5	1376641.7	18675.5	147680.2	55446.7
#国有企业	1040756.2	71325.2	842094.3	4931.7	83930.6	38474.3
#集体企业	410476.1	27504.9	324809.1	2704.7	42494.2	12963.2
#其他企业	264178.3	18136.4	209738.2	11039.1	21255.4	4009.2
(二)港、澳、台商投资企业	5530.5	373.0	4269.0	345.2	356.0	187.3
(三)外商投资企业	9038.7	1615.1	6892.2	176.3	122.2	232.9
二、事　业	**661509.9**	**77362.5**	**502906.3**	**5753.5**	**64914.5**	**10573.1**
三、机　关	**271154.1**	**61701.0**	**173262.7**	**3765.5**	**28/259.8**	**4165.1**

4－31 各市离休、退休、退职人员保险福利费用

（2004年）　　单位：万元

地　　区	总　计	离休金	退休金	退职生活费	医疗卫生费	其　他
全省总计	**2662643.8**	**258018.1**	**2063971.9**	**28716**	**241332.7**	**70605.1**
济南市	314016.0	24342.0	263012.3	11851.2	14054.0	756.5
青岛市	485384.2	36827.4	425439.9	2682.6	820.0	19614.3
淄博市	144092.0	20140.0	116539.4	2817.9	3066.0	1528.7
枣庄市	87498.6	7492.6	79696.8	92.6	127.8	88.8
东营市	100662.7	5951.1	91392.1	240.7	647.0	2431.8
烟台市	244492.3	33343.9	195126.7	607.8	9817.5	5596.4
潍坊市	348016.0	21071.0	162840.0	844.0	155296.0	7965.0
济宁市	170829.9	16078.2	127477.6	826.0	20698.9	5749.2
泰安市	177340.5	12957.6	132685.9	1388.3	25026.0	5282.7
威海市	78778.1	11752.0	63654.0	55.0	839.9	2477.2
日照市	35211.3	4181.8	28247.9	537.7	1049.0	1194.9
莱芜市	38423.7	2943.4	30817.6	60.8	2300.7	2301.2
临沂市	103617.5	17676.0	85423.0	104.0	0.0	414.5
德州市	70829.3	8541.1	59480.5	1048.3	529.7	1229.7
聊城市	86317.7	11680.0	67571.0	4383.0	1597.9	1085.8
滨州市	48980.6	7681.2	39251.3	657.9	760.3	629.9
菏泽市	78686.5	11093.4	63955.5	350.3	2591.1	696.2

4－32 各市社会保险参保职工人数

（2004年）

单位：万人

地区	企业基本养老保险	机关事业养老保险	医疗保险	失业保险	工伤保险	生育保险
全省总计	**775.9**	**210.6**	**771.9**	**747.5**	**476.7**	**390.8**
济南市	76.0	17.5	53.1	62.5	59.2	53.5
青岛市	118.9	16.8	149.5	96.6	82.8	71.2
淄博市	45.6	11.5	52.2	41.1	37.3	0.3
枣庄市	24.3	8.7	28.9	30.9	17.2	17.2
东营市	9.4	5.0	38.6	8.1	5.0	5.5
烟台市	75.5	18.5	85.8	67.6	70.2	56.1
潍坊市	58.6	22.2	71.4	62.0	45.5	26.3
济宁市	44.8	19.7	51.2	58.8	27.0	40.6
泰安市	32.2	12.0	38.1	44.5	16.0	32.2
威海市	34.0	7.7	36.6	29.1	28.2	29.3
日照市	14.0	6.4	13.9	12.4	11.5	11.0
莱芜市	11.6	3.1	11.3	12.9	8.0	6.5
临沂市	33.4	20.2	43.2	38.2	25.1	18.4
德州市	21.0	9.4	23.9	20.2	11.0	12.0
聊城市	24.2	8.7	27.1	24.9	11.4	1.9
滨州市	18.3	6.0	18.6	14.2	11.5	8.4
菏泽市	21.4	16.1	28.4	21.8	9.6	0.4

4－33　1997－2004 年社会保险参保职工人数

单位:万人

年　份	企业基本养老保险	机关事业养老保险	医疗保险	失业保险	工伤保险	生育保险
1997	492.5		112.8		163.3	243.7
1998	578.9		224.1	525.0	226.5	241.0
1999	598.4	170.7	216.1	624.0	249.7	265.4
2000	612.6	179.7	255.5	715.0	279.4	325.5
2001	640.4	189.4	490.2	702.0	285.5	331.8
2002	641.8	195.9	610.0	701.2	278.2	323.2
2003	710.9	205.7	691.1	719.1	281.8	336.5
2004	775.9	210.6	771.9	747.5	476.7	390.8

4－34 1995－2004 年城镇养老保险基本情况

项　目	1994 年	1995 年	1996 年	1997 年	1998 年	1999 年	2000 年	2001 年	2002 年	2003 年	2004 年
一、年末参保人数(万人)	**546.5**	**569.2**	**586.3**	**595**	**713.2**	**939.1**	**1008.6**	**1022.6**	**1043**	**1135.9**	**1218.7**
职　工	462.0	478.5	491.9	492.5	578.9	769.2	792.3	829.8	837.7	916.6	986.5
#企　业						598.4	612.6	640.4	641.8	710.9	775.9
离休、退休、退职人数	84.5	90.7	94.4	99.5	134.3	169.9	180	191.3	205.3	219.3	232.2
二、基金收支情况(万元)											
基金收入		466992	587875	626909	660049	1041844	1611926	1834275	2222037	2631000	3006000
基金支出		408329	505255	592884	649287	1002565	1509130	1695729	2020825	2194000	2453000
三、企业养老金社会化发放人情况											
养老金实发人数(人)								1524202	1631303	1725994	1822160
#社会化发放人数(人)								1386678	1631303	1725994	1822160
社会化发放率(%)								90.98	100	100	100

第5篇

固定资产投资和建筑业

INVESTMENT IN FIXED ASSETS, CONSTRUCTION

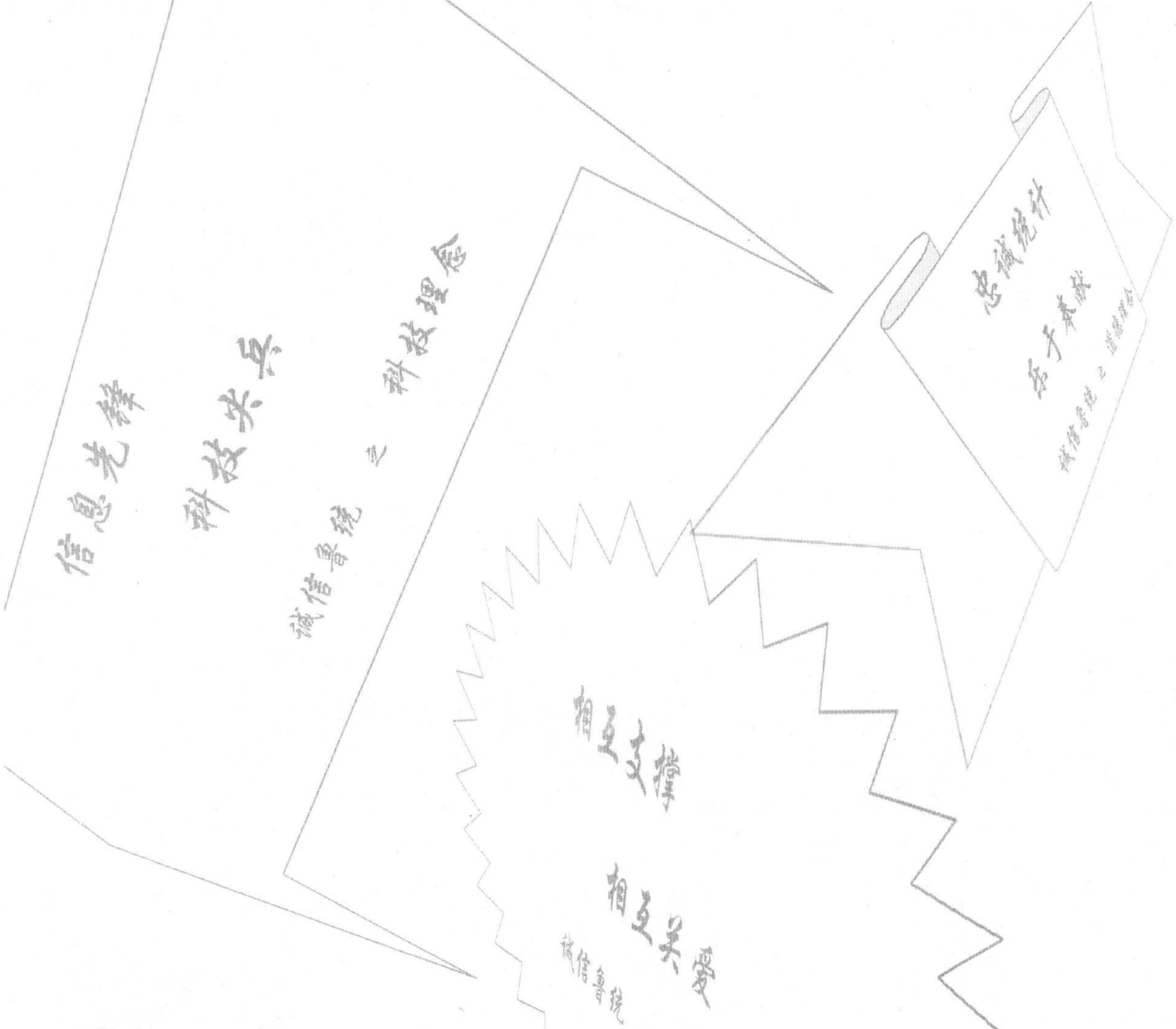

编辑单位：投资处
编　　委：王光锋
编　　辑：潘光臣
校　　对：潘光臣
电　　话：86197825

5-1 1978-2004年全社会固定资产投资总额

单位:亿元

年份	固定资产投资额	国有经济	集体经济	#城镇	其他经济	个体经济	#农村
1978	41.87	29.27	8.42	1.78		4.18	3.98
1979	61.35	31.62	18.97	1.55		10.76	10.41
1980	69.97	35.83	22.24	3.12		11.90	11.47
1981	79.60	29.63	32.08	3.27		17.89	17.28
1982	85.00	43.29	23.38	4.38		18.33	17.46
1983	96.46	49.11	19.19	3.76		28.16	26.48
1984	140.15	67.09	25.29	5.01		47.77	44.43
1985	194.33	100.42	30.21	8.64		63.70	58.51
1986	223.08	121.95	43.09	11.95		58.04	52.32
1987	297.77	155.65	78.75	17.84		63.37	56.05
1988	369.82	192.20	100.97	35.46		76.65	64.83
1989	305.54	162.30	69.68	19.68		73.56	62.00
1990	335.66	185.44	71.51	18.63		78.71	67.47
1991	439.82	234.04	104.73	25.06		101.05	85.73
1992	601.50	343.17	186.43	42.27		71.90	54.19
1993	892.48	476.26	245.90	49.90	64.88	105.44	83.05
1994	1108.00	537.59	318.42	56.42	133.54	118.45	92.30
1995	1320.97	611.92	383.97	51.62	184.55	140.54	113.13
1996	1558.01	691.76	484.79	79.79	178.81	202.65	166.14
1997	1792.22	773.30	569.70	60.15	207.46	241.76	198.68
1998	2056.97	938.73	610.20	66.70	233.84	274.20	227.00
1999	2222.17	1043.13	635.55	82.72	232.85	310.64	228.43
2000	2542.65	1153.65	679.48	108.63	355.59	353.93	254.11
2001	2807.79	1157.44	688.61	134.92	577.68	384.06	263.35
2002	3509.29	1237.16	812.65	196.78	972.17	487.31	285.64
2003	5328.44	1615.57	1177.00	321.79	1802.23	733.64	296.03
2004	7629.04	1762.29	2455.86	383.83	2638.61	772.28	116.36

注:2004年全社会投资中的农村投资为50万元以上项目。

5－2 1978－2004年全社会固定资产投资构成

单位：%

年　份	固定资产投资额	国有经济	集体经济	#城　镇	其他经济	个　体	#农　村
1978	100.0	69.9	20.1	4.2		10.0	9.5
1979	100.0	51.5	30.9	2.5		17.6	17.0
1980	100.0	51.2	31.8	4.5		17.0	16.4
1981	100.0	37.2	40.3	4.1		22.5	21.7
1982	100.0	50.9	27.5	5.1		21.6	20.5
1983	100.0	50.9	19.9	3.9		29.2	27.5
1984	100.0	47.9	18.0	3.6		34.1	31.7
1985	100.0	51.7	15.5	4.5		32.8	30.1
1986	100.0	54.7	19.3	5.4		26.0	23.5
1987	100.0	52.3	26.4	6.0		21.3	18.8
1988	100.0	52.0	27.3	9.6		20.7	17.5
1989	100.0	53.1	22.8	6.4		24.1	20.3
1990	100.0	55.2	21.3	5.6		23.5	20.1
1991	100.0	53.2	23.8	5.7		23.0	19.5
1992	100.0	57.1	31.0	7.0		11.9	9.0
1993	100.0	53.4	27.6	5.6	7.2	11.8	9.3
1994	100.0	48.5	28.7	5.1	12.1	10.7	8.3
1995	100.0	46.3	29.1	3.9	14.0	10.6	8.6
1996	100.0	44.4	31.1	5.1	11.5	13.0	10.7
1997	100.0	43.1	31.8	3.4	11.6	13.5	11.1
1998	100.0	45.6	29.7	3.3	11.4	13.3	11.0
1999	100.0	46.9	28.6	3.7	10.5	14.0	10.3
2000	100.0	45.4	26.7	4.3	14.0	13.9	10.0
2001	100.0	41.2	24.5	4.8	20.6	13.7	9.4
2002	100.0	35.3	23.1	5.6	27.7	13.9	8.1
2003	100.0	30.3	22.1	6.0	33.8	13.8	5.6
2004	100.0	23.1	32.2	5.0	34.6	10.1	1.5

5－3 1978－2004年按性质分的全社会固定资产投资及构成

年份	全社会投资额（亿元）	基本建设	更新改造	房地产投资	其他投资	占全社会固定资产投资额的比重（%）			
						基本建设	更新改造	房地产投资	其他投资
1978	41.87	24.97	4.30		12.60	59.6	10.3		30.1
1979	61.35	24.91	6.70		29.74	40.6	10.9		48.5
1980	69.97	26.95	8.89		34.13	38.5	12.7		48.8
1981	79.60	18.08	11.55		49.97	22.7	14.5		62.8
1982	85.00	26.95	16.33		41.72	31.7	19.2		49.1
1983	96.46	24.77	18.73		52.96	25.7	19.4		54.9
1984	140.15	33.55	14.48		92.12	23.9	10.3		65.8
1985	194.33	48.65	21.20		124.48	25.0	10.9		64.1
1986	223.08	62.11	26.43		134.54	27.8	11.8		60.4
1987	297.77	77.93	37.66		182.18	26.2	12.6		61.2
1988	369.82	98.45	59.84		211.53	26.6	16.2		57.2
1989	305.54	85.62	43.67		176.25	28.0	14.3		57.7
1990	335.66	95.21	45.01	9.20	186.24	28.4	13.4	2.7	55.5
1991	439.82	111.97	62.57	16.14	249.14	25.5	14.2	3.7	56.6
1992	601.50	174.71	85.84	37.48	303.47	29.0	14.3	6.2	50.5
1993	892.48	239.46	129.63	60.97	462.42	26.8	14.5	6.8	51.9
1994	1108.00	328.02	171.05	102.58	506.35	29.6	15.4	9.3	45.7
1995	1320.97	382.06	211.04	121.10	606.77	28.9	16.0	9.2	45.9
1996	1558.01	461.43	237.24	103.28	756.06	29.6	15.2	6.6	48.6
1997	1792.22	519.21	263.45	107.77	901.79	29.0	14.7	6.0	50.3
1998	2056.97	658.47	283.49	131.92	983.09	32.0	13.8	6.4	47.8
1999	2222.17	717.78	309.70	173.61	1021.08	32.3	13.9	7.8	46.0
2000	2542.65	773.78	398.60	223.29	1146.98	30.4	15.7	8.8	45.1
2001	2807.79	857.52	521.61	297.35	1131.31	30.5	18.6	10.6	40.3
2002	3509.29	1101.52	649.51	391.16	1367.10	31.4	18.5	11.1	39.0
2003	5328.44	1815.02	910.52	581.87	2021.03	34.1	17.1	10.9	37.9
2004	7629.04	2437.02	1113.70	764.79	3313.53	32.0	14.6	10.0	43.4

5-4 历年国有单位固定资产投资总额

单位:万元

年份	固定资产投资额	基本建设投资额	更新改造投资额	其他单位投资额	房地产开发投资额
1949	1400	1400			
1950	3845	3845			
1951	6420	6420			
1952	13086	13086			
1953	22694	22694			
1954	22124	22124			
1955	19822	19822			
1956	41674	41674			
1957	39403	39403			
1958	106434	106434			
1959	122193	122193			
1960	149717	149717			
1961	41458	41458			
1962	32879	22200	10679		
1963	59602	39833	19769		
1964	65477	51791	13686		
1965	61800	49349	12451		
1966	80639	62488	18151		
1967	62495	53129	9366		
1968	55521	52894	2627		
1969	67755	64075	3680		
1970	99198	95330	3868		
1971	132498	120797	11701		
1972	148002	139810	8192		
1973	172999	157439	15560		
1974	138800	127525	11275		
1975	203530	179758	23772		
1976	200277	189379	10898		
1977	181795	167272	14523		
1978	292654	249690	42964		
1979	316174	249139	67035		
1980	358316	269454	88862		
1981	296282	180760	115522		
1982	432870	269533	163337		
1983	491140	247703	187281	56156	
1984	670905	335541	144834	190530	
1985	1004205	486524	212021	305660	
1986	1219520	621110	264283	334127	
1987	1556494	779285	376594	400615	
1988	1922020	984475	598375	339170	
1989	1622956	856183	436651	330122	
1990	1854397	952106	450050	360266	91975
1991	2340380	1119732	625707	433591	161350
1992	3431687	1747127	858400	451390	374770
1993	4762573	2394571	1296276	461994	609732
1994	5375888	2748482	1466563	597191	563652
1995	6119194	3241592	1791702	556496	529404
1996	6917577	3818093	2009959	598737	490788
1997	7732979	4248919	2128094	817225	538741
1998	9387285	5530671	2263152	929150	664312
1999	10431282	6233178	2390439	915682	891983
2000	11536545	6508519	2816436	1332939	878651
2001	11574423	6444464	3472267	650282	1007410
2002	12371596	7572549	3151238	793764	854045
2003	16155711	10581358	3758262	857130	958961
2004	17622874	11844069	3858442	934255	986108

5－5 1997－2004年新增固定资产

单位:万元

类　　别	1997年	1998年	1999年	2000年	2001年	2002年	2003年	2004年
总　　计	**8461435**	**8730604**	**10317187**	**13464585**	**12666208**	**16045896**	**26320905**	**28292044**
按登记注册类型分								
内　资	7324551	7923900	9083887	12341411	11688613	14816368	23914918	25303092
国　有	6286871	6687788	7347532	9626597	7400695	7745956	10540409	8914629
集　体	518159	543090	706256	801844	958058	1281357	1914077	2307239
联　营	45612	26936	81144	62576	175671	173115	143822	236933
股份制	453297	615715	897807	1567622	2625431	4420018	8233660	9992864
其　他	20612	50371	51148	282772	528758	1195922	3082950	3851427
港澳台商投资	173241	215687	206441	275062	474757	489175	998557	881527
#合资经营	106870	109395	143826	203945	215783	267749	654024	559796
合作经营	16050	47958	17324	12296	57127	23500	15275	26337
独　资	50321	53507	38547	56531	179025	165423	233711	220871
外商投资	963643	591017	1026859	848112	502838	740353	1407430	2107425
#合资经营	484604	282972	830742	179323	229196	259106	548114	914830
合作经营	23322	31815	10300	547334	15914	20020	51810	68186
独　资	455717	186300	169739	116286	235085	358995	756688	1001928
按报表种类分								
基本建设	4574931	4233625	5058681	7003613	5267239	6307011	11364822	11656476
#国　有	3760533	3726305	3976292	5768836	4239652	4469798	6704554	5636323
更新改造	1841823	2404791	2659496	3009852	3786607	4253797	5838564	6550624
#国　有	1485042	1808265	2031169	2241514	2166138	1991485	2381065	2112032
其他投资	1163281	1134638	1293070	1985816	1850206	2983628	5780785	6744069
#国　有	557289	647096	667218	922631	393958	587116	711402	583733
房地产开发	881400	957550	1305940	1465304	1762156	2501460	3336734	3340875
#国　有	484007	506122	672853	693616	600947	697557	743388	582541

注:本表不含农村投资和城镇私人建房投资。

5-6 固定资产投资额

（2004年）　　单位：万元

类　别	总　计	基本建设	更新改造	其他投资	房地产业开发
总　计	**54003074**	**24370175**	**11137043**	**10847992**	**7647864**
一、按登记注册类型分					
内　资	48100062	21610656	9725714	9717829	7045863
国　有	16273485	11443390	2963386	915112	951597
集　体	3126777			2740517	386260
股份合作	655583			458363	197220
国有联营	65614	47608	4490		13516
集体联营	55887			13690	42197
国有与集体联营	408656	5883	402773		
其他联营	72545	39160	27910	625	4850
国有独资公司	1283775	353071	890566	19143	20995
其他有限责任公司	13305498	6457312	3436640	568599	2842947
股份有限公司	6029771	2743392	1969920	344952	971507
其　他	6822471	520840	30029	4656828	1614774
港澳台投资	1945786	1010347	293957	276642	364840
合资经营	1241309	732182	120625	136264	252238
合作经营	56150	14073	4019	18856	19202
独　资	510466	239974	109440	68752	92300
股份有限	137861	24118	59873	52770	1100
外商投资	3957226	1749172	1117372	853521	237161
合资经营	1733618	751822	629225	284712	67859
合作经营	198666	55222	2455	74980	66009
独　资	1868539	862728	412257	493788	99766
股份有限	156403	79400	73435	41	3527
二、按隶属关系分					
中　央	2982546	1377908	1587607	2834	14197
省(自治区,直辖市)	4487894	2037617	1707035	208843	534399
地区(州,盟,省辖市)	10257569	5729086	1797190	550598	2180695
县(旗,县级市)	14620791	8124276	3703542	1148009	1644964
其　他	21654274	7101288	2341669	8937708	3273609
三、按建设性质分					
#新　建	23956184	16530344	1560489	5865351	
扩　建	16090630	5732072	7021464	3337094	
改　建	4637150	1246841	2264781	1125528	
单纯建造生活设施	781965	577866	6364	197735	
迁　建	375252	228612	111985	34655	
恢　复	4651	2850	1801		
单纯购置	509378	51590	170159	287629	

5-6续表 (2004年) 单位:万元

类别	总计	基本建设	更新改造	其他投资	房地产业开发
四、按项目规模分					
#基本建设大中型	4094612	3960632		133980	
基本建设小型	25340191	20357953		4982238	
更改限上项目	2335017		2329645	5372	
其他	14585390	51590	8807398	5726402	
五、按建设阶段分					
#筹建	86366	78186		8180	
本年正式施工	30830085	23482078	2318826	5029181	
本年收尾	623895	538318	10819	74758	
全部停缓建	229474	220003		9471	
单纯购置	70021	51590		18431	
六、按国民经济行业门类分					
农、林、牧、渔业	570270	282046	33633	254591	
采矿业	2925608	1523301	1194253	208054	
制造业	22226654	8897718	7532835	5796101	
电力、燃气及水的生产和供应业	2930537	1852070	854804	223663	
建筑业	1170806	746354	66882	357570	
交通运输、仓储和邮政业	3085067	1879434	458999	746634	
信息传输、计算机服务和软件业	568691	143131	381896	43664	
批发和零售业	1653246	899260	37691	716295	
住宿和餐饮业	305082	128142	21587	155353	
金融业	48473	37861	916	9696	
房地产业	8779907	508397	28277	595369	7647864
租赁和商务服务业	280908	200873	10803	69232	
科学研究、技术服务和地质勘查业	383500	323735	10679	49086	
水利、环境和公共设施管理业	3563502	2951120	293405	318977	
居民服务和其他服务业	61072	20212	1404	39456	
教育	1477976	1328567	41432	107977	
卫生、社会保障和社会福利业	253658	182516	20158	50984	
文化、体育和娱乐业	422135	245272	11282	165581	
公共管理和社会组织	3295982	2220166	136107	939709	
国际组织					

注:本表不含农村投资和城镇私人建房投资。

5－7 国有单位固定资产投资额

（2004年） 单位：万元

类别	总计	基本建设	更新改造	其他投资	房地产业开发
总计	**17622874**	**11844069**	**3858442**	**934255**	**986108**
按隶属关系分					
中央	1283247	820154	450592	120	12381
省（自治区，直辖市）	2705848	1388866	1088568	169871	58543
地区（州，盟，省辖市）	5390457	3814782	841861	319609	414205
县（旗，县级市）	7490270	5202765	1401497	428504	457504
其他	753052	617502	75924	16151	43475
按建设性质分					
#新建	7917335	7265816	579384	72135	
扩建	5201023	3295416	1755819	149788	
改建	2794062	771120	1383904	639038	
按国民经济行业门类分					
农、林、牧、渔业	161016	151867	8395	3754	
采矿业	804516	574778	199391	30347	
制造业	2620715	844539	1774941	1235	
电力、燃气及水的生产和供应业	1749111	1094442	640061	14608	
建筑业	667467	531502	49684	86281	
交通运输、仓储和邮政业	2613571	1645943	426773	540855	
信息传输、计算机服务和软件业	427261	109264	317734	263	
批发和零售业	155694	147874	2140	5680	
住宿和餐饮业	8508	7129	1379		
金融业	22696	22110	386	200	
房地产业	1116754	111331	3815	15500	986108
租赁和商务服务业	40426	40426			
科学研究、技术服务和地质勘查业	302606	268595	8764	25247	
水利、环境和公共设施管理业	3051557	2722546	252346	76665	
居民服务和其他服务业	11263	11263			
教育	1295075	1252716	40932	1427	
卫生、社会保障和社会福利业	177568	152023	19573	5972	
文化、体育和娱乐业	157669	151095	5196	1378	
公共管理和社会组织	2236401	2004626	106932	124843	
国际组织					

5－8 基本建设投资效益情况

类　　别	单　位	1997 年	1998 年	1999 年	2000 年	2001 年	2002 年	2003 年	2004 年
一、固定资产交付使用率									
本年完成投资额	亿元	519.21	658.47	717.78	773.78	857.52	1101.52	1815.02	2437.02
本年新增固定资产	亿元	457.49	423.36	505.87	700.36	526.72	630.70	1136.48	1165.65
固定资产交付使用率	%	88.1	64.3	70.5	90.5	61.4	57.3	62.6	47.8
二、建成项目投产率									
本年施工项目	个	5143	6064	5422	5054	4930	5483	7414	7493
本年建成投产项目	个	2726	3288	3168	2782	2450	2423	3148	3113
建成项目投产率	%	53.0	54.2	58.4	55.0	49.7	44.2	42.5	41.5
三、房屋建筑面积竣工									
本年房屋施工面积	万平方米	2635.2	3209.7	3002.0	3861.2	3029.5	4234.5	5937.5	6860.2
本年房屋竣工面积	万平方米	1229.2	1575.2	1662.4	1487.2	1536.7	1936.9	2391.1	2900.2
房屋面积竣工率	%	46.6	49.1	55.4	38.5	50.7	45.7	40.3	42.3
四、建设周期									
计划总投资	亿元	1883.24	2106.33	2360.79	2557.54	2224.12	2972.50	4753.75	5733.12
本年完成投资额	亿元	519.21	658.47	717.78	773.78	857.52	1101.52	1815.02	2437.02
建设周期	年	3.6	3.2	3.3	3.3	2.6	2.7	2.6	2.4

5－9 更新改造投资效益情况

类　　别	单　位	1997 年	1998 年	1999 年	2000 年	2001 年	2002 年	2003 年	2004 年
一、固定资产交付使用率									
本年完成投资额	亿元	263.45	283.49	309.70	398.60	521.61	649.51	910.52	1113.70
本年新增固定资产	亿元	184.18	240.48	265.95	300.99	378.66	425.38	583.86	655.06
固定资产交付使用率	%	69.9	84.8	85.9	75.5	72.6	65.5	64.1	58.8
二、建成项目投产率									
本年施工项目	个	2659	2562	3137	2408	3331	3202	3270	2867
本年建成投产项目	个	117.21	1701	2169	1695	2109	1705	1656	1383
建成项目投产率	%	64.7	66.4	69.1	70.4	63.3	53.2	50.6	48.2
三、房屋建筑面积竣工									
本年房屋施工面积	万平方米	550.8	501.7	498.12	481.8	489.8	689.3	1005.0	1096.4
本年房屋竣工面积	万平方米	298.8	240.3	370.33	323.7	260.4	354.3	480.9	599.5
房屋面积竣工率	%	54.2	47.9	74.3	67.2	53.2	51.4	47.9	54.7
四、建设周期									
计划总投资	亿元	638.43	705.66	763.05	776.67	914.30	1196.91	1851.24	1993.43
本年完成投资额	亿元	263.45	283.49	309.70	398.60	521.61	649.51	910.52	1113.70
建设周期	年	2.4	2.5	2.5	1.9	1.8	1.8	2.0	1.8

5－10 施工和竣工项目个数

(2004年)　　单位:个

类　　别	施工项目个　数	#基本建设	#更新改造	竣工项目个　数	#基本建设	#更新改造
总　　计	**20005**	**7493**	**2867**	**8320**	**3113**	**1383**
一、按登记注册类型分						
内　资	18117	6617	2438	7555	2745	1163
国　有	4807	3260	924	2210	1547	503
集　体	1690			671		
股份合作	253			106		
国有联营	19	9	3	4	2	2
集体联营	9			2		
国有与集体联营	36	7	27	8	5	3
其他联营	29	23	4	17	14	3
国有独资公司	186	32	141	80	7	73
其他有限责任公司	4229	2232	950	1333	790	426
股份有限公司	1475	772	357	453	260	142
其　他	5384	282	32	2671	120	11
港澳台投资	695	368	138	270	161	72
合资经营	470	288	76	184	135	31
合作经营	28	9	2	5	1	1
独　资	174	66	49	70	23	32
股份有限	23	5	11	11	2	8
外商投资	1196	508	291	495	207	148
合资经营	419	186	120	169	73	56
合作经营	71	20	2	15	7	1
独　资	673	283	162	299	117	90
股份有限	30	19	7	12	10	1
二、按隶属关系分						
中　央	367	131	219	160	36	124
省(自治区,直辖市)	703	265	308	295	74	216
地区(州,盟,省辖市)	2195	1038	396	479	278	139
县(旗,县级市)	4748	2691	917	1979	1284	430
其　他	11992	3368	1027	5407	1441	474
三、按建设性质分						
#新　建	10499	5476	430	4760	2201	212
扩　建	4965	1478	1696	2579	633	849
改　建	1571	272	710	804	146	312
单纯建造生活设施	321	206	8	138	112	2
迁　建	108	59	21	36	19	7
恢　复	4	2	2	3	2	1
单纯购置						

5－10续表　　　　　　　　　　　　　（2004年）　　　　　　　　　　　　　单位:个

类别	施工项目个数	#基本建设	#更新改造	竣工项目个数	#基本建设	#更新改造
四、按项目规模分						
基本建设大中型	358	296		73	56	
基本建设小型	11240	7197		5118	3057	
更改限上项目	173		161	26		24
其　他	5697		2706	3103		1359
五、按建设阶段分						
#筹　建						
本年正式施工	11553	7332	159	5217	3113	24
本年收尾	186	140	2			
全部停缓建	32	21				
单纯购置						
六、按国民经济行业门类分						
农、林、牧、渔业	368	144	32	223	82	20
采矿业	333	82	169	184	18	124
制造业	9055	3045	1851	4122	1115	783
电力、燃气及水的生产和供应业	529	305	171	187	95	71
建筑业	634	355	34	320	188	20
交通运输、仓储和邮政业	638	292	83	315	117	29
信息传输、计算机服务和软件业	296	82	201	231	35	187
批发和零售业	975	428	39	481	176	19
住宿和餐饮业	304	97	15	178	41	5
金融业	40	27		14	5	
房地产业	3148	219	11	250	59	6
租赁和商务服务业	114	47	7	51	10	3
科学研究、技术服务和地质勘查业	125	85	16	39	27	1
水利、环境和公共设施管理业	729	499	99	303	201	51
居民服务和其他服务业	84	21	2	56	10	1
教　育	674	515	31	345	253	18
卫生、社会保障和社会福利业	212	157	8	88	57	5
文化、体育和娱乐业	165	97	12	67	30	6
公共管理和社会组织	1582	996	86	866	594	34
国际组织						

注:本表不含农村投资和城镇私人建房投资。

5-11 新增固定资产

（2004年）　　　　　　　　　　　　　　　　　　　　　　　单位:万元

类　　别	总　计	基本建设	更新改造	其他投资	房地产业开　发
总　计	**28292044**	**11656476**	**6550624**	**6744069**	**3340875**
一、按登记注册类型分					
内　资	25303092	10251432	5792350	6154452	3104858
国　有	8182606	5479696	1551559	583733	567618
集　体	1839313			1715614	123699
股份合作	455240			333635	121605
国有联营	20873	12830	4320		3723
集体联营	12686			2830	9856
国有与集体联营	132268	6093	126175		
其他联营	104665	71290	27900	625	4850
国有独资公司	711150	143797	556153		11200
其他有限责任公司	6813547	3084613	2242889	415355	1070690
股份有限公司	3179317	1205930	1262540	253866	456981
其　他	3851427	247183	20814	2848794	734636
港澳台投资	881527	397309	205410	104597	174211
合资经营	559796	283062	87701	40862	148171
合作经营	26337	4780	3000	12606	5951
独　资	220871	84529	71734	45619	18989
股份有限	74523	24938	42975	5510	1100
外商投资	2107425	1007735	552864	485020	61806
合资经营	914830	541228	227817	115146	30639
合作经营	68186	26570	2000	36976	2640
独　资	1001928	384207	259037	332857	25827
股份有限	122481	55730	64010	41	2700
二、按隶属关系分					
中　央	2102776	837373	1262569	2834	
省(自治区,直辖市)	1809281	647319	939685	75273	147004
地区(州,盟,省辖市)	5261149	2782272	965805	444714	1068358
县(旗,县级市)	7227572	3759479	1935118	685459	847516
其　他	11891266	3630033	1447447	5535789	1277997
三、按建设性质分					
#新　建	12169088	7773937	1084266	3310885	
扩　建	9374336	2948681	4048268	2377387	
改　建	2468353	500204	1256828	711321	
单纯建造生活设施	410225	313966	2867	93392	
迁　建	122496	87183	24079	11234	
恢　复	3846	2850	996		
单纯购置	402825	29655	133320	239850	

5－11续表 （2004年） 单位:万元

类　　别	总　计	基本建设	更新改造	其他投资	房地产业开　　发
四、按项目规模分					
基本建设大中型	1680089	1567677		112412	
基本建设小型	12860374	10059144		2801230	
更改限上项目	1468134		1465850	2284	
其　他	8942572	29655	5084774	3828143	
五、按建设阶段分					
#筹　建	25966	19936		6030	
本年正式施工	15708845	11375479	1465850	2867516	
本年收尾	263478	223681		39797	
全部停缓建	10308	7725		2583	
单纯购置	47806	29655		18151	
六、按国民经济行业门类分					
农、林、牧、渔业	381281	178744	23105	179432	
采矿业	1418479	630604	648944	138931	
制造业	12200334	3981364	4486640	3732330	
电力、燃气及水的生产和供应业	1439152	837847	456510	144795	
建筑业	780754	527220	59427	194107	
交通运输、仓储和邮政业	1460594	701005	277934	481655	
信息传输、计算机服务和软件业	447851	90357	348048	9446	
批发和零售业	810028	404662	24660	380706	
住宿和餐饮业	196886	73739	16796	106351	
金融业	20662	10889	916	8857	
房地产业	3880693	293995	6707	239116	3340875
租赁和商务服务业	131144	78669	2660	49815	
科学研究、技术服务和地质勘查业	127952	89408	1900	36644	
水利、环境和公共设施管理业	1639945	1435990	78456	125499	
居民服务和其他服务业	39926	7299	1398	31229	
教　育	922848	814295	22057	86496	
卫生、社会保障和社会福利业	155634	103798	18347	33489	
文化、体育和娱乐业	211542	88089	7252	116201	
公共管理和社会组织	2026339	1308502	68867	648970	
国际组织					

注:本表不含农村投资和城镇私人建房投资。

5－12 房屋建筑面积和价值

（2004年）

类　　别	单位	总计	#国有	基本建设	#大中型项目	更新改造
本年施工房屋面积	平方米	199287008	45387235	68602280	4762023	10963886
#住　宅	平方米	90024719	21415190	15983821	397487	478196
本年竣工房屋面积	平方米	79151961	19158514	29001634	1946109	5994927
#住　宅	平方米	30233640	9202565	7092942	150955	163819
本年竣工房屋价值	万元	7989419	1938736	2766639	181390	588914
#住　宅	万元	3105293	900573	649252	12639	12292

5－12续表

（2004年）

类　　别	单位	#限额以上项目	其他投资	#国有	房地产业开发	#国有
本年施工房屋面积	平方米	2112273	36881625	260590	82839217	11982291
#住　宅	平方米	7233	6880759	11096	66681943	10461460
本年竣工房屋面积	平方米	1208317	20186504	175501	23968896	4468873
#住　宅	平方米	4727	3528985	11096	19447902	3915879
本年竣工房屋价值	万元	99252	1835976	9947	2797890	472307
#住　宅	万元	418	335505	652	2108244	405512

注：本表不含农村投资和城镇私人建房投资。

5－13 商品房屋销售与出租情况

（2004年）　　单位：平方米

类　　别	实际销售	空　置	#空置一年至三年	#空置三年以上	实际销售额（万元）
总　计	**25251697**	**4749811**	**2066362**	**238070**	**5164698**
按工程用途分					
住　宅	22072822	3066878	1266271	86404	4162655
经济适用房	2021223	158399	44352	1052	242003
办公楼	414189	358569	241295	9772	211235
商业营业用房	2499326	1103935	507859	114256	751943
其　他	265360	220429	50937	27638	38865

5－14 固定资产投资财务拨款情况

（2004年）　　单位：万元

类　　别	总　计	#国　有	基本建设	#大中型项目	更新改造
本年资金来源合计	**57012694**	**17688536**	**24612538**	**4096235**	**11476366**
上年末结余资金	2914142	1015288	932143	205074	544150
本年资金来源小计	**54098552**	**16673248**	**23680395**	**3891161**	**10932216**
国家预算内资金	1126174	1094151	970294	310847	97256
国内贷款	7439722	2990268	3333620	832510	1849329
债　券	147894	69894	69474	60000	72420
利用外资	2485019	40209	1209980	148705	492526
自筹资金	35751708	10423860	15819211	2201286	7834565
中央各部门自筹	10327	4820	5019		1028
省自筹	274516	226127	153494	34078	52421
地(市)自筹	723109	673049	607833	74975	53077
县自筹	1812854	1491600	1257205	103110	336605
企、事业单位自有资金	31239011	7889135	13795660	1989123	7391434
其他资金来源	7148035	2054866	2277816	337813	586120
本年各项应付款合计	**5189239**	**2178048**	**2787590**	**677358**	**590901**

5－14续表　　（2004年）　　单位：万元

类　　别	#限额以上项目	其他投资	#国　有	房地产业开　　发	#国　有
本年资金来源合计	**2344789**	**11016659**	**914291**	**9907131**	**1272250**
上年末结余资金	35399	90760	2340	1347089	255195
本年资金来源小计	**2309390**	**10925899**	**911951**	**8560042**	**1017055**
国家预算内资金	15675	47125	44588	11499	1600
国内贷款	506063	778416	146326	1478357	191827
债　券	61000	6000			
利用外资	4170	710813	2280	71700	
自筹资金	1674540	8642651	647537	3455281	284636
中央各部门自筹		4280			
省自筹		68601	68164		
地(市)自筹	1200	62199	57260		
县自筹	73586	219044	117780		
企、事业单位自有资金	1599754	8288527	404333	1763390	145507
其他资金来源	47942	740894	71220	3543205	538992
本年各项应付款合计	**95440**	**587514**	**130820**	**1223234**	**241179**

注：本表不含农村投资和城镇私人建房投资。

5－15 各市地固定资产投资额

(2004 年)　　单位:万元

地区	投资总额	基本建设	更新改造	其他投资	房地产业开发
全省总计	**54003074**	**24370175**	**11137043**	**10847992**	**7647864**
济南市	5476167	2305487	980396	1087803	1102481
青岛市	7786186	2870977	926771	2361473	1626965
淄博市	2513568	557099	816458	579563	560448
枣庄市	1341446	797662	76522	263837	203425
东营市	3841150	2249626	1114382	126446	350606
烟台市	6211884	3055113	832637	1329019	995115
潍坊市	4523954	1895736	1546207	651983	430028
济宁市	3119353	1891419	491359	327003	409572
泰安市	1772964	854918	453653	265515	198878
威海市	3874653	1494483	659453	1263955	456762
日照市	1328760	739203	213227	164019	212311
莱芜市	903125	216698	425541	216465	44421
临沂市	2638240	1404143	301042	672505	260550
德州市	3113932	1418944	765428	591506	338054
聊城市	1422451	667218	184054	319863	251316
滨州市	2295887	995957	956659	271465	71806
菏泽市	1045374	498071	56695	355572	135036

注:本表不含农村投资和城镇私人建房投资。

5－16 各市施工、竣工项目个数和新增固定资产

(2004 年)

地区	施工项目个数(个)	#基本建设	#更新改造	竣工项目个数(个)	#基本建设	#更新改造	新增固定资产(万元)	#基本建设	#更新改造
全省总计	**20005**	**7493**	**2867**	**8320**	**3113**	**1383**	**28292044**	**11656476**	**6550624**
济南市	2019	670	291	772	241	104	2926127	1209977	391953
青岛市	3113	881	279	1085	310	153	4340883	1482180	500499
淄博市	1218	210	240	371	93	99	1869148	400293	867741
枣庄市	570	198	45	305	97	26	680401	309506	62728
东营市	671	458	117	374	268	86	2561204	1501500	766260
烟台市	1596	744	249	757	381	168	2538469	1139882	397940
潍坊市	1700	660	458	460	176	139	2262038	899420	872191
济宁市	1270	588	167	352	186	60	921439	427380	137777
泰安市	712	320	121	236	100	51	850040	512922	130330
威海市	1565	365	370	773	132	254	1930175	619146	378054
日照市	411	225	45	111	54	21	787463	416115	140362
莱芜市	281	92	53	143	40	37	732421	144422	402321
临沂市	1738	814	140	1069	513	54	1591483	820777	113827
德州市	723	287	130	224	90	47	1168150	432787	334754
聊城市	598	218	35	366	123	20	709979	254535	111326
滨州市	582	318	102	289	162	55	1463622	708528	614709
菏泽市	1229	438	23	632	146	9	547123	249981	43098

注:本表不含农村投资和城镇私人建房投资。

5－17 各市房屋建筑面积和价值

（2004年）

单位：平方米

地区	施工建筑面积	#住宅	竣工建筑面积	#住宅	竣工价值（万元）	#住宅
全省总计	**199287008**	**90024719**	**79151961**	**30233648**	**7989419**	**3105293**
济南市	21306698	10263645	8635192	4047572	1022635	477375
青岛市	41735766	19954893	15184628	6303191	1608841	732176
淄博市	9670639	5121822	4364447	2280007	509165	223440
枣庄市	5498851	2772597	2392627	858989	193844	62691
东营市	10453725	6189492	4200040	2316160	448744	222354
烟台市	20631171	8166159	7355058	2282954	782907	239894
潍坊市	14339134	4954588	6006300	1241782	583444	127243
济宁市	10521007	4621919	3695787	1226142	286569	113550
泰安市	7565693	3457834	3522583	1344115	317695	115134
威海市	16858331	8983374	5564026	2809319	569249	295580
日照市	4671389	2361643	2097975	833836	261306	102789
莱芜市	1636863	705261	356393	66456	17014	3516
临沂市	8576794	3201595	4735701	1769233	359732	142471
德州市	7203549	2457184	2539441	793912	285591	83936
聊城市	6112008	3359274	2380001	938814	224496	65501
滨州市	5985510	1736072	3274133	677210	297265	66504
菏泽市	6431357	1717367	2790955	443956	216390	31139
一、基本建设	**68602280**	**15983821**	**29001634**	**7092942**	**2766639**	**649252**
济南市	7914932	2634110	3780075	1387212	429281	113646
青岛市	8312761	810396	3220849	540975	279609	54862
淄博市	1826939	360759	983814	253759	144498	24059
枣庄市	1516947	183498	755545	116700	66749	11020
东营市	5878866	3206466	2582639	1443465	267084	130252
烟台市	7868225	870429	2823196	367525	265798	39099
潍坊市	5379233	672381	2306827	316877	217033	29447
济宁市	4534004	387742	1914295	72918	118070	4528
泰安市	3019947	666310	1702237	417830	153285	34896
威海市	7225805	3188578	1500472	682970	158075	71203
日照市	1927053	558451	929756	127075	98571	11029
莱芜市	327397	83800	128681	45616	5722	2305
临沂市	3197010	586522	1704442	345950	122861	27440
德州市	2400110	259276	955275	213664	100061	21485
聊城市	1124566	216873	676049	145824	58075	16353
滨州市	3458845	974361	1910960	457784	196801	46128
菏泽市	2640093	323869	1108824	156798	83654	11500

注：本表不含农村投资和城镇私人建房投资。

5－17续表　　(2004年)　　单位:平方米

地　　区	施　工 建筑面积	#住　宅	竣　工 建筑面积	#住　宅	竣工价值 (万元)	#住　宅
二、更新改造	**10963886**	**478196**	**5994927**	**163819**	**588914**	**12292**
济　南　市	1260580	57400	423281	57400	32960	2180
青　岛　市	1353015	176674	660692	72723	77072	6493
淄　博　市	535202	4934	396755		42152	
枣　庄　市	152835		135385		7500	
东　营　市	340124	700	276131	700	30544	60
烟　台　市	811011	198083	239680		30197	
潍　坊　市	2058665	19353	1416036	16847	155991	1793
济　宁　市	311322	6003	151824	1600	12883	100
泰　安　市	473905		330120		20149	
威　海　市	677628	1000	406223	1000	38752	100
日　照　市	173858		105940		19360	
莱　芜　市	470603		122092		5172	
临　沂　市	207931		80982		7824	
德　州　市	580092	200	225211	200	27314	20
聊　城　市	260475	2359	146549	2359	18390	100
滨　州　市	1205452	11490	822690	10990	58386	1446
菏　泽　市	52212		16360		1049	
三、房地产开发	**82839217**	**66681943**	**23968896**	**19447902**	**2797890**	**2108244**
济　南　市	9013538	7142077	2753945	2463346	391971	346290
青　岛　市	21012756	16897645	6351700	5040192	847301	591140
淄　博　市	5235922	4114759	1924291	1536954	200303	149503
枣　庄　市	2928977	2445299	805106	665589	62835	45746
东　营　市	4135273	2977126	1289441	866795	144048	90822
烟　台　市	8445455	6479190	2266595	1683339	257614	178656
潍　坊　市	4723521	4184054	936752	837258	99829	88906
济　宁　市	4866882	4157305	1267204	1137135	124820	107665
泰　安　市	3320166	2451970	1187109	851085	119294	75730
威　海　市	5387035	4811600	1553109	1443793	168100	156153
日　照　市	2245715	1733204	801843	636773	112104	86188
莱　芜　市	615861	615861	17120	17120	975	975
临　沂　市	2161244	1755053	891078	795732	77493	68739
德　州　市	2521175	2108015	604169	518060	67535	54924
聊　城　市	4144405	3069344	1035157	737535	97212	46310
滨　州　市	613878	581471	137786	136186	13410	13300
菏　泽　市	1467414	1157970	146491	81010	13046	7197

5－18 各市国有单位施工、竣工项目个数和新增固定资产

（2004年）

地 区	施工项目个数（个）	#基本建设	#更新改造	竣工项目个数（个）	#基本建设	#更新改造	新增固定资产（万元）	#基本建设	#更新改造
全省总计	**5012**	**3301**	**1068**	**2294**	**1556**	**578**	**8914629**	**5636323**	**2112032**
济南市	657	376	98	277	145	34	1202832	782800	117156
青岛市	522	348	118	194	128	66	1252484	853395	317961
淄博市	172	63	73	82	35	32	308312	102779	123978
枣庄市	138	89	17	55	41	9	245506	128122	35749
东营市	211	183	17	158	135	15	589744	466826	60478
烟台市	391	208	140	205	99	106	824620	545496	233138
潍坊市	292	182	57	82	77	3	409515	245132	75725
济宁市	361	239	96	110	63	47	308015	164594	53558
泰安市	225	142	44	48	38	10	360441	265498	32989
威海市	367	150	180	217	61	156	368574	263737	66524
日照市	151	123	10	50	41	5	514347	365940	80653
莱芜市	80	42	38	54	25	29	399323	78746	320577
临沂市	656	556	74	423	402	21	531251	476335	39283
德州市	264	175	57	106	75	20	479555	285334	133798
聊城市	183	142	18	107	85	9	242329	158381	34071
滨州市	179	137	26	85	67	15	390723	293160	70040
菏泽市	154	139	3	40	38	1	75179	32923	31600

5-19 新增生产能力

(2004年)

生产能力（或效益）名称	单位	新增生产能力	基本建设	更新改造	其他投资
原煤开采	万吨/年	207	162	40	5
洗 煤	万吨/年	311	100	60	151
焦 炭	万吨/年	406	216	60	130
天然原油开采	万吨/年	263	128	135	
石油加工:蒸馏设备能力	处理万吨/年	270	150	120	
裂化设备能力	处理万吨/年	130	110	20	
催化重整设备能力	万吨/年	10		10	
铁矿开采(原矿)	万吨/年	5			5
铁矿选矿处理量	万吨/年	8			8
生 铁	万吨/年	260		200	60
炼 钢	万吨/年	152	40	62	50
#电炉钢	万吨/年	20		20	
钢 材	万吨/年	383	108	202	74
按加工工艺分:#热轧钢材	万吨/年	252	52	170	31
冷加工钢材	万吨/年	100	56	32	12
锻压钢材	万吨/年	30			30
按品种分:#型材	万吨/年	20	20		
无缝钢管	万吨/年	20			20
铜冶炼	吨/年	59747			59747
电解铝	吨/年	60000			60000
铝加工	吨/年	29400	12800	6000	10600
云母制品	吨/年	500		500	
发电机组容量	万千瓦	311	193	77	41
火力发电	万千瓦	309	193	76	39
其他发电	万千瓦	2			2
输电线路长度(11万伏及以上)	公里	606	253	296	57
变电设备能力(11万伏及以上)	万千伏安	515	270	230	15
水 泥	万吨/年	1391	310	796	285
平板玻璃	万重量箱/年	706	350	356	
石墨及炭素制品	吨/年	20680	14600	1080	5000
木 材	万立方米/年	148	119		29
锯 材	万立方米/年	6	2		3
胶合板	万立方米/年	65	29	10	26
纤维板	万立方米/年	136	120	2	14
刨花板	万立方米/年	21	1	10	10
硫 酸	吨/年	30000	30000		
烧 碱	吨/年	220000		220000	
合成氨	吨/年	101183	1000	75000	25183
农用氮、磷、钾化学肥	吨/年	461160	259000	190160	12000
氮 肥	吨/年	236700	54000	171700	11000
磷 肥	吨/年	19300		18300	1000
钾 肥	吨/年	205160	205000	160	
化学农药原药	吨/年	15101	3050	10250	1801
乙 烯	吨/年	270000		270000	
丙 烯	吨/年	50000		50000	
精甲醇	吨/年	260000		210000	50000
冰醋酸	吨/年	1000		1000	
油 漆	吨/年	10400		9800	600
染 料	吨/年	14250		13000	1250
塑料树脂及共聚物	吨/年	24287	10910	2500	10877
合成橡胶	吨/年	3000		3000	
合成纤维单体	吨/年	19000	10000	5000	4000

注:本表不含农村投资和私人建房投资。

生产能力（或效益）名称	单位	新增生产能力	基本建设	更新改造	其他投资
合成纤维聚合物	吨/年				
轮胎外胎	万条/年	611	220	172	219
轮胎内胎	万条/年	305	280		25
化学原料药	吨/年	11191	4930	2825	3436
中成药	吨/年	9056	6255	1830	971
大中型变压器	万千伏安	409	195	164	50
原电池(折一号电池)	万只	50880		50850	30
金属切削机床制造	台/年	3228	1700	315	1213
#数控机床	台/年	5530	530		5000
叉　车	台/年	6700		5700	1000
汽车制造	辆/年	136350	16950	117500	1900
载货汽车制造	辆/年	25600	9100	15500	1000
客车制造	辆/年	7000	7000		
轿车制造	辆/年	100000		100000	
其它汽车制造	辆/年	3750	850	2000	900
摩托车制造	辆/年	500			500
民用钢质船舶	艘/年	42	10	10	22
	综合吨/年	31400	8000	8000	15400
钢质标准集装箱制造	标箱/年	240000	240000		
电视机	万部/年	6			6
#彩色电视机	万部/年	6			6
组合音响	万部/年	1			1
显像管	万只/年	4	4		
电子计算机	部/年	1		1	
微型电子计算机	万部/年	5		5	
#便携式微型计算机	万部/年	2		2	
化学纤维	吨/年	18590	2900	14690	1000
#合成纤维	吨/年	800		800	
粘胶纤维	吨/年	500			500
棉纺锭	锭	1176910	458800	482005	236105
毛纺锭	锭	16400	10300	1500	4600
原　盐	万吨/年	26	15		12
食用植物油	日处理原料:吨	3750	2120	220	1410
	日精炼油:吨	1114	558	167	390
机制糖	日处理原料:吨	10000		10000	
	年生产糖:吨	40000		40000	
乳制品	吨/年	113300	5300	108000	
其他乳制品	吨/年	113300	5300	108000	
酒	万吨/年	34	8	20	5
啤　酒	万吨/年	25	3	19	3
白　酒	万吨/年	8	5	1	2
其他酒	万吨/年	1		1	1
卷　烟	箱/年	230000		230000	
机制纸浆	万吨/年	3		3	1
机制纸	万吨/年	50102	7	50039	56
机制纸板	万吨/年	122	96		26
自行车	万辆/年	8	8		
钟	万只/年	70	70		
房间空气调节器	万台/年	53	31	10	12
电熨斗	万个/年	2			2
移动电话机(手持机)	部/年	11800000	4800000	7000000	
移动通信基站设备	个/年	216		216	
程控交换机	万线/年	28	13	15	
新建铁路投产里程	公里	27	27		

5－19续表2　　　　　　　　　　（2004年）

生产能力（或效益）名称	单位	新增生产能力	基本建设	更新改造	其他投资
新建公路	公里	1670	1436	104	130
#高速公路	公里	8	8		
一级公路	公里	55	55		
二级公路	公里	936	936		
改建公路	公里	4946	2464	340	2142
#高速公路	公里	77	77		
一级公路	公里	377	222	33	122
二级公路	公里	1472	456	99	917
新建独立公路桥梁	延长米	1000	120	320	560
	座	6	4	1	1
新(扩)建港口码头	年吞吐量:万吨	70	70		
	泊位:个	1	1		
#新(扩)建沿海港口码头	年吞吐量:万吨	25	25		
	泊位:个	1	1		
船舶购置	艘	19		3	16
	载重量:吨位	8726		7326	1400
	载客量:客位	1440		1440	
新(扩)建客、货运站	个	5	4	1	
	平方米	21824	16924	4900	
候机楼	座	1			1
	平方米	64000			64000
长途电缆线路长度	公里	320	20	300	
造林面积	万亩	19	17		1
水库容量(总库容)	亿立方米	2	2		
有效灌溉面积	万亩	13	10	4	
商业石油库	万立方米	10	10		
商业冷藏库	万吨	8	4		4
水产冷藏库	万吨	1	1		
粮食仓库	万公斤	6212	6212		
	平方米	18499	18499		
高等院校:学生席位	个	120378	116112	3396	870
建筑面积	平方米	2265940	2151542	101898	12500
中等学校:学生席位	个	93499	82557	1750	9192
建筑面积	平方米	1010527	860792	24938	124797
小学校:学生席位	个	22250	12865	80	9305
建筑面积	平方米	180535	131962	900	47673
其他学校:学生席位	个	10607	4699		5908
建筑面积	平方米	166160	86101	500	79559
公共图书馆:阅览室座席	个	900	900		
建筑面积	平方米	72161	52201	2100	17860
医院病床	张	4964	3937	320	707
宾馆、旅馆、招待所客房数	间	1531	1037		494
	平方米	55741	31991	8000	15750
城市自来水供水能力	万吨/日	27	26		1
城市自来水管道长度	公里	313	296	2	15
城市煤气生产能力	万立方米/日	14	3	10	
城市天然气储气能力	万立方米/日	8	8		
城市供热能力:蒸　汽	吨/小时	1181	884	187	110
热　水	兆瓦/小时	1261	544	619	98
城市公共交通车辆购置	辆	490	40		450
城市道路扩建长度	公里	1806	1627	38	142
城市道路扩建面积	万平方米	1900	1546	26	327
城市排水管道铺设长度	公里	397	377	20	
城市污水处理能力	万吨/日	65	47	17	
城市永久性桥梁	座	65	62		3
城市防洪堤长度	公里	2	2		

5-20 主要年份建筑业总产值

单位:亿元

年份	总计	#国有经济	中央	地方	#集体经济	#城镇
1957	1.32	1.32	0.67	0.65		
1962	1.20	0.99	0.44	0.55	0.21	0.21
1965	2.51	1.66	0.53	1.13	0.85	0.85
1970	3.02	1.76	0.76	1.00	1.26	1.26
1975	7.24	4.66	2.27	2.39	2.58	2.58
1978	11.34	7.62	2.54	5.08	3.72	3.72
1979	11.96	8.14	2.62	5.52	3.82	3.82
1980	14.26	9.76	4.01	5.75	4.50	4.50
1981	13.42	9.41	4.98	4.43	4.01	4.01
1982	14.50	9.46	4.41	5.05	5.04	5.04
1983	15.89	10.45	4.56	5.89	5.44	5.44
1984	23.07	16.25	8.62	7.63	6.82	6.82
1985	31.21	22.05	12.21	9.84	9.16	9.16
1986	34.71	24.44	14.87	9.57	10.27	10.27
1987	40.91	28.67	17.51	11.16	12.24	12.24
1988	49.38	33.34	20.04	13.30	16.04	16.04
1989	55.24	37.94	22.36	15.71	17.30	17.30
1990	58.89	40.60	24.27	16.33	18.29	18.29
1991	71.40	47.77	27.40	20.38	32.63	32.63
1992	98.66	61.86	32.81	29.05	36.81	36.81
1993	141.14	93.32	46.57	46.75	46.71	46.71
1994	206.42	133.92	78.70	55.22	65.13	65.13
1995	257.95	163.73	92.25	71.48	82.08	82.08
1996	593.90	198.27	101.45	96.82	363.92	100.44
1997	652.59	228.26	112.47	115.79	387.09	120.19
1998	702.64	279.97	104.79	135.25	328.63	102.06
1999	770.80	248.19	113.14	135.05	326.12	113.55
2000	820.52	249.48	120.37	129.11	310.30	110.27
2001	986.49	246.45	94.37	152.08	286.76	189.22
2002	1153.24	254.86	86.30	168.56	274.99	186.23
2003	1485.89	331.17	126.80	204.37	294.14	201.40
2004	1902.11	702.04	273.73	428.31		

注:1995年前不含县以下集体施工企业。

5-21 主要年份建筑业企业从业人数

单位:万人

年份	总计	#国有经济	中央	地方	#集体经济	#城镇
1957	4.21	4.21	2.14	2.07		
1962	6.48	4.91	2.13	2.78	1.56	1.56
1965	7.35	4.77	1.52	3.25	2.59	2.59
1970	10.31	5.76	2.66	3.10	4.52	4.52
1975	18.81	11.33	5.36	5.97	7.47	7.47
1978	25.20	16.21	5.40	10.81	9.07	9.07
1979	26.00	16.96	6.24	10.72	8.88	8.88
1980	26.91	18.07	8.91	9.16	9.00	9.00
1981	28.55	19.20	11.07	8.20	9.11	9.11
1982	27.36	17.52	9.00	8.71	9.51	9.51
1983	27.88	18.02	6.42	11.55	9.71	9.71
1984	33.93	22.26	9.37	12.93	11.56	11.56
1985	40.53	26.89	13.13	13.67	13.47	13.47
1986	38.57	24.69	15.17	9.67	13.88	13.88
1987	39.34	24.50	14.97	9.62	14.93	14.93
1988	40.48	24.88	14.74	10.08	15.73	15.73
1989	38.90	22.86	13.63	10.83	14.54	14.54
1990	38.15	21.83	11.65	10.18	14.87	14.87
1991	39.72	23.83	12.51	11.32	15.89	15.89
1992	45.10	23.44	11.66	11.78	19.85	19.85
1993	52.78	29.57	11.87	17.70	22.94	22.94
1994	66.22	37.17	20.10	17.07	27.36	27.36
1995	66.84	35.32	14.91	20.40	29.13	29.13
1996	188.02	40.96	14.82	26.14	138.19	38.19
1997	175.78	40.49	14.39	26.10	126.15	40.15
1998	169.11	38.59	11.28	27.30	100.52	31.99
1999	164.95	33.56	10.86	22.70	92.07	26.96
2000	171.94	31.80	10.27	21.53	85.33	25.60
2001	181.07	29.15	8.15	21.00	71.17	50.65
2002	183.56	23.08	4.57	18.50	61.28	39.98
2003	210.11	29.43	8.50	20.93	54.59	34.83
2004	261.89	70.19	16.26	53.93		

注:1995年前不含县以下集体施工企业

5－22 建筑业企业生产情况

(2004年)

类别	单位	总计	国有及国有控股	中央	地方	国有
企业个数	个	5261	712	69	643	4549
一、建筑业合同情况						
签订的合同额	万元	26285159	10812631	5163195	5649436	15472528
1.上年结转合同额	万元	8485599	3912806	2169910	1742896	4572793
2.本年新签合同额	万元	17799560	6899825	2993285	3906540	10899735
二、承包工程完成情况						
1.直接从建设单位承揽工程	万元	18900744	7174358	2903877	4270481	11726386
①自行完成施工产值	万元	18489291	6838274	2667727	4170547	11651017
②分包出去工程的产值	万元	411453	336084	236150	99934	75369
2.从建设单位以外承揽工程	万元	531834	182077	69532	112545	349757
三、建筑业总产值	**万元**	**19021125**	**7020351**	**2737259**	**4283092**	**12000774**
#装饰装修产值	万元	923493	222461	37936	184525	701032
在外省完成的产值	万元	2192330	1623632	1402714	220918	568698
1.建筑工程产值	万元	15569255	5557639	1914808	3642831	10011616
2.安装工程产值	万元	2703295	1263205	764536	498669	1440090
3.其他产值	万元	748575	199507	57915	141592	549068
四、竣工产值	**万元**	**12602459**	**3901444**	**1557206**	**2344238**	**8701015**
五、房屋建筑施工面积	**平方米**	**215619143**	**52447570**	**8896651**	**43550919**	**163171573**
#本年新开工面积	平方米	128445130	26363292	3683247	22680045	102081838
#实行投标承包面积	平方米	179396327	49397210	8797101	40600109	129999117
#本年新开工	平方米	109754436	24945782	3550547	21395235	84808654
六、劳动人员情况						
1.计算劳动生产率的平均人数	人	2618885	701909	162605	539304	1916976
2.期末从业人员	人	2179742	450069	121631	328438	1729673
#工程技术人员	人	309010	65910	17115	48795	243100
持有一级资质证书	人	10241	3686	1529	2157	6555

注：本表为快报数。

5－22 续表　　　　　　　　（2004 年）

类　　别	单位	按资质等级分（新标准）			
		特级	一级	二级	三级
企业个数	个	4	194	1092	3971
一、建筑业合同情况					
签订的合同额	万元	1468450	10078918	6427568	8310223
1.上年结转合同额	万元	576698	3796505	2010260	2102136
2.本年新签合同额	万元	891752	6282413	4417308	6208087
二、承包工程完成情况					
1.直接从建设单位承揽工程	万元	608548	6868495	4783499	6640202
①自行完成施工产值	万元	544404	6617383	4744601	6582903
②分包出去工程的产值	万元	64144	251112	38898	57299
2.从建设单位以外承揽工程	万元		207868	117572	206394
三、建筑业总产值	**万元**	**544404**	**6825251**	**4862173**	**6789297**
#装饰装修产值	万元	5044	394507	252161	271781
在外省完成的产值	万元	205673	1584451	214457	187749
1.建筑工程产值	万元	541710	5343543	4062022	5621980
2.安装工程产值	万元	666	1246430	567914	888285
3.其他产值	万元	2028	235278	232237	279032
四、竣工产值	**万元**	**163170**	**3976550**	**3697300**	**4765439**
五、房屋建筑施工面积	**平方米**	**4715266**	**61789208**	**61965882**	**87148787**
#本年新开工面积	平方米	2350814	32271035	36770355	57052926
#实行投标承包面积	平方米	4642340	58510090	51612845	64631052
#本年新开工	平方米	2282888	31450971	32599889	43420688
六、劳动人员情况					
1.计算劳动生产率的平均人数	人	32096	529991	861920	1194878
2.期末从业人员	人	14417	429421	670808	1065096
#工程技术人员	人	3180	59797	98873	147160
持有一级资质证书	人	277	3800	2692	3472

第6篇

能　源

ENERGY

今日事今日毕

诚信鲁统 之 效率理念

求真务实 科学严谨

诚信鲁统 之 作风理念

编辑单位：工交处
编　　委：王　弢
编　　辑：宋述坤
校　　对：宋述坤
电　　话：86129420

6－1 历年一次能源生产总量

单位:万吨标煤

年份	能源生产总量	原煤	原油	天然气	水电
1949	120.79	120.79			
1950	158.65	158.65			
1951	188.86	188.86			
1952	258.58	258.58			
1953	259.01	259.01			
1954	293.72	293.72			
1955	342.73	342.73			
1956	386.58	386.58			
1957	440.37	440.37			
1958	981.18	981.02	0.16		
1959	1646.72	1645.97	0.75		
1960	1929.23	1928.04	1.05		0.14
1961	1280.47	1279.96	0.39		0.12
1962	1041.29	1041.17	0.01		0.11
1963	1103.55	1103.31	0.08		0.16
1964	1140.40	1140.10	0.10		0.20
1965	1362.94	1242.89	119.81		0.24
1966	1610.35	1418.18	192.12		0.05
1967	1505.04	1318.82	186.18		0.04
1968	1757.83	1450.32	307.48		0.03
1969	1512.19	1093.60	418.58		0.01
1970	2383.80	1716.18	667.59		0.03
1971	2776.74	1888.33	888.12		0.29
1972	3147.97	1993.40	1154.20		0.37
1973	3384.38	1836.04	1547.89		0.45
1974	2890.71	1021.88	1796.11	71.96	0.76
1975	4555.04	2036.54	2388.62	128.62	1.26
1976	5013.70	2382.91	2500.65	128.88	1.26
1977	5387.37	2727.99	2502.71	155.88	0.79
1978	5901.83	2928.71	2781.49	190.46	1.17
1979	6075.07	3170.21	2697.14	205.49	2.23
1980	5873.37	3064.71	2616.94	189.00	2.72
1981	5392.54	2950.42	2301.75	138.72	1.65
1982	5505.80	3040.71	2335.21	129.41	0.47
1983	5898.00	3132.28	2625.00	139.79	0.93
1984	6696.54	3258.96	3288.36	148.17	1.05
1985	7531.89	3516.00	3861.74	151.89	2.26
1986	8046.80	3642.79	4215.52	185.94	2.55
1987	8511.34	3798.47	4514.38	197.24	1.25
1988	8918.29	3970.94	4757.61	188.73	1.01
1989	9038.69	4067.83	4765.07	205.35	0.44
1990	9262.21	4282.54	4786.70	191.39	1.58
1991	9269.98	4282.53	4793.22	191.25	2.98
1992	9508.88	4535.86	4780.24	191.92	0.86
1993	9875.38	4519.97	5171.83	182.08	1.50
1994	10624.88	5560.85	4887.14	173.78	2.89
1995	10762.35	6305.32	4294.76	156.04	1.55
1996	10705.27	6392.56	4159.57	144.62	0.97
1997	10630.25	6496.14	4002.01	121.67	0.69
1998	10436.05	6412.17	3901.51	122.09	0.28
1999	10331.25	6425.10	3807.55	89.01	0.73
2000	9657.36	5741.96	3822.49	83.54	0.76
2001	11560.58	7634.32	3811.52	103.34	1.08
2002	13258.26	9333.02	3816.52	91.07	1.14
2003	14383.87	10476.85	3808.65	98.36	0.01
2004	14394.13	10461.78	3820.50	111.84	0.01

6-2 1979-2004年能源生产、能源消费弹性系数

年　份	能源生产弹性系数				能源消费弹性系数			
	能源生产比上年增长(%)	电力生产比上年增长(%)	能源生产弹性系数	电力生产弹性系数	能源消费比上年增长(%)	电力消费比上年增长(%)	能源消费弹性系数	电力消费弹性系数
1979	1.69	9.68	0.15	0.84	0.02	11.03		0.95
1980	-3.33	8.78		0.55	0.62	5.96	0.03	0.40
1981	-8.17	4.58		0.25	-12.23	6.13		0.33
1982	2.12	4.62	0.15	0.33	21.98	6.06	1.56	0.43
1983	7.11	7.26	0.44	0.44	-13.50	7.43		0.46
1984	13.53	8.33	0.51	0.31	7.34	12.43	0.27	0.47
1985	12.46	10.83	0.73	0.63	-12.67	8.70		0.51
1986	6.83	14.46	0.75	1.59	7.34	11.02	0.81	1.22
1987	5.79	10.62	0.29	0.52	13.68	9.68	0.68	0.48
1988	4.78	14.41	0.19	0.57	5.73	8.04	0.23	0.32
1989	1.36	10.58	0.09	0.67	4.84	7.17	0.31	0.45
1990	2.46	6.33	0.15	0.38	3.46	9.76	0.21	0.58
1991	0.52	11.20	0.03	0.57	3.05	9.75	0.15	0.49
1992	2.14	14.06	0.16	0.66	1.92	13.92	0.09	0.65
1993	-0.14	7.85		0.30	-1.07	7.77		0.29
1994	8.27	10.95	0.21	0.28	13.09	10.50	0.33	0.29
1995	6.13	9.09	0.21	0.31	10.58	9.48	0.36	0.32
1996	-2.77	7.28		0.38	3.12	7.51	0.16	0.39
1997	1.52	7.68	0.13	0.66	-0.02	7.38		0.64
1998	-1.81	-7.09			12.70	-1.19	1.10	
1999	-1.01	14.84		0.58	0.22	14.57	0.87	0.53
2000	-6.52	9.91		0.55	-9.17	10.12		0.56
2001	1.71	9.86	0.17	0.98	10.41	10.94	1.03	1.09
2002	4.68	13.19	0.40	1.14	18.06	12.42	1.56	1.07
2003	8.49	11.75	0.62	0.86	18.74	13.47	1.36	0.98
2004	0.07	17.50	0.01	1.15	21.30	17.50	1.39	1.14

6－3 一次能源生产量及构成

类　别	单　位	1996年	1997年	1998年	1999年	2000年	2001年	2002年	2003年	2004年
能源生产总量(折标准煤)	**万吨标准煤**	**10703.26**	**10629.10**	**10436.60**	**10331.25**	**9657.36**	**11560.58**	**13258.26**	**14383.87**	**14394.13**
构　成										
原　煤	%	59.73	61.12	61.44	62.19	59.46	66.04	70.39	72.83	72.68
原　油	%	38.86	37.65	37.38	36.85	39.58	32.97	28.79	26.47	26.54
电　力	%	0.01	0.01	0.01	0.01	0.01	0.01	0.01	0.00	0.00

6－4 能源消费量及构成

类　别	单　位	1996年	1997年	1998年	1999年	2000年	2001年	2002年	2003年	2004年
一、一次能源消费量(折标准煤)	**万吨标准煤**	**10117.67**	**10128.81**	**10028.80**	**10104.56**	**9977.11**	**11649.88**	**13121.91**	**15974.50**	**19606.14**
构　成										
原　煤	%	78.48	77.53	78.53	76.99	74.09	76.87	81.84	79.47	75.98
原　油	%	20.13	21.56	20.64	22.28	25.36	21.80	17.73	19.80	23.29
电　力	%	0.01	0.01	0.01	0.01	0.01	0.01	0.01	0.00	0.00
二、终端能源消费量(折标准煤)	**万吨标准煤**	6077.02	5919.30	6852.14	6814.85	6885.48	8373.86	8255.16	9080.72	10934.46
构　成										
原　煤	%	39.20	38.59	47.02	46.76	31.23	32.98	37.81	38.59	33.40
油　品	%	23.76	21.84	17.08	18.02	24.03	19.16	18.99	20.19	24.70
电　力	%	16.11	17.76	14.16	14.53	17.86	22.90	18.31	18.89	19.04
其　他	%	20.87	21.81	21.74	20.69	26.88	24.96	24.89	22.33	22.86

6-5 平均每天各种能源消费量

类　　别	单　位	1996年	1997年	1998年	1999年	2000年	2001年	2002年	2003年	2004年
合　　计	**吨标准煤**	**346813**	**352838**	**341706**	**340988**	**356303**	**403426**	**473063**	**489832**	**621841**
煤　　炭	吨	304569	301200	302083	298387	283513	343495	411922	415488	500549
焦　　炭	吨	11151	11070	8393	9161	11639	12629	11381	17548	33849
原　　油	吨	39059	41878	39698	40482	48526	48711	44609	60658	87572
燃　料　油	吨	8832	8006	7095	7707	9432	7435	7412	6115	7648
汽　　油	吨	5319	6072	5439	4652	5165	5176	4845	5740	6402
煤　　油	吨	828	1018	1432	1333	1322	1356	1150	390	596
柴　　油	吨	8613	9564	8180	7896	9421	9113	6814	14123	15953
液化石油汽	吨	1011	1517	1446	1462	1680	1512	1973	2344	2809
电　　力	万千瓦时	21829	23439	21723	22068	27411	32745	33699	38237	46403

6-6 平均每人年生活用能源

类　　别	单　位	1996年	1997年	1998年	1999年	2000年	2001年	2002年	2003年	2004年
合　　计	**千克标准煤**	**41.86**	**36.53**	**45.06**	**49.53**	**47.45**	**48.16**	**64.26**	**63.75**	**64.07**
煤　　炭	千克	32.08	19.00	35.52	34.16	30.98	41.97	41.95	40.22	35.56
汽　　油	千克	3.45	3.57	3.60	3.66	3.72	3.80	3.96	4.16	4.57
液化石油汽	千克	1.71	2.53	2.34	2.86	2.85	2.93	4.34	4.71	5.22
电　　力	千瓦小时	102.22	113.81	85.41	125.83	134.98	154.82	157.52	169.41	187.07

6-7 分品种生活能源年消费总量

类　　别	单　位	1996年	1997年	1998年	1999年	2000年	2001年	2002年	2003年	2004年
合　　计	**万吨标准煤**	**366.20**	**321.86**	**399.79**	**440.04**	**430.77**	**511.16**	**572.00**	**573.20**	**582.75**
煤　　炭	万吨	280.60	170.44	315.16	303.44	281.25	379.44	380.97	369.00	318.00
汽　　油	万吨	25.29	26.81	27.88	29.27	31.03	32.58	34.86	38.00	42.00
液化石油汽	万吨	14.94	22.36	20.77	25.41	25.83	26.48	39.40	43.00	48.00
电　　力	亿千瓦时	89.42	100.27	75.78	111.78	122.55	130.38	143.06	154.59	172.10

6－8 能源平衡表(标准量)

(2004年)　　　　单位:万吨标准煤

类别	原煤	洗精煤	其它洗煤	煤制品	焦炭	焦炉煤气	其它煤气	原油
一、可供本地区消费的能源量	**14897.6**	**－2332.8**	**3.2**	**－1.3**	**231.7**			**4566.4**
1.年初库存量	659.7	74.2	5.0	0.4	31.7			152.9
2.一次能源生产量	10461.8							3820.5
3.回收能								
4.外省(区、市)调入量	5722.3				238.0			1367.0
5.进口量								1257.1
6.我轮、机在外国加油量								
7.本省(区、市)调出量(－)	－1167.5	－1238.2						－1861.6
8.出口量(－)		－1066.3						
9.外轮、机在我国加油量(－)								
10.年末库存量(－)	－778.7	－102.6	－1.8	－1.7	－37.9			－169.6
二、加工转换投入(－)产出(＋)量	**－11245.1**	**2680.5**	**211.4**	**19.2**	**968.8**	**69.7**	**22.0**	**－4345.4**
1.火力发电	－6107.3	－36.0	－113.7			－49.9	－2.1	
2.供　热	－941.8		－1.3			－9.8	－4.7	
3.洗选煤	－3993.8	3790.1	326.4					
4.炼　焦	－100.1	－993.6			968.8	129.3	28.9	
5.炼　油								－4345.4
6.制　气	－70.0	－80.0						
#焦炭再投入量(－)								
7.煤制品加工	－32.1			19.2				
三、损失量								
#运输和输配损失								
四、终端消费量	**3652.5**	**347.7**	**214.6**	**17.9**	**1200.2**	**69.7**	**22.0**	**221.0**
(一)第一产业	105.0							
1.农、林、牧、渔业	105.0							
(二)第二产业	3183.6	347.7	214.6	12.4	1200.2	54.6	22.0	221.0
1.工　业	3128.6	347.7	214.6	12.4	1200.2	54.6	22.0	221.0
#用作原料、材料								
2.建筑业	55.0							
(三)第三产业	136.7							
1.交通运输、仓储和邮政业	31.0							
2.批发、零售业和住宿、餐饮业	60.0							
3.其他	45.7							
(四)生活消费	227.1			5.5		15.0		
城　镇	70.0			5.5		15.0		
乡　村	157.1							
五、平衡差额					**0.4**			
六、消费量合计								

6－8续表1　　(2004年)　　单位:万吨标准煤

类　　别	汽　油	煤　油	柴　油	燃料油	液　化 石油气	炼厂干气	天然气	其它石油 制　　品
一、可供本地区消费的能源量	**－293.7**	**－47.9**	**－395.0**	**－344.0**	**－35.5**		**142.2**	**－483.7**
1.年初库存量	43.7	0.8	52.9	22.3	1.1			17.6
2.一次能源生产量							111.8	
3.回收能								
4.外省(区、市)调入量	223.7		280.0				30.4	
5.进口量								
6.我轮、机在外国加油量								
7.本省(区、市)调出量(－)	－515.0	－47.1	－693.9	－352.4	－36.1			－496.3
8.出口量(－)								
9.外轮、机在我国加油量(－)								
10.年末库存量(－)	－46.1	－1.6	－34.0	－13.9	－0.4			－5.0
二、加工转换投入(－)产出(＋)量	**637.6**	**79.5**	**1226.9**	**742.9**	**196.6**	**91.6**	**－0.4**	**1104.2**
1.火力发电								
2.供　热							－0.4	－4.0
3.洗选煤								
4.炼　焦								
5.炼　油	637.6	79.5	1226.9	742.9	196.6	91.6		1108.2
6.制　气								
＃焦炭再投入量(－)								
7.煤制品加工								
三、损失量								
＃运输和输配损失								
四、终端消费量	**343.8**	**32.0**	**831.9**	**398.8**	**161.1**	**91.6**	**141.8**	**620.5**
(一)第一产业	8.5		51.4					
1.农、林、牧、渔业	8.5		51.4					
(二)第二产业	84.4	7.3	200.4	341.7	72.5	91.6	102.9	620.5
1.工　业	74.8	7.3	178.3	341.7	64.6	91.6	102.9	327.0
＃用作原料、材料								
2.建筑业	9.6		22.1		7.9			293.5
(三)第三产业	189.1	24.7	580.0	57.1	13.2		10.2	
1.交通运输、仓储和邮政业	111.1	24.7	448.6	57.1	0.8			
2.批发、零售业和住宿、餐饮业	26.5		72.9		6.9		4.1	
3.其他	51.5		58.6		5.5		6.1	
(四)生活消费	61.8				75.4		28.8	
城　镇	48.6				62.9		27.1	
乡　村	13.2				12.6		1.7	
五、平衡差额		**－0.4**		**0.1**				**0.1**
六、消费量合计								

类别	其它焦化产品	热力		电力		其它能源	合计(当量值)	合计(等价值)
		当量值	等价值	当量值	等价值			
一、可供本地区消费的能源量	**0.9**			**0.01**	**0.04**	**-6.0**	**15902.2**	**15902.2**
1.年初库存量	2.0					4.5	1068.7	1068.7
2.一次能源生产量							14394.1	14394.2
3.回收能								
4.外省(区、市)调入量							7861.3	7861.3
5.进口量							1257.1	1257.1
6.我轮、机在外国加油量								
7.本省(区、市)调出量(-)							-6408.1	-6408.1
8.出口量(-)							-1066.3	-1066.3
9.外轮、机在我国加油量(-)								
10.年末库存量(-)	-1.1					-10.5	-1204.6	-1204.6
二、加工转换投入(-)产出(+)量	**42.5**	**442.3**	**1018.1**	**2081.6**	**6195.3**		**-4973.6**	**-284.1**
1.火力发电				2081.6	6195.3		-4227.4	-113.7
2.供热	-3.6	442.3	1018.1			-52.6	-575.8	
3.洗选煤							122.8	122.8
4.炼焦	46.2					52.6	132.0	132.0
5.炼油							-262.2	-262.2
6.制气							-150.0	-150.0
#焦炭再投入量(-)								
7.煤制品加工							-12.9	-12.9
三、损失量								
#运输和输配损失								
四、终端消费量	**43.5**	**442.3**	**980.0**	**2081.6**	**6195.3**		**10934.5**	**15585.8**
(一)第一产业		4.4	10.2	56.8	169.0		226.2	344.1
1.农、林、牧、渔业		4.4	10.2	56.8	169.0		226.2	344.1
(二)第二产业	43.5	347.5	795.5	1655.9	4928.5		8824.4	12544.9
1.工　业	43.5	345.2	794.5	1639.7	4880.2		8417.7	12107.5
#用作原料、材料								
2.建筑业		2.4	1.0	16.2	48.3		406.7	437.4
(三)第三产业		25.7	32.6	157.4	468.4		1194.2	1512.0
1.交通运输、仓储和邮政业		6.5	1.3	20.1	59.8		699.9	734.3
2.批发、零售业和住宿、餐饮业	6.9	2.9	44.9	133.6		222.2	306.9	
3.其他		12.3	28.4	92.4	275.0		272.1	470.8
(四)生活消费		64.6	141.7	211.5	629.5		689.8	1184.9
城　镇		58.4	134.4	96.6	287.5		384.0	650.9
乡　村		6.2	7.3	114.9	342.0		305.8	534.0
五、平衡差额			**38.2**			**-5.9**	**-5.9**	**32.3**
六、消费量合计							**15908.1**	**15869.9**

6-9 电 力 平 衡 表

单位:万吨标煤

类　　别	1995年	1996年	1997年	1998年	1999年	2000年	2001年	2002年	2003年	2004年
一、可供本地区消费的能源量	**4.6**	**4.9**	**2.5**	**3.2**	**0.6**	**0.6**	**0.6**	**0.5**	…	…
#一次能源生产量	0.4	0.8	0.6	0.8	0.7	0.8	0.9	1.1	…	…
回收能										
外省(区、市)调入量	4.2	4.3	2.0	2.7						
进口量										
我轮、机在外国加油量										
本省(区、市)调出量(-)		0.2	0.1	0.3	0.1	0.2	-0.3	-0.7		
出口量(-)										
外轮、机在我国加油量(-)										
二、加工转换投入(-)产出(+)量	**736.2**	**792.2**	**853.4**	**974.4**	**1119.0**	**1230.0**	**1364.5**	**1508.5**	**1715.3**	**2081.6**
火力发电	732.4	787.7	848.8	968.7	1108.9	1207.1	1332.3	1466.0	1665.5	2081.6
供　热	3.8	4.5	4.6	5.8	10.1	22.9	32.2	42.5	49.8	
洗选煤										
炼　焦										
炼　油										
制　气										
#焦炭再投入量(-)										
煤制品加工										
三、损失量										
#运输和输配损失										
四、终端消费量	**741.1**	**796.8**	**855.5**	**974.5**	**1116.5**	**1229.6**	**1360.2**	**1511.7**	**1715.3**	**2081.6**
(一)第一产业	42.8	46.2	49.1	64.1	63.9	66.3	59.5	62.8	55.3	56.8
农、林、牧、渔业	42.8	46.2	49.1	64.1	63.9	66.3	59.5	62.8	55.3	56.8
(二)第二产业	577.4	614.6	640.8	776.5	840.3	925.3	1038.7	1164.3	1330.1	1655.9
1.工业	571.3	608.0	634.1	770.0	831.2	916.1	1028.8	1152.7	1316.1	1639.7
#用作原料、材料										
2.建筑业	6.1	6.7	6.7	6.5	9.2	9.3	9.9	11.6	14.0	16.2
(三)第三产业	41.3	46.6	65.4	40.8	74.9	87.4	98.7	108.7	139.9	157.4
1.交通运输、仓储及邮电通迅业	7.6	8.5	24.4	20.7	12.1	14.5	15.8	16.3	18.2	20.1
2.批发和零售贸易业、餐饮业	11.9	13.0	15.0	7.6	22.5	25.6	33.4	32.5	38.3	44.9
3.其他	21.9	25.0	25.0	12.6	40.3	47.2	49.4	59.9	83.5	92.4
(四)生活消费	79.5	89.4	100.3	93.1	137.4	150.6	163.4	175.8	190.0	211.5
城　镇	36.2	41.5	46.2	37.6	63.6	71.5	76.1	80.4	87.0	96.6
乡　村	43.3	47.9	54.1	55.5	73.8	79.1	87.3	95.4	103.0	114.9
五、平衡差额	**-0.3**	**0.4**	**0.3**	**3.2**	**3.1**	**1.0**	**4.8**	**-2.7**		
六、消费量合计	**741.1**	**796.8**	**855.5**	**974.5**	**1116.5**	**1229.6**	**1360.2**	**1511.7**	**1715.3**	**2081.6**

求真务实
科学严谨
诚信鲁统 之 作风理念

第7篇

财政、金融、保险

FINANCE BANKING AND INSURANCE

忠诚统计
乐于奉献
诚信鲁统 之 道德规范

事业的需求
人生的情趣
诚信鲁统 之 学习理念

7－1 1950－2004 年地方财政一般预算收入

单位：万元

年份	地方财政一般预算收入	#各项税收	#增值税	#营业税	#个人所得税	#资源税	#城市维护建设税	#房产税	#印花税
1950	44253	35209							
1951	70001	55119							
1952	76284	62545							
1953	79758	69895							
1954	88446	78100							
1955	89333	79914							
1956	103099	88883							
1957	107262	92112							
1958	211004	105306							
1959	247460	122645							
1960	263795	113956							
1961	165664	87347							
1962	125506	96577							
1963	151111	93026							
1964	155357	100322							
1965	164766	100184							
1966	187716	105124							
1967	190489	109172							
1968	200665	117893							
1969	198303	120536							
1970	309438	167361							
1971	411058	174508							
1972	430416	191095							
1973	449172	206727							
1974	269542	163550							
1975	459668	233132							
1976	496749	270119							
1977	559590	313898							
1978	641286	327465							
1979	569948	322814							
1980	481097	335362							
1981	511850	368177	471		3				
1982	492888	416477	3001		5				
1983	504050	428911	12980		8				
1984	536022	484039	21457	13611	15				
1985	675316	638230	45950	101566	216	26075	30811		
1986	621535	567351	86294	131137	498	1751	37058	440	
1987	727901	652813	108184	159799	515	3002	41417	10663	
1988	826814	825681	192216	216442	371	2795	51037	11012	362
1989	1009416	973118	223717	274118	452	3230	59324	14781	7451
1990	1091082	1058745	241241	291283	687	3478	63936	19110	5754
1991	1285184	1145170	264599	315116	744	3994	71381	26116	5994
1992	1393225	1287334	312552	367710	980	5143	77163	27263	6175
1993	1943978	1908554	545599	458562	1566	5488	90282	32420	6515
1994	1346611	1264642	363371	311355	22983	46941	117238	38577	7115
1995	1790025	1635139	416401	405456	55930	51835	140782	49773	9273
1996	2416742	2156333	518976	515829	89493	50359	172075	61064	10053
1997	3044232	2648693	617844	622148	126801	56732	202164	80812	13373
1998	3523912	3019024	701402	752239	46780	166968	131149	226211	107540
1999	4044829	3429430	782176	789669	187585	59698	238123	134879	19983
2000	4636788	3929022	896895	876638	247492	62164	276205	155591	22440
2001	5731793	4883422	1002918	926921	369925	64405	290458	165321	26963
2002	6102242	4950266	1112319	1176414	310934	97605	307978	209770	37256
2003	7137877	5582820	1260824	1447077	260262	104760	444019	244706	46613
2004	8283306	6274331	1160390	1764502	319637	135148	549266	267768	62914

注：本表中 1994 年以来的财政收入及分组均系新口径数，与历史资料不可比。

7－2 1950－2004年地方财政支出

单位:万元

年份	地方财政支出	#基本建设	#城市维护费	#支援农业支出	#文教科学卫生事业费	#行政管理费
1950	10281	556	79	266		4704
1951	15965	3221	490	364		7357
1952	31886	8860	245	735		8332
1953	32272	5719	263	433		9548
1954	33657	6505	245	1447		9381
1955	31143	4023	209	1954		9868
1956	47155	13244	107	3484		12695
1957	49104	10322	201	4770		11790
1958	120740	75087	67	4468		12461
1959	158857	78459	22	16116		14162
1960	239314	98855	82	23717		14571
1961	135988	19073	69	27392		13612
1962	63594	6560	334	9526		11753
1963	79714	10271	1018	12029		13054
1964	89615	17557	1535	12620		13212
1965	95407	18711	1807	10048		13144
1966	104100	24115	1690	10425		13691
1967	102007	33442	1669	9728		12064
1968	88752	31016	1719	7476		12264
1969	113952	49590	1756	7683		12669
1970	142528	70447	1805	8389		14245
1971	159105	67943	1743	11247		17779
1972	188907	82551	1621	15603		19336
1973	194872	66635	2419	21980		18541
1974	191061	56996	2005	24284		18435
1975	212560	52389	2194	26906		21241
1976	214205	48383	2579	29119		22899
1977	226136	48648	2610	32399		24449
1978	319044	83503	3750	40221		26553
1979	316239	69982	9535	41812	77298	31908
1980	300736	46680	9484	38422	90951	39017
1981	255341	32150	13144	28754	94093	39200
1982	294482	32395	17044	37525	110039	45512
1983	324119	39875	18184	38058	122536	52391
1984	389763	51801	22063	39512	144038	69508
1985	512953	55562	39340	42453	174126	70091
1986	679384	63375	47595	49892	208135	79655
1987	752168	48880	48156	57550	219751	83423
1988	940725	59630	63024	78301	278458	114421
1989	1136714	55472	75062	102293	324427	98493
1990	1238530	78060	76532	111848	354574	107220
1991	1320610	73926	80209	116383	390775	121071
1992	1456988	85542	89276	141474	457972	158948
1993	1883646	115922	104912	163489	536522	208572
1994	2187683	100904	121656	176277	721820	269520
1995	2758656	179597	163339	224793	832336	315337
1996	3589836	248334	226014	276556	1032168	402325
1997	4233342	239629	281070	367611	1182892	456970
1998	4878175	318452	367382	377198	1325393	501269
1999	5500034	325120	351390	402651	1453237	544497
2000	6130774	295068	388802	411914	1677928	622058
2001	7537781	409608	485770	478933	1936046	743144
2002	8606484	440415	547982	557939	2290732	900217
2003	10106395	636760	685165	618116	2553316	1123337
2004	11893716	600330	885953	731073	3091148	1312928

7-3 地方财政一般预算收入

单位:万元

类　　别	2004年	2004年为2003年%
地方一般预算收入	**8283306**	**128.87**
#增值税	1160390	122.85
营业税	1764502	121.94
企业所得税	860624	129.54
个人所得税	319637	122.81
资源税	135148	129.01
固定资产投资方向调节税	14679	60.41
城市维护建设税	549266	123.70
房产税	267768	109.42
印花税	62914	134.97
城镇土地使用税	211717	106.89
土地增值税	90831	165.45
车船使用和牌照税	49347	101.91
农业税	251102	59.22
农业特产税	12699	10.57
耕地占用税	183219	210.66
契税	340488	222.14
国有资产经营收益	264645	127.54
国有企业计划亏损补贴	-43871	89.73
行政性收费收入	909921	120.14
罚没收入	437059	173.80
海域场地矿区使用费收入	8371	126.99
专项收入	353922	123.76
其他收入	78928	83.08

7-4 地 方 财 政 支 出

单位:万元

类　　别	2004年	2004年为 2003年%
地方一般预算支出	**11893716**	**117.69**
#基本建设支出	600330	94.28
企业挖潜改造资金	510142	110.20
地质勘探费	27031	123.79
科技三项费用	157800	112.18
流动资金	2650	98.73
农业支出	509248	119.76
林业支出	77199	113.36
水利和气象支出	144626	115.90
工业交通等部门的事业费	124050	139.33
流通部门事业费	19770	136.67
文体广播事业费	366895	119.37
教育支出	2048284	114.33
科学支出	65970	113.01
医疗卫生支出	452199	114.16
其他部门的事业费	596766	113.94
抚恤和社会福利救济	309460	110.03
行政事业单位离退休支出	519429	116.95
社会保障补助支出	439691	127.28
行政管理费	1312928	116.88
公检法司支出	807554	121.08
城市维护费	885953	129.31
政策性补贴支出	196740	101.17
支援不发达地区支出	14552	105.53
海域开发建设和场地使用费支出	2183	51.02
车辆税费支出	3132	
债务利息支出	2316	
专项支出	328259	126.68
其他支出	1340828	133.66

7－5 各市地方财政一般预算收入

（2004年） 单位:万元

地区	地方财政一般预算收入	#增值税	#营业税	#企业所得税	#个人所得税	#资源税	#固定资产投资方向调节税	#城市维护建设税
全省总计	**8283306**	**1160390**	**1764502**	**860624**	**319637**	**135148**	**14679**	**549266**
济南市	890364	123982	232019	96374	44821	2906	21	65903
青岛市	1305136	86505	418990	175130	63718	6469	1774	93509
淄博市	500365	79104	84906	45388	14016	3867		46151
枣庄市	207068	31331	24707	13499	5308	7145	37	22499
东营市	283130	26269	64817	21798	12298	685		61745
烟台市	640214	75101	145449	67237	18623	9651	3128	41338
潍坊市	525808	82666	88855	40082	16068	23670	573	39729
济宁市	540556	92444	69987	61787	15264	19501		39704
泰安市	312132	43323	37369	14945	6876	6912	620	21632
威海市	426409	23964	71532	30882	8569	815	4761	21530
日照市	112298	9869	30948	8953	2739	773		6295
莱芜市	102950	28082	17370	11942	2621	2545		16336
临沂市	375770	40340	60397	25725	12543	3805	2130	19946
德州市	243230	20157	40418	14720	5236	3539		14368
聊城市	224328	24119	38637	22608	7324	585	823	11384
滨州市	220066	44965	33619	21292	6057	2338	642	18929
菏泽市	172245	13902	28131	8359	4491	3744	170	6891

7－5续表1 （2004年） 单位:万元

地区	#房产税	#印花税	#城镇土地使用税	#土地增值税	#车船使用和牌照税	#农业税	#农业特产税	#耕地占用税
全省总计	**267768**	**62914**	**211717**	**90831**	**49347**	**251102**	**12699**	**183219**
济南市	30010	8238	13002	9635	4441	8086		2939
青岛市	61732	16850	30115	24680	4156	20853	223	43722
淄博市	17422	4349	21148	4833	2338	5727	535	16964
枣庄市	11869	1031	13953	2936	1025	5275	23	1773
东营市	9004	3241	12352	613	1422	3527		856
烟台市	29728	8265	18425	16209	3506	14435		13262
潍坊市	15476	2869	14249	4260	5418	28023	4198	13627
济宁市	12258	3203	11365	3635	1116	19969		27966
泰安市	10148	1778	6164	4247	2030	16981		9830
威海市	21084	2053	14479	10374	735	22307		32668
日照市	3750	646	3790	804	1045	6376	1461	987
莱芜市	2871	1157	3075	211	367	1508	61	705
临沂市	10955	2119	12741	545	2481	33310	6198	7379
德州市	14755	1477	18057	1096	6161	15650		949
聊城市	6680	2059	7442	5606	4049	13304		1968
滨州市	4848	2092	6954	294	2311	10010		4727
菏泽市	5178	1487	4406	853	6746	25761		2897

7-5续表2 (2004年) 单位:万元

地区	#契税	#国有资产经营收益	#国有企业计划亏损补贴	#行政性收费收入	#罚没收入	#海域场地矿区使用费收入	#专项收入	#其他收入
全省总计	**340488**	**264645**	**-43871**	**909921**	**437059**	**8371**	**353922**	**78928**
济南市	32737	2658	-7335	137404	40556	17	34905	7045
青岛市	86704	31420	-9859	55122	34909	7323	43825	7266
淄博市	23965	31400		34873	21180	5	36521	5673
枣庄市	3991	18314	-810	19668	11508	2	11030	954
东营市	8828	3458	-384	19372	7212	61	25304	652
烟台市	25309	53361	-1500	39047	27612	80	26822	5126
潍坊市	26603	18588	-2100	26555	39124	1	22616	14658
济宁市	16714	10531		72881	35046	152	21896	5137
泰安市	18048	13126		37683	27801	25	12870	19724
威海市	50434	46752	-3480	38686	16184	238	11445	397
日照市	5745	483		8166	14705		4006	757
莱芜市	1131	824	-578	4460	3909		3980	373
临沂市	23281	16718	-1433	41942	39703	5	13925	1015
德州市	3381	1082		56567	16076		8877	664
聊城市	4099	10418	-1474	38801	18105	32	7248	511
滨州市	6455	4874		20309	13150	16	14021	2163
菏泽市	3063	638	-516	24103	22710		7713	1518

7-6 各市地方财政支出

(2004年) 单位:万元

地区	地方财政支出	#基本建设支出	#企业挖潜改造资金	#科技三项费用	#农业支出	#林业支出	#水利和气象支出	#工业交通等部门的事业费
全省总计	**11893716**	**600330**	**510142**	**157800**	**509248**	**77199**	**144626**	**124050**
济南市	1016953	17787	29453	17192	32496	7296	16960	9478
青岛市	1646214	237107	92187	31434	55801	9375	9234	8100
淄博市	625512	54	27814	7200	27561	4538	5424	6025
枣庄市	307196	200	15647	2017	21105	2013	3185	3639
东营市	354580	70	10157	5903	21281	4645	10724	5030
烟台市	920456	50	12455	14835	38070	6324	6930	2391
潍坊市	736213	22348	45198	12599	35949	4319	8284	3127
济宁市	732335	11508	55432	11533	44381	4938	8702	3557
泰安市	514985		39315	5657	22663	4002	5739	1231
威海市	585202	1160	29160	9668	31109	4375	5054	2042
日照市	184185	750	1165	1126	9872	1252	2903	842
莱芜市	144815	50	1862	2051	4628	1687	3911	1259
临沂市	675203	80	16643	5981	43889	6988	7946	10209
德州市	402649	10	28257	3718	27807	4781	13975	2599
聊城市	405597	225	13208	4593	20910	2848	7477	3683
滨州市	368746	20531	14156	4422	18388	2157	6502	1572
菏泽市	402292	32	6282	4568	20627	3392	7409	2632

7－6续表1　　(2004年)　　单位:万元

地区	#流通部门事业费	#文体广播事业费	#教育支出	#科学支出	#医疗卫生支出	#其他部门的事业费	#抚恤和社会福利救济	#行政事业单位离退休支出
全省总计	**19770**	**366895**	**2048284**	**65970**	**452199**	**596766**	**309460**	**519429**
济南市	1376	24064	136965	3059	52019	22319	22928	72597
青岛市	2535	35310	264138	2548	41325	96793	49778	5715
淄博市	822	16995	109789	7088	28453	16687	14878	23250
枣庄市	729	13790	55897	1134	13462	15549	7686	14997
东营市	796	12128	47453	1211	16320	17546	9626	6129
烟台市	51	23890	155092	2231	32751	43440	31665	63826
潍坊市	583	22405	194319	2023	21542	28258	21243	329
济宁市	2525	30791	141970	1702	28064	32418	20520	8357
泰安市	740	15218	79097	1444	19589	13873	12948	27114
威海市	214	16095	94509	694	21523	29827	15344	27784
日照市		6712	39940	491	8154	8246	6652	8101
莱芜市	252	4284	28633	320	6966	6158	4934	6118
临沂市	2224	29620	144967	2072	25396	25457	22779	42962
德州市	652	15695	80463	1753	18203	10022	16083	11108
聊城市	1805	17952	81178	2126	18537	10475	11640	15965
滨州市	557	12102	65728	567	12794	12055	11636	30676
菏泽市	273	21178	86874	579	17651	11958	16343	53184

7－6续表2　　(2004年)　　单位:万元

地区	#社会保障补助支出	#行政管理费	#公检法司支出	#城市维护费	#政策性补贴支出	#支援不发达地区支出	#专项支出	#其他支出
全省总计	**439691**	**1312928**	**807554**	**885953**	**196740**	**14552**	**328259**	**1340828**
济南市	43223	127413	85112	142511	1119	1336	43553	105697
青岛市	84438	174683	124751	114987	3327	2085	38032	156124
淄博市	20632	75081	36507	58188	985	546	33916	101487
枣庄市	4632	50836	25108	20924	979	200	11863	21295
东营市	3726	38242	21391	38605	239		27732	55099
烟台市	17496	82476	52384	190664	3023	465	25680	111786
潍坊市	21138	98275	33818	37652	450	905	21865	98326
济宁市	10233	91178	44177	44208	1493	1107	24097	109046
泰安市	75095	41753	23703	21639	1327	793	11543	89761
威海市	7566	46386	29921	78816	200	28	12581	118020
日照市	5413	24180	12493	4405	407		3877	36856
莱芜市	8723	14716	8441	16163	80	148	4744	18417
临沂市	22658	84553	52057	23066	1737	1757	13564	86832
德州市	9498	60561	22340	28317	777	682	10514	33454
聊城市	12445	65806	33018	33208	868	1116	8637	36724
滨州市	6288	44376	18522	21251	2988	1124	14572	44423
菏泽市	6905	62350	27413	11229	611	1957	8249	30178

7-7 1979-2004年财政支出中用于文、教、科、卫的支出

单位:万元

年份	合计	文体广播事业费	教育事业费	科学事业费	卫生经费	科技三项经费
1979	80348	9219	43077	4141	20098	3813
1980	93350	9974	53296	4060	23290	2730
1981	95577	9791	54453	4094	24965	2274
1982	111630	11702	62804	4335	29737	3052
1983	125430	14353	67656	5040	33667	4714
1984	145710	18779	77533	6738	37382	5278
1985	175562	22631	97565	6513	44117	4736
1986	209611	29869	114757	8056	50910	6019
1987	225197	30555	125465	7053	56678	5446
1988	284003	39108	161889	10205	67256	5545
1989	333489	43029	187894	10535	82969	9062
1990	363035	48165	202060	11646	92703	8461
1991	401036	54145	225118	12757	98755	10261
1992	470129	61127	271681	14629	110310	12382
1993	568801	70133	337052	16678	129131	15807
1994	738553	84780	464330	22340	150028	17075
1995	856648	112065	523754	22551	173966	24312
1996	1066333	124463	670721	27256	209728	34165
1997	1229252	154418	753374	34974	240126	46360
1998	1388027	150517	886208	35703	252965	62634
1999	1532952	159272	999902	35491	258572	79715
2000	1770387	175745	1181042	38543	282598	92459
2001	2051303	206502	1377529	45428	306587	115257
2002	2427593	274203	1627761	53056	335712	136861
2003	2693986	307350	1791484	58375	396107	140670
2004	3091148	366895	2048284	65970	452199	157800

7－8 1952－2004年金融机构存款余额

单位:万元

年份	存款余额	#企业存款	#财政存款	#农业存款	#储蓄存款
1952	27761	13282	10177	101	4201
1953	37503	14033	16399	428	6643
1954	37953	14230	12829	996	9898
1955	66543	12862	38541	2255	12885
1956	59508	17058	17275	6299	18876
1957	66853	13671	21811	10970	20401
1958	119815	30097	42900	12408	34410
1959	174223	22237	94119	22061	35806
1960	152412	26747	60237	29408	36020
1961	154397	35419	65453	28048	25477
1962	147935	41050	53695	15974	20691
1963	155443	45826	56502	14924	25872
1964	157531	46288	62306	18604	30271
1965	173968	52426	65917	18600	37025
1966	203942	51901	83799	25528	42714
1967	249023	78115	92748	33202	44958
1968	266821	85320	93774	40114	47613
1969	271167	82682	105564	38148	44773
1970	539978	97982	355104	41358	45534
1971	564186	81566	374227	54081	54312
1972	523844	81483	324625	54677	63059
1973	617913	90537	397042	52709	77625
1974	528596	111890	271985	60467	84254
1975	722193	142258	417459	67018	95458
1976	765045	160536	419241	76113	109155
1977	782107	123030	460033	66737	132307
1978	900037	130437	556357	68941	144302
1979	655921	219751	27280	106696	195573
1980	879427	312830	22597	151545	297520
1981	1135778	403119	33461	150207	395513
1982	1231364	356001	38951	141051	510980
1983	1554862	397019	52104	164557	730519
1984	2333485	725014	47686	219520	1001699
1985	2788151	799892	66522	190082	1301761
1986	3515824	972556	73213	215275	1755638
1987	4702246	1201345	90726	247034	2427793
1988	5913422	1416925	77620	263310	3282031
1989	7246567	1544788	118179	276931	4291525
1990	9340575	1976484	153542	335938	5754706
1991	11636250	2845002	159394	404736	7216749
1992	14482703	3893897	114525	443904	8841510
1993	18166260	4648492	159034	492086	11182415
1994	25225337	6194052	257887	521413	16003992
1995	34243843	8776853	263884	656439	21971982
1996	42938411	11317043	239414	829448	28177108
1997	49698489	13914367	246182	852300	32657331
1998	57554782	15010890	441380	883521	37353766
1999	65629934	17250542	584925	1084540	41098425
2000	74711987	20771967	764478	1351492	44667153
2001	85017294	23079030	1140353	1613431	50637936
2002	102477706	27371339	1318673	2050450	58057165
2003	124382360	33965555	1486500	2438209	67683453
2004	145142781	38730410	2258323	2715491	77214610

7－9 1952－2004年金融机构贷款余额

单位:万元

年份	贷款余额	#工业贷款	#农业贷款	#商业贷款	#基建贷款	#技改贷款
1952	15674	2786	3796	9092		
1953	44486	2584	6082	35820		
1954	92049	5722	8051	78276		
1955	140448	6580	11898	121970		
1956	162892	12195	34271	116426		
1957	168720	10248	33183	125289		
1958	349843	59095	56826	233922		
1959	465430	117950	55414	292066		
1960	539109	178222	78879	282008		
1961	505425	119466	77270	308689		
1962	414574	72815	75921	265838		
1963	335573	39091	79662	216820		
1964	336843	33558	82586	220699		
1965	389927	41769	86353	261805		
1966	467671	56561	91222	319888		
1967	524989	82522	92431	350036		
1968	573970	104699	92497	376774		
1969	622424	143203	96513	382708		
1970	669092	136735	97501	434856		
1971	673315	172035	56895	444385		
1972	709712	178014	58874	472824		
1973	801467	181583	58446	555619		5819
1974	833605	225297	63227	538531		6550
1975	917553	235441	69972	607077		5063
1976	1029329	282332	101031	639958		6008
1977	1208633	323841	122037	754734		8021
1978	1337139	352225	135620	839518		9776
1979	1248830	376931	119144	735148		3355
1980	1801830	456971	101552	1161848		29478
1981	2064250	515804	123506	1305492		51834
1982	2354235	533949	125550	1505177	1135	86526
1983	2650117	530720	144154	1742243	3916	110909
1984	3666770	713687	291226	2088860	51276	164851
1985	4464893	849353	290436	2496747	103677	212522
1986	5549438	1189134	386722	2731161	135384	285757
1987	6678425	1464076	533772	2938915	203120	383431
1988	8031351	1821004	635129	3261651	285119	467099
1989	9413406	2279606	782795	3637710	352348	513105
1990	11667880	3023434	939869	4179923	499006	595666
1991	14280093	3570738	1130450	4737915	736741	868499
1992	17205544	4033468	1389718	5360085	916789	1124986
1993	20791075	4795134	1568072	6225867	1243646	1342356
1994	25204369	5434972	1118700	7388355	1477151	1718007
1995	31289040	6487091	1516858	8850079	1985458	2013439
1996	36802427	7658151	2474472	10289962	2250044	2531164
1997	44567197	9219803	3177039	11798956	2780310	2536443
1998	51067900	9795567	4189496	12097868	3879386	2522862
1999	56798630	10391030	4435895	12657508	5563931	2522178
2000	62090468	9938023	5281785	11249154	7315876	2678175
2001	70176588	11472037	7071209	12227300	8373434	2854302
2002	85365991	13466479	9073641	12561986	11343636	1111118
2003	104671108	16329927	11565081	12566663	13992866	1537491
2004	117828279	19255716	13401333	11660566	16834244	1946567

7－10 金融机构信贷收支情况

单位:万元

类　　　别	2004年末余额	比2003年末 增　加　额
一、各项存款	**145142781**	**20711486**
1.企业存款	38730410	4756141
(1)活期存款	25984211	2797925
(2)定期存款	12746199	1958216
2.政存款	2258323	436299
3.储蓄存款	77214610	9510874
(1)活期储蓄	22563489	3399650
(2)定期储蓄	54651121	6111223
4.农业存款	2715491	277282
5.信托存款	44781	44781
6.委托存款	3915549	785672
二、各项贷款	**117828279**	**14730917**
1.短期贷款	66006382	6948537
(1)工业贷款	19255716	3199746
(2)商业贷款	11660566	85268
#农副产品贷款	4612640	7571
(3)建筑业贷款	1060662	－200227
(4)农业贷款	13401333	2349878
(5)乡镇企业贷款	5715257	410190
(6)三资企业贷款	1363834	－197615
(7)私营企业及个体贷款	1256718	144017
(8)其他短期贷款	12292295	1157281
2.中期流动资金贷款	3793859	－648406
3.中长期贷款	35979349	7892505
(1)基本建设贷款	16834244	2701578
(2)技术改造贷款	1946567	526963
(3)其他中长期贷款	17198538	4663964
4.信托贷款	44781	43798
5.融资租赁		－1540
6.委托贷款	3456798	703486
7.票据融资	8246672	－198700
8.各项垫款	300438	－8763

7-11 各市金融机构存贷款余额

（2004年）　　单位：万元

地区	各项存款		#居民储蓄存款		各项贷款	
	余额	比年初增减	余额	比年初增减	余额	比年初增减
全省总计	**145142781**	**20711486**	**77214610**	**9510871**	**117828279**	**14730917**
济南市	31384353	5425538	8705455	1121929	29290244	2802361
青岛市	22444667	3523794	10894936	1803907	18464300	2451356
淄博市	9438971	1196421	5432023	638784	6757329	634703
枣庄市	3077235	495096	1942609	282587	2388084	392391
东营市	5553310	595516	3282677	407802	3574134	623168
烟台市	14146782	1278978	8933194	768950	9879337	869426
潍坊市	10553639	1530849	6962247	892606	7438963	1124924
济宁市	7788901	1154280	4880977	571592	5437644	728139
泰安市	5368326	892806	3385661	483837	3723896	549656
威海市	6040817	762049	3948758	358160	4201209	461858
日照市	2704761	484301	1533871	230363	2464041	649655
莱芜市	1886703	386039	1014977	167235	1660553	394741
临沂市	7840996	1160867	5006710	647207	5915402	827985
德州市	4879059	563530	3241896	317496	4212069	626625
聊城市	4590408	481380	3193816	334091	3724398	455335
滨州市	3418019	488221	2123264	211621	2771626	379789
菏泽市	3643917	376433	2731539	272708	3107292	304790

7-12 国家银行信贷收支情况

单位:万元

类 别	2004年末余额	比2003年末增加额
一、各项存款	**85106776**	**9476139**
1.企业存款	22206523	2694609
(1)活期存款	16624984	1680380
(2)定期存款	5581539	1014229
2.财政存款	2221748	532879
3.机关团体存款	5729548	911349
4.储蓄存款	50638307	4972398
(1)活期储蓄	15363676	1718646
(2)定期储蓄	35274631	3253752
5.农业存款	86633	-3374
6.其他存款	4224017	368278
二、各项贷款	**70003140**	**7851291**
1.短期贷款	32393696	2117875
(1)工业贷款	13286007	2027080
(2)商业贷款	9738324	-162042
#农副产品贷款	4612465	7466
(3)建筑业贷款	478545	-193284
(4)农业贷款	899653	75282
(5)乡镇企业贷款	1795420	199116
(6)三资企业贷款	913939	-59063
(7)私营企业及个体贷款	590655	23661
(8)其他短期贷款	4691153	207125
#个人短期贷款	546831	-38089
2.中期流动资金贷款	2868271	-674864
3.中长期贷款	30573555	6455413
(1)基本建设贷款	16275344	2533443
(2)技术改造贷款	1708254	479559
(3)其他中长期贷款	12589957	3442411
#个人中长期贷款	8610063	2039748
4.票据融资	3929323	-49608
5.各项垫款	238295	2475

7－13 金融机构现金收支情况

单位:万元

类　　别	2004 年	2004 年比 2003 年增　减（%）
收入合计	**445276078**	**32.50**
一、商品销售收入	47888092	22.52
二、服务业收入	16490718	26.00
三、税款收入	1891940	5.98
四、城乡个体经营收入	17706846	37.12
五、储蓄存款收入	297988299	28.82
六、其他金融机构收入	836731	－1.62
七、居民归还贷款收入	13644691	29.96
八、汇兑收入	2994638	8.15
九、有价证券收入	851710	26.28
十、其他收入	44982415	95.05
#兑换外币收入	49669	－27.22
支出合计	**445615436**	**32.40**
一、工资性支出	21615544	27.96
1.国家工资及奖金支出	10475083	21.92
2.国家对个人其他支出	3117693	23.38
3.部队存款支出	414307	9.65
4.其他单位工资性支出	7608461	41.00
二、农副产品采购支出	15046838	35.08
三、工矿及其他产品采购支出	8720166	51.90
四、行政企事业管理费支出	17184090	24.30
五、城乡个体经营支出	20196241	28.41
六、储蓄存款支出	303728928	28.47
七、其他金融机构支出	740513	5.15
八、居民提取贷款支出	12478016	17.93
九、汇兑支出	2896968	11.80
十、有价证券支出	540301	22.32
十一、其他支出	42467831	88.70
#兑换外币支出	348596	58.71

7－14 主要年份保险费收入和赔款及给付

年份	保险费收入（万元）	赔款及给付支出（万元）	赔付率（%）
1997	785298	317889	40.5
1998	837500	294648	35.2
1999	956496	365490	38.2
2000	1110622	402204	36.2
2001	1533204	409588	26.7
2002	2238236	456801	20.4
2003	2835306	561804	19.8
2004	3171584	656966	20.7

7－15 各市保险业务情况

（2004 年）　　单位：万元

地区	保费收入			赔款与给付		
	合计	产险	人身险	合计	产险	人身险
全省总计	**3171582**	**744039**	**2427543**	**656969**	**426533**	**230436**
济南市	392026	84838	307189	68236	46336	21900
青岛市	476256	137450	338806	128990	82107	46883
淄博市	216248	60700	155548	52230	33991	18238
枣庄市	71372	16715	54657	12747	8780	3967
东营市	165016	45694	119322	44659	28197	16462
烟台市	351202	66755	284447	65119	38017	27102
潍坊市	267775	58286	209488	48279	32351	15928
济宁市	188168	47119	141049	39338	29144	10194
泰安市	133486	25256	108231	24184	14696	9487
威海市	176493	35751	140742	33029	22413	10616
日照市	65321	20684	44637	15032	10102	4931
莱芜市	43171	9148	34024	7708	4826	2882
临沂市	222185	54555	167630	47299	31445	15853
德州市	128825	28315	100510	20124	13067	7057
聊城市	96116	19477	76638	17272	10991	6282
滨州市	93699	18850	74849	19289	11628	7660
菏泽市	84222	14446	69776	13435	8442	4993

7-16 人身保险主要指标

（2004 年）　　　　单位：万元

类　　别	保费收入	赔款支出	退 保 金	年金给付	满期给付	死伤医疗给付
个人业务	**2386411**	**28003**	**243748**	**41884**	**76692**	**50986**
人寿保险	2149391	872	234754	41884	75952	24864
非分红产品	757389	758	160093	23335	66238	17912
定期寿险	6458	20	2005	3943	145	1040
两全寿险	305967	156	44888	3259	30310	4207
终身寿险	298984	481	14895	8886	29801	13840
年　　金	145980	101	98305	16686	9328	4793
分红产品	1353755	114	71762	12351	24290	6084
定期寿险	24491		1040		32	317
两全寿险	1042986	94	56939	3245	22676	3783
终身寿险	96956	1	2529	100	80	1627
年　　金	189322	18	11254	9007	1501	357
投资连接产品	22359		2419	112	16	1213
万能产品	15888		481	3	468	1265
意外伤害保险	48307	9519	422			4082
一年期以内	15870	3881	421			841
一年期	32437	5638	1			3241
健康保险	188713	17612	8572		739	22040
一年期（及一年期以内）	67473	17492	146		738	17176
一年期以上	121240	121	8426		1	4460

7－17 财产保险主要指标

（2004 年）　　单位：万元

类　　别	保费收入	赔款支出
合　　计	**763887**	**431094**
财产保险	**688110**	**398334**
机动车辆及第三者责任险	547107	317802
企财险	98192	66838
家财险	13274	2223
船舶险	13998	7181
航天险		
核电站险	108	54
能源险	4374	627
飞机及飞机责任险	3055	407
其他财产保险	8002	3201
责任保险	**15907**	**13004**
公众责任险	522	178
产品责任险	865	300
雇主责任险	1179	1483
职业责任险	268	40
其他责任险	3077	1993
建、安工险	**2817**	**680**
信用保险	**3532**	**1854**
保证保险	**687**	**1107**
货运险	**23333**	**7972**
农业保险	**570**	**460**
其他险种	**28931**	**7684**
分期付款购车保险	－104	1567
抵押贷款住房综合保险	7367	278
短期健康险	875	276
意外险	19802	5496
其　他	991	66

7-18 保险公司分支机构

（2004年） 单位：个

地区	人寿保险					财产保险				
	分公司	中心支公司	支公司	营业部	营销服务部	分公司	中心支公司	支公司	营业部	营销服务部
全省总计	**13**	**79**	**198**	**2**	**1622**	**18**	**80**	**229**	**109**	**577**
济南市	7	1	18		114	8	1	20	8	19
青岛市	6		36	2	51	10		33	17	136
淄博市		6	13		85		6	17	3	75
枣庄市		4	6		46		4	12	6	10
东营市		6	4		59		5	6	9	12
烟台市		6	18		208		7	24	7	40
潍坊市		6	23		147		7	24	9	91
济宁市		6	10		214		6	13	6	44
泰安市		5	6		113		5	10	9	37
威海市		6	7		70		6	14	5	23
日照市		4	5		60		5	5	3	9
莱芜市		3	2		23		4	2		8
临沂市		6	12		145		6	12	5	32
德州市		5	12		96		5	13	4	11
聊城市		5	10		92		5	8	7	11
滨州市		5	7		55		4	7	3	15
菏泽市		5	9		44		4	9	8	4

第8篇

价格指数

PRICE INDEX

人人都是人才

人人都能闪光

诚信鲁统 之 人才理念

今天突破昨天 明天突破今天

诚信鲁统 之 创新理念

编辑单位：	省城调队消价处	省城调队生价处
编　　委：	范坤文	刘　敏
编　　辑：	赵学功	杨延斌
校　　对：	赵学功	杨延斌
电　　话：	86129453	86129832

8－1 居民消费和商品零售价格总指数

（2004 年）

类　　别	居民消费价格总指数			商品零售价格总指数			农　　业 生产资料 价格总指数
	全　省	城　市	农　村	全　省	城　市	农　村	
以 1950 年价格为 100	526.3	539.0		419.3	419.9	387.6	283.2
以 1952 年价格为 100	464.1	476.3		361.2	368.4	351.4	292.6
以 1957 年价格为 100	427.7	443.4		329.1	302.6	322.2	273.1
以 1965 年价格为 100	421.3	431.6		314.1	328.1	307.5	303.9
以 1970 年价格为 100	432.1	443.1		319.0	337.1	312.6	335.9
以 1978 年价格为 100	431.6	442.8	410.7	319.3	335.6	313.2	363.9
以 1980 年价格为 100	408.5	424.3	385.2	305.2	326.1	299.5	360.4
以 1985 年价格为 100	352.0	359.3	328.2	275.6	291.2	272.0	305.9
以 1990 年价格为 100	216.2	230.0	203.1	172.2	176.0	172.2	202.4
以 1995 年价格为 100	117.9	118.9	117.6	102.2	100.2	105.6	106.1
以 2000 年价格为 100	105.9	103.3	108.6	101.8	99.8	105.2	115.3
以上年价格为 100	103.6	102.8	104.6	102.8	102.3	103.7	110.2

8－2 历年居民消费价格总指数

年份	以1950年为100	以1952年为100	以1978年为100	以1990年为100	以1995年为100	以上年为100
1951	110.8					110.8
1952	113.2					102.2
1953	116.9	103.3				103.3
1954	120.9	106.8				103.4
1955	120.8	106.7				99.9
1956	121.7	107.5				100.7
1957	122.9	108.6				101.0
1958	122.4	108.2				99.6
1959	123.1	108.9				100.6
1960	123.7	109.4				100.5
1961	131.5	116.3				106.3
1962	132.2	116.9				100.5
1963	130.5	115.4				98.7
1964	127.6	112.9				97.8
1965	124.8	110.4				97.8
1966	123.2	109.0				98.7
1967	123.3	109.1				100.1
1968	123.1	108.9				99.8
1969	123.0	108.8				99.9
1970	121.7	107.6				98.9
1971	121.6	107.5				99.9
1972	121.6	107.5				100.0
1973	121.4	107.3				99.8
1974	121.3	107.2				99.9
1975	121.5	107.4				100.2
1976	121.7	107.6				100.2
1977	121.5	107.4				99.8
1978	121.9	107.7				100.3
1979	122.8	108.5	100.7			100.7
1980	128.9	113.9	105.7			105.0
1981	131.2	116.0	107.6			101.8
1982	132.4	117.0	108.6			100.9
1983	135.6	119.8	111.2			102.4
1984	137.6	121.6	112.9			101.5
1985	149.6	132.2	122.7			108.7
1986	156.3	138.1	128.2			104.5
1987	169.1	149.5	138.7			108.2
1988	200.7	177.4	164.7			118.7
1989	235.5	208.1	199.1			117.3
1990	243.5	215.2	199.7			103.4
1991	255.4	225.7	209.5	104.9		104.9
1992	272.8	241.1	223.7	112.0		106.8
1993	307.4	271.7	252.2	126.3		112.7
1994	379.4	335.3	311.2	155.8		123.4
1995	446.1	394.3	365.9	183.2		117.6
1996	489.0	432.1	401.1	200.8	109.6	109.6
1997	502.6	443.2	412.3	206.4	112.7	102.8
1998	499.6	440.5	409.8	205.2	112.0	99.4
1999	496.1	437.4	406.9	203.8	111.2	99.3
2000	497.1	438.3	407.7	204.2	111.4	100.2
2001	506.0	446.2	415.0	207.9	113.4	101.8
2002	502.5	443.1	412.1	206.4	112.6	99.3
2003	508.0	448.0	416.6	208.7	113.8	101.1
2004	526.3	464.1	431.6	216.2	117.9	103.6

8－3 历年城市居民消费价格总指数

年份	以1930－1936年平均价格为100	以1952年为100	以1978年为100	以1980年为100	以1990年为100	以1995年为100	以上年为100
1949	260.9						
1950	266.9						102.3
1951	295.7						110.8
1952	302.2						102.2
1953	312.2	103.3					103.3
1954	322.8	106.8					103.4
1955	322.5	106.7					99.9
1956	324.8	107.4					100.7
1957	328.0	108.5					101.0
1958	326.7	108.1					99.6
1959	328.7	108.7					100.6
1960	330.3	109.2					100.5
1961	351.2	116.2					106.3
1962	352.9	116.8					100.5
1963	348.3	115.2					98.7
1964	341.0	112.8					97.8
1965	333.5	110.3					97.8
1966	329.2	108.9					98.7
1967	329.5	109.0					100.1
1968	328.8	108.8					99.8
1969	328.5	108.7					99.9
1970	324.9	107.4					98.9
1971	324.6	107.4					99.9
1972	324.6	107.4					100.0
1973	323.9	107.2					99.8
1974	323.6	107.1					99.9
1975	324.2	107.3					100.2
1976	324.9	107.5					100.2
1977	324.3	107.3					99.8
1978	325.2	107.6					100.3
1979	329.7	109.1	101.4				101.4
1980	339.3	112.3	104.3				102.9
1981	346.4	114.6	106.5	102.1			102.1
1982	347.4	115.0	106.9	102.4			100.3
1983	345.3	114.3	106.2	101.8			99.4
1984	350.5	116.0	107.8	103.3			101.5
1985	381.4	126.2	117.3	112.4			108.8
1986	400.5	132.5	123.2	118.0			105.0
1987	436.9	144.6	134.4	128.8			109.1
1988	526.9	174.4	162.1	155.3			120.6
1989	609.6	201.7	187.5	179.7			115.7
1990	625.5	207.0	192.4	184.4			102.6
1991	664.3	219.8	204.3	195.8	106.2		106.2
1992	721.4	238.7	221.9	212.6	115.3		108.6
1993	826.7	273.6	254.3	243.7	132.1		114.6
1994	1036.7	343.1	318.9	305.6	165.7		125.4
1995	1210.9	400.7	372.5	356.9	193.6		116.8
1996	1338.0	442.8	411.6	394.4	213.9	110.5	110.5
1997	1380.8	457.0	424.8	407.0	220.7	114.0	103.2
1998	1376.7	455.6	423.5	405.8	220.0	113.7	99.7
1999	1376.7	455.6	423.5	405.8	220.0	113.7	100.0
2000	1393.2	461.1	428.6	410.7	222.6	115.1	101.2
2001	1408.5	466.2	433.3	415.2	225.0	116.4	101.1
2002	1390.2	460.1	427.7	409.8	222.1	114.9	98.7
2003	1399.9	463.3	430.7	412.7	223.7	115.7	100.7
2004	1439.1	476.3	442.7	424.2	230.0	118.9	102.8

8-4 历年全省商品零售价格总指数

年份	以1930－1936年平均价格为100	以1952年为100	以1978年为100	以1980年为100	以1990年为100	以1995年为100	以上年为100
1949	257.0						
1950	261.7						101.8
1951	302.4						115.6
1952	303.6						100.4
1953	315.2	103.8					103.8
1954	325.0	107.0					103.1
1955	325.6	107.2					100.2
1956	327.9	108.0					100.7
1957	333.5	109.8					101.7
1958	333.8	109.9					100.1
1959	337.1	111.0					101.0
1960	338.8	111.6					100.5
1961	358.4	118.1					105.8
1962	359.9	118.5					100.4
1963	362.7	119.5					100.8
1964	358.0	117.9					98.7
1965	349.4	115.1					97.6
1966	347.7	114.5					99.5
1967	348.0	114.7					100.1
1968	348.0	114.7					100.0
1969	346.6	114.2					99.6
1970	343.8	113.3					99.2
1971	343.5	113.2					99.9
1972	342.5	112.8					99.7
1973	342.2	112.7					99.9
1974	341.8	112.6					99.9
1975	342.2	112.7					100.1
1976	342.5	112.8					100.1
1977	342.2	112.7					99.9
1978	343.5	113.2					100.4
1979	349.0	115.0	101.6				101.6
1980	359.5	118.5	104.6				103.0
1981	365.6	120.5	106.4	101.7			101.7
1982	367.8	121.2	107.1	102.3			100.6
1983	363.0	119.7	105.6	101.0			98.7
1984	367.0	121.0	106.8	102.1			101.1
1985	398.2	131.3	115.9	110.8			108.5
1986	416.1	137.2	121.1	115.8			104.5
1987	450.6	148.6	131.2	125.4			108.3
1988	536.3	176.8	156.1	149.2			119.0
1989	626.9	206.7	182.5	174.4			116.9
1990	636.9	210.0	185.4	177.2			101.6
1991	668.1	220.3	194.5	185.9	104.9		104.9
1992	709.5	233.9	206.6	197.4	111.4		106.2
1993	782.6	258.0	227.8	217.7	122.9		110.3
1994	941.5	310.4	274.1	261.9	147.8		120.3
1995	1075.2	354.5	313.0	299.1	168.8		114.2
1996	1150.6	378.9	334.9	320.1	180.6	107.0	107.0
1997	1159.8	381.9	337.6	322.7	182.0	107.9	100.8
1998	1126.2	370.8	327.8	313.3	176.7	104.8	97.1
1999	1093.5	360.0	318.3	304.2	171.6	101.8	97.1
2000	1078.2	355.0	313.8	299.9	169.2	100.4	98.6
2001	1078.2	355.0	313.8	299.9	169.2	100.4	100.0
2002	1065.3	350.7	310.0	296.3	167.2	99.2	98.8
2003	1067.4	351.4	310.7	296.9	167.5	99.4	100.2
2004	1097.3	361.3	319.4	305.2	172.2	102.2	102.8

注：本表已根据现行价格调查统计制度予以调整，均不包括农业生产资料部分。

8－5 历年农村工业品零售价格总指数

年　　份	以1930－1936年平均价格为100	以1952年为100	以1978年为100	以1980年为100	以1990年为100	以1995年为100	以上年为100
1949	256.2						
1950	262.3						102.4
1951	299.6						114.2
1952	294.8						98.4
1953	295.4	100.2					100.2
1954	299.5	101.6					101.4
1955	299.2	101.5					99.9
1956	296.2	100.5					99.0
1957	299.8	101.7					101.2
1958	296.8	100.7					99.0
1959	296.2	100.5					99.8
1960	297.1	100.8					100.8
1961	304.8	103.4					102.6
1962	308.1	104.5					101.1
1963	310.6	105.3					100.8
1964	305.9	103.7					98.5
1965	295.8	100.3					96.7
1966	291.4	98.8					98.5
1967	285.3	96.7					97.9
1968	284.7	96.5					99.8
1969	282.7	95.8					99.3
1970	281.0	95.2					99.4
1971	277.1	93.9					98.6
1972	275.2	93.2					99.3
1973	274.4	92.9					99.7
1974	273.6	92.6					99.7
1975	273.3	92.5					99.9
1976	273.3	92.5					100.0
1977	273.0	92.4					99.9
1978	272.5	92.2					99.8
1979	272.8	92.3	100.1				100.1
1980	273.3	92.5	100.3				100.2
1981	274.4	92.9	100.7	100.4			100.4
1982	276.3	93.6	101.4	101.1			100.7
1983	275.5	93.3	101.1	100.8			99.7
1984	283.2	95.9	103.9	103.6			102.8
1985	293.1	99.3	107.5	107.2			103.5
1986	302.8	102.6	111.1	110.7			103.3
1987	317.6	107.6	116.5	116.1			104.9
1988	361.4	122.5	132.6	132.1			113.8
1989	432.5	146.6	158.7	158.1			117.9
1990	445.5	151.0	163.5	162.8			103.0
1991	458.4	155.4	168.2	167.5	102.9		102.9
1992	472.2	160.1	173.2	172.5	106.0		103.0
1993	513.3	174.0	188.3	187.5	115.2		108.7
1994	599.0	203.1	219.7	218.8	134.4		116.7
1995	704.4	238.8	258.4	257.3	158.1		117.6
1996	743.8	252.2	272.9	271.7	167.0	105.6	105.6
1997	743.1	251.9	272.6	271.4	166.8	105.5	99.9
1998	726.0	246.1	266.3	265.2	163.0	103.1	97.7
1999	715.1	242.4	262.3	261.2	160.6	101.6	98.5
2000	703.7	238.5	258.1	257.0	158.0	100.0	98.4
2001	709.3	240.4	260.2	259.1	159.3	100.8	100.8
2002	708.6	240.2	259.9	258.8	159.1	100.7	99.9
2003	708.6	240.2	259.9	258.8	159.1	100.7	100.0
2004	728.4	246.9	267.2	266.1	163.6	103.5	102.8

8－6 历年全省农业生产资料价格总指数

年　　份	以1950年为100	以1952年为100	以1978年为100	以1990年为100	以1995年为100	以上年为100
1951	94.9					94.9
1952	97.0					102.2
1953	99.5	102.6				102.6
1954	110.3	113.7				110.8
1955	103.8	107.0				94.1
1956	103.7	107.0				100.0
1957	103.4	106.7				99.7
1958	100.2	103.4				96.9
1959	100.0	103.2				99.8
1960	100.9	104.1				100.9
1961	107.5	110.9				106.5
1962	106.8	110.1				99.3
1963	100.4	103.5				94.0
1964	95.8	98.7				95.4
1965	92.7	95.5				96.8
1966	90.8	93.5				97.9
1967	85.6	88.2				94.3
1968	85.1	87.7				99.4
1969	84.3	86.9				99.1
1970	84.2	86.8				99.9
1971	80.9	83.4				96.1
1972	80.3	82.7				99.2
1973	79.9	82.2				99.5
1974	79.2	81.6				99.1
1975	79.2	81.6				100.0
1976	79.2	81.6				100.0
1977	79.2	81.6				100.0
1978	78.5	80.9				99.1
1979	78.6	81.0	100.1			100.1
1980	78.6	81.0	100.1			100.0
1981	79.9	82.4	101.8			101.7
1982	80.8	83.3	102.9			101.1
1983	82.9	85.5	105.6			102.6
1984	88.9	91.7	113.2			107.2
1985	92.5	95.5	117.8			104.1
1986	94.4	97.5	120.3			102.1
1987	99.9	103.2	127.3			105.8
1988	114.6	118.4	146.0			114.7
1989	135.5	139.9	172.6			118.2
1990	139.8	144.4	178.1			103.2
1991	142.6	147.3	181.7	102.0		102.0
1992	144.6	149.4	184.2	103.4		101.4
1993	161.4	166.7	205.6	115.4		111.6
1994	200.3	206.9	255.1	143.2		124.1
1995	267.0	275.8	340.1	190.9		133.3
1996	281.7	291.0	358.8	201.4	105.5	105.5
1997	272.1	281.1	346.6	194.6	101.9	96.6
1998	261.8	270.4	336.5	187.2	98.0	96.2
1999	249.0	257.2	320.0	178.0	93.2	95.1
2000	245.8	253.9	315.8	175.7	92.0	98.7
2001	250.2	258.5	321.5	178.9	93.7	101.8
2002	251.0	259.3	322.5	179.4	94.0	100.3
2003	257.0	265.5	330.2	183.7	96.2	102.4
2004	283.2	292.6	363.9	202.5	106.0	110.2

8－7 居民消费价格分类指数

（2004年，以上年价格为100）

商品类别	全省	城市	农村
居民消费价格总指数	**103.6**	**102.8**	**104.6**
非食品价格指数	101.3	100.3	102.3
服务项目价格指数	102.8	101.9	103.8
扣除鲜菜鲜果总指数	104.1	103.1	105.2
消费品价格指数	103.9	103.1	104.8
一、食　品	**109.1**	**108.4**	**110.0**
1.粮　食	124.3	122.4	126.6
大　米	130.3	130.2	130.8
面　粉	130.3	126.9	132.4
粮食制品	112.4	112.8	111.0
其　它	127.5	124.9	130.4
2.淀粉及薯类	106.8	107.6	105.2
淀粉及薯类	106.8	107.6	105.2
3.干豆类及豆制品	125.1	128.8	122.6
干　豆	130.4	129.3	132.2
豆制品	123.7	128.7	120.1
4.油　脂	123.7	123.1	124.2
植物油脂	120.8	123.4	119.1
植物油制品	111.1	109.2	111.4
其　它	138.7	115.2	138.9
5.肉禽及其制品	117.9	119.8	116.0
(1)食用畜肉及副产品	121.2	123.8	117.7
猪　肉	129.7	129.2	130.9
牛　肉	102.4	104.2	101.4
羊　肉	102.0	101.4	102.5
畜肉副产品	121.9	124.0	120.4
其　它	114.5	108.3	120.1
(2)禽	114.7	111.8	117.2
鸡	115.3	110.5	119.5
鸭	109.0	102.2	111.9
其　它	118.2	119.5	116.4
(3)肉禽加工制品	109.9	106.4	111.3
畜肉制品	113.1	108.6	114.8
禽制品	105.4	103.8	106.1
6.蛋	121.2	121.2	121.2
鲜　蛋	122.6	122.0	122.9
蛋制品	113.4	108.7	114.4
7.水产品	110.3	104.7	120.1
(1)鱼	120.3	116.7	123.2
淡水鱼	126.8	127.1	126.6
海水鱼	114.0	109.6	118.9
(2)其它水产品	98.9	97.3	107.5
其它水产品	98.9	97.3	107.5
8.菜	89.8	92.4	86.2
鲜　菜	88.0	91.8	82.1
干菜及菜制品	107.7	109.9	107.1
9.调味品	101.0	101.8	100.8
盐	103.0	105.2	102.5
酱　油	100.7	101.6	100.5
醋	101.2	100.2	101.9
味　精	97.7	100.8	96.7
其　它	99.6	101.0	99.6
10.糖	101.0	100.7	101.2
食　糖	102.6	100.2	104.1
糖　果	99.8	100.6	99.7
巧克力制品	101.8	101.1	102.2
糖制小食品	100.3	102.6	99.2
11.茶及饮料	100.7	101.3	99.6
(1)茶　叶	102.5	103.9	100.2
茶　叶	102.5	103.9	100.2
(2)饮　料	99.5	99.6	99.2
固体饮料	100.3	100.0	100.8
液体饮料	98.1	98.8	97.3
冷冻饮品	101.0	100.7	101.5
12.干鲜瓜果	107.1	108.7	104.2
鲜　果	106.9	108.4	103.6
干(坚)果及瓜果制品	107.5	109.2	105.2
13.糕点饼干面包	99.9	100.2	99.5
糕　点	98.7	99.4	97.8
饼　干	100.2	100.7	100.0
面　包	101.4	101.6	101.3
14.奶及奶制品	100.6	100.0	102.2
鲜　奶	100.1	100.1	99.9
奶　粉	103.3	100.2	104.6
其　它	99.2	99.3	99.0
15.在外用膳食品	104.8	102.7	107.7
主　食	110.4	109.5	111.7
炒　菜	101.4	98.8	105.5
地方小吃	106.3	104.7	107.4
16.其它食品及食品加工服务	102.2	100.8	104.2
其它食品	100.8	100.8	100.9
食品加工服务费	107.9	100.1	108.3
二、烟酒及用品	**101.2**	**100.9**	**101.4**
1.烟　草	101.5	101.0	101.8
国产卷烟	101.6	100.2	102.2
进口卷烟	102.8	104.4	101.4
其　它	100.4	100.0	100.5
2.酒	101.7	102.8	101.2
白　酒	103.6	104.8	103.1
果　酒	100.9	100.7	101.2
啤　酒	99.8	100.8	98.9
其　它	98.1	103.0	97.5
3.吸烟饮酒用品	97.7	96.5	99.8
吸烟用品	95.8	94.3	99.1
饮酒用品	99.3	98.3	100.3
三、衣　着	**97.9**	**98.6**	**96.4**
1.服　装	97.6	98.8	94.5
(1)男式服装	97.3	98.2	94.1
大　衣	95.0	96.4	91.7
毛线衣	91.9	93.6	89.1
夹克衫	95.9	95.3	96.5
衬　衫	95.2	94.9	96.0
裤　子	96.8	96.7	97.2
西　服	95.0	94.7	97.0
运动衫裤	102.0	102.9	89.6
内　衣	106.2	106.8	98.5
羽绒衣	95.0	95.8	91.8
其　它	105.4	108.9	98.8
(2)女式服装	98.1	99.6	93.4
大　衣	101.7	105.0	88.3
毛线衣	92.8	94.1	88.3
羽绒衣	94.0	96.4	88.4
套　装	97.4	98.9	94.6
衬　衫	99.9	99.5	100.5

8－7续表1　　(2004年,以上年价格为100)

商品类别	全省	城市	农村
裙　子	96.2	97.8	93.0
裤　子	97.6	97.8	96.9
运动衫裤	97.5	97.6	97.0
内　衣	102.4	102.5	100.4
其　它	99.7	100.3	97.8
(3)儿童服装	96.8	97.5	96.3
套　装	97.2	99.8	95.3
裤　子	96.1	94.9	97.0
裙　子	96.5	96.9	96.0
其　它	98.0	99.4	97.9
2.衣着材料	99.7	99.8	99.7
棉　布	101.4	100.9	101.4
棉花化纤混纺布	100.2	96.5	100.8
化纤布	99.7	100.9	99.1
毛织品	98.2	99.5	97.7
丝织品	99.7	95.9	100.5
毛　线	98.9	99.9	98.4
其　它	99.2	98.4	100.0
3.鞋袜帽	98.0	97.9	98.2
(1)鞋	97.6	97.7	97.6
男　鞋	95.6	95.1	96.4
女　鞋	98.4	98.7	97.9
童　鞋	98.8	99.7	98.3
(2)袜　子	99.5	98.9	100.3
男　袜	99.0	98.7	99.6
女　袜	100.0	99.2	100.7
(3)帽　子	99.4	99.8	98.9
男　帽	100.4	101.8	99.1
女　帽	98.1	97.8	98.6
4.衣着加工服务	100.7	100.5	101.1
缝　纫	101.0	100.6	101.3
清　洗	100.5	100.4	100.7
四、家庭设备用品及维修服务	**98.8**	**98.4**	**99.3**
1.耐用消费品	97.6	97.3	98.2
(1)家　具	98.9	99.1	98.8
成套家具	99.0	98.4	99.9
床	98.3	98.2	98.4
桌	100.2	101.4	98.6
椅	99.1	100.1	98.6
沙　发	99.1	99.4	99.0
其　它	98.3	99.3	97.7
(2)家庭设备	96.8	96.6	97.3
洗衣机	96.5	96.3	97.1
电风扇	94.9	98.6	93.4
电冰箱(柜)	97.4	97.2	98.5
抽排油烟机	99.8	99.4	100.4
空调器	93.4	93.4	92.8
热水器	98.9	98.9	98.9
微波炉	97.8	97.4	98.1
电炊具	98.0	99.2	97.5
钟	99.1	99.8	98.9
其　它	99.7	99.7	100.0
2.室内装饰品	99.4	99.4	99.4
纺织装饰品	99.7	99.1	100.3
装饰灯具	98.1	97.9	98.2
其　它	100.7	100.8	100.1
3.床上用品	99.4	99.3	99.5
毛　毯	101.3	99.5	101.7
床　单	99.3	100.1	98.7

商品类别	全省	城市	农村
床　罩	96.8	97.4	95.3
被　套	99.9	100.6	98.7
其　它	98.5	98.2	99.5
4.家庭日用杂品	99.9	100.1	99.7
茶　具	100.5	98.9	101.4
餐　具	98.3	99.2	97.8
厨　具	100.0	98.8	100.4
家用工具	99.8	100.2	99.6
洗涤用品	99.9	99.7	100.3
其　它	100.5	100.9	99.6
5.家庭服务及加工维修服务	102.3	101.1	104.2
家庭服务	105.0	104.5	105.1
加工维修服务费	100.1	100.2	100.0
五、医疗保健和个人用品	**100.0**	**99.7**	**100.2**
1.医疗保健	99.8	99.6	100.0
(1)医疗器具及用品	100.9	102.9	99.7
医疗器具及用品	100.9	102.9	99.7
(2)中药材及中成药	98.4	98.8	97.9
中药材	98.7	99.2	98.0
中成药	97.6	97.9	97.0
(3)西　药	96.9	97.7	96.1
胃　药	96.7	97.1	96.4
感冒药	97.4	99.0	94.5
抗菌药针剂	96.7	96.9	96.4
抗菌药片剂	92.3	95.0	90.3
止泻药	97.7	96.8	98.5
外用药	99.8	100.0	99.6
心血管病用药	97.9	97.4	98.6
其　它	100.7	99.9	101.2
(4)保健器具及用品	99.2	99.3	99.1
保健器具	98.7	98.6	98.7
滋补保健用品	99.5	99.5	99.6
(5)医疗保健服务	105.0	103.4	106.1
挂号费	111.6	106.9	116.1
注射费	106.2	102.1	108.4
检查费	103.1	102.7	103.5
手术费	101.0	100.3	101.5
住院费	104.7	107.0	103.8
理疗费	109.0	101.6	115.0
其　它	100.9	103.9	100.0
2.个人用品及服务	100.3	100.0	100.7
(1)化妆美容用品	98.8	98.9	98.4
化妆美容器具	98.5	99.2	98.2
化妆品	98.8	98.9	98.4
(2)卫生用品	97.2	97.9	96.2
洗发用品	96.5	97.2	95.6
洗浴用品	97.2	97.1	97.5
其　它	97.9	100.1	95.9
(3)个人饰品	101.6	102.6	100.5
首　饰	107.5	106.5	112.1
皮　件	97.9	97.5	98.8
手　表	98.8	98.8	98.8
领　带	103.4	105.7	99.9
其　它	100.1	99.7	100.2
(4)个人服务	101.9	100.5	102.6
美　容	99.7	100.1	99.6
理(烫)发	102.9	100.6	103.5
其　它	102.7	100.5	108.0
六、交通和通讯	**99.6**	**98.3**	**101.3**

8－7续表2　　（2004年，以上年价格为100）

商品类别	全省	城市	农村
1.交　通	100.5	100.5	100.5
(1)交通工具	97.9	97.5	98.2
摩托车	96.9	98.1	95.9
自行车	99.5	100.1	99.4
汽　车	94.2	94.7	92.5
其　它	101.5	97.9	102.6
(2)车用燃料及零配件	108.4	109.0	107.6
汽　油	112.7	112.9	112.3
柴　油	110.7	111.0	110.4
零配件	101.3	100.6	102.0
其　它	100.3	100.4	100.3
(3)车辆使用及维修	101.5	101.1	101.9
驾驶证	103.5	105.6	102.6
保险费	100.2	100.9	99.3
停车费	100.6	100.9	100.0
车辆修理服务	101.8	100.1	104.1
其　它	98.8	99.1	98.6
(4)市区公共交通	100.4	100.0	101.7
公共汽车票	100.6	100.1	103.4
出租汽车	99.6	99.8	98.1
其　它	102.0	100.6	103.4
(5)城市间交通	102.7	102.0	103.5
飞机票	107.2	108.8	104.2
火车票	99.8	99.7	99.9
长途汽车	103.4	101.7	104.7
其　它	103.7	106.0	101.3
2.通　信	98.8	96.4	102.4
(1)信工具	86.1	83.7	91.5
固定电话机	93.4	96.9	92.8
移动电话机	81.1	81.7	68.3
BP　机	99.3	97.9	99.5
其　它	95.0	96.1	91.5
(2)通信服务	101.8	100.0	104.3
市内电话通话费	100.0	100.0	100.0
长途电话通话费	100.0	100.0	100.0
月租费	100.0	100.0	100.0
信件邮寄	100.0	100.0	100.0
包裹邮寄	124.2	100.0	125.6
其　它	100.0	100.0	100.0
七、娱乐教育文化用品及服务	**101.8**	**101.0**	**102.6**
1.文娱用耐用消费品及服务	95.9	95.6	96.5
电视机	94.7	94.6	94.6
影碟机	95.2	95.6	94.8
摄像机	96.2	91.4	99.9
照相机	98.5	96.3	99.8
音　响	97.4	98.8	97.1
收音(录)机	98.3	98.3	98.2
电　脑	94.9	95.0	93.5
修理服务费	100.6	100.2	102.3
其　它	99.3	99.3	99.1
2.教　育	103.5	103.0	103.9
(1)教材及参考书	104.8	102.5	108.7
工具书	101.1	100.9	101.6
教　材	106.6	101.8	114.2

商品类别	全省	城市	农村
参考书	104.3	105.4	102.5
(2)学杂托幼费	103.4	103.0	103.8
义务教育杂费	105.2	102.5	106.0
其它教育学杂费	101.5	102.7	100.1
托幼费	109.3	107.2	113.7
3.文化娱乐用品	100.8	100.9	100.5
(1)文化娱乐	99.6	99.4	100.2
乐　器	99.6	99.7	98.8
音响光盘和磁带	99.6	98.0	102.7
照相胶卷	99.1	98.4	100.9
录像磁带和视盘	97.5	97.0	98.3
儿童玩具	98.7	98.6	98.9
纸张用品	99.9	99.6	100.3
文　具	100.2	100.2	100.2
体育用品	101.3	101.5	100.4
其　它	99.5	99.5	99.5
(2)书报杂志	100.3	100.3	100.2
书　籍	100.2	100.2	100.1
报　纸	100.3	100.3	100.1
杂　志	100.5	100.3	100.8
(3)文娱费	103.2	103.3	102.5
录像电影票	105.9	107.8	100.9
公园门票	105.8	105.2	112.8
有线电视	101.1	101.1	100.0
健身活动	101.5	101.5	100.0
其　它	99.0	98.9	100.0
4.旅游及外出	99.9	100.8	98.1
旅行社收费	100.8	100.9	99.6
宾馆住宿	97.2	99.8	96.8
其它住宿	100.5	100.9	100.5
八、居　住	**105.6**	**103.6**	**107.3**
1.建房及装修材料	103.9	100.9	104.8
木　材	106.4	102.6	107.1
砖	106.9	103.3	107.4
水　泥	108.1	110.8	107.9
涂　料	99.3	99.0	99.4
胶合板	100.1	101.4	99.8
玻　璃	106.1	101.1	106.8
粘　胶	103.1	98.4	104.1
油　漆	99.1	100.5	98.9
其　它	100.9	99.8	103.4
2.租　房	104.3	103.7	104.5
房　租	106.3	106.1	106.6
其它费用	102.0	100.3	104.0
3.自有住房	102.2	101.0	104.0
房屋贷款利率	101.1	101.1	100.7
维护修理费用	104.0	100.2	104.7
其　它	100.1	101.3	100.0
4.水、电、燃料	109.9	106.3	114.9
水	111.2	110.9	113.4
电	100.0	100.0	100.0
液化石油气	111.6	111.7	111.7
管道燃气	100.0	100.1	99.8
其它燃料	125.8	120.2	128.0

8-8 商品零售价格分类指数

(2004 年,以上年价格为 100)

商品类别	全省	城市	农村	商品类别	全省	城市	农村
商品零售价格总指数	**102.8**	**102.3**	**103.7**	食　糖	102.5	100.5	104.6
一、食品类	**110.3**	**109.5**	**111.7**	糖　果	101.0	100.1	102.7
1.粮　食	125.9	122.7	130.1	巧克力制品	101.1	100.9	102.1
大　米	132.9	131.6	134.9	糖制小食品	101.5	101.9	100.0
面　粉	131.7	126.0	137.3	11.干鲜瓜果	107.2	108.4	104.4
粮食制品	112.8	112.8	112.8	鲜　果	107.3	107.8	105.8
其　它	128.7	124.9	133.5	干(坚)果及瓜果制品	106.9	110.0	99.9
2.淀粉及薯类	109.0	108.0	111.0	12.糕点饼干面包	100.2	100.4	99.9
淀粉及薯类	109.0	108.0	111.0	糕　点	99.2	99.1	99.6
3.干豆类及豆制品	129.0	128.0	131.0	饼　干	100.6	101.0	99.9
干　豆	135.2	129.3	139.9	面　包	101.9	102.3	100.7
豆制品	126.1	127.7	122.8	13.奶及奶制品	100.7	100.5	101.0
4.油　脂	120.8	123.0	118.3	鲜　奶	100.5	100.6	99.8
植物油脂	121.1	124.9	116.7	奶　粉	101.3	100.7	102.4
植物油制品	112.9	109.0	116.6	其　它	100.3	100.3	99.7
其　它	130.3	119.2	136.5	14.在外用膳食品	104.6	103.9	106.0
5.肉禽及其制品	118.7	117.0	121.1	主　食	109.5	110.6	107.4
(1)食用畜肉及副产品	123.3	121.9	125.5	炒　菜	101.0	98.9	105.3
猪　肉	130.7	128.8	133.5	地方小吃	106.9	107.4	105.7
牛　肉	103.9	103.8	104.0	15.其它食品	100.6	100.6	100.6
羊　肉	101.8	101.8	101.7	其它食品	100.6	100.6	100.6
畜肉副产品	122.7	122.4	123.4	**二、饮料、烟酒**	**101.4**	**102.0**	**100.6**
其　它	111.9	110.1	114.8	1.茶及饮料	100.4	100.8	99.6
(2)禽	115.2	111.9	118.7	(1)茶　叶	101.6	102.6	100.1
鸡	115.5	111.8	119.5	茶　叶	101.6	102.6	100.1
鸭	111.4	105.0	117.0	(2)饮　料	99.7	99.9	99.3
其　它	116.4	118.3	115.0	固体饮料	101.0	101.1	100.6
(3)肉禽加工制品	108.5	107.2	110.6	液体饮料	98.5	98.9	97.8
畜肉制品	110.3	108.8	113.1	冷冻饮品	100.7	100.6	101.0
禽制品	105.4	104.1	106.9	2.烟　草	100.9	101.2	100.5
6.蛋	120.8	121.0	120.7	国产卷烟	100.4	100.3	100.5
鲜　蛋	122.0	122.2	121.9	进口卷烟	105.2	106.1	101.1
蛋制品	111.6	109.3	113.7	其　它	100.5	100.2	100.7
7.水产品	112.2	109.5	119.5	3.酒	102.1	103.1	100.9
(1)鱼	118.4	115.8	123.9	白　酒	103.2	104.5	101.7
淡水鱼	129.0	127.6	131.0	果　酒	100.6	100.7	100.5
海水鱼	109.5	107.9	114.0	啤　酒	100.8	101.1	100.2
(2)其它水产品	102.4	101.3	107.1	其　它	99.7	102.8	96.5
其它水产品	102.4	101.3	107.1	**三、服装、鞋帽类**	**97.4**	**97.5**	**97.6**
8.菜	90.1	92.1	87.2	1.服　装	97.2	97.5	96.6
鲜　菜	87.9	90.1	84.5	(1)男式服装	96.3	96.2	96.5
干菜及菜制品	109.0	110.8	106.8	大　衣	98.1	99.2	96.2
9.调味品	101.1	101.7	100.2	毛线衣	92.3	91.6	93.8
盐	103.6	105.4	102.1	夹克衫	95.9	92.5	98.8
酱　油	100.9	102.0	99.0	衬　衫	96.5	95.8	97.8
醋	100.5	100.0	101.4	裤　子	97.1	96.4	98.7
味　精	99.6	101.3	97.3	西　服	95.4	94.5	97.8
其　它	99.5	99.8	99.4	运动衫裤	96.6	99.9	81.8
10.糖	101.5	100.7	103.0	内　衣	101.1	101.6	100.0

8－8续表1　　(2004年,以上年价格为100)

商品类别	全省	城市	农村	商品类别	全省	城市	农村
羽绒衣	92.6	92.0	94.4	电冰箱(柜)	97.5	97.2	98.6
其它	105.3	108.2	98.6	抽排油烟机	99.2	99.1	99.3
(2)女式服装	97.8	98.6	96.2	空调器	90.0	88.9	94.8
大衣	100.9	103.7	93.9	电热水器	98.0	98.7	96.5
毛线衣	91.3	90.8	92.5	微波炉	98.6	98.6	98.4
羽绒衣	93.1	93.9	92.1	电炊具	98.3	98.6	98.0
套装	99.6	100.9	96.8	饮水机	91.0	97.2	82.5
衬衫	100.9	101.5	99.8	其它	99.7	99.7	99.9
裙子	99.2	100.6	96.4	2.文娱用耐用消费品	95.0	94.1	96.5
裤子	97.1	96.3	98.4	电视机	94.0	92.8	95.8
运动衫裤	98.8	99.1	98.2	影碟机	95.3	94.9	95.8
内衣	100.3	99.8	101.9	摄像机	94.8	94.1	99.9
其它	99.1	99.7	97.9	音响	97.6	97.6	97.6
(3)儿童服装	98.0	98.5	97.4	收音(录)机	98.3	98.1	98.6
套装	98.4	99.8	97.1	其它	93.3	91.5	97.4
裤子	97.3	96.9	97.7	3.音像器材类	99.3	99.2	99.4
裙子	97.5	97.9	97.1	专业音响器材	99.7	99.8	99.6
其它	99.1	99.4	98.9	专业声像器材	98.6	98.4	99.3
2.鞋袜帽	97.7	96.7	99.1	**六、文化办公用品**	**98.5**	**98.5**	**98.4**
(1)鞋	97.4	96.5	99.0	纸张用品	100.2	99.8	100.6
男鞋	96.0	94.7	98.1	文具	100.6	100.3	101.0
女鞋	97.6	97.2	99.1	电脑及配件	97.8	98.8	94.0
童鞋	99.6	99.0	100.1	打印机及配件	97.5	96.5	99.5
(2)袜子	99.7	99.3	100.2	扫描仪	96.9	96.2	99.0
男袜	99.5	99.0	100.0	复印机	97.1	97.8	95.2
女袜	99.9	99.5	100.4	电子辞典	97.3	96.3	99.3
(3)帽子	99.2	98.9	99.4	计算器	99.9	100.1	99.7
男帽	100.2	100.9	99.8	教学设备	99.7	98.1	101.9
女帽	98.4	97.6	99.0	其它	98.2	97.3	100.0
3.其它	99.8	99.8	99.8	**七、日用品**	**99.1**	**98.8**	**99.5**
领带	99.8	99.8	99.8	1.日用百货	99.7	99.8	99.6
四、纺织品类	**99.5**	**99.5**	**99.5**	自行车	99.9	100.0	99.7
1.衣着材料	99.7	99.9	99.5	雨具	99.3	100.3	98.0
棉布	101.8	101.9	101.5	剃须刀具	100.4	100.5	100.2
棉花化纤混纺布	99.6	97.8	100.9	电池	100.5	100.9	99.9
化纤布	100.1	101.4	99.0	卫生纸	99.9	99.5	100.6
毛织品	98.8	99.5	97.6	卫生巾	98.6	98.8	98.1
丝织品	97.9	96.6	100.4	其它	99.4	99.1	100.0
毛线	99.1	99.9	97.9	2.日用杂品	99.1	99.3	98.7
其它	99.6	99.7	99.2	茶具	99.3	99.0	100.2
2.床上用品	99.3	99.2	99.4	餐具	98.8	99.4	97.3
毛毯	100.2	98.9	101.3	厨具	99.1	99.1	99.0
床单	99.8	100.5	99.1	其它	100.1	100.1	100.0
床罩	97.2	96.6	98.4	3.洗涤用品	99.1	98.9	99.5
被套	99.9	101.1	98.2	洗衣粉	98.9	97.8	100.7
其它	100.1	100.5	99.6	肥皂类	100.6	101.5	99.5
五、家用电器及音像器材	**95.5**	**95.1**	**96.3**	牙膏	97.8	97.7	97.8
1.家庭设备	95.4	95.1	96.0	清洁洗涤剂	99.2	99.3	99.0
洗衣机	96.4	95.9	97.3	4.其它日用品	98.2	97.6	99.7
电风扇	93.7	97.4	92.6	燃气灶具	98.1	97.1	99.9

8－8续表2　　(2004年，以上年价格为100)

商品类别	全省	城市	农村
儿童玩具	98.4	98.3	99.0
照明器具	100.5	100.9	99.6
钟表眼镜及配件	96.4	95.0	99.4
日用普通饰品	99.4	98.7	100.5
日用皮革制品	96.9	95.8	99.9
其　它	98.7	98.2	100.1
八、体育娱乐用品	**99.3**	**99.2**	**99.4**
1.体育用品	98.9	99.3	98.2
球　类	100.1	100.2	100.0
棋　牌	97.4	99.1	95.9
健身器材	98.9	98.9	99.0
2.娱乐用品	99.6	99.1	100.5
游艺器材	99.5	99.2	100.0
照相器材	99.7	98.6	101.9
乐　器	99.3	99.5	99.0
九、交通、通信用品	**92.6**	**92.3**	**93.3**
1.交通运输机械	96.8	96.5	97.5
轿　车	92.8	93.0	90.7
客　车	98.1	98.6	95.8
货　车	98.5	98.3	99.3
摩托车	97.9	97.8	98.0
其　它	100.1	100.2	100.0
2.通讯器材类	85.7	84.1	88.0
固定电话机	95.6	93.7	96.9
移动电话机	76.4	77.2	74.8
传真机	95.3	95.2	95.3
其　它	92.0	88.5	96.6
十、家　具	**98.6**	**99.0**	**98.1**
成套家具	98.0	97.6	98.5
床	98.3	98.4	98.3
桌	99.8	100.6	98.0
椅	98.7	99.3	97.4
沙　发	98.7	99.3	97.8
其　它	98.5	98.7	98.0
十一、化妆品类	**98.3**	**98.1**	**98.9**
护肤品	98.8	98.6	99.4
美容品	99.1	98.7	99.7
护发美容品	97.1	97.0	97.5
清洁化妆用品	96.9	96.7	97.3
药物美容用品	99.6	99.4	100.1
十二、金银珠宝类	**109.0**	**107.1**	**114.8**
金饰品	110.1	107.7	115.7
银饰品	103.2	100.2	108.9
铂金饰品	112.4	110.8	119.8
其　它	101.6	101.6	102.5
十三、中西药品及医疗保健用品类	**98.2**	**98.1**	**98.4**
1.医疗器具及用品	101.7	102.2	101.2
医疗器具及用品	101.7	102.2	101.2
2.中药材及中成药	98.4	97.9	99.4
中药材	98.5	97.5	99.9
中成药	98.0	97.8	98.3
3.西　药	97.4	97.6	97.2
胃　药	97.5	97.7	97.0
感冒药	97.9	98.9	96.0
抗菌药针剂	97.7	98.2	97.0
抗菌药片剂	94.5	94.6	94.4
止泻药	97.5	97.0	98.5
外用药	100.2	100.5	99.6
心血管病用药	96.8	95.9	98.3
其　它	100.4	100.2	100.6
4.保健器具及用品	99.4	99.5	99.1
保健器具	97.7	97.5	98.0
滋补保健用品	100.1	100.3	99.9
十四、书报杂志及电子出版物类	**101.4**	**101.3**	**101.7**
1.教材及参考书	103.7	103.7	103.7
工具书	100.7	100.8	100.6
教　材	103.4	101.5	105.5
参考书	106.3	108.9	102.2
2.书报杂志	100.4	100.6	100.2
书　籍	100.2	100.3	100.0
报　纸	100.4	100.5	100.2
杂　志	100.9	101.1	100.4
3.电子音像制品	99.6	99.5	100.1
音响光盘和磁带	100.0	98.8	103.3
录像磁带和视盘	98.2	98.1	98.3
计算机软件	100.7	101.7	97.6
十五、燃料类	**114.6**	**112.9**	**117.7**
1.煤炭及制品类	125.7	124.5	126.3
原　煤	127.2	128.9	124.9
煤制品	123.1	119.1	128.1
2.石油及制品类	109.2	108.3	111.6
液化石油气	111.3	111.6	111.6
管道燃气	99.8	100.1	92.9
汽　油	112.2	112.3	111.8
柴　油	111.2	110.5	112.3
其　它	103.8	100.1	111.7
十六、建筑材料及五金电料类	**104.4**	**102.4**	**106.9**
1.建筑装璜材料	105.0	102.4	107.7
木　材	105.2	102.7	108.9
砖	108.8	105.3	111.0
水　泥	108.4	106.1	110.0
涂　料	101.5	100.4	102.9
胶合板	100.4	100.5	100.4
玻　璃	108.0	101.0	114.0
粘　胶	102.2	98.2	106.4
油　漆	99.6	100.7	98.8
其　它	101.8	101.1	102.5
2.五金电料类	103.0	102.2	104.3
五金工具	100.4	100.7	100.0
电工电料	101.3	102.4	99.8
水暖器材	104.4	103.1	106.8
其　它	111.1	101.4	123.2

8-9 工业品出厂价格指数

（2004 年）

类别	价格指数(以上年同期价格为 100)				
	全年平均	一季度	二季度	三季度	四季度
全部工业品	**106.4**	**104.9**	**106.4**	**107.1**	**107.4**
轻工业	103.3	103.4	103.7	103.6	102.3
以农产品为原料	105.1	106.0	105.8	105.8	102.5
以非农产品为原料	101.5	100.8	101.7	101.4	102.1
重工业	110.5	107.0	109.8	111.4	113.8
采　掘	121.3	106.1	115.4	126.5	137.3
原　料	110.0	107.1	109.8	110.3	112.5
加　工	107.1	107.1	107.9	106.9	106.4
生产资料	108.0	105.8	107.8	108.7	109.7
采　掘	121.5	106.5	116.1	126.5	136.7
原　料	108.8	106.4	108.3	109.2	111.1
加　工	105.4	105.4	106.1	105.4	104.5
生活资料	102.7	102.9	103.2	103.1	101.7
食　品	105.6	106.7	106.2	106.4	103.2
衣　着	102.1	101.5	102.1	102.4	102.6
一般日用品	101.0	100.2	101.2	101.2	101.6
耐用消费品	97.0	96.4	97.7	96.5	97.5
按工业部门分					
冶金工业	117.6	121.4	121.5	115.2	112.2
电力工业	100.6	99.9	100.4	100.8	101.3
煤炭及炼焦工业	124.8	113.6	126.7	128.4	130.6
石油工业	116.3	99.3	106.0	122.3	137.7
化学工业	107.7	103.5	105.7	109.2	112.2
机械工业	101.2	100.7	101.7	100.9	101.4
建筑材料工业	103.9	106.2	106.7	102.8	99.9
森林工业	100.9	100.7	101.1	101.2	100.6
食品工业	106.4	107.6	107.2	107.3	103.6
纺织工业	105.7	108.2	107.2	106.6	100.8
缝纫工业	102.8	102.1	103.5	102.8	103.0
皮革工业	101.2	100.5	100.8	101.9	101.6
造纸工业	101.2	99.9	101.2	102.0	101.6
文教艺术用品工业	100.7	99.3	100.0	101.0	102.4
其它工业	101.2	100.2	101.5	101.2	101.8
按工业行业分					
煤炭开采和洗选业	125.1	112.1	126.6	129.6	132.2
#烟煤和无烟煤的开采洗选	125.1	112.3	126.3	129.7	132.1
褐煤的开采洗选	126.8	103.5	138.3	127.7	137.6
石油和天然气开采业	121.6	97.2	103.6	129.9	155.5
#天然原油和天然气开采	121.6	97.2	103.6	129.9	155.5
黑色金属矿采选业	173.1	163.0	221.0	180.8	127.5
#铁矿采选	173.1	163.0	221.0	180.8	127.5
有色金属矿采选业	105.6	109.1	111.1	103.5	98.6
#常用有色金属矿采选	129.2	126.7	130.5	133.7	126.0
贵金属矿采选	105.5	109.0	111.1	103.5	98.5
非金属矿采选业	114.9	109.6	112.3	116.1	121.4
土砂石开采	112.8	113.7	117.5	112.9	107.1
化学矿采选	110.8	103.8	112.6	117.1	109.7
采盐	132.8	105.8	110.1	143.5	171.8

8-9续表1　　　　　　　　　　(2004年)

类别	价格指数(以上年同期价格为100)				
	全年平均	一季度	二季度	三季度	四季度
石棉及其他非金属矿采选	103.7	103.7	102.8	99.7	108.6
农副食品加工业	108.2	110.0	109.3	109.2	104.4
谷物磨制	120.6	117.2	124.7	122.3	118.3
饲料加工	116.3	114.5	120.1	120.4	110.4
植物油加工	111.5	125.5	113.9	109.4	97.3
制糖	112.4	112.4	114.3	116.2	106.6
屠宰及肉类加工	107.2	108.3	107.1	109.3	105.9
水产品加工	103.2	102.2	102.3	105.2	103.1
蔬菜、水果和坚果加工	112.2	118.8	117.4	109.4	103.0
其他农副食品加工	105.0	102.5	106.1	106.3	105.2
食品制造业	103.2	103.3	103.1	104.0	102.5
焙烤食品制造	102.2	102.8	102.1	102.2	101.5
糖果、巧克力及蜜饯制造	111.0	110.1	110.7	111.2	111.8
方便食品制造	112.7	111.7	113.5	115.0	110.4
液体乳及乳制品制造	100.3	100.2	100.1	100.3	100.5
罐头制造	98.8	99.1	100.1	99.3	96.6
调味品、发酵制品制造	105.1	102.9	104.8	108.0	104.5
其他食品制造	98.8	102.3	98.0	96.6	98.0
饮料制造业	99.9	99.9	99.1	100.4	100.3
酒精制造	103.1	103.0	101.4	104.3	103.7
酒的制造	100.3	100.3	100.3	100.4	100.3
软饮料制造	98.6	98.7	94.8	100.6	100.1
精制茶加工	101.0	101.7	95.3	101.9	105.2
烟草制品业	100.5	100.1	101.5	99.9	100.5
烟叶复烤	100.3	101.0	100.0	100.0	100.0
卷烟制造	100.7	100.8	101.6	99.9	100.6
其他烟草制品加工	97.7	90.7	100.0	100.0	100.0
纺织业	105.7	107.8	107.2	106.5	101.2
棉、化纤纺织及印染精加工	106.6	110.0	108.4	107.7	100.5
毛纺织和染整精加工	103.3	103.4	103.8	104.1	102.1
麻纺织	99.7	99.5	98.7	100.2	100.2
丝绢纺织及精加工	106.5	104.3	106.5	110.9	104.3
纺织制成品制造	102.9	103.5	104.2	102.6	101.4
针织品、编织品及其制品制造	105.3	104.6	107.0	105.6	104.2
纺织服装、鞋、帽制造业	101.6	100.8	101.9	101.4	102.5
纺织服装制造	101.8	101.0	102.0	101.6	102.7
纺织面料鞋的制造	99.0	98.1	100.1	100.0	97.8
制帽	100.6	97.3	98.7	99.7	106.7
皮革、毛皮、羽毛(绒)及其制品业	101.3	100.7	100.8	101.9	101.7
皮革鞣制加工	101.9	101.1	101.5	102.1	102.9
皮革制品制造	100.9	100.4	100.6	101.5	101.2
毛皮鞣制及制品加工	101.6	100.8	100.9	102.7	102.0
羽毛(绒)加工及制品制造	105.2	108.9	103.6	105.9	102.3
木材加工及木、竹、藤、棕、草制品业	99.6	99.1	99.6	99.8	100.1
锯材、木片加工	102.1	100.8	101.0	104.2	102.2
人造板制造	99.7	99.3	99.1	99.7	100.5
木制品制造	99.5	98.3	100.4	100.2	98.9
竹、藤、棕、草制品制造	95.0	96.0	101.1	90.0	92.9

8-9续表2 (2004年)

类别	价格指数(以上年同期价格为100)				
	全年平均	一季度	二季度	三季度	四季度
家具制造业	101.6	100.5	102.1	102.5	101.4
#木质家具制造	102.7	103.1	103.3	103.2	101.3
金属家具制造	98.8	92.6	100.9	101.5	100.2
其他家具制造	97.3	90.6	96.6	99.3	102.7
造纸及纸制品业	101.2	99.9	101.2	102.0	101.6
纸浆制造	102.9	105.3	105.3	102.3	98.9
造纸	102.3	101.1	102.5	103.3	102.3
纸制品制造	95.6	93.5	94.3	96.0	98.6
印刷业和记录媒介的复制	100.0	99.3	100.0	99.6	101.1
印刷	100.4	99.6	100.3	100.1	101.7
装订及其他印刷服务活动	95.4	96.2	96.1	94.6	94.9
记录媒介的复制	94.2	90.2	99.6	98.8	88.2
文教体育用品制造业	101.0	100.0	99.7	101.5	102.9
#文化用品制造	102.2	100.5	101.6	103.0	103.9
体育用品制造	101.8	101.1	98.9	102.1	105.1
乐器制造	98.5	98.5	98.5	98.5	98.5
玩具制造	99.9	98.4	100.3	100.7	100.2
石油加工、炼焦及核燃料加工业	111.4	104.5	111.0	113.6	116.4
#精炼石油产品的制造	110.2	101.9	109.1	113.3	116.5
炼焦	124.1	133.5	131.0	116.9	115.1
化学原料及化学制品制造业	110.7	105.2	108.5	112.7	116.4
基础化学原料制造	114.3	106.9	111.0	115.5	123.6
肥料制造	116.4	111.3	111.1	121.4	121.6
农药制造	103.6	100.2	104.8	104.3	105.1
涂料、油墨、颜料及类似产品制造	108.6	101.7	105.6	113.1	114.1
合成材料制造	114.6	107.0	114.5	116.4	120.6
专用化学产品制造	102.8	100.1	101.5	103.1	106.5
日用化学产品制造	101.4	99.2	101.9	102.3	102.1
医药制造业	98.5	96.9	97.3	99.3	100.5
化学药品原药制造	99.1	96.5	97.6	100.5	101.8
化学药品制剂制造	97.4	96.0	95.7	98.0	99.8
中药饮片加工	97.0	95.1	98.3	97.1	97.6
中成药制造	100.1	100.3	99.6	99.7	100.8
兽用药品制造	97.2	97.6	97.1	96.7	97.5
生物、生化制品的制造	98.5	96.2	98.1	99.9	99.6
卫生材料及医药用品制造	104.8	96.9	100.6	109.0	112.4
化学纤维制造业	105.8	103.2	103.9	109.4	106.6
纤维素纤维原料及纤维制造	106.9	116.5	107.3	106.9	97.0
合成纤维制造	105.6	101.4	103.4	109.7	107.9
橡胶制品业	104.9	101.5	104.2	105.5	108.4
轮胎制造	104.5	101.3	103.4	105.1	108.0
橡胶板、管、带的制造	98.9	98.8	97.5	98.4	101.0
橡胶零件制造	100.1	100.1	100.9	100.2	99.1
再生橡胶制造	106.0	100.4	103.9	106.8	113.0
日用及医用橡胶制品制造	124.1	110.8	128.1	125.5	131.8
橡胶靴鞋制造	99.9	98.8	99.5	100.3	101.0
其他橡胶制品制造	100.0	100.0	100.0	100.0	100.0
塑料制品业	105.9	103.0	103.6	107.1	109.8
塑料薄膜制造	110.4	106.6	106.6	110.2	118.0

类别	价格指数(以上年同期价格为100)				
	全年平均	一季度	二季度	三季度	四季度
塑料板、管、型材的制造	101.9	100.6	101.0	102.1	103.9
塑料丝、绳及编织品的制造	112.4	105.1	108.0	116.8	119.6
泡沫塑料制造	100.0	100.6	101.0	99.4	99.0
塑料人造革、合成革制造	100.3	99.7	100.5	99.6	101.4
塑料包装箱及容器制造	105.2	102.5	104.3	105.4	108.4
塑料零件制造	104.7	107.9	101.3	105.4	104.0
日用塑料制造	99.9	99.1	101.4	100.1	99.1
其他塑料制品制造	101.3	99.4	99.7	101.3	104.9
非金属矿物制品业	103.0	104.9	105.2	102.1	99.7
水泥、石灰和石膏的制造	106.1	112.5	111.6	103.5	96.9
水泥及石膏制品制造	106.3	105.5	109.5	106.0	104.2
砖瓦、石材及其他建筑材料制造	101.1	102.4	101.6	100.6	99.7
玻璃及玻璃制品制造	99.7	99.0	99.9	99.9	99.9
陶瓷制品制造	99.7	98.9	99.5	99.8	100.4
耐火材料制品制造	104.0	102.1	106.2	104.4	103.1
石墨及其他非金属矿物制品制造	104.6	104.2	104.9	104.5	104.7
黑色金属冶炼及压延加工业	123.0	133.4	127.3	117.2	114.2
炼铁	139.3	160.0	145.3	130.5	121.4
炼钢	119.3	120.6	120.7	115.2	120.6
钢压延加工	120.8	131.6	125.5	114.8	111.1
铁合金冶炼	108.4	97.0	107.8	113.2	115.5
有色金属冶炼及压延加工业	112.9	111.5	113.1	112.9	114.0
#常用有色金属冶炼	118.0	119.0	120.0	116.6	116.5
贵金属冶炼	112.5	115.7	113.8	111.3	109.2
稀有稀土金属冶炼	111.4	112.0	113.2	112.9	107.7
有色金属压延加工	108.7	103.7	107.2	110.4	113.5
金属制品业	111.1	107.4	112.3	112.7	111.9
结构性金属制品制造	105.9	102.0	107.7	107.8	106.2
金属工具制造	107.8	107.9	106.4	107.9	108.9
集装箱及金属包装容器制造	119.9	108.6	120.7	125.0	125.2
金属丝绳及其制品的制造	120.0	121.1	122.8	120.0	116.1
建筑、安全用金属制品制造	114.3	111.3	117.4	113.9	114.6
金属表面处理及热处理加工	108.3	106.2	110.2	111.0	105.9
搪瓷制品制造	109.5	105.3	108.9	110.9	112.8
不锈钢及类似日用金属制品制造	101.1	102.5	100.6	100.6	100.5
其他金属制品制造	114.3	113.5	116.7	114.7	112.2
通用设备制造业	103.9	102.8	104.9	104.5	103.4
#锅炉及原动机制造	101.0	102.1	101.6	100.8	99.4
金属加工机械制造	104.5	102.7	104.1	104.4	106.7
起重运输设备制造	103.3	102.6	102.5	104.8	103.3
泵、阀门、压缩机及类似机械的制造	103.0	100.9	105.0	103.7	102.5
轴承、齿轮、传动和驱动部件的制造	102.0	101.7	102.9	100.2	103.1
风机、衡器、包装设备等通用设备制造	99.5	100.1	99.6	99.5	98.8
通用零部件制造及机械修理	104.4	101.2	105.0	106.9	104.4
金属铸、锻加工	111.0	108.2	114.2	112.3	109.2
专用设备制造业	103.1	103.4	103.4	102.7	102.9
矿山、冶金、建筑专用设备制造	103.1	102.5	103.5	103.6	102.8
化工、木材、非金属加工专用设备制造	105.9	108.3	104.8	105.6	104.9

类别	价格指数(以上年同期价格为100)				
	全年平均	一季度	二季度	三季度	四季度
食品、饮料、烟草及饲料生产专用设备制造	105.2	101.8	105.4	106.1	107.3
印刷、制药、日化生产专用设备制造	106.5	108.2	104.8	105.6	107.3
纺织、服装和皮革工业专用设备制造	101.2	104.7	102.2	98.7	99.1
电子和电工机械专用设备制造	99.0	98.7	97.2	100.8	99.5
农、林、牧、渔专用机械制造	102.7	102.8	103.2	102.1	102.7
医疗仪器设备及器械制造	97.1	96.8	97.9	93.7	100.1
环保、社会公共安全及其他专用设备制造	102.1	102.0	104.4	101.1	100.7
交通运输设备制造业	101.3	101.3	101.7	100.9	101.3
#铁路运输设备制造	103.7	106.4	103.2	100.8	104.4
汽车制造	101.2	101.2	101.6	100.8	101.1
摩托车制造	97.8	98.2	98.4	97.8	96.9
自行车制造	99.6	95.9	99.2	100.1	103.4
船舶及浮动装置制造	104.2	101.7	104.9	105.2	104.9
交通器材及其他交通运输设备制造	106.1	106.3	106.9	105.9	105.3
电气机械及器材制造业	101.9	100.1	102.4	101.9	103.1
电机制造	99.4	100.8	100.4	98.7	97.8
输配电及控制设备制造	98.3	99.3	95.9	99.5	98.4
电线、电缆、光缆及电工器材制造	111.1	105.9	112.1	112.0	114.3
电池制造	108.3	103.5	110.0	109.7	110.2
家用电力器具制造	98.6	97.4	99.7	97.8	99.6
非电力家用器具制造	101.4	100.2	101.0	101.8	102.6
照明器具制造	99.3	96.7	98.1	100.3	102.2
其他电气机械及器材制造	97.7	95.6	98.5	99.2	97.5
通信设备、计算机及其他电子设备制造业	94.7	95.2	95.3	93.3	95.1
通信设备制造	97.1	97.7	97.5	95.6	97.5
雷达及配套设备制造	100.0	100.0	100.0	100.0	100.0
广播电视设备制造	93.7	88.3	87.1	93.7	105.7
电子计算机制造	93.7	96.7	95.7	89.5	92.9
电子器件制造	95.5	91.9	94.7	96.8	98.8
电子元件制造	98.2	97.8	97.6	98.2	99.3
家用视听设备制造	87.5	85.9	88.1	87.9	88.2
其他电子设备制造	94.5	94.6	94.3	94.4	94.5
仪器仪表及文化、办公用机械制造业	96.3	94.0	95.3	94.5	101.2
#通用仪器仪表制造	99.1	99.3	99.7	99.4	97.9
专用仪器仪表制造	80.5	66.2	69.6	70.4	115.6
钟表与计时仪器制造	101.0	102.0	103.0	98.5	100.3
光学仪器及眼镜制造	98.9	97.1	98.8	98.6	100.8
文化、办公用机械制造	91.5	92.1	94.7	90.2	89.2
工艺品及其他制造业	99.3	98.7	99.7	99.2	99.8
#工艺美术品制造	101.9	100.6	101.7	102.4	102.8
日用杂品制造	97.3	98.2	97.5	95.2	98.4
核辐射加工	102.8	96.4	96.4	96.4	121.9
其他未列明的制造业	94.1	94.7	95.5	93.0	93.4
电力、热力的生产和供应业	100.6	100.0	100.4	100.8	101.3
电力生产	100.6	99.9	100.5	100.7	101.1
电力供应	100.1	99.8	100.0	100.1	100.3
热力生产和供应	103.5	101.0	101.7	103.6	107.8
燃气生产和供应业	94.9	97.2	93.9	94.0	94.3
燃气生产和供应业	94.9	97.2	93.9	94.0	94.3
水的生产和供应业	104.6	105.3	105.6	104.2	103.4
#自来水的生产和供应	104.6	105.3	105.6	104.2	103.4

8－10 1989－2004 年全省工业品出厂价格指数

（以上年价格为 100）

类　　别	1989 年	1990 年	1991 年	1992 年	1993 年	1994 年	1995 年	1996 年
全部工业品	**123.8**	**104.7**	**103.0**	**109.7**	**123.0**	**124.2**	**117.0**	**104.1**
轻工业	121.6	106.5	101.2	103.6	111.0	127.0	117.7	101.7
以农产品为原料	123.7	108.7	102.4	104.5	111.8	131.2	119.5	102.1
以非农产品为原料	117.3	101.8	98.5	100.4	108.6	112.9	111.9	100.3
重工业	125.4	103.2	104.3	116.1	135.2	121.5	116.4	106.4
采　掘	132.9	102.4	121.3	132.6	135.2	149.5	128.2	109.5
原　料	120.7	106.5	105.3	117.2	141.7	118.9	112.6	107.4
加　工	127.7	100.4	101.4	106.9	126.0	109.1	115.2	103.3
生产资料	125.3	104.9	104.2	115.0	133.0	121.3	117.9	106.2
采　掘	132.9	102.4	121.3	132.6	136.2	149.5	128.2	109.5
原　料	121.2	105.7	105.1	114.8	137.1	118.6	115.1	106.9
加　工	127.1	100.1	101.3	107.6	125.2	110.1	116.7	103.3
生活资料	121.5	107.8	101.1	103.5	111.4	127.9	116.0	101.5
食　品	116.8	106.5	102.4	107.6	115.7	122.7	118.4	102.3
衣　着	128.5	113.1	101.7	101.6	107.9	138.7	117.6	100.1
一般日用品	118.5	102.4	101.2	101.3	111.1	119.5	110.2	102.7
耐用消费品	112.3	100.3	96.4	102.0	109.9	103.6	110.1	103.2
按工业部门分								
冶金工业	126.1	113.3	108.4	115.2	158.2	99.6	106.2	100.5
电力工业	129.9	112.0	101.5	111.9	119.5	124.9	105.9	118.9
煤炭及炼焦工业	127.2	91.0	119.0	126.7	131.5	110.5	121.5	117.1
石油工业	116.8	99.2	103.4	132.9	159.9	158.6	126.4	104.0
化学工业	116.4	97.4	100.9	105.4	108.4	111.8	124.7	102.7
机械工业	127.8	103.4	100.3	106.8	126.4	107.2	106.2	101.5
建筑材料工业	126.2	100.6	104.1	105.8	122.6	108.0	112.9	103.9
森林工业	120.1	92.5	96.5	100.3	112.9	111.7	109.3	105.8
食品工业	117.0	104.7	101.8	107.6	115.7	122.7	118.4	102.3
纺织工业	127.5	107.3	101.3	99.5	102.9	142.6	116.9	98.9
缝纫工业	128.3	137.0	107.8	120.4	114.5	120.7	127.7	110.5
皮革工业	121.6	102.2	109.6	104.4	115.3	115.0	124.4	104.6
造纸工业	122.0	98.4	100.3	99.8	105.3	110.6	132.4	113.4
文教艺术用品工业	102.1	107.3	109.5	106.0	117.7	113.6	101.6	101.3
其它工业	128.5	113.0	103.4	114.8	132.9	132.0	136.2	106.1

8－10续表　　　　　　　　　　　（以上年价格为100）

类　　别	1997年	1998年	1999年	2000年	2001年	2002年	2003年	2004年
全部工业品	**101.2**	**96.0**	**97.2**	**105.9**	**99.1**	**98.8**	**103.5**	**106.4**
轻工业	99.7	96.1	95.3	99.7	99.3	97.5	101.2	103.3
以农产品为原料	99.5	96.3	95.2	100.2	100.1	97.7	103.2	105.1
以非农产品为原料	100.2	95.6	95.8	97.8	97.4	97.1	99.2	101.5
重工业	102.6	95.9	98.8	110.9	99.0	99.7	106.5	110.5
采　掘	107.7	98.1	98.1	139.3	96.8	111.7	111.2	121.3
原　料	105.8	95.2	100.3	111.3	100.7	97.7	109.1	110.0
加　工	96.9	95.6	97.3	98.0	98.2	97.8	102.6	107.1
生产资料	101.6	96.0	98.1	109.5	99.1	98.8	104.6	108.0
采　掘	107.7	98.1	98.1	139.2	96.9	111.9	110.6	121.5
原　料	103.1	95.3	98.6	109.4	100.5	96.8	108.7	108.8
加　工	97.1	96.0	97.2	99.1	98.6	97.1	101.9	105.4
生活资料	100.7	96.0	95.7	98.8	99.3	98.5	100.9	102.7
食　品	100.8	97.5	96.9	97.5	100.6	99.4	103.4	105.6
衣　着	101.0	94.1	93.8	102.4	101.4	98.4	99.4	102.1
一般日用品	101.3	96.6	96.7	98.6	98.4	98.5	99.9	101.0
耐用消费品	98.2	93.6	92.1	94.3	96.1	96.7	96.1	97.0
按工业部门分								
冶金工业	97.6	94.3	95.2	111.1	99.7	97.5	113.0	117.6
电力工业	115.9	109.7	102.9	100.4	100.7	100.2	100.2	100.6
煤炭及炼焦工业	106.2	96.6	96.8	97.3	115.0	115.2	102.1	124.8
石油工业	112.5	95.8	105.2	161.4	92.5	102.2	120.1	116.3
化学工业	95.9	92.2	97.2	102.1	98.6	97.8	102.8	107.7
机械工业	98.7	96.1	96.2	97.2	97.0	97.2	98.6	101.2
建筑材料工业	100.6	99.0	98.7	98.1	99.4	99.1	99.4	103.9
森林工业	108.9	105.7	99.6	98.1	99.2	95.2	99.5	100.9
食品工业	100.8	97.4	96.5	97.4	100.6	99.4	103.8	106.4
纺织工业	99.5	93.2	94.0	105.8	97.7	92.8	105.7	105.7
缝纫工业	99.2	100.6	88.8	97.9	100.6	98.5	99.2	102.8
皮革工业	99.8	96.4	93.0	100.0	103.2	101.0	99.8	101.2
造纸工业	94.2	93.6	95.1	101.6	100.4	97.8	98.7	101.2
文教艺术用品工业	96.9	88.7	93.7	104.0	100.7	100.8	99.1	100.7
其它工业	97.0		99.0	103.3	104.1	99.4	100.2	101.2

8-11 各市工业品出厂价格指数

(2004 年)

类别	价格指数(以上年价格为 100)								
	济南	青岛	淄博	枣庄	东营	烟台	潍坊	济宁	泰安
全部工业品	**106.7**	**102.9**	**109.9**	**110.4**	**115.7**	**106.4**	**109.1**	**109.2**	**107.5**
轻工业	100.5	101.1	104.9	107.1	106.4	103.6	107.4	103.6	104.6
以农产品为原料	105.2	104.9	108.5	108.6	107.4	104.1	108.2	105.0	106.9
以非农产品为原料	98.7	98.9	103.9	105.4	104.4	103.2	105.8	100.5	102.5
重工业	111.7	106.3	114.6	115.5	117.6	109.3	111.8	113.0	108.9
采　掘	125.6	107.0	149.0	129.0	121.0	109.4	185.4	122.9	118.4
原　料	112.7	110.7	111.5	112.2	107.1	114.5	110.9	103.2	107.6
加　工	110.2	103.7	107.8	107.4	112.5	107.3	108.1	106.9	106.0
生产资料	107.9	104.8	110.8	111.1	116.1	107.7	109.8	110.6	108.2
采　掘	125.6	107.0	149.3	128.1	121.0	109.4	185.4	122.9	118.9
原　料	112.1	107.5	110.4	105.2	107.0	112.4	110.9	102.6	104.3
加　工	105.7	103.6	106.2	106.1	107.0	106.4	107.6	105.2	105.8
生活资料	101.2	100.6	103.4	108.9	108.4	102.8	107.4	104.0	103.2
食　品	105.5	104.7	105.5	111.9	111.0	104.6	109.6	104.4	105.2
衣　着	101.4	104.5	102.0	101.1	99.9	101.2	102.5	102.7	100.9
一般日用品	99.7	101.5	104.8	101.5	101.3	101.4	105.1	100.7	98.4
耐用消费品	93.7	96.4	96.8	99.7	101.6	99.0	109.8	101.7	97.9
按工业部门分									
冶金工业	125.0	118.6	134.4	108.1	126.9	116.8	120.2	113.5	115.1
电力工业	99.4	102.9	93.8	100.2	101.3	103.4	99.3	99.9	101.1
煤炭及炼焦工业	128.1	114.5	134.9	126.9		124.3	131.7	122.7	119.4
石油工业	113.6	105.6	106.2		118.2	99.9	108.3	110.8	82.3
化学工业	105.4	104.7	111.3	107.8	107.4	103.4	119.3	103.9	103.3
机械工业	99.5	98.6	103.3	101.5	108.4	102.8	105.8	104.4	102.5
建筑材料工业	102.3	97.2	105.3	111.2	98.2	106.6	108.7	105.5	102.6
森林工业	101.3	100.2	101.5	100.5	101.3	101.3	105.4	100.9	99.5
食品工业	106.7	106.4	112.2	113.6	113.3	105.4	110.9	106.4	106.2
纺织工业	104.6	106.0	110.4	104.6	106.9	105.5	109.4	104.2	110.8
缝纫工业	101.4	105.7	102.0	101.1	100.0	101.6	102.5	103.1	100.9
皮革工业	101.4	103.5	100.8	100.5	99.9	100.5	104.7	99.6	100.6
造纸工业	101.6	93.5	103.4	101.9	102.4	97.7	101.9	102.6	102.3
文教艺术用品工业	97.9	98.9	96.5	101.4	100.2	101.4	108.4	99.7	95.4
其它工业	111.8	102.0	108.3	101.8	107.7	101.7	100.1	104.1	97.9

8-11续表　　(2003年)

类　　别	价格指数(以上年价格为100)							
	威海	日照	莱芜	临沂	德州	聊城	滨州	菏泽
全部工业品	**104.4**	**107.6**	**118.2**	**107.7**	**109.6**	**105.8**	**106.8**	**107.1**
轻工业	102.6	107.4	105.6	107.0	110.3	104.9	105.1	106.7
以农产品为原料	104.9	109.4	104.8	108.2	112.7	107.4	105.3	108.5
以非农产品为原料	101.4	102.5	107.8	104.8	105.4	101.7	103.1	101.6
重工业	108.3	108.0	121.7	109.4	107.7	107.6	109.7	107.9
采　掘	99.4	103.7	159.3	123.5	157.0		157.0	
原　料	116.1	105.2	110.1	104.6	107.5	105.1	108.6	107.0
加　工	107.4	109.9	123.4	109.7	107.5	109.5	109.4	111.7
生产资料	104.6	107.8	119.4	108.4	107.4	107.0	106.7	107.4
采　掘	99.4	103.7	159.3	123.8	157.0		157.0	
原　料	113.3	104.1	108.9	104.7	106.8	105.0	108.5	106.4
加　工	104.0	109.2	120.0	108.4	107.5	107.7	104.8	108.7
生活资料	104.0	107.4	103.8	106.8	113.1	103.8	106.9	106.6
食　品	104.3	110.0	104.7	108.2	118.7	109.2	107.5	108.5
衣　着	109.3	100.4	101.1	101.0	108.6	107.6	111.5	103.0
一般日用品	102.0	100.6	106.1	102.0	101.7	100.5	103.5	102.6
耐用消费品	93.3	99.8	103.1	96.7	107.6	106.2	101.2	100.0
按工业部门分								
冶金工业	120.3	112.7	126.0	112.5	112.7	107.4	115.0	120.5
电力工业	100.4	100.7	97.2	101.1	103.9	101.6	100.9	100.4
煤炭及炼焦工业	100.0		115.5	121.5	157.0	119.0		
石油工业		94.7		106.0	115.4	115.6	108.2	112.2
化学工业	105.3	108.9	115.7	113.3	107.8	106.5	111.6	104.6
机械工业	102.9	108.1	110.6	100.5	105.7	104.5	100.3	104.8
建筑材料工业	103.5	105.7	111.9	108.5	104.3	108.0	110.7	107.0
森林工业	100.3	101.2	103.9	102.3	100.7	99.6	100.9	104.3
食品工业	104.3	111.4	104.8	108.7	117.6	111.8	107.8	109.8
纺织工业	112.2	109.0	105.4	112.5	110.5	103.5	104.0	109.9
缝纫工业	110.6	100.4	101.1	101.5	108.0	108.4	111.5	102.7
皮革工业	106.2		100.7	102.1	102.3	101.8	101.9	104.1
造纸工业	96.6	104.0	102.8	102.3	103.6	102.8	101.8	101.0
文教艺术用品工业	106.3	102.0	101.9	93.7	102.3	100.0	99.8	99.2
其它工业	97.9	103.2	100.0	105.0	100.0	99.7	102.1	103.6

8－12 原材料、燃料、动力购进价格指数

(2004 年)

类别	价格指数(以上年同期价格为 100)				
	全年平均	一季度	二季度	三季度	四季度
全部原材料	**113.4**	**111.6**	**114.6**	**115.1**	**112.2**
燃料、动力类	121.0	109.8	119.7	125.6	128.8
黑色金属材料类	129.1	133.5	131.9	129.2	121.9
# 钢材	122.4	122.7	126.1	121.1	119.6
其它	132.4	138.8	134.7	133.1	123.0
有色金属材料和电线类	119.0	118.9	119.5	120.3	117.3
化工原料类	110.0	105.1	107.4	111.8	115.9
木材及纸浆类	104.4	102.9	105.1	105.5	104.3
建筑材料及非金属矿类	108.1	106.4	108.1	108.4	109.4
其它工业原材料及半成品类	110.9	109.2	112.8	112.2	109.5
农副产品类	113.5	117.3	118.7	114.8	103.4
纺织原料类	106.2	108.9	108.3	107.3	100.2

8－13 固定资产投资价格指数

(2004 年)

类别	价格指数(以上年同期价格为 100)				
	全年平均	一季度	二季度	三季度	四季度
固定资产投资	**107.4**	**108.6**	**108.2**	**107.6**	**105.2**
建筑安装、装修装饰工程	**110.4**	**112.9**	**111.9**	**110.6**	**106.2**
人工费	108.0	108.0	107.9	108.3	107.8
材料费	113.2	119.4	114.6	112.3	106.5
钢材	120.3	131.0	122.4	118.2	109.4
木材	106.4	105.0	108.6	105.7	106.5
水泥	108.6	114.2	109.3	108.9	101.8
地方建筑材料	108.9	109.2	108.0	111.3	107.0
化工材料	105.1	104.4	106.4	105.7	104.0
电料	108.5	109.4	108.5	109.2	106.7
其他材料	104.7	106.4	105.1	105.8	101.3
机械费	103.4	102.6	103.3	104.5	103.2
设备、工器具购置	**101.1**	**100.7**	**101.2**	**101.1**	**101.4**
其他费用	**106.7**	**104.1**	**105.1**	**107.6**	**109.8**

8－14 1991－2004年固定资产投资价格指数

（以上年价格为100）

年份	全省固定资产投资	建筑安装工程											设备工器具购置	其它费用
			人工费	材料费								机械使用费		
					钢材	木材	水泥	地方材料	化工材料	电料	其它材料			
1991	112.4	116.6	122.7	120.9	119.6	121.2	118.5	115.4	103.9	101.9	115.3	105.7	105.3	107.1
1992	119.4	123.8	118.7	122.4	117.0	109.4	107.8	110.8	100.4	99.9	113.6	96.5	115.0	106.2
1993	122.1	124.6	142.9	126.5	127.7	121.6	110.4	114.8	101.7	99.7	121.8	92.5	118.8	113.5
1994	115.7	120.1	159.1	119.4	118.9	132.0	107.0	119.5			122.6	100.4	107.6	106.0
1995	106.6	105.7	111.4	104.2	99.3	100.1	101.9	111.1			107.1		106.2	113.8
1996	103.1	103.2	112.8	101.0	99.6	99.9	102.1	106.9			102.0		101.6	107.2
1997	100.4	100.7	106.3	100.6	99.3	100.8	101.7	102.3	103.9	101.9	101.7		98.7	103.5
1998	99.2	100.2	104.7	99.0	97.6	100.9	98.3	101.2	100.4	99.9	100.0		96.0	102.0
1999	99.6	101.3	105.8	100.1	98.4	102.1	99.8	102.4	101.7	99.7	101.0		96.2	98.3
2000	102.4	105.1	105.1	106.2	107.4	109.9	98.2	115.2	106.0	100.0	101.6	102.2	97.2	100.4
2001	101.4	103.2	106.6	102.7	101.8	111.4	103.8	106.7	98.7	98.4	98.7	102.2	97.1	102.1
2002	101.1	102.3	103.3	100.5	100.9	106.1	99.3	98.1	100.3	100.6	101.0	107.6	97.3	104.1
2003	102.9	104.7	103.9	106.7	110.9	110.3	101.8	103.0	101.7	100.0	101.1	101.7	98.5	104.2
2004	107.4	110.4	108.0	113.2	120.3	106.4	108.6	108.9	105.1	108.5	104.7	103.4	101.1	106.7

8-15 房地产价格指数

(2004年)

类别	价格指数(以上年同期价格为100)				
	全年平均	一季度	二季度	三季度	四季度
房屋销售价格总指数	**111.5**	**109.9**	**111.5**	**111.3**	**113.1**
商品房	112.3	109.7	112.4	113.7	113.2
住宅	112.9	110.2	113.2	114.1	114.1
经济适用房	109.3	106.1	107.6	110.5	113.0
普通住宅	113.1	110.5	113.4	114.6	113.9
多层住宅	113.6	110.9	114.2	115.6	113.5
高层住宅	111.6	109.4	111.0	111.2	114.8
豪华住宅	116.0	113.1	117.0	115.8	118.2
别墅	122.2	143.0	116.7	119.2	109.9
高档公寓	115.1	108.5	117.1	115.4	119.2
非住宅	109.2	107.1	108.7	111.8	109.1
写字楼	107.9	106.1	109.2	109.1	107.0
商业用房	108.9	107.7	108.5	109.6	109.7
其它	109.1	96.5	106.7	119.8	113.3
公房	102.4	103.9	103.3	97.2	105.1
#住宅	102.4	103.9	103.3	97.2	105.1
私房	113.1	113.1	112.5	110.6	116.3
住宅	111.5	110.9	111.9	109.6	113.6
非住宅	119.3	121.4	114.6	114.5	126.6
房屋租赁价格总指数	**100.8**	**99.8**	**99.5**	**101.6**	**102.2**
住宅	99.4	98.0	98.2	100.6	100.8
公房	100.0	99.8	100.1	100.1	100.1
私房	99.1	97.1	97.2	100.9	101.2
办公用房	100.8	101.3	99.3	100.3	102.2
高标准写字楼	100.3	103.2	93.5	100.3	104.3
普通办公用房	100.9	100.7	101.1	100.3	101.5
商业用房	102.1	100.3	100.6	103.3	104.2
厂房、仓库	100.7	101.6	100.2	100.8	100.0
工业厂房	101.2	103.4	101.3	100.0	100.0
仓库	100.0	99.2	98.8	101.8	100.1
土地交易价格总指数	**106.2**	**102.4**	**111.6**	**104.7**	**106.2**
居民住宅用地	110.0	104.2	120.5	105.3	110.0
豪华住宅用地	102.4		102.3	100.7	104.1
普通住宅用地	110.1	104.2	120.6	105.3	110.2
工业用地	103.6	101.7	105.4	103.4	104.0
商业、旅游、娱乐用地	105.9	102.7	109.6	105.9	105.3
其它用地	101.5	96.7	102.9	104.7	101.5

8-16 2001-2003年房地产价格指数

(以上年价格为100)

类别	2001年	2002年	2003年	2004年
房屋销售价格总指数	**103.8**	**105.5**	**106.7**	**111.5**
商品房	104.0	105.2	107.0	112.3
住宅	104.5	105.4	107.4	112.9
经济适用房	103.0	105.2	105.7	109.3
普通住宅	104.9	105.3	107.4	113.1
多层住宅	105.1	105.6	107.5	113.6
高层住宅	103.8	104.5	106.6	111.6
豪华住宅	103.1	106.6	108.6	116.0
别墅	106.5	109.3	112.5	122.2
高档公寓	102.8	106.0	107.9	115.1
非住宅	100.9	104.1	105.0	109.2
写字楼	101.2	106.8	113.2	107.9
商业用房	100.9	103.3	102.7	108.9
其它	108.6	102.2	100.4	109.1
公房	103.0	102.2	102.0	102.4
#住宅	103.0	102.2	102.0	102.4
私房	104.0	108.1	107.9	113.1
住宅	104.1	108.5	107.9	111.5
非住宅	103.0	106.0	107.7	119.3
房屋租赁价格总指数	**101.3**	**99.8**	**98.6**	**100.8**
住宅	105.3	100.5	99.3	99.4
公房	112.3	101.8	100.0	100.0
私房	98.1	99.5	99.0	99.1
办公用房	100.9	98.8	100.5	100.8
高标准写字楼	100.8	93.5	102.2	100.3
普通办公用房	100.9	100.3	100.0	100.9
商业用房	100.2	100.0	96.3	102.1
厂房、仓库	96.7	98.5	101.0	100.7
工业厂房	94.7	97.8	102.2	101.2
仓库	99.0	99.3	99.5	100.0
土地交易价格总指数	**105.1**	**103.7**	**105.1**	**106.2**
居民住宅用地	104.0	104.0	104.6	110.0
豪华住宅用地	104.0	103.8	125.1	102.4
普通住宅用地	104.0	104.1	104.4	110.1
工业用地	104.5	102.6	104.2	103.6
商业、旅游、娱乐用地	105.9	104.4	108.0	105.9
其它用地	107.0	104.5	103.6	101.5

8－17 各市房地产价格指数

（2004 年）

类　　别	价格指数(以上年价格为 100)							
	济南	青岛	淄博	枣庄	东营	烟台	潍坊	济宁
房屋销售价格总指数	**110.3**	**115.2**	**112.5**	**103.4**	**115.3**	**106.1**	**104.5**	**107.9**
商品房	112.5	113.9	112.6	104.2	115.1	106.8	105.8	108.0
住　宅	112.7	114.9	112.6	105.4	115.6	107.9	106.9	108.4
经济适用房	101.1	114.5	119.0	104.3		103.1	105.6	103.3
普通住宅	113.2	114.1	111.7	105.4	115.5	108.1	108.4	111.8
多层住宅	115.5	114.1	112.1	105.4	115.5	107.7	108.4	113.1
高层住宅	111.7	114.8	102.8			108.4		105.0
豪华住宅	110.1	116.3	111.9		118.3	105.4	100.1	104.7
别　墅	104.5	106.5			118.3	107.5	106.3	
高档公寓	110.5	116.4	111.9			105.2	97.7	104.7
非住宅	111.1	108.2	112.7	99.1	112.3	102.0	102.3	106.8
写字楼	113.3	105.1			115.1	100.0		104.7
商业用房	109.2	111.8	112.7	99.1	110.1	101.3	102.3	106.4
其　它	102.5			100.0	119.9	106.6		
公　房		100.0		101.2		100.8		104.5
#住　宅		100.0		101.2		100.8		104.5
私　房	105.3	117.3	111.1	102.5	116.2	104.1	100.0	107.9
住　宅	105.3	117.3	111.1	102.5	117.3	104.1	100.0	107.9
非住宅	104.9	117.8		102.5	110.4			
房屋租赁价格总指数	**103.4**	**98.6**	**101.2**	**100.2**	**105.9**	**100.0**	**102.3**	**102.0**
住　宅	100.7	99.1	100.1	100.4	102.3	97.8	105.6	101.7
公　房	100.0	100.0	100.0	100.0	100.0	100.0	100.0	101.2
私　房	102.9	98.7	101.3	100.5	102.4	97.1	108.6	106.7
办公用房	101.7	98.7	101.1	100.4	104.4	101.2	100.0	104.7
高标准写字楼	101.8	98.4	101.1			100.0		106.3
普通办公用房	101.6	100.0	101.1	100.4	104.4	101.8	100.0	
商业用房	106.2	94.7	101.6	99.8	107.0	101.2	101.6	99.8
厂房、仓库	105.5	100.6	103.1	101.1		100.0	100.1	107.3
工业厂房		100.9	103.0	101.2		100.0	100.3	105.3
仓库	105.5	100.0	103.2	100.0		100.0	100.0	108.5
土地交易价格总指数	**104.4**	**101.8**	**107.6**	**103.0**	**111.4**	**102.0**	**103.8**	**103.3**
居民住宅用地	105.3	101.7	107.8	103.4	107.0	101.3	105.2	105.8
豪华住宅用地								
普通住宅用地	105.3	101.7	107.8	103.4	107.0	101.3	105.2	105.8
工业用地	104.0	102.1		101.6	109.6	102.3	103.8	102.4
商业、旅游、娱乐用地	103.3	101.7	107.1	104.4	121.8	101.6	103.6	101.4
其它用地	104.7	101.7	106.3		109.3		100.0	

8－17 续表　　　　　　　　　(2004 年)

类　　别	价格指数(以上年价格为 100)							
	泰安	威海	日照	莱芜	临沂	德州	滨州	菏泽
房屋销售价格总指数	**108.6**	**110.6**	**116.0**	**110.2**	**116.0**	**111.1**	**107.2**	**106.6**
商品房	107.0	110.6	123.4	110.2	116.3	111.9	107.9	107.9
住　宅	107.2	111.7	123.4	110.7	117.1	113.1	106.7	107.8
经济适用房	105.7	107.9	121.0	111.3	111.5	104.5	108.0	106.1
普通住宅	109.7	112.2	124.7	110.0	119.3	113.9	108.3	109.1
多层住宅	109.7	112.9	124.7	110.0	120.0	113.9	108.3	109.1
高层住宅		105.2	129.1		104.7			
豪华住宅	105.2	124.4	119.4		141.8			122.6
别　墅	106.2		130.5		141.8			103.3
高档公寓	104.9	124.4	114.8					132.2
非住宅	105.5	101.4	123.6	108.4	110.6	107.6	111.4	108.3
写字楼	100.6	105.4	112.2		125.0		103.0	114.7
商业用房	108.2	100.6	124.4	100.0	111.7	107.6	111.4	106.8
其　它	100.2	100.8		116.7	106.5	106.4		
公　房			100.0		109.8	104.5	114.1	
#住　宅			100.0		109.8	104.5	114.1	
私　房	115.2		105.8		114.3	114.8	102.0	103.7
住　宅	113.4		105.8		114.3	120.2	102.0	104.1
非住宅	124.0					104.7		100.0
房屋租赁价格总指数	**101.6**	**99.5**	**100.2**	**100.0**	**104.0**	**100.8**	**106.3**	**101.4**
住　宅	101.3	100.0	100.8		100.0	100.0		104.3
公　房			86.7		100.1	100.1		102.0
私　房	101.3	100.0	106.6		100.0	100.0		104.5
办公用房	104.9	101.2	111.7		98.4	101.4		101.1
高标准写字楼		99.0	88.0		99.3			
普通办公用房	104.9	101.6	111.7		98.2	101.4		101.1
商业用房	100.7	102.7	97.0	100.0	116.7	102.3	108.5	99.3
厂房、仓库	100.0	96.7	100.0		100.7	100.0	100.0	
工业厂房	100.0		100.0		100.0	100.0		
仓　库	100.0	96.7	100.0		101.7	100.0	100.0	
土地交易价格总指数	**104.4**	**106.2**	**110.0**	**100.0**	**107.3**	**101.8**	**107.8**	**144.8**
居民住宅用地	102.1	108.4	119.0	100.0	113.7	102.4	108.8	181.5
豪华住宅用地	100.4				112.5			103.9
普通住宅用地	102.2	108.4	119.0	100.0	114.1	102.4	113.5	182.2
工业用地	107.4	99.6	105.9	100.0	103.1	101.0	107.2	100.0
商业、旅游、娱乐用地	105.8	105.8	109.7	100.0	113.7	101.1	107.9	107.1
其它用地			116.4	100.0	111.5	101.8	104.1	152.3

8-18 农产品生产价格指数

（2004年）

类　　别	价格指数（以上年同期价格为100）			
	一季度	上半年	前三季度	全年平均
农产品生产价格总指数	**110.08**	**113.80**	**116.90**	**112.31**
一、农业产品	**107.42**	**114.36**	**117.16**	**111.40**
谷　物	116.58	125.30	131.65	126.51
#小　麦	128.78	136.20	141.53	136.58
稻　谷	138.43	131.56	129.72	123.86
玉　米	111.41	116.02	121.01	118.29
薯　类	98.24	103.55	104.70	109.05
油　料	113.77	114.67	115.62	113.20
豆　类	125.31	122.96	124.03	119.76
棉　花	124.13	118.42	119.81	88.60
蔬　菜	101.94	109.84	112.34	106.13
水　果（含果用瓜）	99.88	105.89	112.98	113.50
二、林业产品	**107.25**	**104.03**	**102.23**	**110.24**
三、牧业产品	**114.38**	**114.70**	**118.43**	**115.13**
猪（毛重）	124.37	130.65	133.49	128.07
牛（毛重）	100.91	100.45	104.14	103.96
羊（毛重）	101.90	100.12	101.22	102.05
奶产品	100.52	100.21	100.36	100.48
毛绒产品	100.00	107.16	113.72	114.26
肉禽（毛重）	104.53	104.36	105.59	104.28
禽　蛋	114.24	113.38	116.70	114.61
四、渔业产品	**104.19**	**108.41**	**112.41**	**110.05**
海水水产品	101.32	105.93	110.96	109.10
#鱼　类	101.32	106.97	114.24	115.46
虾蟹类		103.60	98.45	102.44
贝　类		112.17	113.05	103.97
内陆水域水产品	110.03	117.57	118.02	114.26
#鱼　类	110.03	117.57	117.89	113.64

第9篇

居民生活

RESIDENTS' LIVELIHOOD

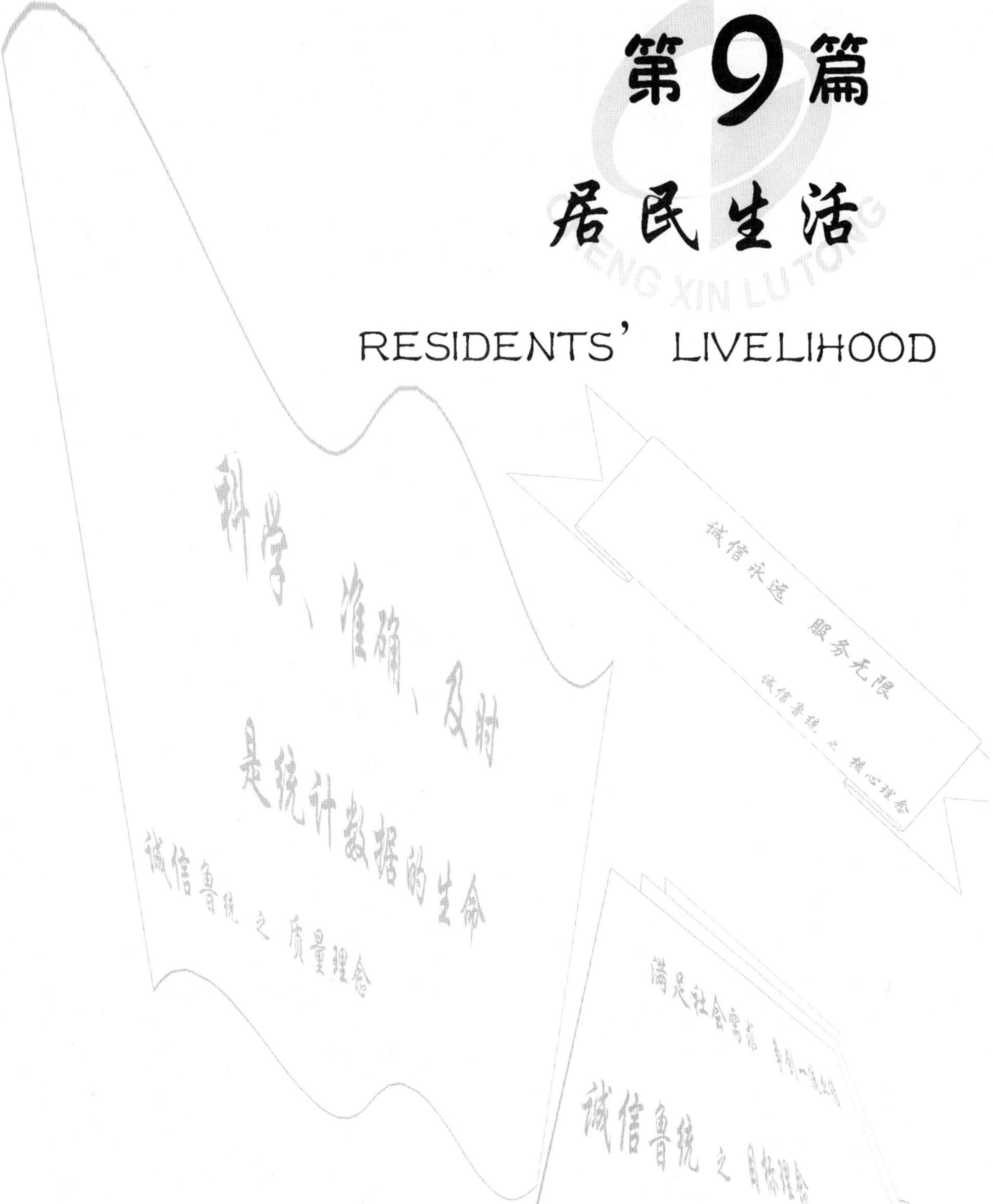

编辑单位：省城调队住户处 省农调队住户处

编　　委：王志珍　　王象永

编　　辑：王启东　　金立娟

校　　对：王启东　　柳　菁

电　　话：86129461　　86129455

9-1 主要年份城镇居民家庭基本情况

年份	调查户数（户）	平均每户家庭人口（人）	平均每户就业人口（人）	国有单位职工	集体单位职工	其他经济单位职工	平均每一就业者负担人数	平均每户离退休者人数	平均每户无收入者人数
1963	230	5.15	1.64				3.14		
1964	230	5.26	1.61	1.49	0.12		3.26		
1978	380	4.37	2.20	1.76	0.44		1.99		
1980	380	4.35	2.50	1.99	0.50		1.74		
1981	380	4.19	2.45	1.96	0.48		1.71		
1982	430	4.07	2.42	1.93	0.48		1.68		
1983	430	3.97	2.37	1.95	0.41		1.68		
1984	430	3.93	2.35	1.97	0.37		1.67	0.12	
1985	900	3.57	2.10	1.54	0.50		1.70	0.25	
1986	1630	3.54	2.05	1.45	0.56		1.72	0.15	
1987	1730	3.53	2.05	1.60	0.41		1.72	0.17	
1988	1830	3.51	2.06	1.58	0.43		1.71	0.17	1.27
1989	2080	3.43	2.01	1.58	0.40		1.71	0.20	1.21
1990	2180	3.38	2.00	1.61	0.36		1.69	0.21	1.16
1991	2180	3.31	1.98	1.60	0.34		1.67	0.20	1.12
1992	2180	3.26	1.98	1.61	0.32		1.65	0.22	1.05
1993	2080	3.24	1.96	1.62	0.31		1.65	0.24	1.04
1994	2080	3.21	1.96	1.62	0.31	0.01	1.64	0.24	1.00
1995	2050	3.19	1.96	1.63	0.29	0.01	1.63	0.23	1.00
1996	2050	3.16	1.99	1.65	0.29	0.03	1.59	0.17	1.00
1997	2100	3.17	2.01	1.66	0.30	0.03	1.58	0.16	1.00
1998	2300	3.14	1.98	1.65	0.27	0.04	1.59	0.17	0.99
1999	2400	3.12	1.93	1.60	0.25	0.06	1.62	0.20	0.99
2000	2500	3.10	1.87	1.50	0.25	0.08	1.66	0.23	0.99
2001	2450	3.06	1.82	1.46	0.22	0.08	1.68	0.25	0.98
2002	2650	3.02	1.78	1.36	0.16	0.13	1.70	0.28	0.94
2003	2650	2.98	1.77	1.34	0.15	0.15	1.68	0.26	0.91
2004	2650	2.95	1.77	1.28	0.14	0.2	1.67	0.26	0.89

9-1续表

年份	人均全年可支配收入(元)	人均全年消费性支出(元)	人均全年非消费支出(元)	人均净存入银行款(元)	人均年末手存现金(元)	人均住宅使用面积(平方米)
1963	208.38	199.60		5.16	6.09	3.72
1964	211.10	207.20		2.37	5.58	3.80
1978	391.45	340.00		11.00		5.40
1980	448.21	396.00		19.29	14.72	5.70
1981	495.48	450.36		8.53	18.71	6.10
1982	524.90	455.28		24.48	22.32	6.11
1983	537.03	472.92		29.80	24.78	6.65
1984	638.64	520.91		49.29	54.35	6.90
1985	747.56	667.13		10.30	51.08	7.77
1986	853.50	751.34		23.28	63.29	9.15
1987	987.11	812.54		85.96	56.51	9.61
1988	1163.46	1025.78		0.98	72.09	9.96
1989	1349.16	1160.52		25.44	93.48	10.25
1990	1466.22	1229.28		128.64	123.19	10.05
1991	1687.56	1407.12		99.00	123.49	10.49
1992	1974.48	1598.88	151.44	131.40	159.86	10.80
1993	2515.08	1946.88	270.12	103.56	188.36	11.20
1994	3444.36	2635.20	438.72	226.80	229.26	11.88
1995	4264.08	3285.48	566.40	263.16	283.27	12.35
1996	4890.24	3770.99	725.52	216.48	330.88	12.13
1997	5190.79	4040.64	730.68	254.16	362.78	12.70
1998	5380.08	4143.96	1079.40	69.21	398.98	12.82
1999	5808.96	4515.05	1082.04	30.96	471.77	13.10
2000	6489.97	5022.00	1037.04	147.78	535.45	13.75
2001	7101.08	5252.42	1132.91	436.00	574.06	14.17
2002	7614.50	5596.39	1904.83	592.51	585.71	18.78
2003	8399.91	6069.35	2220.60	584.24	526.40	19.62
2004	9437.80	6673.75	2351.86	1094.25	482.67	20.16

9－2 城镇居民年人均主要指标

类　　别	单　位	1999 年	2000 年	2001 年	2002 年	2003 年	2004 年
一、调查户数	**户**	**2400**	**2500**	**2450**	**2650**	**2650**	**2650**
二、家庭人口数	**人**	**3.12**	**3.10**	**3.06**	**3.02**	**2.98**	**2.95**
#就业人口数	人	1.93	1.87	1.82	1.78	1.77	1.77
#国有集体职工人数	人	1.85	1.75	1.68	1.52	1.34	1.28
三、期初手存现金	**元**	**339.01**	**332.71**	**423.50**	**398.69**	**514.41**	**513.25**
四、可支配收入	**元**	**5808.96**	**6489.97**	**7101.08**	**7614.50**	**8399.91**	**9437.80**
五、实际收入	**元**	**5840.54**	**6521.60**	**7141.16**	**8158.13**	**9057.58**	**10187.12**
六、储蓄、借贷收入	**元**	**1633.83**	**1645.48**	**1571.50**	**2067.36**	**3737.86**	**5618.86**
七、实际支出	**元**	**5598.14**	**6060.42**	**6386.11**	**7501.22**	**8289.95**	**9025.61**
#消费支出	元	4515.05	5022.00	5252.42	5596.39	6069.35	6673.75
(一)食　品	元	1675.75	1744.09	1801.34	1927.60	2051.30	2310.66
1.粮　食	元	168.85	152.05	152.35	173.71	178.71	212.62
2.油　脂	元	43.28	43.91	39.07	37.57	48.95	58.71
3.肉禽及制品	元	311.53	326.32	327.81	332.13	347.85	396.28
4.蛋　类	元	85.98	72.16	72.01	74.56	75.71	87.19
5.水产品	元	112.42	121.93	127.42	120.65	120.79	133.32
6.菜　类	元	142.43	143.26	146.50	158.53	179.91	194.77
7.烟　草	元	56.87	56.27	53.58	58.77	60.59	62.43
8.酒和饮料	元	114.89	120.87	119.01	125.50	125.60	132.74
9.干鲜瓜果	元	122.41	120.26	121.40	160.55	156.02	181.33
10.奶及奶制品	元	66.39	84.25	106.58	130.10	149.65	159.16
(二)衣　着	元	613.32	665.62	700.29	751.80	790.60	829.22
1.服　装	元	385.61	434.02	476.53	523.84	563.64	593.49
2.衣着材料	元	55.96	46.23	35.09	24.04	18.79	15.28
(三)家庭设备用品及服务	元	550.71	561.15	522.36	396.97	461.09	457.33
#日用耐用消费品	元	375.24	379.73	340.58	228.69	275.66	250.96
(四)医疗保健	元	219.79	322.60	327.49	407.69	444.04	484.42
(五)交通与通讯	元	272.59	353.61	411.29	538.50	638.22	801.23
(六)娱乐、教育、文化服务	元	599.43	712.42	777.79	929.12	931.46	983.07
1.文娱耐用消费品	元	136.76	172.76	168.53	292.85	334.59	285.93
2.教　育	元	342.36	405.76	466.14	514.92	500.30	555.96
3.文化娱乐	元	120.31	133.90	143.11	121.34	96.58	141.19
(七)居住	元	371.62	395.26	441.46	459.71	551.75	601.54
(八)杂项商品与服务	元	211.84	267.24	270.38	184.98	200.89	206.28
八、储蓄借贷支出	**元**	**1743.47**	**1903.92**	**2175.98**	**2556.12**	**4525.14**	**6833.92**
九、期末手存现金	**元**	**471.77**	**535.45**	**574.06**	**585.71**	**526.40**	**482.67**

9-3 城镇居民家庭年人均现金收支

(2004年) 单位:元

类别	总计	最低 10%	#更低 5%	低 10%	较低 20%	中间 20%	较高 20%	高 10%	最高 10%	#更高 5%
一、期初手存现金	**513.25**	**276.49**	**321.98**	**397.97**	**416.99**	**628.51**	**540.10**	**630.78**	**738.17**	**748.97**
二、家庭总收入	**10187.12**	**3742.20**	**3123.72**	**5354.82**	**7015.44**	**9253.26**	**12443.80**	**16162.71**	**24208.88**	**28695.10**
#可支配收入	9437.80	3488.01	2860.31	5012.72	6515.98	8582.64	11436.45	14933.11	22535.51	26877.79
(一)工薪收入	8327.11	3237.82	2554.46	4593.30	5938.74	7658.38	10420.79	13317.77	17671.23	20291.82
1.工资及补贴收入	8188.67	3148.51	2436.50	4493.84	5852.76	7560.46	10258.22	13051.78	17371.22	19941.09
2.其他劳动收入	138.44	89.31	117.96	99.46	85.98	97.92	162.57	265.99	300.01	350.74
(二)经营净收入	299.94	172.47	186.73	162.44	262.36	246.93	275.06	355.44	904.55	1111.65
(三)财产性收入	116.84	12.46	4.38	26.43	34.46	123.97	110.77	157.90	563.08	815.55
1.利息收入	23.81	1.43	0.91	3.85	8.62	29.94	29.58	37.82	77.30	91.26
2.股息与红利收入	54.72	5.42	0.06	4.64	10.90	48.11	44.28	96.36	308.02	430.02
3.保险收益	3.00	0.04			0.46	2.58	7.33	3.26	8.16	16.71
4.其它投资收入	6.34	0.52		0.27	0.07	0.90	3.08	4.12	65.41	87.06
5.出租房屋收入	25.54	4.57	3.35	17.34	13.84	40.65	19.55	3.21	100.50	190.41
6.知识产权收入	0.10	0.23					0.39			
7.其他财产性收入	3.33	0.26	0.05	0.31	0.58	1.78	6.56	13.14	3.69	0.11
(四)转移性收入	1443.23	319.45	378.16	572.65	779.88	1223.98	1637.19	2331.60	5070.01	6476.07
1.养老金或离退休金	1060.13	216.83	267.00	425.92	635.98	946.82	1312.02	1864.25	2982.38	3452.83
2.社会救济收入	9.88	35.37	49.68	25.90	5.57	5.90	0.54	5.37	4.38	8.90
3.辞退金	13.14					4.84	23.06		98.63	3.60
4.赔偿收入	4.25			11.28	1.08	9.00	0.03	7.70	3.37	
5.保险收入	7.07	5.45	2.25	11.27	2.66	9.58	9.66	3.48	7.08	6.82
其中:失业保险金	4.53	4.83	1.65	6.24	1.96	7.10	6.45	1.67	0.78	
6.赡养收入	42.75	8.36	6.39	34.94	14.28	56.34	55.49	65.15	86.18	94.93
7.捐赠收入	217.38	26.92	27.93	34.96	80.90	130.30	148.27	258.93	1465.35	2390.74
8.亲友搭伙费	3.35				0.93	9.76	4.17	2.85	1.08	2.21
9.提取住房公积金	28.62				0.23	8.65	24.94	59.09	212.23	205.18
10.记帐补贴	31.95	23.91	23.34	25.13	27.94	29.52	32.07	42.63	56.90	60.66
11.其他转移性收入	24.71	2.62	1.56	3.25	10.31	13.28	26.93	22.15	152.42	250.10
三、出售财物收入	**23.67**	**3.82**	**5.48**	**87.95**	**2.97**	**3.92**	**58.76**	**4.77**	**7.09**	**6.99**
1.出售住房收入	20.01			85.13	0.61	0.61	54.78			
2.出售其他物品收入	3.66	3.82	5.48	2.82	2.35	3.30	3.98	4.77	7.09	6.99
四、借贷收入	**5618.86**	**1459.30**	**1240.39**	**2681.68**	**3783.93**	**4467.81**	**7465.63**	**8581.14**	**15350.61**	**17144.10**
1.提取储蓄存款	5219.97	1343.85	1195.41	2498.70	3651.90	4277.12	6962.79	8168.95	13247.30	14724.89
2.借入款	198.58	39.61	24.50	136.37	68.28	121.77	299.06	258.73	745.30	1118.11
3.收回借出款	27.43	11.40	3.49	5.97	11.63	17.61	13.51	51.65	155.13	224.23
4.收回储蓄性保险本	5.43	0.31	0.63		14.21	0.06	6.16	0.69	13.13	21.71
5.兑售有价证券	5.34						0.32	22.84	40.80	83.60
6.收回投资本金	13.94			16.63	16.17	9.56	10.96	1.29	57.22	111.96
7.住房贷款	90.52	0.04	0.08		1.47	13.91	36.32	22.91	1007.38	804.45
8.汽车贷款	9.52									
9.教育贷款										
10.其他贷款	15.92	48.34	5.70	3.32	2.71	0.76	47.37	4.65		
11.其他借贷收入	32.21	15.75	10.59	20.70	17.56	27.01	40.34	49.43	84.34	55.16

9-3续表　　　　(2004年)　　　　单位:元

类　　别	总计	最低 10%	#更低 5%	低 10%	较低 20%	中间 20%	较高 20%	高 10%	最高 10%	#更高 5%
五、家庭总支出	**9025.61**	**3754.18**	**3267.37**	**5222.11**	**6586.56**	**7979.83**	**11014.32**	**13086.28**	**21223.07**	**25151.66**
(一)消费支出	6673.75	3089.24	2702.73	4143.01	5228.85	6184.24	7956.94	9734.14	13525.60	16275.63
#服务性消费支出	1689.04	680.57	587.60	1016.04	1293.87	1575.58	1943.68	2700.62	3555.09	4305.67
1.食　品	2310.66	1407.13	1279.93	1706.79	1998.90	2243.71	2660.50	2953.68	3782.52	4225.06
2.衣　着	829.22	346.73	285.93	477.28	647.57	768.06	1046.19	1312.45	1522.07	1608.32
3.家庭设备用品及服务	457.33	139.67	106.96	212.57	321.81	388.06	584.36	807.66	1053.54	1357.82
4.医疗保健	484.42	186.50	163.05	231.66	363.81	459.05	523.62	677.94	1315.79	1641.64
5.交通和通信	801.23	254.57	206.38	400.89	511.56	674.16	1108.12	1138.80	2073.13	2655.26
6.教育文化娱乐服务	983.07	372.25	333.44	590.13	815.24	922.36	1108.19	1685.16	1837.56	2221.63
7.居　住	601.54	315.07	277.65	412.40	441.12	539.28	673.59	800.18	1449.80	2018.17
8.杂项商品和服务	206.28	67.33	49.39	111.29	128.84	189.56	252.37	358.26	491.20	547.72
(二)购房与建房支出	495.84	48.36	10.44	219.87	108.99	119.74	785.27	465.81	2871.11	3573.92
1.购　房	479.69	43.20		167.20	74.83	119.21	773.06	465.27	2871.11	3573.92
2.建　房	16.15	5.16	10.44	52.67	34.16	0.53	12.21	0.54		
(三)转移性支出	1174.46	386.15	312.98	544.13	782.38	1047.85	1342.62	1798.73	3386.25	3794.27
1.交纳的个人收入税	38.80	0.45	0.01	2.00	6.68	15.37	50.34	102.15	188.89	270.03
2.捐赠支出	643.49	259.02	198.86	330.18	500.49	590.87	756.07	985.32	1449.30	1656.45
3.购买彩票	11.17	1.66	0.62	6.22	13.99	11.38	11.02	18.63	14.06	11.78
4.赡养支出	351.10	93.25	86.49	157.56	215.47	339.21	380.75	523.10	1102.63	1488.60
#在外就学子女费用	226.48	64.78	71.40	112.24	139.65	225.98	212.20	342.56	747.53	1042.48
5.各种非储蓄性保险支出	47.06	14.33	6.28	28.08	25.64	44.69	56.78	50.80	155.54	177.85
#车辆保险支出	3.99			0.01	1.20	2.32	0.51	6.12	33.41	20.49
6.其他转移性支出	82.84	17.44	20.72	20.08	20.11	46.33	87.66	118.73	475.82	189.58
(四)财产性支出	2.99	0.58	1.17	0.15	1.51	2.27	4.55	2.79	12.53	21.22
1.非生产性利息支出	1.30				0.57	0.86	2.45	1.57	4.82	9.66
2.其　他	1.69	0.58	1.17	0.15	0.93	1.41	2.10	1.22	7.71	11.55
(五)社会保障支出	678.58	229.85	240.05	314.96	464.84	625.73	924.94	1084.81	1427.58	1486.62
1.个人交纳的养老基金	287.45	134.93	145.45	182.85	241.32	292.70	362.49	402.45	429.94	413.26
2.个人交纳的住房公积金	270.21	57.72	63.54	77.88	142.33	218.62	394.33	480.92	756.60	871.07
3.个人交纳的医疗基金	74.93	26.04	21.27	35.22	55.58	76.18	103.95	113.45	128.61	119.62
4.个人交纳的失业基金	29.22	9.13	7.46	14.90	19.25	25.56	37.85	51.51	65.75	65.05
5.其他社会保障支出	16.76	2.03	2.34	4.10	6.37	12.68	26.32	36.48	46.67	17.62
六、借贷支出	**6833.92**	**1459.93**	**1149.67**	**2923.67**	**4257.16**	**5751.06**	**8955.76**	**11779.53**	**18410.66**	**20738.29**
1.存入储蓄款	6314.22	1408.58	1110.99	2791.89	3873.74	5432.47	8286.51	10845.27	16676.57	18770.58
2.借出款	52.02	1.30	1.77	23.96	29.70	12.56	104.94	108.58	125.81	189.62
3.归还借款	130.24	10.19	7.25	40.40	59.33	99.49	101.40	289.13	580.85	772.07
4.储蓄性保险支出	129.09	18.15	19.10	37.98	73.07	119.80	190.75	208.64	337.97	284.28
5.购买有价证券	66.82	1.28		3.42	147.26	19.07	53.18	78.51	163.41	201.70
6.其它投资支出	15.62	5.18		1.45	0.03	16.81	10.82	67.08	40.65	72.29
7.归还住房贷款	81.68	6.15	3.99	8.15	58.71	36.55	108.02	134.97	339.37	379.10
8.归还汽车贷款	0.87								11.19	22.93
9.归还教育贷款	1.56	0.01	0.02					0.75	19.24	1.40
10.归还其他贷款	2.42	0.00		1.08	1.50	2.71	3.89	3.83	3.98	8.15
11.其他借贷支出	39.37	9.08	6.56	15.33	13.81	11.59	96.24	42.77	111.61	36.18
七、期末手存现金	**482.67**	**281.49**	**274.26**	**365.66**	**426.68**	**498.49**	**580.93**	**503.12**	**762.96**	**813.65**

9-4 城镇居民家庭年人均食品类消费支出

（2004年） 单位：元

类　　别	总计	最低 10%	#更低 5%	低 10%	较低 20%	中间 20%	较高 20%	高 10%	最高 10%	#更高 5%
消费支出	**6673.75**	**3089.24**	**2702.73**	**4143.01**	**5228.85**	**6184.24**	**7956.94**	**9734.14**	**13525.60**	**16275.63**
#服务性消费支出	1689.04	680.57	587.60	1016.04	1293.87	1575.58	1943.68	2700.62	3555.09	4305.67
一、食　品	**2310.66**	**1407.13**	**1279.93**	**1706.79**	**1998.90**	**2243.71**	**2660.50**	**2953.68**	**3782.52**	**4225.06**
（一）粮油类	**317.45**	**307.30**	**287.03**	**304.45**	**314.61**	**317.01**	**321.36**	**322.04**	**343.01**	**346.08**
1.粮　食	212.62	198.85	190.40	205.15	213.96	210.03	217.21	216.99	228.02	233.63
（1）大　米	34.20	30.17	28.53	33.09	31.92	34.90	37.35	36.72	34.94	33.67
（2）面　粉	38.06	50.41	53.07	46.79	36.05	34.54	36.08	33.40	34.52	35.45
（3）其他粮食	9.22	6.87	6.00	8.36	9.13	9.35	10.24	9.03	11.13	11.42
（4）粮食制品	131.15	111.40	102.80	116.90	136.86	131.24	133.54	137.84	147.43	151.10
2.淀粉及薯类	16.36	17.98	18.33	17.00	15.75	15.94	15.50	15.23	19.54	17.63
3.干豆类及豆制品	29.76	32.52	21.17	25.32	26.57	29.70	30.53	31.66	37.01	36.34
4.油脂类	58.71	57.95	57.12	56.99	58.32	61.33	58.12	58.15	58.44	58.48
（1）食用植物油	58.57	57.89	57.02	56.91	58.09	61.12	58.01	58.11	58.39	58.46
（2）食用动物油	0.14	0.06	0.10	0.08	0.24	0.21	0.11	0.04	0.05	0.02
（二）肉禽蛋水产品类	616.78	405.57	368.73	492.11	560.04	606.31	706.30	748.05	882.51	856.56
1.肉　类	325.93	207.25	190.43	253.45	307.05	330.07	370.53	391.75	439.54	436.60
（1）猪　肉	179.96	130.61	121.02	149.74	176.19	180.30	193.50	208.74	230.35	225.60
（2）牛　肉	18.80	15.37	15.29	11.87	20.99	18.03	21.22	19.39	22.10	21.35
（3）羊　肉	19.64	12.17	10.69	18.28	20.03	20.08	21.98	20.87	22.16	24.20
（4）其他肉	2.46	1.11	1.19	2.60	2.72	2.80	2.90	2.00	1.96	3.15
（5）肉制品	105.07	48.00	42.24	70.96	87.12	108.85	130.93	140.75	162.97	162.29
2.禽　类	70.35	48.62	42.81	58.61	66.42	75.32	77.40	74.56	91.48	91.57
（1）鸡	27.84	24.21	21.24	24.50	28.13	29.70	29.08	26.82	29.76	30.49
（2）鸭	1.23	0.63	0.68	1.14	1.06	1.51	1.31	1.17	1.72	2.43
（3）其他禽类	0.63	0.16	0.17	0.52	0.46	0.61	1.04	0.77	0.71	0.64
（4）禽制品	40.65	23.62	20.72	32.45	36.76	43.49	45.97	45.80	59.28	58.01
3.蛋　类	87.19	84.43	78.67	88.28	84.62	82.89	90.12	93.63	92.87	89.51
（1）鲜　蛋	82.36	82.22	76.93	84.60	80.55	77.83	84.09	87.47	86.03	83.12
（2）蛋制品	4.83	2.21	1.74	3.67	4.07	5.07	6.03	6.16	6.84	6.39
4.水产品类	133.32	65.27	56.82	91.77	101.95	118.03	168.25	188.11	258.62	238.89
（1）鱼	54.87	39.23	34.29	46.80	46.98	50.08	63.24	72.43	80.11	86.09
（2）虾	32.27	13.03	10.58	20.94	24.54	29.67	40.68	48.46	62.27	55.75
（3）其他水产品	34.13	9.62	8.12	16.77	21.27	27.55	46.44	49.24	95.98	79.12
（4）水产制品	12.05	3.38	3.83	7.26	9.15	10.74	17.90	17.98	20.26	17.93
（三）蔬菜类	194.77	154.19	145.94	162.87	176.94	195.04	215.55	224.74	255.53	253.72
1.鲜　菜	181.91	146.74	138.92	153.89	165.89	181.60	200.29	209.28	235.51	232.22
2.干　菜	6.40	3.27	3.18	3.89	5.28	6.56	8.13	7.27	11.52	12.66

类别	总计	最低 10%	#更低 5%	低 10%	较低 20%	中间 20%	较高 20%	高 10%	最高 10%	#更高 5%
3.菜制品	6.45	4.17	3.84	5.09	5.77	6.88	7.13	8.18	8.50	8.83
(四)调味品	27.30	21.10	19.66	23.10	24.51	29.45	27.84	31.44	37.44	36.26
(五)糖烟酒饮料类	213.68	120.32	109.85	150.26	179.21	208.36	234.11	288.63	398.62	481.71
1.糖 类	18.51	10.12	9.61	11.90	14.91	16.74	20.22	26.13	40.41	48.32
2.烟草类	62.43	37.32	31.81	38.07	51.13	61.31	72.94	72.78	126.17	166.48
3.酒 类	84.52	52.20	50.01	69.74	77.45	82.80	82.27	110.74	147.87	173.96
(1)白 酒	51.88	35.23	34.58	42.02	47.57	49.48	49.01	71.69	90.15	102.25
(2)果 酒	4.61	2.03	1.84	2.37	4.32	3.87	4.74	5.77	12.27	13.17
(3)啤 酒	25.86	14.26	13.48	24.67	24.01	28.26	26.13	28.34	38.69	48.49
(4)其他酒	2.17	0.68	0.11	0.68	1.54	1.19	2.39	4.95	6.77	10.05
4.饮 料	48.22	20.68	18.42	30.55	35.72	47.51	58.68	78.96	84.17	92.95
(1)碳酸饮料	6.12	2.70	2.64	4.46	4.82	6.00	8.34	8.40	8.72	8.73
(2)果蔬饮料	4.88	1.32	1.61	3.23	3.51	4.49	6.33	8.30	9.18	9.08
(3)瓶装饮用水	7.41	1.79	1.38	2.87	4.36	6.67	12.03	12.94	13.67	12.83
(4)茶 叶	19.68	11.84	9.83	13.58	14.75	21.26	19.50	33.57	32.42	35.21
(5)咖啡可可粉	1.18	0.22	0.22	0.56	0.64	1.04	1.58	1.82	3.49	3.82
(6)其他饮料	8.95	2.81	2.74	5.84	7.66	8.06	10.91	13.94	16.68	23.29
(六)干鲜瓜果类	181.33	96.23	85.65	128.82	150.72	184.02	221.95	225.77	293.82	279.45
1.鲜 果	108.42	57.89	52.01	75.29	91.28	106.89	138.10	133.49	170.80	162.84
2.鲜 瓜	27.26	13.91	12.25	20.12	22.12	29.51	31.26	35.79	43.73	41.76
3.干 果	9.15	3.98	3.45	5.85	7.38	9.70	10.84	14.50	13.61	13.29
4.瓜果制品	4.63	2.01	1.95	3.19	3.17	5.02	6.19	5.64	8.22	7.60
5.坚果及果仁	31.86	18.45	15.99	24.36	26.78	32.89	35.56	36.35	57.45	53.96
(七)糕点、奶及奶制品	225.53	128.04	120.11	172.89	195.31	224.21	265.72	296.73	333.69	338.21
1.糕 点	66.36	44.54	41.02	47.91	56.52	65.99	76.35	88.51	98.70	100.10
2.奶及奶制品	159.16	83.50	79.08	124.98	138.79	158.22	189.38	208.23	234.99	238.11
(1)鲜乳品	123.41	67.85	62.92	99.96	109.36	118.58	148.03	156.55	182.48	183.87
(2)奶 粉	7.11	4.45	5.92	4.00	6.17	8.86	3.80	17.87	8.60	11.66
(3)酸 奶	14.13	4.61	4.77	9.47	10.73	15.75	19.92	16.09	21.93	19.82
(4)其他奶制品	14.51	6.58	5.46	11.55	12.52	15.03	17.63	17.71	21.98	22.76
(八)其他食品	77.45	38.91	39.44	52.66	58.98	81.12	107.58	102.21	101.31	101.04
#半成品	6.49	2.45	2.41	3.93	4.93	7.12	7.69	10.16	10.93	10.69
(九)饮食服务	456.37	135.46	103.51	219.64	338.57	398.19	560.07	714.08	1136.58	1532.03
1.食品加工服务费	0.65	0.41	0.25	0.55	0.71	0.71	0.65	0.69	0.70	0.67
2.在外饮食	455.73	135.05	103.26	219.09	337.86	397.48	559.42	713.39	1135.88	1531.35
(1)购自食堂	59.67	23.27	14.73	41.96	56.82	50.38	77.48	79.86	97.38	87.48
(2)购自饮食业	389.88	111.17	87.44	175.96	264.40	344.25	476.65	631.93	1030.80	1438.12
(3)在亲友家搭伙支出	6.18	0.61	1.10	1.17	16.65	2.86	5.29	1.60	7.70	5.75

9－5 城镇居民家庭年人均非食品类消费支出

（2004 年）　　　　单位：元

类　　别	总计	最低 10%	#更低 5%	低 10%	较低 20%	中间 20%	较高 20%	高 10%	最高 10%	#更高 5%
非食品类	**4363.09**	**1682.11**	**1422.80**	**2436.22**	**3229.95**	**3940.53**	**5296.44**	**6780.46**	**9743.08**	**12050.58**
二、衣　着	**829.22**	**346.73**	**285.93**	**477.28**	**647.57**	**768.06**	**1046.19**	**1312.45**	**1522.07**	**1608.32**
（一）服　装	593.49	229.77	190.86	326.19	445.50	528.66	770.77	981.30	1136.15	1196.15
1.男士服装	254.90	102.25	87.92	149.64	196.52	228.54	325.77	414.59	472.89	489.11
2.女士服装	300.61	105.98	82.42	150.53	214.48	265.18	396.52	514.20	612.27	652.65
3.童　装	37.99	21.54	20.52	26.03	34.50	31.91	48.48	52.51	50.99	54.39
（二）衣着材料	15.28	8.00	5.04	8.40	14.83	15.61	15.13	23.38	25.78	25.66
（三）鞋　类	175.96	87.72	70.28	112.34	151.56	175.59	210.57	249.29	279.17	294.63
（四）其他衣着用品	36.19	18.21	17.14	24.73	28.34	39.84	41.76	47.71	61.26	70.08
（五）衣着加工服务费	8.31	3.04	2.61	5.61	7.34	8.36	7.96	10.78	19.71	21.80
三、家庭设备用品及服务	**457.33**	**139.67**	**106.96**	**212.57**	**321.81**	**388.06**	**584.36**	**807.66**	**1053.54**	**1357.82**
（一）耐用消费品	250.96	41.94	26.73	87.69	167.70	206.33	323.03	493.67	641.63	837.01
1.家　具	80.61	5.26	5.17	22.92	43.33	52.32	94.22	193.06	273.56	412.03
（1）成套家具	20.67	0.89	1.80	5.73	14.11	13.55	27.66	31.78	74.53	119.57
（2）其他家具	59.94	4.38	3.37	17.19	29.22	38.78	66.56	161.27	199.02	292.47
2.家庭设备	170.35	36.68	21.56	64.76	124.37	154.01	228.80	300.61	368.08	424.98
（1）洗衣机	14.21	2.16		2.57	10.07	11.65	26.44	9.56	39.89	48.38
（2）电风扇	1.60	0.68	0.18	1.99	1.60	1.14	1.67	2.13	2.74	3.87
（3）电冰箱	27.12	5.63	4.98	10.28	15.77	29.68	34.13	56.56	52.16	78.50
（4）冰　柜	1.96					0.39	5.71	5.70	3.11	6.38
（5）微波炉	5.23	0.72	0.51	1.12	3.25	8.52	4.76	7.42	12.58	9.10
（6）空调器	66.43	7.35		23.30	58.24	59.13	92.21	105.89	136.94	146.70
（7）电炊具	3.19	2.02	3.24	2.02	2.02	2.68	3.50	7.15	5.54	2.76
（8）淋浴热水器	19.71	11.03	8.31	11.57	13.33	13.42	23.49	39.70	43.87	35.71
（9）排油烟机	8.10	0.97		3.67	4.30	5.82	11.06	17.34	22.05	33.11
（10）吸尘器	0.70	0.23	0.46		0.36	0.27	0.86	2.48	1.93	1.60
（11）消毒碗柜	0.46					0.11	1.96	0.59		
（12）洗碗机	0.17				0.27	0.25	0.28			
（13）饮水机	2.43	1.27	0.69	0.31	1.26	3.77	2.47	3.19	5.64	6.23
（14）取暖器	2.80	0.84	0.91	0.90	3.87	2.20	1.23	8.85	3.36	3.11
（15）其　他	16.22	3.77	2.26	7.02	10.03	14.96	19.04	34.06	38.27	49.54
（二）室内装饰品	17.55	2.56	2.71	6.50	8.22	11.51	23.77	28.27	66.91	109.19
1.纺织装饰品	6.70	1.07	1.71	2.71	4.04	4.68	10.06	12.14	17.72	24.49
2.装饰灯具	3.49	1.09	0.85	1.84	1.89	1.34	5.83	7.13	8.89	14.19
3.其他装饰品	7.36	0.40	0.15	1.95	2.29	5.48	7.88	9.00	40.30	70.52
（三）床上用品	27.81	10.54	5.85	12.20	19.84	21.13	34.71	45.24	74.75	109.19
（四）家庭日用杂品	142.20	78.25	66.61	100.40	116.13	131.32	180.15	196.75	228.45	261.31
1.厨、餐、茶具	22.23	10.55	9.25	16.42	18.07	19.88	28.64	25.80	43.66	63.13
2.家用工具	1.56	0.80	0.06	0.53	0.95	2.17	1.73	2.70	2.34	1.87
3.家居清洁用品	20.93	15.54	13.06	17.37	19.98	21.48	21.66	23.94	29.00	30.47

9-5续表1 (2004年) 单位:元

类别	总计	最低 10%	#更低 5%	低 10%	较低 20%	中间 20%	较高 20%	高 10%	最高 10%	#更高 5%
4.其他日用杂品	97.48	51.36	44.25	66.07	77.12	87.79	128.11	144.31	153.44	165.84
(五)家具材料	4.83	0.07	0.05	0.50	0.51	7.57	5.23	9.01	16.18	9.70
(六)家庭服务	13.98	6.30	5.01	5.28	9.41	10.19	17.48	34.72	25.62	31.42
1.家政服务	5.16	1.32	0.99	0.99	2.39	2.74	7.44	20.80	5.92	5.42
2.加工维修服务费	8.82	4.97	4.01	4.30	7.03	7.45	10.04	13.93	19.70	26.01
四、医疗保健	**484.42**	**186.50**	**163.05**	**231.66**	**363.81**	**459.05**	**523.62**	**677.94**	**1315.79**	**1641.64**
(一)医疗器具	5.31	0.04	0.02	0.93	0.45	10.63	6.96	11.06	7.23	6.75
(二)保健器具	10.23	1.68	1.76	2.82	4.80	3.63	14.65	16.06	46.60	68.79
(三)药品费	265.87	127.92	115.04	148.01	221.21	271.45	290.44	339.98	577.42	753.58
(四)滋补保健品	49.41	3.66	2.58	9.39	23.52	35.49	61.97	70.38	219.72	275.94
(五)医疗费	147.82	52.05	42.92	66.65	110.48	132.26	143.66	232.21	446.03	521.59
(六)其　他	5.78	1.13	0.73	3.87	3.35	5.60	5.94	8.25	18.77	14.99
五、交通和通讯	**801.23**	**254.57**	**206.38**	**400.89**	**511.56**	**674.16**	**1108.12**	**1138.80**	**2073.13**	**2655.26**
(一)交　通	404.48	93.27	78.17	154.21	187.88	267.84	615.58	583.22	1397.87	1966.08
1.家庭交通工具	203.12	19.57	12.04	43.98	61.27	94.06	366.46	222.47	924.49	1444.98
(1)摩托车	19.97			5.19	17.03	26.48	25.92	44.12	15.06	30.86
(2)自行车	18.18	10.18	7.17	11.19	21.66	19.06	20.11	22.39	16.76	17.03
(3)助力车	28.08	3.77	4.50	26.35	21.43	32.41	38.77	34.90	36.03	40.27
(4)家用汽车	135.23					15.93	280.91	118.65	853.11	1353.81
(5)其他交通工具	1.66	5.62	0.36	1.24	1.15	0.18	0.75	2.41	3.54	3.00
2.车辆用燃料及零配件	34.66	19.75	22.37	28.26	28.12	30.82	33.75	61.83	62.18	50.43
(1)燃　料	27.66	16.95	19.77	22.56	22.53	25.14	27.33	48.41	46.42	39.82
(2)零配件	5.96	2.65	2.51	3.12	5.30	5.09	6.04	11.75	11.41	10.25
(3)其　他	1.04	0.15	0.09	2.58	0.29	0.60	0.38	1.68	4.35	0.35
3.交通工具服务支出	32.84	10.38	11.36	17.53	20.19	24.97	43.06	47.72	97.37	107.29
(1)维修费	12.16	7.96	7.51	13.16	11.41	12.49	12.49	16.17	12.24	10.77
(2)车辆使用税费	11.91	0.45	0.77	1.62	3.83	5.17	9.74	23.39	73.83	91.04
(3)其它车辆使用费用	8.77	1.96	3.08	2.75	4.95	7.31	20.82	8.16	11.29	5.49
4.交通费	133.86	43.57	32.41	64.44	78.30	117.99	172.31	251.20	313.83	363.38
(1)飞　机	5.84			0.01	0.57	1.03	4.54	25.45	29.06	50.18
(2)火　车	20.25	7.80	6.67	5.97	12.69	13.05	24.94	42.77	58.31	67.88
(3)长途汽车	30.19	12.66	8.26	16.15	18.24	30.03	38.92	53.42	57.80	59.97
(4)市内公共交通	41.64	14.28	10.03	28.54	24.99	39.95	56.39	64.09	84.42	87.95
(5)出租汽车费	30.59	5.93	5.31	10.05	17.26	29.35	41.16	56.32	75.98	87.14
(6)其他交通费	5.36	2.90	2.13	3.72	4.56	4.56	6.36	9.15	8.25	10.26
(二)通　信	396.75	161.30	128.21	246.68	323.68	406.32	492.54	555.58	675.26	689.19
1.通信工具	86.23	16.17	12.32	37.15	66.05	93.41	119.93	117.21	165.77	150.35
(1)电话机	1.50	0.56	0.56	0.54	1.16	2.04	2.43	1.99	0.79	0.79
(2)移动电话	83.38	14.65	9.85	35.76	64.51	90.63	115.47	111.51	162.69	146.02
(3)寻呼机										

9－5续表2　　　　　　　　　　　　(2004年)　　　　　　　　　　　　单位:元

类　　别	总计	最低 10%	＃更低 5%	低 10%	较低 20%	中间 20%	较高 20%	高 10%	最高 10%	＃更高 5%
(4)传真机	0.14						0.70			
(5)其他通信工具	1.21	0.96	1.91	0.86	0.39	0.74	1.32	3.72	2.28	3.54
2.通信服务	310.53	145.14	115.89	209.52	257.63	312.92	372.61	438.37	509.49	538.84
(1)电信费	302.78	141.07	113.39	205.71	252.24	305.47	362.60	425.13	496.08	528.42
(2)邮　费	2.15	1.89	0.78	0.54	0.75	1.88	2.80	4.52	4.81	5.79
(3)其　他	5.61	2.18	1.72	3.27	4.64	5.56	7.21	8.71	8.60	4.63
六、教育文化娱乐服务	**983.07**	**372.25**	**333.44**	**590.13**	**815.24**	**922.36**	**1108.19**	**1685.16**	**1837.56**	**2221.63**
(一)文化娱乐用品	285.93	56.20	36.32	122.00	219.04	253.33	317.06	546.99	709.29	928.36
1.彩色电视机	40.47	2.26	4.57	8.82	40.56	31.72	38.97	72.57	124.41	198.88
2.影碟机	3.70	1.03	0.16	1.61	3.30	3.66	1.85	12.09	6.15	8.40
3.录放像机	1.35				0.10		0.15	0.96	15.54	31.85
4.家用电脑	84.75	1.80	0.01	22.84	74.76	87.18	97.47	139.85	207.37	246.14
(1)整机电脑	79.39	1.70		21.54	72.23	82.24	90.29	134.31	185.03	213.64
(2)计算机外部设备	1.31	0.05		0.13	1.04	1.11	1.70	0.34	6.17	6.67
(3)各种零配件及耗材	4.04	0.05	0.01	1.18	1.48	3.84	5.48	5.19	16.17	25.83
5.组合音响	2.46			0.13	0.32	4.67	0.88	3.77	11.60	15.69
6.录音机	3.35	0.90	0.35	1.38	1.71	3.34	3.32	8.95	7.37	8.67
7.摄像机	3.96			11.28		1.02	2.54	13.12	10.81	22.14
8.照相机	9.32			0.15	5.59	1.75	8.49	20.37	53.94	70.75
9.钢　琴	5.01				3.65			36.38	10.80	22.13
10.其他中高档乐器	5.16	0.68	1.38		1.64	4.64	8.99	18.53	4.11	2.71
11.健身器材	2.99				0.03	1.58	0.01	13.81	17.73	17.87
12.电子辞典	3.05	0.24		0.83	1.77	3.22	4.61	5.46	6.28	6.58
13.音像制品及软件	6.47	1.33	1.04	3.01	3.68	5.59	8.52	15.51	12.45	17.23
14.体育用品	1.58	0.81	0.19	0.86	0.83	1.61	1.53	2.76	4.27	3.25
15.书报杂志	44.49	19.84	10.46	25.41	32.72	41.81	57.37	76.35	74.10	89.18
16.纸张文具	15.82	10.43	8.04	14.41	14.31	16.34	17.08	21.48	18.17	17.54
17.其他文娱用品	52.01	16.90	10.13	31.25	34.07	45.20	65.29	85.01	124.19	149.34
(二)文化娱乐服务	141.19	29.89	23.54	43.05	78.57	102.04	197.92	325.16	344.79	405.57
1.参观游览	26.83	4.75	5.58	5.34	21.87	21.60	42.67	42.51	55.73	65.91
2.健身活动	2.18	2.25	3.34	1.06	0.55	2.40	2.70	3.62	4.64	8.39
3.团体旅游	62.97	2.74	0.33	3.90	19.49	30.99	92.86	207.27	185.11	217.42
4.其它文娱活动	42.23	15.87	11.43	26.61	32.25	37.96	52.94	62.47	87.92	99.68
5.文娱用品修理服务费	6.99	4.28	2.86	6.14	4.42	9.09	6.75	9.28	11.39	14.17
(三)教　育	555.96	286.16	273.59	425.08	517.64	566.98	593.22	813.01	783.48	887.70
1.教　材	30.45	16.68	12.45	26.45	28.27	27.86	40.58	34.83	37.09	38.38
(1)课本及参考书	25.78	15.09	10.57	23.29	24.51	23.86	34.01	26.90	30.36	34.86
(2)教育软件	1.10	0.04	0.03	0.04	1.89	1.09	0.79	1.99	1.52	0.20
(3)其它教材	3.58	1.55	1.85	3.12	1.87	2.91	5.77	5.94	5.20	3.32
2.教育费用	525.50	269.48	261.14	398.63	489.36	539.12	552.64	778.17	746.39	849.32

9－5续表3　　(2004年)　　单位:元

类　　别	总计	最低 10%	#更低 5%	低 10%	较低 20%	中间 20%	较高 20%	高 10%	最高 10%	#更高 5%
(1)非义务教育学杂费	200.08	119.47	112.92	165.56	208.28	233.55	205.63	247.56	176.42	194.71
(2)义务教育学杂费	85.75	62.14	61.36	80.72	83.90	83.62	76.77	103.50	137.18	203.93
(3)托幼费	39.06	24.51	29.69	35.27	44.01	45.93	37.91	40.08	33.99	37.40
(4)成人教育费	54.80	17.62	15.42	28.87	28.18	46.24	71.02	115.46	125.36	139.54
(5)家教费	8.80	0.77	0.84	3.49	4.31	5.28	20.18	13.21	15.07	12.01
(6)培训班	65.95	18.98	12.15	34.44	46.14	64.77	95.92	104.45	111.00	120.17
(7)学校住宿费	6.11	2.02	1.75	6.94	4.21	10.80	4.32	12.82	0.09	
(8)其　他	64.95	23.97	27.00	43.34	70.33	48.91	40.88	141.08	147.27	141.57
七、居　住	**601.54**	**315.07**	**277.65**	**412.40**	**441.12**	**539.28**	**673.59**	**800.18**	**1449.80**	**2018.17**
(一)住　房	164.27	38.60	26.71	84.21	65.28	114.38	190.92	203.93	741.29	1206.48
1.租赁房房租	13.98	13.14	9.62	16.76	15.03	7.26	6.84	14.59	43.28	75.01
2.自有房租金折算										
3.住房装潢支出	110.06	10.56	7.12	50.48	25.73	82.33	128.52	130.81	566.93	927.25
4.维修用建筑材料	33.43	12.72	9.59	12.87	17.57	20.39	45.87	52.67	114.56	174.55
5.其　他	6.80	2.17	0.38	4.10	6.95	4.40	9.70	5.85	16.53	29.67
(二)水电燃料及其他	413.91	265.82	240.04	309.78	363.97	401.12	462.55	556.42	641.23	715.30
1.水	31.05	19.51	18.78	24.35	28.86	32.21	32.49	38.61	46.56	49.85
2.电	147.99	93.65	88.43	109.23	124.24	148.35	168.05	193.31	236.99	245.42
3.燃　料	118.60	127.51	118.20	121.62	119.18	109.37	107.95	133.25	133.99	143.88
(1)煤　炭	40.17	61.96	58.54	55.18	44.64	35.44	28.50	34.59	25.56	32.03
(2)液化石油气	37.66	39.94	41.40	35.73	39.87	39.42	31.84	40.03	38.22	38.61
(3)管道煤气	31.54	17.95	12.92	20.51	27.67	28.82	37.32	42.08	56.25	59.84
(4)其他燃料	9.22	7.66	5.33	10.21	7.01	5.69	10.30	16.55	13.95	13.40
4.其　他	116.27	25.15	14.64	54.57	91.68	111.19	154.06	191.24	223.70	276.16
(三)居住服务费	23.36	10.65	10.90	18.41	11.87	23.78	20.12	39.84	67.27	96.39
1.物业管理费	6.38	2.03	2.08	6.19	4.07	5.34	6.85	8.14	18.54	18.90
2.维修服务费	6.63	3.76	2.18	4.00	1.77	6.50	4.71	9.68	29.34	54.34
3.其　它	10.35	4.86	6.64	8.21	6.03	11.94	8.55	22.03	19.39	23.16
八、杂项商品和服务	**206.28**	**67.33**	**49.39**	**111.29**	**128.84**	**189.56**	**252.37**	**358.26**	**491.20**	**547.72**
(一)杂项商品	141.14	42.55	31.92	71.42	93.08	125.25	175.05	240.12	345.30	389.91
1.金银珠宝饰品	17.67	2.64	1.21	2.41	8.23	7.10	22.04	49.66	64.22	91.15
2.手　表	2.09	0.78	0.42	1.11	1.37	1.16	2.36	4.02	6.71	2.70
3.理发美容用具	2.25	0.30	0.11	1.48	0.76	2.91	1.97	3.36	7.83	13.12
4.化妆品	66.78	20.50	14.98	34.18	46.77	58.81	87.49	104.30	155.21	184.45
5.其他杂品	52.36	18.33	15.19	32.24	35.96	55.26	61.19	78.78	111.33	98.49
(二)服　务	65.14	24.78	17.47	39.86	35.76	64.31	77.32	118.14	145.91	157.81
1.旅馆住宿费	7.35	2.13	2.02	1.03	2.82	3.06	6.83	30.19	21.15	29.45
2.理发洗澡费	18.32	11.94	8.48	14.18	16.78	17.83	19.66	25.35	26.58	29.84
3.美容费	11.71	1.79	1.17	2.41	4.81	11.33	16.10	22.37	34.72	43.26
4.其他服务	27.75	8.92	5.80	22.24	11.34	32.09	34.73	40.23	63.46	55.26

9-6 城镇居民家庭年人均食品类消费数量

（2004年）　　单位:千克

类　　别	总计	最低 10%	#更低 5%	低 10%	较低 20%	中间 20%	较高 20%	高 10%	最高 10%	#更高 5%
粮　食	72.97	76.56	74.14	75.71	74.00	70.96	71.31	72.19	71.72	72.61
(1)大　米	12.15	10.85	10.31	12.13	11.43	12.39	13.04	12.99	12.17	12.42
(2)面　粉	16.83	23.61	25.34	21.57	16.16	14.89	15.56	14.29	14.24	14.68
(3)其他粮食	3.22	2.65	2.20	3.08	3.20	3.24	3.52	3.04	3.62	3.73
(4)粮食制品	40.76	39.46	36.29	38.94	43.21	40.44	39.18	41.87	41.69	41.78
淀粉及薯类	7.90	9.66	9.88	8.31	7.88	7.59	7.09	6.96	8.89	8.01
油脂类	5.47	6.00	6.10	5.60	5.52	5.65	5.22	5.02	5.09	5.03
(1)食用植物油	5.45	6.00	6.09	5.59	5.50	5.62	5.21	5.02	5.08	5.03
(2)食用动物油	0.02	0.01	0.01	0.01	0.02	0.03	0.01			
肉　类	21.25	14.59	13.86	17.16	20.42	21.80	23.43	24.82	27.19	26.99
(1)猪　肉	12.88	9.52	8.92	10.83	12.63	13.29	13.54	14.67	16.14	15.79
(2)牛　肉	1.24	1.02	1.06	0.78	1.39	1.20	1.38	1.26	1.47	1.38
(3)羊　肉	1.23	0.79	0.70	1.17	1.28	1.26	1.36	1.28	1.36	1.49
(4)其他肉	0.18	0.07	0.07	0.22	0.20	0.20	0.21	0.15	0.15	0.24
(5)肉制品	5.72	3.18	3.11	4.16	4.92	5.85	6.94	7.47	8.08	8.08
禽　类	5.07	3.98	3.44	4.64	4.91	5.41	5.32	5.18	6.01	6.02
(1)鸡	2.58	2.43	2.07	2.45	2.67	2.73	2.58	2.43	2.54	2.53
(2)鸭	0.10	0.05	0.06	0.09	0.08	0.12	0.11	0.09	0.13	0.20
(3)其他禽类	0.05	0.02	0.02	0.04	0.04	0.05	0.08	0.06	0.06	0.05
(4)禽制品	2.34	1.48	1.29	2.06	2.11	2.50	2.54	2.60	3.28	3.25
蛋　类	15.63	15.33	14.16	16.06	15.25	14.80	16.07	16.56	16.43	15.63
(1)鲜　蛋	15.07	15.05	13.95	15.63	14.78	14.20	15.38	15.85	15.67	14.94
(2)蛋制品	0.56	0.28	0.22	0.43	0.47	0.61	0.69	0.71	0.76	0.68
水产品类(1)鱼	5.76	4.84	4.28	5.42	5.31	5.26	6.21	7.06	7.39	7.98
(2)虾	1.39	0.63	0.49	1.07	1.10	1.31	1.74	1.89	2.40	2.29
(3)其他水产品	2.99	1.37	1.18	2.02	2.33	2.81	3.84	4.32	5.19	5.28
鲜　菜	107.91	100.68	97.99	100.67	103.06	107.51	111.25	114.27	126.41	124.90
干　菜	0.24	0.15	0.15	0.16	0.22	0.25	0.30	0.26	0.41	0.43
酒　类	9.85	6.48	6.23	9.61	10.09	10.65	8.81	10.91	13.32	17.04
(1)白　酒	2.64	2.18	2.25	2.53	2.84	2.65	2.18	3.04	3.50	4.07
(2)果　酒	0.23	0.11	0.08	0.15	0.20	0.22	0.23	0.25	0.55	0.56
(3)啤　酒	6.84	4.13	3.90	6.89	6.93	7.69	6.25	7.31	8.95	12.12
(4)其他酒	0.14	0.06	0.01	0.04	0.12	0.09	0.15	0.31	0.32	0.30
碳酸饮料	1.32	0.58	0.59	0.94	1.04	1.32	1.79	1.80	1.89	1.90
果蔬饮料	0.90	0.25	0.32	0.61	0.64	0.85	1.15	1.57	1.61	1.59
瓶装饮用水	11.72	3.78	5.83	6.34	9.14	9.99	16.94	17.94	21.28	20.73
茶　叶	0.27	0.20	0.18	0.23	0.23	0.28	0.31	0.37	0.33	0.37
咖啡可可粉	0.03	0.01	0.01	0.02	0.02	0.02	0.04	0.04	0.06	0.07
鲜　果	43.43	29.01	26.97	35.23	40.73	43.69	50.77	47.29	58.26	57.32
鲜　瓜	20.08	13.39	11.86	17.54	17.94	21.67	21.30	23.06	27.94	27.65
干　果	0.83	0.46	0.39	0.59	0.73	0.90	0.91	1.12	1.15	1.11
瓜果制品	0.45	0.21	0.21	0.33	0.34	0.49	0.58	0.53	0.76	0.75
坚果及果仁	3.22	2.32	1.97	2.81	3.05	3.31	3.30	3.53	4.65	4.52
糕　点	6.41	5.09	4.66	5.22	5.83	6.45	6.96	7.89	8.25	8.32
奶及奶制品(1)鲜乳品	30.80	17.80	17.12	25.51	27.09	29.77	36.61	39.43	44.12	45.62
(2)奶　粉	0.22	0.17	0.19	0.14	0.23	0.29	0.13	0.41	0.23	0.30
(3)酸　奶	2.48	0.92	0.93	1.58	1.97	2.91	3.37	2.71	3.69	3.43

9－7 城镇居民非食品类消费数量

（2004 年）

类　　别	单　位	总计	最低 10%	#更低 5%	低 10%	较低 20%	中间 20%	较高 20%	高 10%	最高 10%	#更高 5%
服　装	件/人	7.50	4.57	4.19	5.63	6.69	7.35	8.94	9.54	10.65	10.91
1.男士服装	件/人	2.95	1.89	1.75	2.30	2.70	2.76	3.55	3.72	4.05	4.01
2.女士服装	件/人	3.52	1.98	1.73	2.54	3.00	3.51	4.22	4.59	5.46	5.58
3.童　装	件/人	1.02	0.71	0.71	0.79	0.99	1.08	1.16	1.24	1.13	1.32
鞋　类	双/人	3.02	2.54	2.30	2.67	2.98	3.02	3.16	3.49	3.36	3.68
洗衣机	台/百户	3.48	1.08		1.44	3.00	2.64	5.88	3.12	6.72	8.16
电风扇	台/百户	4.68	3.24	1.20	6.12	5.88	3.36	5.04	4.32	4.44	7.32
电冰箱	台/百户	3.96	1.20	0.96	2.28	2.16	4.32	5.16	7.32	6.00	9.12
冰　柜	台/百户	0.48					0.12	1.20	0.96	0.84	1.68
微波炉	台/百户	2.64	0.36	0.36	1.20	1.56	4.32	2.40	4.32	4.32	3.96
空调器	台/百户	8.76	0.96		3.48	7.92	7.32	12.36	13.44	14.88	15.48
电炊具	台/百户	4.80	3.48	4.08	3.96	4.44	3.36	4.56	9.48	6.72	4.32
淋浴热水器	台/百户	5.04	3.48	4.08	3.24	3.84	3.36	5.16	9.12	10.20	7.92
排油烟机	台/百户	4.08	0.48		2.28	2.88	4.08	5.40	6.24	7.68	10.20
吸尘器	台/百户	0.72	0.24	0.48		0.24	0.36	0.84	2.64	1.44	0.84
消毒碗柜	台/百户	0.24					0.24	0.84	0.36		
洗碗机	台/百户	0.12				0.24	0.24	0.12			
饮水机	台/百户	3.00	2.16	1.32	0.48	2.76	3.84	3.60	2.88	3.96	5.04
取暖器	台/百户	2.64	1.08	0.96	2.28	4.08	2.28	1.80	3.60	2.88	2.76
摩托车	辆/百户	1.20			0.96	0.96	1.56	1.44	1.92	0.96	1.80
自行车	辆/百户	19.32	14.88	9.24	17.52	25.08	19.80	19.68	18.84	12.00	12.84
助力车	辆/百户	4.68	0.96	0.96	5.04	3.48	5.40	6.24	5.28	5.16	5.16
家用汽车	辆/百户	0.60					0.12	1.44	0.36	2.88	3.60
电话机	部/百户	3.96	2.76	3.00	3.48	3.24	4.92	4.44	5.04	2.88	4.08
移动电话	部/百户	29.28	6.84	6.24	12.36	22.56	58.20	25.80	26.28	33.12	29.40
传真机	部/百户							0.24			
彩色电视机	台/百户	4.56	0.48	1.08	2.04	5.40	4.08	4.32	6.72	7.92	12.36
影碟机	台/百户	2.04	0.72	0.12	1.56	2.76	2.04	0.96	4.20	2.88	3.72
录放像机	台/百户	0.12				0.12		0.12	0.24	0.60	1.08
整机电脑	台/百户	4.80	0.36		2.04	4.44	5.76	5.40	6.60	8.04	9.00
组合音响	台/百户	0.72			0.24	0.36	1.20	0.36	2.16	1.56	1.92
录音机	台/百户	4.32	2.40	1.92	3.36	3.36	3.96	3.96	7.80	6.72	8.52
摄像机	架/百户	0.24			0.60		0.12	0.12	0.84	0.84	1.56
照相机	架/百户	1.56			0.48	0.96	0.48	2.40	3.12	4.44	6.00
钢　琴	架/百户	0.12				0.12			1.08	0.36	0.72
其他中高档乐器	件/百户	1.32	0.36	0.72		0.72	1.56	2.04	3.24	0.72	0.84
健身器材	件/人								0.01	0.01	0.01
电子辞典	部/人	0.01				0.01	0.01	0.01	0.01	0.01	0.01
水	吨/人	16.61	10.88	10.48	13.20	15.44	16.87	17.15	22.04	23.88	24.93
电	度/人	283.69	178.06	167.33	209.82	235.55	283.78	324.17	371.39	458.40	471.58
煤　炭	千克/人	111.99	173.95	176.81	149.85	128.52	99.79	76.70	101.76	61.48	83.21
液化石油气	千克/人	14.07	14.60	14.83	12.75	14.80	14.45	12.59	15.90	13.73	13.90
管道煤气	立方米/人	26.45	15.67	11.22	17.44	22.45	24.69	31.22	34.92	47.38	51.03
手　表	只/人	0.03	0.03	0.02	0.03	0.02	0.03	0.03	0.03	0.04	0.04

9-8 城镇居民家庭年人均非现金收入

(2004 年)　　　　单位:元

类　别	总计	最低 10%	#更低 5%	低 10%	较低 20%	中间 20%	较高 20%	高 10%	最高 10%	#更高 5%
非现金(实物与服务)收入总计	**210.25**	**80.36**	**67.29**	**104.64**	**132.90**	**192.46**	**222.68**	**465.28**	**461.42**	**441.80**
一、食　品	**135.84**	**64.43**	**49.87**	**76.50**	**93.82**	**113.94**	**134.68**	**305.42**	**291.08**	**286.11**
(一)粮油类	32.55	20.60	17.05	19.05	27.60	31.71	32.51	59.44	51.57	53.08
1.粮　食	10.84	8.61	6.36	7.32	9.18	10.49	9.00	21.95	15.66	14.17
2.淀粉及薯类	0.45	0.28	0.16	0.14	0.30	0.45	0.71	0.97	0.30	0.32
3.干豆类及豆制品	0.33	0.15	0.24	0.10	0.17	0.39	0.41	0.44	0.74	1.05
4.油脂类	20.93	11.56	10.30	11.48	17.95	20.37	22.38	36.07	34.87	37.53
(二)肉禽蛋水产品类	29.47	11.61	11.67	18.71	22.48	24.78	33.85	44.95	71.17	61.66
1.肉　类	8.65	3.84	4.69	5.95	7.09	8.58	8.48	14.97	16.41	15.78
2.禽　类	1.73	1.73	1.32	1.13	1.43	2.19	1.69	1.94	2.07	1.70
3.蛋　类	4.79	2.70	3.09	4.25	3.47	3.26	6.09	7.36	9.77	7.04
4.水产品类	14.30	3.34	2.57	7.38	10.50	10.76	17.58	20.67	42.92	37.14
(三)蔬菜类	2.68	0.79	0.91	1.13	1.51	2.67	2.75	5.26	7.50	5.89
(四)调味品	0.80	0.57	0.66	0.27	0.67	0.76	0.76	1.21	1.94	2.14
(五)糖烟酒饮料类	28.60	17.08	8.40	10.32	19.15	21.42	23.20	94.34	49.93	55.99
1.糖　类	0.41	0.03	0.05	0.02	0.15	0.62	0.14	0.07	2.69	5.05
2.烟草类	6.81	1.47	0.71	0.26	1.90	3.70	3.38	43.47	9.95	11.71
3.酒　类	17.85	15.01	7.20	8.63	14.58	14.45	16.00	44.80	24.97	29.92
4.饮料类	3.53	0.58	0.45	1.41	2.52	2.64	3.69	6.01	12.31	9.31
(六)干鲜瓜果类	5.87	1.68	2.25	2.68	2.79	4.94	8.09	10.02	16.60	18.25
(七)糕点、奶及奶制品	12.07	3.00	3.20	4.34	8.48	11.25	12.34	27.57	28.17	25.49
1.糕　点	3.13	0.61	0.67	1.12	1.94	3.00	3.43	3.64	11.69	12.95
2.奶及奶制品	8.94	2.38	2.53	3.22	6.54	8.25	8.90	23.93	16.49	12.54
(八)其他食品	4.93	1.29	1.47	4.06	2.80	4.13	6.04	12.06	7.94	8.86
(九)饮食服务	18.86	7.82	4.25	15.93	8.34	12.28	15.15	50.57	56.26	54.74
1.食品加工服务费	0.03			0.21				0.01	0.13	
2.在外饮食	18.82	7.82	4.25	15.72	8.34	12.28	15.15	50.56	56.13	54.74
二、衣　着	**11.41**	**1.56**	**1.62**	**3.08**	**6.49**	**6.54**	**11.35**	**29.47**	**41.48**	**45.24**
(一)服　装	9.16	1.34	1.41	2.85	5.35	4.32	8.94	25.15	33.38	37.32
(二)衣着材料	0.29				0.26	0.32	0.27	0.38	1.09	
(三)鞋　类	1.37	0.03	0.06	0.20	0.57	1.36	1.60	3.08	4.44	6.14

类别	总计	最低 10%	#更低 5%	低 10%	较低 20%	中间 20%	较高 20%	高 10%	最高 10%	#更高 5%
(四)其他衣着用品	0.51	0.19	0.15	0.03	0.18	0.54	0.55	0.86	1.88	1.77
(五)衣着加工服务费	0.08				0.12				0.69	
三、家庭设备用品及服务	**9.57**	**2.54**	**2.13**	**1.73**	**6.21**	**5.07**	**16.62**	**14.88**	**27.13**	**26.19**
(一)耐用消费品	3.57	0.46		0.54	1.81	1.19	8.97	5.40	7.48	4.52
(二)室内装饰品	0.11	0.49	0.99		0.08		0.16	0.07	0.03	
(三)床上用品	2.26	0.42	0.18	0.33	1.05	0.56	3.26	5.60	8.85	8.83
(四)家庭日用杂品	3.57	1.17	0.96	0.86	3.27	3.33	4.23	3.81	10.13	11.51
(五)家具材料	0.05								0.65	1.33
(六)家庭服务										
四、医疗保健	**6.85**	**1.47**	**1.38**	**3.07**	**3.16**	**4.12**	**7.36**	**9.76**	**32.20**	**16.67**
(一)医疗器具	0.03							0.34		
(二)保健用品	0.41				0.23	0.02	0.50	0.21	3.08	2.55
(三)药品费	1.13	0.41	0.60	0.36	0.42	0.13	0.11	0.39	11.25	2.21
(四)滋补保健品	1.02				0.37	0.13	1.50	4.29	2.82	4.54
(五)医疗费	0.84				0.07	0.09	0.17	0.69	9.13	5.05
(六)其　他	3.43	1.06	0.78	2.71	2.07	3.76	5.08	3.85	5.93	2.31
#医疗基金	3.32	1.06	0.78	2.66	1.76	3.67	5.08	3.85	5.77	1.99
五、交通和通讯	**3.72**			**3.02**	**2.15**	**1.06**	**3.19**	**20.28**	**2.68**	**4.30**
(一)交　通	0.65			2.07	0.50	0.21	0.91	0.75	0.39	
(二)通　信	3.07			0.94	1.65	0.86	2.28	19.53	2.28	4.30
六、教育文化娱乐服务	**13.74**	**1.55**	**2.96**	**3.89**	**6.08**	**6.91**	**18.72**	**45.96**	**32.38**	**38.02**
(一)文化娱乐用品	3.79	0.10	0.11	1.20	1.02	4.18	1.42	17.52	8.69	10.90
(二)文化娱乐服务	9.17	1.45	2.86	0.42	4.41	2.71	17.21	28.38	18.99	17.99
(三)教　育	0.78			2.27	0.65	0.03	0.09	0.06	4.70	9.13
七、居　住	**1.60**	**0.89**	**0.90**	**2.37**	**1.57**	**0.36**	**2.24**	**2.85**	**1.74**	**2.57**
(一)住　房	0.04				0.06	0.03	0.05	0.10		
(二)水电燃料及其他	1.55	0.79	0.82	2.37	1.51	0.32	2.19	2.76	1.74	2.57
(三)居住服务费	0.01	0.10	0.08			0.02				
八、杂项商品和服务	**27.53**	**7.92**	**8.43**	**10.99**	**13.41**	**54.44**	**28.52**	**36.66**	**32.73**	**22.71**
(一)杂项商品	5.76	0.28	0.22	1.13	1.58	9.43	3.15	18.92	12.63	15.69
(二)服　务	21.77	7.64	8.20	9.86	11.83	45.02	25.38	17.74	20.10	7.02

9-9 城镇居民家庭年末耐用品百户拥有量

（2004 年）

类　　别	单位	总计	最低 10%	#更低 5%	低 10%	较低 20%	中间 20%	较高 20%	高 10%	最高 10%	#更高 5%
成套家具	套	89.95	80.76	66.59	84.72	90.29	90.62	93.10	91.18	94.39	98.11
摩托车	辆	47.20	43.22	49.56	46.95	51.50	49.29	46.49	51.09	34.48	35.32
自行车	辆	192.05	211.58	203.99	212.13	207.20	188.80	174.39	177.70	177.57	170.90
助力车	辆	12.54	7.18	6.41	8.70	12.85	13.74	16.01	11.33	12.46	10.89
家用汽车	辆	2.51	0.95		0.40	1.91	0.85	2.94	5.05	7.69	8.62
洗衣机	台	92.89	77.44	75.99	81.39	89.44	94.36	96.61	103.00	106.46	109.50
电风扇	台	179.15	172.74	173.67	191.44	190.92	182.53	173.23	167.11	164.44	174.11
电冰箱	台	91.21	66.67	61.05	78.70	86.39	97.00	98.24	103.04	99.69	101.17
冰　柜	台	14.01	12.25	14.96	9.17	10.79	11.42	18.15	15.50	23.29	27.62
彩色电视机	台	119.59	105.54	101.04	112.52	119.24	118.93	122.40	125.12	131.61	132.45
影碟机	台	59.83	43.97	43.74	51.71	58.29	59.51	67.07	62.81	69.73	65.80
录音机	台	64.21	48.08	40.55	55.09	58.84	67.98	69.62	70.15	76.15	71.56
录放像机	台	20.60	14.05	10.30	12.73	15.14	19.77	22.78	30.62	34.30	30.91
家用电脑	台	37.71	12.84	13.48	19.00	25.54	39.36	49.05	54.50	64.12	63.95
组合音响	套	22.84	10.45	11.22	13.17	18.37	26.15	26.04	28.56	35.54	36.92
摄像机	架	3.47	0.96	0.48	1.95	1.80	2.14	3.64	8.77	8.34	7.93
照相机	架	56.80	30.22	33.84	41.15	45.73	52.61	69.85	76.07	85.74	84.31
钢　琴	架	3.14	0.73		0.88	0.45	2.83	6.48	5.47	5.02	6.45
其他中高档乐器	件	9.18	4.75	6.26	5.08	5.17	8.00	13.12	17.51	12.13	11.70
微波炉	台	35.62	14.00	10.88	15.20	23.10	35.70	45.84	56.06	63.26	68.79
空调器	台	61.67	19.97	17.15	28.84	48.30	65.64	75.29	90.14	100.31	105.20
取暖器	台	31.96	17.29	19.40	28.13	29.58	32.68	31.73	50.17	35.77	35.32
电炊具	台	87.17	49.19	45.59	66.05	81.42	85.75	100.72	107.50	113.04	118.68
淋浴热水器	台	69.04	39.15	32.73	50.63	60.61	67.23	82.73	87.70	92.22	95.52
排油烟机	台	85.49	53.46	49.44	77.10	80.23	89.73	94.40	96.59	98.44	99.11
消毒碗柜	台	5.82	0.88	0.88	1.36	1.92	4.65	9.26	13.50	11.29	8.30
洗碗机	台	0.85			0.21	0.44	0.98	1.20	1.39	1.68	1.56
饮水机	台	60.91	34.90	36.05	39.12	55.34	65.00	73.65	74.35	71.86	73.32
吸尘器	台	17.19	3.10	5.24	10.81	12.05	15.16	22.86	26.47	32.18	28.07
健身器材	套	5.21			0.92	2.29	6.91	4.77	8.74	15.15	17.07
普通电话	部	97.09	86.88	84.05	93.89	96.66	99.29	98.26	101.20	100.07	97.95
移动电话	部	121.36	60.01	56.41	80.56	108.07	125.08	143.12	160.42	159.69	167.73
传真机	部	0.44			1.08	0.22	0.09	0.57	0.94	0.64	0.45

9－10 各调查市县城镇居民年人均主要指标

（2004 年）

单位:元

市县名称	期初手存现金	可支配收入	家庭总收入	工薪收入	工资及补贴收入	其他劳动收入	经营净收入	财产性收入	转移性收入
全　省	**513.25**	**9437.80**	**10187.12**	**8327.11**	**8188.67**	**138.44**	**299.94**	**116.84**	**1443.23**
济南市	589.11	12004.99	13051.62	10424.11	10234.41	189.70	204.62	51.48	2371.41
青岛市	558.82	11088.81	12156.95	8540.04	8050.56	489.48	318.41	149.50	3149.00
淄博市	702.91	9959.93	10352.64	6640.89	6388.89	252.00	780.16	118.41	2813.18
枣庄市	144.65	8472.82	9103.37	8352.66	8273.11	79.54	207.19	24.14	519.39
东营市	572.85	12934.68	14788.54	13067.62	12997.30	70.32	500.85	129.14	1090.93
烟台市	1226.24	10802.57	11947.89	10433.46	10179.28	254.19	446.76	161.26	906.41
潍坊市	764.16	9297.21	9823.63	7432.49	7294.17	138.32	282.86	196.98	1911.30
济宁市	506.58	9502.21	10254.27	7818.07	7736.88	81.18	166.24	133.78	2136.18
泰安市	275.45	8883.42	9548.16	8363.50	8356.50	7.00	184.02	143.44	857.20
威海市	491.41	11112.11	11993.71	10726.12	10649.41	76.71	128.30	319.11	820.18
日照市	436.34	9083.19	9768.30	8484.99	8424.04	60.94	369.32	104.36	809.64
莱芜市	375.18	10131.74	11247.81	10352.69	10264.66	88.03	67.98	161.61	665.52
临沂市	454.17	9309.21	10047.07	8538.50	8523.37	15.13	433.98	150.46	924.12
德州市	400.41	8048.72	8686.43	7861.56	7834.32	27.24	185.59	146.61	492.67
滨州市	343.77	9008.59	9791.76	8192.40	8074.97	117.43	381.02	249.96	968.38
菏泽市	427.17	6733.71	7228.65	6664.17	6639.16	25.01	45.44	51.65	467.39
文登市	617.04	8876.89	9442.47	8249.83	8205.88	43.95	186.62	80.50	925.53
诸城市	148.61	7015.85	7462.19	6344.91	6341.13	3.77	306.86	18.24	792.18
青州市	735.19	8251.49	8778.27	6874.58	6743.57	131.01	380.03	59.38	1464.27
微山县	557.34	7513.74	7972.49	6848.01	6848.01			27.87	1096.62
临清市	478.09	6587.28	6935.33	4753.25	4753.25		392.45		1789.64
费　县	240.67	6001.12	6416.43	6178.89	5858.71	320.18		21.83	215.71
利津县	310.21	9226.07	9776.68	8811.62	8780.82	30.80	261.96	313.58	389.52
武城县	294.23	5909.23	5987.47	3337.31	3314.18	23.13	896.87	10.19	1743.10
东阿县	92.50	5699.90	6131.53	5693.89	5691.93	1.96		8.82	428.82
巨野县	248.27	5789.07	5998.80	5448.16	5226.06	222.11	77.51	59.06	414.06

9－10续表1　　　　　　　　　　　　　　　　　　　　　　　　　　(2004年)　　　　　　　　　　　　　　　　　　　　　　　　　　单位:元

市县名称	出售财物收入	借贷收入	家庭总支出	消费支出	食品	衣着	家庭设备用品及服务	医疗保健	交通和通信
全省	**23.67**	**5618.86**	**9025.61**	**6673.75**	**2310.66**	**829.22**	**457.33**	**484.42**	**801.23**
济南市	14.69	7664.28	11143.42	8580.54	2784.87	848.11	549.57	728.91	1251.59
青岛市	2.87	2290.63	11025.63	9002.32	3423.60	898.65	553.50	678.22	914.10
淄博市	0.18	6332.19	9230.25	7010.60	2409.29	747.07	528.07	656.94	650.53
枣庄市	0.55	3754.75	7092.40	5279.11	1833.95	772.70	464.83	287.91	484.75
东营市	1.63	6022.03	12244.22	8193.54	2404.78	1764.83	406.86	444.51	926.29
烟台市	4.96	12306.01	11989.92	8054.34	3002.98	1127.62	401.16	638.93	718.70
潍坊市	4.15	3296.49	8074.17	6822.44	2378.90	795.02	537.48	502.58	805.30
济宁市	0.70	7279.49	8954.16	6024.49	2308.89	751.16	508.56	456.66	578.41
泰安市	166.18	4243.14	8742.27	6393.45	2203.92	739.46	372.59	443.85	704.16
威海市	1.28	9085.14	12029.02	8313.70	2492.41	1311.73	477.61	469.74	1510.48
日照市	6.85	4737.76	8835.45	6544.71	2220.13	893.39	412.78	394.72	958.91
莱芜市	3.65	7767.39	9188.55	6462.00	2313.03	818.50	449.17	495.25	913.42
临沂市	4.21	5908.59	9315.94	6707.88	2171.15	909.52	448.72	378.03	934.45
德州市	5.08	4774.62	8092.47	5888.20	1959.91	870.65	445.69	310.13	604.04
滨州市	1.79	7136.59	9262.71	6267.62	2165.43	691.80	489.63	318.29	937.13
菏泽市	0.90	2398.91	6195.89	4832.53	1869.57	681.16	341.24	241.77	570.12
文登市	2.32	8847.84	7217.47	5613.09	1732.01	1072.40	279.92	501.05	640.26
诸城市	2.86	5811.79	6591.26	5032.84	1660.45	740.65	390.96	253.91	795.62
青州市	230.02	5388.63	8349.40	6161.82	1919.43	620.37	410.89	493.53	1174.16
微山县	9.03	681.74	7105.13	5222.83	1837.70	687.55	499.04	320.24	460.32
临清市	2.66	3005.88	5790.11	4460.90	1742.77	405.50	394.89	422.31	363.20
费县		547.62	5105.18	3887.67	1478.79	667.67	229.50	154.82	430.16
利津县	0.69	4606.80	8534.06	6126.03	1848.22	779.43	518.00	431.66	854.14
武城县	2.23	2304.32	4442.31	3600.74	1386.97	422.78	275.29	311.34	365.77
东阿县	3.45	3236.27	5597.24	3770.56	1343.59	516.98	267.59	350.11	344.20
巨野县	14.28	4294.18	5414.77	4288.86	1520.92	484.62	390.69	333.27	449.96

9－10续表2　　（2004年）　　单位:元

市县名称									
	教育文化娱乐服务	居住	杂项商品和服务	购房与建房支出	转移性支出	财产性支出	社会保障支出	借贷支出	期末手存现金
全　省	**983.07**	**601.54**	**206.28**	**495.84**	**1174.46**	**2.99**	**678.58**	**6833.92**	**482.67**
济南市	1267.93	847.99	301.57	428.72	1258.59		875.56	9614.94	571.55
青岛市	1414.53	872.33	247.40	0.58	995.42	15.51	1011.81	3098.76	860.87
淄博市	1051.41	767.60	199.68	590.82	1248.41	2.82	377.60	7615.64	544.83
枣庄市	940.93	361.72	132.30	127.31	1066.10	0.00	619.89	5657.82	253.85
东营市	1618.44	261.29	366.54	1048.49	1353.37	0.73	1648.08	8691.09	451.37
烟台市	1199.11	672.07	293.78	1897.89	1015.22	0.26	1022.20	12801.72	690.07
潍坊市	867.20	780.01	155.95	48.37	720.02	0.81	482.54	5198.88	620.22
济宁市	640.99	659.34	120.47		2219.41	0.10	710.16	8664.54	419.47
泰安市	1162.32	550.62	216.53	783.77	988.69		576.36	5183.50	307.15
威海市	815.23	906.30	330.19	1623.94	1260.92	14.88	815.58	9110.09	430.87
日照市	887.17	545.19	232.42	634.41	1013.60	3.42	639.30	5650.20	459.28
莱芜市	756.95	554.77	160.90	372.87	1355.19	2.08	996.40	9846.89	358.59
临沂市	1111.54	518.87	235.61	825.66	1149.20		633.20	6589.51	508.60
德州市	943.27	494.71	259.80	478.40	1146.57		579.30	5474.79	297.87
滨州市	1088.53	414.47	162.34	1128.23	1174.84	37.08	654.94	7558.34	457.82
菏泽市	671.36	311.04	146.27	117.62	782.08		463.65	3372.10	487.60
文登市	765.15	421.14	201.16		1067.37		537.01	10924.33	767.88
诸城市	691.97	352.53	146.75	621.51	509.33	10.63	416.95	6686.79	147.42
青州市	686.00	668.57	188.89	676.23	1027.92	0.66	482.76	6305.61	477.02
微山县	873.24	336.94	207.80	34.26	1461.16	2.67	384.20	1392.82	727.21
临清市	455.05	541.69	135.50		988.85		340.36	4237.89	396.92
费　县	595.49	254.73	76.51		807.45		410.06	2034.67	64.87
利津县	1042.33	477.03	175.22		1882.60	0.00	525.44	5739.62	423.00
武城县	416.20	387.25	35.15		785.47		56.10	3865.43	276.46
东阿县	519.10	330.18	98.81	203.66	1250.08		372.93	3772.83	93.68
巨野县	527.04	400.13	182.22	253.89	689.22		182.80	4820.31	322.33

9－11 主要年份农民家庭主要指标变动情况

年份	调查户数（户）	调查户常住人口（人）	平均每户常住人口（人）	平均每户整半劳力（人）	人均年末生活用房面积（平方米）
1978	715	4126	5.77	2.54	9.81
1979	732	4138	5.65	2.67	9.91
1980	825	4649	5.64	2.70	10.98
1981	827	4538	5.49	2.63	10.03
1982	1529	7849	5.13	2.54	10.64
1983	1438	7266	5.05	2.85	12.50
1984	1558	7730	4.96	2.86	14.54
1985	4000	18896	4.72	2.84	15.13
1986	4200	19667	4.68	2.85	15.74
1987	4200	19339	4.60	2.86	16.48
1988	4200	19074	4.54	2.86	17.34
1989	4200	18749	4.46	2.85	17.96
1990	4200	18486	4.40	2.82	18.48
1991	4200	18241	4.34	2.77	19.87
1992	4200	17886	4.26	2.75	19.31
1993	4200	17494	4.17	2.77	20.64
1994	4200	17239	4.10	2.76	21.15
1995	4200	17089	4.07	2.78	21.56
1996	4200	16847	4.01	2.68	22.32
1997	4200	16574	3.95	2.65	23.16
1998	4200	16379	3.90	2.64	23.91
1999	4200	16116	3.84	2.60	25.07
2000	4200	15918	3.79	2.60	23.61
2001	4200	15671	3.73	2.54	24.60
2002	4200	15569	3.71	2.58	25.59
2003	4200	15405	3.67	2.62	26.53
2004	4200	15386	3.66	2.67	26.92

注：1978年至1980年的生活用房面积中包括生产用房。

9－11续表

年份	平均每人全年总收入（元）	平均每人全年纯收入（元）	平均每人全年总支出（元）	#购置生产性固定资产	#生活消费支出
1978	134.58	114.56	116.57		93.69
1979	184.66	159.81	157.41		128.01
1980	240.98	210.23	204.75		165.34
1981	282.07	251.62	247.90	8.99	202.12
1982	343.99	299.95	296.21	17.87	230.02
1983	500.68	360.64	428.14	22.23	264.38
1984	554.61	394.99	461.31	18.11	287.24
1985	592.50	408.12	521.50	18.71	321.98
1986	644.65	449.27	570.40	14.81	364.56
1987	740.61	517.69	639.75	16.36	406.34
1988	857.76	583.74	780.24	23.72	482.11
1989	939.57	630.56	841.95	21.05	513.10
1990	994.36	680.18	878.27	18.14	547.05
1991	1152.02	764.04	1037.81	29.79	612.99
1992	1241.82	802.90	1121.22	27.81	655.69
1993	1413.69	952.74	1210.98	29.48	724.49
1994	1975.12	1319.73	1671.34	30.01	995.72
1995	2626.96	1715.09	2301.34	56.70	1338.46
1996	3246.92	2086.31	2955.16	68.33	1652.51
1997	3468.72	2292.12	2855.26	84.34	1626.27
1998	3561.87	2452.83	2782.48	93.23	1595.09
1999	3645.89	2549.56	2845.88	97.36	1679.75
2000	3880.98	2659.20	3036.20	107.85	1770.75
2001	4161.97	2804.51	3326.79	101.70	1904.95
2002	4330.42	2953.97	3438.78	92.40	1997.83
2003	4482.15	3150.49	3521.42	83.78	2133.20
2004	5037.52	3507.43	3999.23	107.74	2389.27

9－12 农村住户家庭基本情况

类别	单位	2003年	2004年
一、调查户数	户	4200	4200
(一)调查户从业类型(按总收入比重计算)			
1.农业户	户/百户	17.64	19.76
2.农业兼业户	户/百户	44.95	44.00
3.非农业兼业户	户/百户	33.26	31.40
4.非农业户	户/百户	4.14	4.83
(二)调查户从业类型(按从业劳动力比重计算)			
1.农业户	户/百户	48.45	44.40
2.农业兼业户	户/百户	18.05	19.00
3.非农业兼业户	户/百户	23.62	25.64
4.非农业户	户/百户	9.88	10.95
(三)户　别			
1.个体工商户	户/百户	5.79	5.76
2.干部户	户/百户	11.33	10.83
3.个体工商和干部户	户/百户	1.71	2.24
4.五保户	户/百户	0.10	0.07
5.其他户	户/百户	81.07	81.10
(四)家庭结构			
1.单身或夫妇	户/百户	10.76	10.64
2.夫妇与一个孩子	户/百户	30.00	30.19
3.夫妇与两个孩子	户/百户	32.36	32.24
4.夫妇与三个以上孩子	户/百户	9.10	8.81
5.单亲与孩子	户/百户	2.14	2.48

类别	单位	2003年	2004年
6.三代同堂	户/百户	13.60	13.74
7.其他	户/百户	2.05	1.90
(五)是否参加专业性合作经济组织			
1.参加的户数	户/百户	2.10	2.07
2.未参加的户数	户/百户	97.90	97.93
(六)是否参加新型农村合作医疗			
1.参加的户数	户/百户	10.95	25.52
2.未参加的户数	户/百户	89.05	74.48
(七)是否领取最低生活保障			
1.领取的户数	户/百户		0.52
2.未领取的户数	户/百户		99.48
二、期末生产性固定资产拥有情况			
(一)生产性固定资产原值	元/户	6255.04	6535.76
1.农　业	元/户	4197.09	4215.77
2.林　业	元/户	4.20	7.63
3.牧　业	元/户	500.47	650.73
4.渔　业	元/户	31.67	36.36
5.采矿业	元/户	29.05	25.05
6.制造业	元/户	263.57	291.24
7.电力煤气与水的生产及供应	元/户	2.38	5.74
8.建筑业	元/户	76.12	119.29
9.交通运输业、仓储和邮政业	元/户	732.58	807.62
10.批发和零售贸易业	元/户	194.35	192.38

9－12续表

类　　别	单位	2003年	2004年	类　　别	单位	2003年	2004年
11.住宿和餐饮业	元/户	34.19	48.33	3.电风扇	台/百户	164.93	168.36
12.居民服务与其他服务业	元/户	46.67	54.51	4.电冰箱	台/百户	20.90	24.38
13.教育	元/户	37.98	16.67	5.空调机	台/百户	1.79	3.29
14.卫生、社会保障和福利业	元/户	6.37	7.63	6.抽油烟机	台/百户	4.36	5.05
15.文化、体育和娱乐业	元/户	1.90		7.吸尘器	台/百户	0.48	0.31
16.其　他	元/户	96.44	56.83	8.微波炉	台/百户	0.90	1.64
(二)主要生产性固定资产数量				9.热水器	台/百户	7.67	10.62
1.房屋及建筑物	平方米/人	4.52	5.17	10.自行车	辆/百户	177.00	176.81
2.汽　车	辆/百户	1.63	1.57	11.摩托车	辆/百户	51.33	55.31
3.大中型拖拉机	台/百户	2.94	4.66	12.汽车(生活用)	辆/百户	0.83	1.38
4.小型和手扶拖拉机	台/百户	26.66	25.97	13.电话机	部/百户	74.52	79.98
5.机动脱粒机	台/百户	3.24	3.78	14.移动电话	部/百户	21.38	32.71
6.收割机	台/百户	2.06	1.95	15.寻呼机	台/百户	2.17	1.95
7.农用动力机械	台/百户	32.56	31.36	16.彩色电视机	台/百户	71.05	80.38
8.胶轮大车	架/百户	25.32	19.70	17.黑白电视机	台/百户	42.64	34.71
9.水　泵	台/百户	42.85	43.16	18.录放像机	台/百户	3.45	3.83
10.役　畜	头/百户	23.26	20.76	19.摄像机	台/百户	0.43	1.17
11.产品畜	头/百户	29.50	47.45	20.影碟机	台/百户	25.86	33.57
三、期内住户固定资产投资完成额	元/户	**1207.79**	**1304.30**	21.组合音响	台/百户	9.52	10.73
#住宅投资完成额	元/户	654.26	692.83	22.收录机	台/百户	17.10	19.19
四、期末主要耐用消费品拥有情况				23.照相机	架/百户	5.07	6.02
1.大型家具	件/百户	296.98	319.69	24.家用计算机	台/百户	1.81	1.81
2.洗衣机	台/百户	24.67	31.88	25.中高档乐器	件/百户	0.24	0.36

9－13 农村住户居住情况

类　　别	单位	2003年	2004年
一、期末住房情况			
(一)住房面积	平方米/人	26.53	26.92
#租用住房面积	平方米/人	0.04	0.05
(二)住房价值	元/平方米	226.87	232.88
(三)住房类型			
1.楼房面积	平方米/人	2.98	2.99
2.砖瓦平房面积	平方米/人	21.25	22.31
3.其　他	平方米/人	2.31	1.62
(四)住房结构			
1.钢筋混泥土结构面积	平方米/人	5.54	5.87
2.砖木结构面积	平方米/人	19.05	19.52
3.其　他	平方米/人	1.94	1.53
二、期内新建(购)住房情况			
(一)新建(购)住房面积	平方米/人	1.11	0.75
(二)新建(购)住房价值	元/平方米	299.43	331.60
(三)新建(购)住房类型			
1.楼房面积	平方米/人	0.24	0.19
2.砖瓦平房面积	平方米/人	0.82	0.57
3.其　他	平方米/人	0.04	
(四)新建(购)住房结构			
1.钢筋混泥土结构面积	平方米/人	0.41	0.44
2.砖木结构面积	平方米/人	0.65	0.32
3.其　他	平方米/人	0.03	
三、期内新建(购)住房资金来源			
1.自　筹	元/人	239.58	236.00
2.银行、信用社贷款	元/人	5.42	5.52
3.其　他	元/人	86.14	8.64
四、期内房屋建设情况			
1.期内施工房屋面积	平方米/户	3.61	2.43
#住宅面积	平方米/户	3.53	2.38
2.期内竣工房屋面积	平方米/户	3.72	2.62
#住宅面积	平方米/户	3.64	2.46
五、居住条件			
(一)住房卫生设备使用情况			
1.使用水冲式厕所的户数	户/百户	3.33	4.07
2.使用旱厕的户数	户/百户	95.12	94.71
3.无厕所的户数	户/百户	1.55	1.21
(二)取暖设备使用情况			
1.使用空调的户数	户/百户	0.17	0.95
2.使用暖气的户数	户/百户	11.81	14.26
3.使用火炕的户数	户/百户	45.21	41.95
4.无取暖设备的户数	户/百户	42.81	42.83
(三)炊事使用的主要能源			
1.使用液化气的户数	户/百户	7.57	11.02
2.使用煤炭的户数	户/百户	33.26	24.21
3.使用柴草的户数	户/百户	58.38	64.36
4.使用电的户数	户/百户		0.26
5.使用其他燃料的户数	户/百户	0.79	0.14
(四)饮用水来源情况			
1.饮用自来水的户数	户/百户	34.76	38.29
2.饮用深井水的户数	户/百户	49.71	45.38
3.饮用浅井水的户数	户/百户	14.31	14.95
4.饮用江河湖泊水的户数	户/百户		
5.饮用塘水的户数	户/百户		
6.饮用其他水源的户数	户/百户	1.21	1.38
(五)住宅外道路路面状况			
1.水泥或柏油路面的户数	户/百户		34.48
2.沙石或石板等硬质路面的户数	户/百户		16.60
3.其他路面的户数	户/百户		48.93
附:期内新建(购)房屋户数	户/百户	3.81	2.74

9－14 农村住户农业生产结构及生产技术应用情况

类　　别	单位	2003年	2004年	类　　别	单位	2003年	2004年
一、土地经营情况				(二)经济作物播种面积	亩/人	1.15	0.77
(一)期初实际经营耕地面积	亩/人	1.44	1.45	#1.棉花播种面积	亩/人	0.26	0.32
(二)期内增加的经营耕地面积	亩/人	0.09	0.02	2.油料播种面积	亩/人	0.19	0.18
(四)期内减少的经营耕地面积	亩/人	0.05	0.03	3.烟草播种面积	亩/人	0.01	0.01
(六)期末实际经营的土地面积	亩/人			4.蔬菜播种面积	亩/人	0.65	0.22
1.耕　地	亩/人	1.48	1.45	5.瓜类播种面积	亩/人	0.04	0.04
#有效灌溉面积	亩/人		1.20	三、农业生产技术应用情况			
2.山　地	亩/人	0.01	0.03	(一)优质粮食品种播种面积	亩/人	0.55	0.55
3.园　地	亩/人	0.07	0.06	1.优质小麦面积	亩/人	0.28	0.28
4.牧草地	亩/人			2.优质水稻面积	亩/人		0.01
5.养殖水面	亩/人			3.优质玉米面积	亩/人	0.26	0.26
二、土地种植情况				(二)机耕面积	亩/人	1.23	1.25
(一)粮食播种面积	亩/人	2.18	2.18	(三)抛秧面积	亩/人	0.02	0.03
#1.小麦播种面积	亩/人	1.04	1.05	(四)机播面积	亩/人	1.00	1.01
2.水稻播种面积	亩/人	0.01	0.02	(五)机收面积	亩/人	0.87	0.84
3.玉米播种面积	亩/人	1.02	1.03	(六)机电灌溉面积	亩/人	1.03	1.04
4.豆类播种面积	亩/人	0.05	0.04	(七)薄膜覆盖面积	亩/人	0.32	0.36
5.薯类播种面积	亩/人	0.05	0.04	(八)温室面积	亩/人	0.01	0.01

9-15 农村住户当年生产经营情况

类别	单位	2003年	2004年	类别	单位	2003年	2004年
一、农业				(二)竹木采伐量			
(一)谷物产量	千克/人	739.46	747.45	#木材	立方米/人	0.05	0.06
1.普通小麦产量	千克/人	249.38	260.29	(三)育种、育苗			
2.优质小麦产量	千克/人	92.01	89.58	#林木种子产量	千克/人	0.01	
3.小麦种子产量	千克/人	3.83	1.49	树苗	株/人	4.74	15.59
4.普通稻谷产量	千克/人	4.38	4.39	三、牧业			
5.优质稻谷产量	千克/人	1.71	2.51	(一)畜禽肉产量(出售、自宰)	千克/人	63.59	61.36
6.稻谷种子产量	千克/人			1.畜肉产量	千克/人	40.07	32.86
7.普通玉米产量	千克/人	289.71	285.62	(1)肉猪头数	头/人	0.38	0.31
8.优质玉米产量	千克/人	93.61	100.63	肉猪肉产量	千克/人	30.93	23.92
9.玉米种子产量	千克/人	3.07	1.19	(2)菜羊只数	只/人	0.13	0.15
10.高粱产量	千克/人	0.53	0.59	菜羊肉产量	千克/人	2.15	2.30
11.谷子产量	千克/人	0.80	0.54	(3)肉牛头数	头/人	0.04	0.04
12.青稞产量	千克/人	0.02		肉牛肉产量	千克/人	6.49	6.50
13.其他谷物产量	千克/人	0.40	0.60	(4)其他牲畜头数	头/人	0.01	
14.其他种子产量	千克/人		0.02	其他牲畜肉产量	千克/人	0.49	0.14
(二)薯类产量	千克/人	23.33	13.15	2.家禽肉产量	千克/人	23.52	28.50
(三)豆类产量	千克/人	8.20	5.83	(1)鸡只数	只/人	10.09	13.54
(四)棉花产量	千克/人	47.58	55.58	鸡的肉产量	千克/人	20.13	24.13
(五)油料产量	千克/人	44.04	40.26	(2)鸭只数	只/人	1.61	2.50
#花生产量	千克/人	43.69	39.80	鸭的肉产量	千克/人	3.18	4.28
(六)麻类产量	千克/人	0.06	0.11	(3)鹅只数	只/人	0.04	0.01
(七)糖料产量	千克/人	0.14		鹅的肉产量	千克/人	0.15	0.03
(八)烟草产量	千克/人	1.81	0.93	(4)其他家禽只数	只/人	0.03	0.02
(九)蔬菜产量	千克/人	400.26	399.18	其他家禽的肉产量	千克/人	0.07	0.06
(十)花卉、园艺	千克/人	25.42	4.05	(二)蛋类产量	千克/人	13.85	9.82
(十一)瓜果类产量	千克/人	85.80	79.90	1.鸡蛋产量	千克/人	13.25	8.35
(十二)园林水果产量	千克/人	108.66	107.82	2.鸭蛋产量	千克/人	0.14	1.22
#苹果产量	千克/人	64.22	68.22	3.种蛋产量	千克/人	0.02	0.15
桃产量	千克/人	24.62	17.74	4.其他蛋产量	千克/人	0.44	0.10
(十三)香料产量	千克/人	0.01		(三)皮产量	张/人	0.09	0.15
(十四)中药材(人工种植)产量	千克/人	0.73	0.75	(四)毛、绒产量	千克/人	0.05	0.02
(十五)其他种植业产品	千克/人	1.58	1.52	(五)奶类产量	千克/人	7.86	9.52
(十六)野生植物采集	千克/人	0.28	0.02	(六)仔、幼、育肥畜、禽产品			
(十七)农作物副产品产量	千克/人	202.73	207.67	#仔猪头数	头/人	0.23	0.31
(十八)用农产品加工手工业产品	千克/人	4.59	3.43	羊羔只数	只/人	0.02	0.04
(十九)专用农产品	千克/人	0.37	0.54	牛犊只数	只/人	0.01	0.03
二、林业				仔、幼鸡只数	只/人	0.19	0.59
(一)采集的林产品				仔、幼鸭只数	只/人	0.93	2.39
1.天然林和人工林地采集的果实				(七)其他牧业产品			
#板栗产量	千克/人	2.12	1.70	#兔肉产量	千克/人	0.29	0.29
核桃产量	千克/人	0.13	0.17	蚕茧产量	千克/人	1.63	1.47
花椒产量	千克/人	0.09	0.20	四、渔业			
2.野生植物、果实			0.29	(一)海水产品			
#柴	公担/人	0.02	0.06	#鱼类产量	千克/人	0.48	0.85
草	公担/人	0.06	0.22	(二)淡水产品			
中药材(野生)产量	千克/人	0.03	0.01	#鱼类产量	千克/人	1.04	0.25

9-16 农村住户人均总收入与总支出

单位:元

类　　别	2003 年	2004 年
一、总收入	**4482.15**	**5037.52**
(一)工资性收入	1095.45	1178.32
1.在非企业组织中劳动得到收入	255.52	243.08
(1)乡村干部收入	127.70	127.22
(2)乡村教师收入	43.65	42.66
(3)行政事业单位等职工收入	84.18	73.20
2.在本乡地域内劳动得到收入	559.57	625.93
(1)在企业中劳动得到收入	370.74	410.69
a.乡镇企业收入	204.85	212.37
b.其他企业收入	165.89	198.32
(2)在国家投资基建项目得到收入	4.54	4.14
(3)提供其他劳务收入	184.28	211.10
3.外出从业得到收入	280.36	309.31
(1)在乡外县内从业得到收入	126.77	140.02
(2)在县外省内从业得到收入	114.35	126.48
(3)在省外国内从业得到收入	37.23	39.76
(4)在国外从业得到收入	2.01	3.05
(二)家庭经营收入	3164.68	3628.20
1.第一产业收入	2529.27	2956.59
(1)农业收入	1787.52	2103.73
A.农产品收入	1782.02	2087.97
①粮食收入	780.03	981.58
②棉花收入	259.43	277.05
③油料收入	131.51	136.44
④麻类收入	0.40	0.43
⑤糖料收入	0.06	
⑥烟草收入	12.96	6.04
⑦蔬菜收入	375.83	438.11
⑧花卉园艺收入	9.91	6.34
⑨瓜果收入	62.13	82.67
⑩园林收入	119.56	134.30
⑾茶叶和其他饮料收入	0.28	0.25
⑿香料收入	0.12	0.02
⒀中药材收入	7.00	5.95
⒁其他种植业产品收入	2.73	2.05
⒂野生植物采集收入	0.02	0.05
⒃农作物副产品收入	13.47	10.98
⒄用农产品加工手工业产品收入	6.26	5.27
⒅专用农产品收入	0.33	0.46
B.农业服务性收入	5.50	15.77
(2)林业收入	51.80	58.67
A.林业产品收入	50.81	56.84
①采集林产品收入	12.85	11.89
②竹木采伐收入	22.98	30.45
③育种、育苗收入	13.63	12.83
④林业副产品收入	0.42	0.78
⑤用林产品加工手工业产品收入	0.93	0.88
B.林业服务性收入	0.99	1.83
(3)牧业收入	668.10	769.32
A.牧业产品收入	655.62	760.23
①成龄家畜收入	341.32	358.06
# 猪收入	240.96	260.25
菜羊收入	25.06	26.75
肉牛收入	69.21	69.28
②成龄家禽收入	131.52	180.24
③蛋类收入	56.37	52.35
④皮收入	13.70	29.56
⑤毛、绒收入	1.89	1.33
⑥奶类收入	12.64	15.94
⑦仔、幼畜、禽产品收入	63.00	84.04
⑧育肥畜收入	3.21	5.19
⑨其他牧业产品收入	29.43	30.94
⑩狩猎和捕捉野生动物收入	0.32	0.70
⑾牧业副产品收入	1.62	1.82

9－16续表1

单位:元

类　　别	2003年	2004年
⑿牧业加工手工业收入	0.60	0.07
B.牧业服务性收入	12.48	9.08
(4)渔业收入	21.85	24.87
A.渔业产品收入	18.50	16.26
①海水产品收入	10.48	14.24
②淡水产品收入	7.16	1.58
③渔业副产品收入		
④渔业加工手工业产品收入	0.86	0.43
B.渔业服务性收入	3.35	8.61
2.第二产业收入	205.61	217.17
(1)工业收入	152.98	162.56
①工业产品收入	52.26	54.09
②工业服务性收入	100.72	108.47
(2)建筑业收入	52.63	54.61
①建筑业产品收入	0.96	0.90
②建筑业服务性收入	51.67	53.71
3.第三产业收入	429.79	454.44
(1)其他产品收入	1.66	2.69
(2)第三产业服务性收入	428.13	451.74
①交通、运输、邮电业收入	140.80	148.94
②批零贸易业、饮食业收入	156.09	171.88
③社会服务业收入	41.92	48.93
④文教卫生业收入	11.41	8.80
⑤其他行业收入	77.91	73.19
(三)财产性收入	63.92	64.92
1.利　息	8.70	8.96
2.集体分配股息和红利	0.64	0.56
3.其他股息和红利	1.86	1.95
4.租金(包括农业机械)	9.51	10.29
5.出让无形资产净收入	0.02	0.03
6.储蓄性保险投资收入	0.53	0.70
7.土地征用补偿收入	18.22	18.37
8.转让承包土地经营权收入	2.02	2.16
9.其他投资收益	0.50	0.79
10.其　他	21.91	21.10
(四)转移性收入	158.10	166.08
#1.家庭非常住人口寄回和带回收入	31.79	30.63
2.城市亲友赠送收入	20.01	19.54
3.农村亲友赠送收入	43.02	50.28
4.退耕还林还草补贴收入	0.24	0.16
5.粮食直接补贴收入		12.01
二、总支出	**3521.42**	**3999.23**
(一)家庭经营费用支出	**1059.09**	**1291.87**
1.第一产业生产费用支出	933.07	1147.88
(1)农业生产费用支出	505.75	629.76
A.农业生产资料支出	423.63	541.38
①种籽支出	38.83	41.70
②饲料支出	12.87	10.04
③其他生产资料支出	371.93	489.64
B.农业服务性支出	82.11	88.38
①农业生产雇工工资支出	9.50	9.07
②其他生产服务支出	72.61	79.31
(2)林业生产费用支出	11.81	11.25
A.林业生产资料支出	10.13	9.44
①饲料支出	0.20	0.60
②其他生产资料支出	9.94	8.83
B.林业服务性支出	1.68	1.81
①林业生产雇工工资支出	0.40	0.24
②其他生产服务支出	1.28	1.58
(3)牧业生产费用支出	408.55	502.82
A.牧业生产资料支出	388.10	488.95
①饲料支出	293.20	382.25
②其他生产资料支出	94.90	106.69
B.牧业服务性支出	20.45	13.87
①牧业生产雇工工资支出	1.01	0.60
②其他生产服务支出	19.44	13.27

9－16续表2 单位:元

类别	2003年	2004年
(4)渔业生产费用支出	6.96	4.05
A.渔业生产资料支出	6.51	3.64
①饲料支出	4.32	0.93
②其他生产资料支出	2.19	2.72
B.渔业服务性支出	0.45	0.41
①渔业生产雇工工资支出		
②其他生产服务支出	0.45	0.41
2.第二产业生产费用支出	49.46	57.97
(1)工业生产费用支出	42.63	53.63
A.工业生产资料支出	39.55	41.92
# 原料支出	32.88	37.93
燃料支出	1.42	0.63
B.工业服务性支出	3.08	11.71
①工业生产雇工工资支出	0.43	1.91
②其他生产服务支出	2.65	9.81
(2)建筑业生产费用支出	6.83	4.35
A.建筑业生产资料支出	3.23	1.68
# 原料支出	2.69	0.48
燃料支出	0.06	0.01
B.建筑业服务性支出	3.60	2.67
①建筑业生产雇工工资支出	2.84	2.00
②其他生产服务支出	0.76	0.67
3.第三产业生产费用支出	76.56	86.02
(1)交通运输邮电业生产费用支出	24.36	25.39
A.交通运输邮电业生产资料支出	15.84	13.65
# 燃料支出	13.61	12.85
B.交通运输邮电业服务性支出	8.52	11.74
①交通运输邮电业生产雇工工资支出	0.40	3.40
②其他生产服务支出	8.13	8.34
(2)批零贸易餐饮业生产费用支出	38.41	44.62
A.批零贸易餐饮业生产资料支出	19.03	17.31
# 原料支出	13.31	13.62
燃料支出	0.87	0.81
B.批零贸易餐饮业服务性支出	19.39	27.31
①批零贸易餐饮业生产雇工工资支出	11.18	15.02
②其他生产服务支出	8.21	12.29
(3)社会服务业生产费用支出	6.52	11.02
A.社会服务业生产资料支出	2.43	4.91
# 原料支出	1.66	3.76
燃料支出	0.58	0.50
B.社会服务业服务性支出	4.09	6.10
①社会服务业生产雇工工资支出	2.94	4.81
②其他生产服务支出	1.15	1.29
(4)文教卫生业生产费用支出	1.80	0.93
A.文教卫生业生产资料支出	0.06	0.05
# 原料支出	0.05	0.01
燃料支出	0.01	0.03
B.文教卫生业服务性支出	1.74	0.88
①文教卫生业生产雇工工资支出	0.56	0.54
②其他生产服务支出	1.18	0.34
(5)其他行业生产费用支出	5.46	4.06
A.其他行业生产资料支出	2.82	2.07
# 原料支出	1.87	1.34
燃料支出	0.57	0.53
B.其他行业服务性支出	2.64	1.99
①其他行业生产雇工工资支出	0.78	0.84
②其他生产服务支出	1.85	1.15
(二)购置生产性固定资产支出	83.78	107.74
(三)建、造生产性固定资产雇工支出	1.28	1.04
(四)税费支出	117.44	69.91
1.第一产业税	87.13	41.96
2.第二产业税	0.62	0.52
(1)工业生产纳税	0.38	0.38
(2)建筑业生产纳税	0.24	0.14

9－16续表3　　　　单位:元

类　　　别	2003年	2004年
3.第三产业税	3.95	3.46
4.其他各种收费	25.73	23.97
(五)生活消费支出	2133.20	2389.27
#服务性支出	658.10	699.18
1.食品消费支出	891.82	1000.13
A.食品消费品支出	784.19	892.66
(1)谷　物	216.22	287.20
(2)薯　类	8.60	7.14
(3)豆　类	8.83	9.55
(4)食用油	51.18	46.94
(5)蔬菜及制品	101.86	117.37
(6)肉、禽、蛋、奶及制品	174.00	197.87
(7)水产品及制品	27.50	28.43
(8)烟、酒	93.97	133.11
(9)茶叶、饮料	10.67	11.66
(10)其它类食品	91.36	53.39
B.食品消费服务性支出	107.62	107.47
(1)在外饮食	97.28	98.05
(2)食品加工费	6.69	6.56
(3)其他服务性支出	3.65	2.85
2.衣着消费支出	134.30	139.18
A.衣着消费品支出	132.32	137.44
(1)服　装	73.43	80.07
(2)服装材料	11.34	11.79
(3)鞋　类	32.77	35.79
(4)其　他	14.78	9.79
B.衣着消费服务性支出	1.98	1.73
(1)衣着加工费	1.53	1.38
(2)其他服务性支出	0.45	0.35
3.居住消费支出	341.69	365.97
A.居住消费品支出	257.04	268.09
(1)建筑生活用房材料	132.32	150.57
(2)维修生活用房材料	10.72	11.48
(3)装修生活用房材料	14.51	20.60
(4)生活用房	40.40	21.32
(5)生活用燃料	59.10	64.12
B.居住消费服务性支出	84.64	97.88
(1)建筑、维修生活用房雇工工资	34.37	42.51
(2)房　租	3.12	2.59
(3)生活用水	2.31	2.21
(4)生活用电	33.85	38.16
(5)清洁费、卫生费	0.17	0.18
(6)其他服务性支出	10.83	12.24
4.家庭设备、用品消费支出	92.17	110.12
A.家庭设备用品消费品支出	87.51	104.46
(1)日用品	32.90	36.53
(2)床上用品	6.91	7.69
(3)室内装饰品	2.13	2.39
(4)家俱类	20.92	26.68
(5)机电设备	24.65	31.18
B.家庭设备用品服务性消费支出	4.66	5.66
(1)家庭设备修理费	1.99	2.20
(2)日杂用品加工修理费	1.26	1.70
(3)家政服务费	0.40	0.61
(4)其他服务性支出	1.01	1.15
5.交通和通讯消费支出	187.03	221.93
A.交通和通讯用品支出	85.82	108.49
(1)交通工具	54.59	69.23
(2)交通工具用燃料	14.08	17.45
(3)交通工具用零配件	3.36	2.80
(4)通讯工具	13.70	18.91
(5)通讯工具用零配件	0.10	0.10
B.交通和通讯服务消费支出	101.20	113.44
(1)交通消费服务支出	32.83	34.63

9－16续表4 单位:元

类 别	2003年	2004年
①交通客运费	22.44	23.58
②生活物品货运费	0.54	0.24
③交通工具修理费	6.79	8.22
④其他(过路过桥费等)服务性支出	3.06	2.59
(2)通讯消费服务支出	68.37	78.81
①邮寄费	0.65	0.57
②通讯费	66.86	77.39
③通讯工具修理费	0.49	0.34
④其 他	0.37	0.52
6.文化教育、娱乐消费支出	291.33	298.23
A.文化教育、娱乐用品消费支出	48.35	56.03
(1)文教、娱乐用机电消费品	29.24	36.39
(2)书、报、杂志	9.01	9.06
(3)纸张、文具	2.69	2.83
(4)音像制品	0.47	0.65
(5)电脑软件	0.03	0.02
(6)体育用品	0.17	0.18
(7)计算机零配件及耗材	0.01	0.02
(8)鲜 花	0.13	0.16
(9)娱乐用品	3.29	3.21
(10)其他用品	3.31	3.51
B.教育服务消费支出	235.12	225.06
(1)托儿费	2.54	1.99
(2)幼儿园赞助费	0.44	0.47
(3)学杂费	215.31	202.81
(4)入学赞助费	5.95	6.88
(5)私立学校就读费	1.83	2.23
(6)成人培训费	4.54	5.78
(7)教育设备修理费	0.02	0.06
(8)其他服务性支出	4.49	4.84
C.文化、体育、娱乐服务消费支出	7.86	17.13
(1)旅 游	1.69	1.76
(2)休闲娱乐费	1.62	2.39
(3)文化、体育、娱乐用品修理费	0.60	0.78
(4)其他服务性支出	3.95	12.20
7.医疗保健消费支出	138.80	155.85
A.医疗保健用品	64.71	66.01
(1)医疗卫生用品	60.92	62.33
①药 品	59.48	60.73
②医疗卫生器械	0.78	0.68
③其他医疗卫生用品	0.66	0.92
(2)保健用品	3.79	3.68
①药品类保健品	0.96	0.65
②保健器材	2.83	3.03
B.医疗保健服务消费支出	74.10	89.84
(1)医疗费	70.15	85.73
(2)医疗设备修理费	0.04	0.03
(3)保健费	2.29	2.79
(4)保健设备修理费	0.02	0.01
(5)其他服务性支出	1.60	1.27
8.其他商品和服务消费支出	56.07	97.85
A.其他商品支出	15.16	56.90
(1)首 饰	1.60	2.13
(2)手 表	0.41	0.46
(3)化妆品	1.57	2.09
(4)迷信、宗教用品	2.78	2.88
(5)其 他	8.81	49.34
B.其他消费服务支出	40.91	40.95
(1)旅馆住宿费	0.39	0.22
(2)美容美发	1.92	2.45
(3)殡殓费	6.87	5.28
(4)生活消费借贷利息	0.18	0.17
(5)其他服务性支出	31.55	32.83
(六)财产性支出	17.24	13.36
1.宅基地有偿使用费	3.70	1.73
2.承包其他农户转让费	4.18	5.98

9－16续表5　　　　单位:元

类　　别	2003年	2004年
3.其　他	9.36	5.66
(七)转移性支出	109.39	126.03
#1.寄给带给家庭非常人口	12.15	32.94
2.赠送农村亲友	62.76	52.23
3.赠送城市亲友	6.41	4.13
三、全年纯收入	**3150.49**	**3507.43**
(一)工资性收入	1095.45	1178.32
1.在非企业组织中劳动得到收入	255.52	243.08
(1)乡村干部收入	127.70	127.22
(2)乡村教师收入	43.65	42.66
(3)行政事业单位等职工收入	84.18	73.20
2.在本乡地域内劳动得到收入	559.57	625.93
(1)在企业中劳动得到收入	370.74	410.69
a.乡镇企业收入	204.85	212.37
b.其他企业收入	165.89	198.32
(2)在国家投资基建项目得到收入	4.54	4.14
(3)提供其他劳务收入	184.28	211.10
3.外出从业得到收入	280.36	309.31
(1)在乡外县内从业得到收入	126.77	140.02
(2)在县外省内从业得到收入	114.35	126.48
(3)在省外国内从业得到收入	37.23	39.76
(4)在国外从业得到收入	2.01	3.05
(二)家庭经营纯收入	1874.45	2147.47
1.第一产业纯收入	1398.34	1654.48
(1)农业收入	1124.02	1347.81
(2)林业收入	37.89	46.43
(3)牧业收入	222.19	240.11
(4)渔业收入	14.23	20.13
2.非农产业纯收入	476.11	493.00
A.第二产业纯收入	148.61	150.52
(1)工业收入	104.51	102.60
(2)建筑业收入	44.11	47.92
B.第三产业纯收入	327.50	342.48
(1)交通、运输、邮电业收入	102.13	108.13
(2)批零贸易业、饮食业收入	112.70	121.91
(3)社会服务业收入	34.37	36.79
(4)文教卫生业收入	8.73	7.40
(5)其他行业收入	69.57	68.24
(三)财产性纯收入	63.92	64.92
1.利　息	8.70	8.96
2.集体分配股息和红利	0.64	0.56
3.其他股息和红利	1.86	1.95
4.租金(包括农业机械)	9.51	10.29
5.出让无形资产净收入	0.02	0.03
6.储蓄性保险投资收入	0.53	0.70
7.土地征用补偿收入	18.22	18.37
8.转让承包土地经营权收入	2.02	2.16
9.其他投资收益	0.50	0.79
10.其　他	21.91	21.10
(四)转移性纯收入	116.67	116.71
1.家庭非常住人口寄回和带回	31.79	30.63
2.城市亲友赠送	20.01	19.54
3.离退休金、养老金	17.21	17.09
4.城市亲友支付赡养费	2.62	2.83
5.农村亲友支付赡养费	4.15	4.98
6.救济金	0.48	0.58
7.抚恤金	1.45	1.21
8.灾　款	0.21	0.04
9.报销医疗费	0.52	0.44
10.退　税	0.16	0.12
11.退耕还林还草补贴	0.24	0.16
12.无偿扶贫或扶持款	0.28	0.51
13.得到赔款	4.43	5.73
14.其　他	33.11	32.84
全年现金纯收入	**2742.76**	**3007.83**
全年实物纯收入	**407.73**	**499.59**

9－17 农村住户人均现金收支情况

单位:元

类　　别	2003 年	2004 年
一、期内现金收入	**3887.25**	**4321.95**
（一）工资性收入	1089.32	1175.63
1.在非企业组织中劳动得到收入	254.16	241.99
（1）乡村干部收入	126.58	126.64
（2）乡村教师收入	43.47	42.65
（3）行政事业单位等职工收入	84.11	72.70
2.在本乡地域内劳动得到收入	557.79	624.51
（1）在企业中劳动得到收入	369.85	409.95
a.乡镇企业收入	203.95	211.63
b.其他企业收入	165.89	198.32
（2）在国家投资基建项目得到收入	4.46	4.14
（3）提供其他劳务收入	183.48	210.42
3.外出从业得到收入	277.37	309.13
（1）在乡外县内从业得到收入	124.30	139.92
（2）在县外省内从业得到收入	114.06	126.47
（3）在省外国内从业得到收入	37.00	39.68
（4）在国外从业得到收入	2.01	3.05
（二）家庭经营现金收入	2597.03	2939.71
1.第一产业现金收入	1961.83	2268.18
（1）农业现金收入	1230.15	1417.11
①出售农产品收入	1224.65	1401.35
②农业服务性收入	5.50	15.76
a.经营水利灌溉系统收入	0.62	2.05
b.农产品初加工收入	1.62	4.09
c.提供机械和操作人收入	1.72	6.28
d.其他服务收入	1.54	3.34
（2）林业现金收入	49.87	55.16
①出售林业产品收入	48.88	53.33
②林业服务性收入	0.99	1.83
（3）牧业现金收入	659.81	764.64
①出售牧业产品收入	647.34	755.58
②牧业服务性收入	12.47	9.06
（4）渔业现金收入	22.00	31.27
①出售渔业产品收入	18.65	22.66
②渔业服务性收入	3.35	8.61
2.第二产业现金收入	205.59	217.17
（1）工业收入	152.98	162.56
①出售工业产品收入	52.26	54.09
②工业服务性收入	100.72	108.47
（2）建筑业收入	52.61	54.61
①出售建筑业产品收入	0.96	0.90
②建筑业服务性收入	51.65	53.71
3.第三产业现金收入	429.61	454.35
①出售其他产品收入	1.66	2.69
②第三产业服务性现金收入	427.95	451.66
a.交通、运输、邮电业收入	140.80	148.94
b.批零贸易业、饮食业收入	156.09	171.88
c.社会服务业收入	41.92	48.93
d.文教卫生业收入	11.41	8.80
e.其他行业收入	77.72	73.11
（三）财产性收入	49.35	48.69
1.利　息	8.70	8.96
2.集体分配股息和红利	0.64	0.56
3.其他股息和红利	1.86	1.95
4.租金（包括农业机械）	9.51	10.29
5.出让无形资产净收入	0.02	0.03
6.储蓄性保险投资收入	0.53	0.70
7.土地征用补偿收入	18.22	18.37
8.转让承包土地经营权收入	2.02	2.16
9.其他投资收益	0.50	0.79

9－17续表1

单位:元

类　　别	2003年	2004年
10.其　他	7.34	4.86
(四)转移性收入	151.56	157.93
1.家庭非常住人口寄回和带回	30.68	30.19
2.城市亲友赠送	19.35	18.89
3.农村亲友赠送	38.74	43.96
4.离退休金、养老金	17.21	17.09
5.城市亲友支付赡养费	2.62	2.83
6.农村亲友支付赡养费	4.15	4.98
7.救济金	0.18	0.58
8.抚恤金	1.45	1.21
9.救灾款	0.21	0.04
10.报销医疗费	0.52	0.44
11.退　税	0.16	0.12
12.退耕还林还草补贴	0.24	0.16
13.无偿扶贫或扶持款	0.28	0.51
14.得到赔款	4.43	5.73
15.其　他	31.04	31.19
二、非收入现金所得	**540.31**	**600.15**
(一)非借贷性现金所得	85.78	120.04
1.保险赔款	0.55	0.91
2.出售财物	22.98	45.87
3.出售役畜、产品畜	3.98	1.31
4.彩票中奖所得	0.29	0.09
5.调查补贴	23.63	24.73
6.一次性工伤补贴	1.03	
7.婚、丧、嫁、娶礼金	30.61	41.93
8.其他(包括赌博所得)	2.70	5.19
(二)借贷性现金所得	454.53	480.11
1.银行、信用社贷款	47.07	61.26
2.借入款	150.54	149.89
3.收回借出款	49.16	46.17
4.取回存款	202.77	220.82
5.兑换债券(本金)	0.93	0.20
6.出售股票	0.08	
7.兑换其他有价证券(本金)		0.82
8.收回其他投资款	2.67	0.42
9.其　他	1.31	0.52
三、期内现金支出	**3087.77**	**3483.50**
(一)生产费用支出	1018.35	1251.24
1.家庭经营费用支出	933.29	1142.46
(1)第一产业生产费用支出	808.98	1000.01
①农业生产费用支出	464.48	583.85
a.购买农业生产资料	382.36	495.46
b.农业生产雇工工资	9.50	9.07
c.其他生产服务支出	72.61	79.31
#借、贷款利息	0.94	0.59
排灌费	12.22	10.68
机耕费	21.60	25.13
修理费	4.06	6.06
电　费	7.64	6.32
②林业生产费用支出	11.81	11.26
a.购买林业生产资料	10.13	9.44
b.林业生产雇工工资	0.40	0.24
c.其他生产服务支出	1.28	1.58
#借、贷款利息	0.07	0.02
修理费	0.05	0.02
电　费	0.05	0.02
③牧业生产费用支出	325.73	400.86
a.购买牧业生产资料	305.28	386.99
b.牧业生产雇工工资	1.01	0.60

9-17续表2 单位:元

类别	2003年	2004年
c.其他生产服务支出	19.44	13.27
#借、贷款利息	0.51	0.95
畜、禽防疫	2.45	1.41
修理费	0.25	0.12
电　费	0.67	0.53
④渔业生产费用支出	6.96	4.05
a.购买渔业生产资料	6.51	3.64
b.渔业生产雇工工资		
c.其他生产服务支出	0.45	0.41
#借、贷款利息	0.02	
修理费	0.06	0.02
电　费	0.01	0.01
(2)第二产业生产费用支出	48.79	57.84
①工业生产费用支出	41.96	53.50
a.购买工业生产资料	38.88	41.79
b.工业生产雇工工资	0.43	1.91
c.其他生产服务支出	2.65	9.81
#借、贷款利息	0.21	0.44
修理费	0.12	0.34
电　费	1.66	2.93
②建筑业生产费用支出	6.83	4.35
a.购买建筑业生产资料	3.23	1.68
b.建筑业生产雇工工资	2.84	2.00
c.其他生产服务支出	0.76	0.67
#借、贷款利息	0.01	
修理费	0.07	0.21
电　费	0.19	0.01
(3)第三产业生产费用支出	75.53	84.61
①交通运输邮电业生产费用支出	24.36	25.39
a.购买交通运输邮电业生产资料	15.83	13.65
b.交通运输邮电业生产雇工工资	0.40	3.40
c.其他生产服务支出	8.13	8.34
#借、贷款利息	0.00	0.16
修理费	4.18	3.59
电　费		0.04
②批零贸易餐饮业生产费用支出	37.39	43.20
a.购买批零贸易餐饮业生产资料	18.00	15.90
b.批零贸易餐饮业生产雇工工资	11.18	15.02
c.其他生产服务支出	8.21	12.29
#借、贷款利息	0.20	0.98
电　费	0.17	0.19
③社会服务业生产费用支出	6.52	11.02
a.购买社会服务业生产资料	2.43	4.91
b.社会服务业生产雇工工资	2.94	4.81
c.其他生产服务支出	1.15	1.29
#借、贷款利息	0.08	0.01
电　费	0.28	0.69
④文教卫生业生产费用支出	1.80	0.93
a.购买文教卫生业生产资料	0.06	0.05
b.文教卫生业生产雇工工资	0.56	0.54
c.其他生产服务支出	1.18	0.34
#借、贷款利息	0.21	0.12
电　费		
⑤其他行业生产费用支出	5.46	4.06
a.购买其他行业生产资料	2.82	2.07
b.其他行业生产雇工工资	0.78	0.84
c.其他生产服务支出	1.85	1.15
#借、贷款利息	0.18	0.06
电　费	0.11	0.10
2.购置生产性固定资产支出	83.78	107.74
(1)购置建筑生产用建筑物材料	17.44	17.25
(2)购买生产用房	0.10	1.07

类　　别	2003年	2004年
(3)购买役畜、产品畜	9.86	7.39
(4)购买农林牧渔业机械	31.83	34.38
(5)购买工业机械	0.51	3.22
(6)购买运输机械	17.90	37.68
(7)购买其他生产性固定资产	6.14	6.75
3.建、造生产性固定资产雇工支出	1.28	1.04
(二)税费支出	116.35	69.14
1.第一产业税	86.27	41.22
2.第二产业税	0.43	0.52
(1)工业生产纳税	0.38	0.38
(2)建筑业生产纳税	0.05	0.14
3.第三产业生产纳税	3.95	3.46
4.其他各种收费	25.70	23.93
(三)生活消费支出	1827.57	2024.82
#服务性支出	658.10	699.18
1.食品消费支出	596.26	642.00
a.购买食品支出	488.64	534.53
(1)谷　物	29.33	40.83
(2)薯　类	3.02	3.03
(3)豆　类	5.02	4.76
(4)食用油	34.54	41.88
(5)蔬菜及制品	46.20	54.28
(6)肉、禽、蛋、奶及制品	152.78	184.50
(7)水产品及制品	27.30	28.42
(8)烟、酒	93.97	133.07
(9)茶叶、饮料	10.60	11.58
(10)其它类食品	85.88	32.17
b.食品消费服务性支出	107.62	107.47
(1)在外饮食	97.28	98.05
(2)食品加工费	6.69	6.56
(3)其他服务	3.65	2.85
2.衣　着	133.13	137.27
a.购买衣着支出	131.15	135.53
(1)服装	73.43	80.07
(2)服装材料	10.17	9.88
(3)鞋　类	32.77	35.79
(4)其　他	14.78	9.79
b.衣着消费服务性支出	1.98	1.73
(1)衣着加工费	1.53	1.38
(2)其他服务	0.45	0.35
3.居　住	332.79	361.71
a.购买居住消费品支出	248.14	263.83
(1)购买建筑生活用房材料	129.51	150.52
(2)购买维修生活用房材料	10.72	11.48
(3)装修生活用房材料	14.51	20.60
(4)购买生活用房	40.40	21.32
(5)购买生活用燃料	53.02	59.90
b.居住消费服务性支出	84.64	97.88
(1)建筑、维修生活用房雇工工资	34.37	42.51
(2)房　租	3.12	2.59
(3)生活用水	2.31	2.21
(4)生活用电	33.85	38.16
(5)清洁费、卫生费	0.17	0.18
(6)其　他	10.83	12.24
4.家庭设备、用品及服务	92.17	110.01
a.购买家庭设备、用品支出	87.51	104.35
(1)日用品	32.90	36.53
(2)床上用品	6.91	7.57
(3)室内装饰品	2.13	2.39
(4)家俱类	20.92	26.68

9－17 续表 4　　　　单位:元

类　　别	2003 年	2004 年
(5)机电设备	24.65	31.18
b.家庭设备服务消费支出	4.66	5.66
(1)家庭设备修理费	1.99	2.20
(2)日杂用品加工修理费	1.26	1.70
(3)家政服务费	0.40	0.61
(4)其　他	1.01	1.15
5.交通和通讯	187.03	221.93
a.购买交通和通讯用品支出	85.82	108.49
(1)交通工具	54.59	69.23
(2)交通工具用燃料	14.08	17.45
(3)交通工具用零配件	3.36	2.80
(4)通讯工具	13.70	18.91
(5)通讯工具用零配件	0.10	0.10
b.交通和通讯服务消费支出	101.20	113.44
(1)交通服务支出	32.83	34.63
①交通客运费	22.44	23.58
②生活物品货运费	0.54	0.24
③交通工具修理费	6.79	8.22
④其他(过路过桥费等)	3.06	2.59
(2)通讯服务支出	68.37	78.81
①邮寄费	0.65	0.57
②通讯费	66.86	77.39
③通讯工具修理费	0.49	0.34
④其　他	0.37	0.52
6.文化教育、娱乐用品及服务	291.33	298.23
a.购买文化教育、娱乐用品	48.35	56.03
(1)文教、娱乐用机电消费品	29.24	36.39
(2)书、报、杂志	9.01	9.06
(3)纸张、文具	2.69	2.83
(4)音像制品	0.47	0.65
(5)电脑软件	0.03	0.02
(6)体育用品	0.17	0.18
(7)计算机零配件及耗材	0.01	0.02
(8)鲜　花	0.13	0.16
(9)娱乐用品	3.29	3.21
(10)其他用品	3.31	3.51
b.教育服务消费	235.12	225.06
(1)托儿费	2.54	1.99
(2)幼儿园赞助费	0.44	0.47
(3)学杂费	215.31	202.81
(4)入学赞助费	5.95	6.88
(5)私立学校就读费	1.83	2.23
(6)成人培训费	4.54	5.78
(7)教育设备修理费	0.02	0.06
(8)其　他	4.49	4.84
c.文化、体育、娱乐服务消费	7.86	17.13
(1)旅　游	1.69	1.76
(2)休闲娱乐费	1.62	2.39
(3)文化、体育、娱乐用品修理费	0.60	0.78
(4)其　他	3.95	12.20
7.医疗保健	138.80	155.85
a.购买医疗保健用品	64.71	66.01
(1)购买医疗卫生用品	60.92	62.33
①药　品	59.48	60.73
②医疗卫生器械	0.78	0.68
③其他医疗卫生用品	0.66	0.92
(2)保健用品	3.79	3.68
①药品类保健品	0.96	0.65
②保健器材	2.83	3.03
b.医疗保健服务消费支出	74.10	89.84

9－17续表5 单位:元

类　　别	2003年	2004年
(1)医疗费	70.15	85.73
(2)医疗设备修理费	0.04	0.03
(3)保健费	2.29	2.79
(4)保健设备修理费	0.02	0.01
(5)其　他	1.60	1.27
8.其他商品和服务	56.07	97.82
a.购买其他商品支出	15.16	56.87
(1)首　饰	1.60	2.13
(2)手　表	0.41	0.46
(3)化妆品	1.57	2.09
(4)迷信、宗教用品	2.78	2.88
(5)其　他	8.81	49.31
b.其他消费服务支出	40.91	40.95
(1)旅馆住宿费	0.39	0.22
(2)美容美发	1.92	2.45
(3)殡殓费	6.87	5.28
(4)生活消费借贷利息	0.18	0.17
(5)其他服务	31.55	32.83
(四)财产性支出	17.24	13.36
1.宅基地有偿使用费	3.70	1.73
2.承包其他农户转让	4.18	5.98
3.其　他	9.36	5.66
(五)转移性支出	108.25	124.93
1.寄给带给家庭非常人口现金	12.15	32.94
2.赠送农村亲友	61.66	51.15
3.赠送城市亲友	6.38	4.12
4.交纳医疗保险	2.54	5.52
5.交纳社会保障基金	6.62	10.19
6.购买非储蓄性保险	6.65	7.40
7.赡养费	4.78	5.82
8.其他直接税	0.74	0.88
9.捐　赠	0.84	1.28
10.罚款、赔款	1.40	0.94
11.其　他	4.49	4.69
四、非消费性支出	**709.99**	**804.81**
(一)非借贷性支出	84.63	106.87
1.购买彩票	0.33	0.46
2.婚、丧、嫁、娶支出	79.88	102.39
3.交纳党费、团费	0.81	1.09
4.迷信、宗教活动捐赠	1.55	0.34
5.其　他	2.05	2.58
(二)储蓄、借贷性支出	625.36	697.94
1.归还银行、信用社	32.30	41.03
2.借出款	54.83	64.28
3.归还借款	109.62	117.03
4.存　款	423.28	471.99
5.购债券	0.10	0.01
6.购买储蓄性保险	2.10	1.75
7.购买股票	0.13	
8.其　他	3.01	1.84
五、期末金融资产余额	**2917.51**	**3487.49**
1.手存现金	793.04	864.00
2.存款余额	2087.43	2602.66
3.债券价值款	8.94	5.33
4.股票价值金	10.19	1.69
5.其他金融资产价值其他	17.91	13.81
六、期末债务余额	**191.35**	**153.09**
1.银行、信用社贷款	52.08	59.87
2.乡村集体组织、企业借款	7.33	8.61
3.个人借(欠)款	126.66	82.02
4.其　他	5.28	2.58

9－18 农村居民出售产品情况

类别	单位	2003 年	2004 年
一、农　业			
(一)谷物数量	千克/人	383.99	350.09
金　额	元/人	400.81	470.83
1.出售普通小麦数量	千克/人	110.74	108.72
出售普通小麦金额	元/人	115.76	162.55
2.出售优质小麦数量	千克/人	33.18	32.66
出售优质小麦金额	元/人	34.80	49.57
3.出售小麦种子数量	千克/人	3.49	1.59
出售小麦种子金额	元/人	4.23	2.94
4.出售普通稻谷数量	千克/人	4.17	2.97
出售普通稻谷金额	元/人	4.67	4.80
5.出售优质稻谷数量	千克/人	1.79	1.47
出售优质稻谷金额	元/人	2.46	2.75
6.出售稻谷种子数量	千克/人	0.07	
出售稻谷种子金额	元/人	0.07	
7.出售普通玉米数量	千克/人	175.36	154.43
出售普通玉米金额	元/人	178.63	187.09
8.出售优质玉米数量	千克/人	51.64	46.58
出售优质玉米金额	元/人	53.76	57.49
9.出售玉米种子数量	千克/人	2.69	1.02
出售玉米种子金额	元/人	5.54	2.64
10.出售高粱数量	千克/人	0.31	0.19
出售高粱金额	元/人	0.27	0.19
11.出售谷子数量	千克/人	0.21	0.13
出售谷子金额	元/人	0.28	0.28
(二)出售薯类数量	千克/人	6.67	7.66
出售薯类金额	元/人	10.14	16.50
(三)出售豆类数量	千克/人	3.66	2.55
出售豆类金额	元/人	9.41	8.00
(四)出售棉花数量	千克/人	33.48	36.65
出售棉花金额	元/人	191.47	194.16
(五)出售油料数量	千克/人	25.25	18.85
出售油料金额	元/人	80.70	69.32
(六)出售麻类数量	千克/人	0.05	0.10
出售麻类金额	元/人	0.30	0.41
(七)出售糖料数量	千克/人	0.14	
出售糖料金额	元/人	0.06	
(八)出售烟草数量	千克/人	1.27	0.93
出售烟草金额	元/人	9.49	6.04
(九)出售蔬菜数量	千克/人	330.07	344.02
出售蔬菜金额	元/人	327.68	397.31
(十)出售花卉、园艺金额	元/人	9.91	6.34
(十一)出售瓜类数量	千克/人	81.99	76.99
出售瓜类金额	元/人	60.04	80.23
(十二)出售园林水果数量	千克/人	92.57	104.55
出售园林水果金额	元/人	103.89	132.02
#1.出售苹果数量	千克/人	52.37	67.36
出售苹果金额	元/人	55.22	81.89
2.出售梨数量	千克/人	1.08	4.19
出售梨金额	元/人	1.03	4.98
3.出售葡萄数量	千克/人	5.90	6.24
出售葡萄金额	元/人	8.07	9.61
4.出售桃数量	千克/人	23.35	16.74
出售桃金额	元/人	23.58	19.01
5.出售杏数量	千克/人	1.34	1.31
出售杏金额	元/人	2.32	2.63
6.出售枣数量	千克/人	0.71	0.54
出售枣金额	元/人	5.19	3.50
7.出售柿子数量	千克/人	2.03	2.23
出售柿子金额	元/人	2.23	2.59
(十三)出售茶叶和其他饮料金额	元/人	0.21	0.17
(十四)出售中药材数量	千克/人	0.60	0.70
出售中药材金额	元/人	5.91	5.54
(十五)出售其他种植业产品金额	元/人	2.73	2.05
(十六)出售采集野生植物金额	元/人	0.02	0.03
(十七)出售农作物副产品数量	千克/人	18.41	21.58
出售农作物副产品金额	元/人	5.19	6.67
(十八)出售手工业产品金额	元/人	6.26	5.27
(十九)出售专用农产品金额	元/人	0.33	0.46
二、林　业			
(一)出售采集林产品金额	元/人	11.95	11.02
1.出售天然林和人工林地采集果实	元/人	11.41	10.50
2.出售采集野生植物和果实金额	元/人	0.54	0.51
(二)出售竹木金额	元/人	21.94	27.81
(三)出售育种、育苗金额	元/人	13.63	12.83
(四)出售林业副产品金额	元/人	0.42	0.78
(五)出售林业手工业产品金额	元/人	0.93	0.88
三、牧　业			
(一)出售肉猪及猪肉总重量	千克/人	30.46	23.97
出售肉猪及猪肉总金额	元/人	237.85	260.85
(二)出售菜羊及羊肉总重量	千克/人	2.13	2.29
出售菜羊及羊肉总金额	元/人	24.94	26.66
(三)出售肉牛及牛肉总重量	千克/人	6.63	6.56
出售肉牛及牛肉总金额	元/人	70.93	69.84
(四)出售其他活家畜及自宰畜头数	头/人		
出售其他活家畜及自宰畜肉重量	千克/人	0.32	0.14
出售其他活家畜及自宰畜肉金额	元/人	4.09	1.77
(五)出售家禽总重量	千克/人	23.73	28.32
出售家禽总金额	元/人	133.04	179.21
(六)出售蛋类的数量	千克/人	12.35	8.73
出售蛋类的金额	元/人	51.08	47.44
(七)出售畜皮数量	张/人	0.09	0.15
出售畜皮金额	元/人	13.63	29.57
(八)出售毛、绒数量	千克/人	0.02	0.02
出售毛、绒金额	元/人	1.40	1.36
(九)出售奶类数量	千克/人	8.13	9.74
出售奶类金额	元/人	13.04	16.29
(十)出售仔、幼、育肥畜禽和小动物	元/人	66.21	89.23
#仔猪数量	只/人	0.29	0.31
仔猪金额	元/人	50.50	67.98
(十一)出售其他牧业产品金额	元/人	28.56	30.78
1.出售小动物(包括自宰)金额	元/人	3.50	3.15
2.出售虫类金额	元/人		
3.出售其他畜产品金额	元/人	25.06	27.63
#蚕茧数量	千克/人	1.57	1.47
蚕茧金额	元/人	24.82	27.34
(十二)出售狩猎和捕捉野生动物	元/人	0.32	0.70
(十三)出售牧业副产品金额	元/人	1.62	1.82
(十四)出售牧业手工业产品金额	元/人	0.60	0.07
四、渔　业			
(一)出售水产品金额	元/人	17.79	22.23
a.出售海水产品金额	元/人	10.73	20.66
b.出售淡水产品金额	元/人	7.06	1.57
(二)出售渔业副产品金额	元/人		
(三)出售渔业手工业产品金额	元/人	0.86	0.43

9-19 农村居民购买商品情况

类　　别	单位	2003 年	2004 年	类　　别	单位	2003 年	2004 年
一、购买生活消费品情况				(2)购买啤酒	千克/人	5.35	6.16
(一)食品类	元/人	488.64	534.53	金　额	元/人	12.63	14.35
1.购买谷物数量	千克/人	22.83	25.01	(3)购买白酒	千克/人	5.27	5.23
购买谷物金额	元/人	29.33	40.83	金　额	元/人	35.76	65.35
2.购买薯类	千克/人	0.74	0.53	9.购买茶叶、饮料金额	元/人	10.60	11.58
金　额	元/人	3.02	3.03	#购买茶叶	千克/人	0.30	0.34
3.购买豆类	千克/人	1.90	1.48	金　额	元/人	7.89	8.20
金　额	元/人	5.02	4.76	10.购买其他种类食品金额	元/人	85.88	32.17
4.购买食用油	千克/人	4.99	5.42	#(1)购买豆制品	元/人	4.57	3.38
金　额	元/人	34.54	41.88	(2)购买调味	元/人	11.58	7.63
5.购买蔬菜及制品金额	元/人	46.20	54.28	(3)购买食糖	元/人	3.66	1.91
(1)购买蔬菜	千克/人	40.33	40.74	(4)购买西瓜	元/人	3.34	0.76
金　额	元/人	41.85	49.22	(5)购买其他果用瓜	元/人	0.49	0.22
(2)干菜及蔬菜制品金额	元/人	4.34	5.06	(6)购买水果	元/人	16.82	7.74
#购买干菜	千克/人	0.37	0.36	(7)购买坚果、果仁及制品	元/人	3.31	1.02
金　额	元/人	2.02	2.27	(8)购买糖果	元/人	2.04	0.34
6.购买肉、禽、蛋、奶及其制品金额	元/人	152.78	184.50	(9)购买糕点	元/人	14.07	2.37
#(1)购买猪肉	千克/人	6.64	6.00	(10)购买营养滋补品	元/人	3.24	0.09
金　额	元/人	63.85	76.67	(二)衣着类	元/人	131.15	135.53
(2)购买牛肉	千克/人	0.16	0.24	#1.购买服装	件/人	2.45	2.13
金　额	元/人	2.37	3.46	金　额	元/人	32.77	80.07
(3)购买羊肉	千克/人	0.19	0.28	(三)居住类	元/人	248.14	263.83
金　额	元/人	2.85	4.31	1.购买建筑生活用房材料支出	元/人	129.51	150.52
(4)购买鸡	千克/人	1.76	1.83	2.购买生活用房支出	元/人	40.40	21.32
金　额	元/人	13.58	16.20	3.购买生活用燃料	元/人	53.02	59.90
(5)购买鸭	千克/人	0.01	0.02	4.购买生活用水	吨/人	2.03	1.82
金　额	元/人	0.10	0.21	5.购买生活用电	度/人	61.49	69.20
(6)购买鲜鸡蛋	千克/人	9.08	8.31	(四)家用设备和日用品	元/人	87.51	104.35
金　额	元/人	38.69	43.86	#1.购买洗涤及卫生用品	元/人	15.41	16.67
(7)购买鲜鸭蛋	千克/人	0.06	0.04	2.购买厨具、餐具、茶具	元/人	5.19	7.05
金　额	元/人	0.26	0.24	3.购买家具及做家具材料	元/人	20.92	26.68
(8)购买鲜奶	千克/人	1.89	2.68	4.购买洗衣机	元/人	5.80	7.39
金　额	元/人	5.58	8.35	5.购买缝纫机	元/人	0.38	0.15
7.购买水产品及制品金额	元/人	27.30	28.42	6.购买电风扇	元/人	0.85	0.94
#(1)购买海水鱼类	千克/人	1.81	1.76	7.购买电冰箱	元/人	5.41	7.79
金　额	元/人	10.57	11.52	8.购买空调机	元/人	3.82	5.02
(2)购买海水虾类	千克/人	0.24	0.21	9.购买吸尘器	元/人	0.01	
金　额	元/人	5.46	3.02	10.购买抽油烟机	元/人	0.42	0.54
(3)购买淡水鱼类	千克/人	1.36	1.38	11.购买热水器	元/人	1.09	2.33
金　额	元/人	7.01	8.04	12.购买微波炉	元/人	0.08	0.25
(4)购买淡水虾类	千克/人	0.04	0.05	13.购买电饭锅	元/人	0.18	0.43
金　额	元/人	0.36	0.49	14.购买液化气炉具	元/人	1.27	1.63
8.购买烟、酒金额	元/人	93.97	133.07	(五)交通、通讯工具和用品	元/人	85.82	108.49
#(1)购买卷烟	盒/人	24.63	24.30	#1.购买自行车	元/人	6.64	6.79
金　额	元/人	43.98	51.53	2.购买电动自行车	元/人	2.48	10.98

9－19续表

类别	单位	2003年	2004年	类别	单位	2003年	2004年
3.购买摩托车	元/人	42.44	42.54	金额	元/人	32.68	36.52
4.购买汽车(生活用)	元/人	1.38	7.01	2.购买育肥周转畜	头/人	0.01	0.01
5.购买电话	元/人	2.52	1.58	金额	元/人	6.28	8.02
6.购买手机	元/人	11.09	17.19	3.仔、幼禽	元/人	11.20	14.95
(六)文化、教育、体育、娱乐用品	元/人	48.35	56.03	4.仔、幼小动物	元/人	8.41	15.48
#1.购买收录机	元/人	0.30	0.26	5.购买种蛋	千克/人	0.16	0.04
2.购买组合音响	元/人	1.31	0.64	金额	元/人	1.17	0.43
3.购买电子游戏机	元/人	0.03	0.06	6.兽药	元/人	10.61	12.30
4.购买黑白电视机	元/人	0.21	0.32	7.燃料	元/人	0.99	2.23
5.购买彩色电视机	元/人	19.12	22.29	(八)购买渔业用生产饲料	千克/人	1.65	0.41
6.购买录放像机	元/人	0.11	0.15	金额	元/人	4.32	0.93
7.购买影碟机	元/人	3.11	3.55	(九)购买渔业用生产资料	元/人	2.19	2.72
8.购买照相机	元/人	0.23	0.18	(十)购买工业生产用原料	元/人	32.22	37.80
9.购买家用计算机(电脑)	元/人	3.05	3.82	(十一)购买工业用燃料	千克/人	1.48	0.64
10.购买家用计算机外部设备	元/人	0.14	0.02	金额	元/人	1.42	0.63
11.购买中高档乐器	元/人	0.09	0.05	(十二)购买建筑业生产用原料	元/人	2.69	0.48
12.购买体育健身器材	元/人	0.02	0.01	(十三)购买建筑业生产用燃料	千克/人	0.02	
13.购买观赏盆栽植物	元/人	0.13	0.16	金额	元/人	0.06	0.01
14.购买宠物	元/人	0.09	0.10	(十四)购买交通运输业邮电业燃料	千克/人	4.73	3.95
(七)医疗卫生、保健用品	元/人	64.71	66.01	金额	元/人	13.61	12.85
#1.购买药品	元/人	59.48	60.73	(十五)购买批零贸易业用原料	元/人	12.28	12.20
(八)其他杂项商品	元/人	15.16	56.87	(十六)购买批零贸易业用燃料	千克/人	1.01	0.82
二、购买生产资料	**元/人**	**785.54**	**975.58**	金额	元/人	0.87	0.81
(一)购买农业用种籽	千克/人	6.13	6.52	(十七)购买社会服务业用原料	元/人	1.65	3.76
金额	元/人	29.59	36.89	(十八)购买社会服务业用燃料	千克/人	1.17	0.15
(二)购买农业用饲料	千克/人	5.90	4.24	金额	元/人	0.58	0.50
金额	元/人	7.19	6.01	(十九)购买文教卫生业用原料	元/人	0.05	0.01
(三)购买农业用其他生产资料	元/人	345.59	452.57	(二十)购买文教卫生业用燃料	千克/人		0.01
#1.购买化肥	千克/人	166.18	185.52	金额	元/人	0.01	0.03
金额	元/人	203.30	283.55	(二十一)购买其他行业用原料	元/人	1.87	1.34
2.购买农药	元/人	31.37	38.81	(二十二)购买其他行业用燃料	千克/人	0.19	0.16
3.购买薄膜	千克/人	3.54	3.51	金额	元/人	0.57	0.53
金额	元/人	29.81	35.42	**三、购买生产用电**	**度/人**	**14.38**	**14.22**
4.购买燃料	千克/人	9.23	7.57	金额	元/人	10.79	10.85
金额	元/人	24.37	25.78	**四、购买生产性固定资产情况**		**83.78**	**107.74**
(四)购买林业用饲料	千克/人	0.16	0.56	(一)购买建筑生产用建筑物材料	元/人	17.44	17.25
金额	元/人	0.20	0.60	(二)购买生产用房间数	间/人		
(五)购买林业用其他生产资料	元/人	9.93	8.83	面积	平方米/人		0.01
#1.购买树苗	株/人	4.94	4.23	金额	元/人	0.10	1.07
金额	元/人	5.15	4.46	(三)购买役畜	头/人		
2.购买化肥	千克/人	1.82	1.38	金额	元/人	5.73	2.20
金额	元/人	2.14	1.99	(四)购买产品畜	头/人	0.01	
3.购买农药	元/人	0.99	0.93	金额	元/人	4.12	5.19
(六)购买牧业用饲料	千克/人	156.99	177.79	(五)购买农林牧渔业机械支出	元/人	31.83	34.38
金额	元/人	218.93	285.24	(六)购买工业机械支出	元/人	0.51	3.22
(七)购买牧业用其他生产资料	元/人	86.35	101.75	(七)购买运输机械支出	元/人	17.90	37.68
#1.购买仔、幼畜	头/人	0.17	0.17				

9－20 农村住户人均食品消费情况

单位：千克

类　　别	2003年	2004年
一、粮食消费量	**230.46**	**228.24**
（一）谷物消费量	222.14	222.55
#1.小　麦	178.37	178.21
2.稻　谷	4.75	4.75
3.玉　米	34.01	34.01
（二）薯类消费量	4.76	2.52
（三）豆类消费量	3.56	3.16
二、油脂类消费量	**6.96**	**6.02**
1.植物油	6.61	5.77
2.动物油	0.35	0.25
三、烟叶消费量	**0.12**	**0.15**
四、豆制品	**2.16**	**1.38**
五、蔬菜及菜制品消费量	**118.19**	**118.71**
六、瓜　类	**11.99**	**7.40**
1.西　瓜	11.40	6.93
2.其他瓜果	0.59	0.47
七、水果类	**14.98**	**8.04**
八、消费茶叶	**0.30**	**0.34**
九、坚果消费量	**0.87**	**0.44**
十、肉禽及其制品	**13.22**	**12.04**
1.猪　肉	7.63	6.33
2.牛　肉	0.20	0.24
3.羊　肉	0.26	0.32
4.家　禽	2.70	2.63
5.其他肉禽及制品	2.44	2.51
十一、蛋类及蛋制品	**11.61**	**9.61**
十二、奶和奶制品	**2.41**	**3.46**
十三、水产品	**4.01**	**4.10**
1.鱼　类	3.20	3.15
2.虾、贝、蟹类	0.47	0.53
3.藻　类	0.06	0.05
4.其　他	0.28	0.37
十四、食　糖	**1.00**	**0.48**
十五、酒	**10.81**	**11.58**
#1.白　酒	5.27	5.23
2.啤　酒	5.35	6.16
3.果　酒	0.10	0.10

9－21 农村住户人均粮食收支平衡表

单位:千克

类　　别	2003年	2004年	类　　别	2003年	2004年
一、期内粮食收入合计	**866.11**	**852.50**	(3)玉　米	229.70	202.03
(一)家庭经营生产粮食	770.99	766.43	2.薯　类	6.67	7.66
1.谷　物	739.46	747.45	3.豆　类	3.66	2.55
#(1)小　麦	345.23	351.36	(四)种籽用粮食	8.55	8.62
(2)水　稻	6.09	6.90	1.小　麦	5.76	5.50
(3)玉　米	386.39	387.44	2.水　稻	0.04	0.08
2.薯　类	23.33	13.15	3.玉　米	1.64	2.14
3.豆　类	8.20	5.83	4.其　他	1.11	0.90
(二)购入粮食	84.70	81.16	(五)饲料用粮食	141.86	146.14
1.谷　物	82.05	79.16	1.小　麦	1.97	1.85
#(1)小　麦	13.83	15.74	2.水　稻	0.14	0.15
(2)水　稻	3.58	3.53	3.玉　米	135.81	142.84
(3)玉　米	59.83	54.59	4.其　他	3.93	1.29
2.薯　类	0.74	0.53	(六)借出粮食	4.45	4.89
3.豆　类	1.90	1.48	(七)归还借粮	1.69	2.53
(三)借入粮食	2.22	1.08	(八)其他粮食支出	1.47	0.85
(四)收回借出粮	7.34	3.45	**三、期末粮食结存实际调查数**	**603.48**	**656.01**
(五)其他粮食收入	0.86	0.39	(一)谷　物	557.79	644.77
二、期内粮食支出合计	**782.80**	**751.57**	#1.小　麦	262.81	306.80
(一)主食用粮	230.46	228.24	2.水　稻	16.85	11.66
1.谷　物	222.14	222.55	3.玉　米	275.36	324.80
#(1)小　麦	178.37	178.21	(二)薯　类	41.43	7.26
(2)水　稻	4.75	4.75	(三)豆　类	4.26	3.99
(3)玉　米	34.01	34.01	**四、期末粮食结存用途**		
2.薯　类	4.76	2.52	1.计划用于口粮	222.22	239.17
3.豆　类	3.56	3.16	2.计划用于种子	9.09	8.60
(二)其他生活用粮			3.计划用于饲料	160.93	122.37
(三)出售粮食	394.32	360.29	4.计划用于其他用途	211.16	285.86
1.谷　物	383.99	350.09	**五、期内生产加工用粮**	**32.28**	**34.34**
#(1)小　麦	147.42	142.97	#食品加工用粮	16.68	19.74
(2)水　稻	6.04	4.45	饲料加工用粮	15.79	14.31

9－22 农村住户人口与就业情况

类　　别	单位	2003年	2004年	类　　别	单位	2003年	2004年
一、农村住户人口状况				2.未受过专业培训的人数	人	9669	9647
(一)家庭常住人口	人	15405	15386	三、农村住户劳动力就业情况			
(二)常住人口与户主关系				农村住户就业劳动力人数	人	10986	11186
1.户　主	人	4221	4209	#男劳动力人数	人	5556	5697
2.配　偶	人	4073	4087	整劳动力人数	人	7472	7405
3.子　女	人	6185	6179	受专业培训的人数	人	1330	1565
4.孙子女	人	323	340	(一)就业地点			
5.父　母	人	520	499	1.乡　内	人	9737	9831
6.祖父母	人	6	8	2.县内乡外	人	454	509
7.兄弟姐妹	人	42	43	3.省内县外	人	545	561
8.其他亲属	人	35	21	4.国内省外	人	247	271
9.非亲属	人			5.国　外	人	3	14
(三)家庭常住人口年龄状况				(二)行业分布			
1.6岁及以下	人	629	549	1.一产业就业劳动力	人	7783	7661
2.7－15岁	人	1997	1675	(1)农　业	人	7673	7527
3.16－18岁	人	1286	1368	(2)林　业	人	45	70
4.19－22岁	人	1250	1361	(3)牧　业	人	42	37
5.23－25岁	人	662	723	(4)渔　业	人	23	27
6.26－30岁	人	739	745	2.非农产业就业劳动力	人	3203	3525
7.31－40岁	人	2767	2483	A.二产业就业劳动力	人	1337	1492
8.41－50岁	人	3031	3114	(1)采矿业	人	82	41
9.51－60岁	人	2118	2361	(2)制造业	人	805	944
10.60岁以上	人	926	1007	(3)电力煤气及水的生产供应业	人	52	41
(四)在校学生人数	人	3115	2983	(4)建筑业	人	398	466
#7－15岁以下在校学生人数	人	1935	1644	B.三产业就业劳动力	人	1866	2033
二、农村住户劳动力素质状况				(1)交通运输仓储及邮电通讯业	人	146	204
(一)整半劳动力数	人	11002	11216	(2)批发和零售贸易	人	238	263
#男劳动力人数	人	5561	5702	(3)住宿和餐饮业	人	187	161
整劳动力	人	7482	7421	(4)居民服务和其他服务业	人	319	340
(二)劳动力文化程度				(5)教　育	人	125	154
1.不识字或识字很少	人	643	659	(6)卫生、社会保障和社会福利业	人	56	61
2.小学程度	人	2507	2413	(7)文化、体育和娱乐业	人	20	17
3.初中程度	人	5877	6000	(8)其　他	人	775	833
4.高中程度	人	1549	1660	(三)年内从事各种行业时间	月		
5.中　专	人	347	379	1.从事农业的时间	月	74716.80	67288.70
6.大专及以上	人	75	105	2.从事非农产业的时间	月	38311.00	39003.00
(三)劳动力接受培训情况				(四)本地企业职工人数	人	690.00	728.00
1.受过专业培训的人数	人	1333	1569	在本地企业工作的时间	月	5771.50	6649.20

9－23 各市农村居民主要指标

（2004 年）

地　区	调查户数（户）	常住人口（人）	每百劳动力中（人）						
			整半劳动力数(人)	文盲或半文盲	小学程度	初中程度	高中程度	中专	大专及以上
济南市	870	3138	2246	5	19	54	16	4	2
青岛市	860	2976	2197	2	17	56	18	5	2
淄博市	800	2687	1951	2	21	49	19	6	2
枣庄市	660	2577	1880	5	23	56	10	4	2
东营市	480	1699	1235	8	24	55	10	2	1
烟台市	1120	3327	2368	2	22	52	19	4	1
潍坊市	1300	4548	3241	2	21	55	18	4	1
济宁市	1330	5254	3817	6	19	49	14	4	1
泰安市	730	2562	1934	7	15	51	13	2	1
威海市	500	1348	1089	3	21	55	17	3	1
日照市	400	1338	944	4	22	57	13	2	
莱芜市	270	796	602	3	23	44	26	2	1
临沂市	5214	18731	13499	6	24	52	11	3	1
德州市	1080	3933	2929	4	19	50	9	2	
聊城市	840	3263	2416	5	17	46	8	1	
滨州市	700	2506	1872	6	26	51	12	2	1
菏泽市	900	3791	2608	11	23	48	14	2	1

9－23 续表 1　　（2004 年）　　单位:元/人

地　区	人均生活消费支出	1.食品消费支出	2.衣着消费支出	3.居住消费支出	4.家庭设备、用品消费支出
济南市	2543.06	1040.41	171.79	376.02	142.58
青岛市	3353.3	1298.44	300.64	632.94	173.07
淄博市	2893.51	1105.93	217.16	435.27	153.24
枣庄市	2245.13	994.68	153.61	345.94	125.83
东营市	2759.32	972.35	171.54	626.42	140.02
烟台市	2808.87	1122.19	226.44	351.3	139.44
潍坊市	3025.42	1200.94	192.78	558.23	125.94
济宁市	2274.89	872.59	123.25	451.35	118.76
泰安市	1894.35	874.57	120.05	260.67	111.71
威海市	2883.93	1180.65	225.84	349.72	128.78
日照市	2094.37	909.89	130.44	338.69	104.35
莱芜市	2277	917.12	202.31	360.69	105.16
临沂市	1975.96	837.53	120.84	326.56	90.49
德州市	1569.41	699.18	92.91	249.91	113.6
聊城市	1711.3	697.21	99.01	353.75	72.55
滨州市	2234.88	862.35	118.09	451.33	97.19
菏泽市	1577.11	789.16	84.66	169.17	50.97

9-23续表2 （2004年） 单位：元/人

地　区	5.交通和通讯消费支出	6.文化教育、娱乐消费支出	7.医疗保健消费支出	8.其他商品和服务消费支出
济南市	237.34	343.28	196.91	34.73
青岛市	306.53	387.98	189.41	64.29
淄博市	325.2	356.42	240.15	60.16
枣庄市	231.39	261.06	91.16	41.46
东营市	301.68	381.86	131.24	34.22
烟台市	257.46	410.11	254.54	47.39
潍坊市	307.36	448.5	154.7	30.98
济宁市	204.3	332.43	136.35	35.87
泰安市	177.09	254	81.13	15.12
威海市	247.62	491.33	231.73	28.26
日照市	184.1	284.75	97.42	44.72
莱芜市	184.7	340.73	135.87	30.43
临沂市	197.97	289.45	86.04	27.08
德州市	149.09	173.42	72.22	19.07
聊城市	153.96	219.41	80.88	34.52
滨州市	241.11	272.9	167.35	24.56
菏泽市	135.17	220.59	100.6	26.78

9-23续表3 （2004年） 单位：元/人

地　区	总收入	1.工资性收入	#在企业中劳动得到收入	#外出从业得到收入	2.家庭经营收入	3.财产性收入	4.转移性收入
济南市	5562.66	1614.67	637.56	396.88	3581.28	160.97	205.73
青岛市	7298.7	2161.04	1160.54	383.79	4869.17	154.84	113.66
淄博市	5495.9	2420.67	1444.09	209.17	2762.8	125.29	187.14
枣庄市	5000.59	1234.27	556.11	304.15	3470.46	137.53	158.33
东营市	6375.76	1028.55	280.47	177.97	5022.02	185.27	139.92
烟台市	5760.8	1893.88	769.32	447.53	3464.92	147.58	254.43
潍坊市	6449.6	1658.03	837.77	274.02	4514.87	167.71	108.98
济宁市	5084.09	1263.08	220.19	536.63	3519.1	117.91	184
泰安市	5041.95	1320.15	347.4	493.17	3531.74	30.39	159.67
威海市	6998.57	2375.75	856.51	335.77	4323.81	126.2	172.81
日照市	6586.71	1283.96	337.55	575.09	4995.02	189.38	118.35
莱芜市	5346.65	1324.63	479.39	290.63	3747.5	191.07	83.44
临沂市	4556.64	1135.07	297.02	378.87	3264.72	58.29	98.56
德州市	4506.97	1232.43	286.57	555.66	2926.72	285.8	62.03
聊城市	4529.97	914.07	143.04	470.63	3435.74	114.57	65.58
滨州市	4713.46	799.47	133.15	240.86	3698.04	119.59	96.36
菏泽市	3613.39	817.01	60.66	557.1	2674.72	21.51	116.09

9－23 续表 4 （2004 年） 单位：元/人

地区	人均总支出	1.家庭经营费用支出	2.购置生产性固定资产支出	3.建、造生产性固定资产雇工支出	4.税费支出	5.生活消费支出	6.财产性支出	7.转移性支出
济南市	4231.92	1240.81	197.66	2.17	50.34	2543.06	43.4	154.49
青岛市	5656.08	1950.22	161.6	0.79	44.58	3353.3	8.83	136.76
淄博市	4175.64	889.92	58.25	1.79	28.38	2893.51	37.14	266.64
枣庄市	3595.29	1065.65	144.55	0.02	32.91	2245.13	1.35	105.68
东营市	5198.44	2046.77	109.24	6.81	68.99	2759.32	45.94	161.36
烟台市	3995.16	895.09	40.68	0.01	55.87	2808.87	5.94	188.7
潍坊市	5081.96	1756.21	104.95	2.19	45.76	3025.42	10.21	137.21
济宁市	3846.48	1204.84	129.98	1.28	46.97	2274.89	10.9	177.63
泰安市	3210.89	1146.42	19.55	0.22	50.24	1894.35	3.73	96.38
威海市	4584.88	1384.04	89.12	1.88	43.86	2883.93	6.46	175.59
日照市	4897.3	2578.86	62.51	3.28	47.31	2094.37	31.62	79.35
莱芜市	3461.95	987.28	62.51	17.66	17.43	2277	4.01	96.06
临沂市	3489.07	1171.22	122.25	4.07	62.33	1975.96	29.84	123.4
德州市	2566.57	814.98	43.01	0.19	90.96	1569.41	8.97	39.05
聊城市	3057.18	1154.9	33.88		113.67	1711.3	3.58	39.84
滨州市	3725.6	1001.64	154.5	3.93	121.26	2234.88	51.18	158.23
菏泽市	2502.21	767.7	41.67		76.2	1577.11	1.16	38.37

9-23续表5　　(2004年)　　单位:元/人

地　区	人　均 纯收入	1.工资性 纯收入	2.家庭经营 纯　收　入	3.财产性 纯收入	4.转移性 纯收入	现　金 纯收入
济　南　市	4116.68	1614.67	2169.14	160.97	171.9	3396.02
青　岛　市	5080.42	2161.04	2668.01	154.84	96.54	4593.16
淄　博　市	4432.09	2420.67	1747.34	125.29	138.78	4032.17
枣　庄　市	3758.8	1234.27	2274.5	137.53	112.49	3248.84
东　营　市	4033.42	1028.55	2726.27	185.27	93.33	3346.92
烟　台　市	4660.25	1893.88	2410.86	147.58	207.93	3952.13
潍　坊　市	4437.76	1658.03	2531.02	167.71	81	3799.61
济　宁　市	3648.19	1263.08	2142.56	117.91	124.64	3074.98
泰　安　市	3690.71	1320.15	2251.5	30.39	88.67	2947.53
威　海　市	5375.59	2375.75	2757.4	126.2	116.24	4275.01
日　照　市	3694.56	1283.96	2145.55	189.38	75.68	2872.86
莱　芜　市	4232.47	1324.63	2648.87	191.07	67.9	3810.97
临　沂　市	3158.07	1135.07	1905.31	58.29	59.39	2489.15
德　州　市	3380.6	1232.43	1807.71	285.8	54.66	3582.23
聊　城　市	3066.2	914.07	1991.08	114.57	46.48	2405.8
滨　州　市	3378.12	799.47	2399.05	119.59	60.01	2748.98
菏　泽　市	2652.84	817.01	1726.17	21.51	88.15	1866.35

第10篇

城市建设

CITY CONSTRUCTION

追求卓越　自强不息

诚信鲁统 之 精神理念

今日事今日毕

诚信鲁统 之 效率理念

相互支撑

相互关爱

诚信鲁统 之 团队理念

编辑单位：省城调队综合处

编　　委：李承法

编　　辑：郭　琦

校　　对：郭　琦

电　　话：86129462

10－1 城市基础设施

指标名称	单位	1997年	1998年	1999年	2000年	2001年	2002年	2003年	2004年
一、设施水平									
城市人口密度	人/平方公里	596	615	617	625	886	887	901	911
人均拥有城市维护建设资金	元	461.26	637.22	733.79	786.93	911.00	1235.93	1914.02	2252
人均日生活用水量	升	148.56	150.93	148.61	148.53	142.58	145.53	140.05	143.10
用水普及率	%	95.00	96.62	97.31	97.91	97.97	98.03	98.17	98.35
用气普及率	%	80.29	83.78	87.93	90.01	91.00	93.21	95.42	96.03
人均拥有道路面积	平方米	13.60	14.28	14.84	15.25	16.02	17.38	19.90	21.76
每万人拥有公共交通车辆	标台	6.51	7.02	7.52	8.32	8.83	9.59	9.22	10.23
排水管道密度	公里/平方公里	7.65	7.63	7.92	7.87	7.94	7.97	8.27	8.38
人均公共绿地面积	平方米	5.91	6.55	7.30	8.06	8.55	9.74	11.70	13.70
建成区绿化覆盖率	%	30.88	32.45	33.23	33.45	33.26	32.98	35.45	36.60
二、供水情况									
供水总量	万立方米	242944	241117	240016	231941	229945	238270	242192	263900
#生产用水	万立方米	143320	136726	138097	125719	121648	116025	112527	120972
生活用水	万立方米	84088	87916	90748	93394	92126	107092	115361	127756
用水人口	万人	1551	1596	1673	1723	1770	2016	2257	2454
三、公共交通									
客运总量	万人次	124907	126332	144537	163546	173214	174225	167624	194734
运营车数	辆	9161	9945	10874	12195	14088	15584	15956	18715
出租汽车数	辆	37939	42068	46261	45994	47062	49790	46520	49408
四、市政设施及污水处理									
道路面积	万平方米	17726	19219	20621	21755	24433	28002	34166	40083
道路长度	公里	13561	14555	15282	15856	16013	17472	20915	23617
人行道面积	万平方米	3616	4078	4105	4330	4646	5258	6149	7432
路灯盏数	盏	328367	253517	281947	322004	381058	435639	550687	662650
桥梁数	座	2609	2540	2726	2841	2946	4071	4251	3712
污水年排放量	万立方米	155620	168898	171551	163369	152630	169209	172673	190559
污水年处理量	万立方米	23179	35335	48899	55539	63300	77345	85679	100333
防洪堤长度	公里	1156	1381	1476	1507	1198	1349	1514	1568
五、园林绿化									
园林绿地面积	公顷	46034	51447	53424	56301	60540	67614	80385	92732
公共绿地面积	公顷	7706	8816	10147	11494	13042	15691	20085	25237
绿化覆盖面积	公顷	53081	58486	64819	64868	69865	78628	93703	108753
#建成区绿化覆盖面积	公顷	42932	45905	49025	51543	56809	63144	77837	87684
公园个数	个	286	309	332	346	339	356	402	432
公园面积	公顷	4299	4720	4953	5571	7203	7702	9051	9802
游人量	万人次	5078	5278	5817	6038	5981	6947	7674	8624

10-2 城市设施水平

城市名称	城市人口密度（人/平方公里）	人均拥有城市维护建设资金（元）	自来水人均日生活用水量（升）	自来水普及率（%）	用气普及率（%）
2001年	886	911	142.58	97.97	91.00
2002年	887	1236	145.53	98.03	93.21
2003年	901	1914	140.05	98.17	95.42
2004年	911	2252	143.10	98.35	96.03
济南市	1542	2930	191.30	100.00	95.16
章丘市	1394	4538	190.04	100.00	100.00
青岛市	1831	3965	179.37	100.00	100.00
胶州市	800	2400	167.80	100.00	95.65
即墨市	771	4599	167.92	100.00	97.87
平度市	1917	2526	154.17	100.00	97.85
胶南市	1063	4359	155.58	100.00	98.97
莱西市	1829	4677	163.81	100.00	99.53
淄博市	925	929	83.69	100.00	100.00
枣庄市	681	1480	132.96	83.20	77.97
滕州市	2707	1582	144.78	95.59	98.04
东营市	244	4578	152.87	100.00	100.00
烟台市	640	2850	145.50	99.81	99.11
龙口市	2001	3098	171.63	100.00	100.00
莱阳市	1237	2206	102.08	100.00	100.00
莱州市	407	917	103.30	100.00	100.00
蓬莱市	1158	4225	104.61	100.00	100.00
招远市	2059	1632	89.86	100.00	100.00
栖霞市	3750	1042	93.02	94.71	90.53
海阳市	2337	3262	91.32	100.00	99.38
潍坊市	915	1533	154.33	100.00	93.02
青州市	1533	1587	113.38	100.00	99.14
诸城市	1341	1877	97.78	100.00	100.00
寿光市	985	1244	127.53	100.00	100.00
安丘市	943	1988	161.52	100.00	96.00
高密市	1422	1135	180.46	100.00	99.82
昌邑市	1178	1033	168.57	100.00	78.20
济宁市	1174	1765	150.22	100.00	97.99
曲阜市	3444	297	135.16	100.00	95.99
兖州市	6117	1261	159.42	100.00	97.04
邹城市	1231	359	179.64	100.00	96.60
泰安市	766	1257	126.18	99.93	100.00
新泰市	1562	982	185.63	99.76	100.00
肥城市	2414	1321	199.69	99.69	100.00
威海市	806	2139	129.62	100.00	98.67
文登市	2213	1228	101.21	98.98	96.94
荣成市	1527	922	110.00	100.00	98.48
乳山市	2089	1767	108.71	98.03	95.28
日照市	624	4486	101.02	100.00	98.38
莱芜市	552	1701	147.37	98.75	99.69
临沂市	1096	1588	131.10	100.00	95.03
德州市	1071	2136	150.81	100.00	96.00
乐陵市	1856	1276	136.49	99.29	92.43
禹城市	2525	646	87.31	100.00	68.54
聊城市	813	1516	102.78	100.00	98.32
临清市	1281	1731	153.09	99.30	89.44
滨州市	576	1643	153.52	100.00	76.14
菏泽市	979	1741	112.66	64.36	71.78

注：人口密度：地级市为市辖区人口÷市辖区面积；县级市为规划区人口÷规划区面积。

10－2续表

城市名称	人均拥有道路面积（平方米）	排水管道密度（公里/平方公里）	每万人拥有公共交通车辆（标台）	人均公共绿地面积（平方米）	建成区绿化覆盖率（%）
2001年	16.02	7.94	8.83	8.55	33.26
2002年	17.38	7.97	9.59	9.74	32.98
2003年	19.90	8.27	9.22	11.70	35.45
2004年	21.76	8.38	10.23	13.70	36.60
济南市	15.34	7.39	14.73	11.55	39.07
章丘市	22.96	10.32	10.91	15.00	38.02
青岛市	17.19	12.93	23.54	15.01	38.00
胶州市	26.14	10.55	12.28	12.96	39.09
即墨市	54.41	7.32	9.96	33.74	34.15
平度市	43.46	9.07	11.94	22.58	40.48
胶南市	33.28	12.09	3.63	30.41	41.60
莱西市	54.53	7.06	13.07	26.50	42.28
淄博市	12.33	4.70		10.32	38.50
枣庄市	26.64	5.21	17.47	9.13	26.21
滕州市	18.06	4.86	8.82	7.78	38.64
东营市	36.86	16.59	14.00	27.88	35.99
烟台市	16.47	6.96		12.12	39.22
龙口市	34.97	7.04	15.91	12.95	37.10
莱阳市	19.75	12.75	4.73	12.91	37.02
莱州市	21.50	5.67	15.11	10.38	37.04
蓬莱市	39.50	19.62	5.15	12.97	37.49
招远市	20.70	9.83	4.18	14.96	36.10
栖霞市	15.60	4.61	4.74	9.43	33.67
海阳市	36.91	10.00	3.21	19.14	32.00
潍坊市	24.00	5.93	5.59	9.14	33.70
青州市	38.40	12.30	4.09	15.89	45.16
诸城市	46.09	6.10	18.36	35.00	32.82
寿光市	24.15	5.19	1.55	16.77	37.10
安丘市	28.49	6.50	3.33	83.72	32.56
高密市	34.66	6.24	3.94	13.55	23.49
昌邑市	29.58	3.38		13.47	40.00
济宁市	22.83	7.08	11.22	10.38	39.23
曲阜市	11.69	6.39	3.52	11.55	40.52
兖州市	14.58	9.20	8.37	9.66	27.60
邹城市	7.36	7.13	2.86	6.97	37.04
泰安市	20.86	11.13	4.55	10.54	36.60
新泰市	18.35	12.27	15.42	15.89	38.20
肥城市	20.00	19.72	8.27	9.85	49.46
威海市	23.49	11.34	10.67	17.52	43.50
文登市	17.98	8.91	2.55	13.89	36.80
荣成市	14.95	8.49	3.22	17.16	43.93
乳山市	21.60	10.39	3.86	12.31	35.94
日照市	28.85	13.81	16.09	16.89	39.00
莱芜市	30.64	6.69	13.09	16.09	38.91
临沂市	26.38	6.76	17.63	17.37	37.55
德州市	16.92	9.97	8.33	10.15	37.55
乐陵市	18.57	2.38	14.71	7.00	28.21
禹城市	27.53	4.75	5.06	7.87	18.30
聊城市	63.91	9.89	8.72	16.09	34.02
临清市	20.92	6.09	4.44	11.56	34.31
滨州市	7.27	7.42	4.46	7.84	19.74
菏泽市	15.37	3.43	3.17	5.25	33.26

10-3 城 市 供 水

城市名称	自来水综合生产能力（万立方米/日）	#地下水	供水管道长度（公里）	供水总量（万立方米）	#生产用水量	#生活用水量	用水人口（万人）	#非农业
2001年	1188.32	715.57	19880.60	229945	121648	92126	1770.00	1502.29
2002年	1258.10	718.95	22471.99	238270	116025	107092	2016.05	1579.52
2003年	1281.71	710.98	25207.92	242192	112527	115361	2256.75	1685.07
2004年	1342.91	735.59	27943.76	263900	120972	127756	2454.45	1811.43
济南市	157.00	71.00	1498.64	30825	13299	17526	251.00	251.00
章丘市	11.00	11.00	164.00	2358	810	1526	22.00	15.68
青岛市	120.90	16.06	2566.00	30877	9752	16917	258.39	189.31
胶州市	12.66	10.16	1168.00	2195	798	1345	21.96	15.63
即墨市	9.70	1.00	320.00	2808	685	2090	34.10	11.75
平度市	11.25	9.25	279.89	2045	647	1359	24.15	11.14
胶南市	19.00	6.00	266.30	3586	1838	1715	30.20	14.60
莱西市	14.00	2.00	273.00	2201	980	1203	20.12	8.49
淄博市	142.15	110.45	1706.00	22828	14916	6014	196.87	149.08
枣庄市	64.10	54.90	815.81	13530	6922	4906	101.09	65.25
滕州市	13.80	13.80	502.00	3276	1720	1226	23.20	19.50
东营市	73.30		1756.00	18469	13400	4090	73.30	47.20
烟台市	68.50	24.50	1868.00	9717	3858	5843	110.02	110.02
龙口市	12.00	9.30	520.00	2228	535	1553	24.79	16.47
莱阳市	13.80	8.80	312.70	2528	1434	816	21.90	14.80
莱州市	10.50	5.00	420.00	1323	692	421	17.00	13.30
蓬莱市	5.60	3.30	220.00	680	260	371	13.20	9.52
招远市	5.50	3.00	253.00	1208	621	551	16.80	12.20
栖霞市	3.50	0.50	72.00	365	65	275	8.10	6.80
海阳市	3.50	3.50	140.00	650	270	360	13.50	8.10
潍坊市	79.45	41.45	1100.60	8493	3693	4605	81.75	79.98
青州市	11.30	11.30	329.00	2070	916	1047	25.30	17.37
诸城市	12.50	4.00	174.50	2200	1097	1010	28.30	11.00
寿光市	11.30	11.30	138.20	4222	2352	1862	40.00	22.60
安丘市	16.60	16.60	160.30	3203	1566	1208	20.49	10.50
高密市	12.50	4.50	331.40	3680	1860	1818	27.60	16.23
昌邑市	11.20	11.20	84.00	1513	593	870	14.14	7.89
济宁市	59.00	56.50	855.00	9998	4704	5074	92.54	41.28
曲阜市	7.50	7.50	260.00	1463	630	740	15.00	14.20
兖州市	5.00	5.00	230.00	2080	1047	931	16.00	13.50
邹城市	9.61	9.61	872.80	3807	1373	2249	34.30	29.40
泰安市	34.50	29.50	1878.86	8106	2096	5462	118.60	68.05
新泰市	13.10	4.60	497.20	3570	1123	2179	32.16	24.90
肥城市	9.30	9.30	135.00	2268	894	1363	18.70	16.15
威海市	28.20	4.70	1069.00	5076	2249	2093	44.24	44.24
文登市	8.99	1.20	314.90	1655	770	860	23.28	23.28
荣成市	13.65	1.50	322.00	1460	314	1060	26.40	26.40
乳山市	11.00	4.60	330.00	885	296	494	12.45	12.45
日照市	28.40	8.56	535.47	5502	1905	3192	86.57	40.15
莱芜市	25.20	20.20	328.00	5352	1663	3448	64.10	41.80
临沂市	49.10	25.90	1060.69	9708	4196	5122	107.04	88.92
德州市	25.25	16.25	311.00	4457	1948	2297	41.73	39.01
乐陵市	6.00	5.80	67.00	1226	390	827	16.60	6.95
禹城市	19.20	19.20	181.00	1785	1473	297	9.32	8.90
聊城市	19.00	19.00	707.00	5365	1346	3744	99.80	38.65
临清市	17.00	12.00	143.50	4455	3516	908	16.25	14.10
滨州市	16.50		230.00	3205	1449	1569	28.00	28.00
菏泽市	10.80	10.80	176.00	3399	2011	1320	32.10	26.00

10－4 城市公共交通

城市名称	运营车数（辆）	标准运营车数（标台）	运营线路网长度（公里）	客运总量（万人次）	出租汽车数（辆）
2001年	14088	13477	9550	173214	47062
2002年	15584	15448	11352	174225	49790
2003年	15956	15826	11087	167624	46520
2004年	18715	18837	15171	194734	49408
济南市	3219	3707	2293	53354	7600
章丘市	231	171	300	1507	451
青岛市	3848	4456	1185	66463	8144
胶州市	177	192	170	1983	245
即墨市	134	117	207	1400	217
平度市	163	133	148	990	134
胶南市	75	53	114	650	162
莱西市	111	111	234	486	129
淄博市					
枣庄市	1535	1370	198	5559	1312
滕州市	194	180	287	2282	376
东营市	623	661	1331	5803	3830
烟台市					
龙口市	270	262	857	2014	532
莱阳市	66	70	150	690	389
莱州市	150	201	150	530	262
蓬莱市	69	49	75	494	542
招远市	72	51	69	585	310
栖霞市	48	34	61	298	100
海阳市	37	26	5	160	400
潍坊市	499	447	456	3182	2589
青州市	100	71	118	1100	306
诸城市	288	202	360	700	300
寿光市	50	35	99	380	238
安丘市	50	35	65	60	630
高密市	91	64	328	99	144
昌邑市					60
济宁市	463	463	236	5521	1258
曲阜市	50	50	150	302	212
兖州市	99	113	155	881	5
邹城市	117	84	247	740	941
泰安市	347	310	374	2624	1290
新泰市	411	385	192	1572	90
肥城市	167	134		1418	412
威海市	463	472	153	7073	1511
文登市	86	60	138	186	271
荣成市	122	85	148	340	284
乳山市	70	49	117	280	270
日照市	620	646	235	4575	1356
莱芜市	731	554	200	2348	1906
临沂市	1568	1568	1040	9230	3376
德州市	372	325	267	1420	2405
乐陵市	103	103	121	14	128
禹城市	65	45		10	300
聊城市	359	337	478	2940	1650
临清市	90	63	119	330	450
滨州市	176	165	316	936	652
菏泽市	136	128	1225	1225	1239

10－5 城市市政设施

城市名称	道路长度（公里）	道路面积（万平方米）	人行道面积（万平方米）	路灯盏数（盏）	排水管道长度（公里）	桥梁数（座）
2001年	16013	24433	4646	381058	13557	2946
2002年	17472	28002	5258	435639	15257	4071
2003年	20915	34166	6149	550687	18153	4251
2004年	23617	40083	7432	662650	20083	3712
济南市	2283	3860	592	31980	1606	718
章丘市	146	360	97	14560	242	33
青岛市	1755	3254	733	59304	2002	165
胶州市	260	409	64	4500	310	32
即墨市	384	639	68	2082	296	28
平度市	326	484	150	8515	303	72
胶南市	313	486	152	18103	547	62
莱西市	252	463	67	8020	192	19
淄博市	1207	1838	251	38733	798	244
枣庄市	1679	2089	203	13149	537	128
滕州市	243	369	97	14500	191	13
东营市	957	1740	305	33888	1411	296
烟台市	1228	1816	375	61549	1051	67
龙口市	233	576	155	6156	233	21
莱阳市	158	292	88	3673	305	34
莱州市	164	286	92	6189	153	12
蓬莱市	184	376	99	6830	206	26
招远市	156	253	49	3165	226	36
栖霞市	70	112	30	1300	42	39
海阳市	106	299	98	3000	150	14
潍坊市	888	1920	338	35276	682	87
青州市	371	667	129	9255	305	17
诸城市	203	507	100	2500	179	15
寿光市	409	546	62	8018	167	8
安丘市	176	299	46	2218	165	26
高密市	348	563	60	5400	243	67
昌邑市	109	233	49	3386	66	18
济宁市	573	942	164	12016	365	83
曲阜市	122	166	37	16509	98	31
兖州市	157	197	49		157	29
邹城市	248	216	50	5905	168	17
泰安市	764	1421	172	20864	737	118
新泰市	231	458	103	6240	535	23
肥城市	166	324	101	7632	397	23
威海市	529	1039	186	41321	703	164
文登市	174	423	122	5917	256	23
荣成市	177	395	66	9358	239	34
乳山市	161	274	36	7523	194	48
日照市	1051	1158	226	21483	757	61
莱芜市	619	1297	342	8374	368	178
临沂市	1787	2346	353	34793	832	184
德州市	373	660	127	12280	399	28
乐陵市	90	130	41	4300	40	16
禹城市	160	245	1	2480	101	62
聊城市	910	2470	490	10190	515	101
临清市	146	297	69	3830	121	41
滨州市	155	269	70	4970	297	39
菏泽市	415	621	81	21416	167	112

10－5 续表

城市名称	污水年排放量（万吨）	污水年处理量（万吨）	防洪堤长度（公里）	生活垃圾清运量（万吨）	垃圾无害化处理量（万吨）
2001年	152630	63300	1198	788	598
2002年	169209	77345	1349	889	687
2003年	172673	85679	1514	942	791
2004年	190559	100333	1568	971	836
济南市	20134	10901	89	89	89
章丘市	1768			7	7
青岛市	20302	16541	147	91	91
胶州市	1714	1263	16	9	9
即墨市	2106	755	7	14	14
平度市	1605	993	23	21	21
胶南市	2689	1454	30	9	9
莱西市	1746	1452	15	10	10
淄博市	17062	9386	80	83	64
枣庄市	8405	3751	87	48	26
滕州市	3800		12	16	5
东营市	13852	1825	8	22	19
烟台市	6876	5509	25	35	30
龙口市	1869	936	17	9	8
莱阳市	2300	1300	7	8	8
莱州市	997	730		7	7
蓬莱市	540	476	2	6	6
招远市	996	620	23	7	7
栖霞市	280		22	6	6
海阳市	540		26	4	4
潍坊市	6400	2920	92	39	39
青州市	1620	710	15	24	14
诸城市	1780	1620		22	22
寿光市	3149	3149	4	12	12
安丘市	2275	1277	15	5	5
高密市	2760	1278	4	22	19
昌邑市	1135	900		5	5
济宁市	7499	5353	131	18	18
曲阜市	1200	300		12	
兖州市	1560	986		23	15
邹城市	2855	1104	25	18	2
泰安市	5975	1912	260	26	26
新泰市	2678	990	16	11	11
肥城市	1700	300	12	7	7
威海市	3297	2457	72	35	35
文登市	1358	1167	56	8	8
荣成市	1143	710	24	10	10
乳山市	708	491	7	4	4
日照市	2959	1876	42	17	17
莱芜市	3841	3130	42	14	14
临沂市	7281	4562	63	39	35
德州市	3209	1952		20	20
乐陵市	920			5	5
禹城市	1339			3	3
聊城市	3945	1475		20	17
临清市	3342	641	14	4	4
滨州市	2450	1182	9	29	27
菏泽市	2600		31	21	6

10－6 城市园林绿化

城市名称	绿化覆盖面积（公顷）	#建成区	园林绿地面积（公顷）	公共绿地面积（公顷）	公园个数（个）	公园面积（公顷）	游人量（万人次）
2001年	69865	56809	60540	13042	339	7203	5981
2002年	78628	63144	67614	15691	356	7702	6947
2003年	93703	77837	80385	20085	402	9051	7674
2004年	108753	87684	92732	25237	432	9802	8624
济南市	8930	8485	7863	2908	17	1401	501
章丘市	891	891	825	235	5	127	98
青岛市	10940	5882	10047	2842	48	1421	2308
胶州市	1393	1259	1170	203	6	81	25
即墨市	1451	1383	1280	397	1	22	
平度市	1371	1352	1207	252	7	46	
胶南市	1880	1880	1538	444	2	133	60
莱西市	1193	1150	1023	225	5	112	35
淄博市	12641	6533	11954	1539	22	506	285
枣庄市	3200	2705	2107	716	21	197	129
滕州市	1520	1520	1258	159	2	19	60
东营市	5593	3063	5114	1316	16	96	103
烟台市	5926	5926	5551	1336	19	357	105
龙口市	1808	1229	1653	213	7	36	81
莱阳市	886	886	752	191	1	73	13
莱州市	1000	1000	911	138	7	56	180
蓬莱市	944	394	851	123	4	40	460
招远市	830	830	736	183	4	28	35
栖霞市	303	303	233	68	3	28	1
海阳市	480	480	480	155	4	145	15
潍坊市	4407	3876	3994	731	14	153	246
青州市	1240	1120	968	276	10	110	29
诸城市	991	963	955	385	6	263	190
寿光市	1286	1195	1121	379	4	80	900
安丘市	829	829	1178	879	7	674	22
高密市	1042	913	803	220	2	36	10
昌邑市	884	782	450	106	2	22	70
济宁市	2023	2023	1781	429	7	52	140
曲阜市	639	618	448	164	12	284	
兖州市	530	472	428	130	6	49	207
邹城市	941	874	683	205	15	139	40
泰安市	3403	2423	2003	718	13	125	270
新泰市	1666	1666	1568	397	9	145	90
肥城市	996	996	790	160	8	134	78
威海市	2983	2697	2527	775	14	304	486
文登市	1137	1057	972	327	7	244	41
荣成市	1234	1234	1109	453	7	335	15
乳山市	672	672	634	156	5	46	14
日照市	2189	2140	1874	678	6	248	111
莱芜市	2140	2140	1869	681	6	147	124
临沂市	4915	4617	4032	1544	31	550	169
德州市	1534	1502	1427	396	8	107	195
乐陵市	570	474	365	49	3	12	5
禹城市	613	389	349	70	2	56	12
聊城市	3198	1772	1612	622	12	312	375
临清市	878	681	425	164	5	44	55
滨州市	790	790	730	290	3	62	40
菏泽市	1846	1620	1078	212	7	147	198

10－7 城市燃气供热情况

城市名称	煤气供气量(万立方米)	#家庭用量	天然气供气量(万立方米)	#家庭用量	液化石油气供气量(吨)	#家庭用量	集中供热面积(万平方米)	#住宅
2001年	41904	28975	34709	7904	349743	237339	14283	10008
2002年	42868	31032	60766	31048	432388	292448	17059	12680
2003年	47187	31872	83721	29122	545278	361931	20430	15152
2004年	47104	30284	84688	39248	517235	408224	22714	16546
济南市	4610	2542	7179	1983	54323	54323	3055	1802
章丘市	1100	1100	96		8353	8353	174	125
青岛市	15503	10016	2710	1101	58548	38607	2121	1444
胶州市			380	80	4100	3260	291	225
即墨市			486	46	5100	4750	102	56
平度市	334	228	22	21	7580	6770	139	76
胶南市					6600	6500	338	307
莱西市	320	308			3840	3800	95	80
淄博市	3692	1809	11967	1455	79338	45456	2014	1646
枣庄市	2056	1857			23658	19983	386	328
滕州市	815	734			3870	3430	62	40
东营市			51220	27000	11479	4970	982	858
烟台市	4257	3313			29954	25041	2147	1535
龙口市					21900	12325	582	426
莱阳市			8	2	6900	5500	223	154
莱州市			272	45	10570	10200	207	190
蓬莱市			306		4250	3750	116	110
招远市			31	4	4980	4135	162	145
栖霞市			6	6	2520	2280		
海阳市					3600	3600	50	30
潍坊市	4789	1754	548	21	6892	4625	526	273
青州市			45	42	6372	5770	175	120
诸城市			160	160	3800	3000	160	120
寿光市			90	40	14400	13000	270	209
安丘市			4	4	6526	4983	160	144
高密市			360	70	7210	7210	250	195
昌邑市			700	200	2844	2844	63	55
济宁市	3338	2357			3775	3505	492	352
曲阜市			65	59	1606	1463	109	101
兖州市	670	467			3500	2900	110	82
邹城市	1185	876			1857	1655		
泰安市			3782	3782	4300	4300	611	404
新泰市					3986	3986	365	266
肥城市	552	494			690		148	104
威海市	1570	1139	56	41	10613	8034	1053	649
文登市					6350	4932	189	163
荣成市					6238	5947	130	115
乳山市					4001	3642	127	102
日照市			356	295	11141	7987	637	506
莱芜市	2163	1150			15780	15516	687	616
临沂市	180	140	290	210	28300	21300	1161	878
德州市			1992	1460	4070	4035	738	630
乐陵市					942	940	170	100
禹城市			200	150	800	800	65	46
聊城市			717	370	2560	2150	578	400
临清市					950	750	360	215
滨州市			550	550	3270	3117	96	96
菏泽市			91	52	3000	2800	40	30

10－8 城市建设用地

城市名称	城市面积（平方公里）	#建成区面积	城市建设用地面积（平方公里）	#居住用地	#公共设施用地	#工业用地	#道路广场用地
2001年	35134.73	1707.97	1684.92	498.03	241.90	363.51	170.25
2002年	35433.65	1914.51	1893.70	568.01	268.18	413.50	188.33
2003年	35985.08	2195.39	2105.37	605.79	293.70	472.60	224.09
2004年	36444.22	2395.58	2369.58	694.95	343.12	537.52	252.52
济南市	2216.69	217.16	217.16	58.52	44.64	44.84	23.16
章丘市	163.00	23.44	22.52	5.17	5.06	6.11	2.28
青岛市	1410.89	154.82	154.82	43.93	17.30	31.87	16.39
胶州市	274.60	32.20	32.20	7.73	5.33	11.25	1.97
即墨市	442.00	40.50	40.50	13.51	3.98	10.68	5.75
平度市	126.00	33.40	33.40	10.84	4.72	8.23	4.62
胶南市	284.00	45.20	45.20	14.16	5.00	13.13	5.05
莱西市	110.00	27.20	27.20	10.11	2.92	5.57	2.42
淄博市	2970.20	169.70	165.01	46.13	17.64	48.01	18.53
枣庄市	3064.80	103.18	98.50	31.75	13.43	21.72	6.13
滕州市	106.77	39.34	31.71	9.62	7.80	8.31	0.74
东营市	3294.00	85.10	84.67	19.76	18.77	17.64	8.74
烟台市	2722.30	151.09	144.55	37.59	31.50	29.98	10.61
龙口市	123.93	33.12	33.12	10.27	3.64	6.29	4.97
莱阳市	186.00	23.92	23.69	7.46	5.94	5.27	1.83
莱州市	476.80	27.00	27.00	8.60	5.02	7.19	3.28
蓬莱市	118.00	10.50	9.45	2.63	1.32	1.68	1.38
招远市	85.00	23.00	22.50	5.80	3.14	4.90	2.21
栖霞市	32.00	9.00	9.00	2.70	1.60	1.30	0.94
海阳市	60.00	15.00	15.00	4.20	1.70	2.60	1.60
潍坊市	1574.60	115.00	116.66	36.86	16.41	32.44	15.45
青州市	165.00	24.80	24.80	6.68	4.75	3.73	3.63
诸城市	211.00	29.34	29.34	8.10	3.22	7.75	2.10
寿光市	406.00	32.20	32.20	6.64	3.72	5.08	3.61
安丘市	219.50	25.46	25.46	5.73	3.35	5.43	2.89
高密市	196.00	38.87	38.87	14.05	4.87	8.38	4.58
昌邑市	120.00	19.54	19.54	7.89	2.49	3.88	3.14
济宁市	905.00	51.56	50.15	17.19	5.62	15.88	2.62
曲阜市	45.00	15.25	15.25	4.50	2.40	3.01	1.53
兖州市	29.18	17.09	17.09	6.20	2.20	3.00	1.55
邹城市	294.00	23.60	30.42	8.05	2.40	4.80	6.30
泰安市	2087.00	66.20	66.20	21.87	10.58	10.55	4.41
新泰市	208.00	43.60	43.60	8.10	3.71	9.88	4.90
肥城市	77.46	20.14	20.11	7.86	2.42	3.62	3.58
威海市	731.00	62.00	62.00	13.08	7.37	15.54	9.06
文登市	205.00	28.72	28.72	5.98	2.44	6.51	3.71
荣成市	205.00	28.10	28.10	5.37	2.55	4.06	2.50
乳山市	90.00	18.70	18.70	5.96	2.21	3.26	2.77
日照市	1915.00	54.86	54.86	15.82	5.49	10.71	7.56
莱芜市	2246.00	55.00	51.90	12.70	7.40	11.10	5.80
临沂市	1748.60	122.96	122.91	54.86	14.40	31.43	10.33
德州市	539.00	40.00	39.98	11.00	4.54	10.15	4.49
乐陵市	90.00	16.80	16.80	5.10	1.00	4.10	2.80
禹城市	40.00	21.26	21.26	3.63	3.11	4.55	3.05
聊城市	1245.00	52.08	48.94	16.00	7.59	9.15	4.30
临清市	128.00	19.86	19.84	6.02	2.11	4.85	2.17
滨州市	1041.60	40.02	40.02	12.07	6.23	7.86	4.21
菏泽市	1415.30	48.70	48.65	17.16	8.09	10.25	6.88

注：城市面积：地级市为市辖区，县级市为城市规划区。

求真务实

科学严谨

诚信鲁统 之 作风理念

第11篇 农林牧渔业

FARMING, FORESTRY, ANIMAL HUSBANDRY AND FISHERY

事业的需求

人生的情趣

诚信鲁统 之 学习理念

忠诚统计

乐于奉献

诚信鲁统 之 道德理念

编辑单位：省农调队综合处　省农调队产量处

编　　委：王庆国　杨晓福

编　　辑：周颖颖　胡东香

校　　对：周颖颖　胡东香

电　　话：86129450　86129451

11－1 历年农林牧渔业总产值

单位:亿元

年份	农林牧渔业总产值	农业	#种植业	林业	牧业	渔业	农林牧渔服务业
1949	20.07	18.01	16.01	0.12	1.66	0.28	
1950	26.36	23.85	21.02	0.12	1.98	0.41	
1951	33.06	29.44	26.17	0.14	2.82	0.66	
1952	40.00	35.05	31.16	0.25	3.98	0.72	
1953	37.04	32.24	28.31	0.41	3.63	0.76	
1954	41.92	36.93	33.03	0.49	3.67	0.83	
1955	44.97	40.05	35.40	0.66	3.37	0.89	
1956	44.05	38.49	36.53	0.81	3.88	0.87	
1957	36.44	31.21	30.36	0.87	3.51	0.82	
1958	41.66	36.73	36.64	1.30	2.69	0.94	
1959	39.32	34.39	34.31	1.38	2.52	1.03	
1960	26.32	23.26	23.24	0.28	1.73	1.05	
1961	31.84	28.17	28.11	0.19	2.50	0.98	
1962	38.32	32.77	32.71	0.26	4.09	1.20	
1963	40.21	33.40	33.33	0.29	5.38	1.14	
1964	40.18	33.10	33.02	0.37	5.48	1.23	
1965	50.49	42.88	42.79	0.55	5.76	1.30	
1966	55.93	46.08	46.00	0.54	8.03	1.28	
1967	55.81	46.08	45.98	0.59	7.88	1.26	
1968	51.83	42.43	42.32	0.62	7.42	1.36	
1969	58.70	49.31	49.22	0.61	7.04	1.74	
1970	66.78	55.75	55.62	0.90	8.14	1.99	
1971	75.63	60.97	60.86	1.89	10.86	1.91	
1972	81.42	65.29	65.14	2.33	11.34	2.46	
1973	84.59	68.42	68.26	2.34	11.34	2.49	
1974	78.47	61.65	61.48	2.30	11.83	2.69	
1975	93.43	75.85	75.64	2.65	12.33	2.60	
1976	100.36	80.37	80.12	2.60	14.24	3.15	
1977	99.27	78.83	78.40	2.10	14.72	3.62	
1978	102.22	84.77	83.71	1.81	12.19	3.45	
1979	135.92	113.34	111.33	2.04	16.61	3.93	
1980	160.91	128.81	126.22	4.52	23.43	4.15	
1981	198.50	155.62	151.83	4.91	33.04	4.94	
1982	218.51	171.58	167.98	7.22	34.12	5.59	
1983	259.50	208.75	202.87	8.48	36.21	6.06	
1984	310.11	245.19	236.64	8.60	48.20	8.12	
1985	335.42	248.17	236.62	11.07	62.82	13.36	
1986	361.19	269.51	255.92	12.67	62.84	16.17	
1987	413.18	313.76	299.05	12.11	64.15	23.16	
1988	494.53	331.59	313.98	14.80	108.07	40.07	
1989	547.66	366.24	347.61	14.28	124.71	42.43	
1990	645.75	419.50	397.85	20.45	150.19	55.61	
1991	779.18	491.76	471.53	22.19	186.52	78.71	
1992	815.62	462.58	437.03	23.73	215.73	113.58	
1993	944.99	526.66	511.48	28.24	239.90	150.19	
1994	1282.25	660.13	649.84	36.78	348.78	236.56	
1995	1678.16	931.89	922.96	41.81	433.62	270.84	
1996	1962.12	1090.64	1078.05	49.97	512.60	308.91	
1997	2058.32	1137.19	1107.33	49.86	550.58	320.69	
1998	2174.54	1219.85	1184.65	45.91	583.40	325.38	
1999	2202.95	1254.87	1232.44	44.93	572.95	330.20	
2000	2294.35	1300.44	1280.12	47.62	599.17	347.12	
2001	2453.96	1401.34	1385.22	47.22	654.71	350.69	
2002	2526.05	1420.88	1402.81	48.25	698.44	358.48	
2003	2902.45	1599.32		53.70	831.34	370.04	48.05
2004	3453.91	1891.73		59.49	1022.84	426.09	53.76

注:本表按当年价格计算,2003年及以后年份系新口径数据,与以前年份不可比。

11－2 历年农林牧渔业总产值指数

（以1952年为100）

年份	农林牧渔业总产值	农业	#种植业	林业	牧业	渔业	农林牧渔服务业
1949	57.7	59.1	59.1	56.9	48.0	44.2	
1950	78.8	81.4	80.7	56.9	59.6	68.0	
1951	81.4	82.7	82.8	56.9	69.8	90.5	
1952	100.0	100.0	100.0	100.0	100.0	100.0	
1953	89.9	89.3	88.2	160.8	88.5	102.7	
1954	99.8	100.4	101.0	184.3	88.0	109.5	
1955	108.1	109.9	109.3	256.9	81.3	118.4	
1956	111.3	111.1	117.8	325.5	97.7	122.4	
1957	94.2	92.1	100.8	360.8	91.9	118.4	
1958	107.9	108.5	121.8	543.1	70.0	134.7	
1959	102.7	102.5	115.0	578.4	66.1	149.7	
1960	63.4	64.0	71.9	107.8	41.6	141.5	
1961	61.5	62.1	69.7	58.8	48.6	106.1	
1962	65.5	63.9	71.8	70.6	70.0	114.3	
1963	75.5	71.6	80.4	86.3	101.6	119.7	
1964	80.0	75.2	84.4	119.6	109.7	136.1	
1965	99.8	96.7	108.6	174.5	114.3	142.9	
1966	113.6	106.8	119.9	178.4	163.6	144.2	
1967	113.7	107.1	120.2	194.1	161.1	142.9	
1968	103.3	96.5	108.3	198.0	148.5	151.0	
1969	113.9	109.2	122.6	186.3	137.1	188.4	
1970	123.5	117.7	132.1	264.7	151.2	204.8	
1971	136.9	126.0	141.4	547.1	197.5	191.8	
1972	141.5	129.5	145.4	649.0	198.0	238.1	
1973	147.2	135.9	152.5	654.9	198.2	240.8	
1974	137.5	123.3	138.3	647.1	208.1	262.6	
1975	163.2	151.2	169.6	745.1	216.5	252.4	
1976	166.9	152.6	171.1	692.2	237.8	291.8	
1977	164.8	149.4	167.1	556.9	245.5	334.7	
1978	177.1	160.6	178.2	680.4	253.4	383.7	
1979	193.9	177.1	195.7	637.3	287.2	338.8	
1980	212.1	190.0	209.7	680.4	347.4	375.5	
1981	218.8	198.2	218.1	627.5	352.9	336.1	
1982	239.2	215.3	236.9	1043.1	373.1	383.0	
1983	273.7	253.2	275.9	988.2	386.1	399.3	
1984	326.0	302.4	326.8	1109.8	462.2	449.7	
1985	338.2	306.5	326.8	1427.5	520.9	491.8	
1986	339.2	304.4	321.2	1380.4	539.2	566.0	
1987	366.3	331.7	350.4	1364.7	551.7	681.6	
1988	378.6	324.4	337.3	1325.5	703.9	887.8	
1989	383.5	321.8	333.9	1259.2	768.7	959.7	
1990	404.2	335.6	345.3	1235.3	823.3	1150.7	
1991	452.3	370.2	384.0	1315.6	922.9	1393.5	
1992	455.9	345.4	352.9	1380.1	985.7	1721.0	
1993	510.6	381.0	399.8	1526.4	1080.3	2103.1	
1994	578.0	411.1	436.2	1770.6	1295.3	2523.7	
1995	629.4	441.9	471.1	1839.7	1463.7	2720.5	
1996	675.3	478.1	507.4	2141.6	1551.5	2902.8	
1997	707.0	490.1	506.4	2154.4	1716.0	2975.4	
1998	777.0	589.3	562.1	2068.2	1915.1	3121.2	
1999	819.7	615.2	599.2	2072.3	2045.3	3345.9	
2000	851.7	639.8	625.6	2200.8	2155.7	3362.6	
2001	885.8	666.0	655.6	2064.4	2315.2	3315.5	
2002	895.5	649.4	637.2	1971.5	2472.6	3391.8	
2003	944.8	691.6		2121.3	2613.5	3449.5	111.5
2004	998.7	732.4		2138.3	2772.9	3601.3	108.0

注：本表按可比价格计算。2004年系按大类缩减的可比价发展速度计算，农林牧渔服务业指数系以上年为100。

11－3 农林牧渔业总产值

单位:亿元

指　标　名　称	2003年	2004年	2004年为2003年%
农林牧渔业总产值	**2902.45**	**3453.91**	**105.7**
一、农业产值	**1599.32**	**1891.73**	**105.9**
1.谷物及其他作物	699.85	882.95	106.5
#粮　食	437.61	582.87	105.6
油　料	110.69	128.50	102.6
棉　花	130.76	151.10	130.4
2.蔬菜园艺作物	670.79	741.91	104.7
#蔬菜(含菜用瓜)	647.51	716.05	104.3
3.水果坚果饮料	217.42	253.23	104.6
#水果坚果(含果用瓜)	215.32	250.87	104.7
4.中药材	11.26	13.64	120.1
二、林业产值	**53.70**	**59.49**	**100.8**
1.林木的培育和种植	20.92	22.06	105.5
2.竹木采运	7.45	7.78	99.7
3.林产品	25.33	29.65	104.7
三、牧业产值	**831.34**	**1022.84**	**106.1**
1.牲畜饲养	176.27	198.18	109.1
2.猪的饲养	279.10	385.86	107.9
3.家禽的饲养	334.22	387.74	105.6
#肉　禽	150.81	169.91	108.1
禽　蛋	183.41	217.82	103.6
4.狩猎和捕捉动物	0.37	0.45	120.7
5.其他畜牧业	41.38	50.60	110.6
四、渔业产值	**370.04**	**426.09**	**104.4**
1.海水产品	300.56	342.98	104.4
2.内陆水域水产品	69.48	83.11	104.6
五、农林牧渔服务业产值	**48.05**	**53.76**	**108.0**

注:本表系新口径,绝对数按当年价格计算,速度按可比价格计算。

11－4 历年粮、棉、油产量

年　份	粮　食		棉　花		油　料	
	总产量（万吨）	单　产（千克/公顷）	总产量（万吨）	单　产（千克/公顷）	总产量（万吨）	单　产（千克/公顷）
1949	870.0	795	8.1	180	55.6	1170
1950	1033.5	915	10.3	195	66.0	1320
1951	1023.5	915	12.4	180	73.4	1395
1952	1199.0	1035	16.9	240	84.5	1470
1953	1049.5	900	13.1	210	80.3	1380
1954	1247.0	1050	15.5	255	105.0	1530
1955	1276.0	1110	20.9	285	106.1	1485
1956	1372.5	1215	21.7	270	129.9	1650
1957	1126.0	990	17.4	225	70.0	915
1958	1226.0	1170	21.2	300	78.4	1320
1959	1049.0	1095	16.3	240	44.8	1185
1960	829.5	825	7.8	135	21.8	735
1961	840.5	855	3.1	75	39.7	1290
1962	910.0	915	3.9	105	42.4	1875
1963	992.5	990	8.6	165	51.1	2025
1964	1132.5	1140	12.1	180	64.3	2070
1965	1332.0	1350	19.9	300	67.1	1395
1966	1470.0	1545	20.2	300	97.3	1665
1967	1466.0	1575	21.8	315	82.2	1350
1968	1282.5	1395	22.7	330	69.2	1245
1969	1449.5	1545	23.9	360	47.0	915
1970	1465.0	1575	27.3	390	78.5	1575
1971	1607.5	1710	24.3	375	92.7	1725
1972	1735.0	1815	19.6	330	74.9	1365
1973	1917.0	2025	26.3	405	87.4	1710
1974	1683.0	1815	19.0	300	83.4	1530
1975	2170.5	2355	24.1	390	84.2	1515
1976	2241.5	2460	15.8	255	58.5	1065
1977	2099.0	2370	14.9	240	67.7	2025
1978	2288.0	2595	15.4	255	95.9	1785
1979	2472.0	2835	16.7	315	109.1	1800
1980	2384.0	2820	53.7	735	143.0	2160
1981	2312.5	2835	67.5	720	142.1	2010
1982	2375.0	3090	96.0	720	142.5	2190
1983	2700.0	3465	122.5	825	152.0	2460
1984	3040.0	3885	172.5	1005	182.0	2790
1985	3137.7	3930	106.2	915	267.9	2745
1986	3250.0	3840	94.1	930	207.6	2355
1987	3393.7	4125	124.4	1020	234.3	2940
1988	3225.0	3990	113.7	825	197.8	2505
1989	3250.0	4035	102.5	780	150.0	1995
1990	3570.0	4380	102.8	690	212.1	2910
1991	3916.9	4845	135.1	870	233.1	3285
1992	3589.3	4533	67.7	455	166.3	2380
1993	4100.0	4992	41.0	539	268.4	3434
1994	4091.1	5015	55.9	705	338.3	3781
1995	4245.0	5220	47.1	707	315.0	3580
1996	4332.7	5260	37.2	773	309.3	3767
1997	3852.2	4766	35.4	894	240.9	2977
1998	4264.8	5244	41.3	996	335.6	3908
1999	4269.0	5271	39.2	1072	320.5	3614
2000	3837.7	4938	59.0	1085	356.9	3730
2001	3720.6	5201	78.1	1062	377.3	3743
2002	3292.7	4763	72.2	1086	340.4	3458
2003	3435.5	5355	87.7	994	361.8	3572
2004	3516.7	5570	109.8	1036	369.7	3913

11－5 1978－2004年畜牧业生产情况

年份	肉类总产量（万吨）	猪存栏（万头）	牛存栏（万头）	羊存栏（万只）	家禽存栏（万只）
1978	60.80	1992.00	227.60	756.40	6766.00
1979	65.18	2117.60	221.50	925.80	7204.00
1980	90.10	2112.50	217.80	1041.30	7997.00
1981	96.26	1901.10	213.70	1025.60	8075.00
1982	94.98	1726.20	213.60	989.50	9115.00
1983	94.54	1562.70	222.10	901.80	10216.80
1984	104.38	1681.50	232.60	753.90	14688.90
1985	128.62	1812.80	258.00	783.30	16548.20
1986	141.78	1668.90	292.50	985.30	15120.70
1987	141.02	1547.00	344.60	1404.10	16916.30
1988	171.47	1688.60	416.00	1436.40	21582.10
1989	195.63	1604.10	472.40	1491.30	20471.30
1990	221.61	1576.70	511.80	1528.10	23974.60
1991	241.49	1599.40	501.40	1591.20	24136.80
1992	250.67	1602.60	531.90	1655.20	25810.80
1993	286.61	1603.70	603.00	1703.50	27188.70
1994	338.77	1701.50	681.30	1799.80	35118.60
1995	394.42	1718.10	714.10	1866.10	34613.80
1996	405.52	1723.60	740.10	1877.20	37485.00
1997	460.64	2209.70	811.90	2038.60	41833.00
1998	497.90	2485.90	911.80	2322.00	48484.00
1999	524.49	2560.48	977.25	2536.22	53332.00
2000	560.15	2660.34	1008.61	2784.73	58558.00
2001	595.44	2769.41	1006.85	2904.47	61589.23
2002	626.99	2882.96	1018.93	3039.45	65231.51
2003	662.11	2975.21	1040.17	3133.67	67431.01
2004	696.53	3058.19	997.76	3286.77	69690.94

11-5续表

年　份	猪出栏（万头）	牛出栏（万头）	羊出栏（万只）	家禽出栏（万只）	禽蛋产量（万吨）	奶类产量（万吨）
1978	901.20	4.60	142.40		22.50	6.83
1979	1047.50	6.70	228.60		23.67	6.95
1980	1241.60	8.80	377.50		25.62	6.80
1981	1296.00	11.50	460.70		29.47	5.24
1982	1213.20	10.60	521.60		34.30	8.77
1983	1159.20	18.90	616.30		41.07	11.43
1984	1284.00	18.40	519.10		62.28	13.34
1985	1482.60	27.60	558.30	8283.10	72.50	13.26
1986	1681.20	32.30	617.60	9234.50	69.66	15.81
1987	1514.00	49.80	842.10	11397.30	79.14	17.28
1988	1619.60	69.00	1219.00	15904.00	102.97	19.53
1989	1845.40	82.80	1348.40	16701.20	109.43	21.24
1990	1936.20	110.10	1416.40	22769.00	124.25	22.53
1991	1983.50	119.50	1348.70	30792.70	149.14	23.65
1992	2046.00	140.90	1366.10	33467.90	154.30	25.17
1993	2092.90	177.10	1411.00	42837.30	184.07	28.05
1994	2185.70	213.10	1668.20	64716.70	240.75	32.45
1995	2453.00	248.40	2034.10	71286.50	247.15	36.98
1996	2500.90	272.40	2051.80	73508.00	267.30	41.14
1997	2801.10	334.50	2269.30	82549.00	294.30	45.82
1998	3123.20	354.90	2518.90	91299.00	322.00	53.98
1999	3248.13	391.10	2838.80	100246.00	349.06	61.29
2000	3426.78	413.80	3014.91	109168.00	366.22	70.47
2001	3594.69	461.80	3210.88	119102.29	379.04	90.43
2002	3803.18	488.12	3358.58	126352.58	399.40	116.75
2003	4016.16	509.11	3466.05	135818.96	424.69	148.38
2004	4330.24	530.60	3641.44	146834.98	432.87	188.68

11－6 1978－2004年渔业生产情况

单位:吨

年份	水产品总产量	海水产品	海洋捕捞	海水养殖
1978	941159	889076	556669	332407
1979	789574	740111	480297	259814
1980	784208	732234	462664	269570
1981	737756	685110	451985	233125
1982	813789	764945	530279	234666
1983	847481	792619	516574	276045
1984	941782	877043	582780	294263
1985	1024494	936278	590494	345784
1986	1139239	1027050	665307	361743
1987	1388134	1261202	796523	464679
1988	1755821	1617429	898900	718529
1989	2019553	1880286	998184	882102
1990	2161755	2002686	1146278	856408
1991	2591164	2385032	1263653	1121379
1992	3288171	3053853	1536937	1516916
1993	4374345	4072679	1726779	2345900
1994	4772976	4313706	1785071	2528635
1995	5234832	4692437	1796112	2896325
1996	5866931	5185635	2588250	2597385
1997	6102938	5359138	2974701	2384437
1998	6505106	5665247	3325599	2339648
1999	6950476	6023034	3325182	2697852
2000	6982259	5951085	3078395	2872690
2001	6860957	5830883	2780226	3050657
2002	6950136	5982623	2720554	3262069
2003	7062244	6041543	2680831	3360712
2004	7181520	6120970	2702130	3418840

11－6续表

年　　份	淡水产品产　　量（吨）	捕捞量	养殖量	水 产 品养殖面积（万亩）	海　水	淡　水
1 9 7 8	52083	35758	16325	202.30	26.80	175.50
1 9 7 9	49463	34065	15398	193.29	26.54	166.75
1 9 8 0	51974	35610	16301	203.21	28.50	174.71
1 9 8 1	52616	34638	18008	182.24	28.66	153.58
1 9 8 2	48844	32666	16178	176.15	35.18	140.97
1 9 8 3	54862	34884	19978	160.05	32.31	127.74
1 9 8 4	64739	37882	26857	165.10	37.70	127.40
1 9 8 5	88216	41107	47109	215.14	49.58	165.56
1 9 8 6	112189	42505	69684	243.14	56.70	186.44
1 9 8 7	126932	37513	89419	257.65	70.87	186.78
1 9 8 8	138392	32289	106103	234.90	104.27	180.63
1 9 8 9	139267	29532	109735	246.73	103.72	143.01
1 9 9 0	159069	34700	124369	273.52	105.01	168.51
1 9 9 1	206132	45949	160183	304.04	112.54	191.50
1 9 9 2	234318	45181	189137	312.30	115.89	196.41
1 9 9 3	301666	55097	246569	400.16	223.76	176.40
1 9 9 4	459270	64210	395060	466.56	197.36	269.21
1 9 9 5	542395	67504	474891	497.39	197.81	299.58
1 9 9 6	681296	74424	606872	564.55	242.45	322.10
1 9 9 7	743800	81066	662734	618.91	274.04	344.87
1 9 9 8	839859	88943	750916	649.80	283.22	366.58
1 9 9 9	927442	88574	838868	722.79	336.14	386.65
2 0 0 0	1031174	89916	941258	788.36	420.72	367.64
2 0 0 1	1030074	88562	941512	829.39	434.99	394.40
2 0 0 2	967513	78764	888749	802.50	439.16	363.34
2 0 0 3	1020701	100771	919930	931.01	537.62	393.39
2 0 0 4	1060550	103500	957050	1000.67	584.35	416.32

11－7 农作物播种面积和产量

类　　别	2003年			2004年			总产量2004年比2003年增减（%）
	播种面积（公顷）	总产量（吨）	单　产（千克/公顷）	播种面积（公顷）	总产量（吨）	单　产（千克/公顷）	
农作物总播种面积	**10885278**			**10776124**			
一、粮食作物合计	**6415407**	**34355380**	**5355**	**6313876**	**35166986**	**5570**	**2.4**
（一）夏收粮食	3106099	15653000	5039	3106667	15850000	5102	1.3
1.谷物	3105323	15650886	5040	3105838	15845992	5102	1.2
#小麦	3105133	15650305	5040	3105700	15845638	5102	1.2
2.夏杂豆	776	2114	2724	829	4008	4835	89.6
（二）秋收粮食	3309308	18702380	5651	3207209	19316986	6023	3.3
1.谷物	2586455	15102827	5839	2632198	16099913	6117	6.6
（1）稻谷	112620	778901	6916	124429	905929	7281	16.3
（2）玉米	2405893	14110200	5865	2455049	14991484	6106	6.2
（3）谷子	39220	128643	3280	31597	120998	3829	－5.9
（4）高粱	20867	63787	3057	15354	57786	3764	－9.4
（5）其他谷物	7855	21296	2711	5769	23716	4111	11.4
2.豆类合计	323080	821127	2542	255735	757929	2964	－7.7
#大豆	285673	691453	2420	241180	716674	2972	3.6
3.薯类（按折粮计算）	399773	2778426	6950	319276	2459144	7702	－11.5
二、油料作物合计	**1012962**	**3618008**	**3572**	**944760**	**3697080**	**3913**	**2.2**
#花生果	988183	3556348	3599	925298	3653002	3948	2.7
油菜籽	19608	45132	2302	16781	39203	2336	－13.1
芝　麻	2687	3973	1479	2233	3138	1405	－21.0
三、棉　花	**881694**	**876818**	**994**	**1059207**	**1097709**	**1036**	**25.2**
四、麻类合计	**1765**	**6472**	**3667**	**1016**	**6023**	**5928**	**－6.9**
#黄红麻	1547	6064	3920	886	5711	6446	－5.8
苎　麻	1	1	1000				
大　麻	69	130	1884				
五、甜　菜	**105**	**383**	**3648**				
六、烟叶合计	**42912**	**95728**	**2231**	**42109**	**82092**	**1950**	**－14.2**
#烤烟	42277	93888	2221	41663	80285	1927	－14.5
七、药　材	**31032**			**35410**			
八、蔬菜（含菜用瓜）	**2027130**	**87292687**		**1970123**	**88836672**		**1.8**
#马铃薯	150849	4778286		138341	4909964		2.8
九、瓜类（果用瓜）	**332006**	**14660549**		**299559**	**13229087**		**－9.8**
#西瓜	273927	12798629		241922	11172122		－12.7
十、其它农作物	**140265**			**110064**			
#青饲料	30924			12992			

11－8 主要农业机械年末拥有量

类　　别	单　位	1997年	1998年	1999年	2000年	2001年	2002年	2003年	2004年
农用机械总动力	**万千瓦**	**4763.59**	**5228.32**	**6096.58**	**7025.24**	**7689.57**	**7997.63**	**8336.74**	**8751.87**
一、耕作机械									
大中型农用拖拉机	万台	10.63	11.35	12.97	14.05	15.79	17.29	18.86	21.18
	万千瓦	342.60	365.38	419.24	451.16	498.72	546.42	586.73	663.61
小型农用拖拉机	万台	85.02	98.73	124.61	144.27	155.38	157.73	164.16	176.01
	万千瓦	703.82	808.32	1010.85	1164.00	1299.03	1317.36	1409.39	1485.82
大中型拖拉机配套农具	万部	21.20	23.47	26.35	27.70	30.45	35.39	37.16	38.31
小型拖拉机配套农具	万部	129.17	146.02	182.54	214.84	228.17	237.34	247.23	269.50
二、农用排灌机械									
柴油机	万台	136.07	142.17	164.87	172.69	187.53	189.59	172.48	172.94
	万千瓦	1114.43	1157.44	1328.55	1408.18	1518.36	1538.99	1396.05	1398.37
电动机	万台	75.77	78.08	80.04	82.70	87.91	91.26	93.17	94.65
	万千瓦	531.84	544.01	550.41	568.17	602.77	644.46	630.10	636.05
农用水泵	万台	175.10	185.07	207.98	232.09	243.85	249.09	253.45	264.77
喷灌机械	万套	21.93	24.71	30.45	30.00	30.03	32.14	32.34	31.15
三、收获机械									
联合收割机	万台	1.77	2.82	4.24	5.16	5.57	6.20	6.87	7.30
	万千瓦	13.56	23.94	44.72	63.93	74.79	88.31	111.00	126.23
机动割晒机	万台	20.28	21.84	23.32	25.43	25.29	22.51	20.79	19.70
	万千瓦	4.53	5.64	7.39	9.10	9.41	5.58	3.22	2.95
机动脱粒机	万台	70.17	70.10	73.99	74.40	55.34	73.67	70.85	69.56
四、植保机械									
喷雾机	万部	23.59	22.63	25.88	24.78	25.03	25.86	25.90	27.27
	万千瓦	36.03	37.69	42.86	43.77	44.72	48.01	47.28	50.38
五、渔业机械									
渔用机动船	万艘	4.27	4.26	4.26	4.27	4.70	4.71	4.42	4.23
	万吨	51.24	48.24	54.31	52.37	55.12	53.97	75.92	75.19
	万千瓦	94.72	96.21	112.83	117.93	127.15	127.00	131.57	136.23
六、农产品加工机械									
农产品加工机械动力	万千瓦	466.62	481.70	519.40	673.75	862.56	856.00	906.18	881.52
七、运输机械									
农用载重汽车	万辆	7.62	8.31	9.50	10.21	11.18	11.42	11.65	12.11
	万千瓦	466.96	488.68	528.06	543.79	600.02	606.25	612.63	627.27
农用运输车	万辆	68.69	87.08	116.57	162.77	180.73	200.72	214.26	228.99
	万千瓦	609.80	812.67	1114.85	1670.33	1860.58	2115.90	2296.02	2502.75
八、其他农业机械									
推土机	万台	0.43	0.50	1.01	0.70	0.71	0.75	0.78	0.86

11－9 各市农林牧渔业总产值

（2004年）　　　　单位：万元

地　　区	农林牧渔业总产值	农业产值	林业产值	牧业产值	渔业产值	农林牧渔服务业产值
全省总计	**34539052**	**18917303**	**594894**	**10228363**	**4260892**	**537600**
济南市	2043888	1212840	44880	718667	24983	42518
青岛市	3034190	1181009	32831	937494	816055	66801
淄博市	1010318	641979	56789	269362	18502	23686
枣庄市	1037843	685736	28845	264901	29470	28891
东营市	816514	389079	8996	191351	164887	62201
烟台市	3081456	1406416	40054	541374	1023867	69745
潍坊市	3624806	2038607	40018	1278025	201602	66554
济宁市	3008789	1495384	56776	1178135	203457	75037
泰安市	1724648	995764	53654	567836	62582	44812
威海市	1825329	408559	9158	235600	1150685	21327
日照市	1102785	442169	32263	259413	343861	25079
莱芜市	306832	194259	17705	80302	5141	9425
临沂市	2678210	1553226	147979	855063	65776	56166
德州市	2265454	1454579	26289	631506	51937	101143
聊城市	2085779	1417830	27547	580800	34946	24656
滨州市	1512503	883313	18095	389308	178865	42922
菏泽市	2400924	1623281	63077	613144	63464	37958

注：本表按当年价格计算。

11－10 各市农业产值

（2004年）　　　　单位：万元

地　　区	农业产值	（一）谷物及其他作物	粮食作物	谷物	豆类	薯类	油料	棉花
全省总计	**18917303**	**8829538**	**5828715**	**5073940**	**278920**	**475855**	**128501**	**1511007**
济南市	1212840	447920	363484	320841	11777	30866	18584	54293
青岛市	1181009	522071	319418	290838	13937	14643	175812	13508
淄博市	641979	223678	172156	165893	3502	2761	5394	34730
枣庄市	685736	225699	176889	154702	10587	11600	41984	4528
东营市	389079	210872	67373	63204	3767	402	1441	136488
烟台市	1406416	490411	313310	268526	19843	24941	165613	
潍坊市	2038607	672521	467820	429393	20431	17996	86263	62672
济宁市	1495384	721935	466386	412304	24570	29512	96104	147316
泰安市	995764	420888	296672	255753	6309	34610	73967	8551
威海市	408559	205282	124199	105327	7319	11553	80056	
日照市	442169	250987	149753	116619	8658	24476	83139	1330
莱芜市	194259	33213	30308	24574	213	5521	2275	248
临沂市	1553226	805272	499945	387203	26099	86643	235210	19243
德州市	1454579	809726	357699	347062	10142	495	14171	430173
聊城市	1417830	618390	431570	409988	9840	11742	54908	123543
滨州市	883313	579063	290687	284677	3038	2972	5114	272187
菏泽市	1623281	942755	464375	436273	19626	8476	84288	324234

注：本表按当年价格计算。

11－10续表 （2004年） 单位:万元

地　　区	麻　类	糖　类	烟　叶	其　他 农作物	(二)蔬菜 园艺 作物	#蔬　　菜 (含菜用瓜)	(三)水　果 坚果和 饮　料	#水果坚果 (含果用瓜)	(四)中药材
全省总计	**1961**		**56958**	**145887**	**7419117**	**7160493**	**2532284**	**2508674**	**136364**
济 南 市	114		17	11428	628082	619391	135917	135917	921
青 岛 市			4504	8829	509206	494298	149714	147703	18
淄 博 市			2511	8887	307561	294559	84210	84090	26530
枣 庄 市			825	1473	399775	395828	58801	58799	1461
东 营 市				5570	160052	152019	18155	18155	
烟 台 市			21	11467	273044	259276	638878	638878	3283
潍 坊 市			18335	37431	1052357	1001845	297663	297046	16066
济 宁 市	446			11683	658863	644054	110276	110276	4310
泰 安 市	120		5	41573	477908	451874	92597	92323	4371
威 海 市			107	920	95742	95377	97844	97798	9691
日 照 市			8805	7960	130356	129969	52865	37754	7961
莱 芜 市	2		336	44	145504	145207	13603	13603	1939
临 沂 市	27		26761	24086	463761	455706	249051	246560	35142
德 州 市	87		108	7488	470321	469092	174532	174532	
聊 城 市				8369	625659	620354	172667	172667	1114
滨 州 市	1177			9898	175628	165491	128341	128341	281
菏 泽 市	2			69856	475661	459885	186348	185628	18517

11－11 各 市 林 业 产 值

（2004年） 单位:万元

地　　区	林　业 产　值	(一)林木的 培育和 种　植	育种育苗	造　林	抚育管理	(二)竹木 采运	#村及村 以　下	(三)林产品
全省总计	**594894**	**220596**	**39822**	**69982**	**110792**	**77819**	**74744**	**296479**
济 南 市	44880	18219	1888	4485	11846	4207	4119	22454
青 岛 市	32831	19526	3646	11241	4639	3776	3529	9529
淄 博 市	56789	44447	2000	10940	31507	2508	1335	9834
枣 庄 市	28845	9823	545	2495	6783	1955	1484	17067
东 营 市	8996	8298	559	2528	5211	458	194	240
烟 台 市	40054	21693	4302	4789	12602	1724	1365	16637
潍 坊 市	40018	25198	8869	7800	8529	2283	2141	12537
济 宁 市	56776	23261	7460	4198	11603	13760	2800	19755
泰 安 市	53654	15536	4760	4421	6355	3154	2898	34964
威 海 市	9158	4911	735	982	3194	509		3738
日 照 市	32263	6761	917	1357	4487	5370	4652	20132
莱 芜 市	17705	5839	229	453	5157	506	16	11360
临 沂 市	147979	22378	3375	4625	14378	12603	11239	112998
德 州 市	26289	20226	2477	5345	12404	710		5353
聊 城 市	27547	16377	2250	6974	7153	4728	3750	6442
滨 州 市	18095	8988	1779	2361	4848	1046	854	8061
菏 泽 市	63077	25694	5421	11270	9003	29948	19908	7435

注:本表按当年价格计算。

11-12 各市牧业产值

(2004年)　　单位:万元

地区	牧业产值	(一)牲畜饲养	#牛	#羊	#奶产品	#牛奶	#毛绒产品
全省总计	**10228363**	**1981788**	**1085077**	**500065**	**327905**	**283148**	**35679**
济南市	718667	152901	75708	38908	29844	29786	6238
青岛市	937494	176939	77785	20527	77179	63525	21
淄博市	269362	40257	10484	7845	20264	20211	1475
枣庄市	264901	33019	8804	19454	2358	2052	634
东营市	191351	60389	25723	22197	9636	9636	1166
烟台市	541374	90337	33708	12002	40814	34771	411
潍坊市	1278025	110514	46693	26596	34490	28171	1575
济宁市	1178135	138761	36298	86829	10217	8686	3316
泰安市	567836	96087	32093	36440	17287	17287	9333
威海市	235600	34409	6282	3844	24269	18732	2
日照市	259413	31530	11721	16605	1193	1185	1715
莱芜市	80302	7503	768	4684	340	340	1711
临沂市	855063	103945	42318	42523	14071	12752	2877
德州市	631506	141644	92604	32352	11603	11574	1301
聊城市	580800	70873	33134	22500	8035	8035	3331
滨州市	389308	126112	78560	19940	22203	22203	3020
菏泽市	613144	192533	69805	107619	6774	6774	6684

注:本表按当年价格计算。

11-12续表　　(2004年)　　单位:万元

地区	(二)猪饲养	(三)家禽饲养	#肉禽	#禽蛋	(四)狩猎和捕捉动物	(五)其他畜牧业	#蚕茧
全省总计	**3858634**	**3877388**	**1699142**	**2178246**	**4539**	**506014**	**129241**
济南市	244850	307959	61107	246852		12957	1324
青岛市	260432	451201	304438	146763	77	48845	14265
淄博市	81017	128705	43265	85440	96	19287	1845
枣庄市	93897	107307	59141	48166	11	30667	3427
东营市	48469	78297	31063	47234	27	4169	1366
烟台市	161246	264492	114751	149741	4000	21299	3717
潍坊市	420689	652379	470483	181896		94443	18965
济宁市	556955	436947	160805	275392	106	45366	8031
泰安市	242732	196023	69302	126721	414	32580	13032
威海市	80191	58336	17437	40899	136	62528	2032
日照市	102654	101226	40127	61099		24003	13126
莱芜市	40407	25023	9787	15236		7369	600
临沂市	409085	255640	122889	132417	2656	83737	11452
德州市	226118	259072	63602	195470		4672	2742
聊城市	209655	282829	129118	153711	520	16923	1790
滨州市	106423	146890	44970	101880	56	9827	7600
菏泽市	227433	166100	32046	134054	603	26475	10963

11－13 各市渔业产值

（2004 年）　　　　单位：万元

地　区	渔业产值	（一）海水产品	#养殖	鱼类	虾蟹类	贝类	藻类	其他
全省总计	**4260892**	**3429796**	**1915697**	**886067**	**605639**	**1125018**	**146897**	**666175**
济南市	24983							
青岛市	816055	767345	487952	194530	166389	337666	4254	64506
淄博市	18502							
枣庄市	29470							
东营市	164887	108257	64414	17061	36808	50516		3872
烟台市	1023867	1006777	539222	329592	111876	321728	16270	197311
潍坊市	201602	154362	57173	87683	36309	21996		8374
济宁市	203457							
泰安市	62582	6427		2899	1745	1536		247
威海市	1150685	1119432	638675	298686	98157	291339	105662	325588
日照市	343861	326868	97752	164265	48433	88398	1103	24669
莱芜市	5141							
临沂市	65776							
德州市	51937							
聊城市	34946							
滨州市	178865	90585	60585	6465	47148	26006		10966
菏泽市	63464							

注：本表按当年价格计算。

11－13 续表　　　　（2004 年）　　　　单位：万元

地　区	（二）内陆水域水产品	#养殖	鱼类	虾蟹类	贝类	其他	农林牧渔服务业产值
全省总计	**831096**	**749981**	**696224**	**114544**	**6570**	**13538**	**537600**
济南市	24983	22149	23218	1011	57	697	42518
青岛市	48710	48710	40515	7568		627	66801
淄博市	18502	12816	18313	189			23686
枣庄市	29470	25293	27159	1990	182	139	28891
东营市	56630	50607	34646	21080		904	62201
烟台市	17090	17090	15614	1348	100	28	69745
潍坊市	47240	41733	38417	8338	199	286	66554
济宁市	203457	161189	165694	30946	4917	1900	75037
泰安市	56155	47955	45464	8923	334	1434	44812
威海市	31253	31253	28796	2388	39	30	21327
日照市	16993	16193	15513	1080		400	25079
莱芜市	5141	5141	5082	59			9425
临沂市	65776	60596	62745	2109	84	838	56166
德州市	51937	50916	45991	2906		3040	101143
聊城市	34946	32219	32710	890	114	1232	24656
滨州市	88280	78280	64289	15375		6416	42922
菏泽市	63464	50109	61641	255	29	1539	37958

11－14 各市农林牧渔业中间消耗及增加值

(2004年)　　单位:万元

地　区	一、总产值	二、中间消耗	农　业	林　业	牧　业	渔　业	农林牧渔服务业
全省总计	**34539052**	**16427046**	**8208945**	**174899**	**6121104**	**1705618**	**216480**
济南市	2043888	839229	411122	13356	380026	9949	24776
青岛市	3034190	1379977	441223	17315	561716	329111	30612
淄博市	1010318	459721	276758	19714	142060	7550	13639
枣庄市	1037843	476344	278953	10577	163273	11209	12332
东营市	816514	387842	147190	4134	115785	79819	40914
烟台市	3081456	1331407	554022	14665	277101	453619	32000
潍坊市	3624806	1788284	802630	12057	843612	95953	34032
济宁市	3008789	1453903	654736	21042	637147	95125	45853
泰安市	1724648	760796	379769	21755	321089	18755	19428
威海市	1825329	824677	191079	3969	132085	487850	9694
日照市	1102785	464055	156742	7793	133418	153922	12180
莱芜市	306832	135070	62563	6643	56566	2291	7007
临沂市	2678210	1176893	537834	40766	550605	22380	25308
德州市	2265454	1056764	610924	15443	345015	10581	74801
聊城市	2085779	907653	515257	5388	370325	6911	9772
滨州市	1512503	684922	339764	6234	234151	82364	22409
菏泽市	2400924	1029866	623356	12723	346876	13974	32937

注:本表按当年价格计算。

11－14续表1　　(2004年)　　单位:万元

地　区	(一)中间物质消耗	农　业	林　业	牧　业	渔　业	农林牧渔服务业
全省总计	**14373666**	**6950019**	**144510**	**5850206**	**1269553**	**159378**
济南市	786093	370778	12164	369111	9264	24776
青岛市	1197577	399321	14325	506565	256357	21009
淄博市	387537	232711	13019	129890	6643	5274
枣庄市	411607	234175	8344	151150	7587	10351
东营市	296767	108620	3394	100266	49702	34785
烟台市	1169167	473608	10990	267884	384685	32000
潍坊市	1648490	718453	10655	808642	82918	27822
济宁市	1274360	535736	17316	602092	90156	29060
泰安市	717198	358675	20683	307174	13181	17485
威海市	573874	140630	1864	113921	307925	9534
日照市	419435	144157	6370	118749	138072	12087
莱芜市	124094	59623	5971	51125	1982	5393
临沂市	1105254	496205	32408	535897	20716	20028
德州市	984912	572345	14372	324673	9149	64373
聊城市	869572	491219	4576	359214	6169	8394
滨州市	602158	295299	5233	222468	67695	11463
菏泽市	958855	576368	11501	331131	13097	26758

11－14 续表 2　　(2004 年)　　单位:万元

地　区	(二)生产服务支出	农　业	林　业	牧　业	渔　业	农林牧渔服务业
全省总计	**2053380**	**1258926**	**30389**	**270898**	**436065**	**57102**
济南市	53136	40344	1192	10915	685	
青岛市	182400	41902	2990	55151	72754	9603
淄博市	72184	44047	6695	12170	907	8365
枣庄市	64737	44778	2233	12123	3622	1981
东营市	91075	38570	740	15519	30117	6129
烟台市	162240	80414	3675	9217	68934	
潍坊市	139794	84177	1402	34970	13035	6210
济宁市	179543	119000	3726	35055	4969	16793
泰安市	43598	21094	1072	13915	5574	1943
威海市	250803	50449	2105	18164	179925	160
日照市	44620	12585	1423	14669	15850	93
莱芜市	10976	2940	672	5441	309	1614
临沂市	71639	41629	8358	14708	1664	5280
德州市	71852	38579	1071	20342	1432	10428
聊城市	38081	24038	812	11111	742	1378
滨州市	82764	44465	1001	11683	14669	10946
菏泽市	71011	46988	1222	15745	877	6179

11－14 续表 3　　(2004 年)　　单位:万元

地　区	三、增加值	农　业	林　业	牧　业	渔　业	农林牧渔服务业
全省总计	**18112006**	**10708358**	**419995**	**4107259**	**2555274**	**321120**
济南市	1204659	801718	31524	338641	15034	17742
青岛市	1654213	739786	15516	375778	486944	36189
淄博市	550597	365221	37075	127302	10952	10047
枣庄市	561499	406783	18268	101628	18261	16559
东营市	428672	241889	4862	75566	85068	21287
烟台市	1750049	852394	25389	264273	570248	37745
潍坊市	1836522	1235977	27961	434413	105649	32522
济宁市	1554886	840648	35734	540988	108332	29184
泰安市	963852	615995	31899	246747	43827	25384
威海市	1000652	217480	5189	103515	662835	11633
日照市	638730	285427	24470	125995	189939	12899
莱芜市	171762	131696	11062	23736	2850	2418
临沂市	1501317	1015392	107213	304458	43396	30858
德州市	1208690	843655	10846	286491	41356	26342
聊城市	1178126	902573	22159	210475	28035	14884
滨州市	827581	543549	11861	155157	96501	20513
菏泽市	1371058	999925	50354	266268	49490	5021

11－15 各市农村基层情况和农业生产条件

(2004 年)

地区	一、农村基层组织情况(个)			二、农村社会基础设施(个)			
	乡、镇个数	# 镇	村委会个数	自来水受益村数	通汽车村数	通电话村数	通电话户数(户)
全省总计	**1941**	**1223**	**86121**	**51399**	**85022**	**86110**	**12125789**
济南市	146	61	4709	3296	4625	4709	680542
青岛市	178	84	6018	4908	6009	6016	1140406
淄博市	107	76	3232	2910	3228	3232	604022
枣庄市	63	44	2297	1624	2297	2297	360502
东营市	43	23	1781	1767	1773	1779	235552
烟台市	148	94	6555	4849	6554	6555	1199774
潍坊市	192	142	9471	6314	9471	9467	1401981
济宁市	155	94	6485	4161	6426	6484	900472
泰安市	86	61	3597	2113	3597	3597	651657
威海市	66	52	2640	1824	2637	2639	448374
日照市	54	39	2978	1177	2918	2977	361595
莱芜市	20	14	1036	874	1035	1036	179573
临沂市	180	129	9330	4433	9330	9330	1235280
德州市	126	80	8316	3775	7936	8316	654953
聊城市	134	66	6309	1776	6015	6309	635954
滨州市	85	57	5337	4384	5295	5337	551292
菏泽市	158	107	6030	1214	5876	6030	883860

注:本表中"乡镇个数"为全省乡镇级行政区划单位数,全省有 295 个乡、1223 个镇,423 个街道办事处。

11－15 续表 1

(2004 年)

地区	三、乡村人口、从业人员及主要行业分布(万人)						
	乡村户数(万户)	乡村人口数	乡村从业人员数	男	女	农林牧渔业从业人员	# 农业
全省总计	**2052.12**	**7042.49**	**3754.19**	**1995.37**	**1758.82**	**2180.12**	**1933.19**
济南市	98.47	355.67	191.31	99.77	91.54	95.90	85.15
青岛市	150.57	479.75	258.91	138.47	120.44	112.05	93.97
淄博市	86.68	272.37	153.62	81.43	72.19	76.91	69.59
枣庄市	74.24	276.68	156.12	81.59	74.53	83.35	72.92
东营市	31.93	107.14	53.28	28.13	25.15	32.52	29.37
烟台市	167.30	486.60	248.23	133.17	115.06	148.40	128.01
潍坊市	196.09	685.20	336.67	178.35	158.32	170.23	151.13
济宁市	173.30	645.73	343.02	183.65	159.37	198.18	171.70
泰安市	117.99	417.90	220.31	117.26	103.05	125.89	108.71
威海市	65.34	168.76	89.56	49.60	39.96	42.15	31.63
日照市	75.04	235.32	130.72	71.49	59.23	82.57	71.25
莱芜市	30.11	91.18	52.78	28.74	24.04	28.90	24.28
临沂市	261.48	875.58	498.33	266.40	231.93	324.10	293.36
德州市	116.30	435.20	221.51	116.95	104.56	156.74	143.40
聊城市	129.46	475.17	259.24	134.87	124.37	172.48	163.08
滨州市	86.76	299.21	162.92	87.95	74.97	100.58	90.54
菏泽市	191.06	735.03	377.66	197.55	180.11	229.17	205.10

11－15续表2　　(2004年)

地　区	三、乡村人口、从业人员及主要行业分布(万人)							
	工　业 从业人员	建筑业 从业人员	交通运输、仓储及邮电业从业人员	信息传输和计算机服务业从业人员	批发与零售业 从业人员	住宿和餐饮业 从业人员	其　他 从业人员	#外出合同工、临时工
全省总计	**475.58**	**343.02**	**135.28**	**15.62**	**173.50**	**76.76**	**354.31**	**257.37**
济南市	25.78	21.62	12.65	1.18	12.68	5.90	15.60	9.93
青岛市	60.32	28.36	10.20	0.94	17.82	6.26	22.96	12.34
淄博市	33.64	15.57	6.67	1.08	8.05	3.45	8.25	4.37
枣庄市	24.60	16.53	9.04	0.86	8.12	3.93	9.69	7.55
东营市	0.91	6.20	2.30	0.37	2.50	1.42	1.96	0.82
烟台市	39.67	16.86	6.17	0.46	9.92	4.43	22.32	12.50
潍坊市	62.33	35.53	15.26	1.83	18.24	8.68	24.57	16.24
济宁市	24.24	39.05	15.31	1.47	14.03	6.36	44.38	33.71
泰安市	18.38	26.20	7.60	0.91	7.52	3.79	30.02	23.00
威海市	19.48	8.28	2.90	0.41	4.01	1.99	10.34	6.94
日照市	11.39	12.39	3.20	0.78	5.17	2.00	13.22	8.53
莱芜市	6.73	6.33	2.42	0.35	2.91	1.78	3.36	2.36
临沂市	54.95	44.20	15.08	1.59	20.33	6.50	31.58	21.17
德州市	15.97	14.60	6.25	1.16	9.23	4.55	13.01	10.63
聊城市	18.87	14.15	6.58	0.51	10.03	4.14	32.48	29.27
滨州市	18.20	13.09	5.90	0.29	7.46	4.42	12.98	8.50
菏泽市	34.12	24.96	7.75	1.43	15.48	7.16	57.59	49.51

说明:本表中从业人员的行业分布根据国家统计局2004年《农林牧渔业统计报表制度》作了调整。

11－16 各 市 耕 地 面 积

(2004年)　　单位:公顷

地　区	一、年初耕地总资源	二、年内增加	#新开荒地	#园地改为耕地	三、年内减少	#国家基建占地	#乡村集体占地	#农民个人建房占地
全省总计	**6950816**	**63861**	**12767**	**9623**	**106801**	**16062**	**9083**	**1998**
济南市	351464	538	415	28	987	473	258	28
青岛市	428229	3120	343	1152	7054	463	2642	48
淄博市	168190	1817	292	260	6074	935	518	34
枣庄市	231409	1741	474	1062	1837	286	114	20
东营市	197197	2045	1394		7331	149		3
烟台市	454574	6191	1609	2252	17610	2414	937	97
潍坊市	782946	15241	1509	1655	15146	1186	935	68
济宁市	545191	5234	582	198	3330	1479	242	105
泰安市	321299	715	169	153	2190	1237	195	275
威海市	181131	603	222	75	1233	343	136	8
日照市	172188	2888	69	1075	3984	1254	548	208
莱芜市	69870	440	421		307	206	59	20
临沂市	779174	8592	1435	836	19176	877	1358	728
德州市	538331	8141	2527	219	4443	1983	454	68
聊城市	553158	2429	739	37	2584	1220	389	273
滨州市	380578	2026	32	241	3355	933	245	5
菏泽市	690749	2100	535	380	1400	624	53	10

11－16续表　　(2004年)　　单位:公顷

地　　区	#退耕还林还草占地	#耕　地改为园地	四、年末耕地总资源	(一)常用耕地面积	水　田	旱　地	(二)临时性耕地面积
全省总计	**7582**	**17662**	**6907876**	**6355246**	**168266**	**6186980**	**552630**
济南市	20		351015	324889	10414	314475	26126
青岛市	1027	2107	424295	422609	43	422566	1686
淄博市	237	3512	163933	163652	1531	162121	281
枣庄市	13	33	231313	179237	3011	176226	52076
东营市	131	211	191911	171272	11689	159583	20639
烟台市	2996	8285	443155	420610	61	420549	22545
潍坊市	574	298	783041	673551		673551	109490
济宁市	847	48	547095	520509	61852	458657	26586
泰安市	40	278	319824	315311	563	314748	4513
威海市	27	4	180501	164969		164969	15532
日照市	567	279	171092	166828	10664	156164	4264
莱芜市	14		70003	59792		59792	10211
临沂市	757	1624	768590	651805	59824	591981	116785
德州市	1	17	542029	541191	464	540727	838
聊城市	5	63	553003	535364	39	535325	17639
滨州市	19	899	379249	374248	5660	368588	5001
菏泽市	307	4	691449	656310	2107	654203	35139

11－17 各市粮食播种面积和产量

地　　区	2003年			2004年			总产量2004年比2003年增减(%)
	播种面积(公顷)	总产量(吨)	单产(千克/公顷)	播种面积(公顷)	总产量(吨)	单产(千克/公顷)	
全省总计	**6415407**	**34355380**	**5355**	**6313876**	**35166986**	**5570**	**2.4**
济南市	404849	2205641	5448	418040	2427404	5807	10.1
青岛市	360452	2221697	6164	361017	2323352	6436	4.6
淄博市	185005	1107060	5984	184616	1163385	6302	5.1
枣庄市	182601	998851	5470	191934	1216207	6337	21.8
东营市	124655	662491	5315	84475	497092	5884	－25.0
烟台市	366325	1975534	5393	349968	1976050	5646	0.0
潍坊市	515552	2936454	5696	548905	3312654	6035	12.8
济宁市	558623	3236190	5793	524315	3457154	6594	6.8
泰安市	329835	2022768	6133	340097	2100346	6176	3.8
威海市	161652	924201	5717	150777	912494	6052	－1.3
日照市	151132	841954	5571	151108	905618	5993	7.6
莱芜市	44893	238218	5306	45212	237899	5262	－0.1
临沂市	631299	3045085	4824	635242	3455117	5439	13.5
德州市	522515	3122466	5976	540441	3548095	6565	13.6
聊城市	550755	2923611	5308	552847	3272296	5919	11.9
滨州市	331385	1826154	5511	296100	1851615	6253	1.4
菏泽市	565032	2697982	4775	684040	3171646	4637	17.6

11－18 各市棉花播种面积和产量

地　　区	2003年			2004年			总　产　量 2004年比 2003年增减 (%)
	播种面积 (公顷)	总产量 (吨)	单　　产 (千克/公顷)	播种面积 (公顷)	总产量 (吨)	单　　产 (千克/公顷)	
全省总计	**881694**	**876818**	**994**	**1059207**	**1097709**	**1036**	**25.2**
济南市	29698	31963	1076	36110	39343	1090	23.1
青岛市	4366	5324	1219	6333	7216	1139	35.5
淄博市	16841	18790	1116	23291	28170	1209	49.9
枣庄市	2501	2497	998	2924	3389	1159	35.7
东营市	66518	72828	1095	98731	107304	1087	47.3
烟台市							
潍坊市	39374	46199	1173	47847	51590	1078	11.7
济宁市	99495	103257	1038	102913	120250	1168	16.5
泰安市	6302	6371	1011	9405	7140	759	12.1
威海市							
日照市	592	496	838	917	779	850	57.1
莱芜市	178	240	1348	216	305	1412	27.1
临沂市	7680	8932	1163	10570	13978	1322	56.5
德州市	196307	227624	1160	198751	260751	1312	14.6
聊城市	75334	69295	920	95733	108043	1129	55.9
滨州市	125871	135386	1076	162035	197707	1220	46.0
菏泽市	252751	227476	900	259268	273844	1056	20.4

11－19 各市油料播种面积和产量

地　　区	2003年			2004年			总　产　量 2004年比 2003年增减 (%)
	播种面积 (公顷)	总产量 (吨)	单　　产 (千克/公顷)	播种面积 (公顷)	总产量 (吨)	单　　产 (千克/公顷)	
全省总计	**1012962**	**3618008**	**3572**	**944760**	**3697080**	**3913**	**2.2**
济南市	15794	52428	3319	15743	53381	3391	1.8
青岛市	122778	569098	4635	119182	580398	4870	2.0
淄博市	5510	17726	3217	4933	13805	2798	－22.1
枣庄市	37224	126967	3411	34782	137556	3955	8.3
东营市	2692	7934	2947	1822	5859	3216	－26.2
烟台市	118004	412298	3494	122547	448850	3663	8.9
潍坊市	58530	247497	4229	58940	255960	4343	3.4
济宁市	65655	261208	3978	62857	261150	4155	－0.0
泰安市	52101	177212	3401	52399	183848	3509	3.7
威海市	66455	239424	3603	69147	241659	3495	0.9
日照市	52700	195619	3712	55253	225503	4081	15.3
莱芜市	6291	15645	2487	6832	16563	2424	5.9
临沂市	171847	636857	3706	171017	695745	4068	9.2
德州市	17660	65834	3728	13388	53310	3982	－19.0
聊城市	67071	228482	3407	54777	202042	3688	－11.6
滨州市	3644	8477	2326	3726	10270	2756	21.2
菏泽市	122420	355302	2902	97415	311181	3194	－12.4

11－20 各市农业主要产品生产情况

(2004年)

地　区	农作物总播种面积(公顷)	一、粮食作物合计			(一)夏收粮食		
		播种面积(公顷)	总产量(吨)	单产(千克/公顷)	播种面积(公顷)	总产量(吨)	单产(千克/公顷)
全省总计	**10776124**	**6313876**	**35166986**	**5570**	**3106667**	**15850000**	**5102**
济南市	608729	418040	2427404	5807	177418	975445	5498
青岛市	660285	361017	2323352	6436	157622	974251	6181
淄博市	283213	184616	1163385	6302	83215	498262	5988
枣庄市	365697	191934	1216207	6337	80160	494568	6170
东营市	232743	84475	497092	5884	31438	187346	5959
烟台市	547213	349968	1976050	5646	152010	710451	4674
潍坊市	955538	548905	3312654	6035	225554	1313892	5825
济宁市	954936	524315	3457154	6594	242579	1470202	6061
泰安市	575550	340097	2100346	6176	142943	858584	6006
威海市	246843	150777	912494	6052	76404	416864	5456
日照市	243748	151108	905618	5993	66320	340707	5137
莱芜市	92431	45212	237899	5262	13096	59335	4531
临沂市	1004664	635242	3455117	5439	269633	1290929	4788
德州市	916338	540441	3548095	6565	237628	1504437	6331
聊城市	947157	552847	3272296	5919	270552	1574244	5819
滨州市	533154	296100	1851615	6253	146633	873147	5955
菏泽市	1348980	684040	3171646	4637	448942	2079831	4633

11－20续表1

(2004年)

地　区	1.谷物			#小麦			2.夏杂豆		
	播种面积(公顷)	总产量(吨)	单产(千克/公顷)	播种面积(公顷)	总产量(吨)	单产(千克/公顷)	播种面积(公顷)	总产量(吨)	单产(千克/公顷)
全省总计	**3105838**	**15845992**	**5102**	**3105700**	**15845638**	**5102**	**829**	**4008**	**4835**
济南市	177418	975445	5498	177418	975445	5498			
青岛市	157622	974251	6181	157602	974191	6181			
淄博市	83215	498262	5988	83215	498262	5988			
枣庄市	80127	494466	6171	80052	494335	6175	33	102	3091
东营市	31438	187346	5959	31438	187346	5959			
烟台市	151744	709691	4677	151744	709691	4677	266	760	2857
潍坊市	224706	1311248	5835	224680	1311149	5836	848	2644	3118
济宁市	242466	1469836	6062	242466	1469836	6062	113	366	3239
泰安市	142943	858584	6006	142943	858584	6006			
威海市	76404	416864	5456	76404	416864	5456			
日照市	66320	340707	5137	66320	340707	5137			
莱芜市	13095	59332	4531	13081	59255	4530	1	3	3000
临沂市	269573	1290793	4788	269556	1290729	4788	60	136	2267
德州市	237628	1504437	6331	237628	1504437	6331			
聊城市	270552	1574244	5819	270552	1574244	5819			
滨州市	146633	873147	5955	146633	873147	5955			
菏泽市	448942	2079831	4633	448942	2079831	4633			

11－20续表2 （2004年）

地区	(二)秋收粮食 播种面积（公顷）	(二)秋收粮食 总产量（吨）	(二)秋收粮食 单产（千克/公顷）	1.谷物 播种面积（公顷）	1.谷物 总产量（吨）	1.谷物 单产（千克/公顷）	(1)稻谷 播种面积（公顷）	(1)稻谷 总产量（吨）	(1)稻谷 单产（千克/公顷）
全省总计	**3207209**	**19316986**	**6023**	**2632198**	**16099913**	**6117**	**124429**	**905929**	**7281**
济南市	240622	1451959	6034	202949	1273393	6274	10929	78067	7143
青岛市	203395	1349101	6633	176092	1213042	6889			
淄博市	101401	665123	6559	90111	630197	6994	738	5083	6888
枣庄市	111774	721639	6456	89738	596747	6650	2317	18177	7845
东营市	53037	309746	5840	44489	291194	6545	4509	26101	5789
烟台市	197958	1265599	6393	155846	1030338	6611	46	204	4435
潍坊市	323351	1998762	6181	280998	1779761	6334			
济宁市	281736	1986952	7053	229402	1728198	7533	40147	393805	9809
泰安市	197154	1241762	6298	141197	928906	6579	263	1150	4373
威海市	74373	495630	6664	56623	404910	7151			
日照市	84788	564911	6663	53814	350159	6507	8588	62040	7224
莱芜市	32116	178564	5560	24699	128671	5210			
临沂市	365609	2164188	5919	241286	1466579	6078	47612	368083	7731
德州市	302813	2043658	6749	281759	1953258	6932	667	4830	7241
聊城市	282295	1698052	6015	258859	1601500	6187	90	494	5489
滨州市	149467	978468	6546	143402	959416	6690	1073	8070	7521
菏泽市	235098	1091815	4644	190713	971881	5096	7450	38316	5143

11－20续表3 （2004年）

地区	(2)玉米 播种面积（公顷）	(2)玉米 总产量（吨）	(2)玉米 单产（千克/公顷）	(3)谷子 播种面积（公顷）	(3)谷子 总产量（吨）	(3)谷子 单产（千克/公顷）	(4)高粱 播种面积（公顷）	(4)高粱 总产量（吨）	(4)高粱 单产（千克/公顷）
全省总计	**2455049**	**14991484**	**6106**	**31597**	**120998**	**3829**	**15354**	**57786**	**3764**
济南市	181511	1157877	6379	8018	30109	3755	1952	5483	2809
青岛市	173508	1202063	6928	452	1857	4108	1252	5023	4012
淄博市	87215	619384	7102	1574	4220	2681	508	1326	2610
枣庄市	86469	574847	6648	576	2291	3977	376	1432	3809
东营市	38720	261585	6756	93	220	2366	665	2102	3161
烟台市	152991	1029343	6728	1266	3197	2525	721	1757	2437
潍坊市	273633	1755084	6414	4008	13384	3339	2077	6544	3151
济宁市	187593	1329213	7086	811	2910	3588	691	1834	2654
泰安市	139437	923319	6622	894	2975	3328	472	1233	2612
威海市	56475	404184	7157	53	299	5642	14	45	3214
日照市	44290	284276	6419	396	1638	4136	401	1467	3658
莱芜市	23997	126424	5268	458	1567	3421	163	464	2847
临沂市	189210	1085462	5737	1992	5922	2973	2091	5882	2813
德州市	275902	1925426	6979	3019	14403	4771	2150	8513	3960
聊城市	251766	1573319	6249	5426	21902	4036	1122	4271	3807
滨州市	141151	946846	6708	636	2123	3338	441	1999	4533
菏泽市	180967	926457	5119	1918	6204	3235	258	623	2415

11－20续表4 (2004年)

地区	(5)其它谷物 播种面积(公顷)	总产量(吨)	单产(千克/公顷)	2.豆类 播种面积(公顷)	总产量(吨)	单产(千克/公顷)	#大豆 播种面积(公顷)	总产量(吨)	单产(千克/公顷)
全省总计	**5769**	**23716**	**4111**	**255735**	**757929**	**2964**	**241180**	**716674**	**2972**
济南市	539	1857	3445	13928	36646	2631	12460	32667	2622
青岛市	880	4099	4658	17552	52096	2968	17229	51190	2971
淄博市	76	184	2421	6691	11049	1651	3985	8122	2038
枣庄市				10413	35999	3457	9796	34664	3539
东营市	502	1186	2363	7906	14482	1832	7593	14053	1851
烟台市	822	2037	2478	20645	57263	2774	19861	56048	2822
潍坊市	1280	4749	3710	20613	60859	2952	19776	58646	2966
济宁市	160	436	2725	27772	70085	2524	26670	67836	2544
泰安市	131	229	1748	14553	21937	1507	14141	21536	1523
威海市	81	382	4716	8495	22714	2674	8407	22531	2680
日照市	139	738	5309	5627	23356	4151	5618	23330	4153
莱芜市	81	216	2667	343	886	2583	340	881	2591
临沂市	381	1230	3228	31329	74766	2386	30027	71979	2397
德州市	21	86	4095	16054	43593	2715	15116	41875	2770
聊城市	455	1514	3327	17567	42663	2429	16226	34919	2152
滨州市	101	378	3743	3917	8901	2272	3485	8337	2392
菏泽市	120	281	2342	32328	65894	2038	30600	63272	2068

11－20续表5 (2004年)

地区	3.薯类(按折粮薯类计算) 播种面积(公顷)	总产量(吨)	单产(千克/公顷)	二、油料 播种面积(公顷)	总产量(吨)	单产(千克/公顷)	#花生果 播种面积(公顷)	总产量(吨)	单产(千克/公顷)
全省总计	**319276**	**2459144**	**7702**	**944760**	**3697080**	**3913**	**925298**	**3653002**	**3948**
济南市	23745	141920	5977	15743	53381	3391	14721	50885	3457
青岛市	9751	83963	8611	119182	580398	4870	119115	580290	4872
淄博市	4599	23877	5192	4933	13805	2798	4879	13771	2823
枣庄市	11623	88893	7648	34782	137556	3955	33542	135063	4027
东营市	642	4070	6340	1822	5859	3216	1758	5782	3289
烟台市	21467	171798	8003	122547	448850	3663	122523	448831	3663
潍坊市	21740	158142	7274	58940	255960	4343	57591	253021	4393
济宁市	24562	188669	7681	62857	261150	4155	61960	259794	4193
泰安市	41404	290919	7026	52399	183848	3509	51494	180538	3506
威海市	9255	68006	7348	69147	241659	3495	69147	241659	3495
日照市	25347	191396	7551	55253	225503	4081	55253	225503	4081
莱芜市	7074	49007	6928	6832	16563	2424	6827	16554	2425
临沂市	92994	622843	6698	171017	695745	4068	170711	695035	4071
德州市	5000	46807	9361	13388	53310	3982	11423	47411	4150
聊城市	5869	53889	9182	54777	202042	3688	49575	191638	3866
滨州市	2148	10151	4726	3726	10270	2756	3441	9865	2867
菏泽市	12057	54040	4482	97415	311181	3194	91338	297362	3256

11－20续表6　　　　　　　　　　　　　　　（2004年）

地　　区	#油菜籽			#芝　麻			三、棉　花		
	播种面积（公顷）	总产量（吨）	单　产（千克/公顷）	播种面积（公顷）	总产量（吨）	单　产（千克/公顷）	播种面积（公顷）	总产量（吨）	单　产（千克/公顷）
全省总计	**16781**	**39203**	**2336**	**2233**	**3138**	**1405**	**1059207**	**1097709**	**1036**
济南市	646	1824	2824	301	396	1316	36110	39343	1090
青岛市				18	46	2556	6333	7216	1139
淄博市				53	33	623	23291	28170	1209
枣庄市	710	1678	2363	530	775	1462	2924	3389	1159
东营市				36	28	778	98731	107304	1087
烟台市				11	13	1182			
潍坊市	1327	2908	2191	22	31	1409	47847	51590	1078
济宁市	502	592	1179	353	566	1603	102913	120250	1168
泰安市	888	2888	3252	17	17	1000	9405	7140	759
日照市							917	779	850
莱芜市				5	8	1600	216	305	1412
临沂市	213	552	2592	93	138	1484	10570	13978	1322
德州市	1578	4962	3144	164	285	1738	198751	260751	1312
聊城市	4990	10140	2032	206	262	1272	95733	108043	1129
滨州市	264	379	1436	10	10	1000	162035	197707	1220
菏泽市	5663	13280	2345	414	530	1280	259268	273844	1056

11－20续表7　　　　　　　　　　　　　　　（2004年）

地　　区	四、麻　类			#黄红麻			五、甜　菜		
	播种面积（公顷）	总产量（吨）	单　产（千克/公顷）	播种面积（公顷）	总产量（吨）	单　产（千克/公顷）	播种面积（公顷）	总产量（吨）	单　产（千克/公顷）
全省总计	**1016**	**6023**	**5928**	**886**	**5711**	**6446**		**4**	
济南市	87	200	2299	87	200	2299			
青岛市									
淄博市									
枣庄市								4	
东营市									
烟台市									
潍坊市									
济宁市	466	1887	4049	466	1887	4049			
泰安市	156	322	2064	46	80	1739			
威海市									
日照市									
莱芜市	2	9	4500	2	9	4500			
临沂市	31	110	3548	11	40	3636			
德州市	175	540	3086	175	540	3086			
聊城市									
滨州市	97	2948	30392	97	2948	30392			
菏泽市	2	7	3500	2	7	3500			

11－20续表8　　(2004年)

地　　区	六、烟叶			#烤烟			七、药材播种面积(公顷)
	播种面积(公顷)	总产量(吨)	单产(千克/公顷)	播种面积(公顷)	总产量(吨)	单产(千克/公顷)	
全省总计	**42109**	**82092**	**1950**	**41663**	**80285**	**1927**	**35410**
济南市	4	29	7250				617
青岛市	2153	6559	3046	2127	6500	3056	85
淄博市	3741	4280	1144	3741	4280	1144	4211
枣庄市	408	1012	2480	408	1012	2480	449
东营市							
烟台市	7	26	3714				508
潍坊市	13457	24519	1822	13457	24519	1822	3269
济宁市	10	36	3600				2397
泰安市	8	10	1250	8	10	1250	339
威海市	60	172	2867				1992
日照市	5239	10822	2066	5239	10822	2066	3020
莱芜市	594	678	1141	589	671	1139	342
临沂市	16241	32769	2018	16027	32121	2004	9804
德州市	187	1180	6310	67	350	5224	
聊城市							135
滨州市							108
菏泽市							8134

11－20续表9　　(2004年)

地　　区	八、蔬菜(含菜用瓜)		#马铃薯		九、瓜类	
	播种面积(公顷)	总产量(吨)	播种面积(公顷)	总产量(吨)	播种面积(公顷)	总产量(吨)
全省总计	**1970123**	**88836672**	**138341**	**4909964**	**299559**	**13229087**
济南市	120599	6825817	4690	236425	15292	855381
青岛市	150792	6720886	22017	767651	13302	677547
淄博市	54364	3336639	1224	41716	7286	227506
枣庄市	125210	5676374	36638	1249447	9615	414324
东营市	35065	2049104	147	4591	3728	132274
烟台市	60720	2798692	4255	117717	11876	481203
潍坊市	220043	11437228	13328	589945	40580	1764515
济宁市	221841	8138053	12452	446782	32814	1325495
泰安市	156220	7391678	17569	635202	6431	330634
威海市	20094	1010462	3162	102379	3320	146333
日照市	23280	1271295	1144	36030	2840	159737
莱芜市	38681	1342259	3050	98723	380	18489
临沂市	134355	5489268	10626	360345	19089	1152689
德州市	137161	6500026	4486	110158	23706	925194
聊城市	197354	8651460	1537	45932	33134	1553719
滨州市	59716	2484130	683	20696	9368	352354
菏泽市	214628	7713301	1333	46225	66798	2711693

11－20续表10　　(2004年)

地　区	#西瓜 播种面积 (公顷)	#西瓜 总产量 (吨)	#甜瓜 播种面积 (公顷)	#甜瓜 总产量 (吨)	十、其它农作物 播种面积 (公顷)	#青饲料 播种面积
全省总计	**241922**	**11172122**	**34714**	**1226014**	**110064**	**12992**
济南市	12706	749310	847	33103	2237	730
青岛市	9078	522140	2474	107713	7421	251
淄博市	6903	221108	221	5241	771	165
枣庄市	7590	340836	1083	34807	375	101
东营市	2702	87866	724	13621	8922	3082
烟台市	6379	311435	1472	45347	1387	61
潍坊市	27565	1305246	7192	262789	22497	1810
济宁市	26031	1097172	6190	207132	7323	211
泰安市	5789	259715	198	5158	10495	51
威海市	1851	96122	518	15882	1453	289
日照市	2240	128484	158	12851	2091	90
莱芜市	290	16105	29	592	172	34
临沂市	14309	984627	1549	68777	8315	136
德州市	20830	865304	1232	31168	2529	1823
聊城市	28576	1378281	4516	174733	13177	552
滨州市	8119	285241	1073	33902	2004	550
菏泽市	60874	2523130	5238	173198	18695	3146

11－21 各市茶叶、水果生产情况

(2004年)　　单位:吨

地　区	茶叶产量	水果产量	苹果	梨	葡萄
全省总计	**4956**	**11556164**	**6690553**	**1000938**	**849718**
济南市		400237	236569	21213	34816
青岛市	1206	748516	455852	48734	88998
淄博市	5	527604	285189	2850	94749
枣庄市	1	211463	73787	18366	6621
东营市		67892	42979	2091	6601
烟台市		3086614	2511255	190306	194454
潍坊市	107	1202414	544639	98909	93678
济宁市		215813	96406	12627	49109
泰安市	22	546999	244886	13202	19091
威海市	11	546220	468440	43800	12539
日照市	2607	195742	154385	1843	3610
莱芜市		93446	33165	1628	2333
临沂市	877	1426160	461536	110835	102537
德州市		594873	230615	48744	41526
聊城市		516151	329500	85127	58135
滨州市		549942	129987	177284	11697
菏泽市	120	626078	391363	123379	29224

11－21 续表 1　　(2004 年)　　单位:吨

地　　区	桃	杏	红　　枣	柿　　子	山　　楂	其　它
全省总计	**1828331**	**124413**	**533978**	**131631**	**167412**	**229190**
济 南 市	37652	17475	17159	20140	10659	4554
青 岛 市	111224	4879	5397	6570	8672	18190
淄 博 市	120237	6467	2338	5888	5366	4520
枣 庄 市	62388	1116	7231	6220	2428	33306
东 营 市	2993	306	12917	3	2	
烟 台 市	97451	14808	4967	7587	3739	62047
潍 坊 市	303340	9088	14311	37595	54880	45974
济 宁 市	39669	4098	7340	1223	1408	3933
泰 安 市	194358	18290	15514	4658	18861	18139
威 海 市	13903	383	468	796	141	5750
日 照 市	29101	567	246	2019	956	3015
莱 芜 市	32158	1396	1123	9619	7999	4025
临 沂 市	608488	17502	27595	26760	49216	21691
德 州 市	33529	3883	233712	488	832	1544
聊 城 市	23714	10608	6948	374	1046	699
滨 州 市	45430	9476	172725	954	1074	1315
菏 泽 市	72696	4071	3987	737	133	488

11－21 续表 2　　(2004 年)　　单位:公顷

地　　区	年末实有果园面积	#苹果园	#梨　园	#葡萄园	#桃　园	年末实有桑园面积
全省总计	**756264**	**340479**	**70612**	**50904**	**125250**	**93209**
济 南 市	37531	19373	1766	2939	3085	2448
青 岛 市	53608	27321	4857	5268	8261	7707
淄 博 市	33715	14508	435	6251	8627	1955
枣 庄 市	21311	5175	2592	524	5598	5506
东 营 市	13126	3351	900	440	709	2432
烟 台 市	144772	104409	14300	10697	6120	1283
潍 坊 市	66648	22322	4745	4145	19128	14128
济 宁 市	23627	11341	1294	2192	3383	6087
泰 安 市	45732	14040	621	1145	7908	14002
威 海 市	24137	19889	1810	1172	1120	1400
日 照 市	12087	6203	234	571	2380	7527
莱 芜 市	12437	3149	145	690	4317	1506
临 沂 市	125058	34888	8363	8671	44568	7417
德 州 市	16551	9025	2534	1047	1428	2564
聊 城 市	48724	20863	12529	2819	3767	1148
滨 州 市	47519	6858	7579	372	1837	6626
菏 泽 市	29681	17764	5908	1961	3014	9473

11－22 各市林业生产情况

（2004 年）

地区	按主要林种用途分（公顷）					主要林产品产量（吨）		农村集体、农民采伐木材消耗蓄积量（立方米）
	用材林	#速生丰产林	经济林	防护林	薪炭林	核桃	板栗	
全省总计	**134193**	**84198**	**53536**	**74441**	**233**	**14394**	**202207**	**1288358**
济南市	7758	7673	2150	4464		7394	3723	79702
青岛市	15389	9784	4755	12223		96	15206	39717
淄博市	2020	1598	356	2466	233	24	2557	18043
枣庄市	3975	2329	3836	2699		151	5677	50709
东营市	11226	4593	3292	3057				4700
烟台市	2983	136	3548	2419		196	8321	20102
潍坊市	9648	4032	2945	4191		116	18459	32520
济宁市	19056	16961	6550	3163		820	10109	176686
泰安市	6145	4007	4180	667		4072	30548	75059
威海市	867	840	1092	2460		14	2981	28966
日照市	2327	522	803	902		11	11693	6058
莱芜市	336	131	954.8	619		283	5112	36423
临沂市	8232	6971	5062	2419		1128	87819	232605
德州市	10148	6675	1669	24192				17709
聊城市	16112	5189	5116	1874		6		107490
滨州市	1051	520	4029	2438		11	3	1000
菏泽市	16809	12237	3199	4188		72		360568

11－22 续表

（2004 年）

单位：公顷

地区	营林情况					
	当年人工造林面积	迹地更新面积	零星植树（万株）	当年育苗面积	幼林抚育作业面积（公顷次）	成林抚育面积
全省总计	**262711**	**6095**	**18684**	**36800**	**1307598**	**769351**
济南市	14393	765	1670	1764	80635	48183
青岛市	32453	792	447	3983	63164	54326
淄博市	5075	188	540	726	33432	58866
枣庄市	10510	225	798	589	70488	40243
东营市	17685		358	784	52648	26568
烟台市	8950	202	476	878	32575	45519
潍坊市	16783	321	1469	3825	77943	80602
济宁市	28769	347	2032	7763	188850	55813
泰安市	10992	437	768	4238	74540	50670
威海市	4599		433	661	9269	20369
日照市	4032	800	597	682	83575	33885
莱芜市	1911		311	225	21900	26467
临沂市	15733	1728	2036	3431	115573	76822
德州市	36009		2099	1801	106273	51206
聊城市	23102		1503	1749	88793	33484
滨州市	7518	195	727	922	75759	26562
菏泽市	24196	94	2421	2781	132181	39766

11－23 各市畜牧业生产情况

（2004 年）

地区	大牲畜年末存栏（万头）	#牛	猪年末存栏（万头）	羊年末存栏（万只）	山羊	绵羊	家禽年末存栏（万只）	兔年末存栏（万只）
全省总计	**1088.01**	**997.76**	**3058.19**	**3286.77**	**2590.76**	**696.01**	**69690.94**	**4974.63**
济南市	133.07	122.26	230.05	211.68	147.98	63.70	4528.90	595.62
青岛市	92.65	91.95	197.34	91.01	82.19	8.82	8237.67	243.67
淄博市	20.82	20.02	68.68	63.50	52.36	11.14	2067.93	142.76
枣庄市	14.66	9.79	90.75	122.53	116.51	6.01	2616.96	501.94
东营市	27.74	24.81	45.13	99.64	46.24	53.39	1547.58	38.15
烟台市	37.92	37.45	145.32	49.13	37.51	11.62	4351.36	240.21
潍坊市	70.65	67.24	283.41	123.17	86.82	36.35	11599.99	316.23
济宁市	55.18	51.01	311.60	395.07	203.16	191.91	7539.10	731.12
泰安市	39.94	37.16	221.51	265.71	190.85	74.85	4269.00	200.58
威海市	8.86	8.83	64.00	18.42	17.87	0.55	1068.67	253.18
日照市	12.24	10.90	94.93	115.01	103.82	11.19	1979.09	138.28
莱芜市	2.16	2.16	40.00	40.03	33.78	6.25	572.24	96.74
临沂市	53.11	49.66	334.70	240.18	217.29	22.88	5582.27	915.24
德州市	261.98	239.68	328.44	263.47	187.67	75.80	4638.67	176.78
聊城市	148.27	131.15	207.08	268.95	190.50	78.45	6385.37	95.03
滨州市	84.52	77.42	105.70	98.15	45.91	52.25	2522.54	52.49
菏泽市	89.58	84.60	312.57	914.13	790.30	123.83	4303.59	236.60

11－23 续表 1

（2004 年）

地区	牛出栏（万头）	猪出栏（万头）	羊出栏（万只）	家禽出栏（万只）	兔出栏（万只）
全省总计	**530.60**	**4330.24**	**3641.44**	**146834.98**	**6408.87**
济南市	46.16	326.24	220.92	5789.43	795.49
青岛市	44.30	363.16	94.98	23881.42	495.60
淄博市	8.96	108.92	50.96	3670.38	227.16
枣庄市	4.38	115.79	163.36	5600.88	346.31
东营市	21.13	81.61	145.62	3145.84	66.24
烟台市	12.65	187.45	41.87	8927.02	54.69
潍坊市	39.49	615.86	189.98	39960.06	815.37
济宁市	33.67	627.77	637.83	13259.52	1622.82
泰安市	21.37	338.84	283.42	5428.71	184.08
威海市	2.55	100.93	13.99	1480.85	40.43
日照市	6.59	122.42	133.02	3040.26	250.00
莱芜市	0.68	59.03	35.39	843.73	50.21
临沂市	25.22	519.12	258.46	10058.03	832.11
德州市	91.82	434.75	241.47	9115.95	257.02
聊城市	52.21	314.70	321.52	13868.38	125.55
滨州市	42.28	167.64	134.54	4709.49	126.96
菏泽市	48.68	350.57	801.12	4680.04	118.81

11－23 续表 2　　(2004 年)　　单位：吨

地　　区	肉类总产量	#牛　肉	#猪　肉	#羊　肉	#禽　肉	#兔　肉	奶类产量	#牛奶
全省总计	**6965300**	**795898**	**3464193**	**349881**	**2235446**	**76599**	**1886790**	**1608798**
济南市	391998	64708	226377	25331	64701	8881	180623	180309
青岛市	755600	60827	266149	11082	407404	9306	479540	383805
淄博市	155070	13165	80119	5830	51552	4047	104360	101304
枣庄市	194487	6855	82773	13328	84537	5165	14202	11801
东营市	161390	28733	61700	17203	50582	1005	64753	64753
烟台市	311700	21529	141632	5957	141748	733	202192	166105
潍坊市	1200748	56845	462593	23375	645272	11246	241987	185767
济宁市	748530	44331	441470	60747	176128	23197	56944	45991
泰安市	400655	29991	254901	30628	81575	2606	98635	98635
威海市	105853	3569	75691	1476	24509	597	170037	128566
日照市	158639	9621	92898	14543	37389	3654	5220	5140
莱芜市	56211	910	42534	2885	9256	627	1777	1777
临沂市	599287	32855	384349	24591	139585	12070	69687	62628
德州市	532692	104923	281854	20286	118159	3100	102803	102582
聊城市	525156	71518	227223	33446	185902	2666	39842	37932
滨州市	277831	65202	122553	14722	66191	1905	121214	121214
菏泽市	455832	68607	265100	65280	53461	1594	32974	32972

11－23 续表 3　　(2004 年)　　单位：吨

地　　区	羊毛产量	山羊毛	绵羊毛	禽蛋产量	#鸡　蛋	蚕茧产量	桑蚕茧	柞蚕茧
全省总计	**28635**	**8553**	**20082**	**4328712**	**3985360**	**67207**	**66106**	**1101**
济南市	3050	1194	1856	489516	468580	942	942	
青岛市	158	18	140	379639	362442	9000	9000	
淄博市	594	300	294	162281	152836	1354	1354	
枣庄市	556	325	231	102578	87568	2461	2461	
东营市	1485	67	1418	99206	93655	1018	1018	
烟台市	429	23	406	301455	290000	2407	1845	562
潍坊市	1275	142	1133	383048	350062	11094	11093	
济宁市	5068	1070	3998	506272	434836	5961	5959	
泰安市	5448	1451	3997	279488	265686	8682	8682	
威海市	2		2	86482	82392	1535	1147	388
日照市	61	44	17	113313	108265	8883	8693	150
莱芜市	360	185	175	36343	34357	479	479	
临沂市	824	267	557	261645	230019	6938	6938	
德州市	1427	245	1182	448378	406407	2726	2726	
聊城市	2466	306	2160	325641	310123	2322	2322	
滨州市	1096	38	1058	200602	180343	4010	4010	
菏泽市	3239	880	2359	292826	267790	7395	7395	

11－24 各市水产品产量和养殖面积

（2004 年）

地区	水产品总产量（吨）	海水产品	海洋捕捞	海水养殖	内陆水域水产品
全省总计	**7181520**	**6120970**	**2702130**	**3418840**	**1060550**
济南市	33970				33970
青岛市	1324490	1261434	439690	821744	63056
淄博市	26536				26536
枣庄市	37900				37900
东营市	370656	283513	111911	171602	87143
烟台市	1804811	1778729	947654	831075	26082
潍坊市	591069	531550	472999	58551	59519
济宁市	265507				265507
泰安市	72043	4700	4700		67343
威海市	2443201	2404106	1051059	1353047	39095
日照市	610386	583810	420026	163784	26576
莱芜市	8236				8236
临沂市	94802				94802
德州市	90035				90035
聊城市	62335				62335
滨州市	313696	197983	87355	110628	115713
菏泽市	95702				95702

11－24 续表

（2004 年）

地区	内陆捕捞	内陆养殖	水产品养殖面积（公顷）	海水养殖	内陆养殖
全省总计	**103500**	**957050**	**676227**	**398680**	**277547**
济南市	3211	30759	7419		7419
青岛市		63056	63424	44789	18635
淄博市	2211	24325	6812		6812
枣庄市	2503	35397	7000		7000
东营市	8061	79082	106845	77912	28933
烟台市		26082	118172	105131	13041
潍坊市	7905	51614	73291	50433	22858
济宁市	44211	221296	42848		42848
泰安市	9834	57509	14246		14246
威海市		39095	61738	55301	6437
日照市	1150	25426	15873	7381	8492
莱芜市	1154	7082	2310		2310
临沂市	6434	88368	29784		29784
德州市	1328	88707	15914		15914
聊城市	3593	58742	11929		11929
滨州市	7643	108070	78591	57733	20858
菏泽市	4262	91440	20031		20031

11－25 各市主要农业机械年末拥有量

（2004 年）

地　　区	农业机械总动力（千瓦）	# 农产品加工机械动力	# 排灌机械动力		农用拖拉机		农用汽车	
			（台）	（千瓦）	（混合台）	（千瓦）	（辆）	（千瓦）
全省总计	**87518715**	**8815229**	**2675928**	**20344140**	**1971947**	**21494268**	**121084**	**6272673**
济南市	4185427	512328	132127	1100964	58076	806701	6477	334860
青岛市	5988669	672406	192144	1103761	168061	1818276	11085	431647
淄博市	2995301	292369	121074	797330	25531	427857	12756	710279
枣庄市	1917678	315476	35477	282065	35392	515605	3654	273114
东营市	1831674	101161	38484	274271	48878	612184	2508	175396
烟台市	6306409	874574	145066	1097285	180288	1566244	12945	758043
潍坊市	8217479	1106379	340020	2029848	100283	1364367	19508	812784
济宁市	6529855	905738	173901	1503847	89828	1330053	7499	449771
泰安市	3354437	472632	134447	1004406	52858	747088	4585	220111
威海市	3651729	400332	28884	222360	206351	1510058	5197	235438
日照市	2245427	211360	22838	142649	188387	1297660	1638	90583
莱芜市	764758	151612	20317	150175	13974	164392	2592	103047
临沂市	6814639	641828	140928	1084240	317301	2772655	9449	671661
德州市	9045194	378120	356310	3028822	188560	2440239	5076	233626
聊城市	9112609	730595	423018	3572219	96442	1288284	2388	106505
滨州市	4667979	438508	180049	1333645	89849	1169822	10368	419846
菏泽市	9889451	609811	190844	1616253	111888	1662783	3359	245962

11－26 各市农村电气化和农业化学化情况

（2004年）　　单位：吨

地　　区	农用化肥施用量（实物量）	氮　肥	磷　肥	钾　肥	复合肥
全省总计	**14319696**	**6572008**	**2898572**	**1117532**	**3731584**
济 南 市	826027	425756	216146	41201	142924
青 岛 市	963740	396661	127415	79132	360532
淄 博 市	383704	180422	87318	25613	90351
枣 庄 市	544417	240697	85909	38221	179590
东 营 市	358654	163610	107687	16503	70854
烟 台 市	1003130	419280	178956	106105	298789
潍 坊 市	1561129	627036	237982	123113	572998
济 宁 市	1162559	471088	220272	100954	370245
泰 安 市	666406	303738	133120	67798	161750
威 海 市	414296	198387	65313	35621	114975
日 照 市	395890	175961	50050	35214	134665
莱 芜 市	134577	73730	21377	11531	27939
临 沂 市	1412220	716538	173575	146212	375895
德 州 市	1209258	652408	302360	50602	203888
聊 城 市	1065732	514630	270743	71867	208492
滨 州 市	747589	360944	163993	52994	169658
菏 泽 市	1470368	651122	456356	114851	248039

11－26 续表1　　（2004年）　　单位：吨

地　　区	农用化肥施用量（折纯量）	氮　肥	磷　肥	钾　肥	复合肥
全省总计	**4509594**	**1852717**	**576753**	**439018**	**1641106**
济 南 市	211839	96582	42406	14245	58606
青 岛 市	324528	112890	23685	30427	157526
淄 博 市	117507	49269	14133	11364	42741
枣 庄 市	173762	67183	18679	13025	74875
东 营 市	120439	54058	22146	8933	35302
烟 台 市	347329	136277	35786	42644	132622
潍 坊 市	545973	183644	52112	51209	259008
济 宁 市	388785	150384	42983	43443	151975
泰 安 市	197035	70929	29406	23657	73043
威 海 市	124277	52143	18688	14771	38675
日 照 市	147071	55595	16061	16808	58607
莱 芜 市	36518	14949	3257	5744	12568
临 沂 市	419009	169346	33675	48197	167791
德 州 市	327419	164017	57933	18979	86490
聊 城 市	365007	170010	58295	37261	99441
滨 州 市	237908	87532	33762	21245	95369
菏 泽 市	425188	217909	73746	37066	96467

11－26 续表 2

(2004 年)

地　区	农村用电量（万千瓦时）	农用塑料薄膜使用量（吨）	#地膜使用量	地膜覆盖面积（公顷）	农用柴油量（吨）	农药施用量（吨）
全省总计	**3041358.60**	**327160**	**143278**	**1906338**	**1676230**	**153900**
济南市	187485.75	12982	4361	53749	43540	3215
青岛市	330608.54	18749	11631	168760	230197	8925
淄博市	380469.10	14902	4001	31877	24255	5256
枣庄市	177393.00	10479	4171	30314	13976	3168
东营市	38259.70	10925	6907	107382	31757	4487
烟台市	374983.71	13613	9190	180371	202790	18428
潍坊市	413561.49	70370	17590	196427	224140	18911
济宁市	152244.59	15602	9657	117238	107928	13712
泰安市	74596.87	10387	5212	40968	56732	7798
威海市	155346.34	4155	2687	31192	247124	9067
日照市	55992.30	15561	8912	62521	98178	7589
莱芜市	54000.00	7419	4882	68348	14768	1458
临沂市	225256.08	37284	15092	218567	110734	16052
德州市	75169.01	24476	13046	202702	66572	7179
聊城市	81130.67	27975	5553	91814	76648	6852
滨州市	82456.25	10572	8226	142402	38154	8223
菏泽市	182396.20	21709	12160	203706	88737	13580

11－27 各市灌溉面积

(2004 年)　　单位：千公顷

地　区	有效灌溉面积	#当年实灌	林地灌溉面积	果园灌溉面积	旱涝保收面积	机电排灌面积	纯排面积
全省总计	**4766.81**	**3970.72**	**114.37**	**378.69**	**3552.90**	**4425.85**	**38.80**
济南市	238.89	215.61	3.43	10.58	187.20	227.65	0.97
青岛市	292.52	243.51	9.43	33.22	222.07	278.93	1.70
淄博市	128.02	118.51	4.08	18.20	106.34	120.99	
枣庄市	146.24	112.43	0.90	6.60	123.03	140.31	2.14
东营市	145.55	121.49	5.61	6.77	90.59	137.70	0.20
烟台市	264.96	192.50	2.83	77.71	218.28	233.78	0.05
潍坊市	522.56	419.21	13.65	40.52	424.16	474.63	1.37
济宁市	440.53	403.01	7.09	11.00	356.19	450.84	25.26
泰安市	232.64	232.01	4.85	17.69	173.46	218.28	3.20
威海市	133.68	56.21	1.01	22.26	98.62	98.18	
日照市	114.38	83.85	3.19	16.67	70.31	70.03	
莱芜市	41.40	36.96	0.96	4.14	26.93	35.25	
临沂市	359.76	251.92	8.44	37.16	235.91	261.43	1.55
德州市	433.72	393.09	26.97	24.53	300.41	432.21	2.02
聊城市	485.57	406.49	10.19	11.41	336.68	483.64	
滨州市	293.11	268.20	6.89	25.19	216.67	284.69	0.34
菏泽市	493.28	415.72	4.85	15.04	366.05	477.31	

第12篇

工 业

INDUSTRY

为经济社会发展服务是统计工作第一要务

诚信鲁统 之 服务理念

人人都是人才

人人都能闪光

诚信鲁统 之 人才理念

编辑单位：工交处

编　　委：王　张

编　　辑：刘　晶

校　　对：刘　晶

电　　话：86197765

12-1 历年工业总产值

年份	工业总产值(亿元)	#国有经济	#集体经济	轻工业总产值	重工业总产值	占全部工业总产值的比重(%)			
						国有经济	集体经济	轻工业	重工业
1949	9.15	3.42	0.01	8.25	0.90	37.38	0.11	90.16	9.84
1950	13.07	5.05	0.27	11.74	1.33	38.64	2.07	89.82	10.18
1951	16.27	6.20	0.65	14.40	1.87	38.11	4.00	88.51	11.49
1952	20.08	9.07	0.88	17.84	2.24	45.17	4.38	88.84	11.16
1953	25.41	11.81	1.15	22.34	3.07	46.48	4.53	87.92	12.08
1954	29.35	14.16	1.71	25.30	4.05	48.25	5.83	86.20	13.80
1955	30.10	14.81	2.31	25.36	4.74	49.20	7.67	84.25	15.75
1956	39.64	17.57	3.02	32.39	7.25	44.32	7.62	81.71	18.29
1957	43.31	15.83	2.36	35.34	7.97	36.55	5.45	81.60	18.40
1958	69.57	51.80	9.34	47.36	22.21	74.46	13.43	68.08	31.92
1959	92.98	71.55	11.95	63.11	29.87	76.95	12.85	67.87	32.13
1960	97.91	87.57	9.10	49.10	48.81	89.44	9.29	50.15	49.85
1961	55.04	40.80	8.71	33.72	21.32	74.13	15.82	61.26	38.74
1962	45.70	33.99	6.27	31.22	14.48	74.38	13.72	68.32	31.68
1963	49.10	37.34	5.83	34.32	14.78	76.05	11.87	69.90	30.10
1964	58.61	45.55	7.04	40.18	18.43	77.72	12.01	68.55	31.45
1965	71.38	55.79	8.95	48.21	23.17	78.16	12.54	67.54	32.46
1966	88.64	69.07	12.03	57.67	30.97	77.92	13.57	65.06	34.94
1967	96.60	74.85	13.74	63.98	32.62	77.48	14.22	66.23	33.77
1968	103.85	79.73	14.76	66.68	37.17	76.77	14.21	64.21	35.79
1969	105.79	81.56	15.53	72.74	33.05	77.10	14.68	68.76	31.24
1970	141.22	109.22	21.37	81.88	59.34	77.34	15.13	57.98	42.02
1971	147.91	115.13	24.64	78.84	69.07	77.84	16.66	53.30	46.70
1972	153.92	117.98	27.49	79.81	74.11	76.65	17.86	51.85	48.15
1973	162.94	122.51	30.44	84.06	78.88	75.19	18.68	51.59	48.41
1974	119.99	84.75	24.05	66.74	53.25	70.63	20.04	55.62	44.38
1975	189.78	138.41	38.39	96.65	93.13	72.93	20.23	50.93	49.07
1976	220.00	157.01	52.12	107.03	112.97	71.37	23.69	48.65	51.35
1977	262.24	178.85	70.70	127.92	134.32	68.20	26.96	48.78	51.22
1978	296.82	200.74	78.60	144.28	152.54	67.63	26.48	48.61	51.39
1979	314.34	217.62	78.52	157.52	156.82	69.23	24.98	50.11	49.89
1980	340.32	229.89	90.46	183.81	156.51	67.55	26.58	54.01	45.99
1981	358.37	238.57	96.69	212.33	146.04	66.57	26.98	59.25	40.75
1982	393.21	261.91	100.28	233.57	159.64	66.61	25.50	59.40	40.60
1983	441.85	292.55	110.46	261.04	180.81	66.21	25.00	59.08	40.92
1984	534.91	318.30	164.80	317.58	217.33	59.51	30.81	59.37	40.63
1985	682.78	397.07	205.53	370.41	312.37	58.15	30.10	54.25	45.75
1986	784.33	415.12	234.86	419.38	364.95	52.93	29.94	53.47	46.53
1987	1032.88	521.66	302.57	533.38	499.50	50.51	29.29	51.64	48.36
1988	1455.24	662.48	441.05	751.70	703.54	45.52	30.31	51.65	48.35
1989	1920.94	833.86	575.95	982.99	937.95	43.41	29.98	51.17	48.83
1990	2200.85	911.88	650.38	1118.76	1082.09	41.43	29.55	50.83	49.17
1991	2599.17	1038.69	764.67	1326.78	1272.39	39.96	29.42	51.05	48.95
1992	3115.45	1301.39	993.81	1536.64	1578.81	41.77	31.90	49.32	50.68
1993	4713.48	1678.89	1285.42	2125.93	2587.55	35.62	27.27	45.10	54.90
1994	7023.23	2012.72	1812.72	3367.58	3655.65	28.66	25.81	47.95	52.05
1995	8906.60	2600.54	1840.75	4403.84	4502.76	29.20	20.67	49.44	50.56
1996	9126.63	2423.77	2380.09	4540.14	4586.49	26.56	26.08	49.75	50.25
1997	9984.12	2513.03	2512.01	4926.50	5057.61	25.17	25.16	49.34	50.66
1998	10579.17	2177.73	2206.64	5110.02	5469.15	20.59	20.86	48.30	51.70
1999	11195.46	2058.49	2218.99	5373.71	5821.75	18.39	19.82	48.00	52.00
2000	12509.53	2474.49	2393.99	5964.70	6544.83	19.78	19.14	47.68	52.32
2001	13277.37	1223.49	2078.33	6437.42	6839.96	9.21	15.65	48.48	51.52
2002	15588.53	1377.03	2348.82	7630.45	7958.08	8.83	15.07	48.95	51.05
2003	19891.54	1484.04	2526.39	9049.49	10842.05	7.46	12.70	45.49	54.51
2004	26295.24	2087.28	2819.30	11382.95	14912.29	7.94	10.72	43.29	56.71

注:本表按当年价格计算,1996年后数字为新规定。1998年及以后集体工业为规模以上。

12－2 历年工业总产值指数

（以1952年为100）

年份	工业总产值指数	#国有单位	#集体单位	按轻重工业分	
				轻工业	重工业
1949	45.2	37.4	1.3	46.2	39.9
1950	64.7	55.3	29.9	65.6	59.2
1951	80.5	67.9	72.7	80.0	82.6
1952	100.0	100.0	100.0	100.0	100.0
1953	126.8	130.4	131.2	125.0	136.6
1954	147.4	157.3	194.8	141.4	180.3
1955	151.6	165.0	264.9	141.0	210.4
1956	216.3	212.1	375.3	190.3	339.4
1957	236.0	224.7	344.2	206.0	370.0
1958	369.6	609.1	1129.9	264.4	987.3
1959	488.4	831.9	1428.6	348.7	1314.6
1960	514.4	1018.4	1088.3	265.9	2104.7
1961	273.1	448.1	984.4	174.4	877.5
1962	214.9	353.9	671.4	154.4	570.4
1963	243.2	394.3	633.8	172.5	591.5
1964	285.4	490.9	780.5	206.0	752.6
1965	366.7	633.5	1045.4	260.2	995.8
1966	454.2	783.6	1403.9	310.0	1325.4
1967	495.2	849.2	1602.6	344.6	1399.1
1968	532.7	905.3	1723.4	358.2	1589.7
1969	542.2	925.5	1813.0	348.6	1261.0
1970	723.4	1238.6	2494.8	435.6	2514.1
1971	815.8	1405.7	3094.8	449.2	3134.3
1972	888.8	1507.8	3614.3	476.1	3519.7
1973	940.9	1566.0	4002.6	501.4	3746.0
1974	708.9	1108.3	3235.1	407.4	2587.8
1975	1122.4	1812.0	5168.8	590.4	4529.6
1976	1304.7	2061.0	7037.7	655.5	5508.5
1977	1560.1	2352.4	9564.9	785.1	6563.4
1978	1766.4	2644.2	10646.8	886.7	7464.3
1979	1850.0	2834.6	10522.1	957.5	7589.3
1980	2001.2	2992.2	12111.7	1116.6	7571.8
1981	2091.4	3081.7	12845.4	1280.8	7014.1
1982	2269.7	3309.1	13571.4	1393.6	7583.1
1983	2524.2	3652.8	14849.3	1541.5	8500.0
1984	2887.8	3651.0	21459.7	1772.2	9655.9
1985	3530.6	4267.7	26046.7	1979.7	13293.4
1986	4110.2	4592.0	29223.4	2271.5	15740.8
1987	5089.9	5247.0	36481.8	2716.5	20260.6
1988	6803.9	6289.4	49739.0	3718.2	26390.7
1989	8029.9	6845.8	59622.0	4368.6	31314.3
1990	9081.8	7221.1	67151.9	4910.3	35635.7
1991	10630.2	7880.3	79849.3	5814.8	41232.5
1992	13203.8	9169.6	104332.3	6983.6	52983.8
1993	17410.5	10252.6	152395.2	8422.2	75660.9
1994	22325.5	10611.4	201009.3	11471.0	90112.1
1995	27482.7	12230.2	219100.8	14563.6	110026.9
1996	31954.1	12946.9	272154.0	17820.0	121491.7
1997	35820.6	13736.4	294951.4	19946.0	136423.0
1998	39954.3	12309.5	267429.8	21672.0	156345.4
1999	44702.4	12274.7	267143.4	23594.6	173193.0
2000	52713.1	13031.4	314292.3	28303.2	200740.0
2001	58288.7	7085.8	269624.9	31681.3	218566.7
2002	66406.7	8105.5	289070.9	36715.1	267094.8
2003	80723.9	8209.3	305837.0	41983.7	346635.6
2004	105142.9	9409.0	366085.2	54702.7	451415.2

注：本表按可比价格计算，1996年后为新规定。1998年及以后集体工业指数为规模以上集体工业指数。

12－3 规模以上工业企业主要经济指标

单位：万元

类别	企业单位数（个）	#亏损企业	工业总产值	工业销售产值	#出口交货值	工业增加值
1995年	27392	5593	47844553			13605166
1996年	27245	3618	57411305	55285817		17254374
1997年	23494	3963	62823996	60702763		18632020
1998年	11402	2035	63983861	61802682		18883556
1999年	11391	1767	69445186	67331157		20987326
2000年	11679	1444	83115250	81333731		25493478
2001年	12268	1672	93773726	91686051		29007317
2002年	13468	1759	114975327	112416603		35005366
2003年	16177	1885	153795446	150617682	20455625	47010978
2004年	20304	2124	213382445	209338995	26825648	64983115
一、按登记注册类型分						
内资企业	16810	1410	179172753	176018426	14775165	54909176
国有企业	1053	283	20872802	20816809	848571	6291642
中央企业	79	21	8183372	8179344	63234	2610530
地方企业	974	262	12689430	12637465	785337	3681112
集体企业	1961	123	28192995	27638603	2544754	7510175
股份合作企业	496	57	4796644	4700564	506516	1363772
联营企业	76	11	3592226	3549957	434731	969581
国有联营企业	24	7	2967424	2962193	382742	786790
集体联营企业	23	2	330319	301863	21630	94727
国有与集体联营企业	11		201043	195420	30360	60859
其他联营企业	18	2	93440	90481		27205
有限责任公司	3174	401	60286673	59568670	4969507	20219001
国有独资公司	59	10	13260743	13105011	1296076	4208781
其他有限责任公司	3115	391	47025930	46463659	3673431	16010220
股份有限公司	860	88	22905407	22293416	2381205	7705271
私营企业	9138	443	37881897	36821712	3030991	10596502
私营独资企业	3484	95	13155641	12794333	803285	3728370
私营合作企业	440	14	1654759	1615225	68515	475868
私营有限责任公司	4734	306	20534416	19953379	1974767	5844543
私营股份有限公司	480	28	2537082	2458775	184425	547721
其他企业	52	4	644108	628695	58889	253232
港、澳、台商投资企业	941	179	8336837	8021805	1943943	2394083
合资经营企业(港或澳、台资)	618	102	5887481	5633445	1193159	1673595
合作经营企业(港或澳、台资)	47	9	329841	320897	60014	101709
港澳台商独资经营企业	248	65	1641839	1587229	597826	455678
港澳台商投资股份有限公司	28	3	477676	480234	92943	162801
外商投资企业	2553	535	25872855	25298765	10106540	7679856
中外合资经营企业	1077	186	12470447	12136951	3911218	3536463
中外合作经营企业	67	12	782116	756680	145814	274648
外资企业	1372	333	10426580	10261508	5813678	2961042
外商投资股份有限公司	37	4	2193711	2143626	235829	907703
二、在总计中：亏损企业	**2124**	**2124**	**12129726**	**11826590**	**2095990**	**3708057**
在总计中：国有控股企业	1832	472	65825485	65252839	4511337	22907835
在总计中：农村工业	11161	438	73002103	71151076	7204146	20453813
按轻重工业分						
轻工业	9649	1124	83591844	81986344	16216347	23433723
重工业	10655	1000	129790601	127352651	10609300	41549392
按企业规模分						
大型企业	270	13	72870296	72168720	7151969	24155658
中型企业	2610	288	60182443	58961495	9570484	18117732
小型企业	17424	1823	80329706	78208780	10103195	22709725

12－3 续表 1

单位：万元

类　　别	企　业 单位数 （个）	#亏损 企业	工　业 总产值	工　业 销售产值	#出口 交货值	工　业 增加值
三、按行业大类分						
采掘业	**630**	**18**	**17551401**	**17272577**	**574031**	**8307527**
煤炭开采和洗选业	275	6	7705196	7513340	478725	3200838
石油和天然气开采业	6		5823521	5808435	320	4061563
黑色金属矿采选业	58		602957	583796		201088
有色金属矿采选业	80	3	2085495	2046277	18637	498316
非金属矿采选业	210	9	1332990	1319487	76349	345263
其他采矿业	1		1242	1242		460
制造业	**19237**	**1966**	**188943049**	**185238210**	**26217159**	**53809200**
农副食品加工业	2201	183	21408838	20974849	3491328	5726366
食品制造业	658	66	4134682	4017130	651250	1219911
饮料制造业	325	44	3020078	3003718	161674	947438
烟草制品业	15	2	1183681	1176224	8662	775463
纺织业	1914	218	15272875	15075079	3607499	4332575
纺织服装、鞋、帽制造业	683	81	3691577	3643219	1772588	1134194
皮革、毛皮、羽毛(绒)及其制品业	332	58	2601717	2511055	1230661	757755
木材加工及木、竹、藤、棕、草制品业	455	29	1594959	1542591	330703	401411
家具制造业	248	29	1019184	1002683	282902	322304
造纸及纸制品业	610	52	7163124	6910628	168772	2075459
印刷业和记录媒介的复制	237	36	673241	652785	20568	241197
文教体育用品制造业	197	31	1244757	1221139	657166	295194
石油加工、炼焦及核燃料加工业	146	9	8400981	8381480	16201	2529560
化学原料及化学制品制造业	1714	141	16391341	16049869	1123904	4748327
医药制造业	329	51	3622356	3524896	366463	1054993
化学纤维制造业	76	8	1527000	1487795	66120	361169
橡胶制品业	326	34	4916835	4852896	863246	1522923
塑料制品业	697	97	3021907	2914778	407223	867095
非金属矿物制品业	1964	129	13526637	13281553	888767	3847312
黑色金属冶炼及压延加工业	241	21	11415599	11223719	923889	3211957
有色金属冶炼及压延加工业	145	19	4078708	4058617	130096	1013611
金属制品业	801	78	4447876	4305472	924608	1380753
通用设备制造业	1550	120	11107885	10803203	936384	3180829
专用设备制造业	848	97	8262530	8185237	332503	2443610
交通运输设备制造业	642	72	9996277	9737518	1004828	2462554
电气机械及器材制造业	738	93	13323258	13111393	1712684	3079031
通信设备、计算机及其他电子设备制造业	385	62	8221189	8052161	2431962	2500162
仪器仪表及文化、办公用机械制造业	153	29	763329	718819	157672	213155
工艺品及其他制造业	603	77	2882610	2792561	1546836	1154869
废弃资源和废旧材料回收加工业	4		28018	25143		8020
电力、煤气、自来水的生产和供应业	**437**	**140**	**6887994**	**6828210**	**34460**	**2866387**
电力、热力的生产和供应业	272	71	6430742	6390006	8447	2739121
燃气生产和供应业	27	12	198287	189094	26013	33288
水的生产和供应业	138	57	258965	249110		93979

12－3续表2　　单位:万元

类　　别	资产合计	产成品	流动资产年平均余额	固定资产净值年平均余额	负债合计
1995年	59192786	4649476	23941421	22041291	39652229
1996年	68748898	4998475	26944968	26962970	45483978
1997年	79496991	5764588	33725508	30395800	52552789
1998年	82405505	5696137	33943685	32769856	53019069
1999年	88232453	5876704	35969715	35588345	55906200
2000年	97019617	5828823	38953991	39837025	60677134
2001年	105219953	6362129	42865444	42135407	63422782
2002年	119048719	6598734	48110953	46802238	71042729
2003年	144616035	7407029	58577265	55559493	85861030
2004年	176203574	10198461	75594178	65545570	103073902
一、按登记注册类型分					
内资企业	148988672	8347083	62883570	54889329	87692944
国有企业	32024141	884553	11179526	13665575	20159868
中央企业	12303820	169078	3545680	5641631	6881917
地方企业	19720321	715475	7633846	8023945	13277951
集体企业	13659936	1046537	7317362	3922387	7934213
股份合作企业	2814991	241398	1477269	896671	1664861
联营企业	3148949	151040	1577492	725835	1931535
国有联营企业	2510815	133661	1241031	537286	1506014
集体联营企业	164250	6569	113419	45735	72398
国有与集体联营企业	439237	7241	204397	130473	331100
其他联营企业	34647	3568	18646	12342	22023
有限责任公司	57532115	3123480	23260058	21214875	33535202
国有独资公司	17818580	946196	7931981	5173848	11986639
其他有限责任公司	39713536	2177284	15328076	16041027	21548563
股份有限公司	21677513	1207561	9376367	7804987	12633033
私营企业	17793806	1666649	8553185	6510454	9631812
私营独资企业	5100675	490128	2444654	2037637	2541147
私营合作企业	592305	65090	268996	240577	302936
私营有限责任公司	11021613	1024636	5291254	3815056	6221925
私营股份有限公司	1079212	86795	548282	417184	565803
其他企业	337221	25866	142310	148544	202420
港、澳、台商投资企业	6732142	561718	3426033	2419380	4048695
合资经营企业(港或澳、台资)	4569971	420708	2286499	1651878	2703713
合作经营企业(港或澳、台资)	327764	23256	140208	126239	210412
港澳台商独资经营企业	1502214	103623	842950	510764	902516
港澳台商投资股份有限公司	332192	14132	156376	130500	232053
外商投资企业	20482761	1289659	9284575	8236861	11332263
中外合资经营企业	10234044	671808	4776263	3873769	5751703
中外合作经营企业	1018899	38137	265652	570869	708777
外资企业	6419361	488404	3500271	2302176	3689508
外商投资股份有限公司	2810456	91310	742389	1490048	1182276
三、在总计中:亏损企业	**16213934**	**1161465**	**7076507**	**6489489**	**11816909**
在总计中:国有控股企业	83740653	3202801	31294833	33830224	49087824
在总计中:农村工业	36416239	2990348	16536349	13996959	20115540
按轻重工业分					
轻工业	60681415	4528416	28620194	20187309	36640121
重工业	115522159	5670045	46973984	45358261	66433781
按企业规模分					
大型企业	82042750	3108064	31230136	30902695	45857382
中型企业	57163328	3630829	25923468	21432436	35848507
小型企业	36997497	3459568	18440575	13210439	21368012

12－3续表3 单位:万元

类别	资产合计	产成品	流动资产年平均余额	固定资产净值年平均余额	负债合计
三、按行业大类分					
采掘业	**19558996**	**340326**	**6049274**	**9948945**	**8639783**
煤炭开采和洗选业	10932476	156086	4339093	3961294	6769379
石油和天然气开采业	5662951	55409	629017	4886740	289961
黑色金属矿采选业	551213	37514	311273	161495	285444
有色金属矿采选业	1292801	25131	344510	583716	615250
非金属矿采选业	1118006	66187	424930	334913	670056
其他采矿业	1549		451	786	893
制造业	**135730809**	**9743008**	**65008476**	**44189927**	**82072315**
农副食品加工业	10712475	969867	5660592	3392616	6755473
食品制造业	3141030	211333	1460063	1106634	1790880
饮料制造业	3571878	237082	1764018	1149577	2051296
烟草制品业	1420146	10025	843069	314998	680404
纺织业	12560352	837127	5456897	4435604	7848638
纺织服装、鞋、帽制造业	2079349	183846	1124007	623458	1245495
皮革、毛皮、羽毛(绒)及其制品业	1249990	150243	748346	339000	777301
木材加工及木、竹、藤、棕、草制品业	991123	72571	437791	410476	584268
家具制造业	648182	59957	306769	239193	368808
造纸及纸制品业	7675670	444968	2730448	3217601	4746618
印刷业和记录媒介的复制	693928	41353	304042	289450	414329
文教体育用品制造业	675738	45421	451961	142516	312850
石油加工、炼焦及核燃料加工业	4698959	282285	1794938	1734681	2871964
化学原料及化学制品制造业	13637286	740581	5474264	5124406	7634990
医药制造业	3734065	254759	1679883	1167056	2121438
化学纤维制造业	1696840	98709	616436	756381	939867
橡胶制品业	3183272	249338	1474188	1002247	2034684
塑料制品业	1674852	156236	859643	622642	940692
非金属矿物制品业	10776670	668477	4440261	4609053	6531731
黑色金属冶炼及压延加工业	9026317	576797	4289888	2386281	5863210
有色金属冶炼及压延加工业	4356686	155794	1639332	1992693	2335113
金属制品业	2748464	263359	1472942	859283	1597616
通用设备制造业	7323969	680725	4259868	1936370	4567440
专用设备制造业	5214528	521314	3050143	1182530	3139789
交通运输设备制造业	7884596	549415	4540633	1814976	5626714
电气机械及器材制造业	7609502	643560	4221010	1627389	4428151
通信设备、计算机及其他电子设备制造业	4823048	464747	2744649	1179504	2712478
仪器仪表及文化、办公用机械制造业	574947	54061	337944	157484	355332
工艺品及其他制造业	1341831	118995	821433	374329	791176
废弃资源和废旧材料回收加工业	5115	63	3017	1499	3567
电力、煤气、自来水的生产和供应业	**20913769**	**115126**	**4536428**	**11406698**	**12361804**
电力、热力的生产和供应业	18812599	104413	4022622	10338113	11232711
燃气生产和供应业	706448	6948	184431	364332	373399
水的生产和供应业	1394721	3765	329376	704253	755694

类　别	产品销售收入	产品销售费用	产品销售税金及附加	产品销售利润	管理费用
1995年	44066585	1133298	877180	6363058	3249495
1996年	51023886	1422435	953402	7263198	3558396
1997年	56898920	1856415	961178	7419391	3721162
1998年	59232502	1856449	878741	6918114	3544678
1999年	65669913	2193698	892677	7598160	3706989
2000年	80613925	2655084	979126	10813947	4361840
2001年	90888177	3057361	1065092	11334180	4674791
2002年	110385253	3520233	1238379	13280681	5545515
2003年	149322101	4375115	1537247	17454509	6625794
2004年	210550766	5776315	2014178	24908241	8295382
一、按登记注册类型分					
内资企业	178093025	4689931	1908657	21468952	7182042
国有企业	26787242	398207	495679	2888351	1480706
中央企业	12131198	94021	372074	943556	382832
地方企业	14656045	304186	123606	1944795	1097875
集体企业	26246703	836722	160261	2456887	649597
股份合作企业	4382636	105915	31363	445163	134349
联营企业	3071412	47895	26860	459707	197487
国有联营企业	2551881	29311	21553	398494	181663
集体联营企业	237680	11921	3213	23197	3961
国有与集体联营企业	194345	5346	997	33282	9887
其他联营企业	87506	1317	1098	4734	1976
有限责任公司	59572310	1551203	706205	8820792	2801540
国有独资公司	14016517	534842	318189	1887541	1169766
其他有限责任公司	45555792	1016361	388016	6933251	1631774
股份有限公司	22486495	786913	197246	2959193	1057531
私营企业	34946155	952274	285299	3366644	849485
私营独资企业	12283489	312390	100649	1237792	275923
私营合作企业	1539416	36921	12694	137983	29352
私营有限责任公司	18796922	543039	145677	1795303	500353
私营股份有限公司	2326328	59924	26279	195566	43857
其他企业	600072	10803	5743	72215	11346
港、澳、台商投资企业	7616564	287240	32878	785963	251877
合资经营企业(港或澳、台资)	5368338	222381	25048	596342	168327
合作经营企业(港或澳、台资)	314109	10042	492	35852	18433
港澳台商独资经营企业	1596852	44743	1989	129504	53275
港澳台商投资股份有限公司	337266	10074	5350	24265	11842
外商投资企业	24841177	799144	72643	2653326	861464
中外合资经营企业	12491282	462805	55296	1294974	362332
中外合作经营企业	759549	9832	544	112143	18786
外资企业	9506647	272020	13832	876711	408264
外商投资股份有限公司	2083698	54486	2971	369499	72082
二、在总计中:亏损企业	**11708824**	**339013**	**154059**	**343237**	**776676**
在总计中:国有控股企业	72207093	1747541	1214515	11278943	4366463
在总计中:农村工业	67296335	1660286	441922	6586510	1340333
按轻重工业分					
轻工业	80427119	2763966	915077	7351165	2508484
重工业	130123647	3012349	1099101	17557076	5786898
按企业规模分					
大型企业	80323103	2097499	1049911	11762718	3877344
中型企业	64778320	1776804	509109	6907100	2378251
小型企业	65449343	1902012	455158	6238422	2039787

单位:万元

类别	产品销售收入	产品销售费用	产品销售税金及附加	产品销售利润	管理费用
三、按行业大类分					
采掘业	**16669314**	**439608**	**264290**	**6304035**	**1860058**
煤炭开采和洗选业	7371367	318108	100056	2508948	1343263
石油和天然气开采业	5448053	8693	124440	3106878	280963
黑色金属矿采选业	609591	7176	6356	174050	73997
有色金属矿采选业	1057208	49411	9718	375184	105047
非金属矿采选业	1281853	55975	23707	138549	56655
其他采矿业	1242	244	13	426	132
制造业	**181017324**	**5260698**	**1683911**	**17545554**	**6053823**
农副食品加工业	20575194	469984	89376	1567385	366669
食品制造业	3958128	155572	26035	420359	127083
饮料制造业	3003404	227516	177230	418839	151394
烟草制品业	1172469	53316	415686	202384	73169
纺织业	15010262	255316	54825	1284826	400397
纺织服装、鞋、帽制造业	3314173	76849	14441	301680	131222
皮革、毛皮、羽毛(绒)及其制品业	2454721	54185	6024	178176	75570
木材加工及木、竹、藤、棕、草制	1488189	43899	13701	125370	30086
家具制造业	939410	23968	5754	100200	31737
造纸及纸制品业	6825822	222776	29634	812560	206617
印刷业和记录媒介的复制	642142	21520	3785	86266	45323
文教体育用品制造业	1083997	31279	4331	127947	43280
石油加工、炼焦及核燃料加工业	8791465	47881	238924	472972	185193
化学原料及化学制品制造业	15630287	457602	90368	1946039	591429
医药制造业	3579380	314061	15272	497240	187850
化学纤维制造业	1464115	22276	5943	162148	38551
橡胶制品业	4457387	115190	46213	374453	147286
塑料制品业	2617202	67687	13275	230360	77934
非金属矿物制品业	12850137	357823	102225	1378780	400598
黑色金属冶炼及压延加工业	11647006	124442	56954	1185376	437960
有色金属冶炼及压延加工业	3860425	77414	17754	543552	103103
金属制品业	4313085	133753	20402	457293	150756
通用设备制造业	10446126	356855	63051	1175497	477190
专用设备制造业	8003205	240403	29521	691721	278528
交通运输设备制造业	9671625	207619	70432	850187	392227
电气机械及器材制造业	12190404	588739	35139	1002583	419239
通信设备、计算机及其他电子设备	7750019	419979	22329	628037	350948
仪器仪表及文化、办公用机械制造	643650	27992	3088	91142	48845
工艺品及其他制造业	2608780	64329	12195	230948	83214
废弃资源和废旧材料回收加工业	25116	473	2	1233	429
电力、煤气、自来水的生产和供应业	**12864129**	**76009**	**65977**	**1058652**	**381501**
电力、热力的生产和供应业	12405105	59205	62654	1009941	299111
燃气生产和供应业	223390	10163	1301	14064	22929
水的生产和供应业	235634	6641	2021	34647	59461

类　　别	利润总额	亏损企业 亏损总额	利税总额	本年应交 增值税	全部从业人员 年平均人数 (人)
1995年	1581912	564303	4342562	1877189	6486633
1996年	2067990	540171	5259584	2238192	6445631
1997年	2191242	643886	5573742	2421321	6338666
1998年	2352546	612781	5759226	2527939	5477622
1999年	2807713	553840	6491681	2791292	5347200
2000年	5440003	413877	10025880	3606752	5223652
2001年	5609071	460741	10510808	3837726	5230823
2002年	6218859	458789	11619227	4161988	5563693
2003年	9202699	480295	16057373	5317427	5954189
2004年	13835722	669827	22921051	7067874	6478122
一、按登记注册类型分					
内资企业	11714484	483454	19820368	6195871	5338009
国有企业	1021826	238055	2651389	1133811	722283
中央企业	411240	86050	1269701	486317	139698
地方企业	610586	152005	1381688	647494	582585
集体企业	1472444	14234	2321292	688550	671199
股份合作企业	245683	6075	411070	134024	146713
联营企业	235269	10020	383840	121699	42543
国有联营企业	198486	9344	322750	102712	27203
集体联营企业	14950	215	25483	7321	6281
国有与集体联营企业	18604		29874	10273	6945
其他联营企业	3230	461	5732	1393	2114
有限责任公司	5157133	136939	8252878	2388545	1800759
国有独资公司	665896	29127	1518696	534611	371674
其他有限责任公司	4491237	107812	6734182	1853933	1429085
股份有限公司	1450251	43018	2343983	696390	643024
私营企业	2078563	34832	3376390	1012385	1297091
私营独资企业	801296	5946	1278602	376641	417787
私营合作企业	86902	640	143435	43833	56051
私营有限责任公司	1058886	27084	1721261	516584	751204
私营股份有限公司	131479	1163	233092	75327	72049
其他企业	53317	281	79526	20467	14397
港、澳、台商投资企业	426703	52869	660209	199722	285562
合资经营企业(港或澳、台资)	344154	27915	526514	157148	188099
合作经营企业(港或澳、台资)	15708	4402	27335	10394	15513
港澳台商独资经营企业	58129	18440	85882	25764	66772
港澳台商投资股份有限公司	8712	2111	20478	6416	15178
外商投资企业	1694534	133504	2440474	672281	854551
中外合资经营企业	871681	50014	1300303	372449	309113
中外合作经营企业	60316	1855	118415	57522	20596
外资企业	412595	81478	560915	134380	484303
外商投资股份有限公司	349942	156	460841	107929	40539
二、在总计中:亏损企业	**669827**	**669827**	**－242315**	**272281**	**664751**
在总计中:国有控股企业	5608202	378477	10114115	3290871	1846401
在总计中:农村工业	4445454	44178	6795169	1907401	2284347
按轻重工业分					
轻工业	3935145	282156	7024120	2171619	2965792
重工业	9900577	387671	15896931	4896255	3512330
按企业规模分					
大型企业	6566479	115865	10807266	3190876	1668578
中型企业	3727650	290950	6258198	2019374	2222574
小型企业	3541592	263012	5855587	1857624	2586970

类　　别	利润总额	亏损企业 亏损总额	利税总额	本年应交 增 值 税	全部从业人员 年平均人数 (人)
三、按行业大类分					
采掘业	**3539171**	**8025**	**5082709**	**1279248**	**691474**
煤炭开采和洗选业	827326	4980	1458900	531518	475131
石油和天然气开采业	2292819		3050684	633424	70273
黑色金属矿采选业	73558		115419	35505	25164
有色金属矿采选业	261126	62	293552	22708	61557
非金属矿采选业	84052	2983	163717	55958	59314
其他采矿业	290		437	134	35
制造业	**9681077**	**543917**	**16463773**	**5095621**	**5537759**
农副食品加工业	876165	33153	1273265	306977	500303
食品制造业	265772	10955	404277	112387	138381
饮料制造业	208868	21210	535657	149559	113162
烟草制品业	120178	1695	657667	121803	11555
纺织业	705363	57693	1175063	414537	816866
纺织服装、鞋、帽制造业	154266	10627	244049	75104	259958
皮革、毛皮、羽毛(绒)及其制品业	86770	8300	127649	34855	137424
木材加工及木、竹、藤、棕、草制品业	79013	5630	132776	40056	69931
家具制造业	51898	4157	83243	25591	43254
造纸及纸制品业	445878	22672	733208	257159	218015
印刷业和记录媒介的复制	39090	4311	67138	24263	37111
文教体育用品制造业	63417	5125	88849	21064	73238
石油加工、炼焦及核燃料加工业	177430	41829	669406	253052	62139
化学原料及化学制品制造业	1152641	29226	1721091	478038	377471
医药制造业	261843	30596	433663	156504	109159
化学纤维制造业	98237	1842	173471	69194	36367
橡胶制品业	200684	9884	352174	105277	126773
塑料制品业	124658	9851	202601	64667	96654
非金属矿物制品业	838463	39120	1465243	524554	519406
黑色金属冶炼及压延加工业	606637	16028	1023316	359725	138768
有色金属冶炼及压延加工业	402608	30640	528636	108274	81751
金属制品业	265673	9403	400297	113457	163960
通用设备制造业	649535	26312	1053632	341014	364606
专用设备制造业	371272	27393	574588	173795	255972
交通运输设备制造业	450050	25992	762386	241900	228476
电气机械及器材制造业	521168	32714	846041	289701	218398
通信设备、计算机及其他电子设备制造业	309132	13062	485789	154328	150514
仪器仪表及文化、办公用机械制造业	34632	7728	57023	19146	32017
工艺品及其他制造业	118911	6766	190487	59381	155608
废弃资源和废旧材料回收加工业	825		1089	262	522
电力、煤气、自来水的生产和供应业	**615475**	**117885**	**1374569**	**693005**	**248889**
电力、热力的生产和供应业	620185	98608	1353044	670094	201726
燃气生产和供应业	－161	7987	11916	10773	13447
水的生产和供应业	－4550	11290	9609	12137	33716

12－4 规模以上国有控股工业企业主要经济指标

单位:万元

类别	企业单位数(个)	#亏损企业	工业总产值	工业销售产值	#出口交货值	工业增加值
1996年	5478	1243	28880601	28125562		9838696
1997年	4352	1181	28220834	27473512		9628608
1998年	3272	1009	26957289	26268189		9246566
1999年	3049	786	28716110	28189134		10174604
2000年	2774	596	34865374	34582037		12625615
2001年	2403	569	36451434	36075026		13425706
2002年	2082	498	42011174	41427624		14779394
2003年	1961	471	51487207	50844736	3517105	17991811
2004年	1832	472	65825485	65252839	4511337	22907835
在总计中:						
亏损企业	1832	472	5780938	5720109	235040	1767233
一、按隶属关系分						
中央企业	102	23	16198371	16198463	101906	7489973
地方企业	1730	449	49627114	49054377	4409431	15417862
二、按轻重工业分						
轻工业	796	235	13180252	13098559	1900744	3997478
重工业	1036	237	52645232	52154280	2610593	18910357
三、按企业规模分						
大型企业	143	11	46042723	45641651	3271900	16682692
中型企业	620	108	14947733	14845008	972779	4811844
小型企业	1069	353	4835029	4766181	266658	1413299

注:1997年及以前为乡及乡以上独立核算国有控股工业数据。

12－4续表1

单位:万元

类别	企业单位数(个)	#亏损企业	工业总产值	工业销售产值	#出口交货值	工业增加值
四、按行业大类分						
采掘业	**108**	**8**	**13385498**	**13189367**	**528122**	**6851232**
煤炭开采和洗选业	54	3	6384940	6199739	477635	2560723
石油和天然气开采业	4		5721990	5715114		3963166
黑色金属矿采选业	6		222600	217084		93111
有色金属矿采选业	20	2	693702	684200	14765	179746
非金属矿采选业	23	3	361024	371988	35722	54026
其他采矿业	1		1242	1242		460
制造业	**1372**	**354**	**46704248**	**46371070**	**3948756**	**13859126**
农副食品加工业	180	41	1776138	1773257	211647	506092
食品制造业	57	11	711128	678233	179484	185657
饮料制造业	61	16	1163908	1209783	63416	379955
烟草制品业	11	1	1145083	1136803	7844	709426
纺织业	117	37	1693837	1672775	600806	481994
纺织服装、鞋、帽制造业	24	8	223410	223508	140141	79641
皮革、毛皮、羽毛(绒)及其制品业	5	1	33854	34084	9081	22503
木材加工及木、竹、藤、棕、草制品业	16	6	107986	106931	23108	33272
家具制造业	1	1	944	959		773
造纸及纸制品业	42	10	2060157	1995710	43448	586742
印刷业和记录媒介的复制	39	10	143523	140989	226	53200
文教体育用品制造业	9	1	63590	64721	52894	15098
石油加工、炼焦及核燃料加工业	26	1	6501122	6516626	4127	1780741
化学原料及化学制品制造业	127	23	4537673	4522688	296035	1341733
医药制造业	40	15	708111	695460	107386	240232
化学纤维制造业	13	2	314224	312837	19689	134312
橡胶制品业	13	2	1591859	1590372	387462	510194
塑料制品业	26	8	90774	87158	4788	43008
非金属矿物制品业	123	25	1574577	1600723	153628	509020
黑色金属冶炼及压延加工业	13	2	6989192	6956503	697377	1867323
有色金属冶炼及压延加工业	14	7	1269879	1280206	31980	343517
金属制品业	28	10	194343	183669	11851	56946
通用设备制造业	106	31	2183465	2137159	138488	770471
专用设备制造业	78	29	2155320	2147518	57510	679359
交通运输设备制造业	97	27	5200692	5085813	144579	1332773
电气机械及器材制造业	44	10	643309	618953	24065	270043
通信设备、计算机及其他电子设备制造业	28	6	3511442	3483951	503360	884791
仪器仪表及文化、办公用机械制造业	18	6	72843	72107	13467	19242
工艺品及其他制造业	16	7	41865	41574	20869	21068
电力、煤气、自来水的生产和供应业	**352**	**110**	**5735738**	**5692400**	**34460**	**2197474**
电力、热力的生产和供应业	205	44	5327495	5302487	8447	2083441
燃气生产和供应业	18	10	156686	148114	26013	23366
水的生产和供应业	129	56	251557	241799		90667

12－4续表2

单位:万元

类　　　别	资产合计	产成品	流动资产年平均余额	固定资产净值年平均余额	负债合计
1996年	46663169	2501671	16443562	19828771	30398766
1997年	49527778	2687882	19033284	19906966	32036024
1998年	52675723	2722662	19888668	21568218	33392509
1999年	55961178	2784840	20520063	23686902	35181030
2000年	61171986	2648035	21559936	26865483	38067876
2001年	63133220	2596606	22619070	27560219	37483411
2002年	66635177	2450859	23463473	28577367	39713021
2003年	74887872	2695640	26726934	31848291	44344094
2004年	83740653	3202801	31294833	33830224	49087824
在总计中:					
亏损企业	83740653	3202801	31294833	33830224	49087824
一、按隶属关系分					
中央企业	20794136	256921	4928577	12093391	8490800
地方企业	62946517	2945880	26366256	21736832	40597024
二、按轻重工业分					
轻工业	16637673	1009864	7524696	5496258	10644392
重工业	67102980	2192937	23770137	28333966	38443432
三、按企业规模分					
大型企业	58379708	1954287	21143063	23092497	32225461
中型企业	20187734	896239	7906393	8666522	13190690
小型企业	5173211	352275	2245377	2071205	3671673

12－4 续表 3　　　　单位:万元

类　　别	资产合计	产成品	流动资产年平均余额	固定资产净值年平均余额	负债合计
四、按行业大类分					
采掘业	**17443734**	**254910**	**5154407**	**9150883**	**7560307**
煤炭开采和洗选业	10277901	139135	4027101	3735957	6379757
石油和天然气开采业	5465043	54214	533971	4800049	213295
黑色金属矿采选业	269460	23046	138921	101663	147547
有色金属矿采选业	690146	7362	190009	298059	333942
非金属矿采选业	739635	31152	263955	214370	484874
其他采矿业	1549		451	786	893
制造业	**47677743**	**2841091**	**22020430**	**14831982**	**30417183**
农副食品加工业	1158091	90658	647585	346560	954908
食品制造业	725311	31284	349631	208088	449104
饮料制造业	1860884	82745	955673	464501	991252
烟草制品业	1381444	8974	826300	294660	654633
纺织业	2088652	158309	968799	691252	1444026
纺织服装、鞋、帽制造业	226822	20225	135701	55825	160187
皮革、毛皮、羽毛(绒)及其制品业	27506	5433	19405	4141	30769
木材加工及木、竹、藤、棕、草制品业	178933	6474	56300	80365	171926
家具制造业	2074	584	1000	796	2247
造纸及纸制品业	3241143	168777	1113543	1351365	2012826
印刷业和记录媒介的复制	252301	13316	114099	118042	152851
文教体育用品制造业	59586	5726	37392	13705	38499
石油加工、炼焦及核燃料加工业	3532512	180759	1315575	1410958	2104111
化学原料及化学制品制造业	6377353	247465	2033985	2606771	3458553
医药制造业	1313984	79365	585314	465090	701045
化学纤维制造业	440410	14061	119490	222473	267258
橡胶制品业	1340318	92044	592849	403464	896252
塑料制品业	130002	11145	68276	45313	84491
非金属矿物制品业	2971947	145890	1233082	1121910	2040232
黑色金属冶炼及压延加工业	6156626	318901	2831626	1515607	4023625
有色金属冶炼及压延加工业	1564139	39476	596124	668927	1064414
金属制品业	228008	21482	123348	62138	137881
通用设备制造业	2803917	211361	1710794	548936	1883915
专用设备制造业	1628439	189757	990803	367785	1004467
交通运输设备制造业	5056163	340157	2929905	1129504	3877944
电气机械及器材制造业	891857	75428	540786	184883	679527
通信设备、计算机及其他电子设备制造业	1865151	266591	1023332	407756	994554
仪器仪表及文化、办公用机械制造业	129114	11186	73730	33853	104054
工艺品及其他制造业	45055	3520	25985	7316	31633
电力、煤气、自来水的生产和供应业	**18619176**	**106801**	**4119996**	**9847359**	**11110335**
电力、热力的生产和供应业	16586538	96671	3629160	8814538	10012971
燃气生产和供应业	654766	6562	166382	336903	349768
水的生产和供应业	1377872	3568	324453	695918	747595

单位：万元

类别	产品销售收入	产品销售费用	产品销售税金及附加	产品销售利润	管理费用
1996年	29217185	707510	803381	4329133	2372100
1997年	29047678	751900	776102	3878566	2158108
1998年	28458107	831611	667126	3439384	2123686
1999年	30965917	972660	660786	3754877	2176570
2000年	37970654	1100187	701911	6168713	2583426
2001年	40271259	1296629	759947	6106838	2641532
2002年	44943840	1371031	831106	6476669	3099209
2003年	56629328	1580906	993791	8430027	3586621
2004年	72207093	1747541	1214515	11278943	4366463
在总计中：					
亏损企业	72207093	1747541	1214515	11278943	4366463
一、按隶属关系分					
中央企业	20355787	134224	751153	4249070	730770
地方企业	51851306	1613318	463362	7029874	3635693
二、按轻重工业分					
轻工业	13850340	683630	550393	1292981	683775
重工业	58356753	1063911	664122	9985962	3682688
三、按企业规模分					
大型企业	52365073	1280496	974446	9083541	3208825
中型企业	15976830	359837	218902	1868977	918126
小型企业	3865189	107208	21166	326425	239513

单位:万元

类　　别	产品销售收入	产品销售费用	产品销售税金及附加	产品销售利润	管理费用
四、按行业大类分					
采掘业	**12681855**	**329155**	**221688**	**5559830**	**1702201**
煤炭开采和洗选业	6111732	297347	83987	2227973	1277129
石油和天然气开采业	5348907	6593	121959	3056271	277154
黑色金属矿采选业	242968	2765	2908	102631	63380
有色金属矿采选业	584357	3760	1297	128452	59606
非金属矿采选业	392649	18445	11525	44078	24800
其他采矿业	1242	244	13	426	132
制造业	**47790977**	**1344951**	**929413**	**4896430**	**2334102**
农副食品加工业	1715838	32915	4811	87636	39671
食品制造业	666692	18782	3652	53909	19342
饮料制造业	1193067	123639	90391	191452	79213
烟草制品业	1133791	52688	411250	190313	68669
纺织业	1806780	38943	4546	142738	88681
纺织服装、鞋、帽制造业	257530	3157	167	19482	13538
皮革、毛皮、羽毛(绒)及其制品业	25432	473	72	2668	2237
木材加工及木、竹、藤、棕、草制品业	103471	2288	495	7870	2888
家具制造业	813	74		75	162
造纸及纸制品业	2102301	88376	6527	268681	71378
印刷业和记录媒介的复制	139724	2950	603	29581	21037
文教体育用品制造业	78477	2436	202	6307	4348
石油加工、炼焦及核燃料加工业	7036474	17839	224070	313332	151930
化学原料及化学制品制造业	4518240	94767	27716	729352	274857
医药制造业	908268	87556	3260	96643	64647
化学纤维制造业	316289	4763	1656	57986	15508
橡胶制品业	1389493	49078	23067	136557	78290
塑料制品业	88485	2622	71	10163	4795
非金属矿物制品业	1633221	64758	9104	226065	111344
黑色金属冶炼及压延加工业	7263118	68607	39143	860815	371129
有色金属冶炼及压延加工业	1139598	14684	7267	233061	58865
金属制品业	326375	8623	1737	39462	15986
通用设备制造业	2266127	98756	8646	350270	206101
专用设备制造业	2236778	54490	4885	154581	95714
交通运输设备制造业	5296441	108054	43155	440320	259015
电气机械及器材制造业	480239	33117	1536	60100	49730
通信设备、计算机及其他电子设备制造业	3542312	264591	11068	167453	150572
仪器仪表及文化、办公用机械制造业	83153	5433	258	15189	12336
工艺品及其他制造业	42448	492	59	4369	2120
电力、煤气、自来水的生产和供应业	**11734260**	**73436**	**63414**	**822683**	**330160**
电力、热力的生产和供应业	11318085	58497	60495	783441	252901
燃气生产和供应业	187754	9237	1011	5936	18721
水的生产和供应业	228421	5701	1908	33306	58537

12－4续表6

单位:万元

类　　别	利润总额	亏损企业亏损总额	利税总额	本年应交增值税	全部从业人员年平均人数（人）
1996年	887898	322660	3282655	1591377	3355262
1997年	843059	332227	3151438	1532278	2025287
1998年	779737	380070	3013838	1566975	2847698
1999年	951851	365374	3298141	1685504	2679816
2000年	3038705	255271	5946153	2205537	2447147
2001年	2826951	278147	5747731	2160883	2210739
2002年	2667128	262877	5675976	2177741	2046430
2003年	3976276	252046	7618829	2648762	2012836
2004年	5608202	378477	10114115	3290871	1846401
在总计中:					
亏损企业	5608202	378477	10114115	3290871	1846401
一、按隶属关系分					
中央企业	2909570	86162	4958293	1297500	238321
地方企业	2698632	292315	5155822	1993371	1608080
二、按轻重工业分					
轻工业	515590	135327	1593735	527338	476113
重工业	5092612	243149	8520379	2763533	1370288
三、按企业规模分					
大型企业	4794178	113248	8180926	2412302	1033854
中型企业	702655	170290	1573545	651680	593141
小型企业	111368	94939	359643	226890	219406

12－4续表7　　单位:万元

类　　别	利润总额	亏损企业亏损总额	利税总额	本年应交增值税	全部从业人员年平均人数(人)
四、按行业大类分					
采掘业	**2992604**	**7259**	**4314547**	**1100255**	**527471**
煤炭开采和洗选业	626493	4932	1146957	436477	397759
石油和天然气开采业	2250210		2994237	622068	68701
黑色金属矿采选业	16061		36157	17188	12981
有色金属矿采选业	73221	45	78504	3987	30032
非金属矿采选业	26330	2282	58256	20401	17963
其他采矿业	290		437	134	35
制造业	**2175055**	**265106**	**4674767**	**1569886**	**1092071**
农副食品加工业	33484	8513	54158	15863	46407
食品制造业	32926	3667	54385	17755	20788
饮料制造业	85710	6760	257834	81734	47781
烟草制品业	111308	1683	640840	118282	10661
纺织业	20307	25451	76129	50958	126447
纺织服装、鞋、帽制造业	2627	919	4196	1402	21547
皮革、毛皮、羽毛(绒)及其制品业	－148	713	620	696	2343
木材加工及木、竹、藤、棕、草制品业	4420	2879	6741	1817	5064
家具制造业	－124	124	－124		90
造纸及纸制品业	151103	14300	255346	97716	56310
印刷业和记录媒介的复制	9889	1427	17493	7001	10790
文教体育用品制造业	2093	1074	4296	2001	7658
石油加工、炼焦及核燃料加工业	79924	39499	500090	196097	37317
化学原料及化学制品制造业	364117	7156	564080	172247	118250
医药制造业	18349	20790	58342	36689	33308
化学纤维制造业	33491	88	52985	17838	9536
橡胶制品业	59737	313	122232	39429	31728
塑料制品业	4350	671	7227	2807	4178
非金属矿物制品业	91359	15614	178263	77801	88161
黑色金属冶炼及压延加工业	426227	3677	682213	216844	74123
有色金属冶炼及压延加工业	139657	29022	206068	59143	20774
金属制品业	18717	472	30584	10129	8515
通用设备制造业	156102	13016	267274	102526	82481
专用设备制造业	64143	17214	96020	26992	80367
交通运输设备制造业	193881	23183	364459	127424	91896
电气机械及器材制造业	1444	21379	18816	15836	22003
通信设备、计算机及其他电子设备制造业	67281	922	147671	69322	23431
仪器仪表及文化、办公用机械制造业	1269	4160	4403	2876	6051
工艺品及其他制造业	1406	419	2126	661	4066
电力、煤气、自来水的生产和供应业	**440543**	**106111**	**1124801**	**620731**	**226859**
电力、热力的生产和供应业	449859	87423	1110186	599722	181472
燃气生产和供应业	－4298	7486	5806	9091	12388
水的生产和供应业	－5018	11202	8809	11919	32999

12－5 规模以上集体工业企业主要经济指标

单位:万元

类别	企业单位数（个）	#亏损企业	工业总产值	工业销售产值	#出口交货值	工业增加值
1995年	18993	3133	17833187			4148379
1996年	18348	1587	23113935	22099779		6092847
1997年	15964	1795	24530868	23533407		6275247
1998年	4817	427	22066380	21144843		5694779
1999年	4375	383	22189927	21339470		5825557
2000年	3942	259	23939904	23202441		6274807
2001年	2824	191	20783295	20229521		5297119
2002年	2477	169	23488160	22903589		6243391
2003年	2136	122	25263944	24688845	2179665	6734039
2004年	1961	123	28192995	27638603	2544754	7510175
在总计中:						
亏损企业	123	123	325596	325286	22187	99535
在总计中:						
农村工业	1281	49	14815142	14443450	904298	4258344
一、按轻重工业分						
轻工业	701	52	13320420	13100134	2079123	3397081
重工业	1260	71	14872575	14538468	465632	4113094
二、按企业规模分						
大型企业	23		7678722	7629523	1035528	1984967
中型企业	304	10	8617871	8406151	945520	2454562
小型企业	1634	113	11896402	11602928	563707	3070646

12－5续表1　　　单位：万元

类　　别	企　业 单位数 （个）	#亏　损 企　业	工　业 总产值	工　业 销售产值	#出　口 交货值	工　业 增加值
三、按行业大类分						
采矿业	**275**	**6**	**2575244**	**2534392**	**19850**	**778918**
煤炭开采和洗选业	152	3	687902	680374		335997
黑色金属矿采选业	9		208591	207639		29465
有色金属矿采选业	47	1	1145425	1120625	3872	255537
非金属矿采选业	67	2	533326	525754	15978	157919
制造业	**1673**	**114**	**25547863**	**25035563**	**2524905**	**6696350**
农副食品加工业	184	8	2977292	2926603	295815	809130
食品制造业	33		497323	491903	22033	145394
饮料制造业	18	2	266773	253846	7108	67818
纺织业	116	7	1072232	1064414	123182	283496
纺织服装、鞋、帽制造	28	3	673980	663826	274634	185980
皮革、毛皮、羽毛（绒）及其制品业	22	1	325216	317851	40602	90954
木材加工及木、竹、藤、棕、草制品业	13	1	146395	138722	8086	33870
家具制造业	11	3	71539	70376	7572	24384
造纸及纸制品业	88	6	650689	614371	19427	180318
印刷业和记录媒介的复制	20	3	60571	58926	4973	25778
文教体育用品制造业	10		128059	127152	19320	32312
石油加工、炼焦及核燃料加工业	10	2	117587	114758		42924
化学原料及化学制品制造业	172	8	1568303	1520241	25096	760435
医药制造业	22		174483	168446	13526	68485
化学纤维制造业	6		60213	59140		20860
橡胶制品业	30	2	715409	691844	59545	196639
塑料制品业	69	10	598354	577798	5259	155340
非金属矿物制品业	247	12	3257471	3185873	139701	790329
黑色金属冶炼及压延加工业	20		479440	466514		218930
有色金属冶炼及压延加工业	12		405034	401457	14746	158381
金属制品业	85	7	655080	637159	21542	184989
通用设备制造业	166	8	1766886	1718396	109156	444862
专用设备制造业	83	7	811202	788936	15396	236407
交通运输设备制造业	63	6	819229	797373	10286	205395
电气机械及器材制造业	77	8	6333639	6305345	863809	777610
通信设备、计算机及其他电子设备制造业	11		40987	40722	4878	9696
仪器仪表及文化、办公用机械制造业	17	2	130130	125402	10851	38335
工艺品及其他制造业	40	8	744347	708169	408362	507299
电力、燃气及水的生产和供应业	**13**	**3**	**69889**	**68650**		**34907**
电力、热力的生产和供应业	10	3	41644	40812		28477
燃气生产和供应业	1		26595	26200		5867
水的生产和供应业	2		1650	1638		563

12－5续表2　　单位:万元

类　别	资产合计	产成品	流动资产年平均余额	固定资产净值年平均余额	负债合计
1995年	15272046	2147545	7676151	4548132	11466442
1996年	17696800	2046193	8697398	5475771	12696579
1997年	18978347	2178997	10052524	5932147	13613598
1998年	15503459	1715156	7779477	5393517	10241396
1999年	15769470	1625083	7984452	5386456	10095629
2000年	15862337	1473412	8086175	5381912	9876400
2001年	12985086	1227882	6602203	4148165	7954456
2002年	13652937	1112754	6719538	4332508	8179807
2003年	14540953	1029781	6940128	4487529	8225459
2004年	13659936	1046537	7317362	3922387	7934213
在总计中:					
亏损企业	393555	38564	222989	119731	350947
在总计中:					
农村工业	6401016	501480	3110113	2305194	3655579
一、按轻重工业分					
轻工业	6592380	561718	3693145	1527309	3837730
重工业	7067556	484818	3624217	2395078	4096484
二、按企业规模分					
大型企业	5515568	351569	2919332	1329304	3113016
中型企业	4582056	371122	2295455	1544373	2672661
小型企业	3562313	323845	2102575	1048710	2148536

12－5续表3　　单位:万元

类　　别	资产合计	产成品	流动资产年平均余额	固定资产净值年平均余额	负债合计
三、按行业大类分					
采矿业	**969687**	**41193**	**425651**	**370654**	**498011**
煤炭开采和洗选业	308789	6742	147959	118829	162662
黑色金属矿采选业	164394	7672	98162	30733	86947
有色金属矿采选业	359929	15284	105730	170694	169600
非金属矿采选业	136576	11495	73801	50398	78801
制造业	**12583699**	**1004820**	**6851832**	**3497782**	**7375691**
农副食品加工业	1004764	94781	550655	315037	627748
食品制造业	295835	29520	145271	95829	159263
饮料制造业	198413	11907	100666	61474	101519
纺织业	753208	59434	442331	203568	565079
纺织服装、鞋、帽制造	213708	11462	125986	60549	137788
皮革、毛皮、羽毛(绒)及其制品业	118900	12437	89068	24561	78951
木材加工及木、竹、藤、棕、草制品业	119937	6153	74951	34658	52562
家具制造业	50195	4242	31291	8494	33922
造纸及纸制品业	370920	30594	176678	131593	218928
印刷业和记录媒介的复制	45420	2554	20035	23049	30691
文教体育用品制造业	36734	5990	26935	6364	30611
石油加工、炼焦及核燃料加工业	73364	1966	42317	15727	35135
化学原料及化学制品制造业	749866	46664	376268	224094	450272
医药制造业	140983	19602	52114	39949	87575
化学纤维制造业	21092	1269	12913	11302	7421
橡胶制品业	241363	23596	117510	90178	167705
塑料制品业	238815	24850	139990	78391	151808
非金属矿物制品业	1988807	116970	909416	849199	1171851
黑色金属冶炼及压延加工业	405442	12152	187285	159149	231052
有色金属冶炼及压延加工业	308675	13454	147327	87064	190953
金属制品业	265332	35144	172898	68825	160182
通用设备制造业	534694	75167	333944	140765	293278
专用设备制造业	359381	36579	220141	86193	187430
交通运输设备制造业	473950	32758	277052	95927	284232
电气机械及器材制造业	3170576	272246	1839061	496125	1667456
通信设备、计算机及其他电子设备制造业	43560	3538	18219	11109	31076
仪器仪表及文化、办公用机械制造业	60439	3473	42820	10203	30005
工艺品及其他制造业	299328	16318	178692	68406	191200
电力、燃气及水的生产和供应业	**106550**	**524**	**39879**	**53951**	**60511**
电力、热力的生产和供应业	91392	427	34031	45207	57430
燃气生产和供应业	10511	9	3942	6580	591
水的生产和供应业	4647	89	1906	2165	2490

12－5续表4

单位:万元

类别	产品销售收入	产品销售费用	产品销售税金及附加	产品销售利润	管理费用
1995年	14834699	386056	147418	2098906	929164
1996年	17803639	492829	162191	2445765	970045
1997年	18905616	605745	149959	2383841	967184
1998年	18025045	595784	126876	2103376	759796
1999年	18667450	685387	129917	2049236	750584
2000年	20919356	816676	146802	2230488	787222
2001年	18029939	716928	107599	1779220	628196
2002年	20575616	654223	116970	1976015	615845
2003年	22380103	712676	132809	2067700	664336
2004年	26246703	836722	160261	2456887	649597
在总计中:					
亏损企业	311958	11159	2235	14325	23671
在总计中:					
农村工业	13734528	349859	102190	1390986	244104
一、按轻重工业分					
轻工业	12547589	507286	68731	1007684	329822
重工业	13699114	329436	91531	1449203	319775
二、按企业规模分					
大型企业	8275447	383222	20197	626644	235952
中型企业	8448438	193012	66131	899368	193650
小型企业	9522817	260488	73933	930876	219995

12－5续表5 单位:万元

类别	产品销售收入	产品销售费用	产品销售税金及附加	产品销售利润	管理费用
三、按行业大类分					
采矿业	**2492175**	**77910**	**23188**	**357241**	**67731**
煤炭开采和洗选业	664975	12071	9076	116735	29927
黑色金属矿采选业	205605	883	1339	39094	3015
有色金属矿采选业	1133388	44902	7153	150903	21492
非金属矿采选业	488208	20054	5620	50510	13298
制造业	**23690759**	**757867**	**136695**	**2090178**	**576939**
农副食品加工业	2744696	72471	25778	262447	40965
食品制造业	472907	10793	3392	45787	9150
饮料制造业	307297	15583	5307	34911	4887
纺织业	1044686	16405	6293	88970	22594
纺织服装、鞋、帽制造	544508	4839	5079	39906	9756
皮革、毛皮、羽毛(绒)及其制品业	259771	2169	678	24327	4857
木材加工及木、竹、藤、棕、草制品业	136285	1626	695	8653	1278
家具制造业	69275	1285	557	6996	3349
造纸及纸制品业	572780	10809	3481	59910	14392
印刷业和记录媒介的复制	57183	2438	650	7985	2593
文教体育用品制造业	123079	3678	464	10124	2353
石油加工、炼焦及核燃料加工业	112080	4430	1522	27716	4776
化学原料及化学制品制造业	1378987	44271	7107	147539	36122
医药制造业	166383	6829	1758	19727	6143
化学纤维制造业	54513	2010	875	7070	1807
橡胶制品业	632313	7416	1824	49757	9517
塑料制品业	487350	7017	2592	39150	10973
非金属矿物制品业	3094256	81025	24972	285864	59562
黑色金属冶炼及压延加工业	489906	6510	2816	63358	11848
有色金属冶炼及压延加工业	376278	5814	1281	35012	9744
金属制品业	608446	17595	4627	68859	22729
通用设备制造业	1588036	36785	10900	152850	36338
专用设备制造业	779311	19360	6006	86112	22551
交通运输设备制造业	731747	13467	2501	77444	17524
电气机械及器材制造业	6149532	347984	12470	388351	194122
通信设备、计算机及其他电子设备制造业	34771	884	323	2566	1362
仪器仪表及文化、办公用机械制造业	98220	4831	311	9647	2543
工艺品及其他制造业	576166	9542	2432	39139	13104
电力、燃气及水的生产和供应业	**63769**	**945**	**378**	**9468**	**4927**
电力、热力的生产和供应业	40397	100	192	3238	2150
燃气生产和供应业	21886	290	126	5892	2594
水的生产和供应业	1486	555	60	338	183

12－5续表6　　单位：万元

类　　别	利润总额	亏损企业亏损总额	利税总额	本年应交增值税	全部从业人员年平均人数（人）
1995年	696245	142920	1330975	481715	2681973
1996年	987812	85582	1726729	576726	2679139
1997年	986322	120150	1734121	597839	2506332
1998年	1026038	58195	1696312	543399	1566174
1999年	1066417	41105	1767954	571620	1408344
2000年	1235014	28851	2008676	626860	1261337
2001年	1002809	15710	1605984	495792	937712
2002年	1133494	19614	1821625	571161	852362
2003年	1310425	14501	2031481	588247	771130
2004年	1472444	14234	2321292	688550	671199
在总计中：					
亏损企业	－14234	14234	－3211	8789	25199
在总计中：					
农村工业	963964	2196	1468894	402741	412853
一、按轻重工业分					
轻工业	525018	6003	860636	266851	265032
重工业	947426	8231	1460656	421699	406167
二、按企业规模分					
大型企业	335362		552311	196751	112338
中型企业	556953	3478	849496	226412	258106
小型企业	580129	10756	919485	265387	300755

12－5 续表 7

单位:万元

类别	利润总额	亏损企业亏损总额	利税总额	本年应交增值税	全部从业人员年平均人数(人)
三、按行业大类分					
采矿业	**257186**	**131**	**382509**	**102135**	**104859**
煤炭开采和洗选业	76886	48	145596	59633	55769
黑色金属矿采选业	33163		42074	7572	5510
有色金属矿采选业	116706	17	140256	16397	21496
非金属矿采选业	30431	66	54583	18533	22084
制造业	**1211713**	**12510**	**1931280**	**582835**	**562824**
农副食品加工业	147492	138	220385	47115	57814
食品制造业	30036		46460	13032	14543
饮料制造业	21046	381	35252	8899	5950
纺织业	53749	657	84496	24454	50611
纺织服装、鞋、帽制造	27154	219	49444	17211	22968
皮革、毛皮、羽毛(绒)及其制品业	10940	129	16326	4708	9143
木材加工及木、竹、藤、棕、草制品业	6484	13	9491	2312	4759
家具制造业	2771	144	4426	1098	2882
造纸及纸制品业	30772	468	52556	18302	23181
印刷业和记录媒介的复制	4631	351	7525	2244	3131
文教体育用品制造业	7367		9253	1385	2848
石油加工、炼焦及核燃料加工业	4841	469	9567	3204	4043
化学原料及化学制品制造业	108098	1225	155401	40196	35862
医药制造业	7746		14612	5109	6133
化学纤维制造业	4126		6075	1073	2043
橡胶制品业	34270	69	44993	8900	12110
塑料制品业	23433	1504	38361	12335	14666
非金属矿物制品业	195030	876	321276	101274	105755
黑色金属冶炼及压延加工业	22608		46702	21278	8903
有色金属冶炼及压延加工业	19113		27945	7551	7492
金属制品业	39245	1234	63727	19855	22732
通用设备制造业	97898	739	151326	42527	40957
专用设备制造业	51657	205	80780	23117	24288
交通运输设备制造业	47427	251	66999	17071	16346
电气机械及器材制造业	191365	939	330217	126381	38902
通信设备、计算机及其他电子设备制造业	509		2044	1212	2083
仪器仪表及文化、办公用机械制造业	6494	116	9957	3152	3550
工艺品及其他制造业	15410	2383	25683	7840	19129
电力、燃气及水的生产和供应业	**3545**	**1594**	**7503**	**3580**	**3516**
电力、热力的生产和供应业	497	1594	2923	2233	2907
燃气生产和供应业	3012		4398	1260	351
水的生产和供应业	37		183	87	258

12－6 规模以上外商投资和港澳台投资工业企业主要经济指标

单位：万元

类别	企业单位数（个）	#亏损企业	工业总产值	工业销售产值	#出口交货值	工业增加值
1995年	3799	1339	7274306			1741571
1996年	2903	849	6770710	6398892		1722286
1997年	2605	939	8819121	8463177		2236637
1998年	1587	454	8835322	8543079		2192632
1999年	1625	404	9860114	9503397		2622497
2000年	1740	373	11733444	11407902		3248882
2001年	2020	484	14570101	14184782		4317515
2002年	2385	541	17707902	17224508		5233651
2003年	2925	665	24832436	24336050	9283568	7300069
2004年	3494	714	34209692	33320569	12050483	10073939
在总计中：						
亏损企业	714	714	3532894	3347393	1614456	1080006
在总计中：						
港、澳、台商投资企业	941	179	8336837	8021805	1943943	2394083
合资经营企业(港或澳、台资)	618	102	5887481	5633445	1193159	1673595
合作经营企业(港或澳、台资)	47	9	329841	320897	60014	101709
港澳台商独资经营企业	248	65	1641839	1587229	597826	455678
港澳台商投资股份有限公司	28	3	477676	480234	92943	162801
外商投资企业	2553	535	25872855	25298765	10106540	7679856
中外合资经营企业	1077	186	12470447	12136951	3911218	3536463
中外合作经营企业	67	12	782116	756680	145814	274648
外资企业	1372	333	10426580	10261508	5813678	2961042
外商投资股份有限公司	37	4	2193711	2143626	235829	907703
在总计中：						
国家控股企业	146	49	2989654	2946475	242245	995208
在总计中：						
农村工业	1026	91	7806883	7594391	2421259	2192111
一、按轻重工业分						
轻工业	2231	442	18329955	17841313	7119486	5191217
重工业	1263	272	15879736	15479257	4930997	4882722
二、按企业规模分						
大型企业	21	2	4331877	4239215	825090	1380611
中型企业	555	96	12844398	12499961	5159314	3729223
小型企业	2918	616	17033417	16581393	6066079	4964105

12－6 续表 1 单位:万元

类 别	企业单位数(个)	#亏损企业	工业总产值	工业销售产值	#出口交货值	工业增加值
三、按行业大类分						
采矿业	**9**	**2**	**29176**	**27813**	**3878**	**7934**
非金属矿采选业	9	2	29176	27813	3878	7934
制造业	**3460**	**704**	**32652636**	**31772787**	**12046607**	**9374478**
农副食品加工业	485	61	5715261	5523134	1695247	1607430
食品制造业	143	24	879327	847991	262685	266052
饮料制造业	40	9	540532	529387	103782	153341
烟草制品业	1		14354	14413	818	9015
纺织业	291	81	2104541	2038442	999148	590540
纺织服装、鞋、帽制造	312	57	1644794	1649365	969775	499940
皮革、毛皮、羽毛(绒)及其制品业	177	43	1497570	1433053	1043998	415285
木材加工及木、竹、藤、棕、草制品业	68	10	231205	224697	118253	59744
家具制造业	51	17	299389	297987	182000	84269
造纸及纸制品业	67	10	1346836	1305636	67189	381823
印刷业和记录媒介的复制	29	10	138226	136499	14107	47056
文教体育用品制造业	115	30	573170	566812	435983	144198
石油加工、炼焦及核燃料加工业	9	3	73333	72565	62	18927
化学原料及化学制品制造业	185	32	2245764	2183646	408815	601834
医药制造业	53	8	470860	447477	103051	170752
化学纤维制造业	18	4	175887	172826	17236	54462
橡胶制品业	28	11	205978	191375	101178	112435
塑料制品业	151	42	715269	688553	266526	208549
非金属矿物制品业	173	32	1363038	1334572	327387	410913
黑色金属冶炼及压延加工业	19	5	678945	614516	29574	175171
有色金属冶炼及压延加工业	16	2	205139	196470	52802	61594
金属制品业	120	24	951574	912879	638398	340901
通用设备制造业	142	30	1209309	1163286	450398	299087
专用设备制造业	66	9	924997	1003300	112297	297628
交通运输设备制造业	102	23	1243927	1232839	427862	325544
电气机械及器材制造业	158	43	2295568	2234225	661233	595390
通信设备、计算机及其他电子设备制造业	212	43	3865440	3749647	1887635	1149456
仪器仪表及文化、办公用机械制造业	34	8	214308	194868	110526	59600
工艺品及其他制造业	195	33	828095	812327	558642	233542
电力、燃气及水的生产和供应业	25	8	1527882	1519971		691526
电力、热力的生产和供应业	**19**	**5**	**1517874**	**1510082**		**689235**
燃气生产和供应业	5	2	9477	9358		2091
水的生产和供应业	1	1	531	531		200

12－6续表2 单位：万元

类别	资产合计	产成品	流动资产年平均余额	固定资产净值年平均余额	负债合计
1995年	9120968				5004216
1996年	7934021	579141	3078039	3210588	4683069
1997年	10291794	832744	4213648	4417064	6499043
1998年	9794237	730725	4039995	4312492	6259372
1999年	10374625	747230	4403141	4469533	6550373
2000年	11450417	766490	5149741	4763392	6974187
2001年	13978219	885669	6218800	5561049	7975312
2002年	16056232	965904	7330202	6278224	9002705
2003年	22387343	1189967	9810521	9084614	12602882
2004年	27214902	1851377	12710608	10656241	15380958
在总计中：					
亏损企业	4000514	286396	1938820	1608449	2802551
在总计中：					
港、澳、台商投资企业	6732142	561718	3426033	2419380	4048695
合资经营企业(港或澳、台资)	4569971	420708	2286499	1651878	2703713
合作经营企业(港或澳、台资)	327764	23256	140208	126239	210412
港澳台商独资经营企业	1502214	103623	842950	510764	902516
港澳台商投资股份有限公司	332192	14132	156376	130500	232053
外商投资企业	20482761	1289659	9284575	8236861	11332263
中外合资经营企业	10234044	671808	4776263	3873769	5751703
中外合作经营企业	1018899	38137	265652	570869	708777
外资企业	6419361	488404	3500271	2302176	3689508
外商投资股份有限公司	2810456	91310	742389	1490048	1182276
在总计中：					
国家控股企业	4916274	141278	1453738	2484836	2361613
在总计中：					
农村工业	4163986	433532	2058518	1476598	2498153
一、按轻重工业分					
轻工业	13751559	1110589	6888478	4733375	8275139
重工业	13463344	740788	5822130	5922866	7105819
二、按企业规模分					
大型企业	5781947	228881	1849945	2568638	3228228
中型企业	12890261	800208	6163752	5212799	7523886
小型企业	8542694	822288	4696911	2874804	4628845

12－6续表3 单位:万元

类　　别	资产合计	产成品	流动资产年平均余额	固定资产净值年平均余额	负债合计
三、按行业大类分					
采矿业	**29367**	**4556**	**12091**	**13696**	**10737**
非金属矿采选业	29367	4556	12091	13696	10737
制造业	**23931403**	**1845730**	**12339551**	**8171704**	**14018269**
农副食品加工业	3783809	369382	2251920	1058606	2566634
食品制造业	649558	60867	315347	272310	372919
饮料制造业	673727	42881	284466	322537	365362
烟草制品业	20632		8547	12647	15829
纺织业	1860591	147506	854791	773933	1064424
纺织服装、鞋、帽制造	969816	88643	515122	289700	541134
皮革、毛皮、羽毛(绒)及其制品业	715934	86201	423035	202818	461297
木材加工及木、竹、藤、棕、草制品业	201266	16012	88581	90876	145979
家具制造业	206985	11807	95236	77615	114824
造纸及纸制品业	2340204	92059	769799	938231	1352095
印刷业和记录媒介的复制	179959	9345	91532	53982	93858
文教体育用品制造业	271590	20371	162972	66965	163115
石油加工、炼焦及核燃料加工业	55261	5381	39904	10606	31089
化学原料及化学制品制造业	1755028	119103	856827	708124	958022
医药制造业	542717	30459	257101	149856	285016
化学纤维制造业	157791	14199	63354	76117	93863
橡胶制品业	144447	9906	80375	47624	74690
塑料制品业	518242	43462	259275	192924	303355
非金属矿物制品业	1258774	91837	462291	658027	692412
黑色金属冶炼及压延加工业	311558	54667	192233	56670	241520
有色金属冶炼及压延加工业	123913	13842	79093	37599	80062
金属制品业	727553	48250	404111	241285	429051
通用设备制造业	981617	72740	558813	309517	559164
专用设备制造业	605709	54803	458301	113206	309515
交通运输设备制造业	1056673	42859	552215	348047	548673
电气机械及器材制造业	1051818	98961	563719	266628	580155
通信设备、计算机及其他电子设备制造业	2215306	150264	1300075	637621	1272176
仪器仪表及文化、办公用机械制造业	122166	6479	74052	39624	49927
工艺品及其他制造业	428758	43445	276465	118009	252110
电力、燃气及水的生产和供应业	3254133	1092	358966	2470842	1351953
电力、热力的生产和供应业	**3210775**	**997**	**344079**	**2449950**	**1328575**
燃气生产和供应业	40378	77	14253	19021	21901
水的生产和供应业	2980	18	634	1871	1477

12－6续表4

单位:万元

类别	产品销售收入	产品销售费用	产品销售税金及附加	产品销售利润	管理费用
1995年	6473774				
1996年	5638990	221770	47258	604367	314606
1997年	7487124	272460	48181	840015	428463
1998年	7736435	278082	47686	736832	398945
1999年	8826211	331812	44995	969758	436676
2000年	10608335	397752	45189	1233010	511820
2001年	12695597	500409	42749	1444137	587803
2002年	15655508	656697	52771	1855994	715305
2003年	23176116	844733	77214	2543573	893503
2004年	32457741	1086384	105521	3439289	1113340
在总计中:					
亏损企业	3189831	109345	6158	55428	182706
在总计中:					
港、澳、台商投资企业	7616564	287240	32878	785963	251877
合资经营企业(港或澳、台资)	5368338	222381	25048	596342	168327
合作经营企业(港或澳、台资)	314109	10042	492	35852	18433
港澳台商独资经营企业	1596852	44743	1989	129504	53275
港澳台商投资股份有限公司	337266	10074	5350	24265	11842
外商投资企业	24841177	799144	72643	2653326	861464
中外合资经营企业	12491282	462805	55296	1294974	362332
中外合作经营企业	759549	9832	544	112143	18786
外资企业	9506647	272020	13832	876711	408264
外商投资股份有限公司	2083698	54486	2971	369499	72082
在总计中:					
国家控股企业	3397717	75483	31702	440252	103142
在总计中:					
农村工业	6896124	212198	24948	725399	169344
一、按轻重工业分					
轻工业	17246186	651645	57174	1634259	610433
重工业	15211555	434738	48347	1805029	502908
二、按企业规模分					
大型企业	4145458	148309	12900	554978	116687
中型企业	15205215	529329	52923	1584025	477110
小型企业	13107067	408745	39697	1300285	519544

12－6续表5 单位：万元

类别	产品销售收入	产品销售费用	产品销售税金及附加	产品销售利润	管理费用
三、按行业大类分					
采矿业	**27608**	**3502**	**727**	**2122**	**1059**
非金属矿采选业	27608	3502	727	2122	1059
制造业	**30532253**	**1082474**	**97115**	**3052359**	**1076853**
农副食品加工业	5570164	155643	10467	398361	112871
食品制造业	828743	58116	3700	93833	30715
饮料制造业	525560	49278	23702	67807	25349
烟草制品业	14398	366	4335	6461	2374
纺织业	1941682	42293	1727	176016	72598
纺织服装、鞋、帽制造	1483139	37762	2954	141081	70203
皮革、毛皮、羽毛(绒)及其制品业	1437832	36815	1806	92748	48849
木材加工及木、竹、藤、棕、草制品业	214972	5322	590	14541	5944
家具制造业	261952	6046	64	27217	9372
造纸及纸制品业	1389923	61174	3448	187717	56826
印刷业和记录媒介的复制	131829	8248	108	21168	7366
文教体育用品制造业	435140	12761	897	51722	25636
石油加工、炼焦及核燃料加工业	70532	2631	83	4294	2435
化学原料及化学制品制造业	2156310	99438	3355	292463	71460
医药制造业	426225	83083	623	98672	38471
化学纤维制造业	175115	3339	553	16830	6272
橡胶制品业	157677	3696	458	8755	7777
塑料制品业	594664	15097	215	42772	25857
非金属矿物制品业	1311179	34055	5072	126184	40121
黑色金属冶炼及压延加工业	620872	3485	116	46357	5589
有色金属冶炼及压延加工业	182020	1938	1958	10428	3639
金属制品业	928239	24032	328	115386	28312
通用设备制造业	1162845	39153	1541	135699	58493
专用设备制造业	957053	65303	400	92200	19565
交通运输设备制造业	1253655	19524	17971	142150	46665
电气机械及器材制造业	1891681	78727	4885	170454	54277
通信设备、计算机及其他电子设备制造业	3440528	107688	3874	369308	148815
仪器仪表及文化、办公用机械制造业	173779	6448	599	23519	11224
工艺品及其他制造业	794544	21013	1286	78215	33776
电力、燃气及水的生产和供应业	1897880	408	7679	384808	35429
电力、热力的生产和供应业	**1887727**	**280**	**7565**	**383119**	**33909**
燃气生产和供应业	9618	128	114	1599	1283
水的生产和供应业	535			90	237

单位:万元

类别	利润总额	亏损企业 亏损总额	利税总额	本年应交 增值税	全部从业人员 年平均人数 (人)
1995年	291432	163049	597114	205768	502328
1996年	203513	158080	417505	166735	521234
1997年	230198	209937	488340	209961	597273
1998年	271543	177281	555943	236714	499412
1999年	413809	141768	743539	284735	534524
2000年	607409	123586	1068901	416302	570940
2001年	747735	133568	1381549	591069	677208
2002年	946420	121496	1585217	586026	782462
2003年	1437357	173975	2218336	703765	942482
2004年	2121237	186372	3100683	872003	1140113
在总计中:					
亏损企业	－186372	186372	－132665	46907	211229
在总计中:					
港、澳、台商投资企业	426703	52869	660209	199722	285562
合资经营企业(港或澳、台资)	344154	27915	526514	157148	188099
合作经营企业(港或澳、台资)	15708	4402	27335	10394	15513
港澳台商独资经营企业	58129	18440	85882	25764	66772
港澳台商投资股份有限公司	8712	2111	20478	6416	15178
外商投资企业	1694534	133504	2440474	672281	854551
中外合资经营企业	871681	50014	1300303	372449	309113
中外合作经营企业	60316	1855	118415	57522	20596
外资企业	412595	81478	560915	134380	484303
外商投资股份有限公司	349942	156	460841	107929	40539
在总计中:					
国家控股企业	377657	18400	642233	232863	66148
在总计中:					
农村工业	476429	－16176	671254	169596	272641
一、按轻重工业分					
轻工业	878212	105456	1314065	377580	767738
重工业	1243026	80916	1786618	494422	372375
二、按企业规模分					
大型企业	403120	2617	589448	173428	96815
中型企业	971305	88387	1426780	401221	473244
小型企业	746812	95368	1084456	297354	570054

12－6续表7 单位：万元

类　　别	利润总额	亏损企业亏损总额	利税总额	本年应交增值税	全部从业人员年平均人数（人）
三、按行业大类分					
采矿业	**1372**	**540**	**4245**	**2147**	**777**
非金属矿采选业	1372	540	4245	2147	777
制造业	**1740741**	**178603**	**2520982**	**681204**	**1119790**
农副食品加工业	211871	20258	294691	72189	125157
食品制造业	57659	6501	81432	20040	29266
饮料制造业	41424	10219	95011	29885	15024
烟草制品业	4560		10783	1888	171
纺织业	79719	21473	116454	34979	122315
纺织服装、鞋、帽制造	70732	7819	99673	25750	133740
皮革、毛皮、羽毛（绒）及其制品业	41472	7274	56135	12857	92412
木材加工及木、竹、藤、棕、草制品业	8417	1089	14838	5832	10033
家具制造业	14431	3304	20224	5729	14131
造纸及纸制品业	115516	5208	175167	55666	40283
印刷业和记录媒介的复制	12908	1315	19681	6665	6337
文教体育用品制造业	17537	5102	22634	4200	47139
石油加工、炼焦及核燃料加工业	1150	1744	2382	1149	528
化学原料及化学制品制造业	191904	13361	257252	61993	33991
医药制造业	61366	2843	94105	32116	11912
化学纤维制造业	8136	1716	13701	4913	4026
橡胶制品业	－390	4268	2379	2310	13962
塑料制品业	18301	5822	27052	8535	25641
非金属矿物制品业	70657	16024	123893	48164	45316
黑色金属冶炼及压延加工业	30647	6572	37984	7222	4927
有色金属冶炼及压延加工业	5418	134	9364	1989	3524
金属制品业	80513	3509	97331	15723	35515
通用设备制造业	86193	7223	117822	30069	31007
专用设备制造业	62267	1065	83044	20378	12790
交通运输设备制造业	92992	1951	151720	40754	32686
电气机械及器材制造业	99401	7904	152502	48183	51789
通信设备、计算机及其他电子设备制造业	204635	10820	274811	66303	101027
仪器仪表及文化、办公用机械制造业	12105	1126	15943	3240	6601
工艺品及其他制造业	39202	2959	52972	12484	68540
电力、燃气及水的生产和供应业	379124	7229	575455	188652	19546
电力、热力的生产和供应业	**378358**	**6603**	**574343**	**188421**	**18973**
燃气生产和供应业	854	539	1170	202	465
水的生产和供应业	－88	88	－58	30	108

12－7 规模以上大中型工业企业主要经济指标

单位：万元

类别	企业单位数（个）	#亏损企业	工业总产值	工业销售产值	#出口交货值	工业增加值
1995年	2546	478	28207857			9306644
1996年	2672	448	32200872	31302311		10677681
1997年	2558	526	34404264	33525608		11237822
1998年	2270	539	33996013	33124625		11201594
1999年	2764	481	45308586	44299623		14519102
2000年	2740	381	53001408	52112789		17276972
2001年	2629	443	59870779	58941341		19734938
2002年	2495	409	69759207	68629148		22396947
2003年	2575	246	102031085	100257845	13350129	32250630
2004年	2880	301	133052739	131130215	16722453	42273390
一、按登记注册类型分						
内资企业	2304	203	115876464	114391039	10738049	36842565
国有企业	408	70	19249504	19197760	795944	5457962
中央企业	41	9	8001438	7996292	62778	2551541
地方企业	367	61	11248066	11201468	733167	2906421
集体企业	327	10	16296593	16035675	1981048	4439529
股份合作企业	87	2	2597486	2569294	396255	754138
联营企业	18	2	3046746	3043736	404719	814596
国有联营企业	9	2	2862249	2860084	375526	796527
集体联营企业	5		54380	52929		15117
其他联营企业	1		9500	9500		2952
有限责任公司	778	79	48732451	48298002	4273255	16824526
国有独资公司	53	8	13120906	12965446	1295810	4170917
其他有限责任公司	725	71	35611545	35332556	2977445	12653609
股份有限公司	300	22	18864677	18362192	2203515	6568137
私营企业	379	18	6783819	6584125	665000	1911879
私营独资企业	86	1	1326373	1294853	92722	374385
私营合作企业	8	1	121150	119483		33146
私营有限责任公司	255	15	4851132	4702133	567091	1364326
私营股份有限公司	30	1	485164	467656	5187	140022
其他企业	7		305189	300255	18313	71798
港、澳、台商投资企业	184	21	4009520	3883817	726599	1178108
合资经营企业（港或澳、台资）	129	13	2897185	2773975	485426	834541
合作经营企业（港或澳、台资）	10	1	141969	136185	35811	48630
港澳台商独资经营企业	39	6	594997	589852	170860	163535
港澳台商投资股份有限公司	6	1	375370	383806	34501	131402
外商投资企业	392	77	13166755	12855359	5257805	3931726
中外合资经营企业	165	25	6657668	6504398	2363400	1897777
中外合作经营企业	10	1	347709	332781	67625	122482
外资企业	206	51	4096322	4002888	2628816	1162544
外商投资股份有限公司	11		2065055	2015293	197965	748923
二、在总计中：亏损企业	**301**	**301**	**7386334**	**7198542**	**991080**	**2258002**
在总计中：国有控股企业	763	119	60990456	60486658	4244679	21437339
在总计中：农村工业	843	24	29094461	28339118	3299271	8189250
按轻重工业分						
轻工业	1225	144	47615110	46940616	9294686	13316940
重工业	1655	157	85437629	84189599	7427767	28956450
按企业规模分						
大型企业	270	13	72870296	72168720	7151969	24155658
中型企业	2610	288	60182443	58961495	9570484	18117732

12－7续表1 单位:万元

类别	企业单位数(个)	#亏损企业	工业总产值	工业销售产值	#出口交货值	工业增加值
三、按行业大类分						
采矿业	**143**	**3**	**14656590**	**14434830**	**529330**	**7262032**
煤炭开采和洗选业	79	2	6760746	6577915	477635	2737189
石油和天然气开采业	3		5760379	5745382	320	4016367
黑色金属矿采选业	12		438849	427949		126714
有色金属矿采选业	30		1361068	1338960	17437	310802
非金属矿采选业	19	1	335548	344624	33938	70960
制造业	**2553**	**254**	**112343760**	**110697308**	**16158664**	**32463841**
农副食品加工业	235	16	10543380	10332486	1904631	2892728
食品制造业	62	4	1857669	1794023	328217	546812
饮料制造业	81	16	1893884	1917752	55454	609819
烟草制品业	6		1116663	1110205	7844	742226
纺织业	309	45	9258160	9211201	2629776	2653512
纺织服装、鞋、帽制造	79	10	1505366	1509815	810188	481367
皮革、毛皮、羽毛(绒)及其制品业	46	9	1194068	1146968	662865	353223
木材加工及木、竹、藤、棕、草制品业	16		338147	326195	87244	85627
家具制造业	15	3	258487	252138	105758	99308
造纸及纸制品业	99	10	5117915	4946911	95570	1470517
印刷业和记录媒介的复制	19	1	128877	125473		64053
文教体育用品制造业	19	1	375621	366678	164789	74703
石油加工、炼焦及核燃料加工业	38	3	7240764	7262949	15619	2203856
化学原料及化学制品制造业	217	18	9192069	9056100	670644	2632052
医药制造业	67	6	2330756	2280366	244534	589947
化学纤维制造业	15	1	1188088	1155425	55586	259113
橡胶制品业	62	10	3617820	3594857	771757	1164323
塑料制品业	32	9	522395	508506	140725	192612
非金属矿物制品业	269	11	6425792	6344009	469005	1715575
黑色金属冶炼及压延加工业	50	6	9565389	9452601	905772	2716276
有色金属冶炼及压延加工业	30	6	3115786	3119337	86404	718120
金属制品业	72	4	1507399	1475260	517898	553411
通用设备制造业	187	13	4407107	4287681	524504	1311112
专用设备制造业	120	9	5395861	5398136	242314	1674918
交通运输设备制造业	130	9	7405014	7190312	846278	1801008
电气机械及器材制造业	126	17	9615712	9504690	1305581	2330729
通信设备、计算机及其他电子设备制造业	88	12	6061711	5922475	1798285	1861625
仪器仪表及文化、办公用机械制造业	17	3	223393	207041	98228	58439
工艺品及其他制造业	47	2	940467	897718	613194	606830
电力、燃气及水的生产和供应业	**184**	**44**	**6052391**	**5998075**	**34460**	**2547516**
电力、热力的生产和供应业	161	35	5765447	5727241	8447	2472741
燃气生产和供应业	10	5	143220	134828	26013	21140
水的生产和供应业	13	4	143724	136006		53635

12－7续表2

单位:万元

类别	资产合计	产成品	流动资产年平均余额	固定资产净值年平均余额	负债合计
1995年	40153307	2355697	15134560	16160945	26189004
1996年	35643825	2861071	17120694	19814694	31022585
1997年	55324175	3252847	21578237	21794997	35607510
1998年	58496373	3356132	22535657	23626465	37261208
1999年	69931866	4054432	26991099	29062291	43310345
2000年	75273904	3946019	28251773	31847701	46320974
2001年	82564080	4316176	31706828	34071907	48841105
2002年	89789335	4309965	34116381	36666317	52896081
2003年	115428218	5065402	44489546	45346640	68034657
2004年	139206078	6738893	57153603	52335131	81705890
一、按登记注册类型分					
内资企业	120533870	5709804	49139906	44553694	70953776
国有企业	29168963	723882	10125219	12353337	17965283
中央企业	12189014	161243	3501591	5581554	6790470
地方企业	16979949	562639	6623628	6771783	11174814
集体企业	10097624	722691	5214787	2873677	5785677
股份合作企业	1775457	124426	860641	590128	1035938
联营企业	2919661	135598	1468783	632016	1785654
国有联营企业	2448752	127680	1200089	523225	1462376
集体联营企业	108300	3531	80344	24543	41726
其他联营企业	5832	97	2631	2047	4513
有限责任公司	50769134	2480228	20131668	18858837	29179313
国有独资公司	17753258	942156	7890081	5156086	11932132
其他有限责任公司	33015876	1538072	12241587	13702751	17247181
股份有限公司	19530769	1043389	8396545	7159059	11411976
私营企业	6059992	462826	2855750	1995934	3662165
私营独资企业	1184838	71880	532634	444033	711080
私营合作企业	91379	9285	39969	30390	34920
私营有限责任公司	4357739	356702	2048968	1359625	2684447
私营股份有限公司	426036	24958	234179	161886	231719
其他企业	212270	16763	86514	90707	127769
港、澳、台商投资企业	4198083	304508	2085706	1539153	2614079
合资经营企业(港或澳、台资)	2924421	237447	1380600	1106453	1769495
合作经营企业(港或澳、台资)	180630	7584	72673	68791	122726
港澳台商独资经营企业	852364	48880	507338	287731	547133
港澳台商投资股份有限公司	240668	10598	125096	76177	174725
外商投资企业	14474125	724581	5927991	6242284	8138035
中外合资经营企业	7208475	325912	3127993	2882505	4154358
中外合作经营企业	794031	13633	161591	489954	558317
外资企业	3740338	297761	1922341	1419106	2287971
外商投资股份有限公司	2731280	87275	716067	1450719	1137390
二、在总计中:亏损企业	**10203205**	**604890**	**4363406**	**4220061**	**7362291**
在总计中:国有控股企业	78567442	2850526	29049456	31759019	45416150
在总计中:农村工业	21759073	1451140	9824978	7948558	12467879
按轻重工业分					
轻工业	44204468	2912212	20384003	14154919	26968233
重工业	95001610	3826681	36769600	38180212	54737657
按企业规模分					
大型企业	82042750	3108064	31230136	30902695	45857382
中型企业	57163328	3630829	25923468	21432436	35848507

12－7续表3 单位:万元

类　　别	资产合计	产成品	流动资产年平均余额	固定资产净值年平均余额	负债合计
三、按行业大类分					
采矿业	**18774072**	**284913**	**5703584**	**9612724**	**8233792**
煤炭开采和洗选业	10697644	144449	4235530	3868234	6638388
石油和天然气开采业	5598731	55289	608076	4844061	283320
黑色金属矿采选业	494418	32779	284332	141496	257417
有色金属矿采选业	1184771	17914	300701	536014	549392
非金属矿采选业	798509	34483	274945	222920	505276
制造业	**101505074**	**6348102**	**47417758**	**32296149**	**62376305**
农副食品加工业	6997694	558062	3685163	2099285	4498702
食品制造业	1867326	92278	843569	601639	1065790
饮料制造业	2686513	149220	1349351	812113	1534348
烟草制品业	1339812	8028	812616	267139	625222
纺织业	9872841	558703	4134854	3404297	6210544
纺织服装、鞋、帽制造	1278952	106622	693061	341815	795422
皮革、毛皮、羽毛(绒)及其制品业	787118	107037	503843	178750	497697
木材加工及木、竹、藤、棕、草制品业	252884	14218	109392	112648	129879
家具制造业	282944	26186	119998	112435	181635
造纸及纸制品业	6485573	322904	2215956	2709576	3979057
印刷业和记录媒介的复制	252894	13186	119636	97788	148743
文教体育用品制造业	247927	21464	139209	64109	147409
石油加工、炼焦及核燃料加工业	4346626	246293	1613812	1615122	2699206
化学原料及化学制品制造业	10361289	428334	3810851	4047897	5907287
医药制造业	2843007	169930	1274345	879989	1612451
化学纤维制造业	1525747	78529	542983	685100	826667
橡胶制品业	2709948	200518	1251471	815046	1775301
塑料制品业	412616	30940	208937	140086	262678
非金属矿物制品业	7368617	362528	3025366	3045110	4624225
黑色金属冶炼及压延加工业	8349943	472600	3877575	2207153	5475217
有色金属冶炼及压延加工业	3947692	115787	1426515	1857759	2075379
金属制品业	1353767	116266	754268	396530	790834
通用设备制造业	4848513	396324	2897621	1175994	3149879
专用设备制造业	3595986	350142	2167361	772030	2190431
交通运输设备制造业	6659784	444276	3858283	1448083	4920512
电气机械及器材制造业	6231778	483234	3459453	1235407	3631452
通信设备、计算机及其他电子设备制造业	3773476	400152	2064695	932570	2124498
仪器仪表及文化、办公用机械制造业	230398	23054	112395	82697	166442
工艺品及其他制造业	593409	51289	345181	157984	329395
电力、燃气及水的生产和供应业	**18926932**	**105878**	**4032261**	**10426258**	**11095793**
电力、热力的生产和供应业	17529611	98386	3694235	9716796	10333033
燃气生产和供应业	572532	6341	150561	291472	297334
水的生产和供应业	824789	1152	187465	417990	465426

类　　别	产品销售收入	产品销售费用	产品销售税金及附加	产品销售利润	管理费用
1995年	27523907	4362057	706830	4215118	2168002
1996年	31302025	781924	673640	4722037	2393205
1997年	34118583	968384	781254	4661841	2365764
1998年	34407114	1135385	705686	4147626	2357668
1999年	45832755	1611764	736588	5476380	2784708
2000年	54209368	1925306	724370	8120400	3239269
2001年	61450080	2191666	824421	8374634	3475256
2002年	70474786	2291828	942590	9209111	4026334
2003年	104679874	3082059	1242648	13284723	5061174
2004年	145101423	3874303	1559020	18669818	6255595
一、按登记注册类型分					
内资企业	125750750	3196665	1493197	16530814	5661798
国有企业	25261398	354331	485213	2751158	1347865
中央企业	12079066	91520	371888	936561	375423
地方企业	13182332	262812	113325	1814596	972442
集体企业	16723885	576234	86329	1526011	429602
股份合作企业	2558697	52368	17071	272168	66991
联营企业	2753477	42175	23765	429670	186237
国有联营企业	2470981	27227	21252	390000	177106
集体联营企业	113379	10099	1595	12581	1519
其他联营企业	8403	56	108	683	151
有限责任公司	50593035	1288802	643250	8028120	2458996
国有独资公司	13896638	532172	317293	1885843	1167847
其他有限责任公司	36696397	756630	325956	6142278	1291149
股份有限公司	19579757	690724	177909	2675161	968592
私营企业	7972741	186763	57122	807060	196129
私营独资企业	1821883	30821	8290	190366	32399
私营合作企业	138850	2474	700	12462	1909
私营有限责任公司	5370917	142979	38459	552810	152664
私营股份有限公司	641091	10490	9673	51422	9157
其他企业	307760	5268	2539	41466	7387
港、澳、台商投资企业	4220761	168799	20335	455903	133657
合资经营企业(港或澳、台资)	3012139	137810	15272	352992	93869
合作经营企业(港或澳、台资)	146200	4414	45	16436	9994
港澳台商独资经营企业	812927	19340	135	70485	21175
港澳台商投资股份有限公司	249497	7235	4883	15991	8619
外商投资企业	15129912	508840	45488	1683101	460140
中外合资经营企业	8074256	309453	37507	860496	206584
中外合作经营企业	536617	1987	50	88863	11181
外资企业	4868684	145975	5073	379241	173201
外商投资股份有限公司	1650355	51425	2858	354501	69174
二、在总计中:亏损企业	**8044054**	**189427**	**143462**	**242634**	**473025**
在总计中:国有控股企业	68341904	1640333	1193349	10952518	4126950
在总计中:农村工业	30078735	642165	140360	3048274	534400
按轻重工业分					
轻工业	50595973	1871318	729754	4596819	1604742
重工业	94505450	2002985	829267	14072999	4650853
按企业规模分					
大型企业	80323103	2097499	1049911	11762718	3877344
中型企业	64778320	1776804	509109	6907100	2378251

类别	产品销售收入	产品销售费用	产品销售税金及附加	产品销售利润	管理费用
三、按行业大类分					
采矿业	**14307097**	**348240**	**239537**	**6023573**	**1783862**
煤炭开采和洗选业	6558799	302376	90472	2402560	1314609
石油和天然气开采业	5394545	8341	123643	3098119	278781
黑色金属矿采选业	514165	4070	4822	159167	70044
有色金属矿采选业	1367181	13272	7402	312642	92269
非金属矿采选业	472408	20181	13198	51084	28160
制造业	**118946703**	**3460193**	**1257942**	**11638508**	**4159559**
农副食品加工业	11479220	209101	44084	825895	187409
食品制造业	1955364	69568	13620	212206	59799
饮料制造业	2031802	178618	151979	284101	118814
烟草制品业	1120655	50973	411199	190929	67508
纺织业	10204182	160724	28972	875863	272347
纺织服装、鞋、帽制造	1614274	37125	7432	153586	59062
皮革、毛皮、羽毛(绒)及其制品业	1379051	33337	1834	95337	42304
木材加工及木、竹、藤、棕、草制品业	349642	6914	782	36954	4815
家具制造业	234959	7271	2443	31399	13276
造纸及纸制品业	5106608	171929	15984	651973	159229
印刷业和记录媒介的复制	191294	8892	524	35383	18462
文教体育用品制造业	399847	12507	997	62269	17224
石油加工、炼焦及核燃料加工业	8108376	32392	232561	418702	170254
化学原料及化学制品制造业	9439017	246283	44308	1312421	416224
医药制造业	2594360	245100	8556	369914	134134
化学纤维制造业	1202003	17840	4733	142227	30561
橡胶制品业	3620513	93711	39772	301963	124023
塑料制品业	571677	12719	1862	38669	16105
非金属矿物制品业	6856429	184116	40329	767597	225653
黑色金属冶炼及压延加工业	10033590	94259	48000	1075648	419091
有色金属冶炼及压延加工业	3153767	67439	12797	495464	88626
金属制品业	1800648	57362	8392	205213	66746
通用设备制造业	5262948	200941	23491	661096	309740
专用设备制造业	5740683	181614	13789	458710	186884
交通运输设备制造业	7548551	160211	58013	629152	307123
电气机械及器材制造业	9426991	504637	21152	747484	328212
通信设备、计算机及其他电子设备制造业	6327713	381798	17058	450826	264186
仪器仪表及文化、办公用机械制造业	199734	10578	537	28445	20597
工艺品及其他制造业	972804	22236	2745	79083	31151
电力、燃气及水的生产和供应业	**11847623**	**65871**	**61541**	**1007737**	**312174**
电力、热力的生产和供应业	11534079	54602	59550	986257	264423
燃气生产和供应业	181079	7593	1082	11548	17681
水的生产和供应业	132464	3676	909	9932	30071

类　　别	利润总额	亏损企业 亏损总额	利税总额	本年应交 增 值 税	全部从业人员 年平均人数 (人)
1995年	812554	430089	3125614	1390066	343719
1996年	1188674	267945	3608360	1647045	3448204
1997年	1300847	302684	3806566	1724465	3420185
1998年	1254602	329723	3758610	1798322	3219286
1999年	1867559	381081	4765043	2160897	3463029
2000年	4167952	268424	7685304	2792982	3283270
2001年	4103210	316643	7834188	2907374	3214850
2002年	4219749	294361	8157673	2995333	3253425
2003年	7050029	245106	12218887	3926210	3677309
2004年	10294129	406815	17065464	5210250	3891152
一、按登记注册类型分					
内资企业	8919705	315811	15049237	4635601	3321093
国有企业	1035674	182366	2531915	1011028	594519
中央企业	412025	82411	1215025	431111	126039
地方企业	623649	99955	1316890	579916	468480
集体企业	892315	3478	1401807	423163	370444
股份合作企业	161527	17	260334	81737	74472
联营企业	216199	8760	352695	112730	31838
国有联营企业	195066	8760	318240	101923	24695
集体联营企业	7506		10672	1571	2601
其他联营企业	356		736	272	400
有限责任公司	4775522	84762	7561373	2141868	1405387
国有独资公司	665895	28797	1517087	533900	369179
其他有限责任公司	4109627	55965	6044285	1607968	1036208
股份有限公司	1308235	26445	2098946	612802	549662
私营企业	496564	9984	792027	238341	287871
私营独资企业	133513	9	201065	59262	60332
私营合作企业	8249	117	12131	3182	5682
私营有限责任公司	316246	9563	505745	151040	202555
私营股份有限公司	38557	295	73087	24857	19302
其他企业	33668		50140	13933	6900
港、澳、台商投资企业	265612	28522	417574	130885	159738
合资经营企业(港或澳、台资)	222239	18186	343177	105667	107235
合作经营企业(港或澳、台资)	6068	2812	12589	5736	7796
港澳台商独资经营企业	32487	6601	47111	14489	34216
港澳台商投资股份有限公司	4820	925	14697	4994	10491
外商投资企业	1108813	62481	1598653	443763	410321
中外合资经营企业	602173	24404	912571	272350	156010
中外合作经营企业	45444	140	96463	50969	10760
外资企业	192634	37937	264589	66833	210221
外商投资股份有限公司	268561		325030	53611	33330
三、在总计中:亏损企业	**－406815**	**406815**	**－63393**	**199078**	**324310**
在总计中:国有控股企业	5496834	283538	9754471	3063982	1626995
在总计中:农村工业	2179701	16152	3175506	855445	944007
按轻重工业分					
轻工业	2504997	138552	4715295	1479255	1610157
重工业	7789132	268263	12350169	3730995	2280995
按企业规模分					
大型企业	6566479	115865	10807266	3190876	1668578
中型企业	3727650	290950	6258198	2019374	2222574

类　　别	利润总额	亏损企业亏损总额	利税总额	本年应交增值税	全部从业人员年平均人数(人)
三、按行业大类分					
采矿业	**3342606**	**6391**	**4763117**	**1180974**	**595805**
煤炭开采和洗选业	754881	4492	1334461	489107	428612
石油和天然气开采业	2287036		3036830	626151	69955
黑色金属矿采选业	62993		98191	30376	20683
有色金属矿采选业	205369		224520	11749	52393
非金属矿采选业	32327	1899	69115	23590	24162
制造业	**6404110**	**309581**	**11137117**	**3473000**	**3104051**
农副食品加工业	479505	14903	694034	170175	273228
食品制造业	152591	3074	221948	55737	61846
饮料制造业	132484	12986	398959	114497	78741
烟草制品业	113619		633166	108349	9309
纺织业	482303	34962	809436	297835	513348
纺织服装、鞋、帽制造	79737	3500	124831	37662	108559
皮革、毛皮、羽毛(绒)及其制品业	45505	2350	64617	17279	63647
木材加工及木、竹、藤、棕、草制品业	26060		33079	6237	14090
家具制造业	14501	1707	24110	7166	14547
造纸及纸制品业	363767	6024	585142	204855	147970
印刷业和记录媒介的复制	15860	530	25585	9200	9919
文教体育用品制造业	33473	273	44528	10058	23906
石油加工、炼焦及核燃料加工业	140933	39670	604871	231377	54416
化学原料及化学制品制造业	762793	16987	1118903	311802	229322
医药制造业	202960	12666	334568	123052	77260
化学纤维制造业	88625	76	156924	63567	27071
橡胶制品业	163191	5686	285010	82048	85424
塑料制品业	23246	3332	39401	14293	25412
非金属矿物制品业	458458	23144	800221	301434	263368
黑色金属冶炼及压延加工业	527220	13867	908810	333590	118911
有色金属冶炼及压延加工业	374764	28624	478692	91132	68710
金属制品业	134408	1647	188840	45299	66826
通用设备制造业	348089	13042	553715	182135	171240
专用设备制造业	256109	17432	374870	104972	153007
交通运输设备制造业	328203	19316	570808	184592	150549
电气机械及器材制造业	380927	24648	623491	221380	132768
通信设备、计算机及其他电子设备制造业	224534	5042	359822	118231	93132
仪器仪表及文化、办公用机械制造业	3328	3853	8179	4157	13412
工艺品及其他制造业	46917	244	70554	20892	54113
电力、燃气及水的生产和供应业	**547413**	**90843**	**1165230**	**556276**	**191296**
电力、热力的生产和供应业	547736	80876	1147147	539860	169963
燃气生产和供应业	－60	5967	11286	10263	9674
水的生产和供应业	－263	4000	6797	6152	11659

12－8 国有工业企业主要经济指标

单位:万元

类别	企业单位数(个)	#亏损企业	工业总产值	工业销售产值	#出口交货值	工业增加值
1995年	4853	1255	22076885			7531689
1996年	4855	1068	23716279	23091039		8197063
1997年	3877	1074	24654055	24039775		8539463
1998年	2820	914	21777337	21217008		7733120
1999年	2437	658	20584859	20289862		7586727
2000年	2114	486	24744936	24607993		9306256
2001年	1592	400	12234932	12037423		4129480
2002年	1387	349	13770330	13600891		4386484
2003年	1151	309	14840375	14566769	749626	4592483
2004年	1053	283	20872802	20816809	848571	6291642
在总计中:						
亏损企业	283	283	4137654	4129030	68999	1264881
在总计中:						
中央企业	79	21	8183372	8179344	63234	2610530
地方企业	974	262	12689430	12637465	785337	3681112
一、按轻重工业分						
轻工业	438	134	3537063	3484145	495203	1337525
重工业	615	149	17335740	17332664	353367	4954117
二、按企业规模分						
大型企业	53	6	12729164	12728741	535675	3964622
中型企业	355	64	6520340	6469019	260269	2236927
小型企业	645	213	1623299	1619049	52626	90093

12－8 续表 1

单位：万元

类　　别	企业单位数（个）	#亏损企业	工业总产值	工业销售产值	#出口交货值	工业增加值
三、按行业大类分						
采矿业	**73**	**8**	**2763812**	**2777661**	**39675**	**888533**
煤炭开采和洗选业	33	3	1803935	1828894	17123	613452
石油和天然气开采业	1		4302	4216		1440
黑色金属矿采选业	5		182524	181369		72362
有色金属矿采选业	18	2	687407	677933	14765	178117
非金属矿采选业	15	3	84402	84007	7787	22702
其他采矿业	1		1242	1242		460
制造业	**671**	**184**	**13994702**	**13956106**	**800450**	**4044971**
农副食品加工业	113	25	730653	745432	141224	230803
食品制造业	36	6	470475	452729	173745	141026
饮料制造业	32	11	328608	311052		108568
烟草制品业	8	1	686267	678544	7721	422517
纺织业	31	7	297997	295631	73642	86613
纺织服装、鞋、帽制造	5	3	27475	29230	3520	18511
木材加工及木、竹、藤、棕、草制品业	8	4	89152	88137	16549	22852
造纸及纸制品业	15	5	310163	301032	4297	95237
印刷业和记录媒介的复制	30	7	69940	68388		25505
文教体育用品制造业	1		215	215		61
石油加工、炼焦及核燃料加工业	13	1	3779661	3776551		926165
化学原料及化学制品制造业	51	8	1667974	1659654	37169	392793
医药制造业	18	6	263362	263249	74771	68134
化学纤维制造业	3		14503	14248		8629
橡胶制品业	2		22349	21149	872	4572
塑料制品业	9	4	22169	22155	1325	11447
非金属矿物制品业	53	12	561371	596937	41145	149088
黑色金属冶炼及压延加工业	7	1	498259	490195	72233	182161
有色金属冶炼及压延加工业	9	5	754643	768762	31980	224996
金属制品业	12	7	39598	39210	2031	18405
通用设备制造业	64	20	882722	867653	58096	243661
专用设备制造业	44	17	411523	407757	7260	123037
交通运输设备制造业	60	19	1753748	1757257	28953	437282
电气机械及器材制造业	23	5	232132	224808	8411	75137
通信设备、计算机及其他电子设备制造业	10	4	50519	48005	9872	18078
仪器仪表及文化、办公用机械制造业	7	2	18349	17424	3583	5756
工艺品及其他制造业	7	4	10875	10702	2051	3937
电力、燃气及水的生产和供应业	**309**	**91**	**4114290**	**4083044**	**8447**	**1358138**
电力、热力的生产和供应业	170	27	3831130	3809820	8447	1265848
燃气生产和供应业	14	9	71643	71396		15804
水的生产和供应业	125	55	211517	201828		76486

12－8续表2 单位：万元

类　　别	资产合计	产成品	流动资产年平均余额	固定资产净值年平均余额	负债合计
1995年	34364845	1772168	12200035	14180364	22781760
1996年	39263025	1981870	13309700	17159171	25670942
1997年	44327146	2252654	16632160	18276685	28943899
1998年	44238808	2123081	16333639	18855507	28167124
1999年	40373852	1933588	14674928	17252037	25356990
2000年	42208919	1617992	14019235	19245575	26686324
2001年	27531520	921428	9429088	11637665	17653620
2002年	27580401	813504	9294926	11563565	17777286
2003年	28068618	732614	9725574	11768793	18009322
2004年	32024141	884553	11179526	13665575	20159868
在总计中：					
亏损企业	5106006	253215	1895335	2521122	3385814
在总计中：					
中央企业	12303820	169078	3545680	5641631	6881917
地方企业	19720321	715475	7633846	8023945	13277951
一、按轻重工业分					
轻工业	5207488	240752	2379278	1961575	3383896
重工业	26816653	643801	8800248	11704000	16775972
二、按企业规模分					
大型企业	18444698	376822	6153621	7445420	10758054
中型企业	10724265	347060	3971598	4907917	7207229
小型企业	2855178	160671	1054306	1312239	2194585

12－8 续表 3 单位：万元

类　　别	资产合计	产成品	流动资产年平均余额	固定资产净值年平均余额	负债合计
三、按行业大类分					
采矿业	**3420165**	**58240**	**1301860**	**1211827**	**2048828**
煤炭开采和洗选业	2379825	25348	942938	779060	1497491
石油和天然气开采业	3287	120	2388	802	845
黑色金属矿采选业	249590	13170	123169	94750	137761
有色金属矿采选业	677722	7199	185822	293452	329335
非金属矿采选业	108192	12402	47092	42977	82504
其他采矿业	1549		451	786	893
制造业	**13990363**	**729088**	**6407601**	**5150464**	**9147938**
农副食品加工业	610351	50495	332055	191544	546480
食品制造业	479382	19086	254335	128693	293431
饮料制造业	532274	27929	235087	147315	346423
烟草制品业	745740	1825	485513	185993	399924
纺织业	339539	32478	159682	144177	257090
纺织服装、鞋、帽制造	36899	3575	19928	13216	34526
木材加工及木、竹、藤、棕、草制品业	138357	2826	40928	62113	124369
造纸及纸制品业	500873	50935	178932	260314	396261
印刷业和记录媒介的复制	135214	8694	56240	64814	85506
文教体育用品制造业	307	60	228	82	334
石油加工、炼焦及核燃料加工业	2146073	96564	788826	872611	1214135
化学原料及化学制品制造业	1910607	53124	427770	1082561	1011141
医药制造业	480936	25409	243157	159221	255694
化学纤维制造业	24457	371	4317	13071	20821
橡胶制品业	13263	2087	5928	5939	11793
塑料制品业	41191	2830	23810	10328	30976
非金属矿物制品业	1040354	51786	437306	383390	700937
黑色金属冶炼及压延加工业	425533	31320	249502	140106	349639
有色金属冶炼及压延加工业	848301	23342	329426	400776	539043
金属制品业	38718	2672	17782	15111	25305
通用设备制造业	1099209	82582	600155	286221	724965
专用设备制造业	497911	55141	315481	121112	361768
交通运输设备制造业	1461972	71830	927857	356795	1064898
电气机械及器材制造业	333648	22913	221772	65898	264451
通信设备、计算机及其他电子设备制造业	59039	5140	28824	19117	55663
仪器仪表及文化、办公用机械制造业	37924	3259	16200	16612	21933
工艺品及其他制造业	12290	818	6558	3334	10433
电力、燃气及水的生产和供应业	**14613614**	**97225**	**3470065**	**7303285**	**8963102**
电力、热力的生产和供应业	13137110	93012	3084117	6555519	8184849
燃气生产和供应业	314033	1017	84345	158405	139687
水的生产和供应业	1162470	3196	301603	589361	638566

12－8续表4

单位：万元

类别	产品销售收入	产品销售费用	产品销售税金及附加	产品销售利润	管理费用
1995年	22106770	491645	616975	3268277	1877882
1996年	24253809	555239	673447	3565910	2026565
1997年	25736028	629351	675266	3381039	1919824
1998年	23946800	643101	590800	2806303	1792405
1999年	23050722	594305	466612	2525551	1542118
2000年	27821717	547576	492552	4655014	1754897
2001年	16006815	351126	294059	1746836	1044379
2002年	17815410	329434	343306	1875123	1073754
2003年	19793599	339400	385228	2041319	1135605
2004年	26787242	398207	495679	2888351	1480706
在总计中：					
亏损企业	4372081	65678	108078	152882	277080
在总计中：					
中央企业	12131198	94021	372074	943556	382832
地方企业	14656045	304186	123606	1944795	1097875
一、按轻重工业分					
轻工业	3496446	129596	245670	351315	212873
重工业	23290797	268611	250010	2537035	1267834
二、按企业规模分					
大型企业	17684901	172575	421995	1823360	840522
中型企业	7576497	181756	63218	927797	507343
小型企业	1525845	43876	10467	137193	132841

12－8 续表 5　　　　单位:万元

类　　别	产品销售收入	产品销售费用	产品销售税金及附加	产品销售利润	管理费用
三、按行业大类分					
采矿业	**2406476**	**38511**	**32415**	**878714**	**471245**
煤炭开采和洗选业	1565545	22594	24447	644692	340684
石油和天然气开采业	4216	279		424	118
黑色金属矿采选业	196170	2563	2741	97870	62660
有色金属矿采选业	[illegible]	3760	1211	126341	58268
非金属矿采选业	86903	9070	4004	8960	9383
其他采矿业	1242	244	13	426	132
制造业	**14640709**	**292609**	**415086**	**1463893**	**729533**
农副食品加工业	703759	13378	2679	40505	19791
食品制造业	450734	9778	1741	37820	8916
饮料制造业	296729	18052	24735	23280	15744
烟草制品业	607655	30902	211453	100641	39030
纺织业	279660	6988	869	16992	13774
纺织服装、鞋、帽制造	40896	321	7	2029	2063
木材加工及木、竹、藤、棕、草制品业	86140	1994	125	6727	1936
造纸及纸制品业	325944	14448	803	36122	12166
印刷业和记录媒介的复制	68244	1307	518	14902	15188
文教体育用品制造业	219	7	4	57	54
石油加工、炼焦及核燃料加工业	4357086	7646	140940	169149	102673
化学原料及化学制品制造业	1738075	35199	10090	324137	100704
医药制造业	409439	22292	568	27049	21019
化学纤维制造业	14659	179	36	1375	957
橡胶制品业	19691	616	359	1435	918
塑料制品业	22483	876	21	2609	2148
非金属矿物制品业	618076	19119	3695	84129	46199
黑色金属冶炼及压延加工业	473197	9952	1266	27372	19052
有色金属冶炼及压延加工业	787628	12012	4706	176358	52096
金属制品业	39896	1194	98	2017	2069
通用设备制造业	828880	31545	2631	115929	88402
专用设备制造业	411544	12906	878	32725	33212
交通运输设备制造业	1800620	29607	5809	168563	99767
电气机械及器材制造业	203855	10569	823	41573	23218
通信设备、计算机及其他电子设备制造业	27029	1048	94	4319	4151
仪器仪表及文化、办公用机械制造业	18380	482	118	5400	3986
工艺品及其他制造业	10192	195	19	681	302
电力、燃气及水的生产和供应业	**9740058**	**67088**	**48179**	**545744**	**279928**
电力、热力的生产和供应业	9460153	56835	46034	511198	213369
燃气生产和供应业	91983	5304	396	－1033	13243
水的生产和供应业	187922	4949	1749	35578	53317

12－8续表6　　单位:万元

类　　别	利润总额	亏损企业 亏损总额	利税总额	本年应交 增值税	全部从业人员 年平均人数 (人)
1995年	522894	278999	2292711	1152192	3046674
1996年	590386	288270	2610716	1346884	2913776
1997年	640942	295150	2717119	1400911	1745514
1998年	535787	333760	2467528	1340941	2466876
1999年	531073	308774	2223106	1225421	1988920
2000年	2554426	194180	4711091	1664113	1652934
2001年	520439	149112	1542737	728243	984032
2002年	610973	131676	1748879	794695	883357
2003年	724762	126296	1944990	835000	769190
2004年	1021826	238055	2651389	1133811	722283
在总计中:					
亏损企业	－238055	238055	－12254	117721	144214
在总计中:					
中央企业	411240	86050	1269701	486317	139698
地方企业	610586	152005	1381688	647494	582585
一、按轻重工业分					
轻工业	97649	51075	508751	165432	175493
重工业	924177	186980	2142637	968379	546790
二、按企业规模分					
大型企业	737932	77612	1831949	672023	268742
中型企业	297742	104753	699966	339005	325777
小型企业	－13848	55690	119474	122784	127764

12－8 续表 7　　　　单位:万元

类　　别	利润总额	亏损企业 亏损总额	利税总额	本年应交 增值税	全部从业人员 年平均人数 (人)
三、按行业大类分					
采矿业	**284402**	**7259**	**479639**	**162822**	**144172**
煤炭开采和洗选业	196914	4932	357418	136057	95183
石油和天然气开采业	442		649	207	99
黑色金属矿采选业	13081		31303	15482	12581
有色金属矿采选业	72596	45	77774	3968	29407
非金属矿采选业	1079	2282	12058	6974	6867
其他采矿业	290		437	134	35
制造业	**567861**	**143730**	**1544019**	**561073**	**386765**
农副食品加工业	15856	4099	30419	11884	26905
食品制造业	25889	584	39011	11380	12151
饮料制造业	5529	4407	46879	16615	23544
烟草制品业	48770	1683	329954	69732	6009
纺织业	－6614	12957	4382	10127	28550
纺织服装、鞋、帽制造	－300	374	－222	71	2813
木材加工及木、竹、藤、棕、草制品业	4332	2347	5735	1278	2973
造纸及纸制品业	6768	13749	23819	16248	11609
印刷业和记录媒介的复制	1975	1152	6710	4218	8340
文教体育用品制造业	2		30	24	66
石油加工、炼焦及核燃料加工业	4996	39499	270491	124555	20453
化学原料及化学制品制造业	176520	3234	265284	78674	36807
医药制造业	3339	948	14977	11071	11859
化学纤维制造业	497		1042	509	580
橡胶制品业	94		970	516	2003
塑料制品业	576	181	1223	626	1487
非金属矿物制品业	32409	4023	66279	30175	39746
黑色金属冶炼及压延加工业	4295	3295	16678	11117	7761
有色金属冶炼及压延加工业	107519	15972	159012	46787	15637
金属制品业	829	288	1840	912	3574
通用设备制造业	42865	11032	88397	42901	39519
专用设备制造业	－4526	10761	10005	13653	26302
交通运输设备制造业	79001	11041	132014	47204	44006
电气机械及器材制造业	16880	840	26651	8948	8078
通信设备、计算机及其他电子设备制造业	－663	724	52	620	1695
仪器仪表及文化、办公用机械制造业	844	304	1862	900	2271
工艺品及其他制造业	179	237	526	328	2027
电力、燃气及水的生产和供应业	**169563**	**87066**	**627731**	**409917**	**191346**
电力、热力的生产和供应业	184435	68622	627369	396830	151901
燃气生产和供应业	－7132	7344	－3667	3067	9179
水的生产和供应业	－7740	11099	4030	10021	30266

12－9 规模以上高新工业企业主要经济指标

（2004 年）　　单位：万元

类别	企业单位数（个）	#亏损企业	工业总产值	工业销售产值	#出口交货值	工业增加值
总　计	**3422**	**373**	**46722516**	**45903036**	**6442844**	**12510919**
其他调味品、发酵制品制造	90	7	1034888	1013928	108238	335270
食品及添加剂制造	83	3	580622	571223	67079	171986
合成材料制造	222	23	2702738	2678372	297562	658098
化学试剂助剂制造	324	24	3111974	3004425	196982	803385
专项化学用品制造	266	14	3371595	3257135	269048	972284
信息化学品制造	19	4	95130	87404	7352	31203
医药制造业	329	51	3622356	3524896	366463	1241343
防水建筑材料制造	114	2	956500	952239	124	308706
技术玻璃制品制造	47	2	438726	428273	34356	110121
光学玻璃制造	8	2	98880	93441	9652	15600
玻璃仪器制造	15	2	133455	124234	4255	28148
特种陶瓷制品制造	38	2	333740	317462	93007	84692
稀有稀土金属冶炼	11	3	205083	202086	14670	52733
贵金属压延加工	11	1	459462	447196	14746	100823
稀有稀土金属压延加工	12	2	699547	705826	69002	273955
气体压缩机制造业	19	3	98945	100604	10863	28190
液压和气压动力机械用元件制造	107	7	560861	534111	35376	144658
气体、液体分离及纯净设备制造	11	1	135454	133710	3011	30343
制冷、空调设备制造	37	4	874467	853798	246607	256830
金属密封件制造	52	4	417756	406504	13661	114529
锻件及粉末冶金制品制造	148	12	967166	938791	55441	231128
电子工业专用设备制造	22		194554	191722	1843	62810
医疗诊断监护及治疗设备制造	5		14393	14980		4721
实验室及医用消毒设备和器具的制造	3		38742	36403	1313	11352
医疗、外科及兽医用器械制造	11	1	96430	92130	29892	32169
机械治疗及病房护理设备制造	3	2	9291	9624		4209
改装车辆制造	74	7	2800356	2775621	73512	587559
金属船舶制造	39	6	471485	460953	107780	99080
船用配套设备制造	4		14555	14988	4904	4116
航空航天器制造	2		15493	16064	3787	9782
电器机械及器材制造业	738	93	13150810	13111393	1712684	3334768
通信设备、计算机及其他电子设备制造业	385	62	8221189	8052161	2431962	2141996
仪器仪表及文化.办公用机械制造业	153	29	763329	718819	157672	206802
其他能源发电	4		32544	32520		17530

12－9续表1　　(2004年)　　单位:万元

类　别	资产合计	产成品	流动资产年平均余额	固定资产净值年平均余额	负债合计
总　计	**32678063**	**2370511**	**16573060**	**9313641**	**18783879**
其他调味品、发酵制品制造	1041138	46064	441679	364381	558704
食品及添加剂制造	289914	29110	152562	86390	164930
合成材料制造	2900241	179995	1213797	954358	1608189
化学试剂助剂制造	1922002	115459	936057	574242	1055473
专项化学用品制造	2484312	114820	799546	1122807	1222123
信息化学品制造	87975	9328	45882	29783	59434
医药制造业	3734065	254759	1679883	1167056	2121438
防水建筑材料制造	492039	23019	300623	143730	334395
技术玻璃制品制造	467670	17091	221112	141415	290944
光学玻璃制造	125856	6668	32827	57614	68865
玻璃仪器制造	231953	12301	110755	73402	115281
特种陶瓷制品制造	286244	27121	131839	103075	154980
稀有稀土金属冶炼	201376	18600	99780	70821	124013
贵金属压延加工	204813	16099	109716	54386	128727
稀有稀土金属压延加工	635944	13115	265887	305135	375780
气体压缩机制造业	137621	7441	84956	41430	112458
液压和气压动力机械用元件制造	445246	59330	274599	106790	262827
气体、液体分离及纯净设备制造	204813	16099	109716	54386	128727
制冷、空调设备制造	688673	61009	418701	181173	429827
金属密封件制造	146043	16381	81125	49641	87251
锻件及粉末冶金制品制造	606030	52275	300913	186637	350253
电子工业专用设备制造	141260	8256	75353	37922	86765
医疗诊断.监护及治疗设备制造	13379	1511	4235	1876	8804
实验室及医用消毒设备和器具的制造	85757	8230	52775	15278	48745
医疗、外科及兽医用器械制造	29625	1740	15177	11117	14949
机械治疗及病房护理设备制造	4240	447	1708	922	1414
改装车辆制造	1548380	85762	1086564	261062	1015838
金属船舶制造	520910	4893	234347	127415	359107
船用配套设备制造	8938	1456	5350	2797	4977
航空航天器制造	31734	781	10854	17304	11586
电器机械及器材制造业	7609502	643560	4221010	1627389	4428151
通信设备、计算机及其他电子设备制造业	4823048	464747	2744649	1179504	2712478
仪器仪表及文化.办公用机械制造业	574947	54061	337944	157484	355332
其他能源发电	47292	293	12765	33093	28716

类别	产品销售收入	产品销售费用	产品销售税金及附加	产品销售利润	管理费用
总计	**43421294**	**1895508**	**194814**	**4586861**	**1736546**
其他调味品、发酵制品制造	988620	24929	8193	126494	30663
食品及添加剂制造	557897	12975	1792	59845	11818
合成材料制造	2687610	94862	14697	334471	123372
化学试剂助剂制造	2920946	77110	18838	328408	79354
专项化学用品制造	3071593	89657	19845	475115	133527
信息化学品制造	85827	4648	1065	13436	7112
医药制造业	3579380	314061	15272	497240	187850
防水建筑材料制造	910157	16880	5607	75222	14051
技术玻璃制品制造	415969	24162	4093	56771	13391
光学玻璃制造	60956	1900	175	5791	2011
玻璃仪器制造	114917	7411	881	25803	5979
特种陶瓷制品制造	296279	12851	1772	51865	13057
稀有稀土金属冶炼	205044	4438	359	15620	4718
贵金属压延加工	298057	1357	947	28341	6984
稀有稀土金属压延加工	713492	10908	6750	177603	44568
气体压缩机制造业	97677	3275	653	10308	6218
液压和气压动力机械用元件制造	467933	16857	1668	67263	29073
气体、液体分离及纯净设备制造	298057	1357	947	28341	6984
制冷、空调设备制造	801076	34181	3524	77007	38418
金属密封件制造	334507	11079	2685	28356	14600
锻件及粉末冶金制品制造	890237	18833	4475	84002	23537
电子工业专用设备制造	184501	5099	531	31376	12111
医疗诊断.监护及治疗设备制造	9323	1031	69	2245	895
实验室及医用消毒设备和器具的制造	35217	658	141	8547	3283
医疗、外科及兽医用器械制造	90464	1663	65	10646	2120
机械治疗及病房护理设备制造	6778	219	1	2682	266
改装车辆制造	2422101	46622	17173	212574	70562
金属船舶制造	404574	2006	2181	36010	21255
船用配套设备制造	11524	498	22	1248	1032
航空航天器制造	16324	1736	62	4496	3934
电器机械及器材制造业	12190404	588739	35139	1002583	419239
通信设备、计算机及其他电子设备制造业	7750019	419979	22329	628037	350948
仪器仪表及文化.办公用机械制造业	643650	27992	3088	91142	48845
其他能源发电	32094		68	2655	972

12-9续表3 (2004年) 单位:万元

类别	利润总额	亏损企业 亏损总额	利税总额	本年应交 增值税	全部从业人员 年平均人数 (人)
总计	**2548002**	**-145392**	**3975577**	**1232470**	**948627**
其他调味品、发酵制品制造	93587	-3021	136834	35055	30815
食品及添加剂制造	30913	-226	48793	16088	11420
合成材料制造	172935	-14182	257473	69840	51258
化学试剂助剂制造	226511	-1537	322443	77050	57605
专项化学用品制造	304575	-1159	454182	129762	59965
信息化学品制造	5155	-1865	10451	4231	3425
医药制造业	261843	-30596	433663	156504	109159
防水建筑材料制造	37752	-2106	58601	15242	13646
技术玻璃制品制造	25265	-126	43369	14012	11512
光学玻璃制造	-6681	-9221	-4767	1740	1661
玻璃仪器制造	12326	-167	19860	6654	10354
特种陶瓷制品制造	29142	-879	39464	8551	11317
稀有稀土金属冶炼	7513	-2498	13814	5942	3781
贵金属压延加工	12525	-167	19296	5825	4791
稀有稀土金属压延加工	126073	-122	178374	45551	13428
气体压缩机制造业	1293	-3785	5991	4044	4589
液压和气压动力机械用元件制造	34069	-1119	51833	16085	23964
气体、液体分离及纯净设备制造	12525	-167	19296	5825	4791
制冷、空调设备制造	42864	-1778	77589	31200	16860
金属密封件制造	19164	-107	31481	9631	10521
锻件及粉末冶金制品制造	51193	-968	82890	27221	28833
电子工业专用设备制造	18259		26139	7349	4529
医疗诊断监护及治疗设备制造	1228		1994	697	814
实验室及医用消毒设备和器具的制造	1789		3614	1684	2242
医疗、外科及兽医用器械制造	7280	-4	11776	4431	3989
机械治疗及病房护理设备制造	1073	-90	1401	327	413
改装车辆制造	152541	-5938	232315	62601	34146
金属船舶制造	7060	-6818	13948	4707	13292
船用配套设备制造	166		431	243	795
航空航天器制造	1617		2688	1010	1223
电器机械及器材制造业	521168	-32714	846041	289701	218398
通信设备、计算机及其他电子设备制造业	309132	-13062	485789	154328	150514
仪器仪表及文化.办公用机械制造业	34632	-7728	57023	19146	32017
其他能源发电	1750		3408	1590	570

12－10 规模以上非公有工业企业主要经济指标

单位：万元

类别	企业单位数（个）	#亏损企业	工业总产值	工业销售产值	#出口交货值	工业增加值
2002年	8377	1047	45461718	44155651		12868357
2003年	11584	1247	73393784	71515263	14474997	21258907
2004年	16011	1472	114254860	111471367	19253106	32718835
在总计中：						
亏损企业	1472	1472	5896940	5660249	1830592	1802695
在总计中：						
农村工业	9600	373	55151657	53747687	6034788	15460960
一、按轻重工业分						
轻工业	7976	815	55217244	53969251	11918168	15513735
重工业	8035	657	59037616	57502116	7334937	17205100
二、按企业规模分						
大型企业	100	2	18237436	17963116	2555710	5214892
中型企业	1604	168	34949127	34093306	7544779	10055804
小型企业	14307	1302	61068297	59414945	9152617	17448139

单位:万元

类别	企业单位数(个)	#亏损企业	工业总产值	工业销售产值	#出口交货值	工业增加值
三、按行业大类分						
采矿业	**239**	**4**	**1464822**	**1426970**	**26329**	**600500**
煤炭开采和洗选业	65		617449	618685	348	296743
石油和天然气开采业	2		101531	93321	320	64857
黑色金属矿采选业	40		131278	119487		60163
有色金属矿采选业	12		160068	156242		40698
非金属矿采选业	120	4	454496	439235	25661	138039
制造业	**15705**	**1443**	**111725158**	**108994721**	**19226778**	**31524230**
农副食品加工业	1791	130	15994869	15628751	2948657	4242406
食品制造业	553	54	2813328	2736499	440205	852514
饮料制造业	237	26	1541956	1490929	91151	483700
烟草制品业	4	1	38598	39421	818	24244
纺织业	1661	172	12047165	11877421	2673591	3438878
纺织服装、鞋、帽制造	625	69	2812753	2774220	1362505	869272
皮革、毛皮、羽毛(绒)及其制品业	300	56	2232651	2149311	1186595	641741
木材加工及木、竹、藤、棕、草制品业	422	22	1327964	1283752	298158	331105
家具制造业	233	25	938234	922832	275116	294877
造纸及纸制品业	467	34	4241545	4110922	88969	1250645
印刷业和记录媒介的复制	167	20	403026	389217	15369	136547
文教体育用品制造业	174	30	1046019	1022290	580739	245922
石油加工、炼焦及核燃料加工业	106	6	1728170	1698074	12073	531931
化学原料及化学制品制造业	1352	101	9669651	9417517	788044	2768359
医药制造业	260	35	2706667	2629044	245550	735282
化学纤维制造业	56	6	1125922	1095714	46432	197954
橡胶制品业	277	30	2249434	2191439	348469	714894
塑料制品业	587	77	2193693	2110399	362977	633726
非金属矿物制品业	1534	85	8067560	7890275	559956	2456658
黑色金属冶炼及压延加工业	206	19	3892622	3750953	226512	1110716
有色金属冶炼及压延加工业	115	12	2375322	2350029	79695	498312
金属制品业	674	60	3532474	3421202	874248	1120029
通用设备制造业	1214	74	6485352	6299134	666659	1773372
专用设备制造业	659	56	5091338	5043913	233761	1470059
交通运输设备制造业	461	37	3850470	3733576	849816	893094
电气机械及器材制造业	588	72	6122766	5976386	824810	1639117
通信设备、计算机及其他电子设备制造业	336	55	4593012	4452970	1923516	1400026
仪器仪表及文化、办公用机械制造业	107	20	523009	484239	132996	146616
工艺品及其他制造业	535	59	2051570	1999149	1089391	614214
废弃资源和废旧材料回收加工业	4		28018	25143		8020
电力、燃气及水的生产和供应业	**67**	**25**	**1064883**	**1049676**		**594104**
电力、热力的生产和供应业	52	22	1044119	1029223		587301
燃气生产和供应业	8	2	15006	14780		4054
水的生产和供应业	7	1	5758	5673		2749

12－10续表2

单位:万元

类　　别	资产合计	产成品	流动资产年平均余额	固定资产净值年平均余额	负债合计
2002年	35949602	2814383	16729064	12760819	21313899
2003年	52877008	3521911	23879407	18379772	31712472
2004年	75748990	5714562	35405961	26822639	44265905
在总计中：					
亏损企业	6998265	606190	3302797	2554251	5038591
在总计中：					
农村工业	28557138	2372766	12766894	11111044	15645523
一、按轻重工业分					
轻工业	36493403	2856544	16954656	12803972	21545967
重工业	39255586	2858018	18451305	14018667	22719938
二、按企业规模分					
大型企业	17618365	784521	6970994	6271146	10213729
中型企业	30979156	2260672	14960769	10822023	19175274
小型企业	27151469	2669370	13474197	9729470	14876903

12－10续表3　　　　单位:万元

类　　别	资产合计	产成品	流动资产年平均余额	固定资产净值年平均余额	负债合计
三、按行业大类分					
采矿业	**1086429**	**43605**	**437980**	**412049**	**562765**
煤炭开采和洗选业	341593	9649	162479	103876	225561
石油和天然气开采业	197909	1195	95047	86691	76666
黑色金属矿采选业	81331	6462	45796	23322	38337
有色金属矿采选业	214626	1514	41894	106363	100500
非金属矿采选业	250970	24785	92764	91797	121701
制造业	**72519638**	**5667828**	**34608947**	**24927183**	**42544723**
农副食品加工业	8366216	762199	4373238	2661924	5060895
食品制造业	2040612	144970	912700	774807	1114212
饮料制造业	1472023	137606	686220	607463	930907
烟草制品业	38702	1051	16770	20338	25772
纺织业	9428076	606285	3947376	3396771	5703806
纺织服装、鞋、帽制造	1658984	151030	882062	513162	952017
皮革、毛皮、羽毛(绒)及其制品业	1103931	133414	641724	307719	674208
木材加工及木、竹、藤、棕、草制品业	689169	59667	305211	293971	357895
家具制造业	590193	54447	271992	227832	330505
造纸及纸制品业	3918862	220825	1350191	1715462	2413870
印刷业和记录媒介的复制	355155	23485	151466	133760	202870
文教体育用品制造业	576392	33344	386276	121239	241431
石油加工、炼焦及核燃料加工业	1060096	90591	426960	294255	716273
化学原料及化学制品制造业	6079988	422509	2843625	2151310	3472242
医药制造业	2235966	139228	1020407	641717	1297981
化学纤维制造业	1206166	83199	480604	505298	634341
橡胶制品业	1364569	120896	648007	454786	839879
塑料制品业	1228178	115022	612103	477070	670742
非金属矿物制品业	5218315	384815	1974680	2460555	2980834
黑色金属冶炼及压延加工业	2456964	245197	1267807	708073	1604931
有色金属冶炼及压延加工业	2465325	100204	887464	1228970	1069541
金属制品业	2213682	201923	1151999	718171	1278731
通用设备制造业	3735385	371139	2064326	1181786	2241806
专用设备制造业	3089557	282388	1740934	698369	1864826
交通运输设备制造业	2299832	173121	1297448	577810	1430436
电气机械及器材制造业	3443157	285356	1798078	913145	2028933
通信设备、计算机及其他电子设备制造业	2879829	192415	1684533	748214	1667471
仪器仪表及文化、办公用机械制造业	342154	36415	195247	103862	195547
工艺品及其他制造业	957045	95024	586482	287845	538254
废弃资源和废旧材料回收加工业	5115	63	3017	1499	3567
电力、燃气及水的生产和供应业	**2142924**	**3130**	**359036**	**1483410**	**1158420**
电力、热力的生产和供应业	2089550	2644	341912	1456390	1129772
燃气生产和供应业	41172	378	14107	20849	23039
水的生产和供应业	12202	108	3017	6171	5609

12－10续表4　　　　单位:万元

类　别	产品销售收入	产品销售费用	产品销售税金及附加	产品销售利润	管理费用
2002年	41315596	1406356	265544	4433797	1694016
2003年	67129307	1989872	391312	6620498	2256070
2004年	107596939	3074484	607468	10717251	3144839
在总计中:					
亏损企业	5348765	177059	22366	127748	321674
在总计中:					
农村工业	50986194	1238320	318637	4929944	1030889
一、按轻重工业分					
轻工业	52298507	1541058	284751	4897839	1456788
重工业	55298432	1533426	322718	5819412	1688050
二、按企业规模分					
大型企业	18948523	419378	52122	1964673	417092
中型企业	38472455	1174380	210425	3950969	1216671
小型企业	50175961	1480726	344921	4801609	1511075

12－10续表5 单位：万元

类别	产品销售收入	产品销售费用	产品销售税金及附加	产品销售利润	管理费用
三、按行业大类分					
采矿业	**1374691**	**33127**	**19521**	**358834**	**86127**
煤炭开采和洗选业	582429	8092	6919	162594	35836
石油和天然气开采业	99146	2100	2481	50606	3809
黑色金属矿采选业	121592	2911	1719	16203	3854
有色金属矿采选业	152862	659	1218	84209	23699
非金属矿采选业	418662	19365	7184	45222	18929
制造业	**105175397**	**3039851**	**585870**	**10133501**	**3013132**
农副食品加工业	15525056	354104	56400	1173263	278332
食品制造业	2716758	123369	18433	309860	94708
饮料制造业	1460690	86384	77203	189698	65537
烟草制品业	38678	629	4436	12072	4500
纺织业	11698168	193179	42478	1003011	278144
纺织服装、鞋、帽制造	2529162	68673	9141	245778	108290
皮革、毛皮、羽毛(绒)及其制品业	2154502	51068	5272	150594	68574
木材加工及木、竹、藤、棕、草制品业	1236871	39755	12501	108234	25819
家具制造业	860677	22319	5077	92172	27806
造纸及纸制品业	3981608	121743	18440	466537	118739
印刷业和记录媒介的复制	388775	15441	2245	44485	18068
文教体育用品制造业	877179	25108	3661	110839	36195
石油加工、炼焦及核燃料加工业	1593064	15793	12181	126483	27658
化学原料及化学制品制造业	9195333	303162	53258	1000581	261370
医药制造业	2469260	218671	10139	375238	115916
化学纤维制造业	1072609	15162	3412	96598	21147
橡胶制品业	2101704	51104	19337	156744	53755
塑料制品业	1936011	54972	10014	174970	59721
非金属矿物制品业	7603828	191883	59906	810527	213745
黑色金属冶炼及压延加工业	3844108	47225	14956	256736	54726
有色金属冶炼及压延加工业	2321851	56584	9168	271739	32751
金属制品业	3295950	103515	13851	344060	109770
通用设备制造业	6063852	208518	40560	620734	217253
专用设备制造业	4787345	163606	17956	431993	155109
交通运输设备制造业	3538562	83474	24162	321541	103252
电气机械及器材制造业	5374691	202282	19740	537123	168330
通信设备、计算机及其他电子设备制造业	4105455	152906	10268	455248	196998
仪器仪表及文化、办公用机械制造业	433132	15825	2337	61757	30913
工艺品及其他制造业	1945402	52924	9336	183653	65577
废弃资源和废旧材料回收加工业	25116	473	2	1233	429
电力、燃气及水的生产和供应业	**1046850**	**1504**	**2077**	**224917**	**45580**
电力、热力的生产和供应业	1027373	483	1859	221677	43225
燃气生产和供应业	13750	636	165	2237	1614
水的生产和供应业	5727	385	53	1003	741

12-10续表6 单位:万元

类　　别	利润总额	亏损企业亏损总额	利税总额	本年应交增值税	全部从业人员年平均人数（人）
2002年	2220200	171370	3776911	1291168	2478177
2003年	3746152	208135	6123624	1986160	3020689
2004年	6494549	271088	10050338	2945608	3818177
在总计中:					
亏损企业	-271088	271088	-155482	92473	376614
在总计中:					
农村工业	3311768	36860	5043979	1413183	1786401
一、按轻重工业分					
轻工业	2812779	138417	4426967	1327609	2169464
重工业	3681770	132671	5623372	1617999	1648713
二、按企业规模分					
大型企业	1389154	2617	2002938	561662	509906
中型企业	2344470	117165	3632397	1075745	1315604
小型企业	2760925	151306	4415003	1308201	1992667

单位:万元

类　　　别	利润总额	亏损企业 亏损总额	利税总额	本年应交 增值税	全部从业人员 年平均人数 (人)
三、按行业大类分					
采矿业	**267092**	**635**	**360273**	**73660**	**55012**
煤炭开采和洗选业	122995		165145	35231	21413
石油和天然气开采业	42610		56447	11356	1572
黑色金属矿采选业	10858		19292	6715	5088
有色金属矿采选业	62579		65982	2185	7469
非金属矿采选业	28050	635	53407	18173	19470
制造业	**6055745**	**260753**	**9448715**	**2804388**	**3745838**
农副食品加工业	674422	24028	966674	235105	384645
食品制造业	198364	7287	295702	78873	97549
饮料制造业	100678	14068	235283	57402	56521
烟草制品业	8870	12	16828	3521	894
纺织业	605927	31536	970868	322445	626156
纺织服装、鞋、帽制造	126636	9484	192632	56617	214880
皮革、毛皮、羽毛(绒)及其制品业	75465	7459	109815	29078	125846
木材加工及木、竹、藤、棕、草制品业	67732	2738	116027	35788	59616
家具制造业	48881	3888	78221	24263	39906
造纸及纸制品业	251235	7356	406277	136066	134475
印刷业和记录媒介的复制	22768	2009	38146	13132	19818
文教体育用品制造业	53731	4051	74847	17455	61861
石油加工、炼焦及核燃料加工业	89084	1861	153360	52095	20183
化学原料及化学制品制造业	633350	20214	932950	246297	207844
医药制造业	232302	9795	355406	112965	68839
化学纤维制造业	60447	1754	113650	49693	24438
橡胶制品业	86837	9501	157702	51528	76164
塑料制品业	94011	7604	150000	45974	74837
非金属矿物制品业	520543	21947	902221	321772	309444
黑色金属冶炼及压延加工业	153893	12351	289453	120604	55427
有色金属冶炼及压延加工业	242315	1618	292324	40841	51865
金属制品业	202270	7678	296394	79508	128650
通用设备制造业	371012	11924	592657	181054	223383
专用设备制造业	245559	8889	380438	116923	142701
交通运输设备制造业	203213	2525	320864	93485	116118
电气机械及器材制造业	320112	10069	481596	141711	152249
通信设备、计算机及其他电子设备制造业	238566	12139	329470	80636	122404
仪器仪表及文化、办公用机械制造业	25400	3428	39051	11157	20338
工艺品及其他制造业	101297	3540	158770	48138	128265
废弃资源和废旧材料回收加工业	825		1089	262	522
电力、燃气及水的生产和供应业	**171713**	**9699**	**241350**	**67559**	**17327**
电力、热力的生产和供应业	170156	9110	239021	67005	16160
燃气生产和供应业	1126	501	1712	422	708
水的生产和供应业	431	88	617	132	459

12－11 规模以上工业企业主要财务分析指标

类　　别	资　金 利税率 （%）	产　值 利税率 （%）	销售产值 利税率 （%）	资　产 负债率 （%）	流动资产 周转率 （次）	成本费用 利润率 （%）	全员劳动 生产率 （元/人）	产　品 销售率 （%）
1995年	9.44	9.08		66.99	1.84	3.75	20974	
1996年	9.76	9.16	9.51	66.16	1.89	4.49	26769	96.30
1997年	8.69	8.87	9.18	66.11	1.69	4.06	29394	96.62
1998年	8.63	9.00	9.32	64.34	1.75	4.18	34474	96.59
1999年	9.07	9.35	9.64	63.36	1.83	4.53	39249	96.96
2000年	12.72	12.06	12.33	62.54	2.07	7.31	48803	97.86
2001年	12.37	11.21	11.46	60.28	2.12	6.61	55455	97.77
2002年	12.24	10.11	10.34	59.68	2.43	6.02	62918	97.77
2003年	14.07	10.44	10.66	59.37	2.55	6.62	78954	97.93
2004年	16.24	10.74	10.95	58.50	2.79	7.11	100312	98.11
一、按登记注册类型分								
内资企业	16.83	11.06	11.26	58.86	2.83	7.14	102865	98.24
国有企业	10.67	12.70	12.74	62.95	2.40	4.04	87108	99.73
中央企业	13.82	15.52	15.52	55.93	3.42	3.64	186870	99.95
地方企业	8.82	10.89	10.93	67.33	1.92	4.37	63186	99.59
集体企业	20.65	8.23	8.40	58.08	3.59	6.00	111892	98.03
股份合作企业	17.32	8.57	8.75	59.14	2.97	6.01	92955	98.00
联营企业	16.66	10.69	10.81	61.34	1.95	8.30	227906	98.82
国有联营企业	18.15	10.88	10.90	59.98	2.06	8.44	289229	99.82
集体联营企业	16.01	7.71	8.44	44.08	2.10	6.89	150815	91.39
国有与集体联营企业	8.92	14.86	15.29	75.38	0.95	10.23	87630	97.20
其他联营企业	18.50	6.13	6.34	63.56	4.69	3.83	128690	96.83
有限责任公司	18.56	13.69	13.85	58.29	2.56	9.62	112280	98.81
国有独资公司	11.59	11.45	11.59	67.27	1.77	5.05	113239	98.83
其他有限责任公司	21.47	14.32	14.49	54.26	2.97	11.10	112031	98.80
股份有限公司	13.64	10.23	10.51	58.28	2.40	7.00	119829	97.33
私营企业	22.41	8.91	9.17	54.13	4.09	6.40	81694	97.20
私营独资企业	28.53	9.72	9.99	49.82	5.02	7.07	89241	97.25
私营合作企业	28.15	8.67	8.88	51.15	5.72	6.07	84899	97.61
私营有限责任公司	18.90	8.38	8.63	56.45	3.55	6.03	77802	97.17
私营股份有限公司	24.14	9.19	9.48	52.43	4.24	6.07	76021	96.91
其他企业	27.34	12.35	12.65	60.03	4.22	9.90	175892	97.61
港、澳、台商投资企业	11.29	7.92	8.23	60.14	2.22	5.97	83838	96.22
合资经营企业(港或澳、台资)	13.37	8.94	9.35	59.16	2.35	6.90	88974	95.69
合作经营企业(港或澳、台资)	10.26	8.29	8.52	64.20	2.24	5.21	65564	97.29
港澳台商独资经营企业	6.34	5.23	5.41	60.08	1.89	3.79	68244	96.67
港澳台商投资股份有限公司	7.14	4.29	4.26	69.86	2.16	2.68	107261	100.54
外商投资企业	13.93	9.43	9.65	55.33	2.68	7.29	89870	97.78
中外合资经营企业	15.03	10.43	10.71	56.20	2.62	7.49	114407	97.33
中外合作经营企业	14.16	15.14	15.65	69.56	2.86	8.71	133350	96.75
外资企业	9.67	5.38	5.47	57.47	2.72	4.53	61140	98.42
外商投资股份有限公司	20.64	21.01	21.50	42.07	2.81	19.28	223909	97.72
二、在总计中:亏损企业	**－1.79**	**－2.00**	**－2.05**	**72.88**	**1.65**	**－5.48**	**55781**	**97.50**
在总计中:国有控股企业	15.53	15.37	15.50	58.62	2.31	8.61	124067	99.13
在总计中:农村工业	22.25	9.31	9.55	55.24	4.07	7.13	89539	97.46
在总计中:轻工业	14.39	8.40	8.57	60.38	2.81	5.20	79013	98.08
重工业	17.22	12.25	12.48	57.51	2.77	8.33	118296	98.12
在总计中:大型企业	17.39	14.70	14.85	55.89	2.57	9.07	144768	98.97
中型企业	13.22	9.45	9.65	62.71	2.50	6.14	81517	97.87
小型企业	18.50	7.95	8.16	57.76	3.55	5.77	87785	97.46

12－11 续表

类　　别	资金利税率（%）	产值利税率（%）	销售产值利税率（%）	资产负债率（%）	流动资产周转率（次）	成本费用利润率（%）	全员劳动生产率（元/人）	产品销售率（%）
三、按行业大类分								
采掘业	**31.77**	**28.96**	**29.43**	**44.17**	**2.76**	**29.03**	**120142**	**98.41**
煤炭开采和洗选业	17.58	18.93	19.42	61.92	1.70	13.29	67367	97.51
石油和天然气开采业	55.31	52.39	52.52	5.12	8.66	89.90	577969	99.74
黑色金属矿采选业	24.41	19.14	19.77	51.78	1.96	14.36	79911	96.82
有色金属矿采选业	31.63	14.08	14.35	47.59	5.68	15.34	80952	98.12
非金属矿采选业	20.99	12.28	12.41	60.72	3.02	6.99	58209	98.99
其他采矿业	35.33	35.19	35.19	57.65	2.75	30.82	131429	100.00
制造业	**15.08**	**8.71**	**8.89**	**60.47**	**2.78**	**5.70**	**97168**	**98.04**
农副食品加工业	14.06	5.95	6.07	63.06	3.63	4.49	114458	97.97
食品制造业	15.75	9.78	10.06	57.02	2.71	7.21	88156	97.16
饮料制造业	18.38	17.74	17.83	57.43	1.70	8.04	83724	99.46
烟草制品业	56.79	55.56	55.91	47.91	1.39	18.75	671106	99.37
纺织业	11.88	7.69	7.79	62.49	2.75	4.94	53039	98.70
纺织服装、鞋、帽制造业	13.97	6.61	6.70	59.90	2.95	4.89	43630	98.69
皮革、毛皮、羽毛(绒)及其制品业	11.74	4.91	5.08	62.18	3.28	3.67	55140	96.52
木材加工及木、竹、藤、棕、草制品业	15.65	8.32	8.61	58.95	3.40	5.65	57401	96.72
家具制造业	15.25	8.17	8.30	56.90	3.06	5.92	74514	98.38
造纸及纸制品业	12.33	10.24	10.61	61.84	2.50	7.02	95198	96.48
印刷业和记录媒介的复制	11.31	9.97	10.28	59.71	2.11	6.45	64993	96.96
文教体育用品制造业	14.95	7.14	7.28	46.30	2.40	6.33	40306	98.10
石油加工、炼焦及核燃料加工业	18.97	7.97	7.99	61.12	4.90	2.13	407081	99.77
化学原料及化学制品制造业	16.24	10.50	10.72	55.99	2.86	8.01	125793	97.92
医药制造业	15.23	11.97	12.30	56.81	2.13	7.91	96647	97.31
化学纤维制造业	12.64	11.36	11.66	55.39	2.38	7.22	99312	97.43
橡胶制品业	14.22	7.16	7.26	63.92	3.02	4.73	120130	98.70
塑料制品业	13.67	6.70	6.95	56.17	3.04	5.03	89711	96.45
非金属矿物制品业	16.19	10.83	11.03	60.61	2.89	7.01	74071	98.19
黑色金属冶炼及压延加工业	15.33	8.96	9.12	64.96	2.71	5.52	231462	98.32
有色金属冶炼及压延加工业	14.55	12.96	13.03	53.60	2.35	11.63	123988	99.51
金属制品业	17.16	9.00	9.30	58.13	2.93	6.57	84213	96.80
通用设备制造业	17.00	9.49	9.75	62.36	2.45	6.63	87240	97.26
专用设备制造业	13.58	6.95	7.02	60.21	2.62	4.87	95464	99.06
交通运输设备制造业	12.00	7.63	7.83	71.36	2.13	4.87	107782	97.41
电气机械及器材制造业	14.47	6.35	6.45	58.19	2.89	4.47	140983	98.41
通信设备、计算机及其他电子设备制造业	12.38	5.91	6.03	56.24	2.82	4.12	166108	97.94
仪器仪表及文化、办公用机械制造业	11.51	7.47	7.93	61.80	1.90	5.71	66576	94.17
工艺品及其他制造业	15.93	6.61	6.82	58.96	3.18	4.81	74217	96.88
废弃资源和废旧材料回收加工业	24.11	3.89	4.33	69.74	8.32	3.37	153640	89.74
电力、煤气及水的生产和供应业	**8.62**	**19.96**	**20.13**	**59.11**	**2.84**	**4.95**	**115167**	**99.13**
电力、热力的生产和供应业	9.42	21.04	21.17	59.71	3.08	5.20	135784	99.37
燃气生产和供应业	2.17	6.01	6.30	52.86	1.21	－0.07	24755	95.36
水的生产和供应业	0.93	3.71	3.86	54.18	0.72	－1.66	27874	96.19

12－12 国有控股工业企业主要财务分析指标

类　　别	资　金利税率（%）	产　值利税率（%）	销售产值利税率（%）	资　产负债率（%）	流动资产周转率（次）	成本费用利润率（%）	全员劳动生产率（元/人）	产　品销售率（%）
1996年	9.05	11.37	11.67	65.15	1.78	3.37	29323	97.39
1997年	8.09	11.17	11.47	64.68	1.53	3.16	47541	97.35
1998年	7.27	11.18	11.47	63.39	1.43	2.85	32470	97.44
1999年	7.46	11.49	11.7	62.87	1.51	3.24	37967	98.16
2000年	12.28	17.05	17.19	62.23	1.76	8.85	51593	99.19
2001年	11.45	15.77	15.93	59.37	1.78	7.65	60729	98.97
2002年	10.91	13.51	13.7	59.60	1.95	6.39	72220	98.61
2003年	13.01	14.80	14.98	59.21	2.12	7.71	89385	98.75
2004年	15.53	15.37	15.50	58.62	2.31	8.61	124067	99.13
在总计中：								
亏损企业	－1.12	－1.40	－1.42	72.66	1.72	－6.13	70068	98.95
在总计中：								
中央企业	29.13	30.61	30.61	40.83	4.13	17.87	314281	100.00
地方企业	10.72	10.39	10.51	64.49	1.97	5.52	95877	98.85
一、按轻重工业分								
轻工业	12.24	12.09	12.17	63.98	1.84	3.99	83961	99.38
重工业	16.35	16.18	16.34	57.29	2.46	9.75	138003	99.07
二、按企业规模分								
大型企业	18.49	18.00	18.18	55.20	2.48	10.38	161364	99.05
中型企业	9.49	10.70	10.78	65.34	2.02	4.64	81125	99.26
小型企业	8.33	6.32	6.36	70.97	1.72	2.91	64415	99.46

12－12续表

类　　别	资　金 利税率 (％)	产　值 利税率 (％)	销售产值 利 税 率 (％)	资　产 负债率 (％)	流动资产 周 转 率 (次)	成本费用 利 润 率 (％)	全员劳动 生 产 率 (元/人)	产　品 销售率 (％)
三、按行业大类分								
采掘业	**30.16**	**32.23**	**32.71**	**43.34**	**2.46**	**34.05**	**129888**	**98.53**
煤炭开采和洗选业	14.77	17.96	18.50	62.07	1.52	12.08	64379	97.10
石油和天然气开采业	56.13	52.33	52.39	3.90	10.02	90.07	576872	99.88
黑色金属矿采选业	15.03	16.24	16.66	54.76	1.75	7.86	71729	97.52
有色金属矿采选业	16.08	11.32	11.47	48.39	3.08	13.94	59851	98.63
非金属矿采选业	12.18	16.14	15.66	65.56	1.49	7.00	30076	103.04
其他采矿业	35.33	35.19	35.19	57.65	2.75	30.82	131429	100.00
制造业	**12.69**	**10.01**	**10.08**	**63.80**	**2.17**	**4.84**	**126907**	**99.29**
农副食品加工业	5.45	3.05	3.05	82.46	2.65	1.99	109055	99.84
食品制造业	9.75	7.65	8.02	61.92	1.91	5.17	89310	95.37
饮料制造业	18.16	22.15	21.31	53.27	1.25	8.51	79520	103.94
烟草制品业	57.17	55.96	56.37	47.39	1.37	18.12	665440	99.28
纺织业	4.59	4.49	4.55	69.14	1.86	1.14	38118	98.76
纺织服装、鞋、帽制造业	2.19	1.88	1.88	70.62	1.90	1.03	36962	100.04
皮革、毛皮、羽毛(绒)及其制品业	2.63	1.83	1.82	111.86	1.31	－0.58	96044	100.68
木材加工及木、竹、藤、棕、草制品业	4.93	6.24	6.30	96.08	1.84	4.41	65703	99.02
家具制造业	－6.90	－13.14	－12.93	108.34	0.81	－12.97	85889	101.59
造纸及纸制品业	10.36	12.39	12.79	62.10	1.89	7.71	104199	96.87
印刷业和记录媒介的复制	7.54	12.19	12.41	60.58	1.22	7.41	49305	98.23
文教体育用品制造业	8.41	6.76	6.64	64.61	2.10	2.71	19715	101.78
石油加工、炼焦及核燃料加工业	18.34	7.69	7.67	59.56	5.35	1.20	477193	100.24
化学原料及化学制品制造业	12.15	12.43	12.47	54.23	2.22	8.85	113466	99.67
医药制造业	5.55	8.24	8.39	53.35	1.55	2.06	72124	98.21
化学纤维制造业	15.49	16.86	16.94	60.68	2.65	11.86	140847	99.56
橡胶制品业	12.27	7.68	7.69	66.87	2.34	4.51	160802	99.91
塑料制品业	6.36	7.96	8.29	64.99	1.30	5.13	102939	96.02
非金属矿物制品业	7.57	11.32	11.14	68.65	1.32	5.89	57738	101.66
黑色金属冶炼及压延加工业	15.69	9.76	9.81	65.35	2.56	6.23	251922	99.53
有色金属冶炼及压延加工业	16.29	16.23	16.10	68.05	1.91	14.24	165359	100.81
金属制品业	16.49	15.74	16.65	60.47	2.65	6.07	66877	94.51
通用设备制造业	11.83	12.24	12.51	67.19	1.32	7.29	93412	97.88
专用设备制造业	7.07	4.46	4.47	61.68	2.26	2.94	84532	99.64
交通运输设备制造业	8.98	7.01	7.17	76.70	1.81	3.79	145031	97.79
电气机械及器材制造业	2.59	2.92	3.04	76.19	0.89	0.30	122730	96.21
通信设备、计算机及其他电子设备制造业	10.32	4.21	4.24	53.32	3.46	1.91	377616	99.22
仪器仪表及文化、办公用机械制造业	4.09	6.04	6.11	80.59	1.13	1.56	31800	98.99
工艺品及其他制造业	6.38	5.08	5.11	70.21	1.63	3.45	51815	99.30
电力、煤气、自来水的生产和供应业	**8.05**	**19.61**	**19.76**	**59.67**	**2.85**	**3.85**	**96865**	**99.24**
电力、热力的生产和供应业	8.92	20.84	20.94	60.37	3.12	4.10	114808	99.53
燃气生产和供应业	1.15	3.71	3.92	53.42	1.13	－2.12	18862	94.53
水的生产和供应业	0.86	3.50	3.64	54.26	0.70	－1.88	27476	96.12

12－13 国有工业企业主要财务分析指标

类　　别	资　金利税率（%）	产　值利税率（%）	销售产值利税率（%）	资　产负债率（%）	流动资产周转率（次）	成本费用利润率（%）	全员劳动生产率（元/人）	产　品销售率（%）
1995年	8.69	10.39		66.29	1.81	2.46	24721	
1996年	8.57	11.01	11.31	65.38	1.82	2.69	28132	97.36
1997年	7.78	11.02	11.30	65.30	1.55	2.72	48922	97.51
1998年	7.01	11.33	11.63	63.67	1.47	2.32	31347	97.43
1999年	6.96	10.80	10.96	62.81	1.57	2.40	38144	98.57
2000年	14.16	19.04	19.14	63.22	1.98	10.21	56301	99.45
2001年	7.32	12.61	12.82	64.12	1.70	3.37	41965	98.39
2002年	8.38	12.70	12.86	64.46	1.90	3.57	49657	98.77
2003年	9.05	13.11	13.35	64.16	2.04	3.83	59705	98.16
2004年	10.67	12.70	12.74	62.95	2.40	4.04	87108	99.73
在总计中：								
亏损企业	－0.28	－0.30	－0.30	66.31	2.31	－5.33	87709	99.79
在总计中：								
中央企业	13.82	15.52	15.52	55.93	3.42	3.64	186870	99.95
地方企业	8.82	10.89	10.93	67.33	1.92	4.37	63186	99.59
一、按轻重工业分								
轻工业	11.72	14.38	14.60	64.98	1.47	3.06	76215	98.50
重工业	10.45	12.36	12.36	62.56	2.65	4.18	90604	99.98
二、按企业规模分								
大型企业	13.47	15.52	15.52	58.33	2.87	4.48	147525	100.01
中型企业	7.88	11.16	11.25	67.20	1.91	4.09	68664	99.20
小型企业	5.05	4.27	4.28	76.86	1.45	－0.89	7052	99.77

12－13续表

类　　别	资　金利税率（%）	产　值利税率（%）	销售产值利税率（%）	资　产负债率（%）	流动资产周转率（次）	成本费用利润率（%）	全员劳动生产率（元/人）	产　品销售率（%）
三、按行业大类分								
采矿业	**19.08**	**17.35**	**17.27**	**59.90**	**1.85**	**14.23**	**61630**	**100.50**
煤炭开采和洗选业	20.76	19.81	19.54	62.92	1.66	15.70	64450	101.38
石油和天然气开采业	20.34	15.09	15.39	25.71	1.77	11.30	145455	98.00
黑色金属矿采选业	14.36	17.15	17.26	55.19	1.59	8.14	57517	99.37
有色金属矿采选业	16.23	11.31	11.47	10.69	2.07	14.70	60570	98.62
非金属矿采选业	13.39	14.29	14.35	76.26	1.85	1.28	33060	99.53
其他采矿业	35.33	35.19	35.19	57.65	2.75	30.82	131429	100.00
制造业	**13.36**	**11.03**	**11.06**	**65.39**	**2.28**	**4.16**	**104585**	**99.72**
农副食品加工业	5.81	4.16	4.08	89.54	2.12	2.30	85784	102.02
食品制造业	10.18	8.29	8.62	61.21	1.77	6.07	97041	96.23
饮料制造业	12.26	14.27	15.07	65.08	1.26	2.03	46113	94.66
烟草制品业	49.14	48.08	48.63	53.63	1.25	14.13	703140	98.87
纺织业	1.44	1.47	1.48	75.72	1.75	－2.36	30337	99.21
纺织服装、鞋、帽制造	－0.67	－0.81	－0.76	93.57	2.05	－0.73	65805	106.39
木材加工及木、竹、藤、棕、草制品业	5.57	6.43	6.51	89.89	2.10	5.21	76865	98.86
造纸及纸制品业	5.42	7.68	7.91	79.11	1.82	2.12	82037	97.06
印刷业和记录媒介的复制	5.54	9.59	9.81	63.24	1.21	2.84	30582	97.78
文教体育用品制造业	9.68	13.95	13.95	108.79	0.96	0.94	9242	100.00
石油加工、炼焦及核燃料加工业	16.28	7.16	7.16	56.57	5.52	0.12	452826	99.92
化学原料及化学制品制造业	17.56	15.90	15.98	52.92	4.06	11.57	106717	99.50
医药制造业	3.72	5.69	5.69	53.17	1.68	0.82	57453	99.96
化学纤维制造业	5.99	7.18	7.31	85.13	3.40	3.49	493603	98.24
橡胶制品业	8.17	4.34	4.59	88.92	3.32	0.49	22826	94.63
塑料制品业	3.58	5.52	5.52	75.20	0.94	2.58	76980	99.94
非金属矿物制品业	8.08	11.81	11.10	67.37	1.41	5.49	37510	106.34
黑色金属冶炼及压延加工业	4.28	3.35	3.40	82.16	1.90	0.91	234713	98.38
有色金属冶炼及压延加工业	21.78	21.07	20.68	63.54	2.39	16.16	143887	101.87
金属制品业	5.59	4.65	4.69	65.36	2.24	2.05	51497	99.02
通用设备制造业	9.97	10.01	10.19	65.95	1.38	5.28	61657	98.29
专用设备制造业	2.29	2.43	2.45	72.66	1.30	－1.09	46779	99.08
交通运输设备制造业	10.28	7.53	7.51	72.84	1.94	4.55	99369	100.20
电气机械及器材制造业	9.26	11.48	11.86	79.26	0.92	9.06	93014	96.84
通信设备、计算机及其他电子设备制造业	0.11	0.10	0.11	94.28	0.94	－2.36	106655	95.02
仪器仪表及文化、办公用机械制造业	5.67	10.15	10.69	57.83	1.13	4.97	25346	94.96
工艺品及其他制造业	5.32	4.84	4.91	84.89	1.55	1.79	19423	98.41
电力、燃气及水的生产和供应业	**5.83**	**15.26**	**15.37**	**61.33**	**2.81**	**1.76**	**70978**	**99.24**
电力、热力的生产和供应业	6.51	16.38	16.47	62.30	3.07	1.98	83334	99.44
燃气生产和供应业	－1.51	－5.12	－5.14	44.48	1.09	－6.64	17218	99.66
水的生产和供应业	0.45	1.91	2.00	54.93	0.62	－3.55	25271	95.42

12-14 各市规模以上工业企业主要经济指标

（2004年）　　　　单位:万元

地区	企业单位数（个）	大型企业	中型企业	小型企业	亏损企业数（个）	工业总产值（万元）	内资企业
全省总计	**20304**	**270**	**2610**	**17424**	**2124**	**213382445**	**179172753**
济南市	1510	17	167	1326	227	17537951	16252025
青岛市	2885	45	383	2457	755	3339083	24309131
淄博市	1754	23	276	1455	173	18984236	16964071
枣庄市	788	5	86	697	31	7072305	6670598
东营市	357	10	54	293	22	10902219	10704760
烟台市	2136	29	280	1827	196	26567847	18973059
潍坊市	2911	28	281	2602	55	18223511	14480250
济宁市	1072	19	136	917	120	10354005	9102748
泰安市	749	11	134	604	58	7333511	7035231
威海市	1087	24	240	823	73	21409358	16941133
日照市	334	4	66	264	83	3469444	2808977
莱芜市	155	7	20	128	38	3950305	3759132
临沂市	1606	14	147	1445	102	9088090	8211960
德州市	1283	10	122	1151	30	7724532	7004057
聊城市	548	13	97	438	17	6799402	6399994
滨州市	556	9	62	485	73	7603731	6868455
菏泽市	571		59	512	71	3022916	2687173

12-14 续表1　　　　（2004年）　　　　单位:万元

地区	国有工业	集体工业	股份合作企业	联营企业	有限责任公司	股份有限公司
全省总计	**20872802**	**28192995**	**4796644**	**3592226**	**60286673**	**22905407**
济南市	1541650	1437803	185387	2720495	5538000	1885270
青岛市	2504988	6831944	760071	20966	8017012	2511137
淄博市	5838256	2253670	596236	214069	2706823	2181849
枣庄市	460785	707397	39447	1077	2019516	296892
东营市	98340	291634	210056		8108603	1297961
烟台市	2231123	5262316	432498	326267	4643384	2086364
潍坊市	989409	1219857	500963	29583	3571005	2966155
济宁市	1232152	409870	377804	12963	1932087	2837978
泰安市	895837	513116	87675	14215	3309482	531789
威海市	452376	6726190	1062053	182716	4313807	2225102
日照市	275987	81192	34638	5235	1362304	616078
莱芜市	231671	164583	1822	6732	2692277	425552
临沂市	928047	1080097	76887	2691	2803277	882668
德州市	1146154	484504	227621	15943	1374567	449323
聊城市	752937	334137	127824	20863	3127676	583017
滨州市	1002498	330066	1645	5729	3668656	833321
菏泽市	290592	64622	74020	12684	1098199	294951

12－14 续表 2　　(2004 年)　　单位:万元

地　　区	私营企业	其他企业	港澳台商投资企业	外商投资企业	工业销售产值(当年价)	#出口交货值
全省总计	**37881897**	**644108**	**8336837**	**25872855**	**209338995**	**26825648**
济南市	2935024	8397	422491	863436	17120768	932570
青岛市	3655835	7178	1645439	7384513	32642739	8640326
淄博市	3171040	2129	645780	1374385	18500350	1352464
枣庄市	3145129	357	136361	265346	6963919	411239
东营市	695266	2900	53944	143515	10836886	243743
烟台市	3898321	92787	2294950	5299839	25021059	3552885
潍坊市	4953821	259458	771157	2972104	17836030	2125391
济宁市	2284234	15660	101391	1149865	10094447	935343
泰安市	1635634	47485	128693	169587	7283586	458653
威海市	1833915	144974	514588	3953637	21116848	4418353
日照市	433542		268835	391633	3382663	715237
莱芜市	236496		171406	19767	3868021	402860
临沂市	2432959	5334	408529	467600	8971565	816099
德州市	3270988	34956	101247	619229	7640144	426316
聊城市	1444218	9322	171365	228043	6785676	197070
滨州市	1015679	10861	313542	421735	7546839	902192
菏泽市	849795	2311	187121	148622	2923661	294908

12－14 续表 3　　(2004 年)　　单位:万元

地　　区	工业增加值(当年价)	资产合计	产成品	流动资产年平均余额	固定资产净值年平均余额	负债合计
全省总计	**64983115**	**176203575**	**10198461**	**75594178**	**65545570**	**103073902**
济南市	5567543	14664170	1000162	7066282	4218957	9398608
青岛市	8740812	25861870	1847645	13615076	7182614	15753593
淄博市	6089149	16021205	1019625	6680936	6660477	9355154
枣庄市	2147298	4409640	185921	1521386	2165863	2686553
东营市	5649268	9704327	290289	2264652	6364971	2801649
烟台市	7403365	17243588	1249964	7973219	6210950	9690230
潍坊市	5012595	15526251	1117199	6835360	5314789	9612810
济宁市	4084994	12209549	499583	4579896	4822582	7154896
泰安市	2434825	7159093	330483	3273278	2292541	4643454
威海市	5448856	10094626	587695	6122718	2824459	5751906
日照市	1001167	3057991	189226	1188794	1461206	2179518
莱芜市	1207446	3956651	279994	1656526	1275818	2626438
临沂市	2721692	7815753	667905	3460915	2855898	5105761
德州市	2551461	6254881	224480	2111484	3021256	3323405
聊城市	2121276	5779712	224991	2461539	2010259	3515977
滨州市	2170552	7140244	295753	2852569	2239437	4436833
菏泽市	846046	2065918	184685	868645	842387	1286185

12－14 续表 4 （2004 年） 单位：万元

地区	产品销售收入	产品销售费用	产品销售税金及附加	产品销售利润	管理费用
全省总计	**210550766**	**5776315**	**2014178**	**24908240**	**8295382**
济南市	16302220	711272	340608	1908755	906034
青岛市	32548807	1175503	347076	2452521	1353978
淄博市	18840681	443209	189957	2265907	890362
枣庄市	6070260	138929	65425	953440	405289
东营市	10406439	98224	160103	3554922	392454
烟台市	25182501	783849	148162	2815165	827083
潍坊市	18061653	482491	166510	1787411	619284
济宁市	10168948	435096	101349	1929515	742813
泰安市	6900488	205162	72209	916833	460149
威海市	18565871	349269	110012	1862495	476461
日照市	3332959	71605	11687	248324	90707
莱芜市	4075426	58776	27940	501669	202467
临沂市	9096867	284206	45761	894651	353864
德州市	8084297	188342	87338	1111238	190354
聊城市	6927539	166025	49780	681360	163363
滨州市	8045481	105427	46160	610736	146648
菏泽市	2740625	77691	22651	185865	71283

12－14 续表 5 （2004 年） 单位：万元

地区	利润总额	亏损企业亏损总额	利税总额	本年应交增值税	全部从业人员年平均人数（人）
全省总计	**13835722**	**669827**	**22921051**	**7071151**	**6478122**
济南市	795918	93099	1709822	573296	398075
青岛市	1039233	182003	2105250	718941	950363
淄博市	1030688	123993	1979762	759117	568074
枣庄市	473172	11397	855927	317330	307256
东营市	2610903	3771	3529632	758626	157636
烟台市	1995042	79573	2855837	712633	665000
潍坊市	1014038	15406	1697642	517094	692766
济宁市	935890	34541	1524149	486910	436349
泰安市	366528	32786	757343	318605	351168
威海市	988895	24283	1469807	370900	445527
日照市	102545	9839	195363	81132	108397
莱芜市	224105	6948	392254	140209	110416
临沂市	444966	18038	762727	272000	403416
德州市	703085	10783	1091619	301196	279197
聊城市	429948	1646	698389	218661	226460
滨州市	405370	11626	711592	260062	218486
菏泽市	73693	10096	175194	78850	130192

12－15 各市国有控股工业企业主要经济指标

（2004 年）　　单位：万元

地区	企业单位数（个）	#亏损企业	工业总产值	工业销售产值	#出口交货值	工业增加值
全省总计	**1832**	**472**	**65825485**	**65252839**	**4511337**	**22907835**
济南市	235	85	9381696	9198919	581495	3033544
青岛市	213	76	9614171	9655250	907131	1839203
淄博市	138	41	6705825	6664327	364903	2143613
枣庄市	54	13	2000759	1969556	82506	930761
东营市	34	6	6717067	6724655	1779	4362426
烟台市	188	54	4359873	4317735	380803	1277505
潍坊市	98	12	4139367	4044089	109296	1121246
济宁市	130	34	4768628	4606814	528985	2242144
泰安市	104	25	2748368	2700873	118354	786650
威海市	99	17	2396403	2390633	527898	696572
日照市	49	24	681393	656135	115429	214609
莱芜市	23	10	2587960	2563324	262442	845162
临沂市	126	31	1612634	1688669	109238	537654
德州市	134	17	1825292	1810508	158814	629976
聊城市	79	4	3317336	3330613	50985	1005723
滨州市	77	9	2283196	2248799	208704	690061
菏泽市	49	14	685518	681942	2577	224478

12－15 续表 1　　（2004 年）　　单位：万元

地区	资产合计	产成品	流动资产年平均余额	固定资产净值年平均余额	负债合计
全省总计	**83740653**	**3202801**	**31294833**	**33830224**	**49087824**
济南市	10327773	553622	4950720	2836264	6984018
青岛市	10530062	547862	5032408	2918258	6713515
淄博市	7253723	349241	2747419	3329518	4067717
枣庄市	2298380	50913	763795	1063629	1479030
东营市	6063122	92153	745057	5023436	648749
烟台市	5340301	248947	2230867	2002117	3055542
潍坊市	5109219	233921	2054512	1654312	3143800
济宁市	7540860	208100	2709305	3071820	4465951
泰安市	4266497	109762	1983988	1295601	2977187
威海市	2474078	111720	1096325	1002781	1572888
日照市	878747	64621	345856	442094	716272
莱芜市	2812060	171918	1102148	883731	1840056
临沂市	2413936	144398	896053	985938	1720987
德州市	2400685	69581	854014	1027058	1655849
聊城市	3531543	94138	1426410	1303089	2160860
滨州市	2591466	107338	1063195	895795	1668099
菏泽市	670097	41705	231857	313679	466375

12－15 续表 2　　（2004 年）　　单位：万元

地　区	产品销售收入	#产品销售费用	#产品销售税金及附加	#产品销售利润	管理费用
全省总计	**72207093**	**1747541**	**1214515**	**11278943**	**4366463**
济南市	8668222	283002	255826	940379	553243
青岛市	10448816	341231	288282	751652	446623
淄博市	7103853	128027	124059	1036088	567632
枣庄市	1506319	38614	21403	494791	301057
东营市	6352165	11483	136100	3093889	292308
烟台市	4392955	124187	48777	645103	331365
潍坊市	4658983	137552	95002	519385	219030
济宁市	4727328	263526	57982	1241411	582344
泰安市	2814584	92391	25430	454888	329100
威海市	2248587	54147	27463	286981	130830
日照市	640896	16840	6479	49043	26586
莱芜市	2783177	33305	17463	392136	166253
临沂市	1797857	49068	13217	265365	172740
德州市	1979201	49428	21961	237157	64690
聊城市	3412629	85864	18227	373431	94765
滨州市	2850174	28091	29885	219060	65146
菏泽市	621644	9548	5512	50749	19959

12－15 续表 3　　（2004 年）　　单位：万元

地　区	利润总额	亏损企业亏损总额	利税总额	本年应交增值税	全部从业人员年平均人数（人）
全省总计	**5608202**	**378477**	**10114115**	**3290872**	**1846401**
济南市	323796	72100	881361	301739	160545
青岛市	355954	36831	980896	336650	178710
淄博市	244009	105523	659621	291553	190899
枣庄市	160001	4026	310012	128301	117621
东营市	2269269	1973	3049870	644501	80574
烟台市	262542	43093	484950	173631	131248
潍坊市	322149	9084	604944	187793	94436
济宁市	508270	23682	883974	317721	218666
泰安市	88653	28440	234478	120325	176554
威海市	132975	13335	251741	91205	65489
日照市	7401	7580	34213	20333	24621
莱芜市	169715	5406	277916	90738	55157
临沂市	68141	10047	172252	90894	80646
德州市	114343	9614	217416	81112	83081
聊城市	227649	335	345796	99919	94956
滨州市	141614	971	271881	100382	40269
菏泽市	10015	6439	44052	28486	23585

12－16 各市规模以上外商和港澳台投资工业主要经济指标

（2004 年） 单位：万元

地　区	企业单位数（个）	#亏损企业	工业总产值	工业销售产值	#出口交货值	工业增加值
全省总计	**3494**	**714**	**34209692**	**33320569**	**12050483**	**10073939**
济南市	171	41	1285926	1280233	203830	409600
青岛市	1299	448	9029952	8771587	5086253	2503666
淄博市	171	27	2020165	1954267	548108	607219
枣庄市	34	2	401707	399744	63205	153215
东营市	21	2	197459	174054	21083	42475
烟台市	632	73	7594789	7272199	2027370	2090901
潍坊市	364	15	3743261	3682012	896408	1019063
济宁市	67	14	1251256	1276080	137852	453955
泰安市	44	8	298279	299599	93829	90267
威海市	315	32	4468225	4399989	2189383	1175113
日照市	55	12	660467	654884	219331	182445
莱芜市	10	1	191173	190669	23619	83920
临沂市	143	16	876129	850195	259817	251707
德州市	46	2	720475	720838	54729	356739
聊城市	26	3	399408	394649	51193	216215
滨州市	42	9	735276	722299	114783	178189
菏泽市	53	9	335743	277271	59685	72688

12－16 续表 1　（2004 年） 单位：万元

地　区	资产合计	产成品	流动资产年平均余额	固定资产净值年平均余额	负债合计
全省总计	**27214902**	**1851377**	**12710608**	**10656241**	**15380958**
济南市	1105645	96104	576342	369540	559558
青岛市	6691745	560417	3695714	2357925	3973249
淄博市	1676625	147298	745620	632210	1056681
枣庄市	373679	7404	117539	216112	261108
东营市	230260	10655	79970	84538	140694
烟台市	4721675	452072	2620476	1448447	2771172
潍坊市	4183293	255186	1761446	1465751	2452055
济宁市	1012868	50853	373760	534120	474392
泰安市	306050	22420	151429	114138	164853
威海市	1835052	61788	1219992	417003	975999
日照市	803655	29099	201448	546212	538357
莱芜市	7238	1356	5000	1339	4808
临沂市	807204	73645	421356	248010	544452
德州市	916276	15126	176172	700724	228967
聊城市	208565	11535	91940	63165	126878
滨州市	405412	26157	204274	165953	245586
菏泽市	247490	30262	131677	73573	157953

12－16 续表 2　　　　　　　　　　　　(2004 年)　　　　　　　　　　　　单位:万元

地　　区	产品销售收　入	# 产品销售费　用	# 产品销售税　金及附加	# 产品销售利　润	管理费用
全省总计	**32457741**	**1086384**	**105521**	**3439288**	**1113340**
济　南　市	1227407	85878	9307	190053	74731
青　岛　市	8422576	286926	5592	740923	415344
淄　博　市	1924802	50022	5444	205615	56942
枣　庄　市	215676	6604	968	22999	8402
东　营　市	191258	2287	277	12036	4784
烟　台　市	6964583	260626	38580	695103	200310
潍　坊　市	3833034	115584	7349	408428	117090
济　宁　市	1263084	46908	1813	139446	36650
泰　安　市	255981	13557	2652	40616	11352
威　海　市	3812522	99503	10636	367380	94175
日　照　市	634372	8597	188	66940	15460
莱　芜　市	33809	1135	61	921	405
临　沂　市	867286	70727	6486	100742	33172
德　州　市	734667	12347	4724	192193	20259
聊　城　市	449182	4512	288	42591	6523
滨　州　市	684016	10611	3330	43145	11516
菏　泽　市	276742	10562	262	20159	6225

12－16 续表 3　　　　　　　　　　　　(2004 年)　　　　　　　　　　　　单位:万元

地　　区	利　润总　额	亏损企业亏损总额	利　税总　额	本　年应　交增值税	全　部从业人员年平均人数(人)
全省总计	**2121237**	**186372**	**3100683**	**872003**	**1140113**
济　南　市	108553	9110	176268	58409	41118
青　岛　市	254180	118734	370113	110253	432517
淄　博　市	134060	9668	195537	56033	59672
枣　庄　市	6161	3438	13303	5637	12077
东　营　市	10647	127	16342	5419	3778
烟　台　市	503633	25193	723829	181617	166807
潍　坊　市	261356	2244	377730	108872	131579
济　宁　市	163667	4180	251006	85526	19935
泰　安　市	19379	1063	33459	11429	15541
威　海　市	216484	2602	273663	45699	110476
日　照　市	31029	634	51331	20113	16639
莱　芜　市	369	109	472	42	926
临　沂　市	49616	2157	91096	34994	47585
德　州　市	160517	356	178471	13229	17484
聊　城　市	29849	555	68429	38292	14513
滨　州　市	20411	5914	41754	17994	26848
菏　泽　市	11328	288	14662	2792	15635

12－17 各市规模以上高新技术产业主要经济指标

（2004 年）　　单位：万元

地区	企业单位数（个）	#亏损企业	工业总产值	工业销售产值	#出口交货值	工业增加值
全省总计	**3422**	**373**	**46722516**	**45903035**	**6442841**	**12510919**
济南市	439	75	4914134	4553982	164720	1502251
青岛市	488	138	13737399	13637929	2759580	4199523
淄博市	321	26	4740629	4646880	428349	1449210
枣庄市	83	1	581763	570204	32279	177845
东营市	89	4	1208406	1166386	59209	369410
烟台市	373	35	6298819	6033440	855364	1075549
潍坊市	506	10	2407182	2309531	219756	735876
济宁市	263	32	1969837	1900442	109558	602179
泰安市	183	11	1451095	1444140	82559	443600
威海市	206	13	4703636	4613916	1444639	1437902
日照市	35	4	219932	215003	48719	67233
莱芜市	29	4	138552	131803	5654	42355
临沂市	117	9	1448444	1395775	74756	442789
德州市	131		938660	933175	74900	286948
聊城市	62	2	1089218	1069837	17543	332974
滨州市	42	4	513322	507536	33599	156923
菏泽市	55	5	361488	353050	31657	110507

12－17 续表 1　　（2004 年）　　单位：万元

地区	资产合计	产成品	流动资产年平均余额	固定资产净值年平均余额	负债合计
全省总计	**32678063**	**2370511**	**16573060**	**9313641**	**18783880**
济南市	3372340	283665	1773447	847669	1954481
青岛市	9455035	818017	5372759	2109398	5422450
淄博市	4261489	212977	1720513	1736588	2269518
枣庄市	170372	13740	69992	70068	84526
东营市	1017506	60096	473932	339359	598968
烟台市	3695352	286397	1874165	958082	2162008
潍坊市	2071316	163492	949125	680497	1215535
济宁市	2200769	143666	979891	788726	1284079
泰安市	1012253	63961	523820	293004	626674
威海市	1927109	100498	1217916	476376	1122197
日照市	197507	21799	93406	50332	120674
莱芜市	120847	14118	61202	37912	78726
临沂市	1045112	85371	534673	267043	666180
德州市	622206	21640	246363	222658	331000
聊城市	720826	33464	353239	202310	376906
滨州市	488489	19832	170157	152413	298224
菏泽市	299535	27777	158460	81205	171736

12－17 续表 2　　（2004 年）　　单位:万元

地　　区	产品销售收　入	#产品销售费　用	#产品销售税　金及附加	#产品销售利　润	管理费用
全省总计	**43421294**	**1895508**	**194814**	**4586861**	**1736546**
济南市	4100168	307282	32593	520188	257527
青岛市	13671687	664419	36090	951364	536608
淄博市	4829771	152504	23771	785832	220749
枣庄市	504349	10285	4317	44661	13811
东营市	1142288	26831	5842	150207	35498
烟台市	5297080	187220	18800	595222	197810
潍坊市	2275547	73059	13662	255202	97716
济宁市	1940334	86529	13368	252029	77839
泰安市	1365663	41931	11970	155946	53375
威海市	4057175	129885	19390	380624	107221
日照市	211254	13721	1264	25956	10518
莱芜市	133075	7597	483	10261	8533
临沂市	1337900	81762	3633	159652	50570
德州市	980864	33875	4866	122115	18844
聊城市	785121	46269	2643	94274	24753
滨州市	475389	11758	974	43963	11600
菏泽市	313632	20579	1150	39366	13575

12－17 续表 3　　（2004 年）　　单位:万元

地　　区	利　润总　额	亏损企业亏损总额	利　税总　额	本　年应　交增值税	全　部从业人员年平均人数（人）
全省总计	**2548002**	**145392**	**3975577**	**1232470**	**948627**
济南市	192675	32769	351046	125778	90900
青岛市	466201	56882	761495	259170	195241
淄博市	483540	5973	740423	233111	109646
枣庄市	29948	146	52714	18392	14887
东营市	121921	602	155008	27245	21569
烟台市	383726	10803	566569	164043	95733
潍坊市	136390	1519	215303	65251	81673
济宁市	141290	16425	213925	59267	76670
泰安市	89909	580	144641	42763	42070
威海市	214935	11706	304890	70364	87788
日照市	12825	134	18612	4523	8354
莱芜市	595	3476	4991	3913	7288
临沂市	94679	3125	154484	56172	39358
德州市	74259		124673	45549	26353
聊城市	59836	389	96796	34318	25928
滨州市	27829	256	41328	12526	11115
菏泽市	17443	609	28679	10086	14054

12－18 各市规模以上非公有工业主要经济指标

(2004年)　　单位:万元

地区	企业单位数(个)	#亏损企业	工业总产值	工业销售产值	#出口交货值	工业增加值
全省总计	**16011**	**1472**	**114254860**	**111471367**	**19253106**	**32718835**
济南市	1009	113	6462513	6277888	328438	1896110
青岛市	2467	643	16120979	15491987	6397435	4520362
淄博市	1243	100	9240845	8891032	859674	2721597
枣庄市	633	17	4323626	4258548	290061	1324777
东营市	286	14	3684032	3621280	208926	1082053
烟台市	1587	127	16448567	15915139	2950000	4728719
潍坊市	2635	39	12364181	12096641	1799530	3462705
济宁市	827	77	4800645	4709344	394091	1418620
泰安市	541	30	3974852	3979553	329185	1147157
威海市	644	46	11177318	11056505	3041273	3142554
日照市	252	51	2666986	2606382	579159	741295
莱芜市	109	23	1191030	1135636	130553	333854
临沂市	1354	61	6315912	6147269	612726	1775841
德州市	1075	12	5210744	5159917	230880	1536638
聊城市	429	13	3092211	3058949	136212	884430
滨州市	433	55	4994123	4973146	682069	1386423
菏泽市	487	51	2186295	2092150	282008	615701

12－18续表1　　(2004年)　　单位:万元

地区	资产合计	产成品	流动资产年平均余额	固定资产净值年平均余额	负债合计
全省总计	**75748990**	**5714562**	**35405961**	**26822639**	**44265905**
济南市	3643994	376136	1759741	1166822	1996751
青岛市	10928265	962678	6050068	3448986	6657700
淄博市	6821077	516311	2966830	2688811	4137084
枣庄市	1909615	120099	666066	1010193	1084749
东营市	3042167	145155	1204512	1147290	1756237
烟台市	10247525	829160	4942961	3643879	5706609
潍坊市	9168102	781732	4225712	3209283	5646282
济宁市	4107263	257212	1608973	1545882	2366599
泰安市	2532442	202424	1129392	848490	1460306
威海市	5226792	315313	3329044	1316234	2898377
日照市	2082802	110767	793277	988259	1403803
莱芜市	1035074	98716	504062	341522	734857
临沂市	4186629	438704	2098161	1306059	2607642
德州市	3341839	137801	1033004	1782734	1342507
聊城市	1972468	118281	894380	639207	1156127
滨州市	4182728	167786	1606841	1236656	2542803
菏泽市	1320207	136288	592936	502333	767472

12－18 续表 2 （2004 年） 单位:万元

地区	产品销售收入	#产品销售费用	#产品销售税金及附加	#产品销售利润	管理费用
全省总计	**107596939**	**3074483**	**607468**	**10717251**	**3144838**
济南市	6127111	350820	66223	756593	286959
青岛市	14721762	459255	39456	1197890	658227
淄博市	8856929	234559	41964	917135	238491
枣庄市	3904738	76570	37369	394419	90879
东营市	3556452	76044	22447	396395	80691
烟台市	15365949	487989	65799	1627445	405444
潍坊市	11815942	314203	58565	1108430	360346
济宁市	4655274	152573	39381	614768	142458
泰安市	3543690	97464	38755	380755	110558
威海市	9796000	213064	45935	969237	229321
日照市	2571472	52557	3629	189710	60978
莱芜市	1133669	22708	9717	88124	27982
临沂市	6112010	204636	27096	524190	153481
德州市	5440852	122889	54135	777013	114020
聊城市	3117816	72254	29094	279797	61511
滨州市	4894678	72305	14110	365620	75047
菏泽市	1982594	64594	13792	129731	48446

12－18 续表 3 （2004 年） 单位:万元

地区	利润总额	亏损企业亏损总额	利税总额	本年应交增值税	全部从业人员年平均人数（人）
全省总计	**6494549**	**271088**	**10050339**	**2945608**	**3818177**
济南市	383694	17754	656624	206707	171133
青岛市	452403	140655	719678	227742	687418
淄博市	571809	13878	964178	350404	279916
枣庄市	265576	7360	462390	158852	156766
东营市	301446	1736	427108	103215	64230
烟台市	1284303	33869	1771339	421237	424705
潍坊市	612189	5760	946300	275392	529015
济宁市	393789	9149	581277	148107	178260
泰安市	225230	4171	413448	149462	139070
威海市	538312	10169	743577	158180	244884
日照市	89764	1767	152039	58491	75474
莱芜市	42603	1311	96080	43760	47768
临沂市	305145	7548	475630	143381	265697
德州市	529690	1165	775419	191593	171569
聊城市	184334	1311	323729	110301	120205
滨州市	251951	10364	418394	152313	163664
菏泽市	62310	3122	123129	46470	98403

12－19 各市规模以上工业主要财务分析指标

(2004 年)

地　区	资　金 利税率 (%)	产　值 利税率 (%)	销售产值 利 税 率 (%)	资　产 负债率 (%)	流动资产 周 转 率 (次)	成本费用 利 润 率 (%)	全员劳动 生 产 率 (元/人)	产　品 销售率 (%)
全省总计	**16.24**	**10.74**	**10.95**	**58.50**	**2.79**	**7.11**	**100312**	**98.11**
济 南 市	15.15	9.75	9.99	64.09	2.31	5.24	139862	97.62
青 岛 市	10.12	6.31	6.45	60.91	2.39	3.31	91973	97.91
淄 博 市	14.84	10.43	10.70	58.39	2.82	5.88	107189	97.45
枣 庄 市	23.21	12.10	12.29	60.92	3.99	8.58	69886	98.47
东 营 市	40.90	32.38	32.57	28.87	4.60	36.28	358374	99.40
烟 台 市	20.13	10.75	11.06	56.20	3.16	[illegible]	111329	97.20
潍 坊 市	13.97	9.32	9.52	61.91	2.64	5.97	72356	97.87
济 宁 市	16.21	14.72	15.10	58.60	2.22	10.30	93618	97.49
泰 安 市	13.61	10.33	10.40	64.86	2.11	5.65	69335	99.32
威 海 市	16.43	6.87	6.96	56.98	3.03	5.74	122301	98.63
日 照 市	7.37	5.63	5.78	71.27	2.80	3.17	92361	97.50
莱 芜 市	13.38	9.93	10.14	66.38	2.46	5.87	109354	97.92
临 沂 市	12.07	8.39	8.50	65.33	2.63	5.14	67466	98.72
德 州 市	21.27	14.13	14.29	53.13	3.83	9.78	91386	98.91
聊 城 市	15.62	10.27	10.29	60.83	2.81	6.65	93671	99.80
滨 州 市	13.97	9.36	9.43	62.14	2.82	5.31	99345	99.25
菏 泽 市	10.24	5.80	5.99	62.26	3.16	2.79	64984	96.72

12－20 各市国有控股工业主要财务分析指标

(2004 年)

地　区	资　金 利税率 (%)	产　值 利税率 (%)	销售产值 利 税 率 (%)	资　产 负债率 (%)	流动资产 周 转 率 (次)	成本费用 利 润 率 (%)	全员劳动 生 产 率 (元/人)	产　品 销售率 (%)
全省总计	**15.53**	**15.37**	**15.50**	**58.62**	**2.31**	**8.61**	**124067**	**99.13**
济 南 市	11.32	9.39	9.58	67.62	1.75	3.97	188953	98.05
青 岛 市	12.34	10.20	10.16	63.76	2.08	3.58	102916	100.43
淄 博 市	10.85	9.84	9.90	56.08	2.59	3.70	112290	99.38
枣 庄 市	16.96	15.49	15.74	64.35	1.97	12.25	79132	98.44
东 营 市	52.87	45.40	45.35	10.70	8.53	65.37	541419	100.11
烟 台 市	11.46	11.12	11.23	57.22	1.97	6.40	97335	99.03
潍 坊 市	16.31	14.61	14.96	61.53	2.27	7.44	118731	97.70
济 宁 市	15.29	18.54	19.19	59.22	1.74	12.32	102537	96.61
泰 安 市	7.15	8.53	8.68	69.78	1.42	3.27	44556	98.27
威 海 市	11.99	10.50	10.53	63.57	2.05	6.33	106365	99.76
日 照 市	4.34	5.02	5.21	81.51	1.85	1.17	87165	96.29
莱 芜 市	13.99	10.74	10.84	65.43	2.53	6.56	153228	99.05
临 沂 市	9.15	10.68	10.20	71.29	2.01	3.93	66668	104.71
德 州 市	11.56	11.91	12.01	68.97	2.32	6.25	75827	99.19
聊 城 市	12.67	10.42	10.38	61.19	2.39	7.15	105915	100.40
滨 州 市	13.88	11.91	12.09	64.37	2.68	5.24	171363	98.49
菏 泽 市	8.07	6.43	6.46	69.60	2.68	1.67	95178	99.48

12-21 主要工业产品产量

（2004年）

名　　称	单　位	生产量	名　　称	单　位	生产量
原　煤	万吨	14646.24	腈纶纤维	万吨	6.89
洗　煤	万吨	4211.24	丙纶纤维	万吨	2.53
天然原油	万吨	2674.30	纱	万吨	264.05
天然气	亿立方米	9.21	布	亿米	66.20
铁矿石原矿量	万吨	1161.87	棉　布	亿米	40.90
铜精矿含铜量	万吨	0.71	混纺交织布	亿米	12.68
硫铁矿（折含S35%）	万吨	42.46	纯化纤布	亿米	12.61
原　盐	万吨	1056.12	印染布	亿米	23.01
发电量	亿千瓦小时	1693.68	帘子布	吨	19461.34
火　电	亿千瓦小时	1632.16	绒线（毛线）	万吨	9.08
水　电	亿千瓦小时	0.01	呢　绒	万米	3762.12
大　米	万吨	2.49	麻袋（混合数）	万条	523.00
小麦粉	万吨	861.62	苎麻布及亚麻布	万米	637.30
食用植物油	万吨	270.69	丝	吨	7340.33
机制糖	万吨	27.28	丝织品	万米	9038.79
配混合饲料	万吨	556.99	针棉织品折用纱线量	万吨	15.66
糖　果	万吨	2.66	非织造布	万吨	1.23
糕　点	万吨	3.75	服　装	万件	132997.21
饼　干	万吨	20.71	梭织服装	万件	30653.35
方便主食品	万吨	27.09	西服及西服套装	万件	3784.62
方便面	万吨	24.11	衬　衫	万件	1480.65
乳制品	万吨	59.59	儿童服装	万件	814.83
罐　头	万吨	18.99	针织服装	万件	101176.77
味　精	万吨	27.38	羽绒服装	万件	1167.09
酱　油	万吨	16.98	轻　革	万平方米	4731.62
发酵酒精（折96度，商品量）	万千升	51.35	皮　鞋	万双	6012.45
饮料酒	万千升	451.51	革皮服装	万件	824.60
白酒（折65度，商品量）	万千升	58.40	皮包、袋	万个	4516.41
啤　酒	万千升	374.73	毛皮服装	万件	45.71
葡萄酒	万千升	15.12	人造板	万立方米	422.37
软饮料	万吨	127.64	胶合板	万立方米	167.31
碳酸饮料	万吨	28.95	纤维板	万立方米	105.50
果汁及果汁饮料	吨	463278.20	刨花板	万立方米	10.02
液体乳	万吨	48.56	人造板二次加工装饰板	万平方米	194.70
冷冻饮品	万吨	3.62	木地板	万平方米	8.54
精制茶	万吨	0.03	复合地板	万平方米	96.52
瓶（罐）装饮用水	万吨	41.58	家　具	万件	1266.21
卷　烟	亿支	1144.72	木制家具	万件	1060.50
化纤用浆粕	万吨	13.81	软体家具（包括床垫、沙发）	万件	83.63
化学纤维	万吨	74.75	金属家具	万件	29.85
粘胶纤维	万吨	3.74	纸　浆	万吨	364.31
合成纤维	万吨	63.31	机制纸	万吨	663.97
锦纶纤维	万吨	7.79	新闻纸	万吨	91.01
涤纶纤维	万吨	44.30	胶印书刊纸（含凸版纸）	万吨	68.50

12－21 续表 1　　(2004 年)

名　　称	单位	生产量	名　　称	单位	生产量
机制纸板	万吨	333.28	塑料树脂及共聚物	万吨	116.43
纸制品	万吨	78.87	聚氯乙烯树脂	万吨	45.22
纸　箱	万吨	51.33	聚乙烯树酯	万吨	30.36
本　册	亿本	0.27	聚丙烯树酯	万吨	16.64
自来水笔	万支	0.00	合成橡胶	万吨	16.32
铅　笔	亿支	23.92	顺丁橡胶	万吨	3.59
原油加工量	万吨	3019.86	合成纤维单体	万吨	12.32
汽　油	万吨	433.32	己内酰胺	万吨	0.00
煤　油	万吨	54.00	合成纤维聚合物	万吨	39.27
柴　油	万吨	858.79	聚　脂	万吨	38.52
润滑油	万吨	7.24	肥　皂	万吨	1.59
燃料油	万吨	520.07	合成洗涤剂	万吨	15.59
石油沥青	万吨	208.84	合成洗衣粉	万吨	13.41
液化石油气	万吨	125.09	香　精	万吨	0.26
焦　炭	万吨	997.31	牙膏(折 65 克标准支)	亿支	0.28
机械化焦炉生产的焦炭	万吨	765.59	火柴(折 50 支标准盒)	万件	294.96
煤　气	亿立方米	177.27	化学原料药	万吨	11.17
硫酸(折 100%)	万吨	371.85	中成药	万吨	2.10
浓硝酸(折 100%)	万吨	36.94	轮胎外胎	万条	8660.55
盐酸(含量 31%以上)	万吨	121.24	子午线轮胎外胎	万条	1831.52
氢氧化钠(烧碱)(折 100%)	万吨	194.55	胶　鞋	万双	6818.74
离子膜法烧碱	万吨	25.38	塑料制品	万吨	127.27
碳酸钠(纯碱)	万吨	233.01	塑料薄膜	万吨	23.26
碳化钙(电石)(折 300 升/千克)	万吨	3.44	农用薄膜	万吨	12.55
合成氨	万吨	561.88	塑料型材(含板片材)	万吨	8.97
农用氮、磷、钾化学肥料总计(折纯)	万吨	668.44	塑料管(棒)材	万吨	16.83
氮肥(折含 N100%)	万吨	514.61	塑料编织袋	万吨	41.06
尿　素	万吨	367.98	人造革	万吨	0.12
磷肥(折合 P2O5100%)	万吨	108.98	合成革	吨	3109.77
钾肥(折含 K2O100%)	万吨	44.84	泡沫塑料制品	万吨	4.21
磷酸铵肥	万吨	14.11	塑料包装箱及容器	万吨	2.46
化学农药	万吨	9.98	日用塑料制品	万吨	11.49
杀虫剂	万吨	4.29	水泥熟料	万吨	6975.12
杀菌剂	吨	16231.25	预分解窑熟料	万吨	332.72
除草剂	吨	24655.00	水　泥	万吨	12363.84
乙　烯	万吨	45.65	水泥排水管	千米	1860.74
纯　苯	万吨	17.40	水泥压力管	千米	305.15
精甲醇	万吨	30.38	水泥电杆	万根	13.89
冰醋酸	万吨	7.94	商品混凝土	万立方米	107.20
油　漆	万吨	20.90	水泥预制管桩	万米	38.58
建筑涂料	万吨	0.89	砖(折标准砖)	亿块	31.35
油　墨	万吨	0.60	瓦	亿片	13.17
颜　料	万吨	6.39	大理石板材	万平方米	89.53
染　料	万吨	3.86	花岗石板材	万平方米	2997.60

12－21 续表 2　　（2004 年）

名　　称	单　位	生 产 量	名　　称	单　位	生 产 量
石膏板	万平方米	22481.71	氧化铝	万吨	103.87
平板玻璃	万重量箱	3535.97	铝合金	万吨	4.88
中空玻璃	万平方米	23.13	铜加工材	万吨	15.17
钢化玻璃	万平方米	260.74	铝　材	万吨	31.85
夹层玻璃	万平方米	9.86	金属集装箱	万立方米	824.40
石英玻璃	万吨	0.01	金属切削工具	万件	1224.29
日用玻璃制品	万吨	188.26	模　具	万套	2.53
玻璃保温容器	万个	2980.00	手工工具	亿把	2.72
釉面砖	万平方米	33681.23	电动工具	万台	25.74
墙地砖	万平方米	47826.03	搪瓷制品	万吨	2.58
卫生陶瓷	亿件	3.14	日用精铝制品	吨	85.00
日用陶瓷	亿件	18.60	日用不锈钢制品	吨	7330.10
耐火材料制品	万吨	107.59	锁　具	万把	40959.67
石墨及碳素制品	万吨	66.40	燃气灶具	万台	12.60
玻璃纤维纱	万吨	18.76	工业锅炉	蒸发量吨	16774.41
生　铁	万吨	1873.73	电站锅炉	蒸发量吨	18178.00
粗　钢	万吨	1855.39	内燃机	万千瓦	4375.30
钢　材	万吨	2011.69	电站汽轮机	万千瓦	348.38
大型型钢	万吨	229.26	金属切削机床	万台	5.68
中小型型钢	万吨	343.12	高精度机床	台	51.00
棒　材	万吨	118.52	数控机床	台	4881.00
钢　筋	万吨	261.09	大型机床	台	364.00
盘条(线材)	万吨	278.75	锻压设备	万吨	12.04
特厚板	万吨	5.07	数控锻压设备	吨	5111.00
厚钢板	万吨	103.26	铸造机械	台	3861.00
中　板	万吨	186.64	起重设备	万吨	12.73
冷轧薄板	万吨	8.27	叉　车	台	5911.00
中厚宽钢带	万吨	42.70	输送机械	万米	9.15
热轧薄宽钢带	万吨	3.46	泵	万台	22.26
热轧窄钢带	万吨	161.68	风　机	万台	18.49
冷轧窄钢带	万吨	24.56	气体压缩机	台	1954.00
镀层板(带)	万吨	11.95	制冷空调设备	台(套)	29542.00
镀锌板(带)	万吨	11.95	减速机	万台	4.79
涂层板(带)	万吨	0.44	分离机械	万台	0.02
无缝钢管	万吨	79.03	轴　承	亿套	5.63
焊接钢管	万吨	34.94	阀　门	万吨	3.36
其它钢材	万吨	118.97	液压元件	万件	157.49
铁合金	万吨	2.67	气动元件	万件	21.68
十种有色金属	万吨	61.97	粉末冶金制品	万吨	0.82
铜	万吨	6.76	矿山设备	万吨	8.25
铝	万吨	54.82	粮食加工机械	万台	6.01
黄　金	千克	65771.66	饲料加工机械	台	4688.00
白　银	千克	205549.08	烟草加工机械	台(条、组)	144.00

12－21 续表 3 （2004 年）

名　　称	单　位	生 产 量	名　　称	单　位	生 产 量
棉花加工设备	台	13602.50	钢芯铝绞线	吨	33499.92
缝纫机	万架	0.81	绝缘制品	吨	18169.50
造纸机械	台	9807.00	蓄电池	万千伏安时	195.30
印刷机	吨	5087.40	干电池(折一号电池)	亿只	25.64
化工设备	吨	17362.86	灯　具	亿只	1.48
塑料加工设备	吨	14666.05	电光源(灯泡)	万只	26328.78
水泥设备	吨	22139.77	家用洗衣机	万台	425.65
冶炼设备	吨	15496.53	家用电冰箱	万台	617.67
金属轧制设备	吨	1953.00	冷柜(含冷冻箱、冷藏箱、展示柜)	万台	321.56
包装机械	台	7136.00	家用电风扇	万台	83.88
大中型拖拉机	台	27222.00	房间空调器	万台	644.31
小型拖拉机	万台	62.54	吸排油烟机	万台	8.83
收获机械	台	54770.01	电热水器	万台	146.70
场上作业机械	万台	0.14	微波炉	万台	124.91
农业运输机械	万辆	163.41	电饭锅	万个	49.47
铲土运输机械	台	26915.63	家用洗碗机	万台	15.21
压实机械	台	3439.00	电焊机	台	8403.00
混凝土机械	台	5377.00	光通信设备	部	341.00
环境保护专用设备	台(套)	1335.50	程控交换机	万线	69.13
水污染防治设备	台(套)	406.00	数字程控交换机	万线	69.13
大气污染防治设备	台(套)	435.50	电话单机	万部	69.00
机　车	万千瓦	8.57	传真机	万部	346.91
铁路客车	辆	484.00	移动电话机	万部	978.23
铁路货车	辆	1916.00	电子计算机	部	54068.00
汽　车	万辆	20.99	微型电子计算机	万部	56.23
载货汽车	万辆	15.93	显示器	万部	79.74
公路客车	万辆	0.03	打印机	万部	166.73
中型(2040 座)	万辆	0.03	半导体分立器件	亿只	142.45
轿　车	万辆	5.02	半导体集成电路	万块	16.03
排气量 1.01.6 升(含 1.6 升)	万辆	5.02	彩色电视机	万部	764.14
改装汽车	万辆	6.63	黑白电视机	万部	0.85
摩托车	万辆	94.61	录放音机	万部	4.60
自行车	万辆	35.24	自动化仪表及系统	万台(套)	443.13
民用钢质船舶	万综合吨	123.42	电工仪器仪表	万台	81.21
发电设备	万千瓦	781.08	光学仪器	万台	1.44
汽轮发电机	万千瓦	764.71	成分分析仪器	台	2536.00
交流电动机	万千瓦	1582.84	试验机	万台	1.00
变压器	万千伏安	5203.61	汽车仪器仪表	万台	0.01
高压开关板	面	10002.00	复印机械	万台	0.19
低压开关板	面	43333.95	钟	万只	593.90
电力电缆	万公里	41.94	表	万只	124.29
通讯电缆	万公里	1583.69	眼　镜	万付	1.55
光纤通讯电缆	万公里	5.29			

第13篇

交通运输邮电通讯业

CHENG XIN LU TONG

TRANSPORTATION, POSTAL AND TELECOMMUNICATION SERVICES

为经济社会发展服务是统计工作第一要务

诚信鲁统 之 服务理念

相互支撑

相互关爱

诚信鲁统 之 团队理念

编辑单位：工交处
编　　委：王　强
编　　辑：宋　红
校　　对：宋　红
电　　话：86197758

13－1 历年运输线路长度

单位:公里

年份	铁路通车里程	公路通车里程	#晴雨通车	内河通航里程	#通机动船
1949	887	3152	65	1082	
1950	953	6402	103	1117	
1951	954	7396	120	1117	
1952	954	7669	170	1459	409
1953	956	8333	170	1459	409
1954	956	8507	476	1459	409
1955	956	9070	667	1459	409
1956	1139	10669	1489	1696	900
1957	1154	13425	2115	1642	1063
1958	1136	19734	4996	2120	1380
1959	1135	21980	5504	2638	1491
1960	1168	20780	6526	2365	1521
1961	1168	20143	5773	2379	1433
1962	1168	15766	4189	2179	1353
1963	1168	16915	3985	2151	1337
1964	1168	18032	4509	2117	1289
1965	1208	22176	5669	1827	1310
1966	1261	23273	7241	1815	1321
1967	1266	24209	7889	1815	1321
1968	1276	25511	8501	1815	1321
1969	1276	27471	11356	1815	1321
1970	1276	29159	12666	1821	1629
1971	1276	29903	14137	1876	1717
1972	1276	30369	16773	1876	1764
1973	1276	30769	18543	1876	1764
1974	1276	31050	19364	1876	1764
1975	1275	31712	20212	1876	1764
1976	1386	32978	21645	2118	1802
1977	1386	33629	23636	2343	1811
1978	1385	34244	25289	2403	1880
1979	1388	35139	26106	1972	1953
1980	1411	35311	26544	1970	1736
1981	1582	35292	27284	1849	1712
1982	1565	35504	27875	1859	1722
1983	1565	35722	28480	1859	1722
1984	1569	35935	29427	1859	1725
1985	1572	36327	30250	1840	1706
1986	2041	37005	31286	1840	1706
1987	2042	37530	32468	1840	1706
1988	2042	38759	34057	1840	1706
1989	2042	39783	35557	1840	1706
1990	2041	40772	37015	1840	1706
1991	2042	41937	39081	1891	1780
1992	2048	43134	40612	1891	1780
1993	2048	46033	43992	1891	1780
1994	2048	50225	48385	1891	1780
1995	2048	54243	52702	1891	1780
1996	2620	57271	55882	1891	1780
1997	2721	59260	58028	1414	1302
1998	2658	64145	63142	1414	1302
1999	2672	67847	67055	1476	
2000	2672	70686	70038	1476	
2001	2709	71128	70701	1476	
2002	2709	74029	73665	1476	
2003	3236	76266	75948	1012	
2004	3348	77768	77483	1012	

13－2 历年旅客运量及周转量

年 份	客运量（万人）	铁路	公路	水路	周转量（百万人公里）	铁路	公路	水路
1949	928	846	82		1368	1287	81	
1950	1005	888	117		1534	1434	100	
1951	1166	995	171		1661	1534	127	
1952	1196	938	251	7	1553	1365	180	8
1953	1654	1217	428	9	2127	1806	311	10
1954	1766	1202	550	14	2287	1889	389	9
1955	1775	1086	678	11	2229	1786	438	5
1956	2300	1368	919	13	2864	2335	523	6
1957	3019	1872	1128	19	3002	2427	565	10
1958	3694	2399	1270	25	3406	2702	694	10
1959	4916	3361	1500	55	3934	3090	832	12
1960	5911	4480	1385	46	4717	3887	807	23
1961	7793	6400	1321	72	7230	6476	809	35
1962	7590	5923	1599	68	7664	6690	933	41
1963	3837	2360	1433	44	4084	3304	659	21
1964	4509	2864	1607	38	3639	2845	779	15
1965	4566	2457	2077	32	3664	2699	953	12
1966	5065	2225	2812	28	4126	2914	1200	12
1967	5308	2442	2831	35	4641	3420	1203	18
1968	5933	2580	3319	34	5421	3933	1470	18
1969	5915	2538	3343	34	5813	4323	1473	17
1970	5725	2454	3240	31			1445	14
1971	5819	2550	3239	30			1542	13
1972	6595	2948	3612	35			1727	15
1973	6926	2992	3900	34	6305	4403	1888	14
1974	6802	3156	3613	33	6354	4498	1843	13
1975	7084	3202	3844	38	6676	4708	1953	15
1976	7614	3233	4239	52	6996	4791	2189	16
1977	8679	3522	5103	54	7702	5127	2560	15
1978	9431	3467	5897	67	8448	5535	2895	18
1979	10857	3431	7338	88	9373	5950	3403	19
1980	12208	3586	8532	90	10624	6769	3839	16
1981	12682	3600	8994	88	11365	7272	4077	16
1982	13109	3695	9322	92	12283	7788	4477	18
1983	14839	3792	10942	102	14237	8954	5264	19
1984	17309	4071	13125	113	17058	10615	6423	20
1985	19772	4073	15565	134	20357	12433	7901	23
1986	26459	4005	22311	143	24671	13895	10752	24
1987	25209	4212	20811	186	27316	15608	11680	28
1988	29035	4447	24297	291	32412	17974	14402	36
1989	30718	3905	26419	344	32286	16552	15693	41
1990	29798	3303	26136	359	30138	14830	15255	53
1991	31940	3286	28240	405	32620	15873	16598	96
1992	33920	3244	30145	486	35164	17043	18002	119
1993	33634	3346	29693	595	34068	17785	16114	169
1994	34592	3587	30253	627	35627	18273	17126	222
1995	36425	3414	32317	694	35097	17418	17449	230
1996	39199	2854	35611	734	35344	15317	19696	331
1997	43218	3071	39234	913	40060	17277	22347	436
1998	50904	3223	46467	868	45229	18327	24599	483
1999	59350	3670	54817	863	51828	20568	28846	414
2000	66128	3840	61466	822	54873	22180	32358	335
2001	70497	3723	65787	987	59432	23373	35573	486
2002	74626	3566	69948	1112	64294	24644	39173	477
2003	75492	3324	71053	1115	61769	22024	39223	522
2004	89388	3857	84290	1241	74799	26696	47545	558

13-3 历年货物运量及周转量

年份	货运量（万吨）	铁路	公路	水路	周转量（百万吨公里）	铁路	公路	水路
1949	547	381	166	0.2	1245	1178	66	1
1950	838	585	211	42	2775	2641	79	55
1951	918	623	233	62	3097	2897	117	80
1952	1802	640	1029	133	3711	3346	154	211
1953	2653	790	1692	171	5014	4523	219	272
1954	2787	918	1643	226	5646	5133	226	287
1955	3305	895	2013	397	4919	4359	246	344
1956	4551	1237	2942	372	3739	5957	325	457
1957	4558	1238	2973	347	6923	6190	327	406
1958	7908	2042	5400	466	11487	10241	676	569
1959	13778	3318	9821	639	15201	13160	1293	748
1960	14135	3833	9677	625	16153	14087	1405	661
1961	6632	2458	3840	334	10591	9601	578	412
1962	4500	1801	2419	280	8106	7309	421	376
1963	5133	2015	2777	341	8933	8052	482	399
1964	6056	2358	3335	363	9839	8811	564	464
1965	7544	2821	4339	385	11929	10721	750	458
1966	8481	3312	4805	364	16791	15493	855	443
1967	8262	3079	4823	360	15352	14008	927	417
1968	8307	3252	4728	327	16941	15624	926	391
1969	7656	2809	4487	360	16453	14998	988	467
1970	10081	3911	5693	477	19167	17346	1186	635
1971	11565	4227	6803	535			1423	688
1972	13334	4645	8100	589			1695	762
1973	14105	4641	8870	594	21963	19240	1900	823
1974	10578	3017	7107	454	17580	15256	1689	635
1975	14598	4214	9781	603	22198	18947	2374	877
1976	17320	4904	11732	684	24062	20096	2942	1024
1977	21484	5365	15255	864	27326	22293	3865	1168
1978	22964	5940	16128	896	31005	25746	4060	1199
1979	22536	5951	15748	837	31586	26540	3634	1113
1980	22086	5687	15629	770	31329	26087	4005	1237
1981	20496	5306	14427	763	31941	26332	4093	1516
1982	21641	5415	15413	813	35160	28400	4937	1823
1983	23726	5655	17216	855	38996	30966	5787	2243
1984	25310	6035	18389	886	41974	33250	6505	2219
1985	27371	6403	20105	863	48431	37342	8139	2468
1986	32299	6789	24619	893	57599	44618	10287	2694
1987	36012	7072	28008	932	64533	49069	12231	3234
1988	39866	7322	31670	874	72723	53851	15325	3547
1989	43098	7934	34331	833	78996	58657	16612	3727
1990	41443	8012	32654	777	77845	58546	15705	3594
1991	44145	8372	34587	1186	81402	59694	16660	5047
1992	47676	8609	37684	1381	87617	62750	18931	5936
1993	51250	9023	40820	1407	92257	63127	20444	8687
1994	57187	9259	46485	1443	101437	66744	23069	11625
1995	66546	9256	55669	1621	112655	69857	26397	16401
1996	70664	10226	58270	2168	122849	71385	30559	20895
1997	72780	10368	60340	2072	126093	73323	31915	20855
1998	76813	10224	64716	1867	118753	65877	34322	18513
1999	80212	10553	67696	1956	127304	73588	35350	18330
2000	92483	11253	76778	4452	403315	79964	40575	282776
2001	99464	12426	81574	5464	467545	84815	41143	341587
2002	107454	13624	89714	4116	304075	92525	46009	165541
2003	117712	17167	95900	4645	342906	107157	50987	184762
2004	132036	17862	106887	7287	478309	111109	59606	307594

13－4 沿海主要港口货物吞吐量

单位:千吨

港口名称	1980年	1990年	1995年	1996年	1997年	1998年	1999年	2000年	2001年	2002年	2003年	2004年
总　　计	**28283**	**54449**	**105940**	**120806**	**135854**	**134635**	**139158**	**160249**	**192980**	**220360**	**255890**	**305480**
青 岛 港	17080	30340	51030	60028	69160	70183	72569	86607	103981	122130	140900	162650
烟 台 港	5060	6680	13610	14304	15595	15107	13109	19639	19950	22890	25790	30110
日 照 港		9250	14520	15754	16502	17239	20033	26730	[illegible]	31360	45060	51080
东 风 港	130	144	232	338	325	378	230	290	250	250	200	
海 庙 港		91	160	147	269	377	434		250	250	510	173
龙 口 港	2380	4112	8142	7741	6594	4385	4825	5948	6620	6210	7640	11670
长 岛 港	76	125	1699	2336	2348	1718	1260	1433	1530	860	1740	2128
蓬 莱 港	229	194	3885	5484	6269	4957	4283	5252	5290	5960	6150	7084
威 海 港	612	1001	3787	4087	5650	6298	6637	6583	7270	6710	8400	11472
俚 岛 港	249	114	114	110	142	156	195	190	190	140	140	27
石 岛 港	501	381	463	467	431	437	421	410	430	430	490	418
张家埠港	494	196	111	130	130	139	120	100	90	100	160	57
乳 山 港	282	68	52	83	92	40	46	30	30	80	90	121
凤 城 港	15	9	53	31	22	8	4		30	100	80	107
青岛小港	537	338	625	530	260	248	252		249	390	460	350
石臼地方港	453	54										
岚 山 港	102	361	1605	1630	1937	1523	2122	4467	5730	6690		
烟台地方港		118	4689	6273	8254	9738	11050		7670	8480	9420	1519
羊 口 港		581	512	560	474	332	200	251	150	380	280	278
下 营 港		102	184	143	73	41	59	40				
蛸 江 港		60	206	230	160	187	270	190	230	310	360	418
潍 北 港		70	70	46	62	25	716	730	1410	2070	2820	2980
牟 平 港		60	187	234	162	194	220	290	350	500	450	720

13－5 交通运输企业主要技术经济指标

类　　别	单　位	1995 年	1996 年	1997 年	1998 年	1999 年	2000 年	2001 年	2002 年	2003 年	2004 年
铁路运输											
货车周转时间	天	2.0	2.0	2.0	2.4	2.2	2.2	2.1	2.0	2.0	1.96
货车周转距离	公里	457.0	450.0	437.0	460.0	468.0	481.0	455.0	455.0	453.0	453
货车中转距离	公里	142.0	141.0	142.0	141.0	141.0	143.0	146.0	152.0	157.0	166
平均一日装车数	车	5772.0	5935.0	5804.0	5568.0	5669.0	6000.0	6639.0	7169.0	7259.0	7453
平均一日卸车数	车	6615.0	6916.0	6950.0	6609.0	6992.0	7302.0	8049.0	8646.0	8518.0	9111
货车净载重	吨	56.2	56.4	57.2	58.0	58.2	58.6	58.8	58.9	58.9	59.7
货运机车日产量	万总重吨公里	123.6	123.4	122.7	122.2	128.5	133.6	135.1	134.3	131.7	119.8
内燃机车每万吨公里耗油	公斤	20.3	20.4	20.8	21.6	21.8	21.5	21.0	20.6	20.4	20.6
公路汽车运输											
货运汽车每百吨公里耗汽油	升	5.3	5.4	5.5	6.0	5.7	6.6	6.2	5.0	6.0	6.6
货运汽车每百吨公里耗柴油	升	3.5	3.7	4.2	5.0	5.5	4.8	4.9	5.0	6.0	6.1
客运汽车每百人公里耗汽油	升	8.7	9.7	9.1	10.0	7.7	8.8	8.7	14.0	14.0	13.8
客运汽车每百人公里耗柴油	升	7.1	10.3	9.4	10.0	5.5	7.3	7.5	10.0	11.0	10.9
沿海水运船舶											
全部船舶净载重量	万吨	51.5	54.2	53.1	50.0	53.7	386.0	415.0	474.0	498.0	575.6
沿海船舶燃料消耗	公斤/千换算吨公里	11.0	13.3	10.0	27.0	28.6	56.8	7.8	7.6	3.4	2.9
沿海港口											
码头舶位	个	110.0	119.0	125.0	125.0	236.0	275.0	285.0	291.0	301.0	314
最大靠舶能力	吨	20000	20000	20000	20000	200000	200000	200000	200000	200000	200000
吞吐量	万吨	2678	3037	3460	3202	13015	15248	17026	18352	20420	21077
旅客吞吐量	万人	336	353	393	407	800	800	803	836	753	889

13－6 邮电业务基本情况

类　　别	单　位	1980年	1990年	1995年	1997年	1998年	1999年	2000年	2001年	2002年	2003年	2004年
邮电业务总量	亿元	1.1	3.94	53.71	95.74	133.89	176.6	260.7	259.2	307.6	368.6	524.01
函　件	万件	17324	29486	38789	32859	33114	34967	32878	31400	51496	58220	50087
特快专递	万件						485	575	673	754.3	1089	1282
报刊期发数	万份	775	1047	1180	996	1147	1223	1701	1324	972	1152	716
电　报	万份	711	1054	667	324	226		178	138			
传　真	万份							42.5	36.2			
长途电话	万次	1525	5800	55755	79719	97077	96553	96010	101682	99470	149245	121275
年末移动电话用户	万户						249	501	775	1113	1509	1984
年末农村电话用户	万户	4	7	46	129	178	284	559	827	950	1085	1198
邮政所	处	2363	2647	4080	5387	5382	4414	3011	3040	3012	3007	3009
邮路总长度	公里	225000	58000	104700	150600	151000	185317	169500	159300	164700	156848	162232
长话电路	路	1282	7436	40634	67834	98760	163381	222000	108000	146470	268530	510000
国际互联网用户	万户						17	129	229	294.3	626	848

13－7 1978－2004年邮政基本情况

年　份	邮政局总计（处）	#设在农村	邮路总长度（万公里）	函件（万件）	报刊期发数（万份）
1978	2349	2048	22.4	15532	542
1979	2348	2042	22.6	16336	613
1980	2363	2057	22.5	17324	775
1981	2363	2052	22.8	17540	859
1982	2371	2050	4.2	17340	946
1983	2384	2048	4.2	17434	1131
1984	2415	2060	4.4	18958	1572
1985	2516	2153	4.7	21930	2017
1986	2531	2174	5	23745	1743
1987	2540	2176	5.2	26940	1888
1988	2576	2196	5.3	28884	1777
1989	2608	2210	5.3	30043	1176
1990	2647	2233	5.8	29486	1047
1991	2672	2247	5.7	28001	1174
1992	2699	2267	6.7	28266	1326
1993	3259	2492	8.5	32966	1247
1994	4180		9.7	35920	982
1995	4080	3400	10.5	38789	1180
1996	3727	3013	13.4	35112	1020
1997	5397		15.1	32859	996
1998	5382		15.1	33114	1147
1999	4414	3497	18.5	35138	1568
2000	3011	2255	17.0	32878	1701
2001	3040	2225	15.9	31400	1324
2002	3012	2193	16.5	51496	972
2003	3007	2166	15.7	58220	1152
2004	3009	2118	16.2	50087	716

13－8 1978－2004年电信业务总量

年份	电信业务总量（万元）	电报（万份）	长话电路（路）	长途电话（万次）	市内电话（万户）	农村电话（万户）
1978	10058	588	1082	1308	6.3	3.8
1979	10515	632	1177	1428	7.1	4.3
1980	11030	711	1282	1525	7.5	4.4
1981	11291	789	1415	1532	8.0	4.5
1982	11629	805	1532	1649	8.5	4.6
1983	12529	917	1653	1789	9.4	4.8
1984	13751	908	1929	1963	10.7	5.1
1985	16186	1132	2190	2325	12.1	5.2
1986	17735	1203	2638	2569	13.4	5.5
1987	20719	1519	3341	2984	15.2	5.9
1988	27124	1918	4392	3987	18.5	6.4
1989	32153	1812	5694	4693	22.3	6.9
1990	39401	1634	7436	5800	26.5	7.3
1991	103322	1651	12675	8724	32.9	8.1
1992	156134	1673	18422	16978	45.8	9.5
1993	274917	1412	32615	32273	69.6	12.8
1994	404027	987	47589	52719	84.8	19.2
1995	537135	667	40634	55755	165.8	46.1
1996	697719	458	54179	61409	227.0	80.0
1997	957400	324	67834	79719	283.5	128.6
1998	1338886	226	98760	97077	346.7	179.6
1999	1411800	202	163381	96553	413.8	283.8
2000	1865000	178	222500	96010	547.0	559.0
2001	2300200	138	108000	101682	661.0	827.0
2002	2759820		135000	99470	790.0	950.0
2003	3325632		268530	149245	1008.0	1085.0
2004	4846250		510000	121275	1314.0	1198.0

13－9 各市公路情况

（2004年）　　单位:公里

地区	公路里程	等级公路里程	高级、次高级路面里程	高速公路里程	晴雨通车里程	通公路的行政村占总行政村的（%）	公路密度（公里/百平方公里）
全省总计	**77768.0**	**77758.0**	**67465.0**	**3033.0**	**77483.0**	**99.9**	**49.6**
济南市	4594.4	4594.4	4553.7	194.0	4586.2	100.0	56.0
青岛市	6156.4	6156.4	4448.1	524.5	6156.4	100.0	57.5
淄博市	3729.0	3729.0	3558.6	147.9	3587.4	100.0	62.2
枣庄市	2085.8	2085.8	2014.1	115.2	2085.8	100.0	45.3
东营市	4688.7	4688.7	4688.7	132.8	4688.7	100.0	59.4
烟台市	6390.6	6390.6	4887.5	368.9	6390.6	100.0	46.3
潍坊市	7673.7	7664.4	5150.6	204.5	7613.3	100.0	48.3
济宁市	5790.2	5790.2	5549.6	182.6	5790.2	100.0	54.1
泰安市	4391.2	4391.2	3790.3	208.4	4372.6	98.2	56.3
威海市	2528.3	2528.3	1893.7	36.4	2528.3	100.0	46.0
日照市	2411.5	2411.5	1751.7	139.6	2411.5	100.0	45.5
莱芜市	1125.0	1125.0	891.1	97.2	1125.0	100.0	48.9
临沂市	4053.3	4053.3	4053.3	40.2	4052.1	100.0	42.7
德州市	3929.5	3929.5	3929.6	142.7	3929.5	100.0	37.8
聊城市	4570.0	4570.0	4569.8	111.8	4570.0	100.0	52.5
滨州市	7833.0	7833.0	6001.8	282.0	7833.0	99.5	45.5
菏泽市	5817.0	5817.0	5733.0	104.5	5762.0	100.0	47.7

13－10 各市地方交通旅客运输量

（2004 年）

地　　区	客运量（万人）	营业性	非营业性	周转量（百万人公里）	营业性	非营业性
全省总计	**115412**	**113602**	**1810**	**52337**	**51794**	**542**
济南市	11525	11525		5382	5382	
青岛市	21977	21977		6811	6811	
淄博市	19087	19087		3785	3785	
枣庄市	4937	4937		2316	2316	
东营市	2673	997	1672	2202	1717	485
烟台市	15285	15285		6164	6164	
潍坊市	4968	4950	18	3515	3497	18
济宁市	6536	6536		3435	3435	
泰安市	3544	3526	18	2050	2043	7
威海市	4956	4956		2721	2721	
日照市	4011	4011		1992	1992	
莱芜市	1387	1289	98	559	527	32
临沂市	1785	1785		1619	1616	
德州市	3040	3040		1280	1280	
聊城市	2406	2406		1732	1732	
滨州市	3853	3853		3542	3542	
菏泽市	3442	3442		3233	3233	

13－11 各市地方交通公路货物运输量

（2004 年）

地　　区	货运量（万吨）	营业性	非营业性	周转量（百万吨公里）	营业性	非营业性
全省总计	**106887**	**104721**	**2165**	**59606**	**57325**	**2281**
济南市	7888	7888		46807	4681	
青岛市	29937	29937		626	8626	
淄博市	5285	5285		2967	2967	
枣庄市	4567	4567		3145	3145	
东营市	4692	2688	2004	5286	3065	2222
烟台市	10541	10541		8511	8511	
潍坊市	6866	6851	14	3990	3981	950
济宁市	12716	12716		4728	4728	
泰安市	4737	4737		2203	2203	
威海市	4135	4135		3157	3157	
日照市	2081	2081		996	996	
莱芜市	1086	939	147	574	524	50
临沂市	2226	2226		1640	1640	
德州市	2279	2279		2166	2166	
聊城市	1336	1336		2098	2098	
滨州市	4106	4106		2679	2679	
菏泽市	2409	2409		2159	2159	

13－12 各市营业性运输车辆

（2004 年）

单位：辆

地　　区	汽　车	客　车	货　车	其　它机动车
全省总计	**549872**	**99499**	**450373**	**297256**
济南市	58011	11859	46152	20086
青岛市	79453	12958	66495	29518
淄博市	44876	9137	35739	12014
枣庄市	17317	2861	14456	11522
东营市	24209	4816	19393	20183
烟台市	52247	9433	42814	22526
潍坊市	33102	6183	26919	21007
济宁市	42220	7318	34902	29299
泰安市	23835	4181	19654	21361
威海市	46710	3691	43019	11080
日照市	20138	2330	17808	5692
莱芜市	9576	2378	7198	4315
临沂市	12293	2977	9316	18780
德州市	18897	4829	14068	8821
聊城市	18009	4280	13729	10728
滨州市	36335	6440	29895	44484
菏泽市	12644	3828	8816	5840

13－13 各市邮电业务基本情况

（2004 年）

地　　区	邮电业务总量（亿元）	函件（万件）	固定电话用户数（万户）	#住宅电话
全省总计	**524.0**	**50087.0**	**2512.0**	**2187.0**
济南市	59.0	7901.0	267.4	208.0
青岛市	83.0	7560.0	335.0	280.0
淄博市	35.0	2315.0	156.0	134.3
枣庄市	16.4	1113.0	69.8	62.3
东营市	21.3	1201.0	53.4	43.6
烟台市	41.8	5830.0	239.1	209.1
潍坊市	50.0	4011.0	246.0	226.4
济宁市	30.3	3600.0	171.9	154.5
泰安市	20.1	2251.0	119.9	107.4
威海市	24.1	1325.0	111.0	97.5
日照市	12.6	1012.0	63.3	54.8
莱芜市	6.3	402.0	30.6	27.3
临沂市	38.2	1231.0	226.0	198.2
德州市	21.8	2900.0	107.2	97.8
聊城市	23.0	2700.0	104.5	93.8
滨州市	18.8	3100.0	84.8	75.5
菏泽市	22.3	1855.0	126.0	116.5

13－14 各市民用车辆拥有量

（2004 年）

单位：辆

分　　组	全省总计	济南市	青岛市	淄博市	枣庄市	东营市	烟台市	潍坊市	济宁市
一、汽　车	**3449203**	**290564**	**405103**	**202348**	**95359**	**154859**	**350615**	**263258**	**246794**
1.载客汽车	1065265	149816	208325	81463	28310	51290	136994	68053	50224
#大　型	37429	5393	8449	2618	1426	2100	3827	1526	2241
中　型	63078	7169	13131	4780	2366	2148	9720	2553	3338
小　型	713769	104479	127659	60162	18238	39428	91307	46295	32735
#轿车	546792	85521	97855	47878	14858	31932	66420	34771	25023
2.载货汽车	594874	66309	82873	71017	23417	29347	70889	43981	39638
#重　型	65883	5624	8576	5019	4608	3935	9050	3467	5094
中　型	120937	8443	16090	14556	6204	4676	13010	7298	12221
轻　型	356537	43418	51962	45725	10863	18206	46575	30007	18119
#普通载货	466109	51112	64472	59145	17198	23923	58473	34209	31201
3.其它汽车	1789064	74439	113905	49568	43632	74222	142732	151224	156932
二、摩托车	**8023108**	**504761**	**674895**	**546974**	**331707**	**182421**	**833813**	**964377**	**522005**
1.普　通	7161869	379175	566279	487006	284093	155439	757687	893509	473519
2.轻　便	861239	125586	108616	59968	47614	26982	76126	70868	48486
三、拖拉机	**3860**	**92**	**24**	**264**	**37**	**360**	**155**	**257**	**468**
四、挂　车	**83085**	**3342**	**9785**	**8743**	**4540**	**3640**	**4504**	**3303**	**11719**
五、其它类型车	**570**	**190**	**245**	**3**	**7**	**2**	**82**	**1**	**7**

注：按照公安部的规定自 2004 年下半年将“农用运输车”归属在“汽车”中“其它汽车”统计

13－14 续表

单位：辆

分　　组	泰安市	威海市	日照市	莱芜市	临沂市	德州市	聊城市	滨州市	菏泽市
一、汽　车	**89751**	**150353**	**66271**	**45792**	**211006**	**219553**	**279782**	**178485**	**190383**
1.载客汽车	24108	57222	25387	15232	42000	37719	24973	27518	28815
#大　型	1167	1457	1023	597	522	1096	1117	1097	1566
中　型	1405	4488	1238	936	952	2314	1835	1599	2560
小　型	16892	41533	16670	9316	27463	23760	15525	6167	16899
#轿　车	11919	33197	12868	6900	23120	17229	11545	13777	11923
2.载货汽车	14234	39945	16999	12123	19714	19867	12065	14656	16566
#重　型	1100	2003	4084	1908	3927	2410	1490	1719	1743
中　型	2604	7687	4118	2194	5466	4791	3298	2677	5546
轻　型	8910	27314	6950	6644	6500	10652	6485	9568	7922
#普通载货	10615	34428	10247	9159	13822	14654	9735	11941	11724
3.其它汽车	51409	53186	23885	18437	149292	161967	242744	136311	145002
二、摩托车	**409626**	**363255**	**239033**	**179437**	**774934**	**421452**	**439159**	**344961**	**281551**
1.普　通	339435	341371	217700	153203	690941	398046	420674	327148	271263
2.轻　便	70191	21884	21333	26234	83993	23406	18485	17813	10288
三、拖拉机	**94**	**80**			**304**	**1407**	**281**	**24**	**13**
四、挂　车	**1621**	**1383**	**4902**	**1621**	**4978**	**6466**	**4845**	**3664**	**3966**
五、其它类型车	**3**	**9**				**15**		**1**	**5**

第14篇

批发零售贸易和餐饮业

WHOLESALE, RETAIL SALES AND CATERING SERVICE

诚信永远　服务无限

诚信鲁统 之 核心理念

科学、准确、及时

是统计数据的生命

诚信鲁统 之 质量理念

编辑单位：贸易处

编　　委：侯爱平

编　　辑：王安孜

校　　对：王安孜

电　　话：86129471

14－1 主要年份社会消费品零售总额

年　份	社会消费品零售总额（亿元）	市	县	县以下	占总额构成（%）市	县	县以下
1949	6.23						
1952	19.01						
1957	26.00						
1962	30.49						
1965	33.85						
1970	40.94						
1975	60.32						
1978	79.73	23.39	21.14	35.19	29.3	26.5	44.1
1979	92.22	27.46	23.10	41.66	29.8	25.0	45.2
1980	114.01	32.36	27.78	53.86	28.4	24.4	47.2
1981	131.47	35.84	34.40	61.23	27.3	26.2	46.6
1982	141.48	41.63	34.22	65.64	29.4	24.2	46.4
1983	162.14	47.85	37.49	76.80	29.5	23.1	47.4
1984	189.08	66.58	37.98	84.52	35.2	20.1	44.7
1985	227.03	84.16	46.50	96.38	37.1	20.5	42.5
1986	261.64	96.22	54.18	111.25	36.8	20.7	42.5
1987	300.69	119.11	58.69	122.89	39.6	19.5	40.9
1988	392.37	164.12	73.40	154.85	41.8	18.7	39.5
1989	430.74	199.91	72.75	158.09	46.4	16.9	36.7
1990	460.13	218.97	79.19	161.96	47.6	17.2	35.2
1991	536.03	263.90	86.76	185.36	49.2	16.2	34.6
1992	653.23	336.37	99.77	217.08	51.5	15.3	33.2
1993	857.58	466.57	120.65	270.36	54.4	14.1	31.5
1994	1137.15	630.18	161.66	345.32	55.4	14.2	30.4
1995	1442.67	839.30	161.80	441.58	58.2	11.2	30.6
1996	1691.66	1001.53	172.05	518.09	59.2	10.2	30.6
1997	1914.19	1179.87	188.19	546.13	61.6	9.8	28.5
1998	2127.17	1304.88	204.93	617.36	61.3	9.6	29.0
1999	2310.06	1418.25	221.82	669.99	61.4	9.6	29.0
2000	2545.90	1573.03	243.59	729.28	61.8	9.6	28.6
2001	2834.92	1758.40	273.67	802.84	62.0	9.7	28.3
2002	3181.90(3222.55)	2011.49(2043.47)	295.25(319.85)	875.16(859.23)	63.2(63.4)	9.3(9.9)	27.5(26.7)
2003	3670.13(3936.52)	2348.74(2525.62)	362.42(396.35)	958.97(1014.55)	64.0(64.1)	9.9(10.1)	26.1(25.8)
2004	4483.44	2903.72	445.47	1134.25	64.8	9.9	25.3

注：2002年和2003年括号内数据，其中限额以下零售额系使用抽样调查数据推算所得。在计算2003年增长速度时，请用2003年括号外数据比2002年括号内数据；计算2004年增长速度时，用2004年数据比2003年括号内数据。

14－1续表

年 份	各行业社会消费品零售总额(亿元)					构　成(%)				
	批零贸易业	餐饮业	制造业	农业生产者	其他行业	批零贸易业	餐饮业	制造业	农业生产者	其他行业
1949	3.92	0.63	1.68			62.9	10.1	27.0		
1952	13.23	1.92	3.21	0.53	0.12	69.6	10.1	16.9	2.8	0.6
1957	21.86	1.08	2.19	0.51	0.45	84.1	4.2	8.4	2.0	1.7
1962	25.39	1.37	1.98	1.60	0.15	83.3	4.5	6.5	5.2	0.5
1965	29.92	1.83	1.35	0.60	0.15	88.4	5.4	4.0	1.8	0.4
1970	36.53	1.37	1.87	0.95	0.22	89.2	3.3	4.6	2.3	0.6
1975	51.98	2.72	2.85	1.54	1.22	86.2	4.5	4.7	2.6	2.0
1978	68.40	3.65	4.57	2.34	0.77	85.8	4.6	5.7	2.9	1.0
1979	78.38	4.25	6.09	2.64	0.86	85.0	4.6	6.6	2.9	0.9
1980	94.61	5.03	10.00	3.38	0.99	83.0	4.4	8.8	3.0	0.9
1981	107.10	5.82	13.42	3.53	1.60	81.5	4.4	10.2	2.7	1.2
1982	112.90	7.64	14.12	4.82	2.00	79.8	5.4	10.0	3.4	1.4
1983	127.67	9.83	16.93	5.16	2.55	78.7	6.1	10.4	3.2	1.6
1984	147.25	11.23	20.57	6.16	3.87	77.9	5.9	10.9	3.3	2.0
1985	173.62	13.86	25.27	8.94	5.34	76.5	6.1	11.1	3.9	2.4
1986	194.85	15.48	31.38	12.32	7.61	74.5	5.9	12.0	4.7	2.9
1987	217.34	18.16	41.14	14.91	9.14	72.3	6.0	13.7	5.0	3.0
1988	287.09	22.88	49.85	20.50	12.05	73.2	5.8	12.7	5.2	3.1
1989	315.80	23.93	49.86	26.34	14.81	73.3	5.6	11.6	6.1	3.5
1990	338.02	25.07	50.24	30.41	16.38	73.5	5.4	10.9	6.6	3.6
1991	392.19	60.67	59.41	35.48	18.28	73.2	11.3	11.1	6.6	3.4
1992	471.87	37.56	77.87	44.17	21.76	72.2	5.7	11.9	6.8	3.3
1993	598.85	51.58	121.83	66.20	19.11	69.8	6.0	14.2	7.7	2.2
1994	763.63	82.26	134.49	106.96	49.81	67.2	7.2	11.8	9.4	4.4
1995	933.17	118.08	177.58	143.81	70.04	64.7	8.2	12.3	10.0	4.8
1996	1083.28	148.91	215.26	155.96	88.26	64.0	8.8	12.7	9.2	5.2
1997	1220.00	167.28	239.06	198.57	89.29	63.7	8.7	12.5	10.4	4.6
1998	1328.39	198.78	272.27	224.62	103.11	62.4	9.3	12.8	10.6	4.8
1999	1452.14	226.67	277.04	243.95	110.27	62.9	9.8	12.0	10.6	4.8
2000	1618.70	265.40	280.26	259.54	122.00	63.6	10.4	11.0	10.2	4.8
2001	1824.98	312.80	283.74	277.66	135.73	64.4	11.0	10.0	9.8	4.8
2002	2100.10(2645.64)	372.61(416.88)	280.94	283.89	144.36(160.03)	66.0(82.1)	11.7(12.9)	8.8	8.9	4.6(5.0)
2003	3018.94(3251.68)	466.60(497.22)			184.59(187.62)	82.3(82.6)	12.7(12.6)			5.0(4.8)
2004	3695.22	586.95			201.27	82.4	13.1			4.5

注:2002年和2003年括号内数据,其中限额以下零售额系使用抽样调查数据推算所得。在计算2003年增长速度时,请用2003年括号外数据比2002年括号内数据;计算2004年增长速度时,用2004年数据比2003年括号内数据。

14－2 批发和零售业商品销售总额和分类销售额

单位:万元

类　　别	销售额合计		批　发　额		零　售　额	
	2004年	2004年比2003年±%	2004年	2004年比2003年±%	2004年	2004年比2003年±%
总　　计	**85795690**	**10.78**	**48843451**	**8.72**	**36952239**	**13.64**
一、按行业分						
1.批发业	48767698	6.44	43317650	6.06	5450048	9.61
2.零售业	37027991	17.07	5525800	35.30	31502191	14.37
二、按规模分						
1.限额以上分类合计	32129134	10.72	22223720	6.71	9905414	20.92
食品、饮料、烟酒类	6946292	14.17	5250372	10.81	1695921	25.96
肉禽蛋类	556008	13.50	300122	0.78	255886	33.24
其他食品类	2415320	6.28	1478442	－2.66	936879	24.31
饮料类	246334	16.47	94098	5.54	152236	24.43
烟酒类	3728630	19.87	3377710	19.26	350921	26.08
服装鞋帽、针、纺织品类	2424782	2.64	1154997	－9.24	1269785	16.52
服装类	1393977	11.42	587715	4.70	806263	16.89
鞋帽类	331246	13.04	69623	2.06	261623	16.37
针、纺织品类	699559	－14.50	497660	－22.61	201899	15.23
化妆品类	229352	10.96	46740	0.13	182612	14.12
金银珠宝类	141806	16.59	9799	－19.59	132008	20.62
日用品类	577086	12.23	193632	11.92	383454	12.39
洗涤用品类	173052	9.39	49117	－5.72	123935	16.80
儿童玩具类	38985	28.93	10340	78.40	28644	17.20
五金、电料类	108527	2.89	63059	－6.38	45468	19.27
体育、娱乐用品类	62681	0.51	12115	－43.78	50566	23.90
书报杂志类	561020	0.67	279222	－2.59	281798	4.11
电子出版物及音像制品类	31563	37.75	6027	－7.69	25536	55.86
家用电器和音像器材类	2692485	28.90	1456966	38.96	1235520	18.76
中西药品类	1293022	3.01	562229	8.13	730794	－0.60
西　药	929024	7.26	410943	12.33	518081	3.56
中草药及中成药	340186	－3.39	138204	2.82	201982	－7.23
文化办公用品类	1191734	29.45	1033782	33.20	157952	9.31
家俱类	127051	19.23	21283	－29.54	105769	38.52
通讯器材类	414615	47.07	183399	55.90	231216	40.74
煤炭及制品类	328355	24.32	308526	22.46	19828	62.84
木材及制品类	93627	－1.44	77824	－13.21	15804	196.46
石油及制品类	4455802	29.82	3255299	26.61	1200504	39.42
化工材料及制品类	1944524	2.11	1907911	1.74	36613	26.45
化肥类	1128838	28.93	1128838	28.93		
金属材料类	1304285	6.92	1227804	6.46	76481	14.75
建筑及装潢材料类	328198	38.20	289296	38.73	38902	34.37
机电产品及设备类	4809290	－4.89	3082384	－16.01	1726906	24.53
农机类	154932	－20.41	154932	－20.41		
汽车类	2821742	－12.18	1271926	－37.33	1549817	30.95
种子饲料类	103219	3.24	103219	3.24		
棉麻类	336420	－12.07	334766	－11.86	1653	－40.45
其他类	1623396	－0.78	1363069	－3.36	260327	15.30
2.限额以下和个体户	53666556	10.82	26619731	10.45	27046825	11.19

14－3 2000－2004 年亿元以上商品交易市场分类成交情况

类　　别	摊位出租数量(个)				
	2000 年	2001 年	2002 年	2003 年	2004 年
合　　计	**237912**	**261337**	**251739**	**205639**	**202741**
食品、饮料、烟酒类	106958	112692	115740	89219	84272
＃粮油果菜类	66513	73743	79453	57109	51740
服装鞋帽、针、纺织品类	67796	73542	66931	57923	57092
化妆品类	3339	3647	3799	3370	3268
日用品类	19295	24611	21838	16798	16385
五金电料类	4585	5202	4603	5018	5321
体育、娱乐用品类	817	836	1216	1050	1518
书报杂志类	462	573	417	155	131
电子出版物及音像制品类	268	492	403	570	591
家用电器和音像器材类	2471	2163	2105	2159	2194
中西药材类	118	93	104	101	118
＃中草药及中成药品类	59	40	44	43	45
文化办公用品类	2929	3861	4547	3977	3795
家具类	4060	3642	3889	3993	3191
煤炭及制品类	98	117	125	119	134
木材及制品类	1221	3114	3110	2483	2935
化工材料及制品类	1485	1017	1372	879	862
金属材料类	3194	4495	1937	1751	2099
建筑及装潢材料类	3441	6044	6655	7056	9179
机电产品及设备类	3564	2820	2839	2910	3863
＃农机类	471	207	249	299	301
汽车类	1543	996	988	1131	1521
其他类	11811	12376	10029	6099	5737
＃旧货类	2234	1812	1851	439	467
通讯器材类					56

14－3 续表

类　　别	总成交额(万元)				
	2000 年	2001 年	2002 年	2003 年	2004 年
合　　计	**17957572**	**19118646**	**20425523**	**20488221**	**22436937**
食品、饮料、烟酒类	4725159	5038389	5295602	5865957	6292406
＃粮油果菜类	2263969	2383835	2292537	2700661	3164835
服装鞋帽、针、纺织品类	4182337	4176920	4707502	4441551	4703287
化妆品类	168129	196275	246803	261282	185236
日用品类	1157589	1430708	1806700	1322420	1321434
五金电料类	394811	375194	435547	484069	468387
体育、娱乐用品类	30316	22433	32862	32134	109553
书报杂志类	29544	34175	60581	14291	19777
电子出版物及音像制品类	10633	14407	43927	32726	37267
家用电器和音像器材类	239056	644764	456354	511906	461590
中西药材类	15245	11893	5031	4622	5833
＃中草药及中成药品类	2556	548	371	2167	3063
文化办公用品类	350026	419066	583360	661089	708470
家具类	534691	527281	452203	476178	499352
煤炭及制品类	9376	23764	31960	24472	8937
木材及制品类	607906	885303	885260	787011	961866
化工材料及制品类	1528180	1113918	1162272	1199410	1193108
金属材料类	1212481	1248943	1074444	1155486	1269639
建筑及装潢材料类	1032550	1416099	1252058	1369657	1929284
机电产品及设备类	776597	845315	1047749	1090577	1184097
＃农机类	194049	183280	109896	230025	244399
汽车类	284426	417863	682889	536344	555101
其他类	952946	693799	845308	753383	1074696
＃旧货类	195407	95370	62258	15540	10609
通讯器材类					2718

14－4 亿元以上商品交易市场分市场类型情况

（2004 年）

类别	市场个数（个）	营业面积（平方米）	出租摊位数（个）	成交额（万元）
总计	**316**	**14168766**	**202741**	**22436937**
一、综合市场	**85**	**3888955**	**79138**	**4115569**
工业品综合市场	32	1703731	30344	2170548
农产品综合市场	20	650788	21637	1340680
其他综合市场	33	1534436	27157	604341
二、专业市场	**229**	**10251811**	**122945**	**18269008**
纺织品服装鞋帽市场	36	1724139	42579	3674224
食品饮料烟酒市场	20	354191	7329	1331595
药材药品及医疗器材市场				
家具市场	9	216900	2244	389500
小商品市场	15	308650	11851	1372401
文化音像书报杂志市场	2	34288	1139	141272
旧货市场				
机动车市场	13	564613	1463	681942
金属材料市场	11	767590	3052	1342499
煤炭市场				
木材市场	5	922268	1763	727195
建筑装饰材料市场	28	1655946	8652	2136113
粮油市场	5	173734	479	251410
干鲜果品市场	7	155866	2850	391404
水产品市场	11	384360	9309	535084
蔬菜市场	32	1706926	22162	1815120
肉食禽蛋市场	3	38180	414	27637
土畜产品市场	4	19000	823	57455
农业生产资料市场	1	19000	82	38000
餐饮业市场				
其他专业市场	27	1206160	6754	3356157
三、其他市场	**2**	**28000**	**658**	**52360**
其他市场	2	28000	658	52360

14－5 2000－2004 年亿元以上商品交易市场情况

年　　份	市场数（个）	摊位数（个）	营业面积（平方米）	成交额（万元）
2000	313	237912	12567034	17957572
2001	318	261337	13496671	19118646
2002	323	251739	13205812	20425523
2003	308	205639	13130503	20488221
2004	316	202741	14168766	22436937

14－6 限额以上连锁零售业和餐饮业经营情况

类　　别	单位	合　计		直营店		加盟店	
		2003 年	2004 年	2003 年	2004 年	2003 年	2004 年
一、门店总数	个	2478	2722	1331	1280	1147	1442
二、营业面积	平方米	1742684	2284758	1497264	1952494	245420	332264
三、从业人员	人	54607	61058	41911	43674	12696	17384
四、统一配送比重	%	77	73	75	71	89	77
#自有配送中心配送比重	%	71	67	67	64	89	77
非自有配送中心配送比重	%	6	6	7	7		
五、销售总额(营业总收入)	千元	27656418	38188289	22945401	29852031	4711017	8336258
#零售额	千元	21455921	28552825	16898927	21282426	4556994	7270399
六、利润总额	千元	387337	504339	387337	504339		
七、资产总计	千元	11364476	13829709	11364476	13829709		
八、负债总计	千元	8314651	10415104	8314651	10415104		
九、商品购进总额	千元	24890162	33269348	20213592	25661528	4676570	7607820

14－7 限额以上连锁零售业和餐饮业门店及配送中心分布情况

单位：个

地　　区	合　计		直营店		加盟店		配送中心					
							合　计		自　有		非自有	
	2003 年	2004 年	2003 年	2004 年	2003 年	2004 年	2003 年	2004 年	2003 年	2004 年	2003 年	2004 年
合　　计	**2478**	**2722**	**1331**	**1280**	**1147**	**1442**	**73**	**74**	**65**	**66**	**8**	**8**
山　　东	2426	2665	1320	1269	1106	1396	73	74	65	66	8	8
河　　北	15	18			15	18						
辽　　宁	3	3	3	3								
黑 龙 江	3	6			3	6						
江　　苏	26	25	6	6	20	19						
河　　南	4	4	1	1	3	3						
陕　　西	1	1	1	1								

14－8 各市社会消费品零售总额

（2004 年）

单位：万元

地　　区	社会消费品零售总额	按所在地类别分		
		市	县	县以下
全省总计	**44834459**	**29037228**	**4454684**	**11342547**
济 南 市	6209879	5201300	287138	721441
青 岛 市	6054946	4766970		1287976
淄 博 市	2998249	2562597	192191	243461
枣 庄 市	1403390	952991		450399
东 营 市	1170971	778505	167366	225100
烟 台 市	4404197	3142923	33187	1228087
潍 坊 市	4052071	2319058	171246	1561767
济 宁 市	2938170	1855560	387711	694899
泰 安 市	2241823	1297216	175594	769013
威 海 市	2381361	1715831		665530
日 照 市	1044973	619901	210066	215006
莱 芜 市	670985	670985		
临 沂 市	3099042	1389076	882355	827611
德 州 市	1872090	728525	470600	672965
聊 城 市	1273211	413886	405338	453987
滨 州 市	1178720	292039	424314	462367
菏 泽 市	1773986	305224	638440	830322

14－8续表 (2004年) 单位:万元

地　　区	社会消费品零售总额	按行业分		
		批零贸易业	餐饮业	其他行业
全省总计	**44834459**	**36952239**	**5869548**	**2012672**
济南市	6209879	5036223	878713	294943
青岛市	6054946	4952307	807482	295157
淄博市	2998249	2427548	440830	129871
枣庄市	1403390	1136299	199918	67173
东营市	1170971	899179	217208	54584
烟台市	4404197	3764844	459085	180268
潍坊市	4052071	3426894	412528	212649
济宁市	2938170	2392511	412016	133643
泰安市	2241823	1944858	206355	90610
威海市	2381361	1799812	464677	116872
日照市	1044973	916140	89069	39764
莱芜市	670985	500918	133832	36235
临沂市	3099042	2692182	280603	126257
德州市	1872090	1603026	193673	75391
聊城市	1273211	1047370	161007	64834
滨州市	1178720	952339	188693	37688
菏泽市	1773986	1431386	282500	60100

14－9 各市亿元以上商品交易市场情况

(2004年)

地　　区	市场个数(个)	所占比重%	成交额(万元)	所占比重%
全省总计	**316**	**100.0**	**22436937**	**100.0**
济南市	45	14.2	2455087	10.9
青岛市	37	11.7	3810024	17.0
淄博市	18	5.7	3970860	17.7
枣庄市	19	6.0	530594	2.4
东营市	6	1.9	158166	0.7
烟台市	16	5.1	834528	3.7
潍坊市	32	10.1	1582080	7.1
济宁市	16	5.1	431533	1.9
泰安市	15	4.7	398051	1.8
威海市	12	3.8	164050	0.7
日照市	7	2.2	299246	1.3
莱芜市	1	0.3	33300	0.1
临沂市	36	11.4	3620574	16.1
德州市	39	12.3	2601010	11.6
聊城市	10	3.2	516748	2.3
滨州市	3	0.9	634867	2.8
菏泽市	4	1.3	396219	1.8

第15篇

对外贸易、旅游和开发区情况

WHOLESALE, RETAIL SALES AND CATERING SERVICE

忠诚统计

乐于奉献

诚信鲁统 之 道德理念

为经济社会发展服务是统计工作第一要务

诚信鲁统 之 服务理念

编辑单位：贸易处

编　　委：侯爱平

编　　辑：李　青 姜世杰

校　　对：李　青 姜世杰

电　　话：86129471

15－1　1984－2004年海关进出口情况

单位:万美元

年　份	出口总值	一般贸易	补偿贸易	来料加工装配贸易	进料加工贸易	其他贸易	进口总值
1984	207786						144226
1985	234652						179796
1986	191926						190914
1987	289938	264633	3239	2566	19232	268	65356
1988	309773	261451	3032	3796	40458	1036	263588
1989	327015	266337	3592	6274	49047	1765	289496
1990	341719	274898	4745	8660	53152	264	86803
1991	375230	293951	3456	13681	63430	712	107970
1992	433752	330729	4769	18598	79452	204	344388
1993	420360	292058	4373	23834	96748	3347	308226
1994	587011	371013	5050	40640	168470	1838	375916
1995	816101	460278	5198	77503	270177	2945	578906
1996	918298	449683	4323	130565	331035	2016	698096
1997	1085888	483895	2692	185156	410664	3481	667743
1998	1034705	458607	1617	172262	396013	6206	627035
1999	1157909	541405	257	218625	394880	2742	669185
2000	1552905	746563	807	293008	507050	5477	946093
2001	1812899	913253	91	310013	579125	10417	1083414
2002	2111511	1089063	200	341530	669958	10760	1282664
2003	2657285	1400709		392861	845249	18466	1808467
2004	3587286	1799792		483369	1252126	51999	2490850

15-2　1998-2004年进出口主要分类情况

单位:亿美元

类　　别	1998年	1999年	2000年	2001年	2002年	2003年	2004年
一、进出口总值	**166.3**	**182.7**	**249.9**	**289.5**	**339.4**	**446.6**	**607.8**
出口额	103.6	115.8	155.3	181.3	211.2	265.7	358.7
进口额	62.7	66.9	94.6	108.3	128.3	180.8	249.1
二、出口商品构成							
初级产品	22.5	22.8	21.7	23.7	21.9	20.2	17.8
工业制成品	77.5	77.2	78.3	76.3	78.1	79.8	82.2
三、进口商品构成							
初级产品	25.6	23.4	26.9	26.8	27.1	33.3	37.5
工业制成品	74.4	76.6	73.1	73.2	72.9	66.7	62.5
四、纺织服装进出口总值	**39.1**	**44.5**	**58.4**	**63.3**	**70.0**	**88.0**	**102.8**
出口额	31.1	35.1	47.1	51.7	58.1	74.7	88.7
进口额	8.0	9.4	11.3	11.6	11.9	13.3	14.2
五、农副产品进出口总值	**36.7**	**41.0**	**57.3**	**68.9**	**78.7**	**105.4**	**135.3**
出口额	22.9	27.1	35.3	44.7	52.3	65.8	83.0
进口额	13.8	13.9	22.0	24.2	26.4	39.6	52.3
六、机电产品进出口总值	**42.0**	**41.9**	**61.3**	**78.5**	**99.0**	**129.0**	**180.3**
出口额	19.6	21.0	31.3	38.0	50.3	64.4	97.2
进口额	22.4	20.9	30.0	40.5	48.7	64.6	83.1
七、高新技术产品进出口总值	**11.7**	**10.9**	**17.2**	**23.8**	**29.8**	**39.2**	**55.7**
出口额	3.6	4.5	6.5	7.8	11.4	15.4	24.9
进口额	8.1	6.4	10.7	16.0	18.5	23.9	30.8
八、外商投资企业进出口总值	**94.6**	**101.9**	**139.3**	**162.7**	**194.1**	**243.6**	**322.4**
出口额	52.3	58.5	79.3	92.4	109.9	137.7	184.1
进口额	42.3	43.4	60.0	70.3	84.2	105.9	138.3
九、一般贸易进出口总值	**57.4**	**74.2**	**105.1**	**126.9**	**156.8**	**219.4**	**291.1**
出口额	45.9	54.2	74.7	91.3	108.9	140.1	180.0
进口额	11.5	20.0	30.4	35.6	47.9	79.4	111.1
十、加工贸易进出口总值	**92.0**	**99.6**	**131.3**	**144.8**	**162.7**	**202.9**	**279.4**
出口额	56.8	61.3	80.0	88.9	101.1	123.8	173.6
进口额	35.2	38.3	51.3	55.9	61.5	79.1	105.8
来料加工贸易进出口总值	28.0	37.3	49.4	52.6	57.7	66.7	83.1
出口额	17.2	21.8	29.3	31.0	34.2	39.3	48.3
进口额	10.8	15.5	20.1	21.6	23.5	27.4	34.8
进料加工贸易进出口总值	64.0	62.3	81.9	92.2	105.0	136.2	196.2
出口额	39.6	39.5	50.7	57.9	67.0	84.5	125.2
进口额	24.4	22.8	31.2	34.3	38.0	51.7	71.0

15－3 海关进出口商品总值(按国别、地区分)

单位:万美元

国　别(地区)	进出口总值			出口总值			进口总值		
	2002	2003 年	2004 年	2002 年	2003 年	2004 年	2002 年	2003 年	2004 年
合　计	**3394175**	**4465752**	**6078136**	**2111511**	**2657285**	**3587286**	**1282664**	**1808467**	**2490850**
亚　洲	**2048017**	**2650309**	**3489537**	**1243584**	**1532851**	**2014853**	**804433**	**1117458**	**1474684**
香　港	127153	175874	243199	108400	153094	204944	18753	22780	38255
日　本	736828	889477	1029068	537168	612331	724336	199660	277145	304732
韩　国	741636	963907	1261672	327339	417532	553227	414297	546375	708445
台　湾	79120	91866	130621	25304	33098	57498	53816	58768	73123
马来西亚	42462	55294	90105	25164	30699	47205	17298	24594	42900
印度尼西亚	39538	53285	83786	23797	28432	43575	15741	24853	40211
新加坡	43890	60568	96829	22027	31029	51445	21863	29538	45384
非　洲	**73581**	**112563**	**172497**	**51200**	**75542**	**112163**	**22381**	**37021**	**60334**
南　非	16931	24548	41790	8230	12129	18559	8701	12418	23231
欧　洲	**543178**	**738726**	**1028900**	**331591**	**455497**	**644080**	**211587**	**283229**	**384820**
英　国	57102	77716	102636	46458	66150	84267	10644	11565	18369
德　国	110530	142771	198481	57742	73346	100715	52788	69424	97766
法　国	26080	41742	52694	16819	22226	34158	9261	19515	18536
意大利	57629	73372	91203	31124	43156	60363	26505	30216	30840
荷　兰	48003	52741	80417	40309	43189	62260	7694	9552	18157
西班牙	21736	30800	45977	17301	25112	38291	4435	5688	7686
瑞　典	9620	14166	25947	5753	8103	11776	3867	6063	14171
瑞　士	9568	13402	18600	2898	3109	4702	6670	10292	13898
俄罗斯	83044	118419	171588	31756	49421	76799	51288	68998	94789
南美洲	**100144**	**155391**	**275400**	**46311**	**63068**	**98856**	**53833**	**92323**	**176544**
阿根廷	11211	26844	42828	1047	2193	3889	10164	24651	38939
巴　西	42277	61084	113315	9192	11532	15870	33085	49551	97445
智　利	9809	14233	24676	4552	6756	8517	5257	7476	16159
墨西哥	12372	17808	29019	10649	14553	23857	1723	3254	5162
巴拿马	5673	9140	17758	5670	9100	17650	3	39	108
秘　鲁	4481		12184	1477		2321	1491	3004	9863
北美洲	**555669**	**716937**	**966053**	**405796**	**491247**	**662071**	**149873**	**225690**	**303982**
美　国	493801	633891	852256	373255	449017	602193	120546	184874	250063
加拿大	61461	82454	109512	32523	42178	56133	28938	40275	53379
大洋州	**73584**	**91827**	**145743**	**33027**	**39080**	**55262**	**40557**	**52747**	**90481**
澳大利亚	59938	76382	122598	26724	31844	46837	33214	44538	75761
新西兰	12536	13628	19685	5586	6072	7005	6950	7556	12680

注:进口国别指原产国,出口国别指最终消费国。

15－4 海关进出口商品分类金额

单位：万美元

商品类别	2001年		2002年		2003年		2004年	
	出口	进口	出口	进口	出口	进口	出口	进口
总　计	**1812899**	**1083414**	**2111511**	**1282665**	**2657285**	**1808467**	**3587286**	**2490850**
一、活动物；动物产品								
活动物	396	34	382	226	329	390	344	995
肉及食用杂碎	38111	160	26066	263	20184	716	17256	464
鱼、甲壳、软体及水生无脊椎动物	94653	70203	104453	81690	125315	103437	147532	124916
乳蛋品；天然蜂蜜；其他食用动物产品	2143	962	2275	988	2451	1401	2792	555
其他动物产品	3748	1188	3998	1064	4112	1079	6041	1291
二、植物产品								
活植物；鳞茎、根及类似品；插花	82	66	144	79	228	75	314	88
食用蔬菜、根及块茎	47730	8743	53124	11429	66389	14939	76815	19684
食用水果及坚果；属水果的果皮	9706	493	13215	1392	21905	3529	28235	3628
咖啡、茶、马黛茶及调味香料	7579	188	8171	335	10152	247	20522	320
谷　物	93	8223	97	6783	166	5771	162	5166
制粉产品；麦芽；淀粉；菊粉；面筋	1145	570	1626	438	1972	683	2366	878
子仁果实、工业药用植物；稻草饲料	20191	29639	23297	38408	29921	87890	32005	120584
虫胶；树胶、树脂及其他植物液、汁	1343	59	1924	143	394	170	183	208
编结用植物材料；其他植物产品	109	1016	100	415	143	1366	114	1496
三、动植物油脂、蜡及分解产品；食用油	**780**	**2418**	**1068**	**6102**	**3034**	**11834**	**2879**	**15241**
四、食品饮料酒醋；烟草及代用品								
肉鱼甲壳软体动物及无脊椎动物制品	59783	471	69332	755	81323	1090	99586	1162
糖及糖食	407	968	414	1054	965	997	1266	1251
可可及可可制品	64	75	103	119	94	171	345	444
谷物、粮食粉、淀粉、乳制品；糕点	11286	502	12441	778	14077	499	17181	628
蔬菜、水果、坚果其他植物制品	34228	177	43592	361	55484	778	69608	958
杂项食品	6172	1859	5879	2104	8650	2445	9293	3244
饮料、酒、醋	4013	407	6066	399	10190	373	4846	556
食品工业残渣废料；动物饲料	2643	2287	4833	2365	5057	1704	5282	2084
烟草及烟草代用品的制品	1382	135	2094	155	3107	216	2000	53
五、矿产品								
盐硫磺泥土及石料；石膏石灰及水泥	13267	3974	13305	4847	14748	7864	18727	11689
矿砂、矿渣及矿灰	64	26716	171	32288	282	60271	176	191771
矿物燃料、油、蜡及蒸馏产品；沥青物质	66361	13345	60246	15274	54438	51529	72992	78570
六、化学工业及其相关工业产品								
无机化学品；有机及无机化合物	21705	6385	22119	9015	24679	16235	28112	19429
有机化学品	35375	24737	39257	44837	54833	68269	76713	85635
药　品	9070	826	8668	734	9885	1160	11147	862
肥　料	4246	30	2110	4050	10306	2452	18467	3444
鞣料制品及颜料油灰油墨等	7618	8764	9259	9624	10737	12097	13791	16478

15－4 续表 1

单位:万美元

商品类别	2001年		2002年		2003年		2004年	
	出口	进口	出口	进口	出口	进口	出口	进口
精油及香膏;芳香料制品及化妆品	416	246	590	291	778	433	1210	732
肥皂洗涤润滑剂;蜡制品及熟石膏	1961	2986	2407	3358	4063	4071	6751	5835
蛋白类物质;改性淀粉;胶;酶	3164	3946	4416	4826	5693	5548	10460	6961
炸药火柴烟火制品;易燃材料制品	167	15	397	102	647	141	865	183
照相及电影用品	108	89	109	72	19	103	36	224
杂项化学产品	3260	11418	4406	11995	6047	14740	9560	23292
七、塑料及其制品;橡胶及其制品								
塑料及其制品	33158	63991	41320	78155	55596	103676	76197	146953
橡胶及其制品	25821	22943	35645	30995	53057	64805	84006	88402
八、皮及皮制品;旅行用品;动物肠线								
生皮(毛皮除外)及皮革	16434	74778	13394	59114	14818	60289	26625	67000
皮革制品;旅行用品;动物肠线制品	109163	545	99365	336	108835	616	116025	576
毛皮、人造毛皮及制品	2803	989	4690	1669	10769	1667	26931	1335
九、木及软木制品、编结材料制品								
木及木制品;木炭	16668	16456	23160	16753	28522	20274	50144	23074
软木及软木制品	14	192	13	117	31	269	16	426
稻草针茅篮筐及柳条等编结品	7959	35	11941	46	17475	85	24921	33
十、木浆及纤维状纤维素浆;废纸纸板及制品								
木浆及纤维状纤维素浆;废纸或纸板	136	28745	557	39109	857	58617	804	84589
纸及纸板;纸浆、纸或纸板制品	11078	17622	11618	17468	20070	18864	20382	22255
书籍、报纸刷图及其他印刷品;手稿设计图纸	37	390	111	480	152	521	339	768
十一、纺织原料及纺织制品								
蚕　丝	8331	321	8273	291	8706	574	8828	1116
羊毛动物细粗毛;马毛纱线及其机织物	5611	7739	6843	7300	8738	8167	9484	8475
棉　花	48607	14109	76308	22341	114462	64633	141936	116659
其他植物纺织纤维;纸纱线及其机织物	1372	880	1610	1305	1986	1388	1923	2376
化学纤维长丝	10991	25289	10631	25191	12987	29361	15922	26636
化学纤维短纤	45303	32697	42895	32315	45441	32272	50283	32011
絮胎毡呢及无纺织物;特种纱线线绳索缆	2978	4801	3161	5222	4685	6281	5462	7124
地毯及纺织材料的其他铺地制品	9550	156	10471	78	11545	88	12152	157
特种机,簇绒织物;花边装饰毯,带,刺绣品	5553	10773	9733	11255	12393	11164	10913	12388
浸渍涂布包覆或层压纺织物;工业用纺织品	3225	19401	3883	19137	4113	16986	6020	17358
针织物及钩编织物	2748	24441	2762	26065	4886	34722	4356	39055
针织或钩编的服装及衣着附件	113593	1187	135545	1246	182290	1080	224267	1201
非针织或非钩编的服装及衣着附件	105893	1217	114360	1553	138909	2049	161105	1782
其他纺织品;成套物品;旧衣旧纺织品	77396	377	90070	426	119624	805	142326	784
十二、鞋帽伞杖鞭及零件;羽毛人发制品								
鞋靴,护腿和类似品及零件	79898	10309	75638	8741	74089	9533	81851	9870

15－4 续表 2　　　　　　单位:万美元

商 品 类 别	2001 年		2002 年		2003 年		2004 年	
	出口	进口	出口	进口	出口	进口	出口	进口
帽类及其零件	4077	116	5652	127	7189	118	9414	213
雨伞阳伞手杖鞭子马鞭及零件	145	23	150	3	435	9	349	10
已加工羽毛羽绒及制品;人造花	16713	2506	18297	2741	20547	2981	23918	3443
十三、石料膏泥棉云母及制品;陶瓷玻璃								
石料膏泥棉云母及类似材料制品	10727	1729	14073	1962	17791	2918	21839	3929
陶瓷产品	10907	444	13111	669	18040	1247	22274	2614
玻璃及其制品	13186	1526	20010	1682	26430	2578	37176	4033
十四、珍珠宝石贵金属及制品;仿首饰	**16308**	**7071**	**27356**	**11346**	**32885**	**11148**	**44826**	**15975**
十五、贱金属及制品								
钢　铁	18617	29878	20350	48296	34032	66091	107187	94292
钢铁制品	37249	6407	47512	9391	57396	14438	95705	20076
铜及其制品	3000	7535	3393	8179	3876	10517	7444	22981
镍及其制品	6	229	5	152	26	334	31	1868
铝及其制品	2220	4128	6284	4547	18456	16033	63487	30092
铅及其制品	12	171	73	311	41	400	105	516
锌及其制品	132	150	143	143	163	280	217	439
锡及其制品		939	4	1256		1514		2476
其他贱金属,金属陶瓷及制品	478	451	274	163	379	104	467	837
贱金属工具器具利口器餐匙餐叉及零件	13105	1067	15282	1442	18950	2302	24412	3179
贱金属杂项制品	6891	3954	8241	4038	8555	4624	11131	5848
十六、机械、电气设备、电视机及音响设备								
核反应堆;锅炉机器机械器具及零件	110441	191968	131299	230067	159729	315755	260379	377488
电机电气设备及零件;声像设备	122845	168985	175295	197661	236768	251030	345287	347947
十七、车辆,航空器,船舶及运输设备								
铁道及电车道,交通讯号设备零附件	34062	776	51822	2238	66794	2739	93066	2316
车辆及其零附件,铁电车道车辆除外	26331	3150	35333	3418	54005	10986	81873	15360
航空器,航天器及其零件	110	49	79	4519	123	6001	601	1359
船舶及浮动结构体	2115	384	5993	2681	5548	211	10432	310
十八、照相计量医疗精密仪器及设备,零附件								
照相计量医疗精密仪器及设备,零附件	6884	22949	8365	25082	13163	33666	18902	49565
钟表及其零件	1760	361	2358	249	3217	180	3561	232
乐器及其零件附件	1567	467	3053	930	5830	1337	8301	1811
十九、武器弹药及其零件、附件	**4**		**2**		**6**		**14**	
二十、杂项制品								
家具垫子照明装置发光品活动房屋	30319	762	38247	1338	56424	2350	87366	2927
玩具游戏品,运动用品及零附件	56010	4430	64918	4880	62843	2143	76547	3187
杂项制品	7229	4803	7918	4930	9544	5378	11584	6253
二十一、艺术品,收藏品及古物	**1**	**67**	**3**	**48**	**3**	**106**	**5**	
二十二、特殊交易品及未分类商品								

15-5 出口商品结构(按国际贸易标准划分)

单位:万美元

商品类别	2001年		2002年		2003年		2004年	
	出口	进口	出口	进口	出口	进口	出口	进口
总　　值	**1812079**	**100.0**	**2111511**	**100.0**	**2657285**	**100.0**	**3587286**	**100.0**
一、初级产品	**429962**	**23.7**	**462078**	**21.9**	**536695**	**20.2**	**638864**	**17.8**
食品及活动物	316173	17.4	346498	16.4	415045	15.6	501179	14
饮料及烟类	3848	0.2	6929	0.3	7913	0.3	5641	0.2
非食用原料(燃料除外)	43028	2.4	47512	2.3	56129	2.1	56247	1.6
矿物燃料、润滑油及有关原料	66362	3.7	60247	2.9	54439	2.0	72993	2
动植物油、脂及蜡	551		893		2840	0.1	2804	0.1
二、工业制品	**1382117**	**76.3**	**1649051**	**78.1**	**2120590**	**79.8**	**2948422**	**82.2**
化学成品及有关产品	92989	5.1	102287	4.8	142761	5.4	193303	5.4
按原料分类的制成品	409458	22.6	505625	24.0	677624	25.5	1002964	28.0
机械及运输设备	296240	16.3	399967	18.9	523037	19.7	791862	22.1
杂项制品	583429	32.2	641172	30.4	777169	29.2	960292	26.8
未分类的商品								
#机电产品	379677	21.0	502923	23.8	643963	24.2	971961	27.1

注:高新技术产品出口249369万美元,增长62.1%;农产品出口55.9亿美元,增长17.8%。

15－6 1979－2004年利用外资情况

单位:万美元

年　　份	合同项目个数(个)	#外商直接投资	合同外资金额	#外商直接投资	实际利用外资金额	#外商直接投资
1979	49		1278		1276	
1980	46		1254		1245	
1981	40	1	1296	10	1296	10
1982	60		1348		1327	
1983	51		2010		1831	
1984	100	16	15283	10470	1642	40
1985	232	32	10994	4925	6375	559
1986	109	37	13377	5927	11743	1939
1987	151	53	30520	3890	10219	2381
1988	458	203	59553	26020	14231	3908
1989	485	240	55272	17855	31498	13132
1990	674	366	55164	23283	31123	15084
1991	1187	801	102358	65481	46789	17950
1992	4651	4109	471994	391961	137684	97335
1993	8012	7229	754863	705116	226068	184319
1994	4747	3650	624570	526217	340137	253566
1995	5035	2709	532980	462521	326698	260719
1996	2223	2175	633894	539797	339426	259041
1997	1681	1597	454145	328037	358447	250044
1998	1434	1366	367072	221866	361036	222262
1999	1745	1717	421333	311087	374464	246878
2000	2733	2728	561066	507435	381243	297119
2001	3058	3047	715880	672040	424886	362093
2002	4072	4065	1186072	1130680	652124	558603
2002年增幅(%)	(33.2)	(33.4)	(64.2)	(68.2)	(47.8)	(54.3)
2003	5305	5305	1989296	1341413	1125985	709371
2003年增幅(%)	(30.5)	(30.5)	(72.1)	(86.7)	(73.2)	(48.9)
2004	5890	5890	2144647	2028958	982105	870064
2004年增幅(%)	(11.1)	(11.1)	(53.7)	(51.3)	(32.4)	(22.7)

注:2003年实际利用外资金额是全口径数据包括对外借款,合同外资个数和合同外资金额不包括对外借款部分。2004年起实行新的外商投资统计制度取消对外借款部分,外商直接投资数据为商务部反馈数。

15－7 外商投资基本情况

单位:万美元

类别	合同项目个数(个)			合同外商投资金额			实际使用外商投资金额		
	1979－2004年	比重%	2004年	1979－2004年	比重%	2004年	1979－2004年	比重%	2004年
合　计	**44309**	**100.0**	**5890**	**10211037**	**100.0**	**2144647**	**5420080**	**100.0**	**982105**
一、外商直接投资	**44309**	**100.0**	**5890**	**8972991**	**87.9**	**2028958**	**4628327**	**85.4**	**870064**
中外合资企业	21902	49.4	1466	2929334	28.7	278209	1828751	33.7	166182
中外合作企业	1967	4.4	121	773517	7.6	54975	347738	6.4	26145
外资企业	20397	46.0	4300	5193069	50.9	1687474	2394737	44.2	673062
外商投资股份制	39	0.1	3	69824	0.7	4963	50046	0.9	1338
合作开发	4	…	1	7247	0.1	3337	7055	0.1	3337
其　它									
二、外商其它投资				**1238046**	**12.1**	**115689**	**791753**	**14.6**	**112041**
对外发行股票				239230	2.3	77401	233428	4.3	77801
国际租赁				130271	1.3	11660	132977	2.5	11660
补偿贸易				108673	1.1	12645	69669	1.3	9863
加工装配				183868	1.8	13983	96323	1.8	12717
外商投资企业差额借款				576004	5.6		259356	4.8	

15－8 外商直接投资

单位:万美元

国家(地区)	合同项目个数(个)			合同外资金额			实际利用外资金额		
	2002年	2003年	2004年	2002年	2003年	2004年	2002年	2003年	2004年
总　计	**4065**	**5305**	**5890**	**1130680**	**1341413**	**2028958**	**558603**	**709371**	**870064**
#香　港	564	788	802	218462	298071	408567	118841	135273	174250
澳　门	11	20	23	1234	10994	8965	418	1653	1343
台　湾	352	396	418	85929	102090	162012	48370	58297	66045
泰　国	14	14	11	9948	5124	4247	1908	2539	2563
菲律宾	14	21	24	3969	3506	6963	1707	2227	3714
马来西亚	25	35	24	2934	10520	7766	1809	4531	4320
日　本	370	443	455	77373	73316	117801	49465	46133	56157
新加坡	60	81	87	33759	34154	45459	17911	14251	21353
阿联酋	7	9	4	3463	469	605	211	356	354
韩　国	1792	2431	2885	370058	456484	821136	155713	283958	359194
匈牙利	4	5	5	3010	246	412	26	141	246
德　国	31	39	66	4373	6443	21146	10760	4171	3535
法　国	13	24	23	4852	7194	6249	4590	3543	7210
意大利	32	19	22	9676	2399	6414	2718	2866	2221
荷　兰	9	11	8	2194	3539	5842	1897	2917	2625
英　国	39	42	48	31845	11755	11295	10891	10082	6622
瑞　典	6	5	3	2633	5623	349	2265	463	1287
瑞　士	3	6	4	531	－267	670	515	283	391
维尔京群岛	43	79	95	36498	52196	58335	24189	21220	20850
加拿大	94	131	129	26762	32398	41522	7927	12348	14451
美　国	394	479	474	137398	109802	160761	60888	55918	64081
澳大利亚	84	95	99	31937	16646	43655	11219	10805	14281

15－9 分行业合同利用外商直接投资

（2004 年）　　单位：万美元

行业分类	总计 项目数（个）	总计 合同外资	中外合资企业 项目数（个）	中外合资企业 合同外资	中外合作企业 项目数（个）	中外合作企业 合同外资	外资企业 项目数（个）	外资企业 合同外资	外商投资股份制企业 项目数（个）	外商投资股份制企业 合同外资
总　计	**5890**	**2028958**	**1466**	**278209**	**121**	**54975**	**4300**	**1687474**	**3**	**4963**
第一产业	**181**	**75932**	**33**	**5021**	**7**	**2525**	**141**	**68386**		
农、林、牧、渔业	181	75932	33	5021	7	2525	141	68386		
#农　业	56	22249	9	1955			47	20294		
第二产业	**5061**	**1744712**	**1264**	**237175**	**92**	**37966**	**3702**	**1461271**	**3**	**4963**
采矿业	23	10512	9	3360	2	579	12	3236		
#石油和天然气开采业	1	3547					1	210		
制造业	4958	1690048	1217	222456	87	37261	3651	1425368	3	4963
#纺织业	202	68145	56	9467	4	1588	141	52926	1	4164
化学原料及化学制品制造业	263	63393	95	7207	13	3310	155	52780		96
医药制造业	76	27955	37	6557	2	243	37	21155		
通用设备制造业	330	134372	80	14714	7	1273	243	118385		
专用设备制造业	233	92314	54	8748	8	3066	169	80013	2	487
通信设备、计算机及其他电子设备制造业	374	152068	43	11711	4	841	327	139516		
电力、燃气及水的生产和供应业	42	28219	24	8036	2	950	16	19233		
建筑业	38	15933	14	3323	1	－824	23	13434		
第三产业	**648**	**208314**	**169**	**36013**	**22**	**14484**	**457**	**157817**		
交通运输、仓储和邮政业	22	8498	15	3685		－520	7	5333		
信息传输、计算机服务和软件业	25	1859	5	269			20	1590		
批发和零售业	159	15254	29	3645	3	4006	127	7603		
住宿和餐饮业	140	28973	27	1291	1	447	112	27235		
#旅游饭店	13	8621	2	445		－33	11	8209		
金融业	2	2590	1	2228			1	362		
房地产业	139	108009	56	17909	9	9528	74	80572		
#房地产开发经营	127	99597	50	16304	9	9528	68	73765		
租赁和商务服务业	76	18540	10	1191	1	－27	65	17376		
科学研究、技术服务和地质勘查业	20	1948	6	304	3	345	11	1299		
水利、环境和公共设施管理业	17	5594	9	1964	1	457	7	3173		
居民服务和其他服务业	13	3939	2	3538			11	401		
教　育	9	901	3	555	2	16	4	330		
卫生、社会保障和社会福利业	2	228	1	3	1	225				
文化、体育和娱乐业	24	11981	5	－569	1	7	18	12543		

15-10 分行业外商实际直接投资

（2004 年） 单位:万美元

行业分类	总计	中外合资企业	中外合作企业	外资企业	股份制外商投资企业	合作开发
总　　计	**870064**	**166182**	**26145**	**673062**	**1338**	**3337**
第一产业	**26928**	**2499**	**295**	**24134**		
农、林、牧、渔业	26928	2499	295	24134		
#农　业	12081	1915	255	9911		
第二产业	**749649**	**142450**	**16091**	**586433**	**1338**	**3337**
采矿业	5410	548	19	1506		3337
#石油和天然气开采业	3337					3337
制造业	727002	133524	14082	578058	1338	
#纺织业	35920	8456	556	26908		
化学原料及化学制品制造业	37295	14556	1172	21327	240	
医药制造业	6982	2149	300	4533		
通用设备制造业	52692	8158	1529	43005		
专用设备制造业	31814	3906	828	26913	167	
通信设备、计算机及其他电子设备制造业	63526	6851	255	56215	205	
电力、燃气及水的生产和供应业	10678	6381	570	3727		
建筑业	6559	1997	1420	3142		
第三产业	**93487**	**21233**	**9759**	**62495**		
交通运输、仓储和邮政业	8657	4806	25	3826		
信息传输、计算机服务和软件业	885	273		612		
批发和零售业	4112	1032	134	2946		
住宿和餐饮业	11600	1628	480	9492		
#旅游饭店	3785	70		3715		
金融业	58			58		
房地产业	44436	9114	5051	30271		
#房地产开发经营	42721	8161	5051	29509		
租赁和商务服务业	9494	1887	629	6978		
科学研究、技术服务和地质勘查业	2517	295	895	1327		
水利、环境和公共设施管理业	3362	245	457	2660		
居民服务和其他服务业	911	829		82		
教　育	16		6	10		
卫生、社会保障和社会福利业	228	3	225			
文化、体育和娱乐业	7211	1121	1857	4233		

15－11　1982－2004年对外承包工程和劳务合作情况

年　份	合同个数（个）	合同金额（万美元）	营业额（万美元）	年末在外人数（人）
1982	1	421	421	
1983	1	1286	40	408
1984	1	451	664	783
1985	4	645	852	1147
1986	26	1099	876	1597
1987	33	802	999	1239
1988	34	502	987	865
1989	69	1389	1000	1179
1990	91	3377	1712	1462
1991	123	5952	3017	2326
1992	192	8747	3882	3571
1993	299	20250	6959	7254
1994	411	31882	12222	10288
1995	672	38604	18274	16217
1996	880	52005	28933	23355
1997	966	57654	36315	26626
1998	1296	73703	46508	29121
1999	1116	67729	63615	30979
2000	1250	61601	45229	35028
2001	1580	104622	55913	36489
2002	1380	134098	83133	43554
2003	1322	124243	99213	52077
2004	1879	146590	151568	62705

注：2003年统计口径有所调整。

15－12 对外承包工程、劳务合作和设计咨询情况

项　目	单　位	1998年	1999年	2000年	2001年	2002年	2003年	2004年
一、合同个数	个	**1296**	**1116**	**1250**	**1580**	**1380**	**1322**	**1879**
承包工程	个	147		115	92	212	83	160
劳务合作	个	1147		1125	1434	1162	1237	1688
生产合作	个				12			
设计咨询	个	2		10	2	6	2	31
其他合作	个				40			
二、合同金额	**万美元**	**73703**	**67729**	**61601**	**104622**	**134098**	**124243**	**146590**
承包工程	万美元	49533	39343	29205	59300	103034	82021	83708
劳务合作	万美元	24157	28364	32038	32376	31021	42202	57677
生产合作	万美元				7835			
设计咨询	万美元	13	22	358	13	43	20	5205
其他合作	万美元				5098			
三、营业额	**万美元**	**46508**	**63615**	**45229**	**55913**	**83133**	**99213**	**151568**
承包工程	万美元	25696	40694	17342	24333	53527	61752	104107
劳务合作	万美元	20785	22901	27760	27638	29554	37449	45975
生产合作	万美元				2640			
设计咨询	万美元	27	20	127	38	52	12	1486
其他合作	万美元				1264			
四、年末在国外人数	**人**	**29121**	**30979**	**35028**	**36489**	**43554**	**52077**	**62705**
承包工程	人	2915	3392	3101	3191	7365	8978	11692
劳务合作	人	26202	27586	31904	32806	36187	43097	50974
生产合作	人				481			
设计咨询	人	4	1	23	11	2	2	39
其他合作	人							

15－13 1978－2004年人民币对主要外币年平均汇价(中间价)

单位:人民币元

年　份	100美元	100日元	100港元	100英镑	100马克(德国)	100法郎(法国)	100欧元
1978	168.36	0.8058	36.16	322.53	83.80	37.33	
1979	155.49	0.7131	31.35	329.26	84.84	36.56	
1980	149.84	0.6635	30.15	347.73	82.67	35.56	
1981	170.51	0.7735	30.41	344.73	75.63	31.51	
1982	189.26	0.7607	31.15	331.11	77.94	28.86	
1983	197.57	0.8318	27.36	299.60	77.61	26.08	
1984	232.70	0.9780	29.71	308.56	81.56	26.56	
1985	293.67	1.2457	37.57	381.89	100.99	33.06	
1986	345.28	2.0694	44.22	506.40	161.84	50.02	
1987	372.21	2.5799	47.74	609.85	207.24	61.95	
1988	372.21	2.9082	47.70	663.02	212.15	62.64	
1989	376.59	2.7360	48.28	617.85	200.93	59.23	
1990	478.38	3.3233	61.39	854.46	297.16	88.22	
1991	532.27	3.9602	68.45	940.48	321.68	94.63	
1992	551.49	4.3608	71.24	974.14	354.16	104.43	
1993	576.19	5.2020	74.41	866.04	348.77	101.90	
1994	861.87	8.4370	111.53	1319.96	531.90	155.54	
1995	835.07	8.9225	107.96	1320.43	583.29	134.01	
1996	831.42	7.6352	107.51				
1997	828.98	6.8600	107.09	1358.83		142.38	
1998	827.91	6.3488	106.88				
1999	827.96	8.0720	106.53				
2000	827.72	7.3877	106.08				
2001	827.70	6.8075	106.08				
2002	827.70	6.6237	106.07				800.58
2003	827.70	7.1466	106.24				936.13
2004	827.68	7.6552	106.23				1029.00

15－14 旅 游 业 情 况

类　别	单位	1998 年	1999 年	2000 年	2001 年	2002 年	2003 年	2004
旅行社总数	个	211	299	727	1050	1042	1172	1373
国际旅行社	个	44	50	50	53	55	55	64
国内旅行社	个	167	249	677	997	987	1117	1309
旅行社职工人数	人	3545	3935	8368	11515	13682	14515	16381
国际旅行社	人	1270	1345	1536	1650	2102	2191	3199
国内旅行社	人	2275	2590	6832	9865	11580	12324	13182
涉外饭店总数	个	319	384	404	508	529	538	597
接待海外游客	人次	608209	622033	723145	828664	976841	776725	1193101
外国人	人次	371792	417911	480090	592413	741366	615457	961697
港澳台侨胞	人次	236417	204122	243055	236251	235475	161268	231404
#港澳同胞	人次	125791	120619	162091	145057	126628	80103	125171
台湾同胞	人次	96756	76261	80964	91194	108847	81165	106233
旅行社外联海外游客	人	33671	61992	90073	110163	135888	91567	208188
旅行社接待海外游客	人	53670	82369	111751	128532	186253	142888	372105
国内旅游人数	万人次	5844	6429	7007	8086	9573	8918	11749
旅游总收入	亿元	264.05	307.18	412.65	494.38	610.75	573.43	814.67
国际旅游收入	万美元	21949.6	26521.5	31512.8	38240.7	47248.5	37013.42	56654.97
国内旅游收入	亿元	245.83	285.17	386.49	462.64	571.53	542.78	767.65

15－15 国 内 旅 游 情 况

年　份	总人次（万人次）	总花费（亿元）	人均花费（元）
1995	4655	157.68	338.7
1996	5151	187.43	363.9
1997	5488	213.02	388.2
1998	5844	245.83	420.7
1999	6429	285.17	443.6
2000	7007	386.49	551.6
2001	8086	462.64	572.2
2002	9573	571.53	595.8
2003	8918	542.78	608.6
2004	11749	767.65	653.4

15－16 接待外国旅游人数(按国别分)

单位:人

国　　别	1990 年	1995 年	2000 年	2001 年	2002 年	2003 年	2004 年
总　　计	**68855**	**304280**	**480090**	**592413**	**741366**	**615457**	**9616197**
亚　洲	**38268**	**220757**	**377862**	**480304**	**618090**	**521739**	**815170**
#印　　度	777		2762	3592	4049	4381	6437
印度尼西亚		3378	6319	7393	8989	3910	7047
日　　本	26535	81071	132619	166995	225779	161161	248084
马来西亚		5581	10700	14332	24421	11440	18030
蒙　　古			851	460	451	528	1026
菲律宾	414	14015	14906	15354	14385	9582	13664
新加坡	1544	9275	16182	15440	23685	13388	21650
韩　　国	7657	98568	183567	243889	300767	305985	452231
泰　　国	1123	1781	2545	3486	4073	2026	7730
非　洲			**1501**	**1333**	**2003**	**1642**	**2671**
欧　洲	**11641**	**36510**	**47999**	**55447**	**59822**	**49248**	**73408**
#英　　国	1660	4515	6812	7868	8787	8261	12389
德　　国	4256	8207	9065	10004	11914	10258	14867
法　　国	1786	3669	6137	6310	6592	5851	9619
意大利	1647	2333	3805	3453	4340	3467	5649
荷　　兰	292	1436	1750	2152	1996	1574	2633
瑞　　典	219	877	1573	1754	2181	2045	2894
瑞　　士	309	843	1053	1431	1044	1377	1968
俄罗斯	896	10566	8926	11542	11311	8020	11729
北美洲	**12757**	**29012**	**40786**	**44635**	**47570**	**32557**	**53419**
#加拿大	3269	4900	7008	8438	9225	5908	10728
美　　国	9433	23273	31994	33636	35347	24847	40182
大洋洲	**951**	**3853**	**8009**	**7821**	**10351**	**7748**	**13184**
#澳大利亚	800	3046	5956	5598	6995	6033	9448
新西兰	151	519	1183	1406	1808	1133	2780
其　他	**5238**	**14148**	**3933**	**2873**	**3530**	**2523**	**3845**

15－17 接待国际游客人数

单位：%

类　　别	1995 年	2000 年	2001 年	2002 年	2003 年	2004 年
总　　计	**100.00**	**100.00**	**100.00**	**100.00**	**100.00**	**100.00**
按性别分	**100.00**	**100.00**	**100.00**	**100.00**	**100.00**	**100.00**
男	80	73.54	74.2	77.04	78.63	74.95
女	20	26.46	25.8	22.96	21.37	25.05
按年龄分	**100.00**	**100.00**	**100.00**	**100.00**	**100.00**	**100.00**
(04 年分组:14 岁以下)						2.4
20 岁以下(04 年:15 至 24 岁)	2.05	2.76	3.55	3.91	4.15	9.29
21 至 30 岁(04 年:25 至 44 岁)	14.63	14.13	17.01	18.62	16.92	51.27
31 至 50 岁(04 年:45 至 64 岁)	55.1	53.74	54.86	55.52	57.02	31.25
50 岁以上(04 年:65 岁以上)	28.22	29.37	24.58	21.94	21.91	5.79
按来鲁目的分	**100.00**	**100.00**	**100.00**	**100.00**	**100.00**	**100.00**
从事经济商务活动	55.69	52.06	56.09	57.58	63.26	47.34
从事文化学术交流	4.57	2.75	4.67	5.08	5.6	5.52
探亲访友	3.88	3.73	4.24	3.48	3.52	3.75
旅游观光	33.45	39.85	33.9	32.12	24.38	41.75
其　它	2.41	1.61	1.1	1.74	3.24	1.64

注:2004 年统计调查制度变化,年龄分组有改变。

15－18 国际旅游外汇收入及构成

单位:万美元

类　　别	2000 年		2001 年		2002 年		2003 年		2004 年	
	数额	比重(%)	数额	比重(%)	数额	比重(%)	数额	比重(%)	数额	比重(%)
总　　计	**31512.8**	**100.0**	**38240.7**	**100.0**	**46978.6**	**100.0**	**37013.4**	**100.0**	**56655.0**	**100.0**
长途交通	8972.6	28.5	11637.1	30.4	15932.2	33.9	12698.8	34.3	19104.1	33.7
#民　航	6231.6	19.8	8800.0	23.0	12047.5	25.6	9628.2	26.0	14475.3	25.6
铁　路	499.0	1.6	502.7	1.3	455.1	1.0	334.4	0.9	526.9	0.9
汽　车	997.3	3.2	1066.0	2.8	1127.7	2.4	819.0	2.2	1342.7	2.4
轮　船	1244.9	4.0	1268.4	3.3	2301.9	4.9	1917.2	5.2	2759.1	4.9
游　览	1243.7	4.0	1905.2	5.0	2601.1	5.5	1961.5	5.3	3269.0	5.8
住　宿	4727.5	15.0	4992.7	13.1	5262.1	11.2	4111.6	11.1	6339.7	11.2
餐　饮	2765.6	8.8	3648.7	9.5	4233.3	9.0	3329.2	9.0	5104.6	9.0
购　物	5993.2	19.0	7652.4	20.0	9073.7	19.3	7140.5	19.3	10934.4	19.3
娱　乐	2168.4	6.9	2448.2	6.4	2696.0	5.7	2125.3	5.7	3252.0	5.7
邮电通讯	1463.4	4.6	1489.3	3.9	2084.3	4.4	1653.1	4.5	2532.5	4.5
市内交通	521.8	1.7	814.7	2.1	1366.3	2.9	1073.3	2.9	1694.0	3.0
其他服务	3656.4	11.6	3652.3	9.6	3729.6	7.9	2920.1	7.9	4424.8	7.8

15－19 境 外 投 资 情 况

类　别	境外投资项目				协议投资总额(万美元)							
	本年新增	去年同期	同比	累计	合计		中方			外方		
					2004年	累计	2004年	累计		2004年	累计	
								金额	比重%		金额	比重%
总　计	**127**	**113**	**12.4**	**933**	**29576**	**133997**	**26831**	**95711**	**71.4**	**2745**	**229708**	**28.6**
贸易性企业	36	53	－32.1	359	1314	14768	1176	11215	75.9	139	3553	24.1
非贸易性企业	54	30	80.0	334	27917	116921	25310	81286	69.5	2606	35635	30.5
#加工贸易企业	23	15	53.3	122	12078	47412	10324	36638	77.3	1754	10774	22.7
常设机构	37	31	19.4	240	345	2505	345	2298	91.7		207	8.3

15－20 世界500强企业在鲁投资情况

(2004年)　　单位:个

地　区	在鲁有投资的500强企业数	兴建项目数
合　计	**99**	**160**
香　港	4	4
日　本	38	85
韩　国	13	18
英　国	4	4
德　国	5	6
法　国	6	8
意大利	1	1
荷　兰	3	5
丹　麦	1	1
瑞　典	2	2
瑞　士	1	1
加拿大	1	1
美　国	20	24

15－21 省级及省级以上开发区主要经济指标

(2004 年)

类别	单位	经济开发区			高新技术开发区		
		合计	国家级	省级	合计	国家级	省级
批准入区项目	个	5036	1833	3203	4229	1931	2298
#高新技术项目	个	409	165	244	1201	586	615
利用外资项目	个	1404	587	817	674	298	376
#利用外资千万美元以上	个	275	144	131	120	38	82
合同引进项目总投资	万元	23377230	4919758	18457472	18082860	8375907	9706953
#合同利用外资额	万美元	878126	292534	585592	436513	162792	273721
合同利用省外内资额	万元	2819214	346237	2472977	4275654	1252210	3023444
实际利用外资额	万美元	431559	169539	262020	148617	61416	87201
注册企业数	个	8577	4047	4530	7841	4556	3285
#外商投资企业	个	1145	496	649	668	333	315
高新技术企业	个	178	30	148	224	138	86
注册企业资本合计	万元	6865168	2511356	4353812	3533828	1099034	2434794
期末从业人员	人	1504313	357471	1146842	931070	387338	543732
固定资产投资	万元	13443826	3519498	9924328	6973876	2408124	4565752
#外资额	万美元	201559	60754	140805	150945	26576	124369
省外内资额	万元	1528934	173098	1355836	1671298	505430	1165868
基础设施投资	万元	2483078	832311	1650767	784544	213478	571066
业务总收入	万元	52346682	23319122	29027560	41540949	22401963	19138986
#工业产品销售收入	万元	38077761	15614699	22463062	31582501	18172620	13409881
技工贸总收入	万元				38238037	20016281	18221756
财政收入	万元	1375098	749322	625776	1181545	618918	562627
税收收入	万元	1565795	698385	867410	1642554	994888	647666
工业企业总产值	万元	42094936	15769627	26325309	31266310	18529225	12737085
工业企业增加值	万元	11562721	4489632	7073089	9009115	4973396	4035719
#外商投资企业	万元	4420257	2242676	2177581	2499483	909501	1589982
高新技术企业	万元	2252437	1085385	1167052	4357498	3157135	1200363
进口额	万美元	810810	413134	397676	471471	233445	238026
出口额	万美元	954115	392632	561483	647844	366377	281467

15－22 各市海关进口总值

单位:万美元

地区	1997 年	1998 年	1999 年	2000 年	2001 年	2002 年	2003 年	2004 年
全省总计	**667743**	**627035**	**669185**	**946093**	**1083414**	**1282664**	**1808467**	**2490850**
济南市	52862	45096	60199	86827	90746	79755	118009	167373
青岛市	337000	309021	378812	526331	591404	635426	826713	1120615
淄博市	23788	28303	16378	26301	33796	57243	92098	121363
枣庄市	6768	2878	2759	4233	4990	4367	6232	9836
东营市	1754	3502	3909	6843	17822	22316	39192	45052
烟台市	78470	94437	82287	117324	125921	190784	256152	349886
潍坊市	33004	27086	24889	37827	40172	56140	61663	91657
济宁市	14042	10044	13709	15959	20241	27733	47313	61967
泰安市	5367	4638	4270	6897	10352	7415	11320	15077
威海市	59987	57894	52844	67860	78037	100346	150278	214514
日照市	12265	24062	9960	9990	14615	25081	51036	76094
莱芜市	8888	3807	3708	4615	7560	8701	10468	28392
临沂市	7292	5186	6876	13933	20567	19860	35693	45354
德州市	4141	3177	2294	7244	7431	9683	16832	13671
聊城市	9841	1963	1774	5028	4527	5439	15337	16007
滨州市	10300	5354	4228	8630	14237	31112	68146	100135
菏泽市	1965	586	288	249	996	1264	1984	13857

15－23 各市海关出口总值

单位:万美元

地　　区	1997年	1998年	1999年	2000年	2001年	2002年	2003年	2004年
全省总计	**1085888**	**1034705**	**1157909**	**1552905**	**1812899**	**2111511**	**2657285**	**3587286**
济南市	51303	34805	35926	57108	59397	69510	83545	137305
青岛市	579252	573020	631072	826891	950161	1057141	1239199	1578166
淄博市	36500	33306	37775	49930	58316	74985	100922	145057
枣庄市	7750	7147	6459	9492	11713	14062	18222	25535
东营市	1122	2067	2279	7487	18177	29596	44376	60561
烟台市	137829	128295	146553	196621	215727	256907	332856	449505
潍坊市	62082	64033	71194	99413	113423	128244	163858	212712
济宁市	12668	15325	15618	21467	25435	35657	53291	82475
泰安市	8808	8344	9061	13652	17604	22749	31017	45014
威海市	100015	85620	101923	129519	159315	192182	252865	344939
日照市	34957	34214	36375	45724	62190	67252	78050	108198
莱芜市	10640	7349	10112	16868	15408	16672	19533	43478
临沂市	15216	13749	15898	22541	32361	46811	78368	112872
德州市	6783	6057	8676	12600	16670	24301	38628	45473
聊城市	4016	5070	6159	9145	12628	14039	23252	36391
滨州市	11842	12509	17643	27958	34104	45815	70076	90392
菏泽市	5096	3794	5187	6489	10272	15587	29226	69213

15－24 各市外商投资企业进口总值

单位:万美元

地　　区	1997年	1998年	1999年	2000年	2001年	2002年	2003年	2004年
济南市	24006	13067	17091	20911	28252	25541	27124	28447
青岛市	242154	217164	257557	358883	408619	435812	512184	637739
淄博市	13812	12135	10873	18857	23570	38317	48087	67157
枣庄市	6309	1884	2216	3326	4202	3433	4997	8116
东营市	1055	2443	2103	3408	10072	3725	6877	6798
烟台市	60641	76354	59327	86491	97825	148974	211005	287946
潍坊市	18686	17681	15966	23830	27055	41101	34611	52474
济宁市	10181	6548	9874	11641	15232	22726	40551	53051
泰安市	4587	3088	1939	1860	2520	2515	2347	2746
威海市	37743	39598	38964	50478	57534	75547	102959	155028
日照市	9030	22720	7134	5375	5819	14033	26623	33534
莱芜市	489	245	1633	377	224	1573	1062	667
临沂市	5456	3965	3366	5939	7760	8696	15417	16529
德州市	2612	1524	1605	3193	2502	4049	3981	5224
聊城市	3402	1318	799	1371	2158	1112	2244	3835
滨州市	7115	2840	3027	3753	9134	14423	17789	21726
菏泽市	1700	414	189	113	451	705	1194	2061

15－25 各市外商投资企业出口总值

单位:万美元

地　　区	1997 年	1998 年	1999 年	2000 年	2001 年	2002 年	2003 年	2004 年
济　南　市	13002	11638	12127	17404	20332	21531	25309	35248
青　岛　市	283182	302368	329884	443829	503624	582236	695504	891797
淄　博　市	13311	12445	15593	18493	25138	40873	55387	82400
枣　庄　市	2552	2291	2442	2850	2815	3543	3706	3851
东　营　市	767	1626	1138	1037	5418	2031	3372	4810
烟　台　市	91004	84113	99169	136296	151170	182362	232463	302858
潍　坊　市	23555	23306	28154	44170	51508	61030	73436	92484
济　宁　市	4935	8806	5442	7654	7542	9961	14339	36221
泰　安　市	4879	4650	3971	6056	7017	7350	8562	11484
威　海　市	51480	47128	59523	77825	97901	118106	161454	229884
日　照　市	5468	6280	7800	10969	14907	19258	26895	43798
莱　芜　市	129	423	524	763	782	2378	3139	5235
临　沂　市	8620	7484	8172	10773	14855	23389	39761	52847
德　州　市	4224	2953	3452	5249	6406	6867	8129	11136
聊　城　市	1041	1431	2074	2980	3816	5312	7941	12020
滨　州　市	5219	3977	3611	4316	5872	6774	7727	9497
菏　泽　市	1963	1465	1984	2131	4713	6168	10195	15291

15－26 各市合同利用外资情况

地　　区	合同项目个数(个)			合同外资金额(万美元)					
	2002 年	2003 年	2004 年	2002 年	#外商直接投资	2003 年	#外商直接投资	2004 年	#外商直接投资
全省总计	**4065**	**5305**	**5891**	**1155623**	**1130680**	**1989296**	**1341413**	**2144647**	**2028958**
济　南　市	124	170	153	46562	31562	70909	41756	68520	56860
青　岛　市	1832	2248	2423	552428	552428	800581	528362	676637	671739
淄　博　市	103	169	210	26372	25912	61629	51105	85002	80337
枣　庄　市	38	32	46	10523	10523	15315	15315	15469	15469
东　营　市	38	68	66	9342	9342	29234	23313	25448	21448
烟　台　市	702	938	987	223589	222128	401103	223585	420017	405642
潍　坊　市	220	288	378	38772	38772	100275	76821	146126	128556
济　宁　市	57	136	157	25582	25044	59286	58986	108749	87589
泰　安　市	48	68	94	10875	10802	21838	13761	30407	30407
威　海　市	494	642	858	113842	113843	221463	161026	344735	342210
日　照　市	66	67	63	10052	9814	22061	11226	23086	23086
莱　芜　市	31	36	45	8003	8003	12272	12272	20293	20293
临　沂　市	101	142	119	17956	10782	32376	18264	40990	20940
德　州　市	80	113	95	19911	19911	50100	50100	61334	61334
聊　城　市	42	49	62	10017	10017	17752	12171	17884	17884
滨　州　市	43	62	63	24443	24443	50684	21332	34262	19476
菏　泽　市	45	72	72	7949	7949	22236	21836	25688	25688

注:1.本表不包括对外借款部分。

2.合同项目个数从 1997 年起不统计外商其他投资项目数,本表合同项目个数即是外商直接投资数。

15－27 各市实际利用外资情况

单位:万美元

地区	2000年	#外商直接投资	2002年	#外商直接投资	2003年	#外商直接投资	2004年	#外商直接投资
全省总计	**384725**	**362093**	**586190**	**558603**	**1048366**	**709371**	**982105**	**870064**
济南市	23589	12089	36283	19796	44653	11193	29967	18307
青岛市	159213	158004	250576	244949	401396	281480	381698	379917
淄博市	14501	13463	20326	20021	35060	27249	36171	30941
枣庄市	4009	4009	4661	4661	4681	4681	7801	7801
东营市	4761	2654	8104	7294	26334	15778	20172	16172
烟台市	68915	68287	120493	120271	204994	107750	185661	174068
潍坊市	16812	15841	25898	25898	50331	39214	54733	37163
济宁市	8572	8572	8840	8302	20113	19813	35887	14727
泰安市	3156	3048	5620	5572	12807	10070	8038	8038
威海市	33975	33975	60104	60104	109820	109820	112416	109891
日照市	3601	3589	5583	5573	13272	5241	5849	5849
莱芜市	1808	1808	2806	2806	6156	6156	7912	7912
临沂市	4891	4332	10179	6639	24256	12326	28974	9224
德州市	6496	6496	10153	10153	33592	33215	30724	30376
聊城市	3660	3660	6004	6004	12203	11126	5747	5747
滨州市	4830	4830	6658	6658	35800	6716	18031	3245
菏泽市	3809	3809	3990	3990	12898	7543	12324	10686
省直	13627	13627						

注:本表不包括对外借款部分。

15－28 各市接待国际游客人数

单位:人次

地区	2001年	#外国人	2002年	#外国人	2003年	#外国人	2004年	#外国人
全省总计	**723145**	**480090**	**976841**	**741366**	**776725**	**615457**	**1193101**	**961697**
济南市	104009	40946	101512	57948	66953	35454	106643	58039
青岛市	260597	200194	417452	356156	342959	297351	522498	458358
淄博市	11493	6960	19739	13663	19476	12104	29945	22528
枣庄市	1467	927	2068	783	2095	895	2602	1265
东营市	1028	844	2316	2229	1910	1842	1802	1724
烟台市	87736	53353	135816	95082	114060	89783	149109	129473
潍坊市	24098	11895	30974	14145	21455	12004	30848	19453
济宁市	52104	32911	63405	47156	35003	25916	78193	55069
泰安市	62933	28968	70204	33397	38396	16751	80888	39850
威海市	91161	80740	95656	88311	89230	82952	121739	113582
日照市	14871	14594	21097	20558	28782	28558	47178	46895
莱芜市	263	244	361	324	612	529	774	696
临沂市	4427	3600	6844	5540	9196	7140	11319	8205
德州市	572	462	840	679	450	404	1258	1092
聊城市	4161	2339	6532	4025	4218	2628	5351	2889
滨州市	524	428	312	294	561	474	1025	907
菏泽市	1701	685	1713	1076	1369	672	1929	1672

15－29 各市接待外国旅游人数(按国别分)

(2004 年)　　　　单位:人次

地　　区	合　计	韩　国	日　本	马来西亚	新加坡	菲律宾	印　尼	泰　国	印　度	美　国
全省总计	**961697**	**452231**	**248084**	**18030**	**21650**	**13664**	**7047**	**7730**	**6437**	**40182**
济　南	58039	11125	12566	4916	4226	235	1336	2190	503	6838
青　岛	458358	204799	156374	5240	4650	3613	1846	2089	2575	14130
淄　博	22528	12375	3298	546	413	40	104	736	279	1302
枣　庄	1265	417	211	26	45	21	25	22	34	119
东　营	1724	113	301	21	19	2	9	2	37	184
烟　台	129473	63691	25198	2219	2286	3675	1789	560	927	5412
潍　坊	19453	5459	8800	380	335	27	49	84	151	1022
济　宁	55069	11854	15169	1108	5535	346	543	145	200	5124
泰　安	39850	10371	9003	3030	2939	706	591	1461	371	2982
威　海	113582	92875	12006	130	320	331	81	146	156	1989
日　照	46895	36310	808	65	58	4518	357	43	911	62
莱　芜	696	116	177	3	21	2	6	7	33	40
临　沂	8205	1580	2642	243	361	110	242	135	89	516
德　州	1092	248	167	9	37	5	25	2	14	104
聊　城	2889	614	476	41	92	29	36	90	78	125
滨　州	907	112	353		14	4	6	3	20	62
菏　泽	1672	172	535	53	299		2	15	59	171

15－29 续表　　　　(2004 年)　　　　单位:人次

地　　区	加拿大	德　国	俄罗斯	英　国	法　国	意大利	瑞　典	荷　兰	澳大利亚	新西兰
全省总计	**10728**	**14867**	**11729**	**12389**	**9619**	**5649**	**2894**	**2633**	**9448**	**2780**
济　南	1827	2247	219	1019	1148	687	580	426	1385	185
青　岛	2531	5165	5509	2955	2619	1774	1002	833	2819	427
淄　博	198	581	128	289	151	361	59	89	239	27
枣　庄	9	34	19	15	20	11	6	17	12	2
东　营	61	306	20	52	27	98	57	27	32	8
烟　台	2357	1763	2766	2272	1119	1050	531	325	2069	1118
潍　坊	227	703	63	225	143	211	73	165	251	33
济　宁	1924	1846	297	3545	2513	684	244	52	1306	664
泰　安	949	904	104	1014	1057	295	155	413	607	135
威　海	255	777	1757	515	292	193	52	128	316	35
日　照	26	84	451	40	19	20	1	4	32	8
莱　芜	6	68	15	19	41	43	6		26	
临　沂	224	176	185	218	198	98	24	87	212	51
德　州	33	60	8	48	42	29	24	30	26	12
聊　城	61	59	153	97	78	38	42	29	85	70
滨　州	17	82	22	25	60	45	11	2	22	1
菏　泽	23	12	13	41	92	12	27	6	9	4

15－30 各市国际旅游(外汇)收入

单位:万美元

地　　区	1995年	2000年	2001年	2002年	2003年	2004年
全省总计	**15383.8**	**31512.8**	**38240.7**	**47248.5**	**37013.4**	**56655.0**
济南市	1709.3	3151.9	3374.3	3606.3	2395.9	3697.6
青岛市	9226.5	14213.0	17751.0	23974.9	18060.6	29181.8
淄博市	160.8	407.3	388.9	500.9	469.8	678.2
枣庄市	32.7	39.3	74.4	66.5	58.4	85.4
东营市	65.9	39.2	95.7	164.9	226.4	124.5
烟台市	1628.6	6096.5	7876.1	8978.7	7559.5	10478.5
潍坊市	446.7	657.4	831.3	916.1	638.8	903.1
济宁市	362.1	947.4	1217.9	1244.3	729.4	1492.0
泰安市	298.4	1118.0	2020.4	2199.3	1455.3	2909.8
威海市	1138.8	4202.5	3734.1	4537.5	4204.1	5096.9
日照市	165.2	202.2	309.8	344.2	500.8	1008.0
莱芜市	47.0	14.7	16.9	29.9	46.0	61.0
临沂市	79.3	213.3	272.6	300.8	414.4	527.6
德州市		15.1	21.2	28.5	8.2	43.3
聊城市	1.5	152.8	204.1	296.0	189.4	281.2
滨州市		13.6	12.9	10.2	19.3	45.3
菏泽市	21.2	28.8	39.2	49.6	37.2	40.8

15－31 各市涉外饭店个数(按规模分)

(2004年底)　　单位:个

地　　区	涉外饭店个数	客房总数200间以上	客房总数100－199间	客房总数50－99间	客房总数49间以下
全省总计	**597**	**62**	**190**	**231**	**114**
济南市	78	16	26	28	8
青岛市	106	20	37	32	17
淄博市	38	4	8	18	8
枣庄市	10	1	3	6	
东营市	12	1	3	7	1
烟台市	96	9	32	34	21
潍坊市	23	3	8	9	3
济宁市	24		9	10	5
泰安市	54	2	15	18	19
威海市	71	4	20	32	15
日照市	19		4	8	7
莱芜市	8	1	1	4	2
临沂市	24		10	10	4
德州市	4		3		1
聊城市	12	1	6	4	1
滨州市	8		3	4	1
菏泽市	10		2	7	1

15－32 各市涉外饭店个数(按经济类型分)

(2004 年底)　　单位:个

地　　区	涉外饭店个数	国有	集体	私营	联营	股份制	外商投资	港澳台投资
全省总计	**597**	**339**	**55**	**43**	**7**	**44**	**23**	**16**
济 南 市	78	47	8	4		2	1	1
青 岛 市	106	52	5	13	1	7	9	6
淄 博 市	38	17	4	6		2	1	1
枣 庄 市	10	8	1			1		
东 营 市	12	3	3		1	4		1
烟 台 市	96	64	8	5		7	4	1
潍 坊 市	23	9	6			2	4	1
济 宁 市	24	21	2					1
泰 安 市	54	42	4	2		1	1	1
威 海 市	71	38	3	1	2	6	2	2
日 照 市	19	10		3	3	3		
莱 芜 市	8	3	2	1				
临 沂 市	24	9	5	7				1
德 州 市	4	1	1			2		
聊 城 市	12	7	1			2	1	
滨 州 市	8	3	2			2		
菏 泽 市	10	5		1		3		

15－33 世界 500 强企业在各市投资情况

(2004 年)　　单位:个

类　　别	全省	济南	青岛	淄博	烟台	潍坊	威海	日照	滨州
项目数	**160**	**12**	**97**	**7**	**22**	**8**	**6**	**5**	**3**
一、营业状态									
营　业	146	12	87	5	22	6	6	5	3
筹　建	14		10	2		2			
二、合资方式									
合　资	87	9	43	5	11	8	5	3	3
合　作	11	2	8					1	
独　资	62	1	46	2	11		1	1	
三、按国别分									
香　港	4		2					2	
日　本	85	5	51	5	12	5	3	1	3
韩　国	18		14		3		1		
英　国	4		2	1	1				
德　国	6	1	3			1		1	
法　国	8	1	4		1	1		1	
意大利	1						1		
荷　兰	5	1	4						
丹　麦	1		1						
瑞　典	2	1	1						
瑞　士	1		1						
加拿大	1		1						
美　国	24	3	13	1	5	1	1		

15－33 续表 （2004 年） 单位：个

类　　别	全　省	济　南	青　岛	淄　博	烟　台	潍　坊	威　海	日　照	滨　州
四、按行业分									
采矿业	1				1				
制造业	125	9	70	7	19	8	6	3	3
#农副食品加工业	14		5		3	3	1	1	1
食品制造业	7		6			1			
饮料制造业	5	1	1		1	1	1		
纺织业	8		6						2
纺织服装、鞋、帽制造业	9	1	7	1					
石油加工、炼焦及核燃料加工业	1							1	
化学原料及化学制品制造业	11		5	1	2	3			
化学纤维制造业	3		2		1				
塑料制品业	6	1	5						
非金属矿物制品业	5	1	3		1				
黑色金属冶炼及压延加工业	2		2						
通用设备制造业	12		6	1	4		1		
交通运输设备制造业	9	3	5		1				
电气机械及器材制造业	8	1	4	1	1		1		
通信设备、计算机及其他	10	1	5		1		2	1	
其　他	15		8	3	4				
电力、燃气及水的生产和供应业	3	1	1					1	
建筑业	1		1						
交通运输、仓储及邮政业	6		4		1			1	
批发和零售业	16	1	14		1				
#批发业	8		7		1				
零售业	8	1	7						
住宿和餐饮业	3	1	2						
#餐饮业	3	1	2						
金融业	1		1						
#银行业	1		1						
科学研究、技术服务和地质勘查业	2		2						
水利、环境公共设施管理业	2		2						

15－34 各市境外投资情况

地　　区	企业数（个）	贸易性企业	非贸易性企业	#加工贸易	常设机构	协议投资总额（万美元）	中方协议投资（万美元）
总　计	**127**	**36**	**53**	**23**	**37**	**29575.8**	**26830.9**
济　南	7	3	2	1	2	898.6	648.6
青　岛	61	16	24	5	21	1884.6	1314.5
淄　博	2		2	1		2201.3	660.4
枣　庄	1	1				20.0	20.0
东　营	3	3				84.6	54.6
烟　台	11	1	7	1	3	2805.0	2765.0
潍　坊	6	1			5	90.0	77.8
济　宁	5	1	3	2	1	11840.0	11744.0
泰　安	3	1	2	2		642.0	544.0
威　海	2	1			1	110.0	110.0
日　照	6	4			2	71.0	71.0
莱　芜	2	1		1		2493.0	2435.0
临　沂	13	2	11	9		6235.6	6195.0
德　州	2	1			1	100.0	100.0
聊　城	2		1	1	1	40.0	31.0
滨　州	1		1			60.0	60.0
菏　泽							

15－35 境外投资情况(按国别、地区分)

（2004年）

国别(地区)	企业数（个）	协议投资额（万美元）	中方协议投资（万美元）	国别(地区)	企业数（个）	协议投资额（万美元）	中方协议投资（万美元）
总　计	**127**	**29575.8**	**26830.9**	埃　及	1	120.0	24.0
俄罗斯	14	2427.6	2426.2	东帝汶	1	10.0	10.0
韩　国	12	434.0	214.9	荷　兰	1	6.0	6.0
美　国	10	406.0	397.0	吉尔吉斯	1	60.0	60.0
日　本	10	85.4	83.9	柬埔寨	1	2377.0	2377.0
香　港	10	508.3	496.1	马来西亚	1	0.5	0.5
巴拿马	9	108.0	108.0	蒙　古	1		
几内亚	6	4685.4	4679.4	墨西哥	1	500.0	200.0
英属维尔京群岛	6	295.0	295.0	瑞　士	1	116.0	58.0
澳大利亚	4	12060.0	12020.0	斯里兰卡	1	298.0	200.0
加拿大	4	153.0	153.0	苏　丹	1	280.0	280.0
尼日利亚	4	2301.3	760.4	苏里南	1	18.6	18.6
阿联酋	3	26.0	26.0	土耳其	1	5.0	5.0
英　国	3	31.0	31.0	乌克兰	1	2.0	2.0
越　南	3	750.0	500.0	新西兰	1	60.0	30.0
德　国	2	10.0	10.0	匈牙利	1	90.0	90.0
南　非	2	1077.0	1077.0	伊　朗	1	12.0	12.0
泰　国	2	13.0	13.0	意大利	1	62.5	31.3
新加坡	2	71.6	65.9	赞比亚	1	84.5	38.8
印度尼西亚	2	31.0	31.0				

15－36 出口前100强企业

（2004年）

位次	单位名称	出口额（万美元）	位次	单位名称	出口额（万美元）
1	海尔集团电器产业有限公司	55162	51	青岛昌新鞋业有限公司	6707
2	魏桥纺织股份有限公司	53714	52	华纺股份有限公司	6634
3	山东三星通信设备有限公司	46987	53	青岛京华饰品有限公司	6626
4	中国煤炭工业进出口集团日照有限公司	42403	54	山东外贸集团瑞丰有限公司	6452
5	济南钢铁股份有限公司	40433	55	烟台中航技船舶进出口有限公司	6406
6	山东省机械进出口集团公司	38783	56	山东省东方国际贸易股份有限公司	6321
7	青岛马士基集装箱工业有限公司	31319	57	兰雁集团股份有限公司	6227
8	青岛朗讯科技通讯设备有限公司	30410	58	青岛大明皮革有限公司	6193
9	东营科英激光电子有限公司	25001	59	新华锦集团山东盈商针棉织品进出口有限公司	5943
10	青岛中集集装箱制造有限公司	24156	60	山东绮丽集团欧达服装有限公司	5886
11	青岛中集冷藏箱制造有限公司	22523	61	日照钢铁有限公司	5779
12	青岛即发进出口有限公司	19188	62	青岛大和电子有限公司	5558
13	山东鲁锦进出口集团有限公司	18412	63	山东绮丽集团公司	5504
14	青岛海信进出口有限公司	16819	64	诸城服装针织进出口有限责任公司	5450
15	三角轮胎股份有限公司	15864	65	青岛协成光学有限公司	5445
16	中国煤炭工业进出口集团青岛有限公司	15833	66	烟台水星食品有限公司	5428
17	青岛泰光制鞋有限公司	14835	67	诸城市舜王进出口有限公司	5411
18	鲁泰纺织股份有限公司	14789	68	山东中地进出口有限公司	5408
19	青岛太平货柜有限公司	14169	69	青岛华天车辆有限公司	5335
20	龙口市东海贸易有限公司	14064	70	德州开元进出口有限公司	5325
21	兖矿科澳铝业有限公司	13449	71	山东省新迈特五金矿产有限公司	5268
22	浪潮乐金数字移动通信有限公司	13311	72	山东亚光纺织集团进出口有限公司	5168
23	山东海化进出口有限公司	12339	73	青岛中化实业有限公司	5141
24	青岛泰发集团进出口有限公司	11659	74	大宇水泥(山东)有限公司	5103
25	青岛乐金浪潮数字通信有限公司	10996	75	青岛交河技工塑料有限公司	5049
26	孚日家纺股份有限公司	10860	76	烟台北方安德利果汁股份有限公司	5047
27	青岛三美电机有限公司	10601	77	山东省潍坊市进出口有限公司	4995
28	青岛安普泰科电子有限公司	10578	78	创新科技(山东青岛)有限公司	4979
29	山东绮丽集团美达服装有限公司	9261	79	烟台鲁星食品有限公司	4953
30	淄博张钢制铁铸管有限公司	9229	80	文登市云龙进出口有限公司	4880
31	莱芜钢铁集团有限公司	9113	81	山东中粮花生制品进出口有限公司	4713
32	山东电力基本建设总公司	9008	82	青岛喜乐客思服装有限公司	4693
33	青岛星电电子有限公司	8888	83	青岛永昌因特皮革有限公司	4671
34	中国船舶燃料供应青岛公司	8873	84	菏泽市畜产进出口公司	4643
35	青岛三湖制鞋有限公司	8262	85	青岛喜盈门进出口有限公司	4632
36	招远利奥橡胶制品有限公司	8232	86	青岛华青进出口有限公司	4628
37	青岛世原鞋业有限公司	8172	87	青岛益佳经贸实业进出口有限公司	4620
38	新华锦集团山东锦宜纺织有限公司	8157	88	青岛金王应用化学股份有限公司	4581
39	山东美赫尔国际贸易有限公司	8092	89	山东中轩股份有限公司	4518
40	青岛双星轮胎工业有限公司	7851	90	新华锦集团山东锦茂进出口有限公司	4499
41	山东成山轮胎股份有限公司	7636	91	威海光威集团有限责任公司	4490
42	青岛松下电子部品(保税区)有限公司	7588	92	山东大海集团有限公司	4372
43	山东新华制药股份有限公司	7480	93	青岛世正乐器有限公司	4363
44	茌平华信铝业有限公司	7439	94	青岛地恩地贸易有限公司	4358
45	威海纺织集团进出口有限责任公司	7340	95	烟台胜地汽车零部件制造有限公司	4351
46	山东华岳五金有限公司	7227	96	威海世一电子有限公司	4308
47	山东九发食用菌股份有限公司	7127	97	日照日荣水产食品有限公司	4261
48	烟台矢崎汽车配件有限公司	7046	98	潍坊东方钢管有限公司	4249
49	烟台龙大食品有限公司	7016	99	青岛泛高服饰有限公司	4243
50	山东莱钢国际贸易有限公司	6739	100	新华锦集团山东海川发制品进出口有限公司	4238

注：出口前100强企业合计出口1082485万美元，占全省出口总额的30.2%。

15－37 各经济开发区主要经济类别

（2004 年）

开发区名称	批准入区项目（个）	#高新技术项目	#利用外资项目	#利用外资千万美元以上	合同引进项目总投资（万元）	合同利用外资额（万美元）	合同利用省外内资额	实际利用外资额（万美元）	注册企业数（个）	#外商投资企业	#高新技术企业
国家级											
青岛	333		138	69	2572996	177963		118415	1260	120	16
青岛保税区	438		116	3	129483	4606			445	116	
青岛出口加工区	4		4	3	6800	2650		1029	4	4	
威海出口加工区	10		10	2	55268	3510		6499	10	10	
威海	123	3	90	20	[illegible]	20006	50000	18221	123	90	8
烟台出口加工区	24		15	4	75911	8242		2165	24	15	
烟台	753	160	141	30	1211556	51357	286972	15109	1194	141	6
省级											
济南市											
临港	13				43600				11		
济南	11		2		22760			175	7		
长清大学园区					50000						
济北	16	2	6		18076	2519		2447	16	6	1
明水	35		4	2	890100	5800		1150	35	4	
青岛市											
环海	14		14		71762	8586		4991	14	14	
胶州	52		26	3	173229	11712	31528	5334	30	14	
即墨	77	4	35	4	600000	19066	102500	7301	70	35	4
平度	42		20	1	147788	13522	3188	7360	35	16	
青岛海峡两岸农业合作试验区	31		25		217474	8875	300	4974	30	25	
莱西	77	1	19	1	137319	7294	27900	6774	77	19	1
胶南	26		12	6	270844	13061	25880	5878	26	12	
淄博市											
淄川	49		12		160667	8620	27560	4726	33	4	
博山	63	3	19	11	294846	7980		7040	58	5	2
临淄	16	2	7	2	48268	4754	9000	2111	270	8	2
周村	44	7	5	4	121038	4581	33400	1097	25	3	7
桓台	25	4	10	1	91133	8206	20020	6305	21	10	3
枣庄市											
枣庄	35		5	1	126000	3117	9540	806	26	4	1
滕州	27	3	5	5	255645	8700	85945	3300	25	5	2
东营市											
垦利	40	4	6		158656	934	65000	851	39	6	4
广饶	20	2	5		103888	3453	40060	1938	19	3	
烟台市											
牟平	39		24	6	156023	17425		8735	39	24	
莱山	185	10	37	2	279478	16989	37458	9715	212	21	2
龙口	31		15	2	98843	8189		4710	31	15	
莱阳	47	1	19	2	547614	6706	43318	2323	47	19	1
莱州	47	2	12		243366	6192	25000	3533	44	12	2
蓬莱	56	7	28	5	214000	24304	189695	8302	56	28	7

15－37 续表 1 （2004 年）

开发区名称	批准入区项目（个）	# 高新技术项目	# 利用外资项目	# 利用外资千万美元以上	合同引进项目总投资（万元）	合同利用外资额（万美元）	合同利用省外内资额	实际利用外资额（万美元）	注册企业数（个）	# 外商投资企业	# 高新技术企业
招　远	90	6	18	2	332000	12480	12000	6256	82	18	2
栖　霞	87		7	1	142000	3169	127000	597	47	4	
APEC烟台(芝罘)科技工业园	40	4	15	2	103641	3708	34954	2708	40	15	4
海　阳	46	2	15	2	209999	7459	34336	5067	46	15	2
潍坊市											
潍　坊	60	7	12	2	450000	14500	20000	528	252	9	4
潍坊外商投资开发区	68	4	7	3	544090	18705		1668	68	7	4
临　朐	78	23	16	3	291715	8793		3100	78	16	2
昌　乐	24	2	5		122815	3010	69140	2936	16	3	2
青　州	28		10		98480	4720	48320	3250	28	10	
诸　城	55	5	12	3	451400	8000	85600	4000	35	12	3
寿　光	79		4	1	392880	3050	164250	3138	16	1	
安　丘	68	2	15	2	621000	7800	98750	6000	68	15	2
高　密	85		12	1	370413	5587	82646	4000	75	12	
昌　邑	23		13	1	365738	7768	169721	4861	23	13	
济宁市											
济　宁	5		1	1	37900	3000	1500		5		
任　城	16	10	1		156000	16000		12000	16	1	10
梁　山	11				12850	50	3000		11		
曲　阜	27		4	2	404727	5350		147	24		2
兖　州	5		2		47000	1287	5000	300	3		
邹　城	21	3	8	1	206369	2681	65034	170	17	5	2
威海市											
文　登	118	1	49	3	391000	12600	17500	10280	118	49	1
荣　成	75	15	39	6	423850	16840	45300	9650	432	30	7
乳　山	87		31	3	353651	17620	50280	7442	104	31	
日照市											
日　照	139		22	2	453169	23802	25000	20008	235	15	
岚　山	155		5	2	247320	5693		3217	155	5	
临沂市											
临　沂	51	2	12	4	932695	19500	31689	1400	19	5	
德州市											
德　州	93	13	36	6	400692	26985	66313	12500	120	13	6
齐　河	11	4	4	1	82800	4320	47376	4302	7	4	1
聊城市											
嘉　明	4		1		29000	820		220	4		
聊　城	31	3	6	1	47382	2076		2116	28	6	1
滨州市											
滨　州	72	10	13	4	1010872	29000		697	103		
博　兴	14	1	9	2	308000	17435		1672			
邹　平	41	4	5	4	802113	18424		18424	6	1	1
菏泽市											
菏　泽	80		10	6	499270	6673		2879	339		4

15－37 续表 2　　　　　　　　（2004 年）

开发区名称	注册企业资本合计（万元）	期末从业人员（人）	固定资产投资（万元）	#外资额（万美元）	#省外内资额（万元）	#基础设施投资（万元）	业务总收入（万元）	#工业产品销售收入
国家级								
青　岛	465641	112872	1436218			462558	9538355	6083486
青岛保税区	64156	26850	62947			3076	1739200	789200
青岛出口加工区	2650	420	25567	70		25000		
烟台出口加工区		3410	15036	8536		6500	63813	59619
烟　台	1316060	63058	1181860	9288	113833	286576	6971241	4009881
威海出口加工区	25829	8750	31999	30206		1793	66513	66513
威　海	193520	44111	415871	5626	50000	17439	1475000	1335000
省　级								
济南市								
临　港	3513	1645	21600			7800	44200	39600
济　南	3210	8796	57000	120		6000	132000	112200
长清大学园区			102000			102000		
济　北	12430	11837	62650	580		7825	452692	187635
明　水	890100	25800	195902	1150		58830	335193	279327
青岛市								
环　海	71762	10183	1309			1309	202924	202924
胶　州	64763	12175	117515	5105	33120	36570	575090	57590
即　墨	120000	23500	142000	3600	42000	7800	530000	407000
平　度	57297	14085	57837	1756	552	4393	388728	309781
青岛海峡两岸农业合作试验区	46262	899	29848	2335		3854	4210	4210
莱　西	59993	16809	71373	787	14200	8168	328130	181808
胶　南	60266	12000	27540	2590			616402	587140
淄博市								
淄　川	9270	18662	113413	3842	25670	37851	557608	498673
博　山	2750	19918	340448	5047		13000	1384369	962280
临　淄	89236	23882	105487	1924	4326	16048	657487	608925
周　村	14560	20106	135793	1097	17989	11100	466849	422926
桓　台	94350	18690	50220	2147	19208	18374	246745	193796
枣庄市								
枣　庄	9400	16121	96021	767	28918	9600	203347	203347
滕　州	16330	9800	154050	428	47795	19540	357866	354287
东营市								
垦　利	26860	6880	88161	826	20945	23522	248939	239081
广　饶	16881	5860	64374	1338	6564	14710	114363	96543
烟台市								
牟　平	55118	10913	45613	14000		15000	346830	293794
莱　山	62399	49650	205721	11901	12395	25142	566989	302685
龙　口	65157	8740	95008	1478		3000	215087	160870
莱　阳	424720	31560	182411	598	49400	15020	718651	624375
莱　州	3200	20800	141705	2909	7300	18000	402767	320300
蓬　莱		25014	354012			25037	731020	680402

15－37 续表 3　　　　　　　　　　(2004 年)

开发区名称	注册企业资本合计(万元)	期末从业人员(人)	固定资产投资(万元)	#外资额(万美元)	#省外内资额(万元)	#基础设施投资(万元)	业务总收入(万元)	#工业产品销售收入
招　远	178000	20800	183000	4358	12000	25000	979000	859000
栖　霞	11480	3298	112000	797	96551	5040	112977	66850
APEC烟台(芝罘)科技工业园	72548	1260	72855	25499	21857	855	390514	390514
海　阳		10485	104518	1637	18813	41807	191906	191906
潍坊市								
潍　坊		13919	211000				407720	285900
潍坊外商投资开发区	14233	11054	332961			6200	193506	151914
临　朐	26520	28600	168000	2740		29105	544380	358810
昌　乐	64293	19531	104635	3113	32700	4910	284050	23512
青　州	14780	23910	37600	1320	22910	8300	581693	463684
诸　城	21900	18500	347200	4000	65000	52000	456200	456200
寿　光	75000	20520	233105	1434	98619	116552	906382	725105
安　丘	372600	12000	380000	4200	49000	82000	145000	115000
高　密	9750	43102	166854	2160	52376	48682	731247	686828
昌　邑	56110	11760	185469	2430	126042	35127	255346	201238
济宁市								
济　宁	2600	8000	17400		1500	2100	93904	85876
任　城	3200	8000	61700			10100	190500	125600
梁　山	5500	7588	11610		3000	750	106700	77870
曲　阜		15680	55937			6180	203057	183043
兖　州	1311	6906	30092	160	5840	2800	877078	77599
邹　城	65705	686	100043	170	33348	5000	216675	165800
威海市								
文　登	79000	24520	195000	6659	17500	38100	591866	529400
荣　成	187800	39250	301200	3860	45000	52500	1350125	1211035
乳　山	81474	27379	244142	7412	45500	18206	271479	267650
日照市								
日　照	32632	39000	190893	2920	3500	17622	1119100	942911
岚　山	54250	13000	325000	3219		210235	515640	353929
临沂市								
临　沂	67757	585	178128	722	31689	29742	123320	123320
德州市								
德　州	45000	48000	282606	2000	66313	26000	892460	674955
齐　河	8700	500	101470	4302	86470	10698	424600	405700
聊城市								
嘉　明	8000	5460	16027			2600	109700	102790
聊　城	8600	9360	137189			17000	402074	181000
滨州市								
滨　州	29922	43000	348572	829		25019	685399	356373
博　兴			28823			9007	420225	419960
邹　平	6500	65237	834713			32600	1519739	1506545
菏泽市								
菏　泽	8475	32489	184271			21140	557846	343033

15－37 续表 4

(2004 年)

开发区名称	财政收入（万元）	税收收入（万元）	工业企业总产值（万元）	工业企业增加值（万元）	#外商投资企业	#高新技术企业	进口额（万美元）	出口额（万美元）
国家级								
青　岛	284650	255281	6061136	1613629	622169		86837	135445
青岛保税区	43058	41468	705100	170535	135454		81233	41614
青岛出口加工区							106	5
烟台出口加工区		280	59536	17581	13414	4167	8228	9042
烟　台	244612	217079	1101686	1257050	1066431	190618	158178	100436
威海出口加工区			66169	26137	26137		16062	14268
威　海	82328	74226	1410000	482700	304000	163000	38230	43822
省　级								
济南市								
临　港		8076	46600	15700	4548		115	85
济　南	7865	7842	119000	33000	12278	8964		1450
长清大学园区								
济　北	2313	4179	189187	62526	25010	12505		672
明　水	6066	18328	279327	73394	3669	2936	121	1028
青岛市								
环　海	9278	13321	235808	72902	72902		13118	21617
胶　州	8000	23200	616785	210142	76589	39210	28156	37100
即　墨	7545	15000	452300	108550	28200		8100	14937
平　度	16981	16981	321929	90333	72628	6042	6690	19636
青岛海峡两岸农业合作试验区	216	236	4210	580	580		27	316
莱　西	3977	5544	241876	60044	19500	7011	4818	8811
胶　南	4616	19042	665572	219639	43927		10823	16561
淄博市								
淄　川	10551	8029	554226	165290	67477	13528	5830	17407
博　山	61768	41838	1281821	376611	146868	213961	5191	6719
临　淄	24582	24452	631240	190526	89284	78265	426	2608
周　村	10222	10102	433413	130025	15601	42564	4003	13096
桓　台	9450	8943	200580	70862	25338	14350	889	7529
枣庄市								
枣　庄		6704	194400	47628	4933	33	287	2847
滕　州	9935	19265	355349	110382	18136	12207	81	2110
东营市								
垦　利	7544	7372	243960	58012	2559	13654	106	664
广　饶	2568	2184	98893	31264	2612		2650	2236
烟台市								
牟　平	11278	11278	304952	84476	73625		7523	14636
莱　山	2824	5558	246989	62757	17571	16155	5881	13836
龙　口	515	1660	173725	43434	19369	4000	532	1450
莱　阳	6109	26285	747217	188955	118940		1307	30194
莱　州	7712	17800	434188	118772	48120	8700	3018	7018
蓬　莱	22339	21407	821796	143209	97692	8516	6813	12239

15－37 续表 5　　　　　　　　　　（2004 年）

开发区名称	财政收入（万元）	税收收入（万元）	工业企业总产值（万元）	工业企业增加值（万元）	#外商投资企业	#高新技术企业	进口额（万美元）	出口额（万美元）
招　远	13000	21000	931000	214000	118377	52959	5700	12300
栖　霞	960	1060	112996	29597	4892		500	3165
APEC烟台(芝罘)科技工业园	4002	14411	333666	84659	29631	5631	3043	4693
海　阳	3150	9595	211131	59113	38014	11027	833	7002
潍坊市								
潍　坊	5277	4585	281890	72566			252	2621
潍坊外商投资开发区	3171	6750	151914	21472				1095
临　朐	12059	10785	368906	84410	27596	28666	4310	17790
昌　乐	5634	5057	316988	60159	7392	4179	942	4082
青　州	8081	84342	488499	117193	25721		823	6671
诸　城	15047	14935	541346	89804	53882	22000	4231	14199
寿　光	3948	6896	1282440	258631	41200	53756	2185	8720
安　丘	4100	7750	152000	47000	23000	1500	1350	13600
高　密	41168	33601	695874	162719	15645		9263	25672
昌　邑	12127	10423	214674	45081	15325	1956	3075	5983
济宁市								
济　宁	3660	3660	89527	26850	890	560		2790
任　城	11600	2600	136700	41000	3500	10500	5400	2100
梁　山	2280	1587	87690	29810		3840		351
曲　阜	2660	13652	192796	53982	4824	15651	52	2298
兖　州	4284	4284	89919	21939	3895	1488		1980
邹　城		7496	165133	49301	1343	4537		500
威海市								
文　登	23019	22718	560000	208100	45220	6618	6860	30170
荣　成	15000	12000	1580750	280680	82300	50026	19300	16170
乳　山	7365	6768	268434	57674	26750		3984	12264
日照市								
日　照	20598	41400	1068684	366491	137450	26514	16639	6812
岚　山	7743	11217	800310	228784	197250		30547	16262
临沂市								
临　沂	2888	2070	106823	32186	184			
德州市								
德　州	21167	1272	652014	163004	46282	49210	41	173
齐　河		24560	439800	136338	16213	16190	1452	1370
聊城市								
嘉　明		1340	102810	27214				
聊　城	4243	5690	217211	60812	11344	3948	2286	3813
滨州市								
滨　州	1664	11754	356453	92615	130		3161	3013
博　兴	12000	11540	413299	62830	37321	4700	3454	2042
邹　平	48196	37032	1510139	418283	5127	3798	123437	24566
菏泽市								
菏　泽	8012	15740	403792	117090	2907	1608	11373	13106

15－38 各高新技术开发区主要经济指标

（2004年）

开发区名称	批准入区项目（个）	#高新技术项目	#利用外资项目	#利用外资千万美元以上	合同引进项目总投资（万元）	合同利用外资额（万美元）	合同利用省外内资额	实际利用外资额（万美元）	注册企业数（个）	#外商投资企业	#高新技术企业
国家级											
济　南	962	352	46	8	1320507	13367		1872	449	40	54
青岛（崂山）	245		65	6	807538	15686	473945	15010	298	65	
*淄　博	148		73	13	624225	23300	9265	8101	987		
潍　坊	317	121	42	2	4433745	74300	292210	15903	[illegible]	8	11
威　海	219	105	60	8	804992	34333	365784	18394	2487	232	65
省　级											
青岛市											
即　墨	11	3	6	5	135360	14890	1500	910	10	5	3
枣庄市											
枣　庄	98	65	4		1232600	27048	695000	4445	181	5	
东营市											
*东　营	102	9	8	2	614444	10218	30672	4710	386	12	8
烟台市											
烟台（福山）	75	20	23	7	662000	10700	190000	1282	70	10	
烟台科技园	698	148	131	29	1132767	49406	274972	14254	1107	131	6
烟台（莱山）	370	21	83	2	621063	37751	83240	21588	470	46	5
潍坊市											
潍坊海化	105	41	15	1	470667	32530	201060	2650	86	5	1
潍坊凤凰山	40	1	5	3	520000	13794	156728	3000	13	2	1
济宁市											
济　宁	472	217	29	20	2233746	32475	612046	16377	404	29	6
泰安市											
*泰　安	64	33	23	2	455726	9092	75258	4672	205	16	17
*新　泰	45	30	8		435000	9000	320000	438	36	6	25
*肥　城	27	3	2		170695	1500			27	3	3
莱芜市											
*莱　芜	50	10	5	3	358400	6208	253634	2077	184	12	3
临沂市											
*临　沂	75	10	7		290000	2340	68500	2212	40	6	4
德州市											
禹　城	40	8	12	1	384900	1600	111000	4056	32	8	8

注：带*开发区是高新区与经济区合一的开发区。

15－38 续表 1　　　　　　　　　　　　　　　　　　（2004 年）

开发区名称	注册企业资本合计（万元）	期末从业人员（人）	固定资产投资（万元）	# 外资额（万美元）	# 省外内资额（万元）	# 基础设施投资（万元）	业务总收入（万元）	# 工业产品销售收入
国家级								
济　南	66951	91420	407762				5292456	4642249
青岛（崂山）	35870	74250	465700	965		74298	6335904	4515291
* 淄　博	443500	97400	350000	7028	9265	29369	3465000	3271000
潍　坊	102113	55740	543402	8167	180201	66150	3621107	2923051
威　海	429000	43628	465000	9066	278884	20161	3349256	2590437
省　级								
青岛市								
即　墨	20011	987	8888	854	1136	5779	13355	12520
枣庄市								
枣　庄	81000	49800	226600	500	68390	42000	668830	585000
东营市								
* 东　营	81702	20374	234665	11405	7085	56414	619998	427104
烟台市								
烟台（福山）	20000	16128	200000	2007	80740	8658	368978	331208
烟台科技园	1222767	57292	941430	5916	104706	141226	6405638	3608589
烟台（莱山）	108665	124124	772219	37571	33500	67951	1630000	870169
潍坊市								
潍坊海化	20150	36734	380106	2650	201060	10500	696823	550871
潍坊凤凰山	3827	31653	90139	3000	37047	7960	479418	468345
济宁市								
济　宁	258652	88660	953516	26476	468519	109485	5205848	3904386
泰安市								
* 泰　安	116474	42500	241824	1704	52698	65400	562182	479323
* 新　泰	280000	20000	78000	429	52000	20000	450000	420000
* 肥　城	54717	7524	99670	500		7338	106000	84800
莱芜市								
* 莱　芜	29515	20896	128300	1368	31130	26000	465000	317912
临沂市								
* 临　沂	4500	13800	110000	1900	6000	1500	460000	372000
德州市								
禹　城	21600	24900	176260	1350	37080	23500	338240	230592

15－38 续表 2　　(2004 年)

开发区名称	技工贸总收入（万元）	财政收入（万元）	税收收入（万元）	工业企业总产值（万元）	工业企业增加值（万元）	#外商投资企业	#高新技术企业	进口额（万美元）	出口额（万美元）
国家级									
济　南	5129993	176509	333738	4964014	1284684	101671	702079	27356	30633
青岛（崂山）	4806500	110979	276135	4285794	1079015	291333	787582	121551	136103
*淄　博	3465000	94644	79260	3366000	922000	75071	727600	24260	48000
潍　坊	3590488	157689	161415	2990357	840932	177658	507081	4719	23379
威　海	2724000	68967	144340	2650000	778500	246698	395213	55559	125000
省　级									
青岛市									
即　墨	13355		107	13716	4627	1753	2402	140	3805
枣庄市									
枣　庄	580000	11000	23376	596770	160920	40500	26950	1070	4788
东营市									
*东　营	619998	19517	13165	430059	171000	43575	46888	17438	28867
烟台市									
烟台（福山）	368978	8009	8009	334439	105500	59669	23120	11271	16000
烟台科技园	6405638	234745	241472	3656743	1134415	1015004	119410	153373	92426
烟台（莱山）	1630000	23008	40365	914775	232432	65081	59833	13070	30748
潍坊市									
潍坊海化	678106	42461	46230	584854	192718	9100	99428	3561	11054
潍坊凤凰山	479418	8009	8009	436387	106042	7480	81347	1664	3583
济宁市									
济　宁	5205848	175026	162932	3051711	1068099	232258	426172	18219	45953
泰安市									
*泰　安	562182	21505	43427	498772	165592	12076	109732	2166	9198
*新　泰	410000	2600	3200	370000	185450	20000	132600	117	1643
*肥　城	16883	3799	7833	139193	45306				2293
莱芜市									
*莱　芜	462138	3006	7088	324428	97320	928	50850	1651	6835
临沂市									
*临　沂	460000	1324	9000	386000	62000	9000	16000	420	3020
德州市									
禹　城	300300	10130		273060	68265	17070	37580		3262

第16篇

教育、科技、文化

EDUCATION, SCIENCE AND CULTURE

编辑单位：社科处
编　　委：刘东霞
编　　辑：燕守勇　贾明洁
校　　对：燕守勇　贾明洁
电　　话：86197790　86197787

16－1 各级各类学校基本情况

（2004年）

项　　目	学校数（所）	毕业生数（人）	招生数（人）	在校学生数（人）	教职工数（人）	#专任教师
一、高等教育						
（一）研究生	30	4907	11224	27837		7177
（二）普通高等教育	97	166959	327452	946124	93653	53847
本科院校	37	118767	177196	599169	62885	35389
专科院校	60	32209	111476	230624	28836	17417
其他机构		15983	38780	116331	1932	1041
（三）成人高等教育	24	107645	132313	268112	11056	6247
二、中等职业教育						
（一）中等职业学校	798	279590	391374	1048100	80882	52663
普通中等专业学校	145	65953	87889	260276	21621	12771
成人中等专业学校	223	42473	53182	121266	12666	7885
职业高中学校	430	130817	214736	545195	44017	30239
其他机构（教学点）		40347	35567	121363	2578	1768
（二）技工学校	249	58834	121444	274432	21370	14607
（三）职业技术培训机构	23684	3874878		3152898	49077	27755
三、基础教育						
（一）普通中学	4569	2138034	1923223	6283412	473687	379100
初　中	3707	1661201	1242717	4392406		276822
高　中	862	476833	680506	1891006		102278
（二）职业初中	3	968	393	1703	139	114
（三）小　学	16943	1246899	1101680	6278002	410264	378793
（四）特殊教育学校	139	1881	2113	16173	5153	3622
（五）幼儿园	16453	663802	828940	1461622	84112	60015
（六）成人基础教育						
1.成人中学	204	16817		24446	1013	821
2.成人小学	788	28504		36301	1911	1016

注：1.2004年普通高等教育统计口径为：含97所普通高校、部分成人高校举办的高职班和电大普通专科班。

2.自2001年起成人高等学历教育统计口径调整为：不含电大普通专科班及高职。

16－2 历年普通高等教育基本情况

年份	学校数（所）	招生数（人）	毕业生数（人）	在校学生数（人）	教职工数（人）	#专任教师
1949	7	1405	70	3969	1908	484
1950	7	1861	424	5406	2090	650
1951	7	2915	569	5679	2624	935
1952	7	2777	1703	6753	3684	1024
1953	6	2758	1931	7363	3542	1165
1954	6	2976	1759	8509	3262	1366
1955	7	3280	1825	8915	3397	1471
1956	7	5765	1775	11574	3900	1701
1957	7	3122	1686	12532	4518	2114
1958	35	10004	2249	19557	7938	3212
1959	35	9957	2409	26493	7799	3177
1960	63	12074	5821	34744	11746	4809
1961	40	6206	5567	33461	13534	5300
1962	26	3496	7148	26001	10144	4318
1963	18	4472	6180	23807	8882	4093
1964	16	5144	6806	22435	9187	4001
1965	16	5621	6102	22164	9156	3898
1966	15		293	21919	9314	3996
1967	15		5288	16631	9200	4006
1968	15	92	6992	9731	9392	4094
1969	16		2756	9254	10564	4774
1970	16		9162		10185	4526
1971	19	8953		8953	12527	5618
1972	19	6479		14259	12945	5168
1973	19	5982	4098	17291	13609	5166
1974	19	5470	5461	16375	13731	5432
1975	21	7366	6033	17582	13858	5601
1976	22	8896	6072	21340	15035	5941
1977	27	13192	7203	25735	17712	7028
1978	34	19712	7015	38390	20202	7855
1979	35	12856	5364	44771	23544	9478
1980	35	14402	7684	51427	26130	10347
1981	37	14160	6311	59645	27512	10379
1982	37	15765	23993	51794	30381	12065
1983	41	19827	16806	55276	31535	12943
1984	47	24862	13563	66429	33591	13919
1985	49	32745	16159	83567	36383	14974
1986	49	30211	21183	92422	39009	15951
1987	50	32972	29428	95891	41620	16716
1988	50	35714	30869	101281	43990	17585
1989	51	34308	31766	103928	46037	18162
1990	49	35023	33104	105822	46704	18377
1991	49	36067	34500	107093	46839	17825
1992	51	57878	34994	130188	47483	18059
1993	51	57918	33935	151758	48156	18405
1994	49	55036	50457	156639	49537	19460
1995	49	55611	52083	160398	50829	19932
1996	49	56544	47835	169184	51490	20079
1997	48	56950	50141	175920	50374	20414
1998	49	62994	51477	187473	50261	20581
1999	52	82410	49612	213679	49624	21252
2000	58	124817	49687	303826	54910	24764
2001	65	183553	69583	449360	64362	30902
2002	75	218719	94697	583601	72408	37412
2003	85	273894	117253	761417	84391	45457
2004	97	327452	166959	946124	93653	53847

注：2004年普通高等教育含97所普通高校、部分成人高校举办的高职班和电大普通专科班。

16－3 历年中等专业教育基本情况

年份	学校数（所）	招生数（人）	毕业生数（人）	在校学生数（人）	教职工数（人）	# 专任教师
1949	34	4784	1778	13738	1207	441
1950	48	7734	4292	14206	1663	709
1951	80	11179	4855	21918	3372	1307
1952	171	33756	5223	50175	6845	2744
1953	76	8478	23488	33516	4916	1812
1954	69	9478	9812	32458	4509	1807
1955	58	7738	11553	25336	3707	1477
1956	90	30047	9403	45706	6522	2573
1957	86	7972	12089	40738	6112	2742
1958	394	106779	15584	129494	8704	4537
1959	487	58777	21286	110617	11394	4955
1960	474	79722	32699	143184	15798	7893
1961	198	10395	22687	65735	12433	6008
1962	85	585	16909	23599	6072	2797
1963	79	9685	13814	18942	5883	3312
1964	94	15282	6751	27420	6086	2769
1965	275	35768	2242	72974	9197	4850
1966	158	2831	3403	50097	9128	4310
1967	160	2810	11544	41288	9159	4388
1968	155	11861	28731	24411	9461	4328
1969	128	2107	10537	15956	8410	3942
1970	126	2648	12356	6238	8121	3997
1971	135	18497	11758	12823	7776	5403
1972	140	9746	1313	11581	8756	3773
1973	122	16377	1980	25717	8366	3771
1974	129	18963	9440	34035	10175	4434
1975	144	21442	15786	40798	11378	5038
1976	178	23328	19908	44345	13296	5522
1977	176	23195	29665	33142	14004	5649
1978	189	25961	9006	49466	14814	6158
1979	195	26574	2882	75484	16080	6792
1980	203	28137	35212	68593	17617	7898
1981	165	27797	32661	63864	18563	8115
1982	174	29235	26782	66640	20482	9204
1983	179	31570	21413	77601	21503	9775
1984	188	33597	27166	84125	22539	10184
1985	208	45163	30024	100176	24511	11333
1986	227	44130	31422	114039	27320	12807
1987	214	40120	36247	103128	26820	12846
1988	225	44606	33551	114168	28985	14522
1989	230	48407	28370	134515	29314	14719
1990	236	48634	35423	148504	31634	16000
1991	240	52092	45259	155092	31842	15617
1992	234	55353	52088	158309	32857	15972
1993	241	77875	51360	185062	34354	16769
1994	243	89643	50801	222551	35066	17526
1995	244	95442	58680	258801	36084	18211
1996	255	105468	78496	289827	38030	19898
1997	252	112348	90545	311161	38458	20291
1998	254	114956	99483	327031	39160	20949
1999	251	122331	106740	344062	39274	21311
2000	243	93493	103629	333184	37241	20409
2001	200	92215	110827	310508	28002	15607
2002	165	115941	111333	314135	27005	15369
2003	154	94625	64046	256655	23630	13761
2004	145	87889	65953	260276	21621	12771

16－4 历年普通中学基本情况

年　　份	学校数（所）	招生数（万人）	毕业生数（万人）	在校学生数（万人）	教职工数（人）	# 专任教师
1949	66	1.08	0.34	3.89	3431	1585
1950	70	1.95	0.66	4.03	3728	1841
1951	112	2.47	0.73	5.50	4507	2232
1952	189	6.12	0.99	10.44	10170	4507
1953	192	4.06	1.82	12.51	12151	5206
1954	211	6.84	2.25	16.83	14666	6621
1955	218	6.74	5.08	17.51	14778	6756
1956	332	9.04	3.75	22.83	17606	8824
1957	1004	17.64	6.20	33.99	24369	14054
1958	3784	34.39	6.19	57.98	32762	20140
1959	3316	31.92	8.55	65.13	38072	23089
1960	2770	27.60	9.98	72.11	49335	28743
1961	1331	14.71	15.26	52.16	43679	24642
1962	1247	15.04	12.77	43.21	37062	21542
1963	1403	18.39	12.94	43.79	39691	24381
1964	2316	23.90	10.80	53.51	42781	26747
1965	6166	34.06	11.67	80.74	53914	37339
1966	4002	14.27	9.95	65.39	47995	33716
1967	3848	14.22	12.99	63.74	48224	33926
1968	6957	54.15	34.31	81.68	59827	41922
1969	13033	96.11	28.13	143.28	97723	79912
1970	13938	103.39	58.50	188.13	122751	100261
1971	12252	146.85	94.53	256.03	124547	116284
1972	11495	139.73	113.47	289.35	187231	155412
1973	12239	121.90	135.22	261.11	177864	144292
1974	12419	131.27	126.88	252.21	177829	142047
1975	14621	172.20	113.98	305.11	200906	161092
1976	19822	263.31	127.48	437.85	275864	228657
1977	20171	260.62	161.35	522.33	330445	277784
1978	17361	210.68	218.75	478.22	318128	264663
1979	16322	176.14	192.39	418.22	304551	246035
1980	14646	144.10	107.90	407.91	309538	247920
1981	12974	125.17	117.55	361.45	296240	233102
1982	11160	119.41	106.37	328.57	271664	212707
1983	9971	112.21	86.35	315.39	256926	200957
1984	9175	115.88	85.31	334.42	257968	201521
1985	9038	123.80	96.87	356.32	268321	209202
1986	8259	125.02	105.22	376.19	283726	220304
1987	7877	125.52	116.95	379.54	297083	232958
1988	7474	125.17	120.41	373.53	307364	241845
1989	6997	123.30	118.61	363.74	315494	245260
1990	6699	125.60	115.14	367.30	324027	249459
1991	6310	129.17	115.30	372.98	329927	253428
1992	5897	132.87	115.58	382.49	335020	258308
1993	5640	139.14	115.88	395.28	337259	260896
1994	5429	154.67	116.82	427.15	345640	268514
1995	5073	167.06	118.14	470.46	358301	279301
1996	4820	169.69	122.97	512.22	375463	294849
1997	4693	178.19	141.95	541.38	392365	310926
1998	4635	201.28	159.91	571.54	404824	322785
1999	4586	222.20	164.88	620.43	414538	333884
2000	4575	234.18	167.96	678.60	430754	350353
2001	4684	220.94	188.59	702.18	451014	359665
2002	4648	201.65	205.62	689.17	461898	369664
2003	4606	192.94	222.82	654.34	468627	374811
2004	4569	192.32	213.80	628.34	473687	379100

16－5 历年技工学校基本情况

年份	学校数（所）	招生数（人）	毕业生数（人）	在校学生数（人）	教职工数（人）	#专任教师
1953	1	150		150	25	15
1954	2	250		500	149	51
1955	2	452	150	802	206	72
1956	3	775	350	1227	351	127
1957	6	1525	452	2300	614	213
1958	44	9362	775	10887	1255	413
1959	52	9500	1525	18862	1800	620
1960	145	20290	6100	33052	2750	830
1961	16	2178	812	2996	2052	682
1962	19	1274	906	5188	2078	688
1963	21	2890	918	7163	2168	690
1964	28	4498	2687	8781	2019	920
1965	18	2336	1381	6662	1214	503
1966	16	62	115	3836	979	264
1967	16		1063	2773	1005	262
1968	14	633	2444	962	847	207
1969	9		510	452	604	141
1970	6		452		639	106
1971	2	380		380	189	85
1972	2			380	189	85
1973	15	1992	320	2052	1018	192
1974	19	2649	54	4702	1080	257
1975	26	3407	1700	5652	1751	345
1976	26	3144	1704	5841	2204	435
1977	29	6083	5421	6414	3189	735
1978	64	13669	301	19651	7042	1563
1979	72	11673	4950	26632	7055	1951
1980	94	15698	9854	32208	8974	2978
1981	100	9323	11190	29605	9749	3474
1982	103	9379	12857	25953	10154	3474
1983	106	10698	11562	24343	10560	3508
1984	119	12851	8624	28302	11215	3732
1985	134	16748	9219	35163	14142	3423
1986	163	22069	10035	47114	19968	3928
1987	206	28114	11281	63839	22647	5390
1988	236	40381	16036	87832	26382	5996
1989	256	40821	22402	105330	27843	7088
1990	266	42429	28654	118605	19084	10084
1991	279	44081	39679	122591	33739	11210
1992	290	46436	39628	128557	37579	12233
1993	302	55920	42320	142660	37222	12853
1994	306	67812	45358	165989	39351	13424
1995	312	70251	65457	169023	38891	13948
1996	312	77595	62981	185253	37747	13778
1997	305	74054	65310	192675	35160	14059
1998	305	55668	59292	188493	33806	14035
1999	302	50896	71460	161531	28871	14531
2000	279	48008	66546	137718	24484	14066
2001	278	53283	55769	132122	23152	16060
2002	249	83186	49634	165386	22190	13072
2003	244	105896	46247	212811	20684	13371
2004	249	121444	58834	274432	21370	14607

16－6 历年小学基本情况

年份	学校数（所）	招生数（万人）	毕业生数（万人）	在校学生数（万人）	教职工数（人）	#专任教师
1949	27476	64.85	5.92	193.00	47640	45710
1950	37649	73.09	8.32	237.79	66439	46108
1951	45481	85.14	10.67	341.88	87932	84992
1952	55096	138.44	15.52	453.75	130791	122107
1953	53476	45.09	28.28	425.81	132259	123224
1954	52172	91.94	29.72	432.60	133588	124298
1955	52171	91.05	19.65	432.74	135050	126975
1956	52200	133.10	35.49	501.57	146511	139354
1957	52337	90.99	43.32	490.88	133312	140300
1958	64817	306.00	54.30	708.80	187148	181812
1959	76675	223.99	42.25	763.82	208941	202828
1960	67256	195.19	55.25	722.88	211598	204973
1961	61259	120.27	38.94	551.58	200310	196000
1962	58670	125.37	40.61	487.56	185043	180870
1963	61258	141.11	33.12	524.60	197427	192509
1964	108658	297.43	42.40	748.14	261782	256587
1965	143202	289.83	44.92	966.72	322560	316441
1966	76222	171.14	88.24	774.64	261927	248105
1967	77680	151.12	92.09	793.38	270433	256623
1968	77108	163.30	124.64	791.73	280930	268784
1969	76584	179.99	128.53	799.50	319014	285271
1970	79041	206.71	138.66	813.58	331613	296931
1971	81870	326.20	125.73	898.25	392417	390689
1972	82158	284.62	123.09	951.06	350695	340726
1973	83615	251.02	106.48	1004.20	374535	363243
1974	82910	232.79	105.79	1054.00	390151	376961
1975	82327	240.58	143.75	1091.22	401530	390571
1976	78698	215.88	208.06	1059.68	403562	391905
1977	78137	220.55	198.87	1035.87	399653	388337
1978	79375	234.57	181.42	1041.84	395247	384540
1979	78828	219.38	164.83	1040.06	407704	393271
1980	78796	211.68	155.64	1041.70	418828	402739
1981	78829	197.06	154.84	1017.62	417223	400449
1982	77893	190.23	159.74	978.73	414849	395455
1983	76610	184.50	160.87	946.26	414753	393013
1984	74314	176.38	160.80	927.50	410443	387448
1985	71062	167.67	164.07	894.06	405550	379751
1986	65447	161.76	158.81	870.41	412879	384564
1987	64095	152.42	158.86	844.87	421864	394296
1988	63006	156.57	154.47	830.01	432249	404509
1989	62321	162.45	149.77	823.19	439419	408468
1990	61845	158.09	144.84	818.21	446395	414653
1991	59976	156.99	143.85	815.15	447368	414924
1992	56885	163.94	141.97	826.21	450396	416662
1993	54009	185.75	145.75	853.57	448575	415928
1994	50824	206.15	153.03	895.54	448601	414912
1995	47068	205.33	154.07	940.36	456568	422989
1996	40458	194.37	152.29	971.86	463651	429345
1997	37377	183.70	155.59	990.19	468548	434671
1998	34480	146.34	173.92	951.34	467987	435156
1999	29453	116.04	191.40	870.72	451063	418828
2000	26017	104.48	195.12	774.88	440161	408200
2001	21342	101.36	176.17	699.19	422905	390374
2002	19590	107.26	144.10	662.59	414600	383816
2003	18303	107.86	128.24	642.78	410968	380066
2004	16943	110.17	124.69	627.80	410264	378793

16－7 1985－2004年成人高等教育基本情况

年　份	学校数（所）	招生数（人）	毕业生数（人）	在校学生数（人）	教职工数（人）	#专任教师
1985	53	41358	14543	85909	7918	3677
1986	55	38305	18626	119123	9514	4417
1987	58	30789	30352	110258	8900	3847
1988	53	43784	35680	101606	10179	4137
1989	53	43386	30687	115753	11552	4754
1990	53	32580	29317	114764	12745	5164
1991	54	26409	40382	104560	12669	4926
1992	51	49078	41748	105427	12883	5017
1993	53	71210	31104	149282	12648	5257
1994	53	81379	30786	196381	13048	5872
1995	53	61032	55764	198934	13159	6037
1996	53	59850	65204	194454	13308	6495
1997	53	65775	74017	185029	14096	6925
1998	46	73618	61603	198780	13023	6557
1999	40	87117	61611	221161	14335	7131
2000	40	82423	70810	219977	14090	7084
2001	34	103165	57373	255775	13911	6841
2002	29	111023	69723	316605	11797	6182
2003	27	128242	79518	373086	9877	5300
2004	24	132313	107645	268112	11056	6247

注：自2001年起成人高等学历教育统计口径调整为：不含电大普通专科班及高职。

16－8 研究生教育基本情况

项　目	单位	1990年	1995年	1996年	1998年	1999年	2000年	2001年	2002年	2003年	2004年
一、培养单位数	个	**19**	**18**	**18**	**18**	**28**	**26**	**26**	**26**	**27**	**30**
高等学校	个	15	15	15	15	25	23	23	23	23	25
科研单位	个	4	3	3	3	3	3	3	3	4	5
二、招生数	人	**664**	**1501**	**1745**	**2022**	**2617**	**3850**	**5371**	**6595**	**9764**	**11224**
攻读博士学位	人	39	189	216	295	409	527	790	932	1399	1492
高等学校	人	29	167	191	273	384	494	749	879	1325	1419
科研单位	人	10	22	25	22	25	33	41	53	74	73
攻读硕士学位	人	625	1312	1529	1727	2208	3323	4581	5663	8365	9732
高等学校	人	597	1265	1476	1681	2146	3236	4482	5532	8194	9530
科研单位	人	28	47	53	46	62	87	99	131	171	202
三、在校生数	人	**2039**	**4051**	**4689**	**5748**	**6431**	**8522**	**11877**	**15882**	**21910**	**27837**
攻读博士学位	人	132	440	583	788	989	1306	1840	2373	3293	4164
高等学校	人	102	386	515	709	900	1209	1725	2217	3096	3937
科研单位	人	30	54	68	79	89	97	115	156	197	227
攻读硕士学位	人	1907	3611	4106	4960	5442	7216	10037	13509	18617	23673
高等学校	人	1822	3507	3972	4814	5282	7022	9789	13193	18214	23183
科研单位	人	85	104	134	146	160	194	248	316	403	490
四、毕业生数	人	**766**	**749**	**1088**	**1475**	**1537**	**1690**	**1789**	**2404**	**3694**	**4907**
攻读博士学位	人	28	62	72	182	154	186	257	320	478	613
高等学校	人	24	59	65	162	140	169	237	308	445	574
科研单位	人	4	3	7	20	14	17	20	12	33	39
攻读硕士学位	人	731	687	1013	1293	1383	1504	1532	2084	3216	4294
高等学校	人	700	669	989	1253	1337	1454	1489	2026	3140	4207
科研单位	人	31	18	24	40	46	50	43	58	76	87

16－9 高等学校基本情况

（2004年） 单位：人

学校名称	普通本专科			教职工数	#专任教师
	招生数	毕业生数	在校学生数		
总　计	**327452**	**166959**	**946124**	**104709**	**60094**
一、普通高等学校	**298744**	**153988**	**870126**	**93653**	**53847**
1.本科院校	177349	119016	620829	62936	35437
大　学	82698	68112	326552	37289	20003
山东大学	10554	8322	42736	7898	3631
中国海洋大学	2984	2306	10265	2140	954
山东科技大学	6277	4931	23972	3440	1060
济南大学	7461	5226	27153	2152	1268
聊城大学	6356	5866	25518	1824	1330
青岛大学	8064	6166	31899	3961	1950
烟台大学	6032	4247	23351	1898	1058
青岛科技大学	5506	3758	19291	1705	1024
青岛理工大学	3628	3566	14564	1553	963
山东理工大学	7667	8146	29524	2596	1570
山东农业大学	6691	4001	23437	2737	1371
山东中医药大学	1967	907	7052	905	467
山东师范大学	4195	5210	21553	2295	1290
曲阜师范大学	5316	5440	24237	2185	1269
学　院	94651	50904	294277	25647	15434
德州学院	4572	2031	14430	1204	798
泰山学院	5208	2092	12943	1046	570
菏泽学院	5128	1255	10902	1228	646
枣庄学院	3821	1817	9255	707	421
潍坊学院	6118	3526	20369	1589	917
山东建筑工程学院	5144	3328	17788	1976	1076
山东轻工业学院	3500	3271	15945	1234	773
山东交通学院	3807	2126	10519	878	482
山东工商学院	3742	2483	13578	884	574
莱阳农学院	5708	4191	19145	1600	1010
潍坊医学院	3681	1169	10578	836	598
泰山医学院	4218	2752	14576	1262	896
滨州医学院	2952	1338	10179	884	615
济宁医学院	2445	1111	8824	719	500
滨州学院	4529	1860	10111	1010	546
烟台师范学院	6390	3980	22932	1975	1157
临沂师范学院	10896	4421	28334	1769	1192
山东经济学院	3550	3032	15503	1070	710
山东财政学院	2500	2275	11316	1043	581
山东警察学院	1356	695	3360	541	281
山东体育学院	1769	691	4892	1034	400
山东艺术学院	1738	767	4481	725	413
山东工艺美术学院	1879	693	4317	433	278
2.专科院校	111476	32209	230624	28836	17417
高等专科学校	9537	5642	21698	3086	1898
山东电力高等专科学校	1050	179	1836	618	293
山东水利专科学校					
临沂医学专科学校	1261	1114	3631	315	193
菏泽医学专科学校	1653	1098	3984	311	184

16－9续表1　　(2004年)　　单位:人

学校名称	普通本专科			教职工数	#专任教师
	招生数	毕业生数	在校学生数		
民办山东万杰医学高等专科学校	1859	1063	4464	304	215
山东中医药高等专科学校	833		833	336	168
济宁师范专科学校	2302	2188	6371	853	615
淄博师范高等专科学校	579		579	349	230
高等职业学校	101939	26567	208926	25750	15519
民办青岛滨海职业学院	4026	2081	9708	1142	682
日照职业技术学院	3230	1055	7183	575	502
曲阜远东职业技术学院	374	1362	1269	146	100
青岛职业技术学院	2993	2221	7997	698	441
威海职业学院	2763	647	5300	481	283
莱芜职业技术学院	1081	515	2786	560	338
济宁职业技术学院	1254	825	2596	532	278
潍坊职业学院	1851	880	4795	444	269
烟台职业学院	3001	1538	6237	749	395
东营职业学院	2452	855	5232	755	499
聊城职业技术学院	1216	492	3626	462	224
滨州职业学院	2843	262	6084	895	477
山东服装职业学院	904	729	2747	412	281
德州科技职业学院	3026	650	5655	395	316
潍坊科技职业学院	4853	978	9176	815	558
山东力明科技职业学院	3453	560	7472	638	269
山东圣翰财贸职业学院	2009	933	3937	477	256
青岛飞洋职业技术学院	5105		10133	1218	958
山东英才职业技术学院	4168		7040	547	408
山东大王职业学院	892		2492	384	284
淄博职业学院	2860	215	4597	833	482
淄博科技职业学院	1080		2436	408	175
青岛恒星职业技术学院	2680		5554	776	422
山东经贸职业学院	1636		2297	292	193
山东化工职业学院	638		1401	317	159
青岛黄海职业学院	2008		2719	636	445
青岛求实职业技术学院	998		1218	436	291
山东现代职业学院	1390		2249	462	180
济南职业学院	2204	1234	6589	535	358
山东旅游职业学院	262		262	160	104
山东杏林科技职业学院	353		353	367	109
泰山职业技术学院	331		331	534	279
山东外事翻译职业学院	940		1174	223	165
山东军星职业技术学院					
山东劳动职业技术学院	2041	960	4899	825	269
山东南山职业技术学院	5267	1687	10201	850	685
山东纺织职业学院	1520	647	3439	345	215
山东水利职业学院	2845	682	5218	427	305
山东交通职业学院	2166		3780	227	131
山东信息职业技术学院	864		2081	348	242
青岛港湾职业技术学院	1822		3330	290	220
山东胜利职业学院	1120		2122	836	398
山东工业职业学院	1543	327	3244	338	194

学校名称	普通本专科			教职工数	#专任教师
	招生数	毕业生数	在校学生数		
济南工程职业技术学院	309		309	199	122
山东电子职业技术学院	754		754	278	169
山东华宇职业技术学院	876		876	113	62
山东铝业职业学院	461	490	1239	240	152
山东畜牧兽医职业学院	1255	552	3427	323	200
山东协和职业技术学院	1384		3114	432	179
山东商业职业技术学院	4290	2322	10341	656	461
山东外贸职业学院	2105	868	4029	257	177
青岛酒店管理职业技术学院	2437		3878	262	168
3.其他机构	9919	2763	18673	1881	993
独立学院	6054	132	8620	897	459
山东科技大学泰山科技学院	1453		1453	241	139
石油大学胜利学院	905		1098	395	178
烟台大学文经学院	1719		2474	14	
青岛理工大学琴岛学院	1977	132	3595	247	142
分校大专班	3865	2631	10053	984	534
中华女子学院山东分院	1547	1403	4454	355	255
济南铁道职业技术学院	2318	1168	5599	629	279
胜利油田师范专科学校		60			
二、成人高等学校	**28708**	**12971**	**75998**	**11056**	**6247**
1.职工高校	2407	1384	6225	1128	537
山东省水利职工大学					
青岛远洋船员学院	1338	359	2923	446	197
山东兵器工业职工大学					
新汶矿业职工大学	140	337	870	203	103
山东省贸易职工大学	860	482	1891	190	90
济南市职工大学					
山东电力职工大学					
兖州矿区职工大学	69	206	541	289	147
山东财政职工大学					
山东省职工体育运动技术学院					
2.管理干部学院	10931	5385	27164	2210	1435
山东省经济管理干部学院	1709	1126	4631	431	278
山东省政法管理干部学院	3260	1535	7351	620	420
山东省农业管理干部学院	1753	1126	4581	403	213
山东省工会管理干部学院	2044	309	5410	378	239
山东省青年管理干部学院	2165	1289	5191	378	285
3.教育学院	4797	664	10851	1151	623
山东省教育学院	1385	273	3573	339	156
烟台教育学院	1107	218	2374	398	216
潍坊教育学院	1748	108	3493	290	176
山东省滨州教育学院					
山东省聊城教育学院	557	65	1411	124	75
山东省济宁教育学院					
山东省菏泽教育学院					
4.广播电视大学	10573	5538	31758	6567	3652
山东省广播电视大学	8574	4947	26112	5775	3151
青岛市广播电视大学	1999	591	5646	792	501

16－10 1978－2004 年重要科技成果数量

单位:项

年份	成果数量	农业	工业	医疗卫生	其他	国际领先先进水平	国内领先先进水平	省内领先先进水平
1978	652	116	443	69	24	19	283	350
1979	456	90	261	68	37	21	149	286
1980	657	195	396	66		25	210	422
1981	704	169	485	50		29	201	474
1982	732	153	516	41	22	35	298	399
1983	977	209	660	79	29	26	378	573
1984	997	196	730	42	29	21	420	556
1985	1196	277	758	127	34	41	566	589
1986	1337	183	933	135	86	75	634	628
1987	1525	264	964	170	127	92	838	595
1988	1786	300	1104	205	177	118	1045	623
1989	1957	325	1220	227	185	135	1081	741
1990	2112	375	1246	252	239	150	1148	814
1991	2488	541	1405	320	222	175	1503	810
1992	2668	57	1265	355	991	327	1538	803
1993	2858	605	1418	402	433	372	1745	741
1994	3113	696	1487	501	429	416	2131	566
1995	3251	702	1524	529	496	466	2272	513
1996	3388	709	1599	596	484	471	2353	564
1997	3507	737	1517	701	552	456	2678	373
1998	3558	614	1515	812	617	724	2516	318
1999	3688	557	1270	1140	721	744	2737	207
2000	3728	575	1289	1112	752	599	2861	182
2001	3112	494	1138	1034	446	506	2439	167
2002	3018	452	1117	1026	423	486	2371	161
2003	2896	433	1071	986	406	466	2276	154
2004	3028	454	1120	1030	424	485	2392	151

16－11 科技成果数量

单位:项

类别	1995年	1996年	1997年	1998年	1999年	2000年	2001年	2002年	2003年	2004年
一、国家级科技成果奖励成果	**52**	**59**	**41**	**39**	**36**	**21**	**19**	**27**	**19**	**23**
国家发明奖	10	9	11	9	7	5	1	1		
国家自然科学奖	2		1							
国家科技进步奖	40	50	29	30	28	16	18	26	19	22
国际合作奖					1					1
二、省级重要科技成果	**3251**	**3388**	**3507**	**3558**	**3688**	**3728**	**3112**	**3018**	**2896**	**3028**
三、省科学技术奖								**482**	**486**	**495**
科学技术最高奖								2	1	2
自然科学奖								27	23	16
技术发明奖								16	4	6
科技进步奖								434	456	471
国际科学技术合作奖								3	2	

注:国家自然科学奖每两年评一次。

16－12 1985－2004年专利情况

年份	申请量（件）	授权量（件）	实施量（件）	创产值（亿元）	创外汇（万美元）	许可合同数（份）	交易额（万元）	创利税（亿元）
1985	436	8						
1986	933	118	107	1.62		38	70.4	0.25
1987	1286	450	295	0.55		295	276	0.13
1988	1804	815	226	3.04		226	582	0.77
1989	1745	1040	252	3.88	1141	75	193.5	0.97
1990	2553	1273	591	6.37	1600	322	755	1.47
1991	3348	1569	995	11.50	5864	354	1779	1.58
1992	4445	2108	1605	37.42	12000	442	4740	4.10
1993	4691	4019	2108	58.23	42100	969	5801	8.80
1994	5092	2647	2248	69.89	35500	503	4293	10.48
1995	4624	2861	2098	97.33	23700	418	3844	14.97
1996	6125	2630	1959	191.68	22500	455	4148	30.66
1997	6523	2907	2313	212.59	28800	486	7997	34.89
1998	7597	4127	2482	233.75	42300	510	8136	39.07
1999	8589	6536	2834	249.90	27000	642	9116	40.95
2000	10019	6962	2936	298.61	27900	648	9252	52.28
2001	11168	6724	6429	214.77	22457	584	12336	41.23
2002	12855	7294	7715	251.43	27875	786	28667	37.96
2003	15794	9067						
2004	18388	9733						

16－13 规模以上工业企业科技活动人员情况

（2004年）　　　　单位：人

类　　别	科技活动人员合计	#1.全时人员	2.非全时人员	#科学家和工程师	高中级技术职称人员	R&D人员
总　　计	**170441**	**107758**	**62683**	**95074**	**55510**	**71675**
一、按企业规模分组						
大型企业	91330	61631	29699	54551	32128	40953
中型企业	52825	31393	21432	26764	15720	21780
小型企业	26286	14734	11552	13759	7662	8942
二、按登记注册类型分组						
国有企业	20380	11660	8720	11677	8284	8263
集体企业	9633	7854	1779	7132	2367	5607
股份合作企业	2696	1394	1302	1147	554	856
国有联营企业	3887	2199	1688	2746	1926	1065
集体联营企业	20	7	13	6	2	
国有与集体联营企业	148	119	29	98	35	
其他联营企业						
国有独资公司	28385	17124	11261	15299	10526	12952
其他有限责任公司	47604	31431	16173	27035	15812	17864
股份有限公司	28522	20295	8227	15629	8723	14824
私营独资企业	1661	715	946	607	220	540
私营合伙企业	526	76	450	66	40	16
私营有限责任公司	9688	5914	3774	5204	2841	3567
私营股份有限公司	425	159	266	229	104	155
其他企业	671	442	229	385	161	301
合资经营企业(港或澳、台资)	1767	1044	723	1196	546	578
合作经营企业(港或澳、台资)	188	77	111	99	45	158
港、澳、台商独资经营企业	634	375	259	227	147	323
港、澳、台商投资股份有限公司	728	397	331	254	169	505
中外合资经营企业	4877	3075	1802	2865	1394	2128
中外合作经营企业	386	240	146	126	27	153
外资企业	1093	718	375	532	348	440
外商投资股份有限公司	6522	2443	4079	2515	1239	1380
三、按地区分组						
济南市	21250	13703	7547	14049	8510	9921
青岛市	28484	20217	8267	16701	7445	14848
淄博市	20392	14111	6281	9919	6386	10007
枣庄市	4816	1542	3274	1947	1510	603
东营市	10314	6642	3672	6804	4678	3693
烟台市	14667	9869	4798	9440	5112	6895
潍坊市	13414	6981	6433	6196	3825	3690
济宁市	11127	6225	4902	6018	3608	5347
泰安市	10072	6245	3827	5777	3782	4267
威海市	7566	5100	2466	3443	1827	3579
日照市	1536	861	675	622	405	427
莱芜市	6733	3962	2771	3755	2599	2026
临沂市	6253	3447	2806	2966	1582	2097
德州市	4744	2722	2022	1716	1080	1048
聊城市	5062	3719	1343	3314	1783	1577
滨州市	3004	1868	1136	1831	933	1254
菏泽市	1007	544	463	576	445	396

16－13续表 (2004年) 单位：人

类别	科技活动人员合计	#1.全时人员	2.非全时人员	#科学家和工程师	高中级技术职称人员	R&D人员
四、按工业行业大类分组						
煤炭开采和洗选业	12535	7251	5284	7158	5498	7521
石油和天然气开采业	6648	4414	2234	4491	3525	2336
黑色金属矿采选业	1630	854	776	304	234	889
有色金属矿采选业	994	623	371	475	270	484
非金属矿采选业	90	22	68	25	19	8
其他采矿业						
农副食品加工业	3524	1989	1535	1662	866	1571
食品制造业	1410	783	627	763	430	402
饮料制造业	2215	1446	769	1012	601	1371
烟草制品业	230	177	53	176	140	139
纺织业	10018	4687	5331	3188	1706	2916
纺织服装、鞋、帽制造业	2421	1628	793	939	535	756
皮革、毛皮、羽毛(绒)及其制品业	398	244	154	110	50	150
木材加工及木、竹、藤、棕、草制品业	55	41	14	33	16	39
家具制造业	343	153	190	157	67	136
造纸及纸制品业	5315	2947	2368	2347	959	1694
印刷业和记录媒介的复制	184	139	45	131	96	77
文教体育用品制造业	1099	681	418	526	252	592
石油加工、炼焦及核燃料加工业	3022	1961	1061	1853	1395	1480
化学原料及化学制品制造业	14687	8531	6156	7753	4383	5527
医药制造业	5609	4038	1571	3512	1901	2084
化学纤维制造业	1348	1043	305	744	476	569
橡胶制品业	4810	2724	2086	2219	1104	2011
塑料制品业	1090	574	516	665	307	457
非金属矿物制品业	7090	3695	3395	3148	1750	2527
黑色金属冶炼及压延加工业	10635	6939	3696	6224	4507	3011
有色金属冶炼及压延加工业	5332	4200	1132	3169	1599	3701
金属制品业	1456	885	571	732	425	629
通用设备制造业	14365	8780	5585	7471	4694	5161
专用设备制造业	10762	7838	2924	6232	3908	3400
交通运输设备制造业	9495	6157	3338	5761	3391	3767
电气机械及器材制造业	13928	10868	3060	10114	3485	8048
通信设备、计算机及其他电子设备制造业	10155	8135	2020	7866	4301	5854
仪器仪表及文化、办公用机械制造业	2556	1827	729	1542	917	1282
工艺品及其他制造业	773	188	585	203	79	242
废弃资源和废旧材料回收加工业						
电力、热力的生产和供应业	4006	1181	2825	2266	1555	776
燃气生产和供应业	55	9	46	23	18	
水的生产和供应业	158	106	52	80	51	68

16－14 规模以上工业企业科技活动经费筹集情况

（2004年）　　　　单位：万元

类别	科技活动经费筹集总额	企业资金	金融机构贷款	政府资金	国外资金	其他资金
总计	**2491557.4**	**2134535.5**	**197530.6**	**101991.8**	**5410**	**52089.5**
一、按企业规模分组						
大型企业	1844980.4	1643390	137159.8	17758.2	4777	41895.4
中型企业	444197.7	375522	45422.3	16175.7	628	6449.7
小型企业	202379.3	115623.5	14948.5	68057.9	5	3744.4
二、按登记注册类型分组						
国有企业	128685.8	106868.9	2720.8	2330.9		16765.2
集体企业	361600.3	340164.6	16946.7	4123.8		365.2
股份合作企业	24837.7	23113.7	1075	434		215
国有联营企业	105891.9	105861.9		30		
集体联营企业	50	50				
国有与集体联营企业	405	355		50		
其他联营企业						
国有独资公司	535014.3	439478.5	67307	6974.3	225	21029.5
其他有限责任公司	606921.5	568707.6	20334.3	10696.6	2168	5015
股份有限公司	366180.8	301042.3	51899.8	9558		3680.7
私营独资企业	4751.8	4069.6	377.6	178		126.6
私营合伙企业	1729.2	1529	200			0.2
私营有限责任公司	159760.9	71106.3	21055	63342.2	3000	1257.4
私营股份有限公司	1002.7	837.5	103	19	12	31.2
其他企业	6320.1	6302.1		10		8
合资经营企业(港或澳、台资)	12013.3	10694.3	650	629		40
合作经营企业(港或澳、台资)	2434	2369		65		
港、澳、台商独资经营企业	2514.8	2508.8		6		
港、澳、台商投资股份有限公司	4891	4791				100
中外合资经营企业	57468.9	41969.5	10466.4	1731	5	3297
中外合作经营企业	3491.9	3461.9		30		
外资企业	42705	42452.5		206		46.5
外商投资股份有限公司	62886.5	56801.5	4395	1578		112
三、按地区分组						
济南市	374702.5	354931.7	10100.8	9217	225	228
青岛市	699698.3	624492.6	66208.8	6314.3		2682.6
淄博市	226403.8	137481.7	14905	62908	3000	8109.1
枣庄市	29305.8	27510.5	705.4	493		596.9
东营市	158151.6	103050.1	20682.6	2815.3	20	31583.6
烟台市	171553.1	163244.5	4433.1	2810.9	352	712.6
潍坊市	150714.6	140572	6079	2604.5	596	863.1
济宁市	123682.8	99742	19640	2157		2143.8
泰安市	99835.1	80304.8	14548.1	3983.8		998.4
威海市	117313.4	106151.4	7926	1710		1526
日照市	5490.5	4958.5	410	122		
莱芜市	103521	100090.5	3042	232		156.5
临沂市	65713.3	59010.6	4373	1069.6	5	1255.1
德州市	33979.8	27077.9	1841	2960	1212	888.9
聊城市	61069.7	60041.7	170	684.5		173.5
滨州市	62512.7	41502	19155.8	1754.9		100
菏泽市	7909.4	4373	3310	155		71.4

16－14续表　　　　　　　　（2004年）　　　　　　　　单位：万元

类别	科技活动经费筹集总额	企业资金	金融机构贷款	政府资金	国外金资	其他资金
四、按工业行业大类分组						
煤炭开采和洗选业	161824	135471.8	21143.5	5200		8.7
石油和天然气开采业	60000	27705		1399.5		30895.5
黑色金属矿采选业	2426.8	2016.8				410
有色金属矿采选业	10038.5	9519.5	514	5		
非金属矿采选业	122.9	122.9				
其他采矿业						
农副食品加工业	45087.9	42512.1	1009.4	1486.6		79.8
食品制造业	15353.8	12941.8	655	358		1399
饮料制造业	27041.2	25147.3	981.3	886.6		26
烟草制品业	14256.8	14101.8		155		
纺织业	74977.7	64310.3	8217	450		2000.4
纺织服装、鞋、帽制造业	18974.2	17614.1	1123	236.6		0.5
皮革、毛皮、羽毛(绒)及其制品业	3876.9	3030.9	100	50	596	100
木材加工及木、竹、藤、棕、草制品业	2822.6	2822.6				
家具制造业	943.6	690.1	200	52.7		0.8
造纸及纸制品业	93962.8	91195.5	1381.4	1285.9		100
印刷业和记录媒介的复制	900.2	900.2				
文教体育用品制造业	7026.4	5971.4	950	43	12	50
石油加工、炼焦及核燃料加工业	133966.1	59970.7	12466	60534	20	975.4
化学原料及化学制品制造业	231202.4	178673.1	35986	7407.4	3000	6135.9
医药制造业	70909.5	57986.7	7945	2364.6		2613.2
化学纤维制造业	21283.7	21283.7				
橡胶制品业	102792.2	92589.6	9681.6	421		100
塑料制品业	7801.7	7096.2	547	88.5		70
非金属矿物制品业	54677.9	41696.7	7020	3124	1200	1637.2
黑色金属冶炼及压延加工业	221247.1	219172.6	1606	214		254.5
有色金属冶炼及压延加工业	45984.9	45818.9	20	31		115
金属制品业	12096.6	10699.6	755	287	352	3
通用设备制造业	87344.8	81226	3299.6	1902.2		917
专用设备制造业	89680.9	79549.5	7618	1655.5		857.9
交通运输设备制造业	182350.2	176458.8	3888.5	990	225	787.9
电气机械及器材制造业	393895.7	367171.6	21357.3	4097		1269.8
通信设备、计算机及其他电子设备制造业	258971	205140.3	47535	6281.7		14
仪器仪表及文化、办公用机械制造业	13743.6	10805.6	1406	914		618
工艺品及其他制造业	3319.7	3124.7	90	10	5	90
废弃资源和废旧材料回收加工业						
电力、热力的生产和供应业	18296.8	17681.8	35	20		560
燃气生产和供应业	2146	2138		8		
水的生产和供应业	210.3	177.3		33		

16－15 规模以上工业企业科技活动经费支出情况

（2004年） 单位：万元

类别	科技活动经费支出总额	内部支出	劳务费	原材料费	购买和自制设备支出	其他	R&D经费内部支出	新产品开发经费	外部支出
总计	**2628307.4**	**2436013.5**	**464666**	**799346.3**	**675590.4**	**262301**	**1185772.6**	**928989.7**	**192293.9**
一、按企业规模分组									
大型企业	1948654.9	1793751	311150	633707.1	514903.9	198356.4	892528.3	764965.6	154903.9
中型企业	505330.9	475738.3	101969	125890.7	128821.6	49529	228994.5	127537.1	29592.6
小型企业	174321.6	166524.2	51547.4	39748.5	31864.9	14415.6	64249.8	36487	7797.4
二、按登记注册类型分组									
国有企业	143321.8	134014.9	47272.4	31906.8	32993.8	10618.8	57591.7	29451.4	9306.9
集体企业	388785	350357.5	40121.9	143799.5	106408.2	29448.5	212717	170714.1	38427.5
股份合作企业	26096.9	25871.8	4685.5	9136.9	6561.5	3382.6	8145.5	10590	225.1
国有联营企业	104074.9	93457.9	27238.5	34086.7	27064.4	3731.3	47623.7	10660	10617
集体联营企业	42	40	35	5					2
国有与集体联营企业	515.5	402.5	110.8	119.8	98	38.9		286.1	113
其他联营企业									
国有独资公司	564688.2	533908.3	104954	227446.5	105504	57638.1	289530.6	226965.9	30779.9
其他有限责任公司	664265.7	623139	118923	171460.9	205254.1	71788.3	242686.7	258956.1	41126.7
股份有限公司	393082.7	348762.9	61254.2	86055.2	115327.1	49346.2	179074	124139.5	44319.8
私营独资企业	11934.6	11828.8	2707.5	1265.3	1000.8	582.6	3699.7	706.3	105.8
私营合伙企业	2454.8	1854.8	347.9	464.1	289.3	705.5	631.2	105.9	600
私营有限责任公司	112703.5	107709.3	18573.5	21206	33441	8065.1	46358.7	33344	4994.2
私营股份有限公司	1303.6	1193.9	465.2	171.8	142.9	107.4	452.2	181.9	109.7
其他企业	6899.3	6223.9	829.4	2207.3	1319.4	1417.5	3465	2250	675.4
合资经营企业(港或澳、台资)	10868.1	10610.4	2676.9	2584.3	3569.3	1192.4	2023.6	4250.5	257.7
合作经营企业(港或澳、台资)	2547.6	2484	526.7	546.8	154.4	1256.1	2160	1080	63.6
港、澳、台商独资经营企业	2689.1	2544.6	976.3	848.8	286.2	155	924.8	807.7	144.5
港、澳、台商投资股份有限公司	6003.1	5221.2	2479.1	609.8	237.8	782.4	4088.3	761.3	781.9
中外合资经营企业	62963.2	59223.3	11546.5	14708.8	14162.7	9041.5	27066.1	19161.8	3739.9
中外合作经营企业	3521	3442.5	826.4	868.8	813.5	750.4	2166	1489.8	78.5
外资企业	52601.2	51839.2	3159.5	23931.4	13460.1	784.1	34669.6	4782.5	762
外商投资股份有限公司	66945.6	61882.8	14956.1	25915.8	7501.9	11468.3	20698.2	28304.9	5062.8
三、按地区分组									
济南市	380320.5	351167.8	87072.5	140585.4	73044.1	34842.1	192951.6	143106.4	29152.7
青岛市	757169.7	700667.2	95546.9	290619.1	174516.8	81366.2	413907.8	372397.1	56502.5
淄博市	183639.7	161812.4	35597.6	41993.6	52200.1	22408	92431.3	58925.3	21827.3
枣庄市	37390.2	35293.4	8247	8333.5	12495.6	2620.6	6703.4	16338	2096.8
东营市	175539.5	163904.1	43988.7	46349.3	38805.4	5439.4	52471.2	46233.4	11635.4
烟台市	175328.9	164652.6	38912.4	41822.4	46903	20501.2	71267.5	70628.1	10676.3
潍坊市	168313.2	152717.3	24632.6	34608.8	40821	26770.5	39876.5	57231.9	15595.9
济宁市	138819.7	129631.7	24746.8	29087	39034	16072.6	43911.9	16646.8	9188
泰安市	105352.1	100699.4	19523.3	36589.2	28894.8	7581.6	63108.6	22907	4652.7
威海市	120739	115374.3	19065.6	50727.8	27657.3	10037.1	81078.1	36131.8	5364.7
日照市	14083	13757.2	4343.7	2477.3	1326.1	3419.3	2047	2493.6	325.8
莱芜市	109463.4	101788.8	18320.9	15472.7	56077.1	6285	23133.4	11998.8	7674.6
临沂市	64483.3	60303.9	8707.9	9064.9	33689.9	4435.4	39849.5	11679.3	4179.4
德州市	39702.3	34406.5	7310.7	8653.8	5561.2	5751.2	11805.9	13051.1	5295.8
聊城市	79403.1	75521.3	18355.8	20169	20962.7	4867.5	18203.7	34561.3	3881.8
滨州市	70501.5	66967.6	8679.5	20124.3	22573.3	8897.1	30839.3	12027.6	3533.9
菏泽市	8058.3	7348	1614.5	2668.2	1028	1006.2	2185.9	2632.2	710.3

16－15 续表　　　　　　　　　　　　　　　　（2004 年）　　　　　　　　　　　　　　　　单位：万元

类　　别	科技活动经费支出总额	内部支出	劳务费	原材料费	购买和自制设备支出	其他	R&D 经费内部支出	新产品开发经费	外部支出
四、按工业行业大类分组									
煤炭开采和洗选业	169838.7	161124.2	28736.7	47242	57772.3	13265	87203.1	20610.6	8714.5
石油和天然气开采业	64469.7	59146.5	36941.1	12523.4	3438.6	1773.6	13994	1627.7	5323.2
黑色金属矿采选业	4840.6	4216.2	2112.6	1045	248.4	790.2	253.9	1659	624.4
有色金属矿采选业	11496.8	10687.6	1976.6	3499.3	2558.2	563.5	4934.2	35.3	809.2
非金属矿采选业	217.5	211.5	115.1	10.1	1	35	18.8	38	6
其他采矿业									
农副食品加工业	49074.6	46391.5	6253.9	11029.6	16397.1	6467.9	12353.5	14935.1	2683.1
食品制造业	21861.5	20698.7	6132.7	4362.1	4291.3	4578	5829.7	3941.1	1162.8
饮料制造业	29019.3	28104.6	4312.2	12558.4	4566.6	4793.4	23896.6	4926.8	914.7
烟草制品业	13590.9	11550.9	4694.2	1110.2	1220.4	4507.5	3719	2721.8	2040
纺织业	105842.7	103697.7	16719.3	33849.8	15966.7	7966.1	24778.1	43406.3	2145
纺织服装、鞋、帽制造业	28715.2	28598.2	3159.3	7108.8	3896.5	5082.3	12860.1	12420.8	117
皮革、毛皮、羽毛(绒)及其制品业	7225.1	7225.1	1023	1840.2	585.7	648.8	1616.9	1140.9	
木材加工及木、竹、藤、棕、草制品业	3933	3898	88.9	15.6	1716.1	966	2790.5	100	35
家具制造业	2281.8	2168.8	435.3	195.9	191.2	114.1	372.3	436.1	113
造纸及纸制品业	100295.2	89166.1	10679.1	41836.3	16518.9	12789	30810.2	59683.2	11129.1
印刷业和记录媒介的复制	2711	2501.6	1480.7	276.1	64	218.5	1385.6	1760	209.4
文教体育用品制造业	9326.9	9218.4	1705.6	1976.1	1110.2	2479.6	4701.8	2152.8	108.5
石油加工、炼焦及核燃料加工业	78923.8	72638.9	9616.8	16863.5	30465.6	5654.9	39509	19041.4	6284.9
化学原料及化学制品制造业	238849.7	216550.9	32972.4	44663.1	85917.6	34579.9	114062	54491.1	22298.8
医药制造业	75714.6	66132.9	9727.1	17024.1	18608.1	10071.8	20037.9	19594	9581.7
化学纤维制造业	22435.5	22293	1969.6	4636.5	14401.7	271.1	11991.6	11032.5	142.5
橡胶制品业	106338.1	99829.8	21753.3	36966.6	28603.9	7313.3	52008.3	64316.3	6508.3
塑料制品业	7738.4	7443.1	1572.7	1365.2	2926.4	289.3	2615	3446.7	295.3
非金属矿物制品业	62524.9	57980.8	12026.5	17631.3	18477.9	5446.1	32401.9	21812.6	4544.1
黑色金属冶炼及压延加工业	228205	211713.6	47065	54267.8	90239.7	14047.8	80075.2	24032.6	16491.4
有色金属冶炼及压延加工业	56982.6	50600.5	15945.9	9699.4	8982.2	11426.6	28783.1	12708.9	6382.1
金属制品业	13106.9	12596.3	2463.1	2536.1	4320.5	1994.3	6382.6	3194.6	510.6
通用设备制造业	100908.3	91140.3	25950.4	26189.7	13142	12124.8	46818.7	40722.6	9768
专用设备制造业	97886.8	89549.6	23742.7	28003.9	20125.1	7441	24062.7	45556.5	8337.2
交通运输设备制造业	186014.7	171399.3	31707.9	85428.1	32232.8	10523.2	88587.6	69274.3	14615.4
电气机械及器材制造业	423826.2	384365.3	46601.4	150910.6	115785	33895.6	229543.7	179656.5	39460.9
通信设备、计算机及其他电子设备制造业	259365.1	251944.9	41862.6	115252.3	50621	35967.1	165203.3	182865.9	7420.2
仪器仪表及文化、办公用机械制造业	17587.4	16889.5	5048.3	3114.8	2066	1938.3	6568.2	4680.3	697.9
工艺品及其他制造业	3829.7	3699.7	886.6	589.1	606.4	144.8	1609.9	662.1	130
废弃资源和废旧材料回收加工业									
电力、热力的生产和供应业	20755.1	18099.4	6754.1	3500.7	6293.6	1443.2	3865.4	236	2655.7
燃气生产和供应业	2174.2	2172.6	111.9	191.5	1201.5	667.7		4	1.6
水的生产和供应业	399.9	367.5	291.5	24.1	30.2	21.7	128.2	65.3	32.4

16－16 非工业企业及事业单位科技活动人员情况

（2004年）　　　　　　　　　　　　单位：人

类　　别	科技活动人员合计	#全　时人　员	#非全时人　员	#高中级技术职称人员	#无高中级技术职称的大学本科及以上学历人员	#研究与试验发展人员
总　　计	**59440**	**11704**	**47736**	**17063**	**8981**	**26586**
一、按登记注册类型分						
国　有	50902	7122	43780	14726	5290	22276
集　体	777	710	67	258	170	202
股份合作	81	37	44	7	36	60
国有联营						
集体联营	58	26	32	6	35	8
国有与集体联营						
其他联营	69	67	2		67	66
国有独资公司	92	38	54	42	50	92
其他有限责任公司	3634	1687	1947	930	1642	1452
股份有限公司	2073	646	1427	661	602	1446
私营独资	105	95	10	25	80	35
私营合伙						
私营有限责任公司	901	822	79	244	556	606
私营股份有限公司	38	35	3	9	23	25
其他内资	349	95	254	73	207	31
与港澳台商合资经营	72	72		26	46	72
与港澳台商合作经营						
港澳台商独资	5		5			
港澳台商投资股份有限公司	127	102	25	38	84	92
中外合作经营	99	99		16	42	80
中外合资经营	5	2	3	2	3	5
外商独资	53	49	4		48	38
外商投资股份有限公司						
二、按地区分						
济南市	10879	6783	4096	5820	3520	6816
青岛市	37007	2300	34707	4383	3352	13192
淄博市	1128	209	919	759	135	263
枣庄市	499	144	355	218	102	110
东营市	1892	228	1664	550	473	1154
烟台市	1289	392	897	834	228	1208
潍坊市	747	177	570	530	20	259
济宁市	1085	587	498	783	122	741
泰安市	327	106	221	176	127	224
威海市	1142	365	777	715	214	666
日照市	620		620	442	116	372
莱芜市	417	42	375	218	47	249
临沂市	1227	120	1107	850	254	1074
德州市	480	108	372	433	21	71
聊城市	344	141	203	221	106	15
滨州市	111	2	109	95	9	111
菏泽市	246		246	36	135	61

16－16续表　　(2003年)　　单位:人

类　　别	科技活动人员合计	#全　时人　员	#非全时人　员	#高中级技术职称人员	#无高中级技术职称的大学本科及以上学历人员	#研究与试验发展人员
三、按国民经济行业分						
农　业	921	68	853	192	132	718
林　业	49	31	18	22	13	37
畜牧业	85	42	43	33	15	60
渔　业	238	116	122	45	96	152
农、林、牧、渔服务业	1016	520	496	587	197	628
房屋和土木工程建筑业	3571	845	2726	979	1495	928
建筑安装业	155	25	130	41	2	42
建筑装饰业						
其他建筑业						
铁路运输业	29702	457	29245	1621	438	10271
道路运输业	268		268	135	133	104
城市公共交通业	67	44	23	33	8	11
水上运输业	1494	598	896	987	411	526
航空运输业	39		39	32	2	39
管道运输业						
装卸搬运和其他运输服务业						
仓储业	5	2	3	2	3	5
邮政业	4		4	2	2	
电信和其他信息传输服务业	931	902	29	318	276	310
计算机服务业						
软件业	5585	5121	464	2063	2749	3860
批发业	159	50	109	79	28	128
零售业						
住宿业						
餐饮业	25	25		13	4	25
银行业	265	145	120	130	112	141
证券业						
保险业						
其他金融活动						
房地产业						
租赁业						
商务服务业	15	3	12	5	10	15
研究与试验发展	406	233	173	227	118	280
专业技术服务业	383	90	293	180	160	167
科技交流和推广服务业	151	132	19	110	21	104
地质勘查业	33	7	26	18	6	16
水利管理业	42	14	28	18		36
环境管理业	9	9		5	3	9
公共设施管理业	227	118	109	81	65	109
居民服务业						
其他服务业						
教　育	27	5	22	22	5	24
卫　生	13476	2037	11439	9036	2453	7798
社会保障业						
社会福利业						
新闻出版业						
广播、电视、电影和音像业	4	4		4		4
文化艺术业						
体　育						
娱乐业						
中国共产党机关						
国家机构	88	61	27	43	24	39
人民政协和民主党派						
群众团体、社会团体和宗教组织						
基层群众自治组织						
国际组织						

16－17 非工业企业及事业单位科技活动经费筹集情况

（2004 年）　　　　　　　　　　　　　　　　　　单位:万元

类　　别	科技活动经费筹集总额	企业资金	金融机构贷款	来自政府部门资金	来自事业单位的资金	来自国外的资金	其他资金
总　　计	**165019.0**	**117916.2**	**13417.1**	**17235.6**	**12787.8**	**1363.9**	**2298.4**
一、按登记注册类型分							
国　有	117368.0	88953.7	4460.2	9476.5	12691.7	636.7	1149.2
集　体	1043.9	756.9		188.5	67.4		31.1
股份合作	685.0	485.0		200.0			
国有联营							
集休联营	25.0	5.0		20.0			
国有与集体联营							
其他联营	572.1	492.1		80.0			
国有独资公司	1670.9	1670.9					
其他有限责任公司	18785.8	14760.6	2247.2	851.0			927.0
股份有限公司	14179.1	5387.4	4259.7	4532.0			
私营独资	222.0	50.0	150.0	20.0	2.0		
私营合伙							
私营有限责任公司	7361.2	3935.2	2200.0	714.1		330.8	181.1
私营股份有限公司	107.6	98.6		9.0			
其他内资	512.2	261.0	100.0	114.5	26.7		10.0
与港澳台商合资经营	272.0	150.0		122.0			
港澳台商合作经营							
港澳台商独资	16.0					16.0	
港澳台商投资股份有限公司	1200.0	420.0		780.0			
中外合作经营	526.0	398.0		128.0			
中外合资经营	9.0	9.0					
外商独资	463.2	82.8				380.4	
外商投资股份有限公司							
二、按地区分							
济南市	91361.1	69816.6	8450.3	7203.0	5323.3	30.0	537.9
青岛市	33903.3	27309.5	1600.1	2146.7	829.3	833.9	1183.8
淄博市	1559.2	812.2	100.0	356.9	288.0		2.1
枣庄市	600.5	239.0		279.7	81.8		
东营市	16616.2	10538.5	3016.7	3025.0			36.0
烟台市	4187.9	1930.0		1820.9	69.3		367.7
潍坊市	919.7	531.0		19.5	345.0		24.2
济宁市	1996.8	81.7		1075.0	765.1		75.0
泰安市	2664.8	2159.2		393.0	112.6		
威海市	3097.1	1348.7		468.8	1253.9		25.7
日照市	2530.5	2253.0		95.0	180.0		2.5
莱芜市	832.8	242.6	250.0	84.0	256.2		
临沂市	3538.6	301.0		36.0	3201.6		
德州市	105.2	23.2		6.5	38.0		37.5
聊城市	1013.1	330.0		174.1	7.0	500.0	2.0
滨州市	14.0				10.0		4.0
菏泽市	78.2			51.5	26.7		

16－17续表　　　　　　　　　　　　　　（2004年）　　　　　　　　　　　　　　单位:万元

类　　别	科技活动经费筹集总额	企业资金	金融机构贷款	来自政府部门资金	来自事业单位的资金	来自国外的资金	其他资金
三、按国民经济行业分							
农　业	5952.0		3000.0	2950.0	2.0		
林　业	105.9			69.5	36.4		
畜牧业	786.0	533.3	16.7	202.0	34.0		
渔　业	1292.8	1023.3		268.0			1.5
农、林、牧、渔服务业	3186.9	172.7	250.0	2187.2	447.5		129.5
房屋和土木工程建筑业	8045.6	7798.6		172.0			75.0
建筑安装业	836.0	836.0					
建筑装饰业							
其他建筑业							
铁路运输业	983.1	909.1					74.0
道路运输业	1281.0	1225.0		56.0			
城市公共交通业	195.1	173.1		22.0			
水上运输业	20753.0	20753.0					
航空运输业	1.0	1.0					
管道运输业							
装卸搬运和其他运输服务业							
仓储业	9.0	9.0					
邮政业							
电信和其他信息传输服务业	2558.9	2197.0		304.3	57.6		
计算机服务业							
软件业	89099.8	72637.3	9040.2	5270.0	106.2	727.2	1318.9
批发业	1200.0	1108.0		92.0			
零售业							
住宿业							
餐饮业							
银行业	6560.1	6560.1					
证券业							
保险业							
其他金融活动							
房地产业							
租赁业							
商务服务业	26.0			20.0	6.0		
研究与试验发展	1942.6			1644.6	62.0		236.0
专业技术服务业	839.3	83.0		437.3	89.0		230.0
科技交流和推广服务业	333.4		10.1	294.0	25.1		4.2
地质勘查业	323.0	293.0		30.0			
水利管理业	96.0			91.0	5.0		
环境管理业	22.6			20.0	2.6		
公共设施管理业	198.0	4.0		72.0	70.0		52.0
居民服务业							
其他服务业							
教　育	52.3			52.3			
卫　生	18095.5	1599.7	1100.1	2831.3	11810.1	636.7	117.6
社会保障业							
社会福利业							
新闻出版业							
广播、电视、电影和音像业	12.0			12.0			
文化艺术业							
体　育							
娱乐业							
中国共产党机关							
国家机构	232.1			138.1	34.3		59.7
人民政协和民主党派							
群众团体、社会团体和宗教组织							
基层群众自治组织							
国际组织							

16－18 非工业企业及事业单位科技活动经费支出情况

(2004年) 单位:万元

类别	科技活动经费支出总额	#内部支出合计	#劳务费	#设备购置费	#其他支出	#内部支出中研究与试验发展经费支出	#外部支出合计
总计	**197905.3**	**189977.8**	**92421.4**	**38038.7**	**59517.7**	**101987.6**	**7927.5**
一、按登记注册类型分							
国有	153850.2	147660.5	77423.6	25110.2	45126.7	79106.5	6189.7
集体	1719.3	1719.3	1052.8	358.3	308.2	700.4	
股份合作	685.0	685.0	141.0	10.0	534.0	667.5	
国有联营							
集体联营	140.0	140.0	125.0		15.0	15.0	
国有与集体联营							
其他联营	492.1	492.1	247.6	126.2	118.3	462.1	
国有独资公司	1670.9	1670.9	122.2	448.3	1100.4	1670.9	
其他有限责任公司	17053.6	16494.0	4707.1	4149.4	7637.5	7133.4	559.6
股份有限公司	13013.2	12169.8	4674.3	4994.2	2501.3	7277.8	843.4
私营独资	197.5	194.9	165.5	24.1	5.3	132.1	2.6
私营合伙							
私营有限责任公司	6204.6	5930.2	2500.3	1852.7	1577.2	2795.2	274.4
私营股份有限公司	107.6	107.6	38.9	10.4	58.3	98.0	
其他内资	513.2	505.4	263.0	104.0	138.4	8.2	7.8
与港澳台商合资经营	219.6	219.6	166.2	30.6	22.8	219.6	
与港澳台商合作经营							
港澳台商独资	11.3	11.3	5.0		6.3		
港澳台商投资股份有限公司	1100.0	1050.0	405.0	500.6	144.4	1004.9	50.0
中外合作经营	581.0	581.0	299.7	241.3	40.0	434.0	
中外合资经营	9.0	9.0	7.0		2.0	9.0	
外商独资	337.2	337.2	77.2	78.4	181.6	253.0	
外商投资股份有限公司							
二、按地区分							
济南市	109272.2	104803.4	45134.2	18175.4	41493.8	72805.3	4468.8
青岛市	47547.6	44672.5	30605.6	5890.4	8176.5	8954.3	2875.1
淄博市	1750.6	1750.6	885.8	437.0	427.8	892.3	
枣庄市	983.6	909.6	720.3	111.1	78.2	31.6	74.0
东营市	15021.3	14837.3	3176.5	7583.3	4077.5	3692.2	184.0
烟台市	4317.1	4261.1	1624.9	824.1	1812.1	3544.2	56.0
潍坊市	568.3	553.0	408.8	104.8	39.4	373.9	15.3
济宁市	2329.1	2323.1	1434.1	565.2	323.8	1263.8	6.0
泰安市	2504.8	2504.8	504.3	849.3	1151.2	2369.8	
威海市	3696.3	3676.3	2449.0	272.7	954.6	2331.0	20.0
日照市	2707.1	2488.6	397.9	1897.0	193.7	2151.0	218.5
莱芜市	786.6	786.6	232.2	199.2	355.2	567.7	
临沂市	4105.1	4102.1	3124.8	851.6	125.7	2705.8	3.0
德州市	1216.7	1213.7	1052.8	50.6	110.3	17.2	3.0
聊城市	971.7	969.7	592.9	217.3	159.5	200.0	2.0
滨州市	78.0	78.0	33.3	9.7	35.0	68.3	
菏泽市	49.2	47.4	44.0		3.4	19.2	1.8

16－18续表　　　　　　　　　　　　（2004年）　　　　　　　　　　　　单位:万元

类　　别	科技活动经费支出总额	#内部支出合计	#劳务费	#设备购置费	#其他支出	#内部支出中研究与试验发展经费支出	#外部支出合计
三、按国民经济行业分							
农　业	5406.9	5236.9	1182.1	3954.7	100.1	2711.6	170
林　业	375.7	357.7	80.6	166	111.1	297.9	18
畜牧业	396.0	381.0	72.0	285.0	24.0	267.0	15.0
渔　业	1151.2	1141.2	341.6	220.0	579.6	934.4	10.0
农、林、牧、渔服务业	3438.8	3438.8	1837.0	234.2	1367.6	2186.4	
房屋和土木工程建筑业	8863.2	8744.2	3647.9	2471.6	2624.7	3946.2	119.0
建筑安装业	731.6	731.6	340.6	345.0	46.0	231.6	
建筑装饰业							
其他建筑业							
铁路运输业	23128.3	23128.3	22387.5	545.6	195.2	1777.1	
道路运输业	7257.4	7257.4	6045.8		1211.6	419.0	
城市公共交通业	289.0	215.0	107.1	85.5	22.4	34.1	74.0
水上运输业	14794.3	12220.8	3263.6	3809.0	5148.2	4086.2	2573.5
航空运输业	40.3	40.3	40.3			40.3	
管道运输业							
装卸搬运和其他运输服务业							
仓储业	9.0	9.0	7.0		2.0	9.0	
邮政业	5.6	5.6	5.6				
电信和其他信息传输服务业	4026.5	4023.5	2993.6	533.4	496.5	2916.4	3.0
计算机服务业							
软件业	84547.7	79677.6	22556.1	16397.4	40724.1	66035.8	4870.1
批发业	1100.0	1100.0	320.0	40.0	740.0	1100.0	
零售业							
住宿业							
餐饮业	46.6	46.6	40.0		6.6	46.6	
银行业	7703.5	7665.1	5796.7	702.4	1166.0	1457.5	38.4
证券业							
保险业							
其他金融活动							
房地产业							
租赁业							
商务服务业	26.0	26.0	26.0			26.0	
研究与试验发展	1962.3	1962.3	574.9	500.8	886.6	1427.9	
专业技术服务业	1165.0	1148.0	748.0	37.2	362.8	606.1	17.0
科技交流和推广服务业	1025.3	1025.3	330.5	7.2	687.6	308.8	
地质勘查业	351.9	351.9	85.5	110.3	156.1	8.0	
水利管理业	123.3	123.3	110.3	3.0	10.0	35.7	
环境管理业	22.6	22.6	20.6		2.0	2.0	
公共设施管理业	521.0	521.0	427.0	30.8	63.2	179.2	
居民服务业							
其他服务业							
教　育	42.6	42.6	36.8	1.7	4.1	36.6	
卫　生	29102.7	29097.6	18852.9	7501.9	2742.8	10742.7	5.1
社会保障业							
社会福利业							
新闻出版业							
广播、电视、电影和音像业	10.1	10.1	7.1	3.0		7.0	
文化艺术业							
体　育							
娱乐业							
中国共产党机关							
国家机构	240.9	226.5	136.7	53.0	36.8	110.5	14.4
人民政协和民主党派							
群众团体、社会团体和宗教组织							
基层群众自治组织							
国际组织							

16－19 高技术产业科技活动人员情况

（2004年） 单位：人

类别	科技活动人员	科学家和工程师	R&D活动人员折合全时当量（人年）	科学家和工程师（人年）
合计	**24073**	**17898**	**7997**	**7101**
一、信息化学品制造	37	24	4	3
二、医药制造业	5609	3512	1085	819
三、航空航天器制造业	110	49	12	9
四、电子及通信设备制造业	6120	4707	1629	1525
五、电子计算机及办公设备制造业	4130	3217	1985	1690
六、医疗设备及仪器仪表制造业	2478	1536	778	640
七、公共软件服务业	5292	4556	2282	2212

16－20 高技术产业科技活动经费筹集情况

（2004年） 单位：万元

类别	科技活动经费筹集总额	政府资金	企业资金	金融机构贷款
合计	**443095.0**	**14587.0**	**357433.0**	**66026.0**
一、信息化学品制造	471.0	10.0	261.0	200.0
二、医药制造业	70910.0	2365.0	57987.0	7945.0
三、航空航天器制造业	348.0	40.0	308.0	0.0
四、电子及通信设备制造业	184359.0	2084.0	140996.0	41275.0
五、电子计算机及办公设备制造业	75049.0	4216.0	64562.0	6260.0
六、医疗设备及仪器仪表制造业	15170.0	787.0	12359.0	1406.0
七、公共软件服务业	87791.0	5084.0	71962.0	8940.0

16－21 高技术产业科技活动经费支出情况

（2004年） 单位：万元

类别	科技活动经费内部支出	劳务费	仪器设备费	R&D经费内部支出
合计	**427068.0**	**80288.0**	**104321.0**	**266481.0**
一、信息化学品制造	455.0	40.0	253.0	83.0
二、医药制造业	66133.0	9727.0	22963.0	20038.0
三、航空航天器制造业	328.0	176.0	38.0	17.0
四、电子及通信设备制造业	181279.0	21463.0	39772.0	131727.0
五、电子计算机及办公设备制造业	71183.0	20563.0	15739.0	33481.0
六、医疗设备及仪器仪表制造业	18182.0	5399.0	1997.0	8599.0
七、公共软件服务业	82407.0	21680.0	20127.0	66237.0

16－22 主要年份文化、文物事业基本情况

年份	文化(艺术)馆		文化站		艺术表演团体	
	机构数(个)	人数(人)	机构数(个)	人数(人)	机构数(个)	人数(人)
1949	39				46	
1952	166		139		113	
1957	134		283		175	
1962	130		500		180	
1965	141	1261	6	10	176	9923
1970	137	1601			154	9599
1975	151	1891	887	944	157	12709
1976	150	1979	1644	1803	157	13396
1977	155	2110	1988	2185	156	13557
1978	155	2151	2103	2196	155	13219
1979	155	2138	2104	2163	155	12896
1980	155	2251	2117	2197	156	12562
1981	156	2420	2099	2218	157	11930
1982	155	2490	2107	2268	157	11280
1983	155	2609	2102	2172	157	10584
1984	154	2590	2132	2204	159	9922
1985	157	2818	2198	2230	158	9317
1986	159	2940	2276	2292	149	9177
1987	157	2849	2345	2410	139	7751
1988	159	3043	2423	2787	127	7344
1989	159	3140	2452	2643	123	6992
1990	159	3127	2482	2666	119	6703
1991	156	3100	2504	2783	120	6640
1992	156	3129	2481	2798	120	6657
1993	157	3145	2454	2862	119	6430
1994	157	3197	2387	2882	118	6448
1995	158	3265	2363	3117	118	6170
1996	159	3237	2466	3286	118	6090
1997	158	3264	2482	3177	118	6148
1998	158	3252	2494	3339	118	6170
1999	158	3194	2493	3293	117	6077
2000	159	3055	2422	3304	118	5943
2001	159	2975	1912	2943	121	5990
2002	156	2935	1866	3019	121	6030
2003	157	2968	1792	3022	120	5988
2004	159	3136	1783	3190	118	5995

16－22续表

年份	剧场(院)		图书馆		博物馆	
	机构数（个）	人数（人）	机构数（个）	人数（人）	机构数（个）	人数（人）
1949	5		3			
1952	15		3			
1957	44		40			
1962	129		84			
1965	128	755	27	257	7	183
1970	83	600	12	193	5	155
1975	81	592	43	436	8	211
1976	71	577	62	564	9	237
1977	76	658	66	621	9	246
1978	75	661	80	737	10	298
1979	77	705	88	876	10	310
1980	71	627	88	924	10	317
1981	72	649	89	1004	9	268
1982	71	667	89	1075	15	338
1983	61	660	89	1131	17	364
1984	65	678	92	1240	19	380
1985	62	705	99	1338	23	488
1986	123	2193	101	1486	30	527
1987	119	2310	105	1613	36	763
1988	116	2388	111	1780	40	876
1989	118	2413	113	1796	40	979
1990	117	2516	115	1876	41	1021
1991	121	2736	118	1956	45	1141
1992	120	2772	122	2055	45	1215
1993	119	2837	126	2178	52	1329
1994	118	2878	126	2256	54	1418
1995	115	2783	130	2318	56	1462
1996	111	2727	131	2359	54	1522
1997	107	2652	131	2471	54	1562
1998	107	2577	131	2536	56	1422
1999	107	2544	133	2555	57	1663
2000	105	2473	133	2506	59	1633
2001	105	2444	136	2503	66	1611
2002	104	2434	140	2559	70	1566
2003	104	2353	140	2573	73	1634
2004	95	2088	142	2633	72	1684

16－23 广播电视基本情况

项　　目	单位	1990 年	1995 年	1998 年	1999 年	2000 年	2001 年	2002 年	2003 年	2004 年
职工人数	人	19079	20045	22453	23078	24256	25883	27634	28149	29905
广播电台	座	64	83	18	18	18	18	18	18	18
广播电台日均播音时间	时:分		827:45	938:38	1058:08	1156:50	1201:28	1247:33	1351:49	
电视台	座	32	56	19	18	18	18	18	18	18
电视台平均每周播出时间	时:分		2804:25	3621:36	3955:43	4078:39	8092:09	8181:59	8978:45	
广播人口覆盖率	%	86	86	92.92	93.5	93.5	93.51	93.51	93.79	93.79
电视人口覆盖率	%	82	85.2	88.7	91	91	91	91	91.25	93.08

注:自 1998 年起数据采用国家广电总局年报制度新口径。

16－24 文化、文物机构人员情况

（2004 年）

项　　目	机构数（个）	人员数（人）
总　计	**2540**	**22775**
一、艺术业	**264**	**8561**
1.艺术表演团体	118	5995
2.艺术表演场所	95	2088
3.艺术创作机构	46	378
4.其他艺术	5	100
二、图书馆业	**142**	**2633**
三、群众文化服务业	**1942**	**6326**
1.艺术馆、文化馆	159	3136
2.文化站	1783	3190
四、艺术教育业	**7**	**720**
五、文艺科研	**5**	**90**
六、文物业	**180**	**4445**
1.文物保护管理机构	95	2438
2.文物科研机构	4	73
3.博物馆	72	1684
4.文物商店	9	250

16－25 档案馆基本情况

（2004年）

项目	单位	总计	国家综合档案馆	省级	市地级	县级
档案馆	个	196	158	1	17	140
现有专职人数	人	2195	1604	60	302	1242
档案馆面积	平方米	245541	186963	10380	46537	130046
馆藏档案						
全宗	个	17253	16594	306	2803	13485
案卷	卷	9167088	6719421	395588	1722135	4601698
建国前档案						
案卷	卷	437893	428001	171635	248056	8310
建国后档案						
案卷	卷	8729195	6291420	223953	1474079	4593388
馆藏资料	册	2967244	2149093	71776	395571	1681746
档案资料利用情况						
利用档案	卷次	450135	306369	3610	63798	238961
利用资料	册次	55317	32041	31	6196	25814
利用档案人次	人次	148420	91883	535	17455	73893
开放案卷	卷	1944422	1010448	204053	348226	458169
开放档案目录(案卷级)	万条	96.93	83.19	26.72	24.56	31.91

16－25 续表

（2004年）

项目	单位	国家专门档案馆	部门档案馆	大型企业档案馆	文化事业单位档案馆	科技事业单位档案馆
档案馆	个	18	3	12	2	3
现有专职人数	人	345	15	181	28	22
档案馆面积	平方米	26273	2564	23303	4566	1872
馆藏档案						
全宗	个	525	2	107	21	4
案卷	卷	973402	229739	1033895	144886	65745
建国前档案						
案卷	卷	4162	40	5103	451	136
建国后档案						
案卷	卷	969240	229699	1028792	144435	65609
馆藏资料	册	594849	44787	168970	8056	1489
档案资料利用情况						
利用档案	卷次	19604	17600	82608	14818	9136
利用资料	册次	11297	523	9865	400	1191
利用档案人次	人次	19659	8700	20100	4592	3486
开放案卷	卷	816002		89081	6484	22407
开放档案目录(案卷级)	万条	13.11			0.63	

16－26 报纸、杂志出版情况

（2004年）

类　别	种　数（种）	平均期印数（万份）	总印数（万份）	总印张（千印张）
报纸类总计	**133**	**1006.24**	**260899**	**12213804**
1.综合报	59	595	200349	10365864
2.专业报	74	411.24	60550	1847940
省级报纸合计	47	478.69	134958	7029526
1.综合报	9	275.49	94789	5724131
2.专业报	38	203.2	40169	1305395
市地级报纸合计	84	521.55	124270	5158658
1.综合报	48	313.51	103889	4616113
2.专业报	36	208.04	20381	542545
县(市)级报纸合计	2	6	1671	25620
1.综合报	2	6	1671	25620
2.专业报				
期刊类总计	**260**	**593**	**11472**	**365837**
1.综　合	13	20	222	6573
2.哲学社会科学	64	180	2925	130656
3.自然科学技术	130	121	2096	57425
4.文化教育	34	82	2363	85050
5.文学艺术	12	28	446	15273
6.画　刊	2	2	24	1500
7.少　儿	5	160	3396	69360

16－27 图 书 出 版 情 况

(2004年)

类别	种数(种) 合计	种数(种) 新出	总印数(万册)	总印张(千印张)
图书总计	5751	2671	35754	2328164
一、使用《中国标准书号》部分合计	5751	2671	35754	2328164
A.马克思主义、列宁主义、毛泽东思想	21	8	13	1788
B.哲学	88	49	60	6306
C.社会科学总论	46	38	19	2651
D.政治、法律	198	158	135	15291
E.军事	21	17	22	2066
F.经济	181	131	158	22776
G.文化、科学、教育、体育	3191	960	30535	2022636
H.语言、文字	195	96	145	17861
I.文学	295	235	186	22371
J.艺术	273	166	2941	79593
K.历史、地理	347	274	292	22000
N.自然科学总论	175	113	783	43574
O.数理科学、化学	87	37	43	6237
P.天文学、地理科学	34	17	5	1020
Q.生物科学	7	5	1	380
R.医药、卫生	195	138	106	22427
S.农业科学	45	29	61	6971
T.工业技术	295	156	190	25002
U.交通运输	24	20	11	1625
V.航空、航天	1		1	331
X.环境科学	7	7	4	295
Z.综合性图书	25	17	43	4963
二、不使用《中国标准书号》部分				

16－28 各市中等职业学校基本情况

(2004年)

地区	学校数(所)	招生数(人)	毕业生数(人)	在校学生数(人)	专任教师数(人)
全省总计	798	391374	279590	1048100	52663
济南市	113	41686	36046	108154	5592
青岛市	83	56209	33165	142811	6593
淄博市	42	19323	16655	55734	2830
枣庄市	28	15808	12434	40268	2192
东营市	7	6141	5476	16290	687
烟台市	77	36469	25632	109052	5935
潍坊市	84	39219	34711	126113	6183
济宁市	64	33578	21396	86093	3834
泰安市	24	18664	17174	57111	2418
威海市	43	12689	7274	37126	2138
日照市	17	6704	5594	19320	1328
莱芜市	4	1969	1428	6649	276
临沂市	53	24982	16309	65125	3462
德州市	44	22048	9974	46813	2742
聊城市	33	19809	13876	46155	2058
滨州市	9	9871	7083	25107	883
菏泽市	73	26205	15363	60179	3512

16-29 各市普通中学情况

（2004年）

地区	普通高中					普通初中				
	学校数（所）	毕业生数（人）	招生数（人）	在校学生数（人）	专任教师数（人）	学校数（所）	毕业生数（人）	招生数（人）	在校学生数（人）	专任教师数（人）
全省总计	**862**	**476833**	**680506**	**1891006**	**102278**	**3707**	**1661201**	**1242717**	**4392406**	**276822**
济南市	48	27686	36754	105054	6042	203	82032	71768	217116	15539
青岛市	70	30983	47805	138404	8628	261	116074	79247	297713	21744
淄博市	56	20953	30878	92035	5287	184	58890	42422	196323	14282
枣庄市	40	21300	28582	82210	3945	152	66444	78521	205726	11133
东营市	25	9818	15727	43240	2686	85	27897	25940	90128	6941
烟台市	68	29554	45282	127317	7635	300	107303	[illegible]	[illegible]	24192
潍坊市	76	50625	67228	194382	11604	381	144541	91017	379079	28052
济宁市	72	45266	61502	168793	8304	354	193875	122965	435465	22968
泰安市	46	33113	43438	119696	6239	187	98514	71183	229073	15215
威海市	23	14949	16860	49283	3312	91	38322	28053	128147	9773
日照市	27	14148	21917	61841	3401	120	46346	32380	140548	8739
莱芜市	10	7233	9919	27730	1612	63	20115	11900	61770	4755
临沂市	98	53690	84850	218166	12395	345	192510	174598	523176	29144
德州市	31	23927	30959	87282	4368	241	98121	91016	264002	15829
聊城市	59	28921	41885	110125	5480	198	121665	84878	262650	14472
滨州市	23	14026	24717	64163	3554	151	64093	48981	176409	10334
菏泽市	90	50641	72203	201285	7786	391	184459	120222	448502	23410

16-30 各市小学基本情况

（2004年）

地区	学校数（所）	毕业生数（人）	招生数（人）	在校学生数（人）	专任教师数（人）
全省总计	**16943**	**1246899**	**1101680**	**6278002**	**378793**
济南市	889	71886	67844	375500	25214
青岛市	1037	78264	83608	476897	31573
淄博市	633	41304	51291	254195	15796
枣庄市	873	79574	48869	338117	18350
东营市	238	25899	24952	126959	6807
烟台市	1050	67486	61867	340489	22602
潍坊市	1740	91346	103426	587047	37675
济宁市	1573	122050	92121	566505	32481
泰安市	765	72197	62037	257376	19607
威海市	230	27517	24253	135248	9154
日照市	535	33757	34124	176696	10214
莱芜市	268	11760	18737	71298	5575
临沂市	2143	175665	137718	748162	38489
德州市	1062	92402	56560	325289	25181
聊城市	1230	83161	57982	402156	22119
滨州市	649	49292	45467	256075	14940
菏泽市	2028	123339	130824	839993	43016

16－31 各市中小学教职工情况

（2004年）　　单位：人

地　　区	普通中学教职工	#专任教师	小　学教职工	#专任教师	普通中学学校数（所）
全省总计	**473687**	**379100**	**410264**	**378793**	**4569**
济南市	27862	21581	27747	25214	251
青岛市	37561	30372	34450	31573	331
淄博市	24359	19569	17173	15796	240
枣庄市	19123	15078	19681	18350	192
东营市	12487	9627	7653	6807	110
烟台市	38491	32127	24520	22602	368
潍坊市	48266	39656	40211	37675	457
济宁市	40321	31272	35346	32481	426
泰安市	27117	21454	21065	19607	233
威海市	15869	13085	9984	9154	114
日照市	15422	12140	11559	10214	147
莱芜市	8127	6367	6543	5575	73
临沂市	53161	41539	42324	38489	443
德州市	23884	20197	26701	25181	272
聊城市	25433	19952	23861	22119	257
滨州市	17248	13888	16349	14940	174
菏泽市	38956	31196	45097	43016	481

16－32 各市普通中学专任教师学历情况

（2004年）　　单位：人

地　　区	普通高中专任教师	#本科及以上	#专　科	普通初中专任教师	#本科及以上	#专　科
全省总计	**102278**	**83526**	**18567**	**276822**	**84724**	**176993**
济南市	6042	5702	332	15539	7709	6884
青岛市	8628	7725	885	21744	8776	11425
淄博市	5287	4582	683	14282	5691	7928
枣庄市	3945	3119	824	11133	3110	7648
东营市	2686	2430	253	6941	2998	3798
烟台市	7635	6850	750	24492	9656	13605
潍坊市	11604	9331	2255	28052	8720	17823
济宁市	8304	6843	1450	22968	5713	16369
泰安市	6239	4743	1491	15215	4444	9759
威海市	3312	2744	560	9773	3408	5705
日照市	3401	2840	556	8739	3238	5258
莱芜市	1612	1280	327	4755	1138	3312
临沂市	12395	9166	3206	29144	8313	20053
德州市	4368	3623	743	15829	2554	11740
聊城市	5480	4078	1392	14472	3379	10196
滨州市	3554	3142	407	10334	2278	7779
菏泽市	7786	5328	2453	23410	3599	17711

16－33 各市小学升学、辍学和幼儿园情况

(2004 年)

单位：%

地　　区	学龄儿童入学率	小学		幼儿园数(所)	入园(班)儿童数(人)	专任教师数(人)
		升学率	辍学率			
全省总计	**99.93**	**99.70**	**0.04**	**16453**	**1461622**	**60015**
济　南　市	100.00	99.84	0.04	1635	130575	5660
青　岛　市	100.00	101.26	0.00	2115	141208	8603
淄　博　市	99.88	102.71	0.09	910	104338	4655
枣　庄　市	100.00	98.68	0.21	864	61943	1455
东　营　市	100.00	100.16	0.00	712	50751	2503
烟　台　市	99.92	100.21	0.00	1822	125556	6572
潍　坊　市	100.00	99.64	0.09	2433	158212	7543
济　宁　市	99.93	100.75	0.46	379	89988	2791
泰　安　市	100.00	98.60	0.68	1004	88891	3658
威　海　市	99.98	102.00	0.00	525	42829	2348
日　照　市	100.00	95.92	0.31	960	68376	3007
莱　芜　市	100.00	101.19	0.00	604	34519	1928
临　沂　市	100.00	99.39	0.00	760	94595	3137
德　州　市	99.91	98.50	0.41	472	51496	1697
聊　城　市	100.00	102.52	1.36	491	61687	1353
滨　州　市	99.86	99.37	0.07	594	73022	1941
菏　泽　市	99.69	97.47	0.37	173	83636	1164

注：小学毕业升学率含升入职业初中的学生。

16－34 各市文化、文物事业基本情况

(2004 年)

地　　区	公共图书馆数(个)	公共图书馆藏书量(万册)	艺术表演团体(个)	艺术表演场所(个)	群众艺术馆(个)	文化馆(个)	文化站(个)	文化、文物事业费(万元)	博物馆(个)
全省总计	**142**	**2522.3**	**118**	**95**	**18**	**141**	**1783**	**65654.3**	**72**
济　南　市	8	698.5	14	11	2	10	139	17347.4	8
青　岛　市	13	293.8	11	11	1	12	147	9889.2	8
淄　博　市	9	153.1	3	5	1	8	105	3717.8	7
枣　庄　市	7	89.8	3	5	1	7	62	1561.5	4
东　营　市	6	195.5	5		1	6	43	1678.4	2
烟　台　市	14	231.1	10	7	1	12	108	5263.1	7
潍　坊　市	11	176.6	10		1	13	187	3077.2	8
济　宁　市	11	112.9	12	12	1	12	149	4603.8	6
泰　安　市	7	44.8	3	7	1	6	85	4046.7	3
威　海　市	4	77.0	3	1	1	4	17	2676.9	4
日　照　市	4	28.7	1	2	1	3	51	1600.4	3
莱　芜　市	1	14.6	1	1	1		19	403.7	
临　沂　市	10	139.5	6	6	1	12	177	2638.4	6
德　州　市	12	72.2	11	8	1	11	111	1327.3	
聊　城　市	8	55.2	7	8	1	9	133	2051.1	2
滨　州　市	8	77.3	7	2	1	7	95	1807.1	
菏　泽　市	9	61.8	11	9	1	9	155	1964.3	4

第17篇

卫生、体育、民政、司法、测绘、标准计量

HEALTHCARE, SPORTS, CIVIL ADMINISTRATION, JUDICATURE, MAPPING AND STANDARD MEASUREMENT

诚信永远 服务无限

诚信鲁统 之 核心理念

求真务实 科学严谨

诚信鲁统 之 作风理念

知法守法 依法办事

诚信鲁统 之 法治理念

编辑单位：社科处
编　　委：刘东霞
编　　辑：贾明洁
校　　对：贾明洁
电　　话：86197787

17－1 县及县以上医院工作状况

项　　目	单　位	1995年	1998年	1999年	2000年	2001年	2002年	2003年	2004年
机构数	个	810	777	868	859	879	1046	1057	1082
诊疗人次数	万人次	7765.5	7308.2	8086.8	9537	8027.75	7765.7	7385.78	7976.73
#门诊急诊人次数	万人次	6798.5	6713.5	7327.4	7552	7293.12	7184.53	6783.99	7463.42
#死亡人数	人	5377	6878	7341	7440	8235	8746	9850	10611
观察室收容病人数	万人次	243	236.4	289.7	278	301.96	187.57	206.21	197.51
#死亡人数	人	2797	2546	3132	4487	6394	2538	4500	2839
健康检查人数	万人	164.3	204	212.1	245	253.08	275.43	294.83	325.40
本年入院人数	人	2194989	2531831	2800113	2981545	3159592	3404181	3342101	3807022
本年出院人数	人	2189609	2555815	2794688	2988362	3146793	3361245	3341489	3813255
#出院病人数	人	1833491	2078759	2328020	2498249	2648908	3012656	3053730	3459356
1.治　愈	人	1355815	1489703	1647576	1712713	1775251	1964334	1909327	2119665
2.好　转	人	406909	509314	593121	688236	768136	931684	1022220	1196245
3.未　愈	人	49352	56319	61669	69941	76438	86325	88279	106397
4.死　亡	人	21415	23423	25654	27359	29083	30313	33904	37049
本年住院病人手术人次数	万人次		63.5	82.1	82	80.37	87.27	87.99	104.88
年底实有病床数	张	125149	128928	138788	140505	118646	153372	152871	164665
实际开放总床日数	万床日	4400.7	4481.7	5036	4889	5136.07	4930.61	5211.12	5460.73
平均每日开放病床数	张	120568	122785	137973	133941	140714	135085.12	142770	149609
实际占用总床日数	万床日	3191.7	3119.2	3319.7	3440	3532.7	3441.63	3543.48	3946.45
出院者占用总床日数	万床日	3048.7	2991.9	3181.2	3295	3517.02	3448.48	3338	3655
治愈率	%	73.9	71.7	70.8	68.56	67.02	65.2	65.75	64.87
好转率	%	22.2	24.5	25.5	27.55	29	30.93	30.59	31.38
病死率	%	1.2	1.1	1.1	1.1	1.1	1.01	1.01	0.97
病床周转次数	次	18.2	20.8	20.3	22.31	22.36	24.88	23.4	25.49
病床工作日	日	264.7	254	240.6	256.79	251.05	254.78	248.19	263.78
病床使用率	%	72.5	69.6	65.9	70.35	68.78	69.8	68.0	72.27
出院者平均在院日数	日	13.9	11.7	11.4	11.03	11.18	10.26	9.99	9.58

17－2 各市卫生事业基本情况

（2004 年）

地　　区	卫生机构数（个）	#医院	#卫生防疫站数	#妇幼保健站数	床位数（张）	#医院	卫生技术人员（人）	#医生	#注册护士
全省总计	**16574**	**1082**	**177**	**149**	**231574**	**164800**	**323101**	**139177**	**96448**
济南市	1413	153	13	12	24044	19677	34318	14674	11560
青岛市	2924	121	20	9	25684	20082	32944	13957	10460
淄博市	667	60	10	9	14610	10536	18946	8752	6010
枣庄市	444	65	8	7	9935	7499	14719	6257	5246
东营市	727	40	7	7	7709	5851	10066	4171	3285
烟台市	1762	99	14	13	17422	12692	24466	10573	6619
潍坊市	1474	77	15	13	21107	13635	28564	12359	8850
济宁市	1336	100	14	12	18240	13103	27096	11063	8385
泰安市	777	65	10	7	14736	10154	20633	9190	6476
威海市	725	34	5	4	9264	6382	10527	4862	3183
日照市	370	21	5	5	5623	3462	7103	3223	2046
莱芜市	295	24	3	3	3586	2651	6110	2549	1866
临沂市	1441	76	13	13	19279	12773	24971	10967	6795
德州市	590	27	12	9	9172	6208	15351	6864	3307
聊城市	336	42	9	9	10874	7162	15002	5979	3910
滨州市	788	28	8	7	7718	5853	11244	4840	3408
菏泽市	505	50	11	10	12571	7080	21041	8897	5042

注：1.医院中不包括卫生院。
　　2.本表内数字包括诊所、卫生保健所、医务室的机构、人员数。
　　3.妇幼保健机构包括妇幼保健院、所、站。

17－3 等级运动员、教练员、裁判员发展人数

单位：人

项目	1995年	1997年	1998年	1999年	2000年	2001年	2002年	2003年	2004年
等级运动员	**5749**	**10877**	**8067**	**9366**	**6173**	**9277**	**3299**	**2032**	**3698**
国际运动健将	3		5	7	4	2			6
运动健将	49		63	61	34	45			75
一　级	132	104	265	196	160	158	90	77	290
二　级	1080	860	1312	1509	1689	2748	3209	1955	3327
三　级	3371	4416	3879	5284	3301	4729			
少年级	1114	5497	2543	2309	985	1595			
聘任教练员	**1604**	**1782**	**1865**	**1890**	**1965**	**1985**	**2102**	**1982**	**1999**
高级职称	277	344	348	315	295	327	392	387	442
中级职称	504	521	531	521	526	526	781	788	809
初级职称	823	917	986	1054	1144	1132	929	807	748
等级裁判员	**3140**	**4535**	**3024**	**3581**	**5284**	**5025**	**1748**	**1503**	**2663**
国际级		2	1	1					
国家级	15	45	15	25	37	22			37
一　级	345	194	209	283	43	549	126	316	285
二　级	894	1829	581	1000	2427	1186	1622	1187	2341
三　级	1886	2465	2218	2272	2777	3268			

17－4 各市举办运动会及《达标》情况

(2004年)

地　　区	举办综合运动会次数 (次)	举办单项比赛次数 (次)	达到《国家体育锻炼标准》的人数 (人)
全省总计	**316**	**2022**	**9206411**
济南市	16	105	278865
青岛市	76	141	1138473
淄博市	19	154	511700
枣庄市	8	56	577765
东营市	4	46	187949
烟台市	13	131	222412
潍坊市	28	235	1001504
济宁市	28	328	729289
泰安市	7	71	1280078
威海市	9	82	264422
日照市	17	54	580249
莱芜市	2	6	152264
临沂市	4	55	
德州市	11	58	1093566
聊城市	24	92	202846
滨州市	12	191	475129
菏泽市	36	178	509900

注：举办单项比赛次数含省直39次。

17－5 民政事业基本情况

项　　目	单位	1995年	1998年	1999年	2000年	2001年	2002年	2003年	2004年
一、救灾工作情况									
救灾支出	万元	10941	9908	12455	12804	12984.2	17765.2	24065.2	17959
#生活救济费	万元	7621	9047	9990	11874	11874	17567	21650	15106
二、城镇居民最低生活保障情况									
城镇低保人数	人		126363	102879	164445	425869	570503	716946	654942
城镇保障资金	万元		5687.6	8485.6	11132.5	15587.8	26611.5	41051.7	46436
三、社会福利事业情况									
单位数	个	4513	3941	3813	3694	3219	3106	2559	1896
床位数	张	102190	104007	110438	112040	113315	116444	106714	103007
收养人数	人	85913	90523	95027	96580	96918	96044	83988	79085
四、社会福利企业情况									
单位数	个	4248	3793	3335	2876	2688	2455	2198	2012
职工数	人	173147	160739	146500	120096	120194	114699	105720	101024
#残疾职工	人	76098	70717	65373	57574	54508	52260	46574	45667
利润额	万元	51610	49320	39175	36689	36946.9	49095	52142.8	56566

17－6 婚 姻 登 记 情 况

项 目	单 位	1995年	1996年	1998年	1999年	2000年	2001年	2002年	2003年	2004年
一、国内登记结婚										
准予登记结婚	对	673609	721129	719367	742031	675602	677618	660833	799752	758520
#恢复结婚	对	1365	1117	1550	1653	1807	1820	1682	2016	2958
初婚人数	人	1285091	1371103	1359010	1396156	1266917	1258779	1229971	1495359	1387003
再婚人数	人	62127	71155	79724	87906	84287	94709	91695	102423	130037
男 性	人	27408	31730	35497	39264	37671	44943	41558	48835	60061
女 性	人	34719	39425	44227	48642	46616	49766	50137	53588	69976
二、涉外登记结婚										
准予登记结婚	对	432	596	651	759	755	874	829	861	890
准予登记结婚人数	人	864	1192	1302	1518	1510	1748	1658	1722	1780
国内公民	人	432	596	651	756	746	874	807	835	890
男 性	人	21	21	117	32	38	42	67	72	83
女 性	人	411	575	534	724	708	832	740	763	807
港澳居民	人	49	57	39	53	65	53	46	50	52
台湾居民	人	231	296	313	372	357	345	329	254	249
华 侨	人	37	54	57	78	82	74	87	71	76
外籍华人	人	7	41	32						
外国人	人	108	148	210	259	260	402	389	512	513
三、离婚登记										
法院受理离婚案件	件	59758	67201	75991	75413	74919	74782	72340	73840	71031
准予登记离婚总数	对	48169	53490	58171	58151	61085	62086	58497	68001	89363
民政部门办理离婚	对	10233	11280	13943	14049	14768	16249	16672	24560	47825
#涉外婚姻	对	8	4	4	5	6	86	23	16	44
法院调解离婚	对	28901	30968	29962	28842	29571	28798	26454	27039	27551
法院判决离婚	对	9035	11242	14266	15260	16746	17039	15371	16402	13987

17－7 律师、公证工作基本情况

项　　　目	单　位	1995年	1998年	1999年	2000年	2001年	2002年	2003年	2004年
律师工作									
律师事务所	个	426	476	504	519	532	546	592	636
国资所	个		302	311	286	54	53	47	45
合作所	个		73	68	78	236	235	241	252
合伙所	个		97	121	150	237	253	299	334
个人发起所	个		4	4	5	5	5	5	5
执业律师	人	4201	4818	5067	5418	5753	6480	6858	7322
专职律师	人	2523	3674	4434	4847	5298	6005	6520	6980
兼职律师	人	1094	869	511	478	455	475	338	342
特邀律师	人	584	275	122	93				
公证工作									
公证处	个	163	163	165	165	164	161	161	162
公证员	人	809	877	912	907	929	916	894	868
公证员助理	人	80	79	96	118	135	238	248	293
办理各类公证事项	件	714313	1364671	1388132	1233354	590085	568623	564917	519932

17－8 分系统测绘持证单位个数和人员情况

（2004年）

系统名称	持证单位数（个）	甲级	乙级	丙级	丁级	测绘职工数（人）	具有专业技术职务任职资格人数		
							高级	中级	初级
合计	**535**	**15**	**59**	**123**	**338**	**9306**	**1114**	**2791**	**3895**
测绘	4	3	1			495	25	113	246
建设	215	4	13	38	160	2737	217	814	1395
地矿	11	2	4	4	1	600	52	150	183
水电	47	1	11	17	18	1253	227	392	454
交通	21		3	12	6	463	115	168	173
煤炭	12	1	4	1	6	402	77	94	93
冶金	8	1	1	2	4	319	34	151	105
石油	7	1	4	1	1	322	32	101	122
有色	1			1		14		3	11
铁道	3		2		1	66	9	27	26
国土	92	1	7	17	67	1079	126	308	469
地震	1		1			27	10	11	6
核工业	1		1			25	2	10	13
教育科研	4			4		62	28	17	16
海洋	1	1				117	47	28	31
化工	3		2	1		72	7	32	26
建材	1		1			30	3	12	14
其他	103		4	25	74	1223	103	360	512

17－9 各市测绘持证单位个数和人员情况

（2004 年）

系统名称	持证单位数（个）	甲级	乙级	丙级	丁级	测绘职工数（人）	具有专业技术职务任职资格人数		
							高级	中级	初级
合计	**535**	**15**	**59**	**123**	**338**	**9306**	**1114**	**2791**	**3895**
济南市	68	9	18	14	27	2554	365	802	1016
青岛市	65	2	8	14	41	1098	145	285	420
淄博市	40	1	3	8	28	630	45	167	252
枣庄市	26		2	6	18	401	41	91	162
东营市	25	1	5	6	13	547	74	190	252
烟台市	40		4	12	24	500	63	176	202
潍坊市	33	1	1	7	24	411	35	115	233
济宁市	44		3	12	29	766	76	213	313
泰安市	21	1	3	4	13	296	71	84	130
威海市	24		1	6	17	234	25	86	81
日照市	11		2	5	4	168	15	57	55
莱芜市	14		1	5	8	197	20	82	59
临沂市	27		2	4	21	376	34	112	186
德州市	37		2	4	31	446	35	111	197
聊城市	21		1	9	11	225	32	76	114
滨州市	16		2	2	12	162	12	66	83
菏泽市	23		1	5	17	295	26	78	140

17－10 测绘系统生产产值

（2004年）　　　　单位:万元

系统名称	合计	大地测量	# GPS	摄影测量与遥感	工程测量	地籍测量	房产测量	行政区域界线测量	地理信息系统工程	地图编制	海洋测绘
合　　计	**57696**	**5095**	**3851**	**2614**	**26528**	**10333**	**8314**	**506**	**2004**	**727**	**1575**
测　　绘	2120			556	871				313	380	
建　　设	21400	732	410	700	10690	1472	7422	42	285	57	
地　　矿	2552	188	159	409	995	561	24	10	190	175	
水　　电	5967	928	767	265	3687	577	120	69	56	19	246
交　　通	1245	150	130		939						156
煤　　炭	2210	407	300		1722	10		35		36	
冶　　金	4466	197	176	576	1324	1627	57	73	565	10	37
石　　油	3584	1059	959		1855	40				30	600
有　　色	49				49						
铁　　道	533				533						
国　　土	7873	784	552		1348	4910	350	149	332		
地　　震	144	74	16		70						
核 工 业	104	58			46						
教育科研	301	40	30		253		3		5		
海　　洋	701							105	60		536
化　　工	138	7	7	4	103	15	9				
建　　材	160	15	15		80	20	5		20	20	
其　　他	4149	456	330	104	1963	1101	324	23	178		

17－11 各市测绘生产产值

（2004 年）　　　　单位:万元

系统名称	合 计	大 地 测 量	# GPS	摄影测量与 遥 感	工 程 测 量	地 籍 测 量	房 产 测 量	行政区域界线测量	地理信息系统工程	地 图 编 制	海 洋 测 绘
合　　计	**57696**	**5095**	**3851**	**2614**	**26528**	**10333**	**8314**	**506**	**2004**	**727**	**1575**
济 南 市	16706	810	752	1906	7694	2703	1504	140	1275	591	83
青 岛 市	9322	434	204	436	4869	1004	1091	105	308	4	171
淄 博 市	3179	157	102	268	1549	774	341	72	15	3	
枣 庄 市	814	73	26		440	25	218	10	12	36	
东 营 市	4866	1666	1292		1920	340	110			30	800
烟 台 市	1860				1476	6	272				106
潍 坊 市	4087	261	118		1637	2031	107	40		11	
济 宁 市	2655	505	505		960	560	360		270		
泰 安 市	2259	402	289	4	1116	113	590	34			
威 海 市	2172	255	127		850	307	740	20			
日 照 市	1223	123	123		726	68	178	13			115
莱 芜 市	995	60	60		560	158	150	20	35	12	
临 沂 市	2040	28	10		627	896	453		36		
德 州 市	1817	186	108		948	155	506			22	
聊 城 市	1230	58	58		541	236	274	50	53	18	
滨 州 市	907				274	195	438				
菏 泽 市	1564	77	77		341	762	382	2			

17－12 测绘系统持证单位生产情况

（2004年）

地　　区	大地测量			地形图测绘			
	GPS测量（公里）	导线测量（公里）	水准测量（点）	1:2千及以上比例尺		1:5千—1:1万比例尺	
				（幅）	（平方公里）	（幅）	（平方公里）
合　　计	**20574**	**21092.9**	**32833.5**	**69999**	**11057.2**	**1570**	**20164.7**
测　　绘	486		1997	3915	2151	590	15340
建　　设	2062	7825.5	2715.7	14230	1773.3	74	286.9
地　　矿	2088	326.3	4556	1999	396.4	13	174
水　　电	2165	2219.7	9294.4	3061	585.7	297	2118
交　　通	697	2583.5	2965.5	1586	458.8	17	121
煤　　炭	2614	3383.2	4267.7	1345	744	57	263
冶　　金	4294	1965.2	2086.2	11550	2992.6	316	1126
石　　油	1541	144	1284	1585	209	105	45
有　　色				12	3.2		
铁　　道	190	254	557	682	65.3		
国　　土	1504	1181.5	837	24857	932.5	34	238.8
地　　震	6		152	119	35	9	
核 工 业			150	4	2		
教育科研	628	486	530	456	81.4		
海　　洋						19	100
化　　工	100	20	42	513	57		
建　　材	200	150	200	120	40	6	150
其　　他	1999	554	1399	3965	530	33	202

17－12续表

（2004年）

地　　区	专题制图（含图集）		地形图数字化	
	（册）	（幅）	（幅）	（兆）
合　　计	**1803**	**153**	**30497**	**29301**
测　　绘	86	125	411	612
建　　设	172	1	9159	11177
地　　矿	710	3	186	186
水　　电	289	14	3204	4826
交　　通			10	10
煤　　炭	16		1043	1291
冶　　金	210		12414	6345
石　　油		10	200	150
有　　色				
铁　　道				
国　　土	193		2350	1302
地　　震				
核 工 业				
教育科研			170	295
海　　洋	9		18	
化　　工				
建　　材	100		120	120
其　　他	18		1212	2987

17－13 各市测绘持证单位生产情况

（2004 年）

地区	大地测量			地形图测绘			
				1:2 千及以上比例尺		1:5 千—1:1 万比例尺	
	GPS 测量（公里）	导线测量（公里）	水准测量（点）	（幅）	（平方公里）	（幅）	（平方公里）
全省总计	**20574**	**21092.9**	**33033.5**	**69999**	**11057.2**	**1570**	**20164.7**
济南市	10720	7399.6	19553.6	21163	6241.3	1147	18111
青岛市	841	1177	1696	8846	1006	187	295
淄博市	1499	310.2	566.2	1008	212.2		
枣庄市	276	5316.6	236.5	423	35.8		
东营市	1840	290	1730	1940	438		
烟台市	120	70	70	668	44.9		6.3
潍坊市	412	487.8	521.8	1776	285.5	14	98
济宁市	1150	1539	1824	5320	908		
泰安市	1589	1653	2170	1330	620.7	39	231.2
威海市	221	223	275	1325	93.5		
日照市	414	254	476	1028	138.4		
莱芜市	99	264.8	79	325	20.6	4	25
临沂市	319	445	691	21393	282.1	11	23
德州市	230	980.7	2097.7	482	179.5	18	21.2
聊城市	278	396	514	1241	142.8	135	1262.5
滨州市	183	131.5	261.5	981	246.7		
菏泽市	383	154.7	271.2	750	161.2	15	91.5

17－13 续表

（2004 年）

地区	专题制图（含图集）		地形图数字化	
	（册）	（幅）	（幅）	（兆）
全省总计	**1803**	**153**	**30497**	**29301**
济南市	1228	128	16060	11902
青岛市	9		61	4743
淄博市			4112	4112
枣庄市	16		282	380
东营市		10	200	150
烟台市	2		50	
潍坊市	38		82	86
济宁市			5320	2900
泰安市			833	1403
威海市			120	97
日照市				
莱芜市			247	247
临沂市	68		18	18
德州市	210	14		
聊城市	230		1397	1397
滨州市	1	1	685	836
菏泽市	1		1030	1030

17－14 标准化工作情况

（2004 年）

地区	本年度企业备案（个）	本年末累计企业备案（个）	本年度采标情况（项）			
			采标数	采用 ISO 标准		
				等同	等效	非等数
全省总计	**10262**	**82810**	**306**	**18**	**69**	
济南市	799	6919	31		8	
青岛市	1685	14305	29			
淄博市	1034	4751	45	12	17	
枣庄市	424	2352	14			
东营市	417	3226	33	1	4	
烟台市	783	7864	33	2	8	
潍坊市	707	9725	31	2	2	
济宁市	377	2779				
泰安市	260	2690	21		4	
威海市	355	3755	14		10	
日照市	163	951	7	1	1	
莱芜市	74	510	6		1	
临沂市	441	3299	30		13	
德州市	457	3615				
聊城市	210	1613				
滨州市	401	1365	10			
菏泽市	182	1168	2		1	

17－14 续表

（2004 年）

地区	本年度采标情况					
	采用 IEC 标准			采用国外先进标准		
	等同	等效	非等效	等同	等效	非等效
全省总计	**32**	**44**	**17**	**126**	**7282**	
山东省局						
济南市		3		20	1560	
青岛市	9	3	2	15	1656	
淄博市	6	7	1	2	1102	
枣庄市		1		13	230	
东营市	2	12	4	10	115	
烟台市		5	3	15	970	
潍坊市	4	5	4	14	746	
济宁市					38	
泰安市	6	3		8	221	
威海市				4	14	
日照市	2	1	1	1	117	
莱芜市	2		2	1	6	
临沂市		4		13	277	
德州市						
聊城市					90	
滨州市				10	138	
菏泽市	1				2	

17-15 产品质量监督抽查情况

（2004年）

类　　别	监督检验企业数（个）	不合格企业数（个）	不合格企业比例（%）	检验批次（批次）	合格批次（批次）	批次合格率（%）
总　　计	**942**	**191**	**20.3**	**1060**	**856**	**80.8**
一、农用产品						
农　膜	20			20	20	100.0
农药乳油包装	23	8	34.8	25	17	68.0
哒螨灵及其复配制剂	39	8	20.5	53	45	84.9
精喹禾灵乳油	11			16	16	100.0
二、加工食品和饮料						
桶装饮用纯净水	14	10	71.4	14	4	28.6
油盐米等	209	51	24.4	220	166	75.5
饼干、糖果	30	1	3.3	30	29	96.7
乳制品	31	4	12.9	39	35	89.7
水产品	7	2	28.6	7	5	71.4
茶　叶	57	22	38.6	57	35	61.4
葡萄酒	24			24	24	100.0
三、家用电器						
照明电器	3			5	5	100.0
吸油烟机	13	1	7.7	16	15	93.8
四、轻工产品						
教科书	26	4	15.4	52	48	92.3
橡胶轮胎	13	3	23.1	13	10	76.9
五、纺织、服装类商品						
毛、麻纺织品	9	2	22.2	13	11	84.6
针织品、纤维制品	49	14	28.6	70	52	74.3
布　类	17	4	23.5	23	19	82.6
服　装	46	17	37.0	58	35	60.3
床上用品	10	1	10.0	10	9	90.0
六、化工产品						
次氯酸钠	6			6	6	100.0
杀虫气雾剂	22	11	50.0	22	11	50.0
七、建材商品						
混凝土外加剂	48	5	10.4	50	45	90.0
水　泥	103	15	14.6	103	88	85.4
石　材	40	2	5.0	41	39	95.1
八、机电产品						
液压齿轮泵	17	1	5.9	17	16	94.1
综合布线材料	3			4	4	100.0
消防应急灯具	3			3	3	100.0
消火栓箱	8	4	50.0	8	4	50.0
九、能源产品						
商品煤	19	1	5.3	19	18	94.7
汽　油	22			22	22	100.0

第18篇

环境保护

ENVIRONMENT PROTECTION

编辑单位：社科处

编　　委：刘东霞

编　　辑：贾明洁

校　　对：贾明洁

电　　话：86197787

18－1 各市环境统计主要污染物指标

（2004年）

地　　区	废水排放量（万吨）	工　业	生　活	化学需氧量排放量（吨）	工　业	生　活	氨氮排放量（吨）	工　业	生　活
全省总计	**264014**	**128706**	**135308**	**778915**	**349476**	**429439**	**80884**	**27953**	**52931**
济南市	21568	4754	16814	57364	9209	48155	6444	235	6209
青岛市	24183	9130	15053	55883	16049	39833	5802	689	5113
淄博市	19429	10675	8754	49641	24102	25539	8470	4881	3590
枣庄市	16368	10814	5554	39800	23058	16742	4907	2248	2658
东营市	11067	7979	3088	42679	29630	13049	4404	2672	1732
烟台市	19156	6887	12269	55500	17987	37513	4672	425	4248
潍坊市	21533	11433	10100	55275	32637	22638	4666	1634	3032
济宁市	19601	9748	9853	60433	21205	39228	7769	3426	4343
泰安市	12891	4061	8830	38759	10309	28449	3949	432	3517
威海市	6775	2358	4417	17778	4867	12911	1885	111	1774
日照市	8488	5587	2901	22296	14409	7887	1265	239	1027
莱芜市	4752	1611	3141	12246	3867	8379	1178	181	998
临沂市	15669	5107	10562	43958	9293	34665	4312	451	3861
德州市	20300	12717	7583	74692	44917	29775	6593	3376	3218
聊城市	17657	12948	4709	50065	33009	17056	5000	2947	2053
滨州市	13606	8485	5121	55241	40280	14961	4328	2579	1749
菏泽市	10971	4412	6559	47304	14647	32657	5239	1429	3810

18－1续表　　（2004年）

地　　区	二氧化硫排放量（吨）	工　业	生　活	烟尘排放量（吨）	工　业	生　活	工业粉尘排放量（吨）
全省总计	**1821194**	**1544295**	**276899**	**515338**	**458074**	**117503**	**397835**
济南市	84863	70027	14836	33761	22975	7959	25802
青岛市	151664	114990	36674	22012	29749	12737	9275
淄博市	204855	185187	19668	36654	68517	4940	31714
枣庄市	107235	90531	16704	106956	20098	4332	102624
东营市	109758	97267	12491	4173	16184	3099	1074
烟台市	86881	81200	5681	65584	15069	1710	63874
潍坊市	144179	109326	34853	59756	30348	11223	48533
济宁市	173419	154599	18820	46814	34583	9842	36972
泰安市	96636	82005	14631	16453	31413	8667	7786
威海市	58573	51253	7320	11641	9770	2918	8723
日照市	59186	49154	10032	6794	10982	2527	4267
莱芜市	85957	75175	10782	19108	29399	2428	16680
临沂市	69932	55984	13948	23529	34164	9206	14323
德州市	144633	134533	10100	28282	37273	11110	17172
聊城市	64137	53021	11116	13952	21015	11123	2829
滨州市	104017	92598	11419	8633	23599	6372	2261
菏泽市	75269	47445	27824	11235	22936	7310	3925

18－2 各市工业污染治理项目建设情况

（2004 年）

地区	本年施工项目总数（个）	施工项目本年完成投资额（万元）	废水治理项目	废气治理项目	固体废物治理项目	噪声治理项目	污染搬迁治理项目	其他治理项目	本年竣工项目数（个）
全省总计	**1001**	**402530.2**	**162972.2**	**108152.5**	**77454.3**	**1623.5**	**19524.1**	**32803.6**	**952**
济南市	111	40707.7	2725.3	30987.2	4966.2	864	100	1065	105
青岛市	56	15512	4245.1	1554.9	216	6	8412	1078	56
淄博市	156	59650.7	36683	19590.6	1204.1	96.2	2000	76.8	150
枣庄市	93	18372	4211	13248				913	90
东营市	52	24777.8	17514.2	6802.6	274	105		82	52
烟台市	139	39341.6	9199.7	9262.1	12671		5900	2308.8	138
潍坊市	132	59633.1	25922.2	6531.9	957	263	3100	22859	124
济宁市	36	15165.2	8773.7	3023.5		168		3200	30
泰安市	31	62980	6228.4	1303.6	55432	16			26
威海市	35	10122.3	6471	3307		38.3		306	35
日照市	4	2294	2294						4
莱芜市	9	6024.2	3467.2	2520		37			6
临沂市	50	13115.1	9013.1	4102					47
德州市	29	19977.4	14537.4	3721	1719				27
聊城市	30	10520.4	7427.7	2140.6		30	12.1	910	30
滨州市	18	2048	2048						16
菏泽市	20	2288.7	2211.2	57.5	15			5	16

18－3 各市工业废水污染物排放及处理情况

（2004 年）

地区	工业废水排放量（万吨）	工业废水排放达标量（万吨）	废水治理设施数（套）	废水治理设施运行费用（万元）	化学需氧量去除量（吨）	氨氮去除量（吨）	化学需氧量排放量（吨）	氨氮排放量（吨）
全省总计	**128706.1**	**124878.5**	**4037**	**240596.3**	**1727621.1**	**43018.3**	**349475.8**	**27952.8**
济南市	4754.4	4660.8	215	14351.0	20270.5	4278.6	9208.9	234.7
青岛市	9130.4	9123.3	459	17221.4	72809.4	1386.7	16049.2	689.4
淄博市	10675.2	10584.1	528	43467.2	151096.8	1138.2	24101.8	4880.8
枣庄市	10814.0	10150.7	128	5268.0	46532.3	466.1	23058.4	2248.4
东营市	7978.7	7653.0	230	24136.5	122006.7	1725.3	29630.0	2671.7
烟台市	6887.4	6565.0	442	14424.2	103540.6	601.6	17986.9	424.6
潍坊市	11432.8	11305.4	440	36148.0	252462.3	4021.0	32637.0	1633.6
济宁市	9747.5	9009.6	270	17964.6	120745.0	11977.7	21205.3	3425.8
泰安市	4060.7	3963.3	218	6906.4	16425.9	1383.2	10309.3	432.0
威海市	2358.4	2358.4	183	9067.2	16713.5	106.1	4867.0	111.3
日照市	5587.0	5587.0	91	5667.5	144312.0	168.8	14408.9	238.7
莱芜市	1610.5	1591.0	80	6660.8	19883.9	205.1	3866.8	180.6
临沂市	5107.1	5043.8	225	13876.4	153112.3	1698.1	9293.2	451.4
德州市	12716.9	12716.9	160	7460.0	258669.9	7931.0	44917.2	3375.7
聊城市	12947.8	12947.8	160	8570.7	94432.2	1581.1	33009.3	2946.9
滨州市	8484.9	7768.5	123	4306.4	67740.8	3143.7	40279.8	2578.7
菏泽市	4412.3	3850.0	85	5100.0	66867.0	1206.0	14646.9	1428.6

18－4 各市工业废气污染物排放及处理情况

（2004年）

地　　区	废气排放量（亿标立方米）	废气治理设施数（套）	废气治理设施运行费用（万元）	二氧化硫去除量（吨）	二氧化硫排放量（吨）	烟尘去除量（吨）	烟尘排放量（吨）	粉尘去除量（吨）	粉尘排放量（吨）
全省总计	**20356.8**	**10037**	**187610.2**	**630610.1**	**1544295.4**	**1539597.4**	**458073.5**	**6348963.2**	**397834.6**
济南市	2397.4	727	23441.6	59759.2	70027.5	1173651.6	22975.4	1087459.7	25802.5
青岛市	1368.8	874	15585.5	32426.6	114990.3	1245350.4	29748.6	174650.8	9275.2
淄博市	2325.1	1079	27940.3	105119.7	185187.0	754291.1	68516.9	664819.2	31713.8
枣庄市	1515.6	952	6046.8	40578.0	90531.0	904567.4	20097.8	1172383.5	102623.9
东营市	505.9	207	3804.5	31920.8	97266.7	768954.1	16184.2	9105.3	1074.2
烟台市	1418.7	947	8097.8	90153.2	81199.5	260178.2	15069.4	110677.6	63873.8
潍坊市	1230.1	973	13550.7	45267.8	109326.5	1212993.6	30348.2	186545.0	48532.7
济宁市	1808.3	793	11453.0	21043.5	154599.4	2286074.5	34582.6	1496561.1	36972.0
泰安市	963.7	715	8988.1	65280.0	82004.5	1018055.8	31412.6	159671.5	7786.0
威海市	347.4	259	3457.9	628.4	51253.1	46342.3	9770.4	32411.9	8723.3
日照市	608.1	136	4983.2	4678.9	49154.1	321560.8	10982.2	215065.5	4267.1
莱芜市	1277.2	269	11903.8	9010.6	75174.6	1109344.2	29398.8	251408.0	16680.0
临沂市	1384.3	971	35207.1	61457.3	55984.4	583049.1	34164.4	578186.8	14322.7
德州市	966.8	481	2608.4	3754.5	134533.0	1634665.9	37272.6	165103.0	17172.2
聊城市	1119.4	167	5105.7	38513.4	53020.7	1156406.7	21014.9	11243.6	2829.3
滨州市	808.3	271	3266.5	19416.2	92598.5	482816.6	23599.0	17764.8	2260.6
菏泽市	311.7	216	2169.3	1572.1	47444.7	439295.2	22935.5	15905.7	3925.4

18－5 各市工业固体废物排放及处理利用情况

（2004年）

地　　区	固体废物产生量（万吨）	固体废物综合利用量（万吨）	#综合利用往年贮存量	固体废物贮存量（万吨）	固体废物处置量（万吨）	#处置往年贮存量	固体废物排放量（万吨）
全省总计	**7922.1**	**7190.6**	**185.7**	**585.1**	**423.9**	**90.2**	**0.3**
济南市	716.6	688.9	27.6	45.0	10.3		
青岛市	509.9	500.7	6.1	10.9	4.5	0.2	0.1
淄博市	662.4	506.4	7.7	50.0	113.6		0.2
枣庄市	461.7	456.4	3.0	6.2	82.0	79.9	
东营市	154.2	134.6		5.7	13.8		
烟台市	1055.6	921.8		35.8	98.0		
潍坊市	404.4	374.5		28.9	1.0		
济宁市	1161.1	1064.0	13.1	87.6	32.6	10.0	
泰安市	603.3	639.7	126.8	90.3			
威海市	151.0	114.4		22.8	13.7		
日照市	176.4	135.4		10.5	30.5		
莱芜市	681.5	522.8	1.2	148.6	11.2		
临沂市	333.2	322.7	0.2	8.2	2.5		
德州市	271.6	245.0		26.6			
聊城市	183.6	183.6					
滨州市	315.4	299.2	0.1	6.1	10.3	0.1	
菏泽市	80.4	80.4					

18－6 工业废水污染物排放及处理情况

（2004 年）

行　业　名　称	工业废水排放量（万吨）	工业废水排放达标量（万吨）	废水治理设施数（套）	废水治理设施运行费用（万元）	化学需氧量去除量（吨）	氨氮去除量（吨）	化学需氧量排放量（吨）	氨氮排放量（吨）
总　计	**120824.9**	**117771.9**	**4037**	**240596**	**1727621.1**	**43018.3**	**323513.7**	**26177.8**
煤炭开采和洗选业	4501.3	4449.9	143	6264	12312.8	32.0	3312.7	71.2
石油和天然气开采业	2931.7	2837.3	82	19658	11597.7	820.8	7778.8	730.4
黑色金属矿采选业	235.3	235.3	25	1583	40.6		148.5	
有色金属矿采选业	975.2	975.2	82	5918	1279.9		600.9	4.7
非金属矿采选业	446.2	446.2	25	437	321.0		307.9	0.5
农副食品加工业	5528.6	5175.0	341	6704	77993.2	2052.6	15541.7	1006.5
食品制造业	4387.0	4209.8	135	13914	105888.5	6371.3	15769.9	2080.7
饮料制造业	4422.5	4027.0	172	6788	175431.5	784.0	11688.4	422.1
烟草制品业	73.4	73.4	3	35	62.6	4.6	62.6	14.5
纺织业	8145.7	7985.1	375	12388	57828.5	473.6	23588.1	557.9
纺织服装、鞋、帽制造业	241.0	241.0	26	541	960.2	4.2	466.8	6.8
皮革、毛皮、羽毛(绒)及其制品业	838.9	833.2	69	2423	16892.1	211.3	2876.1	106.0
木材加工及木、竹、藤、棕、草制品业	1739.3	1692.2	18	89	15.6	5.5	4653.8	328.3
家具制造业	31.8	30.4	3	34	101.3		66.8	3.4
造纸及纸制品业	41883.8	41080.9	426	46023	1061288.7	1409.8	162770.0	5411.6
印刷业和记录媒介的复制	76.1	75.2	6	33	89.0		65.0	1.6
文教体育用品制造业	61.6	61.6	7	31	172.8	0.2	124.4	10.5
石油加工、炼焦及核燃料加工业	5902.5	5770.8	112	22585	40280.5	2617.1	11178.6	2875.1
化学原料及化学制品制造业	13551.9	13125.3	649	46209	73001.5	22246.4	28143.1	10669.5
医药制造业	2744.6	2743.2	82	8686	36823.7	860.3	6879.8	610.8
化学纤维制造业	2025.9	2022.1	30	6283	24114.0	2487.2	4692.5	194.8
橡胶制品业	613.1	524.7	46	1934	1889.9		1057.2	20.3
塑料制品业	74.7	73.2	8	60	32.6	0.1	92.0	2.1
非金属矿物制品业	2121.3	2046.5	302	1768	457.2	0.5	2045.0	59.8
#水泥制造业	1550.4	1494.7	36	310	122.6		1306.3	16.9
黑色金属冶炼及压延加工业	2182.4	2135.3	137	12700	8262.8	2116.0	3240.4	41.5
有色金属冶炼及压延加工业	235.4	235.2	49	1977	152.7	2.0	224.8	1.7
金属制品业	220.2	216.4	129	1462	263.5	1.2	252.2	8.0
通用设备制造业	732.4	721.4	68	584	777.0		797.4	25.0
专用设备制造业	755.0	698.0	32	427	665.1	33.9	1524.2	52.3
交通运输设备制造业	745.4	744.7	54	902	1931.1	4.2	863.8	37.0
电气机械及器材制造业	459.2	457.9	33	1275	1490.8	29.9	570.0	25.2
通信设备、计算机及其他电子设备制造业	139.2	139.2	33	527	1211.6	4.9	157.3	8.6
仪器仪表及文化、办公用机械制造业	42.0	42.0	3	27	31.1	0.6	55.6	0.4
工艺品及其他制造业	152.0	151.1	29	222	181.0	0.3	270.2	7.0
电力、热力的生产和供应业	10832.7	10727.2	225	8516	7694.3	258.6	10263.5	643.8
#火力发电业	9629.0	9524.2	180	7176	5415.2	39.6	9909.8	606.2
燃气生产和供应业	78.1	78.1	3	614	642.7	160.0	141.4	75.5
水的生产和供应业	11.6	11.6	1	21	45.8	2.7	16.2	2.3
其他行业	685.9	679.3	74	957	5196.2	22.5	966.3	60.3

18－7 工业废气污染物排放及处理情况

（2004 年）

行业名称	废气排放量（亿标立方米）	废气治理设施数（套）	废气治理设施运行费用（万元）	二氧化硫去除量（吨）	二氧化硫排放量（吨）	烟尘去除量（吨）	烟尘排放量（吨）	粉尘去除量（吨）	粉尘排放量（吨）
总计	**20356.8**	**10037**	**187610.2**	**630610.1**	**1466515.9**	**15397597.4**	**426917.6**	**6348963.2**	**378228.5**
煤炭开采和洗选业	132.7	326	2221.8	13620.6	8563.2	75472.0	4609.0	8642.4	1768.9
石油和天然气开采业	33.0	73	291		2126.2		228.6		
黑色金属矿采选业	11.2	37	44.3	87.4	506.1	2978.6	290.8	87.5	23.1
有色金属矿采选业	418.4	160	5686.5	14067.8	15352.5	130497.5	10625.3	243652.9	3925.0
非金属矿采选业	13.4	41	104.7	259.4	1293.5	3984.3	267.4	0.0	1413.3
农副食品加工业	108.5	422	1700.9	5615.3	12564.9	59118.3	4510.7	801.2	87.1
食品制造业	89.1	183	1261.2	4493.3	8846.0	66412.3	3308.8		
饮料制造业	108.8	211	1129.2	5539.9	12668.4	74097.6	5678.3		
烟草制品业	2.4	13	41	34.9	122.6	887.7	50.0		21.4
纺织业	355.2	515	1857.3	5952.7	48919.1	204080.4	11865.0	469.1	80.9
纺织服装、鞋、帽制造业	6.5	53	108.8	564.0	1128.3	2741.9	337.4		
皮革、毛皮、羽毛(绒)及其制品业	9.8	54	142	204.2	1124.3	3565.4	285.3		
木材加工及木、竹、藤、棕、草制品业	14.0	42	91.8	319.4	2839.0	3782.0	1969.6	1698.5	302.3
家具制造业	2.1	9	31.7	105.7	290.5	676.2	72.6		
造纸及纸制品业	593.9	408	4878.8	41480.0	60157.6	349042.9	24640.4	40.0	1513.2
印刷业和记录媒介的复制	1.7	19	48.7	100.2	197.3	738.6	124.9		
文教体育用品制造业	10.3	12	59.7	893.9	561.3	13039.7	208.9		
石油加工、炼焦及核燃料加工业	1259.9	110	9234.1	68866.9	75950.9	101094.4	19754.9	500.0	805.5
化学原料及化学制品制造业	1262.5	825	15215.5	80758.1	94379.6	791606.6	29717.4	39368.8	2842.5
医药制造业	53.8	102	653.9	2749.9	2729.1	6412.3	685.6	41.6	48.9
化学纤维制造业	230.1	56	564.8	3319.0	5011.2	24020.4	999.2		
橡胶制品业	84.5	164	1162.2	7259.9	10059.8	90513.4	4138.5	105.0	26.9
塑料制品业	14.1	35	203.6	168.0	687.0	2740.6	119.1	20620.0	1200.0
非金属矿物制品业	5140.8	3327	27031.4	32432.0	114272.8	121141.0	72101.8	5256200.6	330969.5
#水泥制造业	4609.4	2757	24526.7	27954.5	58092.7	53283.4	5784.7	5235332.5	316780.9
黑色金属冶炼及压延加工业	2394.4	573	31877.6	9149.7	47467.4	140874.0	13975.7	628888.6	28484.1
有色金属冶炼及压延加工业	268.0	132	5666.5	70863.1	2735.8	15260.8	820.7	108932.1	254.5
金属制品业	13.9	378	288.5	206.8	2112.3	4420.1	1077.9	153.1	9.2
通用设备制造业	110.0	347	24327.8	1077.1	24087.7	17870.0	5803.7	2216.4	1638.4
专用设备制造业	485.9	116	440.4	2783.6	5200.3	27797.3	2097.9	106.6	27.3
交通运输设备制造业	35.5	139	452.6	674.3	1940.1	4929.3	417.9	95.8	36.4
电气机械及器材制造业	21.3	76	210.3	218.6	849.2	3871.9	446.5	3.9	0.1
通信设备、计算机及其他电子设备制造业	19.2	10	59.1	162.8	125.6	938.7	48.4		
仪器仪表及文化、办公用机械制造业	0.4	9	5.7	19.2	113.9	144.8	14.6		
工艺品及其他制造业	17.5	52	44.4	20.8	375.7	1114.9	131.7	33.8	6.0
电力、热力的生产和供应业	6944.8	835	49117.4	254829.2	894747.6	13026774.8	204660.0	4015.5	367.5
#火力发电业	6160.8	557	43592.8	228390.4	805915.6	12424969.7	179626.4	4015.5	367.5
燃气生产和供应业	26.3	35	692	637.2	546.4	596.4	30.7	31627.6	2248.3
水的生产和供应业	0.3	3	3.1		53.7	147.5	17.1		
其他行业	54.3	132	644.9	1075.4	5308.7	8096.9	622.6	662.2	128.2

18－8 工业固体废物排放及处理利用情况

（2004年）

行业名称	固体废物产生量（万吨）	固体废物综合利用量（万吨）	#综合利用往年贮存量	固体废物贮存量（万吨）	固体废物处置量（万吨）	#处置往年贮存量	固体废物排放量（万吨）
总　计	**7621.0**	**6936.7**	**185.7**	**550.1**	**409.8**	**90.2**	**0.3**
煤炭开采和洗选业	1440.2	1462.5	138.2	115.5	10.4	10.0	
石油和天然气开采业	29.4	15.4		0.4	13.6		
黑色金属矿采选业	247.7	138.6		66.3	42.9		
有色金属矿采选业	1043.8	795.6		78.1	170.1		
非金属矿采选业	45.9	34.0		10.0	1.9		
农副食品加工业	34.5	34.1			0.4		
食品制造业	35.0	34.9			0.1		
饮料制造业	91.2	91.2					
烟草制品业	0.2	0.2					
纺织业	80.0	74.2			5.8		
纺织服装、鞋、帽制造业	1.4	1.2			0.2		
皮革、毛皮、羽毛(绒)及其制品业	5.4	2.5			2.9		
木材加工及木、竹、藤、棕、草制品业	4.9	4.9					
家具制造业	0.7	0.7					
造纸及纸制品业	186.2	152.3	0.1	3.3	30.8	0.1	
印刷业和记录媒介的复制	0.5	0.5					
文教体育用品制造业	1.4	1.4					
石油加工、炼焦及核燃料加工业	101.6	71.1		17.9	12.7		
化学原料及化学制品制造业	756.7	702.0	3.9	52.4	6.3	0.2	0.1
医药制造业	16.1	15.9			0.2		
化学纤维制造业	19.4	18.5			0.9		
橡胶制品业	19.1	19.1					
塑料制品业	6.1	6.1					
非金属矿物制品业	197.8	227.3	29.7	0.1	0.2		
#水泥制造业	132.1	141.4	9.4		0.1		
黑色金属冶炼及压延加工业	992.1	959.6	2.2	29.4	5.3		
有色金属冶炼及压延加工业	88.2	88.1		0.1			
金属制品业	5.2	5.0			0.2		
通用设备制造业	23.3	22.2		0.2	0.8		0.1
专用设备制造业	7.0	6.6			0.4		
交通运输设备制造业	10.6	10.2			0.4		0.1
电气机械及器材制造业	2.2	2.2					
通信设备、计算机及其他电子设备制造业	0.7	0.6			0.1		
仪器仪表及文化、办公用机械制造业	0.1	0.1					
工艺品及其他制造业	0.6	0.5			0.1		
电力、热力的生产和供应业	2111.0	1923.2	11.6	176.5	102.9	79.9	
#火力发电业	1923.1	1735.2	11.6	176.5	102.9	79.9	
燃气生产和供应业	2.0	2.0					
水的生产和供应业	0.1	0.1					
其他行业	7.3	7.3			0.1		

第19篇

企业景气调查

BASIC STATISTICS
OF BUSINESS CONDITION SURVEY

编辑单位：省企调队专项处
编　　委：张向杰
编　　辑：刘建成
校　　对：刘建成
电　　话：86129425

19－1 企业景气调查主要景气指数

季　　度	企业家信心指数	企　业景气指数	生产总量景气指数	盈利(亏损)变化景气指数	流动资金景气指数	货款拖欠景气指数	劳动力需求景气指数	固定资产投资景气指数
1999年1季度	110.69	118.07	102.65	84.82	46.06	92.93	69.20	96.13
1999年2季度	109.79	121.19	114.96	90.28	44.38	96.01	74.96	103.98
1999年3季度	111.56	119.33	115.08	86.99	45.22	96.66	77.22	106.78
1999年4季度	113.56	122.35	122.69	99.60	46.16	95.58	76.55	108.45
2000年1季度	122.14	117.15	111.61	91.58	56.74	108.81	86.19	106.98
2000年2季度	127.86	128.18	135.27	100.98	59.22	106.01	94.37	117.66
2000年3季度	128.53	125.36	124.53	100.57	61.88	103.71	94.33	119.48
2000年4季度	128.05	125.22	125.76	103.96	63.86	107.34	90.32	117.28
2001年1季度	133.64	129.24	116.28	102.10	72.93	110.13	91.00	107.62
2001年2季度	133.93	137.68	127.66	117.59	73.17	106.53	99.94	119.25
2001年3季度	129.86	131.59	124.77	106.61	72.97	107.41	96.98	115.56
2001年4季度	130.27	130.76	120.66	109.44	71.15	107.75	92.82	113.75
2002年1季度	130.04	127.64	115.03	99.60	75.48	111.26	92.49	108.31
2002年2季度	133.94	134.21	133.52	122.07	76.20	107.31	99.47	117.67
2002年3季度	130.44	136.07	132.44	120.42	76.88	105.56	101.43	123.83
2002年4季度	135.95	136.39	128.91	120.61	76.35	108.53	98.76	121.83
2003年1季度	139.29	133.85	120.20	114.26	83.20	108.99	105.53	114.24
2003年2季度	124.77	121.57	118.35	106.17	82.96	106.88	98.73	124.57
2003年3季度	136.36	139.60	133.00	121.46	86.53	106.59	106.72	125.10
2003年4季度	138.83	139.64	133.24	122.35	87.28	108.27	105.24	122.71
2004年1季度	142.12	140.26	129.73	124.35	82.45	112.27	112.75	117.72
2004年2季度	137.40	138.18	134.90	123.30	82.77	110.72	113.41	121.74
2004年3季度	135.05	137.97	133.47	123.98	81.13	104.87	113.17	119.65
2004年4季度	137.72	139.99	132.58	125.50	76.88	106.48	108.77	122.26

19－2 工业企业景气调查主要景气指数

季度	企业家信心指数	企业景气指数	生产总量景气指数	盈利(亏损)变化景气指数	流动资金景气指数	货款拖欠景气指数	劳动力需求景气指数	固定资产投资景气指数
2000年1季度	125.91	126.41	120.49	96.29	57.36	112.39	91.56	108.90
2000年2季度	131.34	135.11	142.25	105.52	62.09	109.56	95.16	120.38
2000年3季度	131.67	130.92	127.66	102.59	65.98	108.01	93.93	122.55
2000年4季度	130.93	133.18	131.18	109.20	67.25	112.21	91.72	120.62
2001年1季度	136.41	139.88	126.00	104.31	79.51	114.79	95.76	109.50
2001年2季度	137.74	144.06	129.20	119.87	80.54	111.73	99.68	123.12
2001年3季度	129.02	131.90	[illegible]	105.16	78.50	112.08	97.41	114.87
2001年4季度	131.63	134.04	122.77	110.98	74.61	111.21	93.31	114.77
2002年1季度	129.13	130.39	119.92	100.48	80.35	113.87	95.51	110.94
2002年2季度	136.04	138.68	136.32	127.32	84.51	112.11	97.63	119.34
2002年3季度	129.20	141.32	134.81	121.06	81.76	109.46	100.62	129.56
2002年4季度	138.31	142.81	131.71	123.26	81.89	112.44	102.04	129.17
2003年1季度	142.58	140.95	129.65	120.88	92.35	112.42	113.84	119.27
2003年2季度	130.16	130.70	127.97	115.48	92.11	112.97	105.06	129.80
2003年3季度	139.20	146.52	131.79	128.14	94.07	113.82	107.39	128.13
2003年4季度	141.89	147.54	138.02	133.32	94.45	117.14	112.49	128.55
2004年1季度	144.55	147.08	138.28	130.10	89.89	115.07	119.80	122.62
2004年2季度	136.40	140.44	137.68	122.00	88.09	116.84	114.91	125.59
2004年3季度	133.21	141.20	134.99	125.93	85.96	108.33	116.40	125.09
2004年4季度	137.23	143.11	135.89	128.72	78.31	109.84	114.38	127.93

19－3 建筑业企业景气调查主要景气指数

季度	企业家信心指数	企业景气指数	生产总量景气指数	盈利(亏损)变化景气指数	流动资金景气指数	货款拖欠景气指数	劳动力需求景气指数	固定资产投资景气指数
2000年1季度	116.69	85.66	74.09	70.80	49.60	73.47	74.28	94.36
2000年2季度	124.30	117.97	134.62	97.08	44.07	56.12	127.03	107.19
2000年3季度	121.78	125.22	138.65	110.70	48.26	56.62	123.67	113.32
2000年4季度	117.45	118.76	127.30	113.74	55.24	56.81	113.67	108.62
2001年1季度	122.70	92.31	66.80	79.36	52.20	82.13	76.92	101.51
2001年2季度	122.44	138.37	147.17	129.83	46.57	64.70	139.01	119.20
2001年3季度	127.17	127.05	133.45	117.55	45.38	63.91	129.25	114.18
2001年4季度	125.53	136.84	133.17	127.89	49.50	66.41	112.56	106.40
2002年1季度	135.23	119.27	85.93	80.09	56.09	89.87	96.62	114.87
2002年2季度	137.61	144.56	159.02	139.13	53.44	72.48	150.44	130.07
2002年3季度	129.34	138.39	139.37	131.68	60.24	69.42	133.78	118.07
2002年4季度	129.61	136.69	131.27	136.21	59.42	59.38	108.95	107.48
2003年1季度	134.48	114.62	83.46	93.90	58.34	72.21	85.76	102.40
2003年2季度	136.56	125.52	150.34	107.69	70.86	56.39	126.09	130.55
2003年3季度	133.56	127.95	146.65	91.69	81.62	58.68	113.14	126.01
2003年4季度	136.13	118.40	136.11	70.74	89.88	50.95	89.95	111.04
2004年1季度	134.39	121.20	92.16	101.47	50.07	87.99	105.11	109.90
2004年2季度	137.57	132.74	155.50	133.58	50.29	68.07	148.95	116.64
2004年3季度	129.64	127.15	137.26	119.50	52.24	59.03	125.96	104.74
2004年4季度	132.35	138.70	135.27	125.24	55.65	61.98	109.56	108.70

19－4 交通运输、仓储和邮政业企业景气调查主要景气指数

季度	企业家信心指数	企业景气指数	生产总量景气指数	盈利(亏损)变化景气指数	流动资金景气指数	货款拖欠景气指数	劳动力需求景气指数	固定资产投资景气指数
2000年1季度	109.77	99.26	112.55	84.76	50.68	98.47	64.04	114.65
2000年2季度	120.11	108.51	132.55	97.02	48.62	102.55	72.21	128.58
2000年3季度	124.16	102.11	114.49	86.26	48.71	88.61	81.54	125.76
2000年4季度	123.46	106.95	124.59	89.83	54.05	101.71	71.92	119.48
2001年1季度	121.99	109.85	102.76	107.82	53.25	95.55	77.24	109.75
2001年2季度	126.09	122.99	124.99	119.03	53.09	97.79	80.12	120.84
2001年3季度	133.24	129.17	127.03	115.22	59.43	101.27	97.55	130.69
2001年4季度	129.93	123.90	111.97	99.34	61.44	109.37	86.08	124.32
2002年1季度	129.35	126.58	121.83	105.89	61.80	106.51	84.46	105.69
2002年2季度	126.02	126.69	131.41	117.44	56.71	106.01	79.78	112.20
2002年3季度	132.04	126.37	125.33	124.84	59.50	108.58	88.95	118.83
2002年4季度	130.78	118.90	124.10	107.36	55.49	112.60	87.97	117.99
2003年1季度	122.02	116.48	107.69	91.48	55.00	109.95	87.30	110.45
2003年2季度	94.17	83.98	72.95	70.37	50.20	92.21	72.69	115.02
2003年3季度	125.16	126.90	129.80	114.25	62.44	102.75	94.87	131.59
2003年4季度	123.19	120.14	111.56	103.47	59.09	94.59	87.35	122.40
2004年1季度	127.85	126.98	123.82	113.46	50.84	104.74	94.77	114.12
2004年2季度	138.58	129.64	126.79	126.66	67.15	98.52	93.63	118.51
2004年3季度	134.54	128.45	123.44	115.83	64.47	102.61	90.89	119.35
2004年4季度	134.36	127.23	121.94	112.51	60.55	103.59	94.11	122.97

19－5 批发和零售业企业景气调查主要景气指数

季度	企业家信心指数	企业景气指数	生产总量景气指数	盈利(亏损)变化景气指数	流动资金景气指数	货款拖欠景气指数	劳动力需求景气指数	固定资产投资景气指数
2000年1季度	102.34	114.98	111.60	93.32	59.14	130.10	79.57	100.50
2000年2季度	106.82	113.43	104.32	85.44	56.56	131.42	79.03	104.05
2000年3季度	111.85	114.42	105.22	89.73	60.73	128.50	79.29	104.35
2000年4季度	110.66	110.68	108.30	86.17	56.70	125.04	78.80	107.86
2001年1季度	116.65	119.10	113.99	103.81	67.52	120.82	82.06	100.56
2001年2季度	113.31	117.77	96.37	91.30	70.56	123.19	75.98	106.29
2001年3季度	110.59	109.94	105.06	88.99	68.72	122.37	80.14	106.92
2001年4季度	111.74	111.13	101.98	93.71	71.18	123.49	79.40	108.45
2002年1季度	118.62	119.38	107.46	101.50	71.78	117.90	80.56	96.81
2002年2季度	115.23	113.26	100.06	92.36	60.81	114.03	79.29	103.31
2002年3季度	114.91	113.45	115.20	108.47	69.54	110.18	84.21	102.56
2002年4季度	120.84	117.24	123.29	114.65	69.93	115.90	84.87	101.37
2003年1季度	126.68	120.99	113.70	112.82	80.32	120.32	89.16	106.66
2003年2季度	117.58	114.12	96.00	100.60	78.49	122.11	83.00	112.28
2003年3季度	121.34	123.22	120.26	108.58	72.83	113.37	96.63	105.17
2003年4季度	124.46	130.93	130.10	122.77	73.60	118.80	99.55	105.46
2004年1季度	131.61	128.99	123.14	118.75	80.90	117.51	95.78	101.99
2004年2季度	124.43	128.56	101.31	111.97	77.09	120.04	89.13	103.25
2004年3季度	126.44	125.97	118.90	113.70	76.28	121.12	96.76	102.88
2004年4季度	128.80	129.98	127.37	116.67	83.95	117.78	96.46	105.38

19－6 房地产业企业景气调查主要景气指数

季度	企业家信心指数	企业景气指数	生产总量景气指数	盈利(亏损)变化景气指数	流动资金景气指数	货款拖欠景气指数	劳动力需求景气指数	固定资产投资景气指数
2000年1季度	140.31	109.23	86.42	90.81	62.23	113.57	91.54	95.41
2000年2季度	137.84	128.34	133.82	99.89	66.54	111.84	101.10	116.94
2000年3季度	137.75	126.98	126.75	101.57	63.22	118.99	98.25	115.51
2000年4季度	151.79	130.47	132.73	107.99	75.20	118.13	97.17	120.81
2001年1季度	154.41	126.27	105.93	104.25	62.23	117.56	98.21	95.01
2001年2季度	149.76	130.60	136.45	117.01	60.97	115.20	112.22	111.19
2001年3季度	133.12	137.88	145.05	[illegible]	[illegible]	[illegible]	[illegible]	[illegible]
2001年4季度	155.33	138.01	135.77	126.51	72.59	115.40	93.63	115.33
2002年1季度	147.15	132.35	110.81	110.19	76.82	124.36	87.75	109.04
2002年2季度	150.38	128.85	134.51	116.91	68.02	109.61	101.22	118.27
2002年3季度	153.51	130.68	136.31	114.02	77.52	111.16	102.68	121.86
2002年4季度	149.27	133.16	129.70	116.06	74.92	119.26	95.58	119.35
2003年1季度	152.24	137.88	105.77	119.78	77.31	121.43	101.37	109.09
2003年2季度	143.46	147.58	138.76	126.86	85.91	123.31	104.89	122.74
2003年3季度	150.00	141.56	137.15	125.88	82.10	114.03	107.71	128.60
2003年4季度	154.34	146.88	133.49	128.79	84.25	115.05	100.03	117.16
2004年1季度	165.01	140.78	114.01	134.31	93.12	129.88	113.18	115.33
2004年2季度	160.76	146.24	132.22	129.78	92.66	124.93	113.40	130.97
2004年3季度	162.03	144.18	140.21	127.68	89.25	124.46	117.05	121.01
2004年4季度	165.06	146.89	130.84	135.34	86.55	127.74	98.84	118.59

19－7 社会服务业企业景气调查主要景气指数

季度	企业家信心指数	企业景气指数	生产总量景气指数	盈利(亏损)变化景气指数	流动资金景气指数	货款拖欠景气指数	劳动力需求景气指数	固定资产投资景气指数
2000年1季度	129.41	100.00	85.29	69.70	60.61	96.43	91.18	112.50
2000年2季度	135.29	102.94	81.82	66.67	62.50	82.76	82.35	103.13
2000年3季度	123.53	106.06	97.06	87.88	59.38	93.33	93.94	106.25
2000年4季度	135.29	87.50	63.64	75.76	56.25	100.00	79.41	100.00
2001年1季度	148.15	109.68	114.52	103.23	77.05	107.47	85.25	111.83
2001年2季度	157.53	127.87	142.47	127.42	82.26	83.91	112.02	97.81
2001年3季度	151.61	134.43	140.32	120.43	89.25	80.23	121.31	109.14
2001年4季度	138.17	125.14	110.22	96.77	75.81	92.66	91.26	120.77
2002年1季度	141.38	122.21	118.68	94.11	85.57	105.88	102.67	111.04
2002年2季度	149.28	137.17	143.30	119.13	102.94	100.26	120.43	119.72
2002年3季度	161.69	141.68	121.01	114.03	89.32	113.53	117.81	131.26
2002年4季度	145.69	124.76	92.31	93.62	85.32	120.14	86.49	112.61
2003年1季度	150.78	124.44	120.35	100.58	74.12	99.63	108.99	106.93
2003年2季度	90.92	54.69	58.44	47.98	55.45	87.72	56.18	99.83
2003年3季度	134.67	119.82	136.16	126.72	72.88	95.14	124.47	100.30
2003年4季度	142.28	109.71	94.76	88.74	74.02	102.12	82.93	103.99
2004年1季度	135.59	125.46	110.47	103.44	68.84	109.24	105.79	111.58
2004年2季度	142.41	130.92	132.65	128.42	80.20	95.45	118.63	121.20
2004年3季度	145.86	137.96	127.28	119.42	75.73	93.27	114.15	110.59
2004年4季度	133.73	122.00	97.62	88.34	67.67	97.82	90.93	109.54

19－8 信息传输、计算机服务和软件业企业景气调查主要景气指数

季　　度	企业家信心指数	企　业景气指数	生产总量景气指数	盈利(亏损)变化景气指数	流动资金景气指数	货款拖欠景气指数	劳动力需求景气指数	固定资产投资景气指数
2000年1季度	157.80	164.14	164.39	125.58	75.57	99.53	105.08	157.12
2000年2季度	168.06	174.87	179.65	131.04	74.34	111.05	82.82	176.31
2000年3季度	162.90	169.04	187.54	147.80	61.40	84.68	92.34	164.08
2000年4季度	158.64	164.78	173.99	133.14	72.39	99.57	105.31	150.97
2001年1季度	176.16	170.51	160.19	124.21	97.80	119.41	99.11	160.05
2001年2季度	159.99	161.18	158.60	120.71	65.31	96.91	95.48	115.83
2001年3季度	153.30	154.70	157.38	99.80	75.21	114.71	116.94	118.47
2001年4季度	158.58	156.47	162.65	112.96	79.91	104.23	103.04	92.40
2002年1季度	147.34	157.64	155.06	124.33	85.61	98.20	75.16	73.31
2002年2季度	137.84	144.56	148.35	116.66	71.07	123.06	82.01	111.01
2002年3季度	147.35	151.33	155.78	127.76	83.50	105.20	97.86	105.17
2002年4季度	150.99	157.78	156.04	138.92	78.56	115.74	102.44	120.40
2003年1季度	159.48	158.28	155.20	136.81	96.83	107.82	123.58	117.35
2003年2季度	151.37	151.73	145.59	124.95	108.13	117.51	98.40	139.64
2003年3季度	149.98	160.70	162.68	129.68	104.96	102.31	117.06	132.02
2003年4季度	152.81	162.57	164.04	138.40	99.02	114.34	119.26	146.15
2004年1季度	156.49	157.41	147.36	128.98	106.03	98.89	93.25	113.13
2004年2季度	157.05	160.92	152.96	123.92	120.33	108.89	104.69	119.60
2004年3季度	166.57	161.49	161.54	146.95	120.02	108.30	110.42	115.10
2004年4季度	160.30	152.42	156.56	139.60	115.53	105.39	102.49	133.29

19－9 住宿和餐饮业企业景气调查主要景气指数

季　　度	企业家信心指数	企　业景气指数	生产总量景气指数	盈利(亏损)变化景气指数	流动资金景气指数	货款拖欠景气指数	劳动力需求景气指数	固定资产投资景气指数
2000年1季度	117.96	86.43	81.38	72.67	53.35	90.91	76.65	106.06
2000年2季度	128.59	124.91	139.94	102.42	61.78	95.98	102.07	104.13
2000年3季度	132.00	112.14	112.72	100.11	57.15	87.75	102.76	114.03
2000年4季度	118.79	89.94	94.38	77.53	55.20	91.81	79.04	97.77
2001年1季度	132.84	102.58	98.71	86.02	70.56	80.12	88.22	101.23
2001年2季度	125.85	122.56	119.79	117.64	74.95	87.63	104.13	112.16
2001年3季度	135.37	135.26	133.64	121.63	81.90	87.31	109.63	118.14
2001年4季度	121.28	114.64	95.55	87.75	75.73	92.68	88.05	106.27
2002年1季度	125.89	108.79	90.91	85.07	66.37	97.37	94.07	102.15
2002年2季度	125.00	114.14	114.28	103.77	75.30	83.32	108.11	116.10
2002年3季度	130.88	127.54	133.49	119.01	81.86	88.89	107.88	121.16
2002年4季度	132.46	125.58	113.45	103.13	83.52	97.44	96.20	110.39
2003年1季度	133.55	129.23	107.91	100.00	80.45	85.16	104.43	99.18
2003年2季度	64.30	37.56	23.78	25.42	47.28	98.88	39.26	83.86
2003年3季度	137.62	128.54	142.95	122.93	79.49	84.34	124.59	118.60
2003年4季度	138.13	127.10	116.34	113.55	78.31	88.98	99.55	112.55
2004年1季度	142.38	122.22	107.00	109.35	83.54	100.45	105.15	111.06
2004年2季度	144.69	140.36	130.46	138.52	88.14	86.00	116.69	110.98
2004年3季度	149.14	144.03	136.66	139.15	91.62	80.53	117.14	112.30
2004年4季度	146.38	140.12	113.69	125.49	96.22	99.58	102.36	105.69

19－10 企业家信心指数

（2004年）

类　　别	一季度	二季度	三季度	四季度
总体状况	**142.12**	**137.40**	**135.05**	**137.72**
一、按行业门类分				
（一）工　业	144.55	136.40	133.21	137.23
采矿业	173.01	179.09	180.47	181.75
制造业	143.23	132.82	128.98	132.95
电力、燃气及水的生产和供应业	137.96	135.31	133.87	140.50
（二）建筑业	134.39	137.57	129.64	132.35
房屋和土木工程建筑业	133.91	138.89	129.97	131.90
建筑安装业	146.56	139.04	141.89	139.54
建筑装饰业	116.67	83.33	100.00	133.33
其他建筑业				
（三）交通运输、仓储及邮政业				
铁路运输业	152.13	175.00	200.00	200.00
道路运输业	124.23	129.40	125.66	124.23
城市公共交通业	121.05	143.79	129.50	134.76
水上运输业	132.94	161.07	147.23	147.23
航空运输业				
管道运输业				
装卸搬运和其他运输服务业				
仓储业	71.43	100.00	85.71	114.29
邮政业	125.08	116.67	116.67	101.05
（四）批发和零售业				
批发业	135.31	126.20	130.98	129.06
零售业	126.05	120.20	119.37	128.52
（五）房地产业	165.01	160.76	162.03	165.06
（六）社会服务业				
租赁业	137.50	112.50	137.50	128.57
商务服务业	129.35	135.23	141.23	133.70
环境资源管理业	133.33	200.00	200.00	166.67
公共设施管理业	155.00	170.00	160.00	145.00
居民服务业	133.33	133.33	133.33	100.00
其他服务业				
（七）信息传输、计算机服务和软件业				
信息传输业	161.22	159.59	170.48	160.45
计算机服务业	150.00	125.00	150.00	162.50
软件业	136.36	166.22	157.13	157.13
（八）住宿和餐饮业				
住宿业	143.86	143.42	146.00	143.77
餐饮业	139.75	146.02	154.91	147.89
二、按企业登记注册类型分				
国有企业	138.83	137.62	140.22	140.34
集体企业	130.22	130.12	129.84	131.86
股份合作企业	127.06	126.16	133.18	140.32
联营企业	156.68	133.60	149.18	147.58
有限责任公司	148.02	137.53	141.21	141.34
股份有限公司	151.76	143.78	131.80	136.49
私营企业	139.98	139.17	127.17	143.12
其它内资企业	128.57	128.57	157.14	128.57
外商及港、澳、台投资企业	139.97	139.09	135.24	143.93
三、按企业规模分				
大型及以上	158.03	149.62	145.00	150.29
中　型	138.03	132.70	132.64	132.94
小　型	128.32	127.04	126.85	128.57
四、特殊分组				
省重点企业	162.40	151.10	143.50	147.40
乡镇企业	158.84	153.66	150.48	151.95
上市公司	152.31	146.99	117.23	128.07
国有控股企业	146.73	140.29	142.90	145.08

19－11 企业景气指数

(2004年)

类　　别	一季度	二季度	三季度	四季度
总体状况	**140.26**	**138.18**	**137.97**	**139.99**
一、按行业门类分				
(一)工　业	147.08	140.44	141.20	143.11
采矿业	167.09	177.81	177.30	180.35
制造业	146.59	138.04	138.62	140.87
电力、燃气及水的生产和供应业	142.22	135.33	139.84	138.91
(二)建筑业	121.20	132.74	127.15	138.70
房屋和土木工程建筑业	120.30	135.14	127.26	138.39
建筑安装业	132.80	122.14	131.23	139.26
建筑装饰业	100.00	83.33	100.00	133.33
其他建筑业				
(三)交通运输、仓储及邮政业				
铁路运输业	154.26	147.87	200.00	172.87
道路运输业	129.98	112.16	127.38	121.49
城市公共交通业	105.26	149.05	117.41	117.41
水上运输业	133.33	161.90	123.81	142.86
航空运输业				
管道运输业				
装卸搬运和其他运输服务业				
仓储业	85.71	85.71	71.43	100.00
邮政业	123.95	120.83	108.94	117.27
(四)批发和零售业				
批发业	127.45	126.54	127.02	122.37
零售业	131.69	130.61	123.67	141.61
(五)房地产业	140.78	146.24	144.18	146.89
(六)社会服务业				
租赁业	87.50	62.50	87.50	100.00
商务服务业	126.82	129.24	144.35	125.02
环境资源管理业	100.00	133.33	100.00	100.00
公共设施管理业	140.00	165.00	150.00	135.00
居民服务业	133.33	133.33	116.67	83.33
其他服务业				
(七)信息传输、计算机服务和软件业				
信息传输业	163.39	168.78	167.09	156.83
计算机服务业	137.50	137.50	125.00	112.50
软件业	138.95	136.36	157.13	157.13
(八)住宿和餐饮业				
住宿业	126.15	138.50	140.94	138.59
餐饮业	126.44	143.58	148.24	141.22
二、按企业登记注册类型分				
国有企业	136.34	135.16	138.65	135.42
集体企业	120.80	127.14	128.66	125.66
股份合作企业	122.53	129.09	122.04	129.60
联营企业	102.13	135.19	131.00	131.00
有限责任公司	141.22	135.75	135.67	141.66
股份有限公司	161.36	156.60	155.27	161.62
私营企业	143.14	137.97	134.50	129.28
其它内资企业	142.86	157.14	157.14	128.57
外商及港、澳、台投资企业	143.18	138.12	139.10	130.18
三、按企业规模分				
大型及以上	171.79	161.33	163.84	169.95
中　型	128.82	129.83	129.66	127.49
小　型	118.16	120.92	118.36	119.37
四、特殊分组				
省重点企业	184.20	168.20	170.90	179.94
乡镇企业	148.12	151.53	142.14	146.66
上市公司	185.69	168.60	176.25	184.55
国有控股企业	143.18	138.54	139.37	142.02

19－12 工业企业生产总量景气指数

（2004年）

类　　　别	一季度	二季度	三季度	四季度
工业企业总体状况	**138.28**	**137.68**	**134.99**	**135.89**
一、按工业行业门类分				
采矿业	136.43	163.09	125.22	113.97
制造业	139.59	136.23	134.98	136.44
电力、燃气及水的生产和供应业	131.99	129.76	143.70	150.06
二、按企业登记注册类型分				
国有企业	135.65	129.34	140.20	123.37
集体企业	129.75	137.62	126.33	139.77
股份合作企业	119.20	127.71	129.14	121.87
联营企业	148.23	86.11	175.00	163.20
有限责任公司	137.47	133.56	127.40	138.84
股份有限公司	152.58	156.90	154.44	150.40
私营企业	141.93	136.02	124.07	128.92
其它内资企业				
外商及港、澳、台投资企业	112.06	115.69	111.72	120.70
三、按企业规模分				
大型及以上	159.53	148.38	151.93	151.99
中　型	126.77	131.72	125.16	127.29
小　型	116.53	126.97	118.64	119.03

19－13 工业企业盈利(亏损)变化景气指数

（2004年）

类　　　别	一季度	二季度	三季度	四季度
工业企业总体状况	**130.10**	**122.00**	**125.93**	**128.72**
一、按工业行业门类分				
采矿业	166.22	148.55	155.13	140.30
制造业	129.54	120.87	124.16	128.89
电力、燃气及水的生产和供应业	114.69	113.13	121.40	126.61
二、按企业登记注册类型分				
国有企业	127.91	119.07	121.70	117.60
集体企业	119.56	121.50	130.65	125.77
股份合作企业	95.85	109.11	111.10	106.05
联营企业	135.73	123.61	124.30	148.23
有限责任公司	123.39	114.85	117.74	127.88
股份有限公司	154.09	138.38	146.14	146.33
私营企业	128.94	113.60	114.97	113.67
其它内资企业				
外商及港、澳、台投资企业	103.06	114.49	114.29	120.43
三、按企业规模分				
大型及以上	158.46	132.88	146.43	150.28
中　型	113.73	117.15	112.03	115.52
小　型	102.80	108.99	109.60	109.09

19－14 工业企业流动资金景气指数

（2004年）

类　　别	一季度	二季度	三季度	四季度
工业企业总体状况	**89.89**	**88.09**	**85.96**	**78.34**
一、按工业行业门类分				
采矿业	128.48	129.28	128.33	152.13
制造业	87.21	84.99	82.22	71.36
电力、燃气及水的生产和供应业	85.43	84.81	87.18	80.95
二、按企业登记注册类型分				
国有企业	80.91	82.61	80.34	82.67
集体企业	72.05	78.47	64.94	63.65
股份合作企业	67.43	73.11	69.82	76.47
联营企业	87.50	28.55	104.94	89.97
有限责任公司	80.57	77.06	76.74	74.63
股份有限公司	118.33	114.08	109.09	85.87
私营企业	79.91	83.04	85.19	87.10
其它内资企业				
外商及港、澳、台投资企业	91.45	83.44	88.27	80.46
三、按企业规模分				
大型及以上	119.46	112.49	110.98	94.20
中　型	68.55	71.96	67.64	68.79
小　型	68.91	67.98	68.36	63.64

19－15 工业企业货款拖欠景气指数

（2004年）

类　　别	一季度	二季度	三季度	四季度
工业企业总体状况	**115.07**	**116.84**	**108.33**	**109.84**
一、按工业行业门类分				
采矿业	129.94	122.92	100.55	99.65
制造业	115.48	117.72	111.61	113.03
电力、燃气及水的生产和供应业	107.02	108.91	96.36	100.47
二、按企业登记注册类型分				
国有企业	109.41	110.12	110.64	104.02
集体企业	118.67	112.73	116.53	116.28
股份合作企业	104.19	97.23	98.56	103.70
联营企业	84.33	124.30	135.03	124.30
有限责任公司	106.03	115.36	108.73	101.06
股份有限公司	132.81	130.99	110.37	122.59
私营企业	105.90	105.97	96.21	117.54
其它内资企业				
外商及港、澳、台投资企业	113.08	105.78	105.29	113.53
三、按企业规模分				
大型及以上	124.83	131.80	115.57	113.96
中　型	111.29	107.29	105.70	108.85
小　型	102.52	103.94	98.58	103.41

19－16 工业企业劳动力需求景气指数

（2004年）

类　　别	一季度	二季度	三季度	四季度
工业企业总体状况	**119.80**	**114.91**	**116.40**	**114.38**
一、按工业行业门类分				
采矿业	108.84	105.24	111.19	106.66
制造业	123.89	118.50	118.97	116.52
电力、燃气及水的生产和供应业	98.06	94.37	101.41	105.21
二、按企业登记注册类型分				
国有企业	102.93	98.81	103.92	92.89
集体企业	125.80	125.66	116.75	108.09
股份合作企业	114.37	111.11	126.68	122.15
联营企业	160.73	109.33	124.30	126.77
有限责任公司	130.25	123.20	121.77	131.00
股份有限公司	123.60	115.30	120.34	116.11
私营企业	128.33	126.99	120.22	116.72
其它内资企业				
外商及港、澳、台投资企业	112.68	116.31	117.16	105.37
三、按企业规模分				
大型及以上	127.28	116.66	120.28	119.21
中　型	115.32	115.53	114.77	111.93
小　型	112.89	110.39	111.58	109.09

19－17 工业企业固定资产投资景气指数

（2004年）

类　　别	一季度	二季度	三季度	四季度
工业企业总体状况	**122.62**	**125.59**	**125.09**	**127.93**
一、按工业行业门类分				
采矿业	130.72	150.33	149.41	151.65
制造业	121.88	121.78	119.62	124.22
电力、燃气及水的生产和供应业	121.85	133.12	146.27	136.84
二、按企业登记注册类型分				
国有企业	126.02	128.46	126.52	121.37
集体企业	124.10	123.81	101.61	114.27
股份合作企业	110.82	120.74	110.18	102.26
联营企业	135.03	133.25	137.50	135.73
有限责任公司	129.03	118.68	113.39	122.19
股份有限公司	117.92	135.43	145.56	148.61
私营企业	128.38	118.56	123.04	137.94
其它内资企业				
外商及港、澳、台投资企业	111.71	114.26	114.88	106.52
三、按企业规模分				
大型及以上	133.59	138.11	139.35	142.47
中　型	114.35	117.02	113.84	118.46
小　型	115.41	115.77	116.43	115.67

19－18 工业企业产品订货景气指数

（2004年）

类　　　别	一季度	二季度	三季度	四季度
工业企业总体状况	**133.68**	**129.28**	**133.30**	**133.44**
一、按工业行业门类分				
采矿业	131.76	127.76	153.57	160.12
制造业	137.41	132.45	133.31	131.93
电力、燃气及水的生产和供应业	112.40	110.13	120.30	125.81
二、按企业登记注册类型分				
国有企业	124.79	114.23	120.58	108.45
集体企业	136.58	132.33	130.15	131.05
股份合作企业	125.80	119.82	117.95	132.06
联营企业	150.00	122.53	149.30	148.23
有限责任公司	139.55	131.59	133.18	136.26
股份有限公司	138.69	143.41	152.81	155.87
私营企业	138.78	123.14	120.84	123.46
其它内资企业				
外商及港、澳、台投资企业	119.87	119.71	122.29	116.25
三、按企业规模分				
大型及以上	145.15	140.26	153.09	150.55
中　型	127.04	122.02	121.19	122.83
小　型	122.66	120.17	114.90	117.82

19－19 工业企业科技创新景气指数

（2004年）

类　　　别	一季度	二季度	三季度	四季度
工业企业总体状况	**129.64**	**129.96**	**131.05**	**128.43**
一、按工业行业门类分				
采矿业	139.65	136.08	145.92	149.33
制造业	130.21	131.09	130.63	127.24
电力、燃气及水的生产和供应业	118.22	115.18	121.61	120.67
二、按企业登记注册类型分				
国有企业	121.06	119.30	115.46	112.65
集体企业	123.77	123.45	120.13	121.46
股份合作企业	120.92	104.87	105.84	113.43
联营企业	125.75	158.95	157.14	148.23
有限责任公司	128.40	131.63	130.70	127.82
股份有限公司	146.08	149.27	156.38	153.21
私营企业	118.91	107.27	113.11	116.67
其它内资企业				
外商及港、澳、台投资企业	117.69	112.41	116.82	112.47
三、按企业规模分				
大型及以上	150.85	151.88	156.99	149.94
中　型	115.03	114.92	112.77	110.98
小　型	111.95	110.98	110.15	115.13

19－20 建筑业企业建筑工程量景气指数

(2004年)

类　　别	一季度	二季度	三季度	四季度
建筑业企业总体状况	**92.16**	**155.50**	**137.26**	**135.27**
一、按主要行业门类分				
房屋和土木工程建筑业	87.55	156.00	136.21	134.23
建筑安装业	131.28	165.31	154.64	144.22
建筑装饰业	150.00	133.33	133.33	133.33
二、按企业登记注册类型分				
国有企业	93.32	158.28	128.30	131.69
集体企业	103.44	152.80	135.52	124.37
股份合作企业	101.03	166.67	122.74	144.96
联营企业				
有限责任公司	76.73	152.87	143.22	141.16
股份有限公司	114.80	155.22	152.49	142.54
私营企业				
其它内资企业				
外商及港、澳、台投资企业				
三、按企业规模分				
大　型	64.41	165.02	138.35	146.51
中　型	121.57	139.22	147.06	127.45
小　型	108.33	154.17	130.56	125.35

19－21 建筑业企业盈利(亏损)变化景气指数

(2004年)

类　　别	一季度	二季度	三季度	四季度
建筑业企业总体状况	**101.47**	**133.58**	**119.50**	**125.24**
一、按主要行业门类分				
房屋和土木工程建筑业	98.54	132.83	117.15	123.56
建筑安装业	121.30	141.81	134.67	134.52
建筑装饰业	116.67	133.33	133.33	133.33
二、按企业登记注册类型分				
国有企业	105.92	125.91	130.92	126.41
集体企业	99.50	116.06	108.60	113.43
股份合作企业	95.59	147.54	77.26	99.48
联营企业				
有限责任公司	100.09	151.84	120.55	130.70
股份有限公司	119.60	152.61	132.68	139.51
私营企业				
其它内资企业				
外商及港、澳、台投资企业				
三、按企业规模分				
大　型	102.20	142.81	120.73	136.14
中　型	102.00	131.37	123.53	113.73
小　型	101.39	123.61	115.28	118.31

19－22 建筑业企业流动资金景气指数

(2004年)

类　　别	一季度	二季度	三季度	四季度
建筑业企业总体状况	**50.07**	**50.29**	**52.24**	**55.65**
一、按主要行业门类分				
房屋和土木工程建筑业	48.38	49.08	51.52	54.11
建筑安装业	65.59	65.73	62.18	67.77
建筑装饰业	66.67	50.00	50.00	50.00
二、按企业登记注册类型分				
国有企业	50.47	42.70	46.05	37.90
集体企业	53.07	55.91	59.46	62.05
股份合作企业	69.76	48.05	33.33	66.15
联营企业				
有限责任公司	40.02	53.41	59.60	69.38
股份有限公司	67.85	73.73	59.96	81.23
私营企业				
其它内资企业				
外商及港、澳、台投资企业				
三、按企业规模分				
大　型	41.51	35.58	44.40	43.16
中　型	39.22	52.94	50.98	54.90
小　型	69.44	68.06	63.89	73.24

19－23 建筑业企业货款拖欠景气指数

(2004年)

类　　别	一季度	二季度	三季度	四季度
建筑业企业总体状况	**87.99**	**68.07**	**59.03**	**61.98**
一、按主要行业门类分				
房屋和土木工程建筑业	90.60	66.73	58.79	61.81
建筑安装业	65.91	83.77	77.47	75.74
建筑装饰业	66.67	66.67	33.33	16.67
二、按企业登记注册类型分				
国有企业	89.41	71.39	48.38	59.00
集体企业	86.34	80.42	69.18	65.57
股份合作企业	110.59	55.04	44.44	33.33
联营企业				
有限责任公司	87.07	59.35	61.96	63.88
股份有限公司	63.35	59.93	78.85	72.15
私营企业				
其它内资企业				
外商及港、澳、台投资企业				
三、按企业规模分				
大　型	98.86	57.81	40.12	57.84
中　型	74.51	58.82	66.67	56.86
小　型	83.33	87.50	76.39	71.83

19－24 建筑业企业劳动力需求景气指数

（2004年）

类别	一季度	二季度	三季度	四季度
建筑业企业总体状况	**105.11**	**148.95**	**125.96**	**109.56**
一、按主要行业门类分				
房屋和土木工程建筑业	101.51	148.88	124.40	105.08
建筑安装业	126.42	157.29	145.25	131.90
建筑装饰业	150.00	133.33	133.33	183.33
二、按企业登记注册类型分				
国有企业	106.55	150.00	123.67	103.37
集体企业	111.18	137.71	122.96	108.32
股份合作企业	133.33	188.89	144.96	167.18
联营企业				
有限责任公司	92.80	146.94	120.80	108.01
股份有限公司	116.94	155.22	149.18	124.03
私营企业				
其它内资企业				
外商及港、澳、台投资企业				
三、按企业规模分				
大　型	89.17	158.37	124.90	109.44
中　型	116.00	137.25	125.49	111.76
小　型	119.44	144.44	129.17	107.04

19－25 建筑业企业固定资产投资景气指数

（2004年）

类别	一季度	二季度	三季度	四季度
建筑业企业总体状况	**109.90**	**116.64**	**104.74**	**108.70**
一、按主要行业门类分				
房屋和土木工程建筑业	109.37	116.45	102.97	105.98
建筑安装业	94.04	126.63	118.78	126.72
建筑装饰业	150.00	100.00	116.67	133.33
二、按企业登记注册类型分				
国有企业	104.93	118.82	102.77	110.86
集体企业	107.88	113.82	101.48	103.66
股份合作企业	122.22	122.74	107.50	129.72
联营企业				
有限责任公司	110.79	114.29	99.52	99.27
股份有限公司	137.92	130.98	127.97	149.03
私营企业				
其它内资企业				
外商及港、澳、台投资企业				
三、按企业规模分				
大　型	102.40	120.51	100.46	110.52
中　型	118.00	115.69	111.76	113.73
小　型	115.28	112.50	104.17	102.82

19－26 交通运输、仓储及邮政业企业业务需求量景气指数

（2004年）

类　　别	一季度	二季度	三季度	四季度
交通运输、仓储及邮政业企业总体状况	**123.82**	**126.79**	**123.44**	**121.94**
一、按主要行业门类分				
铁路运输业	175.00	125.00	177.13	133.33
道路运输业	112.24	118.54	120.58	123.53
城市公共交通业	103.18	147.37	133.26	113.64
水上运输业	142.46	159.43	121.73	126.10
航空运输业				
管道运输业				
装卸搬运和其他运输服务业				
仓储业	71.43	85.71	57.14	100.00
邮政业	113.63	115.36	115.37	128.04
二、按企业登记注册类型分				
国有企业	138.95	122.65	127.26	127.50
集体企业	80.00	100.00	86.67	106.67
股份合作企业	100.00	83.33	83.33	66.67
联营企业				
有限责任公司	119.24	137.84	129.57	121.13
股份有限公司	151.80	183.18	153.07	149.73
私营企业				
其它内资企业				
外商及港、澳、台投资企业				
三、按企业规模分				
大型及以上	166.18	155.44	171.64	138.66
中　型	126.67	130.00	116.67	125.00
小　型	98.04	107.84	105.88	109.80

19－27 交通运输、仓储及邮政业企业盈利（亏损）变化景气指数

（2004年）

类　　别	一季度	二季度	三季度	四季度
交通运输、仓储及邮政业企业总体状况	**113.46**	**126.66**	**115.83**	**112.51**
一、按主要行业门类分				
铁路运输业	154.26	127.13	177.13	154.26
道路运输业	108.59	117.03	115.70	122.94
城市公共交通业	100.00	143.79	96.29	92.59
水上运输业	132.46	166.67	118.65	126.10
航空运输业				
管道运输业				
装卸搬运和其他运输服务业				
仓储业	85.71	57.14	28.57	57.14
邮政业	123.96	107.30	107.20	88.73
二、按企业登记注册类型分				
国有企业	127.19	128.86	111.54	106.13
集体企业	80.00	93.33	80.00	86.67
股份合作企业	50.00	50.00	83.33	50.00
联营企业				
有限责任公司	114.30	134.98	129.08	131.94
股份有限公司	144.39	198.73	170.16	174.23
私营企业				
其它内资企业				
外商及港、澳、台投资企业				
三、按企业规模分				
大型及以上	142.86	180.70	169.79	138.01
中　型	118.33	131.67	118.33	121.67
小　型	92.16	92.16	84.31	88.24

19－28 交通运输、仓储及邮政业企业流动资金景气指数

（2004年）

类　　别	一季度	二季度	三季度	四季度
交通运输、仓储及邮政业企业总体状况	**50.84**	**67.15**	**64.47**	**60.55**
一、按主要行业门类分				
铁路运输业	50.00	102.13	77.13	77.13
道路运输业	61.00	64.45	62.73	69.62
城市公共交通业	64.79	78.95	40.02	55.81
水上运输业	49.37	82.00	77.23	54.63
航空运输业				
管道运输业				
装卸搬运和其他运输服务业				
仓储业	57.14	57.14	85.71	71.43
邮政业	28.12	16.67	25.60	17.27
二、按企业登记注册类型分				
国有企业	37.00	56.27	53.25	43.44
集体企业	40.00	60.00	46.67	60.00
股份合作企业	33.33	16.67	33.33	33.33
联营企业				
有限责任公司	73.59	76.46	77.56	74.86
股份有限公司	78.31	127.30	113.02	131.38
私营企业				
其它内资企业				
外商及港、澳、台投资企业				
三、按企业规模分				
大型及以上	67.25	124.68	122.13	98.35
中　型	46.67	56.67	55.00	50.00
小　型	47.06	49.02	45.10	52.94

19－29 交通运输、仓储及邮政业企业货款拖欠景气指数

（2004年）

类　　别	一季度	二季度	三季度	四季度
交通运输、仓储及邮政业企业总体状况	**104.74**	**98.52**	**102.61**	**103.59**
一、按主要行业门类分				
铁路运输业	100.00	75.00	125.00	75.00
道路运输业	99.48	88.51	86.55	98.13
城市公共交通业	115.79	127.93	106.88	112.14
水上运输业	116.91	99.78	95.24	100.98
航空运输业				
管道运输业				
装卸搬运和其他运输服务业				
仓储业	85.71	100.00	114.29	85.71
邮政业	102.86	104.34	125.00	125.36
二、按企业登记注册类型分				
国有企业	110.47	100.81	109.46	113.07
集体企业	106.67	106.67	78.57	86.67
股份合作企业	83.33	83.33	83.33	100.00
联营企业				
有限责任公司	100.00	100.16	100.16	97.46
股份有限公司	117.09	71.43	153.07	114.29
私营企业				
其它内资企业				
外商及港、澳、台投资企业				
三、按企业规模分				
大型及以上	105.69	81.31	105.83	99.85
中　型	110.00	103.33	106.67	111.67
小　型	98.04	101.96	96.00	96.08

19－30 交通运输、仓储及邮政业企业劳动力需求景气指数

（2004年）

类　　别	一季度	二季度	三季度	四季度
交通运输、仓储及邮政业企业总体状况	**94.77**	**93.63**	**90.89**	**94.11**
一、按主要行业门类分				
铁路运输业	100.00	100.00	100.00	100.00
道路运输业	87.79	80.93	78.88	80.90
城市公共交通业	100.00	101.62	117.47	122.67
水上运输业	103.12	103.12	81.39	81.39
航空运输业				
管道运输业				
装卸搬运和其他运输服务业				
仓储业	57.14	85.71	85.71	100.00
邮政业	84.38	100.00	96.44	100.60
二、按企业登记注册类型分				
国有企业	93.19	93.81	88.77	94.87
集体企业	73.33	86.67	86.67	80.00
股份合作企业	83.33	83.33	83.33	83.33
联营企业				
有限责任公司	94.59	92.06	88.25	94.76
股份有限公司	124.50	100.00	124.50	114.29
私营企业				
其它内资企业				
外商及港、澳、台投资企业				
三、按企业规模分				
大型及以上	106.61	100.75	112.68	103.25
中　型	91.67	95.00	81.67	91.67
小　型	92.16	88.24	90.20	92.16

19－31 交通运输、仓储及邮政业企业固定资产投资景气指数

（2004年）

类　　别	一季度	二季度	三季度	四季度
交通运输、仓储及邮政业企业总体状况	**114.12**	**118.51**	**119.35**	**122.97**
一、按主要行业门类分				
铁路运输业	95.74	100.00	152.13	129.26
道路运输业	106.94	109.31	110.62	115.80
城市公共交通业	123.12	135.52	131.51	136.78
水上运输业	128.79	128.18	118.65	142.46
航空运输业				
管道运输业				
装卸搬运和其他运输服务业				
仓储业	100.00	114.29	114.29	128.57
邮政业	119.70	109.03	100.70	106.94
二、按企业登记注册类型分				
国有企业	112.58	115.28	122.25	123.40
集体企业	100.00	114.29	114.29	113.33
股份合作企业	100.00	100.00	116.67	133.33
联营企业				
有限责任公司	117.00	122.41	120.02	128.13
股份有限公司	130.11	132.64	101.27	130.11
私营企业				
其它内资企业				
外商及港、澳、台投资企业				
三、按企业规模分				
大型及以上	135.13	145.78	157.45	150.75
中　型	108.33	110.00	111.67	121.67
小　型	109.80	114.00	108.00	109.80

19－32 批发和零售业企业商品销售景气指数

（2004年）

类　　别	一季度	二季度	三季度	四季度
批发和零售业企业总体状况	**123.14**	**101.31**	**118.90**	**127.37**
一、按主要行业门类分				
批发业	115.58	103.47	119.48	116.60
零售业	135.92	97.56	118.50	144.26
二、按企业登记注册类型分				
国有企业	110.27	94.19	117.41	126.72
集体企业	117.55	102.11	111.39	101.79
股份合作企业	128.57	123.45	132.42	120.79
联营企业				
有限责任公司	128.24	111.83	122.80	132.74
股份有限公司	141.89	97.52	116.72	145.14
私营企业				
其它内资企业				
外商及港、澳、台投资企业	180.00	131.53	184.67	124.67
三、按企业规模分				
大型及以上	147.14	113.53	144.69	155.87
中　型	115.88	100.00	109.58	115.38
小　型	94.34	79.63	92.31	103.77

19－33 批发和零售业企业盈利(亏损)变化景气指数

（2004年）

类　　别	一季度	二季度	三季度	四季度
批发和零售业企业总体状况	**118.75**	**111.97**	**113.70**	**116.67**
一、按主要行业门类分				
批发业	110.56	107.38	109.83	110.00
零售业	132.33	120.01	120.26	127.55
二、按企业登记注册类型分				
国有企业	106.57	107.36	109.01	109.82
集体企业	109.65	98.61	95.43	102.65
股份合作企业	118.13	107.80	125.28	92.22
联营企业				
有限责任公司	138.08	115.94	125.92	133.76
股份有限公司	122.02	125.13	123.58	125.74
私营企业				
其它内资企业				
外商及港、澳、台投资企业	101.09	135.33	81.09	118.91
三、按企业规模分				
大型及以上	138.74	129.00	134.58	146.24
中　型	112.94	106.55	106.59	105.33
小　型	94.44	92.59	90.38	88.68

19－34 批发和零售业企业流动资金景气指数

（2004年）

类　　别	一季度	二季度	三季度	四季度
批发和零售业企业总体状况	**80.90**	**77.09**	**76.28**	**83.95**
一、按主要行业门类分				
批发业	69.18	71.75	72.04	75.46
零售业	98.64	85.10	82.74	96.39
二、按企业登记注册类型分				
国有企业	66.37	68.70	69.47	80.22
集体企业	70.21	51.85	59.36	60.59
股份合作企业	50.69	63.61	55.18	90.89
联营企业				
有限责任公司	84.66	84.07	72.03	79.24
股份有限公司	118.15	100.49	110.66	112.23
私营企业				
其它内资企业				
外商及港、澳、台投资企业	125.77	180.00	145.77	180.00
三、按企业规模分				
大型及以上	110.65	107.45	98.73	115.58
中　型	72.94	65.68	70.83	72.19
小　型	42.59	48.15	44.23	52.83

19－35 批发和零售业企业货款拖欠景气指数

（2004年）

类　　别	一季度	二季度	三季度	四季度
批发和零售业企业总体状况	**117.51**	**120.04**	**121.12**	**117.78**
一、按主要行业门类分				
批发业	115.17	122.36	124.48	116.54
零售业	121.05	115.15	115.69	119.45
二、按企业登记注册类型分				
国有企业	115.60	122.44	120.03	107.54
集体企业	107.60	95.11	110.51	102.38
股份合作企业	87.69	120.74	103.98	137.03
联营企业				
有限责任公司	125.39	128.57	126.89	140.58
股份有限公司	121.01	118.22	130.49	115.71
私营企业				
其它内资企业				
外商及港、澳、台投资企业	115.33	100.00	100.00	100.00
三、按企业规模分				
大型及以上	119.43	131.78	125.74	138.21
中　型	121.18	119.05	120.36	107.74
小　型	101.85	98.15	113.46	105.66

19－36 批发和零售业企业劳动力需求景气指数

（2004年）

类　　别	一季度	二季度	三季度	四季度
批发和零售业企业总体状况	**95.78**	**89.13**	**96.76**	**96.46**
一、按主要行业门类分				
批发业	86.80	83.99	91.39	81.89
零售业	110.75	96.24	104.97	119.09
二、按企业登记注册类型分				
国有企业	72.79	83.05	87.36	86.56
集体企业	92.96	76.57	89.81	85.69
股份合作企业	91.53	72.76	83.06	92.87
联营企业				
有限责任公司	111.89	111.90	108.63	100.55
股份有限公司	119.43	80.86	108.98	120.46
私营企业				
其它内资企业				
外商及港、澳、台投资企业	135.33	120.00	115.33	100.00
三、按企业规模分				
大型及以上	117.13	97.70	112.31	108.75
中　型	89.41	88.69	93.45	94.67
小　型	70.37	72.22	73.08	75.47

19－37 批发和零售业企业固定资产投资景气指数

（2004年）

类　　别	一季度	二季度	三季度	四季度
批发和零售业企业总体状况	101.99	103.25	102.88	105.38
一、按主要行业门类分				
批发业	98.83	101.75	101.50	103.08
零售业	107.34	105.70	104.75	109.24
二、按企业登记注册类型分				
国有企业	92.37	99.50	95.58	102.70
集体企业	111.40	108.76	106.13	97.38
股份合作企业	113.61	92.18	92.18	106.46
联营企业				
有限责任公司	102.17	103.47	111.04	111.86
股份有限公司	105.86	99.96	101.54	104.93
私营企业				
其它内资企业				
外商及港、澳、台投资企业	155.33	120.00	135.33	135.33
三、按企业规模分				
大型及以上	109.33	107.76	105.74	112.30
中　型	100.00	104.19	105.99	104.73
小　型	92.59	90.74	86.54	92.45

19－38 房地产业企业完成投资景气指数

(2004年)

类　　　别	一季度	二季度	三季度	四季度
房地产业企业总体状况	**114.01**	**132.22**	**140.21**	**130.84**
一、按主要行业门类分				
房地产业	114.01	132.22	140.21	130.84
二、按企业登记注册类型分				
国有企业	110.61	140.26	132.17	135.84
集体企业	100.00	141.67	116.67	125.00
股份合作企业	100.00	133.33	133.33	133.33
联营企业				
有限责任公司	126.83	117.50	151.22	131.71
股份有限公司	145.45	172.73	172.73	136.36
私营企业				
其它内资企业				
外商及港、澳、台投资企业	79.68	104.93	148.72	121.44
三、按企业规模分				
大　型	178.20	149.05	158.08	153.49
中　型	121.31	140.98	148.33	126.67
小　型	94.44	121.13	129.58	129.58

19－39 房地产业企业盈利(亏损)变化景气指数

(2004年)

类　　　别	一季度	二季度	三季度	四季度
房地产业企业总体状况	**134.31**	**129.78**	**127.68**	**135.34**
一、按主要行业门类分				
房地产业	134.31	129.78	127.68	135.34
二、按企业登记注册类型分				
国有企业	127.04	116.37	120.07	129.62
集体企业	125.00	141.67	125.00	158.33
股份合作企业	116.67	116.67	133.33	133.33
联营企业				
有限责任公司	146.34	146.34	134.15	139.02
股份有限公司	172.73	154.55	154.55	154.55
私营企业				
其它内资企业				
外商及港、澳、台投资企业	110.45	118.15	121.44	121.44
三、按企业规模分				
大　型	118.52	113.83	116.05	124.01
中　型	140.98	134.43	130.00	141.67
小　型	131.94	129.17	128.17	132.39

19－40 房地产业企业流动资金景气指数

(2004年)

类　　别	一季度	二季度	三季度	四季度
房地产业企业总体状况	**93.12**	**92.66**	**89.25**	**86.55**
一、按主要行业门类分				
房地产业	93.12	92.66	89.25	86.55
二、按企业登记注册类型分				
国有企业	74.80	75.25	73.31	71.79
集体企业	91.67	125.00	116.67	116.67
股份合作企业	100.00	116.67	116.67	83.33
联营企业				
有限责任公司	107.32	104.88	95.12	100.00
股份有限公司	90.91	100.00	109.09	100.00
私营企业				
其它内资企业				
外商及港、澳、台投资企业	130.77	100.00	96.74	78.56
三、按企业规模分				
大　型	78.81	80.96	82.02	95.71
中　型	90.16	95.08	85.00	83.33
小　型	98.61	93.06	94.37	87.32

19－41 房地产业企业货款拖欠景气指数

(2004年)

类　　别	一季度	二季度	三季度	四季度
房地产业企业总体状况	**129.88**	**124.93**	**124.46**	**127.74**
一、按主要行业门类分				
房地产业	129.88	124.93	124.46	127.74
二、按企业登记注册类型分				
国有企业	120.87	109.11	119.94	122.46
集体企业	141.67	166.67	150.00	150.00
股份合作企业	133.33	100.00	116.67	66.67
联营企业				
有限责任公司	126.83	143.90	131.71	129.27
股份有限公司	136.36	100.00	120.00	145.45
私营企业				
其它内资企业				
外商及港、澳、台投资企业	146.15	130.77	103.26	136.36
三、按企业规模分				
大　型	114.82	112.60	123.10	129.98
中　型	137.70	129.51	132.20	131.67
小　型	126.39	123.61	118.31	123.94

19－42 房地产业企业劳动力需求景气指数

（2004年）

类　　别	一季度	二季度	三季度	四季度
房地产业企业总体状况	**113.18**	**113.40**	**117.05**	**98.84**
一、按主要行业门类分				
房地产业	113.18	113.40	117.05	98.84
二、按企业登记注册类型分				
国有企业	107.49	116.51	111.08	99.68
集体企业	125.00	116.67	100.00	108.33
股份合作企业	83.33	83.33	150.00	100.00
联营企业				
有限责任公司	112.20	115.00	121.95	100.00
股份有限公司	154.55	154.55	154.55	109.09
私营企业				
其它内资企业				
外商及港、澳、台投资企业	110.45	84.62	112.35	87.65
三、按企业规模分				
大　型	116.68	118.01	119.32	108.74
中　型	111.48	114.75	115.00	101.67
小　型	113.89	111.27	118.31	94.37

19－43 房地产业企业固定资产投资景气指数

（2004年）

类　　别	一季度	二季度	三季度	四季度
房地产业企业总体状况	**115.33**	**130.97**	**121.01**	**118.59**
一、按主要行业门类分				
房地产业	115.33	130.97	121.01	118.59
二、按企业登记注册类型分				
国有企业	107.36	134.63	111.38	121.52
集体企业	125.00	141.67	125.00	116.67
股份合作企业	116.67	100.00	133.33	100.00
联营企业				
有限责任公司	131.71	131.71	134.15	119.51
股份有限公司	127.27	145.45	136.36	127.27
私营企业				
其它内资企业				
外商及港、澳、台投资企业	87.38	100.00	112.35	103.26
三、按企业规模分				
大　型	124.60	118.86	97.82	107.65
中　型	116.39	132.79	123.33	121.67
小　型	112.50	131.94	123.94	118.31

19－44 社会服务业企业业务需求量景气指数

(2004年)

类　　别	一季度	二季度	三季度	四季度
社会服务业企业总体状况	**110.47**	**132.65**	**127.28**	**97.62**
一、按主要行业门类分				
租赁业	112.50	112.50	100.00	100.00
商务服务业	101.03	132.95	130.08	83.02
环境资源管理业	133.33	166.67	66.67	100.00
公共设施管理业	125.00	140.00	140.00	130.00
居民服务业	133.33	133.33	150.00	133.33
其他服务业				
二、按企业登记注册类型分				
国有企业	107.50	130.00	127.50	102.50
集体企业	140.00	160.00	140.00	120.00
股份合作企业				
联营企业				
有限责任公司	108.33	141.67	141.67	112.50
股份有限公司	74.93	98.11	61.40	61.40
私营企业	166.67	166.67	166.67	150.00
其它内资企业				
外商及港、澳、台投资企业				
三、按企业规模分				
大　型	58.64	91.51	67.61	42.19
中　型	116.67	141.67	141.67	91.30
小　型	114.29	133.93	128.57	107.14

19－45 社会服务业企业盈利(亏损)变化景气指数

(2004年)

类　　别	一季度	二季度	三季度	四季度
社会服务业企业总体状况	**103.44**	**128.42**	**119.42**	**88.34**
一、按主要行业门类分				
租赁业	62.50	112.50	100.00	85.71
商务服务业	91.71	116.93	119.23	91.70
环境资源管理业	133.33	200.00	100.00	100.00
公共设施管理业	130.00	155.00	135.00	80.00
居民服务业	150.00	133.33	116.67	66.67
其他服务业				
二、按企业登记注册类型分				
国有企业	110.00	137.50	112.50	72.50
集体企业	140.00	160.00	140.00	80.00
股份合作企业				
联营企业				
有限责任公司	87.50	120.83	133.33	100.00
股份有限公司	83.63	82.08	94.67	105.78
私营企业	133.33	200.00	133.33	50.00
其它内资企业				
外商及港、澳、台投资企业				
三、按企业规模分				
大　型	114.22	124.61	127.06	113.88
中　型	112.50	129.17	112.50	78.26
小　型	98.21	128.57	121.43	89.29

19－46 社会服务业企业流动资金景气指数

（2004 年）

类　　　　　别	一季度	二季度	三季度	四季度
社会服务业企业总体状况	**68.84**	**80.20**	**75.73**	**67.67**
一、按主要行业门类分				
租赁业	12.50	25.00	25.00	0.00
商务服务业	72.37	75.90	74.37	67.50
环境资源管理业	33.33	133.33	66.67	33.33
公共设施管理业	90.00	110.00	105.00	100.00
居民服务业	66.67	66.67	66.67	50.00
其他服务业				
二、按企业登记注册类型分				
国有企业	67.50	85.00	72.50	67.50
集体企业	80.00	120.00	100.00	100.00
股份合作企业				
联营企业				
有限责任公司	87.50	79.17	91.67	83.33
股份有限公司	56.08	44.97	56.08	41.59
私营企业	33.33	66.67	33.33	50.00
其它内资企业				
外商及港、澳、台投资企业				
三、按企业规模分				
大　型	69.82	82.54	69.82	45.70
中　型	58.33	70.83	75.00	65.22
小　型	73.21	83.93	76.79	71.43

19－47 社会服务业企业货款拖欠景气指数

（2004 年）

类　　　　　别	一季度	二季度	三季度	四季度
社会服务业企业总体状况	**109.24**	**95.45**	**93.27**	**97.82**
一、按主要行业门类分				
租赁业	125.00	100.00	112.50	57.14
商务服务业	108.35	96.35	84.82	102.82
环境资源管理业	100.00	66.67	133.33	133.33
公共设施管理业				
居民服务业	116.67	116.67	100.00	100.00
其他服务业				
二、按企业登记注册类型分				
国有企业	112.50	97.50	100.00	102.56
集体企业	100.00	80.00	100.00	120.00
股份合作企业				
联营企业				
有限责任公司	108.33	100.00	87.50	95.83
股份有限公司	100.00	66.67	100.00	88.89
私营企业	100.00	100.00	100.00	100.00
其它内资企业				
外商及港、澳、台投资企业				
三、按企业规模分				
大　型	86.25	86.25	73.54	73.54
中　型	95.83	104.17	95.83	100.00
小　型	117.86	92.86	94.64	100.00

19－48 社会服务业企业劳动力需求景气指数

（2004年）

类　　别	一季度	二季度	三季度	四季度
社会服务业企业总体状况	**105.79**	**118.63**	**114.15**	**90.93**
一、按主要行业门类分				
租赁业	87.50	87.50	75.00	71.43
商务服务业	112.35	127.80	120.81	96.81
环境资源管理业	100.00	133.33	100.00	133.33
公共设施管理业	100.00	115.00	120.00	80.00
居民服务业				
其他服务业				
二、按企业登记注册类型分				
国有企业	102.50	102.50	105.00	87.18
集体企业	140.00	140.00	120.00	80.00
股份合作企业				
联营企业				
有限责任公司	108.33	129.17	133.33	108.33
股份有限公司	100.00	149.71	102.35	102.35
私营企业	66.67	100.00	66.67	50.00
其它内资企业				
外商及港、澳、台投资企业				
三、按企业规模分				
大　型	86.25	131.58	90.12	89.89
中　型	112.50	112.50	116.67	81.82
小　型	105.36	119.64	116.07	94.64

19－49 社会服务业企业固定资产投资景气指数

（2004年）

类　　别	一季度	二季度	三季度	四季度
社会服务业企业总体状况	**111.58**	**121.20**	**110.59**	**109.54**
一、按主要行业门类分				
租赁业	75.00	62.50	62.50	85.71
商务服务业	110.99	127.81	117.34	107.34
环境资源管理业	166.67	133.33	100.00	133.33
公共设施管理业	115.00	140.00	120.00	120.00
居民服务业	116.67	80.00	80.00	100.00
其他服务业				
二、按企业登记注册类型分				
国有企业	102.50	123.08	105.13	100.00
集体企业	120.00	160.00	140.00	120.00
股份合作企业				
联营企业				
有限责任公司	108.33	116.67	108.33	116.67
股份有限公司	149.77	116.44	116.44	116.44
私营企业	66.67	100.00	66.67	100.00
其它内资企业				
外商及港、澳、台投资企业				
三、按企业规模分				
大　型	158.15	131.92	144.40	144.40
中　型	104.17	126.09	108.70	95.45
小　型	108.93	117.86	107.14	110.71

19－50 信息传输、计算机服务和软件业企业产品销售(提供服务)景气指数

(2004年)

类　　　别	一季度	二季度	三季度	四季度
信息传输、计算机服务和软件业企业总体状况	**147.36**	**152.96**	**161.54**	**156.56**
一、按主要行业门类分				
信息传输业	163.95	159.25	165.51	157.32
计算机服务业	112.50	112.50	150.00	137.50
软件业	79.23	148.04	148.04	166.22
二、按企业登记注册类型分				
国有企业	160.73	142.55	156.39	141.24
集体企业				
股份合作企业				
联营企业				
有限责任公司	100.00	118.18	145.45	172.73
股份有限公司	117.89	182.11	182.11	182.11
私营企业				
其它内资企业				
外商及港、澳、台投资企业	162.23	200.00	186.17	172.82
三、按企业规模分				
大　型	171.16	182.41	180.95	167.22
中　型	150.00	162.50	168.75	162.50
小　型	124.00	116.00	136.00	140.00

19－51 信息传输、计算机服务和软件业企业盈利(亏损)变化景气指数

(2004年)

类　　　别	一季度	二季度	三季度	四季度
信息传输、计算机服务和软件业企业总体状况	**128.98**	**123.92**	**146.95**	**139.60**
一、按主要行业门类分				
信息传输业	136.20	122.93	146.28	143.59
计算机服务业	75.00	112.50	137.50	87.50
软件业	129.86	138.95	157.13	157.13
二、按企业登记注册类型分				
国有企业	123.96	117.46	131.80	141.80
集体企业				
股份合作企业				
联营企业				
有限责任公司	109.09	100.00	136.36	154.55
股份有限公司	157.11	182.11	182.11	182.11
私营企业				
其它内资企业				
外商及港、澳、台投资企业	145.31	164.58	180.51	163.69
三、按企业规模分				
大　型	155.27	122.18	174.40	132.79
中　型	118.75	131.25	143.75	153.13
小　型	120.00	116.00	128.00	128.00

19－52 信息传输、计算机服务和软件业企业流动资金景气指数

（2004年）

类　　　别	一季度	二季度	三季度	四季度
信息传输、计算机服务和软件业企业总体状况	**106.03**	**120.33**	**120.02**	**115.53**
一、按主要行业门类分				
信息传输业	114.40	130.47	131.18	125.17
计算机服务业	50.00	50.00	50.00	50.00
软件业	100.00	118.18	109.09	111.67
二、按企业登记注册类型分				
国有企业	80.32	92.06	95.92	90.46
集体企业				
股份合作企业				
联营企业				
有限责任公司	109.09	118.18	127.27	109.09
股份有限公司	150.00	200.00	150.00	182.11
私营企业				
其它内资企业				
外商及港、澳、台投资企业	167.42	187.50	181.25	174.48
三、按企业规模分				
大　型	155.73	165.97	160.08	157.67
中　型	90.63	103.13	96.88	109.38
小　型	84.00	104.00	116.00	88.00

19－53 信息传输、计算机服务和软件业企业货款拖欠景气指数

（2004年）

类　　　别	一季度	二季度	三季度	四季度
信息传输、计算机服务和软件业企业总体状况	**98.89**	**108.89**	**108.30**	**105.39**
一、按主要行业门类分				
信息传输业	96.72	117.86	112.70	107.19
计算机服务业	100.00	62.50	75.00	50.00
软件业	111.67	90.91	106.51	133.78
二、按企业登记注册类型分				
国有企业	90.28	102.10	94.04	95.04
集体企业				
股份合作企业				
联营企业				
有限责任公司	100.00	109.09	109.09	127.27
股份有限公司	182.11	75.00	117.89	117.89
私营企业				
其它内资企业				
外商及港、澳、台投资企业	111.21	120.25	105.84	133.75
三、按企业规模分				
大　型	100.69	132.61	120.92	100.96
中　型	93.55	77.42	96.77	103.13
小　型	104.00	128.00	112.00	112.00

19－54 信息传输、计算机服务和软件业企业劳动力需求景气指数

(2004年)

类　　别	一季度	二季度	三季度	四季度
信息传输、计算机服务和软件业企业总体状况	**93.25**	**104.69**	**110.42**	**102.49**
一、按主要行业门类分				
信息传输业	84.82	97.57	110.00	101.31
计算机服务业	100.00	125.00	100.00	75.00
软件业	136.36	129.86	120.77	129.86
二、按企业登记注册类型分				
国有企业	71.12	88.62	92.08	74.36
集体企业				
股份合作企业				
联营企业				
有限责任公司	118.18	127.27	127.27	127.27
股份有限公司	175.00	132.11	132.11	132.11
私营企业				
其它内资企业				
外商及港、澳、台投资企业	126.23	114.94	121.55	121.55
三、按企业规模分				
大　型	117.80	112.68	148.23	133.06
中　型	71.88	96.88	93.75	100.00
小　型	100.00	108.00	100.00	80.00

19－55 信息传输、计算机服务和软件业企业固定资产投资景气指数

(2004年)

类　　别	一季度	二季度	三季度	四季度
信息传输、计算机服务和软件业企业总体状况	**113.13**	**119.60**	**115.10**	**133.29**
一、按主要行业门类分				
信息传输业	109.47	122.22	112.98	138.52
计算机服务业	87.50	100.00	87.50	100.00
软件业	154.55	120.77	145.45	129.86
二、按企业登记注册类型分				
国有企业	101.41	99.90	82.43	124.65
集体企业				
股份合作企业				
联营企业				
有限责任公司	127.27	127.27	136.36	136.36
股份有限公司	200.00	157.11	150.00	182.11
私营企业				
其它内资企业				
外商及港、澳、台投资企业	119.80	123.38	139.72	144.50
三、按企业规模分				
大　型	105.90	134.69	132.27	152.22
中　型	118.75	125.00	106.25	134.38
小　型	112.00	100.00	112.00	116.00

19－56 住宿和餐饮业企业产品销售(提供服务)景气指数

(2004 年)

类　　别	一季度	二季度	三季度	四季度
住宿和餐饮业企业总体状况	**107.00**	**130.46**	**136.66**	**113.69**
一、按主要行业门类分				
住宿业	111.13	131.52	132.81	109.06
餐饮业	105.02	128.42	141.22	119.18
二、按企业登记注册类型分				
国有企业	106.64	126.08	125.65	116.48
集体企业	106.94	122.71	127.71	105.00
股份合作企业	112.50	125.00	87.50	75.00
联营企业				
有限责任公司	111.99	129.84	132.26	126.08
股份有限公司	119.98	89.07	155.32	101.57
私营企业	166.67	133.33	166.67	166.67
其它内资企业				
外商及港、澳、台投资企业	103.96	159.09	176.79	81.12
三、按企业规模分				
大　型	93.06	171.04	174.01	143.07
中　型	111.24	124.72	131.46	111.36
小　型	105.88	122.00	128.57	104.08

19－57 住宿和餐饮业企业盈利(亏损)变化景气指数

(2004 年)

类　　别	一季度	二季度	三季度	四季度
住宿和餐饮业企业总体状况	**109.35**	**138.52**	**139.15**	**125.49**
一、按主要行业门类分				
住宿业	105.59	136.19	134.95	121.13
餐饮业	115.87	142.50	145.29	125.43
二、按企业登记注册类型分				
国有企业	104.00	127.29	133.21	131.83
集体企业	104.36	122.71	137.29	115.00
股份合作企业	112.50	150.00	75.00	125.00
联营企业				
有限责任公司	98.67	122.60	129.03	121.50
股份有限公司	123.66	131.18	152.46	146.55
私营企业	166.67	166.67	133.33	133.33
其它内资企业				
外商及港、澳、台投资企业	128.51	190.36	181.27	99.02
三、按企业规模分				
大　型	118.44	179.99	174.08	151.25
中　型	110.11	133.71	135.96	127.27
小　型	103.92	128.00	128.57	110.20

19－58 住宿和餐饮业企业流动资金景气指数

(2004年)

类　　别	一季度	二季度	三季度	四季度
住宿和餐饮业企业总体状况	**83.54**	**88.14**	**91.62**	**96.22**
一、按主要行业门类分				
住宿业	82.41	87.29	87.67	94.71
餐饮业	85.45	88.08	98.09	94.94
二、按企业登记注册类型分				
国有企业	76.88	81.74	84.19	84.61
集体企业	75.79	79.58	82.29	92.29
股份合作企业	62.50	75.00	62.50	75.00
联营企业				
有限责任公司	91.13	93.13	79.44	92.51
股份有限公司	53.45	23.47	101.53	77.86
私营企业	66.67	33.33	33.33	66.67
其它内资企业				
外商及港、澳、台投资企业	100.54	127.26	121.70	117.69
三、按企业规模分				
大　型	131.18	129.49	145.70	134.54
中　型	85.39	86.52	91.01	96.59
小　型	58.82	72.00	67.35	77.55

19－59 住宿和餐饮业企业货款拖欠景气指数

(2004年)

类　　别	一季度	二季度	三季度	四季度
住宿和餐饮业企业总体状况	**100.45**	**86.00**	**80.53**	**99.58**
一、按主要行业门类分				
住宿业	110.59	87.34	75.60	108.32
餐饮业	81.34	84.84	85.70	79.39
二、按企业登记注册类型分				
国有企业	96.49	86.02	80.09	99.08
集体企业	120.00	82.71	97.71	80.00
股份合作企业	100.00	100.00	87.50	87.50
联营企业				
有限责任公司	111.32	99.85	74.04	124.44
股份有限公司	82.18	31.39	96.51	114.73
私营企业	0.00	50.00	33.33	33.33
其它内资企业				
外商及港、澳、台投资企业	104.55	94.74	69.20	95.67
三、按企业规模分				
大　型	94.25	81.89	95.81	131.85
中　型	104.49	94.19	73.03	93.18
小　型	96.08	73.47	87.23	95.83

19－60 住宿和餐饮业企业劳动力需求景气指数

(2004 年)

类　　　别	一季度	二季度	三季度	四季度
住宿和餐饮业企业总体状况	**105.15**	**116.69**	**117.14**	**102.36**
一、按主要行业门类分				
住宿业	103.52	112.94	116.46	95.17
餐饮业	107.71	128.63	120.71	116.04
二、按企业登记注册类型分				
国有企业	93.71	105.17	108.11	102.87
集体企业	114.29	115.00	130.00	105.00
股份合作企业	125.00	100.00	87.50	87.50
联营企业				
有限责任公司	105.53	125.01	126.75	132.07
股份有限公司	130.95	134.05	108.82	93.45
私营企业	66.67	133.33	66.67	100.00
其它内资企业				
外商及港、澳、台投资企业	109.57	141.12	144.44	68.72
三、按企业规模分				
大　型	114.74	134.94	111.25	86.00
中　型	101.12	116.85	119.10	107.95
小　型	107.84	108.00	116.33	100.00

19－61 住宿和餐饮业企业固定资产投资景气指数

(2004 年)

类　　　别	一季度	二季度	三季度	四季度
住宿和餐饮业企业总体状况	**111.06**	**110.98**	**112.30**	**105.69**
一、按主要行业门类分				
住宿业	103.04	106.97	108.78	103.58
餐饮业	133.51	118.59	121.28	106.76
二、按企业登记注册类型分				
国有企业	98.07	98.42	97.95	94.46
集体企业	109.52	120.00	125.00	112.29
股份合作企业	100.00	112.50	100.00	100.00
联营企业				
有限责任公司	120.30	125.42	127.54	132.07
股份有限公司	143.45	141.29	97.84	116.29
私营企业	133.33	133.33	133.33	33.33
其它内资企业				
外商及港、澳、台投资企业	108.29	114.39	116.42	100.48
三、按企业规模分				
大　型	134.88	120.30	107.84	113.50
中　型	106.74	106.82	111.24	110.23
小　型	107.84	114.00	116.33	93.88

第20篇

县、市、区主要经济指标

MAJOR STATISTICS OF COUNTIES (CITIES AND DISTRICTS AT COUNTY LEVEL)

科学、准确、及时
是统计数据的生命
诚信鲁统 之 质量理念

今天突破昨天 明天突破今天
诚信鲁统 之 创新理念

编辑单位：省农调队农经处
编　　委：姜西海
编　　辑：马明霞
校　　对：马明霞
电　　话：86129457

20－1 各县(市、区)主要经济指标

(2004年)

地　　区	年末总人口(万人)	年末单位从业人员数(人)	乡村从业人员数(人)	行政区域土地面积(平方公里)	地方财政预算内收入(万元)	地方财政预算内支出(万元)	年末金融机构各项存款余额(万元)	城乡居民储蓄存款余额(万元)	年末金融机构各项贷款余额(万元)
济南市									
历下区	59.4	168837	16300	101	71140	51389	5519314	1431332	5968374
市中区	55.3	112381	64589	280	60359	44529	1806370	444892	1774055
槐荫区	35.3	85026	49500	152	31005	43825	3376138	875275	3617171
天桥区	49.2	107852	75200	249	38107	46826	1135171	640602	1062600
历城区	88.8	111884	324100	1299	73606	102522	1292402	889141	619704
长清县	53.7	66730	221710	1178	19769	39639	444292	337819	238620
平阴县	36.4	34704	143500	827	16256	35320	306852	211498	193557
济阳县	53.1	22652	274736	1076	20213	41930	207345	158170	152569
商河县	59.8	24221	272600	1163	15016	31442	223074	160500	167861
章丘市	99.1	76341	471032	1855	85143	123208	939250	723561	1244016
青岛市									
市南区	48.9	163788		30	77182	59131			
市北区	47.3	124600	700	29	60198	58442			
四方区	38.4	75230		35	28457	29390			
黄岛区	28.0	88374	82834	273	40775	42497	1299207	499351	1308397
崂山区	20.8	45726	100186	389	87057	120439	1884300	689943	1163234
李沧区	28.9	51055	14700	98	40074	51120			
城阳区	46.4	107020	200210	553	54443	117838	1348048	628586	1150639
胶州市	76.9	140306	316728	1313	66280	96892	905462	660621	482428
即墨市	108.2	123624	566000	1780	74167	110601	1276575	926375	777501
平度市	134.6	70231	639599	3166	61500	95828	947915	793986	542675
胶南市	80.8	82685	335208	1802	79577	108560	804363	569179	668008
莱西市	72.1	87322	332900	1522	38757	63927	598409	483440	391990
淄博市									
淄川区	67.3	66317	257646	1001	43093	59617	1434895	814828	777060
张店区	69.6	147025	123400	360	60533	58993	3231804	1368889	2694189
博山区	46.9	46726	142608	682	33017	42066	804600	541600	675444
临淄区	59.4	86178	218374	668	72216	84607	1800169	1142884	872435
周村区	31.4	40332	86535	264	30486	38743	751362	494361	515414
桓台县	48.8	38899	227200	498	40209	57024	789600	507600	739400
高青县	36.1	19273	187669	830	18028	31105	268792	177764	214652
沂源县	55.5	44502	292857	1636	25607	47476	357678	244353	268706
枣庄市									
市中区	49.5	81960	99300	375	27555	38999	1181900	605530	1031730
薛城区	46.7	42974	178800	507	25063	36953	485546	315500	307504
峄城区	36.2	25144	180500	627	11562	24205	132924	89765	97290
台儿庄区	28.8	22521	150800	538	14709	24478	146588	98868	148346

20－1续表1 （2004年）

地区	年末总人口（万人）	年末单位从业人员数（人）	乡村从业人员数（人）	行政区域土地面积（平方公里）	地方财政预算内收入（万元）	地方财政预算内支出（万元）	年末金融机构各项存款余额（万元）	城乡居民储蓄存款余额（万元）	年末金融机构各项贷款余额（万元）
山亭区	46.6	17034	241000	1018	10790	25516	107955	83795	94394
滕州市	157.3	130867	710800	1485	65086	92539	1029694	749154	709181
东营市									
东营区	59.7	13518	65300	1155	45678	54551	3351966	1829255	1599131
河口区	20.5	9524	37400	2139	19769	25270	689104	552050	215231
垦利县	21.4	18636	62200	2204	20008	31655	522427	348571	402624
利津县	29.2	14451	146000	1287	10046	26289	200124	135030	211665
广饶县	48.1	24766	221900	1138	36419	60361	789681	417769	1145486
烟台市									
芝罘区	68.4	158137	43400	169	42217	59103	4657067	2214902	4251785
福山区	39.0	94875	138900	707	24128	35567	1212061	583083	3376080
牟平区	47.3	39944	190900	1589	24836	45562	884458	604911	451159
莱山区	19.2	53241	65818	258	23008	27417	435238	253933	313011
长岛县	4.4	6087	13500	56	2885	11740	121410	93052	33800
龙口市	62.8	65426	248300	894	80158	97638	1621754	1230691	1106819
莱阳市	87.7	52420	366100	1732	40017	58568	784354	589337	555322
莱州市	85.9	61790	405195	1878	57000	78126	1401118	1068305	504503
蓬莱市	44.6	40520	197800	1129	50006	72393	915688	675096	582528
招远市	56.6	63089	212933	1433	51080	74962	1074837	729418	614378
栖霞市	63.6	34996	279000	2016	16507	40431	521537	442676	260443
海阳市	66.9	30829	320618	1887	30500	48411	587000	437000	229000
潍坊市									
潍城区	37.0	18347	79700	272	15850	25710	387109	249533	243431
寒亭区	35.3	11252	138600	872	19559	28160	283770	252416	228793
坊子区	24.0	21027	99800	346	15306	24584	215854	163596	114737
奎文区	34.8	23548	32300	71	23001	28998	374226	222690	290713
临朐县	85.2	42535	397100	1834	17258	35611	519558	416079	264394
昌乐县	59.5	32699	234600	1101	26663	41913	423671	324709	297220
青州市	90.0	48060	353600	1569	41060	66827	1027886	835817	500865
诸城市	106.1	64966	415900	2183	65168	90700	956604	776483	881078
寿光市	106.8	68539	438586	2180	73018	95909	1504845	1108095	1139385
安丘市	104.9	49229	490874	1928	30016	49161	639047	501630	409981
高密市	85.7	61928	349100	1603	37655	55955	624029	481554	493033
昌邑市	67.8	32148	281274	1812	35669	47778	801902	646155	424901
济宁市									
市中区	42.0	80259		39	15602	22467	598856	389858	299412
任城区	64.2	15135	322018	881	32032	45337	648076	458025	446388
微山县	69.5	35554	343351	1780	34237	46492	465492	302989	196972
鱼台县	45.3	17807	227231	654	9268	17929	194489	159948	145833

地　区	年末总人口（万人）	年末单位从业人员数（人）	乡村从业人员数（人）	行政区域土地面积（平方公里）	地方财政预算内收入（万元）	地方财政预算内支出（万元）	年末金融机构各项存款余额（万元）	城乡居民储蓄存款余额（万元）	年末金融机构各项贷款余额（万元）
金乡县	60.9	28332	295267	887	13025	24495	312561	271544	197120
嘉祥县	79.2	24114	383407	973	14673	28198	329707	291160	216333
汶上县	73.5	28553	338900	877	12586	27616	287200	232300	154100
泗水县	59.7	23405	268200	1070	10066	22220	204591	174765	137924
梁山县	71.7	44890	314268	963	11535	24546	391397	320538	200879
曲阜市	63.7	47817	272381	896	44276	57673	563538	368275	301613
兖州市	60.5	42725	236025	648	69465	91645	691270	525164	571627
邹城市	112.0	155944	429347	1619	100016	116675	1409074	865946	932900
泰安市									
泰山区	62.9	102124	91913	337	31711	36827	2138585	1029463	1664541
岱岳区	97.0	26645	473600	1750	24218	32805	482926	420387	248898
宁阳县	80.8	43442	345676	1124	20996	37349	373657	277698	238916
东平县	77.4	37471	343000	1340	17861	38043	290420	236469	169649
新泰市	135.4	122650	603200	1933	73106	121330	1152767	759752	705712
肥城市	96.5	94184	345700	1277	58568	127219	929976	661896	696184
威海市									
环翠区	58.9	185038	111500	731	75165	57483	3213882	1633247	2521434
文登市	64.6	63427	287842	1645	100118	124653	1029465	834633	547988
荣成市	66.8	64459	231800	1392	106018	138816	1415800	1099928	1071314
乳山市	58.1	49247	264500	1668	55242	67723	658583	555779	384507
日照市									
东港区	67.4	70229	240346	1030	15492	28873	475000	360000	300000
岚山区	41.0	11277	199039	759	7743	18108	218559	134937	212915
五莲县	50.9	35685	238900	1443	12207	27023	384864	271280	211359
莒　县	110.1	37836	585863	1952	14562	33755	498000	371800	313800
莱芜市									
莱城区	94.3	33577	426503	1929	15853	44573	1220449	628201	942448
钢城区	23.7	41661	81568	339	10496	18871	615300	228000	715400
临沂市									
兰山区	88.5	129637	260346	657	44008	57574	1953700	1102100	1448400
罗庄区	42.7	10867	174546	371	16571	28326	657400	320300	795000
河东区	60.4	17939	273600	728	10386	27901	507346	341077	386368
沂南县	90.7	31195	474800	1774	16169	39002	382547	316013	225956
郯城县	97.7	35581	530079	1307	25053	44760	410815	339659	230329
沂水县	110.9	43186	560339	2435	32588	59525	562605	461183	297626
苍山县	118.0	34300	613963	1800	15625	41661	385407	315567	239542
费　县	92.2	31199	494185	1898	17326	40077	356900	277963	197000
平邑县	98.8	43339	493900	1825	19626	39854	348614	261065	240983
莒南县	99.1	39008	514607	1752	20006	47487	490603	383597	324878
蒙阴县	53.0	29426	251743	1602	10129	27668	265096	202604	157215

20－1续表3　(2004年)

地　区	年末总人口(万人)	年末单位从业人员数(人)	乡村从业人员数(人)	行政区域土地面积(平方公里)	地方财政预算内收入(万元)	地方财政预算内支出(万元)	年末金融机构各项存款余额(万元)	城乡居民储蓄存款余额(万元)	年末金融机构各项贷款余额(万元)
临沭县	63.1	32131	341376	1038	16846	34818	331653	233466	203727
德州市									
德城区	57.7	103591	123500	553	31148	46184	2025198	991708	1815072
陵　县	55.9	26367	224000	1013	12268	25808	279646	220915	241243
宁津县	45.9	17571	183300	833	12058	23727	394137	323025	254157
庆云县	29.9	12167	112603	502	4631	13196	111005	78298	85511
临邑县	52.2	31014	209400	1016	30797	42083	316328	261211	201004
齐河县	61.0	42257	267629	1411	30821	44248	293843	222889	252281
平原县	45.2	23071	198103	1047	17880	33524	344513	265440	319782
夏津县	48.9	15977	231379	872	10811	23283	243114	206669	214018
武城县	37.2	17053	164767	748	18427	28549	273560	217861	251574
乐陵市	64.8	23009	275321	1172	17886	30447	313875	255820	288780
禹城市	50.6	247200	225100	990	19523	31146	283840	198066	288651
聊城市									
东昌府区	101.2	97521	362300	1254	29461	50865	1643604	989035	1467099
阳谷县	75.5	32265	381391	1065	12305	30832	488611	393547	387205
莘　县	96.6	29156	514995	1416	11600	35176	343276	312941	228467
茌平县	57.3	36675	256482	1120	18233	44488	408709	261403	374599
东阿县	42.0	22528	201900	799	11545	26677	303757	205278	232826
冠　县	74.0	390100	349000	1152	10032	27547	335663	284593	251921
高唐县	47.5	256500	197800	949	32195	51768	428859	255667	343735
临清市	72.6	40482	318700	960	25215	46460	635326	493093	454528
滨州市									
滨城区	62.2	80794	202700	1041	26504	43275	1165532	637603	851113
惠民县	62.5	25874	280353	1357	6534	23649	265700	208300	159400
阳信县	43.7	14290	188449	793	4021	18012	155696	120956	101201
无棣县	43.7	23515	223903	1998	23963	40151	273726	203162	207419
沾化县	38.5	13765	183200	2114	23792	34852	212516	149073	169271
博兴县	47.4	240188	214509	901	32861	45742	549000	363400	379900
邹平县	70.9	114587	336070	1250	59105	90337	795884	440769	903325
菏泽市									
牡丹区	138.5	97255	497200	1415	23636	58413	1272743	785256	1214470
曹　县	142.9	33173	666700	1969	14713	44449	312851	269236	264148
单　县	117.1	34000	531400	1702	14341	39658	306546	269353	213714
成武县	63.3	29589	281400	949	10188	27145	203490	170267	183765
巨野县	94.2	26808	390800	1303	13783	37382	350603	259494	375964
郓城县	109.5	41229	493400	1643	21399	45370	474358	384578	267829
鄄城县	79.0	22721	373000	1041	9596	30030	229855	197907	159016
定陶县	61.3	18746	297700	846	9179	26065	213169	170524	207912
东明县	74.8	29167	245000	1370	16852	35113	280299	224926	220473

20－1续表4 （2004年）

地　区	粮　食总产量（吨）	油料产量（吨）	水果产量（吨）	肉　类总产量（吨）	奶类产量（吨）	蔬菜产量（吨）	规模以上工业企业（万元）		
							工　业总产值	产　品销售收入	利润总额
济南市									
历下区	5453		722	570	174	3814	1940832	1877993	57116
市中区	32153	264	10693	9059	17166	14189	1519056	1568400	39900
槐荫区	28681		2963	2520	11528	89050	627077	600361	10342
天桥区	41147	1388	2124	12715	1184	75327	1000710	856916	7827
历城区	248024	3076	92012	54747	68305	944770	4716746	4332115	300063
长清县	306517	13758	39790	42920	14859	858650	1008433	936109	39977
平阴县	201912	8411	90036	48912	851	527280	936439	857621	55299
济阳县	450521	17831	61200	57399	5815	1605445	745874	711940	55100
商河县	534773	730	48168	69256	7410	1132573	602207	572428	31456
章丘市	578223	7923	52529	93899	53497	1574719	2000886	1957394	154094
青岛市									
市南区							389407	396071	1671
市北区							1000043	1053017	33951
四方区							1299957	1330189	41220
黄岛区	13395	5330	2727	2913	1308	12831	5871136	6083486	157929
崂山区	2465	957	11529	6594	7747	15102	4285794	4515291	145122
李沧区	20		1290			11127	4701416	4563605	172035
城阳区	3386	247	10897	10353	16910	120079	4016795	3719780	141922
胶州市	290180	47582	63260	85678	56173	1457994	3166676	2771034	52634
即墨市	431826	114600	35955	114499	85858	846755	2527501	2271123	88015
平度市	906890	209129	236325	284367	32545	2251581	2121176	1893585	69093
胶南市	276799	91585	249529	107987	82000	965417	3336645	2771720	53221
莱西市	398401	110968	136994	143208	197000	1040000	1937920	1562995	55272
淄博市									
淄川区	91850	1380	8535	11072	2224	33957	2930179	2815729	181608
张店区	94528	1115	14921	10096	11046	40724	4327672	4380252	261351
博山区	31675	548	14921	8949	1194	176749	2011042	1918823	96316
临淄区	295933	28	4050	26325	15670	1652282	5267445	5463588	240562
周村区	72643	736	8677	12045	4523	332201	1553030	1465826	57558
桓台县	324637	301	26181	21332	9029	476293	1942126	1872798	144102
高青县	219367	2006	33384	25058	47159	381081	386593	395561	8402
沂源县	34788	7691	416935	40126	13515	242475	566151	528105	45922
枣庄市									
市中区	51048	11261	8315	10138	8770	201464	1431722	1331425	68984
薛城区	132247	19636	9994	24808	473	540970	1224687	1089136	71721
峄城区	187326	17134	28603	12386	77	1159163	502986	472259	23743
台儿庄区	175561	7821	9277	19085	1559	719371	627298	551674	50834

20－1续表5　　(2004年)

地　区	粮　食 总产量 (吨)	油料产量 (吨)	水果产量 (吨)	肉　类 总产量 (吨)	奶类产量 (吨)	蔬菜产量 (吨)	规模以上工业企业(万元)		
							工　业 总产值	产　品 销售收入	利润总额
山亭区	107282	25385	90275	19877	1898	172047	269400	255091	11482
滕州市	562743	56319	64999	108193	1426	2883359	3080797	2792339	261382
东营市									
东营区	46133	558	2043	32731	5222	310755	564992	505384	37765
河口区	15263	2474	13845	13056	2159	11835	273165	218965	10481
垦利县	50362	243	8691	20480	5146	67232	1011751	1005451	84520
利津县	70137	2348	23625	38760	3031	379696	701415	704153	32632
广饶县	307297	236	18348	53482	45226	1279586	1975559	1994409	133990
烟台市									
芝罘区		163	4839	627	5528	38800	2493506	2430902	100852
福山区	35226	11367	106877	12394	14618	77190	4350227	4058328	268487
牟平区	149373	36865	247433	35135	13568	124117	1227878	1049559	64357
莱山区	18773	3125	12075	2754	3261	82075	623164	620292	47971
长岛县	311		760	27	62		42000	43619	743
龙口市	112831	9659	343879	31870	39886	207168	5670813	5391509	505466
莱阳市	311908	85157	258360	44189	67121	965282	2023445	2099988	121217
莱州市	364891	58544	239841	74197	30511	387583	2294986	2349563	195961
蓬莱市	138094	44811	371603	30204	5528	109955	2800267	2503494	255358
招远市	256804	70474	278783	27518	5858	66962	4038979	3818819	372214
栖霞市	272676	53072	1041591	27297	2058	156412	901771	825994	35348
海阳市	315163	75613	180573	25488	14200	583148	723920	590206	46319
潍坊市									
潍城区	67411	626	17451	13381	6737	73955	729396	647138	19579
寒亭区	199295	2107	99160	23256	9860	239525	434329	410008	17878
坊子区	110351	4446	6408	13359	3077	60951	577191	613248	23964
奎文区	9192	362	605	851	1761	20531	659072	670224	24846
临朐县	250697	10566	250728	97300	76770	229631	644416	621889	22504
昌乐县	195201	34853	55753	103794	34568	610850	780146	769192	31060
青州市	363357	127	104458	71001	11000	1642726	1722112	1566395	71759
诸城市	548796	65393	56647	295091	32127	1095965	3298085	3402618	155863
寿光市	359245	169	195187	110751	16133	3659634	3292147	3323863	267828
安丘市	313350	35937	229942	159516	3280	2129281	917025	877183	42092
高密市	459343	75948	100431	179240	41552	826923	1609272	1498609	70506
昌邑市	367362	24989	81208	129896	4322	833367	1701328	1467681	86933
济宁市									
市中区							236173	236492	5805
任城区	432376	3424	20175	41395	8018	837178	1002997	987781	51194
微山县	289588	3143	1662	49685	483	288824	668469	701037	97872
鱼台县	279245	52	6378	28893	816	809306	225987	210629	10978

20－1续表6 （2004年）

地　　区	粮　食总产量（吨）	油料产量（吨）	水果产量（吨）	肉　类总产量（吨）	奶类产量（吨）	蔬菜产量（吨）	规模以上工业企业(万元)		
							工　业总产值	产　品销售收入	利润总额
金乡县	87425	1102	11523	53189	4506	2068777	293194	261383	11300
嘉祥县	380395	3502	16162	50291	3141	576238	479681	482633	19811
汶上县	351007	50520	13490	78843	4900	830000	256356	255132	9431
泗水县	175848	50093	51784	74135	867	579957	328043	306920	16107
梁山县	294678	36847	38679	114542	8068	474987	523568	520105	34050
曲阜市	329768	12406	20088	86043	11928	254000	404383	392933	21090
兖州市	375416	28580	1512	96907	6899	844747	1517323	1447905	222465
邹城市	474457	71481	34360	82256	7318	574039	2650167	2935594	305566
泰安市									
泰山区	54754	71	11983	7114	38093	143852	1466625	1279671	49029
岱岳区	445975	24827	238765	73095	21002	2665023	402645	368032	9503
宁阳县	407642	75799	34244	62568	9858	1231643	465993	474647	33200
东平县	340803	23986	43783	44215	2568	467296	484593	444301	21855
新泰市	389761	52662	77133	130826	16546	1120950	2507991	2381189	162458
肥城市	461411	6503	141091	82838	10568	1762914	2079017	1567348	60750
威海市									
环翠区	54572	16705	63594	9299	17958	71090	5588760	4709804	283304
文登市	347384	72186	105206	45191	85352	195692	6595980	5692394	332614
荣成市	262982	80091	155000	28774	46633	371133	7457562	6340708	331417
乳山市	247556	72677	222420	22589	20094	372547	3029824	2821233	136074
日照市									
东港区	159419	40153	43850	22972	1051	69134	559101	503023	16032
岚山区	166909	50456	26422	18950	510	140416	800310	807195	21810
五莲县	187327	42233	65597	38461	315	259654	730171	745375	22872
莒　县	372680	88256	50255	72462	1873	782600	359528	383754	7249
莱芜市									
莱城区	213689	14397	53959	48156	1601	1089397	689699	657188	33883
钢城区	17638	1842	39305	7215	136	242597	2582108	2135519	178067
临沂市									
兰山区	148312	13004	31692	34152	8256	75515	2908891	2843608	171676
罗庄区	83152	3217	2065	14697	26600	52236	1070294	1077388	54456
河东区	226556	20508	31295	43805	3497	210745	277040	292295	13465
沂南县	298983	73186	99000	50789	2053	737025	266799	244314	9054
郯城县	501329	38632	29841	51922	2989	769102	520805	526048	33285
沂水县	333476	81699	249258	63893	10613	494719	739313	691084	30399
苍山县	521515	62145	97453	43481	2623	1846869	302022	300877	15205
费　县	312659	99568	191259	66134	2700	570153	426960	428483	19945
平邑县	275922	59248	170807	73008	3705	395794	465427	452520	23571
莒南县	353941	116035	167000	90700	1655	117111	419371	469888	22224
蒙阴县	138502	30744	344383	21086	177	125487	303019	286729	12402

20－1续表7

(2004年)

地区	粮食总产量(吨)	油料产量(吨)	水果产量(吨)	肉类总产量(吨)	奶类产量(吨)	蔬菜产量(吨)	规模以上工业企业(万元)		
							工业总产值	产品销售收入	利润总额
临沭县	263093	97759	12307	45419	4799	94512	569371	539371	16537
德州市									
德城区	131281	564	24744	21685	10975	396163	2145100	1587222	196009
陵县	456095	244	78200	66314	20568	615230	613000	626000	50000
宁津县	240642	7892	87600	47904	2992	857280	612000	621000	49000
庆云县	174240	28	3840	22015	36	132580	197000	222000	21000
临邑县	451220	1900	11457	60795	3732	553387	711000	749000	67000
齐河县	480827	19940	45837	69800	19024	1174136	639000	653000	51000
平原县	332114	5668	22000	44159	10990	1362350	540000	582000	51000
夏津县	162156	10265	11945	21232	17762	130348	524000	532000	41000
武城县	201494	2174	1669	36679	12478	351944	488000	546000	38000
乐陵市	439734	1597	285010	64356	1681	449399	574000	599000	49000
禹城市	478292	3038	22571	77748	2558	477209	681000	744000	54000
聊城市									
东昌府区	487015	19552	38629	76340	5100	1620372	1078061	1130023	59930
阳谷县	391612	33686	32000	102105	19800	1395275	681608	689609	36899
莘县	568997	41598	49775	99783	522	1700396	421885	434451	20379
茌平县	453839	19201	65383	70788	5040	1171655	784453	759895	77843
东阿县	319485	1310	11331	30361	2000	428637	497365	473864	50163
冠县	450466	61187	150680	59091	1580	833201	394830	424838	19335
高唐县	310306	17244	118976	54088	4000	958696	1574235	1644154	83749
临清市	290576	8264	49377	32600	1800	543228	1366966	1370706	81651
滨州市									
滨城区	216921	650	49271	29265	9379	548992	1822539	2102365	67558
惠民县	338483	7677	100000	44000	5500	769610	391288	327478	11026
阳信县	282192		183300	45802	541	170823	261711	218263	4824
无棣县	158823	457	97169	30862	515	15290	768707	710378	69147
沾化县	94912	267	32565	26116	780	63127	216617	212131	7349
博兴县	294455	12	12321	33565	4400	412439	1096788	1092758	48071
邹平县	467464	1207	54014	67720	100100	503849	3578161	3743116	209341
菏泽市									
牡丹区	372481	15964	44541	57975	2780	908717	738543	504207	10839
曹县	454827	33090	67970	68781	22851	565405	482726	476289	10472
单县	359189	59981	228349	94048	186	1686111	264230	213351	7566
成武县	344674	1915	34835	39245	78	688748	282916	231637	11815
巨野县	251377	20130	72158	31399	2290	766271	352018	349566	6792
郓城县	422491	64230	75957	58475	1396	1261762	342404	320718	6993
鄄城县	361955	61101	42937	31787	563	561578	185587	169887	2437
定陶县	289422	8002	24762	46945	2790	863658	200625	150536	7356
东明县	315230	46768	34569	27177	40	411051	488170	480990	12591

20－1续表8　　(2004年)

地　区	邮电业务总量(万元)	出口总额(万美元)	基本建设投资完成额(万元)	更新改造投资完成额(万元)	普通中学专任教师数(人)	小学专任教师数(人)	普通中学在校学生数(人)	小学在校学生数(人)	农民人均纯收入(元)
济南市									
历下区	52800	15525	607451	85391	1563	2585	21493	35497	5352
市中区	9805	12138	172028	53722	1318	2246	18372	32359	4700
槐荫区	3778	9494	239788	12979	959	1768	10586	20820	5026
天桥区	76172	11545	307509	63196	1159	2073	13288	26074	4594
历城区	10834	54518	694975	614444	2412	3424	33915	49011	4248
长清县	6553	3809	295482	109416	1992	2396	31036	36390	4099
平阴县	5547	10100	78052	79556	1595	1805	28230	22997	3497
济阳县	7515	2325	115524	69541	1946	2627	37483	29322	3423
商河县	5362	3010	93123	35062	1558	3214	28783	41364	3411
章丘市	16470	8544	574953	298844	4439	5212	74545	65395	4792
青岛市									
市南区		147386	146740	6549		1619		26083	
市北区		40062	78562	23155		1760		21916	
四方区		29621	86830	19794		1421		19764	
黄岛区	45513	283781	880852	383302	1215	1248	10885	21514	5641
崂山区		136103	211334	61073	860	858	14113	15050	5831
李沧区		68793	316231	167297	890	1310	15400	20976	5500
城阳区	18078	262662	878696	9606	2463	2122	33503	32628	5202
胶州市	21661	175764	231008	18546	3364	3728	50439	56127	5078
即墨市	43602	122936	883936	81399	4306	5086	60299	79704	5013
平度市	53170	37075	286325	259818	5772	5854	89835	89950	4880
胶南市	31822	75574	1062857	179543	3925	3957	53569	53991	5013
莱西市	47704	65112	585149	41113	2811	2707	59433	43041	4850
淄博市									
淄川区	28036	23058	514342	147683	3570	2875	47134	42165	4730
张店区	75129	52296	531893	797884	2902	2563	41682	42809	5393
博山区	21799	17302	127798	461054	4439	1611	31336	24478	4512
临淄区	35045	17179	231815	321939	3323	2270	45652	37285	5068
周村区	20693	11509	221390	282270	1517	1236	21008	18673	4909
桓台县	17395	16377	132433	432507	2235	1690	33288	29997	4821
高青县	7136	2900	86085	94102	1261	1172	20691	20035	3408
沂源县	11798	4405	45849	30258	2562	2500	47567	38753	3335
枣庄市									
市中区	68588	4073	392221	108922	2328	2144	38583	39538	4285
薛城区	32317	655	271145	51979	2106	2613	39595	44842	3935
峄城区	15687	1660	71548	21834	1448	1501	26649	27977	3730
台儿庄区	13525	298	106985	13098	1206	1689	21895	25104	3677

20－1续表9　　　　　　　　　　　　(2004年)

地　　区	邮　　电 业务总量 (万元)	出口总额 (万美元)	基本建设 投资完成额 (万元)	更新改造 投资完成额 (万元)	普通中学 专任教师数 (人)	小　　学 专任教师数 (人)	普通中学 在校学生数 (人)	小　　学 在校学生数 (人)	农民人均 纯收入 (元)
山亭区	14202	584	90861	1700	1613	2720	33935	53259	2802
滕州市	91760	4559	542779	139944	6377	7683	127279	147397	4006
东营市									
东营区	138124	5312	586534	54322	1385	2893	14905	53246	4060
河口区	3154	1838	238414	60456	512	336	5909	7314	3870
垦利县	3626	2036	213287	110564	986	791	15800	14500	3922
利津县	3611	5443	282997	5000	1682	1026	22246	20513	3870
广饶县	14706	14436	194209	114524	2413	1761	34712	31386	4204
烟台市									
芝罘区	86197	79248	327728	198270	2560	1702	42874	39712	5464
福山区	12970	124454	1081287	322838	2046	1590	25928	20549	4505
牟平区	9595	30015	342267	168744	2697	2032	35387	24247	4790
莱山区	7629	30748	417849	8080	683	543	11397	8325	4900
长岛县	2359	2374	32635	1030	223	216	3416	3251	4969
龙口市	31206	41437	584357	649655	3346	2047	44178	38124	5419
莱阳市	26843	33197	349785	9123	4716	3000	72533	37219	4430
莱州市	21570	36713	705440	221251	4376	2875	61835	46117	4840
蓬莱市	18385	19412	703400	98453	2537	1905	32400	24071	5055
招远市	24500	29899	230403	229119	3012	1916	42116	31450	4998
栖霞市	11681	9644	263508	40846	3375	2389	36562	33760	3806
海阳市	16867	13853	413105	21380	2792	2487	47677	33664	4060
潍坊市									
潍城区	26469	4991	138128	190572	1248	1742	16938	26427	4848
寒亭区	12196	3087	134233	191873	1473	1425	17748	22318	4570
坊子区	12159	5788	247506	47806	1171	1076	16207	15621	4369
奎文区	17679	8301	78909	249078	753	1208	9594	23909	4797
临朐县	21949	6630	478000	107000	4457	3898	61026	46813	3526
昌乐县	18678	7747	213964	198763	3115	2926	47752	35022	4086
青州市	35314	9536	552399	463880	4066	4020	55968	65065	4201
诸城市	35713	34665	737865	340251	4907	5532	71265	85604	5008
寿光市	46318	28256	974060	345416	7007	4383	92814	87056	5016
安丘市	28322	11336	229187	557712	5766	4550	96054	68362	4124
高密市	30360	29034	802905	141328	3896	3760	52103	57479	4228
昌邑市	27159	10828	362659	373803	2762	2788	41431	49326	4568
济宁市									
市中区	110000	3518	36477	61265	815	1185	14400	19700	
任城区	8838	4367	450511		2387	2305	42217	32317	3984
微山县	12604	2416	340842	25106	2341	2851	44416	59953	3531
鱼台县	7666	1537	160227	67177	1673	1887	35260	41150	3655

20－1续表10 (2004年)

地　　区	邮　　电 业务总量 （万元）	出口总额 （万美元）	基本建设 投资完成额 （万元）	更新改造 投资完成额 （万元）	普通中学 专任教师数 （人）	小　　学 专任教师数 （人）	普通中学 在校学生数 （人）	小　　学 在校学生数 （人）	农民人均 纯收入 （元）
金乡县	11119	7301	231390	33983	2589	2243	53235	42141	3668
嘉祥县	18861	2564	303872	17200	2676	3240	63670	69000	3335
汶上县	6143	823	119254	36718	2433	3085	56335	68474	3373
泗水县	4574	6196	111520	24978	2017	2521	42167	30507	3222
梁山县	12406	1130	73170	40060	2652	3193	52569	60000	3252
曲阜市	15300	3437	126300	21785	2838	2440	32881	33210	3904
兖州市	25104	4650	735462	12583	3223	2353	46824	31236	4426
邹城市	22637	15192	415584	172753	5007	5339	96425	74114	4085
泰安市									
泰山区	76652	20101	548637	81149	3475	1552	62816	29144	4258
岱岳区		3395	336382	47290	3326	3830	49955	45629	4003
宁阳县	10785	4722	262764	105473	3733	2599	65371	32089	3486
东平县	10455	1716	149062	5383	3023	3126	49686	42650	2835
新泰市	22509	3094	573211	160991	5231	4910	106224	67439	3923
肥城市	17676	11986	421402	206084	5146	3590	74178	40425	3849
威海市									
环翠区	41725	219239	1237387	155806	2669	1841	41194	36962	5801
文登市	42190	48726	555691	580793	4180	2807	56635	33946	5285
荣成市	39185	51640	665905	492402	4310	2820	57225	44538	5768
乳山市	32308	25334	488260	371857	3092	2451	39949	27052	4680
日照市									
东港区	26714	14561	36976	21960	2845	2105	43128	34758	3676
岚山区	5480	32485	240435	35000	1519	1413	24216	23721	3976
五莲县	5169	6269	34886	43906	1945	1700	34154	36371	3588
莒　县	15527	4690	22860	32620	4481	4380	76433	68001	3623
莱芜市									
莱城区	23318	13314	259157	76105	5699	5516	55327	53013	4225
钢城区	3940	266	36889	18860	553	629	11604	8860	4271
临沂市									
兰山区	74885	34462	958764	66040	5459	3974	78710	77316	3743
罗庄区	5883	16045	139983	161006	2364	1682	24816	37744	3417
河东区	5732	8400	134144	22998	2017	1750	35703	33244	3159
沂南县	14941	2283	62443	24476	3576	3844	49953	63139	3070
郯城县	8583	3889	182219	55015	2546	3334	46932	93583	3288
沂水县	11154	7508	74700	12018	4412	3815	82460	57392	3115
苍山县	9440	3061	145557	69765	3975	4349	78275	82850	2928
费　县	17498	6641	285520	17649	4061	3481	62395	62958	3035
平邑县	12840	2514	165961	57012	4014	3812	74318	71299	3096
莒南县	8723	13829	149587	51412	3626	3610	84391	79436	3158
蒙阴县	10543	1726	138846	27224	2499	2319	33681	35283	3125

20－1续表11 (2004年)

地　区	邮　电业务总量(万元)	出口总额(万美元)	基本建设投资完成额(万元)	更新改造投资完成额(万元)	普通中学专任教师数(人)	小　学专任教师数(人)	普通中学在校学生数(人)	小　学在校学生数(人)	农民人均纯收入(元)
临沭县	6710	9485	103801	46634	2484	2412	41403	48760	3087
德州市									
德城区	400673	3384	553446	30406	1960	2010	56100	38633	3720
陵　县	6115	1017	130422	168796	1887	2975	30302	33212	3392
宁津县	9145	1538	195738	128145	1808	1750	32313	27689	3412
庆云县	3736	872	45672	88188	1173	1191	21500	18500	3116
临邑县	4045	2346	178983	157130	1835	3229	32888	36595	3390
齐河县	6524	2261	103969	146053	2632	2851	33396	32842	3362
平原县	5042	1180	79113	248946	1700	2197	32156	25529	3400
夏津县	7024	314	276700	41190	1793	2627	28440	26425	3359
武城县	4730	1184	162861	123551	1733	1690	26903	26570	3386
乐陵市	6205	3371	237545	53850	2264	2966	28081	37759	3369
禹城市	5971	5654	276100	53581	2023	2039	32944	28091	3468
聊城市									
东昌府区	26045	1211	307689	29490	3258	3413	42960	62053	3026
阳谷县	8388	2145	20562		2852	3405	51741	60448	3080
莘　县	13447	2109	38924		2359	4028	46938	89380	2963
茌平县	12017	8638	149740	20240	2145	2425	40016	35803	3181
东阿县	5344	202	35022	1962	1539	1677	28450	30273	2968
冠　县	7693	311	27349	31460	1846	1845	40591	44426	2935
高唐县	136	3870	85910	75933	2130	2135	25238	25644	3421
临清市	15147	10410	30726	26779	2354	2354	43375	48478	2983
滨州市									
滨城区	21706	9918	144907	206948	3392	2488	43867	38741	3407
惠民县	7390	351	39939	70780	2179	2433	31845	41710	3325
阳信县	5332	5627	34590	28400	1895	1677	28385	28762	3025
无棣县	6852	1257	9840	162913	2128	1715	23910	26935	3026
沾化县	4686	648	119449	610	1700	1666	28139	24292	3321
博兴县	9550	2849	87413	98323	2375	2237	27670	39773	3675
邹平县	12365	57557	141059	431597	3579	2724	56756	55862	3942
菏泽市									
牡丹区	63503	23877	334154	48333	5180	6743	96565	136432	2712
曹　县	24943	18308	53469	1053	4664	6869	114473	144674	2574
单　县	17909	3257	82418	8133	3644	4564	76965	91258	2630
成武县	13306	1414	28779	10010	3069	4143	48751	54597	2692
巨野县	18380	5131	69472	930	2777	4309	64280	91426	2691
郓城县	20138	5533	58324	5664	4515	6358	81786	120091	2697
鄄城县	17158	5909	28604	6581	2442	3793	59828	80039	2565
定陶县	12713	4382	54076	1844	2293	2981	51560	52220	2678
东明县	14755	1402	62988	6083	2612	3256	55579	69256	2676

附录1

全国各省市主要经济指标

MAIN ECONOMIC INDICATORS OF THE WHOLE COUNTRY BY REGION

人人都是人才

人人都能闪光

诚信鲁统 之 人才理念

忠诚统计

乐于奉献

诚信鲁统 之 道德理念

附录1-1 全国行政区划

（2004年底）　　　　　　　　　　　　　　　　单位：个

省级区划名称	地级区划数	#地级市	县级区划数	#县级市	#市辖区	#县	乡镇级区划数	街道办事处	镇数	乡数	#民族乡	区公所	村民（居民）委员会
全国总计	**333**	**283**	**2862**	**374**	**852**	**1464**	**43258**	**5904**	**19883**	**17451**	**1124**	**20**	**722050**
北京市			18		16	2	311	127	142	42	5		6503
天津市			18		15	3	240	100	120	20	2		5629
河北省	11	11	172	22	36	108	2209	241	937	1030	54	1	52494
山西省	11	11	119	11	23	85	1388	193	561	634			30244
内蒙古自治区	12	9	101	11	21	17	1427	191	532	704	19		14885
辽宁省	14	14	100	17	56	19	1530	539	613	378	77		15929
吉林省	9	8	60	20	19	18	1005	239	454	312	28		11156
黑龙江省	13	12	130	19	65	45	1297	366	473	458	58		11806
上海市			19		18	1	220	103	114	3			5285
江苏省	13	13	106	27	54	25	1488	287	1078	123	1		23434
浙江省	11	11	90	22	32	35	1569	290	760	519	14		39473
安徽省	17	17	105	5	44	56	1776	234	968	574	9		28570
福建省	9	9	85	14	26	45	1104	153	605	346	18		16432
江西省	11	11	99	10	19	70	1549	120	771	658	7		20058
山东省	17	17	140	31	49	60	1941	423	1223	295	2		87055
河南省	17	17	159	21	50	88	2451	342	865	1244	12		50796
湖北省	13	12	102	24	38	37	1236	274	738	224	9		29826
湖南省	14	13	122	16	34	65	2576	226	1098	1244	98	8	50209
广东省	21	21	121	23	54	41	1612	412	1188	12	7		26024
广西壮族自治区	14	14	109	7	34	56	1396	72	748	576	61		15944
海南省	2	2	20	6	4	4	218	17	181	20			2957
重庆市			40	4	15	17	1150	106	626	418	8		12053
四川省	21	18	181	14	43	120	5018	218	1882	2918	94		57185
贵州省	9	4	88	9	10	56	1540	88	692	760	253		21412
云南省	16	8	129	9	12	79	1559	52	577	930	171		13927
西藏自治区	7	1	73	1	1	71	692	9	140	543	8		6088
陕西省	10	10	107	3	24	80	1747	167	903	677	8		30456
甘肃省	14	12	86	4	17	58	1350	109	456	785	28		18080
青海省	8	1	43	2	4	30	429	31	116	282	30		4481
宁夏回族自治区	5	5	21	2	8	11	226	39	93	94			2877
新疆维吾尔自治区	14	2	99	20	11	62	1004	136	229	628	43	11	10782
香港特别行政区													
澳门特别行政区													
台湾省													

注：本表资料来源于民政部门。

附录1-2 地区生产总值

单位:亿元

地区	1998年	1999年	2000年	2001年	2002年	2003年	2004年
全国总计	**78345.2**	**82067.5**	**89468.1**	**97314.8**	**105172.3**	**117390.2**	**136875.9**
北京	2011.3	2174.5	2478.8	2845.7	3212.7	3663.1	4283.3
天津	1336.4	1450.1	1639.4	1840.1	2051.2	2447.7	2931.9
河北	4256.0	4569.2	5089.0	5577.8	6122.5	7098.6	8768.8
山西	1486.1	1506.8	1643.8	1780.0	2017.5	2456.6	3042.4
内蒙古	1192.3	1268.2	1401.0	1545.8	1734.3	2150.4	2712.1
辽宁	3881.7	4171.7	4669.1	5033.1	5458.2	6002.5	6872.7
吉林	1557.8	1669.6	1821.2	2032.5	2246.1	2522.6	2958.2
黑龙江	2798.9	2897.4	3253.0	3561.0	3862.2	4430.0	5303.0
上海	3688.2	4035.0	4551.2	4950.8	5408.8	6250.8	7450.3
江苏	7200.0	7697.8	8582.7	9511.9	10631.8	12460.8	15403.2
浙江	4987.5	5364.9	6036.3	6748.2	7796.0	9395.0	11243.0
安徽	2805.5	2908.6	3038.2	3290.1	3569.1	3972.4	4812.7
福建	3286.6	3550.2	3920.1	4253.7	4682.0	5232.2	6053.1
江西	1852.0	1963.0	2003.1	2175.7	2450.5	2830.5	3495.9
山东	**7162.2**	**7662.1**	**8542.4**	**9438.3**	**10552.1**	**12435.9**	**15490.7**
河南	4356.6	4576.1	5137.7	5640.1	6168.7	7048.6	8815.1
湖北	3704.2	3858.0	4276.3	4662.3	4975.6	5401.7	6309.9
湖南	3118.1	3326.8	3691.9	3983.0	4340.9	4638.7	5612.3
广东	7919.1	8464.3	9662.2	10647.7	11769.7	13625.9	16039.5
广西	1903.0	1953.3	2050.1	2231.2	2455.4	2735.1	3320.1
海南	438.9	471.2	518.5	546.0	604.1	670.9	769.4
重庆	1429.3	1479.7	1589.3	1749.8	1971.3	2250.6	2665.4
四川	3580.3	3711.6	4010.3	4421.8	4875.1	5456.3	6556.0
贵州	841.9	911.9	993.5	1084.9	1185.0	1356.1	1591.9
云南	1793.9	1855.7	1955.1	2074.7	2232.3	2465.3	2959.5
西藏	91.2	105.6	117.5	138.7	161.4	184.5	211.5
陕西	1381.5	1487.6	1660.9	1844.3	2036.0	2398.6	2883.5
甘肃	869.8	932.0	983.4	1072.5	1161.4	1304.6	1558.9
青海	220.2	238.4	263.6	301.0	341.1	390.2	465.7
宁夏	227.5	241.5	265.6	298.4	329.3	385.3	460.4
新疆	1116.7	1168.6	1364.4	1485.5	1598.3	1877.6	2200.2

注:本表按当年价格计算。

附录 1－3 地区生产总值、增长速度和人均地区生产总值

（2004 年）

地区	地区生产总值（亿元）	第一产业	第二产业	工业	建筑业	第三产业	#交通运输仓储邮电通信业	地区生产总值比上年增长（%）	人均地区生产总值（元/人）
全国总计	**136875.9**	**20768.1**	**72387.2**	**62815.1**	**9572.1**	**43720.6**	**7694.2**	**9.5**	**10561.0**
北京	4283.3	102.9	1610.4	1290.2	320.2	2570.0	283.1	13.2	37058.0
天津	2931.9	102.3	1560.2	1436.7	123.4	1269.4	285.1	15.7	31550.0
河北	8768.8	1370.4	4635.2	4086.4	548.8	2763.2	724.3	12.5	12918.0
山西	3042.4	253.4	1810.1	1568.5	241.6	979.0	235.8	14.1	9150.0
内蒙古	2712.1	506.1	1332.5	1015.7	316.8	873.5	243.0	19.4	11305.0
辽宁	6872.7	769.9	3278.9	2833.0	445.9	2823.9	613.0	12.8	16297.0
吉林	2958.2	561.0	1379.3	1142.1	237.2	1017.9	180.2	12.2	10932.0
黑龙江	5303.0	587.8	3155.3	2814.4	340.9	1559.9	306.2	11.7	13897.0
上海	7450.3	96.7	3788.2	3492.9	295.3	3565.3	489.0	13.6	55307.0
江苏	15403.2	1315.4	8716.1	7714.4	1001.7	5371.7	945.4	14.9	20705.0
浙江	11243.0	816.0	6045.0	5381.4	663.6	4382.0	835.0	14.3	23942.0
安徽	4812.7	932.4	2169.8	1736.0	433.8	1710.4	312.2	12.5	7768.0
福建	6053.1	777.9	2950.3	2532.7	417.7	2324.9	601.4	12.1	17218.0
江西	3495.9	711.7	1595.7	1110.7	485.0	1188.5	300.3	13.2	8189.0
山东	**15490.7**	**1778.3**	**8724.5**	**7799.3**	**925.2**	**4987.9**	**990.7**	**15.3**	**16925.0**
河南	8815.1	1647.5	4515.4	3862.2	653.2	2652.3	678.7	13.7	9470.0
湖北	6309.9	1020.1	2994.7	2593.9	400.8	2295.2	395.8	11.3	10500.0
湖南	5612.3	1155.9	2214.4	1781.1	433.3	2242.0	425.4	12.0	9117.0
广东	16039.5	1245.4	8890.3	8011.2	879.1	5903.8	1351.6	14.2	19707.0
广西	3320.1	811.4	1288.3	1044.8	243.4	1220.5	286.4	11.8	7196.0
海南	769.4	283.8	180.4	119.7	60.7	305.1	66.8	10.4	9450.0
重庆	2665.4	431.3	1181.2	927.5	253.7	1052.8	153.8	12.2	9608.0
四川	6556.0	1394.3	2690.0	2165.2	524.8	2471.8	480.5	12.7	8113.0
贵州	1591.9	334.1	714.7	574.6	140.0	543.1	99.6	11.4	4215.0
云南	2959.5	604.3	1314.2	1053.4	260.8	1041.0	212.6	11.5	6733.0
西藏	211.5							12.2	7779.0
陕西	2883.5	395.0	1416.8	1064.8	352.0	1071.7	277.5	12.9	7757.0
甘肃	1558.9	281.4	758.2	576.2	182.0	519.4	84.3	10.9	5970.0
青海	465.7	57.8	227.1	158.6	68.4	180.9	36.7	12.3	8606.0
宁夏	460.4	65.1	239.4	186.3	53.1	155.8	29.9	11.0	7880.0
新疆	2200.2	444.7	1010.1	745.0	265.1	745.4	138.5	11.1	11199.0

注：本表人均地区生产总值，北京、天津、上海和四川按“户籍人口”计算，其他地区按“常住人口”计算。

附录1-4 地区生产总值构成

（2004年，地区生产总值=100）

地　　区	地区生产总　值	第一产业	第二产业	工　业	建筑业	第三产业	#交通运输仓储邮电通信业	#批发和零售贸易餐饮业
全国总计	**100.0**	**15.2**	**52.9**	**45.9**	**7.0**	**31.9**	**5.6**	**7.4**
北　京	100.0	2.4	37.6	30.1	7.5	60.0	6.6	7.1
天　津	100.0	3.5	53.2	49.0	4.2	43.3	9.7	8.3
河　北	100.0	15.6	52.9	46.6	6.3	31.5	8.3	7.9
山　西	100.0	8.3	59.5	51.6	7.9	32.2	7.7	6.6
内蒙古	100.0	18.7	49.1	37.4	11.7	32.2	9.0	7.5
辽　宁	100.0	11.2	47.7	41.2	6.5	41.1	8.9	13.0
吉　林	100.0	19.0	46.6	38.6	8.0	34.4	6.1	12.5
黑龙江	100.0	11.1	59.5	53.1	6.4	29.4	5.8	9.0
上　海	100.0	1.3	50.8	46.9	3.9	47.9	6.6	9.5
江　苏	100.0	8.5	56.6	50.1	6.5	34.9	6.1	9.1
浙　江	100.0	7.3	53.8	47.9	5.9	39.0	7.4	11.9
安　徽	100.0	19.4	45.1	36.1	9.0	35.5	6.5	9.5
福　建	100.0	12.9	48.7	41.8	6.9	38.4	9.9	9.2
江　西	100.0	20.4	45.6	31.7	13.9	34.0	8.6	7.8
山　东	**100.0**	**11.5**	**56.3**	**50.3**	**6.0**	**32.2**	**6.4**	**8.3**
河　南	100.0	18.7	51.2	43.8	7.4	30.1	7.7	7.6
湖　北	100.0	16.2	47.5	41.1	6.4	36.4	6.3	9.9
湖　南	100.0	20.6	39.5	31.8	7.7	39.9	7.6	9.4
广　东	100.0	7.8	55.4	49.9	5.5	36.8	8.4	8.6
广　西	100.0	24.4	38.8	31.5	7.3	36.8	8.6	11.3
海　南	100.0	36.9	23.4	15.5	7.9	39.7	8.7	12.2
重　庆	100.0	16.2	44.3	34.8	9.5	39.5	5.8	8.5
四　川	100.0	21.3	41.0	33.0	8.0	37.7	7.3	9.1
贵　州	100.0	21.0	44.9	36.1	8.8	34.1	6.3	7.2
云　南	100.0	20.4	44.4	35.6	8.8	35.2	7.2	8.4
西　藏								
陕　西	100.0	13.7	49.1	36.9	12.2	37.2	9.6	5.8
甘　肃	100.0	18.1	48.6	36.9	11.7	33.3	5.4	10.2
青　海	100.0	12.4	48.8	34.1	14.7	38.8	7.9	6.9
宁　夏	100.0	14.2	52.0	40.5	11.5	33.8	6.5	6.9
新　疆	100.0	20.2	45.9	33.9	12.0	33.9	6.3	8.1

注：本表按当年价格计算。

附录1-5 年 底 总 人 口

单位:万人

地　区	1998年	1999年	2000年	2001年	2002年	2003年	2004年
全国总计	**124761**	**125786**	**126743**	**127627**	**128453**	**129227**	**129988**
北　京	1246	1257	1357	1383	1423	1456	1493
天　津	957	959	1001	1004	1007	1011	1024
河　北	6569	6614	6674	6699	6735	6769	6809
山　西	3172	3204	3248	3272	3294	3314	3335
内蒙古	2345	2362	2372	2377	2379	2380	2384
辽　宁	4157	4171	4184	4194	4203	4210	4217
吉　林	2644	2658	2682	2691	2699	2704	2709
黑龙江	3773	3792	3807	3811	3813	3815	3817
上　海	1464	1474	1641	1614	1625	1711	1742
江　苏	7182	7213	7327	7355	7381	7406	7433
浙　江	4456	4475	4596	4613	4647	4680	4720
安　徽	6184	6237	6286	6328	6338	6410	6461
福　建	3299	3316	3410	3440	3466	3488	3511
江　西	4191	4231	4149	4186	4222	4254	4284
山　东	**8838**	**8883**	**8998**	**9041**	**9082**	**9125**	**9180**
河　南	9315	9387	9488	9555	9613	9667	9717
湖　北	5907	5938	5960	5975	5988	6002	6016
湖　南	6502	6532	6562	6596	6629	6663	6698
广　东	7143	7270	7707	7783	7859	7954	8304
广　西	4675	4713	4750	4788	4822	4857	4889
海　南	753	762	789	796	803	811	818
重　庆	3060	3075	3092	3097	3107	3130	3122
四　川	8493	8550	8602	8640	8673	8700	8725
贵　州	3658	3710	3756	3799	3837	3870	3904
云　南	4144	4192	4241	4287	4333	4376	4415
西　藏	252	256	258	263	267	270	274
陕　西	3596	3618	3644	3659	3674	3690	3705
甘　肃	2519	2543	2557	2575	2593	2603	2619
青　海	503	510	517	523	529	534	539
宁　夏	538	543	554	563	572	580	588
新　疆	1747	1774	1849	1876	1905	1934	1963

注:全国总计包括中国人民解放军现役军人数,但不包括香港、澳门特别行政区和台湾省数据;分省数据中未包括中国人民解放军现役军人数。

附录1-6 人口出生率、死亡率、自然增长率

（2004年）

地　　区	年底总人口（万人）	出生率（‰）	死亡率（‰）	自然增长率（‰）
全国总计	**129988**	**12.29**	**6.42**	**5.87**
北京	1493	6.10	5.40	0.70
天津	1024	7.31	5.97	1.34
河北	6809	11.98	6.19	5.79
山西	3335	12.36	6.11	6.25
内蒙古	2384	9.53	5.98	3.55
辽宁	4217	6.51	5.60	0.91
吉林	2709	7.39	5.63	1.76
黑龙江	3817	7.27	5.45	1.82
上海	1742	6.00	6.00	0.00
江苏	7433	9.45	7.20	2.25
浙江	4720	10.71	5.76	4.95
安徽	6461	11.62	5.50	6.12
福建	3511	11.58	5.62	5.96
江西	4284	13.61	5.99	7.62
山东	**9180**	**12.50**	**6.49**	**6.01**
河南	9717	11.67	6.47	5.20
湖北	6016	8.43	6.03	2.40
湖南	6698	11.89	6.80	5.09
广东	8304	13.13	5.12	8.01
广西	4889	13.32	6.12	7.20
海南	818	14.77	5.79	8.98
重庆	3122	9.45	6.60	2.85
四川	8725	9.05	6.27	2.78
贵州	3904	15.08	6.35	8.73
云南	4415	15.60	6.60	9.00
西藏	274	17.40	6.20	11.20
陕西	3705	10.59	6.33	4.26
甘肃	2619	12.43	6.52	5.91
青海	539	16.32	6.45	9.87
宁夏	588	15.97	4.79	11.18
新疆	1963	16.00	5.09	10.91

注：1.全国数据根据抽样误差和调查误差进行了修正。

2.全国数据为31个省、自治区、直辖市和中国人民解放军现役军人数据，不包括香港、澳门特别行政区和台湾省的数据。分省数据中未包括中国人民解放军现役军人数。

附录1－7 职 工 平 均 工 资

（2004年） 单位:元

地区	平均工资	#国有单位	#城镇集体单位	#股份合作	#联营	#有限责任公司	#股份有限公司	#港澳台商投资	#外商投资
全国总计	**16024**	**16729**	**9814**	**11773**	**15358**	**15196**	**18545**	**15727**	**20440**
北京	29674	34009	13422	13051	18479	23823	32936	34338	46442
天津	21754	23086	13157	20042	24401	22071	27589	17630	21718
河北	12925	13576	7916	9857	10903	12927	12945	14271	11685
山西	12943	13353	8094	7626	7183	15268	12140	9385	11402
内蒙古	13324	14209	9010	7694	15488	11771	13819	9133	10839
辽宁	14921	15715	8464	10132	10439	14489	19009	15902	15821
吉林	12431	12540	7504	7365	8126	13142	16054	11439	18449
黑龙江	12557	12675	6473	12588	11223	10530	23125	13214	14421
上海	30085	31507	20127	17716	24380	27107	34998	22970	32628
江苏	18202	20876	11350	12042	12941	16189	17325	15499	18690
浙江	23506	33426	18013	12793	26266	16279	23315	15780	16035
安徽	12928	13522	7840	8424	8500	13527	16412	9774	12955
福建	15603	18529	12307	13311	15695	14097	17572	12953	14114
江西	11860	12291	7873	11785	11076	11848	12826	9279	12088
山东	**14332**	**16031**	**9864**	**9024**	**12194**	**12154**	**12097**	**12318**	**12429**
河南	12114	12701	8686	9646	9268	12305	14060	14265	14016
湖北	11855	13096	7608	8270	10017	10645	10109	10311	21575
湖南	13928	14469	9908	12416	10709	12575	14716	13182	14700
广东	22116	25979	11937	15632	23640	24799	28191	16051	21517
广西	13579	14141	8920	9260	9583	13707	13993	9450	16638
海南	12652	12664	8121	16159	12545	13276	16032	11577	15587
重庆	14357	15847	9839	10896	11303	11740	16286	14127	16613
四川	14063	15818	9758	10107	11957	10622	12465	15067	15883
贵州	12431	12870	8630	9337	9426	11998	13331	11395	12822
云南	14581	15320	9519	10095	12690	13056	15644	14302	16423
西藏	30873	30165	9600	21152	11664	121097	15084		
陕西	13024	13333	7373	8381	10611	13620	15488	14158	22508
甘肃	13623	14358	8459	15279	11078	8823	14497	12189	16719
青海	17229	18686	10302	11229	19407	10824	11738	13922	
宁夏	14620	15212	10613	10716	10779	14372	12974	16761	16628
新疆	14484	14477	11594	13318	12793	13529	21825	13241	15998

附录1-8 固定资产投资

单位:亿元

地　　区	1998年	1999年	2000年	2001年	2002年	2003年	2004年
全国总计	**28406.2**	**29854.7**	**32917.7**	**37213.5**	**43499.9**	**55566.6**	**70072.7**
北　　京	1124.6	1171.2	1280.5	1513.3	1796.1	2169.3	2528.3
天　　津	571.1	576.5	610.9	705.0	807.5	1039.4	1256.7
河　　北	1591.8	1770.5	1816.8	1912.5	2020.4	2478.0	3215.3
山　　西	454.9	477.6	548.2	663.6	813.4	1100.9	1442.8
内 蒙 古	316.8	348.2	423.6	503.6	707.9	1174.7	1788.0
辽　　宁	1057.7	1119.5	1267.7	1421.2	1605.6	2076.4	2979.6
吉　　林	431.8	500.0	603.5	701.7	834.2	969.0	1171.6
黑 龙 江	770.1	751.7	832.6	963.6	1046.2	1166.2	1430.8
上　　海	1966.4	1855.8	1869.4	2004.6	2213.7	2499.1	3050.2
江　　苏	2450.4	2441.9	2570.0	2823.2	3450.1	5233.0	6496.0
浙　　江	1801.7	1958.1	2350.0	2834.9	3477.5	4740.3	5756.2
安　　徽	722.6	703.5	804.0	893.4	1074.5	1418.7	1919.4
福　　建	1053.0	1084.7	1112.2	1172.9	1253.1	1496.4	1893.1
江　　西	400.6	454.4	516.1	631.8	889.0	1303.2	1723.7
山　　东	**1935.6**	**2220.6**	**2531.1**	**2788.7**	**3483.3**	**5315.1**	**7629.0**
河　　南	1289.7	1206.8	1377.7	1544.1	1725.9	2263.0	3099.4
湖　　北	1156.8	1239.1	1339.2	1486.6	1605.1	1809.5	2265.1
湖　　南	796.9	883.9	1012.2	1174.3	1348.0	1590.3	2072.8
广　　东	2644.1	2937.0	3145.1	3484.4	3850.8	4813.2	5765.6
广　　西	562.3	578.8	583.3	655.6	750.3	921.3	1247.0
海　　南	173.4	194.8	198.9	213.3	225.4	280.0	329.6
重　　庆	493.0	525.3	572.6	697.0	899.3	1161.5	1537.1
四　　川	1145.3	1224.4	1418.0	1617.5	1902.7	2336.3	2856.8
贵　　州	278.4	311.9	397.0	536.0	633.0	748.1	861.2
云　　南	660.4	664.0	684.0	738.5	814.6	1000.1	1244.3
西　　藏	41.3	53.6	64.1	83.3	106.6	134.0	167.8
陕　　西	517.6	587.8	653.7	773.4	915.3	1200.7	1508.6
甘　　肃	301.5	355.5	395.4	460.4	526.2	619.8	733.9
青　　海	108.8	117.2	151.1	196.4	232.4	255.6	291.5
宁　　夏	106.8	128.1	157.5	191.1	227.0	318.0	373.9
新　　疆	514.8	526.7	610.4	706.0	800.1	973.4	1138.7

注:由于有不分地区项目,因此各地区相加不等于总计。

附录1-9 城镇固定资产投资

单位:亿元

地区	1999年	2000年	2001年	2002年	2003年	2004年
全国总计	**23732.2**	**26221.9**	**30001.2**	**35488.8**	**45811.7**	**58620.3**
北京	1089.8	1196.3	1419.6	1693.6	1999.9	2333.0
天津	508.2	541.4	627.1	715.5	931.7	1131.2
河北	1156.9	1193.8	1260.5	1353.9	1772.8	2438.6
山西	430.0	482.0	587.8	727.8	998.8	1315.2
内蒙古	285.9	358.6	434.0	635.4	1097.1	1707.5
辽宁	935.5	1067.1	1203.8	1364.0	1771.2	2580.3
吉林	437.8	531.0	628.7	750.7	872.9	1061.7
黑龙江	702.2	774.3	888.7	958.7	1069.5	1317.0
上海	1716.9	1697.7	1805.5	2012.3	2245.5	2863.0
江苏	1731.0	1813.5	1999.1	2515.3	4011.6	5008.2
浙江	1361.3	1631.2	2018.9	2429.3	3198.5	3969.6
安徽	537.6	626.2	712.5	864.5	1184.5	1606.4
福建	891.1	892.9	968.5	1030.6	1229.3	1594.5
江西	326.2	376.2	482.5	714.6	1099.1	1488.4
山东	**1439.3**	**1706.1**	**1971.6**	**2581.8**	**4163.9**	**5419.3**
河南	849.4	943.1	1056.9	1195.9	1677.2	2434.9
湖北	1009.5	1108.6	1236.2	1376.2	1573.7	2005.2
湖南	606.5	709.8	842.0	988.3	1235.3	1679.6
广东	2502.6	2680.3	2965.0	3287.3	4145.1	4905.6
广西	440.7	469.8	541.5	627.7	791.3	1105.1
海南	168.9	170.6	183.0	202.7	246.2	299.6
重庆	430.0	481.9	602.9	795.1	1040.6	1400.6
四川	943.5	1079.3	1247.4	1481.2	1835.1	2322.9
贵州	251.7	326.7	463.1	555.8	667.9	776.5
云南	550.2	559.7	600.1	664.8	839.2	1065.7
西藏	53.6	64.1	83.3	106.6	134.0	167.8
陕西	493.8	552.2	662.8	795.4	1071.0	1378.2
甘肃	307.0	342.2	401.8	465.5	553.7	660.7
青海	108.2	138.2	181.8	215.4	236.9	275.2
宁夏	104.3	129.0	156.2	183.5	263.1	314.5
新疆	476.8	556.9	647.0	734.5	892.6	1038.4

附录 1－10 城镇 50 万元以上固定资产投资项目

（2004 年）

地区	施工项目（个）	# 新开工	新开工项目占施工项目比重（%）	施工项目计划总投资（亿元）	# 新开工	新开工投资占计划总投资比重（%）
全国总计	**215069**	**151972**	**70.7**	**137585.7**	**48978.1**	**35.6**
北京	1609	784	48.7	3522.6	947.6	26.9
天津	1638	1130	69.0	2371.2	495.3	20.9
河北	10893	9107	83.6	4692.7	2625.1	55.9
山西	4546	2990	65.8	3423.9	1337.8	39.1
内蒙古	8188	6665	81.4	4440.0	2473.6	55.7
辽宁	10424	8568	82.2	4201.7	2137.6	50.9
吉林	4538	3808	83.9	2090.3	996.9	47.7
黑龙江	4958	4176	84.2	2820.0	1272.0	45.1
上海	3353	1681	50.1	6294.8	1210.3	19.2
江苏	10920	7054	64.6	9577.7	2913.3	30.4
浙江	11131	5816	52.3	9630.3	3200.1	33.2
安徽	7071	4857	68.7	3979.7	1366.7	34.3
福建	7212	4512	62.6	4246.1	927.6	21.8
江西	5902	3802	64.4	2892.7	1105.3	38.2
山东	**17208**	**13257**	**77.0**	**9632.3**	**5179.0**	**53.8**
河南	9350	7087	75.8	5253.8	2472.5	47.1
湖北	8820	6284	71.2	6387.9	1722.9	27.0
湖南	9321	6756	72.5	3997.6	1646.0	41.2
广东	13675	8624	63.1	12859.6	3581.2	27.8
广西	9751	6537	67.0	3426.4	1190.6	34.7
海南	1084	675	62.3	858.5	333.2	38.8
重庆	5012	3350	66.8	3555.3	1238.6	34.8
四川	10746	7487	69.7	6372.9	2570.2	40.3
贵州	4663	3165	67.9	2749.3	534.9	19.5
云南	7319	4673	63.8	4856.5	1324.2	27.3
西藏	2661	1954	73.4	371.0	121.5	32.8
陕西	5897	4005	67.9	3178.1	1013.5	31.9
甘肃	6878	5142	74.8	2131.0	549.9	25.8
青海	2282	1692	74.1	866.0	378.9	43.8
宁夏	1687	1341	79.5	748.2	300.2	40.1
新疆	6221	4971	79.9	2198.8	900.7	41.0

附录1－11 房地产开发企业（单位）投资和商品房销售额

单位：亿元

地区	房地产开发投资额		商品房销售额		# 销售给个人	
	2003年	2004年	2003年	2004年	2003年	2004年
全国总计	**10153.8**	**13158.3**	**7955.7**	**10375.7**	**7396.0**	**9680.1**
北京	1202.5	1473.3	898.0	1249.1	792.7	1122.3
天津	211.4	263.9	198.0	263.8	183.3	240.7
河北	251.3	315.9	137.5	138.8	128.5	131.5
山西	95.1	125.8	57.9	72.0	45.0	61.7
内蒙古	90.8	111.4	69.6	91.6	68.4	86.5
辽宁	486.4	701.1	343.5	421.8	319.3	411.4
吉林	139.2	159.9	78.9	75.6	73.9	73.3
黑龙江	163.3	214.1	146.6	166.2	135.2	146.0
上海	901.2	1175.5	1216.3	1932.6	1150.8	1791.4
江苏	810.0	1269.8	597.9	842.9	573.6	803.8
浙江	980.1	1295.2	761.3	868.5	731.1	819.2
安徽	240.7	350.3	165.4	254.7	156.4	236.5
福建	362.1	477.8	287.2	354.5	265.5	335.0
江西	177.5	242.8	104.7	135.2	94.8	131.6
山东	**581.9**	**764.8**	**382.4**	**516.5**	**355.5**	**485.6**
河南	185.6	258.8	119.7	164.1	112.5	154.1
湖北	239.0	337.3	161.6	224.5	147.3	204.0
湖南	230.0	334.9	119.9	179.6	109.0	165.8
广东	1233.5	1355.8	978.1	1164.9	897.0	1087.2
广西	120.3	192.3	95.2	170.8	91.8	168.2
海南	36.6	56.0	23.7	30.2	22.8	28.7
重庆	327.9	393.1	210.2	232.6	188.2	211.6
四川	450.9	510.1	349.4	330.5	337.0	320.1
贵州	105.0	121.7	72.8	76.8	66.3	71.3
云南	115.0	149.9	98.2	106.4	90.1	101.6
西藏	2.0	5.4	1.8	2.6	1.8	2.6
陕西	188.3	231.2	89.0	88.2	82.7	78.5
甘肃	50.8	72.1	28.7	45.9	25.3	43.8
青海	22.3	26.2	12.2	14.9	10.2	13.5
宁夏	50.9	67.2	43.4	58.0	40.2	56.5
新疆	102.5	104.7	106.7	102.0	99.6	96.2

附录1-12 房地产开发企业(单位)住宅施工竣工销售面积

单位:万平方米

地区	施工面积		竣工面积		销售面积	
	2003年	2004年	2003年	2004年	2003年	2004年
全国总计	**117526.0**	**140451.4**	**41464.1**	**42464.9**	**33657.1**	**38231.6**
北京	9070.7	9931.3	2593.6	3067.0	1895.8	2472.0
天津	2314.4	2865.5	911.3	1108.1	786.5	847.0
河北	2908.7	3268.7	1207.3	820.7	939.4	864.9
山西	1294.6	1603.7	482.6	477.1	359.6	399.1
内蒙古	1176.0	1429.2	615.9	614.4	548.0	654.0
辽宁	5314.1	6123.2	2139.7	2064.4	1499.1	1748.8
吉林	1437.7	1545.2	711.0	484.6	501.1	401.9
黑龙江	1900.0	2260.1	883.5	942.9	814.6	857.1
上海	8267.5	9481.6	2491.8	3443.0	2376.4	3300.8
江苏	8924.7	12316.2	3120.2	3906.3	2721.6	3178.9
浙江	10804.8	13858.9	3214.9	3195.3	2781.8	2794.3
安徽	3140.1	4362.3	1326.2	1685.0	1093.3	1429.2
福建	4891.0	5795.7	1363.0	1523.9	1250.1	1384.8
江西	2577.9	3325.2	1055.5	1155.7	865.8	1168.9
山东	7246.8	8283.9	2688.8	2396.9	2251.5	2525.2
河南	3210.3	3940.6	1005.5	1135.3	862.7	1043.5
湖北	3252.2	4055.2	1332.5	1532.4	1073.5	1342.9
湖南	3118.9	4071.8	1142.3	1459.1	848.5	1188.8
广东	12855.0	13911.6	4383.7	3407.8	3061.3	3346.0
广西	1929.8	2998.9	558.7	884.5	505.3	820.4
海南	459.1	684.0	115.0	105.3	112.6	125.8
重庆	5287.8	6160.0	1677.0	1534.6	1316.8	1317.1
四川	6837.9	7278.5	2864.1	2398.7	2457.9	2102.0
贵州	2104.0	2443.3	655.4	644.5	554.3	554.3
云南	1363.2	1828.7	586.6	473.2	522.0	538.1
西藏	17.4	38.4	12.6	9.2	10.3	9.6
陕西	2274.4	2490.5	709.5	538.4	519.5	509.4
甘肃	997.8	1448.1	260.7	321.3	224.8	261.5
青海	412.1	426.7	157.0	149.9	83.5	93.9
宁夏	754.9	941.9	407.3	428.3	232.4	308.2
新疆	1382.1	1282.3	791.1	557.0	587.0	643.4

附录1－13 地方财政收入

单位:亿元

地　　区	1998年	1999年	2000年	2001年	2002年	2003年	2004年
地方总计	**4984.0**	**5594.9**	**6406.1**	**7803.3**	**8515.0**	**9850.0**	**11693.4**
北　　京	229.4	281.4	345.0	454.2	534.0	592.4	744.5
天　　津	101.4	112.8	133.6	163.6	171.8	204.5	246.2
河　　北	206.8	223.3	248.8	283.5	302.3	335.8	407.8
山　　西	104.2	109.2	114.5	132.8	150.8	186.1	256.4
内 蒙 古	77.7	86.6	95.0	99.4	112.9	138.7	196.8
辽　　宁	264.6	279.6	295.6	370.4	399.7	447.0	529.6
吉　　林	93.6	101.3	103.8	121.1	131.5	154.0	166.3
黑 龙 江	157.3	170.1	185.3	213.6	231.9	248.9	289.4
上　　海	380.7	420.0	485.4	609.5	709.0	886.2	1106.2
江　　苏	296.6	343.4	448.3	572.1	643.7	798.1	980.5
浙　　江	198.1	245.5	342.8	500.7	566.9	706.6	805.9
安　　徽	159.2	174.3	178.7	192.2	200.2	220.7	274.6
福　　建	187.9	208.9	234.1	274.3	272.9	304.7	333.5
江　　西	97.2	105.1	111.6	132.0	140.5	168.2	205.8
山　　东	**352.4**	**404.5**	**463.7**	**573.2**	**610.2**	**713.8**	**828.3**
河　　南	208.2	223.4	246.5	267.7	296.7	338.1	428.8
湖　　北	169.0	194.4	214.3	231.9	243.4	259.7	310.4
湖　　南	156.8	166.5	177.0	205.4	231.1	268.6	320.6
广　　东	640.8	766.2	910.6	1160.5	1201.6	1315.5	1418.5
广　　西	119.7	133.6	147.1	178.7	186.7	203.7	237.8
海　　南	33.7	36.1	39.2	43.8	46.2	51.3	57.0
重　　庆	71.1	76.7	87.2	106.1	126.1	161.6	200.6
四　　川	197.3	211.5	233.9	271.1	291.9	336.6	385.8
贵　　州	65.3	74.3	85.2	99.7	108.3	124.6	149.3
云　　南	168.2	172.7	180.7	191.3	206.8	229.0	263.4
西　　藏	3.6	4.6	5.4	6.1	7.3	8.2	10.0
陕　　西	93.3	106.4	115.0	135.8	150.3	177.3	215.0
甘　　肃	54.0	58.4	61.3	69.9	76.2	87.7	104.2
青　　海	12.8	14.2	16.6	19.8	21.1	24.0	27.0
宁　　夏	17.8	18.8	20.8	27.6	26.5	30.0	37.5
新　　疆	65.4	71.3	79.1	95.1	116.5	128.2	155.7

注:本表及以下分地区列表中,当年数据为月度执行情况汇总数,以前各年数据为各地区财政决算数。

地　　区	收入合计	#增值税	#营业税	#企业所得税	#个人所得税	#资源税	#城市维护建设税	#房产税	#印花税
地方总计	**116933709**	**16566714**	**34709830**	**13733391**	**6948198**	**988015**	**6697446**	**3663167**	**1236184**
北　京	7444874	688797	3331645	1216973	733357	2466	347203	319733	89476
天　津	2461800	351718	783942	321246	159822	3540	130921	80947	30489
河　北	4078273	833059	855106	381060	221514	81144	229806	95302	32126
山　西	2563634	699739	483454	224324	104033	87022	168322	54051	22838
内蒙古	1967589	306760	550223	86995	73640	25921	107499	69883	18570
辽　宁	5296405	768327	1416704	499919	281574	82991	317325	219674	60937
吉　林	1662807	321945	407799	123628	92653	14399	115747	70680	14600
黑龙江	2894200	734993	522784	121106	132963	122310	278142	101061	16817
上　海	11061932	1315512	4424582	2049897	886865		434552	270791	169841
江　苏	9804939	1481339	2824927	1385871	528318	23504	586375	291913	130332
浙　江	8059479	766154	2862683	1477859	562055	14006	517544	219382	92948
安　徽	2746284	389776	602792	258301	102995	34280	160472	61584	22469
福　建	3335230	302590	1017528	479272	245318	17485	159994	144535	43997
江　西	2057667	254350	553126	135057	92291	16468	102861	39378	12241
山　东	**8283306**	**1160390**	**1764502**	**860624**	**319637**	**135148**	**549266**	**267768**	**62914**
河　南	4287799	657752	928070	384296	193216	44902	246031	102821	27188
湖　北	3104464	496643	722562	282533	137089	23839	208537	88232	31639
湖　南	3206279	434071	786115	176657	142830	10566	196356	75816	23632
广　东	14185056	1688797	4847764	1944269	1115740	19573	552389	547713	198600
广　西	2377721	311157	613483	151845	122809	14054	113492	62593	10640
海　南	570358	69873	190337	33856	31467	6445	33901	28599	5174
重　庆	2006241	259481	585417	111487	89359	24742	111971	46536	17915
四　川	3857848	523617	1102487	310529	176902	31189	235158	110173	32812
贵　州	1492855	239062	379489	121020	70546	11999	104899	38307	6800
云　南	2633618	455618	565676	277797	100448	17920	283606	69715	19933
西　藏	100188	10725	43139	7514	3542	2297	3768		641
陕　西	2149586	394394	619259	144941	82201	43030	155791	67895	16239
甘　肃	1041600	216152	270531	63182	43112	15912	83106	37841	8222
青　海	269960	59845	85068	16940	8447	7448	18052	9153	2288
宁　夏	374677	62782	134373	21364	18664	1490	24260	13189	3558
新　疆	1557040	311296	434263	63029	74791	51925	120100	57902	10308

地区	#城镇土地使用税	#农业税	#耕地占用税	#契税	#国有企业亏损补贴	#行政性收费收入	#罚没收入	#专项收入	#其它收入
地方总计	**1062260**	**1978986**	**1200850**	**5401041**	**–1819751**	**9046327**	**5226014**	**4907372**	**1523813**
北京	32732	40	18363	436836	–506057	216127	132182	277055	40559
天津	8711	3585	10698	123768	–25000	294509	65998	72140	35907
河北	39373	135580	23155	104314	–12545	342481	322612	226207	79394
山西	24781	26028	7930	25036	–18313	183247	157007	278083	23135
内蒙古	52895	49968	39170	37982	–3990	170085	73347	112404	27859
辽宁	83446	51615	21174	233455	–28718	570059	242436	224418	35853
吉林	22149	20091	19614	64954	–53227	181615	107155	79446	15480
黑龙江	38798	9665	15908	75013	–20653	175977	107189	215993	27738
上海	21284		36646	870043	–275106	294492	162529	258817	30544
江苏	44365	151717	138728	604384	–132037	646970	418164	381625	45317
浙江	23574	9121	213678	587082	–462042	253018	428669	344491	34151
安徽	33181	188656	62454	103944	–21107	390957	139479	117114	32392
福建	22900	7835	27668	168277	–2472	253209	180686	98182	47886
江西	19208	82209	7313	112631	–2025	244351	166109	73792	77377
山东	211717	251102	183219	340488	–43871	909921	437059	353922	78928
河南	51925	240728	28458	113783	–13681	511317	233684	241639	43595
湖北	45121	142595	36310	139727	–26059	354361	214353	83699	55968
湖南	25119	105097	64694	100445	–35596	421000	243371	151525	158916
广东	70368	35150	92377	631259	–22599	949476	497651	440758	209761
广西	24919	56856	33286	64203	–9772	250825	161469	90047	78583
海南	5359	4103	2796	17482		49111	25891	18440	7284
重庆	15877	49115	24488	83035	–21114	333932	88337	84495	22991
四川	43568	104290	33210	181796	–25899	422434	190946	159445	45746
贵州	15380	41071	14687	24278	–3825	129896	80148	70729	60020
云南	25917	43493	18569	44081	–17891	136204	125373	135221	129951
西藏			45		–9123	10505	7941	3106	14673
陕西	29278	63326	19183	42023	–14531	117248	94826	100424	21304
甘肃	12857	43898	3912	20131	–12192	79494	39755	72133	21606
青海	904	6032	929	3815	–41	12752	6385	15108	10324
宁夏	4145	5440	559	12209		24954	14589	19100	3989
新疆	12409	50580	1629	34567	–265	115800	60674	107814	6582

附录 1－14 地方财政支出

单位：亿元

地　　区	1998 年	1999 年	2000 年	2001 年	2002 年	2003 年	2004 年
地方总计	**7672.6**	**9035.4**	**10366.7**	**13134.6**	**15281.5**	**17229.9**	**20592.8**
北　　京	280.7	355.2	443.0	559.1	628.3	734.8	898.3
天　　津	137.9	157.4	187.0	234.7	265.2	312.1	375.0
河　　北	301.6	350.8	414.3	514.2	576.6	646.7	785.6
山　　西	164.4	185.3	224.9	289.5	334.3	415.7	519.1
内 蒙 古	170.3	199.8	247.1	319.3	393.6	447.3	564.1
辽　　宁	390.3	457.9	516.9	635.4	690.9	784.4	931.4
吉　　林	190.1	234.6	260.7	326.4	362.6	409.2	507.8
黑 龙 江	259.4	339.0	381.9	478.3	531.9	564.9	697.6
上　　海	470.0	533.5	608.6	708.1	862.4	1088.4	1382.5
江　　苏	424.9	484.7	591.3	729.6	860.3	1047.7	1312.0
浙　　江	286.8	344.0	431.3	597.3	749.9	896.8	1062.9
安　　徽	242.1	288.6	322.5	403.8	456.9	507.4	601.5
福　　建	254.9	279.3	324.1	373.2	397.6	452.3	516.7
江　　西	175.3	207.8	223.2	283.7	341.4	382.1	454.1
山　　东	**487.8**	**550.0**	**613.0**	**753.8**	**860.6**	**1010.6**	**1189.4**
河　　南	323.6	384.3	444.0	508.6	629.2	716.6	880.0
湖　　北	280.1	336.5	369.8	484.4	511.4	540.4	646.3
湖　　南	273.6	313.1	347.8	431.7	533.0	573.7	719.5
广　　东	825.6	965.9	1070.3	1321.0	1521.1	1695.6	1853.0
广　　西	198.4	225.0	258.5	351.6	419.9	443.6	507.5
海　　南	54.9	56.8	64.0	78.9	92.3	105.4	127.2
重　　庆	125.8	150.2	187.6	237.5	305.9	341.6	395.7
四　　川	320.9	363.5	451.9	594.1	701.6	732.3	895.3
贵　　州	133.1	170.7	200.1	275.2	316.7	332.4	418.4
云　　南	328.0	378.0	414.0	496.4	526.9	587.3	663.6
西　　藏	45.3	53.3	60.0	104.6	137.8	145.9	133.8
陕　　西	166.2	206.5	271.6	350.1	404.9	418.2	516.3
甘　　肃	125.3	147.8	187.3	235.5	274.0	300.0	356.9
青　　海	44.1	55.7	68.3	101.3	118.7	122.0	137.3
宁　　夏	45.1	49.5	60.8	93.6	114.6	105.8	123.0
新　　疆	146.0	166.3	191.0	263.3	361.2	368.5	421.0

地　区	支出合计	#基本建设支出	#挖潜改造支出	#地质勘探费	#科技三项费用	#流动资金	#农业支出	#林业支出	#农林水利气象支出
地方总计	**205928063**	**20937024**	**7415067**	**886958**	**2280527**	**12917**	**7103281**	**5939444**	**2477241**
北　京	8982756	739446	428314	11134	78547		217329	69279	46727
天　津	3750212	693881	271803	13341	91979		80147	13247	15923
河　北	7855591	618577	149016	25474	68231		242201	266509	77190
山　西	5190569	430855	25936	19396	42492	770	189392	214225	56752
内蒙古	5641117	759463	202233	37145	33720		199691	494099	62584
辽　宁	9313979	865445	234889	44886	195315		342856	145269	109175
吉　林	5077758	414223	102994	36444	36523	397	161463	168461	40105
黑龙江	6975516	483451	319213	24047	85390		266089	271676	56929
上　海	13825254	3106700	1933129	1880	16331		163284	54616	77460
江　苏	13120404	1012157	650180	27203	199149		505486	38101	213166
浙　江	10629355	732868	537581	29632	252380		511209	58953	180844
安　徽	6015280	508578	209463	37288	29904	40	253414	168256	65258
福　建	5166787	410376	192017	12806	67384	398	184204	43736	72245
江　西	4540598	342389	91890	60829	22635		215747	163363	44328
山　东	**11893716**	**600330**	**510142**	**27031**	**157800**	**2650**	**509248**	**77199**	**144626**
河　南	8799580	672263	215560	25654	68235		266272	159966	114381
湖　北	6462888	374575	113387	22207	59873	4804	245887	223308	69462
湖　南	7195435	464763	146274	59132	64838		340831	326903	73556
广　东	18529500	2541273	226959	32865	406516	2715	416013	136780	395912
广　西	5074721	454371	125615	31095	29566	15	205701	183397	75790
海　南	1272006	149311	3390	3474	5229		44060	35685	23814
重　庆	3957233	529594	76144	7379	39668		115066	186579	28501
四　川	8952534	848048	228409	44275	65548	1128	328016	649456	95262
贵　州	4184181	382750	43823	35361	25887		172806	295119	55227
云　南	6636354	648877	162489	28517	39883		291589	331975	95412
西　藏	1338335	324028	4037	16022	4039		51159	23114	11671
陕　西	5163052	463151	98463	50934	33044		187379	494857	66103
甘　肃	3569366	328815	38649	45582	20109		112281	312117	45598
青　海	1373363	208426	14925	15711	5984		48029	96923	14272
宁　夏	1230177	205213	32627	12217	8147		61434	106492	15646
新　疆	4210446	622827	25516	47997	26181		174998	129784	33322

地　　区	# 工业交通等部门事业费	# 流通部门事业费	# 文体广播事业费	# 教育事业费	# 科学事业费	# 卫生经费	# 其他部门的事业费	# 抚恤和社会福利救济费	# 行政事业单位离退休经费	# 社会保障补助支出	# 国防支出
地方总计	**2447752**	**331239**	**5208493**	**31462978**	**1236936**	**8322510**	**10096612**	**5557421**	**9324555**	**13288419**	**279985**
北　京	61856	2363	202481	1213881	132556	540662	361204	266954	458358	226616	3024
天　津	18401	222	86942	553991	22915	183378	94539	72820	12167	325213	2565
河　北	131799	11631	194480	1423523	29857	351422	553749	214497	417532	485292	10892
山　西	81496	8688	145092	802684	18856	223898	248063	155621	306761	570427	7091
内蒙古	52947	5271	127828	662206	17485	174747	303348	116165	363521	418242	5024
辽　宁	125262	16225	182466	1210028	39867	254934	480590	345097	414981	1308715	18571
吉　林	63982	11751	131813	607409	22908	170197	252269	198584	303738	793450	5449
黑龙江	91040	33128	161333	918029	35636	235805	427570	207361	194808	967071	10603
上　海	62300	1633	199405	1553500	135111	450150	502067	190279	60722	502373	7199
江　苏	171841	8296	321101	2143705	64573	623921	559907	300823	431069	453760	22029
浙　江	223693	12229	321055	2000797	91501	527709	790477	237238	80475	255527	12593
安　徽	47676	7778	145637	1055638	22153	221171	202833	202407	369977	483863	7406
福　建	89636	13325	161246	1008963	43837	233252	283742	134465	321619	94099	15872
江　西	74326	12918	111902	737127	19979	175879	286068	160805	165841	372631	2572
山　东	**124050**	**19770**	**366895**	**2048284**	**65970**	**452199**	**596766**	**309460**	**519429**	**439691**	**11929**
河　南	118862	12584	303103	1532898	34715	337404	469196	258495	583450	628849	7364
湖　北	72041	18404	155505	1045080	21229	263743	340577	271333	249806	599442	11282
湖　南	111825	25326	178296	1043285	24080	197383	385264	252096	372878	749416	11882
广　东	195375	32632	442981	2879522	157747	729099	1016108	336839	945966	435836	26423
广　西	40452	5350	153117	905379	37322	220169	321839	122776	223165	199286	10752
海　南	5699	1068	28904	179249	4907	54270	73589	35194	56553	114568	2600
重　庆	15887	3912	88630	497847	10172	120564	97779	144578	288870	327589	5585
四　川	87972	18837	224155	1225217	41010	342542	279603	301892	543451	649986	17665
贵　州	53042	9876	146772	737679	26408	195474	151199	107443	31872	229059	4734
云　南	81958	17660	182227	1118233	43602	361946	286207	188120	582888	333081	15300
西　藏	39825	561	35485	151132	2898	63727	11928	22661	20140	38909	2528
陕　西	101895	15313	137498	743497	19738	180908	293742	146949	234424	502175	4180
甘　肃	33411	1899	106267	536579	18053	134101	138216	93100	200887	396647	3839
青　海	17576	305	30827	152629	4247	63398	45322	41265	146440	120968	1484
宁　夏	14827	1325	29998	161044	7163	43539	45902	27844	61181	57117	1941
新　疆	36800	959	105052	613943	20441	194919	196949	94260	361586	208521	9607

地区	# 行政管理费	# 外交外事支出	# 武装警察部队支出	# 公检法司支出	# 城市维护费	# 政策性补贴支出	# 支援不发达地区支出	# 海域开发建设和场地使用费支出	# 专项支出	# 其它支出
地方总计	**19952079**	**114814**	**309307**	**14661212**	**9682286**	**3784723**	**1725265**	**20829**	**4115672**	**16761059**
北京	533379	1859		677822	404388	45178		273	266870	1991204
天津	219009	4669	2364	257858	408127	25190	39	2011	65402	211600
河北	802101	8360	4482	554549	315047	214981	55916	2787	200899	423010
山西	559127	1305	5688	326785	181838	89723	50567	205	147802	278935
内蒙古	569237	1345	14158	286448	254763	163692	66767	63	87151	155436
辽宁	756115	17847	10302	640022	588260	251748	38174	2563	196810	476538
吉林	367524	4029	12240	297489	123435	481022	32617	109	65182	141869
黑龙江	567527	2822	14629	412324	275600	429360	42804	180	222590	218501
上海	562416	9289		773594	675417	10170			229155	2547015
江苏	1477943	5760	21509	1056325	1202411	141875	13733	382	309376	1100495
浙江	1176801	6781	22804	982693	621881	52944	34407	487	251479	621752
安徽	645081	4024	4127	376652	177737	164909	53782	124	109329	436443
福建	424795	2027	16580	390099	142780	67797	38494	2576	81087	589122
江西	416770	1025	5535	322542	207709	114370	57809	77	63116	290404
山东	**1312928**	**5573**	**10229**	**807554**	**885953**	**196740**	**14552**	**2183**	**328259**	**1340828**
河南	974344	791		566884	276353	287098	79380	671	225246	565472
湖北	699005	1001	8785	515226	221544	154598	51452	273	74401	569124
湖南	709298	2335	10169	483201	286567	139254	67549	112	134432	531044
广东	1931009	5901	64588	1903531	861050	128274	121045	3675	362140	1789502
广西	519762	8281	7587	402346	228064	54836	87854	853	82106	332756
海南	124176	1558	3848	83182	44324	14373	25995	668	15480	136618
重庆	451604	671	10115	274003	274108	58897	43436		75797	179949
四川	1139635	3689	15894	625369	254231	158220	114412	112	135807	492267
贵州	511020	1851	2820	287496	105264	33481	118329	54	56117	355382
云南	677565	4235	20287	438337	191362	47057	154096	48	80566	212370
西藏	241636	421	2235	72309	4050	19624	31378		3302	139512
陕西	523074	2059	4225	295266	184078	73344	77264	56	59957	169123
甘肃	349975	2585	2230	160554	89606	50362	104923	157	64605	176843
青海	133747	750	2065	65004	12967	11214	45927	50	18777	50844
宁夏	87671	1320	2526	65600	43181	16438	35558	80	18607	65539
新疆	487805	651	7286	260148	140191	87954	67006		83825	171562

附录 1－15 居民消费价格分类指数

（2004 年，上年＝100）

地　区	居民消费价格指数	食　品	烟　酒及用品	衣　着	家庭设备用　品及服务	医疗保健和个人用品	交通和通　信	娱　乐教　育文　化	居　住
全国总计	**103.9**	**109.9**	**101.2**	**98.5**	**98.6**	**99.7**	**98.5**	**101.3**	**104.9**
北　京	101.0	104.8	101.2	98.9	96.9	99.2	95.7	101.5	101.4
天　津	102.3	109.9	101.0	92.1	98.3	93.4	96.8	99.2	103.6
河　北	104.3	110.7	100.7	96.8	97.4	102.2	98.6	102.4	105.9
山　西	104.1	109.5	103.2	99.4	99.0	99.6	98.7	102.7	106.6
内蒙古	102.9	108.8	102.0	100.1	98.6	100.7	98.4	99.7	104.4
辽　宁	103.5	108.7	100.2	97.9	97.5	102.8	98.5	101.5	103.2
吉　林	104.1	110.2	102.0	100.9	99.1	99.3	95.6	99.7	107.5
黑龙江	103.8	108.8	100.6	100.4	99.4	101.1	98.9	100.2	106.6
上　海	102.2	108.3	98.3	94.2	97.8	100.0	96.5	99.9	101.6
江　苏	104.1	110.2	100.7	99.0	99.1	99.7	98.3	101.5	104.4
浙　江	103.9	111.1	101.4	97.3	98.3	95.1	97.7	102.8	104.4
安　徽	104.5	110.8	101.0	97.7	98.0	100.6	100.1	100.2	105.6
福　建	104.0	109.9	101.1	97.6	98.6	97.7	97.6	103.5	104.2
江　西	103.5	109.0	100.8	98.0	99.2	96.6	98.5	100.4	104.8
山　东	**103.6**	**109.1**	**101.2**	**97.9**	**98.8**	**100.0**	**99.6**	**101.8**	**105.6**
河　南	105.4	113.5	104.2	98.4	98.2	99.0	100.6	102.3	106.3
湖　北	104.9	110.7	100.7	99.8	97.9	98.2	99.3	103.8	106.1
湖　南	105.1	111.6	100.8	100.3	99.5	99.9	98.8	102.2	104.5
广　东	103.0	107.5	101.6	99.1	98.6	99.9	98.8	99.4	103.8
广　西	104.4	112.2	100.2	98.0	99.6	101.1	97.7	98.6	105.2
海　南	104.4	111.0	100.5	98.8	100.3	99.7	99.6	97.9	101.9
重　庆	103.7	111.0	100.4	91.2	98.5	99.4	99.2	103.2	100.9
四　川	104.9	111.2	101.8	98.5	99.6	103.6	100.5	102.2	103.4
贵　州	104.0	112.6	99.9	92.2	98.6	105.1	96.6	101.0	104.1
云　南	106.0	114.8	101.4	97.8	99.7	99.8	98.5	102.2	107.7
西　藏	102.7	105.3	100.0	100.4	99.9	100.3	100.3	99.4	106.2
陕　西	103.1	107.3	101.3	102.5	98.5	97.0	99.1	100.5	106.2
甘　肃	102.3	106.2	99.8	99.4	99.4	99.6	95.1	101.4	105.0
青　海	103.2	106.5	102.4	102.4	99.4	102.0	98.6	102.6	102.4
宁　夏	103.7	109.6	104.5	99.1	97.9	98.1	99.7	100.1	106.3
新　疆	102.7	105.8	100.3	99.4	98.4	101.8	99.4	98.6	108.3

附录 1－16 城镇居民人均可支配收入

单位:元

地　　区	1998 年	1999 年	2000 年	2001 年	2002 年	2003 年	2004 年
全国总计	**5425.1**	**5854.0**	**6280.0**	**6859.6**	**7702.8**	**8472.2**	**9421.6**
北　京	8472.0	9182.8	10349.7	11577.8	12463.9	13882.6	15637.8
天　津	7110.5	7649.8	8140.5	8958.7	9337.6	10312.9	11467.2
河　北	5084.6	5365.0	5661.2	5984.8	6679.7	7239.1	7951.3
山　西	4098.7	4342.6	4724.1	5391.1	6234.4	7005.0	7902.9
内蒙古	4353.0	4770.5	5129.1	5535.9	6051.0	7012.9	8123.0
辽　宁	4617.2	4898.6	5357.8	5797.0	6524.5	7240.6	8007.6
吉　林	4206.6	4480.0	4810.0	5340.5	6260.2	7005.2	7840.6
黑龙江	4268.5	4595.1	4912.9	5425.9	6100.6	6678.9	7470.7
上　海	8773.1	10931.6	11718.0	12883.5	13249.8	14867.5	16682.8
江　苏	6017.9	6538.2	6800.2	7375.1	8177.6	9262.5	10481.9
浙　江	7836.8	8428.0	9279.2	10464.7	11715.6	13179.5	14546.4
安　徽	4770.5	5064.6	5293.6	5668.8	6032.4	6778.0	7511.4
福　建	6485.6	6859.8	7432.3	8313.1	9189.4	9999.5	11175.4
江　西	4251.4	4720.6	5103.6	5506.0	6335.6	6901.4	7559.6
山　东	**5380.1**	**5809.0**	**6490.0**	**7101.1**	**7614.4**	**8399.9**	**9437.8**
河　南	4219.4	4532.4	4766.3	5267.4	6245.4	6926.1	7704.9
湖　北	4826.4	5212.8	5524.5	5856.0	6788.5	7322.0	8022.8
湖　南	5434.3	5815.4	6218.7	6780.6	6958.6	7674.2	8617.5
广　东	8839.7	9125.9	9761.6	10415.2	11137.2	12380.4	13627.7
广　西	5412.2	5619.5	5834.4	6665.7	7315.3	7785.0	8690.0
海　南	4852.9	5338.3	5358.3	5838.8	6822.7	7259.3	7735.8
重　庆	5466.6	5896.0	6276.0	6721.1	7238.0	8093.7	9221.0
四　川	5127.1	5477.9	5894.3	6360.5	6610.8	7041.9	7709.9
贵　州	4565.4	4934.0	5122.2	5451.9	5944.1	6569.2	7322.1
云　南	6042.8	6178.7	6324.6	6797.7	7240.6	7643.6	8870.9
西　藏		6908.7	7426.3	7869.2	8079.1	8765.5	9167.4
陕　西	4220.2	4654.1	5124.2	5483.7	6330.8	6806.4	7492.5
甘　肃	4009.6	4475.2	4916.3	5382.9	6151.4	6657.2	7376.7
青　海	4240.1	4703.4	5170.0	5853.7	6170.5	6745.3	7319.7
宁　夏	4112.4	4472.9	4912.4	5544.2	6067.4	6530.5	7217.9
新　疆	5000.8	5319.8	5644.9	6395.0	6899.6	7173.5	7503.4

附录 1－17 城镇居民人均收支情况

（2004 年）　　单位:元

地区	总收入	#可支配收入	总支出	消费性支出	非消费性支出	恩格尔系数（%）
全国总计	**10128.5**	**9421.6**	**9714.0**	**7182.1**	**2531.9**	**37.7**
北京	17116.5	15637.8	16162.3	12200.4	3961.9	32.2
天津	12279.7	11467.2	13322.8	8802.4	4520.4	37.2
河北	8381.4	7951.3	7747:2	5819.2	1928.0	36.8
山西	8428.8	7902.9	7977.7	5654.2	2323.5	33.9
内蒙古	8488.1	8123.0	7917.5	6219.3	1698.2	32.6
辽宁	8706.5	8007.6	8862.7	6543.3	2319.4	40.4
吉林	8226.8	7840.6	7648.9	6069.0	1579.9	35.9
黑龙江	7803.4	7470.7	7052.2	5567.5	1484.7	35.4
上海	18501.7	16682.8	20272.2	12631.0	7641.2	36.4
江苏	11236.7	10481.9	10139.9	7332.3	2807.6	40.0
浙江	15881.6	14546.4	15219.8	10636.1	4583.6	36.2
安徽	7993.6	7511.4	7845.6	5711.3	2134.2	43.9
福建	12117.9	11175.4	10858.2	8161.2	2697.1	41.6
江西	7876.7	7559.6	6849.3	5337.8	1511.5	43.0
山东	**10187.1**	**9437.8**	**9025.6**	**6673.8**	**2351.9**	**34.6**
河南	8073.4	7704.9	6734.0	5294.2	1439.8	35.0
湖北	8522.1	8022.8	8076.1	6398.5	1677.6	39.3
湖南	9190.2	8617.5	9448.2	6884.6	2563.6	36.0
广东	14953.4	13627.7	14341.4	10694.8	3646.6	37.0
广西	9324.0	8690.0	8230.7	6445.7	1785.0	42.3
海南	8121.9	7735.8	7345.9	5802.4	1543.5	46.9
重庆	9910.1	9221.0	10235.9	7973.1	2262.8	37.8
四川	8261.4	7709.9	8775.8	6371.1	2404.7	40.2
贵州	7518.7	7322.1	6799.9	5494.5	1305.5	41.1
云南	9546.3	8870.9	8716.4	6837.0	1879.4	42.4
西藏	10475.0	9167.4	10445.4	8446.2	1999.1	46.0
陕西	8043.2	7492.5	8315.1	6233.1	2082.0	35.9
甘肃	7990.7	7376.7	8001.7	5937.3	2064.4	37.1
青海	7785.1	7319.7	7616.9	5759.0	1858.0	35.7
宁夏	7748.5	7217.9	8301.2	5821.4	2479.8	37.0
新疆	8201.8	7503.4	7425.3	5773.6	1651.7	36.1

附录 1－18 农村居民人均纯收入

单位:元

地区	1998年	1999年	2000年	2001年	2002年	2003年	2004年
全国总计	**2162.0**	**2210.3**	**2253.4**	**2366.4**	**2475.6**	**2622.2**	**2936.4**
北京	3952.3	4226.6	4604.6	5025.5	5398.5	5601.6	6170.3
天津	3395.7	3411.1	3622.4	3947.7	4278.7	4566.0	5019.5
河北	2405.3	2441.5	2478.9	2603.6	2685.2	2853.4	3171.1
山西	1858.6	1772.6	1905.6	1956.0	2149.8	2299.2	2589.6
内蒙古	1981.5	2002.9	2038.2	1973.4	2086.0	2267.7	2606.4
辽宁	2579.8	2501.0	2355.6	2557.9	2751.3	2934.4	3307.1
吉林	2383.6	2260.6	2022.5	2182.2	2301.0	2530.4	2999.6
黑龙江	2253.1	2165.9	2148.2	2280.3	2405.2	2508.9	3005.2
上海	5406.8	5409.1	5596.4	5870.9	6223.6	6653.9	7066.3
江苏	3376.8	3495.2	3595.1	3784.7	3979.8	4239.3	4753.9
浙江	3814.6	3948.4	4253.7	4582.3	4940.4	5389.0	5944.1
安徽	1862.9	1900.3	1934.6	2020.0	2117.6	2127.5	2499.3
福建	2946.4	3091.4	3230.5	3380.7	3538.8	3733.9	4089.4
江西	2048.0	2129.5	2135.3	2231.6	2306.5	2457.5	2786.8
山东	**2452.8**	**2549.6**	**2659.2**	**2804.5**	**2947.7**	**3150.5**	**3507.4**
河南	1864.1	1948.4	1985.8	2097.9	2215.7	2235.7	2553.2
湖北	2172.2	2217.1	2268.6	2352.2	2444.1	2566.8	2890.0
湖南	2064.9	2127.5	2197.2	2299.5	2397.9	2532.9	2837.8
广东	3527.1	3629.0	3654.5	3769.8	3911.9	4054.6	4365.9
广西	1971.8	2048.3	1864.5	1944.3	2012.6	2094.5	2305.2
海南	2018.3	2087.5	2182.3	2226.5	2423.2	2588.1	2817.6
重庆	1720.5	1736.6	1892.4	1971.2	2097.6	2214.6	2510.4
四川	1789.2	1843.5	1903.6	1987.0	2107.6	2229.9	2518.9
贵州	1334.5	1363.1	1374.2	1411.7	1489.9	1564.7	1721.6
云南	1387.3	1437.6	1478.6	1533.7	1608.6	1697.1	1864.2
西藏	1231.5	1309.5	1330.8	1404.0	1462.3	1690.8	1861.3
陕西	1405.6	1455.9	1443.9	1490.8	1596.3	1675.7	1866.5
甘肃	1393.1	1357.3	1428.7	1508.6	1590.3	1673.1	1852.2
青海	1424.8	1466.7	1490.5	1557.3	1668.9	1794.1	1957.7
宁夏	1721.2	1754.2	1724.3	1823.1	1917.4	2043.3	2320.1
新疆	1600.1	1473.2	1618.1	1710.4	1863.3	2106.2	2244.9

附录1－19 农村居民家庭收支情况

（2004年） 单位:元

地区	总收入	#纯收入	#现金收入	总支出	#生活消费	#现金支出	恩格尔系数（%）
全国总计	**4039.6**	**2936.4**	**3234.2**	**3430.1**	**2184.7**	**2862.5**	**47.2**
北京	7110.2	6170.3	6973.1	5790.7	4616.9	5733.7	32.4
天津	6502.2	5019.5	6007.6	4316.3	2642.1	4158.1	38.5
河北	4213.5	3171.1	3434.6	2957.2	1834.9	2603.8	42.5
山西	3235.3	2589.6	2524.4	2347.0	1636.5	2028.5	45.8
内蒙古	4441.3	2606.4	3292.6	4115.8	2082.6	3307.7	42.7
辽宁	4888.0	3307.1	4061.5	3888.8	2073.0	3334.1	46.4
吉林	4439.0	2999.6	3224.2	3658.1	1971.2	3253.1	45.6
黑龙江	5012.3	3005.2	3662.9	4352.8	1837.4	3870.4	40.9
上海	7623.2	7066.3	7262.1	7579.3	6328.8	7271.6	34.6
江苏	5915.1	4753.9	5187.3	4371.5	2992.5	3853.1	44.0
浙江	7432.3	5944.1	7069.9	6573.5	4659.1	6309.9	39.5
安徽	3373.7	2499.3	2587.9	2765.3	1813.7	2270.3	47.5
福建	5041.2	4089.4	4432.5	4105.3	3015.6	3674.7	46.7
江西	3683.7	2786.8	2885.5	3117.3	2095.5	2458.6	53.7
山东	**5037.5**	**3507.4**	**4321.9**	**3999.2**	**2389.3**	**3483.5**	**41.9**
河南	3536.2	2553.1	2563.1	2726.8	1664.1	2229.7	48.6
湖北	3826.3	2890.0	2971.0	3180.5	2089.0	2482.6	51.5
湖南	3995.4	2837.8	3135.1	3729.1	2472.3	2977.3	54.1
广东	5379.7	4365.9	4794.3	4315.7	3240.8	3801.0	48.8
广西	3280.5	2305.2	2602.7	3000.5	1928.6	2380.4	54.3
海南	3702.5	2817.6	3117.0	2665.2	1745.4	2138.0	58.9
重庆	3341.2	2510.4	2267.6	2773.4	1853.9	1896.9	56.0
四川	3743.7	2518.9	2668.0	3304.0	2015.7	2324.2	55.7
贵州	2410.6	1721.6	1622.5	2093.7	1296.3	1396.8	58.2
云南	2843.0	1864.2	1859.7	2635.7	1571.0	1821.1	54.0
西藏	2408.5	1861.3	1563.8	2041.1	1470.7	1213.8	64.0
陕西	2579.3	1866.5	2077.0	2492.5	1618.1	2153.3	42.4
甘肃	2593.3	1852.2	1863.6	2261.1	1464.3	1732.2	48.0
青海	2692.5	1957.7	1957.1	2563.1	1676.4	1950.5	48.5
宁夏	3684.8	2320.0	2979.3	3535.5	1926.8	2861.3	42.0
新疆	3777.9	2244.9	2945.2	3419.6	1689.9	2904.9	45.2

注:本表现金收支不含储蓄借贷。

附录 1－20 农林牧渔业总产值和指数

（2004 年）

地　　区	农林牧渔业总产值（亿元）	#农　业	#林　业	#牧　业	#渔　业	农林牧渔业总产值比上年增长（%）
全国总计	**36239.0**	**18138.4**	**1327.1**	**12173.8**	**3605.6**	**7.5**
北　京	262.0	92.7	12.7	138.7	9.9	0.4
天　津	241.0	95.3	1.7	92.6	31.8	4.3
河　北	2375.9	1135.7	40.0	1037.7	72.1	6.8
山　西	481.8	290.5	19.1	141.2	2.4	6.8
内蒙古	851.3	411.5	46.6	374.7	6.0	15.0
辽　宁	1510.5	611.3	40.7	548.3	272.2	7.9
吉　林	940.7	486.2	32.9	399.1	13.4	5.4
黑龙江	1136.6	620.2	65.8	400.7	25.0	19.3
上　海	248.9	109.3	13.1	70.8	49.9	-7.2
江　苏	2417.6	1242.4	40.2	563.4	449.5	8.9
浙　江	1332.3	592.6	78.4	277.9	362.0	4.4
安　徽	1644.4	842.0	71.9	540.8	146.9	8.9
福　建	1317.3	525.8	86.2	291.7	397.5	5.0
江　西	1055.0	491.1	79.1	325.0	143.2	8.0
山　东	**3453.9**	**1891.7**	**59.5**	**1022.8**	**426.1**	**6.0**
河　南	2963.9	1602.9	75.8	1117.2	28.0	12.9
湖　北	1695.4	921.6	31.8	514.5	205.7	5.5
湖　南	1913.3	874.0	91.3	796.9	119.9	7.5
广　东	2154.8	960.0	61.7	571.1	466.5	4.5
广　西	1294.5	623.1	58.1	460.7	133.8	6.2
海　南	438.7	170.9	59.8	83.9	116.6	9.2
重　庆	612.8	333.0	18.5	230.9	21.2	5.2
四　川	2252.3	987.7	62.7	1097.6	65.8	7.1
贵　州	524.6	317.7	23.2	168.8	7.0	2.6
云　南	965.2	516.9	86.4	305.4	19.1	6.8
西　藏	62.7	26.6	5.7	29.1		7.0
陕　西	651.2	413.7	26.4	179.4	5.1	9.1
甘　肃	477.4	331.4	16.2	117.7	1.0	7.0
青　海	86.6	34.2	1.8	46.5	0.1	5.1
宁　夏	125.5	71.3	6.2	41.2	3.6	8.3
新　疆	750.7	515.0	13.8	187.5	4.3	6.4

注：本表绝对数按当年价格计算，指数按可比价格计算。

附录1－21 主要农产品产量

（2004年）　　　　单位：万吨

地　区	粮　食	油　料	棉　花	水　果	肉　类	#猪　肉	#牛　肉	#羊　肉	奶　类	水产品
全国总计	**46946.9**	**3065.9**	**632.4**	**15340.9**	**7244.8**	**4701.6**	**675.9**	**399.3**	**2368.4**	**4901.8**
北　京	70.2	2.9	0.8	113.4	70.8	31.8	5.1	4.9	70.1	6.7
天　津	122.8	1.6	12.0	69.0	53.7	33.1	5.6	3.2	54.2	31.0
河　北	2480.1	154.3	66.5	1346.3	534.0	313.4	82.9	31.1	276.9	92.4
山　西	1062.0	28.2	12.0	342.9	66.6	46.8	6.7	7.2	63.7	3.5
内蒙古	1505.3	103.7	0.7	129.3	201.3	80.8	28.7	60.4	502.1	7.7
辽　宁	1720.0	45.9	0.5	430.1	318.4	175.3	37.3	6.1	62.3	402.5
吉　林	2510.0	38.1		215.0	243.5	98.5	49.0	4.0	26.0	12.0
黑龙江	3001.0	46.0		315.6	165.3	93.9	31.4	9.0	378.1	43.0
上　海	106.3	7.4	0.2	111.4	12.5	5.8		0.7	25.2	34.4
江　苏	2829.1	238.4	50.3	620.0	346.8	219.8	5.3	17.4	56.9	366.1
浙　江	834.9	48.8	2.3	632.1	161.8	126.4	1.5	3.8	26.0	493.5
安　徽	2743.0	299.7	41.2	719.6	333.7	207.6	35.6	16.4	10.2	171.3
福　建	736.5	27.8		552.9	151.3	121.5	2.8	1.8	21.1	591.2
江　西	1663.0	74.5	8.5	291.0	217.7	161.2	8.7	1.6	11.6	156.3
山　东	**3516.7**	**369.7**	**109.8**	**2478.5**	**696.5**	**346.4**	**79.6**	**35.0**	**188.7**	**718.2**
河　南	4260.0	408.7	66.7	1638.6	641.5	410.3	98.3	44.6	78.9	42.7
湖　北	2100.1	314.4	39.5	542.7	309.3	240.7	15.9	5.8	11.7	302.1
湖　南	2640.0	139.6	20.3	499.4	517.1	429.1	16.8	10.1	6.7	166.1
广　东	1390.0	77.5		909.0	360.5	237.7	6.3	0.6	11.2	664.6
广　西	1398.5	58.3	0.1	702.3	210.5	161.7	14.6	3.2	4.9	268.9
海　南	190.1	9.1		190.6	52.3	32.1	2.9	1.3	0.1	135.8
重　庆	1144.5	41.8		137.2	168.4	137.1	5.7	3.4	8.6	23.4
四　川	3146.7	226.3	3.3	494.8	609.1	480.2	27.0	18.8	53.0	86.1
贵　州	1149.6	82.7	0.1	87.2	148.0	120.0	11.4	5.0	3.6	8.8
云　南	1509.5	33.4		145.1	277.8	228.3	19.8	8.9	28.3	22.0
西　藏	96.0	5.4		0.9	20.8	1.0	12.2	7.6	26.2	0.1
陕　西	1040.0	46.1	8.2	858.1	101.6	69.9	11.2	8.4	125.5	7.4
甘　肃	805.8	48.5	11.0	245.6	76.6	48.2	11.3	11.2	25.9	1.5
青　海	88.5	28.9		2.8	24.8	8.0	7.3	8.8	24.1	0.1
宁　夏	290.5	13.8		68.6	24.4	10.2	4.7	6.1	46.9	5.7
新　疆	796.5	44.5	178.3	450.8	128.1	24.6	30.4	52.7	139.7	7.2

注：水产品总量包括水产总公司捕捞产量。

附录1－22 主要工业产品产量

（2004年）

地区	原煤（万吨）	原油（万吨）	发电量（亿千瓦小时）	粗钢（万吨）	生铁（万吨）	成品钢材（万吨）	水泥（万吨）
全国总计	**195600.0**	**17500.0**	**21870.0**	**27279.8**	**25185.1**	**29723.1**	**97000.0**
北京	908.4		150.6	826.1	793.0	851.0	1128.0
天津		1443.0	337.7	742.0	475.0	1493.5	537.0
河北	7156.2	535.6	1255.6	5641.4	5283.5	4697.8	7825.5
山西	37231.6		1049.3	1184.5	1807.7	1102.6	1923.2
内蒙古	17171.4		815.4	626.3	646.2	601.4	1182.4
辽宁	6232.5	1296.4	888.7	2595.5	2525.9	2598.1	2472.1
吉林	2396.5	478.9	374.1	406.8	330.2	430.9	1376.3
黑龙江	7162.6	4672.2	550.1	238.3	152.4	197.8	1128.1
上海		31.9	766.2	1823.7	1356.5	1818.4	665.0
江苏	2747.0	168.9	1488.4	2222.7	1663.6	3749.9	7993.2
浙江	56.3		1115.2	369.9	181.2	626.4	8191.6
安徽	7868.1		606.9	907.2	959.2	945.7	3235.5
福建	1076.1		659.6	319.2	306.0	568.4	2245.3
江西	1232.6		327.8	748.0	638.2	774.9	2976.1
山东	**14646.2**	**2674.3**	**1640.3**	**1855.4**	**1873.7**	**2011.7**	**12363.8**
河南	14445.5	523.4	1185.6	974.7	791.1	966.0	5393.6
湖北	395.6	78.2	1105.9	1353.5	1165.4	1334.3	3767.7
湖南	3036.2		605.2	804.1	795.1	802.1	3358.2
广东	219.4	1467.5	2022.5	717.5	409.4	1141.7	7785.3
广西	521.3	3.6	338.1	319.6	339.4	376.1	2679.5
海南		8.0	66.5	0.2	3.0	17.6	418.7
重庆	1764.2		218.9	269.0	247.3	275.0	1957.2
四川	4429.9	14.3	881.8	989.3	919.7	1012.0	3819.9
贵州	9756.6		713.0	208.1	200.8	203.2	1428.8
云南	1718.6		513.5	343.8	659.9	345.5	2151.0
西藏	1.6		11.7				96.0
陕西	8426.0	1528.0	481.0	220.7	170.3	201.3	1800.5
甘肃	3083.8	76.3	455.4	278.7	295.7	295.3	1353.0
青海	418.8	222.0	173.4	47.2		37.4	342.8
宁夏	2354.6		252.9	11.5	18.6	14.1	582.8
新疆	2219.6	2227.7	244.1	233.4	176.9	233.1	1190.3

附录1-22续表 (2004年)

地区	布（亿米）	家用电冰箱（万台）	农用化肥（万吨）	汽车（万辆）	程控交换机（万线）	移动电话机（万部）	微型电子计算机（万部）
全国总计	**420.0**	**3033.4**	**4469.5**	**507.4**	**8464.8**	**23344.6**	**4512.4**
北京	0.4	63.5	2.7	53.9	3211.2	3824.8	503.6
天津	3.5	28.3	15.1	22.3	2.5	4909.5	1.7
河北	18.2	10.0	243.2	14.4	18.7		
山西	3.0		215.5	0.1			0.4
内蒙古	0.4		60.8	0.6		206.6	0.7
辽宁	3.1	114.1	109.2	14.2	6.3	61.0	178.1
吉林	1.0	14.4	15.9	64.6	1.2		
黑龙江	1.3	0.1	43.3	21.1	0.1		4.0
上海	1.3	33.1	2.5	56.0	2054.3	2025.8	996.1
江苏	42.7	347.8	227.2	24.4	133.9	200.9	1111.5
浙江	54.6	143.2	57.9	10.1	99.3	2107.1	118.5
安徽	6.2	377.0	204.3	21.8			10.7
福建	10.8		58.7	6.6		974.9	295.0
江西	3.2	26.7	50.7	18.4	2.4		13.8
山东	**66.2**	**617.7**	**623.6**	**14.7**	**69.1**	**978.2**	**56.2**
河南	15.4	205.2	345.0	3.0	0.1		0.5
湖北	18.7	22.4	332.2	33.6		453.2	0.1
湖南	4.2	61.2	211.5	4.6	5.4		
广东	21.5	850.9	19.6	27.7	1982.4	7572.6	1218.4
广西	0.4		74.7	28.5			0.2
海南			65.0	6.7			
重庆	3.1		104.2	43.7			1.2
四川	6.1	34.7	410.1	6.3			0.6
贵州	0.5	72.2	213.8	0.1	1.3	30.0	
云南	0.2		252.1	5.1			
西藏							
陕西	7.5	10.5	117.9	5.0	147.4		1.3
甘肃	0.4	0.6	71.5	0.1			
青海			147.6				
宁夏			75.8				
新疆	0.9		83.1	0.2			0.0

附录1-23 规模以上工业主要经济指标

（2004年）　　　　单位：亿元

地区	产品销售收入	#产品销售成本	#产品销售费用	#产品销售税金及附加	税金总额	利润总额
全国总计	**187814.8**	**157071.6**	**5902.3**	**2467.1**	**8863.5**	**11341.6**
北京	5110.8	4288.5	217.7	43.8	205.4	310.9
天津	5494.6	4624.5	172.0	47.9	187.2	412.5
河北	8132.2	6889.8	195.7	76.0	381.4	513.2
山西	3295.3	2531.7	180.8	37.5	260.0	218.4
内蒙古	2064.0	1697.1	86.4	27.4	125.6	123.9
辽宁	8320.4	7021.2	195.9	100.7	376.5	389.3
吉林	3190.8	2645.9	82.7	68.0	194.4	178.7
黑龙江	3613.1	2428.5	90.4	77.3	332.0	760.2
上海	13863.3	11607.3	432.1	161.1	538.2	1003.5
江苏	24492.3	21507.2	662.1	176.5	828.2	1111.4
浙江	16693.5	14354.8	452.8	166.8	668.0	942.8
安徽	3605.0	2986.5	123.9	75.5	227.7	175.3
福建	6212.7	5274.2	205.2	68.5	221.2	350.6
江西	2117.1	1800.4	63.5	39.3	131.6	72.2
山东	**21055.1**	**17785.2**	**577.6**	**201.4**	**908.5**	**1383.6**
河南	7065.3	5940.0	212.4	100.8	366.4	376.5
湖北	5097.0	4130.6	184.2	94.6	293.3	279.8
湖南	3452.4	2768.5	122.0	136.5	294.1	156.5
广东	26691.4	22714.9	972.5	195.7	802.6	1274.3
广西	1834.9	1475.2	68.2	31.9	129.8	121.8
海南	348.1	275.6	27.1	9.0	25.5	27.7
重庆	2078.0	1706.0	91.7	38.1	123.9	113.4
四川	4542.7	3676.9	192.9	83.2	275.1	200.1
贵州	1188.1	844.4	53.2	52.0	126.4	60.4
云南	1953.0	1332.5	63.8	226.2	368.4	189.1
西藏	19.2	12.1	1.7	0.4	2.2	3.0
陕西	2497.0	1852.5	80.0	53.1	186.4	245.3
甘肃	1537.3	1243.6	36.7	37.8	115.7	64.2
青海	360.0	269.2	8.6	4.3	25.1	40.1
宁夏	507.4	430.0	16.3	5.6	28.6	15.8
新疆	1382.9	956.8	32.4	30.2	114.0	227.2

注：全员劳动生产率按不变价工业增加值计算。

附录 1－23 续表　　　　　　　　　　　　　　（2004 年）　　　　　　　　　　　　　　单位：亿元

地　区	亏损企业亏损总额	应收帐款净额	产成品	资产合计	负债合计	全部从业人员平均人数（万人）
全国总计	**1239.8**	**21510.7**	**10292.5**	**195261.7**	**115529.4**	**6098.6**
北　京	49.2	661.3	288.2	6082.4	3138.9	99.9
天　津	46.6	619.5	192.1	5113.8	2899.5	118.0
河　北	59.6	589.7	444.9	7836.2	4883.8	273.6
山　西	19.9	346.3	266.4	5318.5	3548.4	186.0
内蒙古	10.2	183.6	131.3	3030.9	1854.6	78.6
辽　宁	78.2	943.5	568.4	10167.8	5990.8	247.7
吉　林	37.7	393.4	169.2	3981.4	2403.3	100.4
黑龙江	31.9	379.1	207.6	4684.5	2705.0	132.6
上　海	105.7	2074.0	544.0	13684.8	6876.8	238.9
江　苏	94.7	3025.3	1164.4	20227.3	12580.4	623.1
浙　江	46.3	2159.9	1007.1	15222.1	8802.9	563.0
安　徽	24.0	375.2	209.9	4428.8	2687.6	154.0
福　建	33.6	778.0	305.2	5815.9	3069.7	245.8
江　西	16.2	180.4	112.7	2519.4	1642.7	99.7
山　东	**67.0**	**1363.7**	**1019.9**	**17620.4**	**10307.4**	**647.8**
河　南	38.1	633.4	334.9	7413.9	4782.9	326.9
湖　北	44.2	532.7	286.4	7766.6	4507.8	197.0
湖　南	23.4	358.0	208.0	4173.8	2653.2	158.7
广　东	160.4	3748.8	1539.1	21798.1	12666.9	814.2
广　西	16.4	197.9	143.0	2502.8	1620.3	85.6
海　南	4.5	44.2	31.9	477.2	260.0	9.6
重　庆	15.2	257.9	125.1	2716.6	1644.4	88.9
四　川	69.5	544.2	300.6	6747.6	4269.6	208.0
贵　州	15.6	176.9	99.0	2036.7	1345.7	66.8
云　南	24.2	180.3	115.7	3211.0	1764.2	63.5
西　藏	0.2	5.9	2.0	80.5	20.7	1.8
陕　西	36.9	381.7	186.1	4164.9	2642.2	115.4
甘　肃	17.6	163.6	115.9	2391.1	1456.9	77.1
青　海	4.1	52.4	22.0	958.2	680.6	13.8
宁　夏	9.6	59.8	42.2	796.7	512.9	23.9
新　疆	39.0	100.3	109.5	2291.9	1309.4	38.5

附录1－24 规模以上工业主要经济效益指标

（2004年）

地区	综合指数（%）	总资产贡献率（%）	资本保值增值率（%）	资产负债率（%）	流动资产周转次数（次）	成本费用利润率（%）	全员劳动生产率（元/人）	产品销售率（%）
全国总计	**164.3**	**12.3**	**114.8**	**59.2**	**2.2**	**6.5**	**90592.4**	**98.1**
北京	179.8	9.9	116.7	51.6	1.8	6.4	129781.4	97.8
天津	193.3	13.4	119.5	56.7	2.3	8.2	120916.2	99.1
河北	169.9	13.5	110.8	62.3	2.5	6.8	90524.8	98.4
山西	143.7	11.2	114.8	66.7	1.6	7.2	66992.0	97.9
内蒙古	164.3	10.8	117.3	61.2	2.1	6.5	96351.5	97.6
辽宁	150.0	9.1	108.9	58.9	1.9	5.0	91233.6	98.1
吉林	162.7	10.8	110.1	60.4	2.0	6.0	99037.9	99.2
黑龙江	283.8	25.0	106.5	57.7	2.0	27.6	122392.8	98.0
上海	203.1	12.6	114.3	50.3	2.0	7.8	147706.8	99.1
江苏	166.4	11.5	118.6	62.2	2.4	4.8	103196.6	97.9
浙江	155.9	13.3	125.0	57.8	2.2	6.0	74129.0	97.7
安徽	145.4	10.8	113.7	60.7	2.0	5.2	75790.2	98.9
福建	155.2	11.8	119.3	52.8	2.3	6.1	76499.8	97.5
江西	130.3	10.3	114.0	65.2	2.1	3.6	62399.0	98.8
山东	**185.8**	**15.5**	**121.8**	**58.5**	**2.8**	**7.1**	**100694.3**	**98.1**
河南	148.8	12.3	110.8	64.5	2.2	5.7	71785.7	98.5
湖北	149.4	8.9	114.3	58.0	1.8	6.0	85878.6	97.9
湖南	149.8	12.9	116.7	63.6	2.2	5.0	75202.6	99.8
广东	155.9	11.1	109.5	58.1	2.4	5.1	87230.3	97.6
广西	149.8	12.0	117.0	64.7	2.0	7.2	68517.9	96.8
海南	184.5	13.2	118.1	54.5	1.7	8.5	115447.1	97.4
重庆	141.1	10.8	120.2	60.5	1.8	5.8	66949.8	98.2
四川	132.9	8.8	106.0	63.3	1.6	4.7	73164.1	98.5
贵州	135.5	10.7	114.6	66.1	1.5	5.9	66299.4	96.2
云南	227.3	19.4	114.4	54.9	1.5	12.1	148841.0	98.7
西藏	188.3	13.1	100.5	25.7	0.8	18.2	81314.7	91.6
陕西	165.5	12.4	111.8	63.4	1.5	11.3	75455.2	96.9
甘肃	131.0	9.2	113.5	60.9	1.7	4.5	66053.7	97.8
青海	170.5	8.9	103.4	71.0	1.2	12.8	95966.7	98.4
宁夏	119.4	7.6	118.9	64.4	1.6	3.2	62470.5	97.1
新疆	264.6	16.7	107.2	57.1	2.2	21.0	154334.9	97.6

注：全员劳动生产率按不变价工业增加值计算。

附录1－25 建筑业总产值和房屋建筑面积

地　　区	总产值(亿元)		房屋施工面积(万平方米)		房屋竣工面积(万平方米)	
	2003年	2004年	2003年	2004年	2003年	2004年
全国总计	**23083.9**	**27745.4**	**259377.1**	**291938.5**	**122827.6**	**128162.6**
北　　京	1269.9	1464.5	11971.8	13019.6	4254.8	4496.6
天　　津	520.8	631.3	3395.9	3436.5	1465.7	1307.5
河　　北	779.9	849.1	8914.6	9486.6	4748.3	4083.0
山　　西	540.1	749.5	3119.1	3301.4	1313.3	1103.1
内 蒙 古	257.7	327.3	2494.8	2381.3	1450.7	1357.8
辽　　宁	1017.1	1223.0	8198.1	8668.6	3957.1	3851.1
吉　　林	346.9	361.3	2538.8	2400.7	1626.8	1186.5
黑 龙 江	440.2	476.5	3743.4	3864.1	2181.3	2039.7
上　　海	1195.8	1738.0	9978.6	10263.3	3609.2	4613.9
江　　苏	2794.9	3370.6	33950.0	39999.1	17730.0	19739.6
浙　　江	3127.3	3966.8	39473.4	50042.0	16183.9	25630.0
安　　徽	622.7	775.4	7357.7	8012.6	4017.6	4264.9
福　　建	549.3	565.6	6440.1	6841.1	2952.1	2375.9
江　　西	359.3	449.6	5145.1	5663.2	2750.9	2890.1
山　　东	**1481.4**	**1902.1**	**18714.4**	**21561.9**	**9139.8**	**9239.8**
河　　南	634.5	787.5	8026.1	8471.9	3433.6	3499.5
湖　　北	873.0	1065.6	8933.4	10720.1	4840.8	5974.4
湖　　南	818.8	956.7	10052.0	11457.9	4969.7	5242.3
广　　东	1516.3	1749.6	20059.5	23938.2	8105.0	7493.5
广　　西	281.8	333.6	3791.7	4536.3	1721.6	1860.4
海　　南	39.4	47.1	457.4	571.0	121.5	213.1
重　　庆	586.2	662.7	9754.1	9109.0	4939.6	2858.1
四　　川	1225.3	1366.5	15561.4	16437.3	8784.6	5026.2
贵　　州	212.3	245.7	2519.8	2647.4	980.3	944.4
云　　南	396.8	420.0	3646.7	4095.6	2248.7	2330.1
西　　藏	29.3	20.8	131.1	113.8	121.3	84.0
陕　　西	440.4	525.0	3897.2	4004.7	1580.0	1449.0
甘　　肃	223.7	206.1	2715.4	2570.0	1327.2	1075.8
青　　海	74.7	81.9	556.6	447.1	242.9	190.4
宁　　夏	108.1	109.4	1119.9	1150.8	578.7	553.2
新　　疆	319.7	316.7	2719.2	2725.3	1450.8	1189.1

注：本表为资质等级四级及以上建筑业企业数据（下表同）。

附录 1－26 建筑业主要效益指标

（2004 年）

地区	企业个数（个）	计算劳动生产率的平均人数（万人）	按建筑业总产值计算的劳动生产率（元/人）	人均竣工产值（元/人）	人均施工面积（平方米/人）	人均竣工面积（平方米/人）
全国总计	**53309**	**2721.8**	**101939**	**68478**	**107.3**	**47.1**
北京	2107	98.2	149154	93385	132.6	45.8
天津	922	39.4	160132	89463	87.2	33.2
河北	1474	112.0	75822	51833	84.7	36.5
山西	1332	59.5	125991	62380	55.5	18.5
内蒙古	655	39.8	82259	58048	59.8	34.1
辽宁	2777	120.9	101131	66375	71.7	31.8
吉林	786	38.4	94173	62413	62.6	30.9
黑龙江	1532	62.4	76383	62196	61.9	32.7
上海	2009	90.4	192312	122611	113.6	51.1
江苏	4802	290.5	116007	78108	137.7	67.9
浙江	3642	273.3	145119	98641	183.1	93.8
安徽	1933	93.1	83305	81081	86.1	45.8
福建	1290	48.2	117395	78226	142.0	49.3
江西	1306	54.7	82148	57241	103.5	52.8
山东	**5261**	**261.9**	**72631**	**48121**	**82.3**	**35.3**
河南	2230	99.9	78821	45010	84.8	35.0
湖北	1910	110.4	96520	71410	97.1	54.1
湖南	1616	111.2	86052	59371	103.1	47.2
广东	3714	150.3	116399	77307	159.3	49.9
广西	1041	39.8	83775	58601	113.9	46.7
海南	112	6.1	77460	49047	94.0	35.1
重庆	1786	75.5	87780	58243	120.7	37.9
四川	3786	204.1	66967	48218	80.6	24.6
贵州	523	27.7	88599	55646	95.5	34.0
云南	1403	55.2	76097	48296	74.2	42.2
西藏	137	2.8	72966	72603	40.0	29.5
陕西	738	52.7	99589	55919	76.0	27.5
甘肃	838	46.3	44548	31414	55.5	23.2
青海	418	11.5	71487	47271	39.0	16.6
宁夏	463	16.2	67660	55859	71.2	34.2
新疆	766	29.5	107550	69264	92.5	40.4

附录 1-27 客运量和旅客周转量

（2004 年）

地　　区	全社会客运量（万人）	#铁　路	#公　路	#水　运	全社会旅客周转量（亿人公里）	#铁　路	#公　路	#水　运
全国总计	**1767453**	**111764**	**1624526**	**19040**	**16309**	**5712.1**	**8748.4**	**66.2**
北　京	46900	5437	41463		232.1	73.9	158.2	
天　津	3956	1499	2457		108.8	84.8	24	
河　北	77770	5270	72500		945.4	479.1	466.3	
山　西	39207	3411	35688	108	285.1	104.9	180.2	
内蒙古	28652	3142	25510		256.4	101.1	155.3	
辽　宁	57637	9626	47370	641	574.8	371.5	194.9	8.4
吉　林	27088	4687	22293	108	236.9	146.8	90	
黑龙江	51263	8860	42170	233	399.4	173.3	225.8	
上　海	7683	4076	2465	1142	122.9	46.4	72.1	4.5
江　苏	128394	6085	122218	91	1083.6	227.9	855.4	
浙　江	150743	6255	142177	2311	795.3	216.4	571.5	7.4
安　徽	68837	3406	65075	356	709	281.6	426.9	0.5
福　建	53513	1754	50862	897	371.9	84.1	286.5	1.3
江　西	39536	3778	35312	446	554.6	355.8	198	0.8
山　东	**89407**	**3876**	**84290**	**1241**	**748**	**267**	**475.5**	**5.6**
河　南	90795	5695	85016	84	937.5	541.6	395.4	0.5
湖　北	67105	3456	63127	522	623	283	336.6	3.3
湖　南	106310	5563	99975	772	948.9	496.8	449.7	2.4
广　东	141747	8459	131435	1853	1383	307.7	1066.4	8.9
广　西	48078	1639	45578	861	516.2	103	410.6	2.6
海　南	25791	16	24981	794	85.4		83.4	1.8
重　庆	63303	1166	60833	1304	275.7	38.1	226.1	11.5
四　川	158608	4945	150176	3487	640.6	170.1	467.7	2.8
贵　州	58707	1855	56077	775	278.2	125.9	150.8	1.6
云　南	38653	1739	36502	412	277.6	49.5	227.2	0.9
西　藏	256		256		14.8		14.8	
陕　西	35350	3231	31763	356	450.3	255.5	194.3	0.6
甘　肃	16479	1194	15050	235	281.5	185	96.3	
青　海	4568	364	4193	11	41.7	18.5	23.2	
宁　夏	6654	295	6359		59.4	21.2	38.2	
新　疆	22340	985	21355		288.7	101.7	187	
不分地区	12123				1782.28			

注：不分地区合计中包括民航完成数。

附录 1－28 货运量和货物周转量

（2004 年）

地　　区	全社会货运量（万吨）	# 铁　路	# 公　路	# 水　运	全社会货物周转量（亿吨公里）	# 铁　路	# 公　路	# 水　运
全国总计	**1706226**	**249017**	**1244990**	**187394**	**69442.1**	**19288.7**	**7840.9**	**41428.7**
北　　京	31321	2065	29256		537.7	455.4	82.3	
天　　津	36237	6113	19650	10474	11223.3	359.5	72	10791.8
河　　北	83672	15744	66227	1701	4029.2	2221.2	658.6	1149.4
山　　西	121633	48929	72621	83	1417.7	1050.5	367.2	
内 蒙 古	57436	14739	42697		1311.9	1042.1	269.8	
辽　　宁	89625	15014	70164	4447	2948	1159.9	327	1461.1
吉　　林	33286	6552	26659	75	595.9	499.9	95.9	
黑 龙 江	57011	15143	40712	1156	1097.1	874.5	203.8	18.9
上　　海	62986	1284	31554	30148	10011.7	41.9	70.8	9899
江　　苏	99132	5262	69058	24812	2348.3	437.7	386.9	1523.6
浙　　江	118074	3663	78540	35871	2701.6	288.3	353.6	2059.6
安　　徽	58893	9009	43468	6416	1455.9	868.7	349.9	237.4
福　　建	38253	4722	25964	7567	1398.9	217.8	216.1	965
江　　西	31924	5723	23223	2978	870.1	613.4	179.4	77.2
山　　东	**129024**	**14850**	**106887**	**7287**	**4752.5**	**1080.5**	**596.1**	**3075.9**
河　　南	72730	13668	58147	915	2106.5	1649.6	422	34.9
湖　　北	43879	5036	31584	7259	1383.4	686.7	235.6	461.1
湖　　南	70320	6043	60291	3986	1552.4	876.7	513.5	162.2
广　　东	114790	8169	81792	24829	3847.7	342.4	604.9	2900.3
广　　西	34486	5232	25822	3432	998.4	616.1	235.6	146.7
海　　南	8577	468	6168	1941	236.1	2.6	51.6	182
重　　庆	36430	1997	31515	2918	517.6	105.1	128.3	284.3
四　　川	60155	8084	49143	2928	837.3	583.6	230.9	22.9
贵　　州	19439	5504	13541	394	610.9	520.7	84.3	5.9
云　　南	59081	4534	54326	221	650.8	283.6	365.1	2.1
西　　藏	246		246		23.1		23.1	
陕　　西	37961	7810	30038	113	963.5	768.1	195.2	
甘　　肃	25686	4181	21460	45	878.3	748.3	130	
青　　海	6211	1075	5136		137.2	91.9	45.3	
宁　　夏	7853	2527	5326		242.5	177.9	64.6	
新　　疆	28760	4985	23775		727.8	446.3	281.5	
不分地区	31110	887		5398	7028.8	178.2		5966.8

注：不分地区合计中包括铁路行包运输、管道运输企业、民航运输企业及中远集团海外公司完成数。

附录1－29 社会消费品零售总额

单位:亿元

地区	1998年	1999年	2000年	2001年	2002年	2003年	2004年
全国总计	**29152.5**	**31134.7**	**34152.6**	**37595.2**	**42027.1**	**45842.0**	**53950.1**
北京	1167.2	1313.3	1443.3	1593.5	1673.3	1916.7	2191.8
天津	587.1	657.3	736.6	832.7	831.8	922.3	1052.7
河北	1332.6	1458.8	1613.9	1778.3	1968.3	2177.9	2522.9
山西	547.1	587.1	629.1	679.9	641.4	729.3	884.8
内蒙古	399.5	437.4	484.0	537.3	599.0	726.8	892.0
辽宁	1568.7	1696.1	1847.6	2034.9	2074.9	2330.8	2642.8
吉林	680.4	734.0	810.9	909.1	1008.1	1110.3	1252.6
黑龙江	949.7	1016.2	1094.0	1198.9	1250.4	1376.5	1555.4
上海	1471.0	1590.4	1722.3	1861.3	2035.2	2220.6	2454.6
江苏	2238.0	2394.1	2604.1	2869.0	3138.1	3566.5	4159.7
浙江	1909.1	2075.8	2298.8	2555.5	2847.7	3157.1	3645.4
安徽	924.8	979.1	1054.3	1142.8	1212.4	1331.2	1503.1
福建	1132.5	1246.3	1372.8	1499.5	1538.7	1740.4	1995.8
江西	605.1	650.5	704.9	763.3	826.3	923.2	1059.9
山东	2127.2	2310.1	2545.9	2834.9	3222.5	3936.5	4483.4
河南	1496.2	1616.0	1786.7	1979.8	2189.8	2426.4	2808.2
湖北	1481.4	1617.1	1789.4	1975.2	2129.4	2358.7	2667.5
湖南	1125.3	1229.2	1364.7	1511.1	1638.6	1816.3	2069.8
广东	3316.3	3656.0	4071.9	4515.3	5013.6	5606.0	6370.4
广西	733.9	791.3	859.2	935.9	764.5	857.7	973.4
海南	147.9	157.7	172.5	187.5	172.8	191.6	220.2
重庆	553.7	596.3	643.4	699.3	763.1	835.5	955.0
四川	1298.6	1382.6	1523.7	1680.4	1850.1	2091.1	2384.0
贵州	289.9	313.8	343.7	378.0	416.2	458.8	517.6
云南	500.1	539.0	583.2	655.4	711.3	782.5	884.9
西藏	35.0	37.9	42.9	49.0	53.4	58.3	63.7
陕西	518.8	557.1	607.6	665.1	728.2	853.2	966.5
甘肃	303.7	331.6	362.7	395.4	433.5	474.6	535.8
青海	70.6	75.2	82.1	90.4	92.1	102.7	115.6
宁夏	77.2	82.7	90.2	98.9	104.9	120.8	137.8
新疆	327.5	347.4	374.5	406.3	378.9	421.2	482.1

注:1.社会消费品零售总额按当年价格计算。

2.各地区相加不等于全国总计,原因是全国数据进行了修正(下表同)。

地区	社会消费品零售总额	市	县	县以下	批发零售贸易业	餐饮业	其他行业
全国总计	**53950.1**	**35573.2**	**6161.4**	**12215.5**	**44839.9**	**7486.0**	**1624.2**
北京	2191.8	1746.4	109.5	335.9	1778.7	190.2	222.9
天津	1052.7	982.9	39.3	30.5	831.9	132.9	87.9
河北	2522.9	1240.6	486.4	795.9	2178.0	289.2	55.7
山西	884.8	563.5	168.9	152.4	738.2	102.4	44.1
内蒙古	892.0	563.8	200.4	127.8	718.9	134.5	38.5
辽宁	2642.8	2223.6	127.6	291.6	2184.6	396.9	61.3
吉林	1252.6	976.3	86.9	189.4	1065.0	182.6	5.0
黑龙江	1555.4	1159.3	205.7	190.3	1341.4	178.1	35.9
上海	2454.6	2117.7	18.7	318.2	2137.5	300.2	17.0
江苏	4159.7	2968.6	242.1	949.0	3543.0	555.6	61.0
浙江	3645.4	2313.0	407.1	925.3	3087.7	445.3	112.4
安徽	1503.1	768.9	319.7	414.4	1289.1	184.1	29.9
福建	1995.8	1239.9	248.6	507.4	1638.4	252.6	104.8
江西	1059.9	533.3	232.8	293.8	934.8	101.3	23.8
山东	**4483.4**	**2903.7**	**445.5**	**1134.3**	**3695.2**	**587.0**	**201.3**
河南	2808.2	1480.8	558.9	768.4	2303.2	427.6	77.3
湖北	2667.5	1829.4	250.4	587.7	2128.5	353.8	185.1
湖南	2069.8	1145.6	382.1	542.2	1763.8	269.9	36.2
广东	6370.4	4268.2	310.5	1791.6	5338.8	997.5	34.1
广西	973.4	531.0	187.0	255.3	811.4	137.1	24.9
海南	220.2	148.6	19.9	51.7	174.4	35.4	10.4
重庆	955.0	555.1	129.5	270.4	812.9	132.1	10.0
四川	2384.0	1130.1	425.9	827.9	1834.1	436.3	113.6
贵州	517.6	308.1	98.6	110.9	405.9	102.3	9.4
云南	884.9	482.1	204.1	198.7	707.5	149.9	27.4
西藏	63.7	28.2	27.4	8.1	50.4	9.7	3.6
陕西	966.5	647.8	163.7	155.0	724.9	216.9	24.7
甘肃	535.8	349.5	84.9	101.4	435.6	79.3	21.0
青海	115.6	75.0	27.4	13.2	94.5	18.1	3.0
宁夏	137.8	94.7	22.9	20.2	110.1	25.2	2.4
新疆	482.1	362.8	54.1	65.2	384.4	78.6	19.1

附录 1－30 海关进出口贸易总额

（按经营单位所在地分） 单位：亿美元

地区	1999年	2000年	2001年	2002年	2003年	2004年
全国总计	**3606.3**	**4742.9**	**5096.5**	**6207.7**	**8509.9**	**11547.9**
北京	343.6	496.2	515.0	525.1	684.6	946.6
天津	126.0	171.5	181.7	228.1	293.6	420.4
河北	45.8	52.4	57.3	66.7	89.8	135.3
山西	12.9	17.6	19.4	23.1	30.8	53.8
内蒙古	12.9	26.2	20.3	24.4	28.3	37.2
辽宁	137.2	190.3	197.9	217.4	265.6	344.4
吉林	22.1	25.7	32.1	37.0	61.7	67.9
黑龙江	22.0	29.9	33.8	43.5	53.3	67.9
上海	386.2	547.1	608.8	726.3	1123.5	1600.2
江苏	312.6	456.4	513.5	702.9	1136.2	1708.6
浙江	183.1	278.3	328.0	419.6	614.2	852.3
安徽	26.5	33.5	36.2	41.8	59.4	72.1
福建	176.2	212.2	226.2	284.0	353.3	475.5
江西	13.1	16.2	15.3	16.9	25.3	35.3
山东	**182.7**	**249.9**	**289.5**	**339.4**	**446.4**	**606.7**
河南	17.5	22.8	27.8	32.0	47.1	66.2
湖北	26.8	32.2	35.8	39.5	51.1	67.7
湖南	19.6	25.1	27.6	28.8	37.3	54.3
广东	1403.4	1701.0	1764.9	2211.0	2836.5	3571.3
广西	17.5	20.3	18.0	24.3	31.9	42.8
海南	12.2	12.9	17.5	18.7	22.8	34.0
重庆	12.1	17.9	18.3	17.9	25.9	38.6
四川	24.7	25.5	31.0	44.7	56.4	68.7
贵州	5.5	6.6	6.5	6.9	9.8	15.1
云南	16.6	18.1	19.9	22.3	26.7	37.5
西藏	1.7	1.3	0.9	1.3	1.6	2.0
陕西	20.1	21.4	20.6	22.3	27.8	36.4
甘肃	4.1	5.7	7.8	8.8	13.3	17.7
青海	1.1	1.6	2.0	2.0	3.4	5.8
宁夏	3.2	4.4	5.3	4.4	6.5	9.1
新疆	17.7	22.6	17.7	26.9	47.7	56.4

附录1－31 海关进出口贸易总额分类

（2004年）

单位：亿美元

地区	按境内目的地、货源地分			按经营单位所在地分		
	进出口额	出口额	进口额	进出口额	出口额	进口额
全国总计	**11547.9**	**5933.7**	**5614.2**	**11547.9**	**5933.7**	**5614.2**
北京	429.0	131.2	297.8	946.6	205.7	740.9
天津	432.5	204.9	227.6	420.4	208.6	211.8
河北	152.8	97.1	55.7	135.3	93.4	41.9
山西	90.7	72.0	18.7	53.8	40.3	13.5
内蒙古	43.8	18.9	24.9	37.2	13.6	23.7
辽宁	399.5	195.9	203.6	344.4	189.2	155.2
吉林	74.9	19.2	55.7	67.9	17.2	50.8
黑龙江	71.9	37.2	34.7	67.9	36.8	31.1
上海	1568.0	697.3	870.7	1600.2	735.1	865.1
江苏	1795.5	880.4	915.1	1708.6	875.0	833.6
浙江	946.9	611.7	335.1	852.3	581.6	270.7
安徽	69.9	35.6	34.3	72.1	39.4	32.7
福建	498.7	305.5	193.2	475.5	294.0	181.5
江西	48.2	26.1	22.1	35.3	19.9	15.3
山东	**694.3**	**371.9**	**322.4**	**606.7**	**358.5**	**248.2**
河南	73.6	44.0	29.6	66.2	41.8	24.4
湖北	75.7	32.5	43.1	67.7	33.8	33.9
湖南	60.7	31.4	29.4	54.3	31.0	23.4
广东	3633.6	1923.9	1709.7	3571.3	1915.6	1655.7
广西	48.3	23.2	25.2	42.8	23.9	18.9
海南	29.0	8.3	20.8	34.0	10.9	23.1
重庆	37.3	18.8	18.5	38.6	20.9	17.7
四川	67.0	34.9	32.1	68.7	39.8	28.9
贵州	23.7	12.7	11.0	15.1	8.7	6.5
云南	37.4	20.2	17.2	37.5	22.4	15.1
西藏	1.7	1.2	0.5	2.0	1.3	0.7
陕西	45.6	26.2	19.3	36.4	24.0	12.5
甘肃	19.7	10.4	9.4	17.7	10.0	7.8
青海	6.5	4.6	1.9	5.8	4.5	1.2
宁夏	11.3	7.4	4.0	9.1	6.5	2.6
新疆	60.2	29.2	31.0	56.4	30.5	25.9

附录1－32 外商投资企业进出口商品总值

单位:万美元

地区	2003年			2004年		
	进出口总额	出口额	进口额	进出口总额	出口额	进口额
全国总计	**47225181**	**24033755**	**23191426**	**66317568**	**33860716**	**32456852**
北京	1180654	512473	668181	1852699	736179	1116520
天津	2328980	1141831	1187149	3408834	1705174	1703660
河北	305669	184636	121032	426021	265709	160312
山西	41227	26390	14836	68521	51768	16753
内蒙古	20930	14906	6024	27168	15539	11629
辽宁	1656935	874599	782336	2066546	1089760	976786
吉林	270414	41056	229358	352083	50537	301546
黑龙江	63223	29288	33935	76347	38139	38208
上海	7195227	3079445	4115782	10723174	4948834	5774340
江苏	8598191	4111856	4486335	13553814	6515156	7038658
浙江	2193179	1305000	888179	3262642	1965121	1297521
安徽	153315	57917	95398	196206	96541	99665
福建	2367421	1346529	1020892	3116631	1841854	1274777
江西	67215	27706	39509	115607	52937	62670
山东	**2435767**	**1376753**	**1059014**	**3222568**	**1839654**	**1382914**
河南	106329	53652	52676	122085	70449	51636
湖北	201845	84242	117604	234500	98525	135975
湖南	76867	33406	43461	106867	50272	56595
广东	17467761	9537313	7930449	22653047	12171077	10481970
广西	103708	37732	65976	146909	49585	97324
海南	82681	27756	54925	143037	34999	108038
重庆	61754	13695	48058	126518	21868	104650
四川	95710	45192	50518	130315	55194	75121
贵州	27763	11056	16708	38766	18883	19883
云南	26776	14403	12374	31640	20989	10651
西藏	379	175	204	436	172	264
陕西	52999	15522	37478	65751	22667	43084
甘肃	14162	10750	3412	16665	12594	4071
青海	1411	1295	116	956	442	514
宁夏	11913	7799	4114	13456	9051	4405
新疆	14779	9382	5397	17758	11046	6712

附录1-33 外商直接投资额

单位:万美元

地区	2003年			2004年		
	项目数（个）	合同投资额	实际投资额	项目数（个）	合同投资额	实际投资额
全国总计	**41081**	**11506969**	**5350467**	**43664**	**15347895**	**6062998**
北京	1539	599959	219126	1806	626373	255974
天津	957	305338	153473	1092	553956	172091
河北	610	167253	96405	581	195707	69954
山西	89	39596	21361	88	40310	9022
内蒙古	138	39074	8854	189	251617	34297
辽宁	2231	647232	282410	2491	866164	540677
吉林	340	65840	19059	305	118023	19237
黑龙江	239	48785	32180	276	83328	33917
上海	4462	1075115	546849	4364	1166375	631087
江苏	7182	2978130	1056365	7170	3858743	894830
浙江	4460	1228386	498055	3818	1443772	573256
安徽	425	96762	36720	471	117842	42850
福建	2272	428105	259903	2276	532682	192384
江西	761	231825	161202	959	306804	204487
山东	**5208**	**1243013**	**601617**	**5890**	**2027763**	**866423**
河南	304	105550	53903	470	199125	42211
湖北	510	232966	156886	566	186556	174441
湖南	509	133884	101835	636	260743	141803
广东	7039	1348518	782294	8322	1936046	1001158
广西	334	64313	41856	353	110008	29579
海南	166	23267	42125	168	34930	11926
重庆	205	42357	26083	253	68263	25196
四川	326	89380	41231	386	115330	36503
贵州	66	19916	4521	59	7248	6271
云南	165	44583	8384	167	31817	14153
西藏	49	4776		13	4321	
陕西	242	76002	33190	273	104533	14132
甘肃	59	25221	2342	63	32564	3539
青海	47	19142	2522	46	18705	
宁夏	28	53759	1743	39	22460	6704
新疆	86	20282	1534	74	25787	3996

注:全国总计中包括部门统计数据,故各地区相加不等于全国总计。

附录 1－34 国际旅游接待情况

地　　区	2003 年			2004 年		
	旅游人数（万人次）	#外国人	旅游创汇总额（亿美元）	旅游人数（万人次）	#外国人	旅游创汇总额（亿美元）
北　京	185.1	152.7	19.0	315.5	268.1	31.7
天　津	48.9	45.6	3.3	61.6	55.9	4.1
河　北	28.0	25.8	0.8	58.1	53.6	1.9
山　西	11.6	7.9	0.4	29.6	18.2	0.8
内蒙古	41.4	41.0	1.4	80.0	79.1	2.5
辽　宁	77.9	66.8	4.5	108.1	93.8	6.1
吉　林	21.2	18.5	0.7	32.4	27.7	1.0
黑龙江	58.7	54.6	2.4	73.3	69.3	3.0
上　海	244.7	199.0	20.5	385.5	319.7	30.4
江　苏	223.2	143.5	11.3	306.6	214.2	17.6
浙　江	180.8	106.9	8.7	276.7	177.6	13.0
安　徽	28.1	16.4	0.8	50.1	32.0	1.4
福　建	149.7	45.9	9.1	172.9	62.9	10.7
江　西	16.6	4.5	0.5	28.8	9.4	0.8
山　东	**77.7**	**61.6**	**3.7**	**119.3**	**96.2**	**5.7**
河　南	18.9	11.3	0.6	45.0	24.1	1.6
湖　北	40.5	32.3	1.4	61.2	50.2	1.9
湖　南	15.4	10.5	0.5	55.3	41.2	3.1
广　东	1197.0	245.8	42.7	1563.7	377.7	53.8
广　西	65.0	32.9	1.6	117.6	69.4	2.9
海　南	29.3	14.4	0.8	30.9	18.4	0.8
重　庆	23.5	18.2	1.1	43.4	33.9	2.0
四　川	45.2	24.4	1.5	96.6	54.6	2.9
贵　州	7.7	2.4	0.3	23.1	7.6	0.8
云　南	100.0	65.7	3.4	110.1	73.2	4.2
西　藏	5.1	4.6	0.2	9.6	8.9	0.4
陕　西	46.6	30.8	2.0	80.0	60.9	3.6
甘　肃	10.2	6.8	0.2	23.7	15.1	0.4
青　海	1.8	0.8		2.9	1.2	0.1
宁　夏	0.3	0.2		0.7	0.5	
新　疆	17.1	15.0	0.5	31.7	27.1	0.9

求真务实
科学严谨
诚信鲁统之作风理念

附录2

国际统计资料

INTERNATIONAL STATISTICAL DATA

诚信鲁统

『诚信』代表统计工作最根本的品质，是统计工作的生命线，统计数据要真实可信；『鲁统』代表山东统计，既有地域的概念，又体现出行业的特征。同时『诚信鲁统』还是省政府建设『诚信山东』的重要组成部分。

附录2-1 国土面积与人口密度

（2002年）

国家和地区	国土面积（万平方公里）	年中人口数（万人）	人口密度（人/平方公里）
世界总计	**13427.9①**	**622498**	**46**
亚洲	**3187.0**	**377595**	**118**
中国	960.0	128453②	134
日本	37.8	12748	337
印度③	328.7	104955	319
印度尼西亚	190.5	21713	114
菲律宾	30.0	7858	262
泰国	51.3	6219	121
马来西亚	33.0	2397	73
新加坡	0.1	418	6747
巴基斯坦	79.6	14991	188
缅甸	67.7	4885	72
孟加拉国	14.4	14381	999
土耳其	77.5	7032	91
蒙古	156.7	256	2
朝鲜	12.1	2254	187
韩国	9.9	4743	478
越南	33.2	8028	242
非洲	**3030.9**	**83209**	**27**
埃及	100.1	7051	70
尼日利亚	92.4	12091	131
南非	122.1	4476	37
欧洲	**2297.6**	**72702**	**32**
德国	35.7	8241	231
英国	24.3	5929	244
法国	55.2	5985	109
意大利	30.1	5748	191
捷克共和国	7.9	1025	130
波兰	31.3	3862	124
罗马尼亚	23.8	2239	94
保加利亚	11.1	797	72
俄罗斯联邦	1707.5	14408	8
北美洲	**2272.5**	**50075**	**22**
美国	962.9	29104	30
加拿大	997.1	3127	3
墨西哥	195.8	10197	52
南美洲	**1783.4**	**35733**	**20**
巴西	854.7	17626	21
阿根廷	278.0	3798	14
大洋洲	**856.4**	**3184**	**4**
澳大利亚	774.1	1954	3
新西兰	27.1	385	14

注：资料来源：联合国粮农组织数据库。①是指有定居人口的各大洲面积，未包括尚无定居人口的南极洲。如包括南极洲，全世界陆地面积为14950万平方公里。②中国为年底人口数。③不包括查谟、克什米尔和锡金等地区。

附录2－2 森林消失和淡水资源

国家和地区	1990－2000年年均森林消失量①		2000年人均淡水资源总量（立方米）	1980－2000年度淡水抽取量占水资源总量百分比（%）	1980－2000年淡水抽取量的利用		
	平方公里	比率（%）			用于农业	用于工业	生活用水
世界总计	**95009**	**0.2**	**8513**	**6**	**71**	**20**	**10**
高收入国家	**－7947**	**－0.1**		**9**	**42**	**42**	**16**
中等收入国家	**29869**	**0.1**	**9938**	**5**	**73**	**18**	**9**
低收入国家	**73087**	**0.8**	**6416**	**7**	**92**	**4**	**5**
中国②	－13483	－0.9	2210	18.6	78	18	5
孟加拉国	201	0.6	8922	1.2	86	2	12
印度	－381	－0.1	1819	26.2	92	3	5
印度尼西亚	13124	1.2	13405	2.6	93	1	6
以色列	－50	－4.9	259	94.1	54	7	39
日本	－34		3382	21.3	64	17	19
韩国	49	0.1	1465	34.0	63	11	26
马来西亚	2377	1.2	23863	2.2	77	13	11
蒙古	600	0.5	14210	1.1	53	27	20
巴基斯坦	304	1.1	1534	70.0	97	2	2
菲律宾	887	1.4	5992	11.6	88	4	8
斯里兰卡	348	1.6	2636	19.6	96	2	2
泰国	1124	0.7	6653	8.1	91	4	5
土耳其	－220	－0.2	3369	15.1	73	12	16
尼日利亚	3984	2.6	2109	1.3	54	15	31
南非	80	0.1	1103	26.6	72	11	17
加拿大			92532	1.6	12	70	18
墨西哥	6306	1.1	4543	17.0	78	5	17
美国	－3880	－0.2	9772	16.6	42	45	13
阿根廷	2851	0.8	23693	3.2	75	9	16
巴西	22264	0.4	41941	0.8	61	18	21
委内瑞拉	2175	0.4	28796	0.6	46	10	44
白俄罗斯	－2562	－3.2	5844	4.7	35	43	22
保加利亚	－204	－0.6	2662	65.6	22	76	3
法国	－616	－0.4	3186	17.0	10	72	18
德国			2158	26.0	20	69	11
意大利	－295	－0.3	3281	22.2	48	34	19
荷兰	－10	－0.3	5637	8.6	34	61	5
波兰	－110	－0.1	1595	20.0	11	76	13
罗马尼亚	－147	－0.2	9520	12.2	59	33	8
俄罗斯联邦	－1353		31222	1.7	20	62	19
西班牙	－860	－0.6	2725	31.6	68	19	13
乌克兰	－310	－0.3	2866	18.6	30	52	18
英国	－200	－0.8	2482	8.0	3	77	20
澳大利亚			25022	3.0	33	2	65
新西兰	－390	－0.5	83016	0.6	44	10	46

注：资料来源：世界银行《世界银行指标》2004年。①负值表示森林面积的增长。②为世界银行统计数据。

附录2－3 国内生产总值(美元)

单位:亿美元

国家和地区	1990	2000	2001	2002	国家(地区)	1990	2000	2001	2002
世界总计	**216761**	**315080**	**311924**	**323122**	意大利	11024	10748	10918	11843
低收入国家	**7650**	**10210**	**10411**	**11239**	牙买加	46	74	76	79
最不发达国家	**1613**	**1902**	**1953**	**2046**	日本	30531	47638	41756	39934
重债穷国	**1672**	**2037**	**2102**	**2245**	约旦	40	85	88	93
中等收入国家	**32294**	**50905**	**51480**	**51393**	哈萨克斯坦	269	183	222	246
下中等收入国家	**23260**	**32715**	**32845**	**34263**	肯尼亚	86	104	112	123
上中等收入国家	**9054**	**18119**	**18558**	**17088**	韩国	2526	4615	4272	4767
高收入国家	**176838**	**253980**	**250079**	**260528**	科威特	184	370	342	354
非经合组织成员国	**4711**	**9579**	**9201**	**9203**	拉脱维亚		72	77	84
经合组织成员国	**172085**	**244429**	**240896**	**251299**	黎巴嫩	28	165	167	173
中、低收入国家	**39913**	**61096**	**61870**	**62592**	利比亚	289	340	284	191
东亚和太平洋	**6742**	**16042**	**16803**	**18331**	立陶宛	103	112	119	138
欧洲和中亚	**10996**	**9413**	**9919**	**11328**	卢森堡	111	196	198	210
拉丁美洲和加勒比	**10987**	**19810**	**19157**	**16688**	马来西亚	440	902	880	949
中东和北非	**4241**	**6785**	**6836**	**6707**	墨西哥	2627	5808	6239	6372
南亚	**4048**	**5965**	**6150**	**6491**	摩洛哥	258	333	339	361
撒哈拉以南非洲	**2984**	**3259**	**3181**	**3193**	荷兰	2943	3709	3840	4179
中国①	3546	10807	11757	12661	新西兰	436	517	514	586
中国香港	754	1654	1628	1615	尼日利亚	285	421	427	435
中国澳门	33	62	62	68	挪威	1161	1669	1698	1905
阿尔及利亚	620	535	549	559	阿曼	105	199	199	203
安哥拉	103	89	95	112	巴基斯坦	400	608	586	591
阿根廷	1414	2842	2687	1020	巴拿马	53	119	121	123
澳大利亚	3106	3880	3688	4094	秘鲁	263	530	536	565
奥地利	1617	1907	1896	2041	菲律宾	443	759	720	780
巴林	42	76	75	77	波兰	590	1641	1834	1890
孟加拉国	301	472	470	476	葡萄牙	715	1065	1100	1216
白俄罗斯	174	127	124	143	卡塔尔	74	178	171	175
比利时	1972	2280	2275	2454	罗马尼亚	383	371	402	457
玻利维亚	49	84	80	78	俄罗斯联邦	5168	2597	3099	3465
巴西	4620	6017	5090	4524	沙特阿拉伯	1168	1887	1833	1885
保加利亚	207	126	136	155	塞尔维亚和黑山		86	116	157
喀麦隆	112	89	86	91	新加坡	369	915	849	870
加拿大	5742	7066	6945	7143	斯洛伐克	155	197	205	237
智利	303	755	665	642	斯洛文尼亚		190	195	220
哥伦比亚	403	838	817	809	南非	1120	1280	1142	1042
哥斯达黎加	57	160	164	168	西班牙	5100	5614	5831	6531
科特迪瓦	108	106	107	117	斯里兰卡	80	163	157	166
克罗地亚		184	195	224	苏丹	132	112	121	135
塞浦路斯	56	88	91	101	瑞典	2459	2398	2194	2403
捷克	349	514	572	695	瑞士	2284	2401	2458	2674
丹麦	1334	1585	1592	1729	叙利亚	123	180	194	208
多米尼加	71	197		217	坦桑尼亚	43	91	93	94
厄瓜多尔	104	159	210	243	泰国	853	1227	1155	1269
埃及	431	994	985	899	特立尼达和多巴哥	51	83	93	96
萨尔瓦多	48	131	138	143	突尼斯	123	195	200	210
芬兰	1372	1200	1215	1315	土耳其	1506	1993	1452	1837
法国②	12159	13084	13204	14313	土库曼斯坦	32	44	60	77
德国	16713	18703	18534	19841	乌克兰	815	313	380	415
希腊	841	1121	1172	1328	阿联酋	341	703	692	710
危地马拉	77	193	210	233	英国	9896	14380	14297	15663
匈牙利	331	467	518	658	美国	57508	97621	100197	103831
冰岛	62	84	76	84	乌拉圭	93	201	187	121
印度	3169	4574	4785	5102	乌兹别克斯坦	134	78	76	79
印度尼西亚	1144	1502	1413	1729	委内瑞拉	486	1213	1262	943
伊朗	1204	1016	1141	1082	越南	65	312	327	351
爱尔兰	473	948	1024	1214	也门	48	94	95	100
以色列	525	1148	1127	1037	津巴布韦	88	72	91	83

注:资料来源:世界银行世界发展指标数据库。①世界银行统计数据。②包括法属圭亚那、瓜德罗普、马提尼克和留尼汪。

附录 2-4 按购买力平价法计算的国民经济核算主要指标

（2002 年）

国家和地区	国内生产总值（亿国际元）	人均国内生产总值（国际元）	国民总收入（亿国际元）	人均国民总收入（国际元）
世界	**487709**	**7868**	**484618**	**7820**
中国①	58609	4580	57917	4520
中国香港	1826	26910	1866	27490
中国澳门			96	21910
孟加拉国	2300	1700	2406	1770
印度	27996	2670	27778	2650
印度尼西亚	6829	3230	6499	3070
伊朗	4383	6690	4382	6690
以色列	1282	19530	1248	19000
日本	34251	26940	34813	27380
哈萨克斯坦	874	5870	837	5630
韩国	8073	16950	8080	16960
马来西亚	2217	9120	2066	8500
蒙古	42	1710	42	1710
巴基斯坦	2813	1940	2837	1960
菲律宾	3335	4170	3556	4450
新加坡	1001	24040	988	23730
斯里兰卡	677	3570	666	3510
泰国	4319	7010	4248	6890
土耳其	4448	6390	4385	6300
越南	1854	2300	1854	2300
埃及	2526	3810	2529	3810
尼日利亚	1136	860	1059	800
南非	4568	10070	4448	9810
加拿大	9247	29480	9073	28930
墨西哥	9046	8970	8871	8800
美国	103080	35750	104143	36110
阿根廷	4127	10880	3866	10600
巴西	13550	7770	13003	7450
委内瑞拉	1351	5380	1309	5220
白俄罗斯	548	5520	546	5500
保加利亚	568	7130	560	7030
捷克	1611	15780	1524	14920
法国	16014	26920	16088	27040
德国	22358	27100	22261	26980
意大利	15247	26430	15100	26170
荷兰	4699	29100	4577	28350
波兰	4077	10560	4037	10450
罗马尼亚	1462	6560	1447	6490
俄罗斯联邦	11856	8230	11647	8080
西班牙	8780	21460	8680	21210
乌克兰	2373	4870	2339	4800
英国	15491	26150	15745	26580
澳大利亚	5557	28260	5395	27440
新西兰	856	21740	809	20550

注：资料来源：世界银行世界发展指标数据库。①世界银行统计数据。

附录2-5 国内生产总值增长率

单位：%

国家和地区	1991-2003年年均增长率	2000	2001	2002	2003	国家和地区	1991-2003年年均增长率	2000	2001	2002	2003
世界	**3.3**	**4.7**	**2.4**	**3.0**	**3.9**	牙买加	0.6	0.9	1.1	1.5	2.2
发达国家	**2.5**	**3.8**	**1.1**	**1.7**	**2.1**	日本	1.3	2.8	0.4	-0.3	2.7
发展中国家	**4.3**	**5.9**	**4.1**	**4.6**	**6.1**	约旦	4.7	4.1	4.2	5.0	3.2
中国	9.7	8.0	7.5	8.3	9.1	哈萨克斯坦①	0.5	9.8	13.5	9.5	9.5
中国香港	3.9	10.2	0.5	2.3	3.3	肯尼亚	1.6	-0.1	1.2	1.0	1.5
阿尔巴尼亚	2.4	7.3	7.6	4.7	6.0	韩国	5.6	8.5	3.8	7.0	3.1
阿尔及利亚	2.3	2.2	2.6	4.1	6.7	科威特	3.4	1.9	0.6	-0.4	9.9
安哥拉	2.4	3.0	3.2	15.3	4.5	吉尔吉斯斯坦①	-1.6	5.3	5.4		5.2
安提瓜和巴布达	3.1	3.3	1.5	2.1	2.5	老挝	6.1	5.8	5.8	5.9	5.3
阿根廷	2.6	-0.8	-4.4	-10.9	8.7	黎巴嫩	6.0	-0.5	2.0	2.0	3.0
澳大利亚	3.4	3.2	2.5	3.8	3.0	利比亚	2.2	3.1	0.5	2.5	4.7
奥地利	2.0	3.4	0.8	1.4	0.7	立陶宛①	-0.6	3.9	6.4	6.8	9.0
巴林	4.7	5.3	4.5	5.1	5.0	卢森堡	5.1	9.1	1.2	1.3	1.2
孟加拉国	4.9	5.6	4.8	4.9	5.4	马其顿①	-0.3	4.5	-4.5	0.9	3.1
白俄罗斯①	0.4	5.8	4.7	5.0	6.8	马来西亚	6.2	8.6	0.3	4.1	5.2
比利时	1.8	3.7	0.7	0.7	1.1	马里	4.3	-3.2	13.3	4.4	3.2
贝宁	5.0	5.8	5.0	6.0	5.5	马耳他	4.1	6.4	-1.2	1.2	1.3
不丹	6.2	5.3	6.6	7.7	7.3	墨西哥	2.8	6.6	-0.2	0.7	1.3
玻利维亚	3.4	2.3	1.5	2.8	2.6	蒙古	0.7	1.1	1.0	3.9	5.0
波黑①	11.8	5.5	4.4	5.5	3.5	摩洛哥	2.9	1.0	6.3	3.2	5.5
巴西	2.3	4.4	1.3	1.9	-0.2	缅甸	7.1	13.7	10.5	5.5	5.1
文莱	1.8	2.8	3.0	3.2	3.6	尼泊尔	4.3	6.1	4.8	-0.5	2.3
保加利亚	-2.1	5.4	4.1	4.8	4.3	荷兰	2.3	3.5	1.2	0.2	-0.8
柬埔寨	6.0	7.0	5.7	5.5	4.8	新西兰	2.9	4.0	2.5	4.3	3.5
喀麦隆	2.3	4.2	5.3	6.5	4.2	尼日利亚	2.7	5.4	3.0	1.5	10.6
加拿大	2.8	5.3	1.9	3.3	1.7	挪威	3.1	2.8	1.9	1.0	0.2
佛得角	6.3	7.3	5.1	4.3	5.0	巴基斯坦	3.9	3.4	2.7	4.4	5.5
中非	0.3	1.8	1.0	-0.8	-5.8	秘鲁	3.8	2.8	0.3	4.9	4.0
智利	5.6	4.2	3.7	2.2	3.3	菲律宾	3.1	4.4	3.0	4.4	4.5
哥伦比亚	2.6	2.9	1.4	1.8	3.6	波兰	3.3	4.0	1.0	1.4	3.7
哥斯达黎加	4.8	1.8	1.1	2.9	5.6	葡萄牙	2.3	3.4	1.8	0.5	-1.3
克罗地亚①	1.8	2.9	3.8	5.2	4.4	罗马尼亚	-0.1	2.1	5.7	5.0	4.9
捷克①	1.8	3.3	3.1	2.0	2.9	俄罗斯联邦①	-1.5	10.0	5.1	4.7	7.3
丹麦	2.0	2.8	1.6	1.0	0.2	沙特阿拉伯	2.4	4.9	1.3	1.0	6.4
埃及	3.5	5.1	3.5	3.2	3.1	新加坡	6.0	9.7	-1.9	2.2	1.1
芬兰	1.9	5.1	1.1	2.3	1.9	斯洛伐克①	2.6	2.0	3.8	4.4	4.2
法国	1.7	4.2	2.1	1.2	0.2	斯洛文尼亚①	3.0	4.1	2.9	2.9	2.2
格鲁吉亚①	-4.6	1.9	4.7	5.5	8.6	南非	2.0	3.5	2.7	3.6	1.9
德国	1.5	2.9	0.8	0.2	-0.1	西班牙	2.6	4.2	2.8	2.0	2.4
加纳	4.5	3.7	4.2	4.5	4.7	斯里兰卡	4.6	6.0	-1.5	3.9	5.5
希腊	2.7	4.4	4.0	3.8	4.2	瑞典	1.9	4.3	0.9	2.1	1.6
匈牙利	1.4	5.2	3.8	3.5	2.9	瑞士	0.7	3.2	0.9	0.2	-0.5
冰岛	2.5	5.6	2.8	-0.6	4.0	泰国	4.5	4.8	2.1	5.4	6.7
印度	5.5	5.4	4.0	4.7	7.4	土耳其	3.2	7.4	-7.5	7.9	5.8
印度尼西亚	3.9	4.9	3.5	3.7	4.1	乌克兰	-4.2	5.9	9.2	5.2	9.3
伊朗	4.9	5.9	5.4	7.2	5.9	阿联酋	5.2	12.3	3.5	1.9	7.0
爱尔兰	6.7	10.1	6.2	6.9	1.4	英国	2.3	3.8	2.1	1.7	2.3
以色列	4.2	7.5	-0.9	-0.8	1.3	美国	3.0	3.7	0.5	2.2	3.1
意大利	1.4	3.0	1.8	0.4	0.3	越南	6.8	5.5	5.0	5.8	6.0

注：资料来源：国际货币基金组织世界经济展望数据库。①为1992-2003年年均增长率。

附录2-6 人口出生率、死亡率和自然增长率

单位：‰

国家和地区	人口出生率		人口死亡率		人口自然增长率	
	1990	2002	1990	2002	1990	2002
世界	**25.5**	**20.7**	**9.2**	**9.2**	**16.2**	**11.5**
中国	21.1	12.9	6.7	6.4	14.4	6.5
中国香港	12.3	7.1	5.0	5.0	7.3	2.1
中国澳门	19.2	9.4	5.0	5.0	14.3	4.4
孟加拉国	32.7	28.2	12.4	8.2	20.3	20.0
印度	30.2	24.0	9.7	8.5	20.5	15.5
印度尼西亚	25.4	20.2	8.5	7.3	16.9	12.9
伊朗	30.8	17.8	7.2	5.9	23.6	11.9
以色列	22.2	20.2	6.8	6.0	15.4	14.2
日本	10.0	9.3	6.7	8.1	3.3	1.2
哈萨克斯坦	21.7	14.6	7.7	11.8	14.0	2.8
朝鲜	20.7	16.7	6.5	11.2	14.2	5.5
韩国	16.3	12.2	6.3	6.5	10.0	5.7
马来西亚	28.9	21.8	4.9	4.5	24.1	17.3
蒙古	30.9	22.7	8.2	6.1	22.8	16.6
缅甸	30.5	23.2	12.6	11.5	17.9	11.7
巴基斯坦	41.4	32.5	12.6	7.7	28.8	24.8
菲律宾	32.4	25.6	6.7	5.6	25.8	20.0
新加坡	18.4	11.4	4.8	4.5	13.6	6.9
斯里兰卡	20.8	18.0	6.0	5.7	14.8	12.3
泰国	20.9	15.1	6.0	7.8	14.9	7.3
土耳其	24.8	21.6	7.4	6.6	17.4	15.0
越南	28.8	18.5	7.3	6.2	21.5	12.3
埃及	31.1	24.2	9.5	6.1	21.7	18.1
尼日利亚	43.8	39.1	14.6	17.4	29.2	21.7
南非	31.9	25.0	9.2	19.6	22.7	5.4
加拿大	15.0	10.7	7.3	7.1	7.7	3.6
墨西哥	28.0	19.9	5.4	4.2	22.6	15.7
美国	16.7	13.9	8.6	8.5	8.1	5.4
阿根廷	21.0	18.7	8.3	7.6	12.6	11.1
巴西	23.6	19.1	7.5	7.1	16.1	12.0
委内瑞拉	28.6	23.2	4.8	4.6	23.7	18.6
白俄罗斯	13.9	9.4	10.7	14.3	3.2	-4.9
保加利亚	12.1	8.8	12.4	14.4	-0.3	-5.6
捷克	12.7	9.1	12.5	11.1	0.2	-2.0
法国	13.4	12.5	9.3	9.6	4.1	2.9
德国	11.4	8.7	11.5	10.4	-0.1	-1.7
意大利	10.0	8.8	9.4	10.9	0.6	-2.1
荷兰	13.2	12.2	8.6	8.9	4.6	3.3
波兰	14.3	9.3	10.2	9.4	4.1	-0.1
罗马尼亚	13.7	10.4	10.6	13.0	3.1	-2.6
俄罗斯联邦	13.4	9.8	11.2	15.4	2.2	-5.6
西班牙	10.3	10.1	8.5	9.4	1.8	0.7
乌克兰	12.7	8.7	12.1	15.3	0.6	-6.6
英国	13.9	10.8	11.1	10.4	2.8	0.4
澳大利亚	15.4	12.7	7.0	6.8	8.4	5.9
新西兰	17.4	13.8	8.1	7.2	9.3	6.6

资料来源：世界银行数据库。

附录2－7 全员劳动生产率①

单位：美元/人

国家和地区	1990	1999	2000	2001	2002
世界	**8738**	**10598**	**10713**	**10447**	**10669**
中国②	528	1320	1428	1540	1646
中国香港	25982	46161	46900	45774	44991
孟加拉国	593	684	681	664	657
印度	879	1013	1015	1039	1085
印度尼西亚	1462	1434	1504	1385	1660
伊朗	7637	5174	5161	5604	5134
以色列	28582	39398	42115	40075	35882
日本	47610	65694	69794	61266	58716
哈萨克斯坦	3499	2269	2484	3022	3351
韩国	12867	17184	19209	17574	19399
马来西亚	6173	8488	9372	8840	9235
蒙古		766	807	858	897
巴基斯坦	1040	1168	1175	1095	1069
菲律宾	1805	2425	2350	2166	2280
新加坡	23686	41274	45825	41547	42443
斯里兰卡	1229	1978	2015	1906	1970
泰国	2692	3365	3332	3110	3387
土耳其	6197	5834	6164	4399	5448
越南	193	721	771	795	839
埃及	2355	3759	4075	3915	3469
尼日利亚	740	744	836	827	823
南非	8238	7718	7329	6400	5756
加拿大	39058	39720	42711	41608	42470
墨西哥	8566	12199	14392	15106	15073
美国	45762	64494	67296	68296	69997
阿根廷	11585	19295	18928	17499	6493
巴西	7056	6774	7564	6309	5536
委内瑞拉	6682	10760	12272	12408	9017
白俄罗斯	3283	2301	2419	2352	2711
保加利亚	4673	3102	3030	3331	3823
捷克	6395	9572	8912	9977	12173
法国	49233	54487	48967	49179	53057
德国	41930	51535	45719	45203	48257
意大利	45244	46006	41771	42481	46162
荷兰	42649	54203	50109	51649	56007
波兰	3148	7845	8258	9214	9486
罗马尼亚	3597	3324	3449	3736	4268
俄罗斯联邦	6696	2521	3341	3993	4467
西班牙	32224	34127	31367	32358	36029
乌克兰	3128	1252	1245	1520	1665
英国	34619	49713	48777	48393	52910
澳大利亚	36576	41977	39635	37244	40859
新西兰	26251	29609	26764	26429	29661

注：资料来源：世界银行数据库。①为 GDP 除以劳动力总数。②世界银行统计数据。

附录2-8 货币汇率(年末中间价)

单位:1美元合本币数

国家和地区	1990	2001	2002	2003
中国	4.78	8.28	8.28	8.28
中国香港		7.80	7.80	7.76
孟加拉国	35.79	57.00	57.90	58.78
印度	18.07	48.18	48.03	45.61
印度尼西亚	1901.00	10400.00	8940.00	8465.00
伊朗	65.30	1750.95	7951.98	8272.11
以色列	2.05	4.42	4.74	4.38
日本	134.40	131.80	119.90	107.10
马来西亚	2.70	3.80	3.80	3.80
缅甸	6.08	6.68	6.57	6.09
韩国	716.40	1313.50	1186.20	1192.60
巴基斯坦	21.90	60.86	58.53	57.22
菲律宾	28.00	51.40	53.10	55.57
新加坡	1.74	1.85	1.74	1.70
斯里兰卡	40.24	93.16	96.73	96.74
泰国	25.29	44.22	43.15	39.59
土耳其	2930.10	1450130.00	1643700.00	1396640.00
埃及	2.00	4.49	4.50	6.15
尼日利亚	9.00	112.95	126.40	136.50
南非	2.56	12.13	8.64	6.64
加拿大	1.16	1.59	1.58	1.29
墨西哥	2.95	9.14	10.31	11.24
阿根廷	0.56	1.00	3.32	2.91
巴西	64.39	2.32	3.53	2.89
委内瑞拉	50.38	763.00	1401.25	1598.00
捷克	28.00	36.26	30.14	25.65
法国①	5.13	1.13	0.95	0.79
德国①	1.49	1.13	0.95	0.79
意大利①	1130.20	1.13	0.95	0.79
荷兰①	1.69	1.13	0.95	0.79
波兰	0.95	3.99	3.84	3.74
罗马尼亚	34.71	31597.00	33500.00	32595.00
俄罗斯联邦		30.14	31.78	29.45
西班牙①	96.91	1.13	0.95	0.79
英国	0.52	0.69	0.62	0.56
澳大利亚	1.29	1.96	1.77	1.33
新西兰	1.70	2.41	1.90	1.53

注:资料来源:联合国数据库,国际货币基金组织《国际金融统计月报》2004年4月。①1999年1月1日欧元启动,此后为1美元兑欧元汇率。

附录2-9 主要农产品产量

（2003年）　　　　单位：万吨

国家和地区	谷物总计	稻谷	小麦	玉米	大豆	花生	水果（不包括瓜类）
世界	**207530.9**	**58912.6**	**55634.9**	**63804.3**	**18923.4**	**3565.8**	**48025.0**
发达国家	**84476.8**	**2309.9**	**29222.5**	**34758.1**	**7027.7**	**209.4**	**12282.0**
发展中国家	**123054.1**	**56602.7**	**26412.4**	**29046.2**	**11895.7**	**3356.5**	**35743.0**
亚洲	**99530.7**	**53482.1**	**24387.9**	**16466.8**	**2559.1**	**2400.1**	**20831.7**
中国①	37746.3	16641.7	8610.0	11417.5	1650.0	1344.7	7220.3
孟加拉国	3968.3	3806.0	155.0	1.0		3.4	146.7
印度	23204.8	13201.3	6512.9	1480.0	680.0	750.0	4591.1
印度尼西亚	6298.9	5207.9		1091.0	67.2	137.7	901.3
伊朗	2111.0	330.0	1290.0	180.0	11.5	0.3	1271.2
以色列	25.7		17.0	6.0		2.3	117.5
日本	1082.3	974.0	85.5		23.2	2.2	378.2
哈萨克斯坦	1476.3	20.0	1151.9	43.8	2.5		19.0
朝鲜	436.3	228.4	14.5	172.5	36.0		140.2
韩国	646.0	606.8	1.0	7.0	11.5	1.1	274.9
马来西亚	221.7	214.5		7.2		0.6	115.5
蒙古	18.4		18.0				
缅甸	2566.4	2464.0	10.0	75.0	13.0	73.0	157.0
巴基斯坦	2775.3	675.1	1921.0	127.5	1.0	10.6	545.9
菲律宾	1850.9	1403.1		447.8	0.1	2.9	1180.4
斯里兰卡	310.7	307.1		3.0	0.3	0.7	85.5
泰国	3173.2	2700.0	0.1	450.0	26.8	13.2	752.1
土耳其	3079.8	37.2	1900.0	280.0	6.5	8.5	1120.0
越南	3745.2	3451.9		293.4	22.5	40.0	509.6
非洲	**12750.3**	**1908.0**	**1963.2**	**4352.2**	**99.1**	**896.9**	**6260.8**
埃及	1923.1	580.0	615.0	640.0	1.7	20.7	740.8
尼日利亚	2445.7	495.2	7.3	515.0	48.4	270.0	913.4
南非	1174.0	0.3	160.0	971.4	14.8	10.0	497.5
北美洲	**43550.7**	**1146.2**	**9015.1**	**28956.8**	**6818.7**	**207.8**	**5949.9**
加拿大	5016.8		2355.2	958.7	226.8		66.2
墨西哥	3056.6	19.2	300.0	1965.2	7.6	7.5	1471.6
美国	34864.4	903.4	6359.0	25690.5	6579.5	188.0	2912.5
南美洲	12274.5	2013.3	2323.8	7064.8	9265.7	56.0	6805.6
阿根廷	3415.1	71.8	1453.0	1504.0	3481.9	31.6	708.4
巴西	6638.8	1019.9	590.0	4780.9	5153.2	17.7	3406.4
委内瑞拉	280.5	70.1		150.5	0.4	0.1	277.8
欧洲	**35526.7**	**321.7**	**15422.9**	**6915.2**	**176.8**	**1.0**	**7546.5**
白俄罗斯	511.6		110.0	2.0			43.8
保加利亚	412.3	1.8	200.4	140.0	0.3	0.8	66.8
捷克	577.5		263.8	47.6	1.2		44.8
法国	5492.5	10.5	3058.2	1189.8	14.7		973.0
德国	3954.3		1929.6	341.5	0.1		445.5
意大利	1811.3	136.0	624.3	897.8	42.4		1572.8
荷兰	186.1		122.8	19.6			61.2
波兰	2339.1		785.8	188.4			329.0
罗马尼亚	1296.1	0.2	247.9	957.7	22.5		313.4
俄罗斯联邦	6546.4	45.0	3406.2	211.3	39.3		365.3
西班牙	2141.1	85.5	629.0	430.1			1707.1
乌克兰	1962.2	8.4	360.0	690.0	11.0		162.4
英国	2151.1		1428.8				24.7
大洋洲	**3898.1**	**41.3**	**2522.1**	**48.6**	**4.0**	**4.1**	**630.4**
澳大利亚	3804.5	39.1	2490.0	31.6	4.0	3.7	339.0
新西兰	89.9		32.1	15.8			98.2

注：资料来源：联合国粮农组织数据库。①FAO数据。

附录2－10 畜 产 品 产 量

（2003年）　　单位：万吨

国家和地区	肉类总产量	#牛肉	#羊肉	#猪肉	#禽肉	蛋类	奶类总产量	#牛奶
世　界	**25352.8**	**6210.4**	**1222.4**	**9850.7**	**7582.3**	**6046.9**	**60088.9**	**50685.2**
发达国家	**10832.8**	**2970.2**	**320.9**	**3910.4**	**3474.3**	**1884.6**	**35147.2**	**34580.9**
发展中国家	**14520.0**	**3240.2**	**901.5**	**5940.2**	**4108.1**	**4162.3**	**24941.7**	**16104.3**
亚　洲	**10381.6**	**1529.9**	**717.0**	**5443.3**	**2535.8**	**3748.5**	**18531.3**	**10468.5**
中　国	6932.9	630.5	357.2	4518.6		2606.7	1848.6	1746.3
孟加拉国	44.1	18.4	13.3		11.5	16.1	215.7	79.7
印　度	603.8	296.1	70.7	63.0	160.0	220.0	8696.0	3650.0
印度尼西亚	194.6	39.7	10.0	47.3	97.5	96.9	88.1	57.8
伊　朗	160.3	30.2	45.5		83.0	58.5	594.0	500.0
以色列	52.0	5.5	0.6	1.5	44.4	8.9	133.6	130.0
日　本	299.1	50.5		125.9	121.8	250.0	836.0	836.0
哈萨克斯坦	67.0	29.7	10.1	18.5	3.6	12.8	427.9	422.7
朝　鲜	21.8	2.2	1.2	14.7	3.6	13.5	9.4	9.4
韩　国	177.1	18.5	0.3	115.3	42.5	56.0	236.3	235.9
马来西亚	107.4	2.4	0.1	23.3	81.6	48.9	4.6	3.8
蒙　古	29.2	8.4	16.0	0.1			24.4	17.6
缅　甸	56.0	13.4	1.1	13.2	28.3	11.3	66.0	53.3
巴基斯坦	189.2	95.4	54.7		37.5	36.1	2781.1	862.0
菲律宾	234.8	25.7	3.3	138.5	65.9	57.5	1.1	1.1
新加坡	9.6			2.0	7.5	1.7		
斯里兰卡	11.4	3.3	0.2	0.2	7.8	5.4	29.8	22.5
泰　国	220.7	27.3	0.1	64.2	129.1	80.4	62.0	62.0
土耳其	134.8	38.6	33.3		62.7	54.3	816.0	710.0
越　南	248.7	20.7	0.6	180.0	45.6	23.5	15.8	12.7
非　洲	1159.6	437.6	191.9	76.9	330.0	207.9	2874.4	2111.8
埃　及	144.5	55.7	10.8	0.3	65.2	20.0	408.5	190.0
尼日利亚	104.2	28.0	24.1	20.0	20.1	46.0	43.2	43.2
南　非	168.6	59.0	14.0	11.3	82.5	36.6	275.0	275.0
北美洲	**4982.7**	**1513.2**	**21.1**	**1238.3**	**2176.3**	**789.3**	**9928.2**	**9910.8**
加拿大	424.8	117.1	1.5	195.2	109.1	39.4	788.0	788.0
墨西哥	490.8	149.6	8.2	104.3	220.4	188.2	999.0	984.2
美　国	3874.8	1190.6	9.0	906.4	1746.8	512.3	7725.2	7725.2
南美洲	**2955.7**	**1281.9**	**32.4**	**440.4**	**1179.5**	**295.8**	**4653.1**	**4631.2**
阿根廷	416.3	280.0	6.1	21.6	97.5	34.0	790.0	790.0
巴　西	1868.4	752.6	10.9	305.9	796.7	161.0	2345.3	2331.5
委内瑞拉	120.5	43.3	0.7	12.2	64.3	14.7	123.8	123.8
欧　洲	**5301.4**	**1172.3**	**143.9**	**2596.2**	**1272.8**	**985.4**	**21595.5**	**21056.5**
白俄罗斯	61.1	21.0	0.3	29.7	9.8	15.6	468.8	468.8
保加利亚	48.6	6.0	6.0	25.0	11.0	9.2	139.0	118.9
捷　克	76.9	10.4	0.1	40.9	21.6	16.7	265.7	264.6
法　国	651.6	165.0	14.2	234.0	208.7	91.9	2542.3	2461.4
德　国	659.7	122.0	4.4	423.8	96.8	84.3	2838.0	2835.0
意大利	422.4	112.7	6.2	158.7	115.6	67.2	1204.2	1100.0
荷　兰	242.3	46.4	2.0	142.0	51.8	65.3	1084.2	1084.2
波　兰	311.8	27.5	0.1	205.0	76.6	50.2	1180.5	1180.4
罗马尼亚	114.8	18.5	6.8	53.3	34.4	34.5	512.4	485.2
俄罗斯联邦	493.7	200.0	13.8	167.9	103.4	205.2	3310.1	3280.0
西班牙	544.2	70.0	25.0	332.2	104.2	68.6	691.7	608.5
乌克兰	164.9	70.5	1.6	60.0	30.0	65.6	1366.0	1340.0
英　国	329.2	69.6	30.0	71.4	157.3	72.2	1505.6	1505.6
大洋洲	**571.7**	**275.4**	**116.0**	**55.5**	**88.0**	**20.0**	**2506.5**	**2506.5**
澳大利亚	385.0	207.3	61.1	42.0	72.5	13.8	1064.2	1064.2
新西兰	143.0	66.0	54.8	4.8	13.7	4.9	1435.4	1435.4

资料来源：联合国粮农组织数据库。

附录2－11 按行业划分的工业生产指数

单位：%

类 别	权数(%)	1998	1999	2000	2001
世 界					
工 业	100.0	110.0	113.2	121.0	118.5
采掘业	7.4	105.1	103.0	106.7	107.4
制造业	82.6	110.7	114.4	123.0	119.8
电、煤气、水	10.0	107.4	110.8	114.8	115.7
发达国家					
工 业	100.0	110.2	113.0	120.5	117.1
采掘业	4.6	102.3	99.9	102.1	102.1
煤 炭	0.6	94.6	93.5	91.5	91.6
石油、天然气	2.7	102.7	99.3	102.8	103.2
金属矿	0.4	104.9	99.4	100.2	97.8
制造业	84.9	111.2	114.4	122.6	118.6
食品、饮料、烟草	9.5	102.7	103.9	105.8	105.3
纺织	1.8	96.0	92.4	90.8	84.9
服装、皮革、制鞋	2.4	89.3	84.9	80.1	75.2
木制品	2.0	103.3	105.7	106.4	100.6
造纸、出版、印刷及录音介质	8.1	104.9	98.0	107.3	103.9
化学、石油、塑料、橡胶制品	13.7	108.6	111.7	114.7	114.5
非金属矿制品	3.2	101.1	103.3	106.6	102.8
基本金属	4.7	101.8	101.3	107.5	103.5
金属及机械制造	12.7	108.0	107.4	112.6	108.9
办公机械、计算机，收音机电视及其他电子设备	14.0	140.2	158.2	190.8	180.5
运输设备	8.7	114.4	119.1	122.9	120.9
电、煤气、水	10.5	105.4	108.2	111.6	111.6
发展中国家					
工 业	100.0	109.0	114.0	123.0	123.8
采掘业	18.3	107.9	106.0	111.3	112.8
煤 炭	1.2	107.6	113.2	118.0	124.7
石油、天然气	14.3	104.9	101.9	106.7	107.2
金属矿	1.7	126.0	131.5	142.2	150.7
制造业	73.7	108.4	114.8	125.0	125.2
食品、饮料、烟草	13.3	105.6	107.9	110.3	111.3
纺织	4.8	97.7	98.6	102.1	98.4
服装、皮革、制鞋	3.6	97.8	96.5	100.4	96.8
木制品	1.5	93.8	90.2	91.3	88.4
造纸、出版、印刷及录音介质	3.2	105.7	110.5	118.5	133.5
化学、石油、塑料、橡胶制品	15.0	115.0	119.9	124.7	124.4
非金属矿制品	4.2	104.7	108.3	112.3	112.4
基本金属	4.7	108.1	114.1	119.5	119.9
金属及机械制造	7.9	97.2	102.1	117.5	117.6
办公机械、计算机，收音机电视及其他电子设备	7.3	131.3	163.5	208.9	204.2
运输设备	5.2	110.0	119.6	134.9	138.8
电、煤气、水	8.0	117.7	124.4	131.5	136.8

资料来源：联合国《统计月报》。

附录 2－12 按国别和地区分的工业生产指数

单位:1995 年 = 100

国家和地区	1998	1999	2000	2001	2002
世界	**109.9**	**113.6**	**121.2**	**118.3**	**120.3**
中国①	136.4	148.0	162.5	176.6	194.3
中国香港	90.2	84.7	85.1	82.4	76.4
孟加拉国②	112.5	121.4	131.5	140.9	146.0
印度③	117.8	125.6	131.9	135.4	143.2
日本	99.0	99.9	105.5	98.7	97.5
马来西亚	114.0	124.3	148.1	142.0	147.8
韩国	106.2	131.9	154.1	155.0	167.6
蒙古	104.7	106.6	110.2	121.9	122.7
巴基斯坦②	107.4	108.0	115.2	122.9	
新加坡④	107.7	122.6	141.4	125.1	135.6
土耳其	118.3	112.3	118.4	107.9	117.7
南非	102.8	101.8	104.5	106.7	111.1
加拿大	109.9	115.4	121.9	118.0	120.1
墨西哥⑤	128.0	133.3	141.5	136.4	136.3
美国	118.4	123.5	129.2	124.7	123.9
阿根廷④	115.8	103.7	101.8	90.4	87.5
巴西	103.4	102.9	109.7	111.5	114.1
法国	110.1	112.3	116.3	117.6	116.4
德国	108.7	110.4	117.2	117.8	116.2
意大利	104.3	104.4	107.7	106.8	105.3
捷克	108.2	104.7	105.7	117.6	123.2
罗马尼亚	81.9	77.7	83.2	90.3	95.7
英国	103.3	104.1	105.9	103.6	99.9
澳大利亚②	108.5	109.9	112.3	116.5	119.0
新西兰	103.6	100.8	104.2	106.7	107.2

注:资料来源:联合国《统计月报》2003 年 9 月。①工业增加值指数。②7 月 1 日开始的 12 个月的平均数。③4 月 1 日开始的 12 个月的平均数。④制造业生产指数。⑤包括建筑业。

附录2-13 国 际 互 联 网 用 户

单位:个/千人

国家和地区	1990	1995	2000	2001	2002
世界	**1.80**	**9.59**	**84.70**	**106.03**	**130.69**
高收入国家	**2.66**	**24.75**	**249.90**	**310.82**	**363.50**
中等收入国家		**1.88**	**38.70**	**53.26**	**80.10**
低收入国家		**0.06**	**3.74**	**5.77**	**10.21**
中国①		0.05	17.37	25.67	46.01
中国香港		32.49	278.35	386.82	430.11
中国澳门		2.82	136.36	231.28	260.42
孟加拉国			0.77	1.42	1.53
印度		0.27	5.43	6.82	15.91
印度尼西亚		0.26	9.70	19.12	37.72
伊朗		0.04	9.82	15.56	48.46
以色列	1.06	8.90	202.56	276.58	301.40
日本	0.20	15.93	299.40	384.16	448.86
哈萨克斯坦		0.11	6.16	9.32	15.66
韩国	0.23	8.21	414.05	521.05	551.89
马来西亚		1.49	213.88	265.19	319.69
蒙古		0.09	12.64	16.66	20.58
缅甸			0.15	0.21	0.51
巴基斯坦			2.16	3.51	10.28
菲律宾		0.29	20.13	25.57	44.04
新加坡		28.36	323.57	411.50	504.36
斯里兰卡		0.06	6.58	8.01	10.56
泰国		0.96	37.95	57.73	77.56
土耳其		0.81	30.63	60.35	72.84
越南			2.51	12.45	18.46
埃及		0.34	7.09	9.30	28.23
尼日利亚			0.70	0.98	3.50
南非		7.09	54.94	64.85	68.20
加拿大	3.69	42.76	421.26	450.01	512.83
墨西哥		1.00	27.43	36.22	98.48
美国	8.04	94.50	440.62	501.49	551.38
阿根廷		0.88	72.52	100.76	112.02
巴西		1.09	29.45	46.56	82.24
委内瑞拉		1.25	33.93	46.62	50.56
白俄罗斯		0.03	18.72	43.24	81.58
保加利亚		1.19	52.77	74.63	80.76
捷克		14.51	97.34	146.71	256.31
法国	0.53	16.42	143.65	263.77	313.83
德国	1.38	18.33	301.48	373.60	411.94
意大利	0.17	5.23	230.37	268.88	352.44
荷兰	3.34	64.54	437.85	490.52	506.33
波兰		6.48	72.46	98.37	230.00
罗马尼亚		0.75	35.67	44.66	83.02
俄罗斯联邦		1.49	19.74	29.30	40.93
西班牙	0.13	3.83	136.73	182.74	156.30
乌克兰		0.43	6.94	11.93	17.95
英国	0.87	18.77	264.36	329.59	423.10
澳大利亚	5.86	27.68	344.52	371.38	481.74
新西兰		49.58	401.29	461.17	484.37

注:资料来源:世界银行数据库。①世界银行统计数据。

附录2－14 货　物　出　口　总　额

单位:亿美元

国家和地区	1990	2000	2001	2002	2003
世界	**34490**	**64460**	**61960**	**64770**	**74820**
发达国家	**24966**	**41232**	**39866**	**41174**	**46956**
发展中国家	**7934**	**18719**	**17527**	**18626**	**21779**
中国	621	2492	2661	3256	4382
中国香港	824	2027	1911	2019	2240
孟加拉国	17	64	61	61	68
印度	180	424	433	493	547
印度尼西亚	257	621	564	572	607
伊朗	193	283	237	282	334
以色列	121	314	290	293	316
日本	2876	4792	4035	4167	4719
哈萨克斯坦		91	86	97	129
朝鲜	19	7	8	10	9
韩国	650	1723	1504	1625	1943
马来西亚	295	982	880	933	1007
蒙古	7	5	4	5	5
缅甸	3	16	24	30	28
巴基斯坦	56	90	92	99	119
菲律宾	81	398	327	365	371
新加坡	527	1378	1218	1252	1441
斯里兰卡	19	54	48	47	51
泰国	231	691	651	688	803
土耳其	130	278	313	361	466
越南	24	144	151	165	197
埃及	35	47	41	47	58
尼日利亚	136	210	173	151	203
南非	235	300	293	297	365
美国	3936	7811	7308	6931	7240
加拿大	1276	2766	2599	2524	2721
墨西哥	407	1664	1585	1607	1653
阿根廷	124	263	265	257	293
巴西	314	551	582	604	731
委内瑞拉	175	318	274	245	237
保加利亚	50	48	51	57	74
捷克		290	334	385	487
法国	2166	3276	3234	3317	3847
德国	4211	5518	5717	6158	7484
意大利	1703	2405	2445	2544	2902
荷兰	1318	2331	2309	2441	2934
波兰	143	317	361	410	523
罗马尼亚	50	104	114	139	176
俄罗斯联邦		1056	1031	1071	1352
西班牙	556	1153	1167	1257	1519
乌克兰		146	163	180	231
英国	1852	2854	2727	2802	3039
澳大利亚	398	639	634	650	704
新西兰	94	133	137	144	165

资料来源:世界贸易组织数据库。

附录2-15 货物进口总额

单位:亿美元

国家和地区	1990	2000	2001	2002	2003
世界	**35500**	**67050**	**64660**	**67150**	**77650**
发达国家	**26311**	**45853**	**43928**	**45316**	**52151**
发展中国家	**7515**	**16982**	**16337**	**17014**	**19631**
中国	534	2251	2436	2952	4128
中国香港	847	2140	2020	2080	2326
孟加拉国	36	84	84	79.	97
印度	236	515	504	565	697
印度尼西亚	218	335	310	313	324
伊朗	203	143	179	222	276
以色列	168	377	354	355	364
日本	2354	3795	3491	3372	3830
哈萨克斯坦		50	64	66	83
朝鲜	29	17	18	19	20
韩国	698	1605	1411	1521	1788
马来西亚	293	820	739	799	811
蒙古	9	6	6	7	8
缅甸	3	24	29	23	25
巴基斯坦	74	109	102	112	130
菲律宾	130	370	349	372	393
新加坡	608	1345	1160	1164	1279
斯里兰卡	27	72	60	61	65
泰国	330	619	621	647	757
土耳其	223	545	414	516	677
越南	28	156	160	190	240
埃及	124	140	128	126	133
尼日利亚	56	87	116	75	109
南非	184	297	282	293	381
美国	5170	12593	11792	12002	13056
加拿大	1232	2448	2273	2275	2456
墨西哥	435	1827	1762	1766	1790
阿根廷	41	253	203	90	138
巴西	225	586	584	496	507
委内瑞拉	73	162	180	118	93
保加利亚	51	65	73	79	107
白俄罗斯		86	83	91	115
捷克		322	365	408	513
法国	2344	3389	3286	3293	3884
德国	3557	4972	4861	4903	6017
意大利	1820	2388	2362	2470	2890
荷兰	1261	2183	2086	2193	2611
波兰	116	489	503	551	669
罗马尼亚	76	131	156	179	240
俄罗斯联邦		447	536	602	745
西班牙	877	1561	1547	1651	2001
乌克兰		140	158	170	230
英国	2230	3438	3330	3463	3883
澳大利亚	420	715	639	727	886
新西兰	95	139	133	150	186

资料来源:世界贸易组织数据库。

附录2-16 货物和服务进出口占国内生产总值比重

单位：%

国家和地区	出口			进口		
	1990	2000	2002	1990	2000	2002
世界	**19.1**	**25.1**	**23.9**	**19.2**	**24.9**	**23.3**
高收入国家	**18.9**	**24.0**	**22.2**	**19.2**	**24.2**	**22.2**
中等收入国家	**20.5**	**30.3**	**31.7**	**19.4**	**27.8**	**28.3**
低收入国家	**16.9**	**26.6**	**25.0**	**19.4**	**25.5**	**25.4**
中国①	17.5	25.9	28.9	14.3	23.2	25.9
中国香港	132.6	145.5	150.8	124.1	141.9	142.5
孟加拉国	6.1	14.0	14.3	13.5	19.2	19.0
印度	7.1	13.9	15.2	8.6	14.6	15.6
印度尼西亚	25.3	42.9	35.4	23.7	33.5	28.5
伊朗	22.0	24.9	31.0	23.5	13.3	29.3
以色列	34.7	40.4	37.2	45.4	45.4	45.8
日本	10.4	10.8	11.1	9.4	9.3	9.9
哈萨克斯坦		57.0	47.2		48.4	46.3
韩国	29.1	44.8	40.0	30.3	41.7	38.6
马来西亚	74.5	124.6	114.1	72.4	104.6	96.6
蒙古	24.0	65.4	67.0	52.9	81.8	81.2
缅甸	2.6			4.8		
巴基斯坦	15.5	16.3	18.7	23.4	18.0	19.0
菲律宾	27.5	55.4	48.9	33.3	53.5	49.4
新加坡	184.0	178.8	173.6②	177.1	160.8	151.8②
斯里兰卡	29.2	39.0	36.2	38.0	49.6	42.9
泰国	34.1	66.8	64.7	41.7	58.1	57.5
埃及	20.0	16.3	16.2	32.7	22.9	22.7
尼日利亚	43.4	53.3	37.7	28.8	37.5	43.6
南非	24.4	28.6	34.0	18.6	25.8	30.5
阿根廷	10.4	10.9	27.7	4.6	11.5	12.8
巴西	8.2	10.7	15.8	7.0	12.2	13.6
委内瑞拉	39.4	28.4	28.9	20.2	16.3	16.9
加拿大	26.0	46.0		26.0	40.8	
墨西哥	18.6	31.0	27.2	19.7	33.0	29.2
美国	9.7	11.3	9.8	10.9	15.0	13.9
白俄罗斯	46.0	69.2	69.5	43.6	72.4	73.9
保加利亚	33.1	55.7	53.1	36.7	61.1	59.7
捷克	45.2	69.8	65.2	42.6	73.2	67.5
法国	21.2	28.5	27.1	22.2	27.3	25.0
德国	25.1	33.8	35.5	25.2	33.4	31.6
意大利	19.7	28.3	26.9	19.7	27.3	25.8
荷兰	54.0	67.3	61.7	50.6	62.3	56.4
波兰	28.6	28.3	28.0	21.5	34.9	31.4
罗马尼亚	16.7	32.9	35.4	26.2	38.5	41.2
俄罗斯联邦	18.2	44.1	34.7	17.9	24.0	24.0
乌克兰	27.6	62.4	56.3	28.7	57.9	51.8
英国	24.0	27.9	25.8	26.6	29.8	27.6
澳大利亚	16.7	22.9	19.6	16.8	22.8	22.2
新西兰	27.0	36.3	33.2	26.8	34.5	31.6

注：资料来源：世界银行数据库。①世界银行数据。②2001年数据。

附录2－17 农产品进出口额

单位：亿美元

国家和地区	进口额			出口额		
	1990	2001	2002	1990	2001	2002
世界	**3531.5**	**4387.2**	**4640.6**	**3262.3**	**4133.7**	**4411.4**
发达国家	**2666.5**	**3046.7**	**3277.0**	**2366.2**	**2908.5**	**3102.5**
中国	97.9	163.9	161.1	102.1	129.9	144.7
中国香港	68.2	82.7	79.3	36.1	37.8	35.2
孟加拉国	7.7	13.8	13.9	1.6	0.9	1.0
印度	10.8	39.3	40.2	30.7	52.3	55.2
印度尼西亚	15.9	40.9	42.0	28.0	43.7	62.1
伊朗	26.8	31.3	20.9	4.6	11.0	11.1
以色列	12.0	18.7	19.0	12.9	10.4	10.2
日本	286.6	345.7	336.3	11.7	24.8	16.4
哈萨克斯坦		5.0	5.6		5.3	7.1
朝鲜	2.5	3.9	3.3	0.6	0.2	0.2
韩国	64.6	82.7	89.6	11.5	16.0	16.8
马来西亚	21.4	40.3	50.0	43.6	55.2	73.7
蒙古	0.7	1.1	1.3	1.6	1.2	0.8
缅甸	1.2	3.0	2.9	1.9	4.6	4.7
巴基斯坦	14.0	15.2	15.6	9.9	10.2	9.9
菲律宾	13.6	24.3	26.4	12.3	14.4	15.1
新加坡	35.2	39.6	38.8	25.5	27.0	26.9
斯里兰卡	4.9	7.2	8.1	7.5	9.5	9.7
泰国	16.0	29.2	29.8	53.9	74.2	81.7
土耳其	22.6	24.2	30.7	31.2	40.9	34.8
越南	2.4	11.1	13.4	7.4	20.2	19.0
埃及	30.8	35.6	36.9	4.3	6.1	7.7
尼日利亚	5.6	17.3	20.1	2.3	4.0	4.1
南非	9.9	13.0	14.5	19.2	22.5	24.1
加拿大	71.0	120.4	127.1	91.8	172.7	164.7
墨西哥	49.9	107.6	116.2	29.4	76.4	80.4
美国	270.9	449.4	450.7	452.1	567.1	555.9
阿根廷	2.3	12.1	5.0	69.8	110.1	110.5
巴西	22.7	32.1	32.6	87.6	160.6	167.3
委内瑞拉	8.0	19.0	15.5	3.1	3.1	2.9
白俄罗斯		8.8	9.5		6.0	6.5
保加利亚	6.5	4.8	5.5	18.2	5.9	6.7
捷克		19.4	22.2		13.1	13.8
法国	226.1	232.2	252.6	334.3	313.3	345.2
德国	386.5	321.6	370.0	203.7	235.8	265.6
意大利	236.5	209.2	221.9	111.3	156.9	174.5
荷兰	179.6	170.0	194.7	309.3	278.3	325.2
波兰	9.9	31.7	34.7	16.3	28.1	30.1
罗马尼亚	13.7	12.2	11.9	0.9	4.5	4.6
俄罗斯联邦		87.1	93.9		11.2	18.4
西班牙	80.4	112.3	129.5	78.3	145.0	164.5
乌克兰		10.7	11.3		19.0	24.4
英国	229.5	268.4	291.5	127.7	133.5	146.6
澳大利亚	17.2	28.7	32.3	117.5	157.8	154.2
新西兰	6.7	11.3	13.0	47.8	65.9	67.4

资料来源：联合国粮农组织数据库。

附录2-18 国 际 旅 游 收 支

单位:亿美元

国家和地区	国际旅游支出			国际旅游收入		
	1990	2001	2002	1990	2001	2002
世界	**2687.4**	**4275.2**	**4492.2**	**2648.9**	**4588.2**	**4725.1**
高收入国家	**2325.2**	**3417.8**	**3574.1**	**2158.0**	**3282.8**	**3363.1**
中等收入国家	**295.2**	**751.6**	**798.0**	**424.5**	**1192.6**	**1261.2**
低收入国家	**45.5**	**107.2**		**58.9**	**135.3**	**125.7**
中国	4.7①	139.1①	153.9①	22.2	177.9	203.9
中国香港		123.2	124.2	50.3	82.8	101.2
孟加拉国	0.0	1.7	2.0	0.1	0.5	0.6
印度	3.9	23.1	34.5	15.1	30.4	29.2
印度尼西亚	8.4	34.1	33.7	21.1	54.0	43.1
伊朗	3.4	2.4		0.6	11.2	
以色列	14.4	29.0	25.5	14.0	15.7	12.0
日本	249.3	265.3	266.8	35.8	33.0	35.0
哈萨克斯坦		4.7	7.6		4.0	6.2
韩国	31.7	65.5	76.4	35.6	63.7	52.8
马来西亚	14.5	26.1	26.2	16.7	63.7	67.9
蒙古		0.6	1.2	0.1	0.4	1.3
缅甸	0.2	0.3		0.1	0.5	
巴基斯坦	4.4	2.6	1.8	1.6	0.9	1.1
菲律宾	1.1	12.3	8.7	13.1	17.2	17.4
新加坡	18.9	46.5	52.1	49.4	50.8	49.3
斯里兰卡	0.7	2.5	2.5	1.3	2.1	2.5
泰国	8.5	29.2	33.0	43.3	70.8	79.0
土耳其	5.2	17.4	18.8	32.3	73.9	90.1
埃及	1.3	11.3	12.8	11.0	38.0	37.6
尼日利亚	5.8	7.0		0.3	1.6	
南非	11.2	18.8	18.0	9.9	24.3	27.3
加拿大	109.3	102.5	99.3	63.4	107.7	97.0
墨西哥	55.2	57.0	60.6	54.7	84.0	88.6
美国	373.5	602.0	580.4	430.1	718.9	665.5
阿根廷	15.1	38.0		11.3	25.5	
巴西	15.6	32.0	23.8	14.4	37.0	31.2
委内瑞拉	10.2	18.0	14.2	5.0	6.8	4.7
白俄罗斯		5.0	5.6		1.7	1.9
保加利亚	1.9	5.7	6.2	3.2	12.0	13.4
捷克	4.6	13.9	15.8	4.2	31.1	29.4
法国	124.2	177.2	194.6	201.8	299.8	323.3
德国	337.7	519.3	532.0	142.9	184.2	191.6
意大利	103.0	148.0	169.4	164.6	258.0	269.2
荷兰	73.8	120.2	129.2	41.6	67.2	77.1
波兰	4.2	35.0	32.0	3.6	48.2	45.0
罗马尼亚	1.0	4.5	4.0	1.1	5.0	6.1
俄罗斯联邦		99.6	120.1		35.6	41.9
西班牙	42.5	59.7	66.4	185.9	328.7	336.1
乌克兰		21.8	20.9		27.3	29.9
英国	175.6	364.7	404.1	137.6	162.8	175.9
澳大利亚	45.4	57.6	61.2	40.9	76.2	80.9
新西兰	9.6	13.3	14.8	10.3	23.3	29.2

注:资料来源:世界银行数据库。①世界银行数据。

附录2－19 国 际 旅 游 人 数

单位:万人

国家和地区	国外游客到达人数			出国旅游人数		
	1990	2001	2002	1990	2001	2002
世　　界	**44887**	**67498**	**69229**	**38032**	**69133**	**69230**
高收入国家	**31468**	**43499**	**44239**	**22394**	**34797**	**34990**
中等收入国家	**11515**	**20644**	**21570**	**13024**	**27354**	
低收入国家	**1048**	**2291**	**2324**			
中　　国	1048	3317	3680		1213①	1660①
中国香港		8901	9791	204	480	471
孟加拉国	12	21	21	39	108	
印　　度	171	254	238	228	407	421
印度尼西亚	218	515	503	69		
伊　　朗	15	140		79	240	
以 色 列	106	120	86	88	356	327
日　　本	324	477	524	1100	1622	1652
哈萨克斯坦		185	283		229	227
韩　　国	296	515	535	156	608	712
马来西亚	745	1278	1329	1492	3625	
蒙　　古	15	17	20			
缅　　甸	2	21	22			
巴基斯坦	42	50	50			
菲 律 宾	103	180	193	114	179	197
新 加 坡	484	673	700	124	436	440
斯里兰卡	30	34		30	51	53
泰　　国	530	1013	1087	88	204	
土 耳 其	480	1078	1278	292	486	513
埃　　及	241	436	491	201	307	
尼日利亚	19	83		6		
南　　非	103	591	655	62	373	279
加 拿 大	1521	1968	2006	2042	1836	1771
墨 西 哥	1718	1981	1967	736	1208	1195
美　　国	3936	4490	4189	4462	5796	5636
阿 根 廷	193	262	282	240	476	301
巴　　西	109	477	378	119	227	186
委内瑞拉	53	58	43	31	93	88
保加利亚	159	319	343	240	273	319
捷　　克	728	519	458	1338		
法　　国	5250	7520	7701	1943	1927	1740
德　　国	1705	1786	1797		7640	7330
意 大 利	2668	3956	3980		2242	2513
荷　　兰	580	950	960	900	1422	1676
波　　兰	340	1500	1398	2213	5312	4504
罗马尼亚	301	330	320	1125	641	576
俄罗斯联邦		740	794		1794	2034
西 班 牙	3409	5009	5175	2188	414	375
乌 克 兰		579	633		941	927
英　　国	1801	2284	2418	3115	5828	5938
澳大利亚	222	486	484	217	344	346
新 西 兰	98	191	205	72	129	129

注:资料来源:世界银行数据库。①国内居民出境总人数。

附录2-20 外 国 直 接 投 资

单位:亿美元

国家和地区	外来直接投资			对外直接投资		
	1995	2000	2002	1995	2000	2002
世　界	**3310.7**	**13929.6**	**6511.9**	**3552.8**	**12007.8**	**6473.6**
发达国家	**2034.6**	**11205.3**	**4603.3**	**3058.5**	**10978.0**	**6000.6**
发展中国家	**1133.4**	**2460.6**	**1621.5**	**489.9**	**990.5**	**431.0**
中　国	375.2	407.7	527.0	20.0②	9.2②	28.5②
中国香港	62.1①	619.4	137.2	250.0①	593.7	176.9
孟加拉国		2.8	0.5			
印　度	21.4	23.2	34.5	1.2	3.4	4.3
印度尼西亚	43.5	-45.5	-15.2	13.2	1.5	1.2①
伊　朗	0.2	0.4	0.4①		3.5①	13.0①
以色列	13.5	49.9	16.5	7.3	34.4	12.3
日　本	0.4	83.2	93.3	225.1	315.6	314.8
哈萨克斯坦	9.6	12.8	25.6			4.2
朝　鲜		0.1①	0.1①			
韩　国	17.8	92.8	19.7	35.5	50.0	26.7
马来西亚	58.2	37.9	32.0	24.9	20.3	12.4①
蒙　古	0.1	0.5	0.8			
缅　甸	2.8	2.1	1.3	-0.4		
巴基斯坦	7.2	3.1	8.2		0.1	-0.2
菲律宾	14.6	13.5	11.1	1.0	-1.1	0.9
新加坡	87.9	124.6	76.6	34.4	60.6	40.8
斯里兰卡	0.7	1.8	2.4	0.1		
泰　国	20.0	33.5	10.7	8.4	-0.2	1.1
土耳其	8.9	9.8	10.4	1.1	8.7	1.8
越　南	23.4	12.9	12.0			
埃　及	6.0	12.4	6.5	0.9	0.5	0.3
尼日利亚	10.8	9.3	12.8	1.0	0.9	1.0
南　非	12.4	8.9	7.5	25.0	2.7	-4.0
加拿大	92.6	667.6	206.0	114.6	466.3	287.9
墨西哥	95.3	154.8	136.3	-2.6	9.8①	9.7
美　国	587.7	3140.1	300.3	920.7	1426.3	1197.4
阿根廷	56.1	116.6	10.0	15.0	10.2	-10.7
巴　西	54.8	327.8	165.7	11.6	22.8	24.8
委内瑞拉	9.9	44.6	13.2	0.9	1.1	8.9
白俄罗斯	0.2	1.2	2.3	0.1		-2.1
保加利亚	0.9	10.0	4.8	-0.1		0.3
捷　克	25.6	49.9	93.2	0.4	0.4	2.8
法　国	236.8	432.5	515.1	157.6	1774.5	625.5
德　国	120.3	2030.8	380.3	390.5	568.5	245.3
意大利	48.4	133.8	145.5	70.2	123.2	171.2
荷　兰	123.2	603.1	291.8	202.0	735.4	262.7
波　兰	36.6	93.4	41.2	0.4	0.2	1.7
罗马尼亚	4.2	10.3	11.1		-0.1	0.1
俄罗斯联邦	20.2	27.1	24.2	3.6	31.8	32.8
西班牙	61.6	375.2	211.9	40.8	546.8	184.6
乌克兰	2.7	6.0	6.9	0.1		-0.1
英　国	199.7	1304.2	249.5	435.6	2497.8	397.0
澳大利亚	119.7	130.7	139.8	32.8	5.6	68.3
新西兰	36.6	35.1	3.7	-3.4	5.6	3.2

注:资料来源:联合国贸易和发展会议《世界投资报告》2003。①估计数。②联合国贸易与发展会议数据。

附录2-21 国际储备与黄金储备

单位:%

国家和地区	国际储备(不包括黄金,亿美元)			黄金储备(万盎司)		
	1990	2000	2002	1990	2000	2002
世界	**9306.8**	**20167.3**	**25145.0**	**93923.8**	**95209.3**	**93055.7**
发达国家	**5880.1**	**8454.2**	**9826.6**	**79581.5**	**79650.9**	**76984.9**
发展中国家	**3426.7**	**11713.0**	**15318.5**	**14342.4**	**15558.4**	**16070.8**
中国	110.9①	1655.7①	2864.1①	1267.0	1270.0	1929.0
中国香港	245.2	1073.0	1119.4	22.8	6.7	6.7
孟加拉国	6.3	14.8	16.8	8.0	10.9	11.2
印度	15.2	378.2	676.9	1069.2	1150.2	1150.2
印度尼西亚	74.5	284.4	309.8	311.1	310.1	310.1
伊朗				434.3		
以色列	62.6	232.3	240.9	83.9		
日本	783.5	3541.1	4613.5	2422.8	2454.7	2460.2
韩国	147.7	959.2	1213.9	32.0	43.9	44.4
哈萨克斯坦		15.9	25.6		184.0	170.8
马来西亚	97.4	294.6	342.3	235.0	117.0	117.0
蒙古		1.8	3.5	3.7	8.5	14.2
缅甸	3.1	2.2	4.7	25.1	23.1	23.1
巴基斯坦	3.0	15.1	80.8	194.9	209.1	209.3
菲律宾	9.2	130.2	131.4	288.8	722.8	872.9
新加坡	277.0	799.5	820.5			
斯里兰卡	4.2	10.4	16.3	6.3	6.3	6.3
泰国	132.8	319.4	380.6	247.6	236.7	250.0
土耳其	60.4	224.4	270.8	409.5	373.9	373.3
越南		34.1	41.2			
埃及	26.8	130.9	132.5	243.2	243.2	243.2
南非	10.1	60.7	59.1	409.0	590.0	558.0
尼日利亚	38.6	98.9	73.3	68.7	68.7	68.7
加拿大	178.1	318.5	370.0	1476.4	118.4	59.9
美国	721.2	564.7	679.9	26191.0	26161.1	26200.0
墨西哥	98.4	354.3	506.1	91.9	24.9	22.5
阿根廷	45.8	250.9	104.9	423.3	1.9	0.9
巴西	74.3	324.2	377.0	456.9	189.3	44.2
委内瑞拉	83.0	130.6	84.9	1146.0	1024.0	1056.0
白俄罗斯		3.5	6.2			
保加利亚		31.5	44.1		128.4	128.2
捷克		129.9	235.6		44.6	44.2
法国	367.1	369.6	283.8	8185.3	9724.5	9724.7
德国	677.8	567.6	511.9	9518.2	11151.9	11078.6
意大利	628.1	255.1	286.1	6667.1	7882.9	7882.9
荷兰	174.5	96.2	95.7	4394.2	2931.5	2738.2
波兰	44.8	265.0	286.6	47.2	330.6	330.9
罗马尼亚	5.2	39.1	72.1	220.8	337.4	338.6
俄罗斯联邦		242.1	440.7		1235.9	1246.4
西班牙	511.3	309.2	345.5	1561.1	1682.9	1682.8
乌克兰		13.5	42.4		45.4	50.4
英国	357.9	437.9	393.7	1894.1	1567.4	1009.1
澳大利亚	162.3	180.8	207.0	793.3	256.3	256.3
新西兰	41.2	33.2	37.4	0.1		

注:资料来源:国际货币基金组织数据库。①外汇储备。

附录2－22 主要国家外债及其构成

（2002年） 单位:亿美元

国家和地区	外债总额	长期外债			短期外债	IMF贷款
			私人非担保外债	政府及政府担保外债		
中等收入国家	**18153.8**	**14677.0**	**4904.2**	**9772.7**	**2721.4**	**755.5**
低收入国家	**5234.6**	**4489.3**	**498.6**	**3990.8**	**542.7**	**202.6**
中国①	1682.5	1203.7	318.4	885.3	478.8	
孟加拉国	170.4	164.5		164.5	5.2	0.7
印度	1044.3	998.0	115.9	882.7	45.7	
印度尼西亚	1322.1	1000.4	300.3	700.1	233.1	88.6
伊朗	91.5	68.0	2.2	65.8	23.6	
哈萨克斯坦	175.4	163.5	131.5	32.1	11.8	
韩国②	1101.0	750.0	413.0	337.0	351.0	
马来西亚	485.6	401.9	139.9	262.0	83.7	
蒙古	10.4	9.5		9.5	0.4	0.4
缅甸	65.6	53.9		53.9	11.7	
巴基斯坦	336.7	301.0	20.0	281.0	15.4	20.3
菲律宾	593.4	521.0	191.3	329.7	55.8	16.9
斯里兰卡	96.1	88.1	3.5	84.5	5.0	3.1
泰国	592.1	469.0	242.7	226.3	119.2	3.9
土耳其	1315.6	942.8	324.5	618.2	151.9	220.9
越南	133.5	121.8		121.8	7.9	3.8
埃及	307.5	272.8	6.6	266.2	34.7	
尼日利亚	304.8	282.1	1.5	280.6	22.7	
南非	250.4	176.4	82.1	94.3	74.0	
墨西哥	1412.6	1313.6	550.4	763.3	99.0	
阿根廷	1323.1	1031.4	284.8	746.6	148.3	143.4
巴西	2279.3	1837.1	871.4	965.6	233.9	208.3
委内瑞拉	325.6	288.4	55.8	232.6	37.2	
白俄罗斯	9.1	7.1		7.1	1.4	0.6
保加利亚	104.6	85.8	11.1	74.7	8.3	10.5
捷克	264.2	156.6	87.6	69.0	107.6	
波兰	695.2	606.4	312.6	293.7	88.8	
罗马尼亚	146.8	137.8	56.7	81.1	4.7	4.3
俄罗斯联邦	1475.4	1247.4	285.1	962.2	163.2	64.8
乌克兰	135.5	111.0	27.5	83.5	5.8	18.8

注:资料来源:世界银行数据库。①世界银行数据。②2001年数。

附录2－23 外 债 风 险 指 标

（2002年） 单位：%

国家和地区	政府及政府担保外债占中央政府经常性财政收入比重	债务率	负债率	短期外债比重	偿债率	外债本息占GNI比重
中等收入国家				**15.0**	**18.5**	**6.8**
低收入国家				**10.4**	**13.7**	**4.2**
中国		49.7	12.9	28.5①	8.2	2.4①
孟加拉国		155.0	22.1	3.1	7.3	1.5
印度	13.1②	115.0	16.4	4.4	14.9	2.6
印度尼西亚	22.4②	191.4	79.5	17.6	24.8	10.3
伊朗		24.9	7.3	25.7	4.1	1.3
哈萨克斯坦	18.6②	150.5	69.9	6.7	34.4	17.4
韩国						
马来西亚		44.0	54.6	17.2	7.3	9.1
蒙古	11.6②	107.2	63.8	4.3	6.7	4.7
缅甸				17.8		
巴基斯坦	19.6	238.2	44.4	4.6	17.8	4.8
菲律宾	49.4②	135.0	77.0	9.4	20.2	11.1
斯里兰卡	19.5②	122.4	47.1	5.2	9.8	4.4
泰国	24.3②	69.4	46.6	20.1	23.1	15.8
土耳其	26.0②	245.5	74.3	11.5	46.8	15.2
越南	16.1	61.4	32.4	5.9	6.0	3.4
埃及		149.9	29.7	11.3	10.3	2.3
尼日利亚		151.7	77.6	7.4	8.6	3.7
南非	8.1②	65.9	24.6	29.6	12.5	4.6
墨西哥		85.8	24.7	7.0	23.2	7.0
阿根廷	43.6②	392.8	146.2	11.2	18.3	6.1
巴西		342.3	55.8	10.3	68.9	11.9
委内瑞拉	23.1②	112.4	39.9	11.4	25.6	8.2
白俄罗斯	5.4②	10.1	6.0	15.6	2.1	1.4
保加利亚	19.1②	135.5	70.5	7.9	15.9	9.0
捷克	9.7②	61.7	40.1	40.7	9.5	6.9
波兰	11.4②	123.8	35.6	12.8	22.5	7.2
匈牙利		82.3	51.0	16.2	33.9	23.1
罗马尼亚	16.4②	106.1	33.5	3.2	18.6	6.8
俄罗斯联邦	12.0②	121.7	43.7	11.1	11.3	4.2
乌克兰	8.2②	58.7	30.9	4.3	13.7	7.9

注：资料来源：世界银行数据库。①世界银行数据。②2001年数。

附录2-24 人 文 发 展 指 数

（2002年）

国家和地区	出生时的预期寿命（岁）	成人识字率（%）	初等、中等和高等教育入学率（2001/02,%）	人均GDP（购买力平价法,美元）	预期寿命指数	教育指数	国内生产总值指数	人文发展指数	人文发展指数与人均国内生产总值位次之差①
世界	**66.9**		**64**	**7804**	**0.70**	**0.76**	**0.73**	**0.729**	
高收入国家	**78.3**		**92**	**28741**	**0.89**	**0.97**	**0.94**	**0.933**	
中等收入国家	**70.0**	**89.7**	**71**	**5908**	**0.75**	**0.84**	**0.68**	**0.756**	
低收入国家	**59.1**	**63.6**	**51**	**2149**	**0.57**	**0.59**	**0.51**	**0.557**	
挪威	78.9	②	98	36600	0.90	0.99	0.99	0.956	1
瑞典	80.0	②	114	26050	0.92	0.99	0.93	0.946	19
澳大利亚	79.1	②	113	28260	0.90	0.99	0.94	0.946	9
加拿大	79.3	②	95	29480	0.90	0.98	0.95	0.943	5
荷兰	78.3	②	99	29100	0.89	0.99	0.95	0.942	6
比利时	78.7	②	111	27570	0.90	0.99	0.94	0.942	7
冰岛	79.7	②	90	29750	0.91	0.96	0.95	0.941	1
美国	77.0	②	92	35750	0.87	0.97	0.98	0.939	-4
日本	81.5	②	84	26940	0.94	0.94	0.93	0.938	6
爱尔兰	76.9	②	90	36360	0.86	0.96	0.98	0.936	-7
瑞士	79.1	②	88	30010	0.90	0.95	0.95	0.936	-4
英国	78.1	②	113	26150	0.88	0.99	0.93	0.936	8
芬兰	77.9	②	106	26190	0.88	0.99	0.93	0.935	6
奥地利	78.5	②	91	29220	0.89	0.96	0.95	0.934	-4
卢森堡	78.3	②	75	61190	0.89	0.91	1.00	0.933	-14
法国	78.9	②	91	26920	0.90	0.96	0.93	0.932	0
丹麦	76.6	②	96	30940	0.86	0.98	0.96	0.932	-12
新西兰	78.2	②	101	21740	0.89	0.99	0.90	0.926	6
德国	78.2	②	88	27100	0.89	0.95	0.94	0.925	-5
西班牙	79.2	97.7	92	21460	0.90	0.97	0.90	0.922	5
意大利	78.7	98.5	82	26430	0.89	0.93	0.93	0.920	-3
以色列	79.1	95.3	92	19530	0.90	0.94	0.88	0.908	5
中国香港	79.9	93.5	72	26910	0.91	0.86	0.93	0.903	-6
希腊	78.2	97.3	86	18720	0.89	0.95	0.87	0.902	5
新加坡	78.0	92.5	87	24040	0.88	0.91	0.92	0.902	-3
葡萄牙	76.1	92.5	93	18280	0.85	0.97	0.87	0.897	6
斯洛文尼亚	76.2	99.7	90	18540	0.85	0.96	0.87	0.895	3
韩国	75.4	97.9	92	16950	0.84	0.97	0.86	0.888	9
巴巴多斯	77.1	99.7	88	15290	0.87	0.95	0.84	0.888	11
塞浦路斯	78.2	96.8	74	18360	0.89	0.89	0.87	0.883	1
马耳他	78.3	92.6	77	17640	0.89	0.87	0.86	0.875	3
捷克	75.3	②	78	15780	0.84	0.92	0.84	0.868	7
文莱	76.2	93.9	73	19210	0.85	0.87	0.88	0.867	-5
阿根廷	74.1	97.0	94	10880	0.82	0.96	0.78	0.853	14
塞舌尔	72.7	91.9	85	18232	0.80	0.90	0.87	0.853	-2
爱沙尼亚	71.6	99.8	96	12260	0.78	0.98	0.80	0.853	10
波兰	73.8	99.7	90	10560	0.81	0.96	0.78	0.850	13
匈牙利	71.7	99.3	86	13400	0.78	0.95	0.82	0.848	3
圣基茨和尼维斯	70.0	97.8	97	12420	0.75	0.98	0.80	0.844	6
巴林	73.9	88.5	79	17170	0.81	0.85	0.86	0.843	-4
立陶宛	72.5	99.6	90	10320	0.79	0.96	0.77	0.842	10
斯洛伐克	73.6	99.7	74	12840	0.81	0.91	0.81	0.842	1

注：资料来源：联合国开发计划署《人文发展报告》2004年。①正值表示人文发展指数排序比人均国内生产总值（购买力平价方法计算）排名位次靠前，负值则表示相反。②为计算人文发展指数，此指标值采用99%。③联合国开发计划署统计数字。

附录 2-24 续表 1　　（2002 年）　　单位：%

国家和地区	出生时的预期寿命（岁）	成人识字率（%）	初等、中等和高等教育入学率（2001/02，%）	人均 GDP（购买力平价法，美元）	预期寿命指数	教育指数	国内生产总值指数	人文发展指数	人文发展指数与人均国内生产总值位次之差①
智利	76.0	95.7	79	9820	0.85	0.90	0.77	0.839	11
科威特	76.5	82.9	76	16240	0.86	0.81	0.85	0.838	-6
哥斯达黎加	78.0	95.8	69	8840	0.88	0.87	0.75	0.834	14
乌拉圭	75.2	97.7	85	7830	0.84	0.94	0.73	0.833	16
卡塔尔	72.0	84.2	82	19844	0.78	0.83	0.88	0.833	-21
克罗地亚	74.1	98.1	73	10240	0.82	0.90	0.77	0.830	4
阿联酋	74.6	77.3	68	22420	0.83	0.74	0.90	0.824	-26
拉脱维亚	70.9	99.7	87	9210	0.76	0.95	0.75	0.823	6
巴哈马	67.1	95.5	74	17280	0.70	0.88	0.86	0.815	-16
古巴	76.7	96.9	78	5259	0.86	0.91	0.66	0.809	39
墨西哥	73.3	90.5	74	8970	0.81	0.85	0.75	0.802	5
特立尼达和多巴哥	71.4	98.5	64	9430	0.77	0.87	0.76	0.801	1
安提瓜和巴布达	73.9	85.8	69	10920	0.82	0.80	0.78	0.800	-8
保加利亚	70.9	98.6	76	7130	0.77	0.91	0.71	0.796	10
俄罗斯联邦	66.7	99.6	88	8230	0.69	0.95	0.74	0.795	3
利比亚	72.6	81.7	97	7570	0.79	0.87	0.72	0.794	6
马来西亚	73.0	88.7	70	9120	0.80	0.83	0.75	0.793	-2
马其顿	73.5	96.0	70	6470	0.81	0.87	0.70	0.793	15
巴拿马	74.6	92.3	73	6170	0.83	0.86	0.69	0.791	18
白俄罗斯	69.9	99.7	88	5520	0.75	0.95	0.67	0.790	24
汤加	68.4	98.8	82	6850	0.72	0.93	0.71	0.787	5
毛里求斯	71.9	84.3	69	10810	0.78	0.79	0.78	0.785	-15
阿尔巴尼亚	73.6	98.7	69	4830	0.81	0.89	0.65	0.781	31
波黑	74.0	94.6	64	5970	0.82	0.84	0.68	0.781	15
苏里南	71.0	94.0	74	6590	0.77	0.87	0.70	0.780	6
委内瑞拉	73.6	93.1	71	5380	0.81	0.86	0.67	0.778	21
罗马尼亚	70.5	97.3	68	6560	0.76	0.88	0.70	0.778	5
乌克兰	69.5	99.6	84	4870	0.74	0.94	0.65	0.777	25
圣卢西亚	72.4	94.8	74	5300	0.79	0.88	0.66	0.777	19
巴西	68.0	86.4	92	7770	0.72	0.88	0.73	0.775	-9
哥伦比亚	72.1	92.1	68	6370	0.78	0.84	0.69	0.773	4
阿曼	72.3	74.4	63	13340	0.79	0.71	0.82	0.770	-32
西萨摩亚	69.8	98.7	69	5600	0.75	0.89	0.67	0.769	10
泰国	69.1	92.6	73	7010	0.74	0.86	0.71	0.768	-9
沙特阿拉伯	72.1	77.9	57	12650	0.79	0.71	0.81	0.768	-33
哈萨克斯坦	66.2	99.4	81	5870	0.69	0.93	0.68	0.766	4
牙买加	75.6	87.6	75	3980	0.84	0.83	0.61	0.764	28
黎巴嫩	73.5	86.5	78	4360	0.81	0.84	0.63	0.758	21
斐济	69.6	92.9	73	5440	0.74	0.86	0.67	0.758	7
亚美尼亚	72.3	99.4	72	3120	0.79	0.90	0.57	0.754	33
菲律宾	69.8	92.6	81	4170	0.75	0.89	0.62	0.753	22
马尔代夫	67.2	97.2	78	4798	0.70	0.91	0.65	0.752	13
秘鲁	69.7	85.0	88	5010	0.74	0.86	0.65	0.752	7
土库曼斯坦	66.9	98.8	81	4300	0.70	0.93	0.63	0.752	16
圣文森特和格林纳丁斯	74.0	83.1	64	5460	0.82	0.77	0.67	0.751	0

附录 2-24续表 2　　(2002年)　　单位:%

国家和地区	出生时的预期寿命(岁)	成人识字率(%)	初等、中等和高等教育入学率(2001/02,%)	人均GDP(购买力平价法,美元)	预期寿命指数	教育指数	国内生产总值指数	人文发展指数	人文发展指数与人均国内生产总值位次之差①
土耳其	70.4	86.5	68	6390	0.76	0.80	0.69	0.751	-12
巴拉圭	70.7	91.6	72	4610	0.76	0.85	0.64	0.751	9
约旦	70.9	90.9	77	4220	0.76	0.86	0.62	0.750	14
阿塞拜疆	72.1	97.0	69	3210	0.78	0.88	0.58	0.746	23
突尼斯	72.7	73.2	75	6760	0.79	0.74	0.70	0.745	-23
格林纳达	65.3	94.4	65	7280	0.67	0.85	0.72	0.745	-28
中国③	70.9	90.9	68	4580	0.76	0.83	0.64	0.745	5
多米尼克	73.1	76.4	74	5640	0.80	0.76	0.67	0.743	-11
斯里兰卡	72.5	92.1	65	3570	0.79	0.83	0.60	0.740	16
格鲁吉亚	73.5	100.0	69	2260	0.81	0.89	0.52	0.739	29
多米尼加	66.7	84.4	77	6640	0.70	0.82	0.70	0.738	-27
伯利兹	71.5	76.9	71	6080	0.78	0.75	0.69	0.737	-19
厄瓜多尔	70.7	91.0	72	3580	0.76	0.85	0.60	0.735	11
伊朗	70.1	77.1	69	6690	0.75	0.74	0.70	0.732	-31
巴勒斯坦	72.3	90.2	79		0.79	0.86	0.52	0.726	21
萨尔瓦多	70.6	79.7	66	4890	0.76	0.75	0.65	0.720	-9
圭亚那	63.2	96.5	75	4260	0.64	0.89	0.63	0.719	-1
佛得角	70.0	75.7	73	5000	0.75	0.75	0.65	0.717	-12
叙利亚	71.7	82.9	59	3620	0.78	0.75	0.60	0.710	4
乌兹别克斯坦	69.5	99.3	76	1670	0.74	0.91	0.47	0.709	35
阿尔及利亚	69.5	68.9	70	5760	0.74	0.69	0.68	0.704	-25
赤道几内亚	49.1	84.2	58	30130	0.40	0.76	0.95	0.703	-103
吉尔吉斯斯坦	68.4	97.0	81	1620	0.72	0.92	0.46	0.701	33
印度尼西亚	66.6	87.9	65	3230	0.69	0.80	0.58	0.692	2
越南	69.0	90.3	64	2300	0.73	0.82	0.52	0.691	12
摩尔多瓦	68.8	99.0	62	1470	0.73	0.87	0.45	0.681	36
玻利维亚	63.7	86.7	86	2460	0.64	0.86	0.53	0.681	6
洪都拉斯	68.8	80.0	62	2600	0.73	0.74	0.54	0.672	3
塔吉克斯坦	68.6	99.5	73	980	0.73	0.90	0.38	0.671	45
蒙古	63.7	97.8	70	1710	0.64	0.89	0.47	0.668	21
尼加拉瓜	69.4	76.7	65	2470	0.74	0.73	0.54	0.667	1
南非	48.8	86.0	77	10070	0.40	0.83	0.77	0.666	-66
埃及	68.6	55.6	76	3810	0.73	0.62	0.61	0.653	-12
危地马拉	65.7	69.9	56	4080	0.68	0.65	0.62	0.649	-15
加蓬	56.6	71.0	74	6590	0.53	0.72	0.70	0.648	-50
圣多美和普林西比	69.7	83.1	62	1317	0.75	0.76	0.43	0.645	29
所罗门群岛	69.0	76.6	50	1590	0.73	0.68	0.46	0.624	21
摩洛哥	68.5	50.7	57	3810	0.72	0.53	0.61	0.620	-17
纳米比亚	45.3	83.3	71	6210	0.34	0.79	0.69	0.607	-48
印度	63.7	61.3	55	2670	0.64	0.59	0.55	0.595	-10
博茨瓦纳	41.4	78.9	70	8170	0.27	0.76	0.73	0.589	-67
瓦努阿图	68.6	34.0	59	2890	0.73	0.42	0.56	0.570	-13
柬埔寨	57.4	69.4	59	2060	0.54	0.66	0.50	0.568	1

附录2－25 享有卫生设施人口占总人口比重

单位：%

国家和地区	占总人口的比重		占城市人口的比重		占农村人口的比重	
	1990	2000	1990	2000	1990	2000
世界	**45**	**56**	**75**	**81**	**27**	**38**
中等收入国家			**75**	**82**	**29**	**43**
低收入国家			**58**	**71**	**20**	**31**
中国①	29	40	57	69	18	27
孟加拉国	41	48	81	71	31	41
印度	16	28	44	61	6	15
印度尼西亚	47	55	66	69	38	46
伊朗		83		86		79
哈萨克斯坦		99		100		98
韩国		63		76		4
马来西亚		30				98
蒙古		64		46		2
缅甸	36	62		84		57
巴基斯坦	74	83	77	95	17	43
菲律宾	100	100	85	93	63	69
斯里兰卡	85	94	94	97	82	93
泰国	79	96	95	96	75	96
土耳其	87	90	97	97	70	70
越南	29	47	52	82	23	38
埃及	87	98	96	100	79	96
尼日利亚	53	54	69	66	44	45
南非	86	87	93	93	80	80
加拿大	100	100	100	100	99	99
墨西哥	70	74	87	88	26	34
美国	100	100	100	100	100	100
阿根廷	82		87		47	
巴西	71	76	82	84	38	43
委内瑞拉		68		71		48
保加利亚		100		100		100
荷兰	100	100	100	100	100	100
罗马尼亚		53		86		10
俄罗斯联邦				100		
乌克兰		99		100		98
英国	100	100	100	100	100	100
澳大利亚	100	100	100	100	100	100

注：资料来源：世界银行数据库。①数据来源于世界银行。

附录 2－26 人均医疗支出及医疗支出占国内生产总值比重

国家和地区	医疗支出占国内生产总值的比重(%)			人均医疗支出(现价美元)		
	1997	2000	2001	1997	2000	2001
世界总计	**8.9**	**9.3**	**9.8**	**454**	**482**	**500**
高收入国家	**9.8**	**10.2**	**10.8**	**2512**	**2751**	**2841**
中等收入国家	**5.8**	**5.9**	**6.0**	**114**	**116**	**118**
低收入国家	**4.2**	**4.4**	**4.4**	**22**	**22**	**23**
中国①	4.6	5.3	5.5	33	45	49
孟加拉国	2.9	3.6	3.5	10	13	12
印度	3.3	5.1	5.1	23	23	24
印度尼西亚	2.4	2.7	2.4	26	20	16
伊朗	5.9	6.4	6.6	153	312	363
以色列	8.1	8.2	8.7	1551	1612	1641
日本	6.8	7.7	8.0	2337	2890	2627
哈萨克斯坦	3.2	3.3	3.1	44	39	44
韩国	5.0	5.9	6.0	520	577	532
马来西亚	2.8	3.3	3.8	129	129	143
蒙古	5.0	6.3	6.4	22	23	25
缅甸	2.1	2.0	2.1	81	162	197
巴基斯坦	3.8	4.1	3.9	19	18	16
菲律宾	3.6	3.4	3.3	41	34	30
新加坡	3.7	3.6	3.9	936	826	816
斯里兰卡	3.2	3.6	3.6	27	32	30
泰国	3.7	3.6	3.7	95	73	69
土耳其	4.2	6.9		125	202	
越南	4.4	5.2	5.1	16	21	21
埃及	3.8	3.8	3.9	48	52	46
尼日利亚	2.8	3.0	3.4	35	12	15
南非	9.0	8.7	8.6	315	253	222
加拿大	8.9	9.1	9.5	1864	2102	2163
墨西哥	5.5	5.7	6.1	231	327	370
美国	13.0	13.1	13.9	3939	4540	4887
阿根廷	8.1	8.9	9.5	668	683	679
巴西	7.4	7.6	7.6	362	265	222
委内瑞拉	5.4	5.9	6.0	210	296	307
白俄罗斯	6.1	5.4	5.6	82	56	68
保加利亚	4.7	4.8	4.8	58	75	81
捷克	7.1	7.1	7.4	364	358	407
法国	9.4	9.4	9.6	2261	2067	2109
德国	10.7	10.6	10.8	2753	2408	2412
意大利	7.7	8.2	8.4	1570	1518	1584
荷兰	8.2	8.6	8.9	1968	2012	2138
波兰	6.1	5.8	6.1	228	245	289
罗马尼亚	5.0	6.6	6.5	79	109	117
俄罗斯联邦	5.8	5.3	5.4	167	95	115
西班牙	7.5	7.5	7.5	1067	1048	1088
乌克兰	5.4	4.2	4.3	53	27	33
英国	6.8	7.3	7.6	1563	1783	1835
澳大利亚	8.5	8.9	9.2	1909	1808	1741
新西兰	7.5	8.0	8.3	1301	1054	1073

注：资料来源：世界银行数据库。①数据来源于世界银行。

附录2－27 每千人口医生数和病床数

国家和地区	每千人口医生数(人)			每千人口床位数(张)		
	1990	2000	2001	1990	2000	2001
世界总计	**1.6**			**4.0**		
高收入国家	**2.4**	**3.0**		**7.9**	**7.1**	**7.4**
中等收入国家	**1.6**	**1.9①**		**3.4**	**3.3**	
中国	1.5	1.7	1.7	2.3	2.4	2.4
中国香港	1.3③					
孟加拉国	0.2	0.2②		0.3		
印度尼西亚	0.1			0.7		
伊朗	0.9④		1.4	1.6④		
以色列	3.9①		6.2	6.0③		
日本	1.7	1.9①	1.9	16.0	16.4	16.5
哈萨克斯坦	4.0	3.5①		13.6	8.5②	
韩国	0.8	1.3	1.3	3.1	5.5	6.1
马来西亚	0.4	0.7②		2.1	2.0④	
蒙古	2.5	2.4①				
缅甸	0.1	0.3		0.6		
巴基斯坦	0.5	0.6②		0.6		
菲律宾	0.1	1.2④		1.4		
新加坡	1.3	1.6①		3.6		
斯里兰卡	0.4		2.7			
泰国	0.2	0.4④		1.6	2.0③	
土耳其	0.9	1.2	1.3	2.1	2.6	2.6
越南	0.4	0.5①		3.8	1.7②	
埃及	0.8	1.6②		2.1	2.1②	
尼日利亚			1.7			
南非	0.6④					
加拿大	2.1	2.1	2.1	6.3	3.9	
墨西哥	1.1	1.7	1.8	0.8	1.1	1.1
美国	2.4	2.8		4.9	3.6	3.6
阿根廷	2.7	2.7③		4.6	3.3④	
巴西	1.4	1.3④		3.3	3.1④	
委内瑞拉	1.6	2.4②		2.7	1.5④	
白俄罗斯	3.9	4.4①		13.2	12.2④	
保加利亚	3.3	3.5	3.4	10.1	8.6②	7.4
捷克	2.8	3.0	3.1	11.3	8.7	8.8
法国	2.6	3.0①		9.7	8.4	8.2
德国	3.1	3.5	3.6	10.4	9.2	9.1
意大利	4.7	5.9	6.0	7.2	4.9	
荷兰	2.5	3.1	3.2	11.5	11.1	10.8
波兰	2.1	2.3	2.2	5.7	5.1	4.9
罗马尼亚	1.8①		8.9	7.6④		
俄罗斯联邦	4.1	4.2①		13.0	12.1②	
西班牙	2.3	3.1	3.3	4.3	4.1	4.1
乌克兰	4.3	3.0①		12.9	11.8③	
英国	1.4	1.8	1.8	5.9	4.1	4.1
南斯拉夫	2.0	2.0③		5.9	5.3③	
澳大利亚	2.5①			7.9		
新西兰	1.9	2.3	2.2	8.5	6.2①	

注：资料来源：世界银行数据库。①1999年数字。②1997年数据。③1994年数据。④1996年数据。⑤1998年数据。⑥1995年数据。

附录2－28 按国家和地区汇总的世界最大500家企业资料

（2003年）

国家和地区	企业数（个）	营业额（亿美元）	利润额（亿美元）
中国	15	3582.9	178.7
印度	4	604.5	36.3
日本	82	21806.2	629.0
韩国	11	2661.8	123.2
马来西亚	1	250.0	60.0
新加坡	1	145.3	－3.5
泰国	1	119.0	9.5
中国台湾省	1	138.0	2.3
加拿大	13	1845.5	111.6
墨西哥	1	492.4	－37.7
美国	189	58414.4	3836.4
巴西	3	608.2	80.8
比利时	3	603.5	28.7
比利时/荷兰	1	567.0	24.9
丹麦	2	353.7	40.4
芬兰	4	712.6	55.2
法国	37	12458.0	331.3
德国	34	13634.9	162.3
爱尔兰	1	121.9	7.3
意大利	8	2997.6	141.1
卢森堡	1	293.4	2.9
荷兰	12	3875.2	171.8
挪威	2	595.2	38.9
俄罗斯联邦	3	618.4	138.0
西班牙	7	1621.4	136.3
瑞典	6	961.3	24.4
瑞士	12	3818.6	249.6
英国	35	10794.2	491.6
英国/荷兰	2	2500.5	156.2
委内瑞拉	1	460.0	38.0
澳大利亚	7	1068.0	43.9
合计	**500**	**148730.3**	**7311.6**

注：资料来源：美国《财富》杂志2004年7月26日。

附录3

2004年山东省统计局工作大事记

SHANDONG STATISTICAL UNDERTAKING LF 2004

编辑单位：办公室
编　　委：周尊孝
编　　辑：李云龙
校　　对：李云龙
电　　话：86129495

2004年山东省统计局大事记

1月1日，王仁元副省长在省局报送的《关于我省规模以上工业发展速度计算的有关问题的报告》请阅件上批示：省统计局贯彻省委工作会议，转变职能、提高效率，效果显著。从工业流通方面看统计分析准确、全面、及时，有利促进经济发展，为省府决策提供保障。

1月6日至7日，全省统计工作会议在济南召开。林廷生副省长出席会议并作重要讲话，杜昌祚局长作工作报告。各市统计局长及助手、全省统计执法十大标兵、省直有关部门分管领导及统计负责人参加会议。

1月8日，张高丽书记在省局《短期内我省不会发生通货膨胀》请阅件(2004－1)上批示：省统计局及时分析、预测和判断非常好，赞成所提的几点意见，请省政府研处。统计工作至关重要，请昌祚同志把握好，要多向国家统计局汇报和沟通，对广东、江苏、浙江的经济走势要特别重视学习和借鉴。

1月初，省局被国家档案局、中央档案馆联合授予“全国档案工作优秀集体”荣誉称号；并被省档案局评为“山东省档案工作优秀集体”。

1月13日，省直机关工委苑兆珠部长一行到省局检查精神文明及机关作风建设情况。经检查验收，省统计局再获省直“文明机关”称号。

2月2日，省统计局召开全省国民经济发展情况新闻发布会。，会议由党组书记、局长杜昌祚主持，，张德宽副局长通报了2003年全省国民经济发展情况。

2月16日，赵春兰副书记在省局《我省城镇居民对禽流感疫情心态平和 态度积极》请阅件(2004－6)上批示：省统计局工作跟中心紧，对各类情况、包括重大理论分析透彻，能起到为领导全面了解情况、指导工作、决策问题服务之目的。

2月23日，赵克志副省长在省局《2003年山东房地产开发市场不过热》请阅件(2004－5)上批示：感谢统计局的同志们，这份《不过热》的材料很好，应以此为基础分析形势，作出决策，推动我省房地产业更快更好发展，拉动全省经济增长。此件转焕彩(省建设厅厅长)、吴英(省建设厅助理巡视员)同志阅批。

2月26日，省统计局发布《2003年山东省国民经济和社会发展统计公报》。

2月26日，陈延明副省长在《2003年山东农村固定资产投资突破千亿元》请阅件(2004－8)上批示：送农口各部门负责同志参阅。从此件提供的数据看，第一，农村固定资产投资的总体规模逐年有较大幅度增加；第二，投向农村二、三产业部分增长最好；第三，非农户投资西部快于东部。这都是一些可喜的重大变化。有投入才有产出。望继续努力，把目前的这种良好的投资势头继续保持下去。

3月3日，省政府召开全省第一次经济普查工作会议。省委常委、常务副省长、省经济普查领导小组组长林廷生出席会议并作重要讲话。省统计局局长、省经济普查领导小组副组长杜昌祚汇报了经济普查准备工作情况和近期工作安排。省发改委、省财政厅、省工商行政管理局等单位的领导作了发言。

3月15日，赵春兰副书记在省局报送的《在适度调整中保持持续快速协调健康发展——关于2004年我省宏观经济走势探析》请阅件(2004－13)上批示：省统计局不定期搞些宏观经济分析，很好，很有必要。此期分析，全面、有力、实事求是。从四个方面分析，利用数字对比分析，肯定好的有利的地方，提醒应引起注意的地方，对我省全面、健康发展大有好处。

3月15日，王仁元副省长在省局报送的《生产增长快 经济效益好 发展后劲足——2003年我省规模以上工业经济运行情况综述》统计资料(2004－10)上批示：分析报告客观、全面、实在。操作性针对性较强，很有指导意义。近年来省统计局对工业、流通、信息产业提出很多有价值的报告和建议，有力推进了经济的发展。

3月19日，陈延明副省长在省局报送的《农民收入超过三千 增速为五年来最高——2003年农民收入形势及2004年展望》统计资料(2004－17)、和《消费结构逐步改善 生活质量有待提高——2003年农民生活水平和生存环境分析》统计资料(2004－21)上批示：这两份报告所作的分析非常深入，见解非常明确，符合当前实际。当前，"三农"问题是全党工作的重中之重，增收问题又是"三农"问题的重中之重。只有农民收入上去了，才会为解决农村各种矛盾提供坚实的物质基础。

4月21日至23日，全国统计系统档案工作现场会分别在济南、青岛分两个阶段召开。

4月30日，赵克志副省长在省建设厅、统计局关于"江苏、浙江、河北城市化发展情况考察报告"上批示：这是一份很好的考察报告。其意义不仅是搞好城市化发展统计工作，更重要的是从多层次、各方面的对比分析中正视差距，借鉴经验，致知格物，强化措施，加快山东城市化发展。随着全省经济增长加速，城市化也进入了一个快速推进期。建议在这个报告的基础上再深化研究，建立城市发展报告制度，形成《城市化研究发展报告》。在现有"人口变动情况抽样调查"的基础上，建立"山东省1%人口变动情况抽样调查制度"，为省委、省政府决策提供可靠的依据。

5月10日，省委、省政府隆重召开表彰大会，对在2001年至2003年连续三年开展的机关作风建设年活动中做出突出成绩的30个省直部门进行表彰奖励，省统计局被授予"省直机关作风建设年活动先进单位"荣誉称号。

5月20日，韩寓群省长在省局报送的《山东百强工业企业(集团)强在哪里》统计资料(2004－69)上批示：仁元同志：抓百强这项举措是符合山东实际的。要认真总结经验，在提高企业竞争力上下功夫，在企业家队伍建设上下功夫，在开发人力资源上下功夫。

6月9日，张高丽书记在2004年5月《山东统计快报》上批示："省政府并省统计局：感谢大家努力的工作，高兴山东发展的好形势，一定要牢固树立和认真落实科学发展观，使经济社会各项事业发展得更快更好。统计数据一定要及时、求实、准确，决不能有水分，更不准弄虚作假，这是对各级部门最起码的要求，务必把握好。"

7月9日至11日，全省上半年经济形势分析会暨统计文化建设研讨会在平邑县召开。17市统计局长及助手、部分县(市、区)统计局局长参加会议。

7月17日，山东省生产力学会网站被省民政厅评为"山东省民间组织信息网先进站"。

7月20日，省局领导班子进行调整：卢成达同志任省统计局巡视员，不再担任省统计局党组成员、纪检组长；张德宽同志调任省政府副秘书长、省政府办公厅党组成员；刘银田同志任省统计局纪检组长、党组成员；刘兴慧同志任省统计局副局长、党组成员。

7月24日，由省统计局、省发改委、省计生委和省公安厅四部门合作完成的《山东人口发展战略研究》课题在青岛顺利通过专家委员会鉴定。课题鉴定委员会由全国人大常委会副委员长蒋正华同志担任主任委员。著名人口专家邬沧萍教授主持了鉴定会。国家统计局副局长张为民，山东省人大常委会副主任黄可华，副省长王军民等参加了鉴定会。

7月25日至26日，中国企业管理高峰论坛暨走近海尔2004年海尔管理主题报告会在青岛召开。全国人大副委员长、中国生产力学会名誉会长蒋正华，全国人大法律委员会副主任、中国生产力学会会长王茂林，山东省人大常委会副主任黄可华，山东省政协副主席、中国生产力学会副会长、山东省生产力学会名誉会长林书香，中共中央政策研究室副主任、中国生产力学会副会长郑新立，国务院国有资产监督管理委员会国有大企业监事会主席、中国生产力学会常务副会长翟立功，海尔集团首席执行官、董事会主席、山东省生产力学会特邀顾问张瑞敏等领导和专家出席。

8月13日，陈延明副省长在省局报送的《科学配置水资源 优化平衡水环境》统计资料上批示：送继峰同志[省水利厅厅长]阅。这份分析报告写得很好。水是生命之源、生态之本。没有充足洁净的水环境，生态环境建设就会成为一句空话。现在全社会都在关心水的问题，这为我们搞好水利工作和“生态山东”建设创造了极为有利的条件。

8月20日至22日，山东城调机构成立二十周年座谈会暨全省城调工作研讨会议在东营市召开。国家统计局城调总队总队长黄朗辉出席会议并就当前经济形势进行了分析，省统计局纪检组长刘银田出席会议并讲话，东营市委常委、常务副市长张秀香到会并致贺辞。

8月25日，蔡秋芳副省长在省局报送的《我省中小城市网吧经营与管理情况的调查》请阅件上批示：此调查报告很好。统计局深入基层，取得了当前我省网吧的第一手资料。客观地反映了当前我省互联网经营场所的真实情况，既充分肯定了管理和集中整治取得的良好效果，也指出了存在的问题。并提出了非常好的建议，感谢省统计局，请省文化厅参阅。

9月23日，全省统计系统机关建设经验交流会议在枣庄举行。省统计局副局长姜玉山、省直机关工委副书记马以芳、枣庄市政府副市长张宝民出席会议并讲话。

11月9日，全省网络提速工作全部完成。这次网络提速将省局到17市的网络带宽由128KDDN提高到了2MSDH，互联网的接入由2M提高到100M。

11月9日，省统计局就全省贯彻实施《统计法》的情况向省人大常委会作了汇报。这是根据《山东省人大常委会关于检查〈中华人民共和国统计法〉实施情况的通知》要求而进行的。省人大常委会黄可华副主任出席会议并讲话，省人大财经委副主任委员刘秀胜主持会议，省人大财经委副主任委员王同生、刘恒山等领导出席会议。

11月21日至28日，中央机构编制委员会办公室副主任、国务院第一次全国经济普查领导小组成员王澜明一行到山东督查经济普查准备工作。

12月4日，省第一次经济普查领导小组、济南市第一次经济普查领导小组在泉城广场联合举办第一次经济普查暨统计法制宣传日大型宣传活动。省纪委、省政府法制办、省普法办、省高级人民法院等部门领导参加了此次活动。省人大副主任黄可华、副省长赵克志、省政协副主席张敏等领导视察了活动现场。

12月6日，张高丽书记在省局报送的《优化投资结构 努力打造先进制造业强省》请阅件上批示：很有道理，请仁元同志认真研究，抓住当前大好机遇，调整优化工业结构，建设制造业强省。12月6日，赵克志副省长批示：现状清楚，对结构性矛盾和问题分析透彻，把握好的几个关键问题清晰可行。读后很受启发。12月6日，赵春兰副书记批示：省统计局的“请阅件”，为省领导了解情况、思考工作，起到很好，地参谋作用。统计局为使山东发展成为先进制造业强省，根据对国内外和我省“九五”、“十五”二产投资变化的调查情况(这些情况，会使我们更加清楚，在制造业投资方面存在的主要问题)打造“山东制造”、必须“抢”字当头及重点把握的“几个关键”等意见和建议都很好。这种始终关注我省如何更快更好发展的责任心、积极建言献策的敬业精神，值得充分肯定和弘扬。望在新的一年里，继续履行好统计职责，起到和发挥统计在社会经济调查和认识社会的有力武器和重要作用。

12月10日，王仁元副省长批示：书绅、兴业：张书记批示很重要，望认真研究落实好。统计局这份分析报告对全面认识制造业，特别是建设制造业强省具有重要指导意义。请你们准备意见，近期专门讨论。

12月9日，省局申报的山东省宏观经济统计数据库系统被省信息化工作领导小组办公室评为“山东省信息化建设示范工程”第一名。

12月13日，省局档案室被授予“山东省档案管理特级档案室”。

12月24日，省局召开市级GDP联审预审会议。标志着我省GDP数据联审制度正式建立。

12月28日至29日，全省统计工作会议在济南召开。会议传达了全国统计工作会议暨国务院第一次经济普查领导小组第三次全体会议精神，总结了2004年全省统计工作，安排部署了2005年全省统计工作任务，表彰了全省统计系统先进集体和先进个人。杜昌祚局长作了题为《认真贯彻落实科学发展观 促进全省统计事业协调健康发展》的报告。省直有关部门分管领导，各市统计局长、普查办主任，全省统计系统先进集体和先进个人代表等参加了会议。

12月28日，全省第一次经济普查工作电视会议在济南召开。会议由省政府副秘书长韩金峰主持。省经济普查领导小组副组长、省统计局局长杜昌祚汇报了全省经济普查前期准备工作情况和下一步的工作安排。王仁元副省长对正式普查登记进行了战前动员。济南、青岛、临沂等市经济普查领导小组组长分别在分会场作了典型发言。

附录4

主要统计指标解释

EXPLANATION LF SUMMARY STATISTICS INDICATORS

一、行政区划和自然资源

森林面积　指生长着乔木和竹林，郁闭度在0.3以上(不包括0.3)的林地面积，即有林地面积。它是反映森林资源总面积的重要指标。森林面积包括天然林面积和人工林面积，但不包括灌木林地和疏林地面积。

森林覆盖率　通常是指森林面积占土地总面积之比，一般用百分数表示。但国家计算森林覆盖率时，森林面积还包括灌木林面积、农田林网树占地面积以及四旁树木面积。森林覆盖率是反映一个国家或地区森林资源和绿化水平的重要指标，计算公式：

$$森林覆盖率(\%)=\frac{森林面积}{土地总面积}\times 100\%$$

市　指经国家批准成立"市"建制的城市。

镇　指经省、自治区、直辖市批准的镇。1963年以前为常住人口在2000人以上，非农业人口占50%以上的。1964年起改为常住人口在3000人以上，非农业人口占70%以上；或常住人口在2500人以上，不满3000人，非农业人口占85%以上的。1984年后又调整为凡县级地方国家机关所在地；或总人口在20000人以下的乡，乡政府驻地非农业人口超过2000人的；或总人口在20000人以上的乡，乡政府驻地非农业人口占全乡人口10%以上；或少数民族地区、人口稀少的边远地区、山区和小型工矿区、小港口、风景旅游、边境口岸等地，非农业人口虽不足2000人，都可建镇。

二、综　　合

根据鲁统字[2004]12号文及国统字【2004】4号文的精神，从2004年1月起将地区GDP的中文名称作如下调整：地区GDP的中文名称改为"地区生产总值"；特定地区的GDP用行政区的名字作定语，如"XX省生产总值"，简称为"XX省GDP"。各地GDP称为"各地生产总值"。

国民生产总值(GNP)　指一个国家(或地区)所有常住单位在一定时期内收入初次分配的最终结果。一国常住单位从事生产活动所创造的增加值在初次分配中主要分配给该国的常住单位，但也有一部分以生产税及进口税(扣除生产和进口补贴)、劳动者报酬和财产收入等形式分配给非常住单位；同时，国外生产所创造的增加值也有一部分以生产税及进口税(扣除生产和进口补贴)、劳动者报酬和财产收入等形式分配给该国的常住单位，从而产生了国民生产总值的概念。它等于国内生产总值加上来自国外的初次分配收入净额。与国内生产总值不同，国民生产总值是个收入概念，而国内生产总值是个生产概念。

国内生产总值(GDP)　指一个国家(或地区)所有常住单位在一定时期内生产活动的最终成果。

国内生产总值有三种表现形态，即价值形态、收入形态和产品形态。从价值形态看，它是所有常住单位在一定时期内生产的全部货物和服务价值超过同期中间投入的全部非固定资产货物和服务价值的差额，即所有常住单位的增加值之和；从收入形态看，它是所有常住单位在一定时期内创造并分配给常住单位和非常住单位的初次收入分配之和；从产品形态看，它是所有常住单位在一定时期内最终使用的货物和服务价值与货物和服务净出口价值之和。在实际核算中，国内生产总值有三种计算方法，即生产法、收入法和支出法。三种方法分别从不同的方面反映国内生产总值及其构成。

①**生产法**　是从生产过程中生产的货物和服务总产品价值入手，剔除生产过程中投入的中间产品的价值，得到增加价值的一种方法，公式为：

增加值＝总产出－中间投入

总产出：是一定时期内一个国家(或地区)常住单位生产的所有货物和服务的价值。既包括新增价值，也包括转移价值。

中间投入：是常住单位在生产或提供货物与服务过程中，消耗和使用的所有非固定资产货物和服务的价值。中间投入也称为中间消耗。

增加值：是指常住单位生产过程创造的新增价值和固定资产的转移价值。按生产法计算它等于总产出减去中间投入。

②**收入法**　收入法也称分配法，按收入法计算国内生产总值是从生产过程创造收入的角度，对常住单位的生产活动成果进行核算。按照这种计算方法，增加值由劳动者报酬、生产税净额、固定资产折旧和营业盈余四个部分组成。用公式表示为：

增加值＝劳动者报酬＋生产税净额＋固定资产折旧＋营业盈余

国民经济各部门的增加值之和等于国内生产总值。

劳动者报酬:指劳动者因从事生产活动所获得的全部报酬。它包括劳动者获得的各种形式工资、奖金和津贴,既包括货币形式的,也包括实物形式的,它还包括劳动者所享受的公费医疗和医疗卫生费、上下班交通补贴和单位直接支付的社会保险费等。

生产税净额:生产税减生产补贴后的差额。

生产税:指政府对生产单位生产、销售和从事经营活动以及因从事生产活动使用某些生产要素,如固定资产、土地、劳动力所征收的各种税、附加费、和规费。具体包括销售税金及附加、增值税、管理费中开支的各种税、应交纳的养路费、排污费和水电费附加、烟酒专卖上缴政府的专项收入等。

生产补贴:与生产税相反,是政府对生产单位的单方面收入转移,因此视为负生产税处理,包括政策亏损补贴、粮食系统价格补贴、外贸企业出口退税收入等。

固定资产折旧:指一定时期内为弥补固定资产损耗按照核定的固定资产折旧率提取的固定资产折旧,或按国民经济核算统一规定的折旧率虚拟计算的固定资产折旧。它反映了固定资产在当期生产中的转移价值。各种类型企业和企业化管理的事业单位的固定资产折旧指实际计提并计入成本费用中的折旧费;不计提折旧的单位,如政府机关、非企业化管理的事业单位和居民住房的固定资产折旧则是按照统一规定的折旧率和固定资产原值计算的虚拟折旧。

营业盈余:是指常住单位创造的增加值扣除劳动者报酬、生产税净额和固定资产折旧后的余额。它相当于企业的营业利润加上生产补贴,但要扣除从利润中开支的工资和福利等。

③**支出法** 支出法是从最终使用角度来反映国内生产总值最终去向的一种方法。最终使用包括货物和服务的最终消费支出、资本形成总额、货物和服务净出口三部分。最终消费是指常住单位在一定时期内对于货物和服务的全部最终消费支出,也就是常住单位为满足人们物质、文化和精神生活的需要,从本国经济领土和国外购买的货物和服务的支出。最终消费分为居民消费和政府消费。

最终消费 指常住单位在一定时期内对于货物和服务的全部最终消费支出,也就是常住单位为满足物质、文化和精神生活的需要,从本国经济领土和国外购买的货物和服务的支出;不包括非常住单位在本国经济领土内的消费支出。最终消费分为居民消费和政府消费。

居民消费 指常住住户对货物和服务的全部最终消费支出。居民消费按市场价格计算,即按居民支付的购买者价格计算。购买者价格是购买者取得货物所支付的价值,包括购买者支付的运输和商业费用。居民消费除了直接以货币形式购买货物和服务的消费之外,还包括以其他方式获得的货物和服务的消费支出,即所谓的虚拟消费支出。居民虚拟消费支出包括以下几种类型:单位以实物报酬及实物转移的形式提供给劳动者的货物和服务;住户生产并由本住户消费了的货物和服务,其中的服务仅指住户的自有住房服务;金融机构提供的金融媒介服务;保险公司提供的保险服务。

政府消费 指政府部门为全社会提供公共服务的消费支出和免费或以较低价格向住户提供的货物和服务的净支出。前者等于政府服务的产出价值减去政府单位所获得的经营收入的价值,政府服务的产出价值等于它的经常性业务支出加上固定资产折旧;后者等于政府部门免费或以较低价格向住户提供的货物和服务的市场价值减去向住户收取的价值。资本形成总额 指常住单位在一定时期内获得的减去处置的固定资产加存货的变动,包括固定资本形成总额和存货增加。

固定资本形成总额 指常住单位购置、转入和自产自用的固定资产,扣除固定资产的销售和转出后的价值,分有形固定资产形成总额和无形固定资产形成总额。有形固定资产形成总额包括一定时期内完成的建筑工程、安装工程和设备工器具购置(减处置)价值,以及土地改良、新增役、种、奶、毛、娱乐用牲畜和新增经济林木价值。无形固定资产形成总额包括矿藏的勘探、计算机软件、娱乐和文学艺术品原件等获得减处置。

存货增加 指常住单位存货实物量变动的市场价值,即期末价值减期初价值的差额。存货增加可以是正值,也可以是负值;正值表示存货上升,负值表示存货下降。它包括生产单位购进的原材料、燃料和储备物资等存货,以及生产单位生产的产成品、在制品等存货等。

货物和服务净出口 指货物和服务出口减货物和服务进口的差额。出口包括常住单位向非常住单位出售或无偿转让的各种货物和服务的价值;进口包括常住单位从非常住单位购买或无偿得到的各种货物和服务的价值。由于服务活动的提供与使用同时发生,因此服务的进出口业务并不发生出入境现象,一般把常住单位从国外得到的服务作为进口,非常住单位从本国得到的服务作为出口。货物的出口和进口都按离岸价格计算。

三次产业 是根据社会生产活动历史发展的顺序对产业结构的划分,产品直接取自自然界的部门称为第一产业,对初级产品进行再加工的部门称为第二产业,为生产和消费提供各种服务的部门称为第三产业。它是世界上较为通用的产业结构分类,但各国的划分不尽一致。

我国的三次产业划分是:

第一产业:农业(包括种植业、林业、牧业和渔业)。

第二产业:工业(包括采掘业,制造业,电力、煤气及水的生产和供应业)和建筑业。

第三产业：除第一、第二产业以外的其他各业。由于第三产业包括的行业多、范围广，根据我国的实际情况，第三产业可分为两大部分；一是流通部门，二是服务部门。具体又可分为四个层次：

第一层次：流通部门，包括交通运输、仓储及邮电通信业，批发和零售贸易、餐饮业。

第二层次：为生产和生活服务的部门，包括金融、保险业，地质勘查业、水利管理业，房地产业，社会服务业，农、林、牧、渔服务业，交通运输辅助业，综合技术服务业等。

第三层次：为提高科学文化水平和居民素质服务的部门，包括教育、文化艺术及广播电影电视业，卫生、体育和社会福利业，科学研究业等。

第四层次：为社会公共需要服务的部门，包括国家机关、政党机关和社会团体以及军队、警察等。

当年价格　指报告期的实际价格，如工业品的出厂价格，农产品的收购价格，商业的零售价格等。按当年价格计算，是指一些以货币表现的物量指标，如工农业总产值、国内生产总值等，按照当年的实际价格来计算总量。使用当年价格计算的数字，是为了使国民经济各项指标互相衔接，便于考察当年社会经济效益，便于对生产流通、生产和分配、生产和消费进行经济核算和综合平衡。

按当年价格计算的价值指标，在不同年份之间进行对比时，因为包含有各年间价格变动的因素，不能确切地反映实物量的增减变动。必须消除价格变动因素后，才能真实反映经济发展动态。因此，在计算增长速度时都使用按可比价格计算的数字。

可比价格　指计算各种总量指标所采用的扣除了价格变动因素的价格，可进行不同时期总量指标的对比。按可比价格计算总量指标有两种方法：一种是直接用产品产量乘某一年的不变价格计算；另一种是用价格指数进行换算。

不变价格　指以同类产品某一时期的平均价格作为固定价格，用于计算各时期的产品价值。按不变价格计算的产品价值消除了价格变动因素，不同时期对比可以反映生产的发展速度。新中国成立后，随着工农业产品价格水平的变化，国家统计局先后五次制定了全国统一的工业产品不变价格和农业产品不变价格。从 1949 年到 1957 年使用 1952 年工(农)业产品不变价格，从 1957 年到 1971 年使用 1957 年不变价格，从 1971 年到 1981 年使用 1970 年不变价格，从 1981 年到 1990 年使用 1980 年不变价格，从 1991 年开始使用 1990 年不变价格。

平均增长速度：我国计算平均增长速度有两种方法：一种是习惯上经常使用的“水平法”，又称几何平均法，是以间隔期最后一年的水平同基期水平对比来计算平均每年增长(或下降)速度；另一种是“累计法”，又称代数平均法或方程法，是以间隔期内各年水平的总和同基期水平对比来计算平均每年增长(或下降)速度。在一般正常情况下，两种方法计算的平均每年增长速度比较接近；但在经济发展不平衡、出现大起大落时，两种方法计算的结果差别较大。

各个计划时期　年鉴中各个“时期”代表的年份如下：恢复时期为 1950 年到 1952 年；第一个五年计划时期(简称一五时期)为 1953 年到 1957 年；第二个五年计划时期(简称二五时期)为 1958 年到 1962 年；第三个五年计划时期(简称三五时期)为 1966 年到 1970 年；第四个五年计划时期(简称四五时期)为 1971 年到 1975 年；第五个五年计划时期(简称五五时期)为 1976 年到 1980 年；第六个五年计划时期(简称六五时期)为 1981 年到 1985 年；第七个五年计划时期(简称七五时期)为 1986 年到 1990 年；第八个五年计划时期(简称八五时期)为 1991 年到 1995 年；第九个五年计划时期(简称九五时期)为 1996 年到 2000 年。

企业(单位)登记注册类型　是以在工商行政管理机关登记注册的各类企业为划分对象，以工商行政管理部门对企业登记注册的类型为依据，将企业登记注册类型分为内资企业、港澳台商投资企业和外商投资企业三大类。内资企业包括国有企业、集体企业、股份合作企业、联营企业、有限责任公司、股份有限公司、私营公司和其他企业；港澳台商投资企业和外商投资企业分别包括合资经营企业、合作经营企业、独资经营企业和股份有限公司。对不在工商行政管理部门进行登记注册的行政机关、事业单位和社会团体，主要按其经费来源和管理方式进行划分。

国有企业　指企业全部资产归国家所有，并按《中华人民共和国企业法人登记管理条例》规定登记注册的非公司制的经济组织。不包括有限责任公司中的国有独资公司。

集体企业　指企业资产归集体所有，并按《中华人民共和国企业法人登记管理条例》规定登记注册的经济组织。

股份合作企业　指以合作制为基础，由企业职工共同出资入股，吸收一定比例的社会资产投资组建，实行自主经营，自负盈亏，共同劳动，民主管理，按劳分配与按股分红相结合的一种集体经济组织。

联营企业　指两个及两个以上相同或不同所有制性质的企业法人或事业单位法人，按自愿、平等、互利的原则，共同投资组成的经济组织。联营企业包括国有联营企业、集体联营企业、国有与集体联营企业和其他联营企业。

有限责任公司　指根据《中华人民共和国公司登记管理条例》规定登记注册，由两个以上、五十个以下的股东共同出资，每个股东以其所认缴的出资额对公司承担有限责任，公司以其全部资产对其债务承担责任的经济组织。有限责任公司包括国有独资公司以及其他有限责任公司。

(1)国有独资公司：指国家授权的投资机构或者国家授

权的部门单独投资设立的有限责任公司。

(2)其他有限责任公司:指国有独资公司以外的有限责任公司。

股份有限公司指根据《中华人民共和国公司登记管理条例》规定登记注册,其全部注册资本由等额股份构成并通过发行股票筹集资本,股东以其认购的股份对公司承担有限责任,公司以其全部资产对其债务承担责任的经济组织。

私营企业 指由自然人投资设立或由自然人控股,以雇佣劳动为基础的营利性经济组织。包括按照《公司法》、《合伙企业法》、《私营企业暂行条例》规定登记注册的私营有限责任公司、私营股份有限公司、私营合伙企业和私营独资企业。

(1)私营独资企业:指按《私营企业暂行条例》的规定,由一名自然人投资经营,以雇佣劳动为基础,投资者对企业债务承担无限责任的企业。

(2)私营合伙企业:指按《合伙企业法》或《私营企业暂行条例》的规定,由两个以上自然人按照协议共同投资、共同经营、共负盈亏,以雇佣劳动为基础,对债务承担无限责任的企业。

(3)私营有限责任公司:指按《公司法》、《私营企业暂行条例》的规定,由两个以上自然人投资或由单个自然人控股的有限责任公司。

(4)私营股份有限公司:指按《公司法》的规定,由五个以上自然人投资,或由单个自然人控股的股份有限公司。

其他内资企业 指上述企业之外的其他内资经济组织。

与港澳台商合资经营企业 指港澳台地区投资者与内地企业依照《中华人民共和国中外合资经营企业法》及有关法律的规定,按合同规定的比例投资设立、分享利润和分担风险的企业。

与港澳台商合作经营企业 指港澳台地区投资者与内地企业依照《中华人民共和国中外合作经营企业法》及有关法律的规定,依照合作合同的约定进行投资或提供条件设立、分配利润和分担风险的企业。

港澳台商独资经营企业 指依照《中华人民共和国外资企业法》及有关法律的规定,在内地由港澳台地区投资者全额投资设立的企业。

港澳台商投资股份有限公司 指根据国家有关规定,经外经贸部依法批准设立,其中港、澳、台商的股本占公司注册资本的比例达25%以上的股份有限公司。凡其中港、澳、台商的股本占公司注册资本的比例小于25%的,属于内资企业中的股份有限公司。

中外合资经营企业 指外国企业或外国人与中国内地企业依照《中华人民共和国中外合资经营企业法》及有关法律的规定,按合同规定的比例投资设立、分享利润和分担风险的企业。

中外合作经营企业 指外国企业或外国人与中国内地企业依照《中华人民共和国中外合作经营企业法》及有关法律的规定,依照合作合同的约定进行投资或提供条件设立、分配利润和分担风险的企业。

外资企业 指依照《中华人民共和国外资企业法》及有关法律的规定,在中国内地由外国投资者全额投资设立的企业。

外商投资股份有限公司 指根据国家有关规定,经外经贸部依法批准设立,其中外资的股本占公司注册资本的比例达25%以上的股份有限公司。凡其中外资股本占公司注册资本的比例小于25%的,属于内资企业中的股份有限公司。

行政机关、事业单位和社会团体 参照企业登记注册类型,主要按其经费来源和管理方式划分。具体规定如下:

(1)行政机关:包括国家机关和政党机关,原则上均列为"国有"。但有特殊规定的,如供销社等,则列为"集体"。

(2)事业单位:包括经国家机构编制部门和有关业务主管部门批准成立的各类事业单位,不包括实行企业化管理的事业单位。事业单位的划分办法如下:

①由国家财政预算拨款或列入财政预算外资金管理以及经费主要来源于国有主管部门或国有上级单位的事业单位,列为"国有"。

②经费主要来源于集体单位的事业单位,列为"集体"。

③公民个人(或个人合伙)开办的事业单位,列为"私营"。

④上述以外的其他事业单位,如果其经费来源不明确,按管理方式进行归类。

(3)社会团体:包括经民政部门批准成立以及未纳入社会团体管理条例范围的工会、妇联等各类社会团体。社会团体的划分办法如下:

①未纳入民政部社会团体管理条例范围的工会、妇联、共青团、青联、工商联、科协、侨联等社会团体,国家拨款设立的基金会或基金管理组织以及经费主要来源于国有业务主管部门或国有上级单位的社会团体,列为"国有"。

②经费主要来源于集体单位的社会团体,列为"集体"。

③公民个人(或个人合伙)开办的社会团体,列为"私营"。

④上述以外的其他社会团体,如果其经费来源不明确,列按管理方式进行归类。

三、人　　　口

总人口　指一定时点、一定地区范围内有生命的个人的总和。按不同统计范围分为常住人口和户籍人口;两种人口均指每年12月31日24时的人口。

第五次人口普查的常住人口　《第五次人口普查办法》规定,本次普查的常住人口包括下列五种人:1.居住本乡、镇、街道,并已在本乡、镇、街道办理常住户口登记的人;2.已在本乡、镇、街道居住半年以上,常住户口在本乡、镇、街道以外的人;3.在本乡、镇、街道居住不满半年,但已离开常住户口登记地半年以上的人;4.普查时居住在本乡、镇、街道,常住户口待定的人;5.原住本乡、镇、街道,普查时在国外工作或者学习,暂无常住户口的人。

第五次人口普查的总户数　总户数包括家庭户和集体户。家庭户指以家庭成员关系为主,并且居住一处共同生活的人口;单身居住独自生活的,也作为一个家庭户。集体户指相互之间没有家庭成员关系,集体居住在单位内集体宿舍及其他住处、共同生活的人。

平均家庭户规模　家庭户人口数与家庭户总数之比,表示平均每户人口数。　其计算公式为:平均家庭户规模 = 家庭户人口数/家庭户总数

四、从业人员和劳动报酬

劳动力资源总数　指一定时点上在劳动年龄内人口总数中,有劳动能力的人口数和不足或超过劳动年龄,但实际经常参加社会劳动并取得劳动报酬或经营收入的人口数。包括社会劳动者、城镇待业人员和其他在劳动年龄内有劳动能力的人口数。但不包括现役军人、在劳动年龄内的在押犯人和因病残而丧失劳动能力的人口数。

从业人员　指从事一定社会劳动并取得劳动报酬或经营收入的全部劳动力。包括:

①全部在岗职工

②城镇私营企业从业人员

③城镇个体劳动者

④农村社会劳动者

⑤其他社会劳动者

这一指标取代了现行制度中的社会劳动者,它反映了一定时期内全部劳动力资源的实际利用情况,是研究我国基本国情国力的重要指标。

各单位的从业人员　是指在各级国家机关、政党机关、社会团体及企业、事业单位中工作,取得工资或其他形式的劳动报酬的全部人员。包括在岗职工、再就业的离退休人员、民办教师以及在各单位中工作的外方人员和港澳台方人员、兼职人员、借用的外单位人员和第二职业者,不包括离开本单位仍保留劳动关系的职工。

各单位的从业人员反映了各单位实际参加生产或工作的全部劳动力。

经济活动人口　指在16岁以上,有劳动能力,参加或要求参加社会经济活动的人口;包括从业人员和失业人员。

城镇登记失业人员　指有非农业户口,在一定的劳动年龄内,有劳动能力,无业而要求就业,并在当地就业服务机构进行求职登记的人员。

城镇登记失业率　指城镇登记失业人数同城镇从业人数与城镇登记失业人数之和的比。计算公式为:

城镇登记失业率 = 城镇登记失业人数/(城镇从业人数 + 城镇登记失业人数) × 100%

职工　指在国有经济、城镇的集体经济、联营经济、股份制经济、外商和港、澳、台投资经济、其他经济单位及其附属机构工作,并由其支付工资的各类人员。不包括城镇私营企业和乡镇企业从业人员。

在岗职工　指在本单位工作并由单位支付工资的人员以及有工作岗位,但由于学习、病伤、产假等原因暂未工作,仍由单位支付工资的人员。

国有单位在岗职工　指在各级党政机关、人民团体及其所属企业、事业单位工作,并由其支付工资的各种人员。

城镇集体单位在岗职工　指在城镇集体企业、事业及其管理部门中工作,并由其支付工资的各种人员。包括固定职工、临时职工、季节工、轮换工等。

合同制职工　指根据国务院国发(1986)77号文件和国务院令第99号的规定,通过签订有固定期限劳动合同、无固定期限劳动合同和以完成一项工作为期限劳动合同所使用

的职工,包括实行全员劳动合同制单位的全部职工。

下岗职工 指由于企业生产和经营状况等原因已经离开本人的生产和工作岗位,并已不在本单位从事其他工作,但仍与用人单位保留劳动关系的人员。

从业人员劳动报酬 指各单位在一定时期内直接支付给本单位全部从业人员的劳动报酬总额。包括在岗职工工资总额和本单位其他从业人员劳动报酬两部分。

在岗职工工资总额 指各单位在一定时期内直接支付给本单位全部在岗职工的劳动报酬总额。包括:计时工资、计件工资、奖金、津贴和补贴、加班加点工资和其他工资。

职工平均工资 指企业、事业、机关单位的职工在一定时期内平均每人所得的货币工资额。它表明一定时期职工工资收入的高低程度,是反映职工工资水平的主要指标。计算公式为:

职工平均工资=报告期实际支付的全部职工工资总额/报告期全部职工平均人数

职工平均实际工资 指扣除物价变动因素后的职工平均工资。计算公式为:

职工平均实际工资=报告期职工平均工资/报告期城镇居民消费价格指数

五、固定资产投资

固定资产投资 是社会固定资产再生产的主要手段。通过建造和购置固定资产的活动,国民经济不断采用先进技术装备,建立新兴部门,进一步调整经济结构和生产力的地区分布,增强经济实力,为改善人民物质文化生活创造物质条件。

固定资产投资额是以货币表现的建造和购置固定资产活动的工作量,它是反映固定资产投资规模、速度、比例关系和使用方向的综合性指标。全社会固定资产投资按登记注册类型可分为国有、集体、股份合作、联营、有限责任公司、股份有限公司、港澳台商、外商、个人投资等。按照我国现行计划管理体制,全社会固定资产投资总额分为基本建设、更新改造、房地产开发投资和其他固定资产投资四个部分。其他固定资产投资中的城乡集体投资包括城镇集体投资和农村集体投资。城乡居民个人投资包括私营个体投资、城市、县城镇所辖范围内的个人建房和农村个人建房及购买生产性固定资产的投资。

基本建设投资 是指利用国家预算内拨款、自筹资金、国内外基本建设贷款以及其他专项资金进行的,扩大生产能力(或新增工程效益)为主要目的的新建、扩建工程及有关的工作。基本建设投资综合范围为计划总投资(或实际需要总投资)50万元及50万元以上的基本建设项目。具体包括:

(1)列入中央和各级地方本年基本建设计划的建设项目,以及虽未列入本年基本建设计划,但使用以前年度基建计划内结转的投资(包括利用基建库存设备材料)在本年继续施工的建设项目。

(2)本年基本建设计划内投资与更新改造计划内投资结合安排的新建项目和新增生产能力(或工程效益)达到大中型项目标准的扩建项目,以及为改变生产力布局而进行的全厂性迁建项目。

(3)国有单位既未列入基建计划,也未列入更新改造计划的新建、扩建、恢复项目和为改变生产力布局而进行的全厂性迁建项目,以及行政、事业单位增建业务用房和行政单位增建生活福利设施的项目。

更新改造投资 一般是利用企业折旧资金、国家更新改造预算拨款、企业自由资金、国内外技术改造贷款等资金,对现有企、事业单位原有设施进行技术改造(包括固定资产更新)以及相配套的辅助性生产、生活福利设施等工程和有关的工作。

更新改造投资综合范围为计划总投资(或实际需要总投资)50万元及50万元以上的更新改造单位(或项目)。具体包括:

(1)列入中央和各级地方本年更新改造计划的投资单位(或项目)以及未列入本年更新改造计划,但使用上年更新改造计划内结转的投资在本年继续施工的单位(或项目)。

(2)本年更新改造计划内投资与基本建设计划内投资结合安排的对企、事业单位原有设施进行技术改造或更新的项目和增建主要生产车间、分厂等,其新增生产能力(或工程效益)未达到大中型项目标准的项目,以及由于城市环境保护和安全生产的需要而进行的迁建工程。

(3)国有企、事业单位既未列入基建计划也未列入更新改造计划,属于改建或更新改造性质的项目,以及由于城市环境保护和安全生产的需要而进行的迁建工程。根据更新改造项目的直接用途,可分为:

a.增产:是指增加工业以及农、牧、渔业产品生产能力的建设的项目。

b.节约能源:指节约煤、电、油等燃料动力的项目,如为了压缩燃料的消耗而进行的烧油锅炉改烧煤工程;为节约用煤而进行的低效锅炉改造、余热利用等工程;为了压缩用电而进行的电加热设备改为红外线技术工程等等。

c.其他节约：指节约钢材、木材、棉花、化工原料等各种原材料的项目和其他节约项目。

d.增加品种：指增加产品花色品种的项目。

e.提高产品质量：指提高产品质量，促进产品升级换代的项目。

f.三废治理：指各生产企业为减少和消除环境污染、回收物资等而治理废水、废气、废渣的项目。

g.其他：指除上述各项用途之外的更新改造投资。

其他固定资产投资其他固定资产投资综合范围包括：

(1)国有单位按规定不纳入基本建设计划和更新改造计划管理，计划总投资(或实际需要总投资)50万元及50万元以上的以下工程：

①用油田维护费和石油开发基金进行的油田维护和开发工程；

②煤炭、铁矿、森工等采掘采伐业用维简费进行的开拓延伸工程；

③交通部门用公路养路费对原有公路、桥梁进行改建的工程；

④商业部门用简易建筑费建造的仓库工程。

(2)城镇集体经济单位固定资产投资：所有隶属城市、县城和经国务院及省、自治区、直辖市批准建制的镇领导的集体经济单位(乡镇企业局管理的除外)建造和购置固定资产其计划总投资(或实际需要总投资)50万元及50万元以上的单位(项目)。

(3)除国有、城镇集体以外的其他各种登记注册类型的企业，事业单位建造和购置固定资产其计划总投资(或实际需要总投资)50万元及50万元以上、未列入基本建设计划和更新改造计划的单位(项目)。

房地产开发投资　房地产开发投资额又称房地产开发工作量，是指房地产开发公司、商品房建设公司及其他房地产开发单位进行土地开发工程、商品房屋建设工程所完成的投资额。

房地产开发投资综合范围包括各种房地产开发公司、商品房建设公司及其他房地产开发单位统一开发的包括统代建、拆迁还建的住宅、厂房、仓库、饭店、宾馆、度假村、写字楼、办公楼等房屋建筑物和配套的服务设施、土地开发工程，如道路、给水、排水、供电、供热、通讯、平整场地等基础设施工程。包括附属于其他法人单位实际从事房地产开发或经营的活动单位。

商品房建设投资额：是指房地产开发企业(单位)开发建设的供出售、出租用的商品住宅、厂房、仓库、饭店、度假村、写字楼、办公楼等房屋工程及其配套的服务设施所完成的投资额(含拆迁、回迁还建用房)。

商品住宅：是指房地产开发企业(单位)建设并出售、出租给使用者，仅供居住用的房屋。

土地开发投资额：是指房地产开发企业(单位)进行的土地开发工程所完成的投资额，如进行场地平整、道路、给水、排水、供电、供热、通讯等工程所完成的投资额。未进行开发工程、只进行单纯的土地交易活动不作为土地开发投资统计。

城镇私人建房投资和农村个人投资城镇私人建房包括市、县城镇所辖范围内的全部私人建房，不论其房主是否系本地的常住户口均应包括。农村个人投资包括农村个人建房及购置生产性固定资产的投资。

固定资产投资资金来源：

本年资金来源：是指固定资产投资单位在报告期收到的，用于固定资产投资的各种货币资金。包括国家预算内资金、国内贷款、债券、利用外资、自筹资金和其他资金。

(1)国家预算内资金：分为财政拨款和财政安排的贷款两部分。包括中央财政的基本建设基金(分经营性基金和非经营性基金两部分)、专项支出(如煤代油专项等)、收回再贷、贴息资金，财政安排的挖潜改造和新产品试制支出、城建支出、商业部门简易建筑支出、不发达地区发展基金等资金中用于固定资产投资的资金、地方财政中由国家统筹安排的资金等。

(2)国内贷款：指报告期固定资产投资单位向银行及非银行金融机构借入的用于固定资产投资的各种国内借款，包括银行利用自有资金及吸收的存款发放的贷款、上级主管部门拨入的国内贷款、国家专项贷款(包括煤代油贷款、劳改煤矿专项贷款等)，地方财政专项资金安排的贷款、国内储备贷款、周转贷款等。

银行贷款：是指向各商业银行、政策性银行借入的用于固定资产投资的各项贷款。

非银行金融机构贷款：是指向除上述银行之外从事金融业务的机构借入的用于固定资产投资的各项贷款。非银行金融机构包括城市信用社、农村信用社、保险公司、金融信托投资公司、证券公司、财务公司、金融租赁公司、融资公司(中心)等。

(3)债券：是企业(公司)或金融机构通过发行各种债券，筹集用于固定资产投资的资金。包括由银行代理国家专业投资公司发行的重点企业债券和基本建设债券。

(4)利用外资：是指报告期收到的用于固定资产建造和购置的境外资金(包括设备、材料、技术在内)。包括外商直接投资、对外借款(外国政府贷款、国际金融组织贷款、出口信贷、外国银行商业贷款、对外发行债券和股票)及外商其他投资(包括补偿贸易和加工装配由外商提供的设备价款、国际租赁)。不包括我国自有外汇资金(包括国家外汇、地方外汇、留成外汇、调济外汇和中国银行自有资金发行的外汇贷款等)。

(5)自筹资金:是指报告期收到的,由各地区、各部门及企事业单位筹集用于固定资产投资的预算外资金,包括中央各部门、各级地方和企业、事业单位的自有资金。

发行股票:指股份制企业通过发行股票筹集到的,用于固定资产投资的资金。

(6)其他资金来源:是指在报告期收到的除以上各种资金之外其他用于固定资产投资的资金。包括社会集资、个人资金、无偿捐赠的资金及其他单位拨入的资金等。固定资产投资按国民经济行业分建设项目归哪个行业,按其建成投产后的主要产品或主要用途及社会经济活动性质来确定。基本建设按建设项目划分国民经济行业,更新改造、国有单位其他固定资产投资及城镇集体投资根据整个企业、事业单位所属的行业来划分。一般情况下,一个建设项目或一个企业、事业单位只能属于一种国民经济行业。为了更准确地反映国民经济各行业之间的比例关系,联合企业(总厂)所属分厂属于不同行业的,原则上按分厂划分行业。

固定资产投资按建设性质分　建设项目的性质一般分为新建、扩建、改建、迁建、恢复。基本建设按建设项目划分建设性质,更新改造、国有单位其他固定资产投资及城镇集体投资按整个企业、事业单位的建设情况确定建设性质。目前基本建设和更新改造是根据我国现行的计划管理体制区分的,所以基本建设和更新改造都可以分别按新建、扩建等划分。

(1)新建:一般是指从无到有、"平地起家"新开始建设的单位。有的单位原有的基础很小,经过建设后其新增加的固定资产价值超过原有固定资产价值(原值)三倍以上的也算新建。

(2)扩建:一般是指为扩大原有产品的生产能力,在厂内或其他地点增建主要生产车间(或主要工程)、独立的生产线或分厂的企业;事业单位和行政单位在原单位增建业务用房(如学校增建教学用房、医院增建门诊部或病房、行政机关增建办公楼等)也作为扩建。

(3)改建:一般是指现有企业、事业单位为了技术进步,提高产品质量,增加花色品种,促进产品升级换代,降低消耗和成本,加强资源综合利用和三废治理、劳保安全等,采用新技术、新工艺、新设备、新材料等对现有设施、工艺条件进行技术改造或更新(包括相应配套的辅助性生产、生活福利设施)。有的企业为充分发挥现有生产能力,进行填平补齐而增建不增加本单位主要产品生产能力的车间等,也属于改建。

固定资产投资按构成分固定资产投资活动按其工作内容和实现方式分为建筑安装工程,设备、工具、器具购置,其他费用三个部分。

(1)建筑安装工程(建筑安装工作量):指各种房屋、建筑物的建造工程和各种设备、装置的安装工程。包括各种房屋建造工程,各种用途设备基础和各种工业窑炉的砌筑工程;为施工而进行的各种准备工作和临时工程以及完工后的清理工作等;铁路、道路的铺设,矿井的开凿及石油管道的架设等;水利工程;防空地下建筑等特殊工程;以及各种机械设备的安装工程;为测定安装工程质量,对设备进行的试运工作。在安装工程中,不包括被安装设备本身的价值。

(2)设备、工具、器具购置:指购置或自制达到固定资产标准的设备、工具、器具的价值,固定资产的标准按财务部门规定。新建单位、扩建单位的新建车间按照设计和计划要求购置或自制的全部设备、工具、器具,不论是否达到固定资产标准均计入"设备、工具、器具购置"中。

(3)其他费用:指在固定资产建造和购置过程中发生的,除建筑安装工程和设备、工具、器具购置以外的各种应摊入固定资产的费用。

基本建设项目按大中小型划分　基本建设划分大中小型项目原则上应按照上级批准的设计任务书或初步设计所确定的总规模或总投资划分,没有正式批准设计任务书或初步设计的,按国家或省、自治区、直辖市年度基本建设投资计划中所列的总规模或总投资划分。上述两条均不具备的,按本年计划施工工程的建设总规模或总投资划分。生产单一产品的工业项目,按产品的设计能力划分;生产多种产品的工业项目,按其主要产品的设计能力划分。品种繁多,难以按生产能力划分的,按全部计划投资额划分。划分标准以国家颁发的《大中小型建设项目划分标准》为依据。国家曾在1953年、1962年、1972年、1977年和1979年先后五次修订《大中小型建设项目划分标准》,因此各历史时期的大中型项目数不完全可比。

新增生产能力(或工程效益)　新增生产能力(或工程效益),是指通过固定资产投资活动而增加的设计能力。计算新增能力(或工程效益)是以能独立发挥生产能力(或工程效益)的工程为对象,如一座矿井、一座转炉、一套化工装置、一条铁路专用线等。当工程建成,经有关部门验收鉴定合格,正式移交投入生产,即应计算新增生产能力或效益。

新增固定资产　新增固定资产(又称交付使用的固定资产),是指已经完成建造和购置过程,并已交付生产或使用单位的固定资产价值。

施工和竣工房屋建筑面积　房屋建筑面积是从房屋的外墙线算起的各层平面面积的总和,包括房屋结构(如柱、墙)占用的面积和地下室面积。多层建筑按各自然层面积计算,包括房屋内的楼隔层,突出墙面的眺望间、门斗、有柱雨罩的面积。不包括突出墙架结构的构件、艺术装饰等所占面积,如台阶等。

施工房屋面积:指报告期内施工的全部房屋建筑面积。包括本期新开工的面积和上期开工跨入本期继续施工的房屋面积,以及上期已停建在本期复工的房屋面积。本期竣工和本期施工后又停缓建的房屋,其建筑面积仍计入本期施工房屋面积中。

竣工房屋面积:指在报告期内房屋建筑按照设计要求已全部完工,达到住人和使用条件,经验收鉴定合格(或达到竣工验收标准),可正式移交使用的各栋房屋建筑面积的总和。

建设项目投产率 指一定时期内全部建成投入生产项目个数与同期正式施工项目个数的比率。它是从项目建设速度的角度反映投资效果的指标。

固定资产交付使用率 指一定时期新增固定资产与同期完成投资额的比率。它是反映各个时期固定资产动用速度,衡量建设过程中投资效果的一个综合性指标。

房屋建筑面积竣工率 指一定时期内房屋竣工面积与施工面积的比率。它是从房屋建筑施工速度的角度反映投资效果的指标。

建设工期 指建设项目或单项工程从正式施工到全部建成投入生产(或交付使用)时止所经历的全部时间。

土地购置和开发情况

(1)本年完成开发土地面积:指报告期内对土地进行开发并已完成七通一平等前期开发工程,具备进行房屋建筑物施工或出让条件的土地面积。

(2)正在开发的土地面积:指已开始七通一平等前期开发工程,但尚未完工,不具备进行房屋建筑物施工或出让条件的土地面积。

(3)待开发土地面积:指经有关部门批准,通过各种方式获得土地使用权,但尚未进行开发的土地面积。

(4)本年购置土地面积:指在本年内通过各种方式获得土地使用权的土地面积。

商品房屋销售与出租情况

(1)实际销售面积:指报告期已竣工的房屋面积中已正式交付给购房者或已签订(正式)销售合同的商品房屋面积。不包括已签订预售合同正在建设的商品房屋面积,但包括报告期或报告期以前签订了预售合同,在报告期又竣工的商品房屋面积。

销售给个人:指实际销售给国内私人的商品房屋面积。不包括外销中销售给个人的部分。

(2)预售面积:指报告期末仍未竣工交付使用,但已签订预售合同的正在建设的商品房屋面积。报告期预售又在报告期转正式或协议销售的商品房屋的面积应列入实际销售面积,同时统计销售收入。

(3)空置面积:指报告期末已竣工的可供销售或出租的商品房屋建筑面积中,尚未销售或出租的商品房屋建筑面积,包括以前年度竣工和本期竣工的房屋面积,但不包括报告期已竣工的拆迁还建、建代建、公共配套建筑、房地产公司自用及周转房等不可销售或出租的房屋面积。

(4)出租面积:指在报告期期末房屋开发单位出租的商品房屋的全部面积。

出租给个人:指实际出租给国内个人的商品房屋面积,不包括外租部分。

(5)实际销售额:指报告期内出售房屋的总收入(即双方签署的正式买卖合同中所确定的合同总价)。该指标与实际销售面积同口径,包括正式交付的商品房屋在建设前期预收的定金、预收的款项及结算尾款和拖欠款。不包括未交付的商品房所预收的款项。收取的外汇按当时外汇调节市场价折算在其中。如果商品房是跨年完成的,应包括以前年度所收的定金及预收款。

其他指标

(1)竣工房屋住宅套数:指报告期内房屋按照设计要求已全部完工,经验收合格,达到住人或使用条件的正式交给开发公司的成套住宅数量(以设计图纸为准)。

(2)拆迁还建房屋竣工面积:指报告期房地产公司竣工的用于拆迁还建的房屋面积。

(3)统建代建房屋竣工面积:指报告期房地产公司接受委托、定向开发建设,并收取一定的管理费所建设的房屋竣工面积。

(4)公益性建筑竣工面积:指报告期房地产开发公司竣工的学校、幼儿园、派出所、居委会、商店等公益设施建筑面积。

六、能　　源

能源生产总量 指一定时期内全国一次能源生产量的总和,是观察全国能源生产水平、规模、构成和发展速度的总量指标。一次能源生产量包括原煤、原油、天然气、水电、核能及其他动力能(如风能、地热能等)发电量,不包括低热值燃料生产量、生物质能、太阳能等的利用和由一次能源加工转换而成的二次能源产量。

能源消费总量 指一定时期内全国(地区)用于生产和生活的各种能源消费量的总和。能源消费总量包括原煤和原油及其制品、天然气、电力。不包括生物能和太阳能等的利用。能源消费总量分为三部分,即终端能源消费量、能源加工转换损失量和损失量。它是观察能源消费水平、构成和增长速度的总量指标。

(1)终端能源消费量指一定时期内全国(地区)物质生产部门、非物质生产部门和生活消费的各种能源数量。不包括用于加工转换的中间能源消费量、加工转换损失量和损失量。

(2)能源加工转换损失量指一定时期内全国(地区)投入加工转换的各种能源数量之和与产出各种能源产品及其它石油制品和其它焦化产品之和的差额。它是观察能源在加工转换过程中损失量变化的指标。

(3)能源损失量指一定时期内能源在输送、分配、储存过程中发生的经营管理损失和由于客观原因造成的各种损失量。不包括各种气体能源放空、放散量。

能源生产弹性系数 是研究能源生产量的增长与国民经济增长之间关系的指标。其计算公式为:

$$能源生产弹性系数=\frac{能源生产总量年平均增长速度}{国民经济年平均增长速度}$$

国民经济年平均增长速度,可根据不同目的或需要,用国民生产总值,国民收入等指标来计算。

电力生产弹性系数 是研究电力生产量的增长与国民经济增长之间关系的指标。一般来说,电力的发展应当快于国民经济的发展,也就是说电力应超前发展。其计算公式为:

$$电力生产弹性系数=\frac{电力生产量年平均增长速度}{国民经济年平均增长速度}$$

能源消费弹性系数是 反映能源消费增长速度与国民经济增长速度之间比例关系的指标。其计算公式为:

$$能源消费弹性系数=\frac{能源消费年平均增长速度}{国民经济年平均增长速度}$$

电力消费弹性系数 是反映电力消费增长速度与国民经济增长速度之间的比例关系的指标,其计算公式为:

$$电力消费弹性系数=\frac{电力消费年平均增长速度}{国民经济年平均增长速度}$$

能源加工转换效率 指一定时期内能源经过加工转换后,产出的各种能源产品的数量与同期内投入加工转换的各种能源数量的比率。它是观察能源加工转换装置和生产工艺先进与落后、管理水平高低等的重要指标。计算公式为:

$$能源加工转换效率=\frac{加工转换产出量}{加工转换投入量}\times 100\%$$

七、财政、金融、保险

财政收入 指国家财政参与社会产品分配所取得的收入,是实现国家职能的财力保证。财政收入所包括的内容几经变化,目前主要包括:

(1)各项税收:包括增值税、营业税、消费税、土地增值税、城市维护建设税、资源税、城市土地使用税、印花税、固定资产投资方向调节税、个人所得税、企业所得税、关税、农牧业税和耕地占用税等。

(2)专项收入:包括征收排污费收入、征收城市水资源费收入、教育费附加收入等。

(3)其他收入:包括基本建设贷款归还收入、基本建设收入、捐赠收入等。

(4)国有企业计划亏损补贴:这项为负收入,冲减财政收入。

财政支出 国家财政将筹集起来的资金进行分配使用,以满足经济建设和各项事业的需要,主要包括:

(1)基本建设支出:指按国家有关规定,属于基本建设范围内的基本建设有偿使用、拨款、资本金支出以及经国家批准对专项和政策性基建投资贷款,在部门的基建投资额中统筹支付的贴息支出。

(2)企业挖潜改造资金:指国家预算内拨给的用于企业挖潜、革新和改造方面的资金。包括各部门企业挖潜改造资金和企业挖潜改造贷款资金,为农业服务的县办"五小"企业技术改造补助,挖潜改造贷款利息支出。

(3)地质勘探费用:指国家预算用于地质勘探单位的勘探工作费用,包括地质勘探管理机构及其事业单位经费、地质勘探经费。

(4)科技三项费用:指国家预算用于科技支出的费用,包括新产品试制费、中间试验费、重要科学研究补助费。

(5)支援农村生产支出:指国家财政支援农村集体(户)各项生产的支出。包括对农村举办的小型农田水利和打井、喷灌等的补助费,对农村水土保持措施的补助费,对农村举办的小水电站的补助费,特大抗旱的补助费,农村开荒补助费,扶持乡镇企业资金,农村农技推广和植保补助费,农村草场和畜禽保护补助费,农村造林和林木保护补助费,农村水产补助费,发展粮食生产专项资金。

(6)农林水利气象等部门的事业费用:指国家财政用于农垦、农场、农业、畜牧、农机、林业、森工、水利、水产、气象、乡镇企业的技术推广、良种推广(示范)、动植物(畜禽、森林)

保护、水质监测、勘探设计、资源调查、干部训练等项费用，园艺特产场补助费，中等专业学校经费，飞播牧草试验补助费，营林机构、气象机构经费，渔政费以及农业管理事业费等。

(7)工业交通商业等部门的事业费：指国家预算支付给工交商各部门用于事业发展的经费，包括勘探设计费、中等专业学校经费、技术学校经费、干部训练费。

(8)文教科学卫生事业费：指国家预算用于文化、出版、文物、教育、卫生、中医、公费医疗、体育、档案、地震、海洋、通讯、电影电视、计划生育、党政群干部训练、自然科学、社会科学、科协等项事业的经费支出和高技术研究专项经费。主要包括工资、补助工资、福利费、离退休费、助学金、公务费、设备购置费、修缮费、业务费、差额补助费。

(9)抚恤和社会福利救济费：指国家预算用于抚恤和社会福利救济事业的经费。包括由民政部门开支的烈士家属和牺牲病残人员家属的一次性、定期抚恤金，革命伤残人员的抚恤金，各种伤残补助费，烈军属、复员退伍军人生活补助费，退伍军人安置费，优抚事业单位经费，烈士纪念建筑物管理、维修费，自然灾害救济事业费和特大自然灾害灾后重建补助费等。

(10)国防支出：指国家预算用于国防建设和保卫国家安全的支出，包括国防费、国防科研事业费、民兵建设以及专项工程支出等。

(11)行政管理费：包括行政管理支出，党派团体补助支出，外交支出，公安安全支出，司法支出，法院支出，检察院支出和公检法办案费用补助。

(12)价格补贴支出：指经国家批准，由国家财政拨给的政策性补贴支出。主要包括粮食加价款，粮、棉、油差价补贴，棉花收购价外奖励款，副食品风险基金，市镇居民的肉食价格补贴，平抑市价肉食、蔬菜价差补贴等以及经国家批准的教材课本、报刊新闻纸等价格补贴。

中央财政收入和地方财政收入　指按财政体制划分的中央本级收入和地方本级收入。1994 年分税制财政体制以后，属于中央财政的收入包括关税、海关代征消费税和增值税，消费税，中央企业所得税，地方银行和外资银行及非银行金融企业所得税，铁道、银行总行、保险总公司等集中缴纳的营业税、所得税、利润和城市维护建设税，增值税的 75% 部分，海洋石油资源税和证券(印花)税 50% 部分。属于地方财政的收入包括营业税，地方企业所得税，个人所得税，城镇土地使用税，固定资产投资方向调节税，城镇维护建设税，房产税，车船使用税，印花税，屠宰税，农牧业税，农业特产税，耕地占用税，契税，增值税 25% 部分，证券交易税(印花税)50% 部分和除海洋石油资源税以外的其他资源税。

中央财政支出和地方财政支出　指根据政府在经济和社会活动中的不同职责，划分中央和地方政府的责权，按照政府的责权划分确定的支出。中央财政支出包括国防支出，武装警察部队支出，中央级行政管理费和各项事业费，重点建设支出以及中央政府调整国民经济结构、协调地区发展、实施宏观调控的支出。地方财政支出主要包括地方行政管理和各项事业费，地方统筹的基本建设、技术改造支出，支援农村生产支出，城市维护和建设经费，价格补贴支出等。

预算外资金收支　预算外资金指国家机关、事业单位和社会团体为履行或代行政府职能，依据国家法律、法规和具有法律效力的规章而收取、提取和安排使用的未纳入国家预算管理的各种财政性资金。其范围主要包括：法律、法规规定的行政事业性收费、基金和附加收入等；国务院或省级人民政府及其财政、计划(物价)部门审批的行政事业性收费；国务院及财政部审批建立的基金、附加收入等；主管部门所属单位集中上缴资金；用于乡镇政府开支的乡自筹和乡统筹资金；其他未纳入预算管理的财政性资金。社会保障基金在国家财政尚未建立社会保障预算制度以前，先按预算外资金管理制度进行管理，专款专用。财政部门在银行开设统一的专户，用于预算外资金收入和支出管理。部门和单位的预算外收入必须上缴同级财政专户，支出由同级财政按预算外资金收支计划和单位财务收支计划统筹安排，从财政专户中拨付，实行收支两条线管理。

存款　企业、机关、团体或居民根据可以收回的原则，把货币资金存入银行或其他信用机构保管并取得一定利息的一种信用活动形式。根据存款对象的不同可划分：企业存款、财政存款、机关团体存款、对外贸易存款、城镇居民储蓄存款、农村存款等科目。

贷款　银行或其他信用机构根据必须归还的原则，按一定利率，为企业、个人等提供资金的一种信用活动形式。我国银行贷款，分流动资金贷款、固定资产贷款，城乡个体工商户贷款以及农户贷款等科目。

保险公司　在中国境内的、经过保险监督部门批准设立，并依法登记注册的各类商业保险公司。

保险金额　指保险人承担赔偿或者给付保险金责任的最高限额。

保费　指投保人为取得保险人在约定范围内所承担赔偿责任而支付给保险人的费用。

赔款　指保险人根据保险合同的规定，向被保险人支付的赔偿保险责任损失的金额。

给付　包括死伤医疗给付和满期给付。死伤医疗给付是指保险人根据人寿保险及长期健康保险合同的规定，因被保险人在保险期内发生保险责任范围内的保险事故支付给被保险人(或受益人)的金额。满期给付是指被保险人生存期满，保险人按人寿保险合同规定支付给被保险人的满期保险金额。

八、价格指数

商品零售价格指数　是反映城乡商品零售价格变动趋势的一种经济指数。零售价格的调整变动直接影响到城乡居民的生活支出和国家的财政收入，影响居民购买力和市场供需平衡，影响消费与积累的比例。因此，计算零售价格指数，可以从一个侧面对上述经济活动进行观察和分析。商品零售价格指数分为食品、饮料烟酒、服装鞋帽、纺织品、纺织品、家用电器及音像器材、文化办公用品、日用品、体育娱乐用品、交通通讯用品、家具、化妆品、金银珠宝、中西药品及医疗保健用品、书报杂志及电子出版物、燃料、建筑材料及五金电料等十六个大类，225个基本分类。需要予以特别说明的是，从1994年起，国家、各省(区)和县编制的商品零售价格指数不再包括农业生产资料。自2003年起，编制以2002年为固定基期的定基价格指数。

居民消费价格指数　是度量一组代表性消费品及服务项目价格水平随着时间而变动的相对数，反映居民家庭购买的消费品及服务价格水平的变动情况。它是宏观经济分析和决策、价格总水平监测和调控以及国民经济核算的重要指标。其按年度计算的变动率通常被用来作为反映通货膨胀(或紧缩)程度的指标。居民消费价格指数分为食品、烟酒及用品、衣着、家庭设备用品及维修服务、医疗保健和个人用品、交通和通讯、娱乐教育文化用品及服务、居住等八大类，下设251个基本分类。自2001年起，编制以2000年为固定基期的定基价格指数。

农村工业品零售价格指数　是反映农村市场工业品零售价格水平变动趋势和程度的相对数。通过农村工业品零售价格指数，可以观察工业品零售价格变动对农民货币支出的影响。

城市居民消费价格指数　是反映城市居民家庭所购买的生活消费品价格和服务项目价格变动趋势和程度的相对数。城市居民消费价格指数可以观察和分析消费品的零售价格和服务项目价格变动对职工货币工资的影响，作为研究职工生活和确定工资政策的依据。

农村居民消费价格指数　是反映农村居民家庭所购买的生活消费品价格和服务项目价格变动趋势和程度的相对数。农村居民消费价格指数可以观察农村消费品的零售价格和服务项目价格变动对农村居民生活消费支出的影响，直接反映农民生活水平的实际变化情况，为分析和研究农村居民生活问题提供依据。**工业品出厂价格指数**　是反映全部工业产品出厂价格总水平的变动趋势和程度的相对数，包括工业企业售给本企业以外所有单位的各种产品和直接售给居民用于生活消费的产品。通过工业品出厂价格指数能观察出厂价格变动对工业总产值的影响。工业品出厂价格指数采用加权算术平均公式计算。我国从1986年开始正式编制工业品出厂价格指数。

原材料、燃料和动力购进价格指数　是反映工业企业作为生产投入，购买原材料、燃料、动力产品的价格水平变动趋势和程度的统计指标，是扣除工业企业物质消耗成本中的价格变动影响的重要依据。

固定资产投资价格指数　是反映固定资产投资额价格变动趋势和程度的相对数。固定资产投资额是由建筑安装工程投资完成额、设备、工器具购置投资完成额和其他费用投资完成额三部分组成的。编制固定资产投资价格指数应首先分别编制上述三部分投资的价格指数，然后采用加权算术平均法求出固定资产投资价格总指数。

编制固定资产投资价格指数可以准确地反映固定资产投资中涉及的各类商品和取费项目价格变动趋势和变动幅度，消除按现价计算的固定资产投资指标中的价格变动因素，真实地反映固定资产投资的规模、速度、结构和效益，为国家科学地制定、检查固定资产投资计划并提高宏观调控水平，为完善国民经济核算体系提供科学的、可靠的依据。

九、居民生活

城镇就业人口　包括：国有经济单位职工；城镇集体经济单位职工；其他各种经济类型单位职工；个体经营者；个体被雇人员；离退休再就业人员；其他就业人口。

城镇居民期初(期末)手存现金　指调查户家庭全部成员期初(末)所有的全部人民币和外币折合成人民币的手存现金。家庭成员为亲友购商品的各种暂付款，不包括家庭成员手中不属于其所有的各种暂收款，如亲友委托家庭成员代购商品所交给的现金，因公外出从工作单位借入的旅差费等。

城镇居民家庭总收入　指调查户中生活在一起的所有

家庭成员在调查期得到的工薪收入、经营净收入、财产性收入、转移性收入的总和,不包括出售财物和借贷收入。

城镇居民可支配收入 指调查户可用于最终消费支出和其它非义务性支出以及储蓄的总和,即居民家庭可以用来自由支配的收入。计算公式为:

可支配收入 = 家庭总收入 - 交纳所得税 - 个人交纳的社会保障支出 - 记帐补贴

城镇居民工薪收入 指就业人员通过各种途径得到的全部劳动报酬,包括所从事的主要职业的工资以及从事第二职业、其他兼职和零星劳动得到的其它劳动收入。

城镇居民工资及补贴收入 指劳动者从工作单位得到的全部劳动报酬。既包括单位支付的计时计件劳动报酬,也包括根据国家的有关政策、法令规定,为了不使职工工资受某些特殊因素影响而支付的工资性津贴、补贴,以及根据国家法律、法规和政策规定,因病、工伤、产假、计划生育假、婚丧假、事假、探亲假、定期休假、停工学习、执行国家或社会义务等原因按计时工资标准或计时工资标准的一定比例支付的工资。

城镇居民经营净收入 指家庭成员从事生产经营活动所获得的净收入。是全部生产经营收入中扣除生产成本和税金后所得的收入。

城镇居民财产性收入 指家庭拥有的动产(如银行存款、有价证券)、不动产(如房屋、车辆、土地、收藏品等)所获得的收入。包括出让财产使用权所获得的利息、租金、专利收入;财产营运所获得的红利收入、财产增值收益等。

城镇居民转移性收入 指国家、单位、社会团体对居民家庭的各种转移支付和居民家庭间的收入转移。包括政府对个人收入转移的离退休金、失业救济金、赔偿等;单位对个人收入转移的辞退金、保险索赔、住房公积金、家庭间的赠送和赡养等。

城镇居民出售财物收入 指调查户出售家庭财物所得到的收入。由于出售财物是家庭财产从实物形态转为货币形态,家庭财产总量不变,因此不计入可支配收入中。

城镇居民借贷收入 指家庭资产不发生增减的周转性收入。包括提取银行存款、提取储金会款、借入款、收回借出款、兑售有价证券、收回的投资本金、贷款等。

城镇居民家庭总支出 指家庭除借贷支出以外的全部实际支出。包括消费性支出、购房建房支出、转移性支出、财产性支出、社会保障支出。支出统计是以实际购得的商品或服务的总价值填报,不论其付款方式是一次付清、分期付款,还是赊购,只要商品或服务已被消费就要按其总价值计量。

城镇居民消费支出 指调查户用于本家庭日常生活的全部支出,包括食品、衣着、家庭设备用品及服务、医疗保健、交通和通讯、娱乐教育文化服务、居住、杂项商品和服务八大类等。不包括用于赠送的商品或服务。

城镇居民服务性消费支出 指调查户用于本家庭支付社会提供的各种文化和生活方面的非商品性服务费用。不包括为别人付款的服务。服务消费与商品消费不同,其特点在于其劳动过程和消费过程在时间与空间上的统一。

城镇居民购房与建房支出 指包括居民家庭购买住房、建房时的全部支出。

城镇居民转移性支出 指居民家庭对国家、单位、住户、个人的转移支付。包括交纳的税款、捐赠和赡养支出等。

城镇居民财产性支出 指家庭购买或维护财产所支付的利息等有关费用。

城镇居民社会保障支出 指调查户成员参加国家法律、法规规定的社会保障项目中由个人交纳的保障支出。不包括职工所在单位交纳的那部分社会保障金。

城镇居民借贷支出 包括所有权没有变化的周转性支付,如存入储蓄款、借出款;资金归还,如归还借款、归还各类贷款等。

农村住户 是指长期(一年以上)居住在乡镇(不包括城关镇)行政管理区域内的住户,还包括长期居住在城关镇所辖行政村范围内的农村住户。户口不在本地而在本地居住一年及以上的住户也包括在本地常住户范围内;有户口,但举家外出谋生一年以上的住户,无论是否保留承包耕地都不包括在本地农村住户范围内。

农村常住人口 指全年经常在家或在家居住6个月以上,而且经济和生活与本户连成一体的人口。外出从业人员在外居住时间虽然在6个月以上,但收入主要带回家中,经济与本户连为一体,仍视为家庭常住人口;在家居住,生活和本户连成一体的国家职工、退休人员也为家庭常住人口。但是现役军人、中专及以上(走读生除外)的在校学生、以及常年在外(不包括探亲、看病等)且已有稳定的职业与居住场所的外出从业人员,不应当作家庭常住人口。家庭常住人口主要作为计算农村住户平均每人收入、消费和积累水平及分析家庭人口状况的依据。

农民人均总收入 指调查期内农村住户和住户成员从各种来源渠道得到的收入总和。按收入的性质划分为工资性收入、家庭经营收入、财产性收入和转移性收入。

(一)工资性收入:指农村住户成员受雇于单位或个人,靠出卖劳动而获得的收入。

(二)家庭经营收入:指农村住户以家庭为生产经营单位进行生产筹划和管理而获得的收入。农村住户家庭经营活动按行业划分为农业、林业、牧业、渔业、工业、建筑业、交通运输业邮电业、批发和零售贸易餐饮业、社会服务业、文教卫生业和其他家庭经营。

(三)财产性收入:指金融资产或有形非生产性资产的所

有者向其他机构单位提供资金或将有形非生产性资产供其支配，作为回报而从中获得的收入。

(四)转移性收入：指农村住户和住户成员无须付出任何对应物而获得的货物、服务、资金或资产所有权等，不包括无偿提供的用于固定资本形成的资金。一般情况下，指农村住户在二次分配中的所有收入。

农民人均总支出 指农村住户用于生产、生活和再分配的全部支出。家庭经营费用支出、购置生产性固定资产支出、税费支出、生活消费支出、财产性支出和转移性支出。

(一)家庭经营费用支出：指农村住户以家庭为基本生产经营单位从事生产经营活动而消费的商品和服务、自产自用产品。所消费的未计算为住户收入的自产自用产品，不计算为费用支出；库存的化肥、农药也不计算为本期费用支出。

(二)购置生产性固定资产支出：指农村住户用于建造和购置生产性固定资产所支出的费用。

(三)税费支出：指农村住户以现金和实物形式缴纳的从事生产经营活动的各种税费、附加费、村提留、乡统筹、一事一议费和各种集资摊派费用。在已进行税费改革的地区一般表现为农业税、特产税、两税附加、一事一议费和从事非农业生产经营活动所缴纳的各种税费，还包括除按国家规定所收取的税费外，地方额外增加的各种费用；在未进行税费改革的地区一般表现为从事生产经营活动的各种税费、村提留、乡统筹和各种集资摊派费用。

(四)生活消费支出：指农村住户用于物质生活和精神生活方面的支出。生活消费支出包括食品支出、衣着支出、居住支出、家庭设备用品及服务支出、医疗保健支出、交通和通讯支出、文化教育娱乐用品及服务支出、其他商品和服务支出。

(五)财产性支出：为获得其他住户财产(包括无形资产)的使用权而支付的各种费用。

(六)转移性支出：指农村住户和住户成员没有获得任何对应物而支出的货物、服务、资金或资产所有权等，不包括无偿提供的用于固定资本形成的资金。一般情况下，指农村住户在二次分配中的所有支出。

农民人均纯收入 指农村住户当年从各个来源得到的总收入相应地扣除所发生的费用后的收入总和。纯收入主要用于再生产投入和当年生活消费支出，也可用于储蓄和各种非义务性支出。“农民人均纯收入”是按人口平均的纯收入水平，反映的是一个地区或一个农户农村居民的平均收入水平。

农民人均现金收入 指农村住户和住户成员在调查期内得到以现金形态表现的收入。按来源分成工资性收入、家庭经营现金收入、财产性收入、转移性收入。

农民人均非收入所得 指农村住户和住户成员得到的不具收入特性的款项。非收入所得也可用于农村住户和成员的消费支出，包括：支取的储蓄存款、出卖财产得到的款项、借款、贷款和其他款项。

农民人均现金支出 指农村住户在调查期内用于生产、生活和再分配所支付的现金。包括家庭经营费用支出、缴纳的税费、购买生产性固定资产、生活消费、财产性和转移性支出。

农民人均非消费性现金付出 指农村住户不是用于生产、生活和再分配的现金付出。

十、城 市 建 设

年末自来水生产能力 指年末城建部门管理的自来水厂和社会单位自备水源的取水、净化、送水、出厂输水干管等环节的实际生产能力。

年末供水管道长度 指从送水泵至用户水表之间所有管道的长度。

全年供水总量指 公用自来水厂和社会单位自备水源全年的供水总量，包括有效供水量及损失水量。

生活用水量 指居民日常生活与公共福利设施的用水量。包括饮食店、旅馆、医院、理发店、浴池、洗衣店、游泳池、商店、学校、机关、部队等单位的用水量。

人工煤气生产能力 指城市煤气厂制气、净化、输送等环节的综合实际生产能力。

输气管道长度 指由压缩机、鼓风机、储气罐的出口到用户立管之间的全部管道长度。

煤气供气总量 指售给各类用户的全部煤气量。包括工业用量、家庭用量和其它用量。

城市供热能力 指热电厂和热力公司每小时向城市输送的蒸汽、热水能力。

供热总量 指热电厂和热力公司全年向城市输送的全部蒸汽、热水量。

供热管道长度 指热电厂和热力公司管理的集中供热热源到用户之间的全部供气、供热水的管道长度。

年末实有铺装道路长度 指除土路外，路面经过铺装宽度在3.5米以上的道路，包括高级、次高级道路和普通道路。

城市桥梁 指市范围内，修建在河道上桥梁和道路与道路立交、道路跨越铁路的立交桥以及人行天桥。包括永久性和半永久性桥，不包括临时性桥、铁路桥、涵洞。

城市下水道总长度 指所有排水总管、干管、支管及暗渠、检查井、连接井进出水口等长度之和。

城市污水日处理能力 指污水处理厂每昼夜处理污水量的设计能力。

年末实有公共汽(电)车辆 指年底可参加营运的全部车辆数，包括年底营运车辆数和库存查封未参加营运的车辆，不包括非营运车辆，如架线车、油罐车、工程车、货车及其他专用车辆和借入的客运车辆。

营运线路长度 指设置的固定营运线路长度，包括郊区营运线路长度。不包括临时行驾的线路长度。

城市园林绿地面积 指城市公共绿地、专用绿地、生产绿地、防护绿地、郊区风景名胜区的全部面积。

公共绿地 指供游览休息的各种公园、动物园、植物园、陵园以及花园、游园和供游览休息用的林荫道绿地、广场绿地。不包括一般栽植的人行道树及林荫道的面积。

城市人口用水普及率、用气普及率指城市人口中的非农业人口用自来水、用煤气(包括人工煤气、液化石油气、天然气用气量)的普及情况。

十一、农林牧渔业

农林牧渔业产值 是以货币表现的农林牧渔业全部产品总量和对农业生产活动进行的各种支持性服务活动的价值，它反映一定时期内农业生产的总规模和总成果。

农林牧渔业总产值的统计范围是辖区内各种经济组织类型、各个系统的全部农林牧渔业生产单位和非农行业单位附属的农林牧渔业生产活动单位。军委系统的农林牧渔业生产(除军马外)也应包括在内，但不包括农业科学试验机构进行的农业生产。

农林牧渔业总产值核算的主要内容：

(1)农业产值，包括谷物和其他农作物产值、蔬菜园艺作物产值、水果坚果饮料香料产值以及中药材产值。

(2)林业产值，包括林木的培育和种植(不包括茶园、桑园和果园的栽培、管理和收获等活动)、林产品的采集和木材采运、竹材采运产值。2003年以前，林业产值中仅包括村及村以下木材、竹材的采运活动，从2003年定期报表开始，原来划归工业部门的木材竹材采运活动划归林业。

(3)牧业产值，包括除渔业养殖以外的一切动物饲养和放牧以及捕猎野兽野禽产值。具体包括牲畜饲养产值、猪的饲养产值、家禽饲养产值、狩猎和捕捉动物产值以及其他畜牧业产值。

(4)渔业产值，包括海水产品和淡水产品两类产值。海水产品产值包括捕捞的天然海水产品和海水养殖的水生动物产品产值及海藻的采集量产值。淡水产品产值包括捕捞的天然淡水产品和淡水养殖的水生动物产品产值。

(5)农林牧渔服务业产值，现价产值按农林牧渔服务业营业收入计算，不变价产值用农林牧渔服务业现价产值除以以1990年为100的居民消费价格指数。

农业总产值的计算方法通常是以农林牧渔业产品及其副产品的产量乘以该项产品的单位价格而得该项产品的产值，少数生产周期较长，当年没有产品或产品产量不易统计的则采用间接方法匡算产值。

1957年以前的农业总产值中包括了厩肥和农民自给性手工业(如农民自制衣服、鞋、袜，自己从事粮食初步加工等)。1958年及以后的农业总产值，林业中增加了村及村以下竹木采伐产值；牧业中取消了厩肥产值；副业中取消了农民自给性手工业产值，增加了村及村以下办的工业产值；渔业中增加了海洋捕捞水产品产值。1980年及以后的农业总产值，在副业中增加了农民家庭兼营工业商品性部分的产值。从1984年起村及村以下办工业产值划归工业。从1993年起取消副业，将采集野生植物产值和农民家庭兼营商品性工业产值划归农业产值，捕猎野兽、野禽产值划入牧业产值。从2003年起取消农业中种植业和其他农业的分类，将原属于其他农业的农民家庭兼营商品性工业产值剔除，作为附记指标统计，采集野生植物产值一部分划归农业，一部分划归林业；林业中竹木采运统计范围由村及村以下改为全社会；增加农林牧渔服务业产值统计。

农林牧渔业增加值 指农、林、牧、渔及农林牧渔服务业生产货物或提供服务活动而增加的价值，为农林牧渔业现价总产值扣除农林牧渔业现价总投入后的余额。统计范围：

包括国营、集体和农户从事农、林、牧、渔业生产的生产单位，但不包括农业科学试验机构，也不包括军事部门的军马生产等。

农林牧渔业增加值的计算方法：采用生产法和分配法(收入法)两种。

1. 生产法计算公式：

农林牧渔业增加值 = 农林牧渔业总产值 - 农林牧渔业中间消耗

2. 分配法计算公式：

农林牧渔业增加值 = 固定资产折旧 + 劳动者报酬 + 生产税净额 + 营业盈余

其中:生产税净额 = 生产税 - 生产补贴

农林牧渔业中间消耗 指在农林牧渔业生产经营过程中所消耗的货物和服务的价值,包括物质产品消耗和非物质性服务消耗。物质产品消耗是指农林牧渔业生产过程中所消耗的各种物质产品的价值,包括外购的和计入总产出的自给性物质产品消耗,如种籽、饲料、肥料、农药、燃料、用电量、小农具购置、原材料消耗等;支付物质生产部门的各种服务费包括修理费、生产用外雇运输费、生产用邮电费等,以及其他物质消耗;非物质性服务消耗是指支付给非物质生产部门的各种服务费,如畜禽配种费、畜禽防疫医疗费、科研费、旅馆、车船费、金融服务费、保险服务费、广告费等。

水产品产量 指人工养殖的水产品和天然生长的水产品的捕捞量。包括海水的鱼类、虾蟹类、贝类和藻类以及淡水的鱼类、虾蟹类和贝类,不包括淡水水生植物。

灌溉面积 指有效灌溉面积,即具有一定的水源,地块比较平整,灌溉工程或设备已经配套,在一般年景下半年能够进行正常灌溉的耕地面积。

农业机械总动力 指主要用于农、林、牧、渔业的各种动力机械的动力总和。包括耕作机械、排灌机械、收获机械、农产品加工机械、运输机械、植物保护机械、牧业机械、林业机械、渔业机械和其他农业机械(内燃机按引擎马力折成瓦(特)计算),电动机按功率折成瓦特计算。不包括专门用于乡办工业、基本建设、非农业运输、科学试验和教学等非农业生产方面用的动力机械与作业机械。

农产品生产价格指数 是反映一定时期内,农产品生产者出售的农产品价格水平变动趋势及幅度的相对数。

十二、工　　业

工业 指从事自然资源的开采,对采掘品和农产品进行加工和再加工的物质生产部门。具体包括:(1)对自然资源的开采,如采矿、晒盐、森林采伐等(但不包括禽兽捕猎和水产捕捞);(2)对农副产品的加工、再加工,如粮油加工、食品加工、轧花、缫丝、纺织、制革等;(3)对采掘品的加工、再加工,如炼铁、炼钢、化工生产、石油加工、机器制造、木材加工等,以及电力、自来水、煤气的生产和供应等;(4)对工业品的修理、翻新,如机器设备的修理、交通运输工具(包括小卧车)的修理等。

1984 年以前农村的村及村以下办工业归属农业,1984 年以后划归工业。

工业统计调查单位工业统计调查单位分为两类:独立核算法人工业企业和工业活动单位。

(1)独立核算法人工业企业:指从事工业生产经营活动的单位。独立核算法人工业企业应同时具备以下条件:①依法成立,有自己的名称、组织机构和场所,能够承担民事责任;②独立拥有和使用资产,承担负债,有权与其他单位签订合同;③独立核算盈亏,并能够编制资产负债表。

(2)工业活动单位:指在一个场所从事一种或主要从事一种工业生产活动的经济单位。它包括独立核算工业企业按主营业务活动(即工业生产活动)划分的主营业务活动单位和非工业企业所属的工业生产活动单位(即原非独立核算工业生产单位)。工业活动单位,一般应同时具备以下三个条件:①具有一个场所,从事一种或主要从事一种工业活动;②单独组织工业生产、经营或业务活动;③单独核算收入和支出。

国有经济工业(即过去的全民所有制工业或国营工业)指生产资料归国家所有的一种经济类型。包括中央和地方各级国家机关、部队、科研机构、学校、人民团体和国有经济企事业单位等举办的国有经济工业。1957 年以前的公私合营和私营工业,后均改造为国营工业,1992 年改为国有工业,这部分工业的资料不单独分列时,均包括在国有工业内。

集体经济工业指生产资料归公民集体所有的一种经济类型,是社会主义公有制经济的组成部分。包括城乡所有使用集体投资举办的企业,以及部分个人通过集资自愿放弃所有权并依法经工商行政管理机关认定为集体所有制的企业。

轻工业 指主要提供生活消费品和制作手工工具的工业。按其所使用的原料不同,可分为两大类:(1)以农产品为原料的轻工业,是指直接或间接以农产品为基本原料的轻工业。主要包括食品制造、饮料制造、烟草加工、纺织、缝纫、皮革和毛皮制作、造纸以及印刷等工业;(2)以非农产品为原料的轻工业,是指以工业品为原料的轻工业。主要包括文教体育用品、化学药品制造、合成纤维制造、日用化学制品、日用玻璃制品、日用金属制品、手工工具制造、医疗器械制造、文化和办公用机械制造等工业。

重工业 指为国民经济各部门提供物质技术基础的主要生产资料的工业。按其生产性质和产品用途,可以分为下列三类:(1)采掘(伐)工业,是指对自然资源的开采,包括石油开采、煤炭开采、金属矿开采、非金属矿开采和木材采伐等工业;(2)原材料工业,指向国民经济各部门提供基本材料、动力和燃料的工业。包括金属冶炼及加工、炼焦及焦炭化学、化工原料、水泥、人造板以及电力、石油和煤炭加工等工业;(3)加工工业,是指对工业原材料进行再加工制造的工业。包括装备国民经济各部门的机械设备制造工业、金属结构、水泥制品等工业,以及为农业提供的生产资料如化肥、农药等工业。

根据上述划分原则,修理业中以重工业产品为修理作业对象的划为重工业,反之划为轻工业。

工业总产值 是以货币表现的工业企业在一定时期内生产的已出售或可供出售工业产品总量,它反映一定时期内工业生产的总规模和总水平。包括在本企业内不再进行加工,经检验、包装入库(规定不需包装的产品除外)的成品价值,对外加工费收入,自制半成品、在产品期末期初差额价值。工业总产值采用"工厂法"计算,即以工业企业作为一个整体,按企业工业生产活动的最终成果来计算,企业内部不允许重复计算,不能把企业内部各个车间(分厂)生产的成果相加。但在企业之间、行业之间、地区之间存在着重复计算。

轻重工业总产值的划分也是按"工厂法"计算的,即一个工业企业在正常情况下生产的主要产品的性质属于轻工业,则该企业的全部总产值作为轻工业总产值;一个工业企业生产的主要产品的性质属于重工业,则该企业的全部总产值作为重工业总产值。

工业增加值 指工业行业在报告期内以货币表现的工业生产活动的最终成果。

固定资产原价 指企业在建造、购置、安装、改建、扩建、技术改造某项固定资产时所支出的全部货币总额。它一般包括买价、包装费、运杂费和安装费等。

固定资产净值 指固定资产原价减去历年已提折旧额后的净额。

流动资产 指可以在一年或者超过一年的一个营业周期内变现或者耗用的资产,包括现金及各种存款、短期投资、应收及预付货款、存货等。

总资产贡献率 反映企业全部资产的获利能力,是企业经营业绩和管理水平的集中体现,是评价和考核企业盈利能力的核心指标。计算公式为:

总资产贡献率(%)=(利润总额+税金总额+利息支出)/平均资产总额×100%

资产负债率 该指标既反映企业经营风险的大小,也反映企业利用债权人提供的资金从事经营活动的能力。计算公式为:

资产负债率(%)=负债总额/资产总额×100%

工业成本费用利润率 指在一定时期内实现的利润与成本费用之比,是反映工业生产成本及费用投入的经济效益指标,同时也是反映降低成本的经济效益的指标。计算公式为:

工业成本费用利润率(%)=利润总额/成本费用总额×100%

工业增加值率 指在一定时期内工业增加值占同期工业总产值的比重,反映降低中间消耗的经济效益。计算公式为:

工业增加值率(%)=工业增加值(现价)/工业总产值(现价)×100%

流动资产周转次数 指在一定时期内流动资产完成的周转次数,反映流动资产的周转速度。计算公式为:

流动资金周转次数=产品销售收入/全部流动资产平均余额

产品销售收入 指企业销售产品的销售收入和提供劳务等主要经营业务取得的收入总额。

产品销售成本 指企业销售产品和提供劳务等主要经营业务的实际成本。

产品销售税金及附加 指企业销售产品和提供工业性劳务等主要经营业务应负担的城市维护建设税、消费税、资源税和教育费附加。

产品销售利润 指企业销售产品和提供工业性劳务等主要经营业务收入扣除其成本、费用、税金后的利润。

利润总额 指企业实现的利润。

应交增值税 指企业在报告期内应交纳的增值税额。

产品销售率 指报告期工业销售产值与同期全部工业总产值之比,是反映工业产品已实现销售的程度,分析工业产销衔接情况,研究工业产品满足社会需求程度的指标。计算公式为:

产品销售率(%)=工业销售产值/工业总产值(现价)×100%

全员劳动生产率 指根据产品的价值量指标计算的平均每一个从业人员在单位时间内的产品生产量,是考核企业经济活动的重要指标,是企业生产技术水平、经营管理水平、职工技术熟练程度和劳动积极性的综合表现。目前我国的全员劳动生产率是将工业企业的工业增加值除以同一时期全部从业人员的平均人数来计算的。计算公式为:

全员劳动生产率=工业增加值/全部从业人员平均人数

为了使各年度的全员劳动生产率数字可以比较,1990年以前各年的全员劳动生产率均按指数换算成1990年不变价格。

实收资本 指企业实际收到的投资人投入的资本。按投资主体可分为国家资本、集体资本、法人资本、个人资本、港澳台资本和外商资本。

总资产 指企业拥有或控制的全部资产。包括流动资产、长期投资、固定资产、无形及递延资产、其他长期资产、递延税项等,即为企业资产负债表的资产总计项。

(1)流动资产:指企业可以在一年内或者超过一年的一

个生产周期内变现或耗用的资产合计，包括现金及各种存款、短期投资、应收及预付款项、存货等。(2)固定资产：指企业固定资产净值、固定资产清理、在建工程、待处理固定资产损失所占用的资金合计。(3)无形资产：指企业长期使用而没有实物形态的资产，包括专利权、非专利技术、商标权、著作权、土地使用权、商誉等。

总负债 指企业承担并需要偿还的全部债务。包括流动负债和长期负债、递延税项等，即为企业资产负债表的负债合计项。

(1)流动负债：指企业在一年内或者超过一年的一个营业周期内需要偿还的债务合计，包括短期借款、应付及预收款项、应付工资、应交税金和应交利润等。

(2)长期负债：指企业在一年以上或者超过一年的一个生产周期以上需要偿还的债务合计，包括长期借款、应付债务、长期应付款项等。

所有者权益 指企业投资人对企业净资产的所有权。企业净资产等于企业全部资产减去全部负债后的余额，其中包括投资者对企业的最初投入，以及资本公积金、盈余公积金和未分配利润，对股份制企业即为股东权益。

十三、建 筑 业

建筑业 是国民经济中专门从事建筑安装工程施工的物质生产部门。建筑业生产就是以工农业产品为原料，经过建筑安装活动形成各种用途的固定资产。其主要活动包括：(1)各种房屋、建筑物和构筑物的建造；(2)各种线路、管道和机械设备的安装；(3)原有房屋、建筑物和构筑物的修理；(4)部分非标准设备的制造；(5)原有房屋、建筑物和构筑物的装饰装修等。

建筑业总产值 是以货币表现的建筑安装企业和附营施工单位在一定时期内生产的建筑业产品的总和。它是反映建筑业生产规模、发展速度、经营成果的重要标志，也是用以计算建筑业经济效益、劳动生产率和建筑业在国民经济中所占比重的依据。建筑业总产值包括：

(1)建筑工程产值：指列入建筑工程预算内的各种工程价值。

(2)设备安装工程产值：指设备安装工程价值，不包括被安装设备本身价值。

(3)其他产值：建筑业总产值中除建筑工程、安装工程以外的产值。包括房屋构筑物修理产值、非标准设备制造产值、总包企业向分包企业收取的管理费以及不能明确划分的施工活动所完成的产值。

a.房屋构筑物修理产值：指房屋和构筑物的修理所完成的产值，但不包括被修理房屋、构筑物本身价值和生产设备的修理价值。

b.非标准设备制造产值：指加工制造没有定型的非标准生产设备的加工费和原材料价值(如化工厂、炼油厂用的各种罐、槽，矿井生产统一使用的各种漏斗、三角槽、阀门等)以及附属加工厂为本企业承建工程制作的非标准设备的价值。

建筑业增加值 指建筑业企业在报告期内以货币表现的建筑业生产经营活动的最终成果。目前建筑业增加值采用分配法(收入法)计算，即从收入的角度出发，根据生产要素在生产过程中应得的收入份额计算。具体计算公式为：

建筑业增加值＝本年提取的固定资产折旧＋应付工资＋应付福利费＋管理费用中的劳动待业保险金、税金＋工程结算税金及附加＋营业利润

竣工产值 是指以货币表现的建筑业生产所形成的成品的价值，反映建筑业的成就，是考核建筑业施工速度和经济效益的依据之一。竣工产值。一般是以单位工程为对象，当该工程按照设计所规定的工程内容全部完成，达到了设计规定的交工条件，经有关部门检查验收鉴定合格的单位工程价值，即为竣工产值。竣工产值包括范围应是报告期内竣工单位工程从开工到竣工的全部自行完成的价值，如果一个单位工程跨两个年度施工，其竣工价值应当包括上年度完成的价值。有些大型单位工程，如大型厂房、高级宾馆、各种管道、公路、铁路等，能够分跨、分层、分段施工并按合同规定，能够分开交付使用的，可以分开计算竣工产值。竣工产值不包括附属辅助企业或内部核算的其他单位为外单位生产和服务的价值。

房屋建筑面积 是指房屋全部平面面积的总和。它从房屋的外墙线算起，包括可供使用的有效面积和墙柱等结构占用面积。多层房屋按各层(包括地下室)面积总合计算。旧房加层或改造，只计算增加的建筑面积；旧房拆除重建，计算其全部面积；临时房屋不计算建筑面积。

房屋竣工面积 是指在报告期内房屋建筑按照设计要求已全部完工，达到了使用条件，经检查验收鉴定合格的房屋建筑面积。

资产 是企业拥有或控制的能以货币计量的经济资源，包括各种财产、债权和其他权利。建筑业企业的资产其按流

动性分为:流动资产、长期投资、固定资产、无形及递延资产和其他资产。

固定资产原价 指企业在建造、购置、安装、改建、扩建、技术改造某项固定资产时所支出的全部货币总额。它一般包括买价、包装费、运杂费和安装费等。

工程结算收入 指本企业承包工程实现的工程价额结算收入以及向发包单位收取的除工程价款以外按规定列作营业收入的各种款项,如临时设施费、劳动保险费、施工机构调迁费等以及向发包单位收取的各种索赔款。

利润总额 指建筑施工企业在一定时期内所实现的利润。它包括工程结算利润、产品销售利润、作业销售利润、材料销售利润及其他销售利润、营业外收支差额。

工程结算利润 指已结算工程实现的利润,如亏损以“-”号表示。计算公式为:

$$工程结算利润=工程结算收入-工程结算成本-工程结算税金及附加$$

十四、交通运输和邮电通讯业

铁路通车里程 指已经建成通车的铁路正线总长度。凡是全线或部分建成双线及以上的线路,以第一线的实际长度计算;复线、站线、段管线、岔线和特别用途线以及不计算运费的联络线都不计算通车里程。铁路通车里程是反映铁路运输业基础设施发展水平的重要指标,也是计算客货周转量、运输密度和机车车辆运用效率等指标的基础资料。

公路通车里程 是指实际达到交通部制定的公路工程技术标准规定的等级的公路长度。它包括大中城市的郊区公路以及通过小城镇街道的公路里程,也包括桥梁、渡口的长度,但不包括城市的街道以及厂矿、林区和农业生产用道的里程。两条或多条公路共同经由同一路段,只计算一次,不得重复计算里程长度。公路里程是反映公路建设发展规模的重要指标,也是计算运输网密度等指标的基础资料。

内河航道里程也称内河通航里程,是指凡能通航机动船、木帆船以及运输排筏的河段均应纳入统计．包括天然河流及人工河渠,但不包括仅供木材流放的河道。内河航道里程是反映内河水运网规模、水平和发展情况的主要指标。

货(客)运量 指运输业实际运送的货物(旅客)数量。货运按吨计算,客运按人计算。货物不论运输距离长短,货物类别,均按实际重量统计;旅客不论行程远近或票价多少,均按一人一次作为客运量统计。半价票、小孩票也按一人统计。货(客)运量反映运输业为国民经济和人民生活服务的数量指标,也是制定和检查运输生产计划,研究运输发展规模和速度的重要指标。

货物(旅客)周转量 指运输业运送的货物(旅客)数量与其相应运输距离的乘积之总和,通常以吨公里和人公里为计算单位。计算货物周转量通常按发出站与到达站之间的最短距离,也就是计费距离计算。它是反映运输业生产总成果的重要指标,也是编制和检查运输生产计划、计算运输效率、劳动生产率以及核算运输单位成本的主要基础资料。

铁路货车静载重 指铁路货车在始发站静止状态下平均每车装载的货物重量。静载重的多少取决于运送货物的性质、种类、车辆的类型和装载技术的高低。根据货车的平均载重能力和静载重进行对比,可以反映货车载重能力的利用程度。计算公式为:

$$货车静载重=\frac{货物发送吨数}{装车数}$$

铁路货运机车平均日产量 指平均每台货运机车在一昼夜内所完成的总重吨公里数。它既包括载运货物的重量,也包括车辆本身的自重,它从时间和牵引能力两方面反映了机车运用效率的综合性指标。计算公式为:

$$货运机车平均日产量=\frac{货运总重吨公里数}{货运机车台日数}$$

沿海主要港口货物吞吐量 指由水运进出沿海主要港口港区范围,并经过装卸的货物数量。吞吐量可以分为进口、出口,又可以分为国内贸易和对外贸易。货物吞吐量的货种分类及其主要流向流量,反映了港口在国内外物资交流和对外贸易运输中的地位和作用。

邮电业务总量 指以货币表现的邮电部门为用户传递信息和提供其他邮电服务的总量。它用各种邮电分类业务量,如函件件数、电报份数、长话张数、市内电话和农村电话的年均户数、订销报刊累计份数等,分别乘以相应的平均单价(不变价),加总后再加上出租电路和设备的收入、代用户维护电话交换机和线路等设备的收入、其他业务收入求得。邮电业务总量综合反映了一定时期邮电工作的总成果,是研究邮电业务量构成和发展趋势的重要指标。

移动电话用户 指在电信部门登记,通过移动电话交换机进入移动电话网、占有移动电话号码的电话用户。用户数量以实际办理登记手续进入电信部门移动电话网的户数进行计算,一部或一台移动电话统计为一户。

从1997年起,电话用户数和电话机部数分组调整为以用户所在区域划分为“城市电话用户”和“乡村电话用户”,与过去的按市内电话和农村电话划分方法不同。而总用户数、总电话机部数统计方法不变。

(1)城市电话用户:指直辖市、省辖市、地级市、县级市的市区、市郊区及县城(包括县人民政府所在地的县城关区或行政建制相当于县人民政府所在地的镇)范围内接入局用交换机的电话用户数,包括分布在农村地区的独立工矿区、林区、驻军等接入局用交换机的电话用户数。

(2)乡村电话用户:指县城关区以下的集镇和农村接入局用交换机的电话用户数。

(3)住宅电话:指话机装在居民住宅里的电话,包括私人付费、公费和免费三个部分。

(4)私人付费电话:指住宅居民自费安装并自己缴纳通话费的电话。

十五、批发零售贸易业和餐饮业

商品销售总额 指对本企业以外的单位和个人出售(包括对国外直接出口)的商品(包括售给本单位消费用的商品)。本指标由对生产经营单位批发额、对批发零售贸易业批发额、出口额及对居民和社会集团商品零售额项目组成。这个指标反映批发零售贸易企业在国内市场上销售商品以及出口商品的总量。

批发 指除零售以外的一切商品销售活动,包括对生产经营单位批发、对批发零售贸易业批发和出口。

对居民和社会集团的商品零售(即零售) 指售给城乡居民直接用于生活消费的商品和社会集团直接用于公用消费的商品。

社会消费品零售总额 指各种经济类型的批发零售贸易业、餐饮业和其他行业对城乡居民和社会集团的消费品零售额总和。这个指标反映通过各种商品流通渠道向居民和社会集团供应的生活消费品来满足他们生活需要,是研究人民生活、社会消费品购买力、货币流通等问题的重要指标。

市 指中央直辖市,省、地辖市的市区和郊区以及县级市的市区。

县 指县城关镇地区。

县以下 指县城关区以及县级市的市区以外的集镇和农村。

摊位数 指亿元市场实际出租的摊位数量,而不是本市场的摊位容量。

营业面积 指市场营业用场地、仓库等营业用建筑面积,不包括为市场经营服务的办公室和附设的旅馆、招待所、餐馆、停车场等的面积。

连锁企业(或称连锁店、连锁公司) 指在核心企业或总店的领导下,由分散的、经营同类商品或服务的企业或活动单位,采取共同方针,实行集中采购和分散销售的有机结合,通过规范化经营,实现规模效益的经济联合组织形式。一般连锁店应由若干个分店组成。其经营特征:(1)经营同类商品;(2)使用统一商号;(3)统一采购配送,采购与销售相分离(部分商品可根据物流合理和保质保鲜原则由供应商直接送货到门店,其余均由总部统一配送)。

连锁门店包括下列二种形式:

(1)直营连锁:也叫正规连锁。连锁门店均由总部独资或控股开设,在总部的直接领导下统一经营。

(2)加盟连锁:也叫特许连锁。各连锁门店(被特许人)通过合同形式,取得使用总部(特许人)商标、商号、经营技术和销售总部开发的商品的特许权,各连锁门店均为独立法人,但无自主经营权,统一接受总部指导。

连锁店总店(总部) 指连锁店的核心企业或管理中心。

连锁店分店 指连锁店所属各分散经营的企业或活动单位,也可称分店或成员店。

门店数 指该连锁企业所拥有的全部连锁门店数量,包括总店(如果总公司有门店的话)和全部直营分店、加盟分店数。其中,总店作为一个直营店处理,直营店+加盟店=合计。

营业面积 指零售企业或餐饮企业按建筑面积计算的直接对顾客销售商品的固定场地和供顾客用餐的餐厅营业面积和从事食品加工、烹饪、调制的厨房面积,不包括办公室、仓库、加工场地等面积。

从业人数 指在该连锁企业工作并取得劳动报酬的全部人员数。包括总店和全部门店以及自有配送中心的从业人员数。

配送中心 是连锁企业的物流机构,承担着各门店所需商品的进货、库存、分货、加工、集配、运输、送货等任务。配送中心主要为本连锁企业服务,也可面向社会。如本企业没有配送中心而是利用本企业以外的物流中心配送,可不填自有配送中心数,但应填统一配送比重。

统一配送比重 指统一配送的商品金额(按购进价计算)与全部商品购进总额之比。其中,自有配送中心配送比重指由本连锁企业的配送中心配送的商品比重,非自有配送中心配送比重指由第三方物流配送的商品比重。其中直营店和加盟店栏的配送比重指由总部统一配送的比重或接受统一配送的比重,而不是直营店和加盟店对外的配送比重。

销售额(营业总收入) 零售企业填商品销售额,餐饮企业填营业总收入。注意这里全部是含税价计算。

零售额 指售予城乡居民直接用于生活消费和社会集团用于公共消费的商品的价值总额。注意这里全部是含税价计算。

利润总额、资产总计和负债总计 由总公司和统一财务核算的直营店汇总填报,加盟店由于与总公司没有资产关系,一般是独立法人,故加盟店不填报利润总额、资产总计和负债总计三项指标。此外,该三项指标全部是财务指标,注意应该是不含税价计算。

十六、对外经济贸易、旅游和开发区情况

进出口总额 是指实际进出我国国境的货物总金额。包括对外贸易实际进出口货物,来料加工装配进出口货物,国家间、联合国及国际组织无偿援助的物资和赠送品,华侨、港澳台同胞、外籍华人的捐赠品,租赁期满归承租人所有的租赁货物,进料加工进出口货物,边境地方贸易及边境地区小额贸易进出口货物(边民互市贸易除外),中外合资经营企业、中外合作经营企业、外商独资经营企业进出口货物和公用物品,到离岸价格在规定限额以上的进出口货样和广告品(无商业价值、无使用价值和免费提供出口的除外),从保税仓库提取在中国境内销售的进口货物,以及其他进出口货物。我国规定出口货物按离岸价格统计,进口货物按到岸价格统计。

利用外资 是指我国各级政府、部门、企业和其他经济组织通过对外借款、吸收外商直接投资以及用其他方式筹措的境外现汇、设备、技术等。

对外借款 包括我国通过外国政府贷款、国际金融组织贷款、外国银行商业贷款、出口信贷以及对外发行证券等方式,从国外和港澳台地区借用的资金。

外商直接投资 是指外国企业和经济组织或个人(包括华侨、港澳台胞以及我国在境外注册的企业)按我国有关政策、法规,用现汇、实物、技术等在我国境内开办外商独资企业、与我国境内的企业或经济组织共同举办中外合资经营企业、合作经营企业或合作开发资源的投资(包括外商从企业得到收益的再投资),以及经政府有关部门批准的项目投资总额内,企业从境外借入的资金。

对外承包工程 包括各对外承包公司以招标议标承包方式承揽的下列业务(1)承包的国外工程建设项目;(2)承包我国对外经援项目;(3)承包我国驻外机构的工程建设项目;(4)承包我国境内利用外资进行建设的工程项目;(5)与外国承包公司合营或联合承包工程项目时我国公司分包的部分;(6)以服务成果向业主收费的技术服务项目(包括承担的地形地貌测绘;地质资源勘探与普查;建设区域规划;提供设计文件、图纸、生产工艺技术资料和工程技术经济咨询;工程项目的可行性考察、研究和评估;进行技术指导和培训人员等);(7)对外承包兼营的房屋开发业务。对外承包工作的营业额是以货币表现的本期内完成的对外承包工程的工作量,包括以前年度签订的合同和本年度新签订的合同在报告期完成的工作量。

对外劳务合作 指以收取工资的形式向业主或承包商提供技术和劳动服务的活动。我国对外承包公司在境外开办的合营企业,中国公司同时又提供劳务的,其劳务部分也纳入劳务合作统计。劳务合作营业额按报告期内向雇主提交的结算数(包括工资、加班费和奖金等)统计。

对外设计咨询 指以服务成果向业主收费的技术服务项目。包括承担地形地貌测绘,地质资源勘探与普查,建设区域规划,提供设计文件、图纸、生产工艺技术资料和工程技术经济咨询,工程项目的可行性考察、研究和评估,进行技术指导和培训人员等;也包括承担国(境)内利用外资进行建设的工程项目的上述规定的设计咨询项目的收取外币部分。

旅游人数 包括入境国际旅游者人数、出境居民人数和国内旅游者人数。

(1)入境国际旅游者人数:指来中国参观、访问、旅行、探亲、访友、休养、考察、参加会议和从事经济、科技、文化、教育、宗教等活动的外国人、华侨、港澳和台湾同胞的人数。不包括外国在我国的常驻机构,如使领馆、通讯社、企业办事处的工作人员;来我国常住的外国专家、留学生以及在岸逗留不过夜人员。

(2)出境居民人数:指大陆居民因公务活动或私人事务短期出境的人数。公务活动出境居民人数包括在国际交通工具上的中国服务员工,因私出境居民人数不包括在国际交通工具上的中国服务员工。

(3)国内旅游者人数:指我国大陆居民和在我国常住1年以上的外国人、华侨、港澳台同胞离开常住地在境内其他地方的旅游设施内至少停留一夜,最长不超过6个月的人数。

开发区批准入区项目个数 指经开发园区管理机构批准在园区内设立的项目合同数。

高新技术项目 指符合国家科委颁布的高新技术产品

目录的高新技术项目。

利用外资项目 指外国政府和国际金融组织贷款项目个数、批准设立的外商投资企业个数批准的合作开发合同个数。

利用外资千万美元以上 指利用千万美元以上的外资项目。

合同引进项目总投资 指批准入区项目的合同规定的投资总额。

合同利用外资额 指批准入区项目的合同中,外商和港、澳、台商的出资额。

实际利用省外内资额 指批准入区项目合同中除合同利用外资以外的投资额的省外部分。

实际利用外资额 指按合同规定的外方和港、澳、台方以现金、实物、工业产权及专有技术的计价实缴资本投资额。

注册企业数 指在工商行政管理部门注册登记并领取法人执照的入区企业个数。

外商投资企业数 指注册企业数中外商投资企业(中外合资经营、中外合作经营、外商独资、外商投资股份制及其他外商投资企业)数量。

高新技术企业 指注册企业数中经省、计划单列市以上科委认定并发给高新技术企业证书的企业部分。

注册企业资本合计 指设立经营企业在工商行政管理机关注册的资本总额。

期末从业人员 指从事一定社会劳动并取得劳动报酬的全部人员数。包括:①在岗职工②再就业的离退休人员③外方及港、澳、台方人员④兼职人员⑤借用外单位人员和第二职业者。不包括离开本单位但仍保留劳动关系的职工。

固定资产投资 指是以货币表现的建造和购置固定资产的工作量以及与此有关的费用总和,包括实际完成的建筑安装工程价值,设备、工具、器具的购置费,以及实际发生的其它费用。

外资额 指在固定资产投资额中外资的份额

省外内资额 指在固定资产投资额中,国内省外资金的份额。

基础设施投资 指用于道路、铁路、航空、上水、下水、煤气、热力、电力、园林、绿化、水利、环境卫生、环境保护、邮电、通讯、公共交通等公用设施完成的投资。

业务总收入 指开发园区内企业从事销售、提供劳务等主要经营业务取得的收入总额。其中:农业企业为产品销售收入,工业企业为产品销售收入,建筑业企业为工程结算收入,交通运输业企业为主营业务收入,批发、零售贸易业企业为商品销售收入,餐饮业企业为营业收入,金融业企业为营业收入,房地产业企业为经营收入,服务业企业为营业收入,旅游业企业为营业收入,租赁业企业为经营收入。

工业产品销售收入 指业务总收入中工业产品销售收入部分。

技工贸总收入 指高新技术开发园区企业的产品销售收入、技术性收入和本企业产品相关的商品的销售收入、其他业务收入、营业外收入等各种收入的综合。

财政收入 指开发园区财政部门参与社会产品分配所取得的收入,包括:①各项国税地税收入。包括增值况、营业税、消费税、土地增值税、城市维护建设税、资源税、城市土地使用税、印花税、固定资产投资方向调节税、个人所得税、企业所得税、关税、农牧业税和耕地占用税等。②专项收入。包括征收排污费、征收城市水资源费收入,教育费附加收入等。③其他收入。包括基本建设贷款归还收入、国家能源交通重点建设基金收入、国家预算调节基金等。④国有企业计划亏损补贴。这项为负收入,冲减财政收入。

税收收入 包括国税和地税。国税征收范围:①增值税:指在我国境内从事销售货物或提供加工、修理修配劳务以及进口货物的单位和个人就其增值额征收的一种税。②消费税:是指对在我国境内从事生产、委托加工、进口应税消费品的单位和个人就其应税消费品的销售额或销售数量征收的一种税。③中央企业所得税:指中央所属企业按其利润总额征收的一种税。④涉外企业所得税:指涉外企业(主要指外商企业)按其利润总额征收的一种税。

地税征收范围 除增值税、消费税、中央企业所得税、涉外企业所征税以外所有税法规定的税种目前都由地税局征收。①营业税:是指对在我国境内提供应税劳务、转让无形资产或销售不动产的单位和个人,按其取得收入征收的一种税。②城市维护建设税:指按增值税、消费税、营业税实缴税额的一定比例计算征收,专用于城市维护建设的一种税。③企业所得税:除中央企业、涉外企业以外的企业,按其利润总额征收的一种税。④印花税:指对经济活动和经济交往中书立、领受的凭征收的一种税。⑤屠宰税:(略)。⑥土地增值税:指对有偿转让土地使用权,地上建筑物及附着物的单位和个人,就其房地产转让收入的增值部分按超额累计税率征收的一种税。⑦车船使用税:指对拥有并使用车船的单位和个人按应税车船的种类吨位实行定额征收的一种税。⑧房产税:指以房产为征税对象,按房屋的计税余值或出租房屋的租金收入,向房屋的所有人征收的一种税。⑨固定资产投资方向调节税:指对进行固定投资的单位和个人,按投资项目实际完成的投资额,采取不同比例生产税率征收的一种税。⑩资源税:对在中国境内从事矿产品开采和生产盐的单位和个人征收的一种税,以自然淘汰和各级差收入为征收对象。⑪城镇土地使用税;对在城镇和工矿区使用土地的单位和个人,就土地面积按规定的税额征收的一种税。⑫个人所得税:(略)。

工业企业总产值 指开发园区所有投产开业的工业企业生产的已销售或可提供出售的工业产品总量。

工业增加值 指开发园区所有常住单位工业生产活动创造的新增价值和固定资产的转移价值。工业生产活动包括对自然资源的开采、对农副产品加工、对采掘品的加工、和对工业品的修理和翻新。

外商投资企业 指工业增加值中外商投资企业部分。

高新技术企业 指工业增加值中经省、计划单列市以上科委认定并发给高新技术企业证书的企业部分。

进口额 指开发园区从国外和港澳台地区进口的货物总值。

出口额 指开发园区出口到国外和港澳台地区的货物总值。

十七、教育、科技、文化

普通高等学校 指按国家规定的设置标准和审批程序批准建立的，通过全国普通高等教育统一招生考试，招收高中毕业生为主要培养对象，实施高等学历教育的全日制大学、独立设置的学院和高等专科学校、高等职业学校和其他机构。

成人高等学校 指按国家规定的设置标准和审批程序批准举办的，通过全国成人高等教育统一招生考试，招收具有高中毕业或同等学历的人员为主要培养对象，利用函授、业余、脱产的多种形式对其实施高等学历教育的学校。包括职工高等学校、农民高等学校、管理干部学院、教育学院、独立函授学院、广播电视大学、其他机构。其他机构是承担国家成人招生计划任务不计校数的机构。

小学学龄儿童入学率 指调查范围内已入小学学习的学龄儿童占校内外学龄儿童总数(包括弱智儿童在内，但不包括盲聋哑儿童)的比重。计算公式是：

小学学龄儿童入学率＝已入学的小学学龄儿童数/校内外小学学龄儿童总数×100%

科技活动 是指在自然科学、农业科学、医药科学、工程与技术科学、人文与社会科学领域(简称科技技术领域)中与科技知识的产生、发展、传播和应用密切相关的有组织的活动。为核算科技投入的需要，科技活动可分为科学研究与试验发展(R&D)、科学研究与试验发展成果应用及相关的科技服务三类活动。

从事科技活动人员合计 指调查单位在报告年度直接从事科技活动、以及专门从事科技活动管理和为科技活动提供直接服务的人员。累计从事科技活动的实际工作时间占全年制度工作时间10%以下(不包含10%)的人员，不统计。(1)直接从事科技活动的人员包括：在独立核算的科学研究与技术开发机构、高等学校、各类企业及其他事业单位内设的研究室、实验室、技术开发中心及中试车间(基地)等机构中从事科技活动的研究人员、工程技术人员、技术工人及其它人员；虽不在上述机构工作，但编入科技活动项目(课题)组的人员；科技信息与文献机构中的专业技术人员；从事论文设计的研究生等。(2)专门从事科技活动管理和为科技活动提供直接服务的人员包括：独立核算的科学研究与技术开发机构、科技信息与文献机构、高等学校、各类企业及其他事业单位主管科技工作的负责人，专门从事科技活动的计划、行政、人事、财务、物资供应、设备维护、图书资料管理等工作的各类人员，但不包括保卫、医疗保健人员、司机、食堂人员、茶炉工、水暖工、清洁工等为科技活动提供间接服务的人员。

科技活动人员中科学家和工程师 指科技活动人员中具有高、中级技术职称(职务)的人员和不具有高、中级技术职称(职务)的大学本科及以上学历人员。

科技活动经费筹集额 指调查单位在报告期从各种渠道筹集到的计划用于科技活动的经费，包括政府资金、企业资金、事业单位资金、金融机构贷款、国外资金和其他资金等。

政府资金 指调查单位在报告期从各级政府部门获得的计划用于科技活动的经费，包括科学事业费、科技三项费、科研基建费、科学基金、教育等部门事业费中计划用于科技活动的经费以及政府部门预算外资金中计划用于科技活动的经费等。

企业资金 指报告期本企业从自有资金中提取或接受其他企业委托的、科研院所和高校等事业单位接受企业委托获得的，计划用于科研和技术开发的经费。不包括来自政府、金融机构及国外的计划用于科技活动的资金。

事业单位资金 指独立的科研院所、高等学校等事业单位在报告期从事业收入(不包括来自企业委托科研项目的收入)、经营收入、专项收入、其他收入中安排用于科技活动的资金，以及企业单位从事业单位获得的用于科研和技术开发活动的经费。不包括转拨经费以及来自政府、金融机构和国外的计划用于科技活动的经费。

金融机构贷款 指调查单位在报告期从各类金融机构获得的用于科技活动的贷款。

中国统计出版社最新资料书简目

中国统计年鉴-2005
中国统计摘要-2005
2005 中国发展报告
中国城市统计年鉴-2004
中国劳动统计年鉴-2005
中国人口统计年鉴-2005
中国工业经济统计年鉴-2005
中国市场统计年鉴-2005
2004 中国城市发展报告
中国建筑业统计年鉴-2004
中国价格及城镇居民家庭收支调查统计年鉴-2005
国际统计年鉴-2005
中国对外经济贸易统计年鉴-2004
中国基本单位统计年鉴-2004
中国民政统计年鉴-2005
中国高技术产业统计年鉴-2005
中国房地产行业名录
中国农村统计年鉴-2005
中国农村住户调查年鉴-2005(中文)
中国农村住户调查年鉴-2005(英文)
中国乡镇统计资料-2004
中国县(市)社会经济调查年鉴-2005
中国西部农村统计资料-2005
中国建制镇统计资料-2005
中国农产品价格调查年鉴-2005
中国资金流量核算历史资料(1998-2002)
中国国民经济核算年鉴-2005

北京统计年鉴-2005
天津统计年鉴-2005
河北经济年鉴-2005
山西统计年鉴-2005
内蒙古统计年鉴-2005
辽宁统计年鉴-2005
吉林统计年鉴-2005
黑龙江统计年鉴-2005
上海统计年鉴-2005
江苏统计年鉴-2005
浙江统计年鉴-2005
安徽统计年鉴-2005
福建统计年鉴-2005
江西统计年鉴-2005
山东统计年鉴-2005
河南统计年鉴-2005
湖北统计年鉴-2005
湖南统计年鉴-2005

广东统计年鉴-2005
广西统计年鉴-2005
海南统计年鉴-2005
重庆统计年鉴-2005
四川统计年鉴-2005
贵州统计年鉴-2005
云南统计年鉴-2005
西藏统计年鉴-2005
陕西统计年鉴-2005
甘肃年鉴-2005
青海统计年鉴-2005
宁夏统计年鉴-2005
新疆统计年鉴-2005
新疆生产建设兵团统计年鉴-2005
石家庄统计年鉴-2005
唐山统计年鉴-2005
邯郸统计年鉴-2005
呼和浩特经济统计年鉴-2005
鄂尔多斯市统计年鉴-2005
包头统计年鉴-2005
赤峰统计年鉴-2005
沈阳年鉴-2005
大连统计年鉴-2005
鞍山统计年鉴-2005
长春统计年鉴-2005
吉林市社会经济统计年鉴-2005
四平统计年鉴-2005
延吉统计年鉴-2005
哈尔滨统计年鉴-2005
齐齐哈尔经济统计年鉴-2005
黑龙江垦区统计年鉴-2005
上海浦东新区统计年鉴-2005
南京统计年鉴-2005
苏州统计年鉴-2005
无锡统计年鉴-2005
常州统计年鉴-2005
徐州统计年鉴-2005
南通统计年鉴-2005
盐城统计年鉴-2005
镇江统计年鉴-2005
江阴统计年鉴-2005
杭州统计年鉴-2005
宁波统计年鉴-2005
绍兴统计年鉴-2005
台州统计年鉴-2005
舟山统计年鉴-2005

温州统计年鉴-2005
金华统计年鉴-2005
嘉兴统计年鉴-2005
安庆经济统计年鉴-2005
福州统计年鉴-2005
福州年鉴-2005
厦门经济特区年鉴-2005
福州经济技术开发区年鉴-2005
南昌经济社会统计年鉴-2005
上饶经济社会统计年鉴-2005
九江经济统计年鉴-2005
济南统计年鉴-2005
青岛统计年鉴-2005
潍坊统计年鉴-2005
淄博统计年鉴-2005
郑州统计年鉴-2005
洛阳统计年鉴-2005
三门峡统计年鉴-2005
南阳经济统计年鉴-2005
武汉统计年鉴-2005
宜昌统计年鉴-2005
十堰统计年鉴-2005
荆州统计年鉴-2005
长沙统计年鉴-2005
广州统计年鉴-2005
东莞统计年鉴-2005
惠州统计年鉴-2005
深圳统计年鉴-2005
南宁统计年鉴-2005
桂林经济社会统计年鉴-2005
柳州经济统计年鉴-2005
来宾统计年鉴-2005
河池地区经济社会统计年鉴-2005
海口统计年鉴-2005
成都统计年鉴-2005
贵阳统计年鉴-2005
昆明统计年鉴-2005
西安统计年鉴-2005
兰州年鉴-2005
西宁统计年鉴-2005
银川统计年鉴-2005
乌鲁木齐统计年鉴-2005
巴音郭楞统计年鉴-2005
吐鲁番统计年鉴-2005

编辑部电话：（010）63262276　63266600—30607，30609
欲购以上图书请与中国统计出版社发行部联系。 电话：（010）63459084　同楫行书店电话：68585978
通讯地址：北京市西城区三里河月坛南街 75 号　邮政编码：100826

活力青岛 跨越发展

青岛是一座年轻而美丽的海滨城市。市委、市政府带领全市人民在科学发展观的引领下，紧紧抓住发展第一要务，开拓创新，艰苦奋斗，实现了国民经济持续快速协调健康发展和社会事业的全面进步。2004年，在央视主办的"城市中国"系列活动中，荣获"中国十大最具经济活力城市"称号。青岛,正昂首迈向新的辉煌。

▲综合经济实力显著增强

国民经济持续快速协调健康发展。2004年，全市实现生产总值2163.8亿元，在全国副省级城市中居第五位。经济结构不断优化。三次产业比例由1978年的23.0：53.3：23.7调整为2004年的7.5：54.1：38.4。全市人均生产总值由1978年的不足千元，到1996年突破万元，2002年突破两万元，2004年达到2.8万元。**农业基础地位继续巩固。**2004年全市第一产业增加值达到161.8亿元，是1978年的5.25倍。**工业成为国民经济的支柱产业。**2004年，全市工业经济出现了历史上少有的高增长的态势，完成工业总产值3333.8亿元，是1978年的35.7倍。**交通运输得到长足发展。**2004年，青岛的高速公路总里程已达525公里，位居全国副省级城市之首；全市已有城市道路1732.6公里；青岛空港已拥有国内航线84条，国际航线12条，港澳地区航线2条，航空旅客吞吐量达到480.84万人次。**邮电通讯业迅猛发展。**2004年全市邮电业务总量达73.8亿元；市话交换机容量达299.75万门；移动电话发展到376.32万户;互联网用户累计达66.45万户。

▲三大特色经济优势凸显

近年来，青岛市的海洋、旅游、港口三大特色经济发展优势凸显。海洋经济得到长足发展。青岛市作为国内海洋科技城市，集中了全国50%以上的中高级海洋科研人员和1/3的海洋科研机构，承担了国家"863"、"973"计划中50%和85.7%的重大海洋科研项目，是中国海洋科研教育的中心。青岛优先发展的海洋经济领域包括：海水养殖、海洋捕捞、海洋食品、药物、修造船、海洋运输、盐业和盐化工等方面。2004年，全市共完成水产品总产量132.4万吨，在全国副省级城市中居第二位；水产品进出口总量中居首位。海洋药物、食品工业取得突破，海洋运输、临港工业、港口、修造船业稳固发展。

港口建设成就显著。青岛前湾新港区拥有两个全国最大的集装箱泊位，国际一流纵深1.5公里的广阔堆场和先进设施。2004年,青岛港吞吐量跨越1.6亿吨大关，成为中国大陆沿海港口综合性功能最强的亿吨港。其中，矿石、进口原油吞吐量均列全国第一；外贸吞吐量达1.2亿吨，列全国第二；集装箱吞吐量达514万标箱，列全国第三。

旅游事业日益繁荣。随着旅游资源的开发，旅游基础设施的建设，旅游接待水平不断提高。近年来，在旅游黄金周、奥运、节庆及会展效应的促动下，旅游事业得到快速发展。2004年，青岛旅游总收入达207.56亿元。接待海外游客52.2万人次，是1978年的26倍，接待国内游客2157.4万人次。全市拥有星级饭店100家。2008年奥运北京伙伴城市的潜在价值给青岛滨海旅游带来了活力。

▲对外经贸成绩显著。

对外开放水平不断提高。青岛依据政策、地理优势，推进经济国际化战略，加大对外开放力度，外经贸事业有了巨大发展。2004年，我市的外贸进出口总额（不含中央、省公司）243.32亿美元，是1988年计划单列第一年的186.9倍。其中：出口额达到139.12亿美元，进口额达到104.2亿美元，分别是1988年的64.1倍和162.8倍。外贸出口依存度已达53.2%。

引进外资成果丰硕。投资环境不断改善，国际资本纷纷流入，一些国际知名跨国公司、财团如可口可乐、朗讯、惠普、AT&T、家乐福先后落户岛城。截至2004年底，世界500强企业中已有71家落户青岛，累计投资已达152亿美元。

▲城市面貌日新月异

改革开放以来，青岛的经济实力增强，城市基础设施建设、环境污染治理、生态环境保护得到改善，城市供水、供气、供电、供热、公交等能力继续增强，城市功能日臻完善。2004年末，全市市区道路面积3253.8万平方米，是1978年的8.9倍；全年供水量3.09亿吨，是1978年的5.8倍。城市全年供电量167.95亿千瓦时，是1978年的10.2倍。城市燃气普及率100%；全市营运的公交汽、电车为3848辆，是1978年的9.4倍。全市出租汽车从1980年的48辆发展到2004年末的8144辆。

城市环境保护卓有成效。2004年市区共植树189万株，建成区绿化覆盖率达到38.7%。公共绿地面积2842公顷，市区园林绿地面积达10046.6公顷；人均占有公共绿地11平方米。2004年市区空气质量功能区达标率达100%，空气质量优良天数达331天，占90.7%。

▲人民生活小康殷实

居民收入成倍增长，消费品市场蓬勃繁荣。2004年，青岛城市居民人均可支配收入达到11089元，农民人均纯收入达到5080元，分别是1978年的33倍和34.8倍。2004年全市社会消费品零售额突破600亿大关，达605.5亿元，是1978年的60.5倍。

居民收入的增长带来了生活质量的全面改善，居民消费中食品类消费比重（恩格尔系数）明显下降，2004年的市区居民家庭恩格尔系数为38%，农村为38.7%。2004年居民用于交通通信、医疗保健、文教娱乐等项支出的比重则迅速上升,分别是10.1%、7.5%和15.7%。各种高档耐用品冰箱、洗衣机、彩电已普及，空调、影碟机、热水器、移动电话、电脑等大批新型大件耐用消费品先后进入居民家庭，城乡居民居住条件得到明显改善。2004年末，城市居民人均住房住宅建筑面积达24.19平方米，农村居民人均使用面积达27.99平方米。

▲各项社会事业蓬勃发展

教育事业成就辉煌 教育改革不断深入，已形成以各级各类教育为横向沟通、纵向衔接、协调发展的健康格局。拥有普通高校25所（含民办高校），共有在校学生20.17万人。我市于1994年底，比全省提前三年、比全国提前六年完成了普及义务教育的目标。2004年，全市共有普通中学331所，在校学生43.61万人；小学1037所，在校学生47.69万人，小学入学率达到99.99%,初中入学率达到99%以上。

科技事业突飞猛进 2004年，全市已拥有独立自然科研机构50个，比1978年增加18个，科技人员达到3226人。科技成就硕果累累，2004年全市科研成果共获得全国科学技术奖8项，山东省科学技术奖75项，；授予青岛市科学技术奖194项。2004年末,全市成交技术合同1362项，成交额4.1亿元；全市授权专利总量达1973件。

文化事业日益繁荣 青岛市委、市政府坚持物质文明与精神文明一齐抓。2004年全市各类文化事业机构数达到476个；拥有公共图书馆13个，藏书2938千册；博物馆7个；出版各类杂志1750万册，报纸64593.6万份。广播电视事业日益繁荣，2004年全市已拥有广播节目11套，电视节目15套；广播和电视人口覆盖率分别达到97.87%和97.46%。

卫生机构和卫生队伍不断壮大 2004年全市的卫生机构数已达2923个，卫生技术人员3.3万人；每千人拥有床位数达3.48张。卫生设备不断增加，县、乡、村三级医疗预防保健网逐步健全，医疗保险制度进一步充实和完善。

体育事业兴旺发展 2004年全市拥有重点体校13所，体育专业队7个,队员89人。多年来，为省级以上运动队培养输送了大批优秀后备人才。随着申奥成功，青岛成为2008年奥运帆船比赛赛场，不仅将带动全市体育事业更高水平发展，也给青岛经济的发展注入更大的活力。

在新的一年里，让我们按照中央的部署，以科学发展观统领经济社会发展全局，坚持以人为本，努力构建社会主义和谐社会，早日把青岛市建成全国重点中心城市和世界知名特色城市！

活力青島 跨越發展

QINGDAO SAILING CITY

帆船之都·青岛

HUOLIQINGDAO KUAYUEFAZHAN

中共山东省委副书记
中共青岛市委书记 杜世成

中共青岛市委副书记
青岛市人民政府市长 夏耕

青岛是中国重要的沿海开放城市和经济中心城市之一。总面积10654平方公里，总人口731.12万人，其中市区面积1159平方公里，人口258.4万人。青岛工业基础雄厚，农业基础条件好，商贸流通业较发达，科研文教事业发展较快。迄今为止，青岛市已荣获“全国创建文明城市工作先进城市”、“国家历史文化名城”、“中国人居环境奖”、“国家卫生城市”、“国家环保模范城市”、“国家园林城市”及“中国优秀旅游城市”以及“中国十大最具活力经济活力城市”等称号。

青岛是一座极具竞争力的港口城市。青岛港是我国大陆五大贸易口岸之一。2004年港口吞吐量达1.63亿吨，其中矿石、进口原油吞吐量居全国第一，国际集装箱吞吐量列全国第三。青岛港创造了世界集装箱装卸速度的最新记录——“振超效率”。随着港口的成功西移，丹麦马士基、英国铁行、美国环球货柜等一批世界级航运公司纷纷在青岛港建立码头、开辟航线，带动了物流等相关产业的快速兴起。

青岛是一座优势明显的品牌城市。青岛是拥有中国名牌最多的城市，如海尔、青啤、双星、澳柯玛、海信、即发等全国驰名商标；石化、汽车、造船、机车、集装箱等第三代品牌的群体正在迅速崛起。青岛的啤酒、冰箱、冰柜、电视机、空调器、洗衣机、运动鞋、轮胎等产品在国内同行业中位居前列。全市已拥有10个全国驰名商标，31种中国名牌产品和4个全国质量管理奖。

青岛是一座世界闻名的旅游城市。青岛依山临海，风景优美，冬暖夏凉，气候宜人。素以“红瓦绿树、碧海蓝天”的特色著称于世。近两年，我们坚持“以人为本”的理念，规划建设了滨海步行道、滨海公路，深度开发了崂山旅游资源，海底世界、汇泉广场等一批旅游项目，使青岛独特的海滨资源和百年城市的内在品质得到深度开发和全面提升。2004年接待海内外游客2209.64万人次。

青岛是一座基础雄厚的海洋科技城市。集中了全国50%以上的中高级海洋科研人员和1/3的海洋科研机构，拥有45位两院院士，承担了国家“863”、“973”计划中50%和85.7%的重大海洋科研项目，是中国海洋科研教育的中心。

青岛是一座极具活力的开放城市。拥有国家批准的各类园区和赋予的各种优惠政策。青岛保税区与前湾港区结合作为“区港联动”国家级第一批试点。改革开放以来，累计实际利用外资199亿美元，世界500强企业已有71家在青岛投资。在青岛常年居住的外国人超过6万人。至2004年末，青岛企业已在世界46个国家和地区投资逾6亿美元，实施“走出去”战略初见成效。

青岛还是一座充满生机的奥运城市。作为2008年北京奥运会唯一伙伴城市，青岛将通过承办奥运会帆船比赛，全力打造中国海上运动中心，使青岛成为名副其实的中国“帆船之都”。

海滨木栈道

青岛俯瞰海景

青岛栈桥

奋进的青岛港

海尔国际博览会

海信博览会

青岛国际啤酒节

国际沙雕节

扬帆赛场

济 南 市

市委书记　姜大明

市长　鲍志强

济南是山东省省会，全省政治、经济、科教、文化、中心，现辖6区3县1市，面积8177平方公里，人口583万，其中市区面积3257平方公里，人口251.7万。济南历史悠久，是中国历史文化名城之一，建城史已达2600多年。济南素以泉城著称，趵突泉、珍珠泉、黑虎泉、五龙潭、百脉泉五大泉群久负盛名。济南还是一座较早实行对外开放的城市，1904年自辟口岸，开创了近代中国内陆大城市自设商埠、对外开放的先河，在中国城市发展史上占有重要位置。

改革开放以来，济南发生了历史性巨变，经济社会发展取得了显著成就。特别是近年来，全市上下坚持以邓小平理论和"三个代表"重要思想为指导，深入贯彻党的十六大和十六届三中、四中全会精神，牢固树立和认真落实科学发展观，围绕"实现新跨越，建设新泉城"的奋斗目标，按照"发挥省城优势，发展省会经济"的总体思路，解放思想，干事创业，现代化建设进入了一个新的发展阶段，综合竞争能力明显增强。

国民经济快速协调发展。2004年实现地区生产总值1618.9亿元，比上年增长15.6%；地方财政一般预算收入89.04亿元，增长20.9%；全社会固定资产投资651.3亿元，增长29%；社会消费品零售总额621亿元，增长15.6%。城市居民人均可支配收入12005元，增长9%；农民人均纯收入4116元，增长13.7%。全市高新技术产业产值占规模以上工业总产值的比重达到28%，非公有制经济占全市GDP的比重达到37.3%，出口总额和实际利用外资分别增长64.3%和21.5%。金融保险、现代物流、中介服务、旅游会展等现代服务业快速发展，城市综合服务功能进一步提升，在全国城市综合实力百强中济南列13位。

城市建设取得重大进展。按照"东拓、西进、南控、北跨、中疏"空间战略和"新区开发、老城提升、两翼展开、整体推进"的基本思路，坚持"三高"要求，大力推进城市建设。重点工程进展顺利，累计开工项目209个，当年完成建设投资201

齐鲁软件园

经十路

佛山倒影

亿元，经十路、经一路、济泺路、工业南路等一批重要干道和国际机场新航站区、燕山健身广场、植物园、体育中心等一批重点工程相继竣工投入使用，城市面貌有了明显改观。坚持以人为本和公共服务的现代理念，投入1.9亿元对985条背街小巷进行综合整治，集中治理占道经营、大气扬尘、乱倒渣土等突出问题，显著地改善了居民生活环境。

红叶谷

社会事业全面进步。科技实力明显增强，全年取得重要科技成果90项，获得国家、省以上科技奖励25项，建成省级以上创业服务中心4家，生产力促进中心5家，高新技术开发区的技术创新、企业孵化和高新技术产业化优势日益突出。优质教育资源进一步增加，高中阶段教育普及率达到85%，职业教育、成人教育、民办教育、农村教育全面发展。文化体制改革不断深化，文化市场健康有序，社区文化丰富多彩，艺术创作成绩显著，获省级以上奖励281项。以疾病预防控制和农村公共卫生为重点，全面加强“两个体系”建设，应对公共卫生突发事件能力明显增强。计划生育稳步推进，人口自然增长率控制在3.8‰。竞技体育获省级以上金牌134枚，实现了国际残奥会金牌零的突破，群众性体育活动蓬勃开展。精神文明建设取得丰硕成果，社会治安保持全国、全省领先水平。

五龙潭

纬六路道桥

济南新机场

改造后的省体育中心

泉城路

燕山立交

重汽

烟台市

省委常委、烟台市委书记　焉荣竹

市长　周齐

烟台位于山东半岛东部，濒临黄海、渤海，北与辽东半岛一水相眺，东与日本、韩国、朝鲜隔海相望。是中国首批14个沿海开放城市之一。在2003中国综合实力百强中列第30位，是中国优秀旅游城市、国家环保模范城市、国家卫生城、中国人居环境奖城市、中国最佳魅力城市。

全市总面积1.37万平方公里，辖4区、1县、7个县级市和1个国家级经济技术开发区。总人口646万人，其中市区人口171万人。海岸线长达909公里，年平均气温在12℃左右。依山傍海，旅游资源丰富，有人间仙境——蓬莱阁、海上仙山长岛、莱州云峰山魏碑刻石和多处国家级森林公园等。优美的自然风光和人文景观，每年吸引大批中外游客前往观光旅游。

蓬莱.仙阁

长岛.宝塔礁

南山.高尔夫球场

滨海夜景

烟台自然资源丰富，土特产品久负盛名。这里是全国渔业基地之一，盛产海参、对虾、鲍鱼、扇贝等70多种海珍品；是中国北方著名的水果产地，烟台苹果、莱阳梨、大樱桃等享誉海内外，烟台苹果、龙口粉丝、烟台葡萄酒获得国家原产地域产品保护；地下矿藏丰富，是中国重要的黄金产地，黄金储量和产量位居全国首位，已探明矿产70多种，菱镁矿、钼、滑石等储量居全国前5位，沿海大陆架储有丰富的石油和天然气资源，属"富集型"油区。

烟台基础设施完善，是"全国投资环境40优城市之一"。交通发达，全市已形成了四通八达的陆、海、空立体交通网络。全市公路通车里程6363公里，其中高速公路通车里程368.9公里，实现了市市通有高速公路，中心城市与县级市之间形成了1小时工作圈。全市现有港口10处，烟台、龙口、莱州和蓬莱港为国家一类开放口岸，其中烟台港是中国北方重要的对外贸易枢纽港，已同70多个国家和地区直接通航。烟台机场为国家一类航空口岸，现已开通至汉城、大阪以及至北京、深圳、上海、广州、香港等国内外48个城市之间的航线。境内蓝烟铁路横贯东西。火车直达北京、上海、西安、佳木斯等地，烟台—大连铁路轮渡正在建设中。邮电通信便捷，建成了数字数据网、国际互联网、市话计算机管理网、ADSL宽带网等多种网络平台。能源保障充分，全市发电总装机容量210万千瓦，海阳核电项目正在建设中，设计总装机容量400万千瓦。

改革开放以来，烟台对外经济快速发展。目前，烟台已成为外商投资与贸易的热点地区。累计实际利用外资86亿美元，2003年进出口总额达58.9亿美元。先后承办了多次APEC经贸会议和国际果蔬博览会，成为APEC活动重要的举办城市，国际果蔬博览会已成为国家级重要的经贸例会。

烟台产业优势明显，机械制造、电子信息、食品加工、黄金四大支柱产业初具规模。随着上海通用东岳汽车、浪潮LG电子、台湾鸿海集团富士康工业园、南山铝材、玲珑橡胶工业园等一大批重大项目的建成投产，烟台经济呈现蓬勃发展的势头。全市共有规模以上企业2136家，拥有张裕、三环、北极星、龙丰、龙大、鲁花六个中国驰名商标和威龙等60余个山东省著名商标，MDI、氨纶丝、电子网板、挖掘机等工业产品在全国市场都占有重要地位。2004年全市GDP突破1600亿元，比上年增长18%以上。

候鸟乐园

张裕.百年酒窖

威　海　市

市委书记、市人大常委会主任
崔曰臣

市委副书记、市长
宋远方

人居之城　创业之城

威海地处山东半岛最东端，三面环海，扼京津门户，锁海运要冲，辖荣成、文登、乳山三市和环翠区，设有两个国家级开发区和一个出口加工区，总面积5698平方公里，总人口248万。

（一）综合实力较强。1987年建立地级市以来，全市生产总值以年均18%的速度递增，2004年达到1008.8亿元。财政总收入年均增长24.1%，2004年达到84.2亿元。人民生活水平得到了明显提高，2004年城镇居民人均可支配收入、农民人均纯收入分别达到11112元、5376元。所辖三市综合经济实力全部进入全国百强。

（二）工业地位强化。加工制造业基地建设成效显现，拥有30个行业大类、1.1万家企业，其中销售收入过亿元的企业300家，培育了工友、金猴、山花、成山、三角等50多个比较有影响的品牌，是全国最大的轮胎、渔具、地毯、木工机械生产基地。目前，运输设备、电子信息、机电工具，轻工纺织服装、食品医药五大产业群实现增加值占全市工业的77%，工业实现增加值占全市生产总值的56.4%。

（三）海洋资源丰富。有近千公里海岸线和300万亩浅海滩涂；有各类港口、渔码头100多个；有大中型机动渔船1000多艘；盛产海参、鲍鱼等300多种海产品，年产量240万吨左右，连续多年居全国地级市之首；名优养殖占养殖产值的比重达到50%以上，精深加工占加工产值的比重达到55%以上，培植了“好当家”、“宇王”等一批优质名牌产品。

（四）自然环境优美。海岸线蜿蜒曲折、岬湾交错，山、海、岛、泉、林、城俱佳，空气既不干燥也不潮湿。经过多年的建设，形成了“海在城中，城在山中，楼在林中，人在绿中”的城市风格和“碧海蓝天，红瓦绿树，中西合璧，错落有致”的建筑风格。有旅游景区（点）80多处，其中国家级风景名胜区2处。非常适宜度假、休闲、疗养、观光、会展、居住和海上体育活动。是全国第一个国家卫生城市、第一个国家环保模范城市群、第一个优秀旅游城市群和全省第一个园林城市群，两次被联合国评为全球改善人居环境最佳范例城市，2003年荣获联合国“人居奖”。

（五）对外开放优势突出。毗邻的韩国是威海第一贸易和投资伙伴。空港至韩国仅1小时航程，有6条海上至韩国的客货及集装箱航线，每周有29个航班往返威海与韩国城市，是中国至韩国客货班轮密度最大的城市之一，目前实际利用韩资占全市外资总额的70%以上，对韩进出口占全市总额的近50%。同时，扩大港日台，开拓欧美，实施了全方位开放战略，与160多个国家和地区建立了经贸关系，有4000多家外商投资企业，累计实际利用外资49.6亿美元，2004年进出口贸易总额56亿美元。坚持威海以外都是外，内外资项目一起上，2004年引进内资项目625个、国内资金154.6亿元。

（六）投资环境优越。启动了公路升级、铁路提速、港口扩建、机场开放等重点项目，目前有3个国家一类开放海港口岸，威海至韩国的空中航线已正式通航；加大了2个国家级开发区、1个出口加工区和8个省级开发区的建设力度，目前省级以上开发区累计实际利用外资25亿美元，占全市的一半。积极改善政府行政、法制和诚信等服务环境，组建了行政审批中心，开通了市长电子信箱和威海信用网，建立了"一条龙"优质高效服务体系，创造了亲商、富商、安商的良好环境。

（七）发展前景广阔。按照科学发展观和构建和谐社会的要求，威海市委确定了今后一个时期新的发展目标思路。明确"一个目标"：建设全面小康和现代化的和谐威海；突出"一个中心"：扭住发展不放松，增强建设和谐威海的物质基础；加强"六项建设"：努力建设活力威海、平安威海、文明威海、民本威海、生态威海、精品威海；落实"一个保证"：全面加强党的先进性建设。威海的明天会更加灿烂、更加美好！

投资兴业的热土——

市委书记、市人大常委会主任 石军

市长 刘国信

东营市是黄河三角洲的中心城市和山东半岛城市群中的重要城市，是中国第二大油田胜利油田所在地，也是中国古代军事家孙武的故里。辖东营、河口两区和广饶、垦利、利津三县，面积8053平方公里，人口180万。2003年，全市生产总值达到696.1亿元，人均生产总值、人均财政收入、人均储蓄、人均消费水平等居山东省前列，综合实力在全国百强城市中列37位。

东营区位优越，资源丰富，发展潜力巨大。这里是山东半岛与辽东半岛环抱的地理中心，是连接东北经济区和中原经济区、山东半岛和京津唐地区的重要通道。全市土地总面积80万公顷，其中35万公顷尚待开发。胜利油田80%的油气储量和85%的产量集中在东营，并有丰富的盐卤、地热、旅游等资源。生产要素价格较低，适宜发展加工制造业。国家先后批准东营市为沿海经济开放区、国家生态经济示范区，并把在东营发展高效生态经济列入了“十五”计划纲要；山东省确定在东营建设加工制造业基地，这使东营的发展面临着良好的机遇和条件。

东营产业配套，特色明显，发展基础较好。工业上形成了以石油及石油化工、盐及盐化工、橡胶轮胎、机械、造纸、建材、纺织、农副产品加工为主导的产业体系，新材料、生物技术、精细化工、电子信息等高新技术产业初具规模，有规模以上工业企业352家，省级以上名牌产品21个。农业上形成了以畜牧、水产、瓜菜、牧草、粮棉等为主导的高效生态农业格局，有45个农产品获无公害、绿色、有机产品标志，其中黄河口大米、文蛤、冬枣等闻名遐迩。第三产业规模和层次不断提高。

东营基础设施完备，服务优质高效，发展环境优良。东营是国家卫生城市和环保模范城市，中心城建成区面积74平方公里，形成了“大空间、大绿地、大水面”的城市特色，全市城市化水平达到52.2%。市内高速公路纵贯南北，铁路与胶济、京九线贯通，东营港是国家一类开放口岸，东营机场已开通至北京、上海的航线。全市农村实现了村村通公路、通客车、通自来水、通有线电视、微机联网校校通。电力供应充足，通讯网络先进快捷。东营经济开发区等各类园区蓬勃发展，为加工制造业基地建设创造了良好载体。坚持把改善投资软环境作为生命线来抓，先后制定了一系列优惠政策，并深入开展创建文明城市、信用东营、平安东营等工作，扎实推进政府工作提速，在项目审批、执法管理、工作效率和服务水平等方面加快与国际惯例接轨，为投资者创造了安心、舒心、放心的生产生活环境。2000年以来，全市共引进外来固定资产投资270多亿元，日本三洋等一批知名企业纷纷落户东营，与东营建立经贸合作关系的国家和地区达到100多个。东营正在成为最适宜人类居住、最适宜创业发展的地方。

东营充满生机和活力，发展前景广阔而美好。东营人民竭诚欢迎海内外朋友到东营投资兴业、共商合作，共同分享发展和繁荣。

东　营

东营经济开发区

东城新世纪广场

工厂化育苗

井架林立

黄河入海口新生地

东营机场

东青高速公路

石油化工

吕剧故乡

东城

腾 飞 的

淄博是国务院批准的山东半岛开放区城市和"较大的市"，是中国经济综合实力50强城市之一，也是国家历史文化名城、中国优秀旅游城市、中国陶瓷名城、世界足球运动起源地。全市辖五区三县，总面积5938平方公里，人口415万。

市委书记　张建国

市委副书记、市长　刘慧晏

综合经济实力雄厚。改革开放以来，特别是近年来，淄博人民在市委、市政府的坚强领导下，解放思想，与时俱进，抢抓机遇，加快发展，城市经济综合实力不断跃升，成为中国经济综合实力50强城市之一，位居第48位。2004年市生产总值完成1230.94亿元，比上年增长17%，增速为94年来最高水平。实现境内财政总收入129亿元，其中，地方财政收入50亿元，增长32.8%。实际利用外资4.51亿美元，城镇居民人均可支配收入9960元，农民人均纯收入4432元。非公有制经济蓬勃发展，完成增加值692亿元，占GDP比重达56%。

产业优势明显。工业是淄博的主导产业，其经济总量占GDP的比重达50%以上。传统工业以采矿业及陶瓷、琉璃、丝绸著称，现已形成了以石油化工、医药、建材、机械、纺织、轻工、电子等35个主要工业门类的工业体系。石化产品、医药、氧化铝、农药、水泵、电机、磨料磨具、医疗器械、墙地砖、牛仔布等近百种产品在全省、全国占有重要地位。新材料、精细化工、电子信息、生物医药等高新技术产品正在迅速形成规模。全市有12家企业14支股票在境内外证券市场上市。2004年全部工业总产值突破2000亿元，达到2248亿元，实现工业增加值708亿元，占GDP的比重达57%，对GDP的贡献率为69.42%。其中，规模以上工业总产值1898.42亿元，增长33.94%，实现利税197.98亿元，增长44.52%，利润总额突破百亿元，达103.07亿元，增长55.43%。**农业特色鲜明。**城郊型农业框架明显，农业现代化水平较高，综合机械化程度达到78%。桓台县是中国北方第一个"双千县"(亩产千公斤粮食，每亩收入千元)。高青、沂源分别进入全国棉花、果品生产"百强县"行列。**市场建设蓬勃发展。**拥有中国财富陶瓷城、淄川服装城、临淄化工城及蔬菜批发市场、周村纺织品市场、博山陶瓷琉璃及机电市场等大型专业批发市场。其中，成交额过30亿元的市场4处；过亿元的市场29处。2004年全市社会消费品零售总额完成300亿元。

中国优秀旅游城市。淄博拥有秀丽的自然风光，每年吸引着数以百万计的中外游客。绵延数十里的南部山区山泉喷涌，山林叠翠，风景隽秀；博山溶洞、沂源溶洞群，石笋、石幔、石花构成奇妙的洞中奇观，成为中国北方最大的溶洞群。北部平原有被誉为"北国江南"的马踏湖，2100多条河道交织成网，全长达400余里。沿湖村落似星座，如棋子，巧妙地呈"Y"字型布列湖边、河旁，颇有"小桥流水人家"的意境。淄博是齐文化的发祥地。淄博市的临淄在2600多年前是春秋战国时期最强盛的齐国的都城，是当时东方最大的城市之一，是世足联、亚足联一致认定的世界足球的起源地。淄博市文物古迹众多，是国家级历史文化名城，齐国故城有"地下博物馆"之称。淄博市人杰地灵，人文荟萃，俊才辈出，这里曾孕育出了姜尚、齐桓公、管仲、晏婴、左思、王渔洋、赵执信等一大批著名人物。"世界短篇小说之王"蒲松龄先生的故居就座落在淄川区蒲家庄。

淄　　博

贸易招商签约仪式

中国陶瓷名城。淄博是中国五大瓷都之一，是全国重要的陶瓷产地，2004年9月被国家命名为中国陶瓷名城。目前，全市有陶瓷生产企业332家，从业人员近1０万人。陶瓷生产已形成了六大基地：出口陶瓷基地，高档宾馆用瓷基地，高级玻璃陶瓷耐火材料基地，装饰材料基地，建筑陶瓷基地，高技术陶瓷基地。淄博陶瓷被誉为"第三代国瓷"，进入中南海、人民大会堂、钓鱼台国宾馆，畅销70多个国家和地区。2004年全市日用陶瓷产量6.6亿件，出口率达到了60%以上。

华光陶瓷

投资环境优越。淄博矿产资源丰富。铝钒土、耐火粘土、化工石灰岩、陶瓷土、煤、铁等储量大、品位高。基础设施完善，交通便捷，通讯发达。铁路和公路密度在中国名列前茅。济青高速公路横贯全市东西，市中心距济南国际机场70公里，距青岛港210公里，空运、海运十分便捷。互联网、移动电话、无线寻呼、特快专递等现代化通讯业务发展迅速，对外联络畅达。城市基础设施、公共服务设施配套齐全，城市综合服务功能日益完善。淄博注重和加强投资软环境建设，不断深化行政审批制度改革，设立了行政服务中心，实行集中办公、窗口受理、一口对外、承诺服务、限时办结、统一收费的"一站式"服务。对外来投资项目及外来投资企业依法保留的各种收费，实行收费许可证和缴费登记卡制度。对重大外来投资项目实行跟踪服务。投诉中心实行24小时值班受理制。

今日的淄博百业兴旺，欣欣向荣。为早日把淄博建设成为"经济强市、文化大市和绿色城市"，实现"两提前、一率先"的奋斗目标，勤劳智慧的淄博人民正以饱满的热情，完善的投资环境，优惠的开放政策为各界有识之士提供广阔的合作领域和投资良机，共谋新发展，再创新辉煌。

淄博公园

蒲松龄纪念馆

泰安市

市委书记、人大常委会主任　耿文清

市委副书记、市长　贾学英

泰安因泰山而得名，寓"国泰民安"之意。辖泰山、岱岳两区，新泰、肥城两市，宁阳、东平两县，面积7762平方公里，人口549.9万。泰城依山而建，山城一体，是一座独具魅力的历史文化名城和现代化山水园林旅游城市，1982年被国务院列为中国首批对外开放旅游城市，荣获"中国优秀旅游城市"、"国家卫生城市"、"全国双拥模范城"等称号。境内的泰山，拔地通天、风景秀丽、文化丰厚，是古老华夏文明的发祥地和中华民族精神的象征，1987年被联合国教科文组织列入"世界文化与自然双遗产"名录，先后被评为国家重点风景名胜区、中国旅游胜地40佳、"中华十大名山"之首。

区位优势明显。泰安位于山东省中部，地处中国东部沿海经济带和环渤海经济区。津浦铁路和拟建的京沪高速铁路、104国道、京沪和京福高速公路等穿过境内，是华东地区重要的交通枢纽和物流中心。500公里半径范围内，有10个省、3个直辖市、65个地级市、4.5亿人口，具有广阔的发展腹地、巨大的市场空间和产业配套能力。

泰安矿产资源丰富，是山东省重要的能源、原材料基地，具有储量大、品位高、分布广的特点，地下矿藏占全省固体矿藏储量的一半以上，其中石膏储量居亚洲之冠，岩盐和自然硫折纯储量均居全国首位。旅游资源得天独厚，泰山以其雄伟壮丽的自然风光和悠久灿烂的人文景观，每年吸引海内外游客近800万人次；同时还有著名的八百里水泊遗址东平湖、大汶口文化遗址和徂徕山、腊山国家森林公园等众多旅游资源。农业资源优势明显，是全国重要的农副产品和有机、绿色、无公害农产品生产基地，特色农副产品有泰山板栗、核桃、肥城佛桃、宁阳大枣、泰山女儿茶、赤灵芝、何首乌、赤鳞鱼、鲁西黄牛、小尾寒羊等30余种；"奶业富民"工程成效显著，奶牛存栏已达6万头；充足的原料、广阔的市场吸引了新加坡复发中记食品有限公司、蒙牛集团、汇源果汁集团等一批知名企业集团落户泰安，形成了亚细亚公司、银宝集团等一大批农业龙头企业。人力资源优势突出，是山东省三大科教文化中心之一，现有山东农业大学、山东科技大学、泰山医学院、泰山学院、山东服装学院和泰安职业技术学院6所高等院校，共设置200多个专业。

经济发展。近几年，泰安市积极落实科学发展观，紧紧围绕建设经济强市目标，突出工业经济、民营经济、招商引资三大经济工作重点，坚定不移地加快发展、坚定不移地优化结构、坚定不移地抓大项目、坚定不移地保护生态和节约资源，坚持党政强力推动与市场化相结合，经济发展速度高、效益好、后劲足，综合实力明显增强。2004年全市实现生产总值732.1亿元，比上年增长16.4%，其中一二三产业增加值分别增长7.1%、20.9%和13.7%。实现

地方财政收入31.2亿元，同口径增长26.3%。规模以上工业实现销售收入690亿元、利税75.5亿元、利润36.7亿元，增长47%、68.9%和80.7%；销售收入过亿元、利税过千万元的企业分别达到129家和155家，新汶矿业集团销售收入突破百亿元大关，实缴税金过千万元的企业达到61家。民营经济实现增加值312.4亿元，增长35.2%，占GDP的比重达到42.7%，实交税金22.5亿元，增长42.1%。全社会固定资产投资完成357.2亿元，增长37.5%，固定资产投资率达48.8%。招商引资取得重大突破，2004年全市签订引进国内资金项目1260个，市外到位资金183.7亿元，增长53.1%；全市共批准利用外资项目108个，其中外商直接投资95个，实际利用外资3.1亿美元，增长103.4%。消费需求旺盛，全年实现社会消费品零售额224.2亿元，增长15.5%。进出口总额达到6亿美元，其中出口4.5亿美元，增长41.9%和45.1%。人民生活水平提高，2004年市区居民人均可支配收入达到8883元，比上年增长14.6%；农民人均纯收入3690元，增长10.1%。

岱庙

产业现状。泰安工业基础较好，特色产业突出，初步形成了机电、建材、化工、纺织、煤炭、电力、医药、食品、饮料等30多个行业，以传统基础产业为支撑，高新技术产业迅速发展的现代工业体系。坚持改革、改制、改组相结合，重点培植壮大特种车专用车及汽车零部件、无机非金属新材料、电缆电器、精细化工、生物工程和制药、食品饮料六大主导产业，形成了泰山玻纤、鲁能电力电缆、华泰轮毂、阿斯德、瑞泰化工、泰和东新股份等一批具有较强竞争力的骨干企业、高新技术企业，培育出无碱玻璃纤维及制品、"泰山牌"电力电缆、"魁星牌"三聚氢氨、纸面石膏板等一批市场知名度和占有率较高的名牌产品。

泰山广场

投资环境。近年来，泰安市着力打造"投资泰安、稳如泰山"的环境品牌，大力实施"三城联创"和"平安泰安"建设，努力创建诚信守诺、文明安定的投资环境。以建设现代化山水园林旅游城市为目标，坚持高起点规划、高标准建设、高效能管理、高水平经营，努力建设"蓝天、碧水、青山"绿色家园，城市人居环境和综合服务功能明显提升。大力实施政府提速，加快政府转型，减少审批事项，简化审批程序，政府执政服务水平大大提高。形成了交通通讯便利、产业设施配套、金融服务完善、生活环境优美、投资服务优良的良好投资环境。

泰山学院

泰山亚西亚食品有限公司

航天特种车有限公司

泰山体育场

东湖公园

泰山玻璃纤维股份有限公司

孔孟之乡——济宁市

市委书记　贾万志

市长　吕在模

素有"孔孟之乡，礼仪之邦"的济宁，地处山东西南部，是苏鲁豫皖四省接合部，是连接华东、华北两大区域的重要交通枢纽，现辖曲阜、兖州、邹城三个县级市，中区、任城两个区，微山、梁山、汶上、嘉祥、鱼台、泗水、金乡七个县，总面积1.1万平方公里，人口800多万。

济宁历史源远流长，文化灿烂辉煌，物产资源丰富，是东方儒家文化和华夏文化的发祥地，山东省重要的对外开放城市、工业中心城市和重点规划建设的三大都市圈之一。远古时期"三皇五帝"在此留下踪迹，春秋战国"孔、孟、颜、曾、子思"五大圣人诞生于此。济宁名胜古迹众多，人文景观集中，自然风光秀丽，是著名的文化旅游城市。孔孟故里曲阜、邹城是炎帝旧都、黄帝生地、商奄故国、周鲁都城，浩淼的微山湖、传奇的梁山、怪石的峄山、多情的石门山、秀丽的泉林让人流连忘返。今日济宁，处处呈现"解放思想，干事创业，比学赶超，加快发展"的景象。济宁人民紧紧围绕"全面建设小康社会和经济强市、文化名市、组群结构大城市"目标，聚精会神做好经济社会发展的文章，使济宁的各种优势得以聚集放大，海内外投资创业者感受到了济宁是投资成本低、回报快、效率高、信誉好的地方。许多规模大、产业链式化的投资项目相继在济宁聚集。2004年全市实现地区生产总值1102亿元，地方财政收入54亿元。展望明天，济宁人民正满怀豪情，以只争朝夕的精神，与时俱进，开拓创新，向着建设现代化大都市目标迈进。

水泊梁山

城区新貌

列国行雕塑

文化广场

孔庙大成殿

美食街

古运河

邹县电厂

兖矿集团

微山湖

超常跨越中的德州

市委书记　黄 胜

市委副书记、市长　孙永春

德州市位于鲁西北平原，黄河下游北岸。全市总面积1.03万平方公里，辖1区、2市、8县，125个乡镇（街道办事处），人口550万人。

德州具有2000多年的历史。从秦汉开始一直是州、府、县驻地，明清时期曾是全国33个重点工商城市之一。京杭大运河穿境而过，是古时京城水路南下的首道关口。德州拥有良好的区位和交通条件，自古就有“神京门户”、“九达天衢”之称。目前是南来北往、东进西出的重要枢纽，境内有19条国道、省道，京沪、德石铁路在这里交汇，京福高速公路和即将修建的京沪高速铁路贯穿全境。德州资源丰富，能源充足。人均耕地1.6亩，居山东第二位。拥有全国第二大火力发电厂，华能德州电厂总装机容量252万千瓦。是全国著名的粮食、畜牧和棉花生产基地，地下还贮有石油、天然气、煤炭、地热等资源。

改革开放以来，德州经济和各项社会事业蓬勃发展。特别是近几年来，坚持把发展民营经济作为兴市之基，把招商引资作为抢市之举，把大上工业作为立市之本，把优化环境作为活市之源，全市经济和各项社会事业呈现良好发展态势，综合经济实力不断增强。2004年全市GDP达到687亿元，人均GDP1.25万元。在全国综合实力百强城市排名中，位居第79位。

全市已形成以纺织、机械、电子、化工、建材、食品等8大门类25个行业为主的工业体系。2004年，全市规模以上工业1460家，资产合计600多亿元，实现产品销售收入808亿元，全市利税过千万元的企业达到206家，其中有21家企业利税过亿元。在全国1000家最具成长性中小企业排名中，有29家工业企业榜上有名，占山东上榜企业总数的17.4%，在全省17市中入选企业个数居第一位。棉纺、建材、地毯、玻璃钢、太阳能热水器等已发展成为全国重要的生产基地，中高档棉纱、棉布、羊绒制品、空心玻璃砖、液压手动泵、数控机床、地毯、手工艺品、汽车消声器、太阳能热水器、小五金、刹车片、木糖醇等一批知名品牌畅销国内外。

州

省委书记、省长张高丽（左二）视察德州市

农业已形成粮棉、瓜菜、畜牧、林果、水产、花卉6大主导产业和牛、鸡、菜、瓜、枣、蛋、鱼、蚕、花9大主导产品，是国家重要的农副产品基地。畜牧业已成为全市的一大支柱产业，被国家列为全国6大秸杆养牛示范区之一。2004年，全市大牲畜存栏261.97万头，蔬菜种植面积13.7万公顷，粮食总产354.81万吨，平原、禹城、乐陵、齐河4县市被确定为全国粮食大县(市)。棉花是全市传统优势产业，夏津、武城、宁津、齐河4县被确定为国家棉花大县。

商贸繁荣，已成为煤炭、木材、建材、粮食、蔬菜、布匹、服装等重要商品的区域集散中心。德州是鲁西北、冀东南商品物资集散中心，是晋煤东运、东北木材南下的中转站。市区内有27条铁路专用线，各类仓储设施．255万平方米。近年来，先后建成粮食、蔬菜、黄牛、禽蛋、花卉、调料等10大专业批发市场。商贸型城市已见雏型。德百、黑马、扒鸡、龙马金建、古贝春、环宇6家企业进入了全省流通行业重点企业行列；"中国武城辣椒城''投入运营，鲁北木材市场及神马物贸集团木材市场被评为"中国木材明星市场"，庆云商品城被列为全省重点培育的批发市场。

德棉集团生产车间

华能德州电厂

京沪高速公路德州南立交桥

华鲁恒升集团鸟瞰

信用　专业　严格

鲁信集团

董事长、总经理：赵奎

山东省鲁信投资控股有限公司（以下简称鲁信集团）是经山东省人民政府批准，在原山东省国际信托投资公司、山东省高新技术投资有限公司等基础上组建、于2002年10月28日正式挂牌的大型国有独资公司，注册资本30亿元人民币，总资产近200亿元。鲁信集团经营宗旨为，按照国家和山东省的经济发展战略、产业政策和区域经济布局政策，加强对控股、参股公司的管理，实现国有资产的保值、增值；发挥综合优势，积极拓宽融资渠道，多方位筹集资金，增强投资能力，充分发挥投资主体作用；充分利用资本市场，建立国有资产投资与国有资本运营相结合的运营机制，加快经济结构调整和国有经济重组步伐，促进山东经济发展。

鲁信集团经营国有资产和国有股权，进行对外融资、投资及管理、投资咨询、资产管理、托管经营和资本运营等，受托经营管理省基本建设基金，投资经营范围涉足信托、投行、证券、基金管理、担保、实业投资、风险投资、媒体投资等，所属山东省国际信托投资有限公司、山东省高新技术投资有限公司、山东鲁信实业集团公司、山东鲁信投资集团股份有限公司、山东鲁信传媒投资有限公司、山东鲁信置地有限公司、山东省（鲁

迅速

公司作为主发起人设立的上海泰信基金管理有限公司

信）产权交易中心等7个直属企业，直接投资和通过子公司投资控股企业100多家。经过不断的改革发展，鲁信集团已形成了较为完善的法人治理结构、科学的母子公司管理体制和明晰的产权关系。总公司定位于发展战略和投资决策中心、财务控制和资本运营中心、人力资源配置中心；各所属子公司作为经营和创利中心，根据不同的业务定位，形成各具特色的业务发展方向，积极培植新的利润增长点，促进国有资产的保值增值。

鲁信集团始终以服务山东经济建设为己任，以做大做强为目标，致力于发展成为国内一流水平的金融控股投资集团公司。坚持阶段性持股的投资理念和以人为本的管理理念，大力开展投融资业务，形成了金融、高新技术、基础产业和基础设施、文化旅游等投资重点，促进了全省经济发展和产业结构的调整优化，正在成为推动山东经济建设和社会发展的重要力量。

鲁信集团的成长和发展，需要艰苦奋斗的创业精神、追求卓越的经营理念，同时更需要来自社会各界的理解、支持和帮助。鲁信集团全体干部员工向各级领导、社会各界对集团发展所给予的大力支持表示衷心感谢，真诚希望继续加强合作，共创辉煌前程。

公司投资项目：青岛海底世界

鲁信集团与中石化合资建设的
济南－青岛天然气管道建设工地

公司房地产项目：鲁信文教大院

山东黄金集团

张万青同志在山东黄金股票成功上市时鸣锣

山东黄金集团成立于1996年7月，隶属于山东省人民政府，是国家重点扶持的520家大型企业之一，资产总额60余亿元，员工总数16000余人，其中管理技术人员近3000人。山东黄金股票在上海证券交易所上市。

集团人才、管理和技术力量雄厚，集黄金地质勘探、采选和冶炼、科学研究和工程设计及施工、设备制造和安装、电力和物资供应、饰品设计以及黄金产品深加工等于一体，拥有国家甲级资质的设计院和工程施工单位、全国大型黄金生产设备重点制造厂和省级企业技术中心，并具有境外工程承包和劳务进出口经营权。集团所属矿山中有五座均位于全国十大黄金矿山之列。另外，还拥有全国黄金行业唯一的专业电力供应公司、国内长江以北规模最大的黄金深加工基地，以及上海黄金交易所认定合格的黄金精炼厂。集团所产"金斯顿"牌地板砖、"鑫意"牌首饰、"泰山"牌金条、"华玉"牌石膏等均创出全国驰名品牌。

近年来，集团按照"以金为主，多元发展"的战略方针，逐步实现了黄金主业的实力扩张和非金产业的蓬勃发展。致力于不断"做大"黄金主业，集团大力实施"资源领先"战略，积极"走出去"到江西、甘肃、河南等省区和委内瑞拉、苏里南等国家进行资源勘探与开发，形成了省内、省外、国外"三箭并发"的格局，强化了主业的核心竞争优势；致力于不断"做强"非金产业，集团除进入石膏建材、房地产业、旅游服务等传统产业外，还积极抢占产业"制高点"，将发展的触角延伸到证券业、网络业、电信业、生物制药业、现代传媒业、纳米材料产业、高尔夫俱乐部等新兴领域，在济南、青岛和烟台初步形成了"三足鼎立"的格局，并力争早日撑起集团的"半壁江山"，最终把集团发展成为具有国际竞争力的大型企业集团。

享誉全国的鑫意牌饰品

因为业绩突出，集团先后获得山东省思想政治工作先进单位、山东省省级文明单位、第六届全国设备管理优秀单位、山东省管理创新优秀企业等荣誉称号，总经理、党委书记张万青同志被授予山东省劳动模范、山东省优秀企业家等荣誉称号。

滨海而建、现代化程度最高的金矿——三山岛

山东省委党校

2004年，在省委的正确领导下，山东省委党校坚持以邓小平理论和“三个代表”重要思想为指导，解放思想、干事创业，与时俱进、拼搏进取，教学科研和各项工作都取得了突出的成绩。

一、认真贯彻中央、省委的部署，干部培训轮训规模有了新的突破

一年来，山东省委党校认真贯彻党的十六大和十六届三、四中全会精神，学习胡锦涛、曾庆红同志关于党校工作的一系列指示和省委领导同志的批示、指示，认真贯彻全国党校校长会议精神，坚持“党校姓党”，坚持从严治校，发挥了主阵地、主渠道作用。尤其围绕中央、省委作出的“大规模培训干部、大幅度提高干部队伍素质”的重要部署，做了大量工作。全年共举办各类培训轮训班次46个，共培训轮训干部4616人次，培训轮训规模创历史新高。在办好主体班次的前提下，上半年还举办科学发展观专题培训班4期，培训市（厅）、县（市、区）主要领导干部705人。下半年举办了由全省正厅级领导干部和县（市、区）委书记参加的十六届四中全会精神专题培训班4期，培训干部585人。

二、进一步加大改革力度，教学质量有了新的提高

坚持和完善教学新布局，加强教学管理，改进教学方法，各方面都取得了新的成绩。一是调整教学内容。在坚持“四基本”教学内容的基础上，增加了科学发展观、五个统筹、党的执政能力建设、山东发展大思路、县域经济发展、政府职能转变等专题，进一步满足了学员的需要。二是改进教学方式方法。针对不同的班次、对象和学员构成制定不同的教学计划，全面运用研究式、案例式教学方法，广泛运用远程教学手段，进一步增强了教学效果。三是加强教材建设。围绕贯彻落实十六届四中全会精神组织编写了《学习贯彻落实“三个代表”重要思想》、《树立和落实科学发展观》、《邓小平理论新发展》、《党的先进性研究》、《中国共产党历史经验研究》等5本教材。四是为基层培训了理论骨干。通过集中培训和远程教学，先后举办了“树立和落实科学发展观”、学习十六届四中全会精神等理论骨干培训班、党校系统师资进修班，为基层党校培训教师2600多人次。五是加强了制度建设。制定了《教学质量评估工作意见》等10余项管理制度，进一步规范了教学管理。另外，还按照高标准、高起点、高质量的要求，完成了首届硕士学位研究生招生工作和新一届硕士学位研究生招生宣传和报名工作。

三、实施精品带动战略，科研取得了新的成果

科研工作坚持“四个服务”方针，认真落实了“强服务、重现实、争课题、出精品”的要求。一是实施课题带动，在争课题、出精品上下功夫。争取国家课题3项，全国党校系统课题3项，省社科项目19项，省软科学课题2项，目前全校承担各级各类课题达50项，创历史最高。二是结合重大学术活动，推进科研深入发展。7月份，组织召开了全省党校系统纪念邓小平诞辰100周年理论研讨会，编辑出版了《邓小平理论与当代中国》论文集。同时组织教研人员参加了中央党校和山东省纪念邓小平诞辰100周年理论研讨会、科学发展观理论研讨会等，入会论文29篇。三是积极申报科研奖励。全年获国家、省社会科学优秀成果各种奖励27项，其中获省部级以上科研奖励12项，并获得中央党校科研组织奖。四是探索科研工作规律，提高科研管理水平。

四、实施“人才强校”战略，队伍建设取得了新的成就

一是加强了领导班子建设。校委制订了《关于提高校委领导水平的意见》、《校委委员职责分工及工作任务分解细表》，职责分工明确。二是做好干部选拔工作。推荐提拔副厅级领导干部4名，处级干部3名。三是做好专业技术人员的评审和聘任工作。聘任专业技术人员129人，其中正高35人，副高49人，中级37人，初级8人。并完成了全省党校系统教师高级专业技术职务评审工作。四是做好教师下派锻炼工作。选派7名青年教师分别到济南、泰安两市挂职锻炼。五是做好人才选聘工作。选拔硕士研究生导师21人。

五、加强管理和应用，信息化建设取得了新的成绩

信息管理工作，加强了“三网一站一校一中心”的建设和应用。一是进行了办公自动化系统的软件开发。二是加强了网络安全和管理工作。三是加强了远程教学网的应用和管理。通过远程教学网向市、县党校播放精品报告、讲座。四是为基层党校培训1200多名师资。在青岛召开了全省党校系统信息化工作会议。五是配合农村干部远程教育，制作提供了一批课件。六是加强内部管理和技术服务工作。建立了信息设备固定资产账目，加强了网络运用的管理和维护。

六、强化管理和服务，行政后勤工作做出了新的贡献

行政后勤工作在管理、经营、服务和安全生产等方面都取得了新的成绩。一是加强了财务管理。二是加强了卫生、安全管理。保持了“济南市卫生先进单位”称号。三是进一步提高了服务质量。对管理人员加强管理知识和业务技能培训，提高成本核算和市场竞争意识，完善了各项管理制度和岗位责任制，服务质量和水平有了新的提高。

七、坚持从严要求，进一步加强了学员管理工作

学员管理工作坚持“一热、六严”的要求，把各项管理制度落到实处。理论学习方面，抓好入学教育、教学调研、自学讨论、专题研讨等环节。配合教研部门搞好小组讨论和专题研讨，有效地组织各班次的学员进行社会考察、课题调研、学员论坛等活动。党性修养方面，强化党性教育，抓好党性分析，认真组织学员开展“三会一课”活动，听取英模事迹报告会，参观革命战役纪念馆，参观反腐倡廉展览，较好地落实了“五个不允许”的要求。管理服务方面，坚持班主任跟班听课管理制度，严格请销假制度，加强自学检查，并注意发挥学员支部自主管理的作用。研究生教育针对新生情况，制定了25项制度，加强了管理工作。

八、坚持规范化办学方针，函授教育提高了社会声誉

业余函授教育，认真落实严把“八关”的要求，办学规模有所增长，办学质量不断提高。一是加强日常教学质量检查。开展了集体备课、教案检查、评选优秀教学奖等活动，制定了《教学质量目标管理办法》、《学区教学质量目标管理办法》。贯彻全国党校规范化办学会议精神，召开专门会议，对函授教育进行了全面检查。二是调整了专业和内容。增加了公共管理、国际经济与贸易、企业管理等专业，开辟了新的生源。三是推广现代化教学手段，召开了教学经验交流和教学管理工作会议，评选出34个先进学区。四是加强了教材建设，修订出版10余种教材，新编教材4种。五是加强了在职研究生教育和函授教学研究等工作。在中央党校7月份组织的函授检查中，对我校规范办学给予高度评价。

九、加强调查研究，促进了基层党校工作的开展

认真贯彻全国党校校长会议精神，针对全省党校事业发展的需要，先后召开了全省党校校长会、华东党校校长座谈会、企业党校工作座谈会、全省党校工作处长会。校委成员带队分别深入13市、30余县（市、区）党校和20多所企业党校进行调研，总结先进经验120余篇，加强了业务指导工作。修订了《党校办学质量和综合条件评估办法》，召开了全省党校教学暨优秀教学奖评审会议，评选出88名优秀教师，促进了基层党校各项工作的开展。

十、加强思想作风建设，机关党的建设呈现出新的面貌

认真贯彻中央、省委关于转变作风的指示精神，进行一系列的学习教育活动，努力创造“风正、心齐、气顺”的氛围。年初开展了以“讲奉献、讲创新、讲实干、讲规律、讲纪律、讲团结”为主要内容的求真务实专题思想教育活动，暑假后又集中开展了向任长霞、许振超和海尔学习，努力创一流业绩、创一流环境、创文明机关的“三学三创”活动。12月份，省直机关工委验收文明单位，连续五年保持了“文明机关”称号。

中共山东省委书记、省人大主任张高丽（左一）视察山东省委党校

举办全省市厅领导干部学习贯彻“三个代表”重要思想培训班

举办全省县（市、区）委书记树立和落实科学发展观专题培训班

举办学习贯彻十六届四中全会精神专题辅导班

省委党校园景

山东省无线电管理委员会

2004年，山东省无线电管理办公室在省委、省政府的领导下，高举邓小平理论旗帜，认真实践"三个代表"重要思想，坚持"科学管理、保护资源、保障安全、促进发展"的指导方针，开拓进取、迎难而上，努力工作，顺利完成了省无线电管理办公室由省政府办公厅管理移交省信息产业厅管理的划转工作，较好地完成了年度无线电管理工作任务。截止2004年底，全省共有蜂窝基站15000多个、移动电话2000多万部，无线接入基站29510个、无线市话371万部，微波站1708座，卫星地球站333座，广播电视台站665座，超短波设备38938台，船舶电台6336部，无线数据电台1935部，业余电台481部，在全国各省市区名列前茅。

一、学习贯彻《行政许可法》，促进依法行政、依法管理

7月1日实行的《行政许可法》，对政府部门的行政行为提出了更高的要求，为了能够在无线电管理工作中更好地依法行政、依法管理，我们把深入学习贯彻《行政许可法》、《中华人民共和国无线电管理条例》、《山东省无线电管理办法》等行政管理法律法规作为一项重要工作来抓。3月份，组织全省各管理处主任和有关业务人员参加了由省政府办公厅举办的《行政许可法》培训班，7月下发了"关于贯彻《行政许可法》推进政务公开的通知"，8月份又举办了全省无线电管理法规知识培训班。经省政府法制办公室等部门审核，将无线电管理行政许可项目、程序和无线电管理收费项目、标准等进行了公示，统一行政执法程序，进一步规范行政行为，提高了行政效能。

根据立法法的有关要求，省无线电管理办公室与省政府法制办一起，对《山东省无线电管理办法》实施一年的情况进行了调研，广泛听取各方面的意见和建议，并根据调研情况，提出了《山东省无线电管理办法》的修改意见。

二、进一步提高频率台站规范化管理水平

按照国家无线电办公室的统一部署，继续开展保护民用航空专用频率的专项整顿工作。在查清民用航空频率台站数量和参数的基础上，进一步规范了航空系统内部频率台站的设置使用，提高了设台单位遵守无线电管理法规的自觉性。继续采取积极措施，消除大功率无绳电话、无线寻呼、广播电视等台站和非无线电设备可能对航空通信导航频率产生的干扰，确保航空通信导航业务的安全。5月份，省无线电管理办公室组成检查组对机场、航空公司、空管站及各有关管理处保护民用航空无线电专用频率专项整顿工作情况进行了检查。

4月下发了《关于进行微波接力通信业务台站频率清理工作的通知》和《关于清理150MHz、450MHz、800MHz频率，加强台站管理的通知》，对全省范围内的微波接力业务频率和超短波频率的使用情况进行检查和清理，摸清了台站底数和频率使用情况。完成了2GHz频段微波接力业务台站的清频退网工作，保证了数字集群通信、第三代移动通信等新业务和频率规划在我省的实施。

进一步搞好设台单位无线电管理组织网络建设，在全省设台单位建立了800多人的专管员队伍，并积极开展培训，提高专管员业务素质。同时，在全省设台单位开展了"无线电管理先进集体"和"优秀无线电管理专管员"评选活动，提高了设台单位和专管员遵守无线电管理法规的自觉性和工作主动性。

10月26日，召开全省无线电频率台站管理研讨会，研究探索《行政许可法》实施后无线电频率台站管理的新路子、新方法，培训频率台站管理人员，交流频率台站管理工经验，总结航空频率专项整顿和清理无线电频率工作情况，进一步规范频率台站管理工作。

三、抓紧技术设施配套建设

按照国家和省无线电技术设施建设规划要求，投资3000多万元完成无线电监测网二期工程配套16固定站、13移动站的建设和旧站升级改造建设，并配备了相应的仪器仪表。至年底，全省17个市无线电管理处，都至少有一个移动站和固定站，各有一台频谱仪、综测仪，全省无线电监测网络框架基本形成，主要监测/检测仪器基本齐全，使我省无线电管理的基础设施和技术装备达到全国先进水平。

认真论证全省无线电监测网络、无线电管理信息网络的联网工作。根据省政府建设"中国山东"门户网站的要求，省无线电管理办公室子网站的建设正在进行。

四、认真做好无线电监测/检测工作

在日常监测工作中，加强了对重点频段的监测和无线电监测数据的收集、分析和汇总。加大了干扰查处力度，积极配合民航部门完成了民用航空无线电专用频率的安全保障工作。

根据国家和省有关部门的部署，在节假日和重大活动期间实行24小时无线电监测值班，并进一步修改、完善了处置突发事件的应急预案。

加强了省内无线电发射设备生产厂家的管理，3月至4月对全省各生产厂家生产的各类无线电发射设备进行了一次抽测检查，并对抽测检查情况进行了通报，全面掌握了省内各类无线电发射设备的生产情况，密切了管理部门与生产厂家的关系。

五、积极参加全国无线电监测技术演练，在全省大力开展岗位练兵活动。

根据国家无线电办公室的统一部署，省无线电管理办公室在年初制定年度工作计划时，把参加"全国无线电监测技术演练"列为一个工作重点。5月份省无线电管理办公室进行了专题研究，决定以技术演练为契机，在全省分区进行预赛（选拔赛），形成了一次全面的岗位练兵活动高潮。

通过预赛（选拔赛），组成了我省参加全国无线电监测技术演练的集训队，进行了一个月的强化训练。在湖北赛区的比赛中，以较好的成绩顺利进入了全国决赛。并在决赛中，获得三等奖和理论考试优秀奖。

9月22日，省无线电管理办公室在召开表彰大会，对参加全国无线电监测技术演练决赛中的参赛队员和有关同志进行了表彰奖励，总结了在技术演练中发现的问题和经验体会，并对继续开展岗位练兵活动作了要求和部署。

六、重视综合工作，切实做好财务物资管理

严格遵守财务纪律，加强了中央转移支付资金和省拨资金的管理。4月份顺利通过省审计厅的全面审计。根据审计中提出的问题，我们进一步修订了《固定资产管理办法》和《省拨资金管理办法》两个文件，在充分准备的基础上，于9月举办了全省财务物资管理和综合统计培训班，请专家教授讲授了《会计法》、《事业单位会计准则》、《事业单位会计制度》等财务管理法规，学习了财务管理软件的使用。通过培训，进一步增强了各级领导的责任意识，提高了财务物资和综合统计人员的业务素质。

七、加强政治思想教育，顺利完成了机构划转工作

在全省无线电管理干部职工中，深入开展了以"三个代表"重要思想为主要内容的政治理论学习和反腐倡廉教育，制定了《山东省无线电管理办公室关于加强2004年党风廉政建设和反腐败工作的实施意见》，切实把立党为公、执政为民的宗旨贯彻落实到队伍建设和管理工作的全过程。同时积极开展爱国主义教育，"七一"期间组织干部职工到井岗山参观学习，缅怀先烈，进一步激发了大家爱岗敬业、无私奉献、开拓进取的工作热情。

11月，省政府决定将省无线电管理办公室由省政府办公厅划转到省信息产业厅管理，广大干部职工都能正确对待，保证了思想不乱、工作不断，并以极大的工作热情积极投入工作，促进了全省无线电管理工作的稳步发展。

省无线电管理委员会全体会议

省无线电管理办公室调研小组与设台单位座谈

干部职工在井冈山革命烈士纪念馆接受爱国主义教

广泛开展无线电监测技术演练

信息产业部领导接见参加全国无线电监测技术演练比赛的代表队

山东省福利彩票中心

2004年，山东省福利彩票发行29亿元，再次夺得全国年度销量第一的桂冠，实现了全国省域彩票年销量五连冠，再次展示了“全国福彩系统一面旗帜”的风采。

1987年，山东开始发行福利彩票。17年来，山东福彩在困难中起步，在竞争中生存，在创新中发展，在辛勤的劳作中创造出了一个又一个辉煌。特别是自2000年5月1日“齐鲁风采’’电脑福利彩票发行以来，更是为山东福彩注入了强大的活力。2000年仅八个月的时间，“齐鲁风采’’电脑福利彩票就销售6.23亿元，创造了山东彩票史上的最好成绩。2001年，山东福彩销量达18.5亿元，占全国福彩总销量的1／8，创造了我国彩票省域年度发行最高纪录。前任国务委员司马义·艾买提欣然题词：“彩票事业，利国利民，齐鲁风采，再创佳绩”。省政府专门召开表彰大会，对省福彩中心给予通报表彰。2002年，山东福彩与时俱进，再创佳绩，年销量达26.6亿元，被国家民政部誉为“全国福彩系统的一面旗帜。2003年，山东福彩不负众望，年销量达28.8亿元，再次荣登全国福彩榜首。2004年，彩票行业在受到西安体彩“宝马彩票案”的冲击下，山东福彩励精图治，奋力拼搏，再创辉煌，年销量达29亿元，第五次荣登全国福彩系统榜首。这一路攀升的销量，充分说明了广大彩民对山东福彩的青睐和信任，也展现了山东福彩系统与时俱进，想干事、能干事、干好事的精神风貌和驾驭市场的能力。“以正确的舆论引导人，以科学的玩法吸引人，以严格的管理取信人，以优质的服务留住人”的做法始终贯穿于山东福彩整个发展过程中，从而赢得了广大彩民的信任，赢了山东彩票市场的主导地位。

17年来，全省共发行福利彩票100多亿元，筹集社会公益金35亿元，资助社会福利院、敬老院、优抚医院、星光计划等各类社会福利项目一万多个，千千万万个孤募老人、残疾人、孤儿等弱势群体受到资助，而且受益群体将不断扩大，有力地推动了全省福利事业和社会保障事业的发展。

“扶老、助残、救孤，济困”是福利彩票的发行宗旨。山东福彩系统始终以实际行动回报社会、诠释自己的宗旨，常年坚持开展“福彩暖万家”、“福彩救助贫困劳模”、“福彩救助贫困大学生 ”、“福彩牵手春蕾女童”、“福彩希望工程’’、’’福彩进军营”等以一系列临时救助活动。这些活动的开展，对维护社会稳定，维护党和政府在人民群众心目中的良好形象起到了重要作用。“齐鲁风采”电脑福利彩票的发行，同时还为社会提供了上万个就业岗位，拉动了电信、电力、印刷、广告等相关产业的发展。

山东省副省长谢玉堂、民政厅厅长杨金镜等为劳模颁发资助金

福彩中心资助特教学校贫困学生

省福彩中心向见义勇为积极分子王本东家属捐款

福彩学校的山里娃

山东省交通厅公路局

党委书记：侯树荣（左三）
局　　长：范正金（右三）
副书记、纪委书记：左书佩（左二）
副局长：王松根（右二）
杨永顺（左一）
陈　耕（右一）

山东公路与时代同步 与文明同行

山东省交通厅公路局是经省政府批准，省交通厅设置的主管全省公路行业的职能机构，下设8个职能处室和2个直属单位，承担着全省公路规划、建设、养护、路政、规费征收等工作。全省设17个市级公路（管理）局，132个县（市、区）级公路（管理）局。

近年来，山东公路系统在省交通厅的正确领导下，认真贯彻交通部和省委、省政府关于公路建设的指导方针，坚持以邓小平理论和“三个代表”重要思想为指导，以“服务人民、奉献社会”为宗旨，以创建人民满意的文明行业为目标，把创建文明行业活动作为全系统三个文明建设的总抓手，贯穿于公路改革和发展的全过程，外业抓建设，内业抓管理，有力地促进了公路事业持续、快速、健康发展。截止2004年底，全省公路通车里程达77768公里，其中高速公路3033公里，一、二级公路25703公里，占公路总里程的33%，公路密度达49.6公里/百平方公里。全系统79%的单位获得省、部级以上文明单位称号，95%以上的单位获得市级以上文明单位称号，91%的收费站和公路站建成了“文明站”。厅公路局机关连续多年被评为省直机关文明单位。2003年全系统又被评为全国交通系统文明行业和省级文明行业。

滨州黄河公路二桥

新的形势，新的机遇，为山东公路事业提供了新的动力。全省公路系统将以党的十六大精神和“三个代表”重要思想为指导，深入开展创建文明行业活动，着力打造“山东公路与时代同步、与文明同行”品牌，提升行业整体文明形象。全系统90%的单位要建成省、部级以上“文明单位”，其中17个市公路局全部建成“省级文明单位”和省级“文明公路管理系统”；已建成的高速公路基本达到文明通道、绿色通道标准；95%的路桥收费站、公路站达到省级“文明站”标准，继续保持全国交通系统文明行业。

肥城矿业集团有限责任公司

FEI CHENG KUANG YE JI TUAN

董事长、党委书记　孔　青

总经理、党委副书记　宿洪涛

肥城矿业集团有限责任公司是1998年3月由肥城矿务局改制而成的国有独资公司，是省属大型国有重点煤炭企业，是国家经贸委确定的全国512家国有重点企业之一，也是山东省111家重点企业集团之一。现有杨庄煤矿、曹庄煤矿、陶阳煤矿、查庄煤矿、白庄煤矿、三和实业公司、鑫国煤电公司7对生产矿井和金诺公司、鲁泰工程公司等4个子公司及医院、学校20个二级单位。企业在册职工3.7万人，离退休职工1.3万人，加上大集体职工和职工家属，肥城矿区接近10万人。截止2004年末，累计产原煤1.93亿吨，实现利税22.41亿元，是国家预算投资的8.15倍。2001年12月，企业债转股后，由肥城矿业集团公司控股，与中国信达资产管理公司、中国华融资产管理公司共同出资组建了山东东岳能源有限责任公司。

肥城矿区东西长22公里，南北宽2至7公里，总面积为98平方公里。年设计能力531万吨，实际产量达700万吨以上。2004年完成销售收入40亿元，其中非煤销售收入18亿元；实现利税3.38亿元，职工年人均收入1.8万元；企业总资产61亿元。作为肥城矿区的接替新井，设计年生产能力180万吨的梁宝寺矿井即将投产。企业现有的非煤产业涉及建筑、机械制造、橡胶化工、水泥、焊丝焊条、电线电缆等产业和产品。规划建设的7个煤矸石电厂已建成发电，电解铝厂、纸浆厂、石膏矿、密度板厂均投产。到“十五”期末，肥城矿业集团公司将建设成煤电铝、煤电化工、煤电建材“三个一体化”的特大型现代企业集团。

肥城矿业集团公司低热值燃料电厂

山東省烟草

省局（公司）党组副书记、副局长、副总经理（正厅级、主持全面工作、高级经济师）：韩克佑同志

山东省烟草专卖局（公司）成立于1982年5月。二十多年来，山东烟草随着改革开放的步伐得到长足发展，特别是近三年来，全省烟草行业在省委、省政府及国家烟草专卖局的正确领导和大力支持下，积极稳妥地理顺管理体制，认真组织“两烟”生产经营，努力培育名优品牌，做大做强核心企业，积极推进企业组织结构调整，大力加强专卖管理，不断强化网络建设，深化改革与管理，加强干部职工队伍建设，经济运行质量和效益稳步提高，实现了持续、稳定、协调、健康发展。2002年，全省烟草实现工商利税59.33亿元，同比增长14.36%；2003年，实现工商利税72.54亿元，同比增长20.33%；2004年，实现工商利税突破100亿元，同比增长37.85%，提前一年完成“十五”奋斗目标，韩寓群省长、王仁元副省长为此分别作重要批示，并发贺信致以祝贺。

省局（公司）领导班子成员：韩克佑同志（中）、陈毅力同志（右二）、武梅华同志（左二）、王玉麟同志（右一）、曹卫国同志（左一）

根据国家烟草专卖局的统一部署，2004年山东烟草完成了工商体制调整。山东省烟草专卖局（公司）的主要职责是：对《中华人民共和国烟草专卖法》及其实施细则在全省的执行情况进行监督、检查，维护统一领导、垂直管理、垄断经营的烟草专卖管理体制；对全省烟叶生产、收购、调拨进行统一管理；负责全省卷烟商业销售工作；对卷烟、烟叶、辅料等专卖品及相关产品的质量进行技术监督。山东省烟草专卖局（公司）现辖17个地市局（公司），1个进出口公司，1个烟叶复烤企业，1所中专学校。至2004年末，在职职工13579人，资产总额达83.65亿元。

專賣局（公司）

国家烟草专卖局（总公司）党组书记、局长、总经理姜成康同志（中）视察山东工作

韩克佑同志（左三）视察工作

省局（公司）副局长陈毅力同志（左二）检查指导专卖管理工作

2004年，全省烟草局（公司）系统认真落实科学发展观，始终坚持“做精做强主业，保持平稳发展”的基本方针，紧紧围绕行业“深化改革、推动重组、走向联合、共同发展”的主要任务，针对工商分开后的形式变化，及时确定了今后一个时期的工作思路。围绕构筑“互动、互信、双赢”的新型工商关系，打造专卖、网络、烟叶三个品牌，狠抓各项工作，取得显著成绩，实现了平稳快速发展。全年累计销售卷烟245.92万箱，同比增长6.69%，居全国第3位；种植烟叶57.4万亩，收购78.5万担，上、中等烟叶比例占83.5%；累计实现利税27亿元，同比增长71.83%，名列全国33家省级烟草商业企业第4位。

随着全国烟草行业“深化改革、推动重组、走向联合、共同发展”的进一步深化，山东省烟草专卖局（公司）迎来了新的发展机遇，她犹如一只雄鹰，在市场经济的广阔天宇中搏击，正飞向更加美好的明天。

省局（公司）副总经理武梅华同志（中）检查指导市场营销工作

省局（公司）纪检组长、副局长王玉麟同志（右二）检查指导纪检工作

丰富多彩的文体生活

茂盛烟田

助理巡视员曹卫国同志（前排左一）接待外国友人

龙口矿业集

龍礦集團

LKJT

ONG KOU MINERAL (GROUP) CO. LIMITED

董事长 党委书记 宋子安

董事 党委常委 总经理 梁金久

龙口矿业集团有限公司位于胶东半岛西北部，渤海湾南岸的龙口市境内。东邻烟台。西接潍坊，北与天津、大连隔海相望；设有5万吨级泊位的龙口港与之相邻，大莱龙铁路、威乌高速公路和206国道横贯其中。距烟台机场、青岛机场均只有1.5小时车程，交通便利，位置优越。龙口矿区于1968年开发建设，1980年成立龙口煤炭生产建设指挥部，1987年5月改为龙口矿务局，2000年8月经省经贸委以鲁经贸企字【2000】578号文件批复同意成立龙口矿业集团有限公司；2003年3月30日，龙口矿业集团有限公司正式挂牌成立。按照规范的公司制模式，建立健全了规范的法人治理结构。日前，龙矿集团是全国唯一一家大型海滨煤炭企业，同时也是全国唯一一家实施海下采煤技术的煤炭企业，2004年底形成第一个海下采区。龙矿集团下辖煤业、实业、物业三大专业化公司和工程建设总公司、热电公司、矿山设备租赁公司三个子公司；现有在册员工13075人，资产总额23.14亿元，是一个集煤炭电力、建筑建材、汽车运输、精密铸造、机械加工、橡塑制品、商贸旅游业等为一体的国家大型企业。龙矿集团所辖煤田横跨龙口、蓬莱两市，现已勘明地质储量26.8亿吨，其中陆地储量13.9亿吨；海地储量12.9亿吨；龙口矿区设计生产能力为500万吨，2004年予计产量650万吨；销售收入突破23亿元，现有洼里、北皂、梁家三对生产矿井，设计生产能力为360万吨，改造后核定生产能力590万吨；通过全面推广综采放顶煤技术，龙矿集团采煤工作面煤炭回收率由过去的80%左右提高到95%左右，煤炭资源回收率和劳动生产率实现大幅度同步提高。

龙矿集团主要煤炭产品为长焰煤，发热量3300—5500大卡／千克，挥发份40%以上，灰份12—15%，含硫量低于0.6%，燃点为290-300℃，适用于各种动力配煤、发电、化工和玻璃生产及民用生活领域；集团公司多元化经营也取得实质性进展，精密铸造、机械加工、橡塑制品等高科技、高附加值产品已经形成工业化生产能力。未来三到五年，龙矿集团将坚持大集团战略，进一步解放思想，抢抓机遇，高起点定位，跨越式发展，走新型工业化道路。推动集团公司形成煤炭、热电、炼油、建工、运输五大产业并举的产业格局，对外开发步伐加快，在胶州的龙发热电厂，海阳的龙凤热电厂已投产，莱州热电厂正在紧张的施工当中，山西煤炭开发前竟良好。确保一年做实、两年做强、三年做大，最终实现原煤产量1000万吨以上，销售收入超过50亿元的奋斗目标，把龙口矿区建设成为高度文明、洁净秀美、独具特色的特大型企业集团。

地址：山东省龙口市振兴路249号
电话：0535-8828222（总机）
传真：0535-8811994　8811984
邮编：265700

团有限公司

龙煤 1 号
4001–4300 大卡 / 千克

公司领导在海上考察

煤质化验室

龙煤 2 号
3801–4000 大卡 / 千克

放仓煤块
3801–4200 大卡 / 千克

尾煤
2300–2700 大卡 / 千克

井下综采工作面

龙口煤炭装船外运

工程技术人员在井下海域掘进头现场办公

热电厂运行控制室

工程建设公司创建精品工程

实业公司塑料门窗厂生产车间

总机厂生产的重型钢圈

环境优美的社区

枣庄矿业（集团）有限责任公司

ZAOZHUANG COAL MINING GROUP CO.,LTD

董事长、党委书记　江卫

2004年枣庄矿业集团公司发展史上成绩斐然的一年，是多年来发展速度最快、各项任务指标完成最好的一年，是矿区各项事业蓬勃发展、开拓新局面的一年。一年来，枣矿集团公司本着与时俱进，干事创业，坚持以市场为导向，以经济效益为中心，树立经营新理念，搞好机制创新和管理创新，促使矿区生产和建设齐头并进，经济总量大幅度提高，企业效益增长显著，经济形势呈现良好势头。

煤炭产销创新高，矿井建设突飞猛进

2004年原煤产量完成1777万吨，比上年增长11.35%，煤炭销量完成1614万吨，比上年增长11.27%，煤炭产销再创新高。同时，为增强企业发展后劲，2004年集团公司完成基建总投资10.4亿元，完成了高庄矿改扩建工程，对新安矿、田陈矿进行了技术改造，开工建设了新源、滨湖矿和滕北铁路等重点工程项目，创出了枣矿集团在矿井建设项目、建设速度、投资金额和投资效益方面的新水平，为枣矿集团生产能力的进一步提高奠定了坚实的基础。

非煤实力不断壮大

非煤总收入全年实现38亿元，比上年增长62.39%。2004年集团公司投入资金2.6亿元，吸收企业外部资金1.33亿元和职工个人投资4281万元，共计3.6亿元，投向六个非煤重点工程项目，这些项目建成投产后，非煤经济实力将得到进一步增强。

企业收入大幅度增长，减亏增盈成效显著

2004年全年企业总收入为106.5亿元，同比增长48.4亿元。其中煤炭产品销售收入达到68.5亿元，同比增长26.5亿元，2004年实现利润2.61亿元，比上年增盈2.28亿元。企业经济总量进一步提高，2004年末企业总资产达到115亿元，比上年增加26亿元，资产负债率61.92%，比年初有所提高。三项资金占用分别比年初降低11.09%、22.69%、10.98%。

规划目标

目前，枣矿集团正按照大集团战略，加快发展步伐，原煤产量2005年达到2000万吨，2008年达到3000万吨，（其中：本区2000万吨，外1000万吨）企业总收入2005年达到125亿元，2008年达到200亿元，将建成主业突出，结构合理，竞争力强，综合实力雄厚，跨地区、跨行业、跨所有制的大型企业集团。

北宿煤矿

兖矿集团有限公司北宿煤矿

北宿煤矿是我国自行设计、自行开发、设备全部国产化的薄煤层炮采现代化矿井，1976年12月26日建成投产，原设计生产能力为45万吨/年，改扩建设计生产能力为75万吨/年，现实际年生产能力达到100万吨以上水平，跨入了全国百家高产高效矿井行列。现有组织机构47个，在册职工4194人。其中管理人员419人，大中专毕业生占管理人员总数的83.29%，具有初级以上技术职称的占84.49%。固定资产原值2.9亿元，净值2.2亿元。

矿长　樊玉泉

矿井地处孔孟之乡、礼仪之邦的邹城市境内，地理位置优越，西临京杭大运河，东临京沪线、兖石线、兖新线铁路和104国道、京福高速公路，矿井有铁路专用线，岚济线公路从矿北门口穿过，交通便利，四通八达。

矿井井田面积27平方公里，煤炭储量稳定。煤种为气煤，煤质优良，具有高发热量、低灰、低灰熔点等特点，是炼焦配煤、液化、气化和化工用煤的理想原料，属于优质工业动力用煤和良好的生活用煤。原煤经筛选、洗选加工后，主要有混煤、精煤和洗混煤等品种。产品市场前景广阔，畅销全国各地，并于2001年取得了《煤炭出口质量许可证》。煤炭质量稳定受控，已连续十余年在全省名列前茅，被命名为山东省"煤炭质量管理信得过单位"、"产品质量先进单位"。

创建薄煤层60万吨采煤队

矿井坚持实施科技兴企战略，走技术创新的路子，积极探索薄煤层矿井机械化采煤新途径。狠抓高产高效矿井建设，大力组织开展薄煤层工作面单产40万吨/年、50万吨/年、60万吨/年采煤队创建活动，取得了明显的成效。不断研究应用新技术新工艺，自行研制开发了薄煤层炮采工作面垛式支架、哑铃型运输机和挡、铲煤板工艺，改进完成了溜前推进铲装、溜后挡装，支护液压化，运输机大功率、高强度的铲装系统，提高了生产效率，降低了职工劳动强度，实现了薄煤层炮采矿井开采工艺的重大突破。2003年，全矿原煤产量完成106万吨，再创全国薄煤层矿井炮采新水平，建树了新的里程碑。矿井连续三年被中国煤炭工业协会命名为高产高效矿井和全国薄煤层"双高"建设示范矿井（是100家被命名的高产高效矿井中的唯一一处薄煤层炮采矿井）。

在建矿20余年的生产建设和发展历程中，北宿煤矿在上级党政组织的正确领导下，努力实践"艰苦奋斗、勤俭创业、务实求新、争创一流"的企业精神，始终坚持"以观念创新为先导，以技术创新为手段，以市场创新为目标，以安全生产作保障"的企业管理理念，靠管理创效益，靠质量占市场，靠信誉赢客户，企业规模日趋壮大，效益明显提高，综合实力显著增强，塑造出了现代化矿井的崭新形象。企业连续多年被评为"市级文明单位"、"煤炭系统双文明单位"、"花园式单位"，先后被授予并保持了全国薄煤层首批"质量标准化矿井"和"现代化矿井"、"煤炭工业二级企业"、省级"重合同、守信用"企业、"煤质管理标准化特级矿井"等荣誉称号。

职工住宅小区一角

新世纪，新挑战，新希望。北宿煤矿正在按照兖矿集团改革发展的总体部署，围绕总体目标及建设可持续发展的大型企业集团，大力推进实施新时期发展战略规划，伴随着兖矿集团解放思想、干事创业，深化改革、加快发展的步伐，以蓬勃发展、与时俱进的新姿态在创新发展的道路上阔步前进！

北宿煤矿矿长樊玉泉愿与各界朋友携手合作，共图大业！

淄博矿业集团有限责任公司

ZIBOKUANGYEJITUAN

淄博矿业集团有限责任公司是2002年4月由原淄博矿务局改制而成的国有独资公司，是国有大一型企业，隶属山东省人民政府，有着近百年的开采历史，总部坐落在世界短篇小说之王蒲松龄的故乡——山东省淄博市淄川区，主要经营单位分布在山东、陕西两省的淄博、济南、济宁、咸阳四市。集团公司拥有9个控股公司、1个全资企业、6个分公司、10个参股公司、6个文教卫生单位和2个矿井筹建处，现有职工30014人，拥有各类专业技术人员4614人，其中：高级专业技术人员231人，中级专业技术人员1021人。自1953年2月建局以来，共生产原煤2.8亿吨，为国家和山东的经济发展做出了重要贡献。

“九五”以来，在淄博老区资源枯竭、包袱沉重的情况下，确定了“一手抓老区转产，一手抓新区建设；一手抓深化改革转机建制，一手抓强化管理挖掘潜力”的总体思路，突出发展主题，坚持深化改革，加快结构调整，逐步形成了以煤为主、煤与非煤并举的发展格局，企业实现了经济规模的快速增长。仅用4年多的时间就在济北矿区建成了3对现代化矿井和一条铁路专用线，形成了年产700多万吨的生产能力。在建设济北矿区的同时，又率先走出山东，参与陕西彬长矿区的开发建设，拉开了省外建设煤炭基地、开发战略资源的序幕。非煤产业从小到大，形成了以生物化工、新材料、光电子器件和煤炭综合利用为主导的多元化格局。2004年底，企业资产总额达到90亿元，净资产达到30亿元，全公司生产原煤1278万吨，年产值达到47亿元，实现销售收入48亿元，实现利税6.2亿元。2001年企业被列入全省136家重点企业集团，跻身全国企业500强，2002年荣获全国五一劳动奖状、全国煤炭工业优秀企业等荣誉称号，2003年荣获全国煤炭工业优秀企业和山东省首批“AAA”级信誉企业称号。

2003年12月，在北京召开的全国煤炭工业改革与发展会议上，淄矿集团再次当选全国煤炭工业优秀企业，集团公司董事长马厚亮（右一）荣获中国煤炭工业优秀企业家称号。

山东省重点工程——淄矿集团建设的日产5000吨新型干法旋窑水泥生产线使煤电材产业链日趋完善。图为该水泥生产线主控室。

加快非煤产业发展，实现了老矿区地下转地上、由“黑”变“白”的转型。图为宇峰公司高品位石英谐振器生产车间。

率先走出省门，正在建设中的陕西省彬长矿区亭南煤矿。

青岛供电公司 亮出精彩

LIANGCHUJINGCAI

公司领导班子

青岛供电公司是山东电力集团公司所属的大型供电企业，担负着青岛七区五市的供电任务。供电区域面积1.06万平方公里，用电客户84万户，共有员工1256人。2004年，实现网供电量150亿千瓦时，地区最高用电负荷273万千瓦。是全国电力“双文明单位”、原国家电力公司首批命名的“国际一流供电企业”、“全国创建文明行业先进单位”，荣获“全国五一劳动”奖状、“全国职工职业道德建设十佳单位”和“全国保护消费者杯”称号。是连续多年的山东省“文明单位”和“思想政治工作最佳企业”。2004年6月21日，中共中央政治局常委、国务院总理温家宝专程视察了青岛供电公司，对公司工作给予了肯定。

青岛供电公司始终把人民电业为人民作为企业核心价值观，以服务人民奉献社会为宗旨，为青岛市经济发展提供电力保障。围绕“让客户用上放心电可靠电满意电”立足行业特点和企业实际，坚持一手抓电网建设，一手抓优质服务，不断完善城乡供电环境。从97年开始，先后投入30多亿元的资金，按照“高起点、高标准、高科技”的原则，对具有百年历史的青岛电网进行了持续的大规模改造。目前，一个“以500千伏和220千伏为主网架，220千伏线路进市区，35千伏线路到客户”装备精良、供电可靠的电网已经形成，新建居民小区全部实现环网供电，低压线和接户线全部达到了每户4千瓦以上的供电能力，青岛成为山东省第一个居民用电“一户一表”的城市。

客户服务中心客户代表室

按照“始于客户需求，终于客户满意”的服务理念，对服务机制和服务资源进行优化和整合，积极推进供电服务由积极型向无障碍、零距离、个性化层次的提升，构建与现代化国际城市相适应的供电服务体系，建立了以“热线电话、客户代表和数字语音支持系统为主要信息通道，面向全社会，涵盖供电服务全过程”的快速响应机制，并在国家商标局注册了“亮出精彩”服务品牌，以此为载体，企业不断引导广大员工以自身的努力创造精彩人生，向客户提供精彩服务，在社会上展示精彩形象，为青岛建设现代化国际城市增光添彩。“亮出精彩”服务品牌自推出以来，在社会上赢得了较高的美誉度和信誉度，2002年被青岛市政府命名为“青岛名牌”（服务类）。

大力开展带电作业，减少客户停电时间

青岛电力调度中心，对青岛电网进行调度控制

张店钢铁总厂

张钢夜景

高炉出铁

铸铁机

炼钢连铸出坯

【概况】张店钢铁总厂隶属于山东省冶金工业总公司，是由原张店钢铁厂联合兼并原山东湖田石矿、山东冶金机械厂后组建的国家大二型企业，国家一级计量单位，省级重合同守信用单位，银行信用"AAA"级企业。本部位于淄博市张店区中心路176号，厂区面积88万平方米，石矿位于张店区东郊湖田镇，矿区面积133万平方米，机械厂位于张店区南郊南定镇，占地面积33万平方米。现拥有总资产25亿元，年销售收入超过30亿元，在册职工总人数6000余人；还拥有职业教育、艺术幼儿教育、印刷业、医疗卫生、餐饮住宿、食品加工、商业网点等面向社会服务的行业。

【主要设备】主要生产设备有128立方米高炉4座，420立方米高炉1座，24平方米烧结机4台，相应的供水、供风、供气系统及其它设备；50吨转炉1座，五机五流连铸机1台，10000M^3制氧机组1套；铸管DN100-800规格生产线1条，热轧带钢生产线1条，焊接钢管轧机3套，塔式机立窑1座及配套的球磨机、烘干机系统，矿山挖掘、粉碎设备。拥有载重汽车、自卸汽车、内燃机车、电力机车等运输设备。此外，还拥有冶炼铸造、热处理、机械加工、锻铆等专业设备490余台套，能够生产炼钢、轧钢、冶炼、矿山、耐火等设备和工业煤气发生炉、一、二类压力容器、大中型金属结构和机械加工件等。

【主要产品】主要产品包括各类生铁、钢坯、铸管、焊管、热带、石灰石、水泥、高水材料、各种冶金设备。现有设备年生产能力生铁85万吨、钢坯100万吨、铸管10万吨、热带10万吨、石灰石45万吨、焊管4万吨、水泥17万吨（其中普硅水泥10万吨，特产水泥及高水材料7万吨）、机械制造能力10000吨以上。企业拥有自营进出口权，主导产品"鹰"牌生铁出口率曾一度达到80%以上，在国际上享有较高的声誉。全部产品均获省以上优质产品称号，其中铸造生铁获部优产品称号并被山东省技术监督局评定为质量免检产品。

【发展目标与规划】目前，企业主体改制工作已经完成，铸管一期工程10万吨已于2003年4月份投产；合资兴建配套100万吨炼钢项目已投产运行。"十一五"期间，企业将以加强技术改造和生产工艺配套发展为重点，进一步扩大和延伸优势产品生产规模，加快装备水平的升级换代，开发有高附加值的新产品，使企业逐步发展壮大成为鲁中地区的大型综合企业集团。

ZHANGDIANGANGTIEZONGCHANG

山东金岭铁矿

地　　址：山东省淄博市张店区中埠镇
法人代表：张相军
电　　话：0533-3088000
传　　真：0533-3081263
邮政编码：255081

法人代表：张相军

党委书记：贾立兴

山东金岭铁矿始建于一九四八年，是山东省开采历史最悠久的黑色多金属矿山。经过几十年的建设和发展，已成为采矿、选矿、烧结、炼铁、生活服务、文教卫生自成体系的综合性大型国有企业。占地面积240万平方米，职工4000余人。年产铁精粉80多万吨、铜精矿金属量1000多吨、钴精矿金属量30多吨。还生产优质生铁、球团矿等。主要矿产品“铁鹰”牌铁精粉1981年获国家金质奖章，1987年国家检测部门颁发证书确认其质量综合水平为“国际先进水平”，2000年被中国企业发展研究中心授予“质量、服务、信誉AAA级品牌。

山东金岭铁矿为适应市场经济发展的需要，走“精干主题，分离辅助”、“一业为主，多种经营，全面发展”之路，不断增强企业活力，劳动生产率显著提高。机械厂研制开发的系列电动铲运机、水泥厂生产的“奇景”牌水泥、乳业公司生产的系列乳制品等畅销省内外。

近年来，金岭铁矿为了做强做大，实现持续发展，以职工入股等形式新建淄博铁鹰钢铁有限公司，年产生铁70万吨，产品供不应求。公司的建成投产，使企业走上了“调整产品结构，拉长产业链，增加经济效益”的良好发展之路，金岭铁矿显示出强大生机和活力。

展望未来，山东金岭铁矿将建设成为效益良好、管理科学、环境优美、职工生活富裕、具有较强市场竞争能力的现代化大型钢铁联合企业。

山东金岭铁矿愿与国内外客户真诚合作，共谋发展！

开拓进取的矿领导集体

山东省
聊城建设学校

山东省聊城建设学校是冀鲁豫三省交界处唯一的建设类省部级重点普通中等专业学校；同时是聊城建设专修学院、聊城建设完全中学所在地。学校占地150余亩，建筑面积5.2万平方米，在校学生4000多人，学校师资力量雄厚，现有教职工258人，其中126人具有高、中级职称；教学设备齐全，拥有4800多台（套）核心教学设备，其中水力学实验室、电了电工实验室、计算机室、语音室均是国内最先进设备。学校实行开放式教学、半封闭管理。在人才培养上推行"多证书"、"双学籍"制度，学校实行学分制和弹性学制，学生可工读交替分阶段完成学业或提前完成学业。

聊城建设专修学院开办高教自考全日制教育和"三二连读"大专班，并与山东建筑工程学院、青岛理工大学联合开办本、专科脱产、函授教育。**聊城建设学校中专部**开设15个专业，学生在学习中专课程的同时，可以自修专科学业，尽快取得大专毕业证书。**聊城建设完全中学**为学生注册高中、中专两个学籍，学生根据意愿，可升入高校深造，或者分流到中专部学习专业课程，毕业后就业。

学校高度重视毕业生就业工作，积极拓宽毕业生就业途径，与上百家用人单位签定了用人协议，负责安置学生就业，形成了就业、跟踪服务网络，受到企业和学生家长好评。

学校秉承先进的教学理念，把教育教学质量放在首位，注重用最前沿的建筑技术教育学生，立足聊城、面向全省为社会培养了高素质各类专业毕业生16000余名，他们有的从事管理工作，有的成为技术骨干，大部分成为社会各行业的栋梁。

山东工业职业学院

山东工业职业学院是经山东省人民政府正式批准、国家教育部备案的一所全日制普通高等学校，是在山东冶金职工大学和国家级重点中专山东省工业学校的基础上合并组建而成的。

学院座落于工业重镇淄博市高新技术开发区北首，总占地面积611亩，校园建筑面积16万平方米。学院东临齐国古都，南濒蒲松龄故居，校园环境优美，教学设备先进，师资力量雄厚，现有全日制在校生7000余人。

学院现设有一个学院、四个系和一个教学部，开设机械工程及其自动化、电气工程及其自动化、机械电子工程、应用电子技术、计算机科学与技术、会计学、钢铁冶金、硅酸盐工艺等十几个专业，其中"钢铁冶金"专业被省教育厅确定为教学改革试点专业。学院注重树立现代教学理念，努力完善教学设施，现拥有各类教学、科研仪器设备总值1305万元，各类实验室50个，7个多媒体教室，11个专业教室，一个校内实习工厂，并建有覆盖全校的计算机网络和电气化教学网络，图书馆藏书40万册。学院素以"严格的管理、过硬的质量"闻名。学院坚持"以技术应用能力培养为主线"的教学原则，着力培养学生在生产、经营、管理第一线进行技术操作、指导和管理的能力。学院设有山东省冶金系统定点的职业技能鉴定站，1997年又被国家劳动和社会保障部批准为特有工种职业技能鉴定站，毕业生以其良好的素质和较强的动手能力、吃苦敬业精神受到用人单位的欢迎，毕业生就业率达98%以上，已经形成"中职和高职相衔接、学历教育与职业技能培训相结合"的办学体系。

学生宿舍

设备先进的微机室

先进的语言实验室

丰富多采的校园文化活动

学院远眺